Der vergessene Raum

EIKONIKÁ
Kunstwissenschaftliche Beiträge

im Auftrag
der Görres-Gesellschaft
herausgegeben von

Michael Brandt, Jutta Dresken-Weiland und
Volker Michael Strocka

in Verbindung mit
Elisabeth Kieven, Harald Wolter von dem Knesebeck,
Dieter Korol und Paolo Liverani

Band 1

Peter Stephan

Der vergessene Raum

Die dritte Dimension in der Fassadenarchitektur
der frühen Neuzeit

SCHNELL + STEINER

Umschlagabbildung: Die Hoffront des Oberen Belvedere in Wien um 1920 nach einem Stich von S. Kleiner 1731

Gedruckt mit Unterstützung der Geschwister Boehringer Ingelheim
Stiftung für Geisteswissenschaften

Bibliografische Information der Deutschen Bibliothek:
Die Deutsche Bibliothek verzeichnet diese Publikation in der Deutschen Nationalbibliografie;
detaillierte bibliografische Daten sind im Internet über <http://dnb.ddb.de> abrufbar.

1. Auflage 2009
© 2009 Verlag Schnell & Steiner GmbH, Leibnizstr. 13, D-93055 Regensburg
Umschlaggestaltung: Entwurf Peter Stephan, Ausführung Anna Braungart, Tübingen
Satz: Vollnhals Fotosatz, Neustadt a. d. Donau
Druck: Erhardi Druck GmbH, Regensburg

ISBN 978-3-7954-2178-6

Alle Rechte vorbehalten. Ohne ausdrückliche Genehmigung des Verlages ist es nicht gestattet, dieses Buch oder Teile daraus auf fotomechanischem oder elektronischem Weg zu vervielfältigen.

Weitere Informationen zum Verlagsprogramm erhalten Sie
unter: www.schnell-und-steiner.de

Inhalt

Vorwort 11
Vorwort des Autors 12

TEIL A ANNÄHERUNG AN DAS THEMA

1 **Vorgeschichte** 14
2 **Problemstellung: Die Vernachlässigung des Fassadenraums** 17
   2.1   Die Vernachlässigung durch die Forschung 17
         2.1.1   Allgemeines 17
         2.1.2   Grund I: Die Uneindeutigkeit des Fassadenraums 19
         2.1.3   Grund II: Die Verdeckung des Raumes durch Verglasung 21
         2.1.4   Grund III: Die Verschmutzung von Fassaden 25
         2.1.5   Grund IV: Der Verzicht auf die Analyse des ursprünglichen Zustandes . . . 26
   2.2   Die Vernachlässigung durch die Denkmalpflege 29
   2.3   Die missverständliche Inszenierung im öffentlichen Leben 32
   2.4   Die falsche Rezeption durch die moderne Architektur 36
   2.5   Die uneinheitliche Wahrnehmung durch die Zeitgenossen 44
3 **Aufbau und Gestaltung der weiteren Arbeit** 47
   3.1   Gliederung 47
   3.2   Typographische Besonderheiten 49

TEIL B STRUKTUR UND FORM DES FASSADENRAUMS

1 **Das Wesen der raumhaltigen Fassade** 52
   1.1   Arten der Räumlichkeit 52
         1.1.1   Methodische Aspekte 52
         1.1.2   Die Ausrichtung des Grundrisses 53
         1.1.3   Die dynamische Wirkung 53
         1.1.4   Die Lage 54
         1.1.5   Das Verhältnis der Räume zueinander 54
         1.1.6   Die Sichtbarkeit 54
         1.1.7   Die Bedeutsamkeit des Raums 55
         1.1.8   Der Sinn der Raumhaltigkeit 55
   1.2   Typen raumhaltiger Fassaden 57
         1.2.1   Gruppe I: Zweischalige Fassaden 58
         1.2.2   Gruppe II: Verschränkte Fassaden 59
         1.2.3   Gruppe III: Tiefenräumliche Fassaden 60
         1.2.4   Gruppe IV: Durchblick-Fassaden 60
         1.2.5   Gruppe V: Die geschlossene Fassade 61
         1.2.6   Die Kumulierung von Räumen und Fassadentypen 61
2 **Die Gliederung raumhaltiger Fassaden** 64
   2.1   Allgemeines 64

2.2	Arten der Fassadenöffnungen			64
	2.2.1	Positive und negative Öffnungen		64
		2.2.1.1	Definition	64
		2.2.1.2	Beispiele I und II: Aubrys Projekt für die Place Louis XV und Fischer von Erlachs Entwurf für ein Lustgartengebäude	66
	2.2.2	Das Fenster und die Tür		69
	2.2.3	Die Wandarkade		69
	2.2.4	Die Säulenarkade		71
	2.2.5	Die Pfeilerarkade		75
	2.2.6	Die Kolonnade		75

3 Kolonnade und Arkade im Kontext einer übergeordneten Fassadengliederung 80

3.1	Allgemeines			80
3.2	Die integrierte Kolonnade			81
	3.2.1	Beispiel I: Peruzzis Palazzo Massimo alle Colonne		81
	3.2.2	Beispiel II: Michelangelos Konservatorenpalast		81
	3.2.3	Beispiel III: Die Facies lateralis meridionalis aus Sturms „Zivilbaukunst"		92
3.3	Das Theatermotiv			93
	3.3.1	Allgemeines		93
	3.3.2	Wandhafte und gliederhafte Versionen des Theatermotivs		94
	3.3.3	Die Veränderung des Theatermotivs innerhalb der ebenen Fläche der Fassade		100
		3.3.3.1	Drei Regeln für die Superposition von Arkaden	100
		3.3.3.2	Der ‚Arkadenkonflikt'	101
		3.3.3.3	Die Lösung des Arkadenkonflikts an Sangallos Holzmodell für Sankt Peter	103
		3.3.3.4	Die Lösung des Arkadenkonflikts in Serlios „Venezianischer Fassade"	104
		3.3.3.5	Borrominis Lösung des Arkadenkonflikts am Palazzo Barberini und am Oratorium der Philippiner	105
		3.3.3.6	Berninis Lösung des Arkadenkonflikts am Ersten Entwurf für die Ostfassade des Louvre	106
		3.3.3.7	Die Lösung des Arkadenkonflikts mittels der Serliana	107
	3.3.4	Die räumliche Entfaltung des Theatermotivs		108
		3.3.4.1	Allgemeines	108
		3.3.4.2	Beispiel I: Die Basilika in Vicenza	109
		3.3.4.3	Beispiel II: Der Convento do Cristo in Tomar	110
		3.3.4.4	Beispiel III: Die Villa Mondragone in Frascati	110
		3.3.4.5	Beispiel IV: Sant'Andrea in Mantua	111
		3.3.4.6	Beispiel V: Der Hochaltar von San Paolo Maggiore in Bologna	112
		3.3.4.7	Beispiel VI: Die Fontana di Trevi	113
		3.3.4.8	Beispiel VII: Sant'Andrea al Quirinale	113
		3.3.4.9	Beispiel VIII: Sturms Entwurf eines „zeitgenössischen Rathauses"	117
		3.3.4.10	Beispiel IX: Vanvitellis Londoner Entwurf für eine Kirchenfassade	119
3.4	Die Verbindung von Kolonnade und Arkade im räumlichen Kontext einer übergeordneten Fassadengliederung			122
	3.4.1	Vorbemerkung		122
	3.4.2	Kolonnade und Arkade innerhalb einer Kolossalordnung: San Giovanni in Laterano		123

   3.4.3 Kolonnade und Arkade in zwei separaten Geschossen:
     Santa Maria Maggiore 129
   3.4.4 Kolonnade und Arkaden-Kolonnade in zwei separaten Geschossen:
     Saint-Sulpice 133
 3.5 Die Kolonnade in der Arkade 135
4 Der Raum als Körper 136

TEIL C WESEN, FUNKTION UND BEDEUTUNG DES FASSADENRAUMS

1 Einführung 140
2 Sangallos Modell für Sankt Peter: Der Raum als struktureller und konstruktiver Faktor 140
3 Sant'Andrea al Quirinale: Der Raum als Mittel der ‚gentilizischen Kodierung' 142
 3.1 Sant'Andrea als eine „Domus Pamphiliana" 142
 3.2 Die gentilizische Kodierung innerhalb des gesamten Bildprogramms 148
 3.3 Das ikonographische Verhältnis des Innenraums zur Fassade und zum Umraum 154
 3.4 Sant'Andrea al Quirinale: Ein templum virtutis et honoris nach dem Vorbild von Santa Maria dell'Assunzione in Ariccia? 155
4 Sant'Ivo und das Collegio della Sapienza: Die Vergegenwärtigung der göttlicher Offenbarung im Raum als Strategie eines politischen ‚possesso' 157
 4.1 Die heraldische Auflagung von Gebäuden als Teil des gentilizischen ‚concorso' .. 157
 4.2 Beschreibung der gesamten Anlage 159
 4.3 Die Deutung des Innenraums von Sant'Ivo in der Forschung 167
 4.4 Neuer Deutungsansatz: Der Innenraum von Sant'Ivo als ‚Emanations-' oder ‚Effusionsarchitektur' 172
 4.5 Das Äußere von Sant'Ivo als ‚Inspirationsarchitektur' 180
 4.6 Die Emanationsarchitektur der Chigi und die Inspirationsarchitektur der Pamphilij als Gegenentwurf zur gentilizischen Ruhmesarchitektur der Barberini 186
 4.7 Der von göttlicher Inspiration durchdrungene Raum 188
 4.8 Sant'Ivo und das Collegio della Sapienza als ein Gegenentwurf zu Francis Bacons „Nova Atlantis"? 193
5 Santa Maria della Pace: Der Raum als malerische Staffage 195
 5.1 Die Analyse der Fassade bei Hans Sedlmayr 195
 5.2 Die Deutung der Fassade innerhalb des geschichteten Raumes 196
 5.3 Der Fassadenraum als Erzeuger von Kinästhesie 200
6 San Giovanni in Laterano: Der Raum als Mittel der liturgischen Inszenierung 201
 6.1 Galileis Fassade im Kontext einiger Konkurrenzentwürfe 201
 6.2 Galileis ausgeführte Fassade 202
 6.3 Vanvitellis Londoner Entwurf 202
 6.4 Vanvitellis römischer Entwurf von 1732 205
 6.5 Sassis Holzmodell 206
 6.6 Die Serliana als liturgisches Nobilitierungsmotiv 206
7 Santa Maria Maggiore: Der Raum als Vergegenwärtigung von Heilsgeschichte 210
 7.1 Die Fassade als Inszenierung der Liturgie 210
 7.2 Rusutis Mosaiken und das Early Christian Revival 211
 7.3 Benedikt XIV. als Promotor des Early Christian Revival 215

7.4	Santa Maria Maggiore und die „restauratio ecclesiae" im Jubeljahr 1750	219
7.5	Die Präsentation der Mosaiken vor dem Bau der Fassade	220
7.6	Die Präsentation der Mosaiken durch Fugas Fassade	222
	7.6.1 Die Genese der Fassade	222
	7.6.2 Das konstruktive Verhältnis der Fassade zu den Mosaiken	224
	7.6.3 Die Wahrnehmung der Mosaiken innerhalb des Fassadenraums	225
	7.6.4 Die Wirkung der Mosaiken in Fugas früheren Entwürfen	230

8 Saint-Sulpice: Der Raum als Platzstaffage 232
- 8.1 Meissonniers Entwurf von 1726 232
- 8.2 Servandonis Entwürfe 235
- 8.3 Die ausgeführte Fassade 236

9 Die Fontana di Trevi: Der Raum als theatralische Szene 237
- 9.1 Allgemeines 237
- 9.2 Die strukturellen Aspekte der Räumlichkeit 239
- 9.3 Die ikonographische Bedeutung des Raumes 241
- 9.4 Die szenographische Wirkung des Raumes 245

10 Die Treppe als Teil des Fassadenraums 246
- 10.1 Allgemeines 246
- 10.2 Die Freitreppe 247
  - 10.2.1 Der Senatorenpalast auf dem Kapitol und die Villa d'Este 247
  - 10.2.2 Die Treppe von Saint-Cloud 251
- 10.3 Das Treppenhaus 253
  - 10.3.1 Der Palazzo Sanfelice in Neapel 253
  - 10.3.2 Der Palazzo della Consulta in Rom 255
  - 10.3.3 Sturms Haupttreppe in einem Fürstlichen Hof 256
  - 10.3.4 Sankt Florian 257
  - 10.3.5 Der Palazzo Madama in Turin 259
- 10.4 Die Funktion der frühneuzeitlichen Treppe 260

TEIL D DER VERLORENE RAUM

1 Allgemeines 268

2 Die Fassade der Peterskirche 270
- 2.1 Problemstellung 270
- 2.2 Die Beurteilung von Madernos Fassade durch die Zeitgenossen und die Kunstwissenschaft 272
- 2.3 Überlegungen zum ursprünglichen Aussehen der Fassade 279
- 2.4 Analyse der ursprünglichen Fassade 281
- 2.5 Die Bedeutung von Madernos Fassadenraum 284
- 2.6 Die Bedeutung von Madernos ‚verbauter' Vorhalle 294
- 2.7 Mögliche Vorbilder und ‚Nachfahren' von Madernos Fassade 295

3 Der Petersplatz 300

4 Die ikonologische Relevanz der Raumhaltigkeit von Sankt Peter 304
- 4.1 Die Cathedra Petri 304
  - 4.1.1 Die Forschungslage 304
  - 4.1.2 Kritik an der Forschung 308

		4.1.3	Die Cathedra als Monument eines papalistischen und antihäretischen Triumphalismus	309

           4.1.3.1   Die Cathedra und Alexander VII. 318
           4.1.3.2   Die Cathedra und Berninis Illusionismus 320
           4.1.3.3   Die Cathedra im Lichte der neuplatonisch-christlichen Stufenontologie 322
   4.2   Die Cathedra im Kontext von Kirchen- und Platzraum 333

5   **Die Scala Regia** 337

6   **Sankt Peter als Vollendung des römischen Stadtraums** 339
   6.1   Vorbemerkung 339
   6.2   Der Stadtraum Sixtus' V. als Vergegenwärtigung von Heilsgeschichte 340
   6.3   Das Gegenmodell: Der Stadtraum von Paul V. bis Urban VIII. als Austragungsort eines gentilizischen ‚concorso' 349
        6.3.1   Der gentilizische ‚concorso' als neues Paradigma 349
        6.3.2   Paul V. 351
        6.3.3   Urban VIII. 352
        6.3.4   Innozenz X. 357
   6.4   Die Synthese von nachtridentinischer Urbanistik und gentilizischer Kodierung unter Alexander VII. 359
        6.4.1   Die äußeren Voraussetzungen 359
        6.4.2   Die Umkodierung des Innenraums von Sankt Peter 361
           6.4.2.1   Das Grabmal Alexanders VII. 361
           6.4.2.2   Der ‚possesso' des Innenraums von Sankt Peter durch Alexander-Grab und Cathedra 364
        6.4.3   Die Reaktivierung des Tableaus außerhalb von Sankt Peter 369
           6.4.3.1   Die Piazza del Popolo 369
           6.4.3.2   Der Petersplatz 371
           6.4.3.3   Der Alexandrinische Heilsweg 371
           6.4.3.4   Die Abwertung der alten städtischen Zentren 374
           6.4.3.5   Alexanders urbanes Konzept als Ausdruck eines neuen Amtsverständnisses 376
        6.4.4   Die Bedeutung des Fassadenraums innerhalb des Alexandrinischen Tableaus 379

TEIL E   ZUSAMMENFASSUNG 385

TEIL F   ABBILDUNGEN 395

Register 597
   Orte 597
   Personen 602

Bibliographie 608
   Quellen 608
   Literatur 612

Bildnachweis 634

Vorwort

Bei der 1922 in Würzburg abgehaltenen Generalversammlung beschloss die Görres-Gesellschaft nicht nur die Errichtung der Sektion für Kunstwissenschaft, sondern auch die Herausgabe eines kunstwissenschaftlichen Jahrbuches. Wegen der Ungunst der Zeit dauerte es bis 1928, ehe der erste, von Joseph Sauer herausgegebene Band erscheinen konnte. Die neue Zeitschrift sollte, so der Herausgeber, „die geisteswissenschaftliche Seite der Kunstgeschichte ergründen und pflegen helfen". Außerdem hoffte man, durch regelmäßige Literaturberichte aus dem Ausland einer Isolierung der deutschen Forscher entgegenzuwirken. Es blieb leider bei diesem ersten Band. Trotz anfänglicher Unterstützung durch die Notgemeinschaft deutscher Wissenschaft und das Reichsministerium des Inneren verhinderte die Weltwirtschaftskrise 1929/30 eine Fortsetzung des Unternehmens, die durch die Machtergreifung der Nationalsozialisten vollends unmöglich wurde.

Es war eine der letzten Initiativen unseres verehrten Ehrenpräsidenten Prof. Dr. Dr. h. c. mult. Paul Mikat, eine neue kunstwissenschaftliche Reihe ins Leben zu rufen. 2008 wurden vom Vorstand der Görres-Gesellschaft die Gründung beschlossen und ein Herausgebergremium sowie ein Beirat bestellt. Diesmal soll keine weitere Zeitschrift entstehen, woran kein Mangel herrscht, sondern eine Monographienreihe auf dem Gebiet der Klassischen Archäologie, der Christlichen Archäologie und der Europäischen Kunstgeschichte. Diese in Sektionen der Görres-Gesellschaft vertretenen Fächer schließen nicht nur historisch aneinander an, sie haben auch gemeinsam, dass sie, um einen modischen Ausdruck zu gebrauchen, „Bildwissenschaften" sind. Der Schwerpunkt der Untersuchung der jeweiligen Epochen liegt also in der Analyse der visuellen Repräsentation in allen Gattungen der bildenden Kunst. Darum wurde der Titel „Eikoniká" gewählt. In lockerer Folge sollen Arbeiten mit formanalytischer, stilgeschichtlicher, ikonographischer oder ikonologischer Ausrichtung veröffentlicht werden.

Als ersten Band legen die Herausgeber eine preisgekrönte Freiburger Habilitationsschrift des Faches Kunstgeschichte vor. Der besonders große Umfang dieser Arbeit soll kein Präjudiz für die folgenden Bände sein. Doch mag der Leser dieses Buch als Ouvertüre verstehen, die in Anspruch und Qualität der Durchführung folgenden Bänden den Ton vorgibt.

Bonn, den 10. 3. 2009

Prof. Dr. Wolfgang Bergsdorf
Präsident der Görres-Gesellschaft

Vorwort des Autors

Indem die vorliegende Arbeit die Raumhaltigkeit von Fassaden v.a. aus der Zeit von 1450–1800 in den Blick nimmt, versucht sie in erster Linie, ein Desiderat der Kunstgeschichte zu erfüllen. Darüber hinaus antwortet sie aber auch auf den sog. „spatial turn" oder die „raumkritische Wende", die ab den späten 1980er Jahren zu einem Paradigmenwechsel in den Kultur- und Sozialwissenschaften geführt hat: Die in diesen Disziplinen vollzogene neuerliche Wahrnehmung von architektonischen, städtebaulichen, landschaftlichen und geographischen Räumen als wichtigen kulturellen und sozialen Faktoren[1] soll dabei aufgegriffen und um eine kunstgeschichtliche Perspektive erweitert werden. Im Gegenzug werden die eben genannten Besonderheiten von Räumen zu ihren ästhetischen und ikonographischen Eigenschaften in Beziehung gesetzt. In besonderen Fällen korrelieren die imaginäre Bedeutung von sozialen oder geographischen Räumen sogar mit dem Bildcharakter einer raumhaltiger Architektur oder eines Stadtraums. Ich möchte die hier behandelten Fassaden also nicht nur in ihrer kunstgeschichtlichen Qualität ‚umfassender' erschließen und nicht nur Anstöße für Denkmalpfleger, Architekten und Städteplaner geben; es geht mir auch darum, den Nachbardisziplinen neues Material und neue Interpretationsansätze zu eröffnen.

Mein Dank gilt in besonderem Maße der Görres-Gesellschaft, die das Werk in ihre neue Reihe „Eikoniká" aufgenommen und großzügig gefördert hat. Einen wesentlichen finanziellen Beitrag hat auch die Geschwister Boehringer Ingelheim Stiftung für Geisteswissenschaften, Heidesheim, geleistet. Sehr verbunden bin ich ferner Prof. Dr. Hans W. Hubert, Freiburg i. Br., Prof. Dr. Volker Reinhardt, Fribourg/Schweiz und Prof. Dr. Andreas Prater, Freiburg i. Br., die diese Arbeit im Rahmen meines Habilitationsverfahrens begutachteten und mir dabei sehr wertvolle Hinweise und Anregungen gaben. Letzteres gilt auch für Prof. Dr. Volker Michael Strocka, Freiburg i. Br., der sich zusammen mit den anderen Herausgebern nicht nur entschlossen hat, die Arbeit in die Reihe „Eikoniká" aufzunehmen, sondern der sich auch der aufwendigen Durchsicht des Textes angenommen hat. Von seinen kritischen Anmerkungen habe ich ebenso profitiert wie von seinen Vorlesungen, die mir zu Beginn meines Studiums den Zugang zu wesentlichen Aspekten der Architekturgeschichte, der Ikonographie und Bautechnik eröffnet haben. Weitere wertvolle Impulse erhielt ich von Prof. Dr. Werner Oechslin, Einsiedeln, Prof. Dr. Wilhelm Schlink, Freiburg, und Dr. Johannes Grave, Paris. Ferner wurde mir große Unterstützung durch die Familie Schmidt-Hofner, Freiburg zuteil, die in vielerlei Hinsicht die Überarbeitung des Manuskripts erleichtert hat. Darüber hinaus haben sich Frau Marianne Schmidt-Hofner und Herr Ralph Fräßdorf freundlicherweise bereiterklärt, den gesamten Text Korrektur zu lesen.
Danken möchte ich nicht zuletzt Herrn Dr. Albrecht Weiland und Frau Dr. Simone Buckreus vom Verlag Schnell & Steiner für die vorzügliche und vertrauensvolle Zusammenarbeit.

Freiburg i. Br., im August 2009

---

1 Vgl. Döring 2008, Czáky 2009 u. ders. 2004.

TEIL A

ANNÄHERUNG AN DAS THEMA

1 Vorgeschichte

Als der chinesisch-amerikanische Architekt Ieoh Ming Pei 1983 sein Projekt zur Umgestaltung des ‚Grand Louvre' vorstellte, entbrannte ein heftiger Streit vor allem darüber, ob eine Glaspyramide in der Mitte der *Cour Napoléon* den neuen unterirdischen Eingangsbereich überfangen dürfe. Diese als eine zweite „bataille de la pyramide" geführte Kontoverse kreiste vor allem um die Frage, ob eine moderne Stahl-Glas-Konstruktion in den Kontext einer klassischen Natursteinarchitektur zu integrieren sei.[1] Pei zerstreute diese Bedenken, indem er ein Glas verwendete, das keinerlei Eisenoxid enthält[2] und somit völlig durchsichtig und farbneutral ist. Da er zudem die tragende Stahlkonstruktion ins Innere der Pyramide verlegte, kommt es zu einem scheinbar paradoxen Effekt: Die Glashülle bildet nach Innen einen eigenständigen Raum aus, der sich, sobald man ihn betreten hat, als Teil der Eingangshalle erweist. Nach außen macht sich dieser Raum jedoch nicht bemerkbar; der Charakter des Hofes als eines Gesamtraums bleibt erhalten.

Die Ambivalenz des Glases, sowohl transparent als auch raumteilend zu sein, nutzte Pei auch in der *Cour Puget* und der *Cour Marly* im Richelieuflügel, wo er neue Glasdächer einzog.[3] Einerseits blieb der Innenhofcharakter gewahrt. Andererseits wandelten sich die Höfe zu „Salles des sculptures". Da im Gegenzug die meisten Erdgeschossfenster ihre Verglasung verloren, wurden die dahinter gelegenen Zimmer zudem zu Galerien, die nun über die Höfe hinweg miteinander kommunizieren. Das hat wiederum zur Folge, dass auch die in diesen Räumen aufgestellten Exponate zueinander in Beziehung treten, wobei die Großplastiken, die in der Mitte der Höfe Aufstellung fanden, den jeweiligen Fokus bilden.

Allerdings verstanden es nicht alle Architekten, mit dem Werkstoff Glas so sensibel umzugehen. Sehr oft setzten sie es auch dort ein, wo es räumliche Bezüge störte, wenn nicht zerstörte. In welchem Maße nachträgliche Verglasungen die Raumhaltigkeit – und damit auch die Fassadenstruktur – von Gebäuden negieren kann, wurde mir erstmals im Rahmen zweier Untersuchungen zum *Oberen Belvedere* in Wien und zum *Berliner Schloss* bewusst, die ich im Jahr 2000 auf der Homepage des Freiburger Kunstgeschichtlichen Instituts veröffentlichte,[4] um meine Überlegungen dann in gedruckten Publikation zu vertiefen.[5]

Für das *Belvedere* verglich ich den heutigen Zustand mit dem Stichwerk Salomon Kleiners, das den ursprünglichen Zustand auf über 100 Abbildungen exakt dokumentierte. Für das *Berliner Schloss* zog ich die zwischen 1943 und 1950 entstandenen Zerstörungsphotos hinzu, derer sich – unter anderer Fragestellung – zum Teil schon Goerd Peschken in seiner Stadtschloss-Monographie[6] bedient hatte.

Im Fall des *Belvedere* ließ sich die Kritik der Forschung widerlegen, das Schloss sei eine kulissenhafte Schauarchitektur, deren willkürliche Stockwerksdisposition und unstimmige Gliederung nur auf eine szenographische Fernwirkung berechnet seien.[7] Stattdessen ergab sich, dass Hildebrandt ein Ensemble von Pavillons geschaffen hatte, die unterschiedliche Raumvolumina besitzen

---

1 Zum Konflikt siehe Schmid 1996, S. 43. Dort auch weiterführende Literatur.
2 Bezombes 1994, S. 60.
3 Zur Konzeption der Höfe im Einzelnen siehe Bezombes 1994, S. 86–108.
4 Stephan 2000a und Stephan 2000b.
5 Stephan 2002b; ders. 2007b; ders. 2009b.
6 Peschken 1992–2001, Bd. I u. II, passim.

7 Dies trifft vor allem für die ältere Literatur zu; siehe v.a. Eckert 1917, S. 147–149; Kerber 1947, S. 124–135. Grimschitz 1959, S. 175–200 unterzieht das *Obere Belvedere* zwar einer umfangreichen Würdigung, bleibt aber wie auch alle jüngeren Autoren einer zweidimensionalen Sichtweise verhaftet.

und sich früher auch mit dem Umraum des Ehrenhofes und des Gartens unterschiedlich stark durchdrangen und verzahnten. So bestand die Gartenfront, die sich heute wie eine seichte, zweidimensionale Kulisse ausnimmt, eigentlich aus einer zentralen Trias dreigeschossiger, kubischer Pavillons. Dieser Kern ist durch weniger tiefe zweigeschossige Zwischenflügel mit oktogonalen Eckpavillons verbunden. Während die terrassierte und gestufte Gartenarchitektur früher im Treppenhaus des Mittelpavillons ihren Ausgang nahm bzw. sich in umgekehrter Lesrichtung über dieses ungehindert bis in den Ehrenhof fortsetzte, mündeten die den Garten seitlich begleitenden Wegachsen in die Eckpavillons wie in reguläre Gartenpavillons, die das Ende einer Achse markieren. Die Zwischenflügel öffneten sich im Erdgeschoss Grottensälen, in denen der Garten gleichfalls in das Schloss eindrang. Über diesen Grottensälen spannte sich das jeweilige Obergeschoss wie eine Brücke. Der Funktion bloßer Verbindungsbrücken entsprechend ist die Gliederung dieser Zwischenflügel gegenüber den übrigen Pavillons stark reduziert. Schließlich wurde auch deutlich, dass die Pavillons noch mehr als die Forschung bislang angenommen hat, das Zeltlager eines kaiserlichen Generalissimus hypostasieren. In diesem Sinne ist vor allem die Hofseite zu verstehen, an der die – heute gleichfalls verglaste – Einfahrt sich vormals wie ein gewaltiges Vorzelt über die Auffahrtsrampen spannte.

32

31

Ferner war die Offenheit der Fassade insofern von höchster Bedeutung, als sie Blicke von außen in das Innere des Schlosses gestattete, die wiederum eine spezifische Form der höfischen Selbstinszenierung ermöglichten.⁸ Dasselbe galt für den Blick aus dem Schloss auf die Umgebung, der nicht nur die Schutzfunktion des Prinzen über das von den Türken befreite Land sinnfällig machte, sondern auch Ausdruck strategischer Kontrolle und herrscherlichen Weitblicks war.⁹ Zugleich wurde das Umland auf das Schloss als sein politisches Zentrum bezogen. Überdies entsprachen Lage und Blickbezüge dem Ideal der bei Plinius¹⁰ und Alberti beschriebenen *villa suburbana*¹¹, die, in Palladios *Villa Rotonda* um die Metapher des Musensitzes erweitert¹², das Schloss Eugens auch zu einem Sitz der Künste und der Tugend machte.

33

Über das formale und ikonologische Verständnis von Hildebrandts Architektur hinaus ermöglicht es die Rekonstruktion des ursprünglichen Zustands, die Rezeptionsgeschichte besser zu überblicken. Offensichtlich rekurrierte Hildebrandt mit seinen brückenartigen Verbindungsflügeln einerseits – wie auch *Schloss Nymphenburg* in München – auf Palladios *Villa Pisani*. Andererseits wurden gerade diese Brücken, die eine Kerntrias mit Eckpavillons verbinden, zum Vorbild für Gottfried Heinrich Krohnes *Belvedere* bei Weimar. Entsprechende Vermutungen der älteren Forschung¹³, die in jüngster Zeit auf Ablehnung gestoßen waren¹⁴, können so neu begründet werden.

44

Im Fall des *Berliner Schlosses* ging ich von der These aus, dass die drei Treppenhausrisalite des sog. Schlüterhofs vormals völlig unverglast waren, man vom Hof aus also gut in die Stiegenhäuser blicken konnte. Dabei wurde deutlich, dass die Gliederarchitektur der Risalitfassaden sich nicht nur plastisch von den flächenhaften Wänden der Rücklagen abhob, sondern auch der Erzeugung

34, 35

---

8 Hierzu auch schon Hoppe 2005, S. 449–451; ders. 2001, S. 105; Müller 1998, passim.

9 Vgl. Tönnesmann 1990, S. 64–68 u. Roeck/Tönnesmann 2005, S. 124–125.

10 Siehe hierzu auch Levèvre 1977; Mielsch 1987, S. 137–140; Förtsch 1993.

11 Alberti 1452 (1966), IV 2, passim, Bd. I, S. 273–287; V 10, passim, Bd. II, S. 373–379; IX 2, Bd. II, S. 793.

12 Vgl. Semenzato 1968, passim; Prinz 1980, S. 71–81; Blum 2007, S. 159–200.

13 Voigt 1938, S. 30; Möller 1956, S. 28, 44 u. 46.

14 Auch Heiko Laß und Maja Schmidt erkannten in der Fassadenbildung „gewisse Ähnlichkeiten", etwa den erhöhten Kernbau, die niedrigeren Verbindungstrakte, die durch Kuppeln überhöhten Seitenpavillons und die dadurch entstehende „Rhythmisierung der Fassade, die durch horizontale Gliederungselemente letztlich doch vereinheitlicht wird." Dennoch reichen diese ihrer Meinung nach nicht aus, um Voigts und Möllers Thesen (wie Anm. 13) aufrechtzuerhalten (Laß/Schmidt 1999, S. 42–43).

einer szenographischen Tiefenräumlichkeit diente. Während die Kolossalordnungen auf den Fassadenspiegel beschränkt blieben, waren die in sie eingestellten Stockwerksordnungen Ausläufer von Säulenkorridoren, die – in strenger Superposition über alle drei Hauptgeschosse hinweg – die Hoffassaden mit den Fassaden der Gartenfront (Portal IV) und der Stadtseite (Portal I) verbanden. In der umgekehrten Lesart bedeutet dies, dass sich die Innenstruktur von hinten in die aufgerissene Fassade schob und Teil von deren Gliederung wurde.

34 Am Großen Treppenhausrisalit, der über eine viel geringere räumliche Tiefe verfügte und an der Rückseite keine Fassade besaß, kam es nur in der ersten, nicht vollendeten Fassung des Treppenhauses zu einer ansatzweisen Ausbildung von Säulenkorridoren. In der zweiten und endgültigen Fassung wiederholte Schlüter die unteren Stockwerksgliederungen an der Rückseite des Treppenhauses und die oberen Stockwerksgliederungen an der Stirnwand zum Schweizersaal. Beide Wände sanken somit zu bloßen Folien der Fassadengliederung herab. Stattdessen liefen die unteren Stockwerksgliederungen in Gestalt der Hoflauben zu beiden Seiten weiter. Während der Raum in den Seitenrisaliten also korridorartig nach hinten fluchtete, wurde er im Hauptrisalit nach hinten geschichtet und in die Breite fortgesetzt.

Die im *Berliner Schloss* verwirklichten Spielarten einer tiefenräumlichen Fassadenarchitektur sind in mehrfacher Hinsicht aufschlussreich. Zunächst erweisen sie sich als ein grundsätzliches Unterscheidungsmerkmal gegenüber anderen Architekturen, die sich eines ganz ähnlichen Formenrepertoires bedienten, nicht aber zu denselben schlüssigen Raumlösungen fanden.[15] Sodann verdeutlicht der Befund zweier verschiedener Arten von Tiefenräumlichkeit Schlüters stilistische Entwicklung.

In seiner Monographie über das Schloss hatte Goerd Peschken noch die Meinung vertreten, die Seitenrisalite gingen auf einen Entwurf von Nikodemus Tessin d. J. zurück, während der große Risalit ein Werk Schlüters sei.[16] Guido Hinterkeuser hat dem in seiner 2003 veröffentlichten Dissertation zu Recht widersprochen, allerdings mit der problematischen Behauptung, Schlüters tiefenräumliche Architektur unterscheide sich grundlegend von Tessins zweidimensionaler Fassadengestaltung, wie sie sich insbesondere am *Stockholmer Schloss* offenbare.[17] Offensichtlich übersah Hinterkeuser, dass Tessin gerade das Motiv des korridorartigen Tiefenraums bevorzugt ver-
120, 77 wendete: am Gartenprospekt seiner *Stockholmer Villa* und in *Schloss Drottningholm*, wo er in Zusammenarbeit mit seinem Vater Treppenhaus und Garten mit einer ganz ähnlichen *prospettiva* verband (B 2.2.4).

Darüber hinaus unterließ es Hinterkeuser, Schlüters tiefenräumliche Architektur differenzierter zu betrachten. Zwar trug er in seiner Analyse der Seitenrisalite in allen wesentlichen Punkten dieselben Beobachtungen vor wie ich und wies auch hinsichtlich der Verortung von Schlüters Architektur im europäischen Kontext auf dieselben Vorbilder hin[18], doch verzichtete er darauf, die Räumlichkeit der seitlichen Hofrisalite mit der des Großen Hofrisalits eingehend zu vergleichen. Gerade die Gegenüberstellung der verschiedenen Arten von Tiefenräumlichkeit zeigt jedoch, dass Schlüter sich von der eher traditionellen römischen Prospektivarchitektur, die auch Tessin rezipierte, löste, um weitaus komplexere Raumgefüge zu entwickeln.

Nicht zuletzt ist die Raumhaltigkeit von Schlüters Fassadenarchitektur auch ein Aspekt, der bei einem Wiederaufbau des Schlosses zu berücksichtigen wäre. Insofern ist es zu begrüßen, dass der Förderverein Berliner Stadtschloss nach Erscheinen meines Aufsatzes von seinem ursprünglichen Plan, die Rekonstruktion des Hofes auf die Fassadenspiegel zu beschränken, abgerückt ist. Allerdings hält er noch immer an den Risalitfenstern des 19. Jahrhunderts fest, obwohl diese dank des für den Hof vorgesehenen Glasdachs völlig überflüssig wären. (Wie sehr ein mit Glas

---

15 Dies gilt beispielsweise für den Entwurf des Tiroler Baumeisters Georg Anton Gumpp d. Ä. für das Rottenburger Schloss (Stephan 2002b).

16 Peschken 1992–2001, Bd. I, S. 124–125 u. 165.
17 Hinterkeuser 2003, S. 273–280.
18 Hinterkeuser 2003, S. 161–206 u. S. 257–286.

überdachter Hof durch die Entglasung von Fassadenfenstern selbst dann gewinnen kann, wenn diese zum ursprünglichen Konzept gehörte, zeigen die eingangs erwähnten Höfe im Richelieu-Flügel des Louvre.)

2 Problemstellung: Die Vernachlässigung des Fassadenraums

2.1 Die Vernachlässigung durch die Forschung

2.1.1 Allgemeines

Bei meinen Untersuchungen zum *Oberen Belvedere* und zum *Berliner Schloss* stellte ich fest, dass die Raumhaltigkeit vieler Fassaden bzw. die Räume, mit denen sie strukturell unauflöslich verbunden sind, von der Forschung bislang kaum thematisiert, geschweige denn als eine eigenständige ästhetische oder ikonographische Kategorie anerkannt wurden. *31–35*

So untersuchte beispielsweise Hermann Schlimme in seinem 1999 vorgelegten Buch über die frühneuzeitliche „Kirchenfassade in Rom" zwar das Verhältnis des Fassadenreliefs zum Innenraum, doch klammerte er die in sich raumhaltigen römischen Fassaden von *Santa Maria in Via Lata*, *San Giovanni in Laterano* und *Santa Maria Maggiore* explizit aus.[19]

Während Schlimme seine Schwerpunkte ganz bewusst wählte, bemerkten andere Autoren die Raumhaltigkeit der von ihnen behandelten Fassaden nicht einmal. Das lag in einigen Fällen sicher daran, dass die Raumhaltigkeit vieler Fassaden nicht eindeutig ist. Nicht selten übersahen die Autoren aber auch, dass Fassadenöffnungen im Nachhinein vermauert oder – wie beim *Oberen Belvedere* und dem *Berliner Schloss* – vergittert und verglast wurden. Besonders bemerkbar macht sich dieses Defizit in Ulrike Seegers 2002 eingereichter und 2004 veröffentlichter Habilitationsschrift über das *Stadtpalais* und das *Belvedere* des Prinzen Eugen in Wien. Obwohl die Verfasserin die neueste Literatur in ihrer Bibliographie vollständig erfasst hat, kommt sie auf den ursprünglichen Zustand der Fassade des *Oberen Belvedere* überhaupt nicht zu sprechen und gelangt folglich auch in ihrer Analyse nicht über längst Bekanntes hinaus.[20] Entsprechend einseitig sind auch ihre typologische Herleitung der Fassade und ihre Interpretation des Verhältnisses von Architektur und Garten.[21]

Auch auf Internetseiten mit wissenschaftlichem Anspruch führt das Übersehen verdeckter Fassadenräume zu Missverständnissen. So betont das Architekturlexikon archINFORM, dass die Treppenhäuser des Stifts *Sankt Florian* bei Linz (siehe C 10.3.4) und der Familienpaläste, die sich *317, 319* der Kavaliersarchitekt Ferdinando Sanfelice in Neapel errichtete (gemeint ist wohl vor allem der Palazzo in der *Via Arena della Sanità* Nr. 6; siehe C 10.3.1) die einzigen mit einer offenen Fassade *304* seien. Völlig übersehen wird, dass neben den Treppenhäusern des *Schlüterhofs* und des *Oberen Belvedere* vormals auch die Stiegen des *Palazzo della Consulta* in Rom (siehe C 10.3.2), des *Hôtel* *313, 314* *Lambert* in Paris (siehe A 2.1.4) und vermutlich sogar des *Palazzo Balbi* in Genua offen waren. *41, 318*

---

19 Schlimme 1999, S. 16–20.
20 Siehe v. a. Seeger 2004, S. 331–336.
21 Seeger 2004, S. 336–366.

316 Darüber hinaus hatten Leonhard Christoph Sturm in seiner „Civil-Baukunst" und Filippo Juvarra
320 für den *Palazzo Madama* in Turin offene Treppenhäuser als realisierbare Architekturen geplant
317, 319 (siehe C 10.3.3 u. 10.3.6).²² Wie noch zu zeigen sein wird, nahm *Sankt Florian* also keinesfalls die Sonderstellung ein, die ihm meist zugestanden wird. Vielmehr folgte das Treppenhaus einem Konzept raumhaltiger Fassaden, das für den Barock durchaus typisch ist.

Doch selbst wenn Autoren nachträgliche Versiegelungen konstatierten, bemühten sie sich nur selten um eine eingehende Analyse des ursprünglichen Zustandes. Dies gilt etwa für Goerd Peschken, der schon 1992 und 1998 darauf hinwies, dass die Erdgeschosse und wahrscheinlich auch die zweiten Obergeschosse der Hofrisalite des *Berliner Schlosses* unverglast waren, daraus aber nur in Ansätzen eine tiefenräumliche Fassadenwirkung ableitete.²³ Selbst bei wirklich offenen Fassaden wurde die Räumlichkeit nur festgestellt, aber nicht analysiert.²⁴

Bemerkenswerte Ausnahmen bilden Hans Sedlmayrs klassischer Aufsatz über „Fünf römische
38 Kirchenfassaden" und Georg Satzingers Studie über „Michelangelos Grabmal Julius' II."²⁵ Unter Berufung auf einen Stich des *Julius-Grabmals* von Antonio Salamanca aus dem Jahre 1554 machte
39 Satzinger zu Recht geltend, dass die Fenster unter und die Lünette über dem oberen Kranzgesims vormals offen waren. Dieser Zustand ist seit einigen Jahren wieder hergestellt. Infolgedessen kragt die Schauwand des Grabes wie einst nicht nur dank der ihr inhärenten Struktur vor, sondern staffelt sich auch in die Tiefe des Querhauses, was sie nach Franz-Joachim Verspohl zur „Fassade eines imaginären Raumkörpers im Querhaus" aufwertet.²⁶ Des Weiteren wiesen Satzinger und Verspohl darauf hin, dass Michelangelo mithilfe der Öffnungen besondere Lichtverhältnisse geschaffen habe. Besonders das durch die offene Lünette über das Kranzgesims flutende Licht und die indirekte Beleuchtung der Fassade hätten die „Idee des Hypäthraltempels der Decke der Cappella Sistina", das in der Gliederungsstruktur des Obergeschosses bereits anklinge, „evident" werden lassen.²⁷ Über den optischen Effekt hinaus gesteht Satzinger den Öffnungen eine akustische Funktion zu: Die Laien seien imstande gewesen, den Gesang der Mönche von *San Pietro in Vincoli*, die sich hinter der Grabmalwand zum Chorgebet versammelten, zu hören.²⁸ Vielleicht, so lässt sich aus Satzingers Beobachtungen folgern, war es Michelangelo sogar ein ganz bewusstes Anliegen, dass Licht und Gebet im Sinne einer (wie auch immer zu deutenden) Synästhesie parallele Wirkungen entfalteten. Erfreulicherweise ist der Ursprungszustand des Grabmals inzwischen wiederhergestellt worden, so dass die von Michelangelo beabsichtige Wirkung wieder unmittelbar nachvollzogen werden kann.

Wohl nicht von ungefähr setzten Deutungen des Fassadenraums, die über die bloße Feststellung räumlicher Tiefe hinaus zu einer weiterführenden ästhetischen und ikonographischen Analyse gelangten, bei einem Werk der Plastik und nicht bei einer gewöhnlichen Architektur an. Daher dürfte es auch kein Zufall sein, dass Hans Sedlmayr eine besondere räumliche Tiefe gerade bei den römischen Kirchenfassaden entdeckte, die den höchsten plastischen Wert besitzen: bei

---

22 Die exakte Formulierung bei archINFORM lautet: „Das Stift in der Nähe von Linz wurde nach 1711 von Prandtauer umgebaut, von dem auch der Plan für das schöne Treppenhaus stammt. Es hat eine sonst in Österreich nicht übliche offene Form. Sie lässt sich nur mit den Treppenentwürfen von Sanfelice in Neapel vergleichen (Neapel unterstand zu dieser Zeit österreichischen Vizekönigen)." Selbst wenn man diese Aussage so deutete, dass die besagten Treppenhäuser nur in Österreich einzigartig seien – was angesichts der Tatsache, dass Neapel eine völlig eigenständige Kunstlandschaft ist, überhaupt keinen Sinn ergäbe – entspräche dies nicht dem Sachverhalt.

23 Peschken 1992–2001, Bd. I, S. 224–225 u. Abb. 199; Bd. II, S. 150 u. 171 sowie Abb. 117.

24 So spricht Kieven 1987, S. 257 zwar davon, dass die konvex-konkaven Flügel der *macchina*, die Nicolò Salvi 1728 auf der spanischen Treppe errichtet hatte, an vier Seiten „bewusst Raumhaltigkeit [spacious implications]" suggerierten, doch führt sie deren Charakter nicht näher aus.

25 Satzinger 2001.

26 Verspohl 2004, S. 61, Abb. 26.

27 Verspohl 2004, S. 149.

28 Satzinger 2001, S. 211.

Sant'Andrea al Quirinale und bei *Santa Maria della Pace*.²⁹ Wie Kapitel B 3.3.4.8 und C 5.1 noch zeigen werden, hat freilich auch Sedlmayr die räumlichen Bezüge dieser Fassaden nicht vollständig erfasst. Erst recht gilt dies für die späteren Deutungen von *Sant'Andrea al Quirinale* durch Franco Borsi (1967), Massimo Birindelli (1983) und Norbert Knopp (1991). Die unübersehbare Verschränkung der Fassade mit dem Vorraum fand in diesen Beiträgen eine angemessene Würdigung; die nicht auf Anhieb erkennbare, dafür aber umso wichtigere formale und ikonologische Fortsetzung der Fassade im Innenraum kam jedoch nirgends zur Sprache.³⁰ Schlimme ging nicht einmal auf die „kurvierten Fassaden" von *Santa Maria della Pace* und *Sant'Andrea al Quirinale* näher ein.³¹

Da es zum Phänomen des Fassadenraums keine originäre Literatur gibt, ist diesbezüglich auch kein ‚Stand der Forschung' zu referieren. Um den Leser dennoch auf die Thematik der vorliegenden Arbeit einzustimmen, möchte ich zunächst an drei Beispielen die möglichen Gründe für die Vernachlässigung von Fassadenräumen durch die Wissenschaft eruieren.

2.1.2 Grund I: Die Uneindeutigkeit des Fassadenraums

In seiner 1999 publizierten Studie „Die Kirchenfassaden in Italien von 1450 bis 1527" beschäftigt sich Ingomar Lorch – wie er im Untertitel nachdrücklich hervorhebt – vor allem mit der „Weiterentwicklung des basilikalen Fassadenspiegels".

Die Reduzierung der Fassade auf ihren Wandspiegel führt dazu, dass Lorch bei *Sant'Andrea* in Mantua bereits den in die Tiefe gerichteten, von einer Längstonne überwölbten Raum hinter dem großen Rundbogen nicht mehr als Teil der Fassade begreift, sondern ihn zu einer dahinter liegenden „Vorhalle" umdeutet. Die Fassade selbst, so Lorch, erlange allenfalls dann Raumhaltigkeit, wenn man innerhalb dieses Bereichs stehe und von dort aus in die niedrigen, von Quertonnen überwölbten Anräume blicke. Von einem Standpunkt außerhalb sei sie jedoch nur als „gegliederte Fläche, als Schauwand" wahrzunehmen.³² Lorch beruft sich bei seiner Deutung explizit auf Hellmut Lorenz, der schon 1976 von einer „Fassade der Fassade" sprach, die in ihrer doppelten Funktion sowohl dem dreidimensional konzipierten Vorhallenbau als auch der dahinter liegenden Kirche als Fassade diene.³³

Lorchs Weigerung, den Raum hinter dem Rundbogen als einen Teil der Fassade anzuerkennen, führt zu einer ganzen Reihe innerer Widersprüche. Diese beginnen bei der Terminologie. Zwar gesteht Lorch dem Bereich hinter dem Rundbogen die Eigenschaft eines Raumes zu, doch bezeichnet er ihn als „Rundbogenöffnung" oder „mittlere Öffnung", wählt für ihn also Begriffe, die eigentlich ein zweidimensionales Element beschreiben. Schließlich kann eine Öffnung zwar in einen Raum führen, doch besitzt sie selbst in der Regel kein räumliches Volumen. Um dieses zu erlangen, müsste die Wand, in die sie eingelassen ist, schon eine ungewöhnlich große Tiefe aufweisen.³⁴ Wenn Lorch bei der Fassade von *Sant'Andrea* also von einer raumhaltigen „Öffnung" ausgeht, so gibt er damit eigentlich zu verstehen, dass er die gesamte Kirchenfront als eine massive, mehrere Meter dicke Wand begreift. Eine solche Deutung ist jedoch nicht nur mit Albertis Architekturverständnis unvereinbar; sie kann auch nicht im Sinne Lorchs sein.

Ein weiterer Widerspruch ergibt sich daraus, dass Lorch den Bereich hinter dem großen Bogen als „Vorhalle" und das gesamte Gebilde als „Vorhallenbau" bezeichnet, die Front dieses „Vorhallenbaus" zugleich aber auch als Kirchenfassade deutet. Da eine Vorhalle nicht hinter,

---

29 Sedlmayr 1960, Bd. 2, S. 66–75.
30 Borsi 1967, Birindelli 1983 u. Knopp 1991.
31 Schlimme 1999, S. 20–25.
32 Lorch 1999, S. 84–87.
33 Lorenz 1976, S. 92.
34 Eine solche Ausnahme bilden z. B. die Serlianen im *Convento do Cristo* in Tomar (siehe B 2.2.5 u. 3.3.4.3).

sondern vor dem Fassadenspiegel liegt, bleibt unklar, an welcher Stelle für Lorch die Fassade von *Sant'Andrea* beginnt.

Wie problematisch es im Fall von *Sant'Andrea* ist, in einem Atemzug von einer Fassade und von einer Vorhalle zu sprechen, zeigt sich auch bei der Lektüre der Alberti-Monographie, die Anthony Grafton 2002 auf Deutsch vorgelegt hat. In Einklang mit der älteren Forschung geht Grafton davon aus, Alberti habe vor das Langhaus eine Kombination von Tempelportikus und Triumphbogen gestellt.[35] Die Verbindung dieser beiden Gebäudetypen führt er nicht nur auf Albertis klassische Baugesinnung, sondern auch auf den Versuch zurück, der Kirche eine „angemessene Form" zu geben. Außerdem habe Alberti im Triumphbogen das ideale Architekturmotiv gefunden, um zwei öffentliche Räume, nämlich das Innere einer Kirche und ihren Vorplatz, miteinander zu verbinden.[36]

Gegenüber Lorch ist Grafton insofern im Vorteil, als er die sich für *Sant'Andrea* ausschließenden Begriffe ‚Fassade' und ‚Vorhalle' vermeidet. Dennoch gerät auch er in innere Widersprüche. Als Vorbild für Albertis Architektur führt er einerseits in Übereinstimmung mit der Forschung die 71–73 ‚Portikus' des *Pantheon* an.[37] Andererseits glaubt er, Alberti habe auch vom *Parthenon* gewusst.[38] Im Rekurs auf diese beiden Bauten erkennt er zu Recht ein Paradoxon. Schließlich lasse sich ihre Säulenarchitektur mit Albertis Denken, das den Prinzipien der Wandbauweise verpflichtet sei,[39] nicht vereinbaren. Ein noch größerer Widerspruch ergibt sich indes aus der Tatsache, dass es sich bei der ‚Portikus' des *Pantheon* erneut um eine Vorhalle handelt, die einem anderen Baukörper vorgesetzt ist, während die ‚Portikus' des *Parthenon* (oder eines anderen regulären Tempels) in erster Linie die Frontseite der Peristasis, also eines umlaufenden Baukörpers, ist. Durch die Festlegung auf diese beiden Vorbilder fällt Grafton letzten Endes – trotz einer anderen Terminologie – in die Antinomie von Lorchs Analyse zurück.

Ich denke, die Verlegenheit, die innerhalb der Forschung herrscht, ist nicht zuletzt durch die Uneindeutigkeit von Albertis Architektur bedingt. Als Alberti die Westseite von *Sant'Andrea* entwarf, stand er nämlich vor dem Problem, dass er den mittelalterlichen Campanile, der die Stirn-
206 wand des Langhauses zu einem Teil verdeckt, nicht abtragen durfte. Insofern fiel seine ‚Triumphbogen-Portikus' kleiner aus als die Stirnwand des Langhauses. Allein das erschwert es, von ihr als einer Fassade zu sprechen. Doch selbst wenn man auf die Bezeichnung ‚Fassade' verzichtet und stattdessen von einer „Vorhalle" oder einem „Vorhallenbau" spricht, löst dies nicht das Problem. Um als Vorhalle gelten zu können, bräuchte die ‚Triumphbogen-Portikus' nämlich eine wandhafte Folie, von der sie sich als ein eigenständiger Baukörper abheben könnte. Diese Folie wäre dann die eigentliche Fassade. Zwar besitzt Albertis ‚Triumphbogen-Portikus' in der Stirnwand des Langhauses eine solche Folie, doch wird diese durch den Turm und durch den tunnelartigen Aufsatz, den Alberti über den Giebel der ‚Triumphbogen-Portikus' gestellt hatte, zu einem großen Teil verdeckt. Hinzu kommt, dass die noch sichtbaren Teile der Stirnwand bis auf das schmale Gesims, das die Corona unterhalb des Giebels fortsetzt, völlig nackt sind. Der Betrachter ist daher wenig geneigt, die Stirnwand des Langhauses als Fassade anzuerkennen. Stattdessen betrachtet er die ‚Triumphbogen-Portikus' als die eigentliche Fassade. Dementsprechend nimmt er auch die gegliederte Wand über dem Eingangsportal des Langhauses nicht als einen Teil der Stirnwand, sondern als die Rückwand der ‚Triumphbogen-Portikus' wahr.

Doch selbst wenn man die Front von Albertis ‚Triumphbogen-Portikus' für die eigentliche Kirchenfassade hält, bleibt zu fragen, in welchem Verhältnis der Raum hinter dem Triumphbogen zu

---

35 Wittkower 1990, S. 48; Bertelli 1994, S. 242; Lorch 1999, S. 84; Grafton 2002, S. 466.
36 Grafton 2002, S. 466–472.
37 Bertelli 1999, S. 242–244.

38 Grafton 2002, S. 466–467 verweist vor allem auf die Zeichnungen und Berichte des Cyriacus von Ancona, eines im 15. Jahrhundert lebenden Kaufmanns mit antiquarischen Interessen.
39 Siehe hierzu schon Wittkower 1990, S. 33–36.

dieser Fassade steht. Die Antwort lautet, dass dieser Raum ein genuiner Bestandteil der Fassade ist, es sich aber nicht um eine Vorhalle, sondern um eine Eingangshalle handelt. Jetzt muss nur noch geklärt werden, welches Volumen diese Eingangshalle einnimmt. Auf keinen Fall ist sie auf den von außen einsehbaren Bereich unterhalb der Längstonne beschränkt, wie Lorch meint. Vielmehr erstreckt sie sich über die gesamte Grundfläche der ‚Triumphbogen-Portikus' – wenngleich in unterschiedlicher Höhe. So ist sie über den Anräumen mit den Quertonnen deutlich niedriger als unter dem eigentlichen Triumphbogen. Wie dieser die Tiefe der Fassade offen legt, so lassen die Anräume, die ihrerseits vom Platz aus durch die Seitenportale einsehbar sind, ihre Breite erahnen. Auf genau diese räumliche Wirkung setzt eine Vedute aus dem 18. Jahrhundert, die sich heute in der Plansammlung der Technischen Universität zu Berlin befindet.[40]

Doch selbst wenn man – wie etwa in der reinen Frontalansicht – die Anräume nicht bemerkt, erkennt man, dass es sich bei der ‚Triumphbogen-Portikus' um eine raumhaltige Fassade handelt. Der Bereich hinter dem Triumphbogen lässt sich nämlich gar nicht losgelöst von der Fassade betrachten. Wie in Kapitel B 3.3.4.5 noch näher ausgeführt wird, sind die Kantenpilaster, auf denen die Archivolte des Triumphbogens ruht, die vorderen Ausläufer eines imaginären Pfeilergevierts, das mit seinem durchlaufenden Gebälk und der Längstonne eine syntaktische Einheit bildet und den Anschein erweckt, als sei es nachträglich in die ‚Portikus' hinein geschoben. Die Idee, ein kleineres Pfeilergeviert in eine kolossale Architektur zu schieben, setzt aber voraus, dass Letztere per se raumhaltig ist. Schlüters Berliner Konzept einer Stockwerksarchitektur, die sich tiefenräumlich fortsetzt, ist hier in nuce schon angelegt. Es genügte, die wandhaften Kantenpilaster, die bei Alberti nur auf der imaginären Ebene souveräne Pfeiler abgeben, durch die Gliederarchitektur von tatsächlich freistehenden Vollsäulen zu ersetzen (wie Masaccio sich dies in malerischer Freiheit an der Scheinarchitektur seiner „Heiligen Dreifaltigkeit" in *Santa Maria Novella* erlauben konnte), und schon hätte man eine ähnliche Lösung wie im oberen Hauptgeschoss der seitlichen Schlüterhofrisalite.

2.1.3 Grund II: Die Verdeckung des Raumes durch Verglasung

In seinem Überblickswerk über den Barock bezeichnete Christian Norberg-Schulz 1986 den *Petersplatz* in Rom als

„[…] ein überragendes Beispiel von Raumkomposition, wert seiner Funktion als Hauptbrennpunkt der katholischen Welt. Er zeigt, wie ein System von Plätzen, welches seiner Umgebung in besonderer Weise verbunden ist, fähig ist, einen Gehalt zu symbolisieren."[41]

Dieses Urteil führt Norberg-Schulz vor allem auf die hinlänglich bekannte Tatsache zurück, dass die von Bernini errichteten *Kolonnaden* durch verschiedenste perspektivische Täuschungen Madernos zu breit geratene Fassade schmaler und höher erscheinen lassen.

Was neben diesen optischen Täuschungen den *Petersplatz* nach Norberg-Schulz „zu einem der großartigsten Plätze, die je konzipiert wurden", macht, sind seine „allgemeinen Raumeigenschaften". Die *Piazza Obliqua* könne man gleichzeitig als offen und geschlossen bezeichnen, der Raum sei klar definiert und doch schaffe die ovale Form eine Ausdehnung entlang der Querachse. Eher als eine statische fertige Form stelle das Oval eine Wechselbeziehung mit der Welt außerhalb her, nicht zuletzt, weil es dank der „transparenten" *Kolonnaden*, durch die man früher in die umliegenden Gärten sehen konnte, als Teil einer weiten, offenen Umgebung erscheine. Als Knotenpunkt der Platzanlage konzentriere der Obelisk schließlich alle Richtungen, um sie zur Kirche hin zu lenken. Diese umarme schließlich nach Berninis eigenen Worten mit den *Kolonnaden* die gesamte Menschheit wie eine Mutter ihre Kinder.[42]

---

40 Vgl. Katalog Alberti 1994, Nr. 143.
41 Norberg-Schulz 1986, S. 30.
42 Norberg-Schulz 1986, S. 27–30.

Die von Norberg-Schulz vorgetragene Analyse des *Petersplatzes* ist für die Art und Weise, wie die Kunstgeschichte Räume, bei denen es sich nicht um reine Innenräume handelt, im Allgemeinen wahrnimmt, in zweierlei Hinsicht repräsentativ: Norberg-Schulz erkennt nur im umbauten Platz einen Raum. Die Frage, inwiefern auch die Fassade oder die *Kolonnaden* raumhaltig sind und in welcher Beziehung deren Räume zum Platzraum stehen, stellt sich ihm nicht. Zudem beschränkt sich die Untersuchung des so definierten Raumes auf seine optische Wirkung, seine ikonologische Bedeutung und seine städtebaulichen Bezüge. Nicht weniger bezeichnend für die eingeschränkte Wahrnehmung von Fassadenräumen durch die Kunstgeschichte ist Theodor Hetzers Versuch, im Rahmen der 1925 erstmals veröffentlichten Studien über die „Italienische Architektur im 15. und 16. Jahrhundert" die von Bramante errichteten und von Raphael und seinen Schülern ausgemalten Loggien des vatikanischen *Damasushofes* mit dem Langhaus von *San Lorenzo* in Florenz zu vergleichen. In diesem Zusammenhang definierte Hetzer die Wandelgänge der Loggien als einen eigenständigen „Raumorganismus" und „Raumleib".[43] Die Betrachtung der Loggien als eines vom Hofraum separierten Innenraums ist ebenso einseitig wie die Analyse des *Petersplatzes* von Norberg-Schulz, nur mit dem Unterschied, dass der Betrachterstandpunkt nicht vor, sondern hinter dem Fassadenspiegel liegt.

14

Wahrscheinlich wären Norberg-Schulz' und Hetzers Beschreibungen anders ausgefallen, wenn sie sich nicht am modernen Erscheinungsbild des Vatikans orientiert hätten. Vergleicht man den heutigen Zustand des *Petersplatzes* und des *Damasushofes* mit Ansichten aus dem 18. und frühen 19. Jahrhundert wie den Veduten von Giovanni Battista Panini und seinem Sohn Francesco[44] oder mit der Lithographie von Antoine Jean Baptiste Thomas (siehe D 2.3), so hat sich auf den ersten Blick bis auf die Abtragung der Uhr am linken Flügel des *Damasushofes* wenig verändert. Dennoch ist die Gesamtwirkung eine ganz andere. Bei näherem Hinsehen erkennt man vier Hauptgründe: Die Loggien des *Damasushofes* waren ursprünglich unverglast. Auch waren die Fenster der Flügel, die den oberen Teil des Platzes, die sog. *Piazza Retta*, einfassen und allgemein als *corridoi* bezeichnet werden, völlig offen, während sie heute bis auf kleine, nun gleichfalls verglaste Binnenfenster vermauert sind. Ebenso waren die oberen Fenster in der Fassade von *Sankt Peter* einst unverglast; selbst die Touristengarderobe im Bogen unter der Balustrade des rechten Torbogens ist eine moderne Zutat. Sogar die Eisengitter in den Eingängen der Vorhalle muss man sich wegdenken.[45] Ein weiterer Unterschied zu früher besteht darin, dass die halbrunden Treppen an den Kopfenden der *Kolonnaden* verschwunden sind.

328, 333
15, 16, 332
329

343
340a, b

338

Der Gegensatz zwischen damals und heute verschärft sich, wenn an sonnigen Tagen die Vorhänge hinter den Fenstern des *Damasushofes*, der *corridoi* und der Fassade von *Sankt Peter* zugezogen sind. Wie Photographien aus den 1950er und 1960er Jahren zeigen, waren zeitweilig selbst die Eingänge zur *Peterskirche* verhangen. Sogar die Lücken zwischen den Gittern und dem Gebälk bzw. den Bögen besaßen vorübergehend eine Verglasung. Die Fassaden wirkten so noch geschlossener. An den *corridoi* tat die milchige Trübung der damals noch unrestaurierten Gläser ein Übriges, um diesen Eindruck zu verstärken.

15, 16
332, 329

Bei Panini und Thomas erscheinen Kirchenfront, *corridoi* und Hofwände im Vergleich zu heute weniger massiv, offener und plastischer. Jetzt zeigt sich, dass der *Damasushof* eigentlich von Loggien

---

43 Hetzer 1925, S. 339.

44 Zu Francesco Paninis Stich siehe den Beitrag von Alessandra Rodolfo, die das Raumproblem allerdings nicht anspricht (Rodolfo 2005, S. 196–197).

45 In den drei inneren Achsen wurden sie unter Urban VIII., in den beiden äußeren Achsen sogar erst unter Pius VI. eingesetzt (vgl. Buchowiecki/Kuhn-Forte 1967–1997, Bd. 1, S. 138). Ursprünglich präsentierte sich das untere Geschoss der Fassade also wie auf Thomas' Lithographie, der die Gitter – aus welchen Gründen auch immer – gar nicht erst eingezeichnet hatte. (Selbst wenn die Gitterflügel anlässlich der dargestellten Spendung des Segens *Urbi et orbi* geöffnet waren, hätte Thomas wenigstens die Rahmen mit den breiten Stürzen wiedergeben müssen, wie Panini es korrekterweise auf dem Gemälde „Der Einzug Karls III. von Neapel im Jahre 1745 in den Vatikan" tat.)

eingefasst ist. Deren Fresken erstrahlen bei Panini im Licht der tief stehenden Abendsonne. Zugleich scheint die Sonne durch den offenen südlichen *corridoio* (der nördliche ist unmittelbar an den *Vatikanischen Palast* gebaut) und durchsetzt so die Schatten, die auf die Piazza fallen, mit hellen Flecken. Je tiefer die Sonne stand, desto ausgeprägter muss dieser Effekt einst gewesen sein – zumindest solange der Bereich hinter dem nördlichen *corridoio* noch nicht mit hohen Häusern bebaut war. Bei Thomas erzeugt der höhere Sonnenstand hingegen malerische Hell-Dunkel-Kontraste.

Vor allem aber dokumentieren beide Darstellungen, dass die Loggien des *Damasushofes* und die *corridoi* eine räumliche Tiefe besaßen. Wenn Massimo Birindelli in seiner monographischen Studie über den *Petersplatz* den *Damasushof* als eine „kontinuierliche Trennwand" bezeichnete[46] und Norberg-Schulz die *corridoi* als „Seitenwände der *Piazza Retta*" bezeichnete[47], so sind beide Aussagen vor dem Hintergrund der Bildquellen nicht mehr aufrechtzuerhalten. Darüber hinaus erweist sich bei Panini und Thomas auch die Raumhaltigkeit der Kirchenfront als größer.

Solange ihre Raumhaltigkeit offensichtlich war, standen alle diese Teile nicht nur in einem sehr viel engeren Verhältnis zueinander, sondern auch zu den *Kolonnaden*, die ihre Körperlichkeit, ihr malerisches Chiaro-Scuro und ihre Räumlichkeit als Einzige bewahrt haben. Heute erwecken die *Kolonnaden* den Anschein, sie seien den wandhaften *corridoi* mehr oder weniger willkürlich angestückt. Dass Bernini mit ihnen die Säulen von Madernos Vorhalle und von Bramantes oberer Loggia wiederholte, muss man sich erst wieder bewusst machen.

343

Des Weiteren korrespondierten die Bögen in der Eingangshalle, die Durchfahrten der Turmstümpfe und die Fenster der Benediktionssala einst sehr viel mehr mit den Fenstern der *corridoi* und den Arkaden des *Damasushofes*. Letztere waren ihrerseits einst als Pendants zu den offenen Arkaden der *Alten vatikanischen Loggia* (um 1470/80) begonnen worden. Nicht zuletzt öffneten sich alle Baukörper in viel höherem Maße dem *Petersplatz* und bildeten so eine Einheit, die heute gleichfalls verloren gegangen ist.

232, 330

Letztlich ergeben die Eingangshalle und die Benediktionssala, die in den *corridoi* enthaltenen Wandelgänge, die nach Westen im rechten Winkel an die Eingangshalle anschließen und nach Osten über die halbrunden Treppen in das Oval der sog. *Piazza Obliqua* münden, zugleich aber auch in die Wandelgänge der *Kolonnaden* übergehen, mit diesen einen räumlichen Verbund, der sich seinerseits um den Raum des Platzes legt. Dieser räumliche Verbund lässt sich sogar noch weiter fassen. Nach Westen schließt sich an den nördlichen *corridoio* in exakter axialer Verlängerung die *Scala Regia* an. Im Osten verlief auf derselben Achse bis zum Bau der *Via della Conciliazione* der *Borgo Nuovo*. Der offene Straßenraum ging also schrittweise in einen überbauten Platzraum (*Kolonnaden*), einen umbauten Platzraum (*corridoio*) und schließlich in einen Innenraum (*Scala Regia*) über. Diese Metamorphose ist heute gleichfalls nicht mehr wahrnehmbar. Auch Birindelli stellte fest, dass diese einzelnen Baukörper eine feste Abfolge bilden. Bezeichnenderweise erkannte er aber nur ihre geometrische Kohärenz.[48]

397–399

390

Von der ganzheitlichen Wirkung abgesehen, hat sich auch die Einzelerscheinung der Baukörper verändert. Am deutlichsten wird dies im *Damasushof*, auf den ich zur Veranschaulichung der Problematik an dieser Stelle näher eingehen möchte, während ich die Raumhaltigkeit der Petersfassade, der *corridoi* und der *Kolonnaden* erst in Abschnitt D untersuchen werde.

Die drei Obergeschosse der Hofwände bestehen aus einer reinen Gliederbauweise: Im ersten und zweiten Obergeschoss bilden Arkaden, die gleichsam in eine Pilasterordnung eingestellt sind, eine kontinuierliche Folge von Theatermotiven. Im dritten Obergeschoss sind die Arkaden fortgelassen und die Pilaster durch Vollsäulen ersetzt worden. Um die Fresken im Innern der Loggien aus der Zeit Leos X. vor Temperatur- und Feuchtigkeitsschwankungen zu schützen, veranlasste Pius IX. 1854, dass an die Außenkanten der Arkadenpfosten und zwischen die Säulen der Kolonnaden Glasfenster

333

14, 334

---

46 Birindelli 1987, S. 127–128.
47 Norberg-Schulz 1986, S. 27.
48 Birindelli 1987, S. 107–111 u. 126.

gesetzt wurden.⁴⁹ Außerdem ließ er hinter den Scheiben Vorhänge anbringen, die einen direkten Lichteinfall verhindern. Nicht zuletzt wurden die aus Balustern gebildeten Brüstungen verfüllt.

Die ästhetischen Auswirkungen dieser konservatorischen Maßnahme sind erheblich. Zum einen veränderte sich die Semantik der einzelnen Architekturglieder. Die Arkaden wirken nicht mehr wie Bögen, die in den Interkolumnien einer Pfeilerreihe stehen, sondern wie steinerne Fensterrahmen. Die Säulen des obersten Geschosses erscheinen als Halbsäulen, was ihrem eigentlichen Charakter als freistehenden, rundum ansichtigen Baugliedern völlig widerspricht.

Des Weiteren wurde die Syntax der Fassaden gestört. Als Strukturelemente fallen die Säulen nur noch zur Hälfte, die Arkaden so gut wie gar nicht mehr ins Gewicht. Da die Pilaster kaum ein eigenes Relief haben, sind eigentlich alle vertikalen Gliederungselemente von der Glaswand absorbiert worden. So dominieren jetzt die Gebälke als horizontale Elemente und setzen damit völlig einseitige Akzente.

Außerdem änderten sich die Proportionen der Fassaden. Als besonders problematisch erweist sich die Vermauerung der Balusterbrüstungen, die mit der Verglasung zwangsläufig einherging. Sie verkürzt die Arkaden optisch, was diese gedrungen aussehen lässt und den Vertikalismus der Gliederung zusätzlich schwächt.

Am nachteiligsten wirkt sich jedoch der Verlust der Raumhaltigkeit aus. Der gesamte Palast hat sich gegenüber dem Hof abgeschottet. Die Vorhänge verhindern sogar einen Blick durch die Fenster. Die wechselseitige räumliche Verschränkung ist damit völlig aufgehoben. Weder greift der Hof in die Wandelgänge über noch dringen diese in Gestalt des Balkons, der die Mittelachse der Nordseite akzentuiert, in den Hofbereich vor. Stattdessen wirkt der Balkon samt den Säulen, die ihn tragen, als bloße Applikation. Selbst seine offene Balustrade erscheint nur noch mittelbar als Verlängerung der Fensterbrüstungen.

14 Wie ein Blick in das Innere der Loggien zeigt, setzt sich die Struktur der Arkaden in den Gurtbögen des Muldengewölbes und in den Blendbögen der Rückwände fort. Die Arkaden sind also eigentlich die Stirnseiten quadratischer Raumparzellen. Aneinandergereiht entfalteten sie einst
33 eine höchst reiche szenographische Wirkung. Für den Betrachter, der sich im Hof aufhielt, änderte sich der Grad der Unteransichtigkeit, der Schräg- und der Frontalansicht sowie der optischen Verkürzungen von Geschoss zu Geschoss und von Achse zu Achse. Ein Wechsel des Standpunkts beim Umhergehen machte aus der Fülle an unterschiedlichen Ansichten sogar ein permanentes kinästhetisches Erlebnis.

Indes ist durch die Fenster nicht nur die architektonische Konzeption verunklärt worden. Auch die Fresken können ihre Polychromie nicht mehr zur Geltung bringen. Das betrifft nicht zuletzt
334 die Bemalung der Muldengewölbe, die allein schon in ihrer architektonischen Struktur auf Unteransichtigkeit berechnet sind.

Mindestens ebenso sehr wie der Blick vom Hof in die Loggien leidet die Aussicht aus den Loggien in den Hof. Einst gestatteten die offenen Arkaden dem Besucher, von einer Loggia über den Hof in die gegenüberliegende Loggia zu blicken. Da die Loggien darüber hinaus auch mit den angrenzenden Gemächern durch Fenster verbunden sind, ergab sich bei idealen Verhältnissen sogar ein Blick durch insgesamt fünf Raumschichten (Gemach – Loggia – Hofraum – Loggia – Gemach).

Die Funktion der Loggien als nach beiden Seiten offene Zwischenräume, die den Hof und die Zimmer des Palastes verbanden, wurde durch die Ausmalung hervorgehoben. Raphael hatte die Flächen zwischen den Blendbögen und den Rahmen der Fenster und Türen nämlich mit Festons vor azurblauem Hintergrund gefüllt. Damit suggerierte er, die Fenster und Türen stünden frei in den Arkaden. Durch die Zwischenräume, in denen die Girlanden scheinbar hängen, geht der Blick

---

49 Entsprechend ist der Fenstersturz über dem Hauptportal mit der Inschrift PIUS IX P[ONTIFEX] M[AXIMUS] AN[NO PONTIFICATUS SUI] VIII versehen.

des Betrachters in eine imaginäre Weite. Darüber hinaus bedeckte Raphael alle blinden Fenster mit Landschaftsmalereien. Auch gestaltete er jedes zweite Gewölbe als eine offene Scheinarchitektur, durch die der Betrachter die Vögel und Wolken des Himmels zu sehen glaubt.

Die Architektur gab ursprünglich also vor, aus einer Folge a l l s e i t s offener Arkadengevierte zu bestehen, die lediglich an den Rückseiten und an einigen Gewölben teilweise verstellt waren. Mit dem von Hetzer beschriebenen Innenraumcharakter hatte dies nichts zu tun. Erst durch die Verglasung und Verhängung der Hofarkaden, mit der zu allem Überfluss auch eine Schließung der Zimmerfenster durch Gardinen und hölzerne Schlagläden einherging, wurden die Loggien zu langen, schmalen Korridoren, die ihre räumliche Wirkung nur noch hinter dem Fassadenspiegel und nur noch in eine Richtung entfalten.

Über all diese ästhetischen Einbußen hinaus verlor Bramantes Architektur ihre kommunikative Funktion. Wie mehrere Ansichten des angrenzenden *Belvederehofs* zeigen, dienten die Loggien bei festlichen Anlässen auch als Logen. Nun sind sie zu reinen Korridoren bzw. zu reinen Gemäldegalerien reduziert worden.   *54*

Welch szenographisches Potenzial bemalte Loggien bisweilen besaßen, zumal wenn man durch sie hindurchsehen konnte und sie in irgendeiner Art und Weise belebt waren, hat Agostino Tassi an der Südwand der Sala dei Palafrenieri im *Palazzo Lancellotti* zu Rom exemplarisch demonstriert: Mithilfe solcher Fresken müssen wir jene Eindrücke rekonstruieren, welche reale Architekturen einst vermittelten.   *365*

Kehren wir nach diesem Exkurs noch einmal zum gesamten Ensemble zurück. Während die Raum h a l t i g k e i t, wie eben gesehen, von der Architektur abhängt, handelt es sich bei der Raum w i r k u n g niemals um eine konstante Größe. Dies gilt auch dann, wenn die Architektur unangetastet bleibt. Wie der Vergleich zwischen Paninis Vedute und Thomas' Lithographie lehrt, hängen die Wahrnehmung und die Wirkung des Raumes auch von äußeren Faktoren wie den Lichtverhältnissen und dem Betrachterstandpunkt ab. So waren die Loggien des *Damasushofes* in der Abendsonne sicherlich besonders gut einsehbar. Im Halbschatten der Mittagssonne dürfte jedoch ihre räumliche Tiefe besser zur Geltung gekommen sein. Am wenigsten raumhaltig wirkten sie vielleicht im Schatten der Morgensonne. Die *corridoi* erschienen in der Schrägansicht geschlossener als in der Frontalansicht. Bei den *Kolonnaden* muss der Betrachter seinen Standort nicht einmal wechseln, um die unterschiedliche Raumwirkung zu erleben. Blickt er von einem der Fokusse, auf die Bernini seine Säulenreihen ausrichtete, so sind die *Kolonnaden* in der Mitte, wo die Säulen exakt hintereinander stehen, transparent. Zu den Seiten hin verliert sich diese Transparenz zunehmend.   *15, 329*   *344*

2.1.4 Grund III: Die Verschmutzung von Fassaden

Eine Fassade, die uns einen etwaigen Eindruck von der einstigen Wirkung des *Damasushofes* vermittelt, ist die von Domenico und Giovanni Fontana zwischen 1586 und 1589 erbaute *Nordfront von San Giovanni in Laterano*. Besonders in der Benediktionsloggia, die im Unterschied zum *portico* unvergittert ist, leuchten die unter der Aufsicht von Cesare Nebbia und Giovanni Guerra geschaffenen Wand- und Deckenfresken aus der Tiefe des Fassadenraums hervor und kontrastieren zugleich wirkungsvoll mit dem hellen Travertin des Fassadenspiegels.   *243*

Eine Besonderheit, welche die Fassade auch von den Loggien des *Damasushofes* unterscheidet, besteht in der Mittelachse des Obergeschosses. Deren Rückwand ist als einzige vollständig freskiert. Umringt von seinem Gefolge spendet ein wohl als Sixtus V. zu identifizierender Papst von seinem Thron aus den Segen.[50] Das Medium des gemalten Bildes lässt die Funktion der Log-

---

50 Nach Torchetti 1993, S. 124 handelt es sich vielleicht um Pius V. oder Clemens VIII. Wegen der städtebaulichen Bezüge (vgl. D 6.2) ist aber eine Identifizierung als Sixtus V. am wahrscheinlichsten.

gia auch außerhalb ihrer liturgischen Nutzung sinnfällig werden. Ebenso perpetuiert es die päpstliche Präsenz.

Diese bildliche Inszenierung wirkt umso glaubhafter, als sie mit der Realarchitektur eine enge Verbindung eingeht. Die seitlichen Arkaden des Fassadenspiegels werden an der Rückwand als Blendarkaden wiederholt. Auch sind sie mit diesen durch Stichkappen verbunden, wobei die farbige Fassung der Grate als Rippen die strukturelle Zusammengehörigkeit verstärkt. Im Fresko der Mittelachse geht die Blendarchitektur in eine Scheinarchitektur über, deren allseitige Arkatur sogar als unmittelbare Verlängerung der wirklichen Arkaden erscheint Die Fresken machen den Fassadenraum also nicht nur optisch fassbarer, indem sie ihn auskleiden; sie verlängern ihn auch nach hinten.

Wie wichtig die Farbigkeit und die Struktur der Fresken für die Raumwirkung sind, wird deutlich, wenn man Aufnahmen der Fassade vor ihrer letzten Restaurierung betrachtet. Durch die Verunreinigung von Malerei und Architektur waren *portico* und *loggia* selbst bei günstigen Lichtverhältnissen in ein diffuses Dunkel getaucht, das ihre Ausmaße kaum erahnen, geschweige denn ihre ikonographischen und szenographischen Qualitäten erkennbar werden ließ. Auch waren Partien des Fassadenspiegels so verschmutzt, dass sie sich nur ungenügend von der dunklen Folie abhoben. Es mag trivial klingen, doch kann die Verschmutzung von Fassaden den Blick für ihre Raumhaltigkeit im buchstäblichen Sinne ebenso trüben wie die Versiegelung der Öffnungen.

2.1.5 Grund IV: Der Verzicht auf die Analyse des ursprünglichen Zustandes

Doch selbst wenn die Raumhaltigkeit einer Architektur erkannt wird, bedeutet dies noch lange nicht, dass sie als solche auch gewürdigt wird – nicht einmal von der Forschung.

Noch deutlicher als der *Damasushof* zeigt der Hofrisalit des *Hôtel Lambert* in Paris, wie sehr der durch Verglasung bedingte Verlust von Raumhaltigkeit nicht nur die szenographische Wirkung einer barocken Architektur beeinträchtigt, sondern auch das Gliederungssystem des Fassadenaufrisses verunklärt. Das Hôtel war zwischen 1642 und 1644 von Louis Le Vau für Jean-Baptiste Lambert de Thorigny, den Berater und Sekretär Ludwigs XIV., erbaut worden. Damals, als nur die Besitzer sowie deren Bedienstete und Besucher das Areal betraten, reichte es aus, den Komplex zur Straße hin zu schließen. Später, als das Anwesen unterschiedliche Nutzer und Besucher anzog, mussten der Haupteingang im Risalit und die verschiedenen Nebeneingänge separat gesichert werden. Eine Verglasung des unteren Risalitgeschosses wurde unvermeidlich. Da es recht befremdlich gewirkt hätte, wenn der untere Teil eines Gebäudes Fenster besessen hätte, der obere aber nicht, erhielt auch das zweite Geschoss eine Verglasung. Zugleich wurde auf diese Weise ein zusätzlicher Witterungsschutz erreicht.

Wie sehr diese Veränderungen Le Vaus Architektur beeinträchtigen, wird deutlich, wenn man sich seine ursprüngliche Konzeption des Hofes vor Augen hält. Diese ist in Jacques-François Blondels „Architecture Françoise" (1752–1756) überliefert,[51] und zwar in den Grundrissen der beiden Hauptgeschosse sowie in einem Quer- und einem Längsschnitt. Den Innenhof dominiert ein übergiebelter dreiachsiger Risalit, dem sich zwei konkave Rücklagen anschließen. Innerhalb des Risalits trägt eine dorische eine ionische Kolonnade. In die ionischen Interkolumnien ist eine aus Balustern gebildete Brüstung gesetzt. Diese völlig offene Gliederbauweise geht in den Rücklagen in eine Wandbauweise über. Blondels Stecher hat diesen Übergang nicht hervorgehoben, gab er den Interkolumnien des Risalits und den Fenstern der Rücklagen doch dieselbe Schraffur. Umso deutlicher dokumentierte Le Vau den Wechsel, und zwar durch seine Gliederung. An den Rücklagen löste er die Säulen des Risalits durch Pilaster ab. In der

---
51 Blondel 1752–1756, o. S.

unteren Hälfte der dorischen Travée versah er die Wand mit Bandquadern, in der oberen Hälfte sowie in der ionischen Travée ließ er sie glatt. Allerdings ist die Wand in allen drei Ebenen weitgehend durchbrochen. Die Bandquader bilden eine Durchfahrt, in die glatten Flächen darüber sind riesige Fensterrahmen eingelassen, wobei das obere Fenster die gleiche Brüstung besitzt wie die ionische Kolonnade.

Da das Hofniveau zur Straße hin leicht abfällt, geht das untere rustizierte Wandfeld der konkaven Ecken an den Längsseiten in ein reguläres Sockelgeschoss über. Im ersten Hauptgeschoss wechseln sich hochrechteckige Fenster mit vertäfelten Wandstreifen ab. Darüber läuft das Gebälk der dorischen Ordnung weiter. Jedoch hat es jetzt seine tektonische Qualität vollkommen eingebüßt und ist zum reinen Relief geworden. Dies zeigt sich nicht zuletzt daran, dass die Fensterrahmen den Architrav überschneiden und dabei ihrerseits von der Taenia, der Regula und den Guttae der Triglyphen übergriffen werden. Das dritte Geschoss besitzt im Prinzip die gleiche Gliederung. Allerdings liegt sein Gebälk tiefer als das der ionischen Risalit-Ordnung.

Mit dem Übergang von der Gliederbauweise zu einer den Gliederbau konterkarierenden Wandbauweise geht ein Wechsel von der Offenheit zur Geschlossenheit einher. Wie der Aufriss deutlich zeigt, plante Le Vau den Risalit völlig fensterlos. Die beiden Geschosse ergeben also eigentlich eine Eingangshalle und eine Loggia mit offener Galerie. Da diese Räume nicht vorstehen, sondern in das Gebäude inkorporiert sind, greift die Fassade durch sie nicht in den Hof aus, sondern lässt diesen in sich ein.

Für die Raumwirkung ist ferner entscheidend, dass Eingangshalle und Loggia zusammen die Funktion eines Stiegenhauses übernehmen. Mit den Postamenten der dorischen Ordnung setzt eine Treppe an, die zu einer Arkade führt. Diese wird von Pilastern flankiert, die ihrerseits die Säulen der Fassade hinterlegen. Im Grunde haben wir es also mit einem dreidimensionalen, tiefenräumlichen Theatermotiv zu tun, bei dem sich die applizierte Kolonnade von der Arkade abgesetzt hat.

Der Abstand zwischen den Säulen und der Arkade ist sogar so groß, dass man von einem kleinen Zwischenraum sprechen kann. An den Schmalseiten dieses Zwischenraums hat Le Vau das Gebälk der Kolonnade nach hinten gezogen, um es über den Arkaden wieder zusammenlaufen zu lassen. Auf diese Weise hob er noch mehr hervor, dass er sich die Arkade und die beiden Säulen als eine semantische und räumliche Einheit dachte.

Obwohl der Bogen der Arkade als profilierte Archivolte ausgebildet ist und bis an das Gebälk reicht und obwohl die Kämpfer an Kapitelle erinnern, ist die Arkade nicht gliederhaft. Da Le Vau in dieser Planungsphase noch darauf verzichtet hat, auch die seitlichen Interkolumnien der Eingangshalle mit Arkaden zu hinterfangen, lassen sich die Wandstreifen an den Außenkanten der Pilaster nicht wie die inneren Wandstreifen zu Arkadenpfosten umdeuten. Auch aus diesem Grund bleibt der Wandcharakter der Arkade erhalten. Dies wiederum bedeutet, dass die Pilaster, die zwischen den Bögen stehen und die Säulen hinterfangen, nicht als verstellte Pfeiler, sondern als Applikationen zu deuten sind.

Dieser Umstand ist insofern wichtig, als die Gliederarchitektur nun nicht nur an den Seiten, sondern auch in der Tiefe in eine Wandarchitektur übergeht. Die Metamorphose der Architektur vollzieht sich damit auch in der dritten Dimension.

Hinter der Arkade teilt sich die Treppe vor einer weiteren Zwischenwand, in die eine Tür eingelassen ist. Während der linke Arm in das dorische Hauptgeschoss führt, gelangt man auf dem rechten zu einem Wendepodest, das hinter der rechten konkaven Rücklage liegt. Von dort führt die Treppe in gegenläufiger Richtung über ein weiteres Wendepodest auf eine Brücke. Selbige verbindet die Räume, die sich im ionischen Hauptgeschoss hinter den Rücklagen befinden. Als Substruktion der Brücke dienen die dorische Kolonnade und die sie hinterfangende Arkade. Außerhalb der Brücke ist die Decke zwischen dem dorischen und dem ionischen Geschoss durchbrochen. Ebenso ist die Decke über dem ionischen Geschoss perforiert, um den Blick auf eine an der Dachstuhlspitze aufgehängte Scheinkuppel freizugeben.

Hatte Le Vau im ersten Hauptgeschoss das Gebälk der dorischen Kolonnade bis zu den Arkaden zurückgezogen, um den Fassadenraum mit dem Fassadenspiegel in Beziehung zu setzen, so führte er mit derselben Absicht im zweiten Hauptgeschoss die Balustraden der ionischen Interkolumnien in den Geländern der Brücke und der Treppenläufe fort. Zugleich machte er deutlich, dass man sich den Bereich hinter dem Fassadenspiegel als einen einzigen, geschossübergreifenden Raum zu denken hat, der durch die inneren Einbauten lediglich geschichtet wird: durch die Arkade, die Zwischenwand und die Läufe in der Tiefe und durch die perforierten Decken in der Höhe. Diesen doppelten szenographischen Effekt sollte der Besucher dank der offenen Fassade bereits vom Hof aus erleben.

41 Von dieser idealen Konzeption weicht der ausgeführte Zustand, der bei Wilhelm Lübke und Max Semrau dokumentiert ist,[52] in nur zwei entscheidenden Punkten ab: Le Vau verkleinerte die Arkade der Eingangshalle etwas und stellte ihr zwei noch kleinere Arkaden zur Seite. Zwar sind die Wandstreifen neben den Pilastern durch die Anfügung der Seitenarkaden nun gleichfalls in Pfosten umgewandelt worden, doch hat sich die Wandhaftigkeit dadurch nicht in eine Gliederarchitektur aufgelöst. Vielmehr hat die Wandfläche über den verkleinerten Bögen noch zugenommen. An den Längsseiten des Hofes fällt der Übergang von der Glieder- zur Wandbauweise im Vergleich zum Plan sogar noch krasser aus. Im ionischen Geschoss fußt die Vertäfelung der Wandstreifen auf einem Piedestal und einer Basis. Da sie oben aber nicht in ein Kapitell mündet, wird das Motiv des Pilasters gezielt ad absurdum geführt, was den dekorativen Charakter des Gliederungssystems erst recht entlarvt. Auch entfiel mit den Balustersäulchen der Fensterbrüstungen ein weiteres gliederhaftes Bauelement.

40 Vergleicht man nun den Zustand der Fassade zu Beginn des 20. Jahrhunderts mit Le Vaus Plan und der Darstellung bei Lübke und Semrau, so fällt auf, in welchem Maße die damalige Totalverglasung das architektonische Konzept verdarb. Da die Fenster unmittelbar hinter die Säulen gesetzt wurden, blieb der Übergang von der Glieder- zur Wandbauweise zwar noch bei einer Betrachtung der Fassade von der Mitte zu den Seiten, aber nicht mehr bei einer Lesrichtung von vorne nach hinten nachvollziehbar. Ebenso wurden die beiden Risalitgeschosse ihres Charakters als Eingangshalle und als Loggia beraubt. Des Weiteren konnte die Verschränkung zwischen Treppenhaus und Hof nicht mehr nachvollzogen werden. Die Stufen, auf denen die dorischen Säulen stehen, markierten nun nicht mehr den Antritt der Haupttreppe, sondern waren zu einer kleinen Außentreppe abgesondert worden. Diese Trennung unterstrich der Läufer, mit dem lediglich die Treppe hinter den Glastüren belegt war, zusätzlich. Wie die Treppe war auch das tiefenräumliche Theatermotiv in zwei zusammenhanglose Teile zerlegt worden. Ferner war dem Treppenhaus die vordere Raumschicht genommen. Überhaupt ging die gesamte szenographische Wirkung verloren. Nicht zuletzt trat ein Effekt ein, den man zunächst gar nicht erwartet hätte: Durch die engmaschigen Sprossen bedingt, wirkten die Säulen kürzer und dadurch gedrungener.

Dass das Problem der Verglasung von der Forschung erkannt wurde, zeigt ein Aufsatz von Jules Vacquier aus dem Jahr 1921. Im Unterschied zu Hans Rose, der sich in seiner nur ein Jahr später erschienenen Monographie über den „Spätbarock" noch fragte, warum die Säulenordnungen des Hofrisalits „seltsamerweise beide als verglaste Loggien behandelt sind", und darin „eine gewisse Unschlüssigkeit zwischen den Bedingungen des Innen- und Außenbaus" sah[53], erkannte Vacquier, dass die Verglasung erst später angebracht worden war. Da sie wegen der „rigueur du climat" aber nach wie vor unumgänglich sei, forderte er nicht ihre Entfernung, sondern nur, sie von den Kolonnaden in die Arkaden zu verlegen, damit diese „transformation rendrait toute sa grâce à cet avant-corps".[54] Vacquiers Forderung fand tatsächlich Gehör. Die Glastüren hinter der

---

52 Lübke/Semrau 1907, Bd. 4, S. 63, Abb. 56. 54 Vacquier 1921, S. 10.
53 Rose 1922, S. 149.

dorischen Kolonnade wurden entfernt und stattdessen möglichst unauffällige Fenster in die Arkaden gesetzt. Die Säulen wirken nun wieder besser proportioniert. Auch kommt es wenigstens in Ansätzen wieder zu einer Tiefenräumlichkeit, vor allem im Bereich des Theatermotivs. Da das Obergeschoss aber geschlossen blieb und auch die moderne Verglasung das Treppenhaus vom Hof abschottet, ist die einstige Wirkung noch längst nicht wiederhergestellt. Vor allem aber steht bis heute eine angemessene Interpretation von Le Vaus ursprünglichem Konzept, das hier nur flüchtig skizziert werden konnte, aus.

So wies beispielsweise Cyril Bordier in seiner zweibändigen Le Vau-Biographie zwar auf den einstigen Zustand hin, doch sah er in diesem lediglich eine Erinnerung an Palladios *Villa Pisani*. Auf die besondere Wirkung, die diese „scénographie de l'escalier-loggia" entfaltete, auf das so fein nuancierte Wechselverhältnis von Fassadenraum und Aufriss und auf das Verhältnis des Fassadenraums zur übrigen Hofarchitektur ging Bordier nicht näher ein.[55] Aber auch in Bezug auf das palladianische Vorbild greift seine Analyse zu kurz. Die Ähnlichkeit mit der *Villa Pisani* beschränkt sich auf die Anzahl der Säulen sowie auf den offenen *portico* und die offene Loggia. Letztere haben bei Palladio jedoch geschlossene Rückwände und stehen deshalb mit dem Innenraum in keinerlei Beziehung. Ganz anders verhält es sich in Palladios Entwurf für die *Villa des Grafen Giovanni dalla* [sic] *Torre* in Verona[56], der leider unausgeführt blieb. Hier sind die Säulen in beiden Fassadengeschossen die unmittelbaren Ausläufer von übereinanderstehenden Galerien, die den zweigeschossigen, bis in die „Höhe des Daches" hinaufreichenden Hauptsaal umgeben. Hinter der Stirnwand des Saals verläuft eine doppelarmige Treppe.

44

Eigentlich ist Le Vaus Hôtel eine stark zusammengeschobene Fassung von Palladios Entwurf. Palladios Idee, zwei übereinanderstehende Kolonnaden einer offenen Fassade in einen den gesamten Baukörper füllenden Gesamtraum einzubeziehen und innerhalb desselben *portico* und Treppe bipolar anzuordnen, ist jedoch noch zu erkennen – vorausgesetzt man begreift Fassade und Raum als eine Einheit.

2.2 Die Vernachlässigung durch die Denkmalpflege

Die nachträgliche Verglasung des *Damasushofes*, der Fassade von *Sankt Peter* und der *corridoi* sowie des Hofrisalits des *Hôtel Lambert* zeigt, dass nicht nur die kunstgeschichtliche Forschung des 20. Jahrhunderts den Blick für die Raumhaltigkeit mancher Fassaden verloren hat. Offensichtlich fehlte schon im 19. Jahrhundert das Gespür für die ursprüngliche Raumkonzeption historischer Fassaden. Zumindest wurde der Konservierung, dem Schutz vor Witterung und dem Bedürfnis nach mehr Sicherheit ein höherer Stellenwert zugesprochen als der optischen Wirkung.

Fraglos wäre gerade im *Damasushof* die Rekonstruktion des ursprünglichen architektonischen Erscheinungsbildes angesichts höherrangiger denkmalpflegerischer Belange – in diesem Fall der Konservierung der Raphael-Fresken – nicht gerechtfertigt. Andererseits gibt es Bauten, bei denen eine Öffnung der Fassade viel leichter fiele. Ein solches Beispiel ist der Wendelstein des *Torgauer Schlosses*, dessen Charakter als Treppenanlage, als Raum der höfischen Repräsentation und als architektonisches Capriccio (siehe Kap. C 10.4) heute nur erkennbar ist, weil man ihn mittlerweile wieder von außen einsehen kann. Dasselbe gälte für den Wendelstein der *Albrechtsburg zu Meißen*. Hier wurde die Verglasung jedoch noch nicht rückgängig gemacht,[57]

333
332
14, 334

---

55 Bordier 1998, Bd. I, S. 149–152.
56 Palladio (1984), II 17, Abb. 93.

57 Dass der Wendelstein ursprünglich offen war, belegt Müller 1998, S. 132.

was umso bedauerlicher ist, als der Meißener Wendelstein eindeutig als Pendant zu den offenen Türmen des benachbarten *Domes Sankt Johannes und Donatus* errichtet wurde.

Ein besonders negatives Beispiel aus jüngerer Zeit ist die Verglasung des Treppenhauses von Schinkels *Altem Museum* in Berlin, die ohne jede konservatorische Notwendigkeit erfolgte. Von dem auffälligen Neonschriftzug, der an der Glaswand angebracht wurde, einmal abgesehen, konterkariert dieser Eingriff Schinkels Konzept in gleich dreifacher Weise: Erstens verstellt die Glaswand den von Schinkel „fast mystifiziert[en]" Fernblick vom Lustgarten in das Treppenhaus, auf den 2001 Andreas Haus in seiner Schinkelmonographie hingewiesen hat.[58] Zweitens verhindert sie, dass man in umgekehrter Richtung von der oberen Galerie des Treppenhauses ungehindert in den Lustgarten blicken kann. Darüber hinaus konterkariert die Glaswand das Verhältnis, welches das Treppenhaus zu den Treppenhäusern der angrenzenden Bauten besaß. Drittens unterbricht sie die Raummetamorphose, die sich aus dem Übergang vom Freiraum des Lustgartens über den Vorraum der Säulenhalle und den Binnenraum des Treppenhauses zum reinen Innenraum der Rotunde ergab.

Wie wichtig Schinkel die Wahrnehmung des offenen Treppenhauses vom Lustgarten, aber auch von der Schlossbrücke aus war, dokumentierte er in seiner „Sammlung architektonischer Entwürfe". Die perspektivische Schrägansicht[59] wie der Aufriss[60] zeigen, in welchem Maße die Wandfresken der Vorhalle mit denen des Treppenhauses eine Einheit bildeten. Beide zusammen sollten nach Schinkels eigenen Worten „durch die Säulenreihe gesehen [...] dem Gebäude ein heiteres Äußeres verleihen".[61] Darüber hinaus zeigt die Schrägansicht, dass die Ecken des Treppenhauses exakt mit den Kanten des quadratischen Aufbaus über der Rotunde fluchten. Der Treppenkasten bildet also die Negativform des Aufbaus und ist damit das entscheidende Bindeglied zwischen Innen und Außen.

Was den zweiten Aspekt betrifft, den Blick aus der Tiefe des Raumes durch die doppelte Säulenreihe auf den Lustgarten, das *Stadtschloss* und die *Friedrichwerdersche Kirche*, so schätzten ihn nicht nur Maler wie Carl Daniel Freydanck oder Michael Carl Gregorovius. Auch Schinkel selbst legte ihn den Besuchern nahe. Auf einem Stich in den „Architektonischen Entwürfen"[62] beugt sich ein junger Mann links über das Treppengeländer, um aus dem Treppenhaus Richtung *Schloss* zu sehen. Schinkel hatte nämlich, wie er selbst schrieb, den „doppelten Aufgang der Haupttreppen [...] so angeordnet, daß man im Hinaufsteigen und auf dem obern Ruheplatz, der einen Altan in der Halle bildet, die Aussicht durch die Säulenhalle auf den Platz behält."[63]

Dieser Gegenblick nach draußen lag umso näher, als Schinkel die Fassade seines Museums auf einige der Bauten, die man sah, bewusst abgestimmt hatte: Nach Haus betraf dies vor allem die Proportionen des *Schlosses* und die Säulen des gleichfalls von Schinkel errichteten *Domes*.[64] Darüber hinaus wiederholte Schinkels raumhaltige Fassade natürlich die offenen Treppenhäuser des *Schlüterhofes*. Der Blick von innen nach außen setzt in gewissem Sinne also den Blick von außen nach innen voraus und umgekehrt. Dass diese wechselseitige Referenz in Schinkels Werk kein Einzelfall war, beweist das Bühnenbild, das der Architekt für die Eröffnung des *Berliner Schauspielhauses* wählte. Wie ein weiterer Stich aus den „Architektonischen Entwürfen" zeigt[65], stellte das Bühnenbild den *Gendarmenmarkt* dar. Der Besucher sah also von außen auf das Gebäude, in dem er sich gerade befand. Dem Betrachter des Stiches gewährte Schinkel sogar einen doppelten Blick:

---

58 Haus 2001, S. 224.
59 Schinkel 1819.1840, Blatt 13, Tf. 7.
60 Schinkel 1840–1843, Blatt 17, Tf. 9.
61 Schinkel 1840–1843, Blatt 18.
62 Schinkel 1840–1843, Blatt 25, Tf. 13.
63 Schinkel 1840–1843, Blatt 18.
64 Haus 2001, S. 227. Hierzu Schinkel selbst: „Die Ausdehnung des Platzes, auf welchem das Gebäude steht, die Nachbarschaft des Königlichen Schlosses und des prächtigen Zeughauses verlangten großartige Verhältnisse; deshalb habe ich vorgezogen, anstatt die beiden Hauptgeschosse durch zwei übereinander stehende Ordnungen zu charakterisieren, eine einzige Ordnung durchzuführen, die aus der vordern großen Säulenhalle hervorgeht" (Schinkel 1840–1843, Blatt 22).
65 Schinkel 1840–1843, Blatt 149, Tf. 97.

ins Innere des Theaters und von dort wiederum auf die Fassade. Eben diese Wechselseitigkeit ist am *Alten Museum* durch die künstliche Trennung von Innen- und Außenraum beseitigt worden.

Damit nicht genug, wurde auch Friedrich August Stülers Konzept für die Fassade der *Nationalgalerie* unterlaufen. Nach Stülers Plänen hatte Johann Heinrich Strack von 1866–1876 einen römischen Pseudoperipteros auf ein ungewöhnlich hohes Podium gestellt und diesem eine doppelläufige Stiege vorgeblendet. Letztlich paraphrasiert diese Anordnung die Treppe des *Alten Museums*, mit dem Unterschied freilich, dass die Läufe nicht h i n t e r sondern v o r der Säulenfront stehen, der Platzraum also nicht über die Treppe in den Baukörper eindringt, sondern dieser über die Treppe in den Platzraum ausgreift. Dieses geistreiche dialektische Verhältnis, das nicht zuletzt auch Ausdruck für die so viel zitierte konzeptionelle Einheit der Museumsinsel war, kann heute nicht mehr nachvollzogen werden. (Verlässt man die Museumsinsel und bezieht den nächstgelegenen Bau mit doppelläufiger Treppenanlage und Säulenvorhalle, nämlich Knobelsdorffs *Oper Unter den Linden*, ein, so findet man hier gleichsam die Synthese: Die Treppe liegt nicht vor oder hinter der Säulenfront, sondern sie ist Teil der Tempelvorhalle. Folglich durchdringen sich Platz- und Fassadenraum gegenseitig. Dass auch diese Wirkung durch die stete Anbringung von Plakaten in den Interkolumnien erheblich gemindert wird, erübrigt sich zu sagen.)

Ein nicht weniger drastisches Beispiel für die Negierung eines Fassadenraums ist die *Gloriette* im *Park von Schönbrunn*. Die 1775 auf dem Hügel hinter dem Schloss errichtete Arkadenarchitektur war von Ferdinand Hetzendorf von Hohenberg vor allem als Ruhmestempel und Belvedere konzipiert worden. Mit ihr knüpfte von Hohenberg an Fischer von Erlachs zweites *Schönbrunn-Projekt* an, das an derselben Stelle gleichfalls eine offene Prospektarchitektur vorgesehen hatte.⁶⁶ Wie Fischers Belvedere bekrönte Hohenbergs *Gloriette* die Landschaft als theatralische Staffage, verknüpfte die Längs- mit der Querachse und unterteilte den Gartenraum in einen vorderen und einen hinteren Bereich. Außerdem setzte Hohenberg auf den Effekt des Durchblicks. Gesteigert wurde die Durchdringung von gebauter Architektur und Gartenraum durch das Ausgreifen der doppelläufigen Vortreppe in das Wegesystem und durch die Spiegelung der Fassade in einem schon unter Franz I. 1752 angelegten See.

47

Nur fünf Jahre nach dem Bau der *Gloriette* wurden die Arkaden des Mittelteils verglast, um für den Kaiser einen Salon einzurichten. 1925 wurde diese Maßnahme wieder rückgängig gemacht. 1996 ließ die Wiener Architektin Franziska Ullmann den Mittelbau erneut verglasen, um in ihm ein Café unterzubringen.⁶⁷ Die neue Nutzung wertet die Nebenbedeutung des Baus als Belvedere einseitig auf, seine Hauptfunktion als Ruhmestempel wird dagegen völlig negiert. Da das Café vor allem über die Kopfenden der Seitenflügel erreichbar ist, führt die dem Mittelpavillon vorgelagerte Haupttreppe gegen eine unpassierbare Glaswand. Die Aufgabe des Baus, zwischen den verschiedenen Gartenräumen zu vermitteln sowie Architektur und Landschaft zu einer Einheit zu verschmelzen, kann nur noch von den Seitenflügeln erfüllt werden. Auch ist die von Hetzendorf fraglos beabsichtigte Assoziation mit den zahlreichen Prospektarchitekturen Fischer von Erlachs und der römischen Gartenkunst der Renaissance und des Barock nicht mehr gegeben. Alle diese Bauten zeichnen sich gerade dadurch aus, dass allenfalls die Seitenflügel verglast sind. Die Mitte gewährt hingegen immer einen Durchblick, vor allem dann, wenn dieser Durchblick die Mittelachse des Gartens fortsetzt. Die Gültigkeit dieser Regel lässt sich an Fischers erstem Entwurf für *Schloss Klesheim*⁶⁸, seinem *Prospect eines Garten-Gebäudes*⁶⁹ und seinem *Prospect des hinteren Gebäudes in dem Fürstlichen Liechtensteinischen Garten zu Wien*⁷⁰ ebenso gut beobachten wie an Giacomo Barozzi da Vignolas *Nymphäum der Villa Giulia* (siehe B 2.2.4) oder an Jules Hardouin-Mansarts *Grand Trianon* in Versailles. Selbst im

46

48, 50
51
109, 111
94

---

66 Fischer von Erlach 1721, IV, Tf. 18.
67 Hierzu ausführlich Kapfinger 2003.
68 Fischer von Erlach 1721, IV, Tf. 17.

69 Fischer von Erlach 1721, IV, Tf. 18.
70 Fischer von Erlach 1721, IV, No. 12.

31 *Oberen Belvedere* gestattete die Öffnung des gartenseitigen Vestibüls und der hofseitigen Einfahrt einen Blick durch das Schloss hindurch.

2.3 Die missverständliche Inszenierung im öffentlichen Leben

Der Bereich, in dem die Raumhaltigkeit von Fassaden am meisten negiert wird, ist das sog. öffentliche Leben. Besonders deutlich wird dies, wenn die formale und die ikonographische Wertigkeit eines Fassadenraums im Rahmen einer ephemeren politischen Inszenierung verändert werden. Solche temporären Veränderungen können allein schon durch das Öffnen und Schließen von Fenstern bewirkt werden.

Für ein Fest am 24. Februar 1745[71] oder für den Maskenball, der am 23. Januar 1782 anlässlich der Geburt des Dauphin abgehalten wurde[72], ließ der Pariser Magistrat beispielsweise in der *cour* des *Hôtel de Ville* die Fensterflügel aushängen bzw. die Fensterkreuze ganz entfernen. Während der Feierlichkeiten für die Hochzeit der Prinzessin Louise-Elisabeth von Frankreich im Jahre 1739 war der Hof sogar mit einem Plafond aus Stoff bedeckt.[73] Die Folge dieser Maßnahmen war, dass sich der Innenhof unversehens in eine „grand Salle du Bal"[74], die vier Hoffassaden in Innenwände[75] und die dahinter verlaufenden Korridore in Logen bzw. „balcons"[76] verwandelten.

52 Auch als der Hof für den am 24. Februar 1745 gegebenen *Bal paré* festlich dekoriert wurde, scheinen die Fenster ausgehängt worden zu sein, um die Installation von Kristallüstern in den Arkadenbögen zu ermöglichen. Selbst das Kranzgesims des zweiten Geschosses war illuminiert, was allerdings die Anbringung eines Plafonds ausschloss. Der Charakter des Hofes blieb dadurch zwar erhalten, doch verwandelten sich die Fassaden erneut in offene Lauben. Anne Spagnolo-Stiff hat in ihrer 1996 erschienenen Monographie über die „Entrée Solenelle" und die französische Festarchitektur in der ersten Hälfte des 18. Jahrhunderts den entsprechenden Stich publiziert und das Dekorationssystem auf seinen Stil und seine optische Wirkung hin untersucht. Auf die veränderte Raumwirkung ging sie indes nicht ein.[77] Dies ist umso bedauerlicher, als die Tradition, den Hof durch ein Stoffdach und das Aushängen der Fenster in einen Festsaal zu verwandeln, das 19. Jahrhundert hindurch fortbestand – selbst nach dem Brand von 1871, als Théodore Ballu und Pierre Deperthes den rekonstruierten Hof in ihren Rathausneubau einbezogen hatten.[78] Möglicherweise war die Erinnerung an diese Inszenierung im öffentlichen Bewusstsein der Pariser sogar so lebendig, dass sie auch Pei bei der Umgestaltung der *Cour Marly* inspirierte – wenngleich mit

37 dem Unterschied, dass dieser anstelle des Stoffplafonds eine Glasverdachung verwendete und seine Inszenierung nicht mehr ephemer ist.

Eine ähnliche, von der Forschung gleichfalls nicht bemerkte Metamorphose durchlief der
53 *Dresdner Zwinger*, als anlässlich der Vermählung des Kurprinzen Friedrich August mit der Kaisertochter Maria Josepha im Jahre 1719 die Fenster in den Galerien und Pavillons gleichfalls ausgehängt oder zumindest geöffnet wurden. In formaler Hinsicht wurde die gesamte Architek-

---

71 Feste 1745, S. 13–18.

72 Das Ereignis ist festgehalten auf einem Stich Jean Michel Moreaus mit der Unterschrift FÊTES DONNÉES AU ROI Á LA REINE PAR LA VILLE DE PARIS. LE 23. JANVIER 1782 Á L'OCCASSION DE LA NAISSANCE DE MONSEIGNEUR LE DAUPHIN (Weimar, Herzogin Anna Amalia Bibliothek A 1348).

73 Description 1740, S. 17–22.

74 Vgl. die Bildunterschrift der Doppelseite in Feste 1745: VUE PERSPECTIVE DE LA SALLE DU BAL CONSTRUITE DANS LA COUR DE L'HÔTEL DE VILLE.

75 Vgl. Feste 1745, S. 14: „Les quatre Façades présentoient un salon d'architecture…"

76 Feste 1745, S. 14.

77 Siehe auch Spagnolo-Stiff 1996, S. 313–314 u. Abb. 97 u. Oechslin/Buschow 1984, S. 62–63.

78 Einen guten Überblick für die Zeit von 1804–1870 bietet Caselle 1996.

tur viel raumhaltiger. Der Hofraum setzte sich nun nicht nur in den Treppen des Wall- und des Stadtpavillons und in der Durchfahrt des Kronentores fort, sondern er war auch von den offengelegten Räumen der Galerien sowie des Mathematischen, des Physikalischen, des Deutschen und des Französischen Pavillons umschlossen. Während er diesen Kranz von Räumen im Wall- und im Stadtpavillon sowie im Kronentor durchbrach, griffen diese Räume ihrerseits über die ihnen vorgelagerten Freitreppen in ihn aus. In diesem Zusammenhang erschienen die Pavillons auch nur noch bedingt als geschlossene Baukörper, welche die Folge der Galerien unterbrachen. Stattdessen wirkten ihre Obergeschosse wie das Obergeschoss des Kronentores eher als Aufbauten, unter denen sich die Dachterrassen der Galerien kontinuierlich fortsetzten. Verstärkt wurde dieser Eindruck dadurch, dass Pöppelmann die Dachbalustraden in den Fensterbrüstungen der Pavillons entweder exakt oder zumindest in abgewandelter Form (Wall- und Stadtpavillon) übernommen hatte.

Darüber hinaus ergaben sich etliche szenographische Effekte, beispielsweise wenn sich die Säulen, mit denen Pöppelmann die Galeriewände hinterlegt hatte, im Bereich der Exedren aus der Perspektive einer *scena per angelo* präsentierten oder wenn man vom Hof in das als Grottensaal gestaltete Erdgeschoss des Mathematischen Pavillons und durch den Französischen Pavillon hindurch in das dahinter gelegene Nymphenbad blicken konnte. Wie im Fall des *Berliner Schlosses* vermitteln die nach 1945 gemachten Zerstörungsphotos einen besseren Einblick als der heutige Zustand, zumal die Galerien heute Museen bergen, die ihre Exponate zum Teil durch Vorhänge vor Lichteinfall schützen.

Darüber hinaus veränderte die Öffnung der Fenster den Charakter des Zwingers. Aus der Orangerie wurde im Handumdrehen eine riesige Arena, was auch erklärt, weshalb Pöppelmann die Anlage gleichermaßen als „Zwinger-Garten" und als „[…] Circus, Palaestra, Theatrum, Colosseum, Amphitheatrum […] Peristylum […] etc." bezeichnete.[79] Während Hermann Heckmann[80] und Harald Marx[81] diese uneinheitliche Benennung auf einen durch die Hochzeitsfeierlichkeiten initiierten Nutzungswandel zurückführten, versuchte ich sie als einen rhetorischen Topos zu deuten und als „Element eines antiquarisch-kompilatorischen Ideals von Universalarchitektur, wie es kurz zuvor durch Fischer von Erlachs ‚Entwurff einer Historischen Architektur' vorgegeben worden war".[82] Dieser Interpretation möchte ich heute hinzufügen, dass die Ambivalenz im ephemeren Charakter der Architektur selbst angelegt war. Auch ist darauf hinzuweisen, dass es für diese Ambivalenz ein prominentes Vorbild gab: Schon im 16. Jahrhundert wurde der *Belvederehof* im Vatikan, der ja gleichfalls als Garten galt, für die Abhaltung von Turnieren genutzt. Wie mehrere Kupferstiche zeigen, wurden zu diesem Zweck in die – damals noch unverglasten – Loggien hölzerne Tribünen eingebaut.[83] Die Doppelnutzung des Zwingers nach dem römischen Vorbild trug sicherlich dazu bei, den imperialen Rang der Anlage zu steigern.[84]

54

Indes kann der Charakter einer raumhaltigen Fassadenarchitektur auch durch die zeitweilige Hinzufügung oder Entfernung dekorativer Elemente verändert werden. Ein besonders anschauliches Beispiel hierfür ist das *Brandenburger Tor* in Berlin, das freilich einen Sonderfall raumhaltiger Fassadenarchitektur darstellt. Wie Reinhard Wegner nachgewiesen hat, war der Bau von Friedrich Wilhelm II. als ein Zolltor errichtet worden, das einer ziemlich restriktiv-restaurativen Handelspolitik diente. Um diese Funktion zu verschleiern, ließ der König das Tor nach dem Vorbild der *Propyläen* auf der Athener *Akropolis* errichten. Dabei legte er besonderen Wert auf breite Säulen-

---

79 Bericht, Wegen der Kupffer=Stiche, Sp. 3, Anm. (*), in: Pöppelmann 1729, o. S.
80 Heckmann 1972, S. 147.
81 Marx 2000, S. 57.
82 Stephan 2003, S. 77.
83 Vgl. Oechslin/Burschow 1984, Abb. S. 49; zur Funktion des Belvederehofes als Garten siehe Coffin 1991, S. 13–16.
84 Zur imperialen Bedeutung des Zwingers siehe Stephan 2003, S. 55–67 u. 69–76 sowie Stephan 2002 a, Bd. 1, S. 354–361 einschließlich der dort zitierten weiterführenden Literatur.

abstände, die für eine effiziente Warenkontrolle zwar unpraktisch waren, dafür aber den Eindruck von Offenheit und Aufgeschlossenheit vermittelten. Um dieser Wirkung willen waren auch die als Zollschranken dienenden Gitter so filigran und damit so unscheinbar wie möglich gehalten.[85]

Ebenso ambivalent wie die Funktion des Tores war die Rolle, die innerhalb dieser Konzeption dem Tor r a u m zufiel. Eine offene Torarchitektur stellt stets eine Beziehung zwischen dem Stadtraum und dem Umland her. Indem sie den Blick von außen auf sich konzentriert und eine bestimmte Botschaft zurückstrahlt, kodiert sie programmatisch den hinter ihr liegenden Raum. Darüber hinaus kann sie einen Bezug zu anderen, politisch gleichfalls kodierten Punkten innerhalb des Stadtraums schaffen. In diesem Sinne sollten beispielsweise die *Propyläen* auf dem *Königsplatz* in München, die demselben Vorbild verpflichtet waren wie das *Brandenburger Tor*, nach Leo von Klenzes anfänglicher Planung zusammen mit der *Glyptothek* und der Kirche *Sankt Bonifatius* auf die Bedeutung des Militärs, des Bürgertums und des Klerus als den drei Säulen des Staates hinweisen. Ebenso war das Münchner *Siegestor* auf die *Ruhmeshalle* als einem Symbol der Bürgerrepublik ausgerichtet.[86]

Angesichts dieser – freilich späteren – Parallelen halte ich es für denkbar, dass das *Brandenburger Tor* am Anfang der Straße *Unter den Linden* als ein Gegenpol zum Eosanderportal des *Stadtschlosses*, das am Ende dieser Achse lag, gedacht war. Als Entrée zum bürgerlichen ‚Spree-Athen' Friedrich Wilhelms II. bildete es gewissermaßen die Antithese zum Haupteingang des königlich-imperialen Schlosses Friedrichs I. und vollzog damit endgültig eine kunstpolitische Abkehr vom barocken Berlin als einem „Rom des Nordens"[87]. In diesem Sinne ist das *Brandenburger Tor* mit seiner griechisch-dorischen Ordnung auch den *Propyläen* der Akropolis verpflichtet, während das Eosanderportal mit seiner Composita als einer genuin römischen Ordnung den *Septimius-Severus-Bogen* auf dem *Forum Romanum* paraphrasiert. Ein weiterer Bezug zwischen beiden Toren ergab sich schließlich während der Befreiungskriege: Nachdem der Langhansbau 1813 selbst zum Siegestor avanciert war, konnte er auch als eine moderne Fassung von Eosanders Triumphbogen-Architektur gedeutet werden.

Diese vielfachen Bezüge konnte das *Brandenburger Tor* umso mehr herstellen, als es auch in sich raumhaltig war und sein Raum durch das Bildprogramm gleichfalls eine politische Kodierung besaß.[88] Der Torraum war also nicht nur ein wichtiges Transitorium, sondern auch ein Scharnier zwischen Stadt und Umland, eine Funktion, die nicht zuletzt durch die stadtwärts gerichtete Quadriga Schadows paraphrasiert wird. Zugleich erwies sich das Tor dank der angefügten Flügelbauten als Teil eines Platzes, der seinerseits als Kopfraum der Straße *Unter den Linden* und damit als Gegenpol zum *Lustgarten* diente.

Nach dem teilweisen Abbruch des Apothekerflügels am *Schloss* und der Verlängerung der Straßenachse durch den *Lustgarten* hindurch über die neue *Kaiser-Wilhelm-Brücke* zur *Kaiser-Wilhelm-Straße* wurden diese räumlichen Bezüge bereits Ende des 19. Jahrhunderts verunklärt. Der Abriss des *Stadtschlosses* 1950 und der Bau der Mauer 1961 beseitigten sie endgültig. Nachgerade in ihr Gegenteil verkehrt wurde die Bedeutung des Tores beim Besuch John F. Kennedys im Juni 1963. Um dem Gast den Blick in den Ostteil der Stadt zu verwehren, ließ das Ulbricht-

---

85 Wegner 2000, passim.
86 Freundlicher Hinweis von Prof. Dr. Erik Forssman, Freiburg.
87 Zur Bedeutung von „Berlin als Rom des Nordens" und der zentralen Bedeutung, den „das Stadtschloss im städtebaulichen Kontext" einnimmt, siehe den gleichnamigen Aufsatz von Tripps 1997.
88 Die Metopen der beiden Längsseiten erzählen den Kampf zwischen den Kentauren und den Lapithen, die Reliefs in den Innenseiten der Durchfahrten geben Szenen aus der Heraklessage wieder. Das Relief der stadtseitigen Attikamitte zeigt den von Christian Bernhard Rode ausgeführten Zug der Friedensgöttin. Auch die Siegesgöttin in der Quadriga zieht als Friedensbringerin einher. Die beiden Sitzfiguren, die bis 1868 an der Stadtseite der Flügelbauten aufgestellt sind, stellen Athena und Ares, der sein Schwert in die Scheide steckt, dar. Zur späteren, eher martialischen Bedeutung der Quadriga siehe Janzig 2000.

Regime die Interkolumnien mit roten Tüchern und einer DDR-Fahne verhängen. Paradoxerweise gewann das Tor gerade dadurch – gegen den Willen der Verantwortlichen, die sich des Symbolgehalts des Torraums offensichtlich nicht bewusst waren – eine neue Bedeutung. Unter Friedrich Wilhelm II. hatte eine restaurativ-autoritäre Staatsform vorgegeben, eine ‚demokratische' Republik zu sein. Unter Ulbricht entlarvte sich eine scheinbar demokratische Republik als autoritäres Regime. Mauer und Fahnen bewirkten nun genau das, was die filigrane Gestaltung der Eisengitter hatte vermeiden sollen: Das Tor erschien als eine Barriere. Sich selbst entfremdet, wurde es zum Sinnbild für mangelnde geistige und politische Offenheit, ja für das Einsperren einer Stadt und die Teilung eines ganzen Landes. Die Symbolik des versperrten Raumes war so schlagend, dass schon Rainer Barzel in den 1970er Jahren die griffige Formel gefunden hatte „Macht das Tor auf!" In den 1980er Jahren wies dann Richard von Weizsäcker darauf hin, dass die „deutsche Frage offen" sei, solange „das Tor geschlossen" bleibe. Bei seinem Besuch am 12. Juni 1987 griff der damalige US-Präsident Ronald Reagan die Metapher des zu öffnenden Tores erneut auf. Analog zu Barzels Formulierung gipfelte seine Forderung an Michail Gorbatschow, Glasnost und Perestrojka auch in der DDR zuzulassen, in den Worten: „Open this gate!"[89]

Eine völlig entgegengesetzte Wirkung stellt sich bei der offiziellen Inszenierung eines anderen Torbaus ein: des *Arc de Triomphe.* Am französischen Nationalfeiertag wird in die Durchfahrt die Trikolore gehängt. Allerdings wird die Fahne nur an einem Ende befestigt, und zwar mittels eines Seiles, das zudem sehr lang ist. Der Raum innerhalb des Bogens bleibt so unverhüllt. Da die Fahne genau über dem Grab des Unbekannten Soldaten weht, wird der Torraum sogar als ein gesonderter Bereich, gewissermaßen als ein nationaler Sakralraum, ausgewiesen.

Dagegen wird der Fassadenraum durch die überdimensionalen *stars and stripes*, die seit dem 11. September 2001 an den korinthischen Säulen der *New Yorker Börse* hängen, noch mehr negiert als der Raum des *Brandenburger Tores* im Juni 1963. Auf der offiziellen Homepage der Börse ist zu lesen, dass die zwischen 1901 und 1903 von George B. Post errichtete Fassade „ein Wahrzeichen New Yorks und der Nation" sei und dass „ihre sechs massiven korinthischen Säulen den Eindruck von Substanz und Stabilität vermitteln und für viele das Wachstum und den Wohlstand der Nation wahrhaft verkörpern".[90]

Diese Deutung kann sich durchaus auf den klassischen Architekturkanon berufen. Denn zum einen entspricht sie der vitruvianischen und palladianischen Vorstellung, Festigkeit (*firmitas*) sei eine der Haupteigenschaften guter Architektur.[91] Zum anderen rekurriert sie vermutlich auch auf die im Humanismus entwickelte Vorstellung, die Säule drücke Beständigkeit, Dauerhaftigkeit und Stärke (*constantia et fortitudo*) aus.[92] Dennoch ist diese Interpretation etwas einseitig. Abgesehen davon, dass die dorische Ordnung viel eher als die fragile Corinthia geeignet wäre, Substanz und Stabilität auszudrücken,[93] sind Posts Säulen in erster Linie Teile einer Tempelvorhalle und spielen

---

89 Die betreffenden Passagen lauten: „President von Weizsacker [sic] has said, ‚The German question is open as long as the Brandenburg Gate is closed.' Today I say: As long as the gate is closed, as long as this scar of a wall is permitted to stand, it is not the German question alone that remains open, but the question of freedom for all mankind. [...] General Secretary Gorbachev, if you seek peace, if you seek prosperity for the Soviet Union and Eastern Europe, if you seek liberalization: Come here to this gate! Mr. Gorbachev, open this gate! Mr. Gorbachev, tear down this wall!"

90 „The Exchange [...] is a New York City and national landmark. [...] It's recognized from the first as an example of masterful architecture. The six massive Corinthian columns across its Broad Street façade impart a feeling of substance and stability and, to many, it seems the very embodiment of the nation's growth and prosperity" (http://www.nyse.com/about/history/1022743347410.html).

91 Vitruv (1991), VI 11 u. Palladio (1984), I 10, S. 36.

92 Vgl. z.B. Forssman 1984, S. 22–23 u. Matsche 1981, Bd. I, S. 309 u. 314–315.

93 Siehe hierzu Alberti (1912), IX 5, S. 493 u. 7, S. 504.

damit auf die Funktion der Börse als eines ‚Tempels des Geldes' an – selbst wenn diese Tempelvorhalle auf einem Sockelgeschoss steht und von der Straße aus gar nicht erreichbar ist.

Dieser eigentliche Bedeutungsgehalt wird seit dem 11. September durch die Fahne buchstäblich in den Hintergrund gedrängt. Der zur Tempelvorhalle gehörende Raum ist verdeckt, die Säulen selbst sind zu Fahnenhaltern umfunktioniert worden. Für den, der gewohnt ist, in den Kategorien architektonischer Metaphorik zu denken, vermittelt diese plakative Art der Inszenierung drei Botschaften – ganz gleich, ob dies von den Verantwortlichen so gewollt ist oder nicht.

Zunächst entsteht der Eindruck, das Land verschanze sich hinter seiner nationalen Identität und schotte sich nach außen ab. Offenheit und Freiräume würden bewusst aufgegeben. Diese Abwehrhaltung, so scheint es, zieht eine Entindividualisierung nach sich. Mit dem sie umgebenden Raum verlieren die Säulen ihren Charakter als rundum ansichtige, freiplastische Gebilde und büßen damit auch ihre Autonomie ein. Stattdessen werden sie durch die Fahne zu einer Phalanx verbunden. Diese Verbindung wird durch die horizontalen Streifen der Fahne verstärkt, welche die Vertikalität der Schäfte und ihrer Kanneluren überspielt. In den Vordergrund tritt nun die Bedeutung der Säulen als Symbolen nationaler Stärke und Prosperität. Diese Tugenden werden im wahrsten Sinne des Wortes zu ‚Trägern' der amerikanischen Identität und zum Ausdruck amerikanischen Selbstbehauptungswillens.[94]

2.4 Die falsche Rezeption durch die moderne Architektur

Wie wenig die Raumhaltigkeit historischer Fassaden im Bewusstsein moderner Architekten und Designer gegenwärtig ist, zeigt sich gelegentlich auch bei so genannten ‚kritischen' Rekonstruktionen historischer Bauten. Ein besonders anschauliches Beispiel ist die Neubebauung des ehemaligen *Kahle'schen Anwesens* in Potsdam. In diesem Fall wurde allerdings nicht ein vorhandener Raum ignoriert; eigenartigerweise wurde vielmehr ein Raum geschaffen, den es zuvor überhaupt nicht gegeben hatte. Da dieses Hinzuerfinden für das gestörte Verhältnis zu historischen Fassadenräumen nicht weniger bezeichnend ist als die Negierung, möchte ich auf dieses Beispiel etwas ausführlicher eingehen.

59
Das für die Witwe des Stallmeisters Jeremias Kahle errichtete Gebäude *Am Neuen Markt 5* war eines von 29 Potsdamer Palästen und Bürgerhäusern, die Friedrich der Große zwischen 1752 und 1777 nach dem Vorbild berühmter italienischer, niederländischer und französischer Bauwerke hatte errichten lassen.[95] Zu diesen zählten auch sechs Werke Palladios. Wie Erik Forssman vermutet, war die Potsdamer Architektur des 18. Jahrhunderts sogar die größte „Nachahmung" des Palladianismus in ganz Deutschland.[96] Als Vorlage standen den ausführenden Architekten indes nur die Fassadenaufrisse der „Quattro libri" zur Verfügung, die Friedrich freilich in mehreren Auflagen besaß.[97] Angesichts der starken Fixierung auf die Stichwerke spielte es für den König keine Rolle,

---

94 Ergänzend bleibt festzuhalten, dass dieser Wille zur Selbstbehauptung vielleicht nicht von ungefähr ausgerechnet an der Börse so signifikant inszeniert wurde. Schließlich hatte der Angriff, der diese Reaktion provozierte, dem anderen großen Wirtschaftszentrum des Landes, dem *World Trade Center*, gegolten.

95 Zur Baugeschichte des Kahle'schen Anwesens und zur Palladio-Rezeption unter Friedrich II. in Potsdam siehe die Monographie von Karin Carmen Jung (Jung 1999, S. 99–127).

96 Forssman 1999, S. 132.

97 Erwähnt werden in der Literatur (Jung 1999, S. 116–117 u. Schäche 2003, S. 21) die Originalausgabe von 1570, sowie zwei französische Ausgaben, von denen die eine 1726 in Den Haag, die andere 1752 (!) in Paris erschienen war. Letztere wurde dem König von dem venezianischen Gelehrten Francesco Algarotti überreicht. Algarotti, der zeitweilig der Tischrunde in *Sanssouci* angehörte und in den Grafenstand erhoben wurde, hatte an dieser Neuauflage mitgewirkt. Schon 1739 hatte er Fried-

ob und wie Palladio seine Bauten ausgeführt hatte. Unerheblich waren auch deren Ausmaße sowie die Anordnung der Stockwerke, die Aufteilung der Räume und die ursprüngliche Nutzung. Was Friedrich interessierte, waren einzig die repräsentativen Schaufassaden, mit denen er nicht nur sein Kunstverständnis, sondern auch seine aufgeklärte und aufgeschlossene Geisteshaltung dokumentieren wollte. Darüber hinaus sollten die Fassaden die Stadt „embellieren" und zur Geschmacksbildung des Bürgertums beitragen.

Bei dem Luftangriff, der Potsdam noch dreieinhalb Wochen vor Kriegsende heimsuchte, wurde das *Kahle'sche Anwesen* völlig zerstört. Die übrigen Fassaden am *Neuen Markt* blieben weitgehend intakt. In den Jahren 2000 bis 2002 wurde die Baulücke wieder geschlossen. Der Grundsatzbeschluss der Stadtverordnetenversammlung gab eine „Wiederannäherung an den historischen Stadtgrundriss und Stadtaufriss" vor. Auf der Grundlage dieser Forderung wurde – gegen das Votum der Denkmalpflege – ein Wettbewerb für einen Neubau ausgeschrieben, der „keine Imitation und Historisierung" sein sollte, „sondern eine kreative Auseinandersetzung auf hohem gestalterischem Niveau".[98]

Aus dem Wettbewerb, an dem auch die Büros Franco Stella, Gerhard Spangenberg, Josef Paul Kleihues und Leon Krier/Helmut Peucker teilnahmen, ging Nicola Fortmann-Drühe als Siegerin hervor. Ihre Idee war es, das Gebäude in zwei Schichten zu zerlegen. Die hintere Schicht bildet ein Kernbau mit moderner Glaswand. Davor steht die in Beton nachgegossene Platzfassade. Während der Kernbau ganz den Nutzungen eines modernen Büro- und Wohnhauses entspricht, nimmt die Fassade nach dem Architekturhistoriker Wolfgang Schäche, der den Neubau in einer Monographie eingehend gewürdigt hat, die Maßstäblichkeit, die Proportionen und die prägenden tektonischen Elemente des Vorgängerbaus auf und „verarbeitet sie thematisch".[99] Entsprechend wird Bürings Fassade nicht wörtlich wiederholt. Nach Schäche werden nur „die Architekturelemente wie Sockelzone, Kolossalordnung, Fensterrahmung und Verdachung sowie das Hauptgesims" aufgenommen.[100] Durch diese „Doppelkodierung" sei es gelungen, „Gestern und Heute, Alt und Neu zu einem produktiven Dialog zu bringen".[101] Den Neubau *Am Neuen Markt 5* bewertet Schäche somit als „ein herausragendes Beispiel, welches in diesem Zusammenhang weder platter abbildhafter Rekonstruktion das Wort redet noch der fast immer zum Scheitern verurteilten Methode, durch Reduktion bzw. Abstraktion Geschichte anklingen zu lassen".

60, 61

> „[Er] offenbart eine geradezu exemplarische Auseinandersetzung mit der vor allem das letzte Jahrzehnt in der Diskussion stehenden zentralen Frage nach dem angemessenen, die Geschichte reflektierenden Umgang mit beschädigten Stadträumen bzw. der Restituierung nicht mehr existenter Bauwerke. Indem die Architektin den zerstörten Vorgängerbau thematisch aufgreift und seine an Andrea Palladios Entwurfsvorlagen für den Palazzo Thiene in Vicenza orientierte Fassadengestaltung als vorgesetzte Schale in ihren kompromisslosen Neubau miteinbezieht, gelingt ihr eine überzeugende und gleichermaßen beeindruckende Verbindung von gegenwärtiger Architektur und geschichtlichem Widerschein, die in dieser Konsequenz ohne qualitatives Vorbild ist."[102]

---

rich in Rheinsberg den Palladianismus nahe gebracht. Des Weiteren besaß Friedrich mehrere Veröffentlichungen von Inigo Jones, dem wohl bedeutendsten Vertreter des englischen Palladianismus. Durch Algarottis Vermittlung stand der König auch mit dem Palladio-Theoretiker Lord Burlington in Verbindung. Burlington übersandte sogar einige Stichvorlagen der „Quattro libri",

aber auch des von ihm selbst konzipierten *Chiswick House* nach Potsdam.
98 Enzmann/Ettel 1998, S. 18.
99 Schäche 2003, S. 36.
100 Schäche 2003, S. 37.
101 Schäche 2003, S. 8.
102 Schäche 2003, S. 9.

Nicht weniger lobend äußerte sich Dieter Bartetzko. Im Feuilleton der Frankfurter Allgemeinen Zeitung vom 9. Oktober 2003 kommentierte er diese „mustergültige Rekonstruktion" bzw. dieses „beste Beispiel geistreicher und sinnlicher Rekonstruktion" folgendermaßen:

> „Die Lösung jedenfalls ist von bestechender Klugheit und Schönheit: Die Architektin hat maßstabsgetreu die Grundelemente der historischen Fassade wiederholt – die Quaderung des mächtigen Sockelgeschosses samt seinen Bogenstellungen, die jonischen [sic!] Pilaster [sic!], zwischen denen, von zierlichen jonischen Säulen eingefasst, die Fenster unter wechselnd dreieckigen und halbrunden [sic!] Giebeln stehen, die Attika, das Gebälk. Weglassen ist das Zauberwort, mit dem aus einer Replik eine Nachschöpfung wurde: Es fehlen die skulpierten Masken und Girlanden des oberen Frieses, die einstigen Fenster des Mezzanin und – dies vor allem – die Wand der beiden Obergeschosse."

Das Weglassen der Wand ist für Bartetzko deshalb so entscheidend, weil der Betrachter dadurch in die Lage versetzt werde, „durch die Pilaster und Säulen hindurch auf die Glaswände des Neubaus" zu sehen, „die das palladianische Gebilde als Schauwand erkennbar machen". Doch wirke diese nicht als Kulisse, sondern bilde mit dem Neubau „eine Einheit im Widerspiel von Glas und Stein, Struktur und plastischer Tiefe."[103]

Obwohl Schäche und Bartetzko es nicht unmittelbar aussprechen, ist es letztlich die Raumhaltigkeit der neuen Fassade, welche die von ihnen gepriesenen Effekte hervorruft. Für Schäche bildet sie „eine Art Loggia zwischen Platzkulisse und Gebäudefront aus, die von der über dem Sockel gelegenen Ebene des dreigeschossigen Wohnbereichs zu betreten" ist. Dadurch wird „dem Wohnen […] eine distanzierende Zone zwischen dem öffentlichen Platz und dem Innenleben des Hauses geschaffen".[104] Für Bartetzko ermöglicht der Fassadenraum die Absetzung der „historischen Fassade" von der neuen Glaswand sowie das „Widerspiel von Glas und Stein, Struktur und plastischer Tiefe".

Auch die Architektin selbst bezieht sich – gleichfalls unausgesprochen – auf den neuen Fassadenraum, wenngleich sie im Unterschied zu Bartetzko auf der Kulissenhaftigkeit der vorderen Schicht besteht:

> „Wir machen […] deutlich, dass es sich [bei dem Haus] nicht um eine Rekonstruktion oder Kopie des Vorgängerbaus handelt. Der schon von Friedrich II. beabsichtigte Eindruck einer schönen Kulisse wird als Leitgedanke aufgenommen, aber die Weiterführung dieses Gedankens ist es, die Schicht der Kulisse deutlich zu zeigen, sie deutlich zu machen und auch ‚hinter die Kulissen zu schauen'."[105]

Die Hauptgeschosszone werde deshalb ihrer Wandfüllung entledigt, die Kolossalordnung freigestellt, ebenso die Umrahmung der Fenster. Die Platzfassade gerate so zum „Zitat der barocken Zeitschicht", während sich „das Haus dahinter als neue Schicht, aus anderer Zeit" zeige.[106] Die räumliche Tiefe dient letztlich also dazu, die zeitliche Dimension von Geschichte sinnfällig zu machen.

Was die von Schäche, Bartetzko und Fortmann-Drühe vorgetragenen Deutungen so problematisch macht, sind weniger die begrifflich nicht ganz einwandfreien Analysen („ionische Pilaster" anstelle von kompositen Pfeilern, „halbrunde Giebel" statt Segmentbogengiebeln); entscheidend ist auch nicht die Tatsache, dass eine Kulisse, durch die man hindurchschauen kann, keine Kulisse mehr ist. Den Ausschlag gibt vielmehr, dass es der Architektin und ihren Interpreten entgangen ist, welche Bedeutung der Raum für die Syntax einer Fassade hat. Um diese Syntax zu verstehen, empfiehlt es sich, zunächst einen kurzen Blick auf das Büring'sche Original und auf dessen palladianisches Vorbild zu werfen.

---

103 Bartetzko 2003, S. 35.
104 Schäche 2003, S. 40.

105 Zitiert nach Schäche 2003, S. 44.
106 Zitiert nach Schäche 2003, S. 37.

Von seinen geringeren Ausmaßen abgesehen, unterschied sich das *Kahle'sche Anwesen* von seinem Vorbild zunächst durch die exponierte Lage. Es stand nicht wie der *Palazzo Thiene* in einer Gasse, sondern besaß an der Südseite des Platzes eine Schaufassade, die von der Schlossstraße aus als Blickpunkt wirkte. Völlig anders war auch die Nutzung als Bürgerhaus. Um Raum für insgesamt vier Wohnungen zu gewinnen, hatte Büring jeweils in die Sockel- und die Oberzone ein Mezzaningeschoss eingefügt. Allein diese Abweichung zeigt exemplarisch auf, wie schwierig es war, einem gewöhnlichen Stadthaus die Fassade eines Adelspalastes vorzublenden. Büring löste das Problem, indem er im unteren Mezzanin die Lünetten der Entlastungsbögen, die Palladio über die scheitrechten Bögen der Erdgeschossfenster gespannt hatte, in der Mitte aufbrach, wobei er darauf achtete, dass die Öffnungen nicht breiter wurden als die Hauptfenster. Um die Höhe der Lünetten optimal nutzen zu können, musste er allerdings die scheitrechten Fensterbögen durch horizontale Stürze ersetzen. Statisch war dies möglich, da die Auflast durch die Mezzaninfenster vollkommen beseitigt worden war. Das obere Mezzanin gewann Büring, indem er zwischen den Giebeln der Ädikulen in der Belétage und dem Girlandenfries, der die Kapitelle der Kolossalordnung verband, die Bandquader einfach unterbrach.

Unter praktischen Gesichtspunkten konnte diese Lösung kaum befriedigen, da die Mezzaninfenster im Verhältnis zur Zimmerhöhe viel zu tief lagen. Ästhetisch war die Lösung indes von hoher Qualität. Die zusätzlichen Geschosse hatte Büring gewonnen, ohne die Syntax der Fassade zu verändern: In beiden Fällen hatte er die Fenster durch bloße Aussparungen der Wand gewonnen, ein Verfahren, nach dem schon Palladio die Hauptfenster der Erdgeschosszone angelegt hatte; Rahmen, die ein zusätzliches Gliederungselement – und damit eine verfremdende Zutat – dargestellt hätten, konnten somit vermieden werden. Umgekehrt ließen sich bereits vorhandene Gliederungselemente zu den neuen Fenstern in Beziehung setzen, etwa die Köpfe in den Girlandenfriesen, die zumindest von ferne wie Schlusssteine wirkten.

Obwohl Büring Palladios Instrumentierung kein neues Element hinzufügte, veränderte er den Charakter des Aufrisses grundlegend. In Vicenza tragen die großen Mauerflächen dem Festungscharakter des Palastes Rechnung. Dass sie nicht monoton wirken, liegt vor allem an den Rustikaquadern. Sie werten die Wandfläche plastisch auf und beleben sie durch Hell-Dunkel-Kontraste. Dennoch erscheint die Zone zwischen den Ädikulen des *piano nobile* und dem Gebälk der Kolossalordnung irgendwie leer. Dieses Vakuum hätte auch der Girlandenfries, den Palladio ursprünglich tatsächlich vorgesehen hatte, nicht ganz zu beseitigen vermocht. Da der Festungscharakter des *Palazzo Thiene* am *Neuen Markt* buchstäblich fehl am Platze gewesen wäre (man könnte auch sagen, gegen das Dekorum eines Bürgerhauses verstoßen hätte), verzichtete Büring auf bossierte Rustikaquader. Stattdessen verwendete er durchgehende, glatte Bandquader. Eigentlich hätte der obere Teil der Fassade ohne die Rustika noch leerer wirken müssen. Da Büring die Wandmasse mit Hilfe der oberen Mezzaninfenster reduziert hatte, stellte sich das Problem indes gar nicht mehr. Vielmehr bildete sich dank der Mezzaninfenster ein neues Strukturelement aus: Weil alle Fenster dieselbe Breite besaßen, entstanden regelrechte Fensterbahnen. Im Gegensatz zu den Kolossalpilastern und den Säulen der Ädikulen bildeten sie gewissermaßen negative vertikale Gliederungselemente. Büring gelang so das Kunststück, die Fassade durch bloße Auslassungen und ohne Erweiterung des palladianischen Instrumentariums zu bereichern. Aus der Not, zwei neue Stockwerke gewinnen zu müssen, hatte er eine gestalterische Tugend gemacht.

Eine weitere Neuerung bestand darin, dass Büring bei den Ädikulen der Belétage auf kubische Kragsteine verzichtete. Stattdessen fügte er die Schäfte aus unterschiedlich dicken, aber durchweg glatten und runden Blöcken zusammen. Obwohl die glatte Oberfläche der Blöcke Palladios Vorgaben in den „Quattro libri" von 1570 entspricht (die Ausgabe von 1752 gibt die Kragsteine rustiziert wieder), hat das Verhältnis von Säule und Wand im Vergleich zum Original an Eindeutigkeit verloren.

Um diese Behauptung zu untermauern, möchte ich zunächst die Bedeutung von Palladios Kragsteinen klären. Martin Wundram und Thomas Pape erkannten in ihnen eine „sicherlich vorhandene

Sympathie für das Formengut Giulio Romanos"¹⁰⁷. Außerdem führten sie es ikonographisch auf den Festungscharakter des Palazzo zurück. In ästhetischer Hinsicht sprachen sie von einem Konflikt gegensätzlicher Formen, von einem „Kampf, den die Rundform der Säule deutlich verliert".¹⁰⁸

Indes glaube ich, dass es für die Durchdringung der ionischen Ädikulen mit rustizierten Quadern noch eine dritte Erklärung gibt, nämlich das besondere Verhältnis von Säule und Wand. Auf den ersten Blick geben sich die Fensterädikulen als Teile eines sich vorkröpfenden Kolonnadenfragments, das Palladio als ein nachgeordnetes Element auf ähnliche Weise in das Interkolumnium einer kompositen Ordnung stellte wie Michelangelo die ionischen Erdgeschosslauben des *Konservatorenpalastes* (siehe B 3.2.2). Und scheinbar wie Michelangelo im Obergeschoss des *Konservatorenpalastes* ließ Palladio die verbleibende Fläche zwischen der Haupt- und der Binnenordnung nachträglich vermauern. Allerdings enthält diese Lesart deutliche Widersprüche: Würde es sich bei der ionischen Binnenordnung tatsächlich um eine eigenständige Gliederarchitektur handeln, müssten die Ausläufer der Gebälkrücklagen wie beim *Konservatorenpalast* auf Pfeilern oder Lisenen liegen.

Wenn die Gebälkrücklagen am *Palazzo Thiene* der Gliederarchitektur aber nicht angehören, kann man sie nur noch als Teile der Wandarchitektur lesen. Das bedeutet, dass auch die Ädikulen keine eigenständigen Gliederarchitekturen, sondern bloße Wandapplikationen sind. Um dies zu verdeutlichen, ging Palladio so weit, die Säulenschäfte mit rustizierten Blöcken zu durchsetzen. Da der Wandspiegel aus Bandquadern gebildet ist, entsteht nun der Eindruck, die quadratischen Rustikablöcke gehörten – wie die scheitrechten Quader im Gebälk – gar nicht zur Ädikulaarchitektur. Vielmehr stünden sie im Verbund der Wand (was ja auch den bautechnischen Gegebenheiten entspricht). Während die eine Quaderlage bündig mit den Fenstergewänden abschließe, ende die nächste in einem quergestellten Quader. Dieser steckte aber nicht als Binder in der Wand, sondern rage wie die scheitrechten Blöcke im Gebälk als Kragstein aus ihr heraus. Diese Kragsteine, so glaubt man, dienen nun ihrerseits als Auflager der Einzelteile, in die Palladio die Säulen und das Gebälk der Ädikulen zerlegt habe.

Mit anderen Worten: Das Erdgeschoss des Palastes bildet das primäre Element. Auf ihm ruht wie auf einem Sockel die Kolossalordnung als eine sekundäre Struktur. Wie am *Konservatorenpalast* besteht sie imaginär aus Pfeilern, deren Interkolumnien vermauert wurden. Auf bzw. zwischen die Kragsteine dieser Füllmauer, die das tertiäre Element bildet, setzte Palladio Bruchstücke einer Ädikula als quartäre Elemente.¹⁰⁹ Paradoxerweise ist es gerade jene nachgeordnete Ädikula, die dem primären, zweidimensionalen Wandkontinuum die Ausbildung von Kragsteinen abnötigt und ihm dadurch ihre eigene Dreidimensionalität aufzwingt.

Dennoch bleibt die Wand das alles beherrschende Element. Ihre Dominanz ist in zweierlei Hinsicht gerechtfertigt. Zum einen entspricht sie dem schon mehrfach angeführten Festungscharakter des Bauwerks. Zum anderen ist sie gerade aus der Sicht einer klassischen Architekturgesinnung angemessen. Begreift man nämlich die Säule als ein autonomes Gliederungselement, so ist es eigentlich nicht logisch, sie – in welcher Weise auch immer – mit der Wand zu verbinden. Wenn Ordnung und Wand schon miteinander verbunden werden, dann muss Erstere ihren Charakter als

---

107 Wundram/Pape 1999, S. 44.

108 Wundram/Pape 1999, S. 45. Teile der Forschung schließen sogar nicht aus, dass Giulio an der Planung des *Palazzo Thiene* selbst beteiligt war (vgl. Puppi 2000, S. 254).

109 Natürlich beruht diese Lesart (ebenso wie die Lesarten aller anderen Bauten, die nicht aus Massivbauweise bestehen!) auf einer Illusion. Gerade der schadhafte Zustand, den die Fassade des *Palazzo Thiene* vor der letzten Renovierung aufwies, ließ offenbar werden, dass es sich bei den Pfeilern faktisch nur um Pilaster handelt, die wie die Wandquader aus Ziegeln gemauert wurden. Umgekehrt stehen natürlich nicht nur die Kragsteine, sondern auch die Säulen- und Gebälkteile der Ädikula im Verbund der Wand. Gedanklich stellte Palladio das System, das Michelangelo am *Konservatorenpalast* entwickelt hatte, jedoch auf den Kopf: Die Wand steht nun in der Rangfolge höher als die Ädikula.

tektonisches Element aufgeben und unmissverständlich als applizierter Dekor kenntlich gemacht werden. Dies ist am *Palazzo Thiene*, wo die Säulen und das Gebälk zuerst zerstückelt und ihre Einzelteile dann zwischen bzw. auf die vorkragenden Elemente der Wand gesetzt wurden, glaubhaft geschehen. Erst musste Palladio die Ordnungen zerstören, ehe er sie auf eine so unklassische Weise einsetzen konnte. Die von Rustikaquadern durchsetzten Schäfte und Gebälke sind bei ihm also alles andere als eine manieristische Spielerei (im Unterschied zu Giulio Romano, aber auch zu Sebastiano Serlio[110]!). Sie sind der erklärte Ausnahmezustand, der die bestehenden Gesetze nicht aufhebt, sondern sie eher noch in ihrer Allgemeingültigkeit bestärkt.

56

58

Diese Deutung setzt allerdings voraus, dass die quadratischen Blöcke wirklich als Kragsteine, die dem Verbund der Wand angehören, wahrgenommen werden. Anders als bei Serlio umfassen sie nicht einen durchgehenden Säulenschaft, weshalb man auch nicht mit Wundram und Pape von einem „Rustikamantel", der die Säulen „umhüllt", sprechen sollte.[111] Und schon gar nicht sind die Kragsteine Bestandteile des Schafts, die in ihrer kubischen Form mit zylindrischen Säulentrommeln alternieren – eine Variante, die sich beispielsweise im Hauptgebäude von Ledoux' *Saline* in Chaux wieder findet. Sie gehören eben nicht der Säule an, sondern sorgen vielmehr für deren Zerstückelung.[112] Folglich kann man auch nicht von Ädikulen, sondern nur von Pseudo-Ädikulen sprechen.

Bei Büring ist die Semantik in diesem Punkt weniger eindeutig. Der Betrachter weiß nicht, ob er in den dickeren Blöcken noch immer Kragsteine erkennen soll, die dem Verbund der Wand angehören und die Säulen fragmentieren, oder ob es sich jetzt doch um ganze Säulenschäfte handelt, die einfach nur aus unterschiedlich dicken Trommeln zusammengesetzt sind (was bedeuten würde, dass es sich doch um reguläre Ädikulen handelte). Dass die dickeren Blöcke sich mit den dünneren nach oben verjüngen, spricht einerseits dafür, sie als Teile des Schaftes aufzufassen. Dass sie dieselben Fugen haben wie die Bandquader des Wandspiegels, macht sie andererseits zu Teilen der Wand. Für diese zweite Deutung sprechen auch die scheitrechten Quader im Gebälk. Sie bilden ganz offensichtlich Pendants zu den dicken Blöcken und gehören eindeutig nicht dem Vokabular einer Ädikula an. Eine dritte Möglichkeit wäre, die dickeren Blöcke als Manschetten zu begreifen, welche die Säulenschäfte umschließen und an die Ebene der Wand fesseln. Zwar wären die Säulen auch in dieser Lesart als ganzheitliche Gebilde aufzufassen, doch blieben sie gleichzeitig Gefangene der Wand.

Da Büring, wie gesagt, auf Aufrisszeichnungen angewiesen war und den *Palazzo Thiene* in seiner dreidimensionalen Wirkung nicht (er-)kannte, vermochte er Palladios Konzeption möglicherweise nicht ganz zu durchschauen. In der Tat sind sowohl der Holzschnitt in der Ausgabe von 1570 als auch der Kupferstich in der Ausgabe von 1752 nicht eindeutig. Möglicherweise bereitete es ihm aber auch ein intellektuelles Vergnügen, die Säulen polyvalent zu gestalten.

57

Eine letzte Abweichung ergab sich daraus, dass Büring Palladios transparente Balustradenbrüstungen in den Fenstern des Piano nobile durch massive Blendbalustraden ersetzte. Die Schließung der Balustraden war allein schon aus praktischen und klimatischen Gründen unumgänglich. Außerdem hätte eine offene Brüstung die Wandöffnung wie bei zahlreichen anderen Palladiobauten (*Basilica in Vicenza*) nach unten verlängert. Dadurch hätte der Vertikalismus der Fassade, der durch die Hinzufügung der Mezzaninfenster ohnehin schon deutlich verstärkt worden war, überhand genommen. Indes verringerte die Schließung der Brüstung wie im *Damasushof* nicht nur die Höhe der Beletagefenster; sie verstärkte auch die Horizontale des Sockelbandes, das Erd- und Obergeschoss trennte.

201, 204

333

---

110 Ein besonders schönes Beispiel ist die dorische Tür im 6. Kapitel „Dell'Ordine Dorico" des 4. Buches auf S. 148r. Siehe darüber hinaus auch diverse Abbildungen im ersten Kapitel „Descrittione delle trenta Porte rustiche" desselben Buches.

111 Vgl. Wundram/Pape 1999, S. 44.
112 Siehe Anm. 109.

Anders als bei der Einfügung der Mezzaninfenster griff Büring bei der Neuformulierung der (Pseudo-)Ädikulen und der Schließung der Balustraden in die Syntax der Fassade ein. Jedoch war er dabei wie ein Lektor vorgegangen, der einen alten klassischen Text für eine moderne Volksausgabe redigiert, ohne ihren Sinn zu entstellen oder die Qualität des Stils zu mindern.

Wer an Palladios Bauten wie der *Villa Rotonda* schätzt, dass sich das Äußere sowohl in der Anordnung seiner einzelnen Glieder als auch in seinen Proportionen aus dem Inneren ergibt, den wird Bürings Architektur nicht befriedigen. Allerdings muss man sich, wie gesagt, vor Augen halten, dass Büring durch seinen Auftraggeber gebunden war: Er hatte in erster Linie eine spätbarocke Schaufassade nach palladianischem Vorbild zu errichten. Versteht man seine Schöpfung in diesem Sinne, so zählt sie zu den nobelsten und elegantesten Häuserfronten des friderizianischen Zeitalters. Aus der wuchtig-männlichen Festungsarchitektur eines Adelspalastes war ein elegantes Bürgerhaus geworden, dessen weiblichere Formen zu der kompositen und der ionischen Ordnung der Oberzone eigentlich sogar viel besser passten als Palladios grobe Rustika.

60, 61   Wie aber verhält sich nun Fortmann-Drühes Architektur zu Bürings Palladianismus? Ihrer eigenen Aussage zufolge ging es der Architektin darum, dass die Platzfassade „zum Zitat der barocken Zeitschicht gerät".[113] Ein Zitat bedeutet eigentlich, eine zusammenhängende Textpassage wörtlich zu übernehmen. Analog dazu hätte Fortmann-Drühe einige Elemente von Bürings Bau ebenso übernehmen müssen, wie dieser in einigen – nicht in allen – Einzelheiten Palladio zitierte. Dies war aber allein schon deshalb nicht möglich, weil Fortmann-Drühe die historischen Gliederungselemente, die bei Palladio und Büring teils aus Putz geformt, teils in Stein gemeißelt waren, in Beton nachgießen ließ. Die Entscheidung für diesen Werkstoff sollte Schäche zufolge „keinen Zweifel aufkommen" lassen, „dass es sich um einen auf die Zukunft gerichteten Bau handeln würde".[114]

Allerdings ist die Verwendung von Beton auch, wenn nicht in erster Linie, der Offenlegung des Raumes zwischen den beiden Fassadenschichten und dem daraus resultierenden Verzicht auf Bürings Fassadenwand geschuldet. Denn ohne Betonkonstruktion wären die Interkolumnien der freigestellten Kolossalordnung gar nicht zu überspannen gewesen.

Dem künstlich erzeugten Raum ist es u. a. zu verdanken, dass die Profile sämtlicher Gesimse, Gebälke und Säulen nur stark vergröbert reproduziert werden konnten und sie dadurch ihren genuinen organischen Charakter vollkommen einbüßten. So sind die Blattkonsolen im Kranzgesims der Kolossalordnung zu bloßen Klötzchen degeneriert, während auf den Girlandenfries

61   gänzlich verzichtet wurde. An die Stelle der Voluten sind aufeinandergesetzte konzentrische Scheiben getreten, die Akanthusblätter wurden durch schuppenartige Gebilde ersetzt. Die Basen der Ionica sind auf einen einzigen Wulst reduziert, der nicht einmal unmittelbar auf der – ihrerseits viel zu groß geratenen – Plinthe aufliegt. Bei den korinthischen Pfeilern wurde der untere Wulst kurzerhand durch eine quadratische Platte ersetzt.

Nach Schäche garantieren die Abweichungen in der „Detaillierung" letztlich, dass Bürings tektonische Elemente aufgenommen und „thematisch verarbeitet" werden.[115] Ein Aufnehmen und eine thematische Weiterverarbeitung der tektonischen Elemente hätten aber bedeutet, dass der Sinn von Bürings Architektur gewahrt und möglicherweise sogar noch mehr zur Geltung gebracht worden wäre. Jedoch ist das Gegenteil der Fall. Die vermeintliche Vereinfachung der Formelemente, die an die Spielzeugklötzchen von Ankerbaukästen erinnern, erweist sich als sinnentstellende Vergröberung!

Weder vollzieht die scheibenhafte Eckzier an den Kapitellen Vitruvs Herleitung der (ionischen) Voluten von den Haarlocken junger Frauen nach,[116] noch können die Schuppen am Kalathos der Komposita die Vorstellung vom pflanzlichen Wachstum des Akanthus veranschaulichen.[117] Ferner

---

113 Zitiert nach Schäche 2003, S. 37.
114 Schäche 2003, S. 32.
115 Vgl. Schäche 2003, S. 32 u. 36.
116 Vitruv IV 1.

117 Siehe Vitruvs Schilderung von der Erfindung des korinthischen Kapitells, von dem die Composita die Akanthuskränze ja übernommen hat (Vitruv IV 1).

ist der Wulst, der die ionischen Basen verdrängt hat, völlig unvermittelt an den Schaft gesetzt, weshalb er nicht als ein Teil der Säule empfunden wird. Überdies wirkt sein Profil so gleichförmig, dass er nicht mehr die Funktion eines federnden Polsterkissens zur Anschauung bringt.[118] Angesichts dieses Verlusts an Organik,[119] den Fortmann-Drühes Architektur mit sich bringt, sind die Ädikula-Säulen zu toten Rundstäben erstarrt. Dass sie sich dennoch verjüngen, leuchtet jetzt nicht mehr ein. Schließlich soll die Verjüngung nach Palladio die natürliche Tektonik eines Baumstammes[120] und nicht die ausgehärtete Form einer gegossenen Stütze ausdrücken. Gerade der Verlust an Naturhaftigkeit verstößt aber gegen einen Hauptgrundsatz Palladios:

„Ich sage daher, dass die Architektur, wie auch alle anderen Künste, eine Nachahmerin der Natur ist und daher nichts duldet, was dieser fremd ist, und nur das erlaubt, was mit der Natur verbunden ist."[121]

Diese Einbußen schließen jedoch nicht nur einen Zitatcharakter aus. Bei einer Rezeption, die wesentliche Paradigmen derart auf den Kopf stellt, kann auch nicht mehr von einem Aufgreifen oder einer Weiterentwicklung traditioneller Formen die Rede sein. Selbst der Begriff der Konterkarierung wäre unangebracht, da er immer noch ein inneres Verhältnis zum Vorbild voraussetzt.

Noch problematischer als in der Gestaltung der Zierformen ist die Übertragung der palladianischen Architektur in Betonbauweise unter statischen Gesichtspunkten. Die Betonbauweise ermöglicht ganz andere Spannweiten als der Steinbau. Die Festlegung des Verhältnisses von Säulendurchmesser zu Säulenhöhe oder von Säulenhöhe zu Interkolumnium, die Disposition der Ordnungen und nicht zuletzt das palladianische Modulsystem – all diese Regeln der klassischen Architektur beruhen auf den Gesetzmäßigkeiten, die der in Stein ausgeführten Gliederbauweise innewohnen. Die Betonbauweise kann sich über sie hinwegsetzen. Folglich bedarf der Neubau *Am Neuen Markt* nicht der Wandfläche, um das Gebälk der Kolossalordnung zu stabilisieren. Fortmann-Drühe konnte an den Architrav sogar eine Betonleiste hängen, die offenbar Bürings Girlandenfries paraphrasieren soll. Allerdings war der Girlandenfries bei Büring wie bei Palladio kein Teil der Ordnung, sondern ein Teil der Wand. Diese trug jedoch nicht nur den Girlandenfries, sondern stützte auch die Gebälke der Ädikulen und der Kolossalordnung. Weder Palladio noch Büring hätten derart breite Interkolumnien als reine Gliederbauweise, d. h. ohne Wand, ausführen können oder ausführen wollen. Vielmehr hätten sie in jedes Interkolumnium einen weiteren Pfeiler stellen müssen. Wenn es also einen Baustoff gibt, der die Prinzipien, die für Palladios Architektur konstitutiv sind, in formaler wie in konstruktiver Hinsicht unterläuft, so ist es Beton. Es ist daher nicht einsehbar, wieso eine Reminiszenz an einen (neo-)palladianischen Bau ausgerechnet in diesem Werkstoff ausgeführt wurde.

Schäches Behauptung, „die auf die Materialität von Betonfertigteilen übersetzte ‚äußere Schale'" spiele gerade in „Aufbau und Tektonik auf den Büring'schen ‚Palladio' an",[122] ist daher nicht beizupflichten. Ebenso wenig wie der Neubau in formaler Hinsicht die Kriterien eines Zitats erfüllt, entwickelt er in modaler Hinsicht die Palladianisch-Büring'sche Architektursprache weiter. Das zeigt sich auch in der Syntax der Fassade. Wie aus einer Computerzeichnung des Büros Fortmann-

---

118 Im dritten Kapitel seines dritten Buches bezeichnet Vitruv die Basiswülste als *tori* (= Pfühle) und die ionischen Kapitelle als *pulvinata capitula* (= Polsterkapitelle).

119 Besonders deutlich zeigt sich der organische Charakter der ionischen Ordnung am *Konservatorenpalast*, wo Michelangelo sie freilich nicht im kanonischen Sinne modellierte (siehe B 3.2.2).

120 Palladio (1984) I, 20: „Sie [die Alten] setzten fest, dass die Säulen an ihren Spitzen weniger dick gemacht werden als an ihrem Fuß. Sie nahmen dazu die Bäume als Beispiel, die alle an ihrer Spitze dünner sind als an ihrem Stamm und bei den Wurzeln. Da es gleichfalls sehr angebracht ist, dass die Dinge, auf denen ein schweres Gewicht lastet, gedrückt werden, setzten sie unter die Säule die Basis, die mit ihren Wülsten und Kehlen wegen der aufgelegten Last niedergedrückt erscheint."

121 Palladio (1984), I, 20 S. 82.

122 Schäche 2003, S. 47.

Drühe hervorgeht, werden die Fensterumrahmungen als reguläre Ädikulen gedeutet, als eigenständige Elemente – sogar als Teile einer fragmentierten „Fensterordnung"¹²³, die in die Kolossalordnung eingestellt sind. Die Wand erscheint in dieser Lesart als ein nachgeordnetes und entbehrliches Element. Jedoch ist ihr Vorhandensein nicht nur für die Interkolumnien der Kolossalordnung und den Figurenfries konstitutiv; wie wir gesehen haben, setzt auch die Gestaltung der Säulenschäfte bzw. ihre Durchdringung mit runden Quadern die Wand als ein übergeordnetes Element voraus. Noch mehr als für die Schauarchitektur des ehemaligen *Kahle'schen Anwesens* gilt dies für die Fortifikationsarchitektur des *Palazzo Thiene* und Palladios geistreichem Changieren zwischen der zweiten und der dritten Dimension. Darüber hinaus war das Vorhandensein der Wand bei Palladio und Büring entscheidend für die Gestaltung der kolossalen Stützen als Pilaster bzw. als imaginäre vermauerte Pfeiler. Die freistehende Pfeilerkolonnade, die sich jetzt präsentiert, hat mit der traditionellen klassischen Architektur nichts zu tun. Grundsätzlich mag der Gedanke reizvoll sein, eine Schaufassade als solche zu entlarven, indem man sie transparent gestaltet. Jedoch verbietet er sich, wenn man es nur scheinbar mit einer Gliederbauweise und tatsächlich mit einer Wandbauweise zu tun hat.

Eine weitere Missachtung der Syntax bedeutet der Verlust der Fensterbahnen als „negativen" Strukturelementen. Wie schon gesagt, sind mit der Wand die Mezzaninfenster der Oberzone beseitigt worden. Die unteren Mezzaninfenster, die jetzt die ganze Lünette ausfüllen, sind hingegen zu breit geraten. Selbst an dieser Stelle, wo die Wand auf die Zwickel beschränkt blieb, war sie einst für die Gesamtstruktur konstitutiv.

Der Logik der palladianischen Architektur widerspricht auch, dass die Gebälkrücklagen der Fensterädikulen frei schwebend gegen die Kolossalordnung stoßen, ohne von Lisenen oder Pilastern aufgefangen zu werden. Und schließlich war es ein Fehler, die Balustradengesimse nicht durchzuziehen; diese sorgten bei Palladio und Büring nämlich dafür, dass die Pseudo-Ädikulen nicht nur in ‚Kopf'-, sondern auch in ‚Fußhöhe' mit der Kolossalordnung vernetzt wurden.

Zusammenfassend lässt sich festhalten, dass der Neubau *Am Neuen Markt 5* die palladianische Architektur im Allgemeinen und Bürings Vorgängerbau im Besonderen weder zitiert noch deren Sprache spricht. Bürings Leistung, Palladios Entwurf aufzugreifen und zu modifizieren, konnte Fortmann-Drühe nicht wiederholen. Was nun *Am Neuen Markt* steht, ist ein Trugbild. Der Bezug zum Vorgängerbau wird zwar suggeriert, von den Maßverhältnissen und einer schemenhaften Ähnlichkeit abgesehen aber nicht hergestellt. Der in die Fassade eingefügte Raum, für den die Wand geopfert wurde und eine Bauweise in Beton unvermeidlich geworden war, eben dieser Raum stand dem Ziel einer kritischen Rekonstruktion entgegen.

2.5 Die uneinheitliche Wahrnehmung durch die Zeitgenossen

Interessanterweise wird der Fassadenraum historischer Gebäude nicht nur heute unzureichend wahrgenommen. Schon die Zeitgenossen schenkten ihm unterschiedliche Beachtung. In der Architekturtheorie der Renaissance und des Barock habe ich überhaupt keine Stelle gefunden, in der er reflektiert wird. In der Bühnenarchitektur und bei Festapparaten ist er hingegen eine Selbstverständlichkeit. Bei manchen Baumeistern spielt er eine größere, bei anderen überhaupt keine Rolle – selbst wenn diese derselben Kunstlandschaft und derselben Epoche angehören. Das hängt zu einem gewissen Teil sicherlich mit bestimmten Bauaufgaben zusammen. Kirchen, die wegen ihres besonderen Ranges als Patriarchalbasiliken einer Fassade mit Benediktionsloggia bedürfen,

---
123 Schäche 2003, S. 35.

sind per se raumhaltig. Für andere Kirchen bot sich eher eine reine Tafelfassade an, wenngleich es auch hier verblüffende Ausnahmen gibt, wie etwa Giulio Romanos Westfront von *San Benedetto al Polirone* in Mantua (um 1542). 64, 65

Aber auch innerhalb der zeitgenössischen Rezeption ein- und desselben Gebäudes konnte der Fassadenraum völlig unterschiedlich wahrgenommen werden. Dies lässt sich anhand der verschiedenen Veduten, die im 17. Jahrhundert von der Kirche *Santa Maria in Via Lata* zu Rom gestochen wurden, gut nachvollziehen. Die Fassade, die dem niedrigeren Langhaus vorgesetzt ist, umschließt den Raum der Eingangshalle und der Loggia wie einen Käfig. Doch obwohl die Raumhaltigkeit dieser Kirche denkbar evident ist, kommt sie in den verschiedenen zeitgenössischen Veduten ganz unterschiedlich zur Geltung. So betont die starke Vorderansicht bei Guiseppe Vasi nachdrücklich, wie sehr die Fassade sich über ihre zweigeschossige Säulenarchitektur zum Corso hin öffnet. Dem Betrachter wird ein guter Einblick in die Eingangshalle und in die Loggia gewährt. Selbst die Rückwände sind leicht angedeutet. Jedoch fällt es schwer, das Raumvolumen zu ermessen. 66, 67 68

Auf dem Stich Giovanni Battista Faldas sowie auf dem Nachstich von Martin Engelbrecht ist das Raumvolumen, das von dem Fassadenblock umschlossen wird, hingegen leicht zu fassen. Dies ist vor allem der Schrägansicht zu verdanken. Zwar verhindert sie, dass man in den Raum hineinsehen kann, doch vermag der Betrachter sich das Volumen des Raumes dafür umso leichter über die äußere Hülle erschließen. 70

Auf der Federzeichnung des Flamen Lievin Cruyl ist der Fassadenraum am deutlichsten hervorgehoben. Cruyl wählte einen ähnlichen Winkel wie Vasi, legte den Augpunkt aber tiefer, so dass die Decke der Eingangshalle und noch mehr das Gewölbe der Loggia erkennbar werden. Auch gab er diese Räume nicht als schattige Zonen wieder, sondern arbeitete die Struktur ihrer Gewölbe und ihrer Wände deutlich heraus. Die Höhe und die Tiefe des Raumes sind dadurch leicht zu übersehen. Auch zeigt sich, wie sehr die Pilaster, das Gebälk und die Gurtgesimse der Fassadenräume die Säulenarchitektur des Fassadenspiegels nach hinten fortsetzen. 69

Während es Vasi vor allem um den Fassadenspiegel selbst ging und er den Raum nur als Folie desselben behandelte, interessierten sich Falda und Engelbrecht mehr für die blockhafte Erscheinung der Fassade im Kontext der Straßenflucht. Bei Cruyl liegt der Schwerpunkt eindeutig auf dem Fassadenraum. Obwohl er den perspektivischen Fluchtpunkt ganz nach rechts verlegte (nämlich an das Ende der *Via Lata*, die parallel zum Langhaus verläuft), ist die Fassade der eigentliche Blickfang. Dabei sieht der Betrachter anders als bei Vasi nicht auf sie, sondern in sie hinein. 68 70 69

Als weitere Beispiele möchte ich die drei Ansichten des *Pantheon* herausgreifen: Auf Giovanni Battista Faldas Vedute[124] blickt man in leichter Schrägansicht auf die Vorhalle. Obwohl der Bereich der Vorhalle leicht, die beiden Wandnischen zu Seiten des Portals sogar stark verschattet sind und man hinter der Säule links außen zwei weitere Säulen und einen Pilaster erkennt, ist das Raumvolumen nicht klar erfasst. 71

Ganz anders wirkt der Raum in Giovanni Battista Piranesis „Vedute di Roma".[125] Piranesi gewährt eine Seitenansicht, die nicht viel ausgeprägter ist als bei Falda, für einen Blick auf die westliche Längsseite der Vorhalle aber schon ausreicht. Ferner führt er den Betrachter näher an das Gebäude heran, so dass dieser die Vorhalle in leichter Unteransicht wahrnimmt. Allein durch die veränderte Perspektive lassen sich die Ausmaße der Vorhalle besser erfassen. Darüber hinaus legte Piranesi die Raumhaltigkeit der Vorhalle dadurch offen, dass er sie eben nicht völlig verschattete, sondern weitgehend ausleuchtete. Da auch der Gewölbebereich der Vorhalle nicht verschattet ist, muss die Lichtquelle sehr tief liegen. Zugleich kommt das Licht von Osten, da die Säulen an der Stirnseite und der westlichen Längsseite in ihren nach Westen weisenden Teilen regelrechte Schlagschatten besitzen. Die Säulen im Innern der Vorhalle sind darüber hinaus in der gesamten oberen Hälfte verschattet. In dem nach hinten eingezogenen Portalbereich, der bei Falda gar nicht wiedergegeben ist, sind die 72

---

124 Falda/Bartsch (1993), Nr. 117 S 1, S. 95.   125 Piranesi (2000), Abb. 931.

Lichtverhältnisse indes auf den Kopf gestellt. Die Pilaster an der Ostwand, die eigentlich ganz im Schatten liegen müssten, sind deutlich heller als die verschatteten Teile der dem Licht unmittelbar ausgesetzten Säulen an der Stirnwand. Auch das Portal selbst ist gut zu erkennen.

Mit Sicherheit handelt es sich bei dieser unnatürlichen Art der Ausleuchtung um eine besondere Technik der Inszenierung. Zu diesem Zweck fällt auch ein heller Lichtstreifen auf die nordwestliche Außenmauer der Rotunde. Physikalisch ist er in keiner Weise nachvollziehbar. Jedoch verhindert er, dass die Rotunde zur einer homogenen, schwarzen Masse wird und als solche das Gleichgewicht der Komposition stört. Zum anderen hat er etwas Magisch-Theatralisches an sich.

Außerdem dient die Lichtgebung zumindest innerhalb der Vorhalle auch dazu, deren Raumhaltigkeit offen zu legen. Durch die Gitter in den Interkolumnien und die umlaufenden Stufen wirkt die Vorhalle sogar wie ein eigenständiger Bezirk. Darüber hinaus verlieh Piranesi dem Raum möglicherweise eine zeitliche Dimension. Mir scheint, der Künstler hat zwei Wahrnehmungsweisen in einem Bild vereint. An den Außenseiten des *Pantheon* zerfallen die Lichtwerte – gemäß der Wahrnehmung dessen, der im hellen Sonnenlicht steht – in ein klares Chiaro-Scuro. Innerhalb der ‚Portikus' sind die Gewölbezone und der Portalbereich jedoch aus der Wahrnehmung dessen wiedergegeben, der seit längerem in einem schattigen Bereich steht und dessen Augen sich an das Halbdunkel gewöhnt haben. Indem das Auge des Betrachters durch den Bildraum wandert, passt es sich den Lichtverhältnissen, die in den verschiedenen Zonen herrschen, gewissermaßen an.

73 Eine völlig andere Art der Darstellung liegt dem Stich in Sandrarts „Teutscher Akademie" zugrunde.[126] Das *Pantheon* ist – mit rekonstruierter Außenhaut und einer ergänzten Vortreppe, welche die Massigkeit des Giebels glücklich kompensiert, in reiner Frontalansicht wiedergegeben. Dennoch ist der Raum der Vorhalle erkennbar. Dazu trägt nicht nur die perspektivische Reihung der Säulen bei, sondern auch die Präsentation des Stylobats in leichter Daraufsicht. Die Grundfläche der ‚Portikus' ist so leicht übersehbar. Des Weiteren drückte der unbekannte Stecher die Räumlichkeit der Nischen durch Einbuchtungen aus, deren Perspektive er im Bereich der Kämpfer sogar übertrieb. Auch das Raumvolumen des Portalbereichs gab er wieder: Die Kantenpilaster und die ihnen folgenden Halbpilaster an den Schmalseiten fluchten mit den drei vorderen Säulen und bilden so einen tiefenräumlichen Zug aus. Am bemerkenswertesten ist jedoch, dass der Betrachter durch das offene Portal in das Innere der Rotunde blickt. Dessen Apsis erscheint sogar als *vgl. 128* Pendant zu den beiden Wandnischen der Vorhalle. Ausgerechnet der hinterste Winkel des Innenraums wird durch diese Teleskopie zu einem Teil des Fassadenraums.

Nicht weniger aufschlussreich ist der Vergleich dreier anderer Stiche, welche die Kirche *Santa Maria della Pace* in Rom zeigen. Da ich auf diesen Bau in Kapitel C 5 näher eingehen werde, will ich mich an dieser Stelle auf einige wenige Anmerkungen beschränken. Der erste Stich, der 1665 in *289* Giovanni Giacomo de Rossis Vedutenwerk „Il nuovo teatro delle fabriche" erschien, zeigt die Fassade in Frontalansicht. Die räumliche Tiefe ist auf ihm am wenigsten erkennbar. Dafür wird deutlich, wie sehr die Gliederungen der einzelnen Fassadenteile aufeinander abgestimmt sind. Die übergiebelte zweigeschossige Tafelfront und die sie flankierenden eingeschossigen Flügelbauten sowie der ihr vorgestellte *tempietto* und die leicht konkaven Rücklagen bilden eine strukturelle Einheit, deren gestaffelte Anordnung man allenfalls ahnen kann.

291 Der zweite Stich, der von Giovanni Battista Falda stammt, wirkt völlig entgegengesetzt. Dank der Schrägansicht, die fast schon einer Seitenansicht gleichkommt und die die rechte Platzbebauung schlichtweg negiert, offenbart sich die räumliche Tiefe der Fassade, legt sich sogar zum Nachteil der szenographischen Wirkung vollkommen bloß. Deutlich erkennt man nun, dass die eingeschossigen Flügelbauten gegenüber der Tafelfassade um eine ganze Fensterachse zurückspringen. Der gesamte Bau fällt dabei jedoch völlig auseinander, die konkaven Rücklagen (die Falda übrigens zu niedrig gezeichnet hat) stehen zum Kernbau in keinerlei Verhältnis mehr.

---

126 Sandrart 1679–1680, Bd. II, Tf. 23.

Die Mitte zwischen den Extremen scheint Giuseppe Vasis Stich einzunehmen. Einerseits will *290*
Vasi die Raumhaltigkeit und die szenographische Wirkung der Fassade herausarbeiten, andererseits aber auch den organischen Zusammenhang der einzelnen Teile wahren. So macht er beispielsweise deutlich, dass das Gebälk der Rücklagen sich nach vorne kontinuierlich fortsetzt und dass auch die Flügelbauten ganz in das Gliederungssystem der Tafelfront eingebunden sind. Zu diesem Zweck zeigt Vasi sogar, dass die unteren Profile in der Sockelzone der oberen Ordnung in der getreppten Gestaltung des *tempietto*-Dachs eine unmittelbare Fortsetzung finden – ein Detail, das Falda bezeichnenderweise übersehen hat. Dennoch ist auch Vasis Stich nicht frei von Fehlern. Um die Flügelbauten mit den nach außen herabschwingenden Mauersegeln als seitliche Ausläufer der Tafelfront kenntlich zu machen, hat er den tiefenräumlichen Abstand zwischen beiden zu sehr verkürzt. Dass das Fenster der Längswand, das bei Falda so deutlich sichtbar ist, bei Vasi noch Platz hätte, kann man sich nicht vorstellen; zu eng stehen die Ecksäule der Tafelfront und der Pilaster des Mauersegels hintereinander. Dafür hat Vasi, um die Raumhaltigkeit der konkav zurückfluchtenden Rücklagen sinnfällig zu machen, zwischen diese und die Tafelfront eine Fensterachse eingesetzt, die es in Wirklichkeit gar nicht gibt.

Der Vergleich der neun Veduten zeigt, wie unterschiedlich ein und derselbe Fassadenraum wirken kann, je nachdem, welches Interesse der jeweilige Künstler ihm entgegenbrachte. Der Grad des Interesses bestimmte den Augpunkt, der wiederum die Wahrnehmung des Betrachters prägt. Zudem wird deutlich, dass man auch bei einem vergleichbar stark ausgeprägten Bewusstsein für Raumhaltigkeit die Räume selbst völlig unterschiedlich interpretieren kann. Je nachdem, wie wichtig dem Künstler die Raumhaltigkeit ist, nimmt er sogar Unkorrektheiten in der Darstellung (Piranesi, Vasi) *72, 290*
und im Extremfall sogar den Verlust der strukturellen Zusammenhänge (Falda) in Kauf. *291*

3 Aufbau und Gestaltung der weiteren Arbeit

3.1 Gliederung

Je länger man raumhaltige Fassaden untersucht, desto überraschter ist man, wie viele Varianten von Raumhaltigkeit es gibt. Diese Varianten werde ich in Teil B analysieren und terminologisch *66, 67*
erfassen. Im Laufe der Analyse wird sich noch deutlicher als am Beispiel von *Santa Maria in Via Lata* zeigen, dass die Verschiedenheit der Fassadenräume durch die Ausrichtung ihres Grundrisses und dessen dynamischer Wirkung ebenso bedingt ist wie durch ihre Topographie, ihr Verhältnis zu anderen Räumen und ihre Einsehbarkeit von außen.

Eine weitere Variable sind die ikonographische Bedeutung und die optische Wirkung. Bei diesen beiden Kategorien – die bislang behandelten Beispiele haben es bereits gezeigt – spielt neben dem Grundriss der Aufriss eine wichtige Rolle. In diesem Zusammenhang gilt es zu klären, welche Öffnungen der Fassadenspiegel besitzt, ob er wandhaft oder gliederhaft ist und in welchem Verhältnis einzelne Elemente wie Fenster, Kolonnade oder Arkade zur Gesamtfassade stehen. Als ein Schlüsselmotiv wird sich dabei das sog. Theater- oder Tabulariumsmotiv erweisen, das schon an den Loggien des *Damasushofes* und in der Eingangshalle des *Hôtel Lambert* von Bedeutung war. *332, 333*
Soweit ich sehe, war dieses zentrale Motiv nie Gegenstand einer eingehenden architekturmorphologischen Untersuchung. *71*

Im weiteren Verlauf von Teil B wird sich zeigen, dass die vielen Varianten dieses Motivs von der reinen Wandhaftigkeit bis zur reinen Gliederhaftigkeit reichen, wobei vermeintlich geringfügige Details wie die Gestaltung des Schlusssteins, der Bogenzwickel, der Charakter der applizierten Ordnung oder – wie beim *Hôtel Lambert* – die Gestaltung der Arkadenstützen den Ausschlag geben können. Mit dem Charakter des Theatermotivs – auch dies wurde am *Hôtel Lambert* schon deutlich – kann sich auch der Eindruck des dahinter oder des davor liegenden Raumes grundlegend ändern.

69, 334 Ein dritter Faktor ist schließlich die Decke bzw. das Gewölbe, das den Fassadenraum nach oben abschließt und an die Strukturelemente des Aufrisses auf ganz unterschiedliche Weise anschließen kann.

In Teil C gehe ich über die strukturelle Analyse hinaus auf die verschiedenen Funktionen und Bedeutungen des Fassadenraums ein. Anhand einzelner Fallbeispiele werden konstruktive, szenographische, zeremonielle, liturgische, ikonographische, soziale und städtebauliche Aspekte gleichermaßen einer eingehenden Betrachtung unterzogen. Dabei gilt es auch, die Forschung zu den betreffenden Bauwerken zu ergänzen oder zu revidieren.

18–20 In Teil D werde ich schließlich auf die Fassade des *Petersdoms* und auf ihr Verhältnis zum Platz, *337 ff.* zum Stadtplan und zum Innenraum zurückkommen und das Problem des nachträglich versiegelten Fassadenraums ausführlich thematisieren. Dabei wird erneut der Versuch unternommen, sich bestimmten Problemen mit einem neuen Ansatz zu nähern, etwa der von Howard Hibbard[127], Christof Thoenes[128], Armando Schiavo[129] und anderen diskutierten Frage, wie sich Madernos Fassade zu Michelangelos Zentralbau verhält. Ebenso lassen sich bestimmte Paradigmen wie das von Horst Bredekamp herausgearbeitete Phänomen der „symbolischen Machtergreifung" diskutieren und ergänzen, während sich andere Thesen wie die, die Damian Dombrowski[130] zu Berninis Innenausstattung äußerte, modifiziert werden können. Ganz am Ende soll geprüft werden, inwiefern der Fassadenraum von *Sankt Peter* zur Neukodierung Roms als eines konfessionellen und sozialen Disziplinarraums beitrug, nicht zuletzt vor dem Hintergrund des von einigen Papst- und Nepotenfamilien geführten Wettstreits um Sozialprestige.

Was die Auswahl der Objekte betrifft, so war eine zeitliche und topographische Fokussierung unumgänglich. Bei der Analyse in Teil B erwiesen sich Rückgriffe auf die Antike und die Renaissance noch als sinnvoll, da es darum ging, eine Art Grammatik der Gliederungssysteme zu erstellen, die zumindest unter bestimmten Gesichtspunkten mehr oder minder vollständig sein sollte. Allerdings, und dies kann nicht genug betont werden, zeichnet dieser Überblick wirklich nur die grammatikalischen Spielarten und nicht die historische Entwicklung einzelner Architekturmotive nach.

Trotz der großen Auswahl habe ich versucht, einen Schwerpunkt auf die römische Architektur zu legen. Beispiele aus dem übrigen Italien und aus dem deutschsprachigen Bereich des Heiligen Römischen Reiches traten ergänzend hinzu, vor allem dann, wenn ein verwandtschaftliches Verhältnis zur römischen bzw. zur italienischen Architektur erkennbar wurde. Das war beispielsweise *304–309* der Fall bei den Treppenhäusern Ferdinando Sanfelices in Neapel oder Carlo Carlones und Jacob *317–319* Prandtauers in *Sankt Florian*, bei Johann Bernhard Fischer von Erlachs *Prospekt eines (Lust-)Gar-* *97, 98, 176 tengebäudes* oder bei einigen Entwürfen Leonhard Christoph Sturms. Französische Werke wie *103–105* Claude Perraults *Ostfassade des Louvre*, Antoine Le Pautres *Idealplan eines Schlosses* oder die von *302–303* ihm gestaltete Gartenfront von *Saint-Cloud* sowie Juste-Aurèle Meissonniers und Nicolò Servan- *259–262* donis Projekte für die Westfront von *Saint-Sulpice* wurden meist als Kontraste zur römischen Architektur herangezogen. Auf Beispiele aus anderen Ländern habe ich fast ganz verzichtet. Lediglich einige englische, skandinavische und iberische Bauten fanden noch am Rande Erwähnung.

---

127 Hibbard 1971.
128 Thoenes 1963; ders. 1992b; ders. 1998.
129 Schiavo 1990.
130 Dombrowski 2003a; ders. 2003b.

In den Teilen C und D habe ich mich dann in erster Linie nur noch mit dem römischen Barock befasst. Auf diese Weise ließen sich formale und gedankliche Wechselbeziehungen besonders gut aufzeigen. Auch war das Material für meine Fragestellung mit Abstand am ergiebigsten.

Eine weitere Einschränkung betrifft die Architekturgattungen. Selbstverständlich beschränkt sich das Phänomen des Fassadenraums keineswegs auf die gebaute Architektur. Eine große Rolle fällt auch der Idealarchitektur, der Festdekoration, der Bühnenkunst, dem Capriccio und der Illustration (nicht dem Text!) in Traktaten zu. Alle diese Gattungen gleichermaßen zu berücksichtigen, hätte den Rahmen der Arbeit gesprengt. Dies zeigt allein ein Blick auf die Entwürfe der Traktatliteratur. Neben den ‚klassischen' Beiträgen Albertis, Serlios, Vignolas, Palladios, Fischer von Erlachs usw. entstanden unzählige andere Werke, die von der trockenen Musterhaftigkeit eines Sturm und dem überfrachteten Eklektizismus eines Paul Decker über die phantasievolle Theatralik eines Andrea Pozzo bis zu der wuchernden Irrationalität der Galli di Bibiena und der capriccesken Hypertrophie eines Giovanni Battista Piranesi reichen. Noch weniger als die letztgenannten Beispiele der Traktatliteratur wären die meisten Entwürfe für ephemere Festdekorationen dauerhaft umzusetzen gewesen. Auch *disegni*, die als Bewerbungsblätter oder als Ehrengaben bei einer Akademie eingereicht wurden, sollten eher die Virtuosität und den Einfallsreichtum ihres Schöpfers unter Beweis stellen, als dass sie zur Verwirklichung vorgesehen waren. (Allein die Pläne, die im 18. Jahrhundert im Umfeld der Academia di San Luca zu Rom angefertigt wurden, lohnten eine ausführliche Untersuchung.)

98, 132
74, 75
167, 44
48–51
96, 221, 222
93

Da der Schwerpunkt der vorliegenden Arbeit aber auf der Raumhaltigkeit **gebauter** oder zumindest **realisierbarer** Architekturen liegt, will ich mich bei den Traktaten neben den schon erwähnten ‚Klassikern' weitgehend auf Sturms Werk beschränken. Sein ‚Realitätsgrad' ist vergleichsweise hoch. Auch steht es wenigstens teilweise in Wechselbeziehungen zu wirklichen Gebäuden, etwa dem Treppenhaus von *Sankt Florian* und – was bislang übersehen wurde – den Risaliten des *Berliner Schlosses*. Aus denselben Gründen habe ich auch die Idealpläne Le Pautres oder Fischer von Erlachs berücksichtigt. Ebenso erschien es mir sinnvoll, Wettbewerbsentwürfe für reale Bauvorhaben einzubeziehen, etwa Berninis *Louvreprojekte* oder einige der Konkurrenzentwürfe zur Ostfassade von *San Giovanni in Laterano*. Bei mehreren Blättern, die zu ein- und demselben Objekt eingereicht wurden, lässt sich die Verschiedenheit der jeweiligen Raumvorstellungen sogar besonders klar herausarbeiten. Auf die Raumhaltigkeit reiner Phantasiearchitekturen, wie sie sich etwa in Vicenzo Res Bühnenbild zu Giuseppe di Majos „Il Sogno di Olimpia"[131] oder in Giovanni Battista Natalis *Entwurf für eine Wanddekoration* offenbaren, ging ich hingegen nicht ein, weil sie in ihrer Übersteigerung fast schon wieder unspezifisch sind.

316, 317
152, 35
174, 175
226–227
233–240
74
75

3.2 Typographische Besonderheiten

Die von mir entwickelten oder entsprechend kontextualisierten Begriffe für die Beschaffenheit von Räumen oder den Charakter raumhaltiger Fassaden werden **halbfett** wiedergegeben. Daneben erscheinen architektonische Objekte, Entwürfe sowie Straßen und Plätze *kursiv*. Folglich gilt es zwischen Berninis *Kolonnaden* auf dem Vatikan als eigenständigen Baukörpern und den Kolonnaden eines griechischen Tempels zu unterscheiden.

Darüber hinaus werden Ergänzungen kursiv gesetzt, sofern sie der besseren Identifizierung dienen. Da die *Lateranbasilika* und der *Louvre* beispielsweise mehrere Fassaden besitzen, schreibe ich „Galileis *Ostfassade von San Giovanni in Laterano*" und „Perraults *Ostfassade des Louvre*"

---

131 Vgl. Mancini 1966, S. 67.

(im Unterschied zu „Madernos Ostfassade von *Sankt Peter*"). Im Sinne dieser Unterscheidung meint „die *Cathedra Petri*" auch Berninis Hochaltar in *Sankt Peter*, wohingegen „die Cathedra des heiligen Petrus" den Thronsessel des Apostels oder das Petrusamt bezeichnet. Kursiv gesetzt sind schließlich auch nicht eingedeutschte Begriffe. Inschrifttexte werden in KAPITÄLCHEN gedruckt, Schlüsselbegriffe, die der gedanklichen Strukturierung dienen, besitzen eine g e s p e r r t e Typographie, Titel von Werken wie Palladios „Quattro Libri dell'Architettura" stehen in doppelten An- und Abführungszeichen.

Die Ästhetik des Schriftbildes leidet durch diese Unterscheidungen zweifelsohne. Jedoch glaube ich, dass die Hervorhebungen letztlich das Verständnis der Arbeit erleichtern. So soll die *kursive* Schreibweise helfen, die behandelten Objekte leichter zu finden. Die Wiedergabe der Terminologie in **halbfett** macht hingegen deutlich, wann und wie die von mir entwickelten Kategorien und Termini tatsächlich Anwendung fanden. Umgekehrt bedeutet das aber auch, dass gleiche Begriffe, die von anderen Autoren mit einer abweichenden Bedeutung verwendet werden (wie das Adjektiv „tiefenräumlich" von Sedlmayr in Kapitel C 5.1 oder der Begriff „Benediktionsloggia", mit dem die meisten in Abschnitt D zitierten Autoren die **Benediktionssala** von *Sankt Peter* beschreiben) nicht hervorgehoben werden.

TEIL B

STRUKTUR UND FORM
DES FASSADENRAUMS

1 Das Wesen der raumhaltigen Fassade

1.1 Arten der Räumlichkeit

1.1.1 Methodische Aspekte

Es gibt etliche Möglichkeiten, wie ein Gebäude nach außen räumlich wirkt. Es kann zusammen mit anderen Bauten ein Ensemble bilden, das wie die *Amalienborg* in Kopenhagen einen Raum umschließt oder wie vordem *Marly* und die *Favorite* bei Mainz nach perspektivischen Gesichtspunkten angeordnet sind. Es kann mit Flügelbauten einen (Ehren-) Hof bilden wie *Versailles* und – in extremer Überlängung – die *Uffizien* in Florenz. Es kann aber auch als Solitär raumhaltig sein, beispielsweise wenn es sich wie der *Erbdrostehof* in Münster oder die *Dorotheerkirche* in Wien (ab 1702) konkav öffnet oder ein Halbrund bildet. Dies kann auf ganz unterschiedliche Weise geschehen, wie das *Collège des Quatre Nations*, die *Michaelerfront der Wiener Hofburg* und die Bauten an der *Place des Victoires* zu Paris oder der *Royal Crescent* in Bath belegen. Im Rahmen der vorliegenden Arbeit interessieren jedoch nur Fassaden, die a n s i c h raumhaltig sind, d. h. bei denen der Raum ein Teil der Gesamtstruktur ist.

Bevor ich der Frage nachgehe, welche Strukturelemente an einer Fassade welche Raumwirkungen hervorrufen, möchte ich Gedanken über die Räume selbst vorbringen. Wie im Folgenden zu sehen sein wird, sind die Räume, die durch eine Fassade erzeugt werden oder an denen eine Fassade partizipiert, höchst unterschiedlich. Angesichts der Vielzahl an Wesensmerkmalen liegt es nahe, wenigstens die Eigenschaften, die für die spätere Analyse unentbehrlich sind, begrifflich zu erfassen und hervorzuheben.

Die kunstgeschichtliche Literatur kennt durchaus vereinzelte Versuche, einen Raum terminologisch zu erfassen. Nie ist das bislang aber systematisch geschehen. Beispielsweise benutzte Hans Sedlmayr bei der Beschreibung der Fassade von *Santa Maria della Pace* den Begriff „Tiefenraum".[1] Allerdings sagte er nicht, wie dieser Raum von anderen Räumen zu unterscheiden sei. Auch bleibt unklar, was er unter Tiefe verstand. Dachte er lediglich an die Abfolge hintereinandergestellter Elemente im Sinne einer Ortsangabe? Meinte er eine eigenständige ästhetische Kategorie? Oder bezeichnete er eine eigengesetzliche Dynamik, die sogar die Struktur einer Fassade mitbestimmt?

Angesichts dieser Unklarheiten erscheint es mir wichtig, Räume systematisch zu unterscheiden, und zwar sowohl hinsichtlich ihrer eigenen A u s r i c h t u n g , d y n a m i s c h e n W i r k u n g u n d L a g e als auch hinsichtlich ihres Verhältnisses zu anderen Räumen, wobei gesagt werden muss, dass diese Aspekte nicht zwingend vom Verlauf der Fassade abhängen. So verläuft der Raum bei *Santa Maria in Via Lata* beispielsweise parallel zum Fassadenspiegel, wohingegen er am *Hôtel Lambert* seine tiefenräumliche Dynamik im rechten Winkel zur Gebäudefront entfaltet. Im *Alten Museum* zu Berlin sind beide Ausrichtungen kombiniert: Das Peristyl ist parallel zur Fassade ausgerichtet, das dahinter liegende Treppenhaus ist vom Fassadenspiegel weg nach hinten ausgerichtet.

Die Erfassung derartig unterschiedlicher Ausrichtungen setzt die Festlegung eines Parameters voraus, durch den der Raum definiert wird. So braucht etwa ein Tiefenraum einen festen Punkt, von wo er sich nach hinten erstreckt. In der Malerei, aus der dieser Begriff entlehnt ist, liegt dieser Punkt in der vorderen Bildebene. Bei *Santa Maria della Pace* ist er indes nicht gegeben. Der Raum

---

[1] Sedlmayr 1960b, S. 67.

beginnt nämlich nicht an derselben Stelle wie die Fassade. Stattdessen steht die Fassade inmitten eines Raums. Dies wirft zwei Probleme auf. Zum einen ist es schwierig, den Beginn der Fassade zu ermitteln. Setzt sie am Scheitelpunkt des halbrunden Vorbaus an? Oder bildet sie mit den angrenzenden Platzwänden eine Einheit und greift somit bis zu der kleinen Stichstraße, dem *Vicolo della Pace*, aus? Zum zweiten stellt sich die Frage, ob die Fassade selbst überhaupt noch raum-‚haltig' ist oder ob sie nur von einem Raum umgeben ist.

289–291

Nun gibt es Bauten wie *Santa Maria in Via Lata*, wo die Fassade eindeutig raumhaltig ist und ihr Raum sich exakt bestimmen lässt: Er setzt unmittelbar hinter den Säulen an. Allerdings hat er deutlich mehr Breite als Tiefe. Auch entwickelt er seine räumliche Kraft in die Breite. Von einem Tiefenraum zu sprechen, wäre deshalb irreführend.

66, 67

Einen ausgesprochenen Tiefenraum bildete hingegen das *Nerva-Forum*. Es ist räumlich klar definiert und hat eine dominante Längsachse. Entlang dieser Achse entwickelt sich auch eine räumliche Dynamik. Die Säulen stehen nämlich so weit auseinander, dass sie nicht mehr als Teile von Kolonnaden aufzufassen sind, die parallel zu den Seitenwänden verlaufen. Vielmehr bildeten sie einst zusammen mit den Attiken, die sich ungewöhnlicherweise mit dem Gebälk vorkröpften, tiefenräumlich geschichtete Staffagen. Allerdings kann solch eine Szenographie auch in einem Raum wirken, der breiter als tief ist. Ein Beispiel ist – neben zahlreichen Bühnendekorationen – das *Ruinentheater* in der *Eremitage* zu Bayreuth. Obwohl der Raum sich im Grundriss in die Breite erstreckt, wirkt er perspektivisch in die Tiefe. Räumliche Wirkung und Grundriss müssen also nicht zusammenfallen. Deshalb ist es sinnvoll, einen Raum, der wirklich tief i s t , anders zu benennen als einen Raum, der nur tief w i r k t .

1.1.2 Die Ausrichtung des Grundrisses

Beginnen wir mit der Ausrichtung des Grundrisses. Es gibt Räume, die sich von vorne nach hinten entfalten und die man am besten unter der Kategorie **Längsraum** zusammenfasst. Ein Raum, der sich in die Breite erstreckt, wird am besten als **Querraum** bezeichnet.

Einen Sonderfall bildet die Unterteilung eines Raums, etwa durch terrassenartige Abstufungen der Fassade oder seine Zerlegung in verschiedene Schichten. Analog zum Bildraum in der Malerei kann man hier von einem **Vorder-**, einem **Mittel-** und einem **Hinterraum** sprechen. Zweifellos gehört der von Sedlmayr beschriebene „Tiefenraum" vor *Santa Maria della Pace* dieser Kategorie an. Entsprechend könnte man den Bereich vor der mittleren Fassadenwand, der zu einem kleinen Teil von dem angesetzten *tempietto* übergriffen wird, als **Vorderraum**, den schmalen Bereich zwischen der mittleren Fassadenwand und ihren eingeschossigen Seitenflügeln als **Mittelraum** und den Bereich zwischen den Seitenflügeln und den konkaven zweigeschossigen Rücklagen als **Hinterraum** bezeichnen.

288

1.1.3 Die dynamische Wirkung

Naturgemäß entfaltet sich ein **Längsraum** in die Tiefe und ein **Querraum** in die Breite. Wie wir schon gesehen haben, kann ein **Querraum** aber auch in die Tiefe wirken (*Altes Museum* in Berlin). Um dies zu erreichen, muss sich ein Architekt nicht einmal der perspektivischen Täuschung bedienen. Auch mithilfe einer Treppe, des Aufrisses von Fassadenfront und/oder Fassadenrückwand sowie der Gewölbestruktur vermag er eine solche Wirkung zu erzielen. Ebenso können ein **Querraum** und erst recht ein **Längsraum** ihre Wirkung nach vorne, also frontal auf den Betrachter gerichtet, entfalten. Es ist daher sinnvoll, **Tiefenräumlichkeit, Breitenräumlichkeit** und **Frontalräumlichkeit** zu eigenständigen, vom Grundriss unabhängigen Kategorien zu erheben.

45

1.1.4 Die Lage

Das dritte Kriterium ist wie gesagt die Lage. Den Raum, der ein Gebäude oder einen Baukörper mindestens an drei Seiten umgibt, möchte ich als **Umraum** bezeichnen. Ist nur der Raum vor einem Gebäude gemeint, wird er als **Vorraum** bezeichnet. Bei dem Raum, der hinter der Rückseite eines Gebäudes liegt, handelt es sich um einen **Rückraum**. Liegt der Raum innerhalb einer Fassade oder eines Gebäudes, möchte ich von einem **Zwischenraum** sprechen. Für einen Raum innerhalb eines geschlossenen Gebäudes empfiehlt sich die Bezeichnung **Binnenraum**.

137, 138   Haben wir es mit einem Raum zu tun, der wie auf dem *Kapitol* in Rom einen **zentralen Raum** seitlich begrenzt, empfehle ich den Begriff **Flankenraum**. Wird ein **Kernraum** an drei oder vier Seiten von einem weiteren Raum umschlossen (etwa in Gestalt von Säulenhallen oder Lauben wie

79, 80 im *cortile* des *Palazzo Farnese* in Rom), handelt es sich bei diesem um einen **Randraum**. Von

91 einem Raum, der einen anderen wie im Innenhof der *Villa Farnese* in Caprarola konzentrisch umfasst, kann man als einem **Ringraum** sprechen.

1.1.5 Das Verhältnis der Räume zueinander

Wie sinnvoll es ist, derartige Raumtypen zu unterscheiden, zeigt sich bereits daran, dass selbige gerade wegen ihrer unterschiedlichen Wirkung häufig kombiniert wurden, sei es im Sinne einer *variatio*, sei es zur Steigerung der szenographischen Wirkung. Im *Palazzo Farnese* folgt beispielsweise auf den **Vorraum** des Platzes, der sich von der Fassade weitgehend abschottet, die Durchfahrt als ein dreischiffiger **Längsraum**. Sie mündet in den **Randraum** der Hoflauben, die den eigentlichen Hof als einen **Kernraum** allseits umschließen. Auf der anderen Seite des Hofes führen sie in Verlängerung der Achse wieder zu einem tunnelartigen **Längsraum**, über den man zuerst in den **Querraum** einer gartenseitigen Eingangshalle und schließlich in den **Rückraum** des Gartens selbst gelangt. Abgesehen davon, dass diese Räume alle durch einen **Durchblick** verbunden sind, haben sie nichts miteinander gemeinsam. Der Besucher, der den Palast durchschreitet, erlebt so eine Folge von Räumen, die sich in ihrer Ausrichtung, dem Grad ihrer Offenheit und Helligkeit und ihrem Volumen stets unterscheiden. Allerdings setzt dieses Prinzip der *varietà* voraus, dass die Räume als unterschiedliche Einheiten wahrgenommen werden.

1.1.6 Die Sichtbarkeit

In den meisten Fällen ist die Räumlichkeit einer Fassade **evident**. Es gibt aber auch Fassaden, von denen die räumlichen Bezüge im Nachhinein verändert wurden, etwa durch das Einsetzen von Glasfenstern und Holztüren oder durch das Vermauern von Öffnungen. So ist beispielsweise der

77 **Durchblick** durch eine Portaldurchfahrt in einen Innenhof (wie im *Palazzo Farnese*) nicht mehr nachvollziehbar, wenn das Portal geschlossen wird. Dennoch ist der räumliche Bezug auch dann noch gegeben. In diesem Fall haben wir es also mit einer **temporären** Räumlichkeit zu tun.

53 Extremfälle dieser temporären Räumlichkeit sind der *Dresdner Zwinger* und der Hof des *Pariser*

52 *Rathauses*. Denkbar ist auch, dass eine Fassade dauerhaft geschlossen wurde (Wendelstein der

31, 32, 333 *Albrechtsburg in Meißen, Damasushof, Oberes Belvedere*). Gleichwohl ist der Raum noch vorhanden. Es kann sogar sein, dass die Fassadenstruktur auf einen solchen Raum explizit hinweist

35 (Schlüterhof des *Berliner Schlosses*). Die Räumlichkeit ist jetzt zwar nicht mehr **evident**, wohl aber noch **latent** vorhanden.

1.1.7 Die Bedeutsamkeit des Raums

Ein weiteres Problem ist der Stellenwert, der dem Raum innerhalb der Fassade zukommt. Es gibt Formen der Raumhaltigkeit, die für den Charakter einer Fassade **relevant** sind (Wendelstein des *Torgauer Schlosses*). Manchmal ist sie sogar **konstitutiv** *(Gloriette in Schönbrunn)*. Natürlich gibt es auch Bereiche in einer Fassade, die räumlich vollkommen **irrelevant** sind. *47*

Während die bisher behandelten Eigenschaften eines Raums ziemlich eindeutig sind, besteht bei der **Relevanz** eines Raums noch Klärungsbedarf. Warum würde man beispielsweise den Kolonnaden an der *Ostfassade des Louvre* oder an Claude Aubrys Entwurf (1748) für die *Place Louis XV* eine Raumhaltigkeit zugestehen, nicht aber den Portiken mit den Freisäulen, die Ange Jacques Gabriel den Seitenflügeln des *Versailler Ehrenhofes* vorblendete? *176, 95*

Zunächst könnte man versucht sein, die **Relevanz** eines Raums daran zu messen, ob er begehbar ist. Immerhin dient der Mensch in der ‚klassischen' Architektur des Altertums und der frühen Neuzeit sowohl hinsichtlich der Proportionierung als auch der symbolischen Bedeutung von Baugliedern als Maßstab. Das würde allerdings bedeuten, dass eine Fassade bereits durch einen Laufgang räumliche Qualitäten erlangen würde. Für viel entscheidender halte ich es daher, dass die räumliche Ausdehnung einer Fassade in einem ansehnlichen Verhältnis zur Breite und Höhe steht. So könnte man bei Borrominis Kirche *San Carlo alle Quattro Fontane* trotz der plastisch durchgearbeiteten, konkav-konvex geschwungenen Wand noch nicht von Räumlichkeit sprechen. Dasselbe gilt für die Fassaden von *San Marcello al Corso* oder *Santa Maria in Campitelli*, obwohl sie sich aus drei Schichten zusammensetzen und Erstere sogar leicht konkav ist. Als räumlich relevant können hingegen – um in Rom zu bleiben – die Fassaden des *Konservatorenpalastes* oder von *Santa Maria in Via Lata* gelten, da sie sich dem Platz- bzw. dem Straßenraum deutlich öffnen. Selbst die Fassaden von *Sant'Andrea al Quirinale* oder der *Fontana di Trevi* sind räumlich **relevant**. An *San Giovanni in Laterano* oder *Santa Maria Maggiore* ist der Raum sogar **konstitutiv**, da er den Gesamteindruck nicht nur mitbestimmt, sondern sogar hauptsächlich prägt. Völlig **irrelevant** waren hingegen die Räume, die sich etwa an den Torbögen der *Place des Victoires* in Paris ergaben. Innerhalb einer **wandhaften** Randbebauung, die den Platz umgrenzte und sich von ihm deutlich absetzte, bildeten sie nur zufällige Öffnungen, die weder ästhetisch noch ikonographisch motiviert waren. *82*

140
66
7, 210
224, 243, 3

1.1.8 Der Sinn der Raumhaltigkeit

Die eben angesprochene Frage, wie die Raumhaltigkeit von Fassaden motiviert ist, müsste eigentlich Gegenstand einer eigenen Untersuchung sein. Im Rahmen der vorliegenden Arbeit können nur einige Aspekte skizziert werden.

Ein wichtiger Aspekt ist die Nutzung. Die Vorhallen und Atrien spätantiker Kirchen waren z. B. Asylräume. Weitaus profaner war und ist der Schutz, den Säulenhallen, Lauben und Loggien vor Sonne und Regen bieten. Er kann sowohl den Passanten und Besuchern als auch der Bausubstanz zugute kommen. Im Schutz überdachter Architekturen können wertvolle Pflanzen oder Skulpturen aufgestellt werden, wie etwa in der Orangerie des *Palais Trautson zu Wien* oder im *Belvederehof des Vatikan*. Auch die dekorativen Bildkünste können sich in einem ganz anderen Maße entfalten als an einer gewöhnlichen Außenwand, man denke nur an die Ausmalung der sog. Loggien Raphaels im *Damasushof* oder an die Fresken, Plastiken und Stuckaturen, mit denen Franz Carl Remp, Leonhard Sattler und Giovanni Manfredi Maderni Jacob Prandtauers *Treppenhaus von Stift Florian* ausstatteten. Aber auch für zeremonielle Ereignisse wie den Segen des Papstes oder feierliche Prozessionen wurde der geschützte Bereich einer raumhaltigen Architektur bevorzugt, erinnert sei nur an die Benediktionsloggien in *San Giovanni in Laterano* oder *Santa Maria Maggiore* oder an Berninis *Kolonnaden des Petersplatzes*.

14, 334
319
10, 232
224, 4

55

In der Regel sind raumhaltige Fassaden, die als Schauplätze zeremonieller Ereignisse dienen, so konzipiert, dass sie das Geschehen in besonderer Weise zur Geltung bringen. Wenn der Papst in *San Giovanni* der Menge, die sich auf dem Vorplatz versammelt hatte, den Segen spendete, so wurde er nicht nur durch das Würdemotiv der Serliana umrahmt, sondern von der gesamten Loggia wie von einem riesigen Baldachin überfangen. Die räumliche Dimension, in der sich die Protagonisten bewegten, wurde zu einem konstitutiven Element der architektonischen Inszenierung. Das gilt nicht weniger für festliche Veranstaltungen wie Umzüge oder Turniere, bei denen etwa

53, 54 die Loggien des *Cortile del Belvedere* oder des *Dresdner Zwingers* zu Logen umfunktioniert wurden. Aber auch einfache Arkaden oder Nischen (wie in der Orangerie des *Palais Trautson*) können den Wert oder die Bedeutung von erlesenen Skulpturen oder Pflanzen durch eine wirkungsvolle Präsentation zur Geltung bringen. An römischen Mündungsbrunnen, die nicht nur

210 im Fall der *Fontana di Trevi* eine Schaufassade ausbilden, präsentieren die in die Fassade eingetieften Nischen das Wasser regelrecht und weisen dabei auch auf seine Kostbarkeit hin.

Damit erlangt der Raum auch eine **inhaltliche Bedeutung**. Gerade an den römischen Brunnen visualisieren die Nischen die Herkunft des Wassers, das mühsam aus den Tiefen des Felsens bzw. dem Inneren der Erde gewonnen wurde. Das gilt sowohl für die von Domenico Fontana erbaute *Mostra der Acqua Felice* als auch für die beiden Schauseiten der *Acqua Paola* auf dem Gianicolo und an der *Piazza Trilussa*. Eine inhaltliche Bedeutung ganz anderer Art erlangte der Raum, wenn er als Metapher benutzt wurde: Wie noch zu zeigen sein wird, ist zum Beispiel die Nische der

210 *Fontana di Trevi* als Tempel des Gottes Oceanus zu deuten, derweil die Wandnischen im *Nymphä-*
110, 111 *um der Villa Giulia* wie in zahlreichen anderen Parkarchitekturen natürliche Grotten evozieren.[2]

Ebenso kann ein Säulengang wie in *Santa Cecilia* oder in *Santa Maria in Trastevere* an frühchristliche Bauformen anknüpfen und damit – als ein symbolischer Verweis – an die historische

173 Tradition der Kirche erinnern. Vorhallen, die wie an *Santa Maria dell'Assunzione* in Ariccia einer
72 Rotunde vorgestellt sind, können als Referenz auf das *Pantheon* gemeint sein und damit entweder eine besonders klassische Baugesinnung ausdrücken oder einen mariologischen Bezug herstellen (bis in die frühe Neuzeit diente das *Pantheon* als Marien- und Märtyrerkirche).

Durch ihre besondere Nutzung kann eine raumhaltige Architektur mit der Zeit auch zu einem eigenständigen Würdemotiv werden, so an der Fassade von *Santa Maria in Via Lata*, wo Corto-

66 na mit dem syrischen Architrav der Loggia bewusst an die Repräsentationsarchitektur der römischen Kaiserzeit anknüpfte (siehe C 6.6). Aber auch weniger spezifische Formen wie eine ‚Portikus', eine triumphbogenartige Durchfahrt oder eine freistehende Kolonnade können sich

176 als Nobilitierungsmotive erweisen, etwa an der *Ostfassade des Louvre* oder an Aubrys Schau-
95 fassaden der *Place Louis XV*.

230 Schließlich kann der Raum **ästhetisch** bedingt sein. Schon an *San Giovanni*, Berninis erstem
175, 176 *Louvreplan* oder Perraults *Louvrefassade* sind die raumhaltigen Abschnitte mit ihrer verschatteten Gliederbauweise in Kontrast zu den glatten Partien einer flächenhaften und hellen Wandbauweise gesetzt. Solch malerische Modulierungen erzeugt die Räumlichkeit auch in Fischer von Erlachs

98, 288–290 *Entwürfen für ein Lustgartengebäude* und an *Santa Maria della Pace* (siehe Kap. B 2.2.1.2 u. C 5),
332 von den Fresken in den Loggien des *Damasushofes* oder der *Nordfassade von San Giovanni in*
243 *Laterano* einmal ganz abgesehen.

Darüber hinaus kann die Fassade durch ihre Raumhaltigkeit in ein besonderes Verhältnis zu

137, 140 ihrer Umgebung gesetzt werden. Auf dem *Kapitol* dringt der Platz über die *portici* der *Zwillings-*
142, 146 *paläste* in die ihn begrenzenden Strukturen ein, derweil selbige ihn zugleich überfangen. Dieses dialektische Verhältnis wird an der Stirnseite durch den *Senatorenpalast* erweitert. Hier ist es der

293 Palast, der – mittels einer Freitreppe – in den Platz eindringt und den Raum dabei schichtet.
137, 294 Ursprünglich wollte Michelangelo auf das obere Treppenpodest sogar einen *baldacchino* setzen.

---

2 Siehe Falda/Venturini 1675–1691, Bd. III, Tf. 7.

Damit wäre ein in den Raum **ausgreifendes** Element hinzugekommen, das die passive Raumhaltigkeit der Zwillingspaläste durch eine aktive ergänzt hätte.

Nicht zuletzt kann die ästhetische Bedeutung des Raums in der Klärung struktureller Bezüge liegen. Bekanntlich versuchte Palladio das klassische Problem, wie man den Querschnitt einer Basilika glaubhaft mit dem Aufriss einer Tempelfront verbinden könne, zu lösen, indem er eine schmale und hohe über eine niedrige und breite Tempelfront projizierte bzw. eine hohe Tempelfront zwischen die Hälften einer niedrigen Tempelfront schob. Wie die Fassaden von *San Francesco della Vigna*, *San Giorgio* und *Il Redentore* in Venedig zeigen, führte dieser Ansatz jedoch zwangsläufig zu formalen Unstimmigkeiten. In *San Giorgio* ist der Höhenunterschied zwischen den Piedestalen, auf denen die Ordnungen der jeweiligen Tempelfronten stehen, zu groß. Ferner sind die Sockel der äußeren Achsen, auf denen die Ädikulen mit den Kenotaphen stehen, wie die Piedestale der mittleren Tempelfront proportioniert. Infolgedessen besteht zwischen der Zierlichkeit der Ädikulaarchitektur und der Massivität des Sockels ein deutliches Missverhältnis. In *San Francesco* stehen alle Ordnungen auf demselben Sockel. Indes wirken die Säulen der Ädikula, die das Portal rahmen, nun zu schmächtig, ja sie scheinen sogar, da der Sockel an dieser Stelle unterbrochen ist, in der Luft zu hängen.³ Am meisten befriedigt die Fassade von *Il Redentore*. Allerdings trägt sie nur noch sehr begrenzt zur Lösung des Problems bei, weil die Tempelfronten gar nicht mehr auf den Querschnitt des Langhauses bezogen, sondern einer Tafelwand vorgeblendet sind. Auch verunklärte Palladio die Idee zweier übereinandergelegter Portiken durch die Hinzufügung einer Attika sowie zweier Strebepfeiler mit fragmentarischen Giebelaufsätzen.

63

Die Frage, wie zwei Tempelfronten zu kombinieren seien, blieb somit über Palladios Tod hinaus aktuell. Eine ganz einfache Antwort fand Antonio Visentini für *San Pietro di Castello*⁴: In einem leider verändert ausgeführten Entwurf wiederholte er in groben Zügen die Gliederung von *San Giorgio*, ersetzte in den äußeren Travéen die Ädikulen aber durch Türen, die er auf dasselbe tiefe Niveau stellte wie die dazugehörige Ordnung.

Eine viel radikalere Lösung fand Nicolas Marie Potain (1713–1796) für die weithin unbekannte Kirche *Saint-Germain* in Saint Germain-en-Laye. Als überzeugter Klassizist verzichtete er völlig auf Säulenpiedestale und stellte die Ordnungen beider Tempelfronten stattdessen auf ein großes Stufenpodest. Außerdem gab er an der großen Tempelfront den Säulen ihre Autonomie zurück, ja er ließ sie sogar drei Achsen weit vorspringen und setzte sie damit von der hinteren Tempelfront so weit ab, dass die verschiedenen Gliederungen gar nicht mehr in Konflikt geraten konnten. Indem er der Tempelfront die Raumhaltigkeit, die sie in der Antike besessen hatte, restituierte und sie wieder zu einer regulären Tempelvorhalle machte, löste er auch das Gliederungsproblem, das sich aus der Überlagerung beider Tempelfronten ergeben hatte.

62

1.2 Typen raumhaltiger Fassaden

Nachdem ich den Charakter von Räumen, die mit Fassaden verbunden sind, behandelt habe, komme ich nun auf die Struktur der Fassaden selbst zu sprechen. Auch hier kann man verschiedene Typen unterscheiden.

---

3 Zu den Unstimmigkeiten der Fassade von *San Giorgio* und *San Francesco* haben sich u. a. Ackerman 1980, S. 120–121, Wundram/Pape 1999, S. 151, 159 u. 210 sowie Puppi 2000, S. 346 geäußert (Letzterer kritisiert an *San Francesco* indes nur die Binnengliederung der Mitteltravée; das Verhältnis der kleinen Ordnung zu den Sockeln beanstandet er nicht).

4 London, Royal Institute for British Architects, AF 3/44; vgl. Puppi 2000, Abb. 424.

1.2.1 Gruppe I: Zweischalige Fassaden

Die erste Kategorie bilden **zweischalige Fassaden**, die fast immer über querrechteckigem Grundriss stehen und zusammen einen blockhaften Riegel bilden, der seinerseits einem Kernbau vorgesetzt ist. Von den beiden Wandflächen, die meist parallel verlaufen, tritt die vordere als die eigentliche Front in Erscheinung, während die Rückwand nicht selten mit der Stirnwand des Kernbaus identisch ist. Typische Beispiele sind Alessandro Galileis *Ostfassade von San Giovanni in Laterano* (1733–36), Pietro da Cortonas Straßenfront von *Santa Maria in Via Lata* (1658–62) und Giulio Romanos Platzfront von *San Benedetto al Polirone* (um 1542).

Hermann Schlimme bezeichnet diese Fassaden als „Portikusfassaden", da sie einen „mehr oder weniger geöffneten Binnenraum (= Portikus)" besitzen. Bei einem geschlossenen Binnenraum, wie ihn Carlo Madernos Ostfassade von *Sankt Peter* (1629) berge, spricht er von „Blockfassaden". Obwohl Schlimme das Phänomen selbst zutreffend erfasst, hilft uns seine speziell für einige römische Kirchenfassaden entwickelte Terminologie nicht weiter – zumal es sich bei der Eingangshalle und der Benediktionssala der *Petersfassade* gar nicht um Binnenräume handelt.

Zunächst ist der Terminus „Portikus" sehr polyvalent. Gemäß seiner allgemeinen Verwendung definiert ihn Wilfried Koch vage als einen „Vorbau an der Haupteingangsseite, von Säulen oder Pfeilern getragen, häufig mit Dreiecksgiebel".[5] Indes wird niemand bestreiten, dass eine Tempelvorhalle, die einer Fassade in ganzer Höhe vorgesetzt und in die Tiefe gerichtet ist, etwas anderes vorstellt als eine quergelagerte eingeschossige Säulenvorhalle, die u. U. sogar nach innen eingezogen ist. Auch gibt es Säulenvorhallen, die zwar die Größe einer Tempelvorhalle, jedoch keinen Giebel besitzen oder die der Wand nur appliziert sind. Besonders verwirrend wird es, wenn mehrere dieser Spielarten kombiniert werden oder wenn Vorhallen nicht nur aus Säulen und Pfeilern bestehen. Daher möchte ich auf den Terminus „Portikus" ganz verzichten. Stattdessen werde ich bei mehrgeschossigen Vorhallen, die übergiebelt sind, zwischen raumhaltigen **Tempelvorhallen** und applizierten **Tempelfronten**, ansonsten zwischen raumhaltigen **Säulen-** bzw. **Pfeilervorhallen** und applizierten **Säulen-** bzw. **Pfeilerfronten** unterscheiden. Natürlich kann eine **Tempelvorhalle** auch einer **Säulenvorhalle** vorgestellt sein. Desgleichen kann eine **Tempelfront** eine **Säulenvorhalle** oder eine **Säulenfront** bereichern. Das italienische Wort *portico* sei hingegen eingeschossigen Vorhallen, ganz gleich welchen Aussehens, vorbehalten.

Umgekehrt ist es sinnvoll, die nicht weniger problematische Bezeichnung „Blockfassade" etwas weiter zu fassen. Blockhaftigkeit lässt ein kubisches Gebilde assoziieren. Insofern erscheint auch die offene Fassade von *San Giovanni* blockhaft. Andererseits können Fassaden mit verdeckten **Binnenräumen** auch kurviert sein; ein Beispiel ist Fischer von Erlachs *Karlskirche* in Wien (1716–33).

Es empfiehlt sich daher, von **zweischaligen** Fassaden mit einem oder mehreren übereinander stehenden **Binnenräumen** zu sprechen. Sofern sie einem Kernbau vorgelagert sind, gibt es zwei Spielarten:

a.) Bei der **raumeinschließenden** Fassade ist – wie in *Santa Maria in Via Lata* – die Front ganz oder teilweise durchbrochen; die schmalen Längsseiten und die Rückwand (die mit der Stirnwand des Kernbaus identisch ist) sind geschlossen. Der Raum, der sich hinter den geschlossenen Teilen der Front sogar unsichtbar fortsetzen kann,[6] ist gewissermaßen in der Fassade gefangen.

b.) Auch die **raumummantelnde** Fassade, etwa von *San Giovanni in Laterano*, ist einem Kernbau vorgesetzt. Allerdings sind die gesamte vordere Fläche und die Längsseiten vollständig geöffnet, so dass der Raum mehr umschlossen als eingeschlossen wirkt.

Gelegentlich ist eine zweischalige Fassade aber auch nicht mit einem Kernbau hinterlegt. Dann steht sie entweder zwischen zwei geschlossenen Rücklagen oder als reine Schauarchitektur völlig frei. Eine dritte Variante bildet daher

---

5 Koch 1990, S. 442.

6 An *Santa Maria in Via Lata* geschieht dies z. B. in Form von Nischen.

c.) die **raumteilende** Fassade. Die vordere und die rückwärtige Fläche sind analog durchbrochen. Der Betrachter blickt durch beide Flächen hindurch und erlebt so eine Teilung des Raums in drei separate Zonen: den **Vorraum**, den **Zwischenraum** und den **Rückraum**. Raumteilende Prospektarchitekturen finden sich vor allem als Staffagen in Gärten und in der Traktatliteratur. Als Beispiele wären das *Nymphäum der Villa Giulia* oder das *Hintere Gebäude im Fürstlich Liechtensteinischen Garten* in Fischer von Erlachs „Historischer Architektur" zu nennen.[7]

111
51

1.2.2 Gruppe II: Verschränkte Fassaden

Während die **zweischaligen** Fassaden per se raumhaltig sind, gewinnen die Fassaden der zweiten Gruppe ihre räumliche Qualität, indem sie sich mit dem **Vorraum** ‚verschränken'.

a.) Die **raumausgreifende** Fassade besitzt einen offenen Vorbau (etwa eine Tempelvorhalle oder einen vorgelagerten *portico*), über den sie einen Teil des Raums, der vor ihr liegt, einbezieht (vgl. *Michelangelos Entwurf für Sankt Peter*, *Santa Maria dell'Assunzione* in Ariccia von Bernini oder die *Villa Rotonda* von Palladio.

335, 173
vgl. 62

b.) Der Vorraum dringt bei der **raumeinlassenden** Fassade über einen Einzug, eine Nische oder Exedra in den Fassadenspiegel ein (Eingangshalle von *Sant'Andrea* in Mantua, Exedra des *Belvedere* im Vatikan, Gartenprospekt in *Nikodemus Tessins Stockholmer Villa*, Oceanus-Nische der *Fontana di Trevi*).

205–207
92, 120
210

Die **Verschränkung** mit dem Vorraum kann indes auch durch die Öffnung einzelner Stockwerke, etwa in Form offener Vestibüle und *portici* (Erdgeschoss) oder von Loggien (*piano nobile*) erfolgen. Neben dem Vorne und Hinten werden nun auch das Oben und das Unten zu raumschaffenden Faktoren.

c.) Bei der **raumübergreifenden** Fassade wird der Raum durch einen eingezogenen *portico* regelrecht überbaut, so an Michelangelos *Konservatorenpalast* und an *Santa Croce in Gerusalemme*. An Peruzzis *Palazzo Massimo alle Colonne*, wo die Säulen etwas enger stehen und der *portico* sich an den Schmalseiten hinter der Front wie in *Santa Maria in Via Lata* in Gestalt von Nischen fortsetzt, kann man sich streiten, ob der Raum nur übergriffen oder sogar eingeschlossen wird.

141–142, 83
136
66, 67

d.) Bei der **raumuntergreifenden** Fassade befindet sich der Fassadenraum in einer Loggia und damit in einem der oberen Geschosse. Die Decke des Untergeschosses greift nun nicht über, sondern unter den Fassadenraum, beispielsweise am *Queen's House* in Greenwich von Inigo Jones oder am *Schinkel-Pavillon in Charlottenburg*.

84, 85

e.) Einen Sonderfall der **raumuntergreifenden** Fassade bildet die **Hypäthralfassade**, die sich durch Fortlassung des Daches dem Raum über dem Gebäude öffnet. Ein solches Motiv, das allerdings nie isoliert vorkommt, findet sich in Fischer von Erlachs *Lustgartengebäude*, das gleichfalls in der „Historischen Architektur" abgebildet ist.[8]

98

---

7 Fischer von Erlach 1721, I, Tf. 4 u. IV, Tf. 12.

8 Fischer von Erlach 1721, IV, Tf. 18. Drei weitere Entwürfe, die von Bernini selbst oder aus seinem Umkreis stammen (vgl. Kieven, Kat. 33–35), weisen wie Fischer von Erlachs *Lusthaus* einen belvederartigen Aufsatz auf. Allerdings ist dieser nach oben geschlossen. Entsprechend ist auf dem Blatt aus der Berliner Kunstbibliothek (Hdz. 1163) an den Innenseiten das Gebälk über dem Architrav nicht weiter ausgeführt. Stattdessen ist durch eine Lavierung ein flaches Spiegelgewölbe angedeutet. Auf dem Blatt aus der National Gallery of Scotland in Edinburgh (RSA 1322) sind in den Rücklagen sogar Kreuzgratgewölbe erkennbar.

1.2.3 Gruppe III: Tiefenräumliche Fassaden

Eine Kategorie für sich ist die **tiefenräumliche** Fassade, die sich an einer Stelle – meist in voller Höhe – einem Raum öffnet, der innerhalb des Kernbaus liegt. Im Unterschied zum Raum zwischen zwei Fassadenschalen oder des *portico* und der Loggia stellt dieser Raum, bei dem es sich oft um ein Treppenhaus handelt, eine eigenständige Größe dar. Die Struktur seiner Rückwand kann zwar wie in Sturms *Entwurf für ein zeitgenössisches Rathaus*[9] auf die Gliederung der Fassade Bezug nehmen, doch ist sie nicht Bestandteil derselben. Weitere Beispiele einer **tiefenräumlichen** Fassade sind Carlo Antonio Carlones und Jacob Prandtauers Hoffassade von *Stift Florian* oder Ferdinando Sanfelices Neapolitaner Treppenhäuser.

221, 222

317

304–309

1.2.4 Gruppe IV: Durchblick-Fassaden

Einen weiteren Sonderfall bildet die **Durchblick-Fassade**, die an sich geschlossen ist, mittels eines Durchgangs oder einer Durchfahrt aber mit einem Raum, der hinter dem Gebäude liegt, kommuniziert.

Die **Durchblick-Fassade** ist eigentlich in der Triumphbogen- und Propyläen-Architektur schon angelegt (*Siegestor in München*, *Arc de Triomphe* in Paris, *Brandenburger Tor* in Berlin). In ein Gebäude integriert, kann ihr Durchgang – wie in Leonhard Christoph Sturms Entwurf für eine *Basilica Moderna*[10], Eosanders Westfront des *Berliner Schlosses*, Aubrys Entwurf für die *Place Louis XV* in Paris, Fischer von Erlachs *Prospect des hinteren Gebäudes in dem Fürstlichen Liechtenstainischen [sic] Garten*[11] oder der *Praça do Comércio* in Lissabon – den gesamten Aufriss bestimmen. Er kann sich aber auch wie an der *Michaelerfront der Wiener Hofburg* auf ein Portal beschränken. Dass ein solcher Durchblick für die Gesamtkonzeption selbst dann sehr bedeutend sein kann, wenn er eher klein ausfällt, zeigt der *Palazzo Farnese*, wo der Blick durch den Portalbogen des stadtseitigen Flügels sich über einen tonnengewölbten Säulenkorridor, die Hofarkaden und einen tunnelartigen Durchgang im tiberseitigen Flügel bis in den Garten fortsetzt.

vgl. 160, 161

96

95

51

76

77, 79

Der Durchgang bzw. die Durchfahrt selbst sind in der Regel räumlich nicht **relevant**. Wie das *Brandenburger Tor* oder der *Arc de Triomphe* beweisen, kann der Durchgangsraum mithilfe einer entsprechenden ikonographischen Kodierung oder einer besonderen Inszenierung indes durchaus aufgewertet werden. Ebenso ist es möglich, dass ein an sich **relevanter** Fassadenraum aus einer bestimmten Perspektive oder Distanz gar nicht in Erscheinung tritt.

Ein Beispiel hierfür ist Charles Le Bruns Casino in *Montmercy*, das im dritten Viertel des 17. Jahrhunderts entstand, heute aber leider nicht mehr existiert.[12] Im Unterschied zu den Seitenflügeln öffnete sich der Pavillon, der die Mitte des Gebäudes einnahm, an der Vorder- und der Rückseite gleichermaßen dem **Umraum**: im Erdgeschoss durch eine Kolonnade und in der Beletage durch eine Serliana. An sich handelte es sich bei dem Bereich innerhalb des Pavillons eindeutig um einen **Zwischenraum**. Da die Säulen der Kolonnaden und der Serlianen aber zu weit auseinander standen, um ihn nach außen abzugrenzen, dürfte der Betrachter den Baukörper vor allem aus der Ferne mit seinem Blick durchdrungen und ihn somit als **Zwischenraum** gar nicht wahrgenommen haben.

87–89

---

9 Sturm 1718, Tf. 2–3.
10 Sturm 1718a, Tf. 5.
11 Fischer von Erlach 1721, V, Tf. 12.

12 Zur etwas unklaren Baugeschichte siehe Krause 1996, S. 210–213.

1.2.5 Gruppe V: Die geschlossene Fassade

Bei den bisherigen Beispielen waren offene, durchlässige Strukturen vor oder in der Fassade für die Gewinnung von Raumhaltigkeit unerlässlich. Indes können auch **geschlossene** Fassaden Räumlichkeit erzeugen, und zwar ausschließlich durch die Anordnung des Fassadenspiegels. Dabei kommen theoretisch zwei Varianten in Frage:

a.) Die **raumschichtende** Fassade ist in Flächen verschiedener Höhe und Breite zerlegt, die in ausreichendem Abstand hinter- und nebeneinander gestaffelt sind. So wird der Raum in die Tiefe und/oder die Höhe geschichtet.

b.) Die **raumumgreifende** Fassade ist so sehr konkav eingezogen oder kurviert, dass sie den Raum an zwei Seiten umfasst, ihn aber nicht einschließt. In diesem Sinne konzipierten Pietro da Cortona 1659 einen *Brunnenpalast* auf der *Piazza Colonna*[13], Bernini sein *zweites Projekt* für die *Ostfassade des Louvre* und Antoine Le Pautre 1652 die Hof- und die Gartenfront eines *idealen Château*.   *103*

In der Praxis finden sich diese beiden Fassaden nur in Verbindung mit anderen Varianten. So **übergreift** die halbrunde Gartenfront der *Villa Giulia*[14] den Vorraum in der Mitte und an den Enden. Ferner gewährt die mittlere Öffnung einen **Durchblick** in den Hof. Die *Michaelerfront der Wiener Hofburg* **umgreift** den Platz, gewährt zugleich aber auch einen **Durchblick**. Der Raum vor *Santa Maria della Pace* ist in drei **Schichten** geteilt, die im Gegensatz zu den Zonen einer **raumteilenden** Fassade aber ineinander übergehen und unterschiedlich hoch und tief sind. Zugleich wird der Raum von den konkaven Rücklagen und den Platzwänden (die man mit gewisser Berechtigung als Verlängerungen der Kirchenfront verstehen kann) **umfasst**. Trotzdem verzichtete der Architekt, Pietro da Cortona, nicht auf das in den Raum **ausgreifende** Element eines vorgesetzten *portico*.   *113* *76* *288–291*

1.2.6 Die Kumulierung von Räumen und Fassadentypen

Überhaupt zeigt sich, dass die Baumeister der frühen Neuzeit zur Verstärkung der räumlichen Wirkung meist mehrere Fassadentypen kombinierten. So ist die Fassade von Palladios *Palazzo Chiericati* an den Seiten **raumummantelnd**, in der Mitte aber **raumübergreifend**. In seinem *ersten Louvreplan* beabsichtigte Bernini, den **raumummantelnden** Fassadenteil der Mitte, dessen Kern in einer **Hypäthralarchitektur** gipfelte, an den Seiten in **raumteilende** Abschnitte übergehen zu lassen. Darüber hinaus war die Mittelachse des Erdgeschosses wohl als **Durchblick** gedacht. Die *Karlskirche* in Wien ist mit der vorgelagerten **Tempelvorhalle raumausgreifend**. Zugleich wird der Raum durch die leicht konkaven Rücklagen zumindest ansatzweise **umgriffen**. Die Untergeschosse der Türme **übergreifen** den Raum, gewähren zugleich aber auch einen **Durchblick**. An *Santa Maria Maggiore* verwirklichte Fuga eine Fassade, die im Untergeschoss **raumeinschließend** ist. Da die Längsseiten sich im Obergeschoss aber durch die Reduzierung der Achsenzahl aus dem Verbund der Rücklagen lösen, wird der Raum in der Loggia nur **ummantelt**. In Aubrys Entwurf für die *Place Louis XV* und Claude Perraults *östlicher Louvrefassade*, die anstelle von Berninis Projekt verwirklicht wurde, tritt der **Durchblick** einer Triumphbogen-Architektur neben **raumeinschließende** Kolonnaden. In Fischer von Erlachs *Michaelerfront der Wiener Hofburg* sind drei Durchfahrten mit einer **umgreifenden** Fassade verbunden.   *123* *1* *95* *176* *76*

Gelegentlich täuscht eine Architektur auch eine bestimmte Art von Raumhaltigkeit vor. Wie schon gesagt, verkörpert der Gartenprospekt in *Tessins Stockholmer Villa* den Typ der **raumeinlassenden** Fassade. Obwohl der Korridor an einer Rückwand endet, erinnert er – dank seines   *120*

---

13 Krautheimer 1985, S. 56.   14 Norberg-Schulz 1986, S. 15.

deutlichen Bezugs zu Borrominis *Prospettiva* – eher an eine Fassade mit **Durchblick**. Auch erweckt die Öffnung dank der perspektivischen Verkürzung den Eindruck, sie würde den Raum nicht wie die Nische an Bramantes *Belvedere* einlassen, sondern ihn regelrecht einsaugen. Die Raumdynamik ergibt sich also weniger durch den Raum selbst als vielmehr durch die Struktur der Fassade.

Ambivalent ist auch Vanbrughs Ostfassade von *Kimbolton Castle* (1719). Deutet man den Mittelteil als einen Risalit, ist die Fassade **raumeinschließend**. Sieht man in ihm aber einen Vorbau und interpretiert die Rückwand als die eigentliche Fassade, so hat man es mit einer **raumausgreifenden** Konstruktion zu tun. Auch der *portico* von Fischer von Erlachs *Palais Schwarzenberg* in Wien ragt halb aus der Fassadenflucht und steht halb in ihr. Entsprechend ist die Fassade sowohl **raumausgreifend** als auch **raumeinlassend**. Bei Fischer von Erlachs *erstem Projekt für Schönbrunn* und dem davon abhängigen *Entwurf eines Lustschlosses für Friedrich I. von Preußen* kann man sich überlegen, ob die **raumumgreifenden** konkaven Arme noch zur Fassade gehören oder ob es sich um angesetzte Flügel handelt.

Besonders ausgeprägt ist die Kumulation und Verschachtelung verschiedenster Räume und Fassadentypen in der barocken Bühnen- und Prospektarchitektur. So präsentiert Andrea Pozzo beispielsweise im *Teatro tutto interno, e ombreggiato*[15] eine konvexe **raumumgreifende** Fassade. Der von ihr **umgriffene** Raum erweist sich als ein **Mittelraum**, dem im Bereich der Treppe ein **Vorderraum** und im Bereich hinter der Fassade ein durch eine weitere konkave Fassade **umgriffener Hinterraum** antwortet. Alle drei Räume sind durch einen zentralen **Durchblick** miteinander verbunden. Darüber hinaus sind diese Räume in sich nochmals unterteilt. So werden der **Mittelraum** durch die vorspringenden Seitenarme der Fassade und der **Vorderraum** durch die konvexen Estraden, die in die konkave Treppe einschneiden, in sich geschichtet. Ferner ist die Wertigkeit der einzelnen Räume ambivalent. So wirkt der zu drei Vierteln von einer Fassade und im letzten Viertel von der Estrade **umschlossene Mittelraum** dank der starken Unteransicht fast wie ein **Hypäthralraum**, also ein nach oben offener Raum. Da die vordere Fassade **zweischalig** ist, **ummantelt** sie zugleich auch einen Raum. Dieser nimmt gegenüber dem **Mittelraum** wiederum Züge eines **Ringraums** an, was den Mittelraum zu einem **Kernraum** macht.

Auf den ersten Blick mag es scheinen, ich hätte Pozzos Prospektarchitektur nur deshalb so viele räumliche Eigenschaften zuschreiben können, weil die von mir entwickelten Begriffe unscharf, redundant oder beliebig seien. In Wirklichkeit ist es jedoch genau umgekehrt: Anhand der Begriffe lassen sich die räumliche Vielfalt und die räumliche Ambivalenz dieser Architektur – und damit auch die szenographische Wirkung des gesamten Prospekts – entschlüsseln. Ich möchte sogar behaupten, dass es bei Pozzo weniger die Fassade mit ihren Schattierungen, ihren unterschiedlichen Graden an Plastizität, ihren verschiedenen Perspektiven und ihren Überschneidungen als vielmehr die ungewöhnliche Variation unterschiedlichster Raumtypen ist, die den szenographischen Effekt hervorruft.

Gleichwohl greifen Raum und Fassadenaufriss bei der Erzeugung dieser Szenographie ineinander. So dringt der **Vorderraum** über die dunklen Türen an den Seiten in eine sich geschlossen gebende Fassade ein. In den Galerien darüber stößt die Fassade – nun völlig geöffnet – in den **Vorderraum** vor. Bezeichnenderweise tut sie dies jedoch weniger über die architekturimmanente Struktur des vorkragenden Balkons als über den von den Fassadenschalen **umschlossenen Ringraum**. Genau genommen handelt es sich bei dieser äußeren Achse ja nicht um einen Teil der Fassadenfront, sondern um einen Querschnitt d u r c h die Fassade. Der dreiviertelkreisförmige **Ringraum** wird so mit abgeschnitten und sein Impuls wird durch die Balkonbrüstung auf- bzw. abgefangen. (Um dies zu verdeutlichen, hätte ein anderer Bühnenarchitekt die Balkonbrüstung

---

15 Pozzo 1693–1700, Bd. I, Fig. 48.

vielleicht sogar konvex ausbuchten lassen.¹⁶) Macht man sich die räumliche Dynamik des Grundrisses nicht bewusst, wird das Motiv des Balkons zu einer rein dekorativen Staffage.

Des Weiteren verzahnen sich Raum und Fassadenaufriss durch die Freisäulen. Mit ihnen dringt der Fassadenspiegel gleichfalls in den **Mittel-** und in den **Vorderraum** ein. Im Gegenzug umschließt der Raum die Säulen und erhebt sie dadurch zu vollplastischen Gebilden. In den Heiligenfiguren über dem verkröpften Gebälk dringt die Instrumentierung der Fassade schließlich nicht nur in der Horizontalen, sondern auch in der Vertikalen in den Raum ein. Entsprechend steigert sich ihr plastischer Charakter zur Figürlichkeit. Die freiplastische Skulptur ist also der Teil der Fassadengliederung, der vom Raum nicht nur um-, sondern auch übergriffen wird.

Gesteigert wird die Theatralik des Prospekts dadurch, dass Raum und Fassade zum Teil auch gegeneinander arbeiten. So haben die äußeren Fassadenabschnitte in ihrer schrägen Stellung auch die Funktion, wie ein Trichter den Blick des Betrachters auf die Bildmitte zu lenken. Der **Vorderraum** geht hier fließend in den **Mittelraum** über. Etwas tiefer, im Bereich der Treppe, verhalten sich die Räume genau umgekehrt. Hier wölbt sich der **Mittelraum** über die konvexe Estrade in den **Vorderraum** vor. Dieser läuft nun über die geteilten Treppenarme hinweg, um an den äußeren Achsen zu enden bzw. sich im Dunkel hinter den Türen zu verlieren.

Ein weiteres wichtiges Strukturelement sind bei Pozzo die Staffagefiguren auf den Treppen und Balkonen sowie der Figurenapparat im Himmel. In der gebauten Architektur der frühen Neuzeit konnte die Bewegung von Menschenmassen nur unter ganz bestimmten Umständen dirigiert werden. Arrangiert werden konnte sie allenfalls in der Liturgie oder im Zeremoniell, also bei rituellen Handlungen, die aber meistens in Innenräumen stattfanden. Zwar kam es auch bei Freilichtveranstaltungen wie den Turnieren im *Dresdner Zwinger* zu gewissen ‚lebenden Arrangements‘, die den Charakter der Architektur beeinflussten, doch fanden solche Veranstaltungen nicht von ungefähr in Festarchitekturen statt, die ihre Ursprünge in der Szenographie haben.¹⁷

Anders als die Schöpfer regulärer Architekturen konnten Maler und Graphiker ihre Bauten durch die Komposition der Figuren nicht nur inszenieren, sondern sie auch auf ideale Weise interpretieren. Da dieser wichtige Aspekt in der weiteren Untersuchung keine besondere Rolle mehr spielen wird, will ich ihn hier wenigstens kurz anschneiden.

Die Personen, die links und rechts die Treppen auf- und absteigen und dann durch die Türen in das Gebäude treten, paraphrasieren, oder besser gesagt: visualisieren die Impulse, mit denen Fassade und Raum aufeinander einwirken. Das gilt erst recht für den Fanfarenbläser auf dem rechten Balkon. Der von seiner Posaune ausgehende Schall verlängert gewissermaßen den unterbrochenen Impuls des **Ringraums** über den Platz hinweg. Die Menschen, die den Brunnen umstehen, um ihren Durst zu stillen, kommen nicht nur der Inschrift über dem Torbogen (SITIENTES VENITE AD AQUAS) nach. Indem sie sich von allen Richtungen über den Brunnenrand beugen, fügen sie sich auch der zentrierenden Dynamik des **Kernraums**. Umgekehrt unterstreicht die architektonische Fokussierung des **Kernraums** auch das zentrale Bildgeschehen.

Den Heiligenfiguren auf den Kranzgesimsen fällt eine ganz andere Aufgabe zu. Sie verbinden die Fassadenarchitektur mit dem Raum, der über der Architektur liegt. Dabei vollziehen sie in der Lesart von hinten nach vorne und von oben nach unten einen bemerkenswerten Wandel. Die beiden Figuren, die über der Exedra im Hintergrund stehen, heben sich als dunkle Silhouetten vom dämmrigen Hintergrund des Himmels ab. Die mittleren und die vorderen bilden hingegen – analog zum **Ringraum** unter ihnen – einen Dreiviertelkreis, der von der Himmelskuppel abgeschlossen wird. Dabei werden die vier vorderen und im Bild an höchster Stelle angesiedelten Skulpturen fast schon zu Bestandteilen des himmlischen Figurenapparats.

---

16 Vgl. hierzu die alternativen Lösungen in Giovanni Battista Natalis Entwurf für eine Wanddekoration (New York, Cooper-Hewitt-Museum).

17 Zur Herleitung des *Zwingers* aus der Festarchitektur siehe Hempel 1961, S. 56–58 u. Heckmann 1972, S. 102–103.

2 Die Gliederung raumhaltiger Fassaden

2.1 Allgemeines

Im Abschnitt B 1 habe ich die Fassaden überwiegend nach ihrem Grundriss in verschiedene Kategorien unterteilt. Pozzos Prospekt hat indes gezeigt, dass der Charakter des Raums auch durch den Aufriss der Fassaden geprägt wird – ebenso wie der Raum im Gegenzug die Struktur der Fassade mitbestimmt. Daher ist es an der Zeit zu fragen, in welchem Verhältnis die Raumbildung und der Fassadentyp zur Gliederung des Aufrisses im Einzelnen stehen: Inwiefern hängt die räumliche Wirkung von der Gliederung ab? Inwiefern gab die beabsichtige Raumwirkung die Gliederung vor?

Wie sich zeigen wird, besteht zwischen der Räumlichkeit und der Gliederung einer Fassade ein enges Wechselverhältnis, das selbst kleinste Details bestimmt. Zugleich gibt die Art einer Gliederung oft auch einen Hinweis darauf, ob eine heute geschlossene Fassade ursprünglich offen oder zumindest offen geplant war.

93

2.2 Arten der Fassadenöffnungen

2.2.1 Positive und negative Öffnungen

2.2.1.1 Definition

Unter Berufung auf Leon Battista Albertis Traktat „De re aedificatoria" unterscheidet Schlimme vier Arten von Öffnungen, die jeweils zwei Kategorien angehören. Die erste Kategorie bilden **durchgängige** und **blinde**, die zweite **positive** und **negative** Öffnungen.

Blinde Öffnungen definiert Alberti so:

> „Eine Öffnung ist ihrer Natur nach durchgängig; doch manchmal dient eine Mauer der anderen, wie der Pelz dem Kleide, zur Unterstützung, und es wird hierdurch eine Art Öffnung gebildet, die nicht durchgängig ist, sondern verschlossen durch die vorliegende Mauer, die deshalb nicht unpassend eine blinde Öffnung heißt."[18]

Klassische Beispiele **blinder** Öffnungen sind Blendarkaden, Blendkolonnaden, blinde Fenster, aber auch Nischen.

Viel interessanter ist für uns die zweite Kategorie der **positiven** und der **negativen** Öffnungen. **Positiv** sind Öffnungen, die bewusst in eine Mauer eingeschnitten wurden. Als solche werden sie oft durch Rahmen hervorgehoben. Die **negativen** Öffnungen sind Nebenprodukte, die sich aus dem Abstand von Stützen ergeben. Während die **negativen** Öffnungen letztlich als Reste einer in Gliederung aufgelösten Wand erscheinen, machen die **positiven** Öffnungen die verbleibende Wand zum Rest.[19]

Da Schlimme sich nur mit reliefierten, also nicht-raumhaltigen Kirchenfassaden beschäftigt, verfolgt er die Frage, in welchem Verhältnis der räumliche Charakter einer Fassade zu ihrer Öffnung steht, nicht. Wie ich zeigen möchte, haben Fassaden mit **positiven** Öffnungen eine andere Räumlichkeit als Fassaden mit **negativen** Öffnungen. Je **positiver** (und **wandhafter**) die Öffnung

---

18 Alberti 1485 (1991), VI 12, S. 330. 19 Schlimme 1999, S. 69.

ist, desto mehr schirmt sie den Raum dahinter gegenüber dem **Vorraum** ab. Je **negativer** (und **gliederhafter**) sie ausfällt, desto mehr gestattet sie eine **Verschränkung** beider Räume.

In der Architektur der Renaissance und des Barock lassen sich im Wesentlichen drei Öffnungen unterscheiden: das Fenster, die Arkade und die Kolonnade. Allerdings gibt es zwei Formen der Arkade: Es gibt Arkaden, bei denen Bögen auf Mauerstreifen stehen, die eher breit als tief sind. Diese Mauerstreifen erscheinen weniger als pfeilerartige Stützen denn als Teile einer Wand. Daher sind sie insbesondere in der französischen Baukunst meist mit einer Bandrustika versehen. Es empfiehlt sich daher, von einer **Wandarkade** zu sprechen, die als **positive** Öffnung noch der **Wandbauweise** angehört.

Die andere Form der Arkade besteht aus Säulen, die ein unterbrochenes Gebälk tragen. Auf diesen würfelartigen Gebälkfragmenten sitzt die Archivolte, um die Interkolumnien zu überfangen. Diese **Säulenarkade** gehört bereits der **Gliederbauweise** an und hat **negative** Öffnungen.

Wenn wir also Fenster, Wandarkade, Säulenarkade und Kolonnade als die vier wichtigsten Formen der Öffnung betrachten und dabei Fenster und Türe als die **positivste** und die Kolonnade als die **negativste** Form der Öffnung ansehen, so fällt die räumliche Verschränkung beim Fenster am geringsten und bei der Kolonnade am größten aus.

Wie entgegengesetzt verschiedene Öffnungen besonders innerhalb desselben Kontextes wirken, zeigt das Peristyl des *Grand Trianon in Versailles* (1688). Obwohl es sich nicht um eine Fassade im eigentlichen Sinne handelt, lässt sich an ihm die unterschiedliche Wirkung verschiedener Öffnungen besonders gut ablesen. 94

Die gekuppelten ionischen Säulen einer Kolonnade hinterlegte Jules Hardouin-Mansart mit gekuppelten Pilastern, die er ihrerseits einer Wandarkade vorblendete. Obwohl die Substanz der Wandarkade ‚nur' um die Bögen und die Mauerstreifen innerhalb der Pilasterpaare vermehrt wurde, wirkt sie weniger offen als die ihr vorgelegte Kolonnade. Das liegt nicht zuletzt an den Säulen der Kolonnade, deren runde Schäfte keinerlei **Wandhaftigkeit** besitzen. Zwar können sie eine Raumgrenze markieren, doch fällt die Abgrenzung selbst im Verhältnis zu den Wandarkaden schwächer aus. Der Blick, der vom **Vorraum** des Gartens aus ziemlich ungehindert an den Säulen vorbei in den **Zwischenraum** des Peristyls eindringt, wird dort durch die Wandarkaden zwar nicht aufgehalten, aber doch gebremst. Die Wandarkade vermittelt so nur noch eingeschränkt zwischen dem Peristyl und dem **Rückraum** des Hofes. Desgleichen dient sie als Folie, die das Peristyl nach hinten abschirmt.

Noch deutlicher wird der Unterschied, wenn **positive** und **negative** Öffnungen nicht hintereinander, sondern neben- oder übereinander stehen. Besonders gut lässt sich dies anhand zweier Beispiele veranschaulichen: Aubrys schon erwähntes *Projekt für die Place Louis XV* und Fischer 95
von Erlachs *Prospekt eines Lustgartengebäudes*, von dem sogar zwei Fassungen existieren: eine Zeichnung, die in der Universitätsbibliothek von Zagreb aufbewahrt wird, und ein Kupferstich in 97
der „Historischen Architektur".[20] Außerdem gibt es eine Grundrisszeichnung des *Lustgartenge-* 98
bäudes, die Sedlmayr irrtümlich auf den Aufriss in der „Historischen Architektur" bezieht,[21] die 100
aber der Zagreber Fassung zuzuordnen ist.[22] Darüber hinaus lässt sich an den beiden Entwürfen erkennen, wie bei der Raumbildung die genuin architektonischen Strukturelemente mit anderen Faktoren wie dem G r u n d r i s s , dem B e t r a c h t e r s t a n d p u n k t oder den L i c h t v e r h ä l t n i s s e n zusammenspielen. Im Folgenden soll die Wirkung dieser drei Faktoren in einem Vergleich von Aubrys und Fischers Entwürfen näher betrachtet werden.

---

20 Fischer von Erlach 1721, IV, Tf. 18.
21 Sedlmayr 1997, S. 143.

22 Auf dem Grundriss weisen die Rücklagen Kantenpilaster auf, die auf dem Aufriss in der „Historischen Architektur" fehlen.

2.2.1.2 Beispiele I u. II: Aubrys Projekt für die Place Louis XV und Fischer von Erlachs Entwurf für ein Lustgartengebäude

95, 97, 98   Gerade die differenzierte Angabe der Lichtverhältnisse ist bei Aubry und Fischer gleichermaßen ein Mittel, um eine räumliche Wirkung zu simulieren. Bei Fischer, der die Helligkeitsgrade besonders deutlich herausarbeitet, suggerieren die Lichtverhältnisse, die Durchlässigkeit der Fassade nehme von oben nach unten ab. Da der Aufsatz keine Decke besitzt, scheint der helle Raum hier am meisten durch, wohingegen der schattige Bereich des *portico* ein hohes Maß an räumlicher Eigenständigkeit beansprucht.

Sieht man aber über die Lichtverhältnisse hinweg und achtet nur auf die architektonischen Strukturen, so sind die Kolonnaden im Erdgeschoss am durchlässigsten. Die Arkaden[23] des *piano nobile* und des Aufsatzes nehmen eine Zwischenstellung ein. Am meisten schotten die Fenster der Treppenhäuser, die an den konvexen Mittelteil angrenzen und die man sich wohl auch offen zu denken hat[24], den Raum ab.

Im Vergleich zu den Säulenarkaden des *piano nobile* hätten die Arkaden des Aufsatzes noch undurchlässiger gewirkt, wenn Fischer auf die vorgeblendeten Pilaster verzichtet und glatte Wandstreifen verwendet hätte. So aber wird die Wandhaftigkeit der Arkaden – und damit ihre **raumumschließende** Qualität – durch den Vertikalismus der applizierten Ordnung überspielt. Wie sehr der Verzicht auf Pilaster den wandhaften Charakter unterstreicht, lehrt ein Vergleich der beiden Hof-

91   geschosse in der *Villa Farnese zu Caprarola*, von der noch ausführlicher die Rede sein wird. Wie
95   die *Villa Farnese* und Aubrys *Entwurf* zeigen, ist die Verwendung der Wandarkade indes meist auf das Sockelgeschoss beschränkt.

Aubrys Aufriss macht deutlich, wie undurchlässig die Wandarkade ist, besonders im Vergleich zu der darüber stehenden Kolonnade. Bei Aubry bilden die Wandarkaden einen Laubengang, der als „Galerie" bezeichnet ist. Obwohl die Pfeiler an der Rückwand wiederholt werden und mit diesen durch Gurtbögen und Kreuzgratgewölbe verbunden sind, erscheinen die Arkaden eindeutig als Teile eines **wandhaften** Kontinuums (nicht zuletzt, weil Aubry eben auf vorgeblendete Pilaster verzichtete). Dieses **wandhafte** Kontinuum teilt den **Gesamtraum** in zwei separate Räume: in einen **Vorraum**, der aus dem eigentlichen Platz besteht, und einen **Querraum**, der hinter den Arkaden verläuft. Dass die Galerien einen vom Platz getrennten **Querraum** schaffen, verdeutlicht Aubry durch die völlig schwarze Schattierung. Bezeichnenderweise sind die Obergeschossfenster der Eckpavillons gleichfalls schwarz. In ihrer Struktur, sicherlich aber auch durch ihre Verglasung, schotten sie die Fassade gegenüber dem Platz gleichfalls ab.

Erst im *peristile*, wo die Wandarchitektur durch eine Reihe freistehender, rundum ansichtiger Säulen ersetzt worden ist, gewinnt man den Eindruck, der Raum des Platzes dringe in das Gebäude ein. In die Rückwand hat Aubry folgerichtig Nischen eingelassen und dadurch dem **tiefenräumlichen** Impetus des Obergeschosses zusätzliche Kraft verliehen. Zugleich besetzte er die Nischen mit Statuen, die vom Platz aus als Blickfänge dienen. Konsequenterweise ist das *peristile* verschattet (was im Unterschied zur hellen Fassadenfront seine Raumhaltigkeit betont), aber eben nicht mehr völlig abgedunkelt. Das *peristile* erstreckt sich zwar wie die Galerien als ein **Querraum** in die **Breite**, doch kann man durch die Kolonnade so gut hindurch sehen, dass die Fassade auch **tiefenräumliche** Qualitäten erlangt. Man kann das *peristile* sogar als einen Teil des Platzraums begreifen. Damit wird im Obergeschoss aus der **raumeinschließenden** eine **raumuntergreifende** Fassade.

---

23 Anders als in der Zagreber *Entwurfszeichnung* setzt die Archivolte nicht wie bei der klassischen Serliana über dem Gebälk an. Daher ist es auch irreführend, wenn Sedlmayr 1997, S. 144 von einem „Palladio-Motiv" spricht. Vielmehr ergibt sich die Archivolte aus einem aufgebogenen, sog. syrischen Architrav.

24 Jedenfalls ist ihre Innenfläche heller gehalten als bei den Fenstern der Rücklagen.

Vervollständigt wird die räumliche Differenzierung durch die Öffnungen des mittleren Triumphbogens. Die freien, ausschließlich in die Tiefe zielenden **Durchblicke** sind völlig weiß gehalten.

Aubrys Entwurf zeigt exemplarisch, dass die **positiven** Öffnungen der **Wandbauweise** den Raum teilen, wohingegen die **negativen** Öffnungen der **Gliederbauweise** (insbesondere die Interkolumnien) ihn nach hinten verlängern. Hinzu kommen bei Aubry die ‚richtigen' L i c h t v e r h ä l t n i s s e . Anders als bei Fischer stehen die Wandarkaden unten und die Kolonnaden oben. Die durchlässigere Architektur erhält also auch das meiste Licht, die geschlossenere ist verschattet.

Bei Fischer entsprechen die Hell-Dunkel-Werte zwar dem Tageslicht, doch evozieren sie eine andere Räumlichkeit als die architektonischen Strukturen. Wäre es Fischer darum zu tun gewesen, die strukturelle Räumlichkeit der phänomenologischen Räumlichkeit anzupassen, so hätte er die Wandarkaden ins Erdgeschoss verlegen müssen. (Anders als sein Lehrer Bernini im *ersten Louvreentwurf* hätte er diese dann aber nicht breiter machen dürfen als die Bögen der Säulenarkaden im *piano nobile*.) Den zylindrischen Aufsatz hätte er schließlich nur aus Säulen errichten dürfen. Bei dieser Disposition wäre die Raumdurchlässigkeit nach oben ebenso nachvollziehbar angestiegen wie bei Aubry. Allerdings hätte eine solch kontinuierliche Steigerung über vier Geschosse hinweg spannungslos gewirkt, weshalb Fischer eine Relativierung durch die Lichtführung wohl durchaus entgegenkam. *174, 175*

Die architektonischen Strukturen und die Lichtverhältnisse sind, was die Raumwirkung anbetrifft, also zwei eigenständige Größen, die bei Aubry parallel verlaufen, bei Fischer in ein dialektisches Verhältnis gesetzt sind.

Ein weiterer Faktor, der die räumliche Wirkung mitbestimmt, ist die a p p l i z i e r t e   G l i e d e r u n g . Wie schon festgestellt, würden die Wandarkaden in Fischers Aufsatz viel flächenhafter und damit trennender wirken, wenn es die vorgeblendeten Pilaster nicht gäbe.

Eine wichtige Rolle spielt bei Fischer auch die **räumliche Tiefe**. Betrachtet man das *Lustgartengebäude* allein unter diesem Gesichtspunkt, ist der Raum innerhalb des Aufsatzes ein in sich geschlossener Bereich – ganz im Unterschied zum *portico* und zur Loggia.

Nicht weniger wichtig ist der B e t r a c h t e r s t a n d p u n k t . Aus der von Fischer festgelegten Perspektive sieht man durch die Arkaden des Aufsatzes die Rückwand. Könnte man an das Gebäude näher herantreten, versänke die Rückwand vollständig und man blickte in den freien Himmel. Die Arkatur wäre jetzt völlig diaphan, der Raum dahinter aber verschwunden. Je weiter man sich gedanklich von dem Gebäude entfernt, desto mehr steigt die Rückwand empor, bis sie den Blick durch die Arkaden und in den Himmel verstellt. Die Fassade erscheint nun weniger durchlässig, dafür ist der Raum umso greifbarer.

Ein weiterer Faktor ist die Anbindung der Fassadengliederung an die Rückwand. Dies geschieht zum einen durch die G l i e d e r u n g   d e r   R ü c k w a n d . In Aubrys *peristile* entspricht jeder Säule, die in der Fassadenfront steht, ein Pilaster in der Rückwand. Man kann in den Pilastern eine vermauerte Pfeilerreihe sehen, die parallel zur Kolonnade verläuft. In dieser Lesart erscheint das *peristile* als ein **Breitenraum**. Man kann die Pilaster aber auch als Hinterlegungen der Säulen deuten. Jetzt erhält das *peristile* eine **tiefenräumliche** Dimension. Diese wird, wie schon gesagt, durch die Nischen verstärkt; der Platzraum, der durch die Kolonnaden gedrungen ist, hat sich hier gewissermaßen in die Wand gebohrt und dabei seine Dynamik eingebüßt. Außerdem wirken die Figuren als auf den Platz bezogene *points de vue*.

Ein ebenso wichtiges Mittel, die Fassade an die Rückwand anzubinden, ist die G e w ö l b e f o r m . Für die Galerien des Erdgeschosses sah Aubry Kreuzgratgewölbe und Gurtbögen vor. Als Pendants der quergestellten Arkadenbögen stellen die Gurtbögen einen **tiefenräumlichen** Bezug her und schaffen so einen Ausgleich. Dasselbe gilt für die Kreuzgratgewölbe, bei denen es sich eigentlich um einander durchdringende Tonnengewölbe handelt, von denen das eine in die Breite und das andere in die Tiefe führt. Auch die Kassettendecke oder das Muldengewölbe, das Aubry nach dem Vorbild von Perraults *Louvrekolonnaden* für das *peristile* vorgesehen haben dürfte, ist *176* räumlich neutral. Bei beiden Gewölbeformen erstreckt sich der Architrav nicht nur in die Breite, indem er die einzelnen Säulen und die einzelnen Pilaster verbindet, sondern auch in die Tiefe, indem er von den Säulen zu den Pilastern führt.

In den beiden Entwürfen für das *Lustgartengebäude* ist das Gewölbe nicht angegeben. Vermutlich hatte Fischer an flache Spiegelgewölbe gedacht, die räumlich gleichfalls indifferent gewesen wären. Nichtsdestoweniger lässt sich an seinen Fassaden die räumliche Wirkung verschiedener Gewölbe zumindest vor dem geistigen Auge durchspielen. Denkt man sich für das Hauptgeschoss eine Ringtonne, die wie im *Kolosseum* über dem Arkadenscheitel ansetzt, tritt der **tiefenräumliche** Bezug in den Hintergrund. Hingegen wird die **Tiefenräumlichkeit** stärker, wenn man sich die Archivolten der Arkaden als Teile einer Längstonne vorstellt, die bis an die Rückwand führt.

202

Eine weitere Bedeutung kommt der Disposition einzelner Architekturglieder zu. Im Hauptgeschoss des *Lustgartengebäudes* verwendete Fischer für die Arkaden nach hinten gekuppelte Säulen. In der „Historischen Architektur" werden diese von gekuppelten Pilastern flankiert. Da diese sehr dünn sind und somit optisch nicht ins Gewicht fallen, nimmt das Auge nur die **tiefenräumliche** Anordnung der Säulen wahr. Für die Zagreber Zeichnung gibt es hingegen zwei Lesarten. Hier werden die Säulen von weiteren gekuppelten Säulen flankiert, zu denen sie einen größeren Abstand wahren als die Säulen in der „Historischen Architektur" zu den Pilastern. Nun gibt es zwei Möglichkeiten, diese Säulen zueinander in Beziehung zu setzen. Betrachtet man die nach hinten gekuppelten Säulen als semantische Einheiten, bleibt der **tiefenräumliche** Zug gewahrt. Fasst man die vier vorderen Säulen aber als ein Kontinuum auf und stuft die hinteren Säulen zu unmaßgeblichen Hinterlegungen herab, so entfaltet sich die Serliana in die **Breite**. Die Loggia erlangt dadurch einen **ringräumlichen** Charakter, der in der „Historischen Architektur" nicht fassbar wird. Welcher Eindruck dominiert, hängt wieder vom Betrachterstandpunkt ab. In der Frontalansicht der Mittelachse werden die hinteren Säulen von den vorderen weitgehend verdeckt und verlieren dadurch an Bedeutung. In der Schrägansichtigkeit der Seitenachsen kommen sie gut genug zur Geltung, um als ebenbürtige Pendants der vorderen Säulen in Erscheinung zu treten. Der Raumeindruck des *Lustgartengebäudes* ändert sich also nicht nur von unten nach oben, sondern auch von der Mitte zu den Seiten.

100 Ein letztes Kriterium ist schließlich der Fassadengrundriss. Im *Lustgartengebäude* ist die Fassade konvex. Das heißt, dass der Innenraum, der von ihr umschlossen wird, auf sein Verhältnis zum Außenraum befragt wird und nicht umgekehrt. Was damit gemeint ist, geht aus der Gesamtkonzeption hervor. Wie der Grundriss zeigt, sah Fischer an den Schmalseiten des *Lustgarten-*
99 *gebäudes* zwei konkave Exedren vor, deren Aufriss sich an *Schloss Liblitz*, das Giovanni Battista Alliprandi nach dem Vorbild des *Lustgartengebäudes* entworfen hatte, gut nachvollziehen lässt.[25]

Gesteht man Fischer zu, wie seine römischen Lehrmeister die Baumasse als eine elastische Substanz betrachtet zu haben, die sich durch äußere Krafteinwirkung verformt, so lassen sich die konkaven und konvexen Schwünge des Fassadenverlaufs grundsätzlich zweifach deuten: In der ersten Deutung wirken sämtliche Kräfte ausschließlich auf den Fassadenmantel. In diesem Fall setzt der seitliche Druck, der den gesamten Baukörper gleichsam zusammenschiebt, die Vorder- und die Rückfront des Mittelteils so sehr unter Spannung, dass diese sich konvex vorwölben. Allerdings hat dieses Erklärungsmodell eine Schwachstelle: Die konkaven Einbuchtungen an den Schmalseiten der Rücklagen erscheinen unmotiviert. An sich wäre man geneigt, in ihnen gleichfalls die Ergebnisse von Druckeinwirkung zu sehen. Das würde aber bedeuten, dass die Fassade dem Druck nachgibt und ihn folglich nicht weiterleitet. Wie kommt es dann aber zur Verformung des Mittelteils?

Die zweite Deutung geht davon aus, dass die Fassade nur eine Art Membran ist, die den Druck von außen an den **Binnenraum** weitergibt. Nun führt der Druck, der auf die Schmalseiten der Rücklagen ausgeübt wird, innerhalb des Baukörpers zu einem Überdruck, der durch die konvexe

---

25 Sedlmayr 1997, S. 144.

Dehnung der Mittelteilfronten ausgeglichen wird. Beide Verformungen der Fassade erscheinen nun plausibel.

Für das *Lustgartengebäude* bedeutet dies, dass die Gestaltung des Mittelteils nicht durch das Verhältnis der Fassade zum **Vorraum**, sondern durch ihr Verhältnis zum **Binnenraum** bestimmt wird. Selbst ihre Durchlässigkeit wird danach bemessen, welchen Widerstand sie dem **Binnenraum** entgegensetzt.

Bei Aubry besitzt der Raum hinter der Fassadenfront keinerlei Dynamik. Niemals käme man auf die Idee, in ihm eine primäre Größe zu erkennen, die den Verlauf der Fassade bestimmt und durch selbige nach außen dringt. Vielmehr ist es der **Vorraum**, der die Fassade durchdringt.

Wie Fischer von Erlachs *Lustgartengebäude* und Aubrys *Entwurf für die Place Louis XV* zeigen, wird der Raumeindruck wesentlich durch den **positiven** bzw. **negativen** Charakter der Öffnungen (Fenster, Wandarkade, Säulenarkade und Kolonnade) bestimmt. Jedoch spielen neben der Frage, wie **wandhaft** bzw. **gliederhaft** die Fassade ist, andere Faktoren verstärkend oder relativierend hinein: die Lichtverhältnisse, die Oberflächenstruktur, die räumliche Tiefe, der Betrachterstandpunkt, die Disposition einzelner Architekturelemente und der Grundriss. In den folgenden Kapiteln soll die Wechselwirkung dieser Elemente mit Blick auf die verschiedenen Arten der Öffnungen wenigstens kurz angerissen werden.

2.2.2 Das Fenster und die Tür

Obwohl es sich bei den meisten Fassadenöffnungen um Fenster und Türen handelt, spielen diese bei der Schaffung von Raumhaltigkeit eine untergeordnete Rolle, weshalb sie hier auch nur kurz abgehandelt werden.

Sofern Fenster und Türen an raumhaltigen Fassaden vorkommen, werden sie meist mit Säulenarkaden und Kolonnaden kombiniert. Gerade im Kontrast zu den Öffnungen der **Gliederbauweise** offenbart sich ihre **Wandhaftigkeit** besonders. Das gilt beispielsweise für Giuseppe Cozzis Loggienfenster an der *Villa Scribani in Sant'Antonio* bei Piacenza[26] und die Pseudo-Mezzaninfenster über den Erdgeschosskolonnaden in Carlo Madernos Fassade von *Sankt Peter*. In beiden Fällen **schließen** die **positiven** Öffnungen den Raum **ein** und lassen ihn weit mehr als die **negativen** Öffnungen unter ihnen als einen **Breitenraum** erscheinen, der parallel zum Fassadenspiegel verläuft.

102

19, 20

2.2.3 Die Wandarkade

Raumeinschließend ist auch die Wandarkade in *Le Pautres Entwurf für einen Idealpalast*, wo sie sogar zu einem zentralen Gliederungselement avanciert ist.[27] Zunächst erinnert die Anlage an Berninis *ersten Louvreentwurf*: Ein dreigeschossiger zylindrischer Kernbau wird von einer Fassade ummantelt, die in fünf Abschnitte zerfällt. Während der mittlere Abschnitt weit vorsteht, fluchten die angrenzenden Abschnitte konkav zurück und leiten zu den äußeren Abschnitten über, die wieder weit vorstehen. Da der Entwurf vor 1652 entstand, möchte ich nicht ausschließen, dass er Bernini tatsächlich beeinflusst hat. Allerdings hat ihm die gängige Bernini-Forschung bislang keine Beachtung geschenkt.[28] Diese Missachtung liegt vielleicht in der völlig entgegengesetzten Architekturauffassung begründet, die beide Entwürfe auszeichnet: Wo Bernini wie Fischer von Erlach eine elastische Fassade in Spannung versetzte, schuf Le Pautre

103–105

174, 175

---

26 Zur szenographischen Wirkung der Fassade (ohne expliziten Bezug zu ihrer Raumhaltigkeit) siehe Matteucci 1982, S. 131.

27 Le Pautre 1652, o. S.

28 Vgl. z. B. Marder 1998, S. 264–267; Avery 1998, S. 237–242, Gould 1982, passim.

eine starre geometrische Konfiguration. Vor allem dominiert bei ihm aber im Unterschied zu Bernini die **Wandhaftigkeit**.

Zwar ist der Risalit mit einer Kolossalordnung ausgezeichnet, doch ist diese mit der Wand verschmolzen. Entsprechend wird das Gebälk nicht von Säulen, sondern von Pilastern getragen, die an vermauerte Pfeiler erinnern. Die seitlichen Interkolumnien sind ganz vermauert und besitzen folglich nur **blinde** Öffnungen in Form von Nischen. Nur in der Mittelachse ist die Wand mit einem Portal und einem Fenster durchbrochen. In den konkaven Abschnitten stehen über den hochrechteckigen Durchgängen des Erdgeschosses halbrunde Arkaden. Obwohl beide Stockwerke durch ein Gurtgesims geschieden sind, wirkt die Fassade über beide Geschosse hinweg wie eine kontinuierliche Wand. Verstärkt wird dieser Eindruck durch die homogene Bandquaderung. Die Fassade bildet also eine seltene Ausnahme von der Regel, wonach die Wandarkade nur im Erdgeschoss vorkommt.

105 Hinter der gesamten Fassade verläuft ein Gang, der so schmal ist, dass Norberg-Schulz ihn in seiner isometrischen Darstellung des Schlosses sogar versehentlich weggelassen hat.[29] Indes ist dieser Gang für das Verständnis der Fassade durchaus wichtig. Wie der Grundriss zeigt, findet die Struktur der Fassadenfront an der Rückwand des Ganges keine Entsprechung. Es scheint sich also um einen eigenständigen **Ringraum** zu handeln, der die Fassade in **zwei Schalen** teilt. Trotz der großzügigen Öffnung wirkt er nur wie ein dunkler **Zwischenraum**, der die beiden Schalen auf Abstand hält und das Kolorit der Fassade um eine weitere Nuance erweitert, indem er den bereits halbverschatteten Partien der Vorderwand eine noch dunklere Zone hinzufügt.

Allerdings muss man sich fragen, ob der Gang neben seiner unbestrittenen optischen Qualität tatsächlich auch eine räumliche **Relevanz** besitzt, die uns berechtigt, von einem **Ringraum** zu sprechen. Immerhin ist die lichte Weite der Arkaden deutlich größer als ihr Abstand zur Rückwand. Daher erscheint diese samt den Fenstern lediglich als eine Folie der Fassadenöffnungen. Mit anderen Worten: Gewöhnlich konstituieren **positive** Öffnungen dank ihrer **Wandhaftigkeit** einen parallel oder konzentrisch zur Fassade verlaufenden **Breiten-** oder **Ringraum**. Ist dieser Raum aber zu schmal, fällt er als eigene Größe nicht ins Gewicht und erscheint nur als eine seichte Fortsetzung der Öffnung nach hinten. Wie der **Vorraum** sich in Aubrys Nischen in die Wand gebohrt hat, so

95 hat er sich bei Le Pautre durch die äußere Wandschale ‚hindurch gefressen'. Bei den Erdgeschossöffnungen, die in Verlängerung der Diagonalachsen des zylindrischen Kernbaus stehen, hat sich der Außenraum sogar so tief in die innere Schale gebohrt, dass sich eine **Tiefenräumlichkeit** einstellt.

Diese Vorstellung ist insofern logisch, als man sich die konkaven Fassadenabschnitte – anders als die seitlichen Exedren in Fischers *Lustgartengebäude* – wegen ihrer Starrheit nur schwer als Ausbuchtungen einer frontal einwirkenden Kraft vorstellen kann. Da die Wand dem Druck des Vorraums also nicht nachgeben kann, bricht dieser in ihre Substanz ein.

91 Anders verhält es sich, wenn der **Ringraum** wie im Hof der *Villa Farnese zu Caprarola* breiter ist als die lichte Weite der Arkaden. Auch Vignola gestaltete seine Arkaden als Teile eines **wandhaften** Kontinuums. Wie schon angedeutet, verzichtete er im Untergeschoss sogar auf vorgeblendete Doppelpilaster und verwendete stattdessen die Bandrustika. Zudem bilden seine Arkaden Schalen, hinter denen nun tatsächlich weitgehend abgeschlossene Ringräume verlaufen. Zwar ermöglichen die Öffnungen einzelne **Durchblicke**, doch sind die **Ringräume** so eigenständig, dass sie mit dem **Kernraum** nur indirekt in Beziehung treten.

Die raumschaffende und **raumteilende** Wirkung, welche die Wandarkade gerade im Kontext größerer Plätze entfalten kann, lässt sich besonders gut anhand eines Stiches von 1676 studieren,

106 der Ascanio Vitozzis *Piazza Castello* in Turin wiedergibt. Der Ehrenhof des *Palazzo Reale* wird von einem Arkadengang mit Bandquadern abgeschlossen. Die ziemlich breiten Wandstücke zwischen den Bögen sind mit hoch- und querrechteckigen Öffnungen durchsetzt. Trotz dieser Perfo-

---

29 Norberg-Schulz 1986, Abb. 285.

ration bleibt der Charakter der **Wandhaftigkeit** erhalten. Zu diesem Eindruck trägt die Bandquaderung entscheidend bei. Zum einen schafft sie eine horizontale Grundstruktur, die dem Vertikalismus der **Gliederbauweise** entgegenarbeitet. Zum anderen erweckt sie den Eindruck, sie sei um die Öffnungen herumgebaut. Diese erscheinen somit als **positive** und damit auch als **wandhafte** Strukturen.

Nach Westen (auf dem Stich links) setzt sich der Arkadengang in den angrenzenden Platzfassaden unverändert als Laubengang fort. Im Osten geht er in den Fassadenrücklagen des *Palazzo Madama*, wie er sich vor Juvarras Umbau (siehe C 10.3.5) präsentierte, auf.

Sieht man die Gänge in den Platzlauben und den Ehrenhofarkaden als eine Einheit, ergeben sie einen unvollständigen **Randraum**, der den Platz als einen **Kernraum** umgibt. Der Umstand, dass sich hinter den Ehrenhofarkaden die *cour d'honneur* als ein weiterer Raum anschließt, relativiert diesen Eindruck allerdings. Da die Rückseite der Ehrenhofarkaden dieselben Öffnungen aufweist wie die Vorderseite, ergeben sich **Durchblicke** vom Platz in den Ehrenhof. Der Arkadengang erscheint nun als ein schmaler **Zwischenraum**, der den Platz als **Vorraum** vom Ehrenhof als **Rückraum** trennt.

Freilich ändert sich der Charakter des Arkadengangs mit dem Betrachterstandpunkt bzw. der Blickrichtung. Auf dem Stich ist dies gut zu erkennen. Im Bereich des Turmes und den sich links anschließenden Arkaden fällt der Gang eindeutig in die Kategorie eines **Zwischenraums**. Die Architektur ist hier **raumteilend**. (Wie sehr der Bereich zwischen zwei Arkadenwänden gerade in der Schrägansicht als ein eigener **Zwischenraum** erscheint, erkennt man auch in Fischer von Erlachs Darstellung der *Großen Wasserleitung von Karthago*.[30]) In der Arkade ganz links ist der Durchblick von der Rückwand verstellt. Jetzt scheint der Gang wieder als ein nach hinten abgeschlossener **Breitenraum**, der mit den Platzlauben einen **Randraum** bildet. In den rechten Arkaden dominieren die **Durchblicke** vom Platz in den Ehrenhof. Sofern der Gang überhaupt wahrgenommen wird, ist er auf ein Transitorium oder eine Passage reduziert. Die Arkade hat ihre **Tiefenräumlichkeit** eingebüßt und erscheint als eine zweidimensionale Wand, vor der sich der Platz als ein **Frontalraum** nach Süden und der Ehrenhof als ein **Tiefenraum** nach Norden entfalten.

107

Wieder anders teilen die Arkaden an Fischer von Erlachs *Gartenpalais Strattmann* in Wien-Neuwaldegg den Raum. Wie ein Stich von Johann Adam Delsenbach aus dem Jahre 1692/93 zeigt,[31] öffnet sich das Sockelgeschoss des runden Mittelbaus dem Garten nach vorne und nach hinten in drei Arkaden. Die großen Abstände der Bögen und die horizontale Bandquaderung betonen die **Wandhaftigkeit** deutlich. Da der Bereich zwischen den Arkaden aber viel tiefer ist als in den Arkadengängen der *Place Louis XV* und der *Piazza Castello*, gewinnt er gegenüber dem **Vorraum** (den **Rückraum** können wir nicht einsehen) deutlich an Gewicht. Von einem **Zwischenraum** wie bei der *Piazza Castello* hat er sich zu einem eigenständigen **Breitenraum** entwickelt. Er scheint sogar so viel Kraft zu besitzen, dass er nach vorne und hinten drängt und dabei die Fassade, die ihn **übergreift** und in der er gewissermaßen gefangen ist, nach außen wölbt. Anders als in *Aubrys Entwurf*, aber ähnlich wie im *Lustgartengebäude*, dringt der Raum nicht von außen in die Fassade, sondern aus der Fassade nach draußen.

101

95, 106

97, 98

2.2.4 Die Säulenarkade

Wie sich gezeigt hat, kann die Wandarkade aufgrund ihrer Erstreckung in die Breite den Raum **teilen** und **umgrenzen**. Ihre Wirkung in die **Tiefe** beschränkt sich indes auf **Durchblicke**. Anders verhält es sich mit der Säulenarkade. Da die Säule ebenso schmal wie tief und darüber hinaus rundum ansichtig ist, entfaltet sie sich zumindest, wenn sie alleine steht, weder in die Breite noch

---

30 Fischer von Erlach 1721 II, Tf. 2.   31 Pfeffel 1770, Tf. 27.

in die Tiefe, ist dann also raumdynamisch neutral. Daher wirkt sie im Unterschied zur Wand auch kaum trennend.

Wie sehr sich die Säulenarkade hinsichtlich ihres Raumeindrucks von gewöhnlichen Wandöffnungen unterscheidet, demonstrierte Vignola in seinem Entwurf für die östliche Gartenfassade des *Nymphäums in der Villa Giulia*.[32] Im Obergeschoss verläuft zwischen zwei Wänden, die an verschiedenen Stellen unterschiedliche Öffnungen besitzen, ein Verbindungsgang. Blickt man aus der Nähe durch die seitlichen Öffnungen und hält sich vor Augen, dass der Raum sich über den Stürzen und hinter den angrenzenden Wandpartien unsichtbar fortsetzt, so erscheint der Gang als ein **Zwischenraum**, der sich gegenüber dem **Vorraum** des Hofes und dem **Rückraum** des Gartens halb abschottet, halb öffnet.

Erst die Gliederarchitektur in der Mitte, die man als eine Verbindung von Kolonnade und Säulenarkade deuten kann, öffnet den Raum weitgehend nach vorne und nach hinten. Anders als bei den seitlichen Öffnungen kommunizieren die Räume (**Vor-**, **Zwischen-** und **Rückraum**) durch die Arkade hindurch. Da die Wandflächen über den Kolonnaden sich dank der Ringtonnengewölbe aber nach oben fortsetzen und zumindest die rückseitigen Wandflächen vom Hof aus sichtbar sind, präsentiert sich der Verbindungsgang immer noch als ein eigenständiger Raum. Erst wenn man den *portico* der gegenüberliegenden Westfassade betritt und somit einen höher gelegenen Standpunkt einnimmt, werden die rückwärtigen Wandflächen von den vorderen verdeckt. Jetzt nimmt man nur noch die **Gliederarchitektur** wahr, deren völlig freier **Durchblick** den **Zwischenraum** fast vergessen lässt.

Noch komplizierter ist die Räumlichkeit der Vorhalle am *Palais Schwarzenberg* in Wien. Die Glaswand, die heute die Vorhalle in Verlängerung der Rücklagen durchtrennt, gab es ursprünglich nicht. Um ebenso viel, wie die Vorhalle vorsteht, ist sie nach hinten eingezogen (so dass es sich eigentlich halb um eine Vor- und halb um eine Eingangshalle handelt). Hildebrandt ließ die Arkaden sogar an den Längsseiten und an der Rückseite weiterlaufen, wodurch ein regelrechtes Arkadengeviert entstand, das eine Achse weit vorsteht und eine Achse weit nach hinten reicht. Fasst man dieses Geviert wegen der Wandzwickel über den Bögen als eine trennende Architektur auf, so **teilt** es den Gesamtraum in einen **Vorraum** (= Hof) und einen **Querraum** (= Bereich innerhalb der Vorhalle). Da die Vorhalle halb in der Fassade steckt, halb aus ihr hervorragt, **schließt** sie den **Querraum** im hinteren Bereich ebenso **ein** wie sie ihn im vorderen Bereich nur **ummantelt**.

Hält man die Vorhalle dank der runden Säulen und der breiten Interkolumnien aber für ein offenes Gebilde, so **verschränkt** sie sich mit dem **Vorraum**. Dabei verhalten sich die beiden Hälften erneut gegensätzlich: Der vordere Teil **greift** in den **Vorraum aus**, wohingegen ihn der hintere Teil in die Fassade **einlässt**. (Noch deutlicher als an der Fassade kann man die raumverbindende Wirkung von Säulenarkaden übrigens im Inneren von Kirchen beobachten, etwa in *Santo Spirito* oder *San Lorenzo* zu Florenz). Davon, dass der Raum in der Vorhalle wie im *portico* des *Gartenpalais Strattmann* **eingeschlossen** wäre und dementsprechend eine nach außen gerichtete **frontale** Dynamik entfalten würde, kann keine Rede sein.

Erst recht gilt dies für die Loggia des *Spedale degli Innocenti in Florenz* (1419–24). Brunelleschi zog die Säulen so weit auseinander, dass der **übergriffene Querraum** fließend in den **Vorraum** des Platzes übergeht und damit seine **Breitenräumlichkeit** einbüßt.

Der Raum hinter der Arkade ändert sich bereits, wenn die einfache Säule durch gekuppelte Säulen ersetzt wird. Sind die Säulen nach hinten gekuppelt, ergibt sich ein **tiefenräumlicher** Akzent. In den Serlianen der *Basilica in Vicenza*, Fischers *Lustgartengebäude*, der *Ostfassade von San Giovanni in Laterano* und dem *portico* von *Santa Croce in Gerusalemme* ist dies tatsächlich so.

Allerdings können die hinteren Säulen auch so weit zurückstehen, dass sie in der Gliederung der Rückwand aufgehen. Dies ist bei den drei Arkaden der Fall, mit denen Vignola den eben erwähn-

---

32 Falda/Venturini 1675–1691, Bd. III, Tf. 7.

ten *portico* am westlichen Prospekt des *Nymphäums in der Villa Giulia* bilden wollte. Auf den ersten Blick gleicht der *portico* der Vorhalle des *Palais Schwarzenberg*, und ich schließe nicht aus, dass Hildebrandt sich bei der Gestaltung seines Gartenpalastes durch Vignolas Gartenarchitektur anregen ließ. Das gilt auch für das Motiv der konkaven Rampen, die Vignolas *portico* und Hildebrandts Vorhalle gleichermaßen von beiden Seiten durchdringen. Allerdings besteht zwischen dem *Gartenpalast Schwarzenberg* und dem *Nymphäum der Villa Giulia* ein elementarer Unterschied: Vignola machte die Archivolten zu Stirnbögen von Längstonnen. Die Arkaden bekommen so eine explizit **tiefenräumliche** Ausrichtung.

112
90

Interessanterweise wird der Raumeindruck des *portico* aber nicht nur durch seine Binnenstruktur, sondern auch durch den Kontext bestimmt. Wie die Freitreppe der *Villa d'Este* zeigt, können Treppenläufe, die von der Seite in eine Arkade eindringen, deren räumliche Ausrichtung verändern: Während bei den fast identischen Öffnungen unter der Arkade die **Tiefenräumlichkeit** überwiegt, halten sich im Obergeschoss, in das die Treppenläufe münden, **Tiefen-** und **Breitenräumlichkeit** die Waage (siehe C 10.2.1).

297, 298

Dasselbe gilt für die Rampen am *portico* des *Nymphäums der Villa Giulia*. Noch deutlicher als in Tivoli baut sich über den Rampen eine eigene **Raumschicht** auf. Von Schirmmauern hinterfangen, **dringt** sie über die Schmalseiten in den *portico* **ein** bzw. wird von diesem **übergriffen**. Jetzt erscheint der Bereich hinter den Arkaden nicht mehr primär als **tiefenräumliche** Verlängerung des Hofraums, sondern als das fehlende Glied, das zwei viertelkreisförmige **Raumschichten** zu einem den Hof als **Kernraum** umschließenden Halbrund verbindet. Verstärkt wird die Separierung des *portico* vom Hofraum dadurch, dass es zwischen beiden keine ebenerdige Verbindung gibt, da der *portico* ein Stockwerk höher liegt.

112

Die räumliche Ambivalenz des *portico* lädt zu einem gedanklichen Experiment ein. Stellte man sich anstelle der Längstonnen ein flaches (und damit neutrales) Spiegelgewölbe vor, in dessen Hohlkehle die Arkaden über Stichkappen einschnitten, so würde der **tiefenräumliche** Impetus noch mehr abgeschwächt. Und dächte man sich eine flache Decke, die deutlich über den Arkadenscheiteln ansetzte, würde die Restwand über den Archivolten plötzlich zu einer raumbestimmenden Größe. Diese Restwand würde den Raum innerhalb des *portico* zumindest im oberen Bereich gegenüber dem Hof abschirmen. Der *portico* erhielte noch mehr Eigenschaften eines **Breitenraums** und erschiene damit erst recht als Teil der halbrunden **Raumschicht**.

So gewollt solche Gedankenspiele zunächst erscheinen, so sehr verdeutlichen sie doch die Labilität bestimmter Raumwirkungen. Ein Raum kann und soll unterschiedlich gesehen werden oder ändert seinen Charakter, sobald nur einige strukturelle Details wegfallen oder hinzukommen. Insbesondere bei szenographischen Architekturen wie den beiden Fassaden im *Nymphäum der Villa Giulia* scheint die Variabilität des räumlichen Eindrucks sogar **konstitutiv** zu sein.[33]

Einen Sonderfall raumhaltiger Arkaden stellen die Seitenschiffe in der von Giorgio Vasari um 1550 umgebauten *Badia zu Arezzo* dar. Obwohl es sich hier um einen Innenraum handelt, will ich auf dieses Beispiel kurz eingehen, weil es zeigt, wie sehr eine Arkadenkonstruktion aus dem Raum heraus entwickelt sein kann. Vasari hatte von Giuliano da Majano ein Langhaus übernommen, auf dessen vier Joche er wechselweise eine Pendentifkuppel und eine Längstonne setzte. Die Kuppeljoche öffnen sich Anräumen mit Quertonnen, die so den Charakter von Querhäusern erlangen. Die Tonnen der beiden übrigen Joche lasten auf einem Gebälk, das von einer Serliana getragen wird. Der Bogen der Serliana erweist sich als vorderer Teil eines Arkadengevierts, das den Abschnitt des Seitenschiffs, der dem Langhausjoch zugeordnet ist, seinerseits in drei kleine Joche unterteilt: Während das von einer Hängekuppel überfangene Arkadengeviert das Mitteljoch bildet, überfangen die Längstonnen, die sich von den Seitentravéen der

---

33 Falda/Venturini 1675–1691, Bd. III, Tf. 7.

Serliana zur Außenwand spannen, die Nebenjoche. Der im Langhaus vollzogene Wechsel von Kuppel- und Tonnenjoch wird in den Seitenschiffen also in verkleinerter Form wiederholt.

Die Außenwände des Langhauses sind durchweg mit Blendserlianen instrumentiert. In den Seitenschiffen erweisen sich die Blendserlianen als Hinterlegungen der zum Mittelschiff vermittelnden freistehenden Serlianen; ferner sind ihre Bögen Teil des Arkadengevierts. An den Stirnseiten der querhausartigen Anräume sind die Blendserlianen bloße Gliederung. Darüber hinaus rahmen die Bögen in den vorderen Anräumen Altarnischen. Die Blendserlianen bilden also gleichsam einen *basso continuo,* der entweder mit den Altarnischen **tiefenräumlich** zurückspringt oder über die Arkadengevierte **frontalräumlich** ausgreift und dabei freistehende Serlianen ausbildet.

Kommen wir nun zu den Beispielen, in denen die gekuppelten Säulen einer Arkade nicht hinter-, sondern nebeneinander stehen. Selbstverständlich teilen Säulen einen Raum sehr viel eher in ein Vorne und Hinten, wenn sie paarweise auftreten, als wenn sie vereinzelt stehen oder nach hinten gekuppelt sind. Entsprechend hat schon Giovanni Pieronis Loggia des *Palais Waldstein in Prag*

115 (1623–27) eine Tendenz zur **Breitenräumlichkeit**. Dennoch ist der **tiefenräumliche** Bezug dank der weiten Interkolumnien und des großen Abstands der Rückwand ungebrochen.

117–119 In den Höfen der *Universität zu Genua* (1634–36) und des *Palazzo Borghese* zu Rom (1605–10) hat sich der **breitenräumliche** Zug verstärkt. Das liegt vor allem an den Arkaden des Obergeschosses. Da die obere Ordnung gemäß der tektonischen Logik kleiner ist als die untere und die Superposition beibehalten wurde, fällt der Abstand der gekuppelten Säulen im Obergeschoss etwas größer aus. Zwar setzt sich der Hofraum immer noch in den Arkadengängen fort, doch ergeben diese letztlich einen eigenständigen **Randraum**.

Stehen die gekuppelten Säulen indes wie an den Gartenfronten von Giulio Romanos *Palazzo*

122 *del Tè* in Mantua und von Juvarras *Villa Mansi* so weit auseinander, dass sich zwischen ihnen neue Interkolumnien ergeben, so ist die breitenräumliche Wirkung zumindest in Höhe der Säulen wieder vollkommen aufgehoben. Anders sieht es im Bereich über dem Gebälk aus, wo die Bogenzwickel zwangsläufig eine neue Wandfläche gebildet haben. Die Offenheit der Säulenstellung und die wandhafte Geschlossenheit der Bogenzone verleihen dem Raum der Loggia eine merkwürdige Ambivalenz.

Wie sehr die Wand über den Säulen im Extremfall den Bereich hinter der Arkade gegenüber dem Außenraum abschotten kann, zeigt ein nachbarockes Beispiel, die *Barrière de la Villette in Paris,* die 1784–89 nach Plänen von Claude-Nicolas Ledoux erbaut wurde.

Umgekehrt gibt es Fälle, in denen selbst gekuppelte Säulenarkaden räumlich völlig **irrelevant** sind. Dies gilt besonders dann, wenn der Bogen im Verhältnis zu den Säulen so riesig ist, dass diese nicht mehr ins Gewicht fallen, selbst dann nicht, wenn sie paarweise übereinander stehen. Dies ist an Abbiate Grassos Vorhalle von *Santa Maria Nuova* in Mailand der Fall. Hier erscheinen die Säulen lediglich als plastische Ausläufer von Wandzungen, die ein riesiges Tonnengewölbe tragen. Die räumliche Qualität der Vorhalle wird also ganz durch die Wand bestimmt. Diese konstituiert mit dem Tonnengewölbe einen **Längsraum**, dessen Ausrichtung ambivalent ist. Denkt man streng tektonisch, so hält man die Arkade für das **primäre** Element, das durch die Vorhalle **tiefenräumlich** verlängert wird. Unter rein optischen Gesichtspunkten ist der Akzent, den Säulen und Archivolte setzen, aber so schwach, dass die Stirnwandfresken das ganze Augenmerk auf sich ziehen. Nun gibt sich die Arkade als dreidimensionale Verlängerung des Freskos und damit als das **sekundäre** Element. Daher überwiegt in dieser Lesart die **frontalräumliche** Dynamik.

Eine dritte Variante der Säulenarkade ist die *prospettiva*, bei der sich die Säulen als Ausläufer von in die Tiefe führenden Kolonnaden entpuppen. Als Borromini solch einen Säulenkorridor im Hof des *Palazzo Spada* als szenographisches Element errichtete, war er in der Durchfahrt des *Pa-*

77 *lazzo Farnese* bereits vorgebildet. Auch Bernini und Nicodemus Tessin d. Ä. griffen die *prospetti-*
398 *va* auf; der eine in der *Scala Regia*, der andere in dem schon erwähnten Verbindungsgang, der vom Treppenhaus des *Schlosses Drottningholm* in den Garten führt. Zu einem Teil der Fassaden-

architektur wurde die *prospettiva* indes erst in der schon erwähnten *Stockholmer Villa von Tessin d. J.* Tessin blendete der Rückwand des Gartens zwei Ordnungen mit gekuppelten Säulen vor. Die obere Ordnung ließ er in der Mittelachse im rechten Winkel zurückfluchten. Auf diese Weise entstand wie im *Palazzo Spada* ein **eingezogener**, perspektivisch verkürzter **Längsraum**, dessen **Tiefenräumlichkeit** Tessin durch eine Längstonne ins Extrem steigerte. Die Stirnseite der Tonne versah Tessin mit einer Archivolte, die im Kontext der Ecksäulen eine Säulenarkade ergibt. Tessins *prospettiva* zeigt exemplarisch, wie sehr die Säule sich – im Unterschied zum Wandpfeiler – dazu eignet, die räumliche Ausrichtung einer Arkade zu verändern.

2.2.5 Die Pfeilerarkade

Eine Sonderstellung unter den Arkaden nimmt die sogenannte Pfeilerarkade ein. Betrachtet man beispielsweise die breiteren Hauptachsen im Großen Kreuzgang des *Convento do Cristo* in Tomar, der zwischen 1557 und etwa 1580 von Diogo de Torralva und Filippo Terzi erbaut wurde, so findet man eine ähnliche Gliederung vor wie in der Zagreber Fassung von Fischers *Lustgartengebäude*: Über einer breiten Wandarkade steht eine Serliana, deren nach hinten gekuppelte Stützen zusammen mit den sie flankierenden Stützen gleichfalls ein Geviert ergeben. Allerdings bestehen diese Stützen nicht aus Rundsäulen. Vielmehr hat der Architekt Albertis Forderung, Bögen nur auf viereckige Säulen, also auf vierkantige Pfeiler, zu setzen, befolgt, wenngleich hierfür keine Notwendigkeit bestand.[34] Obwohl das Obergeschoss aus einer reinen **Gliederarchitektur** gebildet ist, haftet ihm daher paradoxerweise der Charakter der **Wandhaftigkeit** an. Außerdem entstehen neue Fassadenräume. Die Serlianen konstituieren – je nach Blickwinkel – nicht nur einen **Tiefen-** und einen **Breitenraum**; innerhalb der Pfeilergevierte sondern sich auch kleine Zusatzräume ab. In der reinen Frontalansicht sind diese Sonderräume natürlich nicht wahrnehmbar; da die Fassade anders als beim *Lustgartengebäude* nicht konvex verläuft, werden die hinteren Pfeiler von den vorderen verdeckt. In der leichten Schrägansicht sind die Sonderräume indes schon unübersehbar. Jetzt treten sie als **Flankenräume** des durch die Arkade evozierten **Tiefenraums** in Erscheinung. Aus einem Winkel von 45 Grad legen sie sich schließlich als **Zwischenräume** vor den zum **Rückraum** degradierten **Breitenraum** des Wandelgangs.

2.2.6 Die Kolonnade

Wie die vorangegangenen Kapitel gezeigt haben, öffnet sich die Säulenarkade dem **Umraum** bereits mehr als die Wandarkade. Das einzige Element einer Säulenarkade, das den Raum noch in verschiedene Zonen teilen kann, ist die Restwand über den Bögen. In der Kolonnade entfällt auch sie, so dass man zunächst glauben könnte, dieser Architekturform fehle jede **raumteilende** oder **raumgliedernde** Kraft. Tatsächlich hat Aubrys *Entwurf für die Place Louis XV* gezeigt, wie offen die Kolonnade gegenüber dem Vorraum sein kann. Auch der *Palazzo Chiericati* bestätigt diesen Eindruck. Der von der Architektur **übergriffene** Raum ist Teil des vorgelagerten Platzes.

Ein ganz anderes Bild vermittelt indes die Rekonstruktion des *Augustus-Forums*. Wie das Modell zeigt, wirken die Wandelhallen der beiden *portici* als reine **Längsräume**, die den Platz begleiten,

---

34 Alberti (1929), S. 396: „Bei Bogenstellungen müssen die Säulen viereckig sein. Denn bei runden wird die Ausführung lügenhaft sein, deshalb, weil die Enden des Bogens nicht vollständig auf dem Kern der Säule aufsitzen." Diese Forderung ergibt vor allem Sinn, wenn die Archivolten unmittelbar auf den Kapitellen sitzen. Ist – wie in *Tomar* – zwischen Säule und Bogen ein Gebälk geschoben, erübrigt sie sich eigentlich.

sich ihm aber auch so sehr verschließen, dass sie nicht als **Flankenräume** betrachtet werden können. Auch die Säulen des *Mars Ultor-Tempels* **schließen** den Pronaos und die Wandelgänge **ein**, wobei sie durchaus an die Stäbe eines Käfigs erinnern.

95 Dass insbesondere die *portici* im Unterschied zu *Aubrys Kolonnaden* eigene Räume ausbilden, die mit dem Platz nicht kommunizieren, hat drei Gründe: Erstens wird mit den hohen Attiken wieder ein wandhaftes Element eingebracht. Zweitens ist der Abstand der Kolonnaden zur Rückwand um ein Mehrfaches größer als die Interkolumnien. Drittens sind diese im Verhältnis zum Säulendurchmesser deutlich kleiner als bei Aubry. All dies bewirkt, dass die räumliche Dynamik der Wandelgänge nicht auf den Platz zielt, sondern sich parallel zu ihm entfaltet.

Bleiben wir einen Augenblick bei den Interkolumnien: Bekanntlich unterschieden Vitruv[35] und die Architekturtheoretiker der frühen Neuzeit wie Palladio[36] nach dem Abstand der Säulen insgesamt fünf Tempelarten, wobei der untere Schaftdurchmesser als Modul diente. Je nach Autor beträgt das Interkolumnium beim Pyknostylos 1½, beim Systylos 2, beim Eustylos 2¼, beim Diastylos 2¾ bis 3 und beim Aereostylos 3½ bis 4 Module.

Es lag in der Natur der Sache, jeder der fünf Tempelarten eine Säulenordnung zuzuweisen, wobei die Schlankheit der Säule mit der Schmalheit des Interkolumniums einhergehen sollte. So wurde der Pyknostylos mit der Composita, der Systylos mit der Corinthia, der Eustylos mit der Ionica, der Diastylos mit der Dorica und der Aereostylos mit der Toscana verbunden. Kanonische Bedeutung erlangte diese schon in der Antike praktizierte Zuordnung ausgerechnet durch Palladio[37], der eigentlich nur die Zwischenräume des Eustylos als „vernünftig und zweckmäßig" anerkannte. An den breiteren Abständen bemängelte er, sie fielen zu weit aus, um ein Durchbrechen des Architravs zu verhindern. Über den Pyknostylos und den Systylos äußerte er hingegen, sie seien

> „[…] viel zu klein und zu eng, als dass zwei Personen zugleich durch den [sic] Portikus eintreten können; sie müssen in einer Reihe gehen, einer hinter dem andern. Auch kann man die Türen und ihre Verzierungen nicht von weitem sehen. Und schließlich wird durch die räumliche Enge verhindert, dass man um den Tempel herumgeht".[38]

124, 126 Die optische und die räumliche Undurchlässigkeit von Pyknostylos und Systylos gehen bei Palladio also Hand in Hand. Diese Wirkung lässt sich nicht nur am rekonstruierten *Augustus-Forum*, sondern auch an dem noch stehenden korinthischen *Augustus-Tempel in Vienne* nachvollziehen. Trotz ihrer Rundumansichtigkeit schirmen die Säulen den Pronaos gegenüber dem **Vorraum** weitgehend ab und machen ihn fast zu einem **Binnenraum**. Auch Palladios Grund- und Aufriss des gleichfalls korinthischen *Jupitertempels auf dem Quirinal*[39] lassen die Kolonnade als ein **raumteilendes** Element erscheinen.

In der diastylischen Dorica überwiegt hingegen die Durchlässigkeit. So nimmt der Besucher
390 Berninis *Petersplatz-Kolonnaden* von innen zwar noch als dreifach **geschichtete Ringräume** wahr,
344 die den Petersplatz umschließen. Vom Platz aus geben sie sich indes als reine **Zwischenräume**. (Zu diesem Eindruck trägt wesentlich bei, dass Bernini die vier Säulenreihen radial anordnete und die Durchblicke so nicht verstellte.) Erst recht hat die Kolonnade der aereostylischen Toscana ihre trennende Wirkung verloren. Die Kolonnaden, die Palladio z. B. für die *Villa Pisani*, die *Villa*
44 *Saraceno*, die *Villa Poiana* und die *Villa Badoer*[40] entwarf, haben so breite Interkolumnien, dass sie gar keinen eigenständigen Raum konstituieren können. Stattdessen setzt sich der **Vorraum** in ihnen einfach fort. Immerhin erkennt Palladio bei dem Interkolumnium der Toscana an, dass es

---

35 Vitruv (1991), III 3.
36 Palladio (1984), IV 4, S. 278–279.
37 Palladio (1984), I 14–18, S. 43–80.
38 Palladio (1984), IV 4, S. 278.

39 Palladio (1984), IV 5, Abb. 143.
40 Vgl. Palladio (1984), II 14, Abb. 67–69, II 15, Abb. 76–78.

„sehr zweckmäßig dem Gebrauch [sic!] bei Villen" sei, „um Wagen und andere bäuerliche Geräte unterzustellen".⁴¹ Die Offenheit der Toscana manifestiert sich also optisch wie funktional.

In der von Palladio so gepriesenen eustylischen Ionica halten sich die **raumteilenden** und die **raumeinlassenden** Anteile die Waage. Am sogenannten *Tempel der Fortuna virilis* sind Pronaos und Umgangshalle deutlich einsehbar und dennoch als separate Raumeinheiten fassbar.

Noch deutlicher als die Arkade zeigt die Kolonnade, dass die Höhe (Größe der Säule), die Breite (Säulendurchmesser, Interkolumnium) und die Tiefe (Abstand zur Rückwand bzw. zur Cella) den Charakter des Raums gleichermaßen bestimmen. Das Zusammenwirken aller drei Dimensionen bei der Bildung von Räumen eröffnete schon den antiken Baumeistern ideale Möglichkeiten, den Raumeindruck zu variieren. Dazu brauchten sie nur drei verschiedene Ordnungen übereinander zu stellen. Da aus Gründen der tektonischen Logik die Größe der Säulen nach oben schrittweise abnimmt, die Superposition aber eingehalten wird, stehen die unteren Säulen unter proportionalen Gesichtspunkten enger beisammen und näher an der Rückwand als die oberen. Der Bereich hinter den Säulen wird nach oben immer raumhaltiger. Zugleich öffnet er sich aber auch immer mehr dem Außenraum und verliert dadurch an Eigenständigkeit. Dieser Prozess lässt sich an der *scenae frons* des *Theaters von Sabratha* und im Hof von Peruzzis *Palazzo Massimo alle Colonne* gut nachvollziehen. Wie eine um 1560 entstandene Zeichnung zeigt, beabsichtigte Vignola am *Palazzo Farnese in Piacenza* gleichfalls, den raumhaltigen Fassadenteil an den Seiten durch eine dreifache Superposition nach oben schrittweise zu öffnen.⁴²

127
133
130

Allerdings machte Peruzzi schon im dorischen Erdgeschoss die Interkolumnien größer, als sie dem späteren palladianischen Kanon entsprachen. Der Grund lag indes nicht in einem mangelnden Gefühl für Proportionen, sondern in der Notwendigkeit, Platz für durchfahrende Wagen zu schaffen. Darüber hinaus konnte Peruzzi durch die Weitung der Interkolumnien, die im ionischen Obergeschoss sogar das Doppelte des Eustylos betragen, die Rückwände und die reich verzierten Holzdecken sichtbar werden lassen. Laube und Loggia wurden so **raumrelevanter** und **verschränkten** sich zugleich noch mehr mit dem Hofraum.

An der Straßenseite desselben Palastes stand Peruzzi vor einem anderen Problem. Hier **lässt** die Fassade über einen sechssäuligen *portico*, der mit dem Hof-*portico* durch eine Passage verbunden ist, den Stadtraum **ein**. Das den Hof beherrschende Thema der Kolonnade wird also bereits an der Außenwand intoniert. Anders als im Hof ruht auf der straßenseitigen Kolonnade aber keine weitere Säulenarchitektur, sondern die Fassadenwand. Allein schon aus statischen Gründen hätte eine einfache Kolonnade diese Last nicht tragen können. Daher verdoppelte Peruzzi die Säulen. Gekuppelte Säulen waren in der antiken Architektur äußerst selten. Gelegentlich kamen sie an Tempelportiken als optische Verstärkung der Ecksäulen vor, so an dem bei Palladio abgebildeten *Tempel bei Trevi*.⁴³ Auf den ersten Blick scheint es, als könne man Peruzzis Säulen wie auf einem Rechenschieber hin und her bewegen. In Wirklichkeit müssen sie jedoch exakt unter den Wandstreifen stehen, die zwischen den Fenstern der oberen Geschosse verlaufen. Die Fenster selbst stehen über dem Gebälk, das so entlastet wird. Die Koppelung der Stützen dient also nicht nur der Rhythmisierung, wie häufig zu lesen ist⁴⁴, sondern gehorcht auch einer statischen Notwendigkeit.

136

129

Darüber hinaus wirkt sich die Koppelung auf die räumliche Qualität der Fassade aus. Wenn ich weiter oben sagte, dass der *portico* die Fassade zur Straße hin öffnet, so ist das einerseits richtig. Andererseits ist er längst nicht so offen wie sein hofseitiges Pendant. Wie bei einer Säulenarkade wirken die in die Breite gekuppelten Säulen trennend. Der *portico* erhält so den Charakter eines **eingeschlossenen Breitenraums**. Entsprechend sind in die Schmalseiten wie in der Loggia von *Santa Maria in Via Lata* Nischen eingetieft, die den Raum nicht nur verbreitern, sondern auch (wie in Aubrys *peristile*) seine Ausrichtung anzeigen. Außerdem verstärkte Peruzzi die Breiten-

66, 67
95

---

41 Palladio (1984), I 14, S. 43.
42 Adorni 2002, S. 320–321.
43 Palladio (1984), IV 25, Abb. 188–191.
44 Vgl. Murray 1980, S. 132.

wirkung, indem er die Ordnung nach beiden Seiten fortsetzte. Dabei gestaltete er die Stützen an der Stelle, wo sie mit der Wand in Berührung kommen, als Kantenpilaster, um sie sodann als einfache Pilaster weiterzuführen. Da er die Koppelung beibehielt, hat man den Eindruck, der Palast stehe auf einer durchgehenden Kolonnade, deren äußere Interkolumnien vermauert seien. In dieser Lesart präsentieren sich die Pilaster als vermauerte Pfeiler, die sich an den Ecken des *portico* aus dem Wandverbund lösen und dann in freistehende Säulen verwandeln. Der Querraum des *portico* scheint so hinter den Wänden weiterzulaufen, wobei an die Stelle des Interkolumniums als **negativer** Öffnung konsequenterweise das Fenster als **positive** Öffnung getreten ist – eine Metamorphose, die später Bernini bei der Umbauung des *Petersplatzes* wiederholte (siehe D 3).

Dieser Querräumlichkeit setzte Peruzzi mit der Passage einen **Längsraum** entgegen, der einen **Durchblick** in den Hof gewährt. An den Fuß dieses T stellte er dann den offenen, einen Teil des Hofes **einlassenden** *portico*. Zählt man den allseits umschlossenen Hof als weitere Raumform (**Kernraum**) hinzu, so verstand es Peruzzi, auf kleiner Fläche eine szenographisch interessante Abfolge vier verschiedener Raumtypen zu schaffen.

Mit der gekuppelten Kolonnade führte Peruzzi ein Element ein, das es anderen Architekten erlaubte, auch bei der korinthischen Ordnung breitere Interkolumnien zu verwenden. In diesem Sinne machte etwa Perrault an der *Ostfassade des Louvre* von den gekuppelten Säulen Gebrauch. Das Interkolumnium ist diastylisch (ca. 3 Module). Im Grunde hatte Perrault einfach zwei einzelne Säulen eines Pyknostylos (1½ Module) zu Paaren zusammengeschoben. Das Gebälk wird so von ebenso vielen Säulen getragen wie das Gebälk eines regulären korinthischen Peristyls, was unter optischen wie statischen Gesichtspunkten befriedigt. Zugleich bleiben die Nischen und Reliefmedaillons der Rückwand unverdeckt. Wie bei Aubry kann der Raum hinter den Säulen mit dem **Vorraum** kommunizieren. Im Unterschied zu Aubrys *peristile* forciert die Kuppelung der Säulen aber auch die Breitenwirkung. Vor allem von innen gibt sich Perraults Peristyl als ein schmaler, korridorartiger **Breitenraum**.

Wie bei der Säulenarkade kann man bei der Kolonnade die Säulen aber auch nach hinten kuppeln und dadurch gleichfalls **Tiefenräumlichkeit** evozieren. In der Praxis wurde von dieser Möglichkeit meist nur dann Gebrauch gemacht, wenn stockwerkshohe Kolonnaden in eine mehrgeschossige Fassade integriert wurden und es galt, durch die hintereinander stehenden Säulen die Dicke des Wandspiegels auszugleichen. In Rom waren diese eingestellten Kolonnaden zudem fragmentiert, d. h. auf ein Joch beschränkt (*Sankt Peter, San Giovanni in Laterano, Santa Maria Maggiore*). Lediglich in Paris finden sich auch hintereinander stehende Säulen als Teile mehrjochiger Kolonnaden (*Saint-Sulpice, Saint-Eustache*). Da beide Versionen der integrierten Kolonnade den Kontext einer übergeordneten Fassadengliederung voraussetzen, werden sie jedoch erst später behandelt (C 8.3).

Sehr viel häufiger finden sich hintereinandergestellte Säulen in der barocken Bühnen- und der Perspektivmalerei, vermutlich weil sich durch sie am einfachsten **räumliche Tiefe** vortäuschen ließ. Obwohl es zwischen der Perspektivmalerei und der Realarchitektur zahlreiche Wechselwirkungen gibt, ist die Räumlichkeit der gemalten Architektur ein Thema für sich und soll daher nicht behandelt werden. Jedoch sei es erlaubt, auf ein Beispiel aus der Scheinmalerei zurückzugreifen, da sein Schöpfer zugleich Architekt war. 1513 und 1516 malte Peruzzi die *Sala delle Colonne* in der *Villa Farnesina* mit einer perspektivischen Scheinarchitektur aus, die sich an mehreren Stellen zu imaginären Loggien öffnet. Durch Kolonnaden, die aus zwei hintereinanderstehenden Säulenpaaren gebildet sind, blickt man in fiktive Stadtlandschaften. Obwohl die Säulen eigentlich über einem (perspektivisch verzogenen) Quadrat und somit zumindest theoretisch gleich weit auseinanderstehen, fasst man die hinteren Säulen als Hinterlegungen der vorderen auf. So entsteht ein **tiefenräumlicher** Zug, der sich von der Architektur realer Fassaden nur dadurch unterscheidet, dass er nicht von außen nach innen, sondern von innen nach außen führt.

Wie wir gesehen haben, ist die Säule wegen ihrer Rundumansichtigkeit an sich räumlich indifferent. Nur wenn sie mit einer anderen Stütze gekuppelt ist, kann sie eine Richtung angeben. Steht sie allein, so hängt die Ausrichtung des Raums vom Verlauf des Gebälks ab. Ansonsten ist der Raum nicht bestimmbar. So bilden in Fischer von Erlachs Darstellung der *Großen Zisterne zu Konstantinopel*⁴⁵ die nach quadratischen Jochen angeordneten Säulen einen dichten Wald, der nur in den drei mittleren Achsen eine **tiefenräumliche** Reihung erkennen lässt, sonst aber undurchdringlich ist.

131

Aber auch bei Säulenarchitekturen mit Gebälk ist die räumliche Ausrichtung oft uneindeutig. Das gilt zum Beispiel für den Peripteros und den Dipteros, wo das umlaufende Gebälk sowohl in die Breite als auch in die Tiefe führt. Freilich gibt es etliche Portiken, die mindestens zwei Säulenreihen tief sind und deren mittleres Interkolumnium etwas breiter ausfällt. So misst das mittlere Interkolumnium am *Tempel des Jupiter Tonans* nach Palladio 8 Fuß, während die anderen Interkolumnien nur 6½ Fuß betragen.⁴⁶ Auf diese Weise deutet sich ein längsgerichteter Mittelgang an, der zum Portal führt und etwas mehr Gewicht als die Querachsen hat. Allerdings ist dieser Akzent so schwach, dass er allein den gesamten Bau nicht auszurichten vermag. Ein **längsräumliches** Gebilde wird der Tempel nur aufgrund der Ausrichtung seines Satteldachs, seiner Cella und seines Podiums, dem zudem an der Frontseite eine Treppe vorgelagert ist.

Anders wirkt eine **Tempelvorhalle**, wenn man wie die Erbauer des *Pantheon* ihre innere Säulenstellung lichtet, so dass sich drei Schiffe bilden, und wenn man diese wiederum in Nischen enden lässt und das breitere Mittelschiff überdies mit einer Längstonne versieht. Das Innere der **Tempelvorhalle** nimmt so fast schon den Charakter einer dreichorigen Staffelhalle an. Die am *Pantheon* praktizierte Lösung findet sich auch bei dem von Palladio überlieferten sogenannten *Tempel des Jupiter auf dem Quirinal*. Palladio rekonstruierte die Vorhalle analog zum *Pantheon*, ergänzte die ‚Halle' aber um die beiden seitlichen Umgänge zu einer ‚fünfschiffigen' Anlage.⁴⁷

72, 128

Auch Berninis Aufteilung der *Petersplatz-Kolonnaden* in ein tonnengewölbtes ‚Mittelschiff' und zwei schmalere ‚Seitenschiffe' dürfte durch die Vorhalle des *Pantheon* inspiriert sein. Und wie der Erbauer derselben ging es Bernini darum, den Kolonnaden einen **tiefenräumlichen** Impuls zu geben. Obwohl die Kolonnaden in der radialen Ausrichtung ihrer Säulenreihen auf den Platz bezogen sind, und von dort als **Zwischenräume** erscheinen, die zum **Rückraum** der Stadt vermitteln, sollten sie sich von innen wie **Ringräume** geben, die den Platz umklammern und den Betrachter vom Borgo über die angrenzenden *corridoi* zur *Peterskirche* (bzw. zur *Scala Regia*) führen (D 5). Gerade in ihrer Abhängigkeit vom B e t r a c h t e r s t a n d p u n k t erweisen sich die Kolonnadenräume als ausgesprochen ambivalent.

344

398, 399

Räumlich ambivalent ist auch die Schauarchitektur auf dem Frontispiz in Fischer von Erlachs „Historischer Architektur".⁴⁸ Im konkaven Mittelteil zwang die zweidimensionale Struktur der Wandarkaden Fischer, sich räumlich festzulegen. **Zwei Schalen** begrenzen einen **Zwischenraum**. Bei den sich anschließenden Kolonnaden ist die räumliche Situation indes ungeklärt, da die Säulen sowohl in die Breite als auch in die Tiefe gekuppelt sind und zusätzliche klärende Strukturen fehlen.

132

Zum Abschluss soll ein Bauwerk behandelt werden, das auf die abendländische Baukunst keinen Einfluss nahm, das aber exemplarisch zeigt, welche Spielräume gerade die räumliche Ambivalenz der Kolonnade einem Architekten bei der Gestaltung einer Fassade eröffnete. Die Schaufront der *Celsus-Bibliothek* in Ephesos (114–117 n. Chr.) besteht aus zwei übereinanderstehenden Ordnungen mit jeweils sieben Interkolumnien, von denen das erste, dritte, fünfte und siebte etwas schmaler ausfällt als die anderen. An der Rückwand wird jede Säule von einem Pilaster hinterfangen. In ihrem Grundriss gibt sich die vorgeblendete Säulenarchitektur als eine Kolonnade mit alternierenden Interkolumnien. Sie suggeriert einen **Querraum**, dessen **Breitenwirkung** durch **tiefenräumliche Verschränkungen** mit dem **Vorraum** relativiert wird.

125

Im Aufriss fluchtet das Gebälk jedoch in jeder zweiten Achse zurück: im Erdgeschoss über den breiten, im Obergeschoss über den schmalen Interkolumnien. Auf diese Weise löst sich die

---

45 Fischer von Erlach 1721, III, Tf. 5.
46 Palladio (1984), IV 19, Abb. 166.
47 Palladio (1984), IV 12, Abb. 142 u. 144.
48 Fischer von Erlach 1721, N° 4.

Kolonnade in Säulenpaare auf. Im Erdgeschoss werden die enger stehenden Säulen zu vier freistehenden Travéen zusammengefasst. Im Obergeschoss bilden – synkopisch um eine Achse versetzt – die weiter auseinanderstehenden Säulen drei Einheiten. Da diese auch zwei Segment- und einen Dreiecksgiebel tragen, kann man sogar von Ädikulen sprechen. Die äußeren Säulen bleiben als Solitäre übrig.

Der Raumeindruck der Fassade ist außerordentlich verwirrend. Fest steht nur, dass der im Grundriss dominierende **Querraum** sich im Aufriss in Einzelräume auflöst. Zunächst möchte man allen Partien, über denen das Gebälk vorkragt, zugestehen, einen eigenen Raum zu konstituieren. Demnach gäbe es im Erdgeschoss vier schmalere und im Obergeschoss drei breitere Sonderräume. Da die drei Ädikulen nicht auf einem durchgehenden Gebälk stehen, setzt sich der von ihnen umfangene Raum aber bis zum Fußboden fort. Wir haben es also mit sieben **übergriffenen** Sonderräumen zu tun, die wechselweise ein oder zwei Geschosse hoch sind. Aber auch die schmalen Achsen des Obergeschosses sind raumhaltig, nur werden die Räume nicht **über-**, sondern **untergriffen**. Darüber hinaus öffnen sich alle vierzehn Räume dem **Vorraum**. Verstärkt wurde dieser **tiefenräumliche** Impetus in den drei breiteren Achsen vermutlich durch die **Blicke** ins Innere, welche die Fenster und Türen gewährten. Von den 14 Räumen, die durch die **negativen** Öffnungen der **Gliederbauweise** erzeugt wurden, kommunizierten die drei zweigeschossigen Räume vermutlich über die **positiven** Öffnungen der Rückwand mit dem **Innenraum**. Leider wissen wir über dessen ursprüngliches Aussehen zu wenig, um ihn bei der Deutung der Fassade zu berücksichtigen.

Zusammenfassend lässt sich festhalten: Die architektonische Wirkung der *Celsus-Bibliothek* resultiert nicht nur aus der Auflösung zweier übereinanderstehender Kolonnaden in strukturelle Einheiten, die sich von der freigestellten Einzelsäule über das zu einer Travée verbundene Säulenpaar zu Ädikulen entwickeln. Ebenso entscheidend ist auch die Parzellierung des Bereichs zwischen den Säulen und der Rückwand in drei Raumtypen verschiedener Höhe und Breite sowie unterschiedlicher **Breiten-** und **Tiefenwirkung**.

3 Kolonnade und Arkade im Kontext einer übergeordneten Fassadengliederung

3.1 Allgemeines

In Abschnitt B 2 habe ich die Raumwirkung von Arkade und Kolonnade überwiegend unter dem Gesichtspunkt untersucht, wie sie für sich genommen Räumlichkeit erzeugen. In den meisten der angeführten Fassaden waren Arkade und Kolonnade sogar die primären Strukturelemente.

106   Beispielsweise besteht die Hoflaube der *Piazza Castello* in Turin nur aus einer Wandarkade, die
115, 72   Loggia des *Palais Waldstein* in Prag nur aus einer Säulenarkade, die **Tempelvorhalle** des *Pantheon*
176   nur aus einer Kolonnade. An der *Ostfassade des Louvre* lastet eine Kolonnade auf einer Wand, am
136   *Palazzo Massimo alle Colonne* eine Wand auf einer Kolonnade. An Fischer von Erlachs *Aquädukt*
107   *bei Karthago* und im Hof des *Hôtel des Invalides* in Paris stehen zwei Wandarkaden, im Hof des
117, 123   *Palazzo Borghese* zwei Säulenarkaden, am *Palazzo Chiericati* zwei Kolonnaden übereinander. In
95   Aubrys *Entwurf für die Place Louis XV* trägt eine Wandarkade eine Kolonnade, an der Fassade

von *Santa Maria Maggiore* eine Kolonnade eine Säulenarkade, in Galilieo Alessis Hof des *Palazzo Marini* zu Mailand sogar eine Säulenarkade eine Wandarkade. Stets sind diese Formen der Gliederung jedoch gleichwertig und autonom.

Anders verhält es sich, wenn Arkade oder Kolonnade in ein übergeordnetes Gliederungssystem integriert werden. An Fischer von Erlachs *Lustgartengebäude* oder im Obergeschoss des Hofs der *Villa Farnese in Caprarola* sind den Wandarkaden eingeschossige Pilasterordnungen vorgeblendet, so dass sich hier das klassische Theater- oder Tabulariumsmotiv ergibt. An der *Basilica von Vicenza* sind den Wandabschnitten zwischen den Serlianen Halbsäulen vorgeblendet. Fasst man die Serlianen als **gedehnte Säulenarkaden** auf, wofür es, wie noch zu zeigen sein wird, gute Gründe gibt, so handelt es sich auch hier um ein Theatermotiv.

Wieder anders sieht es aus, wenn eine Arkade oder eine Kolonnade in eine s t o c k w e r k s - ü b e r g r e i f e n d e Gliederung gestellt sind. An den Ostfassaden von *Sankt Peter* und *San Giovanni in Laterano* wurden eine Kolonnade bzw. eine Kolonnade und eine Arkade in Kolossalordnungen eingebunden. In seinem *ersten Louvreentwurf* integrierte Bernini eine Wand- und eine Säulenarkade in eine kolossale Säulenordnung. Innerhalb dieser Megastrukturen erscheinen Wandarkade, Säulenarkade und Kolonnade nur noch als nachgeordnete Elemente.

Der Kontext der übergeordneten Strukturelemente, der die räumliche Wirkung entscheidend verändert, soll im folgenden Abschnitt untersucht werden. Da das Verhältnis der eingestellten Kolonnade zur Hauptordnung etwas einfacher ist als das der Arkade, will ich mit Ersterer beginnen.

66
134

98
91
201

337, 224

175

3.2 Die integrierte Kolonnade

3.2.1 Beispiel I: Peruzzis Palazzo Massimo alle Colonne

Schon an der Straßenfront des *Palazzo Massimo alle Colonne* wurde deutlich, dass die Säulen des *portico* in einem Verhältnis zur gesamten Fassade stehen. Die Einbindung der Kolonnaden in ein Wandkontinuum bestimmt nicht nur den Charakter des Raums; auch der Säulenabstand und die Fortführung der Ordnung in Gestalt von Pilastern sind dem wandhaften Kontext geschuldet. Fasst man die Pilaster als Fortsetzungen der Kolonnade auf, so besitzt die Wand – von der Rustizierung und den Fensterrahmen abgesehen – keine eigene Gliederung, durch die sie auf die Räumlichkeit des *portico* Einfluss nehmen könnte.

136

3.2.2 Beispiel II: Michelangelos Konservatorenpalast

Ganz anders verhält es sich beim *Konservatorenpalast*, der 1563, also drei Jahrzehnte später, von Michelangelo begonnen und 1568 von Giacomo della Porta mit einigen Abweichungen von den ursprünglichen Plänen vollendet wurde. Die Art und Weise, wie sich die Struktur der gesamten Fassade einerseits und die Gestalt und der räumliche Charakter der in die Kolossalordnung eingefügten *portico*-Kolonnade andererseits bedingen, ist geradezu exemplarisch.

So übersichtlich die Gliederung zunächst erscheint, so schwer lässt sich ihre Syntax letzten Endes erfassen. Damit kommen wir zur ersten ausführlichen Fassaden- und Raumanalyse dieses Abschnitts. Die wesentlichen Strukturelemente der Fassade sind die kolossale Pilasterordnung, die schmalen Wandstreifen, welche die Pilaster hinterlegen und unterhalb des Kolossalgebälks zu einer von mir so bezeichneten **scheitrechten Arkade** umknicken, die eingestellten Säulenarchitekturen,

145

die Fensterädikulen und die Wand des Obergeschosses. (Als **scheitrechte Arkade** definiere ich eine Arkade mit rechteckigem Bogen. Dieses Phänomen ist ebenso paradox wie ein horizontal gemauertes ‚Gewölbe', das die Literatur meistens als „scheitrecht" bezeichnet; dennoch halte ich die Begriffe **scheitrechtes Gewölbe** und **scheitrechte Arkade** für sinnvoll, weil diese Konstruktionen einen wirklichen Bogen bzw. ein wirkliches Gewölbe ersetzen.)

Uneinigkeit herrscht in der Forschung nun darüber, welchen Stellenwert die eben genannten Elemente innerhalb des gesamten Gefüges haben und in welchem Maße das eine das andere voraussetzt. Beispielsweise sah Alois Riegl 1908 in der kolossalen Pilasterordnung nur die scheinbare Trägerin des Gebälks. Die Mauerstreifen hinter ihnen würden beweisen, dass man sich die Pilaster „aus der Mauer hervorgequollen" denken müsse.[49]

Auch Herbert Siebenhüner deutete in seiner 1954 veröffentlichten Monographie über das Kapitol die Mauerstreifen als Primärstruktur. Sie bildeten ein „Gerüst von rechteckigen Travertinpfeilern mit der Breitseite nach vorne, die oben durch scheitrechte Bögen verbunden sind, und das so die ästhetische und tektonische Funktion wie im modernen Skelettbau hat". Diesem rechtwinkligkantigen Grundgerüst mit seinen glatten Flächen seien die Riesenpilaster als reine Dekoration aufgelegt. Bei den Jochen zwischen den Pfeilern handele es sich dagegen um eine reine Füllschicht. Entsprechend seien die Wände im Obergeschoss und an den Rückseiten der „Portikus" (in unserer Terminologie meint Siebenhüner den *portico*) aus Ziegeln gemauert.[50]

Auch James Ackerman sprach 1961 von einem „skelettartigen Rahmen", den er – im Unterschied zu den Kolossalpilastern im *Fassadenprojekt von San Lorenzo* in Florenz oder an *Sankt Peter* – sogar als ein baulich vorausgehendes Tragegerüst deutete, das erst nachträglich mit Mauerzügen ausgefacht worden sei. Dabei stützte er sich auf eine Zeichnung in der Albertina, auf der Michelangelo die Füllung des Obergeschosses noch nicht eingetragen hatte. Stabilisiert würde die Skelettstruktur durch die Wände, die hinter der *portico*-Rückwand die Zunfträume voneinander teilen und als eingezogene Strebepfeiler der Fassadenpfeiler fungieren würden.[51] 1986 trug Ackerman diese Lesart in seiner seither mehrfach nachgedruckten Monographie über „The Architecture of Michelangelo" erneut vor.[52]

1964 griff auch Luigi Moretti Siebenhüners Skelettthese auf, sprach im Unterschied zu Ackerman aber nur von „strutture ideali".[53] Außerdem verband er die ionischen Fassadensäulen des *portico* mit den Nischensäulen der Rückwand zu eigenständigen Einheiten, die zwischen die Kolossalordnung gestellt seien.

---

49 Riegl 1908, S. 77: „Diese Kolossalordnung scheint das Gebälk zu tragen; aber die Mauerstreifen dahinter beweisen, dass sie aus der Mauer hervorgequollen zu denken ist. Sie repräsentiert Einheit, aber im einzelnen Kampf, namentlich im unteren Portikus …; die Säulen bilden keine dreiteiligen Durchgänge wie am Pantheon, sondern sind an die Pfeiler angedrückt. Der Architrav darüber droht zu brechen, er wird für das Auge gehalten durch die ungeheuren Kolossalstützen, die das Intervall zusammenquetschen und so zusammenhalten. Wieder die raffinierteste Methode, um bei äußerer Ruhe einen inneren Kampf zu versinnlichen."

50 Siebenhüner 1954, S. 97.

51 Ackerman 1961, S. 64.

52 „Where the columns, pilasters and entablatures of San Lorenzo and St Peter's merely express stresses of load and support that actually are absorbed by the wall-mass, here they really do the work that they appear to do. The cornice is supported by the pilaster piers and the lower entablature by the columns; the façade wall is no longer a major bearer of loads; it is itself supported on beams and takes so little stress that della Porta was able to replace almost an entire section with glass. […] But the stability of the portico and facade is not wholly due to the 'sceleton'; it requires stiffing by internal wall perpendicular to the principal axis – those in the rooms above, and especially by those of the lower floor, which Michelangelo igeniously calculated to work both as buttresses and as partitions between the guild offices" (Ackerman 1986, S. 155–157).

53 Moretti 1964, S. 450.

Eine völlig andere und sehr viel komplexere Lesart stellte Harmen Thies 1982 in einer weiteren Monographie über das *Kapitol* vor. Seine ausführliche Analyse (die er leider sehr umständlich und bisweilen sogar missverständlich formulierte) lässt sich wie folgt auf den Punkt bringen: Die Gesamterscheinung der Fassade beruht auf der Dichotomie zwischen der offenen Architektur des Erdgeschosses, das sich in gespreizten Säulenstellungen dem Platz zuwendet, und dem Obergeschoss, das sich „unter dem Gewicht des gleichmäßig lastenden Kranzgebälkes zu einem geschlossenen Mauerkörper und Wandrelief" verschlossen hat. Mittlerin zwischen den „offenen Rahmengestellen unten" und dem „geschlossenen Mauerwerkkasten oben" ist die Kolossalordnung.[54]

In seinen weiteren Ausführungen präzisiert Thies diesen Eindruck, indem er auf die **tiefenräumliche** Dimension der Fassade verweist. Zunächst pflichtet er Morettis Ansatz bei, die ionischen Säulen als Teile eines in die Tiefe gerichteten Säulengevierts zu sehen, betont zugleich aber, dass diese Einheit erst durch die „Cassettonewölbung", die Säulen und Architrave verbindet, zustande komme.[55] Thies nennt diese Gebilde, durch die sich seiner Meinung nach die gesamte Laube von hinten her aufbaut, „Cassettoneböcke":

„Nicht zwei, Vorn und Hinten des Baukörpers bezeichnende Mauerzüge […] sind in einem gleichsam frei gewählten Abstand parallel zueinander aufgebaut und nur sekundär durch die Portikuswölbung miteinander verbunden, sondern Cassettoneböcke, also Gliederarchitekturen von der Breite respektive Tiefe eines Joches und damit von der Breite respektive Tiefe der Portikusarchitektur [hieße in meiner Terminologie: *portico*-Architektur] selbst konstituieren das Ganze auf einmal – und nicht in der Folge verschiedener, distinkt fassbarer Entwurfsschritte."[56]

Als Teile einer tiefenräumlichen Struktur begreift Thies auch die Kolossalpilaster. Einerseits räumt er ein, dass die aufgesockelten Pilaster als Primärstruktur erscheinen, die das Gebälk trägt und damit das Bild einer Skelettstruktur durchaus „rechtfertige". Besonders die „Eckpilaster" (Thies meint die Kantenpilaster an den Ecken) könnten in diesem Zusammenhang als quadratische Pfeiler gedeutet werden. Andererseits gibt er aber zu bedenken, dass dieser Eindruck durch das wandgebundene Mauerwerk des Obergeschosses widerlegt werde.[57] Das „Kranzgesims" (mit dem Thies eigentlich das gesamte Kolossalgebälk meint) wachse nämlich aus diesen Mauern heraus.

135

„Ein ‚Weglassen' dieser Mauern, vor allem aber der zugehörigen, das eine mit dem anderen vermittelnden Rahmenstreifen ist nicht möglich."[58]

Stattdessen deutet Thies nicht nur die „Cassettoneböcke", sondern auch die Wandstreifen hinter den Kolossalpilastern als tiefenräumliche Gebilde. Hat Siebenhüner die Wandstreifen als die Breitseiten von Pfeilern aufgefasst, so erkennt Thies in ihnen die schmalen Stirnseiten von Wandzungen, die so tief in den Baukörper reichen wie die erste Travée an der Längsseite des Palastes breit ist. Für dieses vermeintliche Architekturelement, das in der Renaissance einzigartig wäre, führt Thies die Bezeichnung „Schottenpfeiler" ein – wohl in Analogie zu den Schotten, die hintereinandergereiht im rechten Winkel gegen die Innenseite der Schiffswand stoßen und dabei eine Folge von Kammern bilden.[59]

Thies räumt ein, dass die architravierten Durchlässe, welche die „Cassettoneböcke" im Inneren der Laube miteinander verbinden, dem Charakter der Abschottung widersprechen. Indes deutet er die Rückseiten der Kernpfeiler und die Stürze, die über diese Durchgänge in die Tiefe führen, als Teile der „Schottenpfeiler".

140, 141
146

---

54 Thies 1982, S. 101.
55 Thies 1982, S. 103–104.
56 Thies 1982, S. 109.

57 Thies 1982, S. 106–107.
58 Thies 1982, S. 107.
59 Thies 1982, S. 103–104 u. 111.

„Die großen, rechteckigen Durchlässe im Zuge der Portikuslängsachse [in meiner Terminologie: *portico*-Längsachse] müssen demnach als sekundäre Einschnitte in das primär vollkommen geschlossen, dicht und homogen vorzustellende Travertinmauerwerk der quergestellten Schottenpfeiler aufgefasst werden."⁶⁰

(Um Irritationen zu vermeiden, sei hier angemerkt, dass die von Thies verwendeten Begriffe „Längsachse" und „quergestellt" sich nicht auf den Blick, der vom Platz aus auf die Fassade gerichtet ist, beziehen. Abweichend von seinem sonstigen Betrachterstandpunkt legt Thies hier eine Sichtachse zugrunde, die den *portico* parallel zum Fassadenspiegel in seiner gesamten Breite durchzieht.)

141 Die These, die Durchgänge seien gewissermaßen nachträglich in die Wand der Schottenpfeiler eingeschnitten worden, begründet Thies auch mit den Marmorstreifen im Paviment, die den Sturz seiner Meinung nach in den Grundriss projizieren und das Wandkontinuum sozusagen unter der Erde fortsetzen.⁶¹

In einem nächsten Schritt untersucht Thies das Wechselverhältnis von „Schottenpfeilern" und „Cassettoneböcken", das er als ein „Miteinander" und ein „Gegeneinander" definiert. Zunächst 142 drückten die „Cassettoneböcke" in das geschlossene Mauerwerk der Rückwand, wobei sich die hinteren Säulen zu Nischensäulen bildeten. Gerade dadurch erscheine die Laube aber „gegen den Platz gerichtet und damit als Kopf des Ganzen."⁶² Durch die Last der Obergeschosswand und der Kassettendecke verschöben sich aber auch die vorderen Säulen. Allerdings würden sie nicht nach vorne, sondern zur Seite gedrückt, wo sie gegen die Innenseiten der „Schottenpfeiler" stießen.⁶³ Gerade durch diese dynamische Spreizung würden die Joche des *portico* aber überhaupt erst raumschaffend.

Wie die aus der Tiefe des Raums kommenden „Cassettoneböcke" sich durch die Auflast in die Breite spreizten, wirkten auch die aus dem Fassadengrund vorstoßenden „Schottenpfeiler" in die Breite. Da die Kernpfeiler im Erdgeschoss die Struktur des *portico*-Gebälks adaptiert hätten, seien sie mit den angrenzenden Säulen zu einer Einheit verschmolzen. Thies spricht von „Gliederpfeilern", die „aus Kolossalpilastern, Kernpfeilern und Flankensäulen" gefügt seien und aus dem ionischen Grund ihrer Fußzone in die korinthische Höhe des Kranzgebälks wüchsen.⁶⁴

Die ionischen Säulen des Erdgeschosses sind Thies zufolge also nicht nur „Frontstücke der Cassettoneböcke", sondern auch „Flankenstücke der korinthischen Kolossalpfeiler".

„Wie der Pfeilerkern frontal, zum Platz hin, die Kolossalpilaster als seine Stirnstücke vortreten lässt, scheint er nach rechts und links je eine Säule aus seinem Verband herauszustellen. Diese werden damit als Ausgliederungen der Frontgliederpfeiler gesehen – und nicht mehr als je eine von vier Säulen der rechts und links dem Schottenpfeiler entgegengesetzten Cassettoneböcke."⁶⁵

Besonders deutlich werden die Absetzung und die wechselseitige Verschränkung beider Elemente nach Thies durch das Aufspleißen des Gebälks: Architrav, Fries und Zahnschnitt kröpfen sich am Kernpfeiler vor, das Kranzgebälk (bei Thies fälschlich als Geison und Sima bezeichnet) läuft gerade durch.

139 Im Obergeschoss, so Thies weiter, erscheinen die „Schottenpfeiler" hingegen nicht mehr als eigenständige, massive Stützfiguren, die den Bau in seiner gesamten Tiefe durchdringen, sondern als Teile des Wandreliefs.⁶⁶ Zu diesem Wandrelief zählt Thies letztlich auch das Kolossalgebälk, das „in Einheit mit dem Mauerkörper des Saalgeschosses" zu sehen sei.⁶⁷

Der von Siebenhüner entwickelten, von Ackerman aufgegriffenen und von Moretti modifizierten These der Skelettbauweise setzt Thies also die Vorstellung von „Schottenpfeilern" entgegen, die in

---

60 Thies 1982, S. 113.
61 Thies 1982, S. 114.
62 Thies 1982, S. 111.
63 Thies 1982, S. 114.

64 Thies 1982, S. 117.
65 Thies 1982, S. 120.
66 Thies 1982, S. 122.
67 Thies 1982, S. 118.

wechselseitiger Abgrenzung und Verschränkung mit den „Cassettoneböcken" des Erdgeschosses und der Wandfläche des Oberstocks die Fassade tiefenräumlich durchdringen. Zu diesen beiden Sichtweisen ist bislang keine weitere Alternative vorgetragen worden.[68]

Wenden wir uns zunächst der Theorie der „Skelettbauweise" zu. Grundsätzlich halte ich diesen Begriff mit Blick auf die klassischen Ordnungen für etwas unglücklich gewählt. Wenn man die Stützen und Gebälke als die wichtigsten Strukturelemente und die Wand als nachträgliche Füllung ansieht, empfiehlt es sich – wie bislang geschehen – von einer **Gliederbauweise** zu sprechen, in der tragende und lastende Elemente in einem ausgewogenen und folgerichtigen Verhältnis zueinander stehen. (Die Höhe des Schafts leitet sich aus seinem Durchmesser ab, das Interkolumnium steht in Relation zur Säulenhöhe, die Stärke des Gebälks folgt der Breite des Interkolumniums usw.).

Nur innerhalb der tektonischen Logik der **Gliederbauweise** erweisen sich beispielsweise die von Thies angesprochene Spreizung der ionischen Interkolumnien und die damit verbundene Belastung des Architravs als spezifische Merkmale michelangelesker Architektur. Innerhalb der Skelettbauweise wäre der Abstand der Stützen allenfalls unter statischen Gesichtspunkten relevant. Außerdem sind die Strukturen eines Skeletts in der Regel viel dünner als die Glieder der Ordnungen. Oft gleichen sie sich nicht aus und haben keine klare Umgrenzung. So kann man bei vielen Bauten, deren Konstruktion aus Stahl- oder Betonträgern besteht, von Skelettbauten sprechen. Auch einige hoch- und spätgotische Kathedralen, in denen Pfeiler und Halbsäulen in Form von Streben und Diensten zu reinen Profilstäben elongiert sind, mögen dieser Kategorie zugerechnet werden. Der *Konservatorenpalast* gehört dieser Bauweise aber nicht an.

Von dieser terminologischen Ungenauigkeit abgesehen ist Siebenhüners und Ackermans Ansatz auch unvollständig, da beide Autoren das Obergeschoss nur als Füllwand sehen und seine Binnengliederung nicht weiter differenzieren. Auch lassen sie die **tiefenräumliche** Dimension der ionischen Ordnung, die Thies zu Recht zu einem Schwerpunkt seiner Analyse gemacht hat, unberücksichtigt. Völlig abwegig ist es, der Kolossalordnung und den Wandstreifen eine tragende Funktion zuzusprechen und in den Längswänden hinter der *portico*-Rückwand verdeckte Strebepfeiler zu sehen. Zugegebenermaßen legen die Grundrisse in einer Aufnahmezeichnung Michelangelos aus der Albertina[69] sowie bei Augustin Charles D'Aviler (1691) und Paul Letarouilly (1849–1866) eine solche Deutung nahe. Wie indes eine Bauaufnahme von De Angelis D'Ossat aus dem Jahr 1965 zeigt, fehlt die Mauer zumindest an einer Stelle, was gegen eine statische Funktion spricht.

149, 145
151

Für falsch halte ich es schließlich auch, die Wandstreifen hinter den Kolossalpilastern als Primärstruktur zu begreifen, wie ich es in meinem Beitrag über das Berliner Schloss 2000 noch selbst getan habe.[70] Die Wandstreifen ergeben nämlich kein Kontinuum, und das aus gleich vier Gründen:

- Die Wandstreifen bilden am oberen Abschluss des Erdgeschosses ein Gebälk aus, das eindeutig auf die ionische Ordnung bezogen ist. Ebenso erhalten die Wandstreifen am Ansatz des Obergeschosses Postamente, die in der Horizontalen als Sockelbänder, dann als Postamente der Fensterädikulen und schließlich als Balkonbrüstungen weitergeführt werden.

142
139

Thies sieht in den Wandstreifen wie Siebenhüner und Ackerman über beide Stockwerke hinweg verlaufende kontinuierliche Gebilde. Entsprechend deutet er das Gebälk des Untergeschosses als eine Überformung, mit der die von ihm postulierten „Schottenpfeiler" den

---

68 Andrew Morrogh bleibt in seinem umfangreichen Aufsatz über den Konservatorenpalast sogar weit hinter dem bisherigen Forschungsstand zurück. Im Kapitel über die „Fassade" spricht er nur lapidar von Pilastern, die, auf Piedestale gestellt, eine kleine Säulenordnung rahmen und, von schmalen Streifen hinterlegt, bis in das zweite Geschoss hinaufragen, wo sie ein Gebälk tragen. Ansonsten folgt er Ackerman, dessen Interpretation eines Skelettrahmens er – nicht zuletzt unter Berufung auf Thies (!) – als „generally accepted" ansieht (Morrogh 1994, S. 175).

69 Wien, Albertina, Ital. Arch. Rom. 30v (Thies 1982, Abb. 51).

70 Stephan 2000 a, Kapitel „Exkurs: Michelangelos Konservatorenpalast".

Anschluss an die „Cassettoneböcke" suchen. Im Obergeschoss gingen die Wandpfeiler dagegen im Relief der Wand auf, was auch ihr Zusammenlaufen unterhalb des Kolossalgebälks erklären würde. Solch eine induktive Erklärung greift jedoch nur, wenn der Charakter der Wandstreifen als eigenständiger und einheitlicher Strukturelemente auch noch auf andere Weise evident wird. Thies glaubt dies für seine „Schottenpfeiler" anhand der Innenstruktur des *portico* geltend machen zu können.

Innerhalb des von Siebenhüner und Ackerman gewählten Ansatzes, der sich ganz auf die Frontalansicht beschränkt, erweisen sich Gebälk und Postament jedoch als Elemente, die den vertikalen Verlauf der Wandstreifen unterbrechen. Das erste schließt ein Glied nach oben hin ab, das zweite markiert den Beginn eines neuen Gliedes. Die obere und die untere Hälfte der Wandstreifen werden so eindeutig zu separaten Strukturelementen des jeweiligen Geschosses.

139
- Verstärkt wird die trennende Wirkung des Gebälks durch die schmalen Marmorplatten, die nicht nur die Sockelbänder, Ädikulabrüstungen und Fensterbalkone, sondern eben auch die oberen Abschnitte der Wandstreifen tragen.[71] In der von della Porta gestalteten Mitteltravée sind die Platten unter den Wandstreifen sogar unverkröpft. Offensichtlich wollte della Porta mit ihnen nicht nur eine materielle, sondern auch eine strukturelle Zäsur schaffen.

135, 137
169
- Die oberen Wandstreifen sind zwar genauso breit wie die unteren; wie die Schrägansicht zeigt, springen sie aber um einige Zentimeter zurück (entsprechend wird der Schaft der Kolossalpilaster etwas tiefer).

- Wären die Wandstreifen die eigentlich relevanten Elemente, handelte es sich bei den Pilastern nur um Applikationen. Dann müssten an den Fassadenenden aber (wie etwa am *portico* der *Markusbibliothek in Venedig*)[72] Wandkanten anstelle von Kantenpilastern stehen.

141
142
Nicht weniger problematisch ist die Interpretation von Thies. Was die Deutung der „Cassettoneböcke" als selbständige Einheiten betrifft, so ist ihm vorbehaltlos zuzustimmen, wenngleich ich lieber von eingestellten Säulengevierten oder *baldacchini* sprechen würde. Auch lässt sich die Spreizung der vorderen und das Versinken der hinteren Säulen tatsächlich als Reaktion auf die Auflast des Obergeschosses deuten – wenngleich schon Rose zu Recht darauf hingewiesen hat, dass die breiten Joche auch der perspektivischen Verkürzung, die sich beim Betreten des Platzes

137
141
ergibt, Rechnung tragen.[73] Ebenso bilden die Kolossalordnung und die ihr hinterlegten (eingeschossigen!) Wandstreifen einen Widerstand, der die Architektur wieder verfestigt. Beides war schon von Wölfflin[74] und Riegl[75] bemerkt worden.

---

71 In der Materialanalyse von Berlucchi/Corradini 1996 wird auf die Marmorstreifen nicht hingewiesen. Jedoch sind sie besonders bei Arata 1996, S. 83, Tf. VI gut zu erkennen.

72 Vgl. Thies 1982, Abb. 136.

73 Rose 1922, S. 87.

74 „Michelangelo tut den Schritt ins Große. In den Loggien des Konservatorenpalastes auf dem Kapitol gibt er Proportionen, die für sich allein als Dissonanzen wirken und erst durch das Ganze harmonisch gelöst erscheinen. Das Obergeschoss drückt dermaßen auf die kleinen, untergestellten Säulen, dass diese an die durchgehenden Pfeiler herangedrängt werden. Wir sind überzeugt, dass die Säulen nur gezwungen dastehen. Dieser Eindruck resultiert zum Teil aus dem höchst irrationellen und widrig-gequetschten Verhältnis des Säulenintervalls, das keine befriedigte und darum keine selbstgewollte Form sein kann" (Wölfflin 1888, S. 33). „Den höchsten Ausdruck von stofflicher Gebundenheit erreicht Michelangelo: die Form ringt mit der Masse. Es ist derselbe Fortgang zum Dissonierenden, gewissermaßen zum Pathologischen, den wir schon einmal bei Gelegenheit des kapitolinischen [Konservatoren-]Palastes beobachteten, wo die Säulen unter der Last an die großen Pfeiler herangedrängt werden. Auch hier gibt Michelangelo einen leidenden Zustand: die Formglieder vermögen aus der erstickenden Umhüllung der Mauer sich nicht loszulösen." (Wölfflin 1888, S. 50–51). „Die Loggien des Konservatorenpalastes wiederholen das Motiv [des Ricetto der *Laurenziana* in Florenz] in etwas anderer Form. Um sich für das Innere eine starke Kontrastwirkung zu sichern, bildete Michelangelo alle Formen der unteren Halle äußerst schwer und massig: die

Nicht nachvollziehbar ist indes die Postulierung von „Schottenpfeilern". Dass diese nicht im Grundriss erscheinen, mag man noch damit begründen, dass es sich um reine Fassadenelemente handelt, die Tiefenräumlichkeit letztlich nur vortäuschen sollen. Zumindest müssten sie sich aber im Aufriss der Schmalseiten in Gestalt massiver Mauern zeigen. Indes wiederholte Michelangelo hier die Gliederung der Platzseite in etwas gedrängterer Form. *135*

Auch innerhalb des *portico* sind „Schottenpfeiler" nicht erkennbar. Zwar finden die Innenseiten des Fassadenspiegels in den Wandstreifen der gegenüberliegenden Fassadenrückwand, mit denen sie durch einen Deckensturz verbunden sind, eine Entsprechung, doch lässt dies noch nicht auf eine durchbrochene Mauer schließen. *141*

Auch das Paviment besitzt keine Aussagekraft. Michelangelos Entwürfe, die 1567 von Bartolomeo Faleti im Grundriss und von Étienne Dupérac in der Vogelschau gestochen wurden, sehen ebenso wenig wie des Meisters eigenhändige Vorzeichnung eine Pavimentierung des *portico* vor.[76] Dasselbe gilt für Dupéracs Vogelschau von 1569.[77] Wie ein Stich bei Letarouilly zeigt, verliefen in der Mitte des 19. Jahrhunderts unterhalb der Architrave und der Stürze der Wandstreifen helle Plattenbänder; die Flächen unter den Kassetten waren mit Kopfsteinen gepflastert. Diese Struktur war jedoch zu unverbindlich, um als Interpretationshilfe zu taugen. Heute verbinden die weißen Streifen nur die Säulen miteinander. Die Abschnitte zwischen den Wandstreifen der Fassadenfront und der Rückwand sind dunkel und damit als negative Restflächen gekennzeichnet. Als solche besitzen sie ebenso wenig eine strukturelle Aussagekraft wie die Durchgänge, die in die vermeintlichen Schottenpfeiler geschnitten sein sollen. *137, 138* *146* *151*

Thies' Lesart krankt daran, dass er „Schottenpfeiler" postuliert, die er nirgends dingfest machen kann und die sich allenfalls in Abnormitäten äußern, für die es, wie wir gleich sehen werden, eine viel plausiblere Erklärung gibt. Das gilt besonders für die Tatsache, dass die Wandstreifen im Erdgeschoss ein Gebälk ausbilden, während sie im Obergeschoss Postamente erhalten und sich zu einer scheitrechten Arkade vereinen. *139*

Diese Besonderheiten sind dann nicht mehr problematisch, wenn wir in den Wandstreifen zwei übereinandergestellte eingeschossige Gebilde sehen. Im Untergeschoss, wo sich die eingestellten *baldacchini* in die Tiefe erstrecken, bilden sich tatsächlich Stirnseiten aus, allerdings nur von eingeschossigen scheitrechten Arkaden, die, jeweils zwischen den Säulengevierten vermittelnd, nach hinten führen. Im Obergeschoss, das sich in der Ebene des Fassadenspiegels entfaltet, bilden sie die Vorderseiten von scheitrechten Arkaden, die jetzt um 90 Grad gedreht sind. Als Widerlager der *portico*-Säulen sind die unteren scheitrechten Arkaden in die ionische Ordnung einbezogen. Da ihre Pfosten sich im Unterschied zu den Säulenschäften aber nicht verjüngen, war eine Verkröpfung des Gebälks nur folgerichtig. Erst im Kranzgesims wird diese Differenzierung überwunden. Gerade die Tatsache, dass Michelangelo das Kranzgebälk nicht verkröpfte, zeigt, dass er Säulen und Arkadenpfosten als eine Einheit auffasste.[78] Dies geht auch aus einer Skizze des sog. Scholz-scrap-book, fol. 49.92.64 v hervor, die das Erdgeschoss der Schmalseite zeigt. In ihr reduziert *140–142* *146* *139* *150*

Säulen kommen von der Mauer nicht los. Es sind keine Halbsäulen, sondern freie und völlige. Aber sie haben ihre Freiheit noch nicht errungen. Etwa die Hälfte ist losgelöst, der Rest steckt noch drin. Für die Phantasie entsteht dadurch der Eindruck eines unablässigen, unruhigen Arbeitens nach Befreiung" (ibid.).

75 „… die Säulen [der Lauben] bilden keine dreiteiligen Durchgänge wie am Pantheon, sondern sind an die Pfeiler angedrückt. Der Architrav darüber droht zu brechen, er wird für das Auge gehalten durch die ungeheuren Kolossalstützen, das Intervall zusammenquetschen und so zusammenhalten. Wieder die raffinierteste Methode, um bei äußerer Ruhe einen inneren Kampf zu versinnlichen" (Riegl 1908, S. 77).

76 Vgl. Thies 1982, Abb. 3–5.

77 Vgl. Thies 1982, Abb. 5.

78 Die differenzierte Behandlung einzelner Gebälkschichten war Michelangelo nicht fremd. Auch im Hof des Palazzo Farnese kröpfen sich Architrav und Fries des Kranzgebälks über den Schichtpilastern vor, während die Corona gerade durchläuft.

Michelangelo die Wandstreifen hinter den Pilastern auf eingeschossige Pfosten und bezieht sie so als seitliche Widerlager der ionischen Säulen ganz auf die *portico*-Architektur.

Als nächstes stellt sich die Frage nach der Substanz der Pilaster. Suggerieren sie vermauerte Pfeiler oder sind sie den Arkaden als verbindende und zusammenfügende Elemente aufgelegt? In der

145, 149 Frontalansicht scheint es, als seien die Pfeiler-Pilaster massiv. Wie der Grundriss zeigt, sind die
151 Wandstreifen exakt so tief, dass quadratische Pfeiler in ihnen Platz fänden. Nur innerhalb des *por-*
146 *tico* treten die Pfeiler nicht in Erscheinung, was allerdings nicht gegen ihre Existenz spricht. Allein schon aus ästhetischen Gründen verbot es sich, die Schäfte durch die Kassettendecke abzuschneiden. Insofern war es folgerichtig, dass Michelangelo die Rückseiten mit einem Profil versah, das eine dünne Vertäfelung assoziieren lässt. Viel schwerer wiegt die Frage, wo die Stürze der scheitrechten Arkaden aufliegen. Sicherlich nicht auf der Vertäfelung! Steckten die Stirnseiten der Stürze aber in der Wand, wäre die Pfeilersubstanz ausgehöhlt.

Ehe wir diese Frage beantworten, müssen wir uns mit einer weiteren These von Thies auseinandersetzen, derzufolge das Kolossalgebälk und die Wand des Obergeschosses eine Einheit bilden. Ich denke, dass es hierfür überhaupt keinen Anhaltspunkt gibt. Grundsätzlich ist das Gebälk ein unlösbarer Bestandteil der Ordnung. Außerdem steht es am *Konservatorenpalast* deutlich von der

139 Wand ab. Und schließlich ist die Wand, Siebenhüner hat schon darauf hingewiesen, aus Ziegeln gemauert. Diese stehen in der Rangfolge der Materialien aber nicht nur deutlich unter dem Travertin (wie wir an *Sant'Andrea al Quirinale* noch sehen werden; B 3.3.4.8), sondern sind auch ein klassisches Füllmaterial.[79]

144 Betrachten wir die Fassade überwiegend unter dem Gesichtspunkt ihres A u f r i s s e s, ergibt sich folgende Gliederung. Das **primäre** Fassadenelement ist eine „Kolonnade" aus acht korinthischen Kolossalpilastern, die sich als vermauerte Pfeiler geben. In die Interkolumnien sind als **sekundäre** Elemente ionische Säulengevierte mit Kassettendecke gestellt, deren hintere

141, 142 Stützen zur Hälfte in die Rückwand des *portico* geschoben sind. Um diese Gevierte als separate Einheiten kenntlich zu machen, konnte Michelangelo die rückwärtigen Stützen freilich nicht als Pilaster gestalten, wie es der Regel entsprochen hätte. Denn selbst wenn man die so zustande gekommenen Pilaster nicht als Wandapplikationen, sondern als vermauerte Pfeiler gedeutet hätte, wären die *baldacchini* mit der *portico*-Rückwand so sehr verschmolzen, dass sie ihre Autonomie als eingestellte Stützengevierte eingebüßt hätten. Auch der Wand attachierte Halbsäulen hätten diesen Eindruck nicht verhindern können. Einzig die Nischensäule bot Michelangelo die Möglichkeit, die *baldacchini* auch **tiefenräumlich** als ganzheitliche Gebilde auszuweisen.

Zwischen der Kolossalordnung und den vorderen Säulen der *baldacchini* vermitteln als **tertiäre** Elemente pfeilerartige Pfosten ohne Basis und Kapitell, über denen sich Architrav und Fries leicht vorkröpfen, während das Kranzgesims gerade durchläuft. Diese Pfosten sind zugleich Stirnseiten

146 scheitrechter Arkaden, die in die Tiefe führen und hinter der Fassadenfront die sieben *baldacchini*
141 des *portico* zu einem durchgehenden Gang verbinden. Sie tragen im Obergeschoss scheitrechte
139 Arkaden als **quartäre** Elemente, die eine doppelte Funktion erfüllen: Sie setzen die Pfosten des Untergeschosses nach oben hin fort und versteifen optisch die kolossalen Pilaster und das Hauptgebälk. In jeder scheitrechten Arkade steht, von der ionischen Erdgeschosskolonnade getragen, eine Ädikula. Dieses **quintäre** Element setzt sich aus zwei Säulen mit Phantasiekapitellen[80] und einem Segmentbogengiebel zusammen. Mit den Lisenen der scheitrechten Arkade ist es durch ein Sockelband verbunden. In die Ädikula ist als **sextäres** Element ein hochrechteckiger Fensterrahmen eingestellt. Das **septimäre** Element bildet die Backsteinwand, mit der Michelangelo die ver-

144 bleibenden Flächen zwischen Ädikula und scheitrechter Arkade ausgefüllt hat. Ihr Gewicht drückt

---

79 Auf diese Eigenschaft des Ziegels weist auch Ackerman 1986, S. 156 hin.

80 Über zwei Hohlkehlen liegt ein korinthischer Abakus mit ionischem Eierstab.

die vorderen *portico*-Säulen gegen die Pfosten und die hinteren gegen die zum älteren Kernbau gehörende Rückwand, in der sie als Nischensäulen halb versinken. Zugleich werden die Säulen so gestaucht, dass sie gedrungen wirken (das Verhältnis zwischen Schaftdurchmesser und Höhe beträgt nicht mehr 1:9, sondern ca. 1:7½). Als **oktaväres** Element kann man die Balustraden auffassen, die auf das Gebälk und in die Fenster gestellt sind. Das **nonäre** Element ist der plastische Dekor, der gleichsam ganz zum Schluss angebracht wird: die Figuren auf der Balustrade und die Muscheln in den Giebelfeldern.

142

143, 144

Natürlich spiegelt diese Gliederung nicht die konstruktiven Verhältnisse, sondern nur die Syntax der Fassade wider. Noch deutlicher als in den Entwürfen zu *Sankt Peter* zeigt sich, wie sehr Michelangelo vom Großen zum Kleinen dachte. Anstatt einzelne Elemente additiv über- oder aneinander zu stellen, zwang er sie in ein hierarchisches System, das einer tektonischen Logik dennoch nicht entbehrt. Zumindest gedanklich kann man immer das rangniedrigste Element entfernen, ohne dass der Bau in sich zusammenbräche. Am Ende bliebe eine kolossale Pfeilerkolonnade übrig, durch die das Volumen des Gebäudes noch immer definiert wäre. Dieser Befund widerspricht auch Thies' Behauptung, der „so quaderhaft-einfach wirkende Baukörper" dürfe „keineswegs als die Ausgangsfigur des Entwurfs- und, analog, des architektonischen Formierungsprozesses missverstanden werden", sondern sei dessen Resultat.[81] Das Gegenteil trifft zu.

355–357

Dass das Kolossalgebälk als Teil der Kolossalordnung eine **Gliederarchitektur** bildet, die nicht mit der Wand, sondern mit anderen **Gliederarchitekturen** interagiert, lässt sich vielleicht auch daran ablesen, dass sowohl in den Stichen Dupéracs von 1567–69 als auch auf einer Aufrisszeichnung, die in den Uffizien aufbewahrt wird, die Segmentgiebel der Ädikulen gegen den Sturz der scheitrechten Arkade stoßen. In diesem Sinne interpretieren Falda/Rossi 1665, D'Aviler 1691 und Agostino Penna 1829 sogar noch den ausgeführten Aufriss.[82] Es scheint, als habe Michelangelo den Ädikulen ursprünglich die Aufgabe zugedacht, die innerhalb eines Theatermotivs gewöhnlich der Säulenarkade zukommt (s. u.): als eingestelltes, eigenständiges Element der **Gliederbauweise** anstelle eines regulären Pfeilers das Gebälk (oder genauer: den Sturz der scheitrechten Arkade, die das Gebälk verstärkt) zu stützen. In diesem Sinne kann man die Segmentgiebel sogar als elastische Gebilde auffassen, die – im Unterschied zu einem Dreiecksgiebel – die Auflast abfedern und nach unten weiterleiten, wo es im Sinne einer Kettenreaktion mit der Quetschung und Spreizung der ionischen Ordnung zu einer weiteren organischen Verformung kommt. Dies bedeutet wiederum, dass die Deformierung der ionischen Ordnung weniger der auflastenden Wand als dem massiven Kolossalgebälk geschuldet ist.

137, 148

143

162

Am ausgeführten Bau kam dieser Gedanke nicht mehr zur Geltung, da (bis auf das Mittelfenster) zwischen den Giebeln und dem Arkadensturz einige Ziegellagen eingefügt wurden. Dagegen offenbart sich in den Entwürfen einmal mehr,[83] dass die Wände reine Füllungen sind, die mit dem Gebälk in keinem Zusammenhang stehen.

139

Indes wurde der von Michelangelo entwickelte Gedanke einer zweigeschossigen Gliederarchitektur, die das Gebälk einer kolossalen Ordnung stützt, von späteren Architekten durchaus erkannt und sogar übernommen, etwa von Maderno an der *Ostfassade von Sankt Peter* (siehe D 2.7). Auch Galileis *Ostfassade von San Giovanni in Laterano* ist diesem Prinzip verpflichtet, wenngleich das Kolossalgebälk nicht von einer Ädikula, sondern von einer eingestellten Arkade gestützt wird. Und wie Michelangelo verzichtete Galilei an der Innenseite des Fassadenspiegels darauf, die Kolossalgliederung zu wiederholen, und vermied so unschöne Überschneidungen durch das

19, 20

224

225

---

81 Thies 1982, S. 106.
82 Thies 1982, Abb. 1, 48 u. 62.
83 Für wie entbehrlich die Restwand unter rein strukturellen Gesichtspunkten gehalten werden konnte, zeigen die Rückwände in den Loggien des *Damasushofes*, wo die Flächen zwischen den Blendarkaden und den Fenstern Ausblicke in eine freie Landschaft suggerieren (vgl. A 2.1.3).

Gewölbe. Trotzdem sind Galileis Pilaster und Halbsäulen ebenso wenig wie Michelangelos Kolossalordnung als Applikationen zu deuten; gerade durch die **Gliederhaftigkeit** der eingestellten Architekturen wird auch die **Gliederhaftigkeit** der Kolossalordnung betont.

Die Idee, kleine Einheiten in größere zu stellen, mochte Michelangelo beim Anblick der *Porta Borsari* in Verona gekommen sein. Die Konsequenz, mit der er aber s ä m t l i c h e Fassadenelemente in dieses System einbezog, lässt das römische Vorbild weit hinter sich. Zunächst fühlt man sich an das Prinzip der russischen Matrjoschka-Puppe erinnert. Dieser Vergleich hinkt jedoch. Stehen die Puppen ineinander, sieht man immer nur die größte; sieht man sie alle, stehen sie nicht mehr ineinander. Sehr viel näher liegt daher die Analogie zu einer verschachtelten ciceronischen Satzperiode. Oder anders gesprochen: Das Vokabular der römischen Architektur wird hier in ein komplexes und differenziertes System gebracht, das über die Ausdrucksmöglichkeiten der Antike weit hinausgeht.

137 Etwas einfacher ist die zweite Lesart der Fassade. Sie ergibt sich nicht aus der Frontalansicht (die aufgrund des Denkmals in der Platzmitte ohnehin nur eingeschränkt möglich ist), sondern aus der Schrägansicht, wie sie sich dem Besucher bietet, der von der großen Treppe aus den Platz betritt. Diese Perspektive gewährt einen diagonalen Einblick in die Binnenstruktur des *portico* und damit auch auf die zwischen Fassadenfront und Fassadenrückwand vermittelnden scheitrechten Arkaden. Betritt man den *portico*, rücken diese Arkaden erst recht ins Blickfeld.

Geht man nun von diesen scheitrechten Arkaden als massiven Gebilden aus, die halb in der Fassadenfront, halb in der Rückwand stecken, verlieren die Pilaster-Pfeiler ihre dreidimensionale Qualität und werden tatsächlich zu Applikationen. Nun erscheinen die *portico*-Arkaden als die **primären** Elemente. Zwischen sie sind als **sekundäre** Elemente die kassettierten Säulengevierte gestellt. Als **tertiäre** Struktur stehen auf den unteren *portico*-Arkaden, um 90 Grad gedreht, die scheitrechten Arkaden des Obergeschosses. Sie berühren sich hinter den applizierten Pilastern, von denen sie größtenteils verdeckt werden. Ebenso reichen ihre Stürze hinter dem Kolossalgebälk bis zum Dachansatz hinauf. Die Interkolumnien füllen als **quartäre** Elemente die Fensterädikulen, die ursprünglich den Arkadensturz mittragen sollten. In ihnen stehen als **quintäre** Elemente die Fensterrahmen. Die verbleibenden Flächen sind mit Ziegelmauerwerk als **sextärem** Element gefüllt. Als **septimäres** Element folgen die Fenster- und Balusterbrüstungen, als **oktaväres** der plastische Dekor. Erst ganz am Schluss wird der zweigeschossigen Gliederung die kolossale Ordnung mit Pfeilern und Gebälk als **nonäres** Element vorgeblendet. In dieser Lesart setzt sich die Syntax der Fassade aus zwei Hauptsätzen zusammen. Das erste Stockwerk entspricht einem Hauptsatz mit einfachem Nebensatz, das zweite einem Hauptsatz mit vier Nebensätzen. Beide Satzperioden werden durch die Kolossalordnung wie durch eine große Klammer zu einer Einheit zusammengefasst.

Der *Konservatorenpalast* zeigt erneut, wie sehr die Lesart einer Fassadengliederung von der Wahrnehmung eines **Tiefenraums** abhängen kann. Ausschlaggebend ist, wie man sich die Räumlichkeit der *portico*-Joche zu denken hat, wie massiv die *portico*-Arkaden sind und ob sich die Pilaster imaginär hinter dem Fassadenspiegel fortsetzen. Anhand der Antworten, die sich auf diese Fragen ergeben, lässt sich Thies' Schottenpfeilerthese ebenso falsifizieren wie sich die von Siebenhüner und Ackerman formulierte Idee einer „Skelett"-Bauweise modifizieren lässt. Auch die Begründung der von mir entwickelten alternativen Lesarten hängt von ihnen ab.

Haben wir bislang darüber gesprochen, wie sehr der Raum die Fassade bestimmt, so gilt es nun, noch ein paar Worte darüber zu verlieren, wie die Fassade den Raum prägt. Zunächst erscheint der *portico* des *Konservatorenpalastes* als ein hinter der Fassadenfront verlaufender **Querraum**, der sich in die **Breite** entfaltet. In Form der offenen *baldacchini* verschränkt er sich aber auch mit dem Platz und bildet so im Zusammenspiel mit dem gegenüberliegenden *portico* des *Palazzo dei Musei* einen **Flankenraum**. Dass Michelangelo sich die beiden *portici* wirklich als **Flankenräume** dachte, *137* die den Platz säumen, geht insbesondere aus Dupéracs Vogelschauen hervor.

Für eine solche Deutung ist in Thies' Schottenpfeilertheorie indes kein Platz. Um ihrem Namen gerecht werden zu können, müssten die „Schottenpfeiler" die einzelnen *baldacchini* voneinander separieren. Ein **breitenräumliches** Kontinuum wäre in dieser Lesart ausgeschlossen, die *portico*-Joche sind als eigenständige, rein **tiefenräumliche** Einheiten ganz auf den Platz ausgerichtet.

In Wahrheit bilden die *portico*-Joche aber eine kontinuierliche Kette. Das wird nicht nur daraus ersichtlich, dass die scheitrechten Arkaden des Untergeschosses gar kein trennendes Element bilden (aufgrund ihres architravierten Sturzes könnte man sie sogar als verbindende Elemente bezeichnen); entscheidend ist auch, dass zumindest die vorderen Jochsäulen auseinanderstreben und sich damit auf die Nachbarjoche zubewegen. *141*

Selbstverständlich hat der *portico* auch eine **tiefenräumliche** Dimension. Nur so kann er überhaupt zu einem **Flankenraum** werden. (Wie anfangs erwähnt, kann man von den *portici* des *Augustus-Forums* deshalb nicht als **Flankenräumen** sprechen, weil sie sich gegenüber dem Platz nicht ausreichend öffnen.) Die **Tiefenräumlichkeit** der kapitolinischen *portici* äußert sich nicht zuletzt darin, dass sich die hinteren Säulen gegen die Rückwand schieben. Außerdem besitzt das (im 20. Jahrhundert nach Dupéracs Angaben rekonstruierte) sternförmige Platzpaviment eine eigene Dynamik. Diese geht vom Reiterdenkmal aus und drängt gegen die drei Palastfronten – und damit natürlich auch in die *portici* der Zwillingspaläste.⁸⁴ Schließlich verlängert sich am *Konservatorenpalast* die mittlere *portico*-Achse um ein Joch nach hinten, um dann über ein Portal in einen zweiten *portico* mit den gleichen ionischen Säulen überzugehen. Dieser zweite *portico* verläuft parallel zum ersten und öffnet sich in den drei mittleren Jochen einem Hof, dessen Brunnen wiederum einen *point de vue* zum Kapitolsplatz bildet (vgl. den Kupferstich nach Falda/Rossi von 1665⁸⁵). Die *portici* bilden letztlich also ein gekipptes und dann in die Breite gezogenes H, dessen nun senkrecht stehender Querbalken einen **Durchblick** ermöglicht (▬▬). Auf diese Weise wird der Platz als **Vorraum** mit dem Hof als **Rückraum** verbunden. *142* *126* *138* *140, 151* *143*

Einen Hinweis, wie man die Räumlichkeit der *portici* deuten kann, ergibt sich auch aus den Säulenkapitellen. Die schon mehrfach getroffene Feststellung, die Säule sei ein rundumansichtiges und daher ein räumlich polyvalentes Gebilde, muss im Fall der Ionica etwas eingeschränkt werden. Zumindest das traditionelle ionische Kapitell besitzt vorne und hinten zwei Hauptseiten, die sich in Breite und Dekor deutlich von den Nebenseiten abheben und eine gewisse Frontalansichtigkeit nahe legen. Anders verhält es sich mit den ionischen Kapitellen des Barock, deren Voluten nach dem Vorbild des *Saturntempels* auf dem Forum Romanum über Eck gestellt sind (*portico* von *Sankt Peter*, *Scala Regia*). *141, 142* *336, 338, 398*

Bekanntlich führte Michelangelo am *Konservatorenpalast* eine dritte Variante der Ionica ein. Die Stirnseiten stehen nicht frontal, sondern sind leicht nach innen geklappt. Die Spiralen winden sich nicht vor, sondern sind eingezogen, so dass sich strudelartige Vertiefungen bilden. Die Nebenseiten, die sog. Polster, sind nach oben hin abgeschnürt und dadurch zu unregelmäßigen glockenförmigen Wülsten verformt. Diese Verformung ist sicherlich alles andere als ein skurriler Einfall. Durch die plastische Modellierung der Volutenpolster werden die Nebenseiten der Kapitelle aufgewertet. Dies ist ein weiteres Indiz dafür, dass Michelangelo die Fassaden der Zwillingspaläste auch auf Schrägansicht berechnete. *142* *141*

Trotzdem ist auch Michelangelos Ionica in erster Linie frontalansichtig. Da ihre Kapitelle auf den Platz zeigen, entsteht eine **Tiefenräumlichkeit**, die den **Querraum** durchdringt. Eine Ausnahme bilden die Kapitelle an den Schmalseiten der Fassade. Sie zeigen gleichfalls nach außen und stehen damit im rechten Winkel zu ihren Geschwistern. Sie bewirken, dass der *portico* von der Seite gesehen als ein **Längsraum** erscheint, der parallel zum Platz verläuft. Anders als die **Tiefen-** *135*

---

84 Über die räumliche Konzeption des Platzes selbst zu sprechen, würde den Rahmen der vorliegenden Arbeit sprengen.

85 Thies 1982, Abb. 48.

räumlickeit, die vom Platz aus gesehen einen **Querraum** siebenfach durchdringt, ergibt sich an den Schmalseiten ein **Durchblick**, der mit dem Grundriss zusammenfällt. Sein tunnelartiger Charakter lässt nun jeden Bezug zum Platz vergessen.

3.2.3 Beispiel III: Die Facies lateralis meridionalis aus Sturms „Zivilbaukunst"

In welchem Maße das von Michelangelo eingeführte Motiv der eingestellten Kolonnade und die damit verbundene konsequente Hierarchisierung der Strukturelemente sich im Hochbarock zu raumschaffenden Faktoren entwickeln konnten, zeigt vor allem die Architekturtheorie. In der „Ersten Ausübung der vortrefflichen und vollständigen Anweisung zu der Civil-Bau-Kunst Nicolai Goldmanns" präsentiert Leonhard Christoph Sturm 1718 den Grund- und Aufriss eines nicht näher bezeichneten Hauses.[86]

152

Die *Facies lateralis meridionalis* dieses Musterbaues ist sieben Achsen breit. Die drei mittleren Achsen bilden einen übergiebelten Risalit mit zwei gleich hohen Geschossen. In den Rücklagen ist zwischen diese beiden Stockwerke ein Mezzanin geschoben. Die Gliederung besteht in den Rücklagen aus gekuppelten kompositen Kolossalpilastern, die an den Risalitkanten in einen Kantenpilaster und einen angesetzten Pfeiler und in der Risalitmitte in allein stehende Freipfeiler übergehen.

136

Schon die Tatsache, dass die Pilaster nicht wie am *Palazzo Massimo alle Colonne* durch Freisäulen abgelöst werden, bedeutet einen – in der klassischen Architektur höchst seltenen – Regelbruch (vgl. A 2.4), in dem man zunächst das eigenwillige Experiment eines Theoretikers sehen kann. Tatsächlich geht dieser Verstoß auf eine große Vorliebe für theoretische Prinzipien zurück, doch ist er alles andere als eigenwillig.

Die Interkolumnien des Risalits werden nämlich von Fragmenten zweier übereinandergestellter Kolonnaden gefüllt, die im Untergeschoss einer ionischen, im Obergeschoss einer korinthischen Ordnung angehören. Damit greift Sturm die Fassadenstruktur des *Konservatorenpalastes* in vereinfachter und noch systematischerer Form auf: In eine **primäre Hauptordnung** sind zwei **Binnenordnungen** gestellt, wobei eine **sekundäre** Kolonnade ein **tertiäres** Element (in diesem Fall nicht eine Fensterädikula, sondern eine weitere Kolonnade) trägt. Dieser fällt die Aufgabe zu, das Hauptgebälk mit abzustützen.

145

Offenbar ging es Sturm darum, die **Wandbauweise**, in der er die Rücklagen ausgeführt hatte, im Risalit in eine reine **Gliederbauweise** umzuwandeln. Hätte er nun anstelle der Freipfeiler kolossale Freisäulen verwendet, hätten diese unmittelbar neben den kleineren Säulen der **Binnenordnungen** gestanden. Solch ein Aufeinanderstoßen unterschiedlich großer Säulen hätte nach barocken Maßstäben aber höchst befremdlich gewirkt. Welche Alternative gab es?

Eine Möglichkeit wäre gewesen, die Säulen der **Tempelfront** mit Wandstreifen zu hinterlegen und die Binnensäulen in die Ebene dieser Wandstreifen zurückzuziehen. Die Säulen wären nun nicht mehr kollidiert. Allerdings wäre der Risalit nicht mehr ganz so **gliederhaft** ausgefallen. Als Alternative hätte Sturm die Binnensäulen durch Pfeiler ersetzen können. Dies hätte das Problem indes nicht beseitigt, sondern nur verlagert: Statt der **Hauptordnung** wären nun die **Binnenordnungen** regelwidrig gebildet gewesen.

Darüber hinaus verbot sich diese Lösung noch aus einem anderen Grund. Wie der Grundriss zeigt, sind die **Binnenordnungen** Ausläufer einer (vermutlich zweigeschossig konzipierten) Galerie, die den hinter dem Risalit liegenden Hauptsaal allseitig umschließt – ein Einfall, der Sturm beim Studium von Palladios Entwurf für die *Villa des Grafen dalla Torre* (vgl. A 2.1.5) gekommen sein dürfte und der – zusammen mit dem Rekurs auf den *Konservatorenpalast* – den kompilatorischen Charakter seiner Architektur offenbart.

---

86 Sturm 1718b, Tf. 1.

Den Grundriss kann man nun so deuten, dass die **Binnenordnungen** sich im Inneren **tiefenräumlich** fortsetzen oder dass sich die Struktur des Inneren **frontalräumlich** in die Fassade schiebt. Auf jeden Fall sollte der – sicherlich unverglast konzipierte – Risalit nicht nur die Instrumentierung, sondern auch die Offenheit und die **Raumhaltigkeit** einer echten **Tempelvorhalle** besitzen, wenngleich dieser Raum nicht vor, sondern hinter der Fassade liegt (vgl. C 10.3.3). Die Fassade ist somit wie am *Hôtel Lambert* oder in der *Villa Torre* nicht nur als Schnittstelle zwischen **Vorraum** und **Binnenraum** gedacht, sondern auch als der Ort, wo der eine Raum in den jeweils anderen umgewandelt wird. Diese transformatorische Wirkung könnte die Fassade indes nicht ausüben, wenn die **Binnenordnungen** aus Pfeilern bestünden, da diese dann nicht mehr als unmittelbare Ausläufer bzw. Vorposten der Innenraumgliederung erfahrbar wären.

41

3.3 Das Theatermotiv

3.3.1 Allgemeines

Noch deutlicher als an der eingestellten Kolonnade lassen sich das Verhältnis von **Wand-** und **Gliederbauweise** sowie die plastische Belebung und die **tiefenräumliche** Durchdringung der Fassade an Arkaden studieren, die mit einer größeren Ordnung verbunden sind. Ist diese Ordnung eingeschossig, spricht man gewöhnlich vom Tabulariums- oder Theatermotiv, da diese Kombination am *Tabularium* auf dem *Kapitol* und am *Marcellustheater* erstmals auftrat. An diesen Bauten ist einer Wandarkade eine Kolonnade in Form von Halbsäulen vorgeblendet.

Das Theatermotiv ist in mehrfacher Hinsicht äußerst bemerkenswert. Wie das *Tabularium* (Anfang 1. Jh. v. Chr.) und das *Marcellustheater* (Ende 1. Jh. v. Chr.) zeigen, vereint es in seiner originären Form zwei völlig gegensätzliche Konzeptionen von Architektur, nämlich den römischen **Wand-** und den griechischen **Gliederbau**. Zudem ist es wie kein anderes Strukturelement im Lauf der Geschichte endlos variiert worden. Was die Bogenstellung betrifft, so wurde die Wandarkade durch eine Säulenarkade oder eine Serliana ersetzt. Dabei konnten die Säulen einfach stehen, zur Seite oder nach hinten gekuppelt werden oder sogar zu Vierergruppen gebündelt werden. Bei der applizierten Ordnung traten einfache oder gekuppelte Vollsäulen und Pilaster an die Stelle von Halbsäulen, das unverkröpfte Gebälk verkröpfte sich, die Eingeschossigkeit wurde zugunsten einer kolossalen Mehrgeschossigkeit aufgegeben usw.

155

All diese Veränderungen wirken sich auch auf die Raumhaltigkeit von Fassaden aus. Ob eine Fassade als zweidimensionale Ebene oder als plastisches Gebilde erscheint, ob sie in der Flächigkeit verharrt oder räumlich **relevant** wird, ob sie eine reine Schauwand ist oder mit der Disposition des Inneren in einem Verhältnis steht – all dies entscheidet sich sehr häufig an der Art, wie der Architekt das Theatermotiv interpretierte und einsetzte. Umso mehr verwundert es, dass der Semantik des Theatermotivs seitens der Kunstgeschichte, so weit ich es übersehen kann, bislang kaum Beachtung geschenkt wurde.

Dieses Desiderat soll in den folgenden Abschnitten erfüllt werden. Da das Theatermotiv so vielfältig ist, beansprucht seine Untersuchung indes sehr viel mehr Platz als die Behandlung der integrierten Kolonnade – zumal ich in drei Schritten vorgehen muss. Als erstes widme ich mich der Frage, wann ein Theatermotiv noch **wandhaft** und wann es **gliederhaft** ist. Als nächstes interessiert mich, wie sich die verschiedenen Versionen des Theatermotivs in der ebenen Fläche der Fassadenfront verhalten. Und schließlich gehe ich der Frage nach, welche räumliche Potenz die jeweiligen Arten des Theatermotivs haben.

3.3.2 Wandhafte und gliederhafte Versionen des Theatermotivs

In den vorigen Kapiteln haben wir zwischen Wandarkaden und Säulenarkaden unterschieden und gesehen, welch unterschiedliche Räume sie hervorbringen können. Daher empfiehlt es sich jetzt, das Theatermotiv gleichfalls auf seinen **wandhaften** und seinen **gliederhaften** Charakter hin zu untersuchen.

155 Wie eben schon gesagt, vollzieht das klassische Theatermotiv der Antike die Synthese von **Wand-** und **Gliederbauweise**. Wie das *Tabularium*, das *Marcellustheater* und noch deutlicher das
153a, b *Kolosseum* zeigen, dominiert die Wand zunächst unter tektonischen, aber auch optischen Gesichtspunkten. Säulen und Gebälk stehen nicht nur im Verbund der Wand, die Interkolumnien sind auch viel zu groß, als dass die Säulen das Gebälk wirklich tragen könnten.

156 Allerdings kommt die Überlegenheit der Wand je nach Bauwerk unterschiedlich stark zur Geltung. Am *Amphitheater in El Djem* (Nordafrika) sind die Pfeiler der Arkaden so breit, dass die Wand sich allein schon durch ihre Massigkeit gegenüber den Säulen behauptet und die Ordnung zu einem fragilen Relief degradiert. In einem solchen Fall empfiehlt es sich, von einem „**wandhaf-**
155 **ten** Theatermotiv" als der einen Extremform zu sprechen. Am *Marcellustheater* und am *Kolos-*
153 *seum* (4. Viertel des 1. Jhs. n. Chr.) sind die Pfeiler schon deutlich schmäler. Die Kolonnaden erhalten dadurch mehr Gewicht. Außerdem besitzen die Arkaden des Kolosseums nicht nur Kämpfer, sondern auch Archivolten. Die Massigkeit der Wand wird dadurch zusätzlich überspielt. An der
158 aus augusteischer Zeit stammenden *Aqua Virgo* sind die Wandpfeiler schließlich so schmal, dass die Archivolten die Schäfte der applizierten Ordnung tangieren. Dadurch wirken sie wie Pfosten, wobei Sockel und Kämpfer fast schon die Qualität einer Basis und eines Kapitells haben. An der Innenseite der Arkade ist der Pfosten sogar wie ein regulärer Pfeiler proportioniert.

Die Arkade ist nun nicht mehr bloß eine Öffnung in der Wand. Sie hat sich aus dem Verbund der Wand gelöst und zu einem eigenständigen Gebilde emanzipiert, das sich aus zwei Pfeilern und einer Archivolte zusammensetzt. Indem sie das gesamte Interkolumnium einnimmt, reduziert sie die Restwand auf die Zwickel über dem Bogen. Damit ist das ursprüngliche Verhältnis von Wand und Ordnung in sein Gegenteil verkehrt worden: Die Wand ist nicht mehr als ein die Kolonnaden hinterfangendes Kontinuum erkennbar, sondern erscheint als bloßes Füllwerk der Zwickel. Die Arkaden vermitteln hingegen den Eindruck, sie seien als eigene Architekturglieder in eine freistehende Ordnung eingestellt worden. Zumindest optisch steigt die Ordnung somit zum **primären** Element auf. Dabei gibt sie freilich vor, auch tektonische Qualitäten zu besitzen. Allerdings wäre das Interkolumnium für eine tragende Ordnung zu groß. Damit das Gebälk nicht einstürzt, müsste eigentlich zwischen den Säulen jeweils eine weitere stehen. Indes wird dieses tektonische Vakuum ausgerechnet von der Arkade ausgefüllt, und zwar in optischer wie in statischer Hinsicht. Die Arkade präsentiert sich mithin als ein **sekundäres** Element der **Gliederbauweise**, das zugunsten eines breiteren Durchgangs eine Säule ersetzt, indem sie die Last des Gebälks auf zwei kleinere Pfeiler ableitet. Unversehens hat sich die **Wandbauweise** in eine **Gliederbauweise** verwandelt, weshalb man hier von einem „**gliederhaften** Theatermotiv" sprechen kann.

Der Charakter der *Aqua Virgo* als **Gliederbau** wird auch in den Seitentravéen, wo das verkröpfte Gebälk über den lichten Weiten zurückfluchtet, nicht relativiert. Zwar wirkt das verkröpfte Gebälk in der Regel immer untektonisch, doch ist es das in Wahrheit eigentlich nur, wenn es in den Spiegel der Wand zurücktritt. An der *Aqua Virgo* ist die Wand aber durch die Arkade ersetzt worden. Folglich springt das Gebälk lediglich in die Ebene desjenigen Elements zurück, von dem es getragen wird. Wo aber die Ordnung ihre tragende Funktion behält, bleibt es in der vorderen Ebene. Das verkröpfte Gebälk der *Aqua Virgo* passt sich in seinem Verlauf also nur dem jeweils tragenden Element an. Dadurch wird die Bedeutung der Arkade als eines eingestellten Architekturglieds mit tragender Funktion aber nur noch erhöht.

In dieser Lesart ist es nur folgerichtig, dass die Arkade in dem Augenblick, wo das Gebälk nicht zurückspringt, einen Schlussstein erhält, der den Architrav in Form einer Konsole explizit abstützt. Dies ist in der Mittelachse des *Titusbogens* (4. Viertel des 1. Jhs. n. Chr.) der Fall. Bezeichnenderweise sitzt der Schlussstein genau dort, wo man, dem Rhythmus der Seitentravéen folgend, eine weitere Säule erwarten würde. In gewisser Weise wird der Schlussstein zu einem Ersatzkapitell, derweil die Arkade an die Stelle des Schafts tritt. *161*

Aber auch noch in anderer Hinsicht verdient der *Titusbogen* Aufmerksamkeit. In den Zwickeln über den Bögen haben figürliche Reliefs auch noch den letzten Rest der Wand buchstäblich in den Hintergrund gedrängt. Gewissermaßen als Kontrast kommt die Wand in den Seitentravéen umso deutlicher zum Vorschein. Anders als an der *Aqua Virgo* ist die Verkröpfung des Gebälks hier wirklich dem Primat der Wand geschuldet. *158*

Wenn am *Titusbogen* Mittel- und Seitenachsen optisch wirklich zwei gegensätzlichen Auffassungen von Architektur verpflichtet sind, wäre eine völlig neue Interpretation der gesamten Struktur denkbar. So könnte man die Seitenachsen wie am *Argentarierbogen* auf dem Forum Boarium[87] als zwei Pylonen deuten. Zwischen diesen spannt sich am *Titusbogen* eine gleichsam eingestellte Arkade. Den Pylonen und der Arkade ist wiederum eine Kolonnade vorgeblendet, die in der Mittelachse im Zusammenspiel mit der Arkade ihren applikativen Charakter überwindet. Schwierigkeiten bei dieser Interpretation bereitet nur die Attika. In ihrer heutigen Steinsichtigkeit erscheint sie als massives Gebilde, das nicht nur zu schwer auf einer eingestellten Arkade lasten würde, sondern auch die Vorstellung zweier Pylonen konterkariert. Völlig anders sieht es aus, wenn man den Mittelteil der Attika als eine Inschrifttafel deutet, die, auf das Gebälk gesetzt, den Raum zwischen den Pylonen füllt, ohne dabei die Arkade nennenswert zu belasten. Im *Titusbogen* wäre damit ein Rest von dem ephemeren Charakter älterer Ehrenpforten erhalten geblieben. Leider wissen wir nichts über die ursprüngliche Farbfassung des Bogens. Möglicherweise war die Inschrifttafel so gestaltet, dass sie als ‚bewegliche Zutat' erschien.

Ein Bau, an dem die eingestellte Arkade nicht nur gedanklich, sondern auch konstruktiv eine tragende Säule ersetzt, ist die Hofseite des von Scamozzi nach Palladios Plänen errichteten *Palazzo Thiene Bonin-Longare* in Vicenza.[88] Palladio stellte zwei Kolonnaden übereinander. Weil in jedem Stockwerk die mittlere Säule sehr unschön vor der Arkade der Rückwand und dazu noch in der Flucht des Korridors, der das gesamte Gebäude durchzieht, gestanden hätte, vertauschte Palladio sie kurzerhand gegen eine Arkade, so dass sich ein Theatermotiv ergab. Da die Kolonnade das Gebälk in diesem Fall tatsächlich trägt, es also gar keine Wand gibt, die negiert werden müsste, ist es auch völlig unerheblich, dass die eingestellte Arkade selbst nicht **gliederhaft** ist. Ein vergleichbares Beispiel ist der *Palazzo Galeazzo Trissino*, den Scamozzi gleichfalls in Vicenza errichtete. Dass auch hier der Bogen, der an den Schmalseiten in die *portico*-Kolonnade eingelassen wurde, Teil eines **gliederhaften** Theatermotivs und damit ein **sekundäres** Strukturelement ist, erkennt man daran, dass Scamozzi die Säulen beibehielt, während er im **wandhaften** *piano nobile* die Instrumentierung aus Pilaster bzw. Dreiviertelpfeilern bildete. *162* *164*

Es gibt aber auch eine völlig gegenläufige Entwicklung, in der der Wandcharakter des Theatermotivs geradezu überbetont wird. Dies ist beispielsweise bei den seitlichen Durchgängen der *Porta Maggiore* (Mitte 1. Jh. n. Chr.) der Fall, wo die Ordnung – wenngleich nur in der reduzierten Form einer Ädikula – einer rustizierten Wand vorgeblendet wurde. Die Arkaden besitzen kein eigenes Profil, und auch die Säulenschäfte bestehen aus denselben groben Quadern wie die Wand. Ausgearbeitet sind nur die Basen, die Kapitelle und das Gebälk. Diese Variante des Theatermotivs geht vermutlich nicht einmal auf einen kuriosen Einfall zurück. Ehe die *Porta Maggiore* (vormals *Porta Praenestina* und *Porta Labicana*) im 3. Jahrhundert Teil der Stadtbefestigung wurde, war sie *165*

---

87 Vgl. Piranesi (2000), Abb. 29.

88 Zur Zuschreibung an Palladio siehe Beltramini/Padoan/Burns 2002, S. 87.

nämlich Durchfahrt unter dem Aquädukt der *Aqua Claudia* und des *Anio Novus*. Da Aquädukte aus ökonomischen Gründen oft nur aus roh behauenen Quadern errichtet wurden, die Durchfahrten wichtiger Straßen aber nach einem architektonischen Dekor verlangten, lag es nahe, der *Porta Maggiore* eine Gliederung zuzugestehen. Die **Wandarchitektur** eines römischen Ingenieurbaus verschmolz also mit der repräsentativen **Gliederbauweise** griechischer Propyläen. Bei dieser Synthese ging die Wand freilich als Siegerin hervor. Mithilfe der groben Quaderbauweise gelang es ihr, die Gliederung regelrecht zu absorbieren.

166   Auch am *Claudianum* (3. Viertel des 1. Jhs. n. Chr.; bei Piranesi irrtümlich als „Serraglio delle fiere fabbricato da Domiziano per uso dell'Anfiteatro" bezeichnet[89]) steht eine aus groben Quadern zusammengefügte Ordnung vor einer rustizierten Arkade. Im Untergeschoss sind sogar Teile des Gebälks rustiziert. Es scheint, als stecke die Ordnung noch in der Wand und sei bislang nur teilweise herausgemeißelt worden.

Eine dritte Variante stellen der *Septimius-Severus-* und der *Konstantinsbogen* dar. Am *Septimius-*
157   *Severus-Bogen* (203 n. Chr.) hat die Arkade – trotz Kämpfer, Archivolte, Schlussstein und Zwickelreliefs – ihre Bedeutung als eigenständiges Bauglied verloren, nicht zuletzt, weil ihr ein eigener Pfosten fehlt und sie den Raum zwischen sich und der Ordnung nicht ganz auszufüllen vermag. Auch die Säulen können sich, obwohl sie frei stehen und sogar Hinterlegungspilaster besitzen, im Verhältnis zum Bauvolumen nicht behaupten.

Dass die Säulen des *Septimius-Severus-Bogens* nicht autonom wirken, hat indes noch einen anderen Grund. Paradoxerweise liegt er ausgerechnet in der Negierung der Wand durch die figürlichen Reliefs. Diese sind nämlich nicht auf die Zwickel beschränkt. Der Bogen ist größtenteils mit einem Ornamentteppich umkleidet, in dem die gesamte architektonische Gliederung aufgrund ihrer Kleinteiligkeit und ihres ungewöhnlich ornamentalen Charakters (reliefierte Schäfte, figürliche Piedestale, reich verziertes Gebälk) aufgeht. Der gesamte Bau erscheint als eine einzige Skulptur, bei der Inschrift, Archivolte, Schlussstein, Kapitelle, Pilaster, Säule und Gebälk lediglich verschiedene Grade der Plastizität ausbilden.

159, 160   Noch offensichtlicher ist der skulpturale Charakter des *Konstantinsbogens* (315 n. Chr.). In dem Maße, in dem das figürliche Relief in den Attikastatuen in Freiplastik übergeht, wird ein Geschoss tiefer das architektonische Relief der Pilaster in die Dreidimensionalität der Säulen übertragen.

Wie die antiken Beispiele zeigen, gibt es für das Theatermotiv völlig unterschiedliche Lesarten, bei denen die Wand einmal mehr, einmal weniger über die Ordnung dominiert. Dabei hängt die Überlegenheit der Wand gar nicht von der Ordnung ab, da Letztere eigentlich nur das reagierende Element ist. Entscheidend ist, wie die Wand selbst strukturiert ist. Je flächenhafter ihr Kontinuum erscheint, desto größer ist ihr Übergewicht. Umgekehrt gilt: Je mehr die Arkade sich auf Kosten der übrigen Wand zu einem eigenen Bauglied emanzipiert, desto mehr gewinnt auch die Ordnung an Bedeutung.

Parallel zur Praxis wurde das Theatermotiv auch in der Theorie weiterentwickelt und differenziert. So enthält beispielsweise Sebastiano Serlios „Tutte l'opere d'architettura et prospettiva" (1537–1551) gleich mehrere Spielarten des Theatermotivs. Im Untergeschoss der *Venezianischen Fassade*[90]
167   besitzt die Arkade wie am *Titusbogen* eine Archivolte mit Schlussstein und Pfosten. Letztere sind wie Pfeiler mit Plinthe, Basis und Kapitell ausgestattet. Dass diese Quasipfeiler ebenso hohe Plinthen und Thori (= Wülste) wie die um ein Drittel größeren Säulen erhielten, nahm Serlio billigend in Kauf. Seine Arkade füllt das gesamte Interkolumnium aus, wobei der Schlussstein als Gebälkkonsole dient. Viel entscheidender aber ist, dass Serlio die Arkade von der dunklen Restwand abhob, indem er sie wie die Ordnung völlig weiß ließ. (Die senkrechten Schraffuren der Säulen sollen wohl keine dunklere Tönung, sondern entweder Kanneluren oder ein halbrundes Profil andeuten.) Damit drückt sich die Bedeutung der Arkade als Teil der Gliederarchitektur auch graphisch aus.

---

89 Piranesi (2000), S. 317.   90 Serlio 1619, IV, fol. 154r.

Einen völlig entgegengesetzten Eindruck vermittelt die Darstellung eines rustizierten dorischen Portals.⁹¹ Die Arkade geht vollkommen in der Bandquaderung der Wand auf und besitzt keine eigenen Strukturlemente. Selbst das Gebälk ist – wie am *Claudianum* – größtenteils rustiziert. Die Säulenschäfte sind mit grob behauenen Kragsteinen durchsetzt, die gleichfalls dem Verbund der Wand angehören. Wie am *Claudianum* vermittelt die Säulenordnung den Eindruck, sie sei lediglich ein dekoratives Relief, das noch aus der Wand herausgemeißelt werden muss.

58
166

In Vignolas „Regola delli Cinque Ordini"⁹² (1561) ist die Arkade hingegen noch deutlicher als in Serlios „venezianischer Fassade" als eigenständiges Architekturglied gekennzeichnet. Natürlich sind die Pfosten wieder als Pfeiler gestaltet. Darüber hinaus ist die Archivolte profiliert, ihr Scheitel berührt sogar das Gebälk. Die Zwickel sind durch paneelartige Eintiefungen ihres Wandcharakters beraubt.

170

Noch bedeutsamer als diese strukturelle Verfeinerung ist aber, dass Vignola das Theatermotiv in den Kanon seiner Ordnungen aufnahm. Bereits vor Palladio hatte er die Proportionen der Ordnungen bis in die letzte Einzelheit anhand des Moduls festgelegt, das er nach Vitruvs Vorgaben aus dem Durchmesser des unteren Säulenschafts gewonnnen hatte. Wie schon gesagt, ging bei den fünf Ordnungen im Idealfall die Schlankheit der Säulen mit der Schmalheit der Interkolumnien einher (B 2.2.6). In dieses Modulsystem band Vignola nun auch das Theatermotiv ein. Hatten sich am *Kolosseum* die Interkolumnien der Ordnungen noch an den immer gleich bleibenden Wandarkaden ausgerichtet, so wurde das Format der eingestellten Arkaden in der „Regola" durch die Maßverhältnisse der Ordnungen bestimmt. Auch in diesem Punkt hatte die Wand ihren Primat an die **Gliederbauweise** abgegeben.

153a, b

Weniger eindeutig ist das Theatermotiv in Palladios „Quattro libri dell'Architettura". Noch konsequenter als Vignola unterscheidet Palladio die Arkaden der jeweiligen Ordnungen in ihren Proportionen voneinander. Außerdem differenziert er ihren Dekor. Schon Vitruv hatte empfohlen, die Rahmen der Türen dem Architrav der jeweiligen Ordnung anzupassen⁹³ und Alberti war ihm hierin gefolgt.⁹⁴ Bei Palladio übernehmen sogar Sockel, Kämpfer, Schlussstein und Archivolten die Profile und Zierelemente der jeweiligen Ordnung. Durch diese bauplastische Aufwertung erreicht Palladio, was Serlio nur mit der Schraffur des Holzschnitts und Vignola nur mit eingetieften Zwickeln andeuten konnten: den Bogen als ein eigenständiges Strukturelement kenntlich zu machen. Das System der **Gliederbauweise** ergreift bei ihm nicht nur optisch, sondern auch strukturell von der Wand Besitz; das Theatermotiv wird in seinen verschiedenen ‚Ordnungen' zu einem festen Bestandteil der Architekturgrammatik. Andererseits erscheinen die Arkaden – zumindest in den Holzschnitten der „Quattro libri" – nicht mehr als eingestellte Bauglieder. Palladio gibt seine Aufrisse in Quaderbauweise wieder und lässt die Fugen der Wand sowohl über die Säulen als auch über die Arkaden hinweg laufen. Damit macht er unmissverständlich deutlich, dass Ordnung und Arkade zumindest tektonisch zur Wand gehören.

171, 172

167, 170

Indes muss eingeräumt werden, dass Palladio in der Praxis von seiner Theorie oft abwich. Zunächst treten die Fugen an seinen ausgeführten Marmorfassaden sehr viel weniger in Erscheinung als im Holzschnitt. Besonders deutlich wird dies bei der *Basilica in Vicenza*. Auf der Darstellung dieses Gebäudes in den „Quattro libri" weist der Fugenschnitt sämtliche Gliederelemente unmissverständlich als Teile der Wand aus.⁹⁵ Am ausgeführten Bau sind die Fugen aber so fein, dass sie die Wirkung der **Gliederarchitektur** als eine eigenständige Struktur kaum beeinträchtigen.

204

201

---

91 Serlio 1619, IV, fol. 34r.
92 Zu dem Charakter von Vignolas Säulenbuch siehe ausführlich Thoenes 1983a.
93 Vitruv (1991), IV, 6.
94 Alberti (1966), VII, cap. 12, 127 (30): „In quibusque [Doribus, Ionibus et Corinthiis] latus, hoc est antipagmentum, fuit trabs. – Bei allen diesen Türen [der Dorer, Jonier und Korinther] war die Seite, das ist die Verkleidung, ein Architrav" (Übersetzung nach Alberti [1912], S. 387); vgl. auch Schütte 1981, passim.
95 Palladio (1984), III 20, Abb. 116.

Wie die bislang genannten Beispiele gezeigt haben, hängt die Deutung der Arkade als eines eigenständigen Architekturgliedes wesentlich davon ab, ob die Mauerstreifen zu Seiten der Ordnung, die die Archivolte stützen, sich als separate Pfosten oder als Teile des Wandkontinuums geben. Neben der Proportionierung und der formalen Struktur gibt es zwei weitere Kriterien, anhand derer diese Frage entschieden werden kann. Das erste ist das Material. Beispielsweise führten Pirro Ligorio und Giacomo della Porta die zweigeschossigen Hofloggien des *Palazzo della Sapienza* zu Rom fast ganz in Travertin aus. Lediglich für die Bogenzwickel wählten sie mit dem Ziegelstein einen untergeordneten Baustoff, der in diesem Kontext als reines Füllmaterial erscheint. Allein mit diesem scheinbar geringfügigen Eingriff separierten Ligorio und della Porta die Arkade als eigenständiges Strukturelement von der Wand und machte sie mit der Ordnung zu einem Teil der **Gliederarchitektur**. Letztlich negierten sie die Wand sogar völlig, indem sie das, was von ihr formal übrig bleibt, zur Verfüllung einer Restfläche degradierten.

Auch Bernini nutzte an der Kirche *Santa Maria dell'Assunzione in Ariccia* die Verschiedenheit des Materials, um das Theatermotiv **gliederhaft** erscheinen zu lassen. Die Kirche besitzt eine Vorhalle, die in der Breite drei und in der Tiefe ein Theatermotiv einnimmt (weshalb man auch nicht von einer **Tempelvorhalle** im eigentlichen Sinne sprechen kann). Wie die Pilaster der Kolossalordnung sind die Arkaden aus Naturstein gearbeitet, wohingegen die Bogenzwickel wie an der Hoffront des *Collegio della Sapienza* aus Ziegelfüllungen bestehen, die freilich verputzt sind. Darüber hinaus setzte Bernini den Spiegel der Zwickel im Verhältnis zu den Pfosten noch stärker zurück als della Porta.

Aufschlussreich sind in diesem Zusammenhang auch die korridorartigen Flügelbauten von *Santa Maria dell'Assunzione*, die an den Stirnseiten in *portici* auslaufen. Diese *portici*, die gegenüber der Kirchenvorhalle leicht zurückgesetzt sind und etwas niedriger ausfallen, nehmen in der Breite gleichfalls drei Achsen ein. Ihre Instrumentierung besteht aus dorischen Pfeilern, die mit den Pilastern der Kirchenvorhalle korrespondieren. Interessanterweise sind die Pfeiler aber gekoppelt und durch schmale Wandstreifen miteinander verbunden. Die außergewöhnliche Koppelung der Pfeiler (die Bernini später an den Kopfenden und im Scheitel der *Petersplatz-Kolonnaden* wiederholte[96]) ist möglicherweise auf der Mikroebene ein optisches Äquivalent zu dem zweifachen Auftreten der seitlichen *portici*. Davon abgesehen führte Bernini mit ihr eine neue Architekturvokabel ein. Sie ermöglicht es uns, auch in den Arkadenpfosten der Kirchenvorhalle gekoppelte Pfeiler zu sehen, die – ähnlich wie die Pfeiler der scheitrechten Arkaden im Obergeschoss des *Konservatorenpalastes* – von einem Pilaster ‚überdeckt' werden. In dieser Lesart sind die Arkaden des Theatermotivs also nicht in eine Kolonnade eingestellt. Vielmehr sind sie das **primäre** Element, dem eine größere Ordnung vorgeblendet wurde. Vor allem aber wirkt das Theatermotiv noch **gliederhafter**.

Indes hatte Bernini in *Ariccia* noch längst nicht alle Möglichkeiten ausgeschöpft, die einem Architekten offen standen, um das Theatermotiv in eine **Gliederarchitektur** zu verwandeln. Zwar hatte er den Pfosten glaubhaft zu einem separaten Pfeiler aufgewertet, doch haftet dieser Stützenform grundsätzlich der Geruch des **Wandhaften** an.[97] Das zeigt sich allein daran, dass es – mit Ausnahme der Eckpfeiler in Portiken, die dann aber mit einer Säule gekoppelt sind – freistehende Pfeiler in der klassischen Architektur nicht gibt (vgl. A 2.4). Auch Berninis Pfeiler sind durch die zurückgesetzten Mauerstreifen miteinander verbunden und damit nicht wirklich frei. Um diese

---

96 Dort erfüllt die Koppelung freilich einen ganz anderen Zweck. Indem Bernini vor allem an den westlichen Kopfenden die Abstände zwischen den Pfeilern extrem variierte, gelang es ihm, von einer radialen zu einer parallelen Ausrichtung der Säulen überzuleiten. Bezugspunkt der westlichen Kopfenden ist nämlich nicht mehr ein Focus des Platzovals, sondern die Raumflucht der angrenzenden *corridoi*.

97 Vgl. die *Porticus Octavia*, die Haupt- und Nebenportiken des bei Palladio (1984), IV 26, Abb. 191 überlieferten sog. *Tempels bei Assisi* oder *Blenheim Castle*.

Wandfüllungen zu vermeiden, hätte Bernini auf gekuppelte Vollsäulen zurückgreifen müssen (was in diesem Fall nicht möglich war, weil die seitlichen *portici* dann mit der mittleren Kirchenfront nicht mehr korrespondiert und überdies die noblere Instrumentierung besessen hätten).

Wie die Straßenfront des *Palazzo Massimo alle Colonne* gezeigt hat, mutiert die Stütze, sobald sie sich von der Wand gelöst hat, gewöhnlich vom Pilaster oder vom Pfeiler zur Säule.[98] Im Gegenzug wird sie, wenn sie mit der Wand in Berührung kommt, oft von der Säule zum Pfeiler oder zum Pilaster.[99] Man kann also sagen, dass eine vollkommene **Gliederarchitektur** die Freisäule zur Voraussetzung hat. Das zeigt sich auch dann, wenn die Ordnung der Wand einmal nicht in Gestalt von Pilastern und Pfeilern, sondern von Halb- und Dreiviertelsäulen attachiert wird. Auch in solchen Fällen[100] bleibt die Wand dominant. Daher ist es nur konsequent, dass v. a. die **wandhafte** Variante des Theatermotivs wie am *Marcellustheater*, dem *Kolosseum* oder dem *Tabularium* mit Halbsäulen ausgezeichnet ist, während Michelangelo im *portico* des *Konservatorenpalastes* umgekehrt zur Wahrung der **Gliederhaftigkeit** auf Nischensäulen zurückgreifen musste.

136

153a, b, 155

142

Eine bemerkenswerte Ausnahme bildet das *Casino der Aurora in der Villa Borghese-Pallavicini*, das Giovanni Vasanzio 1612 nach einem Plan von Carlo Maderno oder Ludovico Cigoli ausführte. Die mittlere Travée einer korinthischen Pilasterordnung wird von einer Arkade eingenommen. Indem Vasanzio die Pfosten als reguläre ionische Pfeiler gestaltete und sie überdies völlig freistellte, nahm er ihnen den letzten Rest an **Wandhaftigkeit**. Man könnte von den Pfeilern sogar – in der Tradition Albertis – als *colonne (s)quadrate* sprechen (siehe B 3.3.4.5). Diese Interpretation liegt umso näher, als das Gebälk in den seitlichen Travéen über eingestellten Vollsäulen weiterläuft. Die in die Mittelachse gesetzte Pfeilerarkade korrespondiert also mit in den Seitenachsen eingestellten Kolonnadenfragmenten. Dass die eingestellten Arkaden- und Kolonnadenteile gegenüber dem Wandspiegel autonom sind, zeigt sich nicht zuletzt daran, dass sich das Gebälk über den Arkadenpfosten und über den Kolonnadentravéen leicht vorkröpft.

179

Die endgültige Umwandlung des Theatermotivs in eine **Gliederarchitektur** vollzog Vasanzio indes erst am Garten-*portico* der *Villa Mondragone* zu Frascati (1616–18), wo er die Archivolte der Arkade auf eine reguläre Vollsäule stellte. Die Wandarkaden sind also durch Säulenarkaden ersetzt worden. Diese wirken umso mehr wie eingestellte **Gliederarchitekturen**, als die Wand in den Zwickeln mit Reliefs kaschiert ist. Außerdem schob Vasanzio zwischen die Arkaden und die Pilaster der Hauptordnung Lisenen ein, die wie im Obergeschoss des *Konservatorenpalastes* (B 3.2.2) unter dem Gebälk umknicken und sich zu scheitrechten Arkaden vereinen.

178

139

Theoretisch kann man in diesen scheitrechten Arkaden die Reste einer völlig perforierten Wand sehen. Man kann sie aber auch wie am Obergeschoss des *Konservatorenpalastes* als eine Gliederarchitektur deuten, die entweder als dünnes Rahmengestell die Interkolumnien einer Pfeilerreihe versteift oder als massive Balkenkonstruktion einer Pilasterordnung hinterlegt ist.

Welche der drei Lesarten richtig ist, verraten die Pilaster der **Hauptordnung**. Da sie rustiziert sind, kann man sie nicht als Applikationen begreifen. Andererseits sind sie auch nicht wie am *Claudianum* oder an der *Porta Maggiore* Teile der Wand. Folglich muss man sie sich als Pfeiler denken,

165, 166

---

98 Dieses Prinzip wurde schon im *Pantheon* angewandt. Die umlaufende Ordnung geht überall dort, wo die Wand zurückspringt, um Anräume zu bilden, von Pilastern erst in Kantenpilaster, die wie angesetzte Pfeiler wirken, und dann in Freisäulen über. Selbst Michelangelos Vorhalle der *Biblioteca Laurenziana* in Florenz bildet keine Ausnahme von dieser Regel. Zwar stehen die Säulen in Wandnischen, doch sind sie nicht appliziert.

99 So werden z. B. in der **Tempelvorhalle** des *Pantheon* die Säulen von Pfeilern hinterfangen, die aus der Wand herausragen. Selbst die Säulen der *Biblioteca Laurenziana* werden von schmalen Pilasterstreifen begleitet, die den eigentlichen Übergang zur Wand vollziehen.

100 Vgl. die Cella des sog. *Tempel der Fortuna Virilis* in Rom oder der *Maison Carée* in Nîmes.

124

die aus massiven Quadersteinen gemauert sind. Sie haben die Wand gleichsam in sich aufgesogen. Damit ist die Hauptordnung eindeutig das **primäre** Element, wohingegen die scheitrechten Arkaden als **sekundäre** und die Bogenarkaden als **tertiäre** Elemente zu betrachten sind. Innerhalb dieser verschachtelten Syntax fällt Letzteren dieselbe Aufgabe zu, die Michelangelo zunächst den Fensterädikulen des *Konservatorenpalastes* zugedacht hatte, nämlich stellvertretend für eine Stütze den Sturz der scheitrechten Arkade und damit auch das Gebälk der **Hauptordnung** aufzufangen.

137, 143, 148

Auf den ersten Blick könnte man meinen, die in ein Interkolumnium eingestellte Säulenarkade sei eine neue Vokabel, die mit dem eigentlichen Theatermotiv nichts mehr zu tun hat. In diesem Sinne spricht David R. Coffin beim *Casino der Aurora* von einem „dreiteiligen Palladiomotiv" und bei dem *portico* in *Frascati* von einem „komprimierten Palladiomotiv".[101] Indes halte ich die eingestellte Säulenarkade keineswegs für eine verkürzte Form des Palladiomotivs, also der Serliana. Wie im nächsten Kapitel noch zu zeigen sein wird, muss man stattdessen die Serliana – zumindest wenn sie in eine größere Ordnung eingestellt ist – eher als ein in die Breite gezogenes Theatermotiv verstehen.

Dass es sich bei der eingestellten Säulenarkade tatsächlich nur um eine Spielart des Theatermotivs handelt, wird am *Palazzo Cà Pesaro* in Venedig deutlich, der 1652/59–1710 nach Plänen Baldassare Longhenas entstand. An den Schmalseiten ist das Theatermotiv regulär gebildet. Erst an der dem Kanal zugewandten Schauseite werden die Arkadenpfeiler von Säulen abgelöst. Überdies sind die Zwickel mit Figuren besetzt. Mit der endgültigen Destruktion der Wand geht die völlige Emanzipation der Ordnung einher: Die Pilaster werden zu Freisäulen. Das Gebälk springt über den Interkolumnien – oder besser: über den Arkaden – leicht zurück. Da es nun aber wirklich lastet, müssen die weit vorkragenden Schlusssteine eine tragende Funktion übernehmen.

194

3.3.3 Die Veränderung des Theatermotivs innerhalb der ebenen Fläche der Fassade

3.3.3.1 Drei Regeln für die Superposition von Arkaden

194

Wie der *Palazzo Cà Pesaro* zeigt, kann sich der Charakter des Theatermotivs mit der Breite der Achsen ändern. Nicht weniger verändert sich das Theatermotiv bei wechselnden Geschosshöhen. Stehen beispielsweise an einer mehrgeschossigen Fassade zwei oder gar drei Theatermotive übereinander, ergibt sich insbesondere bei der Proportionierung der Arkaden ein Problem. Am *Kolosseum* und am *Marcellustheater*, wo die Ordnungen der Wand untertan und die Arkaden kein eigenständiges Architekturglied sind, besitzen die Bögen über alle Geschosse hinweg annähernd die gleiche Größe. Zwar wurde am *Kolosseum* beispielhaft die Superposition der drei **Hauptordnungen** Dorisch – Ionisch – Korinthisch[102] eingeführt, doch schlug sich der Charakter der Ordnungen (noch) nicht in unterschiedlichen Maßverhältnissen nieder.

153–155

Bei Vignola und Palladio ist das anders. Hier gilt, wie schon gesagt, folgende Regel:
- Regel I: Je schlanker die Säulen einer Ordnung, desto geringer die Interkolumnien und desto schmaler die Arkaden des dazugehörigen Theatermotivs.

Die Anwendung dieser Regel mochte bei eingeschossigen Fassaden ausgesprochen sinnvoll sein. Wenn es aber wie beim *Kolosseum* darum ging, Theatermotive v e r s c h i e d e n e r Ordnungen übereinanderzustellen, führte sie zwangsläufig zum Konflikt mit zwei anderen Regeln Palladios:
- Regel II: Alle Säulen müssen in Superposition stehen.

---

101 Coffin 1991, S. 191.
102 Abweichend von den meisten Architekturtheoretikern und Kunsthistorikern interpretiert Palladio (1984), I 12, S. 39 die untere Ordnung der Amphitheater (und damit auch des *Kolosseums*) als toskanisch.

- Regel III: Aus tektonischen Gründen darf eine Säule immer nur eine kleinere, niemals eine größere Säule tragen.¹⁰³ Analog dazu muss auch die Wandmasse nach oben abnehmen. Bei einem Theatermotiv dürfen die Wandstreifen einer Arkade also nicht breiter werden. ¹⁰⁴

Wie wenig alle drei Regeln zu vereinbaren waren, zeigen einige Beispiele.

3.3.3.2 Der ‚Arkadenkonflikt'

In einem Stich bei Sturm stehen zwei Reihen von Theatermotiven übereinander.¹⁰⁵ Da jedes Theatermotiv nach seinem eigenen Modulsystem proportioniert ist, werden die Säulenabstände – und damit auch die lichten Weiten der Arkaden – nach oben hin immer geringer. Forciert werden die Verringerung der Säulenabstände und die schmalere Gestaltung der Arkaden in den oberen Stockwerken durch die geringere Geschosshöhe. Der Preis für die Einhaltung der ersten und der dritten ist die Verletzung der **zweiten Regel**: die Säulen stehen nicht mehr in Superposition. Von allen denkbaren Regelverstößen ist dies der gravierendste, da seine tektonische Widersinnigkeit besonders auffällt. Außerdem kann er formal nicht befriedigen. Die Gliederungen der Geschosse stehen in keinerlei Verhältnis zueinander; die im *Kolosseum* angestrebte Verbindung horizontaler und vertikaler Elemente zu einem kontinuierlichen Raster fehlt. Nicht von ungefähr findet sich diese abstruse Lösung nur in der Traktatliteratur, nicht aber in der Praxis. Wahrscheinlich ist sie auch nur als Spielerei, wenn nicht als Negativbeispiel gemeint.

180

153a, b

Die Probleme, die sich aus der korrekten Superposition des Theatermotivs zwangsläufig ergaben, reflektierte auch Sangallo d. J. in einer Studie für die Hoffassade des *Palazzo Farnese*.¹⁰⁶ Auf der linken Blatthälfte werden die Ordnungen nach oben hin kleiner und die Bögen entsprechend gedrungener. Damit verstieß Sangallo gegen **Regel I**. Auf der rechten Seite bleiben die Bögen gleich schlank – um den Preis, dass die Säulenhöhe entgegen der **dritten Regel** nach oben hin nicht abnimmt.

182

An den dreigeschossigen Emporenwänden der *Würzburger Universitätskirche*, die Wolf Behringer nach Plänen des Niederländers Georg Robin zwischen 1583 und 1591 ausführte und bei denen es sich gleichsam um eine überwölbte Hofarchitektur handelt, werden die drei Ordnungen nach oben hin kleiner. Da Robin jedoch – gemäß der **dritten Regel** – die Wandstreifen nicht breiter werden ließ, fallen die Arkaden immer gedrungener aus. Um diesen Eindruck zu mildern, verwendete Robin Korbbögen. Da diese höhere Pfosten als vergleichbare Rundbögen haben, wirken sie auch entsprechend eleganter.

Von den gänzlich unklassischen Auswegen der nordalpinen Architekten weit entfernt waren die Lösungsansätze der Italiener. Michelangelo errichtete an der Gartenfront des *Palazzo Farnese* unter Einhaltung der Superposition u n d des Modulsystems im dritten Geschoss schlanke

78, 81

---

103 Vgl. Palladio (1984), I 12, S. 39: „Es sind fünf Säulenordnungen, deren sich die Alten bedienten, nämlich die Toskana, Dorika, Ionika, Korinthia und Komposita. Diese Säulenordnungen sollen so an ein Gebäude gesetzt werden, dass die stärkste am untersten Teil des Gebäudes steht, denn sie ist am geeignetsten [sic], die ganze Last zu tragen, und durch sie erhält das Gebäude auch eine sehr feste Basis. Darum wird immer die Dorika unter die Ionika, die Ionika unter die Korinthia und die Korinthia unter die Komposita gesetzt. […] Und wenn man eine dieser Säulenordnungen auslassen will, etwa dass man die Korinthia unmittelbar über die Dorika setzt, so kann man das zwar machen, jedoch immer so, dass die stärkste aus genannten Gründen zuunterst steht."

104 Explizit spricht Palladio (1984), I 11, S. 38 lediglich davon, dass die Mauern sich pro Geschoss um einen halben Ziegelstein verjüngen. Zwar bezieht sich dieser Rat einzig auf die Dicke der Wand, doch ist es innerhalb des palladianischen Architekturverständnisses nur logisch, dass die Wandmasse auch dadurch nicht zunehmen darf, dass schmale Öffnungen über breiten stehen.

105 Sturm 1718c, Tf. B.

106 Florenz, Uffizien, Arch. 627; vgl. Puppi 2000, S. 333, Abb. 450.

Arkaden, indem er den Pilastern der korinthischen Ordnung hohe Piedestale unterschob und diese wiederum auf Sockel stellte. In den übrigen Achsen der Gartenfront und besonders an jenen drei Seiten des Hofes, wo das dritte Geschoss keine Arkaden besitzt, bildet diese Sockelzone ein eigenständiges Mezzanin. Michelangelo umging den Konflikt also, indem er die Öffnungen (nicht aber die Pfosten!) der Arkaden unter Einbeziehung eines weiteren Geschosses nach unten verlängerte.

Im Normalfall standen den Architekten derartige Zwischengeschosse allerdings nicht zur Verfügung. Daher bot sich ihnen nur die Möglichkeit, gegen das Modulsystem zu verstoßen. Von dieser Alternative machte ausgerechnet Palladio Gebrauch, der zusammen mit Vignola das Modulsystem der Ordnungen auf das Theatermotiv übertragen hatte. Im (unvollendet gebliebenen) 181 Kreuzgang des *Convento della Carità* zu Venedig hatte er ein ionisches Ober- auf ein dorisches Untergeschoss zu stellen. Vergleicht man die ionischen Arkaden mit Palladios regulären ionischen 170, 172 Theatermotiven („I Quattro libri", I 16), so wirken sie recht gedrungen. Auch musste Palladio aus Sicherheitsgründen in die oberen Arkaden Brüstungen stellen, wodurch die lichte Höhe der Arkaden weiter gemindert wurde.

Die Proportionen dieser Architektur dürften schon den Zeitgenossen unstimmig erscheinen sein. Auf alle Fälle nahmen die Betrachter des 17. und 18. Jahrhunderts Anstoß an ihnen. Das lässt sich zumindest indirekt aus einigen Darstellungen schließen. Vermutlich völlig unbewusst gab 183 Canaletto auf einem Gemälde, das sich heute in Windsor Castle befindet, den oberen Arkaden 184 dieselbe Höhe wie den unteren und schuf so einen gewissen Ausgleich. Visentini, der die Fassade ebenfalls zeichnete, stellte auf einer seiner Zeichnungen[107] das Obergeschoss gleichfalls zu hoch dar. Darüber hinaus ließ er die Brüstungen geflissentlich fort. Auf einer zweiten Zeichnung stimmen die Proportionen zwar, doch fehlen die Brüstungen auch hier.[108]

Unglücklicherweise wurden an den ausgeführten Teilen des Konvents beide Bogenreihen in 186 späterer Zeit durch Fenster geschlossen. Wie sehr der Verlust der Raumhaltigkeit den Gesamteindruck minderte, zeigt ein Vergleich des heutigen Zustands mit Canalettos Bild. Vor allem aber verschlechterten sich die Proportionen des Aufrisses weiter. Immerhin bestehen die Brüstungen 181, 183 der ionischen Arkaden aus Balustern. Wie Palladios Aufriss in den „Quattro libri" und Canalettos Vedute zeigen, waren die Brüstungen mithin transparent genug, um wenigstens optisch der Arkadenöffnung zugerechnet zu werden. Weil die Balustraden bei der Schließung aber mit Rahmensockeln vollständig hinterfüttert werden mussten, erscheinen sie nun als massive Brüstungen. Die Bögen werden dadurch zusätzlich verkürzt und sehen entsprechend unförmig aus.

168 Einen anderen Ausweg suchte Serlio. Er gewann an der *Ionischen Fassade* im 7. Kapitel („Dell'Ordine Jonico") seines vierten Buches einen schmalen Obergeschossbogen durch Verbreiterung der Wandpfeiler.[109] Diese Lösung, die beispielsweise am sog. *Palazzo del Podestà* auf der *Piazza Maggiore in Bologna* Anwendung fand, hatte den Nachteil, gegen die **zweite Regel** zu verstoßen. Gerade Serlios Holzschnitt zeigt, wie unbefriedigend es ist, wenn auf der leichten und offenen Gliederarchitektur des Erdgeschosses eine Wandmasse lastet, deren Geschlossenheit und Auflast durch Nischen, Paneele und fensterartige Öffnungen der Zwickel nur unzureichend verringert werden konnte. Die Logik der **Gliederbauweise** steht hier in offenem Gegensatz zu den tektonischen Gesetzmäßigkeiten der **Wandbauweise**.

185 Christopher Wren setzte sich an der *Bibliothek des Trinity-College* in Cambridge (1676–84) über die **dritte Regel** hinweg und stellte auf die dorische Ordnung eine höhere ionische Ordnung. Die Arkaden sind nun ideal proportioniert. Doch abgesehen von der tektonischen Widersinnigkeit wirkt der Unterstock zu gedrungen.

---

107 London, Royal Institute of British Architects, AF 3/48; vgl. Puppi 2000, S. 333, Ab. 451.

108 Florenz, Uffizien, Arch. 3510; vgl. Puppi 2000, S. 334, Abb. 452.

109 Serlio 1619, IV 7, S. 165v.

Den umgekehrten Weg beschritt Michele Sanmicheli am *Palazzo Grimani* in Venedig. Er reduzierte unter Beibehaltung der Superposition die Höhe der Ordnungen, und zwar so rigoros, dass die obere fast nur noch halb so hoch ist wie die untere. Da er den oberen Arkaden im Gegenzug keine breiteren Pfosten zugestand, sind diese vor allem im Obergeschoss hoffnungslos zu kurz.

193

Wie die Beispiele zeigen, ergibt sich bei der Superposition des Theatermotivs ein strukturimmanentes Problem, das noch komplexer ist als der berühmte Triglyphenkonflikt an den antiken dorischen Tempeln. Dieses bislang nicht untersuchte Phänomen, das ich als **Arkadenkonflikt** bezeichnen möchte, veranlasste viele Architekten, in einem der beiden Geschosse (in der Regel im unteren Stock) Wandarkaden ohne applizierte Ordnung zu verwenden. So reduzierten Vignola im Hof der *Villa Farnese zu Caprarola* und Hardouin-Mansart an der *Gartenfront von Versailles* das Erdgeschoss auf einen reinen Sockel der oberen Ordnung, der als solcher auch niedriger sein durfte. Erhielt dieser Sockel aber eine Gliederung wie in Fischer von Erlachs Entwurf für *Schloss Klesheim*,[110] so bestand diese allenfalls aus neutralen Lisenen, für die das Modulsystem nicht galt.

91

48

3.3.3.3 Die Lösung des Arkadenkonflikts an Sangallos Holzmodell für Sankt Peter

Indes gab es durchaus Möglichkeiten, Theatermotive sinnvoll und korrekt in Superposition zu bringen. Eine solche Möglichkeit entwickelte Antonio da Sangallo d. J. für *Sankt Peter*. An seinem *Holzmodell* fallen vier Besonderheiten auf: Erstens ist die fast schon serielle Verwendung des Theatermotivs bemerkenswert. Wenn man Bramante nachsagt, er habe in *Sankt Peter* das *Pantheon* auf die *Maxentiusbasilika* stellen wollen,[111] so kann man von Sangallo vielleicht behaupten, er habe auf die *Maxentiusbasilika* das *Kolosseum* setzen wollen. Allerdings, und dies ist schon die zweite Besonderheit, war Sangallo im Unterschied zum Baumeister des *Kolosseums* peinlichst darauf bedacht, die Säulenhöhe vom Erdgeschoss bis zum obersten Turmgeschoss und der Kuppellaterne kontinuierlich zu verringern. An diese Regel hielt sich später auch Michelangelo. Allerdings verwendete der Florentiner Meister an den Außenwänden der Basilika eine Kolossalordnung mit (nachträglich hinzugefügter) Attikazone, die es ihm erlaubte, auch den Kuppeltambour mit einer einzigen Ordnung zu instrumentieren. Sangallo, der auf die Kolossalordnung verzichtete, verbrauchte hingegen bereits für den hohen Fassadenmantel zwei Hauptgeschosse und ein Zwischengeschoss. Dem Kuppeltambour musste er gleichfalls zwei Geschosse zugestehen, während sich die Anzahl der Stockwerke bei den Türmen sogar auf sechseinhalb steigerte. Die stete Reduktion der Geschosshöhe führte nicht nur dazu, dass sich die feingliedrigen Ordnungen, die den oberen Turmgeschossen appliziert sind, gegenüber den Wandmassen gar nicht mehr behaupten können. Auch der **Arkadenkonflikt** war vorprogrammiert. Als dritte Eigentümlichkeit ist die etwas ungewöhnliche Zurücksetzung des oberen Tambourgeschosses zu nennen, die sich weder am *Kolosseum* noch an Michelangelos Kuppel findet. Die vierte Merkwürdigkeit besteht schließlich in der verhältnismäßig dicken, fast schon plump wirkenden Laterne.

189, 190

72

153a, b

355

Um den **Arkadenkonflikt**, der sich aus solch penibler Systematik zwangsläufig ergab, aufzulösen, entwickelte Sangallo zwei Lösungen. Außerhalb der Kuppel stellte er nur an den Eckrisaliten und den Türmen zwei Arkaden übereinander. Logischerweise sind die ionischen Arkaden des Oberstocks schmaler als ihre dorischen Geschwister im Erdgeschoss. Folglich sind die Wandstreifen im Obergeschoss breiter als im Erdgeschoss. Allerdings fällt dieser Verstoß gegen **Regel III** nicht ins Gewicht, weil die Arkaden nur appliziert sind und folglich keine tektonische Relevanz besitzen. (Andernfalls wäre auch das massive Zwischengeschoss nicht zu rechtfertigen gewesen).

---

110 Fischer von Erlach 1721, IV, Tf. 19.

111 Campbell 1981, S. 5–6; Metternich/Thoenes 1987, S. 82, Anm. 135; Krauss/Thoenes 1991/92, S. 196, Anm. 35 u. Bredekamp 2002, S. 35.

In den Obergeschossen der Tribunen hingegen berühren die Arkaden die Säulen der **Hauptordnung** unmittelbar. Hätte Sangallo nun auch im dorischen Geschoss Arkaden eingesetzt, wären diese – dank Superposition und größerer Geschosshöhe – schmaler ausgefallen. Da dorische Arkaden aber nicht schlanker sein können als ionische, ersetzte Sangallo sie durch Ädikulafenster (die der Einheitlichkeit halber dann auch in den dorischen Arkaden der Eckrisalite und der Türme erscheinen, wo man sie eigentlich nicht erwarten würde).

Ausgesprochen originell ist der **Arkadenkonflikt** an der Kuppel gelöst. Da sich der Tambour im oberen Geschoss wie gesagt verjüngt und die Laibungen der Arkaden an einem Rundbau radial angeordnet sind, konnte Sangallo die lichte Bogenweite in dem Maße verringern, in dem er die Wandflucht zurücknahm, ohne dass er dabei die Superposition aufgeben musste. Dasselbe gilt für die Interkolumnien der begleitenden Säulen. Durch die Reduktion des Durchmessers wurde das Theatermotiv des oberen Geschosses also schlanker, obwohl das Geschoss selbst niedriger war.

Dieses Prinzip, das man vielleicht am besten als ‚**tiefenräumliche Superposition**' bezeichnen, erstreckt sich auch auf die Laterne, die sozusagen das dritte Kuppelgeschoss bildet und deren korinthische Säulen jeweils durch eine Rippe mit einer Tamboursäule verbunden sind. Infolge des verkleinerten Durchmessers stehen die Laternensäulen nun so eng, dass für eingestellte Arkaden kein Platz mehr blieb; die Säulen sind buchstäblich zu einer reinen Kolonnade ‚zusammengerückt'. Dass die Interkolumnien systylisch sind, spricht wiederum für Sangallos Hang zur Systematik.

Die **tiefenräumliche Superposition** erklärt schließlich auch, warum die Laterne – insbesondere im Vergleich zu Michelangelos Laterne über der ausgeführten Kuppel – so dick wirkt. Innerhalb seines strikten Systems konnte Sangallo die Anzahl der Säulen weder verringern, noch konnte er wie Michelangelo zwei Säulen koppeln. Bei der Gestaltung der Laterne war er also zum Opfer seiner eigenen schulmäßigen Prinzipienhaftigkeit geworden.

Gleichwohl bot Sangallos **tiefenräumliche** Disposition eine einfache Lösung des **Arkadenkonflikts**. Dass sie keine Nachfolge fand, lag vor allem daran, dass sie nur an Rundbauten anwendbar war.

3.3.3.4 Die Lösung des Arkadenkonflikts in Serlios „Venezianischer Fassade"

Für die konventionelle Fassade war daher die Option, die Serlio für die reguläre Gebäudefront entwickelte, zukunftsweisender. In seiner *Venezianischen Fassade* verbesserte Serlio die eben erwähnte *Ionische Fassade* dahingehend, dass er die Wandpfeiler kurzerhand durch eine Säulenarchitektur ersetzte. Der Bogen steht nun zwischen zwei Travéen einer Kolonnade. Das Erdgeschoss trägt keine massive **Wand**-, sondern nur noch eine leichte **Gliederbauweise**: die Serliana. Um das Gebälk der seitlichen Travéen optisch und statisch zu entlasten, setzte Serlio den Wandspiegel über den Interkolumnien der seitlichen Travéen sogar zurück und öffnete ihn durch Okuli. Damit war die Erinnerung an die Wand noch mehr getilgt als im Untergeschoss. Erinnern wir uns, dass Serlio den Bogen dort nur optisch zu einem eigenständigen Bauglied aufgewertet hatte, indem er die Oberflächenstruktur der Wand änderte. Die Serliana hingegen ist tatsächlich ein freigestellter Bogen. Überspielte Serlio die ursprüngliche Diktion des Theatermotivs im Erdgeschoss noch, so stellte er sie im *piano nobile* geradezu auf den Kopf: Die große **Hauptordnung** ist nicht mehr einer Wandarkade vorgeblendet, sondern in die Interkolumnien der großen Ordnung sind Fragmente einer kleineren Ordnung eingestellt, die man gut als **Unter-** oder **Binnenordnung** bezeichnen könnte. Zumindest innerhalb des eben angeführten Kontextes wird man die Serliana durchaus als eine gestreckte Variante des Theatermotivs deuten können.

3.3.3.5 Borrominis Lösung des Arkadenkonflikts am Palazzo Barberini und am Oratorium der Philippiner

Eine Alternative zur Serliana entwickelte Francesco Borromini am *Palazzo Barberini* (1625–33). *191, 192* Jedes Geschoss des Mitteltrakts ist mit einer der drei klassischen Ordnungen instrumentiert, deren Höhe nach oben geringfügig abnimmt. Da sich in jeder Travée ein Rundbogen befindet, wird in der Forschung als Vorbild immer wieder das *Kolosseum* genannt.[112] Indes beschränken sich die *154* Gemeinsamkeiten beider Bauten auf die Superposition dreier Theatermotive. In der Ausarbeitung der Details und vor allem in der Lösung des Stockwerkskonflikts beschritt Borromini einen ganz neuen Weg. Obwohl seine Fassade auf ein einziges Grundmotiv beschränkt ist, erweist sie sich bei näherer Betrachtung als ein sehr facettenreiches Gefüge.

Im Erdgeschoss blendete Borromini einer Arkade mit Unterzügen und Bandrustika dorische Halbsäulen mit unverkröpftem Gebälk vor. In der Mittelachse lösen sich die Säulen, von Pilastern hinterfangen, von der Wand, um einen Balkon zu tragen. Auf diese Weise entsteht ein *avant corps* – neben dem Wappen über der Balkontür die einzige Betonung der Mitte. Die ionischen Säulen des zweiten Geschosses tragen gleichfalls ein unverkröpftes Gebälk. Sie erwecken den Eindruck, als seien sie vollrund. In Wirklichkeit handelt es sich aber um Nischensäulen, die zwischen die Lisenen scheitrechter Arkaden geschoben sind. Diese werden wie am *portico* in *Frascati* von Bögen ausge- *178* füllt, die, etwas zurückgesetzt, mit ihren profilierten Rahmen eigenständige Einheiten bilden. Die Zwickel über ihnen sind noch weiter eingetieft und mit einer Biene, dem Wappentier der Barberini, verziert. Im Obergeschoss stehen über den ionischen Säulen korinthische Pilaster, die wie im *cortile* des *Palazzo Farnese* beidseitig von Halbpilastern hinterfangen werden. Darüber hinaus verkröpfte *80* Borromini wie Michelangelo Architrav und Fries, nicht aber das Kranzgesims. In den Interkolumnien stehen wieder scheitrechte Arkaden, die allerdings so schmal sind, dass man sie kaum wahrnimmt. Sie umschließen reguläre Arkaden, deren Stirnseiten gleichfalls sehr dünn sind. Gewände und Laibungen sind abgeschrägt. Die eigentliche Öffnung wird dadurch erheblich reduziert.

Obwohl die Geschosshöhe nach oben abnimmt, gelang es Borromini, die Fenster kontinuierlich schmaler werden zu lassen. Dies war nur möglich, indem er die Wand zwischen den Fenstern verbreiterte. Anders als an Serlios *Ionischer Fassade* fällt diese Verbreiterung allerdings nicht auf, weil *167* Borromini sie mit Strukturelementen der **Gliederbauweise** kaschierte, von denen er pro Stockwerk immer eines hinzufügte: So steht die ionische Nischensäule des ersten Obergeschosses über der dorischen Halbsäule des Erdgeschosses. Die neu hinzugekommenen Lisenen werden von den rustizierten Wandflächen aufgefangen. Dass die eigentliche ionische Arkade keine Substruktion hat, scheint unerheblich, da sie im Verhältnis zum Wandspiegel nicht vor-, sondern zurücktritt. Daher wird sie eher als ein Fensterrahmen wahrgenommen, der buchstäblich nicht ins Gewicht fällt. Der korinthische Pilaster des zweiten Obergeschosses wird wiederum von der ionischen Säule getragen. Die ihn begleitenden Halbpilaster und Lisenen stehen über den unteren Lisenen. Als Stütze der Arkade vermutet man die Arkade darunter. Dass man dieser eben noch jede tektonische Qualität abgesprochen hat, ist man sich in diesem Moment nicht mehr bewusst.

An der Fassade des *Palazzo Barberini* demonstrierte Borromini nicht nur die konfliktfreie Superposition, sondern auch die Variationsmöglichkeiten des Theatermotivs. Im Erdgeschoss, wo die Arkaden keine eigenen Pfosten und Archivolten ausbilden und die Bandquader hinter der applizierten Ordnung kontinuierlich verlaufen, ist das Theatermotiv ganz **wandhaft**. Im ersten Obergeschoss erscheinen die Säulen hingegen als das **primäre** Element. Die scheitrechten Arkaden, die als **sekundäre** Elemente in das Interkolumnium eingestellt sind, versteifen und stabilisieren die Ordnung und machen die Bogenarkade als zusätzliche Stütze entbehrlich. Diese sinkt somit zu einer **tertiären** und rein graphischen Struktur herab. Im dritten Geschoss gewinnt die Bogenarkade

---

112 Vgl. z. B. Waddy 1990, S. 219.

dank der Abschrägung von Gewände und Laibung wieder mehr an Substanz. In gewisser Weise wird sie dadurch sogar zum **primären** Element, das (wie die Fensterädikulen des *Konservatorenpalastes* in Michelangelos ursprünglichem Plan) die Ordnung samt scheitrechter Arkade stützt. Entsprechend fluchten Architrav und Fries auch auf die Ebene der Bogenarkade zurück.

Von den drei Bestandteilen des Theatermotivs – Wand, Arkade, Ordnung – dominiert in jedem Geschoss ein anderes. Damit hat Borromini die drei wesentlichsten Varianten auf ebenso sophistische wie eigenwillige Weise durchgespielt.

Für eine andere Möglichkeit, zwei übereinanderstehende Wandarkaden mit einer applizierten Gliederung zu rahmen, entschied sich Borromini in den Höfen des *Oratorio dei Filippini*. Indem er die Superposition zweier Ordnungen durch eine Kolossalordnung ersetzte, war er bei der Festlegung der Geschosshöhe völlig frei. So zögerte er nicht, beiden Stockwerken dieselbe Höhe zu geben. Da die (ursprünglich unverbauten[113]) Bögen nun keiner Ordnung mehr angehören, müssen sie auch nicht unterschiedlich proportioniert sein. Folglich sind sie ebenfalls gleich hoch.

3.3.3.6 Berninis Lösung des Arkadenkonflikts am Ersten Entwurf für die Ostfassade des Louvre

174, 175 Auch Bernini bediente sich im *ersten Louvreentwurf* der Kolossalordnung, um eine Fassade mit zwei übereinanderstehenden Arkaden zu instrumentieren. Im Unterschied zu Borromini teilte er seine Arkaden aber jeweils einer Ordnung zu: Während die Pfosten der Erdgeschossarkaden dorisierende Kämpfer haben, gehören die Säulen der oberen Arkaden der Corinthia an. Die Wahl der Ordnungen zwang Bernini, die oberen Arkaden schlanker zu halten. Um dies zu erreichen, kombinierte er mehrere Techniken: Er stellte die oberen Arkaden auf Postamente und gestaltete sie als Serlianen. Zugleich erlaubte es ihm die Kolossalordnung, dem oberen Stockwerk dieselbe Höhe wie dem unteren zu geben. Somit ist die korinthische Arkade zwar nicht höher als die dorische, aber deutlich schmäler.

Indes wirkte sich die Einführung der Kolossalordnung nicht nur auf das Format der Arkaden aus. Da die kolossalen Halbsäulen doppelt so hoch sind wie eine Stockwerksordnung, hat sich die Weite ihrer Interkolumnien proportional halbiert. Die Säulen stehen jetzt so nahe beieinander, dass ihr Gebälk der eingestellten Arkaden als zusätzlicher Stützelemente wenigstens unter optischen Gesichtspunkten nicht mehr bedarf – wenngleich der Säulenabstand für die systylische Corinthia noch immer zu breit ist.

Allein durch die Reduktion der korinthischen Interkolumnien verändert sich die Lesart der Fassade völlig. Die Kolossalordnung ist das **primäre** Element, in das die unteren Bögen als **sekundäre** und die oberen Bögen als **tertiäre** Elemente eingestellt sind. Der Charakter, den die mittleren Fassadenteile, also die Exedra und die Rotunde, als **Gliederbauten** besitzen, hängt nun nicht mehr von der Autonomie der Arkaden ab; vielmehr hat sich die kolossale Ordnung ihre Autonomie selbst erkämpft. Außerdem wird der Eindruck, es handele sich bei Exedra und Rotunde um Gliederfassaden, durch die Fensterlosigkeit der Bögen verstärkt. Durch die Öffnungen der Rotunde hindurch erkennt man den ovalen Kernbau, der eindeutig als **Wandbau** konzipiert ist. Wie bei Bramantes *Tempietto* wird eine runde ‚Cella' von einer etwas niedrigeren **Gliederarchitektur** eingefasst, die wie ein Kranz um sie gelegt ist. (Allein diese Konstellation weist den Entwurf als genuin römisch – und in gewisser Hinsicht auch als unklassisch – aus).[114]

---

113 Siehe Borromini/Giannini 1725, Tf. 56.

114 Als römisch erweist sich der Entwurf auch darin, dass Bernini die Attika des ovalen Kernbaus als Evokation einer Königskrone plante, ein Konzept, das Colbert mit dem Hinweis verwarf, die französische Königskrone sei nach oben hin geschlossen (freundlicher Hinweis von Prof. Franz Matsche, Bamberg).

Der Aspekt der Interkolumnienweite führt zu einem weiteren Problemfeld des Theatermotivs. Schwierigkeiten ergaben sich bei der Bildung des Theatermotivs nicht nur in der Vertikalen, wo sich bei gleich bleibender Travéenbreite die Proportionen der Arkaden änderten. Nicht weniger heikel war es, wenn sich in der Horizontalen bei gleich bleibenden Arkaden die Breite der Travéen änderte.

Eine Lösung dieses Problems bestand darin, zusätzliche Wandflächen in Kauf zu nehmen, was möglich war, wenn diese ein Stockwerk tiefer durch entsprechende Wandsubstanz unterfüttert wurden. Damit die Arkade aber als eigenständige Vokabel erkennbar blieb, mussten ihre Pfosten, die gewöhnlich unmittelbar an die Stützen der Ordnung stießen, an den Außenseiten deutlich begrenzt und vom Wandspiegel abgehoben werden. Diese recht einfache Variante nutzte beispielsweise Giorgio Massari an den Seitenachsen des *Palazzo Grassi* zu Venedig (Baubeginn 1749). Obwohl die Wand gegenüber den mittleren Achsen deutlich zugenommen hat, erscheint sie im Verhältnis zur Ordnung und zu den Arkaden als ein nachgeordnetes Füllsel.

200

3.3.3.7 Die Lösung des Arkadenkonflikts mittels der Serliana

Eine andere Möglichkeit, das Theatermotiv in der Breite zu variieren, bot natürlich die Serliana. Ihre Elastizität hatte bereits Palladio genutzt, um an der *Basilica in Vicenza* die Seitentravéen schmaler zu gestalten.

201, 204

Bot die Serliana die Möglichkeit, eine (Säulen-)Arkade bei zu weiten Interkolumnien zu dehnen, so bedurfte es bei zu schmalen Interkolumnien auch eines Strukturelements, um die Arkade zu komprimieren. Vor einer solchen Notwendigkeit standen Pirro Ligorio und Giacomo della Porta im Hof des *Collegio della Sapienza*, wo die äußersten Travéen der Längsseiten schmaler ausfielen als die übrigen Travéen. Eigentlich hätten Ligorio und della Porta kleinere Bögen verwenden müssen. Das hätte allerdings die Mauerfläche zwischen den Arkaden und den Gebälken der **Hauptordnung** so sehr vergrößert, dass die Architektur **wandhaft** geworden wäre. Da gestelzte Bögen in diesem Zusammenhang keine Alternative boten, ersetzten sie die Archivolten durch offene querrechteckige Rahmen, die unmittelbar auf den Pfostenkapitellen aufliegen. Die Folge der Arkaden wurde dadurch zwar unterbrochen, doch blieb die **Gliederhaftigkeit** gewahrt. Gewiss ist es statthaft, in diesen Rahmen-Arkaden ein ganz neues Architekturmotiv zu sehen. Vor allem im Kontext der gesamten Hofarchitektur kann es sich aber auch um echte Arkaden handeln, die mit ihrer Verformung lediglich auf eine Verengung reagieren.

268

Nach diesem Prinzip der Verengung führte auch Schlüter am Großen Hofrisalit des *Berliner Schlosses* die mittlere Säulenarkade des zweiten Hauptgeschosses an den Seiten in Form von Kolonnaden weiter, die ihrerseits nur Fensterrahmen tragen. Hinterkeuser führte das Motiv der fragmentierten Kolonnade, die einen Rahmen trägt, auf Borrominis Fassade von *San Carlo alle Quattro Fontane* zurück.[115] Allerdings ist dieses Motiv dort ganz anders motiviert; die oberen Fensterrahmen bilden eine eigenständige Stockwerksarchitektur aus. In Berlin ersetzen sie hingegen wie in der *Sapienza* die Archivolte eines Bogens. Überdies sind die aufgesetzten Rahmen sogar – analog zur Archivolte des Mittelbogens – ganz aus dem Profil eines Architravs gewonnen. (In gewisser Weise kann man in den Fenstern sogar einen überdehnten Architrav sehen, der – einem semantischen Zeugma[116] vergleichbar – sowohl die **Haupt-** wie die **Binnenordnung** bedient.)

82

---

115 Hinterkeuser 2003, S. 200.
116 In einem semantischen Zeugma (ζεῦγμα = Joch) bedient ein Wort mit doppelter Bedeutung zwei verschiedene Gedankenabschnitte, z. B.: Erst schlug er das Fenster und dann den Weg zum Bahnhof ein.

3.3.4 Die räumliche Entfaltung des Theatermotivs

3.3.4.1 Allgemeines

194 Nicht weniger entscheidend als die Breite und die Höhe ist für den Charakter des Theatermotivs die räumliche **Tiefe**. Wie am *Palazzo Cà Pesaro* deutlich wurde, zog die Freistellung der Arkade auch die tektonische Aufwertung der Ordnung nach sich. Indes war es Longhena nicht nur um die Umwandlung der Instrumentierung in eine Gliederbauweise zu tun. Sein Interesse galt auch der plastischen Aufwertung der Schauseite. Wenn er also im Vergleich zur Längsseite die Pilaster durch Freisäulen, die Arkadenpfeiler durch Säulen und die flachen Schlusssteine durch Kragsteine ersetzte, wenn er die leeren Zwickel mit figürlichem Schmuck füllte und das Gebälk nicht mehr in den Wandspiegel zurückspringen ließ, dann war dies ebenso sehr dem Fassadenrelief geschuldet wie die Ablösung der Band- durch Diamantquader oder das Vorziehen der Balkone.

Die plastische Belebung der Fassade und die **Gliederhaftigkeit** des Theatermotivs gehen am *Palazzo Cà Pesaro* also Hand in Hand. Darüber hinaus kann das Theatermotiv aber auch eine räumliche Dimension entfalten.

Wie besonders die beiden vorigen Kapitel gezeigt haben, ist die Form der Arkade in einem Theatermotiv keinesfalls beliebig. Vielmehr steht sie mit der applizierten Ordnung in einem ausgesprochen komplexen und diffizilen Wechselverhältnis. Das gilt jedoch nicht nur für die Maßverhältnisse und den **wand-** bzw. **gliederhaften** Charakter der Architektur. Auch der Raumeindruck der Fassade wird durch dieses Wechselverhältnis bestimmt.

Grundsätzlich können sich Arkade und applizierte Ordnung bei der Erzeugung von Räumen analog oder konträr verhalten. Da die applizierte Ordnung dem Fassadenspiegel angehört, besitzt sie naturgemäß eine **breitenräumliche** Tendenz. Sofern die Arkade wandhaft ist, wird sie diese **Breitenräumlichkeit** eher stützen. Als ein eigenständiges, quasi eingestelltes Element verfügt sie aber auch über ein **tiefenräumliches** Potenzial, das die **Breitenräumlichkeit** der Wand relativieren, im Extremfall sogar überspielen kann.

91 Ein Fall, wo Wand und Arkade sich eindeutig analog verhalten, ist das obere Hofgeschoss in der *Villa Farnese zu Caprarola*. Obwohl die Arkaden einen Kämpfer und eine eigene Archivolte haben und die Zwickel in den Wandspiegel leicht einsinken, sind die Profile viel zu seicht, als dass sie die Arkaden zu einer eigenständigen **Gliederarchitektur** aufwerten könnten. Verstärkt wird der Eindruck der **Wandhaftigkeit** dadurch, dass Vignola die Säulen der applizierten Ordnung verdoppelte und die Interkolumnien vermauerte. Zwar ließ er in die untere Hälfte der Vermauerungen Öffnungen ein, doch sind diese **positiv** und damit **wandhaft**. Auf diese Weise entsteht der Eindruck, als sei einer **primären** Wand mit hochrechteckigen und rundbogenförmigen Öffnungen eine **sekundäre** Kolonnade vorgeblendet worden. Da die applizierte Ordnung an der Rückwand der Loggien nicht wiederholt wird und das umlaufende Tonnengewölbe erst über den Arkadenscheiteln ansetzt und folglich ungehindert durchläuft, ergeben sich keinerlei **tiefenräumliche** Bezüge. Die Rückwand erscheint somit ausschließlich als eine zweite konzentrische Raumschale. Der **ringräumliche** Charakter des Untergeschosses bestimmt also *153a, b* auch das Obergeschoss.

Auch im *Kolosseum* werden die äußeren Umgänge von durchlaufenden Ringtonnen, die über den Arkadenscheiteln ansetzen, überwölbt. Da die Arkaden abermals **wandhaft** sind, entstehen auch hier reine **Ringräume**. In gewissen Intervallen sind in die Rückwände der Umgänge jedoch weitere Arkaden eingebrochen. Diese gehen entweder in tunnelförmige Treppengänge über oder führen zu einem inneren **Ringraum**. Auf diese Weise ergeben sich an einigen Stellen in der Frontalansicht Staffelungen mehrerer Tunnelfragmente, durch die der **Ringraum** eindeutig **tiefenräumlich** durchkreuzt wird.

Diesen Effekt hat Joachim von Sandrart auf einem *Stich in der ‚Teutschen Akademie'*, der eine Achse des Amphitheaters separiert wiedergibt, deutlich herausgearbeitet.¹¹⁷ Im Unterschied zu den meisten anderen Architekturtheoretikern interessierte sich Sandrart für das Verhältnis der Geschosse weniger unter dem Gesichtspunkt der Ordnungen. Angesichts des beigefügten Querschnitts stellte er die Stockwerke vielmehr in ihrer unterschiedlichen **Tiefenräumlichkeit** und in der Anzahl der gestaffelten Tunnelfragmente dar. Dabei achtete er besonders auf die verschiedenen perspektivischen Wirkungen. So gibt er das Untergeschoss als eine Tunnelfolge in Daraufsicht wieder, die den gesamten Bau durchzieht und einen **Durchblick** in die Arena gestattet. Das erste Obergeschoss erscheint in Höhe des Augpunkts als eine Folge dreier Tunnel, die nach hinten kleiner werden und in einer Stirnwand enden. Das Obergeschoss enthält zwei gestaffelte Tunnel in starker Unteransicht. Die Attika ist nur noch seichte Wand. Neben den unterschiedlichen szenographischen Wirkungen und Gewölbeformen hält Sandrart also auch den Übergang von der **Tiefenräumlichkeit** zur flachen Ebene fest.

202

Im *Kolosseum* kann also selbst die **wandhafte** Version des Theatermotivs eine **Tiefenräumlichkeit** entfalten – eben weil das Motiv der Arkade nach hinten wiederholt wird und jede Arkade einen, wenn auch kurzen, **Längsraum** einleitet.

3.3.4.2 Beispiel I: Die Basilika in Vicenza

Eine andere Möglichkeit, den **Breitenraum** mit Hilfe des Theatermotivs zu relativieren, fand Palladio an der Basilica zu Vicenza. Als reine **Gliederarchitekturen** besitzen seine Serlianen eine von der **Hauptordnung** unabhängige **Binnenordnung**. Indem Palladio deren Stützen nach hinten kuppelte und die Laibungen als verkürzte Längstonnen gestaltete, schuf er eine **Tiefenräumlichkeit**, die sich von der flächenhaften Ebene des Fassadenspiegels samt applizierter Hauptordnung absetzt. Anders als Vignola in *Caprarola* oder der Architekt des *Kolosseums* verwendete Palladio sogar Kreuzgratgewölbe, die er bis auf den Fuß der Serlianenbögen herabziehen konnte. Damit war eigentlich die Voraussetzung geschaffen, um die Fassadengliederung auch strukturell mit den Rückwänden zu verbinden. Allerdings hatte Palladio seine Fassaden einem gotischen Kernbau vorzublenden, dessen Gliederung er nicht antasten durfte oder wollte. Die Struktur der Fassaden konnte er also nicht wiederholen oder paraphrasieren. Immerhin fußen die Gewölbe auf Kragsteinen, die dem Kranzgesims des Serlianagebälks nachgebildet sind. Die Rückwände sind somit wenigstens ideell in das Fassadensystem einbezogen, was die **Breitenräumlichkeit** der Loggien zumindest teilweise relativiert.

91, 153a, b
199

203

Allerdings sind diese Bezüge nur erkennbar, wenn man sich in den Loggien selbst befindet. Zumindest im gegenwärtigen Zustand absorbieren die braunen Ziegelgewölbe und die angeschwärzten Rückwände so viel Licht, dass die Rückwand kaum erkennbar ist. Die in den Säulenstellungen der Serlianen fassbare **Tiefenräumlichkeit** wird letztlich also durch die **Breitenräumlichkeit** der Loggien wieder abgebrochen.

Je nach **Betrachterstandpunkt** und **Lichtverhältnissen** ändert sich aber auch dieser Eindruck. Vom Platz aus gesehen, versinkt der Raum hinter der Fassade zu gewissen Zeiten sogar ganz im Dunkel. Der Raum wird dann zu einer fast undurchdringlichen schwarzen Folie, vor der sich der weiße Marmor der Fassade umso strahlender abhebt. Die Tiefe des Raums ist allenfalls an der Flucht des Kernbaus zu ermessen, der den Fassadenmantel überragt. In dieser Situation ist die gesamte Raumhaltigkeit der Fassade auf die geringe **Tiefenräumlichkeit** der Serlianen reduziert. Die durch ihre **Gliederarchitektur** erreichte Entmaterialisierung der Wand erfüllt nun eine überwiegend malerische Funktion: den dunklen Hintergrund in unterschiedlichsten Formen nach

201

---

117 Sandrart 1679–1680, Bd. II, Tf. 16.

außen dringen zu lassen, nämlich durch die weite Öffnung der Bögen, die schmaleren Interkolumnien der Seitentravéen, die runden Okuli in den Zwickeln und die engen Zwischenräume der Balustraden.

3.3.4.3 Beispiel II: Der Convento do Cristo in Tomar

121 Etwas ausgeprägter ist die **Tiefenräumlichkeit** des Kreuzganges im *Convento do Cristo* zu Tomar. Die Serlianastützen sind noch weiter nach hinten gekuppelt als in Vicenza und zudem vierkantig. Beides führt dazu, dass die Serlianen an sich schon raumhaltig sind. Auch sind die Archivolten der Serlianen durch Kreuzgratgewölbe mit der Rückwand des Umgangs verbunden. Da dieser an allen anderen Stellen von einer Tonne überwölbt wird, hat man den Eindruck, die Serlianabögen eröffneten **Tiefenräume**, die im rechten Winkel einen **Querraum** durchdringen. Zusammen ergeben die **Querräume** aller vier Flügel einen **Randraum**, der den **Kernraum** des Hofes umschließt. Von der Mitte des Hofes aus gesehen, drückt die **Tiefenräumlickeit** der Serlianen eine zentrifugale Kraft aus, die auf den **Randraum** einwirkt.

3.3.4.4 Beispiel III: Die Villa Mondragone in Frascati

Noch stärker durchdringt die **Tiefenräumlichkeit** einen **Querraum**, wenn sich die Gliederung des Fassadenspiegels an der Rückwand wiederholt und das Gewölbe beide Ebenen verbindet. *178* Im *portico* der *Villa Mondragone* zu Frascati ist dies der Fall. Die Säulenarkaden werden an der Rückseite in Form von Blendarkaden wiederholt. Dazwischen verlaufen Kreuzgratgewölbe mit Gurtbögen.

Doch selbst jetzt kann man die Wiederholung der Arkaden an den Rückwänden noch immer so auslegen, als liefen an den beiden Raumschalen dieselben Gliederungen nebeneinander her. In dieser **parallelen** Lesart dominiert noch die **Breitenräumlichkeit**. Erst wenn man die Blendarkaden aber als Hinterlegung der vorderen Arkade begreift, gewinnt die Fassade einen **tiefenräumlichen** Zug. Dieser wird durch die Gurtbögen verstärkt. Sie unterbrechen nicht nur das **breitenräumliche** Kontinuum des **Querraums**, sondern setzen die vorderen Arkaden auch nach hinten fort und verbinden sie mit den Blendarkaden zu kleinen Jochen. Diese Joche öffnen sich nach vorne ebenso wie zur Seite. **Breiten-** und **Tiefenräumlichkeit** halten sich jetzt die Waage. Analog dazu verhält sich das Kreuzgratgewölbe, in dem Quer- und Längstonne einander durchdringen.

201 War die Säule an der *Basilica von Vicenza* noch in eine Fassade eingebunden, die sich in die Breite entwickelte, so erweist sie sich in *Frascati* als ein Gelenk, von dem aus die Architektur sich in drei Richtungen entfaltet. Das gilt für den Blick von außen nach innen ebenso wie für die Sicht von innen nach außen. Insofern hatte Maderno noch mehr Grund als Palladio, auf eine Freisäule zurückzugreifen. Die Funktion der Stützen als Gelenke, die in drei Richtungen vermitteln, verlangte geradezu nach freiplastischen und rundum ansichtigen Gebilden. Entsprechend stattete Maderno die ionischen Kapitelle auch nicht wie Palladio mit herkömmlichen Stirn-, sondern mit Eckvoluten aus.

174 In seinem *ersten Louvreentwurf* wählte Bernini im Prinzip dasselbe Gliederungsprinzip wie Maderno. Dennoch gibt es zwischen beiden Architekturen elementare Unterschiede. Im Oberstock stehen die Arkadensäulen noch freier. Ferner setzen die Gurtbögen nicht an den Rückseiten der Hauptordnung, sondern über den Binnensäulen an. Auf diese Weise bilden sich völlig eigenständige Stützengevierte, die sich rein gedanklich aus der Fassade herausnehmen lassen.

Ferner überwiegt bei Bernini die **Tiefenräumlichkeit**. Den Ausschlag geben letztlich zwei Faktoren: Zum einen sind die Binnensäulen und die sie begleitenden Halbpfeiler der Serlianen nach hinten gekuppelt. Auch finden sie im Unterschied zur *Basilica von Vicenza* an der Rückwand Anschluss. Zum anderen sind die kolossalen Säulen und Pilaster keinem Stockwerk zuzuordnen.

Obwohl die Kolossalordnung sich in die Breite entfaltet, schafft sie im Gegensatz zu der stockwerksbezogenen **Hauptordnung** in *Vicenza* und *Frascati* eine deutliche Zäsur. Die Arkaden erscheinen nun nicht mehr als Teile einer horizontal fortlaufenden Kette, sondern als eingestellte vertikale **Glieder**. Die **Binnenordnungen** können so noch leichter als Stirnseiten **tiefenräumlicher** Binneneinheiten gedeutet werden, die sich von dem konvex-konkaven Schwung der Wandschale nach hinten absetzen.

Eine eindeutige **Tiefenräumlichkeit** erlangt das Theatermotiv indes erst, wenn die Arkade einen eigenen Längsraum einleitet, der sich kontinuierlich durch den gesamten Fassadenraum zieht.

Solche Längsräume können auf verschiedene Weise entstehen. Bei den *Triumphbögen* bildet die Arkade die Stirnseite eines Tunnels. Die Räumlichkeit besteht hier ausschließlich aus einem **Durchblick**. Auch im *Palazzo Farnese* öffnet sich das mittlere Theatermotiv der unteren Hoflauben einem tunnelartigen Durchgang, der zum Garten führt. Wie weiter oben schon gesagt wurde, dient die Arkade hier als Schnittstelle, wo der **Randraum** der Lauben in einen **Längsraum** mit **Durchblick** überführt wird.

157, 159, 160

77

70, 80

3.3.4.5 Beispiel IV: Sant'Andrea in Mantua

Auch an Albertis Fassade von *Sant'Andrea* in Mantua (1470) haben wir es mit einem tunnelartigen **Längsraum** zu tun. Allerdings durchdringt dieser nicht den Baukörper, sondern ist nur **eingezogen**. Wie in Kapitel A 2.1.2 bereits erwähnt, steht die Arkade in der Mitteltravée einer dreiachsigen **Tempelvorhalle**. Diese ist an den Seiten zweidimensional gehalten, öffnet sich über die Triumphbogen-Arkade aber einem quadratischen Eingangsbereich. Die Pfosten der Arkade bestehen aus vollwertigen korinthischen Eckpilastern, die an Stelle der Kämpfer ein reguläres Gebälk tragen. Hinzu kommt, dass die Arkade aus dem Wandspiegel heraustritt. Schon dadurch ist sie als eigenständiges Bauglied ausgewiesen – gerade im Kontrast zu den Fensterarkaden der **wandhaften** Seitenachsen, die überhaupt kein nennenswertes Profil besitzen. Auch sind Archivolte und Pfosten dieser Fensterarkaden nicht voneinander geschieden, geschweige denn, dass der Pfosten einen pfeilerartigen Charakter hätte. Beinahe könnte man meinen, die Fassungen dieser Arkaden seien bloße graphische Verzierungen, die eine **positive** Wandöffnung rahmen. Dagegen kann man die Kantenpilaster der Triumphbogen-Arkade schon als die von Alberti selbst beschriebenen *colonne squadrate* deuten, die uns auch im Kreuzgang des *Convento do Cristo* in Tomar begegnet sind. Von diesen vierkantigen Säulen, die bereits Plinius der Ältere in der „Naturalis historia" erwähnt[118], sagt Alberti, dass sie in der Natur nicht vorkämen, mancherorts aber so gefertigt würden.[119] Sogar die Pilaster deutet Alberti als in der Wand stehende Säulen.[120]

Allerdings ist die große Triumphbogen-Arkade an *Sant'Andrea* nicht nur eine Fassadenöffnung, die einen **Längsraum** einleitet. Das Gebälk, auf dem sie ruht, läuft nämlich an den Innenseiten und der Stirnseite des Eingangsbereichs weiter. In die Ecken setzte Alberti sogar schmale Pilasterkanten, die sich wie vermauerte Pfeiler ausnehmen. Bei der Arkade handelt es sich also um die Vorderseite einer eingestellten quadratischen Binnenarchitektur. Zwar stehen deren Stützen nicht wie in Berninis *erstem Louvreentwurf* frei, doch werden sie von einer kassettierten Halbtonne überfangen, die an der **Tiefenräumlichkeit** keinen Zweifel lässt. Für sich genommen bilden Stützen und Gewölbe mithin ein tonnengewölbtes Pfeilerviereck, wie wir es von Michelozzos *Cappella del Crocifisso* in *San Miniato al Monte* zu Florenz kennen. Dieses Pfeilerviereck ist gewissermaßen von vorne in die **Tempelvorhalle** hinein geschoben. Dabei verwandelten sich

205–207

207

174

205

209

---

118 Plinius (1995), XXXVI, 139.
119 Alberti (1912), I, 10, S. 52: „Die Säulen gewährte die Natur freilich zuerst nur hölzern und rund; dann erst brache es die Übung mit sich, dass man sich an manchen Orten der viereckigen bediente"; siehe auch ibid. S. IX 1, S. 475.
120 Alberti (1912), VI, 12, S. 332.

die Rundsäulen durch die Berührung mit der Wand in Kantenpilaster, die man sich eigentlich als *colonne squadrate*, also als angesetzte Pfeiler, zu denken hat. Diese Umwandlung ist auch bei Michelozzo zu beobachten, wo die durch eine Rückwand verbundenen hinteren Stützen gleichfalls als Pfeiler gebildet sind.

208 Die Idee, ein tonnenüberwölbtes Säulengeviert in eine kolossale Pilasterarchitektur zu stellen, mag Alberti beim Anblick von Masaccios „Heiliger Dreifaltigkeit" in *Santa Maria Novella* zu Florenz gekommen sein (siehe Kapitel A 2.1.2). Bekanntlich wird die Fassade dieser Kirche Alberti zugeschrieben,[121] so dass der Architekt das Fresko mit Sicherheit kannte. Allerdings dachte Masaccio weniger architektonisch als Alberti. Daher behielt er die runden Schäfte der Säulen bei und beschnitt lediglich ihre ionischen Kapitele.

Ein weiterer Unterschied zu Masaccios Scheinarchitektur besteht darin, dass Alberti an den Längsseiten des Gevierts kleine Anräume hinzufügte, die parallel zum Fassadenspiegel verlaufen. Damit arretierte er den **Längsraum** im Fassadenvolumen. Da es sich bei den Anräumen der Eingangshalle um fragmentierte **Querräume** handelt, wird die dominante **Tiefenräumlichkeit** des Triumphbogens durch eine in Ansätzen fassbare **Breitenräumlichkeit** relativiert.

Darüber hinaus besitzt Albertis Eingangshalle eine weitere räumliche Dimension. Schließlich nimmt die Vorhalle auch das Raumkonzept des Langhauses vorweg: Auch dort trägt eine Pilasterordnung ein Tonnengewölbe und öffnet sich über eingestellte Arkaden kapellenartigen Anräumen mit einer Quertonne. Noch deutlicher als in der Eingangshalle werden im Inneren **Querräume** durch einen dominanten **Längsraum** durchbrochen. Wer das Langhaus kennt, wird in der Vorhalle also auch eine **frontalräumliche** Antizipation des **latenten** Kirchenraums erkennen bzw. den Kirchenraum als **tiefenräumliche** Verlängerung der Eingangshalle begreifen.

3.3.4.6 Beispiel V: Der Hochaltar von San Paolo Maggiore in Bologna

205 In der Eingangshalle von *Sant'Andrea* wird die **tiefenräumliche** Kontinuität vor allem durch das Tonnengewölbe erreicht, das die Archivolte nach hinten verlängert. Die angesetzten bzw. verbauten *colonne squadrate* stehen zu weit auseinander, um alleine einen **Längsraum** zu konstituieren. Allerdings gibt es auch Beispiele, wo die **Tiefenräumlichkeit** dadurch hervorgerufen wird, dass die Arkadenstützen in eine fortlaufende Ordnung übergehen. Dies ist am Hochaltar in *San Paolo*

211a, b *Maggiore* zu Bologna der Fall, den Bernini in Zusammenarbeit mit Giovanni Maria Bitonto und Alessandro Algardi 1634–36 schuf. Obwohl es sich um eine Dekorationsarchitektur handelt, will ich auf den Altar kurz eingehen, da er m. E. die fassadenräumliche Konzeption zweier wichtiger

210, 7 Bauten vorwegnimmt: der *Fontana di Trevi* und der Kirche *Sant' Andrea al Quirinale*.

211a Interessanterweise besitzt der Altar zwei fast gleichwertige Ansichten. In der Hauptansicht präsentiert er sich als eine Verbindung von Ädikula, Theatermotiv und halbiertem *tempietto*[122], wobei jedes Motiv mit dem nächst kleineren eine Struktur gemeinsam hat: Die Ädikula teilt mit dem

---

121 Zur Autorschaft Albertis siehe Lorch 1999, S. 38–39, v.a. Anm. 90.

122 Marder 1998, S. 68 führt das Säulenhalbrund auf Palladios Chor von *Il Redentore* in Venedig zurück. Das ist gewiss nicht abwegig. Jedoch kann man in dem *tempietto* m.E. auch eine architektonisierte Figurennische sehen. Schließlich gibt es schon in der Renaissance Ansätze, Figurennischen nicht nur mit dem Theatermotiv zu verbinden, sondern auch ihr Halbrund und ihre Kalotte durch eine (applizierte) Ordnung aufzuwerten. (Ansätze hierzu enthalten die Nischen von *Orsanmichele* in Florenz, etwa die des Evangelisten Matthäus von Lorenzo Ghiberti und Michelozzo oder die von Verocchios Christus- und Thomas-Gruppe). Außerdem gibt es bereits seit dem 16. Jahrhundert Hochaltäre, die als Monopteroi gestaltet sind (vgl. etwa Pellegrino Tibaldis *Entwurf für das Hochaltartabernakel des Mailänder Domes*). Auch in den von Borromini gestalteten Figurennischen im Langhaus von *San Giovanni in Laterano* sind die Apostelfiguren von runden Säulenarchitekturen umgeben.

Theatermotiv die korinthische Ordnung, das Theatermotiv mit dem *tempietto* die Arkade. Deren kapitelllose Pfosten werden durch vier ionische Säulen abgelöst, wobei die Kämpfer als reduziertes Gebälk weitergeführt werden. Die Archivolte fungiert als Stirnseite einer Kalotte, die man sich als halbierte Kuppel zu denken hat. Noch deutlicher als durch ihre architektonische Struktur und ihre schwarze Marmorierung, mit der sie sich auch koloristisch abhebt, gibt sich die Arkade durch ihre **tiefenräumliche** Metamorphose zur Tempelarchitektur als ein eigenständiges Element zu erkennen.

Die Rückseite ist im Dekor bescheidener, aber nicht minder sorgfältig ausgearbeitet. Die Arkade wird jetzt von dem *tempietto*, der – ähnlich wie in *Santa Maria della Pace* – als konvexer Vorbau erscheint, verdeckt. Nichtsdestoweniger ist sie in der Struktur des Altars enthalten.

211b

3.3.4.7 Beispiel VI: Die Fontana di Trevi

Die Vorderseite des Altars von *San Paolo Maggiore* kehrt an der *Fontana di Trevi* wieder, deren Architektur 1744 eingeweiht und zwischen 1759 und 1762 mit figürlichem Schmuck ausgestattet wurde. Noch deutlicher als Alberti an *Sant'Andrea* projizierte Niccolò Salvi auf ein Gebäude (hier die Rückseite des *Palazzo Poli*) die Front eines Triumphbogens. Dieser Triumphbogen, der die Schauseite der *Fontana* bildet, wird von dreiachsigen Rücklagen begleitet. Mit Ausnahme der Attika ist er ganz in **Gliederarchitektur** aufgelöst. Im Unterschied zu den antiken Baumeistern stellte Salvi ihn aber auf einen Sockel mit rustizierten Bandquadern, der von den künstlichen Felsen des Brunnens weitgehend verdeckt wird. Auch ließ er die Säulen nicht frei stehen, sondern bezog sie als Dreiviertelsäulen in den Verbund der Wand ein. Damit die Hinterlegungspilaster nicht ganz verdeckt wurden, schob er sie etwas in die Interkolumnien der Seitentravéen. Außerdem ersetzte er die beiden seitlichen Torbögen durch hochrechteckige Nischen, über denen Reliefplatten weitere, vormals offene Nischen verdecken (siehe C 9.2). Den mittleren Bogen stellte Salvi auf ein Gebälk, das von ionischen Freisäulen getragen wird. Pilaster neben den Säulen vermitteln zur Wand. Um das Motiv einer **tiefenräumlichen** Triumphbogen-Architektur sinnfällig werden zu lassen, musste Salvi die Arkade irgendwie nach hinten fortsetzen. Freilich konnte er die Rückwand nicht durchbrechen, weil er der Fassade dadurch ihre kulissenhafte Wirkung genommen und zugleich in den dahinter liegenden Palast eingedrungen wäre. Daher hinterfing er die Arkade mit einer Nische, in der später die Hauptfigur des Bildprogramms, der Meeresgott Oceanus, Aufstellung fand. Salvi nutzte die Nische aber auch, um die Arkade – analog zu *San Paolo* in Bologna – in eine Kolonnade mit profilierter Kalotte übergehen zu lassen. Hatte Bernini in Bologna die Figurennische in Gestalt des halben *tempietto* architektonisiert, so machte Salvi den *tempietto* wieder zur Figurennische, wobei die geringe **Tiefenräumlichkeit** durch eine Verkleinerung der hinteren Säulenwand und ein Herabziehen des Gebälks kompensierte.

211a
210

vgl. 160

211a

Obwohl der Triumphbogen der *Fontana di Trevi* mit Ausnahme der Attika überwiegend aus **Gliederarchitektur** besteht, wirkt er **wandhaft** – vielleicht wegen des kulissenhaften Charakters der gesamten Architektur. Hingegen erscheint die Arkade mit der Nische als ein eigenständiger **Gliederbau**, der wie in *Sant'Andrea* zu Mantua in die Fassade hinein geschoben ist. Da das Gebälk sich über den Säulen sogar leicht zurück(!)kröpft und die Archivolte von den Zwickeln durch eine Girlande getrennt ist, hat man sogar den Eindruck, die gesamte Nische sei ein Versatzstück, das mit der restlichen Fassade gar nicht im Verbund stehe und jederzeit wieder herausgenommen werden könne.

3.3.4.8 Beispiel VII: Sant'Andrea al Quirinale

Zeigten Alberti und Salvi, wie man ein Theatermotiv in die Fassade hinein verlängern kann, so verwirklichte Bernini an der Fassade von *Sant'Andrea al Quirinale* die entgegengesetzte Möglichkeit. Hans Sedlmayr hat 1960 in der Fassade die Vereinigung der drei architektonischen Grunddimen-

7

sionen der Fläche gesehen.[123] Die eigentliche Fassade deutete er als eine „Türwand", die für das Ebene stehe. Der *tempietto*-artige Vorbau enthalte das Konvexe, die Flügel der Gartenmauer drückten das Konkave aus. Die gleichfalls konvexen Teile des sichtbaren Außenbaus bezog Sedlmayr in die Hauptansicht ein, jedoch seien sie „blasser schraffiert" und dienten mehr als „optische Folie".

Allen drei Elementen wies Sedlmayr unterschiedliche Eigenschaften zu. Das Konkave stelle das passive Verhalten vor; entsprechend enthalte es nur ein zartes, gleichsam negatives Relief. Das konvexe Element sei in einem aktiven Zustand und entsprechend von elastisch-federnder Stofflichkeit. Das ebene Element verkörpere schließlich „das reine Sein", den „Zustand des In-Sich-Ruhens". Seine Form sei daher kraftvoll, aber fest.

Als weitere Gestaltungsprinzipien machte Sedlmayr die Steigerung gegen die Mitte und nach oben sowie die Beziehung, in der die Teile zueinander stünden, geltend. Beispielsweise laufe das Hauptgesims der konvexen Wandteile hinter den Pilastern der Türwand durch und setzte sich im Vorbau fort. Die Fassade erscheine so noch mehr als ein Rahmen. Außerdem stünden die Voluten der Kuppeltrommel mit den Pilastern der Torwand in Verbindung, da sie dasselbe Gebälk trügen.

Hinsichtlich des Gesamteindrucks spricht Sedlmayr abschließend von einer Wirkung „halb als Altarwand, halb als großartiges Gartentor". Es sei durchaus vorstellbar, dass unter dem Vorbau ein Altar für eine Messe im Freien aufgestellt sei.[124]

Ohne sich mit Sedlmayr eingehender auseinanderzusetzen, deutete Timothy Kaori Kitao 1965 die Tafelfassade mit den angrenzenden konkaven Gartenmauern als ein Triptychon.[125] Dagegen übernahm Rudolf Wittkower im darauf folgenden Jahr Sedlmayrs Deutung, das Abschlussgesims des Kapellenrings sei hinter der Portalädikula durchgezogen und komme als Gebälk in dem halbrunden Säulenvorbau erneut zum Vorschein. Dementsprechend zeichne sich die Fassadentafel durch eine palladianeske Zweischichtigkeit aus.[126]

Im folgenden Jahr veröffentlichte Franco Borsi eine kleine Gesamtdarstellung über *Sant'Andrea*.[127] 1980 befasste er sich in seiner Bernini-Monographie, die zwei Jahre später auch auf Deutsch erschien, erneut mit der Fassade. In seinen Analysen, die Sedlmayr in keiner Weise zur Kenntnis nehmen, reduzierte Borsi wie Kitao die Gesamterscheinung der Fassade auf den Charakter eines Triptychons, dessen Funktion er vor allem darin sah, einen Bezug zum Stadtraum herzustellen.[128]

1967 erschien auch Walther Buchowieckis Beschreibung, die sich allerdings auf eine ausführliche Wiedergabe der formalen Details beschränkt und keinen interpretatorischen Ansatz enthält.[129] Schon ein Jahr später legte Erich Hubala seine Analyse vor. In ihr betonte er vor allem den torartigen Charakter der Schaufront, den er indes nicht von der realen Tür, sondern vom Motiv der Portalädikula ableitete.[130] Zwei Jahre später äußerte sich Hubala in der Propyläen Kunstgeschichte nochmals zu *Sant'Andrea*.[131] Dabei wies er u. a. auf die Hierarchie der Materialien (Travertin, Ziegelstein) hin, die dem Rang der Einzelelemente entspreche. Die Ädikula deutete er als einen Portalrahmen, der auf das Wappen über dem *tempietto* hin komponiert sei.

Die nächste ausführliche Interpretation erfolgte erst wieder 1991 durch Norbert Knopp. Unter expliziter Berufung auf Sedlmayr deutete Knopp die Fassadentafel als eine „architektonische Bildwand", die „ihre ganz eigene formale Logik" entwickle und in ihrer „neutralen Fläche" absolut „autark" sei.[132] Diese Fläche stehe in bewusster Antinomie zum eigentlichen Zentralbau,

---

123 Sedlmayrs Aufsatz über „Fünf römische Fassaden" war schon 1937 für das Jahrbuch der Bibliotheca Hertziana geschrieben, aber erst 1960 in „Epochen und Werke" veröffentlicht worden (= Sedlmayr 1960b).
124 Sedlmayr 1960b, S. 72–75.
125 Kitao 1965, S. 263–284.
126 Wittkower 1966, S. 7.
127 Borsi 1967.
128 Vgl. Borsi 1982, S. 114.
129 Buchowiecki/Forte 1967–1997, Bd. I, S. 342–343.
130 Hubala 1968, S. 67.
131 Hubala 1970, S. 220.
132 Knopp 1991, S. 183.

den sie auch weitgehend verdecke. Wie Sedlmayr sieht Knopp in der Portalädikula das absolut dominante Strukturelement, das in seiner „neutralisierenden Orthogonalität" die konkaven und konvexen Elemente in ein räumliches Davor und Dahinter scheide. Sie umfasse sogar den nach vorne gezogenen halbierten Monopteros und das in die Tiefe führende Eingangsportal.[133] Allerdings wollte Knopp Wittkowers und Sedlmayrs These, dass sich das Kranzgesims des Kapellenkranzes im Gebälk des *tempietto* fortsetze, nicht zustimmen. Schließlich sei die jeweilige Struktur eine andere.[134]

Des Weiteren sah Knopp wie Hubala in der hierarchischen Verwendung der Materialien ein Mittel, mit dem Bernini die einzelnen Fassadenteile differenziert und zugleich Zusammenhänge aufgezeigt habe. So bestehe die Portalädikula wie die mit ihr korrespondierende Bekrönung der Seitentore aus monumentalem Travertin. Die Putzfläche der konkaven Gartenmauer werde im oberen Zylinder des Zentralbaus aufgegriffen, derweil die Außenmauer des Kapellenrings Ziegelmauerwerk zeige. Die „stummeren" Materialien demonstrierten so die großen konkaven und konvexen Volumina, wohingegen dem Travertin naturgemäß die „beredtere Sprache des Steinmetzwerks" zukomme.[135]

Später vorgelegte Analysen anderer Autoren gehen über den hier vorgetragenen Erkenntnisstand kaum hinaus. Lediglich Marder bemerkt 1998 in seiner Bernini-Monographie noch, dass das Gebälk des *tempietto* aussehe, als sei es aus dem darüber liegenden halbrunden Fenster geschnitten und nach unten geklappt.[136]

Ungeachtet der Brillanz von Sedlmayrs Analyse und der zahlreichen anderen Deutungsversuche will ich für *Sant'Andrea* eine neue Betrachtung vorschlagen. Zunächst halte ich es für fraglich, ob man die Fassade, die der querovalen Rotunde vorgestellt ist, wirklich als Türwand bezeichnen kann. Diese Formulierung weist die **Wand** nämlich als das **primäre** Element aus. Eigentlich ist die Fassade aber aus zwei Elementen zusammengefügt, von denen jedes der **Gliederbauweise** angehört: der Ädikula und dem Theatermotiv. Freilich setzt diese Lesart voraus, dass man die Hinterlegungspilaster des *tempietto* und das halbrunde Fenster als eine semantische Einheit begreift.

Nun ergibt sich folgendes Bild: Weil die Kolossalordnung nicht aus Kantenpilastern besteht, sondern nur aus einfachen Pilastern, die man nicht als vermauerte Pfeiler auffassen kann, ist sie nur Applikation. Das **primäre** Element ist demnach die scheitrechte Arkade, die dahinter sichtbar wird. Ihr ist die Kolossalordnung bloß als ein **sekundäres** Glied vorgeblendet. Bernini kehrte also das Gliederungsprinzip, das Michelangelo dem *Konservatorenpalast* zugrunde gelegt hatte, genau um, folgte ihm aber in der Verschachtelung der übrigen Elemente. So bilden die Pilaster und die Archivolte des Fensters eine reguläre Arkade, die als das **tertiäre** Element in die scheitrechte Arkade eingestellt ist. In das Gewände der kleinen Arkade fügte Bernini als **quartäres** Element eine Tür ein und füllte die verbleibende Fläche mit einer Mauer als **quintärem** Element.

Allein die Deutung der Fassade als ein Theatermotiv lässt den Wandcharakter völlig in den Hintergrund treten. Gerade die **Gliederbauweise** des Theatermotivs macht es aber auch plausibel, dass das Gebälk hinter der scheitrechten Arkade weitergeführt wird und am Umgang der Rotunde zum Traufgesims mutiert.

Indes setzte Bernini die Arkade nicht nur zu den Seiten fort; in Gestalt des *tempietto* verlängerte er sie auch nach innen und nach vorne. So stellte er neben die Halbpilaster, die den Bogen tragen, ganze Pilaster. Diese dienen den Säulen des *tempietto* als Hinterlegung. Zugleich stützen sie das Gebälk, das unter dem Bogen weiterläuft und seinerseits die Decke des *tempietto* trägt (entsprechend bleibt der Architrav unter dem Deckenspiegel sichtbar). Damit erscheint das Gebälk des *tempietto* aber auch als Fortsetzung des Traufgesimses am Kapellenkranz, was Marders Überlegung, es sei aus dem Fenster geschnitten, widerlegt.

---

133 Knopp 1991, S. 185–186.
134 Knopp 1991, S. 193, Anm. 3.
135 Knopp 1991, S. 184 u. 186.
136 Vgl. Marder 1998, S. 188.

Die These, der Sturz der Theatermotiv-Arkade setze sich im Traufgesims des Kapellenkranzes ebenso fort wie im Gebälk des *tempietto*, ist auch durch Knopps Einwand, Gebälk und Traufgesims besäßen unterschiedliche Profile, nicht zu entkräften. Zugegebenermaßen fehlt dem Traufgesims vor allem der Zahnschnitt. Indes sind solche Brüche für Bernini nicht ungewöhnlich. Im Vestibül der *Scala Regia* trifft beispielsweise die größere Dorica der *corridoi* auf die kleinere Ionica der Treppe (die übrigens wie das Traufgesims des Kapellenkranzes von *Sant'Andrea* keinen Fries besitzt![137]). Dabei verschwinden die Füße der dorischen Pfeiler allmählich unter den Stufen, wohingegen die Kapitelle etwas unvermittelt in das Kranzgesims der Ionica übergehen. Gleichwohl markiert dieser Bruch keine Zäsur, sondern einen für die Gesamtkonzeption der *Scala* und ihre Verankerung im städtebaulichen Umfeld höchst wichtigen Übergang (siehe D 5).

<small>397, 398, 400</small>

Selbstverständlich konnte Bernini an *Sant'Andrea* das Traufgesims des Kapellenkranzes nicht genauso aufwändig gestalten wie das Gebälk des *tempietto*. Wie sich allein schon aus der (von Hubala und Knopp zu Recht angeführten) Materialhierarchie (Travertin – Ziegel – verputzte Fläche) ergibt, steht der Kapellenkranz in der Rangordnung der Bauteile eindeutig unter dem *tempietto*. Folglich hätte Bernini ihn auch nicht mit einem Gebälk der ionischen Ordnung nobilitieren können. Vielmehr ändert sich mit dem Stellenwert des jeweiligen Fassaden- oder Raumabschnitts auch die Struktur des durchlaufenden Gliederungselement. In diesem Sinne verwandelt sich im Vatikan das dorische Kapitell der *corridoi* in das ionische Gebälk (!) der *Scala Regia*. Ebenso verlieren an *Sant'Andrea* das Traufgesims des Kapellenkranzes im Verhältnis zum *tempietto* und das Kranzgesims der Rotunde im Vergleich zur Fassade ihren Zahnschnitt. Bernini wiederholte also an *Sant'Andrea* eigentlich nur die Rückseite seines *Bologneser Altares*, der ja auch eine reine **Gliederarchitektur** ist. Nur ließ er am *tempietto* die beiden hinteren Säulen und die Kuppel fort. Fasst man den *tempietto* also als eine räumliche Erweiterung des Theatermotivs auf, verhält er sich exakt komplementär zu Salvis Säulennische. Anstatt wie an der *Fontana di Trevi* den **Vorraum einzulassen, greift** er in den **Vorraum aus**. Damit verhält er sich kontrapostisch zu den Gartenmauern, die den Raum **umgreifen**. Zugleich dient das Theatermotiv an *Sant'Andrea* wie an der *Fontana di Trevi* als Bindeglied zwischen **Wand-** und **Gliederbauweise**. Nicht die Portalädikula mit ihren kolossalen Pilastern und dem Giebel, sondern das Theatermotiv mit seinen kolossalen Pilastern und der Arkade vermittelt zwischen dem *tempietto* und den Außenschalen der Rotunde. Außerdem führt es gleichermaßen in die Höhe wie in die Breite und in die Tiefe und verbindet so die von Sedlmayr angeführten Elemente des Ebenen, des Konkaven und des Konvexen.

<small>211b</small>

<small>210</small>

Allerdings steht das Theatermotiv von *Sant'Andrea al Quirinale* nicht nur mit dem *tempietto* und dem Kapellenkranz in Verbindung. Wie in *Sant'Andrea* zu Mantua kommuniziert es auch mit dem Innenraum. So findet sich die Arkade an der Rückseite der Fassade in annähernd demselben Maßstab und derselben Gestalt wieder. Was dort wie ein Knickpilaster aussieht, ist eigentlich als ein in der Stirnwand steckender Pfeiler zu lesen, dem ein halber Pilaster angesetzt ist. Der verbaute Pfeiler ist zugleich der Pfosten einer Arkade. Demzufolge bildet das sich über ihm vorkröpfende Gebälk den Kämpfer, während der Unterzug des Tonnengewölbes darüber die Archivolte ergibt. Bei dem angrenzenden, parallelogrammartig verzogenen Kantenpilaster handelt es sich wieder um einen vermauerten Pfeiler. Auch er bildet zusammen mit dem verkröpften Gebälk und dem Unterzug eine Arkade. Sein Flankenpilaster ist aus Platzgründen äußerst schmal und beschränkt sich auf das Kapitell und die Basis.

<small>214</small>

Eigentlich stellte Bernini also drei Arkaden hintereinander, wobei die vordere im Theatermotiv der Fassade aufging, während die beiden inneren den Eingangsbereich bilden. Zugleich leiten die Pfosten-Pfeiler und Kämpfer-Gebälke dieser beiden inneren Arkaden zur Instrumentierung des

---

137 Dasselbe gilt für den Altar von *San Paolo Maggiore* und die Reliefarchitektur in den Scheinlogen der *Cornaro-Kapelle*.

gesamten Innenraums über. Letztlich geht, der Hierarchie der Bauteile entsprechend, die ionische Ordnung des *tempietto* in der korinthischen Ordnung des Sakralraums auf. Das Theatermotiv der Fassade paraphrasiert das Gliederungssystem des Inneren also nicht nur in verkleinerter Form wie bei Alberti, sondern lässt es bereits in dem der Fassade vorgelagerten **Vorraum** beginnen. Allerdings muss eingeräumt werden, dass die Pfeiler der inneren und der äußeren Arkade nicht exakt in einer Flucht liegen. Auch ist die Ionica der Fassade etwas kleiner proportioniert als die Corinthia des Innenraums. Wie Bernini an der *Scala Regia* bewies, stellte solch ein etwas unvermittelter Übergang von einer Ordnung in die andere für ihn aber keine wirkliche Zäsur dar.

205

215

397, 400

In *Sant'Andrea al Quirinale* gehen die Übereinstimmungen zwischen Innen und Außen sogar so weit, dass Bernini die Altarnische als Pendant zum *tempietto* konzipierte. Entsprechend bildet diese nicht nur einen konkaven Gegenpol; wie auch am *tempietto* geht die Pilasterordnung in eine Säulenstellung über, die ihrerseits mit Pilastern hinterlegt ist und von einem Sprenggiebel bekrönt wird. Der Architektur eines Rundtempels setzte Bernini damit eine **Tempelfront** entgegen. Wie Kapitel C 3.2 u. 3.3 noch zeigen werden, sind beide Elemente sogar als eigenständige Tempelarchitekturen zu lesen. Während der *tempietto* einen Monopteros evoziert, ist die Ädikula mit den gekuppelten Säulen, die mit dem Altarblatt ein (Kult-)Bild rahmen, wie auf antiken Münzen als Tempel-Abbreviatur zu lesen. Und wie die Ädikula den Charakter eines Tempels annimmt, besitzt der *tempietto* Züge einer Altararchitektur – und zwar nicht nur, weil er, wie Sedlmayr richtig beobachtet hat, an einen Straßenaltar erinnert, sondern auch, weil er sich tatsächlich von einer Altararchitektur herleiten lässt.

8

9, 215

9, 218

211b

Ob man den *tempietto* nun als einen **frontalräumlichen** Ausläufer des Innenraums oder den Innenraum als eine **tiefenräumliche** Verlängerung und Entfaltung eines im *tempietto* intonierten Themas sieht, ist eigentlich unerheblich. Wichtiger ist, dass die Raumhaltigkeit der Fassade von *Sant'Andrea* sich nicht nur auf den Stadtraum bezieht, wie Borsi annahm,[138] sondern auch auf den Innenraum. Noch mehr als das Langhaus von *Sant'Andrea* in Mantua erweist sich Berninis querovale Rotunde als ein **latenter** Raum, der von einem Vorbau antizipiert wird bzw. sich im Gegensinn über diesen nach draußen verlängert. Die Arkade des Theatermotivs vermittelt also nicht nur in die Breite, die Höhe, die Tiefe und in die Frontalität, sondern erweist sich auch als ein Transitorium zwischen Innen- und Außenraum. In dieser vielfachen Funktion ist sie aber alles andere als eine „neutrale Fläche", wie Hubala meinte. Und dennoch: So sehr Hubalas Bezeichnung der Fassade als „Torwand"[139] in ihrer Betonung der **Wandhaftigkeit** in die Irre führt, so richtig ist sie in ihrer Hervorhebung der Funktion als Tor. Tatsächlich handelt es sich um eine zwischen Außen und Innen vermittelnde Portalädikula, die als solche einen ganz neuen Sinn erhält.

3.3.4.9 Beispiel VIII: Sturms Entwurf eines „zeitgenössischen Rathauses"

Bei allen bislang behandelten Beispielen erfolgte die Verknüpfung des Theatermotivs mit dem Raum, der sich in oder hinter der Fassade befindet, über die Arkade: Meist waren ihre Pfosten zu Pfeilern oder Säulen und ihre Kämpfer zum Gebälk aufgewertet worden und bildeten so eine **Binnenordnung**, die sich hinter der Fassade fortsetzte. Desgleichen wurde die Archivolte zur Stirnseite eines Gewölbes, das auf dieser **Binnenordnung** lastete.

Gerade wenn ein Architekt eine Fassade vom Innenraum her konzipierte, lag die Verwendung des Theatermotivs nahe. Da ein reguläres Gewölbe eine nicht unerhebliche Höhe beansprucht, fiel zumindest bei den unteren Geschossen die Instrumentierung im Inneren zwangsläufig niedriger aus als an der Fassade. Allenfalls im obersten Geschoss konnte die Innengliederung so hoch sein wie an der Fassade, da die Gewölbe sich (wie etwa im Kaisersaal der *Würzburger Residenz*) hinter einer Attikazone oder im Dachstuhl verstecken ließen. Ansonsten musste man, um Außen und

---

138 Vgl. Borsi 1982, S. 114.   139 Hubala 1968, S. 67.

Innen strukturell verschränken zu können, an der Fassade eine zusätzliche Gliederung einführen, die der Instrumentierung des Inneren entsprach. Dies gelang am ehesten mit Hilfe des Theatermotivs, wo sich die Pfosten der Arkade problemlos zu einer **Binnenordnung** aufwerten ließen, während die Arkade zu einem Teil des Gewölbes wurde *(Villa Mondragone in Frascati)*.

Jedoch gibt es auch Fälle, wo das Theatermotiv als G a n z e s bei der strukturellen Verknüpfung von Fassade und Raum eine Rolle spielt. Voraussetzung hierfür ist freilich eine sehr flache Deckenkonstruktion. Beispiele hierfür finden sich am ehesten in der Traktatliteratur, etwa in dem Idealprojekt eines *zeitgenössisches Rathauses*, das Sturm nach Goldmanns Vorgaben anfertigte und das er 1718 publizierte.[140] Bezeichnenderweise gab Sturm den Bau nur im Grund- und im Aufriss wieder; Längs- und Querschnitte, in denen er auf das Problem der Decke hätte eingehen müssen, fehlen.

Sturm konzipierte den Bau als eine absolut symmetrische Vierflügelanlage über griechischem Kreuz, deren Zentrum ein Turm bildet. Die vier identischen Stirnseiten der Arme sind zwei Stockwerke hoch und fünf Achsen breit, wobei die Mittelachse einen Risalit mit Dreiecksgiebel bildet. Als Gliederung stellte Sturm zwei Reihen von Theatermotiven übereinander, wobei er die geringere Höhe der oberen Ordnung nach bewährter Manier durch größere Piedestale ausglich. Von den Rücklagen unterscheidet sich der Risalit vor allem dadurch, dass die Ordnung aus gekuppelten Freisäulen anstatt aus Pilastern besteht. Darüber hinaus stehen die Säulen so weit auseinander, dass sie eigentlich zusätzliche Travéen bilden. Des Weiteren besitzen die Bögen der Rücklagen eindeutig Sprossenfenster. Die Hauptachse ist hingegen fensterlos, was Sturm durch eine dunkle Schraffur andeutet. Schließlich ist der Fassade eine konkav-konvex geschwungene Freitreppe vorgestellt. Ihre vier Antritte vereinen sich zu zwei Armen, die ihrerseits vor dem Risalit in ein Podest münden.

Hinter dem Risalit liegt ein vestibülartiger „Vorsaal". Er öffnet sich an beiden Längsseiten Treppenhäusern, die sich hinter den Rücklagen erstrecken. Jedes Treppenhaus wird durch Wandstreifen in drei gleich breite Querschiffe unterteilt, wobei das mittlere die eigentliche Treppe birgt.

An der Innenseite der Fassadenfront wiederholte Sturm die **Hauptordnung** in Form von Dreiviertelsäulen, desgleichen an der Stirnwand zum Bürgersaal, der sich hinter den Treppenhäusern und dem Vorsaal befindet. Darüber hinaus sollten auch die Wandstreifen, welche die Treppenhäuser in drei Schiffe teilen, an den Kopfseiten Dreiviertelsäulen erhalten. Da sie wie die Wandstreifen der Fassade und der Stirnwand des Bürgersaals durch Balustraden verbunden sind, drängt sich die Vermutung auf, dass Sturm auch die Arkadenstellung der Rücklagen im Inneren wiederholen wollte: zu beiden Seiten der Treppenläufe und an den seitlichen Stirnwänden des Bürgersaals. Dasselbe ist für das Obergeschoss anzunehmen. Die Gliederung der Rücklagen wäre im Inneren also in regelmäßigem Abstand dreimal vollständig wiederholt worden.

Dagegen hätte der Vorsaal einen großen Raum ohne Zwischenwände gebildet. Folglich sollte sich die Gliederung der Risalitrückwand nur an der mittleren Stirnwand des Bürgersaals wiederholen. Die äußersten Dreiviertelsäulen beider Wände wollte Sturm mit den äußersten Säulen, welche die Kopfseiten der Treppenhauspfeiler gliederten, kuppeln. Vermutlich dachte er sich hinter diesen Säulen gleichfalls Arkaden. Während er in den Treppenhäusern also eine Reihe von Theatermotiven viermal hintereinander schichtete, bildete er im Vorraum aus ihnen ein großes Geviert.

Damit entfaltet die Fassade im Bereich der Rücklagen eine ganz andere **Tiefenräumlichkeit** als am Risalit. Hinter den Rücklagen ist der **Tiefenraum** nur **latent** vorhanden, weil die Fenster verglast sind. Dennoch ist es möglich, von einer raumhaltigen Fassade zu sprechen. Schließlich wird der Fassadenspiegel im Inneren dreimal wiederholt. Im Bereich des Risalits ist die Raumhaltigkeit dank der Bögen, die in beiden Geschossen offen sind, sogar **evident**. Und da ihre Gliederung sich im Inneren kontinuierlich fortsetzt, kann man die Stirnwand des Bürgersaals fast schon als die Rückwand einer **zweischaligen** Fassade auffassen.

---

140 Sturm 1718a, Tf. 2.

3.3.4.10 Beispiel IX: Vanvitellis Londoner Entwurf für eine Kirchenfassade

Die vorangegangenen Kapitel haben gezeigt, welch ungeheure Wandlungsfähigkeit das Theatermotiv besitzt, sowohl hinsichtlich des Übergangs von der **Wand-** zur **Gliederbauweise** als auch hinsichtlich seiner Verlängerung (oder Verkürzung) in Breite, Höhe und Tiefe. Diese doppelte Variabilität eröffnete den Architekten in stilistischer wie in konstruktiver Hinsicht viele Gestaltungsspielräume.

Besonders virtuos wird das Theatermotiv in einem *Entwurf* variiert, den Luigi Vanvitelli *für eine Kirchenfassade*, möglicherweise für die Ostfront von *San Giovanni in Laterano*, anfertigte und der sich heute im Victoria & Albert Museum zu London befindet.[141] Vanvitellis Fassade umfasst zwei Stockwerke, deren Höhe nach oben leicht abnimmt und die beide jeweils mit einer **Haupt-** und einer **Binnenordnung** instrumentiert sind. Die vertikale Aufteilung ergibt sich im Prinzip aus drei Achsen. Die schmale Mittelachse ist als Risalit ausgebildet, zu dem die sehr breiten Seitenachsen die Rücklagen bilden. Allerdings unterteilte Vanvitelli im Obergeschoss die **Hauptordnung** der rechten Rücklage in eine Haupt- und zwei Nebentravéen. In der linken Rücklage beschränkte er diese Travéenbildung – in nur skizzenhafter Ausführung – fakultativ auf die **Binnenordnung**.

Das strukturelle Grundelement der Fassade ist das Theatermotiv. Beobachten wir zunächst, wie Vanvitelli es in seinem Format veränderte: Im Untergeschoss steht die Säulenarkade der **Binnenordnung** unmittelbar in einer dünnen scheitrechten Arkade, die ihrerseits zu den Säulen und geschichteten Hinterlegungspilastern der **Hauptordnung** vermittelt. Im Obergeschoss wird dieses Stützenbündel wiederholt. Auch die Arkade erscheint wieder, allerdings in reduzierter Form. Vanvitelli platzierte über den Säulen der unteren Arkade nämlich weitere **Hauptpilaster**. Erst zwischen diese fügte er die obere Arkade ein. Des Weiteren ist im Obergeschoss keine scheitrechte Arkade mehr zwischengeschaltet. Ihre Pfosten ersetzte Vanvitelli durch zusätzliche Hinterlegungspilaster.

An den Rücklagen wiederholte Vanvitelli im Untergeschoss die Säulenarkade des Risalits samt scheitrechter Arkade. Wegen der Travéenweite der **Hauptordnung** zog er die Säulenarkade aber so sehr in die B r e i t e, dass Serlianen entstanden. Zugleich erweiterte er diese Serlianen durch Anfügung halbierter Monopteroi in die T i e f e. So setzen sich die Säulen nach hinten als halbrunde Kolonnaden fort, wohingegen die Archivolten als Stirnseiten der Kalotten fungieren.

In dem Maße, in dem Vanvitelli die Arkaden erhöhte, verbreiterte und vertiefte, überführte er sie auch schrittweise von der Wand in eine **Gliederarchitektur**.

Damit gelangen wir auf eine weitere Ebene der Metamorphose, nämlich das Changieren zwischen den verschiedenen Graden von **Gliederhaftigkeit**. Beginnen wir diesmal bei der oberen Risalitarkade: Wie schon gesagt, sind die Pfosten als halbierte Pfeiler gestaltet. Des Weiteren gleichen die Kämpfer Gebälkfragmenten. Dem Charakter der Arkade als eines eingestellten **Gliederelements** gehorchend, stützt die Archivolte das Gebälk der **Hauptordnung**. In den Rücklagen läuft das Gebälk in den Nebentravéen weiter, um dann in den Seitenarkaden wieder die Funktion von Arkadenkämpfern zu übernehmen.

In der rechten Rücklage ist diese Seitenarkade wie die Mittelarkade gebildet und wird wie diese von zwei Stützen der **Hauptordnung** (diesmal Halb- oder Dreiviertelsäulen) umrahmt. Allerdings ist unklar, ob Vanvitelli sich das Theatermotiv als Applikation einer **Wand** oder als eingestellte **Gliederarchitektur** dachte. Im ersten Fall wäre die Lünette über der Fensterädikula ein Teil der Wandfolie, im zweiten bloßes Füllwerk.

Eine Antwort auf diese Frage geben vielleicht die Nebentravéen. Da das Gesims, das in Verlängerung der Arkadenkämpfer und des Ädikulagebälks über den Figurennischen verläuft, innerhalb

226

---
141 Siehe hierzu auch Kieven 1993, S. 236.

dieser Travée nicht von eigenen Stützen getragen wird, muss es sich um ein **wandhaftes** Zierband handeln. Folglich sind auch die Nischen als Aushöhlungen der Wand und die Vertäfelung oberhalb des Gesimses als Applikationen zu deuten.

Es spricht daher vieles dafür, dass Vanvitelli auch die Haupttravée der rechten Rücklage **wandhaft** auffasste. Das Theatermotiv ist daher gleichfalls eine Applikation. Erst die Fensterädikula ist **gliederhaft**. Vanvitelli bildete sie fakultativ aus einem Vollpfeiler (links) und aus einer Vollsäule (rechts). Wie es scheint, setzte er den Vollpfeiler v o r und die Vollsäule n e b e n den Arkadenpfosten. In jedem Fall kann man beide Stützen als (mehr oder weniger) freiplastische Pendants der reliefartigen Arkadenpfosten ansehen. Entsprechend mutiert das gebälk a r t i g e Gesims über ihnen zum r e g u l ä r e n Gebälk.

Indem die Ädikula als reine **Gliederarchitektur** buchstäblich in den Vordergrund tritt, drängt sie die Arkade quasi in die Ebene des Wandreliefs zurück. Deutlich wird dies besonders an den Giebelecken, die den Arkadenbogen klar überschneiden.

Wäre die gesamte Haupttravée **gliederhaft**, hätte man **Hauptordnung**, Arkade, Ädikula und Lünette einfach als vier Elemente, die nach ihrer Größe ineinandergestellt sind, deuten können. So aber muss man die Fassade von hinten nach vorne lesen. Dabei geht die Architektur in der Abfolge von Lünette (Teil der Wandfolie) – (Blend-)Arkade – (bereits plastischen) Halb- oder Dreiviertelsäulen der **Hauptordnung** – (freistehender) Ädikula stufenweise von der **Wand-** in die **Gliederarchitektur** über. Die Abfolge wird nun nicht mehr durch die Größe, sondern durch den Grad der Plastizität bestimmt.

Ganz anders gibt sich das Obergeschoss der linken Rücklage. Wie wir schon sahen, ist hier nicht die **Haupt-**, sondern die **Binnenordnung** in Haupt- und Nebentravéen unterteilt. Das **Binnengebälk** setzt bereits unmittelbar neben der Risalitkante über einem Viertelpilaster an. Über die Figurennische hinweg spannt es sich zu einem ganzen Pilaster. Sodann kröpft es sich über der Säule, die bereits zur Fensterädikula gehört, vor, um schließlich über dem schmalen Hinterlegungspilaster, der mit dem Arkadenpfosten identisch ist, wieder zurückzuspringen. Im Unterschied zur rechten Rücklage haben wir es hier wirklich mit ineinander gestellten **Gliederarchitekturen** zu tun, wobei jetzt nicht eine Arkade eine Ädikula hinterfängt, sondern eine Ädikula (mit aufgebrochenem Giebel) eine (gedrückte) Arkade überfängt.

Da die Nebentravéen dank der zusätzlichen Pilaster und Pfeiler im Unterschied zur rechten Rücklage **gliederhaft** zu lesen sind, ergeben sie zusammen mit der Arkade gewissermaßen eine breite Serliana, die ein Pendant zur Serliana des Erdgeschosses bildet. Diese Übereinstimmung ist jedoch nur evident, wenn man die dem Serlianabogen vorgesetzte Ädikula und die in die Nebentravéen eingestellten Figurennischen zu Zutaten abstrahiert. Im Übrigen lassen sich Letztere dank des **gliederhaften** Charakters der Instrumentierung gleichfalls **gliederhaft** deuten. Statt mit den Aushöhlungen einer Wandmasse hätten wir es mit eingestellten Mini-Arkaden zu tun, die analog zu den seitlichen Erdgeschossarkaden von halbrunden Strukturen hinterfangen werden. Zwar sind diese halbrunden Strukturen nicht in Säulenstellungen zergliedert, doch kann man sie sich als dünne Schalen vorstellen, die tektonisch nicht ‚ins Gewicht' fallen.

Ebenso ergibt es jetzt einen Sinn, die Vertäfelungen über dem **Binnengebälk** – wie auch an so vielen anderen **Gliederbauten** – als dünnes, tektonisch irrelevantes Füllwerk zu deuten (vgl. das Relief Ambrogio Buonvicinos an der Fassade von *Sankt Peter*, Kapitel D 2.5). Für Vanvitellis Entwurf liegt dies umso näher, als die Zwickelpaneele der Erdgeschossarkaden offensichtlich dieselbe Funktion erfüllen. Denkt man sich die Nischenschalen und die Paneele in der linken Rücklage ebenso fort wie die eingestellte Ädikula in der rechten Rücklage und führt beide Aufrisssysteme zusammen, erhält man ein völlig konventionelles Gliederungsschema, wie es sich beispielsweise am Obergeschoss des *Palazzo Bevilacqua* zu Verona findet.

Hatte die Umwandlung der Theatermotivarkade in **Gliederarchitektur** im Obergeschoss der rechten Rücklage einen Rückschlag erlitten, so wird sie hier konsequent weitergeführt. Im Untergeschoss gelangt dieser Prozess dann zu seinem Abschluss. Wie wir schon sahen, steht die Archivolte im Risalit auf Freisäulen. In den Rücklagen wird die Säulenarkade schließlich zur **tiefenräumlichen** Serliana erweitert.

Hätte Vanvitelli die rechte Hälfte seines Entwurfs verwirklichen können, wäre der Übergang von der **Wand-** zur **Gliederhaftigkeit** vom Obergeschoss der Rücklage ausgegangen und hätte sich über das Ober- und das Untergeschoss des Risalits hinweg bis ins Untergeschoss der Rücklagen fortgesetzt. Zugleich hätte sich der gesamte Vorgang auf einmal innerhalb der oberen Mitteltravée der Rücklage in verdichteter Form abgespielt.

Wäre die Fassade nach der linken Planhälfte als r e i n e **Gliederarchitektur** gebaut worden, hätte sich durchgehend eine ähnlich komplexe Verschachtelung wie am *Konservatorenpalast* ergeben: Die **Hauptordnung** des Erdgeschosses besteht aus **primären** Pilastern, denen weitere Pilaster und Säulen als **sekundäre** Elemente vorgeblendet sind. Die Interkolumnien sind mit dünnen scheitrechten Arkaden als **tertiären** Strukturen ausgesteift. In diesen steht die **quartäre** Binnenordnung der Säulenarkade und der Serlianen. Die Restflächen sind mit **quintären** Paneelen gefüllt.

144

Erst jetzt folgt die **Gliederung** des Obergeschosses. Die obere **Hauptordnung** bildet das **sextäre** Element. In ihr steht die Serliana als **septimäre** Struktur. Vor ihre Arkade stellte Vanvitelli eine **oktaväre** Ädikula, in ihre Seitentravéen **nonäre** Nischen, darüber **dezimäre** Paneele. Als **undezimäres** Element wird die Architektur durch die Arkadenbrüstungen und die Dachbalustrade komplettiert. An **letzter** Stelle steht der figürliche Schmuck.

Vanvitelli hat die Metamorphose des Theatermotivs zum eigentlichen Thema seiner Fassade gemacht. Würde man alle denkbaren Varianten dieses Motivs einem Parameter zuordnen, so wären das *Kolosseum* und noch mehr die *Arena in El Djem* ziemlich nahe am Punkt absoluter **Wandhaftigkeit**. Die Theatermotive in Vanvitellis Fassade würden hingegen vom Punkt des Noch-**Wandhaften** bis zum Punkt absoluter **Gliederhaftigkeit** reichen. Vanvitelli deckte also nicht nur die strukturelle Bandbreite des Theatermotivs größtenteils ab, sondern er überführte es auch in eine von zwei möglichen Extremformen.

153, 156

Diese Metamorphose war Vanvitelli offenbar so wichtig, dass er bei der Disposition der Arkaden und der sie begleitenden Stützen der **Hauptordnung** auf tektonische und syntaktische Gesichtspunkte wenig Rücksicht nahm. Beispielsweise war es ihm ein Anliegen, die obere Risalitarkade nach den schon besprochenen Regeln der Proportionskunst schlanker zu gestalten als die untere. Da das obere Geschoss aber niedriger ist, Vanvitelli also nicht in die Höhe ausweichen konnte, musste er die Risalitarkade schmaler machen. Damit sie weiterhin als Teil eines Theatermotivs aufgefasst werden konnte, kam Vanvitelli ferner nicht umhin, Zwischenpilaster einzuschieben.

Für diese Lösung war Vanvitelli sogar bereit, gegen **Regel II** zu verstoßen, wonach alle Ordnungen dem Prinzip der Superposition folgen müssen (vgl. B 3.3.3.1). Das bedeutet, dass unter einer Säule immer eine andere Säule zu stehen hat. Doch damit nicht genug: Wie Palladio es an der *Basilica von Vicenza* beispielhaft vorgemacht hat, dürfen jeweils nur die Stützen der **Hauptordnung** und die Stützen der **Binnenordnung** übereinander stehen. Ausnahmsweise können auch Stützen einer **Binnenordnung** über denen einer **Hauptordnung** stehen. Niemals darf aber die große Stütze einer **Hauptordnung** über der kleineren Stütze einer **Binnenordnung** stehen. Dies würde zum einen eine Verkehrung der Wertigkeiten und damit der architektonischen Syntax bedeuten. Zum anderen wäre es tektonisch widersinnig, da eine schwerere Säule über einer leichteren stünde. Abgesehen davon würde die untere Säule gar nicht so weit hinaufreichen, dass sie die Last der oberen Säule unmittelbar aufnehmen könnte.

201

Trotzdem stehen in Vanvitellis Risalit die Zwischenpilaster als Teile der oberen **Hauptordnung** über den Arkadensäulen der unteren **Binnenordnung**. Die Stützen der oberen Arkade werden sogar überhaupt nicht unterfangen. Ebenso stehen in der rechten Rücklage die Säulen der **Hauptordnung** über den Serlianasäulen der **Binnenordnung**.

Unter tektonischen Gesichtspunkten lassen sich diese Schwächen insofern noch rechtfertigen, als man die untere Arkade als eine eingestellte **Gliederarchitektur** deuten kann, die über ihren kragsteinartigen Schlussstein und ihre Archivolte den Druck des Obergeschosses aufnimmt und ihn über die **Binnensäulen** ableitet. Die Syntax der Fassade bleibt aber dennoch gestört, zumal es zu den Pfeiler-Pfosten der oberen Arkade im Erdgeschoss nicht einmal ein optisches Pendant gibt. Wohl um dieses Defizit nicht allzu sinnfällig werden zu lassen, erwog Vanvitelli, in der linken Arkadenhälfte die Substanz der oberen Arkade fakultativ zu verringern, indem er ihre Archivolte nicht mehr auf eine Vollsäule, sondern nur noch auf halbierte Pfeiler-Pfosten stellte.

Wie die in grauer Lavierung angedeuteten senkrechten Schattenlinien zeigen, dachte Vanvitelli sogar daran, im Untergeschoss der Rücklagen den Wandspiegel der Serlianazwickel und das untere Hauptgebälk analog zur Haupttravée des Obergeschosses vorspringen zu lassen und auf diese Weise Nebenrisalite zu schaffen, die von oben nach unten vollständig durchgingen. Da er diese Änderung aber nicht mit Tinte nachzeichnete, scheint er sie wieder verworfen zu haben.

In der Tat hätten solche durchgehenden Nebenrisalite das Problem nicht beseitigt. Das untere Hauptgebälk wäre durch die Verkröpfung unterbrochen und damit aus der unteren **Hauptordnung** herausgelöst worden. Zusammen mit dem Obergeschoss des neuen Seitenrisalits hätte es ausschließlich auf dem Schlussstein der Säulenarkade gestanden und entsprechend labil gewirkt.

Einen Sinn hätte die Bildung eines Seitenrisalits nur dann gehabt, wenn Vanvitelli Lisenen hinzugefügt hätte, die hinter der Archivolte aufgestiegen wären und als Zwischenstützen die Säulen der Serliana mit denen der oberen **Hauptordnung** verbunden hätten. Aber auch diese Lösung hätte nicht befriedigt. Zwar wäre das Gewicht der oberen Säulen auf diese Weise bruchlos nach unten abgeleitet worden, doch hätten diese Zwischenpfeiler in die Substanz der Archivolten und der sich anschließenden Kalotten eingegriffen – ein Konflikt, den schon Palladio an der Apsis des *Pantheon* bemängelt hatte.[142] Doch selbst wenn diese Verbindung konstruktiv geglückt wäre, hätte sie immer noch gegen die architektonische Grammatik verstoßen.

Mit einem Wort: Vanvitelli hatte die Priorität auf die Variation des Theatermotivs und nicht auf die tektonische und syntaktische Logik gelegt. Die sich daraus ergebenden Dilemmata waren irreversibel und mussten folglich in Kauf genommen werden.

3.4 Die Verbindung von Kolonnade und Arkade im räumlichen Kontext einer übergeordneten Fassadengliederung

3.4.1 Vorbemerkung

Im vorangegangenen Abschnitt wurde die Stellung der Kolonnade und der Arkade innerhalb der übergeordneten Gliederung einer Fassade untersucht: der Kolonnade, die in eine Kolossalordnung integriert ist, und der Arkade, die als **Binnenordnung** zusammen mit einer **Hauptordnung** ein Theatermotiv ergibt. Wie sich zeigen ließ, können Kolonnade und Arkade sich durchaus analog zur übergeordneten Gliederung der Fassade verhalten. Sehr oft werden sie jedoch als eine Möglichkeit genutzt, eine von der Gesamtfassade abweichende Raumstruktur einzuführen.

Wie verhält es sich nun aber, wenn Kolonnade und Arkade zusammen in eine Fassade integriert werden? Verhalten sie sich analog oder wirken sie innerhalb derselben Fassade auf unterschied-

---

142 Palladio (1984), IV 20, S. 359: „Einige meinen, dass die mittlere, dem Eingang genau gegenüberliegende Kapelle nicht ursprünglich sei, da ihr Bogen die Säulen des zweiten Geschosses zerschneidet."

liche Weise raumhaltig? Oder stehen die von ihnen geschaffenen Räume sogar in einem dialektischen Verhältnis zueinander? Und wie verhalten sich solche Räume dann zur Gesamtfassade?

Die hier aufgezeigten Möglichkeiten lassen sich an drei Fassaden besonders gut herausarbeiten: der *Ostfassade von San Giovanni in Laterano* und der Nordostfassade von *Santa Maria Maggiore* sowie der Westfassade von *Saint-Sulpice in Paris*. Dieser Vergleich bietet sich umso mehr an, als diese drei Fassaden in einem engen Verhältnis zueinander stehen.

224, 1
262

Allesamt wurden sie nachträglich einem älteren Langhaus vorgeblendet. Sie stammen durchweg von Florentiner Architekten, die erst mit ihnen ihren Durchbruch erlebten.[143] Zwei von ihnen gehen sogar auf Wettbewerbe zurück, die beide 1732 stattfanden: Alessandro Galilei wurde von (dem gleichfalls aus Florenz stammenden) Papst Clemens XII. mit dem Bau der *Lateranfassade* beauftragt. Niccolò Servandoni erhielt den Zuschlag für die Vollendung von *Saint-Sulpice*. Nur Ferdinando Fuga, der schon seit 1721 an *Santa Maria Maggiore* gearbeitet hatte (siehe C 7.6.1), wurde außer Konkurrenz berufen.

Vor allem aber vollziehen alle drei Fassaden in ihrer Hinwendung zum Palladianismus oder zu einem klassischen Vitruvianismus einen stilistischen Paradigmenwechsel. An der Seine setzte Servandoni als einer der ersten die Thesen des Abbé Laugier um und wandte sich dabei vom herrschenden Pariser Rokoko ab. Am Tiber begaben sich Galiliei und Fuga in Opposition zum römischen Spätbarock.

Nach Elisabeth Kieven widersprach vor allem Galileis Architektur in ihrer Monumentalität und Rationalität sowie der weitgehenden Reduzierung des Dekors auf die vitruvianische Bauornamentik den spätborromineksen und spätbernineksen Traditionen, die bislang in der Ewigen Stadt geherrscht hatten.[144] Darüber hinaus fiel Galileis Berufung mit zwei weiteren Ereignissen zusammen, was nach Kieven eine regelrechte Wende in der römischen Kunstgeschichte zur Folge hatte. Im Abstand von nur wenigen Tagen wurde der – wiederum aus Florenz gebürtige – Niccolò Salvi mit dem Bau der *Fontana di Trevi* betraut, deren Architektursprache sich durch eine vergleichbare Rationalität und monumentale Strenge auszeichnet. Nur wenige Wochen zuvor hatte Filippo Juvarra die Rückreise nach Turin angetreten, nachdem sein spätbarocker Entwurf für den Bau der *Sakristei von Sankt Peter* (siehe D 3) abgelehnt worden war.

210

402, 403

Fraglos spielt die *Fontana di Trevi* innerhalb des stilgeschichtlichen Umbruchs gleichfalls eine herausragende Rolle. Aus diesem Grund werde ich sie in Abschnitt C 9 noch ausführlicher als in Kapitel B 3.3.4.7 behandeln. Es wird sich jedoch zeigen, dass das ihr zugrunde liegende Raumverständnis viel konventioneller ist als das der drei Kirchenfassaden. Wie wir im folgenden Kapitel sehen werden, zeichnen diese sich nämlich auch durch ein neues Konzept aus. Im Unterschied zu fast allen anderen Kirchenfassaden des Barock besitzen sie eine offene **Gliederhaftigkeit**, die ihre **Zweischaligkeit evident** macht. So bilden gerade diese Fassaden eine Art Trias, die zu einer Gegenüberstellung herausfordert. Vorerst beschränkt sich der Vergleich auf die Frage, wie sich der Raumcharakter zu Grund- und Aufriss verhält. Später werden die Räume auch noch auf ihre unterschiedlichen Funktionen hin untersucht werden (siehe C 6.2, 7.1 u. 8.3).

210

3.4.2 Kolonnade und Arkade innerhalb einer Kolossalordnung: San Giovanni in Laterano

Obwohl die *Ostfassade von San Giovanni* für sich in Anspruch nehmen kann, von allen römischen Barockfassaden die überschaubarste und klarste Gliederung zu besitzen, ist ihre Analyse alles andere als einfach. Ganz allgemein ist von fünf zweigeschossigen Achsen zu sprechen, die sich um eine Achse weit von der alten Langhauswand absetzen. Während das untere Geschoss die Funktion eines *portico* hat, dient das obere als Benediktionsloggia. Beide Stockwerke sind mit einer kompo-

224

---

143 Vgl. Kieven 1987, S. 260–261.   144 Siehe hierzu Kieven 1987, passim.

siten Kolossalordnung verbunden, deren Interkolumnien zwei übereinanderstehende **Gliederarchitekturen** füllen, von denen die untere mit geraden Gebälken, die obere mit Bögen abschließt.

Auf den ersten Blick drängt sich die Lesart **von innen nach außen** auf, da die Mitte in jeder Hinsicht den Schwerpunkt bildet. Demnach wird eine einachsige **Tempelfront** mit gekuppelten Halbsäulen von zweiachsigen Rücklagen hinterfangen. Diese sind erst mit einem halben, dann mit einem ganzen und schließlich mit gekuppelten Kolossalpilastern instrumentiert. Letztere verleihen dem Bauvolumen an den Kanten optische Stabilität und schaffen zugleich ein Gegengewicht zur dominierenden Mitte.

In sämtliche Interkolumnien sind korinthische **Gliederarchitekturen** eingestellt, die im Erdgeschoss in einem geraden Gebälk, im Obergeschoss in Bögen enden. Auf diese Weise konnte Galilei das *piano nobile* gemäß seiner Bedeutung größer als das Untergeschoss gestalten und ihm dennoch nach den Regeln der Tektonik kleinere Stützen geben.

Innerhalb der **Tempelfront** handelt es sich bei der unteren **Gliederarchitektur** um das Fragment einer Kolonnade, das zu beiden Seiten in Dreiviertelpfeilern ausläuft. Darüber stellte Galilei eine Serliana. Um die Tiefe des Wandspiegels auszugleichen, verdoppelte er ihre Säulen und Seitenstützen wie Palladio an der *Basilica von Vicenza* nach hinten. Darüber hinaus unterteilte Galilei aber auch die Gebälkunterseiten in zwei Architravsoffitten und die Laibungen der Archivolten in zwei Unterzüge. Auf diese Weise geben sich die beiden Stockwerksarchitekturen nicht nur in ihrer Frontalansichtigkeit, sondern auch in ihrem plastischen Volumen als **Gliederarchitekturen** zu erkennen, die als nachgeordnete Elemente in eine Kolossalordnung eingestellt wurden.

201

228, 241

In den Interkolumnien der Rücklagen wiederholen sich die Motive von Kolonnade und Bogen. Allerdings sind die Säulen fortgelassen, so dass Pfeilerarkaden über Pfeilerkolonnaden stehen.

Über dem Kranzgesims der Hauptordnung verläuft schließlich eine Balustrade, die von Skulpturen bekrönt wird. Um den Niveauunterschied über dem Giebel auszugleichen, stellte Galilei über den Halbsäulen zwei Postamente übereinander. Christus steht sogar auf einem gesonderten Sockel.

Ebenso gut ist die Fassade aber auch von außen nach innen, oder besser: **von hinten nach vorne** lesbar. Bei dieser Lesart scheint einer fünfachsigen Fassade eine **Tempelfront** vorgeblendet zu sein. Entsprechend sind die inneren Kolossalpilaster der Rücklagen zur Hälfte von den äußeren Säulen der **Tempelfront** verdeckt. Das Grundmotiv der **Binnenordnung** wird in den Rücklagen angestimmt. Dreiviertelpfeiler tragen im Erdgeschoss ein Gebälk, im Obergeschoss einen Bogen. In der **Tempelfront** erfolgt die Variation. Angesichts der deutlich breiteren Interkolumnien fügte Galilei zusätzliche Stützen ein. Da diese von der Wand losgelöst waren, lag es nahe, sie als Vollsäulen zu bilden. Im Untergeschoss ergab sich daraus eine Kolonnade, im Obergeschoss eine Serliana.

In der ersten Lesart ist die Serliana zusammen mit dem Balkon ein Nobilitierungsmotiv, das die Benediktionsloggia auszeichnet. In den Rücklagen wird sie auf einfache Arkaden reduziert, ebenso wie die kolossalen Halbsäulen zu Pilastern herabgestuft werden. In der zweiten Lesart geht Galilei im Obergeschoss von einem Theatermotiv aus, das sich in den Rücklagen aus der Verbindung einer Stockwerksarkade mit einer ins Kolossale gedehnten **Hauptordnung** ergibt. Die Serliana erscheint erst in zweiter Linie als Hoheitsformel; vor allem ist sie eine konstruktive Erweiterung der Arkaden, die aus der Verbreiterung der Mittelachse gegenüber den Seitenachsen resultiert.

Es ist immer wieder betont worden, die *Ostfassade von San Giovanni* vereine in sich Elemente der Hochrenaissance, des Palladianismus und des römischen Barock.[145] Hinzu kommt aber auch das Erbe Michelangelos, vor allem in der syntaktischen Erfassung aller Teile: Wie am *Konservato-*

---

145 Blunt 1979, S. 154–155 sieht vor allem einen Bezug zu *Kimbolton Castle*, Summerson 1987, S. 55 nennt eher allgemein den Stil Christopher Wrens und John Vanbrughs als Vorbild. Kieven 1987, S. 256 macht Galileis Englandaufenthalt gleichfalls als eine wichtige Voraussetzung seiner Architektur geltend. Es verwundert daher nicht, dass sein Entwurf für *San Giovanni* von vielen Zeitgenossen als nicht „alla Romana" kritisiert wurde (Kieven 1987, S. 259).

renpalast sind in die Interkolumnien einer **primären** Kolossalordnung **sekundäre** Kolonnadenfragmente gestellt, um die **tertiäre** Architektur des Obergeschosses zu tragen. Wie es Michelangelo ursprünglich auch für seine Fensterädikulen geplant hatte, stützen diese gleichfalls das Hauptgebälk ab. Hingegen sind Fensterrahmen und Wand als weitere Füllelemente fortgelassen. Von der Idee her haben wir es also mit einer **Pfeilerhalle** zu tun, der eine **Tempelfront** appliziert ist.

144

148

Die eben vorgelegte Beschreibung erfasst Galileis Architektur in der Makroskopie. Ebenso aufschlussreich ist aber auch die mikroskopische Betrachtung, bei der das Theatermotiv als Nukleus der gesamten Fassadenkonzeption im Mittelpunkt steht.

Bei der Konzeption der Fassade sah Galilei sich offensichtlich vor die Aufgabe gestellt, die Ostwand des alten Langhauses[146] nicht nur einzubeziehen, sondern sie nach Möglichkeit auch in der neuen Fassade anklingen zu lassen. Die ältere Forschung hat die Wand überwiegend als mittelalterlich oder gar als spätantik angesehen. Tatsächlich ist es durchaus vorstellbar, dass eine derart alte Bausubstanz wie eine ‚Reliquie' in den Neubau integriert worden wäre. Indes geht die Ostwand sehr wahrscheinlich auf Borromini zurück; nach neuesten Erkenntnissen hat er die konstantinische Fassade 1656 beidseitig um zwei Obergaden erweitert.[147]

Ob Galilei Borrominis Wand einbeziehen musste, weil er ein angefangenes Projekt – wenngleich in völliger Abweichung von den Plänen seines Vorgängers[148] – zu vollenden gedachte, ob er aus Kostengründen die bereits vorhandene Substanz nutzen wollte oder ob er auch schon in der Einbeziehung hochbarocker Elemente einen Ausdruck von historischer Kontinuität sah, bleibe dahingestellt. Jedenfalls waren die fünf Fenster der alten Ostwand für Galilei insofern problematisch, als sie unterschiedlich weit auseinanderstanden und somit auch die Travéen seines neuen Fassadenspiegels unterschiedlich breit wurden.

Zum einen glich Galilei diese Differenzen durch die kolossale Instrumentierung aus. Die mittlere Achse fasste er mit gekuppelten Säulen und einem Halbpilaster ein, wohingegen er zwischen die erste und die zweite bzw. die vierte und die fünfte Achse nur einen einfachen Pilaster stellte. Damit war die Achsenbreite aber nur teilweise ausgeglichen. Darum zog Galilei zum anderen die Arkaden der Seitenachsen innerhalb des als **Tempelfront** gestalteten Mittelrisalits in die Breite, dehnte sie also zu einer Serliana. Da die Serliana damit für den Ausgleich der verschiedenen Achsenabstände ‚vergeben' war, konnte er sie – anders als Bernini im *ersten Louvreprojekt* – nicht auch noch dafür verwenden, die unterschiedlichen Geschosshöhen auszugleichen. Daher ging er dem Konflikt, den übereinanderstehende Arkaden zwangsläufig mit sich gebracht hätten, von vornherein aus dem Weg, indem er im Untergeschoss anstelle von Archivolten gerade Stürze verwendete. Diese Lösung bot einen großen Vorteil. Da die Breite gerader Stürze freier gehandhabt werden konnte als die von Archivolten, war Galilei bei der Proportionierung der Obergeschossarkaden vom Untergeschoss völlig unabhängig und musste dennoch nicht auf eine Superposition der Pfosten verzichten. Er konnte es sich sogar erlauben, die oberen Pfosten nach den Gesetzen der Tektonik etwas niedriger ausfallen zu lassen.

224

174

---

146 Vgl. hierzu die Rekonstruktionszeichnung bei Buchowiecki/Kuhn-Forte 1967–1997, Bd. I, S. 66.

147 Krautheimer hielt die alte Fassade von *San Giovanni* zunächst für einen Rest der ehemaligen severischen *Castra Equitum Singularium*, später für ein Werk Borrominis (siehe Josi/Krautheimer/Corbett 1957 sowie Krautheimer/Corbett u. a. 1968 (vgl. hierzu auch Buchowiecki/Kuhn-Forte 1967–1997, Bd. I, S. 65, Bd. II, S. 808 und Bd. III, S. 1016). Hoffmann 1978 kam zu dem Ergebnis, dass die Fassade im Mittelalter mehrfach überarbeitet worden war und wohl auch noch konstantinische Elemente enthielt. Borromini habe sie dann erneut umgestaltet. Eine klare Zuordnung der jeweiligen Teile war Hoffmann aber nicht möglich. Kieven 1987, S. 258 vermied es, sich festzulegen, indem sie davon sprach, dass Galilei die Fassade so vorfand, wie Borromini sie 1650 zurückgelassen hatte. Sladek 2000, Kat. Nr. XII.3, S. 434 und Roca De Amicis/Sladek 2000, Kat. Nr. XII.39–40, S. 450 gingen hingegen davon aus, dass Borromini die Fassade neu errichtet habe.

148 Zu Borrominis Projekt, der nur einen eingeschossigen *portico* geplant hatte, siehe auch Roca De Amicis/Sladek 1997.

Allerdings barg diese Lösung auch ein Problem. Trotz der kleineren Arkadenstützen ist das obere Geschoss dank der Archivolten deutlich höher als das untere. Unter ikonologischen Gesichtspunkten ist das sinnvoll, da das Obergeschoss mit der Benediktionsloggia auch das wichtigere war. Hätte Galilei nun aber jedem Geschoss eine einzelne (Haupt-)Ordnung gegeben, wäre die die obere Ordnung größer ausgefallen als die untere. Das hätte wiederum der tektonischen Logik widersprochen. Um auch diese Schwierigkeit zu umgehen, fasste Galilei beide Geschosse kurzerhand in einer Kolossalordnung zusammen.

Bereits bei der Behandlung der Proportionen zeigte Galilei, dass er die Arkaden und die sie tragenden Travéen als eigenständige **Glieder** auffasste. Das erweist sich nicht zuletzt an formalen Einzelheiten. Die Stürze der Travéen sind als Teile eines regulären Gebälks gestaltet. Außerdem ließ Galilei die Innenseiten der Erdgeschosstravéen und der Obergeschossarkaden nicht kontinuierlich durchlaufen. Vielmehr setzte er sie zurück und ließ sie dann wieder vorspringen, so dass sich die Wand in zwei nach hinten gekuppelte Pfeiler auflöst. Ebenso teilte er die Unterseiten der Archivolten in zwei Gurtbögen auf, die auf den jeweiligen Pfosten lasten. Die Idee eingestellter **Glieder** wurde damit auch **tiefenräumlich** nachvollziehbar.

Noch deutlicher kommt der Charakter des Theatermotivs als **Gliederarchitektur** innerhalb der **Tempelfront** zur Geltung, wo die einfachen Arkaden von einer Serliana abgelöst werden und Galilei die zusätzlich anfallende Wand über den Nebentravéen durch Reliefs kaschierte.

Obwohl die Wand massiv ist, sollen solche Reliefs dünne Platten evozieren, die nachträglich in reguläre Öffnungen gesetzt wurden. In diesem Sinne habe ich bereits die Reliefplatten in Vanvitellis *Entwurf für eine Kirchenfassade* als reine Füllsel gedeutet und darauf hingewiesen, dass Maderno 1614 das mittlere Oberlichtfenster an der Vorhalle von *Sankt Peter* durch Ambrogio Buonvicino nachträglich mit einem Relief hatte füllen lassen, das die Schlüsselübergabe an Petrus zeigt (vgl. D 2.5).[149] Auch Palladio hatte zunächst vorgesehen, an der *Basilica von Vicenza* die Okuli über der Serlianen in den äußeren Achsen mit kleinen Tondi zu schließen, sie in den anderen Achsen aber offen zu lassen.[150] Selbst die um 1760 geschaffenen Reliefs von Giambattista Grossi und Andrea Bergondi, die in den seitlichen Risalitachsen der *Fontana di Trevi* die Entstehungslegende der antiken *Aqua Virgo* schildern, verdecken Nischen. Diese sind auf einer zwischen 1742 und 1745 gestochenen Vedute von Piranesi noch gut zu sehen.[151]

Gerade der offensichtliche Bezug zu den Arkaden der Seitenachsen weist die Serliana deutlicher als an jedem anderen Bauwerk als ein in die Breite gezogenes Theatermotiv aus. Nachdem die Bogenpfeiler sich vom Verbund der Wand emanzipiert hatten, wandelten sie sich ganz folgerichtig zu freistehenden Säulen. Analog dazu ersetzte Galilei auch im Erdgeschoss die Pfeiler durch Säulen. Die Travée wird dadurch wie am *Konservatorenpalast* zu einem eingestellten Kolonnadenfragment (und darüber hinaus vielleicht auch zu einer Reminiszenz an den alten *portico*, dessen Säulen nach bewährter Sitte als Spolien in die neue Fassade integriert worden waren).

Das Verhältnis, das die einzelnen Gliederungselemente zueinander einnehmen, ist absolut logisch. Die eingestellte Pfeilertravée im Untergeschoss der Rücklagen wird im Obergeschoss zur Arkade gelängt. Beide Öffnungen werden dann in der breiteren **Tempelfront** zum Kolonnadenfragment bzw. zur Serliana gedehnt. Letztere erscheint wiederum als Elongation des Kolonnadenfragments.

Allerdings beherrscht dieser geradezu mathematische Rationalismus nicht nur den Aufriss, sondern auch den Grundriss. Da die Fassade im Bereich der **Tempelfront** dicker ist als an den Rücklagen, stehen die nach hinten gekuppelten Säulen des Kolonnadenfragments und der Serliana

---

149 Vgl. Buchowiecki/Kuhn-Forte 1967–1997, Bd. 1, S. 139.

150 Vgl. Palladio (1984), III 21, Abb. 116.

151 Piranesi, „Varie vedute di Roma antica e moderna disegnate e intagliate da celebri autori, in Roma 1748, a spese di Fausto Amidei Libraro al Corso", in: Piranesi (2000), Abb. 59.

weiter auseinander. Darüber hinaus hat Galilei im Erdgeschoss den gekuppelten Säulen jeweils eine weitere Säule vorangestellt. Während die beiden hinteren die Serliana tragen, stützt die vordere den Balkon der Benediktionsloggia. Auf diese Weise entsteht im Erdgeschoss das eher seltene Motiv nach hinten ‚getripelter' Kolonnaden. Die Binnengliederung erfährt im Bereich der **Tempelfront** also nicht nur eine V e r b r e i t e r u n g, sondern auch eine V e r t i e f u n g. Damit hat Galilei die Metamorphose der Binnengliederung in allen drei Dimensionen durchgespielt.

Aus der rationalen Gestaltung von Auf- und Grundriss resultiert eine nicht minder rationale Räumlichkeit. Da die **Binnenordnungen** an der Rückwand und an der rechten, nördlichen Schmalwand, die gegen den *Lateranpalast* stößt, wiederholt werden, haben wir es mit einer **zweischaligen** Fassade zu tun, die den Raum allseits **ummantelt**. *Portico* und Benediktionsloggia sind klar umrissene, blockhafte **Querräume**, die dank der gedrückten Quertonnen eine **breitenräumliche** Wirkung entfalten.

An diesen Breitenraum ist nun im Erdgeschoss der **Tempelfront** ein kurzer **Längsraum** gesetzt. Da die Quertonne des *portico* eine zu starke Zäsur bildet und die getripelten Kolonnaden zudem samt Benediktionsbalkon aus der Fassadenfront herausführen, ist er nicht **tiefen**-, sondern **frontalräumlich**. Wie im *Palazzo Massimo* entsteht also ein in der Breite gelängtes und in der Höhe gestauchtes T (⊤), wenngleich mit einem doppelten Unterschied: Zum einen weist der senkrechte Arm zum **Vorraum** und ist im Verhältnis zum Querarm noch stärker verkürzt. Zum anderen vollzieht die Fassade in Gestalt der vorspringenden **Tempelfront** den **frontalräumlichen** Impetus mit.

225

Eine weitere Besonderheit von Galileis Architektur besteht darin, dass die Treppe, die der Fassade vorgelagert ist, deren Räumlichkeit ursprünglich exakt nachzeichnete. Zunächst bildete sie ein großes, querrechteckiges Zwischenpodest aus, das die Grundfläche der Fassadenräume aufgriff bzw. vorwegnahm. Wie aus Giambattista Nollis Stadtplan von 1748 hervorgeht und wie auch Piranesis Veduten zeigen, wölbte sie sich außerdem vor der **Tempelfront** und an den Schmalseiten konvex vor. Dass die mittlere Wölbung auf das risalitartige Vorspringen der **Tempelfront** reagierte, ist unwahrscheinlich. Denn erstens wären dann die Wölbungen der Schmalseiten nicht zu erklären. Zweitens war die Wölbung von der **Tempelfront** zu weit entfernt, um auf sie bezogen werden zu können. Drittens war ihr Radius zu gering. Reagiert eine Treppenwölbung nämlich auf den Verlauf eines Fassadenspiegels, so umfährt sie diesen in gleichmäßigem Abstand, wie etwa bei Raphaels oktogonalem Tempel in der „Sposalizio" oder bei Bramantes rundem *tempietto* auf dem Gianicolo. In diesem Sinne müssen auch Risalite oder Apsiden in einen Treppenvorsprung regelrecht eingebettet sein (vgl. *Saint-Paul-Louis in Paris* von François Derand oder die Rückfront von *Santa Maria Maggiore*). Da dies im Lateran nicht der Fall war, konnte die Ausbuchtung der Treppe nur durch den **frontalräumlichen** Impetus der mittleren Fassadenachse motiviert gewesen sein. In diesem Sinne zeichneten die seitlichen Ausbuchtungen auch die **Breitenräumlichkeit** der übrigen Fassadenachsen nach. In der Treppe paraphrasierte Galilei also nicht nur die Grundfläche, sondern auch die ⊤-förmige Raumwirkung seiner Fassade.

228–230

Zu der strukturellen Evidenz des Fassadenraums kommt seine klare optische Wirkung. Im Unterschied zu Palladios *Basilica* ist er dank der besseren Lichtverhältnisse leicht fassbar. Dabei wirkt er aber alles andere als monoton. Gerade *San Giovanni* ist sogar ein gutes Beispiel dafür, dass die Wirkung des Fassadenraums neben der architektonischen Struktur auch vom Betrachterstandpunkt und dem Licht abhängt. Bekanntlich hat Heinrich Wölfflin die Schrägansichtigkeit von Fassaden zu einem Hauptmerkmal dieser Epoche erhoben.[152] In vielen Fällen trifft dies freilich nur bedingt zu. Auch die *Ostfassade der Lateranbasilika* ist einerseits auf Frontalansicht berechnet. Das gilt vor allem für die Ansicht aus der Nähe, wo die Strukturen der Rückwand in Beziehung zur Fassadengliederung treten. Aus der Distanz, wo die Einzelheiten weniger gut erkennbar sind,

201

224

---

152 Wölfflin 1991, S. 142.

229 empfiehlt sich hingegen tatsächlich die Schrägansicht. Ideal ist der Blick von Südosten, der die Südseite der Fassade einbezieht. Das Ausmaß des **Querraums** lässt sich nun besonders gut erfassen. Entsprechend haben zeitgenössische Vedutenmaler und -stecher wie Giambattista Panini und Giovanni Battista Piranesi eben diesen Standort gewählt und die Innenarchitektur der Benediktionsloggia deutlich herausgearbeitet.

Was das Licht betrifft, so kommt die Gliederung der Rückwand morgens, wenn die Sonne im Osten steht, am besten zur Geltung. Diese Tageszeit empfiehlt sich besonders für die Nahsicht. Liegen *portico* und Benediktionsloggia hingegen in abendlichem Schatten, verdient die Schrägansicht den Vorzug.

Mittags, wenn die Sonne hoch im Süden steht, liegt der Raum hinter der Fassade bereits im Schatten. Der angrenzende *Lateranpalast* ist hingegen noch dem direkten Lichteinfall ausgesetzt.
12 Wie eine Vedute von Hendrik Frans van Lint zeigt, fällt der Unterschied zwischen Frontal- und Schrägansicht in dieser Situation nicht so sehr ins Gewicht. Entscheidend ist jetzt allein die Fernsicht, die beide Gebäude ins Blickfeld rückt und den verschatteten Fassadenraum der **Gliederbauweise** in krassen Kontrast zur hellen Fläche der Palastwand setzt.

Abends wiederum hätte sich – zumindest in Galileis ursprünglicher Konzeption – noch ein anderer Eindruck ergeben. Dieser lässt sich anhand zweier Kupfer nachvollziehen, die 1732 und
231 1733 von Rocco Pozzi gestochen wurden. Der erste enthält einen Aufriss[153], der zweite darüber hinaus auch einen Grundriss und einen Querschnitt der Kirchenfassade.[154] Beide Stiche zeigen deutlich, dass Galilei die Arkaden der Rückwand ursprünglich vollständig mit Glasfenstern füllen wollte.

Wie schon gesagt, kann man auf den Zeichnungen, die den Zustand vor Galileis Eingriff dokumentieren, sehen, dass schon die alte Fassadenwand fünf Fenster besaß. Offensichtlich beabsichtigte Galilei, diese Fenster einzubeziehen. Dazu hätte er die Seitenfenster nur dem größeren Mittelfenster anpassen müssen. Wie die Zeichnungen auch zeigen, führt das mittlere Fenster ins Langhaus, wohingegen die vier seitlichen wie bei einer Querhauswand freigestanden hätten. Entsprechend strahlen auf Pozzis zweitem Stich die Fenster in den Seitenachsen heller als das Hauptfenster.

Vermutlich scheiterte die Umsetzung dieses Vorhabens daran, dass die Vergrößerung der Fenster zu kostspielig gewesen oder die alte Wand so destabilisiert worden wäre, dass sie dem Schub des Gewölbes nicht mehr standgehalten hätte. Daher ließ Galilei die Fenster vermauern und in die Wand lediglich kleine Nischen einfügen. Sicherlich hätten Glasfenster, die dem zweiten Stich zufolge sogar farbig gefasst werden sollten, vor allem in der Abendsonne einen herrlichen Effekt erzeugt: Von hinten angestrahlt, hätten sie aus der dunklen Tiefe des Raums hervorgeleuchtet.

Wie Kapitel B 3.3.4.2 ergeben hat, kann sich die **Tiefenräumlichkeit** der Serlianen gegenüber
199, 201, 203 der **Breitenräumlichkeit** der Loggiengänge an der *Basilica von Vincenza* trotz der Kreuzgratgewölbe deswegen nicht durchsetzen, weil die Rückwand keine analoge Gliederung besitzt. An *San Giovanni* ist diese Gliederung zwar vorhanden, doch fehlen die Kreuzgratgewölbe, um Fassadenfront und Fassadenrückwand **tiefenräumlich** zu verbinden. Nur wenn Galileis ursprünglicher Plan zur Ausführung gelangt wäre, hätte sich eine **tiefenräumliche** Wirkung eingestellt, wenn nämlich die Arkaden der Front als vorgezogene Rahmen der rückwärtigen Glasfenster erschienen wären.

---

153 Florenz, Archivio di Stato, Carte Galilei, f. za 14, c. 94 (Abb. bei Borsi 1993, S. 450).

154 Rom, Gabinetto Nazionale delle Stampe (Abb. bei Haidacher 1965, S. 679 oben).

3.4.3 Kolonnade und Arkade in zwei separaten Geschossen: Santa Maria Maggiore

Wie an *San Giovanni* setzt sich die Fassade von *Santa Maria Maggiore* aus einem *portico* und einer Benediktionsloggia zusammen. Allerdings gibt es keine Kolossalordnung, die beide Geschosse verbindet. Dies erleichterte es Fuga, in Anlehnung an das traditionelle Schema der römischen Kirchenfront (vgl. *Il Gesú, Sant'Andrea della Valle, Sant'Ignazio*) das ionische Untergeschoss fünf, das korinthische Obergeschoss aber nur drei Achsen breit zu machen.

Die **Primärstruktur** des Untergeschosses besteht nicht, wie es zunächst den Anschein hat und wie häufig zu lesen ist[155], aus den Säulenädikulen, die den mittleren und die beiden seitlichen Eingänge rahmen, sondern aus Lisenen, die zwar Plinthen, Basen, Halsringe und Abaki, aber keine Kapitellzier haben. Diese Lisenen sind eigentlich als Stirnseiten von Pfeiler-Streben zu deuten, die anstelle eines Kapitells nur einen Halsring haben.

Gegen die Innenseiten dieser schmucklosen Pfeiler-Streben stellte Fuga in den äußeren Achsen nach hinten gekuppelte halbierte Pfeiler mit regulären Kapitellen und in der Mittelachse nach hinten gekuppelte Freisäulen. Diese eingestellten Stützen bilden, da sie das Gebälk mittragen, die **sekundären** Elemente. Als **tertiäre** Strukturen sind den äußersten Travéen Ädikulen mit Dreiviertelsäulen und Dreiecksgiebeln und der Mitteltravée eine Ädikula mit Vollsäulen vorgeblendet. Das durchlaufende Gebälk kröpft sich über den Ädikulasäulen vor und über den eingestellten Säulen und Halbpfeilern leicht zurück.

Dass Fuga neutrale Pfeiler-Streben anstelle von Hinterlegungspilastern verwendete, hatte mehrere Gründe. Da die Pfeiler-Streben deutlich breiter als die ihnen vorgestellten Säulen sind und in ihrem Querschnitt auch untereinander variieren, hätte die Alternative darin bestanden, sie in der Mitteltravée jeweils durch einen überdehnten Pilaster und an den äußersten Seitentravéen durch zwei halbierte Pilaster zu ersetzen. Aufgrund ihrer unverhältnismäßigen Breite bzw. ihrer Zerstückelung hätte man solche Pilaster aber niemals als reguläre dreidimensionale Pfeiler, sondern allenfalls als Applikationen eines jetzt nicht mehr sichtbaren Wandkerns auffassen können. Weil Fuga aber eine reine **Gliederarchitektur** schaffen wollte, brauchte er dreidimensionale Stützen, die sich wegen des Fehlens von Kapitellen einer kanonischen Ordnung nicht zuweisen ließen und demnach unregelmäßige Proportionen besitzen durften.

In den drei Achsen des Obergeschosses wiederholte Fuga die Gliederung der unteren Travéen mit einem Unterschied: In den Seitentravéen ersetzte er die eingestellten Halbpfeiler durch Pfosten, die nun nicht mehr das Gebälk der **Hauptordnung**, sondern eigene Archivolten tragen. Auf diese Weise ergab sich links und rechts je ein traditionelles Theatermotiv. Die Mittelachse zeichnete Fuga wie im Erdgeschoss dadurch aus, dass er den vorderen Säulen einen Giebel aufsetzte und sie so wieder zu Teilen einer Ädikula machte. Gegen die Innenseiten der Pfeiler-Streben stellte er wieder Säulen, über denen er das **Hauptgebälk** indes nicht mehr horizontal durchlaufen ließ. Vielmehr krümmte er es zu einer Archivolte bzw. einem syrischen Architrav auf, der nun bis ins Tympanon der Ädikula empor dringt.

Wie an der Hauptfassade der *Lateranbasilika* ist das Theatermotiv in *Santa Maria Maggiore* in eine reine **Gliederarchitektur** aufgelöst worden, die entsprechend stark mit der **Wandhaftigkeit** der Rücklagen kontrastiert. Schon die Arkaden der Seitenachsen lassen mit ihren pfeilerartigen Pfosten, den profilierten, bis zum Gebälk reichenden Archivolten, den Schlusssteinen sowie den eingetieften und durch Rosetten kaschierten Zwickeln jede Erinnerung an die Wand vergessen.

Natürlich übernehmen die Arkaden auch eine tragende Funktion. Diese visualisieren die Schlusssteine auf doppelte Weise. Wie gewöhnlich kragen sie konsolartig vor. Außerdem sind sie

---

155 Vgl. Henze/Bering/Wiedmann 1994, S. 218.

als Cherubim gestaltet. Die vielfältigen Tragefunktionen von Engeln konnte Fuga allein am Bildprogramm *Santa Maria Maggiore* studieren: An Gerolamo Siciolante da Sermonetas Altarblatt in der *Cappella Sforza* tragen Engel Maria in den Himmel, in der *Cappella Paolina* halten sie das Gnadenbild des Hochaltars und stützen Teile des Gewölbes. An den Fassaden der Zwillingspaläste (von denen einer durch Fuga errichtet wurde) tragen Cherubim die Inschrifttafeln, während die Engel darüber als Wappenhalter fungieren.

Ebenso selbstverständlich können Engel ganze Architekturen tragen. Entsprechend ruht in der *Cappella Sistina* auf ihren Händen ein Sakramentshaus, das Ludovico del Duca und Sebastiano Torrigiani 1586–88 als zweigeschossigen Zentralbau gestalteten. Wie die Legende der *Casa di Loreto* lehrt, tragen Engel ein ‚Gebäude' gelegentlich sogar durch die Lüfte. In Antonio Gherardis *254* *Cappella Avila* von *Santa Maria in Trastevere* halten vier Engel einen Monopteros als Symbol des Empyreums in die Laterne. Fuga selbst bediente sich dieses Motivs in *Santa Maria Maggiore* gleich mehrfach. In einem seiner Entwürfe heben die Boten Gottes an der *portico*-Rückwand ein Medaillon empor,[156] an der Altarmensa tragen sie die Deckplatte.

Zugegebenermaßen ist es ein Unterschied, ob gewöhnliche Engel einen beweglichen Gegenstand in Händen halten oder ob körperlose Cherubim ein Architekturglied tragen. Dass auch dies *339a, b* möglich ist, zeigen die Attikalisenen von *Sankt Peter*. Der ionische Pilaster, der ihnen appliziert ist, endet gleich unter dem Kapitell. Der Schaftrumpf wird von einem Cherubim getragen.[157] Auf diese Weise war es Maderno möglich, der vergleichsweise niedrigen Attikazone eine eigene Säulenordnung zu geben, ohne dass diese zu gedrungen ausgefallen wäre.

Einen Beleg dafür, dass auch eine Fassadenöffnung von einem Cherubim, der als Schlussstein in ihrem Rahmenscheitel erscheint, getragen werden kann, liefert ein Beispiel, an das man in diesem *255* Zusammenhang nicht sofort denken würde: das *Neue Palais in Potsdam*. Dass die Cherubim die querovalen Mezzaninfenster Johann Gottfried Bürings wirklich tragen und nicht nur schmücken, geht aus der Gesamtstruktur der Fassade hervor.

256 Das primäre Element ist eine kolossale Pilastergliederung, die alle zweieinhalb Geschosse umfasst. In den Interkolumnien der Pilaster, die man sich wieder als vermauerte Pfeiler zu denken hat, stehen die Rahmen der Türen und Erdgeschossfenster als **sekundäre** Elemente. Diese tragen die **tertiären** Fenster der Belétage. Innerhalb der architektonischen Logik bilden die Mezzaninfenster unterhalb des Gebälks das **quartäre** und die restliche Wandfläche das **quintäre** Element. Sinnvollerweise besteht die Wand nicht aus hellem Sandstein wie die Ordnung und die Fenster. Vielmehr ist sie mit einer Putzschicht bedeckt, auf die Büring das klassische Füllmaterial, nämlich rotes Ziegelmauerwerk, malen ließ.

Gegen diese Lesart spricht jedoch die Tektonik. Eigentlich müssten die Mezzaninfenster durch das ranghöhere Strukturelement, in diesem Fall die Fenster der Belétage, gestützt werden. Stattdessen werden sie von dem rangniederen Element, nämlich der Mauer, gehalten.

255 Dieser Widerspruch löst sich auf, wenn man bedenkt, dass die Mezzaninfenster gar keines Halts bedürfen, da sie von den geflügelten Putten getragen werden. An die Stelle der tektonischen Logik tritt – auf ausgesprochen römische Weise – die bildliche Logik. Damit fand Büring einen neuen Lösungsansatz für ein altes Thema, nämlich die Integrierung der Mezzaninfenster in das tektonische Gefüge einer Fassade. Palladio hatte dasselbe Problem am Palazzo *Porto* auf die klassische Weise gelöst, indem er das Mezzanin in die Attikazone verlegte. Maderno gab den Mezzaninfenstern des *Palazzo Madama* Halt, indem er sie in den Architrav der Kolossalordnung einflocht. *233* Michele Sanmicheli und Pietro da Cortona stellten sie am *Palazzo Bevilacqua zu Verona* bzw. im *177* *Entwurf für den Westflügel des Louvre*[158] unmittelbar auf die Stürze der unteren Fenster. Giacomo della Porta und Fischer von Erlach hängten die Mezzaninfenster am kapitolinischen *Senatoren-*

---

156 Kieven 1988, Kat. Nr. 51 bis.
157 Blunt 1978, Abb. 39.

158 Abb. bei Kieven 1993, Kat. Nr. 46.

palast und in *Schönbrunn* an die Soffitten des Architravs der Kolossalordnung. Büring selbst hatte sie *Am Neuen Markt Nr. 5* durch Auslassungen im Quaderwerk gewonnen (siehe A 2.4). Am *Neuen Palais* ließ er sie nun frei schweben. Das im profanen Kontext zunächst verwirrende Motiv des geflügelten Engels erhält dadurch eine schlüssige Erklärung.

59
255, 256

Kehren wir nach diesem kleinen Exkurs zu *Santa Maria Maggiore* zurück, wo Fuga geflügelte Engelsköpfe noch drei weitere Male einsetzte: an der Rückwand der Benediktionsloggia, und zwar unmittelbar unter den Füßen der Gewölbekappen, am Altar der *Cappella del Crocifisso* und schließlich an den Kranzgebälksoffitten des Baldachins über dem Hauptaltar. In allen drei Fällen ergibt dieses Bildmotiv nur einen Sinn, wenn man es als ein tragendes Element begreift. Am Baldachin scheint das Kranzgesims jetzt nicht nur auf den vier Porphyrsäulen, sondern auch auf insgesamt 28 Seraphim zu ruhen (die 28 gilt v. a. bei Boethius als „vollkommene Zahl"[159]), was den Eindruck lastender Schwere in einen Anschein schwebender Leichtigkeit verwandelt. Ganz offensichtlich ging es Fuga um die Darstellung einer himmlischen Architektur.

6, 251a, b

258
vgl. auch 253

Am Altar der *Cappella del Crocifisso* schneidet eine Arkade wie an der oberen Mitteltravée der Fassade in den Giebel einer Ädikula ein. Da die Arkade auf einen fragilen Rahmen reduziert ist, kann sie den Giebel in keiner Weise stützen. Dessen Last wird daher von einem Cherub aufgefangen. Dass dieser wirklich trägt, zeigt sich daran, dass die Schräggeisen über seinem Haupt konsolartig vorgekröpft sind.

An der Rückwand der Benediktionsloggia war Fuga schließlich bemüht, die mittelalterlichen Mosaiken Filippo Rusutis weitgehend zu schonen. Aus diesem Grund entmaterialisierte er die hintere Hälfte des Tonnengewölbes nicht nur durch offene Stichkappen, sondern verzichtete auch auf eine Gliederung, die das Gewölbe auffing. Wie der sog. *Ausführungsentwurf* zeigt, dachte Fuga ursprünglich daran, die Gewölbefüße auf dünne Konsolen mit Guttae zu setzen.[160] Da solch dünne Konsolen als tragende Elemente eines so großen Gewölbes unglaubwürdig gewirkt hätten, kam er jedoch auf die Idee, die Guttae durch Cherubim zu ersetzen und die Last des Gewölbes so himmlischen Kräften anzuvertrauen.

6, 251a, b

252

Wie Madernos Cherubim an der Attika von *Sankt Peter* ersetzten Fugas Engel die Schäfte von Stützen. In diesem Zusammenhang sind sie nichts anderes als von Natur aus körperlose Karyatiden, die den Schaft einer Stütze dort entbehrlich machen, wo dieser sich nicht in das Proportionssystem (Maderno) oder in die ältere Bausubstanz (Fuga) einer Fassade integrieren lässt.

339a, b

Auch an der Fassadenfront ersetzen die Cherubim in gewissem Sinne Stützenschäfte. Hätte Fuga seine Fassade **wandhaft** aufgefasst, wäre der Archivoltenengel als Gebälkträger überflüssig. Als eingestellte **Glieder** fangen die Arkaden die Last des Hauptgewölbes jedoch just dort auf, wo eigentlich ein Pfeiler zu erwarten wäre. Der Rückgriff auf den Cherub ist hier der offenen Struktur der Fassade geschuldet.

4

Dass das Fassadengebälk durch den Cherub wie durch ein Architekturglied gestützt wird, ergibt sich auch aus einem anderen Detail. In der Architektur der Renaissance und des Barock sind die Postamente innerhalb einer Dachbalustrade als vertikale Ausläufer von Gliederarchitekturen aufzufassen. In diesem Sinne bekrönte auch Fuga die Lisenen-Pfeiler mit Postamenten, die sich über den vorgestellten Säulen zu Statuensockeln vorkröpfen (was wiederum die in Antike und früher Neuzeit gleichfalls postulierte Analogie von Statue und Säule[161] unterstreicht). Wenn nun auch die Cherubim

1

---

159 Frdl. Mitteilung von Dr. Martin Böckstiegel, Berlin.
160 Feder u. braune Tinte, grau, graublau u. rosa laviert (1741). Rom, Istituto Nazionale per la Grafica, Gabinetto Disegni e Stampe, FN 13862 (Kieven 1988, Kat. Nr. 51 u. dies. 1993, Kat. Nr. 99).
161 Da die Säule ein Ebenbild des *homo bene figuratus* ist (vgl. A 2.4 u. C 9.2), liegt es in der Logik der Sache, dass das in Stein gehauene Bildnis eines Menschen auch eine Säule oder einen Pfeiler ersetzen kann (Karyatiden, Atlanten) bzw. eine **Gliederarchitektur** nach oben in einer Statue ausläuft (vgl. die Bildsäulen am *Konstantins-* und am *Septimius-Severus-Bogen*).

eine statische Aufgabe erfüllen, ist es nur logisch, dass Fuga auch über sie Postamente setzte (wenngleich – der untergeordneten Bedeutung der Arkaden entsprechend – in kleinerer Form).

Nicht zuletzt verstärken die aufliegenden Cherubim den Vertikalismus, der sich in den Arkaden im Unterschied zu den Kolonnadenfragmenten des Untergeschosses deutlich bemerkbar macht. Besonders ausgeprägt ist er in der Mitteltravée. Hier hatte Fuga die Arkadenpfosten durch Säulen, die der **Hauptordnung** entsprechen, ersetzt. Zugleich wurde die Archivolte aus dem Gebälk gewonnen. Die Arkade steht damit nicht nur völlig frei, sondern ist auch dem Gefüge der sie rahmenden Hauptordnung entwachsen. Sie besitzt sogar so viel Dynamik, dass sie das Gebälk der Hauptordnung nach oben biegt und den Ädikulagiebel von unten aufsprengt. Dass dieser ‚Kraftakt' genau dort vollzogen wird, wo Fuga die Emanation des Heiligen Geistes in der Glorie des himmlischen Lichtes platzierte, ist vielleicht kein Zufall. (Über die Architektur [ver-]formende Kraft des Heiligen Geistes wird in den Kapiteln über die Ikonographie von *Sant'Andrea al Quirinale* und *Sant'Ivo alla Sapienza* [C 3.2 u. 4.4] noch ausführlicher zu sprechen sein.) Eine völlig untektonische, Fugas klassischer Architekturgesinnung an sich widersprechende Konstruktionsweise wird auf diese Weise vielleicht ikonographisch legitimiert. Seinen Abschluss findet der Vertikalismus in der Darstellung der Madonna, die auf einem gesonderten Sockel über den übrigen Heiligenfiguren steht und gemäß der Verheißung aus dem Magnifikat „et exaltavit humiles" (Lk 1,52) vom Heiligen Geist in den Himmel erhoben wird.

1, 4

224 Im Vergleich zu *San Giovanni* ist die Fassade von *Santa Maria Maggiore* weniger monumental. Diese Wirkung geht aber nur teilweise auf die geringeren Ausmaße und den Verzicht auf eine Kolossalordnung zurück. Ebenso ausschlaggebend ist die differenzierte und lebhafte Gliederung. Das Auge des Betrachters bleibt so länger am Aufriss haften und nimmt den Raum als gestalterische Größe erst allmählich wahr. An *San Giovanni* sind Volumen und Ausrichtung des Fassadenraums am östlichen und am südlichen Fassadenspiegel klar ablesbar. An *Santa Maria Maggiore* führt der Fassadenspiegel ein Eigenleben. Darüber hinaus empfängt Fugas Fassadenraum weniger Licht. Nicht zuletzt erschweren auch die schmiedeeisernen Schutzgitter, die der *portico* nachträglich erhielt, die Wahrnehmung des Raums.

229

Grundsätzlich haben wir es jedoch mit zwei übereinanderliegenden **Querräumen** zu tun, die beide gleich tief sind, von denen der untere aber zwei Achsen breiter ist. Da die Fassade keine Kolossalordnung besitzt, war es Fuga ein Leichtes, die Stockwerksgliederung des Äußeren im Inneren durch eine ebenso hohe Pilasterordnung zu paraphrasieren. In der Mittelachse wiederholte er zu Seiten des Hauptportals sogar die hinteren der rückwärts gekuppelten eingestellten Vollsäulen der Fassadenfront. Außerdem stellte er die gleichen Säulen in die Schmalseiten. Im Unterschied zu allen anderen Säulen der Fassade bestehen diese acht Säulen nicht aus Travertin, sondern aus Granit, weil sie als ‚Relikte' dem Vorgänger-*portico* aus dem 12. Jahrhundert entnommen wurden.[162] Jedes der vier Säulenpaare trägt einen Dreiecksgiebel. Auf diese Weise entstehen vier Ädikulen, welche die Gliederung der Fassadenfront aufgreifen. In den Interkolumnien der Ädikulen fluchtet die Wand zurück, an den Schmalseiten ist sie sogar in Form einer Figurennische eingetieft.

5, 252

Um für die Giebel der Mittelachse Platz zu schaffen, musste Fuga das Tonnengewölbe, das unmittelbar über dem Gebälk ansetzt, an dieser Stelle durch eine Hängekuppel unterbrechen. An den Schmalseiten, wo die Tonnen in Lünetten enden, stellte sich dieses Problem nicht.

5

Befindet man sich im Inneren des *portico*, so betont das Tonnengewölbe die **Breitenräumlichkeit** der Seitenjoche. Als Blickpunkte dienen die Ädikulen und die Nischenfiguren. Im Rücksprung der Wand und in der Nische selbst scheint die **breitenräumliche** Dynamik sogar ihren unmittelbaren Niederschlag gefunden zu haben. Vom Platz aus wird die **Breitenräumlichkeit** des *portico* dadurch verstärkt, dass dessen Gliederung auf die angrenzenden Zwillingspaläste ausgreift. Auch erwecken die gestreckten Wandsegel, die zwischen beiden Stockwerken vermitteln, den Eindruck, die Fassade sei im unteren Bereich gedehnt worden.

---

162 Luciani 1996, S. 191.

Einen Gegenakzent schafft zumindest ansatzweise die Mittelachse. Auch hier stehen sich im Inneren des *portico* zwei Ädikulen gegenüber. Die Quertonne ist unterbrochen, die nach hinten gekuppelten Säulen der Fassadenfront finden in den Säulen der Rückwand sogar eine Art Verlängerung. Im Unterschied zu *San Giovanni* entsteht also kein **frontalräumliches** ⊤, das aus der Fassade heraus in den **Vorraum** stößt, sondern ein griechisches Kreuz (┼) mit einem extrem verkürzten, **tiefenräumlichen** Längsarm, das weitgehend auf den Fassadenraum beschränkt bleibt. Nur ganz schwach deutet sich der östliche Längsarm auch im Fassadenspiegel an: Fuga verzichtete zwar darauf, wie Galilei einen **frontalräumlichen** Risalit zu bilden, doch verwendete er für die Ädikula der Mittelachse immerhin Vollsäulen anstelle von Dreiviertelsäulen.

Ergänzt wurde die Räumlichkeit des *portico* vormals wie bei *San Giovanni* durch die vorgelagerte Treppe. Das große querrechteckige Zwischenpodest zeichnet noch heute den Grundriss des **Querraums** nach. Verschwunden ist indes die halbrunde Ausbuchtung in der Mitte der Längsseite. Sie bildete die **frontale** Gegenbewegung zur **Tiefenräumlichkeit** des mittleren *portico*-Joches. Anders als im Lateran verhielt sie sich also nicht analog, sondern komplementär zur Mittelachse. Zwischen der **Tiefenräumlichkeit** des mittleren *portico*-Joches und der **Frontalität** der Treppenmitte stand der Vertikalismus der mittleren Fassadenachse quasi wie eine x-Achse zwischen einer negativen und einer positiven y-Achse.

3, 246

229

Im Obergeschoss wiederholt sich der Raumcharakter des *portico*. Allerdings ist der **Querraum**, um es noch einmal zu sagen, um zwei Achsen verkürzt. Die Mittelachse, die allein schon durch ihre hohe Arkade in das Gewölbe der Benediktionsloggia einschneidet, schafft wieder einen **tiefenräumlichen** Bezug, wohingegen die Freisäulen der Ädikula eine minimale **Frontalräumlichkeit** erzeugen. Darüber hinaus ist der Raum in den äußersten Achsen, die jetzt außerhalb der Benediktionsloggia liegen, **geschichtet**. Interessanterweise krümmen sich die Wandabschnitte, die diese Raumschichten hinterfangen, von außen nach innen leicht konkav vor. Die Fassade erhält dadurch eine zusätzliche Elastizität.

4, 252

1

Obwohl an *San Giovanni* der Raum erst durch die Errichtung der Fassade entstand, hat man das Gefühl, Galilei habe seine Fassade um ein schon bestehendes Volumen – um einen **Raumkörper** eben – herumgebaut. Bei Fuga ist es genau umgekehrt. Wie Kapitel C 7.5 noch zeigen wird, war der Raum durch die Stirnwand des Langhauses, die Zwillingspaläste und den (Vorgänger-) *portico* de facto bereits vorgegeben und musste nur noch zum **Vorraum** hin durch ein zweites Geschoss vollständig geschlossen werden. Optisch glaubt man jedoch, er sei erst durch die Fassade entstanden. Es scheint, als habe die gesamte Fassade ursprünglich in der Ebene gestanden, in der sich die konkaven Rücklagen des Obergeschosses noch heute befinden. Dann habe Fuga alle fünf Achsen des Untergeschosses und die drei mittleren Achsen des Obergeschosses nach vorne gezogen und dabei das Untergeschoss so weit gedehnt, dass es die Innenkanten der Zwillingspaläste überlappte und – dergestalt arretiert – nicht mehr zurückspringen konnte. Zuletzt habe er die Mittelachse in die Höhe gezogen, um die Benediktionsloggia aufzuwerten. Scheinbar ist der Raum also nur durch die Dehnung der Fassade in die Höhe, die Breite und die Tiefe entstanden.

229

245

244

3.4.4 Kolonnade und Arkaden-Kolonnade in zwei separaten Geschossen: Saint-Sulpice

Nach 1732 wurde dem hochbarocken Langhaus von *Saint-Sulpice* eine Doppelturmfassade vorgestellt. Architekt war der aus Florenz gebürtige Giovanni Niccolò (Jean-Nicolas) Servandoni. Wie sein Vorbild Christopher Wren an der *Saint Paul's Cathedral*[163] stellte Servandoni zwischen zwei Türme eine doppelgeschossige, fünfachsige Säulenarchitektur, die ursprünglich gleichfalls einen

262
263

---
163 Summerson 1987, S. 58.

Giebel trug (siehe C 8.3). Da die Türme von *Saint-Sulpice* aber enger beisammenstehen, hatte Servandoni nicht genug Platz zur Verfügung, um die Säulen in die Breite zu kuppeln. Daher kuppelte er die dorischen Säulen des Untergeschosses in die Tiefe und hinterlegte sie an der Fassadenrückwand jeweils mit Dreiviertelsäulen, die er wiederum Blendarkaden attachierte. Sofern er vor die Wände der Blendarkaden nicht Skulpturen stellte, ließ er in sie die Eingangsportale zum Langhaus ein.

In der Frontalansicht, bei der die hinteren Säulen von den vorderen verdeckt werden, herrscht der Eindruck eines **Querraums** vor. Seine scheinbare **Breitenräumlichkeit** mündet im Untergeschoss der Türme in **Kopfräume**, weshalb man wie bei der Straßenfront des *Palazzo Massimo alle Colonne* oder bei *Santa Maria in Via Lata* von einer **raumeinschließenden** Fassade sprechen möchte.

136, 66

Doch schon in der Schrägansicht wird dieser Eindruck vollständig aufgehoben. Die vorderen Säulen präsentieren sich in erster Linie als Ansätze dreiteiliger Säulenfolgen, die in die **Tiefe** gerichtet sind. Der *portico* wird in eine Folge von fünf **Längsräumen** zerlegt, die jeweils eine Travée breit sind. Die Räume im Untergeschoss der Türme erscheinen als in sich geschlossene **Flankenräume**.

Dieser Eindruck wird durch die Treppe verstärkt, die für die Raumwirkung der Fassade nicht weniger wichtig ist als bei den stadtrömischen Basiliken. Im Unterschied zu diesen liegt die Treppe bei *Saint-Sulpice* indes nicht v o r der Fassade. Vielmehr setzt sie unmittelbar h i n t e r dem Fassadenspiegel an und wird folglich durch die Postamente der Säulen in fünf einzelne Läufe zerschnitten. Wie der Raum selbst wird die Treppe, die in ihn hineinführt, in **längsräumliche** Einheiten parzelliert. Am Ende dieser Einheiten stehen als *points de vue* die Blendarkaden, welche die Portale oder die Skulpturen rahmen. Durch sie erhalten die **Längsräume** auch eine **tiefenräumliche** Dynamik.

Von *Saint-Sulpice* abgesehen, finden sich Kolonnaden mit nach hinten gekuppelten Säulen selten. Das Kolonnadenfragment in der mittleren *portico*-Achse von *San Giovanni* ist nicht repräsentativ. Dasselbe gilt für die 1754 von Jean Hardouin-Mansart de Jouy begonnene Fassade von *Saint-Eustache* in Paris, die offensichtlich von Servandonis Architektur abhängig ist. Palladios Orgelprospekt in *San Giorgio* zu Venedig, der zugleich als Chorschranke dient, ist fraglos durch die Perspektiv- und Bühnenarchitektur inspiriert, wo nach hinten gekuppelte Säulen umso häufiger vorkommen. Diesem Vorbild dürften auch die Wandfresken verpflichtet sein, mit denen Baldassare Peruzzi zwischen 1513 und 1516 die *Sala delle Colonne* in der *Villa Farnesina* zu Rom ausstattete. Da Servandoni von Haus aus Theatermaler war, war ihm dieses Motiv wahrscheinlich bestens bekannt. Entsprechend darf man auch in dem *portico* von *Saint-Sulpice* eine szenographische Architektur sehen.

231

264

163

13

Im Obergeschoss stellte Servandoni über die vordere Säulenreihe des *portico* eine zweite Kolonnade. Diese hinterfing er jedoch nicht mit weiteren Säulen, sondern mit einer Reihe **gliederhafter** Theatermotive.

Die Superposition zweier Säulenreihen, von denen die obere mit **gliederhaften** Theatermotiven hinterlegt ist, erinnert an *Santa Maria Maggiore*, wenngleich die Säulenreihen bei Fuga nur eine Folge von Ädikulen, aber keine durchgehenden Kolonnaden ergeben. Noch entscheidender ist aber, dass Servandoni die Säulen von den Theatermotiven so deutlich absetzte, dass sie eine völlig eigenständige Ebene bilden. Indes ließ Servandoni die Fläche zwischen den Arkaden nicht als bloße Wand stehen, sondern belegte sie mit Pilastern. Betrachtet man die Reihe der Theatermotive isoliert, so sind diese Pilaster wie Fugas Pfeiler-Streben als zugestellte Pfeiler der **Hauptordnung** zu lesen. Bezieht man indes die Kolonnade in das Vokabular des Theatermotivs ein, sind die Pilaster nur noch Hinterlegungen der vorderen Säulen. Emanzipierten sich an der *Basilica von Vicenza* die Arkadenpfosten in Gestalt freistehender Säulen zu einer autonomen **Binnenordnung**, so wächst sich die **Hauptordnung** in *Saint-Sulpice* buchstäblich zu einer echten Kolonnade aus. Wie freilich Palladios Arkadensäulen von der **Hauptordnung** nicht abrücken konnten, ohne einen Flankenpfeiler zurückzulassen, konnte Servandonis **Hauptordnung** sich nicht von den Arkaden lösen, ohne die Leerstelle mit einem Hinterlegungspilaster zu besetzen.

1

201

Servandonis Kolonnade ist also komplementär zu Palladios Serliana und zu Vanvitellis monopterosartigen Säulenarkaden (*Londoner Zeichnung*) zu sehen: Bei Palladio vollzieht sich die **gliederhafte** Auflösung des Theatermotivs in die Breite, bei Vanvitelli in die Tiefe und bei Servandoni in die Frontalität. Dieses **frontalräumliche** Theatermotiv war in Le Vaus *Hôtel Lambert* schon vorgebildet (siehe A 2.1.5). Mithin scheint es sich um ein genuin französisches Motiv zu handeln.

226

41

Über die von Palladio, Vanvitelli, Le Vau und Servandoni erreichten Stadien hinaus lässt sich die Auflösung des Theatermotivs in **Gliederarchitektur** indes nicht weiterführen. Zwar wäre es rein theoretisch denkbar, Säulenarkaden unmittelbar in die Interkolumnien einer Kolonnade zu stellen und damit eine absolut **gliederhafte** Variante des Theatermotivs zu schaffen, doch würde dies gegen einen von allen Architekten befolgten Grundsatz verstoßen, wonach Säulen unterschiedlicher Größe niemals unmittelbar neben- oder voreinander stehen dürfen. In jedem Fall muss zwischen ihnen ein (pilastrierter) Wandstreifen oder ein Pfeiler vermitteln, und meistens ist dieser dann mit einer der beiden Ordnungen verschmolzen (bei Palladio mit der **Haupt-**, bei Servandoni mit der **Binnenordnung**).

Unmittelbar vor der Rückwand wiederholte Servandoni die Theatermotive, wobei er die Arkadenpfosten so weit abstehen ließ, dass die imaginierten Pfeiler der **Hauptordnung** die Rückwand zwar berühren, mit ihr aber nicht verschmelzen. Damit bilden die rückwärtigen Theatermotive eine dritte Ebene vor der Wand als der vierten Ebene. In der Mittelachse zog Servandoni den Wandspiegel sogar noch mehr zurück, so dass die Arkade des hinteren Theatermotivs von einer weiteren (jetzt aber nur noch vorgeblendeten Arkade) hinterfangen wird.

Da die Gliederung sich im Unterschied zum *portico* nach hinten verändert und nur in der ebenen Fläche gleich bleibt, stellt sich eine völlig andere Wirkung ein. Der Raum ist erneut unterteilt, diesmal allerdings in zwei hintereinanderstehende **Schichten**, wobei die hintere mehr Volumen besitzt und sich mehr abschottet. Diese hintere **Schicht** bildet einen korridorartigen **Längsraum** mit starker **Breitenräumlichkeit**.

Trotz alledem hat die Loggia auch **tiefenräumliche** Qualitäten. In optischer Hinsicht wird die Kolonnade in zwei Ebenen von Theatermotiven hinterlegt, zu denen wiederum die Wand (bzw. die Wand mit Blendarkade) eine Folie bildet. Bei dieser Staffelung nimmt die Flächenhaftigkeit nach hinten kontinuierlich zu, was einen szenographischen Effekt ergibt. Unterstrichen wird dieser **tiefenräumliche** Impetus in der Mittelachse durch das Zurückweichen des Wandspiegels.

In struktureller Hinsicht ist man geneigt, die Metamorphose **frontalräumlich** zu lesen. Auf die Wand folgen erst eine applizierte Arkade (zumindest in der Mittelachse), dann vorgestellte und schließlich völlig freistehende Theatermotive. Obwohl deren Arkaden eingestellt wirken, haftet ihnen naturgemäß noch immer ein Rest von **Wandhaftigkeit** an. Erst die Kolonnade der vorderen Ebene vollzieht den endgültigen Wandel zur **Gliederhaftigkeit**.

Wenn Galileis Raum durch die Fassadenhaut fest umrissen ist und Fugas Raum aus dem Vakuum entstand, das sich durch die angrenzenden Bauten und die scheinbar vorgezogene Fassadenfront ergab, so setzt Servandonis Raum sich im Untergeschoss aus Parzellen zusammen, während er sich im Obergeschoss von hinten nach vorne schichtweise aufbaut. Indes resultiert dieser Prozess keineswegs aus einer Addition einzelner Raumteile, sondern aus einer Metamorphose, bei der die Gliederung nicht nur die Determinante, sondern zugleich auch das Produkt ist.

229

4, 252

3.5 Die Kolonnade in der Arkade

Das Gegenstück zum **gliederhaften** Theatermotiv, bei dem die Kolonnade scheinbar eine Arkade überfängt (Hofseite des *Palazzo Thiene Bonin-Longare* in Vicenza; vgl. B 3.3.2), bildet die Kolonnade, die – wie in der *Stadthalle zu York* – in eine Wandarkade gestellt ist. Die Idee, eine zweige-

162

188

schossige **Gliederarchitektur** in eine **Wandarchitektur** zu stellen, erinnert an die Emporen der *Aachener Pfalzkapelle*. Jedoch gibt es zwei grundlegende Unterschiede: In Aachen sind die unteren Säulen Teile einer Miniaturarkade, auf der zwei weitere Säulen stehen. In York tragen die Säulen dagegen ein klassisches Gebälk, auf dem einfache Pfosten stehen. Andererseits kann man dieses Motiv auch nicht auf die römische Thermenarchitektur zurückführen, wie Wilhelm Lübke und Max Semrau es getan haben.[164] Zugegebenermaßen enthalten Palladios Rekonstruktionszeichnungen der *Diokletiansthermen*[165], der davon abhängige Aufriss Visentinis für das Langhaus von *Santa Lucia* in Venedig[166] oder Madernos Eingangsinnenwand des *Petersdoms*, die gleichfalls durch die Thermen inspiriert ist, ganz ähnliche Gebilde. Jedoch gibt es einen elementaren Unterschied: In der Thermenarchitektur tragen Kolonnaden mit vier Säulen oder Pilastern dreigeteilte Halbkreisfenster, wobei die Fensterpfosten wie in York über den zwei mittleren Stützen stehen. Die alles überfangende Archivolte ist hingegen Teil des Fensters. Folglich setzt sie exakt über den äußeren Säulen an. In York gibt es aber wie in Aachen keine Fensterarchivolte. Stattdessen gehört der alles überfangende Bogen zur Wand als der übergeordneten **Primärstruktur**. Die Fensterpfosten sind hingegen wie die Kolonnade, auf der sie stehen, **sekundär**.

Dieser Unterschied ist insofern von Belang, als es in York wie in Aachen eine **primäre Wandarchitektur** gibt, die prinzipiell viel besser als eine **Gliederarchitektur** Räume scheiden kann (in Aachen den **Ringraum** der Galerien vom **Kernraum** des Oktogons, in York den **Binnenraum** der Vorhalle vom **Vorraum** des Platzes). Jedoch sind die Bögen in York (und in gewisser Weise auch noch in Aachen) zu breit und damit zu durchlässig, um diese Trennung wirklich zu vollziehen. Dazu bedürfen sie der in sie eingestellten **Gliederarchitektur**. Im Zusammenspiel beider Elemente entsteht eine gitterartige Struktur, die wie in *Santa Maria in Via Lata* eine Art Käfig bildet.

Das Motiv der Kolonnade, die in einer Arkade steht, ist also nicht nur in struktureller Hinsicht das Gegenteil des Theatermotivs. Auch die räumlichen Valenzen haben sich geändert. Paradoxerweise ist es in erster Linie nicht mehr die **Wandarchitektur**, die den Raum trennt, sondern eine **Gliederarchitektur**, die zu allem Überfluss äußerst weite Interkolumnien besitzt. Dank ihrer gitterartigen Funktion schafft sie eine Fassade, die den **Raum** sogar regelrecht **einschließt**.

4 Der Raum als Körper

Am Ende von Teil B erscheint es mir sinnvoll, noch einmal auf die Vorstellung vom Raum als einem Körper einzugehen. In Kapitel B 2.2.1.2 sahen wir, dass der Vergleich der Fassade von Fischers *Lustgartengebäude* mit einer verformbaren Hülle nur dann plausibel ist, wenn das vom Gebäude umschlossene Volumen seinerseits als eine körperhafte Masse begriffen wird, die den von außen auf die Seitenfronten wirkenden Druck an die Vorder- und die Rückseite des Mittelteils weiterleitet. Die sich dort bildenden konvexen Ausbuchtungen der Fassade erscheinen nun als unmittelbare Folge der konkaven Einbuchtungen an den Längsseiten der Rücklagen.

---

164 Lübke/Semrau 1907, S. 82.
165 London, Royal Institut for British Architects, V, 6); vgl. Puppi 2000, S. 328, Abb. 438.
166 London, Royal Institut for British Architects, F 5/36 [3]; vgl. Puppi 2000, S. 361, Abb. 500.

Auch bei *San Giovanni in Laterano* (B 3.4.2) stellt der Raum eine eigenständige Größe dar. Die 229
Ostfassade scheint Galilei um ein a priori existierendes Raumvolumen errichtet zu haben.

In beiden Fällen ist der Raum mehr als nur das Restvolumen, das sich eher beiläufig über einer unbebaut gebliebenen Fläche ergibt. Wenn dem so wäre, könnte man ihn mit den **negativen** Öffnungen vergleichen, die sich aus dem Abstand zweier Säulen ergeben (vgl. B 2.2.1). Jedoch stellt der Raum eine positive Größe dar. Wie die Luft, aus der er besteht und die man auch nicht sehen oder fassen kann, ist er ein eigener Körper. Dementsprechend kann er wie die Luft Druck aufnehmen und weiterleiten, ja sogar Druck erzeugen.

Wie hilfreich das Erklärungsmodell vom Raum als einem aus Luft bestehenden Körper ist, zeigt auch ein Gedankenexperiment. Bislang haben wir Grundriss, Aufriss, Gewölbeform und Lichtverhältnisse als Strukturen betrachtet, die unseren Blick in eine bestimmte Richtung lenken, und davon haben wir dann die Dynamik des Raums abgeleitet. Dieser Ansatz ist berechtigt, weil die Raumwirkung ja in erster Linie ein optisches Phänomen ist. Was aber veranlasst unser Auge, gewisse (Aus-)Richtungen und Kraftströme wahrzunehmen? Wahrscheinlich fragen wir uns bewusst oder unbewusst, wie sich ein vergleichsweise weicher und bewegter Körper wie Luft oder Wasser bewegen würde, leitete man ihn durch die entsprechenden Räume.

Stellen wir uns vor, wir würden von Bauwerken kleine Modelle anfertigen und diese auf einer drehbaren Platte befestigen, wobei der Gravitationspunkt des Modells exakt über der Achse liegen müsste. Sodann stellen wir die Platte mit dem Modell in einen Windkanal.

Bei einem Monopteros wie Bramantes *Tempietto* würde der Wind um die Cella herum blasen und damit die Dynamik des **Ringraums**, der sich hinter den Säulen befindet, paraphrasieren. Bei zwei parallel verlaufenden Arkaden, deren Bögen auf sehr breiten Wandstreifen sitzen und die mit einem durchlaufenden Tonnengewölbe verbunden sind, würde sich die Platte so drehen, dass der Luftstrom den tunnelartigen Korridor der Länge nach durchströmt. Stellte man sich nun so vor das Modell, dass man frontal auf die Arkaden blickt, würde der Luftstrom quer vorbeiziehen und damit den **querräumlichen** Charakter des Gebäudes offenbaren. Derselbe Effekt würde sich bei Berninis *corridoi* auf der *Piazza di San Pietro* einstellen. 344

Die Situation ändert sich grundlegend, wenn man die Wandstreifen der Arkaden um 90 Grad dreht. Bei frontaler Betrachtung zeigen die Wandstreifen nun nach hinten, was bedeutet, dass die Bögen sehr viel breiter werden, während der Gang zwischen den Arkaden sehr schmal wird. Ersetzt man nun auch noch die durchgehende Quertonne durch Einzeltonnen, in denen sich die Bögen nach hinten fortsetzen, so wird sich die Platte im Windkanal nicht mehr drehen. Vielmehr wird der Wind jetzt geradewegs durch die Bögen hindurchblasen, was zeigt, dass wir es nun mit einer Aneinanderreihung von **Längsräumen** zu tun haben.

Gestaltet man nun die Arkadenpfosten quadratisch und setzt auf die einzelnen Joche richtungsneutrale Kreuzgratgewölbe, so würde sich das Modell im Windkanal ambivalent verhalten und dadurch anzeigen, dass **Querraum** und **Längsraum** gleich ausgeprägt sind.

Selbstverständlich würde der Luftstrom bei einem solchen Experiment den Charakter der Räume nicht immer anzeigen (v. a. nicht bei komplizierteren Raumkonstellationen), doch dürften die körperlichen Qualitäten des Raums deutlich geworden sein. Der Begriff ‚Raumkörper' hat also durchaus seine Berechtigung, wenngleich damit nicht wie im herkömmlichen Sinne der Körper, der einen Raum umschließt, gemeint ist, sondern der Raum, der selbst ein Körper ist.

Die Körperlichkeit des Raums kann aber auch noch auf eine zweite Art sinnfällig werden. In Kapitel B 1.2.6 sahen wir in Pozzos *Teatro tutto interno, e ombreggiato*, wie ein Fanfarenbläser 93
die Dynamik eines unterbrochenen **Ringraums** buchstäblich überbrückt, indem er von einem Balkon an der Stirnseite des rechten Gebäudearms aus zur Stirnseite des linken Arms hinüber bläst. Doch weder der Balkon, in dem der **Ringraum** optisch ausläuft, noch die Körperhaltung des Bläsers können den hierfür erforderlichen Impuls geben. Dieser entsteht allein durch das imaginierte akustische Signal. Dazu bedarf es freilich eines physikalischen Körpers, der den

Schall weiter trägt, nämlich der Luft, aus welcher der Raum besteht. (Im Vakuum wäre der Schall ja nicht zu hören.)

Die Fähigkeit des Raums, Töne weiterzuleiten, ist aber auch noch in anderer Hinsicht aufschlussreich. Wie wir in Kaptitel A 2.1.1 sahen, ermöglich(t)en es die Fenster von Michelangelos Julius-Grabmal und die offene Lünette darüber dem Besucher von *San Pietro in Vincoli*, den Gesang der Kleriker im dahinter gelegenen Chor zu vernehmen. Zusammen mit dem gleichfalls durch die Öffnungen strömenden Licht bildete die Musik eine synästhetische Einheit, die fraglos auch metaphysisch zu deuten ist: Die himmlische Herrlichkeit offenbart sich akustisch im Gesang der Liturgie, der dem Lobpreis der Engel nachempfunden ist, und optisch im Licht als Sinnbild der göttlichen Epiphanie. Verstärkt wird dieser Eindruck dadurch, dass die eigentliche Lichtquelle ebenso wenig zu sehen ist wie der Chor.

Peter Murray zufolge bestimmte die Absicht, den Mönchsgesang durch eine offene Chorschranke hindurch auch im Langhaus hörbar werden zu lassen, auch die Innenraumgestaltung von *San Giorgio* und *Il Redentore* in Venedig.[167] Anders als in diesen beiden Kirchen Palladios ist der Chorraum in *San Pietro in Vincoli* jedoch buchstäblich exklusiv. Dennoch ist er durch die von ihm ausgehenden Klang- und Lichtimpulse präsent – nicht als Realraum, sondern als imaginierter Klang- und Lichtkörper.

---

167 Murray 1980, S. 176–177.

TEIL C

WESEN, FUNKTION UND BEDEUTUNG DES FASSADENRAUMS

1 Einführung

In den vorigen Abschnitten habe ich die formalen Eigenschaften räumlicher Fassaden untersucht. Dabei deutete sich an, dass die Raumhaltigkeit von Außenarchitekturen unterschiedlichste Voraussetzungen hat und ganz verschiedenen Zwecken dient.

Räumlichkeit kann strukturell oder konstruktiv bedingt sein. Sie kann auf den städtebaulichen und landschaftlichen Kontext antworten oder ikonographische Bezüge verdeutlichen. Sie kann den Rahmen einer rituellen Inszenierung bilden, reine Szenographie sein oder anderen ästhetischen Konzepten folgen. Zwar lassen diese Aspekte sich nicht klar voneinander trennen, doch sind sie in einer Fassade meist unterschiedlich gewichtet. Anhand einiger Beispiele sollen die unterschiedlichen Funktionen der Räumlichkeit im Folgenden beleuchtet werden.

2 Sangallos Modell für Sankt Peter: Der Raum als struktureller und konstruktiver Faktor

189, 190 Wie wohl bei keiner anderen Architektur stehen die Räumlichkeit, die äußere Struktur und die konstruktive Wirkung in einem so engen Wechselverhältnis wie dem *Holzmodell für Sankt Peter*, das Antonio Labacco von 1539 bis 1546 nach den Plänen Antonio da Sangallos anfertigte.[1]

Grundsätzlich war es Sangallo ein Anliegen, der Peterskirche eine Zweiturmfront mit Benediktionsloggia zu geben, ohne die Idee eines Zentralbaus aufzugeben. So gestaltete er die Doppelturmfassade als einen autonomen Baukörper, der von der eigentlichen Kirche deutlich abgesetzt ist. Beide Baukörper verband er mit einem Zwischentrakt, der drei mal drei Travéen umfasst. In beiden Richtungen wird der Verbindungstrakt von gewaltigen Durchfahrten durchzogen. Diese nehmen in der Breite die gesamte Mitteltravée und in der Höhe das Unter- und das darüber liegende Geschoss ein.

Auf diese Weise macht die Durchfahrt, die quer zur Fassade verläuft, aus der Längsseite eine **Durchblickfassade**. Da die offene Mitteltravée deutlich breiter als die geschlossenen Seitentravéen ist, wird der Zwischentrakt optisch auf eine Zentralbau und Benediktionsloggia verbindende Brücke reduziert.

Die andere, Fassade und Zentralbau verbindende Durchfahrt bildet zwischen den Türmen einen großen Torbogen aus. Dieser ergibt zusammen mit zwei kleineren Seiteneingängen ein Triumphbogen-Motiv. Auch die Benediktionsloggia öffnet sich in einem riesigen Bogen. Da nicht nur der Bogen der Durchfahrt, sondern auch die vier übrigen Bögen in **Längsräume** führen, ergibt sich eine **Tiefenräumlichkeit**, wie sie bei kaum einer anderen Fassade zu finden sein dürfte. Zugleich wird deutlich, wie sehr Sangallo über die Struktur von Grund- und Aufriss hinaus die Dynamik von Räumen zu nutzen verstand, um das Verhältnis von Doppelturmfassade und Zentralbau zu klären: Während er beide Einheiten mithilfe des **Tiefenraums** verband, trennte er sie zugleich durch einen **Querraum**, der den Verbindungstrakt zur **Durchblickfassade** reduziert.

---

1 Gerade wegen seiner Dreidimensionalität ist das Modell weit besser als die fünf Kupferstiche Antonio Salamancas geeignet, die räumlichen Bezüge in Sangallos Projekt zu besprechen (zu den Stichen siehe Niebaum 2005a, S. 79–81). Über die grundlegenden Aspekte des Modells, die hier nicht näher erörtert werden können, hat sich Thoenes 1994a grundlegend geäußert.

Nicht weniger Beachtung verdient die Art und Weise, mit der Sangallo den Raum am Zentralbau einsetzte. Wie wir uns erinnern, ist dort das Theatermotiv das wichtigste Gestaltungselement. Die Häufigkeit, mit der Sangallo es verwendete, erscheint etwas seriell, doch bot es mehrere ästhetische und konstruktive Vorteile.

Zunächst konnte Sangallo auf mustergültige Weise den Übergang von der **Wand-** zur **Gliederarchitektur** vollziehen. Besonders deutlich wird dies in der Seitenansicht. Liest man die Architektur des Modells von unten nach oben, so ergibt sich ein schrittweiser Übergang von der **Wand-** zur **Gliederhaftigkeit**. Im Untergeschoss ist die Ordnung dorischer Dreiviertelsäulen noch eindeutig einem Wandkontinuum vorgeblendet. Normalerweise würde man Kolonnade, Arkade, Ädikulen und Fensterrahmen als eigenständige, ineinander gestellte Elemente deuten, welche die Wand zu einem nachgeordneten Füllsel herabstufen. Indes ist das Zwischengeschoss, das nur Lisenen und Fensterrahmen gliedern, eindeutig wandhaft. Eine solche **Wandarchitektur** kann auf einer **Gliederbauweise** aber höchstens als Attika, niemals aber als Zwischengeschoss lasten. Folglich muss es sich auch beim Erdgeschoss um eine **Wandarchitektur** handeln.

Im dritten Geschoss führt Sangallo an den Exedren das Theatermotiv ein. Doch obwohl die Archivolten unmittelbar an die ionischen Dreiviertelsäulen stoßen und die Kämpfer das Profil von Kapitellen haben, sind die Arkaden noch Teile der Wand. Das zeigt sich vor allem daran, dass Pfosten und Archivolte in Gewände und Laibung nicht ausgebildet sind. Außerdem knicken die Stirnseiten der Pfosten am Arkadenfuß im rechten Winkel nach innen, um wieder zusammenzulaufen, anstatt bis auf das Kranzgesims des zweiten Geschosses herabzustoßen. Die Arkade ist letztlich also nur eine Öffnung, die aus der Wand geschnitten wurde. In der dritten und der siebten Travée sind die Arkaden – wie die Fenster unter ihnen – blind, was den Wandcharakter zusätzlich betont.[2] Erst im Kuppeltambour erhalten die Arkaden Pfosten und Archivolten, die sich auch in der Tiefe als eigenständige **Glieder** erweisen. Damit gewinnt auch die Säulenordnung an Selbstständigkeit, was in der Laterne schließlich zu ihrer völligen Freistellung führt. Liest man die Architektur aber von oben nach unten und bedenkt, dass jedes Geschoss dieselbe Anzahl an Säulen haben muss, so springt die Arkade genau dann als zusätzliche Gebälkstütze ein, wenn das Interkolumnium breiter wird, eine weitere Säule aber nicht eingestellt werden kann.

Der zweite Vorteil des Theatermotivs bestand darin, dass Sangallo um den Tambour zwei kontinuierliche Säulenkränze legen und ihn damit einheitlich strukturieren konnte. Andererseits ließen sich die Arkadenpfosten und die Archivolten in Form von Laibungen und Längstonnen weit nach hinten fortsetzen. Anstelle eines umlaufenden **Ringraums** entstand so ein Kranz separater **tiefenräumlicher** Kammern. Die Wände dieser Kammern waren als Strebepfeiler gedacht, die ihrerseits durch die Längstonnen fixiert wurden. Zugleich sollte durch die Kammern die Mauermasse – und damit die Auflast der Kuppel – reduziert werden.

Michelangelo erzielte denselben Effekt, indem er wie Bramante um den Tambour eine Peristasis legte, die Säulen aber zu Paaren zusammenzog und diese mit kräftigen Strebepfeilern verschmolz. In die Zwischenräume, die sich dabei ergaben, brach er große Fenster ein, welche die Auflast verminderten. Diese Lösung mag optisch mehr befriedigen, zumal die Säulen die Strebepfeiler geschickt kaschieren, aber sie ist unkanonisch – sowohl in der Kuppelung der Säulen als auch in der Verbindung von Säule und Strebepfeiler. Sangallo hingegen verwendete die Gliederung lehrbuchhaft korrekt.[3] Er nutzte das **tiefenräumliche** Potenzial, welches das Theatermotiv als Struktur-

---

2 Man kann die blinden Arkaden so deuten, als seien die Öffnungen nachträglich wieder verfüllt worden oder als sei die Wand zweischalig.

3 Diese ganz dem vitruvianischen Denken verpflichtete Korrektheit – Niebaum 2005, S. 80 nennt Sangallo sogar den „strengsten Vitruvianer seiner Zeit" – trug sicherlich in allererster Linie zu dem monotonen Charakter des Modells bei. Andererseits zeugt Sangallos Regelhaftigkeit auch von einer außerordentlich logischen Konsequenz, die es Sangallo ermöglichte, gerade das seriell verwendete Theatermotiv höchst vielseitig einzusetzen.

element besaß, geschickt, um konstruktive und ästhetische Bedürfnisse miteinander in Einklang zu bringen.

Dasselbe gilt für die Zurücksetzung des oberen Tambourgeschosses. Durch sie wird die Auflast weiter verringert. Zugleich passt sich das Äußere dem Verlauf der inneren Kuppelschale an. Auch in diesem Zusammenhang übernimmt die **Tiefenräumlichkeit** des Theatermotivs eine wichtige Funktion. Die Strebepfeiler-Laibungen der Arkaden reichen nicht nur deshalb so weit nach hinten, weil sie stark genug sein müssen, um den Schub der Kuppelschale abzuleiten; sie müssen auch den zurückgesetzten oberen Zylinder konstruktiv unterfüttern. Dabei dürfte Sangallo den Druck des oberen Tambourgeschosses auch als eine Möglichkeit einkalkuliert haben, der schräg ansetzenden Schubkraft der Kuppelschale eine vertikale Richtung zu geben.

Nicht zuletzt erfüllte die Zurücksetzung des oberen Tambourgeschosses aber auch eine strukturelle Aufgabe. Wie schon gesagt, umging Sangallo mit ihr das Problem, das sich gewöhnlich aus der Superposition zweier Theatermotive ergibt. Dank ihrer radialen Ausrichtung wurden Arkaden und Interkolumnien zwangsläufig schmäler, ohne dass ihre idealen Proportionen oder ihre Superposition aufgegeben werden mussten. Allein durch diesen Kniff wurde die **tiefenräumliche** Ausrichtung für die Gliederung der Außenarchitektur konstitutiv.

Sangallos Prinzip der **tiefenräumlichen Superposition**, sein schrittweiser Übergang von der **Wand-** zur **Gliederbauweise** und die Proportionierung seiner Kuppel sind nur verständlich, wenn man seine Theatermotive als dreidimensionale Gebilde begreift. Dafür, dass der Betrachter sie als solche wahrnimmt, bieten die konvexe Form der Kuppel und der Exedren die ideale Voraussetzung.

3 Sant'Andrea al Quirinale: Der Raum als Mittel der gentilizischen Kodierung

3.1 Sant'Andrea als eine „Domus Pamphiliana"

Auf den ersten Blick beschränkt sich die Raumhaltigkeit der Fassade von *Sant'Andrea al Quirinale* auf den *tempietto* und die konkaven Mauerflügel, mit denen sie in den **Vorraum ausgreift**. Wie sich in Kapitel B 3.3.4.8 zeigen ließ, ist die scheinbar **wandhafte** Tafelfassade aber als eine **primäre Gliederarchitektur** zu lesen, die erst ‚im Nachhinein' mit untergeordneten Füllstrukturen geschlossen wurde. Bernini hatte durch die Fassade hindurch die Innenraumgliederung nach außen gezogen, wobei der *tempietto* gewissermaßen eine Schlaufe bildete. Durch die nachträgliche ‚Schließung' der Fassade wurde dieser elastische Zustand fixiert. Auch spiegelt der *tempietto* die Apsisarchitektur des Innern **frontalräumlich** nach außen bzw. wird von dieser **tiefenräumlich** wiederholt.

Allerdings ist dieser **tiefenräumliche** Zug nicht nur architekturmorphologisch, sondern auch ikonographisch relevant. Um diese Bezüge zu klären, muss ich etwas weiter ausholen. Entscheidend für die gedankliche Konzeption der Kirche ist zunächst die Frage, in welchem Maße die drei Auftraggeber – die Gesellschaft Jesu, Papst Alexander VII. und Fürst Camillo Pamphilj, der Neffe von Alexanders Vorgänger Innozenz X. – auf den Bau Einfluss nahmen. Ihr Anteil wird in der Literatur unterschiedlich bewertet. Während Marder[4] im Jesuitenorden, Connors, Terhalle und

---

4 Marder 1990, passim.

Christoph Luitpold Frommel im Papst die treibende Kraft des Neubaus sahen,⁵ bemühte sich Pieter-Matthijs Gijsbers nachzuweisen, dass Camillo Pamphilj das Geschehen am meisten beeinflusste, zumal Letztgenannter auch den größten Teil der Baukosten aufgebracht habe.⁶ Anders als bislang angenommen⁷, habe Camillo dies jedoch nicht aus einer Verpflichtung gegenüber den Jesuiten oder Alexander VII. getan. Vielmehr sei es ihm darum gegangen, mit *Sant'Andrea* eine Kirche zum Andenken an seinen Onkel Innozenz und zum Ruhme der *Domus Pamphiliana* zu errichten. Dazu sei dieser Bau geradezu prädestiniert gewesen. Camillo habe seine Familie nämlich auf den römischen König Numa Pompilius zurückgeführt, dessen Residenz angeblich an eben der Stelle gestanden hatte, an der nun die Kirche errichtet wurde. Während Camillo geplant habe, die Größe und Würde seiner Familie durch die *magnificenza* der kostbaren Cottanello-Ausstattung zum Ausdruck zu bringen, sollten ihre *antichità* und altrömische Provenienz durch die architektonische Übereinstimmung mit dem *Pantheon* sinnfällig werden.⁸

Gijsbers Überlegungen wurden von Arne Karsten weitgehend übernommen. Mehr noch als Gijsbers betont Karsten jedoch die Rolle Camillos als Papstnepoten⁹ und bewertet damit dessen Vorhaben, mit dem Bau das Sozialprestige seiner Familie zu mehren, als eine gängige Technik des Klientelismus und der Elitenbildung im Rom der frühen Neuzeit¹⁰ (Näheres hierzu in Kapitel D 6.3.1).

Die Deutung des Baus als eine neue *Domus Pamphiliana* kann sich vor allem auf sechs Besonderheiten stützen: Im Innern sitzt auf den Akanthuskapitellen der korinthischen Ordnung unübersehbar das Wappentier der Pamphilj, die Taube mit dem Ölzweig im Schnabel. Außerdem ziert es in den Nebenkapellen die Bildrahmen an den Längsseiten und das Wappen am Schildbogen unter dem Gewölbe. Über dem Eingangsportal, aber auch über dem *tempietto*, erscheint das Familienwappen der Pamphilj. Neben der Taube und dem Lilienkranz enthält es die Schlüssel Petri und den Zeltbaldachin, das sog. *canopeum*. Beide Insignien zeigen an, dass die Familie einen Papst hervorgebracht hat.¹¹ Ein Bezug zu Innozenz ergibt sich auch aus der Inschrift, die das innere Wappen überfängt. Sie weist den Fürsten als den eigentlichen Erbauer der Kirche und als den Neffen des verstorbenen Papstes aus: DIVO ANDREAE APOSTOLO CAMILLVS PRINCEPS PAMPHILIVS INNOCENTII X FRATRIS FILIVS A FVNDAMENTIS EXTRVXIT.

17

Auf Innozenz alludiert nach Gijsbers schließlich auch der *tempietto*, der wie in *Santa Maria della Pace* ein *templum pacis* evoziere.¹² Sei es Cortona mit seinem *tempietto* darum gegangen, die Friedensliebe Alexanders VII. hervorzuheben, habe Bernini auf den friedlichen Pontifikat Innozenz' X. angespielt und damit einen festen Topos der Pamphilj-Panegyrik aufgegriffen. Schließlich habe sich schon Innozenz selbst als ein Friedenspapst feiern lassen, der nach der kriegerischen Politik seines Vorgängers Urban VIII. einen ähnlichen Paradigmenwechsel vollzog wie seinerzeit Numa nach der Herrschaft des kriegerischen Romulus.¹³

7
288

In *Sant'Andrea*, so Gijsbers weiter, stünden der zweite römische König und der jüngst verstorbene Papst mithin für eine politisch-historische und eine gentilizische Kontinuität, die von den Anfängen Roms bis in die (damals) jüngste Zeit reiche. Diese Kontinuität manifestiere sich architektonisch in der Wahl des Bauplatzes, aber auch in der Gestaltung des Gotteshauses als eines

---

5 Connors 1982; Frommel 1983, S. 213–217 u. Terhalle 1994. Frommel argumentiert vor allem auf der Grundlage des „Racconto della fabrica della Chiesa di S. Andrea a Monte Cavallo della Compagnia de Gesù", eines zeitgenössischen Bauberichts von 1672.

6 Gijsbers 1996, S. 293. David Ganz spricht eher allgemein von einem „hochkomplexen Prozess des Gebens und Nehmens auf Auftraggeberseite", an dem der Papst, die Jesuiten und Pamphilj gleichermaßen beteiligt waren und dabei Kompromisse eingehen mussten (Ganz 2003, S. 81).

7 Gijsbers grenzt sich u. a. von Terhalle 1994 ab.
8 Gijsbers 1996, S. 309.
9 Karsten 2003, S. 173–174.
10 Siehe hierzu die ausführliche Einleitung in Karsten 2003, S. 1–13.
11 Gijsbers 1996, S. 306
12 Zur Bedeutung des *tempietto* von *Santa Maria della Pace* als Friedenstempel siehe auch Ost 1971.
13 Gijsbers 1996, S. 319–322.

72 zweiten *Pantheon*. Um sie auch für die Zukunft zu sichern, habe Camillo 1648 sogar die Fürstin Olimpia Aldobrandini von Rossano geehelicht – ungeachtet der Tatsache, dass er erst im Jahr zuvor die Kardinalswürde empfangen hatte und die Heirat demzufolge einen großen Skandal auslöste.[14]

Gijsbers behauptet sogar, Camillo habe mit dem Neubau von *Sant'Andrea* die Wiedergeburt der antiken *Domus Pamphiliana* inszenieren wollen. Dabei beruft er sich auf ein Huldigungsgedicht, das der Jesuit Girolamo Petrucci zwischen 1658 und 1662 verfasste und in Gerolamo Brusonis Anthologie „Degli Allori d'Eurota" veröffentlichte. Aus ihm zitiert Gijsbers in englischer Übersetzung folgende vier Zeilen:

„To the apostle Andrew, Prince Camillo Pamphilj
Has dedicated a temple on the Quirinal Hill.
Here where Camillo Pamphilj erects a new church,
Here were once woods and Pamphilius' home."[15]

Gijsbers Überlegungen möchte ich mich weitgehend anschließen, zumal sie sich durch eine Reihe weiterer Beobachtungen stützen lassen. Zunächst greift die Taube sicherlich auch die Friedensthematik des *tempietto* auf.[16] Dieser wiederum paraphrasiert als Säulenvorbau einer Rotunde selbstverständlich auch das *Pantheon*.

7 Neben der Taube tritt ferner die Lilie als Kapitellzier in Erscheinung, und zwar über den vermeintlichen Eckpilastern, die sich im Eingangsbereich aus dem Zusammentreffen der verschiedenen Pfeiler bilden. Die Tatsache, dass beide Elemente des Familienwappens über den Kapitellen erscheinen, legt die Vermutung nahe, die Taube „niste" nicht einfach nur im Akanthusblattwerk, wie Gijsbers meint,[17] sondern bilde zusammen mit der Lilie den ikonographisch unentbehrlichen Bestandteil eines *Ordo Pamphilianus*, wie er uns auch am Kuppeltambour von *Sant'Agnese in Agone* begegnet.

Angesichts der so nachdrücklich hervorgehobenen genitilizischen Kontinuität erhält auch die Verherrlichung des Pamphilj-Wappens – das in der Glasmalerei des halbrunden Oberlichts über dem *tempietto* übrigens ein weiteres Mal erscheint – einen neuen Sinn, gründet sich der Ruhm einer Familie nach altrömischer Vorstellung doch gerade auf die Taten der Ahnen und die von ihnen bekleideten Staatsämter. In dieser Diktion werden die unter Numa und Innozenz praktizierte Friedenspolitik sowie die unter ihnen erlangten Würden als nicht mehr zu überbietende Verdienste und Ehren ausgegeben. Zweifellos versuchte Camillo durch den Bau einer Kirche und den Erhalt der Familie, sich dieser Tradition würdig zu erweisen. Dazu hatte er umso mehr Grund, als er nicht nur durch seine Resignation als Kardinal und die skandalöse Hochzeit an Sozialprestige eingebüßt hatte, sondern auch durch seine Weigerung, den Sarg seines verstorbenen Onkels zu bezahlen. Damit hatte Camillo die wichtigste Tugend eines Papstnepoten, nämlich die *pietas*, auf sträfliche Weise verletzt. Aus gutem Grund sieht daher Karsten in dem Bau von *Sant'Andrea* auch eine öffentliche Geste der Wiedergutmachung.[18]

Überhaupt ist Camillos Verhältnis zu Innozenz X. der Schlüssel zum Verständnis der Kirche. Dies wird deutlich, wenn wir uns einer anderen Besonderheit zuwenden, nämlich dem außerge-

215 wöhnlichen Grundriss, den die Literatur immer wieder von den bei Serlio und Vignola abgebildeten Querovalen abgeleitet hat.[19] Für viel entscheidender halte ich jedoch, dass die Rotunde von *Sant'Andrea* sich nicht wie gewöhnlich acht, sondern zehn Anräumen öffnet. Diese Zahl ist

---

14 Zur Heirat und dem damit verbundenen Skandal siehe Chiomenti Vassalli 1979, S. 106–116.
15 Brusoni 1662, S. 114.
16 Auch auf dem Obelisken der *Piazza Navona* ist die Pamphilj-Taube als Friedenssymbol zu deuten, das insbesondere auch auf den Westfälischen Frieden anspielt (siehe hierzu Preimesberger 1974, S. 83, 108 u. 144).
17 Gijsbers 1997, S. 306.
18 Karsten 2006, S. 150.
19 Siehe z. B. Borsi 1982, S. 102, Abb. 127; Frommel 1983, S. 242–244; Gijsbers 1996, S. 317 u. Marder 1998, S. 198.

eigentlich höchst ungünstig, weil sie keine Querachse ermöglicht. Soweit ich sehe, gibt es für sie, vom *Nymphäum der Horti Liciniani* (dem vermeintlichen *Tempel der Minerva Medica*) abgesehen, auch kein Vorbild.

Andererseits ist die Zahl auch nicht beliebig gewählt. Schon in einem ersten Entwurf sah Bernini zehn Anräume vor, die in ein Fünfeck einbeschrieben waren.[20] Frommel und Gijsbers sahen in dem pentagonalen Umriss eine Anlehnung an Architekturen Peruzzis, Serlios, Giovanni Battista Montanos und Giuseppe Valerianos.[21] Da fünf der zehn Anräume als Kapellen ausgewiesen sind und auch die heutige Kirche (einschließlich des Altarraums) fünf Kapellen besitzt, führte Gijsbers den ungewöhnlichen Grundriss darüber hinaus auf den Wunsch der Jesuiten nach ebenso vielen Altären zurück. Doch obwohl die Gesellschaft Jesu als Hausherrin ein Mitspracherecht bei der Planung hatte, vermochte sie sich nach Gijsbers in diesem Punkt nicht gegen die beiden anderen Bauherren durchzusetzen. Vor allem Fürst Camillo habe den pentagonalen Entwurf abgelehnt und sich für ein Oval entschieden, weil dieses Serlio zufolge der idealen Kreisform am nächsten komme.[22] Außerdem, so wäre hinzuzufügen, kam ein Rundbau dem Vorbild des *Pantheon* näher.

216

72

Allerdings lassen Gijsbers und alle anderen Autoren eine Frage offen: Dass Bernini wie Montano und Serlio für ein Pentagon zehn Anräume vorsah, ergibt Sinn, da beide Zahlen in einem logischen Verhältnis zueinander stehen. Warum aber hielt Bernini auch nach der Abkehr vom Pentagon an den zehn Anräumen fest, und zwar sowohl im Vor- als auch im Ausführungsentwurf?[23] Dieses Festhalten verwundert umso mehr, als runde Zentralbauten um der Ausbildung einer Querachse willen in der Regel acht Anräume besitzen. Dies gilt für Berninis unmittelbares Vorbild, das *Pantheon,* ebenso wie für die Ovale Serlios und Vignolas.

Wenn bei einem Zentralbau auf die Querachse verzichtet wird, steht meist eine programmatische Absicht dahinter. Das gilt, wie wir noch sehen werden, für den hexagonalen Grundriss von *Sant'Ivo alla Sapienza* (siehe C 4.3), aber eben auch für Berninis Pentagon und die zehn Anräume seines ausgeführten Entwurfs. Dass der Grundriss von *Sant'Andrea* symbolhaltig ist, liegt umso näher, als die Zehn noch ein weiteres Mal vorkommt: Von den zehn Anräumen ist einer als Eingangsbereich und einer als Altarapsis ausgezeichnet. Vier weitere sind zu Nebenkapellen aufgewertet. Die hervorgehobene Stellung dieser vier Nebenkapellen zeigt sich auch im Aufriss. Neben der Apsis und dem Eingangsbereich sind sie die einzigen Anräume, die sich dem Hauptraum wirklich öffnen und die Ausrichtung der Diagonalachsen durch ihre Längstonnengewölbe aufgreifen.

265

8, 214

Verbindet man diese vier Kapellen miteinander, ergibt sich ein quergestelltes X. Dieses Zeichen erlaubt zwei Deutungen. Zum einen handelt es sich natürlich um das Andreaskreuz, das – im Kontext des Martyriums – am Hochaltargemälde wiederkehrt und als Attribut des Kirchenpatrons ursprünglich sogar die Außenkuppel bekrönen sollte.[24] Zum anderen ist das Zeichen als die römische Ziffer Zehn zu lesen.

Dass die Zehn im Grundriss zweimal enthalten ist, einmal als Ziffer und einmal in der Anzahl der Anräume, ist wohl kein Zufall. Deutet man die Längs- und Hauptachse gleichfalls als ein Zeichen, nämlich als ein I, so enthält der Grundriss die Initialen von Innozenz X. Aber auch ohne das I würde die römische Ziffer auf den Papst anspielen. Noch zu dessen Lebzeiten fand sie in Gestalt eines regulären Andreaskreuzes Eingang in die Pamphilj-Emblematik. In einem 1645 in Antwerpen von Baldassare Moretti publizierten allegorischen Stich, auf dem Innozenz die Kirche tröstet, sind auf einem

---

20 Vgl. den Entwurf ADP, Scaff. 88,5.
21 Frommel 1983, S. 242; Gijsbers 1996, S. 314–316.
22 Gijsbers 1996, S. 316–317.
23 Zum Vorentwurf vgl. die Zeichnung im Codex Chigi P. VII, 13, fol. 40v in der Biblioteca Apostolica Vaticana und eine unbezeichnete Federzeichnung aus dem Archivio Doria Pamphili in Rom (Frommel 1983, Fig. 3 u. 4). Der Ausführungsentwurf befindet sich im Archivio di Stato di Roma, Disegni e Mappe, cartella 84, N. 476 II (Frommel 1983, Fig. 6 u. 9).
24 Vgl. den Entwurf in der Biblioteca Apostolica Vaticana, Cod. Chigi a I 19 (Borsi 1982, Abb. 140).

Wappenschild die Schlüssel Petri unter der Tiara durch das Andreaskreuz ersetzt worden.[25] Außerdem erhält das X in *Sant'Andrea* durch die Tauben, die an seinen Enden (also in den Nebenkapellen und in keinem der anderen Anräume!) auftauchen, eine explizit pamphilianische Konnotation.

Als Zwischenergebnis bleibt festzuhalten, dass der Bau noch deutlicher als durch die Symbolik des *tempietto*, die Wappen, die Inschrift und die Reliefs mit den Tauben im Aufriss durch den *ordo Pamphilianus* und im Grundriss durch das I- und das X-Zeichen auf den verstorbenen Papst anspielt. Wie die Kapitel über *Sant'Ivo* noch zeigen werden, war es in dieser Zeit keine Seltenheit, dass eine Kirche anhand ihres Grundrisses und ihrer Ordnung mit der Familie des Auftraggebers in Verbindung gebracht wurde. Anders als Borromini bediente Bernini sich jedoch nicht nur geometrischer Figuren und heraldischer Symbole, sondern auch einer Letter und eines Zahlzeichens. Damit schuf er eine im ‚buchstäblichen' Sinne sprechende Architektur – bereits 30 Jahre vor Thomas Gobert, der in einem Planspiel zwölf Kirchen jeweils eine spiegelbildlich verdoppelte Letter aus der Wortfolge LOVIS LE GRAND zugrunde legte und damit besonders plakativ auf den Ruhm einer Person anspielte.[26]

Die hohe Bedeutung der Zahl Zehn erklärt auch den pentagonalen Grundriss von Berninis erstem Entwurf. Auf der Suche nach Zentralbauten mit zehn Anräumen war der Cavaliere bei Montana und Serlio fündig geworden und hatte sich zunächst auch an deren Musterentwürfen orientiert. Jedoch gab es einen wesentlichen Unterschied. Wie später auch Vignola bei der Planung für *Carparola* war es Montana und Serlio in erster Linie um die Idealform des Fünfecks gegangen; die Zahl der Anräume war eher ein Nebenprodukt. Bernini wiederum erachtete das Fünfeck als entbehrlich, weshalb er es im Verlauf der weiteren Planung wieder aufgab.

Die im Grundriss fassbare Identifikation von *Sant'Andrea* mit dem Hause Pamphilj liegt auch Petruccis Gedicht zugrunde, weshalb ich es etwas ausführlicher interpretieren möchte. Der vollständige Text lautet:

adm[irandissimi] rev[erendissimi] patris
HIERONIMY PETRVTII
SOCIETATIS IESV
DOMVS PAMPHILIANA
Verba Cornelij Nepotis in Attici Vita:
„Domum habuit, Atticus, in Colle Quirinali PAM-
PHILIANAM cujus Amœnitas non
Ædificio, sed sylva constabat."
ANDREÆ APOSTOLO
TEMPLVM IN QIRINALI
A CAMILLO
PRINCIPE PAMPHILIO
Dedicatum.
Hic vbi Pamphilius fabricat noua Templa Camillus,
Hic Nemus atque Domus Pamphiliana fuit,
Secula fugerunt, minimum vicina: resurgit,
Pamphilij in Templo Pamphiliana Domus.
Ipse Dei Templum es Princeps, faber hoc sibi Templum
Grande, suis manibus condidit ipse Deus.
Vive Deo, atque diù Tumulum tibi pone: Resurges
Grande Dei Templum Pamphiliana Domus.[27]

---

25 Zu dem Stich im Allgemeinen siehe Preimesberger 1974, S. 81.
26 Hansmann 1978, S. 42.

27 „Die ‚Domus Pamphilana' des bewunderungs- und ehrwürdigsten Paters Girolamo Petrucci von der Gesellschaft Jesu. / Die Worte des Cornelius

Der Text hebt nicht nur Camillos Verdienste als Stifters der Kirche hervor, sondern betont auch die Kontinuität zwischen dem Neubau und der antiken *Domus Pamphiliana*. Dabei nutzt Petrucci die Polyvalenz der Begriffe *templum* (= heiliger Bezirk, Tempel, Kirche) und *domus* (= Wohnhaus, Haus Gottes, Familie) und den paulinischen Topos vom Menschen als einem Tempel des Herrn (1 Kor 3,16; 6,19; 2 Kor 6,16) zu einem kühnen Gedankenspiel. Schon in der Antike setzte sich die *Domus Pamphiliana* aus mehreren Teilen zusammen: aus den eigentlichen Wohn- und Wirtschaftsgebäuden (*aedificia*), die im Lauf der Jahrhunderte verschwanden, und aus der unmittelbaren Umgebung (*vicina*), womit Petrucci wahrscheinlich den Tempelbezirk (*templum*) mit dem heiligen Hain (*nemus*) meint. Noch vielfältiger ist die wiedererstandene *Domus Pamphilia*. Sie besteht aus der neu errichteten Kirche, der Person Camillos und aus seiner Familie. Das bedeutet konkret, dass Camillo die Kirche als einen Nachfolgebau des antiken Heiligtums und als ein kuppelförmiges (Grab-)Monument seines eigenen Ruhmes (*tumulus*) errichtet hat. Zugleich hat er den Fortbestand seiner *gens* gesichert. Im Gegenzug hat Gott selbst sich in ihm und in den Pamphilj einen Tempel errichtet.

Angesichts dieser innigen Verflechtung erscheint Camillos Stiftung als Sicherung einer äußerst ehrwürdigen historischen, topographischen und gentilizischen Tradition. Zu dieser dreifachen Sicherung gehört – wenngleich unausgesprochen – aber auch die vormals umstrittene Heirat, die nunmehr als ein höchst ruhmreiches Verdienst erscheint. Und indem der Himmel mit dem Neubau auch Camillo und seine Familie zu seinem Tempel erwählt hat, erteilt er dieser Heirat – wiederum unausgesprochen – die höchsten Weihen. Die Stiftung von *Sant'Andrea* erfüllt also eine vielfache Funktion: Sie dokumentiert das Alter und ehrwürdige Herkommen der Familie, verweist auf ihre Verdienste, dokumentiert ihr Sozialprestige, legitimiert ihre Heiratspolitik und sichert durch Letzteres wiederum ihren Fortbestand.

Vor diesem Hintergrund erscheint es umso gerechtfertigter, dass Wappen und Inschrift die Pamphilj im Allgemeinen und Innozenz und Camillo im Besonderen verherrlichen und dass der *ordo Pamphilianus* und der zeichenhafte Grundriss den Bau mit der Person des verstorbenen Pontifex identifizieren.

17

Auch das Motiv einer überkuppelten Rotunde gewinnt nun eine zusätzliche Bedeutung: Erstens besitzt die Kirche die Funktion eines Memorialbaus der *gens Pamphiliana* – ungeachtet der Tatsache, dass Innozenz und Camillo nicht in *Sant'Andrea* bestattet wurden. Zweitens evoziert die Kuppelrotunde einen zu Ehren Camillos erbauten *tumulus*. Drittens erinnert sie an zeitgenössische Darstellungen des Ruhmestempels.[28]

Selbst den konkaven Mauern, welche die Fassade flankieren, kann man aufgrund des Gedichts eine ikonographische Bedeutung zugestehen. Wie schon Sedlmayr gesehen hat,[29] erinnern sie an

---

Nepos in ‚Das Leben des Attikus': „Auf dem Hügel des Quirinal besaß Attikus das Haus der Pamphilj, dessen Annehmlichkeit nicht in einem Gebäude, sondern in einem Wald bestand." / AUF DEM QUIRINAL WURDE DEM APOSTEL ANDREAS VON FÜRST CAMILLO PAMPHILJ EIN TEMPEL GEWEIHT. / Hier, wo Camillo Pamphilj eine neue Kirche errichtete, befanden sich ein heiliger Hain und das Pamphilianische Haus. Die Jahrhunderte vergingen, aber keinesfalls die Umgebung. Im Tempel des Pamphilius auferstand das Pamphilianische Haus. Du selbst, Fürst, bist ein Tempel Gottes. Diesen Tempel hat Gott selbst sich als Handwerker mit seinen Händen errichtet. Lebe für Gott und errichte dir einen überkuppelten Grabbau auf lange Zeit: Du, Pamphilianisches Haus, wirst als ein großartiger Tempel Gottes auferstehen" (Brusoni 1662, S. 114–115).

28 Als eines von vielen Beispielen sei der Stich Theodor van Thuldens genannt, der eine Szene aus der Festdekoration wiedergibt, die Peter Paul Rubens anlässlich des feierlichen Einzugs von Erzherzog Ferdinand in Antwerpen (Mai 1635) schuf. Auf dem Tugendberg erhebt sich in Gestalt einer Rotunde (mit angefügtem Saalbau) der Tempel der Virtus. Zu diesem wird Ferdinand von Minerva auf dem steil nach oben führenden Pfad der Tugend geleitet. Der Stich wurde von Gevaerts 1635, Tf. 39 publiziert. Zur architektonischen Rezeption des Tugendtempels, der den Tugendberg bekrönt, haben sich grundlegend Polleroß 2007, S. 350–372 und Matsche 2005, S. 4–50 geäußert.

29 Sedlmayr 1960b, S. 74.

Gartenmauern und evozieren damit ein landschaftliches Ambiente. Tatsächlich gelangt man zumindest über die linke Tür in die *Giardini del Noviziato dei Gesuiti*. Diese bestanden im 17. Jahrhundert neben einer Reihe anderer Gebäude aus einer Baumgruppe und wurden auch an allen anderen Seiten von einer Mauer umgeben. Damit besaßen sie ähnliche Eigenschaften wie das *templum* und die *silva*, die nach Petrucci zur alten *Domus Pamphiliana* gehörten und im Unterschied zur *domus* selbst die Jahrhunderte überdauert hatten. Durch die Mauerflügel werden letztlich also die seit der Antike erhaltenen *vicina* des alten Heiligtums in den Neubau einbezogen, so dass die *Domus Pamphilia* auch äußerlich zur Gänze wiederhergestellt ist.

3.2 Die gentilizische Kodierung innerhalb des gesamten Bildprogramms

An dieser Stelle drängt sich die Frage auf, ob all diese zahlreichen gentilizischen Bezüge über die doppelte Symbolik des X als Ziffer und als Andreaskreuz hinaus in irgendeinem Verhältnis zur übrigen Ausstattung der Kirche stehen.

17   Zunächst erscheint es mir bemerkenswert, dass das Wappen im Glasfenster als immaterielle Überhöhung des tiefer liegenden steinernen Wappens gesehen werden kann. Während das untere Wappen in schwebendem Zustand von Engeln bzw. Famen präsentiert wird, transzendiert das obere zu einer reinen Lichterscheinung. Damit ergibt sich eine Handlungsfolge, die man durchaus parallel zur Verherrlichung des heiligen Andreas am gegenüberliegenden Ende der Längsachse

9   lesen kann. Dort wird an der Rückwand der Apsis Guillaume Courtois' Altarbild mit der Kreuzigung des Apostels von einer Engelgloriole überfangen, die sich durch die Apsiskuppel ergießt.

8   Über allem schwebt im Laternenscheitel Gottvater. Am Fuß der Hauptkuppel stellte Antonio Raggi in Stuck den Heiligen dar, der auf einer Wolke mit ausgebreiteten Armen und nach oben gerichtetem Blick in den Himmel auffährt.

Wie sich im Grundriss Andreaskreuz und Papstmonogramm decken, so vollzieht sich die Verherrlichung des Apostels analog zur heraldischen Überhöhung des Hauses Pamphilj. Dieser Bezug erscheint umso gewollter, als die *glorificatio* des Heiligen und der Pamphilj parallel verlaufen: Auf die Darstellung des Verdienstes und die damit verbundene Auszeichnung folgt in beiden Fällen die Verklärung.

Bemerkenswert ist, dass beide Akte der Verklärung nicht nur am Anfang und am Ende derselben Raumachse stattfinden, sondern dass ihre jeweiligen Stadien auch in annähernd derselben Höhe angesiedelt sind: das Verdienst in der terrestrischen Zone unterhalb des Gebälks und die Verklärung im coelestischen Bereich darüber.

Beide Akte der Glorifikation sind also als Pendants konzipiert. Dies zeigt sich auch im Figurenapparat und in der Art, wie die Bildmotive dem Betrachter präsentiert werden. Das Altarbild und

8, 9, 17   das untere Wappen befinden sich gleichermaßen in schwebendem Zustand (s. u.) und werden von vergoldeten Bronzeengeln bzw. von geflügelten Marmorgenien ausgezeichnet: In der Apsis halten die Engel einen Palmzweig und einen Blütenkranz über das Altarbild, das von dem durch die Kuppel einfallenden und durch vergoldete Strahlen ikonisierten Himmelslicht beschienen wird. An der Fassadeninnenwand hält ein Genius die Inschrift mit Camillos *res gestae* über das Pamphilj-Wappen, während Fama den Ruhm der Familie in alle Welt posaunt. Des Weiteren kann der Kronreif über der Kartusche, obwohl er integraler Bestandteil des Wappens ist, als eine Auszeichnung verstanden werden. Nicht zuletzt ist auch das Wappen dem von oben einfallenden Licht ausgesetzt.

Im Zustand der Verklärung kommen Andreas und Wappen ohne Figurenapparat aus. Andreas

8   fährt auf einer Wolke in den Himmel auf, der durch das Kuppelgewölbe, den coelestischen Figurenapparat und die Vergoldung als ‚geronnene' Form des göttlichen Lichts evoziert wird. Das Pamphilj-Wappen transzendiert im (realen) Himmelslicht. Außerdem berührt es den Bogenscheitel, was gleichfalls den Eindruck einer Levitation hervorruft.

Einen noch stärkeren Bezug zwischen der Apotheose des Apostels und dem Pamphilj-Wappen evoziert freilich Berninis Entwurfszeichnung für die Kuppel. Bei genauerem Hinsehen entpuppt sich der Zackenkranz, über dem sich das Andreaskreuz erhebt, als die Fürstenkrone der Pamphilj. Die Ikonographie des Heiligen und das Wappen der Stifterfamilie wurden auf diese Weise zu einer einzigen Bildformel vereint. Die Pamphilj-Krone zeigt nicht länger nur den Ruhm der Familie an. Als Märterkrone alludiert sie auch auf die Glorifikation des Apostels. Im Gegenzug steht das Kreuz auch für Innozenz. Was Petruccis Ode wortreich verkündete, verdichtet die Entwurfszeichnung zu einer knappen Bildchiffre: Indem Camillo mit dem Bau der Kirche den Ruhm des Apostels bezeugte, mehrte er auch den Ruhm seiner Familie.

Angesichts dieser offenkundigen Übereinstimmungen muss man sich fragen, ob sich denn beide Verherrlichungen über die inhaltlichen und formalen Eigenschaften hinaus auch in ihrer Bildwirklichkeit entsprechen.

Die Bildwirklichkeit des Altarbereichs wurde jüngst von David Ganz eingehend untersucht.[30] Da der Rahmen des Bildes wie die ihn flankierenden Pilaster aus Cottanello-Marmor geschaffen sei, gehöre das Retabel nach Ganz der realen Architektur an. Damit hebe es sich deutlich von seinem unmittelbaren Hintergrund ab. Das Mosaik aus lapislazulifarbenen Glassteinen, das den Apsisscheitel bedecke, zeige nämlich an, dass sich die Architektur in diesem Bereich in eine himmlische Sphäre aufgelöst habe. Im Unterschied zu Massimo Birindelli[31] glaubt Ganz jedoch nicht, dass die Engel das Altarbild in diesen unfertigen Raum ohne Rückwand getragen haben, um die Lücke nachträglich zu schließen. Vielmehr habe sich die Wand infolge eines „osmotischen Bildwunders"[32], bei dem auch die Kuppel und die Laterne der Apsis für die Theophanie und das Diffundieren der „Himmelshelfer" durchlässig geworden seien, quasi im Nachhinein entmaterialisiert. Dies erkläre auch den Zustand des Bildes. Weder werde es, wie von Wittkower angenommen,[33] von den Engeln empor getragen, noch senke es sich, wie Renate Jürgens und Birindelli[34] behauptet hätten, herab. Beide Hypothesen seien gleichermaßen widersinnig und verursachten „Brüche in der narrativen Logik". Ein sich herabsenkendes Bild sei nämlich himmlischen Ursprungs, was dem marmornen Rahmen als Teil der Realarchitektur widerspreche. Bei einem Aufschweben würde die Kirche hingegen ihres Altarbildes beraubt.

Stattdessen schwebe das Bild nach Auflösung der Rückwand frei, wobei es die Engel, die seinen Rahmen lediglich stützten, nicht aber trügen, vor dem Kippen bewahrten. Diese Perpetuierung der Schwebeposition deutet Ganz bereits als einen Akt der Belohnung, die er auf die Stiftung des Bildes bezieht:

„Die Präsentationsleistung des Auftraggebers – die auf seine Weisung durchgeführte Anbringung des Historienbildes – wird durch eine immer wieder neu vollzogene ‚Levitation' von Seiten der Transzendenz bestätigt."[35]

Außerdem manifestiere sich die Belohnung in der Verleihung von Symbolzeichen wie der Palme und dem Kranz. Diese bezögen sich unter rein stofflichen Gesichtspunkten auf Andreas. In diesem Sinne weise der Engel, der vor dem gekreuzigten Apostel schwebe, aus dem Bild heraus auf diese Symbole. Da das Martyrium aber schon zu lange zurückliege, werde auch das Bild selbst ausgezeichnet.

Obwohl das Bild das Werk eines lebenden Künstlers sei – Ganz spricht vom *artifex divinus* –, gehe sein Hintergrund in der Mitte in das Blau der Rückwand und im oberen Bereich in die himm-

---

30 Zum Folgenden siehe Ganz 2003, S. 82–87.
31 Vgl. Birindelli 1983, S. 24–28.
32 Die Deutung der himmlischen Erscheinung als eine Osmose übernimmt Ganz von Lavin 1980, S. 129.
33 Wittkower 1958, S. 120.
34 Jürgens 1956, S. 198–199 u. Birindelli 1983, S. 76–80.
35 Ganz 2003, S. 84.

lische Glorie der Engel über. Der rechte Halteengel scheine sogar durch den Rahmen hindurch zu blicken. Bild und Bildumgebung könnten somit als „räumlich-szenische Einheit" gesehen werden, wobei sich die „Gestaltungsgrenzen zwischen totem Artefakt und lebendiger Erscheinung verflüssigen". In dieser Annullierung der Grenze sieht Ganz gleichfalls eine Belohnung für die Herstellung und Anbringung des Altarbildes.

Die das Bild überfangende Glorie sowie die Apotheose des Heiligen am Fuß der Hauptkuppel deutet Ganz mit Giovanni Careri[36] als „fiktive Wolkengeburt", als ein scheinbares Herauswachsen aus der Wolke (man könnte auch sagen: als eine himmlische Wiedergeburt; Anm. d. Verf.). Beide Gruppen sind nach Ganz nicht mehr als Menschenwerk zu verstehen. Schließlich handele es sich bei den in Stuck dargestellten Wolken und dem mit Gold wiedergegebenen Licht nicht um Materialien, über die Menschen verfügen könnten. Anders als der Marmor stellten sie Werke des *deus artifex* dar, was sich nicht zuletzt daran zeige, dass sie auch von Gottvater bzw. der Geisttaube ausgingen.

> „Die Verfügungsgewalt über das Ungreifbare und Unbeständige ist ein wichtiges Merkmal ihrer Position als transzendente Bilder der Rahmenhandlung gegenüber den begrenzten Möglichkeiten menschlicher Auftraggeber und Bildkünstler. Menschen können zwar […] Bilder in Wolken hineinprojizieren, doch vermögen sie nicht über sie zu verfügen. Das von Menschenhand gemachte Altargemälde ist aus fester Materie geformt und fixiert, Wolken dagegen sind ein undurchschaubarer, unvorhersehbarer Stoff. Die göttliche Sphäre ist also nicht nur innerhalb der Martyriumsgeschichte die überlegene Instanz, sondern auch auf der Ebene einer fiktiven Bildproduktion."[37]

Dies schließe jedoch nicht aus, dass der Künstler sich als *artifex divinus* dem *deus artifex* annähere. Bernini sei diese Annäherung gelungen, indem er den Innenraum mit Cottanello ausgekleidet habe. Dessen wolkige Struktur komme dem göttlichen (Bau-)Material durchaus nahe und erwecke zumindest den Eindruck, bei dem Innenraum handele es sich um eine himmlische Architektur.[38]

Von den Überlegungen, die Ganz vorbringt, scheint mir die Deutung des Altarbildes als einer menschlichen Stiftung, die vom Himmel angenommen wird, besonders schlüssig. Auch leuchtet mir ein, dass die Kuppel des Zentralbaus eine himmlische Architektur evoziert, durch die der „göttliche Baumeister" imaginär neben den „irdischen Bildner" tritt.

Die These zweier verschiedener Architekturen wird insofern gestützt, als es sich bei dem Marmor, mit dem der untere Teil ausgekleidet ist, nicht um irgendein irdisches Material handelt. Mehr als jeder andere Werkstoff hebt sich dieser Stein – trotz seiner „nubigenen" Oberfläche – vom Stuck der Kuppel durch seine ausgesprochen hohe Dichte ab. Konsequenterweise hat Bernini den unteren Teil der Kirche ausschließlich mit Marmor bedeckt – einschließlich des Fußbodens. Außerdem wird die Eigenständigkeit des unteren Teils durch die Säulenordnung sichtbar, die eine vollständige, in sich geschlossene architektonische Einheit bildet.

Vermutlich darf man noch einen Schritt weiter gehen und die Hauptkuppel mit ihren vergoldeten Rippen, die strahlenförmig vom Heiligen Geist im Laternenscheitel ausgehen, als architektonische Paraphrasierung einer Glorie deuten. Trifft dies zu, ist die Architektur sogar eine stoffliche Verdichtung der Glorie. In der Apostelgeschichte (2,17) verheißt Christus die Ausgießung des

---

36 Careri 1990, S. 168 u. 170.
37 Ganz 2003, S. 87
38 Ganz 2003, S. 87: „Die wolkige Struktur des *Cottanello* suggeriert, dass der Baumeister den Innenraum *gleichsam* aus Wolken geschaffen hat – sehr kostspieligen Wolken allerdings, die ihm der Auftraggeber spendiert hat. Die Tätigkeit des Baumeisters wird so in eine gleichnishafte Nähe zur Tätigkeit des göttlichen Bildners gebracht, der aus Wolken nicht nur erfindet, sondern auch formt. In dieser doppelten Konfrontation zwischen zwei Autorenpositionen der Rahmenhandlung beginnen sich zwei Auffassungen eines alten, für die frühe Neuzeit hochaktuellen Gleichnisses wechselseitig zu spiegeln: Die Architektur aus Cottanello qualifiziert den menschlichen Baumeister als *artifex divinus*, der nubigene Andreas rückt den göttlichen Bildner in die Position eines *deus artifex*."

Heiligen Geistes mit den Worten: „Effundam de Spiritu meo super omnem carnem." Was läge näher, als in der gussförmig gestalteten Kuppelschale die unmittelbare Verdinglichung dieser Verheißung zu sehen?

Noch deutlicher zur Geltung kommt der Aspekt der Effusio in der Apsiskuppel, die fast ausschließlich aus vergoldeten Strahlen besteht. Vor diesem Hintergrund könnte man die Apotheose des Andreas am Kuppelfuß und die Verklärung des Pamphilj-Wappens im Fenster nicht nur als ein Aufrücken in die himmlische Zone, sondern auch als ein unmittelbares Eingehen in die himmlische Glorie deuten. Vor allem der Apostel würde von dieser **Emanations-**, oder **Effusionsarchitektur**, die vom Heiligen Geist ausgeht, regelrecht hinterfangen und in die himmlische Herrlichkeit hinein genommen. (Näheres zu dem diesem Begriffspaar in Kapitel C 4.4.)

9

8

Des Weiteren halte ich es für möglich, in der **Emanations-** und **Effusionsarchitektur** eine Bekrönung der irdischen Architektur zu sehen. Damit würde sich die Annahme von Camillos Stiftung nicht nur in der Auszeichnung seines Altarbildes und seines Wappens, sondern auch in der Überwölbung des gesamten Gebäudes manifestieren.

Ganz hat die Vorstellung vom „osmotischen Bildwunder" und vom *deus artifex* als zwei verschiedene Rahmenhandlungen beschrieben.[39] Ich würde sogar von zwei gegensätzlichen Prinzipien sprechen. Wenn nämlich der *deus artifex* von den Laternenscheiteln aus in den Gestalten Gottvaters und des Heiligen Geistes die Kuppelarchitekturen errichtet, so kann er sie nicht im selben Moment durchdringen. Mit anderen Worten: Gott kann seine eigene Effusion nicht selbst diffundieren. Die Vorstellungen vom „osmotischen Bildwunder" und vom *deus artifex* schließen einander also grundsätzlich aus und sind lediglich innerhalb zweier getrennter Lesarten möglich.

Das bedeutet freilich nicht, dass der zeitgenössische Betrachter sich strikt an diese Trennung hielt. Ich halte es sogar für wahrscheinlich, dass er angesichts der genuinen Polyvalenz der diversen Bild- und Architekturmotive stets zwischen verschiedenen Lesarten und Wahrnehmungsmodi schwankte bzw. die Bildgegenstände vor seinem geistigen Auge so sehr zwischen den verschiedenen Realitätsebenen hin- und herwechselten, dass man von einem oszillatorischen Effekt sprechen kann.

Wie sehr beide Lesarten letztlich ineinandergreifen, zeigt die Apsis. Kapitel B 3.3.4.8 hat ergeben, dass man das von einer Ädikula mit gekuppelten Säulen eingefasste (Kult-)Bild als Abbreviatur eines Tempels lesen kann. Innerhalb der einen Lesart wird die Apsis nun als ein Tempel im Tempel von der himmlischen Architektur genauso überfangen und bekrönt wie der Hauptraum. In der zweiten Lesart strömt die in Gottvater und den Engeln dargestellte höhere Wirklichkeit von außerhalb in die Apsis ein, um jetzt nicht die gesamte Architektur, sondern nur das Bild auszuzeichnen.

8, 9

Wieder anders stellt sich der Vorgang aus der Perspektive des Heiligen dar. Wie schon gesagt, verheißt ein Engel dem Märtyrer die ewige Seligkeit, indem er aus dem Bild heraus auf die beiden Bronzeengel weist, die mit Palmzweig und Kranz die Symbole des ewigen Lebens herbeibringen. Dieses geläufige ikonographische Motiv, das sich gewöhnlich i n n e r h a l b eines Retabels befindet (man denke nur an Dominichinos „Martyrium des hl. Andreas" in *Sant'Andrea della Valle*), ist hier ausgelagert. Darüber hinaus blickt Andreas aber auch durch den Hypäthralring der Kuppel hindurch zu Gottvater, der ihm am Laternenscheitel erscheint.

219

Auf der narrativen Ebene dieser Vision wird die Kuppel nicht mehr diffundiert. Vielmehr wird die von Strahlen und Wolken völlig bedeckte Kuppel zum Abbild des Himmels, der durch ein Wunder aufreißt. Kurz vor seinem Tod erblickt der Apostel im Zustand visionärer Verzückung Gott durch ein Raum- und Zeitloch, wie wir es auch von zwei venezianischen Gemälden Tizians her kennen,[40] und hat so bereits an der *visio beatifica* teil. In diesem Zusammenhang ist die Laterne,

---

39 Ganz 2003, S. 83–90.
40 Vgl. v. a. die „Verkündigung" in *San Salvador* und „Der Doge Antonio Grimani vor dem Glauben kniend" im Palazzo Ducale (Pedrocco 2000, Nr. 235 u. 268.)

die auf dem Hypäthralring sitzt, als Ikonisierung des Empyreums zu deuten⁴¹ – wie etwa auch in der *Avila-Kapelle von Santa Maria in Trastevere*, wo vier Engel innerhalb der Laterne einen viersäuligen Monopteros tragen.

Die unterschiedliche Valenz der medialen Wirklichkeiten besitzt m. E. zwei Aussagen: Zum einen gelangt der Mensch durch das Martyrium zu einer Bewusstseinserweiterung. Er wird befähigt, über seinen eigentlichen Wahrnehmungsbereich hinaus die Welt des Göttlichen zu erfahren. Anders als in Platons „Phaidros" durchstößt er jedoch nicht mit der Kraft der eigenen Erkenntnis die Himmelskuppel, über der sich die Welt der Ideen befindet; vielmehr dringt die göttliche Wirklichkeit in einem Akt der Selbstoffenbarung durch die Perforierung des Himmelsgewölbes ins Diesseits ein, um von dort den Apostel zu sich zu holen.

Auf diese Weise wird Andreas die Welt des zweidimensionalen Gemäldes verlassen und über den Bereich des plastischen Reliefs in die volle Dreidimensionalität des göttlichen Raumes eindringen – eine Grenzüberschreitung, die er in seinem Blick bereits vorwegnimmt (und die in geistreicher Konterkarierung übrigens auch der Knabe vollzieht, der vom Schoß seiner Mutter aus den Arm nach der Puttostatuette links über der Altarmensa ausstreckt).

Zum anderen nimmt der Betrachter durch *compassio* bzw. *sympatheia* nicht nur am Martyrium des Heiligen im wahrsten Sinne des Wortes ‚Anteil'; er kann auch dessen Wahrnehmungserweiterung nachvollziehen. Der Heilige wird dadurch in mehrfacher Weise zum Vorbild und zum Identifikationsobjekt. Dieser pädagogischen Absicht dient auch die Tatsache, dass sich das Altarbild durch die Interaktion einiger Protagonisten mit dem Umfeld verlebendigt. Die im Bild geschilderte *historia* wird so in die Gegenwart hineingeholt, was dem Gläubigen wiederum die emotionale Vergegenwärtigung des Martyriums im Rahmen der Andacht erleichtert. Zugleich wird durch die Verschränkung der Bildwirklichkeiten die göttliche Epiphanie regelrecht provoziert. Der Betrachter erkennt, dass Gott in der Kirche wirklich gegenwärtig ist. Zudem wird ihm bewusst, dass er die Erfahrung der göttlichen Präsenz zu einem großen Teil dem Wirken der Heiligen verdankt.

Freilich kann die Glorifikation des Hauses Pamphilj an der gegenüberliegenden Seite mit der künstlerischen und gedanklichen Komplexität dieser Konzeption nicht Schritt halten. Gleichwohl gibt es auch hier eine Verschränkung der Realitätsebenen – zumindest ansatzweise. Wie das Altarbild erscheint das von Genien gehaltene Pamphilj-Wappen als ein menschliches Artefakt, das eigentlich ein integraler Bestandteil der realen Architektur ist (was nicht zuletzt die Anbringung eines gleichen Wappens am *tempietto* beweist). Dennoch wird es wie das Retabel von himmlischen Figuren, die einer anderen Wirklichkeit entstammen, präsentiert und ausgezeichnet. Dabei vermittelt die Krone in ähnlicher Weise zwischen beiden Realitätsebenen wie der Kranz und der Palmzweig in der Apsis. Obwohl Kranz und Palmzweig eigentlich zum traditionellen Repertoire des Märtyrerbildes gehören, wurden sie von Bernini aus dem Bild heraus in die coelestische Welt der Engel versetzt. Im Gegenzug ist die Krone zwar ein fester Bestandteil des Wappens, doch scheint es, als hätten die Genien sie dem Schild nachträglich aufgesetzt und damit ein himmlisches Requisit in den diesseitigen Bereich überführt.

Des Weiteren kann man die Portalwand wie die Apsiswand so deuten, als habe sich die Architektur aufgelöst. Zwar verwendete Bernini nicht blauen Glasfluss, sondern eine graue Marmorinkrustation, doch enthält diese gleichfalls keine Binnenstruktur. Wie in der Apsis verzichtete Bernini sogar darauf, den Halsring der korinthischen Ordnung und das Zwischengesims, das sonst je nachdem zum Bogenkämpfer, zum Türsturz oder zur Zierleiste unter dem Gewölbefuß mutiert, weiterlaufen zu lassen. Nur die Sockelzone und das Gebälk bleiben – wie in der Apsis – ununterbrochen.

---

41 Zur Bedeutung des Empyreums als Sitz Gottes siehe Lindemann 1994, S. 33–39.

Noch eindeutiger löst sich die Architektur der Portalwand oberhalb des Gebälks, wo Bernini den Stein durch Glas ersetzte, auf. Hier entspricht das Pamphilj-Wappen einerseits in seinem Aufschweben und in seiner Substanzlosigkeit dem nubigenen, durch das Weiß des Stucks gleichfalls als Lichtgestalt ausgewiesenen Andreas. Andererseits erstrahlt es wie die Engel über dem Altarbild im himmlischen Licht. Dieses ergießt sich in der Apsis teils real, teils wird es durch vergoldete Strahlenbündel ikonisiert. An der Portalwand ist es ausschließlich real. In beiden Fällen dringt aber zusammen mit dem Licht eine höhere Wirklichkeit in den Kirchenraum ein, einschließlich des dazugehörigen Figurenapparats, der das Altarbild und das untere Wappen auszeichnet. Damit hatte Bernini in der Glasmalerei ein weiteres Medium gefunden, um die Osmose zwischen Diesseits und Jenseits wiederzugeben, eine Technik, die er wenig später an der *Cathedra Petri* mit der Darstellung des Heiligen Geistes perfektionierte (D 4.1.3.3).

8
9

22, 23, 26

Wie die bisherigen Überlegungen gezeigt haben, sind die Bildprogramme von Apsis und Portalwand in jeder Hinsicht analog konzipiert. Darüber hinaus bilden sie eine gedankliche Einheit. Mit dem Altarbild nimmt der Himmel eine Stiftung des Hauses Pamphilj an. Da das Bild den Grundriss der Kirche sowohl im Kreuz als auch in der Körperhaltung des Heiligen aufnimmt und der Apostel seinerseits als *lapis vivus* der Kirche gelten kann, wird mit dem Retabel vielleicht sogar der gesamte Bau als Stiftung angenommen.

9, 215

Wie wir gesehen haben, zeigt sich die menschliche Urheberschaft des unteren Teils der Kirche nicht zuletzt darin, dass der gesamte Bereich der Säulenordnung aus Marmor besteht. Vor diesem Hintergrund erhält Camillo Pamphiljs Drängen auf eine marmorne Ausstattung eine besondere Bedeutung. Vermutlich ging es dem Fürsten nicht nur um das großartige Erscheinungsbild; mit dem Marmor konnte er auch seine Rolle als Erbauer der Kirche dokumentieren. Gemäß der Inschrift errichtete er die Kirche mit dem von ihm gewählten Werkstoff buchstäblich A FVNDAMENTIS, also von Grund auf.

17

Andererseits ist in Petruccis Ode die Rede davon, dass Gott sich in *Sant'Andrea* selbst einen Tempel errichtet habe. Petrucci löste das Paradoxon der doppelten Autorschaft auf, indem er die Kirche mit der *Domus Pamphiliana* gleichsetzte. Bernini fand eine ganz andere Erklärung: Der untere Teil, der aus Marmor besteht und dem System der architektonischen Säulenordnung unterworfen ist, wurde von Camillo gestiftet und durch ihn ausgeführt. Und wie nun Gott das von Camillo dedizierte Altarbild annimmt und dabei um einen externen Figurenapparat erweitert, so würdigt er die reale Architektur, indem er sie als „faber suis manibus" durch die himmlische Architektur der Kuppeln und der Gewölbe vervollständigt und in der Kirche für einen Moment sogar präsent ist. Die Verdienste des Apostels und die Großzügigkeit des Bauherrn führen also zu einem regelrechten Synergieeffekt, dessen Ergebnis die Emanation ist. Durch sie krönt Gott den Kirchenbau, wie er das Altarbild krönt, und schafft zugleich den Rahmen für die Apotheose des Heiligen und die Glorifikation des Familienwappens.

9
17

Durch den vom Himmel angenommenen Akt der Stiftung dokumentiert Camillo Pamphilj also abermals seine *virtus* und mehrt damit die *gloria* seines Hauses. Insofern erweist er sich nicht nur als ein Garant des biologischen Fortbestandes seines Hauses; als würdiger Nachfahre seiner Ahnen Numa und Innozenz sowie als ein dem Apostel kongenialer Provokateur der göttlichen Emanation empfiehlt er sich mit diesen der Öffentlichkeit auch als ein Vorbild.

Insofern verhalten sich die Bildprogramme von Eingangsbereich und Apsis nicht nur analog, sondern bedingen einander auch. Verstärkt wird diese Wechselbeziehung zwischen Andreas und den Pamphilj nicht zuletzt dadurch, dass die Längsachse, welche die beiden ikonographischen Pole verbindet, zugleich für den Anfangsbuchstaben von Innozenz steht. Neben dem X stellt also auch das I eine Beziehung zwischen dem Heiligen und der Stifterfamilie her.

8, 214

3.3 Das ikonographische Verhältnis des Innenraums zur Fassade und zum Umraum

Kehren wir nach diesem etwas längeren Exkurs über die Ausstattung zu unserer ursprünglichen Frage, in welchem ikonographischen Verhältnis der Innenraum zur Fassade steht, zurück. Entscheidend ist zunächst, dass das Pamphilj-Wappen auch dort zweimal erscheint, die Glorifikation der Familie also – wie die Bogenarkade des Theatermotivs – mittels der Fassade gewissermaßen von innen nach außen (und ebenso von außen nach innen) gespiegelt wird.

Liest man den Bau von außen nach innen, wird die Glorifikation der Pamphilj in der Fassade intoniert. Nach Hubala kulminiert die Komposition der Fassade im unteren Wappen sogar,[42] was bedeutet, dass der gesamte Außenbau auf das Wappen bezogen ist. Zumindest stellt es den *tempietto* unter ein gentilizisches Vorzeichen. Folglich evoziert dieser Bautyp nicht nur einen Friedenstempel, sondern tatsächlich auch ein *Pamphilij templum*.[43] Darüber hinaus ist der Monopteros – neben der schon erwähnten Rotunde[44] – eine gängige ikonologische Chiffre für den Tugend- und Ruhmestempel, in dem Bildnisse oder Wappen herausragender Persönlichkeiten aufgehängt werden.[45] Insofern wird die Funktion des Zentralbaus auch in diesem Punkt vorweggenommen.

Wie schon gesagt, muss man den *tempietto* außerdem als Pendant zur Apsisädikula sehen, die zusammen mit dem Altarbild ebenfalls als Tempelabbreviatur zu lesen ist. Somit stehen sich der heilige Andreas und die Pamphilj nicht nur in der Ikonographie der Bilder und Figuren, sondern auch in der Symbolik ihrer Architekturen gegenüber (um schließlich gemeinsam in der gleichfalls als Rundtempel gestalteten Architektur des Empyreums überhöht zu werden).

Die Längsrichtung markiert also nicht nur eine Raumstrecke, sondern auch eine ideographische Achse, die bereits vor dem Fassadenspiegel ansetzt. Dieser erscheint auf zweifache Weise durchlässig: sowohl außen, wo er aus einem vermauertem Theatermotiv besteht, als auch innen, wo sich seine Struktur partiell sogar ganz auflöst. Diese doppelte Durchlässigkeit erlaubt es erst recht, den *tempietto* auf der architektonischen wie auf der ikonographischen Ebene als einen Ausläufer bzw. Vorposten des Innern zu begreifen.

Wenn es auch auf den ersten Blick nicht sichtbar ist, so besitzt *Sant'Andrea* doch eine raumhaltige Fassade, die den im *tempietto* fassbaren **Frontalraum** in Gestalt der Apsis und der dazwischen liegenden Rotunde als einen **Tiefenraum** in vergrößertem Maßstab nach hinten projiziert und dabei seine Architektur, seine Ikonographie und sein Volumen um ein Vielfaches steigert. Und geht man davon aus, dass sich der antike *nemus* in den *giardini* der Jesuiten erhalten hat, so wird auch der **Rückraum** hinter den konkaven Mauern als *vicinia* des *templum Pamphilianum* wahrgenommen, was ihn wiederum zu einem Teil der Fassade macht.

Mit den Gärten wird selbstverständlich auch das gesamte Noviziat der Jesuiten in den Fassadenraum einbezogen. Das Grundstück der Jesuiten wird durch die Restituierung der *Domus Pamphiliana* sogar regelrecht absorbiert. Formal erfolgt dies durch das Ausgreifen der Fassade und die damit verbundene Absorption des **Rückraums**, ideologisch durch die Gleichsetzung der Kirche mit dem *nemus* des alten *Pamphili templum*.

Zugleich greift die Fassade mit den Gartenmauern aber auch in den **Vorraum** und damit in die Stadt aus. Wie Gijsbers gezeigt hat, ging der Bibliothekar und Hofhistoriograph der Pamphilj, Nicol'Angelo Caferi, sogar so weit, den Quirinal im weitläufigeren Sinne mit der *Domus Pamphiliana* gleichzusetzen: „The Quirinal Hill was the ‚Numa Hill' and hence the ‚Pamphilj Hill'."[46]

---

42 Hubala 1970, S. 220.
43 Vgl. Gijsbers 1996, S. 293.
44 Vgl. Anm. 28.
45 Stephan 2002a, Bd. I, S. 184 u. 351–352.
46 Gijsbers 1997, S. 299.

Führt man diesen überspitzten Gedanken zu Ende, so war letztlich auch der *Quirinalspalast* als Sommerresidenz des Papstes Teil des Pamphilianischen Anwesens. Camillo hatte Alexander VII. und den Jesuitenorden also nicht nur als Bauherren von *Sant'Andrea* ausgestochen; zumindest ideologisch hatte er auch ihre Territorien okkupiert.

Die ideologische Besetzung des Quirinals ist umso bemerkenswerter, als Alexander VII. den Bau von *Sant'Andrea* nicht zuletzt deshalb gefördert hatte, weil er die Kirche als Palastkapelle nutzen wollte.[47] Diesen Versuch der Vereinnahmung hatte Camillo also nicht nur geschickt konterkariert, sondern sogar in sein Gegenteil verkehrt. Möglich war dieser Coup, weil der Papst den Bauplan genehmigte, ohne in das Bildprogramm eingeweiht zu sein. Zudem hatte sich der schlaue Fürst in einem Vertrag mit den Jesuiten beizeiten das Recht ausbedungen, im Innern der Kirche Wappen, Namen und Inschriften nach eigenem Ermessen anbringen zu lassen.[48]

3.4 Sant'Andrea al Quirinale: Ein templum virtutis et honoris nach dem Vorbild von Santa Maria dell'Assunzione in Ariccia?

Indes dürfte Camillo Pamphilj mit seinem gentilizischen *concorso* nicht nur auf die Nutzung des *Quirinalspalastes* durch Alexander VII., sondern auch auf Kodierungen, die außerhalb der Ewigen Sadt erfolgt waren, geantwortet haben. Eine solche Kodierung stellt m. E. die schon in Teil B mehrfach erwähnte Kirche *Santa Maria dell'Assunzione* in Ariccia dar.

Bernini hatte *Santa Maria dell'Assunzione* auf der Kuppe einer Anhöhe errichtet, die zu einem *feudum* der Chigi gehörte. Wie schon Marder gesehen hat, zitiert das Äußere die Rekonstruktion des *templum honoris et virtutis* in Rom, die in Giacomo Lauros ‚Antiquae urbis splendor' enthalten ist.[49] Das Werk war 1612, 1641 und 1642 aufgelegt worden und somit höchst aktuell. Bernini übernahm von Lauro vor allem das Motiv der Kuppelrotunde mit Opaion, die über eine Freitreppe und einen Vortempel betreten wird. Allerdings bedeckte er das Opaion mit einer Laterne. Außerdem verlieh er dem Vortempel die Gestalt einer **Tempelfront**. Nicht zuletzt umgab er das gesamte Heiligtum wie Lauro mit einer konzentrischen Umbauung.

154

Wenn es sich bei *Santa Maria dell'Assunzione* aber um ein *templum honoris et virtutis* handelt, so liegt es nahe, in der Anhöhe, auf der die Kirche steht, einen *mons virtutis* zu sehen. Für diese Deutung spricht, dass die Verbindung von Tugendtempel und Tugendberg in Rom seit dem 16. Jahrunert ein beliebtes Motiv der topographischen Kodierung war (siehe die Kapitel D 4.2, 6.2, 6.3.3).[50] Auch ergibt vor diesem Hintergrund das Bildprogramm des Inneren einen zusätzlichen Sinn. Am Fuß der Rotundenkuppel wartet ein Engel auf die Gottesmutter, die im Altarraum gerade in den Himmel aufschwebt, um sie für ihre *humilitas* mit der Sternenkrone auszuzeichnen.

Darüber hinaus zitierte Bernini mit diesem ikonographischen Schema den Vierungsraum von *Sankt Peter*. Wie ich schon an anderer Stelle dargelegt habe, hypostasiert der Vierungsraum seit

---

47 Zollikofer, S. 59, Anm. 171. Als Indiz wertete schon Frommel 1983, S. 213 einen Brief des Jesuitenpaters Costanzo Centofiorini, in dem es heißt, der Papst dränge zum Bau der Kirche „… pro bono tam novitiatus, quam ispius palatii" (Archivio Romano della Compagna di Gesù, FG 865, fasc. 17). Auch Marder 1990, S. 11–112 deutet das Dokument so, dass Alexander die Kirche als Palastkapelle nutzen wollte.

48 Zu dem am 9. September 1658 geschlossenen Vertrag siehe Gijsbers 1996, S. 333, Anm. 63.

49 Marder 1998, S. 250; Lauro 1642.

50 Zur weiteren Verbreitung dieses Motivs ab dem 17. Jh. siehe auch: Stephan 2002a, Bd. 2, Abb. 347 u. 348; Matsche 2005, S. 41–50 und Polleroß 2007, S. 350–372.

dem Pontifikat Sixtus' V. gleichfalls einen Ruhmestempel, der sich auf dem Vatikan (bzw. dem Petrusfelsen) als einem Tugendberg erhebt.⁵¹ Dieser Ruhmestempel ist Schauplatz der imaginären Erhebung Petri *ad astra*. Dementsprechend evozieren die Sternenbahnen in der Kuppelschale das Himmelsgewölbe, während ein Sternenkranz am Laternenfuß samt Inschrift auf die SANCTI PETRI GLORIA hinweist. Da Sixtus in seinem Wappen den von einem Stern überstrahlten Berg führte und den Tugenddevisen *per aspera ad astra* und *exaltavit humiles* folgte, spielt das Bildprogramm in gleich doppelter Weise auf die Emblematik des Pontifex an.

All diese Bezüge waren Bernini bestens bekannt. Schließlich hatte der Cavaliere selbst am *Hochaltarziborium*, das er im Auftrag Urbans VIII. über dem Apostelgrab errichtete, auf die Thematik des Kuppelraums Bezug genommen: Vom Kranzgesims fliegt ein Putto auf, der über die *Confessio* eine Tiara hält, um den Apostelfürsten bei dessen bevorstehender Apotheose zu krönen (vgl. D. 6.3.3). Ein weiterer Putto präsentiert die Schlüssel zum Himmelreich, die in diesem Kontext über die Binde- und Lösegewalt hinaus auch die Erlangung der himmlischen Seligkeit anzeigen dürften.

Da auch das Wappen Alexanders VII. aus einem Berg und einem Stern bestand und seine Tugenddevisen gleichfalls *per aspera ad astra* und *exaltavit humiles* lauteten, war es Bernini ein Leichtes, das ikonographische Schema von *Sankt Peter* auf Ariccia zu übertragen – umso mehr, als die Astralkrone ein genuin marianisches Symbol ist und die Muttergottes die Sentenz *exaltavit humiles* im Magnifikat (Lk 1,52) sogar auf sich selbst bezieht.

Um die Bezüge zwischen der Ikonographie des Patroziniums und der Heraldik des Auftraggebers noch deutlicher herauszuarbeiten, verzierte Bernini in Ariccia sogar den Ansatz einer jeden Kuppelrippe mit einem Chigi-Stern. Auf diese Weise ergab sich ein zweiter, ungleich größerer Kranz. Durch diesen wird nun der gesamte Hügel von Ariccia zu einem chisianischen Tugendberg, wird die gesamte umliegende Topographie als ein Grundbesitz der Familie beansprucht – samt den daraus ableitbaren Privilegien (Fürstentitel, Haltung eigener Miliztruppen, Exekutive und Judikative, Patronat über die Kirche).

Vor diesem Hintergrund scheint sich mir auch bei der Deutung von *Sant'Andrea* eine weitere Dimension zu eröffnen. Denn bei näherem Hinsehen spricht doch einiges dafür, dass auch dieser Bau Lauros *templum honoris et virtutis* paraphrasiert. Zwar lassen die konkaven Gartenmauern die konzentrische Umbauung nur anklingen, doch sind die übrigen Übereinstimmungen umso größer: Wie in Ariccia übernahm Bernini von Lauro die Rotunde mit Opaion, das er wiederum mit einer Laterne schloss. Überdies gestaltete er auch noch den Vortempel rund und stellte diesen ebenfalls auf einige Stufen. Nicht zuletzt übertrug er Elemente von Lauros Vortempel auf die Altarapsis (die ja das Pendant des *tempietto* bildet), etwa die kleinere Kuppel (abermals mit Opaion und Laterne) oder die Ädikula, die optisch ein *simulacrum* rahmt.

Der Rekurs auf Lauros Tempel hatte zur Folge, dass nun auch der Hausberg der Pamphilj zu einem *mons virtutis* aufgewertet wurde. Und wieder ist der Gipfel Schauplatz einer Apotheose. Gerade in seiner Eigenschaft als geheiligter Tugendberg – und nicht als eine nur gentilizisch kodierte Anhöhe – konnte der Quirinal innerhalb Roms eine eigene Semiosphäre ausbilden⁵² und in Konkurrenz zum Vatikan und eben auch zum Hügel in Ariccia treten.

Zusammenfassend lässt sich sagen, dass *Sant'Andrea al Quirinale* mehr als alle anderen Kirchen Roms Zeugnis eines nepotistischen „Kommemorialkults" ist. Diese im 17. Jahrhundert am Tiber völlig selbstverständliche Praxis diente, um mit Volker Reinhardt und Daniel Büchel zu sprechen, der „Pflege eines guten Herrscherbildes im kollektiven Gedächtnis". Aus der Rückbesinnung auf den verstorbenen Familienpapst konnte die Sippe ein „stetig erneuertes Prestige ziehen".⁵³ Darüber hinaus ging es gerade Camillo darum, sein persönliches Ansehen zurückzugewinnen.

---

51 Stephan 2009b.
52 Lotman 1990, S. 287–305.

53 Reinhardt/Büchel 2001, S. 374 u. 368. Zu den Motiven des Fürsten Camillo hat sich eingehend Karsten 2003, S. 139–177, v. a. 171ff. geäußert.

Diese doppelte Aufgabe erfüllte *Sant' Andrea* vordergründig durch die dreifache Bedeutung, die dem Begriff *magnifizenza* innewohnt: Die F r e i g e b i g k e i t des Fürsten Camillo ermöglichte eine Ausstattung, deren P r a c h t an die G r o ß a r t i g k e i t Innozenz' X. erinnert. Mit anderen Worten: In einer Art Zirkelschluss konkretisiert sich in der äußeren, materiellen Erscheinung der Kirche die Tugendhaftigkeit einer *gens*, die sich vom Onkel auf den Neffen vererbt hat. Eben diese Tugendhaftigkeit veranlasste den Neffen, die Kirche zu stiften, deren Zweck wiederum darin bestand, an den Onkel zu erinnern.

Hinter der glanzvollen äußeren Erscheinung von *Sant'Andrea al Quirinale* steht mithin eine höchst komplexe Semiotik, mit der Bernini nicht nur die Pamphilj-Panegyrik in Stein verewigte; vielmehr machte er sie auch zum Bezugspunkt von weiten Teilen des Stadtraums. Gleich einem Doppelagenten unterzog er dabei zumindest in Teilen die ebenfalls von ihm geschaffene urbane Ikonographie seines Hauptauftraggebers, Alexanders VII., einer Umprogrammierung (Näheres hierzu in D 6.4.2).

Angesichts dieser Entwicklung ist es eine besondere Ironie der Geschichte, dass nach der Erhebung Roms zur Hauptstadt des Königreichs Italien und der Umwandlung des *Quirinalpalastes* in die königliche Residenz im Jahre 1870 *Sant'Andrea* in die Hofkapelle des Hauses Savoyen umgewandelt wurde. Nun war diese Kirche tatsächlich nur noch ein Annex des Palastes. Rein äußerlich wurde dies sinnfällig, als man bei der Verbreiterung der Straße die Gartenmauern abtrug und in einer deutlich flacheren Kurve wiederaufbaute. Das **Ausgreifen** der Fassade in den Stadtraum ist seither nicht nur ideologisch, sondern auch formal geschwächt.

4 Sant'Ivo und das Collegio della Sapienza: Die Vergegenwärtigung der göttlichen Offenbarung im Raum als Strategie eines politischen ‚possesso'

4.1 Die heraldische Aufladung von Gebäuden als Teil des gentilizischen ‚concorso'

Sant'Andrea al Quirinale hat exemplarisch gezeigt, in welchem Maße die Pamphilj bemüht waren, ihr Prestige in Konkurrenz zu anderen Adelsfamilien wie den Chigi zu steigern. Im Fall von *Sant'Andrea* bestand ihre Strategie darin, eine genealogische Kontinuität zu postulieren, die sich im Kirchenbau als einer neuen *Domus Pamphiliana* manifestierte. Zu diesem Zweck war es nötig, das gesamte Gebäude gentilizisch zu kodieren. Dies geschah durch eine unübersehbare epigraphische und heraldische Präsenz, wobei die Elemente des Auftraggeberwappens in den Attributen des Kirchenpatrons aufgingen. Außerdem wurde das Bildprogramm so gestaltet, dass sich die Glorifikation der Pamphilj in Übereinstimmung mit der Verherrlichung des heiligen Andreas vollzog. Dies wiederum bedeutete, dass die Annahme des Martyriums durch den Himmel die Annahme der Kirchenstiftung einschloss. Ziel dieser ikonologischen Strategie war es, die Jesuiten und Alexander VII. als Mitbauherren in den Hintergrund zu drängen. Darüber hinaus eröffnete die **tiefen-** und **frontalräumliche** Qualität der Fassade die Möglichkeit, auch das Umfeld der Kirche gentilizisch zu okkupieren.

Die in *Sant'Andrea* angewandten Techniken der gentilizischen Repräsentation und Verdrängung waren ihrerseits Teil eines viel weiter greifenden *concorso*. Sehr wahrscheinlich waren sie

7, 214

8, 9, 17, 215, 217

sogar anderen Bauwerken abgeschaut worden. Während Fürst Camillo die Kirche *Sant'Andrea* als das neue Pantheon zu einem *Pamphilij templum* erhob, vermehrte beispielsweise Alexander VII. zu derselben Zeit am alten *Pantheon* den Ruhm seines Hauses. Zwischen 1662 und 1666 ließ er die schadhafte korinthische Ordnung an der nördlichen Seite der **Tempelvorhalle** ergänzen, wobei Bernini auf die neuen Kapitelle und Architravsoffitten die *astri* und *monti* der Chigi projizieren ließ. Ursprünglich reichten Alexanders Pläne sogar noch weiter: Nach verschiedenen Entwürfen, die Richard Krautheimer u. a. Carlo Fontana zuschreibt[54], sollten auch im Innern die Kassetten der Kuppel mit *monti*, *astri* und Eichenkränzen und die Rippen mit Eichenzweigen besetzt werden.[55] Durch einen solchen Eingriff hätte Alexander VII. sich als Renovator eines der ehrwürdigsten Monumente Roms verewigt und sich damit positiv von seinem Vor-Vorgänger Urban VIII. abgesetzt, der die Bronzekassetten der Vorhalle in einem in zahlreichen Pasquinaten als vandalisch kritisierten Akt für den Guss des Baldachins von *Sankt Peter* hatte einschmelzen lassen. Noch viel mehr hätte er aber den gesamten Bau letztlich in ein *templum Chisianum* verwandelt.

Insbesondere mit Blick auf die Baupolitik Urbans VIII. und Innozenz' X. in *Neu-Sankt Peter* hat Horst Bredekamp von einer „symbolischen Machtergreifung" gesprochen. Beispielsweise habe Urban VIII. den Baldachin unter der Vierung von *Sankt Peter* anlegen lassen, um „Michelangelos Konzept der Zentralkirche gegen Madernos Richtungsbau zu reaktivieren" – und damit das unter seinem Vorgänger Paul V. erbaute Langhaus zu einem Vorraum zu „degradieren"[56]. (Auf dieser Argumentation aufbauend werde ich in Teil D 6 den Bau der *Petersplatz-Kolonnaden* und der *Cathedra Petri* wiederum als eine Gegenmaßnahme Alexanders VII. deuten: Mit beiden Werken gab Bernini der Kirche ihre longitudinale Ausrichtung zurück. Damit durchkreuzte er Urbans horizontale Zentralachse regelrecht und stufte zugleich sein eigenes Werk, den Baldachin, zu einem Rahmen der *Cathedra* herab. Dank ihres Ausgreifens in den Stadtraum war diese Längsachse irreversibel geworden.[57]) Doch wenngleich Bredekamps Ansatz viel für sich hat, halte ich den Begriff „Machtergreifung" für nicht ganz glücklich. Erstens bezeichnet er in seinem eigentlichen historischen Kontext einen ganz anderen Vorgang: die Usurpation von Herrschaft unter dem Vorwand eines weltgeschichtlichen Auftrags. Zweitens liegt der Vergleich mit dem liturgischen *possesso* zeitlich wie inhaltlich viel näher: Wie die Päpste nach ihrer Inthronisation von der Lateranbasilika als ihrer eigentlichen Kathedrale liturgisch „Besitz ergriffen", so inszenierten sie die bauliche und ikonographische „Inbesitznahme" des Petersdoms und andere Kirchen. Drittens spielt neben der juridischen auch die gentilizische „Aneignung" eine große Rolle. In diesem Sinne möchte ich auch Alexanders *Pantheon*-Projekt als den Versuch eines baupolitischen *possesso* und einer gentilizischen Aneignung sehen.

Zur Veranschaulichung von Berninis und Borrominis unterschiedlicher Architekturauffassung hat die Forschung *Sant'Andrea al Quirinale* häufig mit *San Carlo alle Quattro Fontane* verglichen, was sich nicht nur wegen der räumlichen Nähe beider Kirchen zueinander, sondern auch angesichts der geradezu gegensätzlichen Verwendung vergleichbarer Motive (verformtes Längsoval versus reines Queroval usw.) aufdrängt. Um das Prinzip der gentilizischen Vereinnahmung zu verstehen, bietet es sich jedoch eher an, *Sant'Andrea* einem weiteren überkuppelten Zentralbau, nämlich der römischen Universitätskirche *Sant'Ivo* gegenüber zu stellen. Wie zu zeigen sein wird, ist es dort tatsächlich angebracht, von einem Akt „symbolischer Machtergreifung" zu sprechen, der über eine bloße Aneignung hinausgeht. Darüber hinaus mag das Beispiel von *Sant'Ivo* das Konzept von *Sant'Andrea* noch in zwei weiteren Punkten inspiriert haben: in der Vorstellung

---

54 Krautheimer 1985, S. 109. Vgl. auch Marder 1998, S. 227.

55 Vgl. Marder 1998, S. 232–234.

56 Bredekamp 2000, S. 113–115.

57 Schon Sedlmayr 1960a, S. 36–38 hat die Gegensätzlichkeit beider Achsen erkannt, sie aber noch nicht als Teil einer politischen Neukodierung, sondern als „Zusammenschluss" theologischer „Teilprogramme" gewertet.

einer himmlischen Architektur, die einen irdischen Bau vervollständigt und ihn damit auch ideell überhöht, und im räumlichen Ausgreifen des Kirchenbaus auf einer ikonologischen Metaebene.

Beide Aspekte spielen in den folgenden Kapiteln erneut eine wichtige Rolle. Es wird sich zeigen, dass die Vergegenwärtigung der göttlichen Offenbarung im Raum des *Collegio della Sapienza* eine noch größere Bedeutung besaß als in *Sant'Andrea al Quirinale*. Allerdings ließen Urban VIII., Innozenz X. und Alexander VII. diesen Raum immer wieder gentilizisch umkodieren. Die Vergegenwärtigung der göttlichen Offenbarung avanciert damit auch zu einem besonderen Instrument des (familien-)politischen *possesso*.

4.2 Beschreibung der gesamten Anlage

1565 erhielt Pirro Ligorio von Pius IV. den Auftrag, den 1497 unter Alexander VI. begonnenen *Palazzo della Sapienza* als Idealrekonstruktion eines *ginnasio all'antica* auszubauen.[58] Ligorio sah über einem längsgerichteten Geviert eine Vierflügelanlage vor, die im östlichen Drittel eine Kirche umschließen sollte. Die Restfläche gestaltete Ligorio als einen Hof, den er mit Lauben und Loggien umgab. Im Westen und Osten sollte dieser zweigeschossige Umgang jeweils eine Exedra bilden. Nach einer 13-jährigen Unterbrechung wurden die Arbeiten 1579 unter der Leitung Giacomo della Portas aufgenommen. Della Porta führte den Plan seines Vorgängers weitgehend aus, musste die westliche Exedra aber abbrechen und durch einen geraden Abschluss ersetzen. (Schon Pius V. hatte die Lösung mit zwei Exedren abgelehnt, vermutlich weil sie ihn zu sehr an Zirkusanlagen erinnerte.[59])

265, 266

1632 beauftragte Urban VIII. Borromini mit der Vollendung der gesamten Anlage. Dazu gehörte auch die Errichtung der Kirche *Sant'Ivo*. Wie Stalla herausgefunden hat, überarbeitete Borromini bei dieser Gelegenheit auch della Portas Exedra, u. a. indem er in die Nischen Fenster einbrach.[60] Während das Äußere von *Sant'Ivo* schon 1655 unter Innozenz X. fertig war, konnte der Innenraum erst 1660 in Anwesenheit Alexanders VII. geweiht werden.[61] Auch die Vollendung des *Sapienza*-Palastes zog sich bis in die 1660er Jahre hin. Allgemeine Bekanntheit erlangten *Sant'Ivo* und die *Sapienza* ein gutes halbes Jahrhundert später durch das Kupferstichwerk, das Sebastiano Giannini 1720 unter Verwendung von Entwürfen aus Borrominis Nachlass herausgab. Allerdings geben diese Entwürfe nicht den letzten Stand der Planung wieder.

267

284, 287

265, 269, 272, 273, 275, 281

Kommen wir nun zur formalen Analyse: Der Versuch, die verschiedenen Baukörper einander zuzuordnen, bereitet erhebliche Schwierigkeiten. Dem Grundriss nach besteht das *Collegio della Sapienza* aus drei Elementen: An der östlichen Schmalseite liegt der Zentralbau von *Sant'Ivo*, der sich bis zum zweiten Drittel der Grundfläche vorschiebt. Die Kirche flankieren, etwas abgesetzt, zwei Palastflügel, welche die Längsseiten des Areals vollständig einnehmen. Zwischen die Kirche und die Palastflügel schiebt sich von Westen als Bindeglied ein triklinienförmiger Umgang, der eine Achse tief, sieben Achsen breit und 19 Achsen lang ist. Er schließt den Komplex nach Westen ab und bildet somit einen geschlossenen Hof, der das westliche und mittlere Drittel der Grundfläche ausfüllt. Im östlichen Drittel verbinden seine beiden Längsarme die Kirche mit den Palastflügeln, um dann über je ein Portal auf die *Piazza di Sant'Eustachio* zu führen.

265

---

58 Siehe hierzu ausführlich Stalla 1992.
59 Buchowiecki/Kuhn-Forte 1967–1997, Bd. 2, S. 237. Vgl. auch Stalla 2000b, S. 469–473.
60 Stalla 1992, S. 122 u. 126, Anm. 30. Stalla wendet sich zu Recht gegen die ältere Forschungsmeinung, wie sie etwa von Thelen 1961, S. 304 vertreten wurde. Dieser hatte die Meinung vertreten, Borromini habe die Fassadenwand „bis auf äußerst geringe Eingriffe" so übernommen, „wie sie durch Porta gestaltet war".
61 Die einzelnen Bauphasen hat Stalla 1992, Abb. 2–5 herausgearbeitet.

Die im Grundriss erkennbare Absicht, durch die Hofarchitektur Kirche und Palast zu einer Einheit zu verbinden, wird im Aufriss noch fassbarer. Wie im *cortile* eines traditionellen Palazzo weisen die aus Travertin gemauerten Geschosse des Umgangs dorische und ionische Theatermotive auf. In Kapitel B 3.3.2 haben wir gesehen, dass die Theatermotive **gliederhaft** sind: Die Arkadenpfosten wurden als Pilaster gestaltet und die Zwickel mit Ziegeln als einem **sekundären** Material gefüllt. Zudem fallen die äußersten Traveén an den Längsseiten schmaler aus. Im Westen gleichen sie die Tiefe der nachträglich abgetragenen Exedra aus, im Osten wurden sie aus Gründen der Symmetrie wiederholt. Da kleinere Bögen eine zu große Wandfläche zwischen der Arkade und dem Gebälk der **Hauptordnung** übrig gelassen hätten und die **Gliederhaftigkeit** der Architektur dadurch beeinträchtigt worden wäre, ersetzten Ligorio und della Porta die Archivolten einfach durch offene, rechteckige Rahmen.

265, 266, 267

An den Längsseiten wird der Umgang von den zurückstehenden Palastflügeln um weitere anderthalb Geschosse überragt. Die Gliederung besteht nun aus vertikalen und horizontalen Streifen, die der Wand als **primärem** Element vorgeblendet sind. Die **gliederhaft**-offene und **raumhaltige** Architektur des Umgangs setzt sich also von der **wandhaft**-geschlossenen Flächenhaftigkeit der Palastflügel ab.

266

An der Westseite verschärft sich dieser Kontrast. Wohl aus Platzmangel sind die anderthalb oberen Geschosse dem Umgang unmittelbar aufgesetzt. Im Osten wird der Hof schließlich durch die von della Porta 1594 erbaute und von Borromini veränderte Exedra begrenzt, über die Letzterer die Kuppel von *Sant'Ivo* stellte. Einerseits ist die Exedra durch eine Einziehung vom Umgang leicht abgesetzt, andererseits übernimmt sie dessen zweigeschossige Theatermotiv-Gliederung. Allerdings sind die Arkaden mit Ausnahme des mittleren Erdgeschossbogens, der das Eingangsportal zur Kirche bildet, nicht mehr offen. Stattdessen rahmen sie im Obergeschoss der Mittelachse ein großes und ansonsten kleine Rundbogenfenster, bei denen es sich wie schon gesagt um aufgebrochene Nischen handelt.

267, 270

Die Tatsache, dass die oberen anderthalb Palastgeschosse dem westlichen Abschnitt des Umgangs unmittelbar aufgesetzt sind, erweckt vor allem aus der Vogelperspektive den Eindruck, der Palast bilde eine Dreiflügelanlage, welcher der Umgang an den Längsseiten vorgelegt und an der Westseite inkorporiert sei.

266

Blickt der Betrachter hingegen vom Eingang des Hofes auf die Kirche, so dass er die Westseite im Rücken hat und die Palastflügel hinter den Umgängen versinken, nimmt er den Umgang als einen eigenständigen Baukörper wahr. Jetzt stellt sich ihm allerdings die Frage, in welchem Verhältnis der Umgang zur Exedra steht. Ihre enge Anbindung an den Umgang lässt die Exedra zunächst als den östlichen Abschluss der Hofarchitektur erscheinen, hinter dem sich die eigentliche Kirche verbirgt.

267

Mit ebensoviel Berechtigung kann man die Exedra aber auch als Fassade von *Sant'Ivo* lesen. Dieser Eindruck ist vor allem der Attikazone geschuldet, die der Exedra im Unterschied zur übrigen Hofarchitektur aufgesetzt wurde. Mit ihren niedrigen Lisenen und querovalen Okuli, in die Borromini die Sterne der Chigi stellte, paraphrasiert die Attika nämlich nicht nur das obere Halbgeschoss der Palastflügel;[62] zusammen mit der verkanteten Einziehung des Wandspiegels trägt sie auch dazu bei, dass die Exedra sich vom eigentlichen Umgang als eine Art negativer Risalit abhebt. Borromini verstärkte diese Absetzung, indem er auf die Kanten querovale *toricelli* stellte, deren Schäfte er mit einem Kranz sechszackiger Sterne als Symbolen der *Divina Sapientia* besetzte[63] und deren Deckplatte er mit vollplastischen *monti* und Sternen aus dem Chigi-Wappen krönte.

Indem sie den Kuppeltambour flankieren, weisen die *toricelli* die Exedra nachdrücklich als Unterbau der Kuppel – und damit eben auch als integralen Teil des Kirchengebäudes – aus. Die Kuppel

---

62 Bei Borromini/Giannini 1720, Tf. 6 sind die Okuli sogar wie an den Palastflügeln kreisrund.

63 Zur Symbolik der sechszackigen Sterne siehe Anm. 118.

reagiert ihrerseits auf die Exedra, indem sie ihr zunächst die konvexe Wölbung des Tambours entgegensetzt, um sich ihr dann mit den konkaven Einbuchtungen der Laterne wieder anzupassen.

Einen eigenen Akzent erhält die Exedra schließlich auch durch die Inschrifttafel, die anlässlich der Vollendung der *aedes Sapientiae* Alexander zu Ehren errichtet wurde.[64] Nicht zur Ausführung kamen zwei Zutaten, die bei Giannini zu sehen sind: ein Wappen über der Inschrift und eine Portalädikula, auf deren Giebel zwei allegorische Figuren lagern sollten.[65]

Obwohl Borromini bemüht war, die Eigenständigkeit der Exedra hervorzuheben, ging er nicht so weit, sie aus dem Verbund des Umgangs herauszulösen. Somit kann die Exedra gleichermaßen als Fortsetzung des Umgangs **und** als Kirchenfassade verstanden werden. Gerade in dieser Ambivalenz trägt sie wesentlich dazu bei, dass Kirche, Palast und Umgang nicht nur im Grundriss, sondern auch im Aufriss als Einheit erscheinen.

Darüber hinaus setzten Ligorio, della Porta und Borromini auf eine Verschränkung aller drei Teile in der dritten Dimension. Grundsätzlich bildet der Umgang **Flankenräume**, die den Hof als einen **Kernraum** umschließen. Welchen Stellenwert die Exedra in diesem räumlichen Kontext besitzt, hängt wesentlich davon ab, ob man sie **primär** als eine Wand deutet, der die Theatermotive als **sekundäre** Elemente appliziert wurden, oder ob man die Theatermotive als eine **Primärstruktur** begreift, die erst im Nachhinein durch die Wandflächen als **sekundäre** und die Rundbogenfenster als **tertiäre** Elemente verfüllt wurde.

Anders als am *Konservatorenpalast* (siehe B 3.2.2) gibt nicht einmal das Material eine klare Antwort auf diese Frage. Im Unterschied zur Pilasterordnung, den Arkaden und den Rundbogenfenstern, die allesamt aus Travertin gehauen sind, ließ della Porta die Wandflächen dazwischen aus Ziegeln mauern. Nun haben wir in Kapitel B 3.3.2 gesehen, dass della Porta das Ziegelmauerwerk an den Umgängen dazu verwendete, die Bogenzwickel zu **sekundären** Füllseln abzuwerten. Entsprechend kann man auch die Ziegelflächen der Exedra als nachträgliche Ausfachungen deuten. Es ist aber auch möglich, dass della Porta sich vorstellte, er würde einer Kernwand aus Ziegeln eine Gliederung aus Travertin vorblenden. In diesem Fall würde die Hierarchie der Materialen nicht anzeigen, in welcher Reihenfolge die Strukturelemente zusammengefügt wurden, sondern welchen Grad an Verarbeitung sie besitzen. Das **zeitlich Primäre** und das **strukturell Primäre** wären also nicht mehr identisch. Vielmehr würde der Ziegel als das rangniedere Element den **primären** Rohzustand und der Travertin als der edlere Baustoff die **sekundäre** strukturelle Verfeinerung anzeigen.

Angesichts dieser strukturellen und stofflichen Ambivalenz lässt sich das Verhältnis der Exedra zu ihrem räumlichen Umfeld zweifach lesen. Im ersten Fall scheint es, als passe sich die Exedra der Gliederung des Umgangs lediglich an, grenze sich ansonsten aber in ihrer Zweidimensionalität von dessen Raumhaltigkeit klar ab, was sie eher als Teil der Kirche erscheinen lässt. Im anderen Fall gibt sich die Exedra als Fortsetzung des Umgangs. Das Auge ist sogar geneigt, hinter ihr gleichfalls einen (freilich nicht vorhandenen) Umgang zu vermuten, der die **Flankenräume** zu einem **Ringraum** vervollständigt. Mit anderen Worten: Einerseits wirkt die Exedra als Teil des Umgangs **latent** raumhaltig, andererseits erscheint sie als Kirchenfront rein flächenhaft. Fest steht, dass die Exedra auch in der dreidimensionalen Wahrnehmung ambivalent bleibt.

---

64 Der Text lautet:
    alexandro vii pont[ifici] max[imo]
    ob aedem sapientiae
    toto ambitu perfectam
    et bibliotheca
    hortoque medico instructam
    sacri consistorii advocati
    poss [= *posuerunt*]. mdclx

(Dem Papst Alexander VII.
haben die Advokaten des Heiligen Konsistoriums
um des Hauses der Weisheit willen,
das nun in ganzem Umfang vollendet
und mit einer Bibliothek
und einem Heilkräutergarten ausgestattet ist,
[im Jahre] 1660 diese Inschrift gesetzt.)

65 Siehe hierzu ausführlich Stalla 1992.

Offensichtlich war die Doppelfunktion der Exedra als Teil des Umgangs und als Kirchenfront schon von della Porta beabsichtigt worden. Entsprechend ist in den Bauakten einerseits von einer „riuolta del semicircolo del cortile", einem „muro del giro" und einem „teatro in testa il cortile"[66] die Rede. (Die Bezeichnung der Exedra als „teatro" lässt die Verwendung von Theatermotiven im Übrigen in besonderem Maße als angemessen erscheinen.) Andererseits steht auf einer in der Biblioteca Estense zu Modena aufbewahrten Grundrisskopie, die Giovanni De Rossi 1597 nach Ligorio und della Porta anfertigte, unmittelbar vor der Exedra: „1597. Questa nicchia si fa adesse che serve per la facciata della chiesa". Ihrer künftigen Funktion als Fassade von *Sant'Ivo* entsprechend setzte de Rossis die Exedra zusammen mit der noch zu erbauenden Kirche sogar durch eine hellere Lavierung von den Umgängen ab.[67]

268　Doch auch ohne farbliche Abhebung wirkt die Exedra im Grundriss ganz als Teil der Kirche. Dazu trägt u. a. die schon erwähnte Tatsache bei, dass die Lauben und Loggien des Umgangs sich nahtlos als Korridore fortsetzen, die Exedra also buchstäblich links und rechts liegen lassen. Borromini betonte diese Kontinuität sogar, indem er dafür sorgte, dass die Korridore sich nicht an der Ostseite des Palastes an einer Wand totliefen; vielmehr entließ er sie über Torbögen und Balkone
272　aus dem Gebäudeblock in den **Rückraum** der *Piazza Sant'Eustachio*.

Deutet man die Exedra als **wandhafte** Kirchenfassade, so verleiten die beiden Korridore zu einem doppelten Gedankenspiel. In der ersten Version scheint es, als habe Borromini den triklinienförmigen Umgang von Westen nach Osten zwischen die Palastflügel geschoben. Bei diesem Vorgang hätten die Kanten der Kirchenfassade die architektonische Haut des Umgangs aufgespalten. Während sich die äußere Schicht als ein dünner Film über die flache Ziegelwand der Kirchenfassade gelegt hätte, wären aus dem Rest die Korridore zwischen der Kirche und den Palästen hervorgegangen. Entsprechend würden sich die Innenflächen der architektonischen Haut innerhalb der Korridore als Blendgliederungen fortsetzen.

275　Die Vorstellung, dass die Raumhülle vom Raumvolumen partiell gelöst und der Fassade vorgeblendet wurde, lässt sich auch an Gianninis perspektivischem Schnitt[68] nachvollziehen: Man kann deutlich erkennen, wie die (nur im Grundriss wiedergegebenen) Hofwände des Umgangs in die Kirchenfront übergehen, während ihr Raumvolumen in den Korridoren zu Seiten des Kirchenraums kontinuierlich weiterläuft. Denselben Gedanken legt die Hofansicht Giovanni Battista Faldas nahe: Sie enthält neben dem Blick auf die Umgänge und die Exedra einen Längsschnitt
268　durch den südlichen Korridor. Mit diesem Längsschnitt machte Falda deutlich, dass sich in den Korridoren nicht nur die Binnenstruktur der Umgänge, sondern auch deren Raumvolumen fortsetzt, während die äußere Haut mit den Theatermotiven auf die Exedra übergeht.[69]

Ebenso gut kann man sich aber eine Dynamik vorstellen, die von Osten nach Westen verläuft. Nun treten die im Baukörper **latent** vorhandenen Raumvolumina ins Freie, wobei sie eine der
273　Fassade entsprechende Außenhaut aus Travertin erhalten.

Fraglos wird die Folge von Theatermotiven ausgerechnet am neuralgischsten Punkt, nämlich am Übergang zwischen Exedra und Umgang, durch eine schmale Travée ohne Arkade unterbrochen. Dennoch spricht diese Unterbrechung nicht unbedingt gegen die beiden Lesarten. Wie Palladio an den Ecktravéen der *Basilica von Vicenza* kein neues Motiv einführte, sondern die Serlianen lediglich den geringeren Interkolumnien anpasste (siehe B 3.1 u. 3.3.4.2), so reagierten Ligorio und della Porta auf die schmalere Travée, indem sie letztlich nur die Archivolte der regulären Arkade durch einen Rahmen ersetzten. Sieht man in dieser ‚Rahmen-Arkade' kein eigenes

---

66　Zit. nach Buchowiecki/Kuhn-Forte 1967–1997, Bd. II, S. 238.

67　Modena, Biblioteca Estense. Racc. Campori, Piante e disegni Y,I. 1, fol 14r,v; Stalla 1992, Abb. 5–3 u. ders. 2000b, Kat. Nr. XV 5, S. 475.

68　Borromoni/Giannini 1720, Tf. 8.

69　Bartsch/Falda (1993), S. 78, Nr. 106 S 1.

Strukturelement, sondern nur eine ‚verengte' Arkade, so bleibt der Eindruck der kontinuierlichen Abfolge gewahrt. Geht man zudem davon aus, Borromini habe im Geiste die Theatermotiv-Kette vom Umgang über die Exedra geschoben oder umgekehrt von der Exedra über den Umgang gezogen, so kann man sich auch vorstellen, dass die Arkaden sich, sobald sie die schmale Travéen passierten, kurzfristig verformten, um dann wieder ihre normale Form anzunehmen.

Dass Borromini durch die beiden Lesrichtungen tatsächliche eine Ambivalenz der räumlichen Dynamik erzeugen wollte, erkennt man an der Art und Weise, wie er im Auftrag Alexanders VII. 1659 die östliche Rückseite des *Collegio* zu einer repräsentativen Platzfassade umgestaltete. Er senkte die bereits bestehende Palastfront über den fünf mittleren Achsen um ein Geschoss ab, so dass der bislang verdeckte Kuppeltambour vollständig sichtbar wurde. Dabei entstanden über den beiden äußeren Achsen *risaliti*. Von diesen gehen zwei Mauersegel aus, die beide in einem Viertelkreis nach hinten fluchten.[70] Zusammen ergeben sie einen *muro di detto mezzo luna*, der die Kuppel in die Fassade integriert, indem er den Tambour mit den *risaliti* verbindet und seiner konvexen Wölbung (den Verlauf der Hofexedra spiegelbildlich wiederholend) eine konkave Eintiefung entgegensetzt. Zugleich trägt er dazu bei, dass die Fassade im oberen Bereich **geschichtet** und damit raumhaltig wird.

272, 274

Weitere Formen der Raumhaltigkeit führte Borromini durch die Balkonfenster und die sie tragenden Torbögen ein, hinter denen die **längsräumlichen** Korridore liegen. Einen guten Eindruck von seinen Absichten vermittelt eine Ansicht bei Giannini.[71] Auf ihr markieren beide Portale in der **tiefenräumlichen** Lesart den Eingang zu den Korridoren, in der **frontalräumlichen** Lesart deren Ausgänge. Auf Gianninis Stich sind den Portalen sogar halbrunde Antritte vorgesetzt, die in leicht abfallende Rampen mit radial angeordneten Pavimentstreifen übergehen. Das so oft unterschätzte Gestaltungsmittel der Treppe bzw. der Rampe erfüllt auch hier eine wesentliche Aufgabe: Es bildet gewissermaßen einen Brückenkopf zwischen den Korridoren und dem Platz. Obwohl sie auf die horizontale Ebene beschränkt sind, veranschaulichen die Rampen in der **Frontalräumlichkeit** die Entfaltung der Korridore aus der Tiefe des Palastes in die Weite des Platzes. Aus der **tiefenräumlichen** Perspektive leisten sie hingegen die Fokussierung des urbanen **Vorraums** auf die Enge der Korridore.

272

Allein die Funktion der Portale und Balkonfenster, zwischen dem Platz und dem Fassadenraum zu vermitteln, rechtfertigte es, dass Borromini sie zu den signifikantesten Gliederungselementen der Fassade erhob. Allerdings hatte diese Aufwertung auch einen anderen Grund. Selbstverständlich entsprechen die übereinanderstehenden Rundbögen mit dem zwischengeschalteten Balkon der Architektur des Hofumgangs. Stellt man sich vor, die Hofarchitektur habe sich von Westen nach Osten zwischen die Palastflügel und die Kirche geschoben und dabei ihre Außenhaut an die Exedra abgegeben, so erscheinen Portal, Balkon und Fenster als die eigentliche Kernsubstanz des Umgangs, die nun an der Rückfront des Gebäudes durch die Wand bricht. (Dass Borromini die Balkone im Unterschied zur Pilasterordnung nicht zur Außenhaut des Umgangs rechnete, bewies er auch, indem er sie an der Exedra übernahm.) Ebenso kann man aber auch in entgegengesetzter Richtung Portal, Balkon und Fenster als den Beginn der Korridore lesen, die sich dann im Bereich des Hofes zu einem vollständigen Umgang emanzipieren, wobei sie von der Fassade die noch fehlende ‚Außenhaut' übernehmen.

Dass Portal und Balkonfenster an der Ostseite ausschließlich zur Architektur der Korridore bzw. des Umgangs gehören, verdeutlichte Borromini, indem er sie so gut wie gar nicht in der übrigen Fassade verankerte. Lediglich die Rahmen, die über den Balkonfenstern in Giebelverdachungen münden, bilden eine Art Einfassung oder Beschlag, der die Arkaden in der Wand fixiert. Darüber hinaus besitzen die Gewände der Arkaden eine bemerkenswerte **Tiefe**. Ihre kassettierten

---

70 Zum Umbau der Ostfassade vgl. Stalla 2000b, S. 471.

71 Borromini/Giannini 1720, Tf. 5.

Laibungen haben sogar etwas von einem verkürzten Tonnengewölbe. Beides evoziert an sich schon eine gewisse Raumhaltigkeit, mit der die Arkaden sich von der seichten Oberfläche der Fassade abheben und die **Tiefenräumlichkeit** der Korridore bereits antizipieren. Gesteigert wird die Andeutung von Raumhaltigkeit durch die konkave Einziehung der Giebel. Optisch übernehmen die Giebel die Funktion von Querriegeln, welche die Arkaden samt Fassung in der Fassade arretieren. Es scheint, als seien die Korridore, während Borromini sie durch den Baukörper hindurch zog, leicht überdehnt worden und kontrahierten sich nun wieder. Dabei werde der Giebel von hinten gegen die Fassade gedrückt und leicht deformiert.

Ursprünglich ging Borrominis Raumkonzept sogar noch weiter. Wie eine Zeichnung zeigt, die Lievin Cruyl 1664 als seitenverkehrte Stichvorlage anfertigte,[72] wollte der Meister anfangs bei den Balkonfenstern auf eine Verglasung verzichten und das Mittelportal im Westen durch zwei Seitenportale ersetzen, die mit den östlichen Portalen fluchteten. Einem Stich bei Giannini zufolge hätten diese beiden westlichen Seitenportale samt der darüberstehenden Fenster genauso ausgesehen wie ihre östlichen Pendants.[73] Borromini hatte sogar vorgesehen, ihnen die gleichen halbrunden Rampen vorzusetzen. Hätte Borromini diesen Plan verwirklichen können, wäre aus der **Tiefenräumlichkeit** ein doppelter **Durchblick** geworden. Auch wäre der Gedanke, dass die zweigeschossigen Korridore als Verlängerungen des Umgangs den gesamten Komplex durchziehen, sehr viel besser zur Anschauung gekommen. (Um diese räumliche Durchdringung noch mehr hervorzuheben, hatte Borromini an den Balkonfenstern der Westfassade die Verglasungen sogar deutlich weiter zurücksetzen wollen als bei den übrigen Fenstern.) Und nicht zuletzt hätte die Sichtbarkeit der Korridore von außen dazu beigetragen, die äußeren Achsen der Ostfassade mitsamt den *risaliti* als eigenständige Baukörper, genauer gesagt als Stirnseiten der von der Kirche abgesetzten Palastflügel, zu begreifen.

Die Idee, einer ziemlich ungegliederten Platzfront ein Portal mit einem darüberstehenden Balkonfenster vorzublenden, dürfte Borromini vom *Palazzo al Quirinale* übernommen haben. Wie an *Sant'Ivo* führt das Hauptportal des *Quirinalspalastes* zu einem Hofumgang, der den äußeren, etwas höheren, risalitartigen Fassadenabschnitt als einen eigenständigen, in die Tiefe gerichteten Flügelbau kenntlich macht. Außerdem vermittelt wie in *Sant'Ivo* eine halbrunde, rampenartige Treppe zwischen dem Platz und der **Tiefenräumlichkeit** des Hofumgangs. Der einzige Unterschied zum *Collegio della Sapienza* besteht darin, dass sich hinter dem oberen, von Carlo Maderno hinzugefügten Balkonfenster (der Balkon selbst ist eine noch spätere Zutat) kein zweiter Korridor, sondern eine gewöhnliche Raumsuite verbirgt. Insofern ist Borrominis Lösung die konsequentere. Auch zog Maderno sein Fenster nicht konkav ein, was zeigt, dass er die Architektur noch nicht als ein organisches Gebilde begriff.

Zwar finden die östlichen Ausläufer von Borrominis Korridoren in der Ostfassade der *Sapienza* keine Erklärung, doch korrespondieren sie dafür umso mehr mit der Gliederung der Umgänge. Diese Feststellung führt uns zur Architektur des Hofes zurück. Ganz gleich, ob man sich vorstellt, der Umgang sei von Westen nach Osten zwischen Kirche und Palastflügel geschoben worden oder die Korridore seien von Osten nach Westen verlängert worden – in beiden Versionen erscheint die Exedra als Kirchenfassade, die mit den Umgängen eine unauflösliche Einheit bildet. Damit unterscheidet sich der *cortile* des *Collegio della Sapienza* grundlegend von den traditionellen Innenhöfen, in denen es entweder keine gesonderte Fassade gibt *(Palazzo Farnese)*, oder die Lauben und Loggien nicht als unmittelbare Fortsetzung der Fassade gedeutet werden können *(Escorial)*.

Die Verbindung von Hof und Kirchenfassade wäre umso deutlicher ausgefallen, hätte Borromini den eben angesprochenen Entwurf für die Westfront des *Collegio* auch noch in anderer Hinsicht verwirklichen können. Jenem Stich zufolge sah Borromini nämlich auch vor, die beiden äußeren Achsen in den oberen Geschossen durch senkrechte Rustikabänder von der übrigen Fassade abzu-

---

72 Stalla 2000b, Kat. Nr. XV.1, S. 473.   73 Borromini/Giannini 1720, Tf. 3.

heben und um zweigeschossige Turmaufbauten zu ergänzen. Außerdem sollten im obersten Stockwerk die Fenster durch Uhren ersetzt werden. Wie an *Sant'Agnese* hätten die äußeren Achsen auf diese Weise zur Hälfte dem Fassadenblock angehört und zur Hälfte zusammen mit den Aufsätzen eigenständige *campanili* gebildet. Noch bedeutsamer ist indes, dass die beiden Aufsätze an eine Zweiturmfassade erinnert hätten, die durch die Kuppel von *Sant'Ivo* vervollständigt worden wäre. Zu dieser Trias von Turmaufbauten und Kuppel, deren Kohärenz Giannini auch in der Seitenansicht des Palastes zeigt,[74] wäre die konkave Hoffassade als viertes Element hinzugekommen. Damit hätte sich die Sakralarchitektur im *Collegio della Sapienza* aus denselben Komponenten zusammengesetzt wie an der *Piazza Navona* – mit dem einen Unterschied, dass die beiden Türme weiter nach vorne gezogen und der Palastfassade aufgesetzt wurden. Der Gedanke, Borromini habe Ligorios und della Portas Hof zu einer Verlängerung seiner Kirchenfassade umgedeutet, gewinnt in dieser Lesart noch mehr an Gewicht. Indes wurde der rechte Turm leider ebenso wenig ausgeführt wie die beiden Portale und Balkonfenster. Auch die senkrechten Rustikabänder wurden der Fassadenwand nicht appliziert. Der nordwestliche Turm steht mithin völlig isoliert – ohne sichtbaren Bezug zur Kirchenfassade und dem Hof.

269

Immerhin konnte Borromini dem Bezug zwischen der Hofarchitektur und der Kirche durch den Aufriss des Kirchen i n n e r e n Rechnung tragen. Wohl nicht von ungefähr setzt das Gebälk der Kolossalordnung, die den Innenraum gliedert, mehr oder weniger in derselben Höhe an wie das Kranzgesims des Hofumgangs. Ferner wiederholen die Bögen der Seitenportale in den konkaven Haupttravéen exakt die Arkaden der Hoflauben. Aber auch in den anderen Travéen griff Borromini die Binnengliederung des Umgangs auf, wenngleich wegen des ansteigenden Geländes deutlich nach oben versetzt und in etwas anderen Proportionen. So paraphrasieren in den drei konvexen Haupttravéen die Nischen erneut die Arkaden der Hoflauben, diesmal freilich in erheblich vergrößertem Maßstab. Auch die Hofloggien erscheinen im Innern wieder, wenn auch in veränderter Form und Funktion: Sie sind zu Logen, genauer gesagt zu *coretti*, mutiert, und ihre Archivolten wurden zu geraden Stürzen herabgedrückt. Des Weiteren wiederholte Borromini das Sockelband der Hofloggien, und zwar in Gestalt eines Gurtbandes. Dasselbe verwandelte er im Bereich der *coretti* zu einer massiven Brüstung, der er wiederum ein Bronzegitter aufsetzte. Wie die Innenansichten bei Giannini zeigen,[75] hatte Borromini ursprünglich sogar geplant, dieses Gurtband in den *coretti* wieder in eine Balustrade zurückzuverwandeln. Fraglos wäre der Bezug zur Hofarchitektur dadurch noch deutlicher geworden.

277, 278

287

Wohl um die Verschränkung zwischen Hofumgang und Innenraum hervorzuheben, überspielte der für Giannini arbeitende Stecher (oder Borromini selbst, sofern die Stiche auf seinen Vorzeichnungen beruhen) in dem perspektivischen Schnitt auf Tafel VIII die Höhenunterschiede ein weiteres Mal, diesmal indem er die Korridore auf das Niveau der Nischen und *coretti* anhob. Aber auch in den Tafeln XV–XIX negierte er den Niveauunterschied konsequent. Stallas Fotomontage (die freilich etwas ganz anderes veranschaulichen soll) zeigt dies deutlich. Aber selbst ohne diese Manipulationen wird deutlich, dass der Aufriss des Innenraums die Außengliederung aufgreift. Nicht von ungefähr befinden sich die Balkone der Ostfassade, die ja explizit als Ausläufer des Umgangs konzipiert sind, exakt auf dem Niveau der Gurtbänder.

275

270

Offensichtlich war es Borrominis Absicht, neben den Korridoren auch den Kirchenraum zu einem Bindeglied zwischen Hofarchitektur und Ostfassade zu machen. Gianninis Querschnitt[76] (und Paolo Portoghesis isometrische Ansicht[77]) erwecken sogar den Anschein, der Meister habe die Korridore nicht nur von Westen her durch die Ostfassade geschoben (bzw. gezogen), sondern sie an zwei Achsen auch so sehr in die Breite gedehnt, dass sie Anschluss an den Kirchenraum fanden. In dieser Lesart finden selbst die merkwürdigen Stürze der *coretti* (die freilich auch sonst im Œuvre Borrominis

275

277

---

74 Borromini/Giannini 1720, Tf. 4.

75 Borromini/Giannini 1720, Tf. 8 u. 40.

76 Borromini/Giannini 1720, Tf. 8.

77 Portoghesi 1991, S. 160.

vorkommen⁷⁸) eine anschauliche Erklärung. Eigentlich müsste der Scheitelpunkt der oberen Arkade wie in den Höfen des *Oratoriums der Philippiner* in das Kolossalgebälk hinaufreichen. Weil Borromini aus Gründen, über die noch zu sprechen sein wird, das Kolossalgebälk aber nicht unterbrechen wollte, musste er die Archivolten der *coretti* unter dessen Architravsoffitten drücken.

197, 198

Wie Portal und Balkonfenster der Ostfassade als Längsausläufer, so erscheinen Nischen und *coretti* als Querausläufer des durch die Korridore verlängerten Umgangs. Hätte Borromini den *coretti* (die konsequenterweise mit den Korridoren über schmale Gänge verbunden sind) statt einer massiven Brüstung wie geplant eine Balustrade geben dürfen, wäre die gedankliche Zugehörigkeit zur Hofarchitektur – wir sahen es bereits – noch offensichtlicher geworden.

272, 274
275

Indes zitierte Borromini im Innern nicht nur den Hofumgang, sondern auch die Kirchenfassade. Selbstverständlich wiederholen die Nischen und Logen der drei konvexen Traveén auch die Blendarkaden der Exedra; im Eingangsbereich sind sie sogar als deren innere Gegenstücke aufzufassen. Nicht von ungefähr verdeutlichte Giannini diesen Bezug in seiner Hofansicht⁷⁹, indem er das Eingangsportal geöffnet wiedergab, so dass man vom Hof aus in den Kirchenraum sehen kann.

287
278

265

Aber auch die übrigen Traveén entsprechen der Fassadengliederung. Noch mehr galt dies allerdings vor 1659. Bis dahin standen nämlich unmittelbar auf dem Gurtband, das über den zwölf Nischen verläuft, zwölf weitere Nischen. Sie wurden bei der endgültigen Ausstattung „per fortificare fianchi" vermauert.⁸⁰ An der Fassade blieb dieses Gliederungsschema jedoch erhalten: sowohl im Sockelband des Obergeschosses, das (wie am Umgang) ein Äquivalent zum Gurtband des Innern bildet, als auch in den übereinander stehenden Fenstern, bei denen es sich gleichfalls um Nischen handelt (in die später lediglich kleine Fenster gesetzt wurden). Die Gemeinsamkeit geht sogar so weit, dass die unteren Nischen innen wie außen auf Paneelen stehen.

267, 270

277

278, 287, 270

Eine weitere Übereinstimmung zwischen dem Kirchenraum und der Fassade ergibt sich aus der Möglichkeit, in den Ordnungen sowohl vermauerte Pfeiler als auch nachträgliche Applikationen zu sehen. Letzteres bietet sich bei der Corinthia des Inneren insofern an, als ihre geknickten, geschwungenen und verkanteten Pilaster ohne plastische Substanz zu sein scheinen. Entfernt man nun in Gedanken an den Nebentraveén des Innenraums die kolossale Ordnung und von der Fassadenwand die Theatermotive, bleibt beide Male mit den übereinanderstehenden (Fenster-)Nischen dieselbe Kernstruktur übrig. Dies setzt freilich voraus, dass man die Sockelbänder ebenso wenig wie ihre Pendants am Umgang, die Balkone, als Bestandteile der Theatermotiv-Haut auffasst und sie demnach nicht mit derselben von der Fassade subtrahiert.

287

267

Weil zumindest bei **gliederhaften** Theatermotiven Ordnung und Arkade nicht im Verbund stehen, kann man von der Fassade theoretisch auch nur die Ordnungen abziehen, so dass die Arkaden übrig bleiben. Denkt man sich auch noch die kleinen Fensternischen fort, entspricht die Fassade den konvexen Haupttraveén des Innern. Dort finden sich ihre Arkaden in Gestalt der großen Nischen und – leicht deformiert – in Gestalt der *coretti* wieder.

Das heißt, dass die Gliederung des Innern in der Fassade nicht nur wie am Umgang einfach, sondern zweifach wiederkehrt bzw. dort zu einer neuen Form synthetisiert wird. Wenn es auch auf den ersten Blick nicht so scheint, so ist die Fassade mit dem Innenraum noch mehr verbunden als mit der Hofarchitektur.

Indes ist die Kirche nicht nur über ihre Fassade, sondern auch über ihren Innenraum mit der Hofarchitektur verbunden. Der Kirchenraum auf Gianninis perspektivischem Querschnitt⁸¹ erscheint sogar fast schon als ein weiterer Innenhof, in den die Kuppel samt Ordnung quasi von oben als ein eigenständiges Gestell eingesetzt wurde. Dabei spielt es keine Rolle, ob man die Stützen der Ordnung als Pilaster deutet, die sich über die Wand geschoben haben, oder als Pfeiler, welche die

275

---

78 Vgl. z. B. die Erdgeschossnischen in der Fassade des *Oratorio dei Filippini*.
79 Borromini/Giannini 1720, Tf. 6.
80 Zit. nach Stalla 2000b, S. 471.
81 Borromini/Giannini 1720, Tf. 8.

Mauer gewissermaßen durchbohren. In jedem Fall sind die Räume letzten Endes nicht nur im Grund- und im Aufriss, sondern auch in der dritten Dimension miteinander verschränkt.

Wie sich gezeigt hat, bildet die Kirchenfront von *Sant'Ivo* in der Leserichtung von West nach Ost die Rückwand des Hofes als eines **Kernraums** und ist als solche mit ihm fest assoziiert. In der umgekehrten Lektüre bezieht sie den Hof als **Vorraum** auf sich – und zwar mithilfe des Umgangs als ihrem Ausläufer, der seinerseits **raumhaltig** ist. Wie Gianninis Querschnitt besonders verdeutlicht[82], ist der Raum dieses Ausläufers im Innern, also im Bereich zwischen Kirche und Palastflügeln, bereits vollständig angelegt. Nach Westen tritt er nun ins Freie, wobei er dieselbe Außenhaut erhält wie die Kirchenfront. Bezieht man Gianninis Ansicht der Westfront[83] und die Ansicht der Längsseite[84] in die Betrachtung ein, kann man den Hof sogar als Verlängerung einer nach Westen gedehnten Kirchenfassade begreifen.

268

275

Aus einem gewöhnlichen *cortile,* dem eine Kirche angefügt ist, wird so eine Vierflügelanlage, mit der die Kirchenfassade sich selbst räumlich **umschließt**. Mithin haben wir es mit einer – wenngleich extremen – Sonderform **raumhaltiger** Fassaden zu tun, die den Betrachter allseitig umgibt. Der von der Fassade absorbierte **Vorraum** wird gleichsam zum **Binnenraum** einer **zweischaligen Fassade,** wobei die Fassadenfront ausnahmsweise nicht mit der vorderen, sondern mit der hinteren Schale identisch ist. Zugleich erscheint der Kirchenraum hinter der Fassade als ein nachträglich überwölbter zweiter Hof, der im Aufriss über eine der Fassade und dem Umgang analoge **Primär-Struktur** verfügt und der im Grundriss über die Korridore mit dem Vorhof **räumlich** verbunden ist. Fasst man das Kircheninnere angesichts der räumlichen Verschränkungen gleichfalls als einen Fassadenraum auf, haben wir es sogar mit der hypertrophen Form einer **dreischaligen** Fassade zu tun. Zwischen beiden Räumen liegt die Exedra als der eigentliche Fassadenkern, der wie eine Art Membran zwischen beiden Räumen vermittelt, indem er Strukturelemente von beiden in sich vereint.

4.3 Die Deutung des Innenraums von Sant'Ivo in der Forschung

Über die formale Einbindung hinaus besitzt die enge Verschränkung von Hofraum und Kirche eine ikonologische Dimension, die sowohl mit dem Patrozinium als auch mit der gentilizischen Kodierung der gesamten Anlage zusammenhängt. Fokus dieser komplexen Konzeption, auf die im Folgenden ausführlich eingegangen werden soll, ist natürlich die Kirche selbst.

Innerhalb der fast schon unübersehbaren Forschung zu *Sant'Ivo*[85] sind für unsere Fragestellung sechs Beiträge von besonderem Interesse. 1967 wies Hans Ost in der ersten grundlegenden Studie,[86] die es zum Bildprogramm gab, nach, dass im Innern das Pfingstwunder dargestellt sei, wohingegen die Laterne des Außenbaus einen zweiten Babylonischen Turm darstelle, der sich im Unterschied zu seinem Prototyp unter dem Zeichen des Kreuzes erhebe. Das *tertium comparationis* beider Motive sah Ost darin, dass durch die Ausgießung des Heiligen Geistes und das Streben nach wahrer Gotteserkenntnis die mit dem Bau des alten Babylonischen Turmes provozierte Sprachverwirrung überwunden wurde.

284, 286

271

1968 verfasste Pierre de la Rufinière du Prey „a modest addendum" zu Osts „fundamental study".[87] Dabei gelang ihm der Nachweis, dass der Innenraum der Kirche zugleich als ein neuer Tempel Salomons konzipiert worden ist.

---

82 Borromini/Giannini 1720, Tf. 8.
83 Borromini/Giannini 1720, Tf. 3.
84 Borromini/Giannini 1720, Tf. 4.
85 Ein guter Überblick über die bis 2000 erschienene Borromini-Literatur findet sich bei Bösel 2000, S. 199–223.
86 Ost 1967.
87 Du Prey 1968, S. 216.

Die dritte, 1990 von Felix Thürlemann vorgelegte Studie⁸⁸ schließt sich Osts und du Preys Interpretation weitgehend an. Darüber hinaus behandelt sie den Innenraum als eine syntagmatische Struktur, innerhalb derer die vielen Symbolzeichen des Stuckdekors und der Bauplastik mit der sie tragenden Raumform eine semiotische Einheit bilden.

Im Borromini-Jahr 2000 konnte Louise Rice die bisherigen Forschungsergebnisse durch bis dahin unbekannte Text- und Bildquellen ergänzen und präzisieren.⁸⁹ Zu den von ihr vorgelegten Zeugnissen gehören mehrere gedruckte Pfingstpredigten samt Frontispizen aus dem Umfeld des *Collegio Romano* und des *Collegio della Sapienza*.

Zu derselben Zeit suchte Robert Stalla in zwei Katalogbeiträgen zur Borromini-Ausstellung in Rom und Wien nach einer politischen, kulturellen und wissenschaftsgeschichtlichen Verortung von Borrominis Œuvre.⁹⁰ Die Essays, in denen Stalla die wichtigsten Thesen seiner unpublizierten Habilitationsschrift von 1995 zusammenfasste⁹¹, sehen das Bildprogramm von *Sant'Ivo* u. a. in engem Zusammenhang mit dem Lehrbetrieb am *Collegio della Sapienza*.

Anhand dieser Veröffentlichungen sowie der übrigen Literatur lässt sich folgender Forschungsstand zeichnen: Die Bedeutung des Innenraums als ein Tempel der Weisheit manifestiert sich auf vielfache Weise. Am eindeutigsten sind die epigraphischen Zeugnisse. In einem Grundrissentwurf Borrominis, der sich im *Archivio di Stato* zu Rom befindet, öffnet sich die Hauptapsis im Unterschied zur späteren Ausführung einer siebensäuligen Altararchitektur⁹². Links oben auf dem Blatt hatte Borromini Folgendes angemerkt:

282

„Nel fregia della porta SAPIENTIA AEDIFICAVIT SIBI DOMUM – nel fregio delle 7 colonne EXCIDIT COLUMNAS SEPTEM – nel Piedistallo della Statuas PROPOSUIT MENSAM SUAM."

Zusammen mit der (ausgeführten) Inschrift über dem Altar INITIVM SAPIENTIAE TIMOR DOMINI (Ps 111,10) weisen diese Spr 9,1–2 entnommenen Passagen nach Ost die Mensa, die Altararchitektur und den gesamten Bau als das Haus der Weisheit aus.⁹³ Wie Rice nachgewiesen hat, waren diese Sätze auch in den Pfingstpredigten, die am *Collegio della Sapienza* oder am *Collegio Romano* gehalten wurden, feste Topoi.⁹⁴

Die Bedeutung von *Sant'Ivo* als einem neuen Tempel der Weisheit leitet Ost auch von den Cherubim in der Kuppel ab. Sie seien dem Wappen des *Collegio della Sapienza* entnommen.⁹⁵ Außerdem bilden die Cherubim nach du Prey und Thürlemann zusammen mit den Palmen die Schmuckelemente des Salomonischen Tempels, den der Prophet Ezechiel in einer Vision schaute (Ez 41,18).⁹⁶

284, 286

278, 281

Eine Anspielung auf das *templum Salomonis* erkennt du Prey auch im Grundriss, den er wie zahlreiche andere Autoren⁹⁷ unter Berufung auf Giannini⁹⁸ als Hexagramm liest. Dieses Symbol,

265, 277

---

88 Thürlemann 1990, S. 155–162.

89 Rice 2000, passim.

90 Stalla 2000a u. Stalla 2000b.

91 Siehe Stalla 2000a, S. 38, Anm. 1. Die Schrift trägt den Titel „Borromini und die Sapienza – Architektur, Wissenschaft, Politik im römischen Seicento" und wird in der Bibliotheca Hertziana aufbewahrt.

92 Zeichnung in Graphit und Röthel, 69,9 x 47,6 cm. Rom, Archivio di Stato, Università, vol. 198, c. 122. Robert Stalla datiert den Entwurf zwischen 1632/33 und 1642. Nach Stalla war die Altararchitektur sogar in diesem Sinne ausgeführt worden, ehe sie unter Alexander VII. um 1659/60 wieder vermauert wurde (vgl. Stalla 2000b, Kat. Nr. XV.11, S. 478).

93 Ost 1967, S. 111–114.

94 Vgl. die von dem Rektor des *Collegio Romano*, dem Jesuiten Alessandro Gottifredi, verfasste und von Giovanni Franceso Aldobrandini am Pfingstsonntag 1637 gehaltene Rede „Turris linguis concordibus fabricata" (Rice 2000, S. 261).

95 Ost 1967, S. 114–115.

96 Du Prey 1968, S. 221–222 u. Thürlemann 1990, S. 158.

97 So z. B. Fagiolo dell'Arco 1967, Bd. I, S. 309–310; Buchowiecki/Kuhn-Forte 1967–1997, Bd. II, S. 243; de Fusco 1978, S. 231; Johnson 1982, passim; Magnuson 1982, passim; Naredi-Rainer 1994, S. 135–136; Jung 1997, S. 28. Auch Ost 1967, S. 106 geht von zwei Dreiecken aus, doch stützt er sich im weiteren Verlauf seiner Analyse nur auf das im Hexagramm selbst enthaltene Hexagon.

98 Borromini/Giannini 1720, Tf. 47.

das sich aus zwei übereinandergelegten gleichseitigen Dreiecken zusammensetzt, sei mit dem bei Athanasius Kircher überlieferten Siegel Salomons identisch.[99] Wie u. a. Thürlemann und Martin Raspe nachgewiesen haben, ist indes nur ein einziges Dreieck für den Grundriss konstitutiv.[100] Das schließt jedoch nicht aus, dass Borrominis Zeitgenossen das Hexagramm in den Grundriss hineingelesen haben. Dessen ungeachtet ist es auch möglich, mit Thürlemann einen Bezug zum Salomonischen Tempel aus dem Hexagon abzuleiten, das im Grundriss neben dem Dreieck fraglos enthalten ist.[101] Nicht zuletzt hat Ramirez in seiner Monographie über Juan Bautista Villalpandos Rekonstruktion des Salomonischen Tempels die *toricelli* als Anspielungen auf die Säulen Jachim und Boas gedeutet, die dieses Heiligtum flankierten.[102]

Das zweite Hauptthema, das Pfingstgeschehen, lässt sich gleichfalls auf das Hexagon beziehen. Wie Ost dargelegt hat, gibt es eine ikonologische Tradition, wonach sich das Haus, in dem das Pfingstwunder stattfand, über einem Sechseck erhebt.[103] Vor allem manifestiert sich das Pfingstgeschehen für Ost in den Sternenbahnen an der Kuppel, die den Regen der Feuerzungen darstellen. In der Literatur liest man immer wieder, dass sie von der Taube des Heiligen Geistes ausgehen, die sich angeblich am Laternenscheitel befindet.[104] In Wahrheit prangt an dieser Stelle aber das Dreieck mit dem Auge Gottes als Symbol der *Divina Providentia*. Trotzdem spielen die Sterne auf das Pfingstgeschehen an. Wie Ost anhand des bei Giannini abgebildeten Querschnitts[105] nachweisen konnte, war an der Decke der Laterne ursprünglich tatsächlich eine Taube angebracht. Bei Giannini wird eine gemalte Taube von einer Gloriole hinterfangen, in die Feuerzungen eingestreut sind.[106] In der ausgeführten Kuppel hing die Taube nach Auskunft von Robert Stalla als vollplastisches Gebilde an einer Eisenkette. Sie besaß eine Flügelspannweite von etwa zwei Metern und war (wie die Gloriole und vielleicht auch die Feuerzungen) farbig gefasst.

Ziel des Sternenregens waren die Apostelfiguren, die nach Ost in den zwölf Wandnischen standen, bis sie 1741 einem neuen klassizistischen Geschmack zum Opfer fielen. Obwohl erst 1685 aufgestellt, gehörten sie wohl doch zum ursprünglichen Ausstattungskonzept. Ferner repräsentieren die Sterne die Sieben Gaben des Heiligen Geistes, die ihrerseits als Entsprechungen zu den sieben Säulen der Weisheit zu sehen sind.[107]

Weitere Bezüge ergeben sich aus dem im Grundriss enthaltenen Dreieck, das sich mit Stalla als Symbol Christi, der Dreifaltigkeit oder der *Divina Sapientia* deuten lässt.[108] Da Borromini das Dreieck darüber hinaus um drei angesetzte Halbkreise zu einer Art Sechspass erweiterte, versuchte Milovan Stanic, es von mittelalterlichen Darstellungen der *scientia*, der *prudentia*, der *fides* und anderer Tugend- und Weisheitsallegorien, in denen diese geometrische Form enthalten ist, abzuleiten.[109] Allerdings scheint mir bei den von Stanic angeführten Beispielen die geometrische Form ikonologisch zu wenig signifikant und ihre Verbindung zu den jeweiligen Allegorien zu zufällig, um daraus einen ikonologischen Topos, geschweige denn eine Vorbildfunktion für *Sant'Ivo* abzuleiten.

Eine weitere Grundrissfigur von *Sant'Ivo* ist der Kreis. Carlo Cartari zufolge, der als Dekan der Sapienza zu Borrominis wichtigsten Ideengebern gehörte[110], stellte er die Sonnenscheibe und damit

---

99   Du Prey 1968, S. 225–226; Johnson 1982, S. 102; Thürlemann 1990, S. 178, Anm. 14 und Naredi-Rainer 1994, S. 136–137 haben sich dieser Deutung angeschlossen.
100 Thürlemann 1990, S. 162–164 u. Raspe 1994, Abb. 48 u. 49.
101 Thürlemann 1990, S. 178, Anm. 14; zur Deutung des Hexagramms als *clavis Salomonis* vgl. auch Johnson 1982, S. 102.
102 Ramirez 1991, S. 20.
103 Ost 1967, S. 116.
104 So z. B. Buchowiecki/Kuhn-Forte 1967–1997, Bd. 2, S. 243, Thürlemann 1990, S. 159.
105 Borromini/Giannini 1720, Tf. 8.
106 Vgl. Ost 1967, Abb. 12.
107 Ost 1967, S. 115.
108 Stalla 2000a, S. 32. Zur trinitarischen Konnotation von *Sant'Ivo* siehe auch Steinberg 1977 u. Fagiolo 2000, S. 112, Anm. 40.
109 Stanic 2000, passim.
110 Zur Rolle Cartaris als Ideengeber Borrominis hat sich Rice 2000, S. 263–264 eingehend geäußert.

ein Herrschaftssymbol Urbans dar.¹¹¹ Als eine weitere Anspielung auf Urban VIII. wertete Cartari das Hexagon. Nach seiner und anderer Zeitgenossen Meinung umriss das Sechseck das Wappentier der Barberini, die Biene: „Delineamentum est in modum Apis".¹¹² Thürlemann hält es sogar für denkbar, dass Borromini selbst den Grundriss von der Form der Biene ableitete.¹¹³ Dagegen geht Rice von einer nachträglichen gelehrten Projektion aus, auf die Borromini allerdings bereitwillig eingegangen sei.¹¹⁴ Eine zusätzliche Anspielung auf die Barbarini ergibt sich, wenn man das Hexagon als eine Wabe liest.¹¹⁵

281

Ebenso wichtig wie die Darstellung des Pfingstgeschehens und die Anspielung auf den Salomonischen Tempel ist also die vielfache politische und gentilizische Kodierung der Kirche. Noch deutlicher als im Grundriss zeigt sich dies im Dekor der Kuppel. Den Laternenhals bedecken drei Elemente des Chigi-Wappens: das Eichenlaub und die *monti* mit dem achtzackigen Stern. Mit zwölf Chigi-Sternen ist auch der Hypäthralring unterhalb des Laternenfußes bedeckt. In der Kuppel selbst kehren die vom Stern überstrahlten *monti* wieder; diesmal sind sie sogar mit den Kronreifen der Tiara umschlossen. Auch in den Sternenbahnen wechseln sich die achtzackigen *astri* der Chigi mit den sechszackigen Sternen der göttlichen Weisheit ab. Nicht zuletzt wächst aus dem Akanthusblattwerk der Kolossalpilaster Eichenlaub.

276
284, 286

278, 287

Nach Thürlemann ist sogar der von einem Kranz umschlossene Stern, der an die Stelle der Abakusblüte getreten ist, als ein Chigi-Emblem zu deuten.¹¹⁶ Allerdings besitzt dieser Stern nur sechs Zacken. Auch ist der Kranz – entgegen Thürlemanns Beobachtung – nicht aus Eichen-, sondern aus Lorbeerzweigen gewunden. Daher ist es sinnvoller, Stern und Kranz mit du Prey als weitere Symbole der göttlichen Weisheit zu deuten.¹¹⁷ Mithin handelt es sich um einen *ordo Chisianus*, in den die Symbole der Göttlichen Weisheit integriert sind. Diese Integration erfüllt dieselbe Aufgabe wie die doppelte Bedeutung der Sterne in der Kuppel oder der Kreis und das Hexagon im Grundriss: Da in allen vier Fällen heraldische oder emblematische Zeichen des gerade regierenden Papstes mit den Symbolen der Heiligen Weisheit assoziiert oder kombiniert werden, entsteht eine unmittelbare Verbindung zwischen dem jeweiligen Bauherrn und dem Patrozinium, wie ich sie in Kapitel C 3.2 auch für *Sant'Andrea al Quirinale* postuliert habe.

---

111 Vgl. Portoghesi 1977, S. 156. Darüber hinaus hält Stalla Dreieck und Kreis für „Manifestationen der Naturphilosophie Galileis". Dieser habe beide Figuren in dem Urban VIII. gewidmeten Werk „Saggiatore" als „Chiffren" des „Buches der Natur" bezeichnet. Die zunächst befremdlich wirkende Übernahme astrophysikalischer Symbole in *Sant'Ivo* erklärt Stalla damit, dass Urban in Galileis heliozentrischem Weltbild das wissenschaftliche Pendant seiner absolutistischen und zentralistischen Staatsidee gesehen habe, die ihrerseits aus Tommaso Campanellas „Città del Sole" gespeist wurde. Innerhalb seines Konzepts, die Ewige Stadt in eine *Roma Urbana* umzuwandeln, habe der Papst sich in dem von Campanella postulierten Sol, der dem Gemeinwesen als Metaphysikus und oberste Priester vorsteht, wiedererkannt (Stalla 2000a, S. 30). Diese Interpretation, die sich in der Forschung bislang nicht durchgesetzt hat, gipfelt in der Feststellung: „Dem vitruvianischen Verständnis von Architektur als Naturmimesis zufolge darf damit S. Ivo auch als Abbild des neuen, mathematisch begründeten Weltsystems interpretiert werden, welches von Papst Urban VIII. leidenschaftlich verfochten und in der Lehre der Sapienza unter Berufung auf Galilei vertreten wurde" (Stalla 2000a, S. 34).

112 Dieser Deutung haben sich Ost 1967, S. 111 u. 122, Raspe 1994, S. 101 angeschlossen. Weitere zeitgenössische Deutungen, die sich in diesem Sinne äußern, sind bei Scott 1982, S. 298 wiedergegeben. Zum allgemeinen Symbolgehalt der Biene in Bezug auf den Pontifikat Urbans VIII. siehe Ost 1967, S. 119–124.

113 Thürlemann 1990, S. 155.

114 Rice 2000, S. 264.

115 Ost 1967, S. 122.

116 Thürlemann 1990, S. 158.

117 Du Prey 1982. Connors 1996, S. 680 und Abb. 1 sieht in den Kränzen die *laurea*, welche die Absolventen des an der *Sapienza* vornehmlich praktizierten Studiums der Jurisprudenz erwarten. Indes werden die Bücherschränke der dem *Collegio della Sapienza* inkorporierten *Bibliotheca Alexandrina* von Eichenzweigen und Chigi-Sternen bekrönt (vgl. Portoghesi 1977, Abb. 90).

Dass Alexander ein von seinen beiden Vorgängern heraldisch besetztes Gebäude um die eigenen Symbole ergänzte und sich wie sein Vorgänger mit dem Patrozinium identifizierte, kann man mit Ost als eine Demonstration von Kontinuität verstehen.[118] Für plausibler halte ich jedoch Stallas These, wonach Alexander das Innere einer „baulichen Neuredaktion" unterzog, die sogar umfangreiche Eingriffe in die Bausubstanz einschloss (Vermauerung der zwölf oberen Nischen, Beseitigung der Altarsäulen, Entfernung der Nebenaltäre in den beiden Seitenkonchen, Neustuckierung).[119]

Allerdings war Alexander nicht der erste, der den Innenraum neu redigierte. Insgesamt zerfällt die ikonologische Ausstattung in drei Phasen. 1643 wurde unter dem Pontifikat Urbans VIII. mit dem Bau der Kirche begonnen.[120] Der Amtsantritt Innozenz' X. leitete die zweite Phase ein. Der Bau wurde nun unter das Vorzeichen des Pfingstgeschehens gestellt, wobei die Geisttaube, die als Tier der Weisheit die Barberini-Biene ablöste, auch als Allusion auf die Pamphilj gesehen werden konnte. (Entsprechend wurde nach Ausweis der Dokumente von Kritikern die ironische Frage aufgeworfen, welche „vera sapienza" denn nun eigentlich im Kirchenraum Einzug halte.[121] In erster Linie sollte die Perpetuierung des Pfingstwunders aber wohl auf die Erneuerung der Kirche anspielen. Dieser Aspekt implizierte zwangsläufig eine Abgrenzung gegenüber dem konflikträchtigen Pontifikat Urbans VIII., von dessen Regierungsstil Innozenz sich auch sonst zu distanzieren bemühte (siehe C 3.1). Nicht weniger ist der in den zwölf Aposteln vorgetragene Hinweis auf die Apostolizität der römischen Kirche der innozenzianischen Ekklesiologie verpflichtet. In diesem Sinne bildete das Apostelkolleg auch den neuen ikonologischen Schwerpunkt der Lateranbasilika, deren *renovatio* der Papst Borromini gleichfalls anvertraut hatte.

Die dritte Phase der Programmierung setzte mit dem Pontifikat Alexanders VII. ein. Einem Entwurf Borrominis für das Innere der Kuppellaterne nach zu schließen, dachte Alexander daran, über die schon beschriebene gentilizische Kodierung hinaus die Geisttaube als Spenderin des Pfingstfeuers durch einen (zwölfzackigen) Chigi-Stern zu ersetzen.[122] Letztlich sah er von diesem Vorhaben aber doch ab, vermutlich weil es zu sehr in die Semantik des Bildprogramms eingegriffen hätte. Stattdessen bezog er das Kircheninnere in das umfassende Konzept einer *Roma Alexandrina* ein, das er dem von den Barberini favorisierten Ideal einer *Roma Urbana* gezielt entgegensetzte. Im Rahmen dieser auf seine Person zugeschnittenen Strategie monarchischer Repräsentation entwickelte Alexander „ein auf umfassender Traditionsnutzung fußendes Bezugssystem [...], für das er durch die kalkulierte Wahl seines Namens die Voraussetzungen schuf".[123]

In dieses Konzept der ‚Alexandrinisierung' passte sicherlich, dass Katharina von Alexandrien als Schutzheilige der philosophischen Fakultät eine der vier Nebenpatrone der Universitätskirche ist.[124] Indes ging Alexander so weit, den Hauptpatron, den heiligen Ivo, durch den legendären Märtyrerpapst Alexander I. (107–116 n. Chr.) zu verdrängen. Nachdem er die Gebeine seines

---

118 Nach Ost 1967, S. 114 spielen die Sterne an der Kuppelschale sowohl auf die *astri* der Chigi als auch auf die Sonne der Barberini an.

119 Stalla 2000b, S. 470–471.

120 Entgegen der übrigen Forschung datiert Stalla den Beginn der Arbeiten bereits in das Jahr 1632 (Stalla 2000a, S. 34–35). Im Mittelpunkt des Programms hätten Galileis und Campanellas Sonnensymbolik gestanden. Infolge des Prozesses gegen Galilei seien die Arbeiten jedoch rasch zum Erliegen gekommen und erst 1643, nach dem Tod des Physikers (8. Januar 1642), wieder aufgenommen worden. Obwohl Urban Galileis Lehren insgeheim noch immer angehangen habe, sei der Grundriss offiziell uminterpretiert worden: Die geometrischen Figuren spielten nun nicht mehr auf das heliozentrische Weltbild, sondern auf die Trinität, die Göttliche Weisheit und den Salomonischen Tempel an (Stalla 2000a, S. 30–34). Soweit ich sehe, gibt es für diese These jedoch keine konkreten Belege.

121 Freundliche Mitteilung von Prof. Dr. Robert Stalla, Wien.

122 Wien, Albertina, Az. X 23; siehe auch Fagiolo 2000, S. 106 u. 109.

123 Stalla 2000a, S. 36.

124 Die Jurisprudenz wurde natürlich von Ivo vertreten, während Leo der Große für die Theologie, Lukas für die Kunst und Pantaleon für die Medizin standen.

namensgleichen Vorgängers in der Priscilla-Katakombe hatte aufspüren lassen, ließ er selbige nach *Sant'Ivo* translozieren und dort am Tag der Weihe (14. November 1660) in seiner Anwesenheit unter dem Altar beisetzen.[125]

4.4 Neuer Deutungsansatz: Der Innenraum von Sant'Ivo als ‚Emanations-' oder ‚Effusionsarchitektur'

Obwohl die vielschichtige Symbolik des Grundrisses und des Wanddekors höchst aufschlussreich ist, lässt sich die Bedeutung des Kirchenraums mit ihr allein noch nicht erfassen. Entscheidend ist die S y n t a x , mit der die verschiedenen Zeichen zueinander und zur Architektur in Beziehung treten. Nach Thürlemann gliedert sich das Innere in eine irdische Wand- und eine himmlische Kuppelzone.[126] Im Gegensatz zu anderen Bauten wie *Sant'Ignazio* oder *Sant'Andrea al Quirinale* kann diese Dichotomie aber nicht am Gegensatz verschiedener Gattungen (Architektur-Malerei) oder an der Verwendung unterschiedlicher Baustoffe (Marmor-Stuck) festgemacht werden, da Borromini – außer am Laternenscheitel – nur weißen Stuck verwendete. Selbst die Apostelfiguren waren aus diesem Material. Stattdessen arbeitete Borromini mit strukturellen Elementen. Nach Thürlemann werden Wand und Kuppel zum einen durch die schwarze Schattenlinie des Gebälks getrennt und dadurch als eigene Zonen ausgewiesen. Zum anderen könne die helle, durchfensterte Kuppel als Darstellung des „Himmelszeltes" verstanden werden, wohingegen die irdische Wandzone das körperliche Koordinatensystem des Menschen mehrfach abbilde und sich durch eine körperbezogene Raumgestaltung auszeichne.[127]

Für entscheidender halte ich jedoch einen anderen Aspekt. Gehen wir vom ursprünglichen Zustand aus, so ist es offensichtlich, dass Taube, Strahlen, Feuerzungen, Sterne und Apostel das Pfingstwunder nicht einfach nur abbilden soll(t)en. Nach Ost „wird der reale Raum" selbst „zum pfingstlichen Haus", so dass sich „die Ausgießung des Geistes […] im Hier und Jetzt wiederholt."[128] Dieser Meinung schloss sich auch Thürlemann an: In ihrer ursprünglichen Ausstattung „war die Kirche leicht als Abbild des Hauses zu erkennen, in dem sich das Pfingstwunder der Ausgießung des Heiligen Geistes abgespielt hatte, und als Ort, wo sich das Wunder im täglichen Gottesdienst wiederholen sollte."[129] Als unmittelbare Folge dieses Ereignisses geraten Ost zufolge selbst die Wände in Erregung und beginnen zu schwingen: „parietes ipsi gestire videbantur".[130]

Grundsätzlich ist der Hinweis auf die Perpetuierung des Pfingstgeschehens völlig berechtigt. Trotzdem möchte ich diese Interpretation relativieren: Die Kirche *Sant'Ivo* ist nicht bloß das Haus der Weisheit, in dem sich das Pfingstwunder immer wieder neu ereignet, vielmehr ist der Bau gerade durch die Wiederholung des Pfingstwunders eben erst entstanden bzw. ist im Begriff zu entstehen.

---

125 Buchowiecki/Kuhn-Forte 1967–1997, Bd. II, S. 240 u. Stalla 2000b, S. 471.
126 Thürlemann 1990, S. 165.
127 Thürlemann 1990, S. 164–165.
128 Ost 1967, S. 116–117.
129 Thürlemann 1990, S. 159. Siehe auch Ganz 2003, S. 113.
130 Die Passage ist einem Bericht des Grafen Girolamo Teti entnommen (Tetius 1642). Eines Tages speiste Urban VIII. im *Palazzo Barberini* inmitten eines schöngeistigen Zirkels unter einem von Andrea Sacchi 1629–1633 geschaffenen Fresko,

das die thronende ‚Divina Sapienza' zeigt. Als während des Mahls ein Bibeltext über die Göttliche Weisheit vorgetragen wurde, zeigten sich alle Anwesenden von dieser wunderbaren Koinzidenz tief berührt. Mit einem Male erkannten sie das ihnen bislang verborgene Wesen der Divina Sapienza, die Urban zu ihrem Prototypen erwählt hatte. Die allgemeine Verzückung war so groß, „dass sogar die Wände vor Freude zu tanzen schienen". Mit Recht weist Ost darauf hin, dass der von Teti beschriebene Vorgang einer Wiederholung des Pfingstfestes gleicht (Ost 1967, S. 124).

Die Deutung der Architektur als ein Haus der Weisheit in *statu nascendi* ergibt sich m. E. aus der Gestaltung von Wand und Kuppel, die gleichfalls neu bewertet werden muss. Anders als Ost sieht Thürlemann in der bewegten Wand nicht den Ausdruck freudiger Erregung, sondern „das ‚gefrorene' Resultat eines nach geometrischen Prinzipien geregelten Formungsprozesses". Ebenso sei die Kuppel „als Prozess der Transformation zwischen der komplexen Grundrisskonfiguration und dem Kreis der Laterne" aufzufassen. Sie werde als „Form", aber auch als „Prozess, der diese Form hervorbringt", wahrgenommen: „In absteigender Richtung erscheint sie als ‚Entfaltung des Einen-Einfachen (des Kreises) in die komplexe Vielfalt', in aufsteigender Richtung als Überführung der komplexen Vielfalt in das Eine-Einfache".[131]

Darüber hinaus manifestiere sich dieser „Prozess der Formdifferenzierung" in der Gliederung der Kuppel. So ergäben die Grate eine Art ‚Drahtgerüst', welches „das Gewölbe in sechs, aufgeblähten Zeltbahnen ähnliche Segmente unterteilt". Diese Grate erscheinen zunächst als autonome Formelemente. Jedoch werden sie zu „bloßen Begrenzungslinien", wenn sie – weiter absteigend – vom Betrachter „als Teil der doppelten Lisenen erkannt werden, die die gepaarten kannelierten Pilaster der Wandzone in der Kuppelzone vereinfacht wieder aufnehmen". In dieser doppelten Lektüre erscheinen die Grate also ambivalent: einerseits sind sie autonome Formelemente, andererseits bloße Flächenbegrenzungen.

Für ebenso eigentümlich hält es Thürlemann, dass die Lisenen, welche die Grate bedecken, beim Sternenkranz der Laterne „auseinandergezogen" und in entgegengesetzten Richtungen umgeknickt werden. Schließlich werde jede der beiden Lisenen – nach nochmaligem Umknicken – mit der anderen Lisene zu einer neuen vertikalen Doppeleinheit verknüpft.

„Diese Prozesse der Umgruppierung der Lisenenpaare und der Umdeutung ihrer Elemente spielen eine wichtige Rolle innerhalb der Darstellung der sich in der Kuppelschale abspielenden Formgenese: Sie erlauben es, sechs unabhängige Kuppelsegmente auszusondern und diese dabei als ein zirkulär geschlossenes Ganzes kettenartig miteinander verknüpft zu halten."[132]

Obwohl Thürlemann mit seinen – fraglos zutreffenden – Feststellungen einen Schritt über Osts Deutung hinausgeht, sind auch seine Analysen noch nicht erschöpfend. Die Metamorphose der Kuppel und die Ambivalenz der Lisenen beschränken sich nämlich nicht nur auf den Übergang vom Kreis zur vielfach geschwungenen Form und auf die Verklammerung der Gewölbesegel, vielmehr bezieht sie sich auch auf den Übergang eines graphischen Zeichensystems in die Tektonik der Architektur.

Im oberen Bereich der Kuppel laufen die Hauptlisenen, die über den Kantenpilastern die Grate bedecken, zu einem Ring zusammen, der seinerseits den Sternenkranz am Laternenfuß umschließt. Die kleineren Lisenen, welche die Fenster rahmen, sind hingegen unmittelbar mit Querstreben verbunden, über denen jeweils ein Seraph thront.

Liest man die Lisenen als rein graphische Strukturen, so erinnern sie an Lichtstrahlen, die von dem Sternenkranz am Laternenfuß und den Seraphim ausgehen. Zusammen mit den sie flankierenden Sternenbahnen bilden sie eine Gloriole, die vormals vom Heiligen Geist ausging, wenngleich dieser in einer höheren Zone schwebte. Wie in der Laterne die Strahlen mit Feuerzungen alternierten, wechseln sich in der Kuppel die Strahlen-Lisenen mit den Feuer-Sternen ab.

Die gesamte Kuppel ist also nichts anderes als eine in Architektur und architektonischen Dekor übertragene Emanation. Ihr Licht ist bei Borromini aber nicht nur in der bildlichen und graphischen Struktur der Sterne und Strahlen erfahrbar, sondern auch in der reine Lichthaltigkeit evozierenden weißen Farbe des Stucks[133] und im realen Licht, das durch die Fenster in der Laterne und am Kuppelfuß eindringt.

---

131 Thürlemann 1990, S. 169–170.
132 Thürlemann 1990, S. 171.
133 Schon bei Platon gilt Weiß als die Summe allen Lichts – ein Gedanke, der über den Neuplatonismus z. B. auch in das Werk Pietro da Cortonas Eingang fand (vgl. Cortona 1652).

Dieses reale Licht macht das in den Strahlen und Sternen ikonisierte Licht sinnlich erfahrbar. Es geht von der Geisttaube, aber auch von den Cherubim aus, die über den Fenstern platziert sind. Letzteres ist insofern kein Widerspruch, als man sich die Cherubim nicht als Spender, sondern nur als Mittler des vom Geist ausströmenden Lichts vorzustellen hat. Gemäß der Metaphysik des Pseudo-Dionysius Areopagita geben die verschiedenen Mitglieder der *hierarchia coelestis* das Feuer der göttlichen Erkenntnis stufenweise aus den Höhen des Himmels an die irdische Kirche weiter. Die Verringerung der Intensität, die mit der Weitergabe des göttlichen Feuers an immer niederere Wesenheiten zwangsläufig einhergeht, zeigt sich auch in der Abnahme der Helligkeit von oben nach unten (siehe hierzu ausführlich Kapitel D 4.1.3.3).

Zu Recht haben Ost und Thürlemann die Sternenbahnen von *Sant'Ivo* ikonographisch von den Strahlen der Erleuchtung abgeleitet, die in der Kuppel des *Markusdomes zu Venedig* vom apokalyptischen Lamm auf die Apostel niedergehen.[134] Ebenso sinnvoll scheint es mir aber, auch Borrominis Lisenen mit diesen Strahlen zu vergleichen, zumal die Lisenen – im Unterschied zu den Sternenbahnen – eine ähnlich lineare Struktur besitzen wie die Strahlen in *San Marco* und wie diese mit dem Epizentrum der Epiphanie unmittelbar verbunden sind.

Bemerkenswert ist nun, dass Borrominis Strahlen-Lisenen am Kuppelfuß Basen und Plinthen erhalten und damit zu genuin architektonischen Elementen werden. Als solche korrespondieren sie mit den unter ihnen stehenden Pilastern der Wandschale. Wie die Sternbahnen in den Aposteln, finden die Lisenen in der Substruktion der Pilasterordnung ihre ‚irdische' Entsprechung. Und wie die Apostel durch das göttliche Licht affiziert sind, haben die Pilaster etwas von der göttlichen Lichthaltigkeit bewahrt: Zum einen ist ihnen mit dem Stern der Weisheit ein Leuchtkörper (bzw. eine weitere Instanz der Lichtweitergabe) inkorporiert, zum anderen können die unterschiedlich breiten Kanneluren gleichfalls als eine zeichenhafte Abstraktion von Strahlenbündeln verstanden werden.

Liest man den Bau nun konsequent von oben nach unten, konkretisiert sich die Epiphanie schrittweise in der realen Architektur. Damit unterscheidet sich Borrominis Emanation grundsätzlich von Berninis zeitgleich entstandener *Cathedra Petri* (D 4.1.3.3). Zwar gibt der Heilige Geist in *Sankt Peter* sein mit Engeln durchsetztes Licht gleichfalls im Rahmen eines perpetuierten Pfingstwunders instanzenweise weiter, aber er selbst befindet sich außerhalb des Raumes oder zumindest an der Raumgrenze. Damit vollzieht sich in der *Cathedra* dasselbe „osmotische Bildwunder" wie in *Sant'Andrea al Quirinale*: Die Glorie dringt durch eine Wand- bzw. Gewölbeöffnung in das Innere einer bereits bestehenden Kirche bzw. löst Wand und Gewölbe durch seine Strahlkraft sogar auf.

Wenn man die Kuppel von *Sant'Andrea* freilich als eine **Emanations-** und **Effusionsarchitektur** deutet, durch die der Heilige Geist nicht diffundiert, sondern mittels derer er gemäß Jes 32,15 effundiert („donec effundatur super nos spiritus ex excelso"), so liegt der Vergleich mit *Sant'Ivo* sehr viel näher. Borromini dürfte seinen Rivalen Bernini also nicht nur bei der symbolischen Kodierung des Grundrisses und der Säulenordnungen inspiriert haben; sehr wahrscheinlich profitierte der Cavaliere auch bei der Konzeption seiner **Emanations-** und **Effusionsarchitektur** sowie bei der Planung der *Cathedra Petri* von Borrominis Einfallsreichtum. Über Borromini hinaus ergänzte er beide Werke jedoch noch um das Motiv des „osmotischen Bildwunders".

Ferner gibt es eine Invention, die der figürlichen Emanation der *Cathedra* ebenso wie Borrominis Architektur als Vorbild diente und die somit beide Werke verbindet. Wie Guilio Carlo Argan, Bruno Contardi und Georg Satzinger gezeigt haben, wollte Michelangelo im *Petersdom* zwischen der Kuppel und der Laterne ein horizontales Oberlichtgitter mit radialen Balken und drei konzentrischen Ringen aufhängen. Im Gegenlicht hätte dieses Gebilde die Lichterscheinung paraphrasiert, mit der sich in Dantes „Divina Commedia" die göttliche Trinität offenbart.[135] Da die Balken

---

134 Ost 1967, S. 117–118 u. Thürlemann 1990, S. 173.

135 Argan/Contardi 1990, S. 330–333; Satzinger 2005, S. 65.

der Konstruktion in Verlängerung der Kuppelrippen exakt über den Pilastern des Laternensockels gelegen hätten, wäre die Kuppel m. E. zudem als Ausfluss einer himmlischen Offenbarung und damit als eine völlig coelestische Architektur zu verstehen gewesen. Dass Bernini diesen Gedanken in der Gestaltung des Fensters über der Cathedra aufgriff, hat schon Filippo Baldinucci erkannt.[136] Und dass Borromini dieses Motiv in *Sant'Ivo* durch eine entsprechend semiotische Architektur aufgriff, ist auch offensichtlich.

Doch auch andere Werke nahmen den Gedanken einer Effusionsarchitektur vorweg. In dem Gewölbefresko, mit dem er das erste Langhausjoch in *San Sigismondo zu Cremona* schmückte, verlegte Giulio Campi das Pfingstereignis in eine Säulenrotunde. Die Feuerzungen, die vom Heiligen Geist ausgehen, bilden einen gewaltigen Nimbus, der, wie in der starken Untersicht deutlich wird, die offene Architektur gleichsam überkuppelt.[137]

Ein weiteres Beispiel ist das *Castrum doloris*, das Domenico Fontana 1591 zum Gedenken an den ein Jahr zuvor verstorbenen Sixtus V. in der Cappella Sistina von *Santa Maria Maggiore* errichtete.[138] Ein von christlichen Tugendpersonifikationen umstandener Ehren- und Tugendtempel wurde von einer Kuppel bekrönt, die über und über mit Kandelabern besetzt war, was sie – im Unterschied zum zylindrischen Unterbau – als eine himmlische Erscheinung auswies.

Wie verbreitet die Vorstellung war, der Heilige Geist habe eine Kirche gleichsam von oben nach unten erbaut, zeigt nicht zuletzt die *Schlosskirche in Meisenheim* (1479–1503). Im Chor gehen die zehn Rippen des zentralen Gewölbesterns von der Geisttaube aus, die von einem Flammenstern hinterfangen wird. Empfänger des himmlischen Feuers sind auch hier die Apostel, mit deren Büsten die Rippenenden besetzt sind.[139] Zugleich leiten die Apostelbüsten zu den Rippen des restlichen Gewölbes über.

Noch mehr als in Meisenheim oder im *Petersdom* ist die Architektur in *Sant'Ivo* in jeder Hinsicht weder der äußere Rahmen noch das Gehäuse einer Emanation, sondern allein deren materieller Ausfluss – ebenso wie die durch das Apostelkolleg repräsentierte Institution Kirche an Pfingsten den Heiligen Geist nicht empfangen hat, sondern durch ihn konstituiert wurde. Mit anderen Worten: Das Resultat der Ausgießung der Göttlichen Weisheit konkretisiert sich bei Borromini historisch in der Kirche, architektonisch in dem – die Kirche wiederum symbolisierenden – Sakralbau.

Wenn weiter oben die Rede davon war, dass die Pilasterordnung und die Kuppel auf Gianninis Querschnitt[140] den Eindruck erwecken, sie seien wie ein Baldachin über einen offenen Binnenraum gestülpt worden, so lässt sich dieser Eindruck jetzt präzisieren. Das Innere von *Sant'Ivo* erscheint wie ein Guss, der allerdings keineswegs erkaltet, geschweige denn „gefroren" (Thürlemann[141]) ist, weil der Vorgang der Emanation ja nicht abgeschlossen ist, sondern sich im Gegenteil ständig wiederholt.

Der Prozess der architektonischen Verstofflichung, in dem sich das Eindringen des Göttlichen Geistes ins Diesseits manifestiert, bringt es mit sich, dass – parallel zur Einbuße an Helligkeit – der Kreis als Zeichen göttlicher Vollkommenheit in ein Hexagon als eine zwar noch ideale, aber eben nicht mehr vollkommene geometrische Figur transformiert wird.

Borromini hat in *Sant'Ivo* den Satz SAPIENTIA AEDIFICAVIT SIBI DOMVM also ganz wörtlich genommen. Durch die Wiederholung des Pfingstereignisses erbaute sich die Göttliche Weisheit die römische Universitätskirche – ebenso wie sie nach der ursprünglichen Planung den siebensäuligen Altar samt Mensa gemäß dem Motto EXCIDIT COLVMNAS SEPTEM und PROPOSVIT MENSAM SVAM hätte errichten sollen. In beiden Fällen ist das „architektonische Gebilde" nicht die Hülle

275

---

136 Vgl. Satzinger 2005, S. 65.
137 Vgl. Benati 1997, Bd. 2.2, Il Cinquecento', S. 169–170.
138 Vgl. Cataneo 1591.
139 Freundlicher Hinweis von Prof. Dr. Johannes Tripps, Leipzig; vgl. Nussbaum 1985, S. 268–269.
140 Borromini/Giannini 1720, Tf. 8.
141 Thürlemann 1990, S. 164–165.

eines durch Symbole wiedergegebenen Geschehens und schon gar nicht der „Träger konventioneller Symbolzeichen", wie der Titel von Thürlemanns Aufsatz besagt.[142] Zwar bilden Stuckdekor und Bauplastik mit der Raumform eine „semiotische Einheit", doch „trägt" die Raumform nur unter technischen und nicht unter ikonographischen Gesichtspunkten. Ikonographisch ist sie vielmehr das unmittelbare Produkt des durch die Symbole evozierten metaphysischen Vorgangs, der noch anhält. Zumindest in der Kuppel hat Borromini also die tektonischen Gesetzmäßigkeiten in ihr Gegenteil verkehrt: Die architektonische Struktur ist nicht mehr das **primäre** raumschaffende Element, das die Bildzeichen als **sekundären** Dekor trägt; vielmehr errichtet die durch die Bildzeichen repräsentierte göttliche Weisheit als **primärer** Faktor die Licht-Architektur als ein **sekundäres** Gebilde.

Bei dieser Deutung kommt einem eine Stelle aus der ersten Pfingstpredigt Leos des Großen in den Sinn:

> „Denn der Geist der Wahrheit bewirkt selbst, dass das Haus seiner Herrlichkeit im Glanz seines Lichtes strahlt und er duldet nicht, dass in seinem Tempel irgendein Schatten noch irgendeine Lauigkeit ist."[143]

Das traditionelle Verständnis von Baukunst wird durch eine derartige **Emanations-** und **Effusionsarchitektur** radikal auf den Kopf gestellt. Vitruv, dessen klassische Architekturauffassung selbst für Borromini in vielfacher Hinsicht verbindlich war,[144] zählte die Standfestigkeit und die Dauerhaftigkeit (*firmitas*) zu den elementarsten Eigenschaften eines Gebäudes (siehe A 2.3).[145] Gerade diese Qualitäten werden in *Sant'Ivo*, wo alles im Fluss ist und sich noch nichts verfestigt hat, aber scheinbar vollkommen negiert. Dennoch ist dieser Bau auf der gedanklichen Metaebene dauerhafter als jeder andere – nicht nur, weil er göttlicher Provenienz ist, sondern auch, weil seine Errichtung so lange anhält, wie der Heilige Geist in der Kirche weilt: nämlich bis an das Ende aller Tage. Indem die Architektur ihrer stofflichen Festigkeit enthoben wird, erlangt sie eine geistige Festigkeit, die viel länger währt.

Das Konzept einer Architektur als eines rein geistigen Gebildes kann sich zum einen auf die traditionelle Vorstellung stützen, die Säulen des Salomonischen Tempels seien von Gott ordiniert.[146] Dementsprechend weisen in *Sant'Ivo* auch die kannelierten Pilasterschäfte und mit dem Stern der Weisheit gezierten Kapitelle den Bau als eine göttliche Schöpfung aus.

Darüber hinaus lässt sich der göttliche Ursprung der Architektur mit einer Stelle im Buch Judit plausibel machen. Gott, vor dem selbst „Felsen wie Wachs zerschmelzen", hat seinen Geist ausgesandt, um „den Bau" der Schöpfung zu vollenden (Jdt 16,14–15). Wenn der göttliche Geist beim Bau der Schöpfung Stein zum Schmelzen bringt, so kann er – zumindest im Umkehrschluss – sein Feuer auch dazu benutzen, um gebaute Materie entstehen zu lassen.

Ebenso harmoniert Borrominis Konzept mit der Pneumatologie des heiligen Augustinus. In einer Pfingstpredigt umschreibt der Kirchenvater die Wirkung des göttlichen „Feuers der Liebe", das die durch die babylonische Sprachverwirrung geteilte Menschheit wieder eint, mit dem Terminus *conflare*.[147] In einem Brief an den Bischof Bonifatius bedient sich der Kirchenvater dieses

---

142 Thürlemann 1990, S. 155.

143 Sermo LXXV, De Pentecoste I, in: PL 54, Sp. 402–403: „Ipse enim Spiritus veritatis facit domum gloriae suae luminis sui nitore fulgere, et in templo suo nec tenebrosum aliquid vult esse, nec tepidum".

144 Zum Vitruvianismus in Borrominis Architektur siehe Stalla 1999.

145 Vitruv (1991), VI 11 u. Palladio (1984), I 10, S. 36.

146 Für den Hinweis auf diesen u. a. von Leonhardt Christoph Sturm gebrauchten Topos danke ich Dr. Harmen Thies, Braunschweig.

147 Sermo CCLXXI, In die Pentecoste, in: PL 38, Sp. 1245–1246: „Wie nach der Sintflut die hochmütige Unfrömmigkeit der Menschen einen hohen Turm gegen den Herrn gebaut hat, so dass das Menschengeschlecht es verdiente, durch verschiedene Sprachen getrennt zu werden [Gen 9,1–9], so hat die demütige Frömmigkeit der Gläubigen

Kompositums erneut, um die reinigende Wirkung des Heiligen Geistes zu beschreiben.[148] Die Bedeutung von *conflare* reicht im Aktiv von „anfachen", „zusammenschmelzen" bis hin zu „etwas in einen Guss bringen", im Passiv von „sich wie aus einem Guss entwickeln" bis hin zu „bilden". Zugleich enthält es das Wort für „blasen" und „wehen" (*flare*). Mithin erfasst dieses Bedeutungsgefüge exakt das Wesen des Heiligen Geistes, wie es sich in der Kunst des 17. Jahrhunderts offenbart: im brennenden Feuer, das wie in Berninis Cathedra die Wand des *Petersdoms* durchschmilzt, im Brausen des Windes, der die Gewänder derer, in die er fährt, aufwühlt, und in einer Effusion, die das Haus der Göttlichen Weisheit bildet.

An anderer Stelle, im Kommentar des Galaterbriefs, setzt Augustinus die sieben Säulen des Hauses der Weisheit mit den sieben Gaben des Heiligen Geistes gleich: Weisheit, Einsicht, Rat, Tapferkeit, Erkenntnis, Frömmigkeit und Gottesfurcht.[149] Aus diesen Gaben besteht nach Augustinus auch die Kirche. Daraus lässt sich für Borrominis Konzept folgender Schluss ziehen: Wenn *Sant'Ivo* das Haus der Weisheit ist, wenn das Betreten dieses Hauses der Weisheit dem „Beginn aller Gottesfurcht" gleichkommt und wenn der Kirchenbau wie jede Kirche die gesamte *ecclesia* repräsentiert, so ist letztlich die gesamte Architektur als eine Gabe des Heiligen Geistes zu verstehen.

Unterstützt wird die Effusion des Heiligen Geistes bei Bernini wie bei Borromini durch die Seraphim und Cherubim, welche die Ausgießung des göttlichen Feuers und des göttlichen Wissens

---

die Verschiedenheit dieser Sprachen zur Einheit der Kirche verbunden. Und was die Zwietracht trennte, vereinte die Liebe. Die zerstreuten Teile des Menschengeschlechts wurden wie [die Glieder] eines Körpers zu Christus als ihrem Haupt hin zusammengeführt und durch das Feuer der Liebe in die Einheit des heiligen Körpers zusammengeschmolzen. Daher sind dieser Gabe des Heiligen Geistes jene besonders abgeneigt, die die Gnade des Friedens hassen, die nicht an der Gemeinschaft der Einheit festhalten wollen. (Sicut enim post diluvium superba impietas hominum turrim contra Dominum aedificavit excelsam, quando per linguas diversas dividi meruit genus humanum, ut unaquaeque gens lingua propria loqueretur, ne ab aliis intelligeretur [Gen. XI, 1–9]: sic humilis fidelium pietas earum linguarum diversitatem Ecclesiae contulit unitati; ut quod discordia dissipaverat, colligeret charitas, et humani generis tanquam unius corporis membra dispersa ad unum caput Christum compaginata redigerentur, et in sancti corporis unitatem dilectionis igne conflarentur. Ab hoc itaque dono Spiritus sancti prorsus alieni sunt, qui oderunt gratiam pacis, qui societatem non retinent unitatis.)"

148 Augustinus, Epistola XCVIII (an Bonifatius), cap. 5, in: PL 33, Sp 362: „Denn jener Heilige Geist, der in den Heiligen wohnt, aus denen jene eine silberne Taube durch das Feuer der Liebe gegossen wird, bedient sich bei dem, was er tut, auch jener, die bisweilen nicht einfach nur unwissend, sondern auch auf verdammenswerte Weise unwürdig sind. (Spiritus autem ille sanctus qui habitat in sanctis, ex quibus una illa columba deargentata charitatis igne conflatur, agit quod agit etiam per servitutem, aliquando non solum simpliciter ignorantium, verum etiam damnabiliter indignorum.).''

149 Augustinus, Expositio propositionum ex Epistola ad Galatas, cap. 13, in: PL 35, Sp. 2112–2113: „Paulus wusste nämlich, dass sich die Weisheit ein Haus gebaut hatte und dass sie nicht drei, sondern sieben Säulen errichtet hatte (Spr 9,1). Diese Zahl verweist entweder auf die Einheit der Kirchen [...]. Daher hat Johannes an sieben Kirchen geschrieben [Offb 1, 4], welche die Gesamtkirche repräsentieren. Noch mehr verweist die siebenfache Zahl der Säulen aber auf die siebenfache Tätigkeit des Heiligen Geistes, nämlich [die Gaben] der Weisheit und der Einsicht, des Rats und der Tapferkeit, der Erkenntnis und Frömmigkeit sowie der Gottesfurcht (Jes 9,2,3). Aus diesen Werken besteht das Haus des Gottessohnes, also die Kirche. (Noverat enim Paulus sapientiam aedificasse sibi domum, et non tres columnas constituisse, sed septem: qui numerus vel ad unitatem Ecclesiarum refertur. [...] Unde etiam Joannes ad septem scribit Ecclesias, quae utique universalis Ecclesiae personam gerunt; vel certe ad septenariam operationem Spiritus sancti magis refertur septenarius numerus columnarum, sapientiae et intellectus, consilii et fortitudinis, scientiae et pietatis, et timoris Dei, quibus operationibus domus Filii Dei, hoc est, Ecclesia continetur.)"

vermitteln und weiterleiten. In diesem Sinne bemerkt Pseudo-Dionysius Areopagita in seiner Schrift über die „Himmlische Hierarchie":

> „Und zwar bedeutet die Benennung Seraphim, wie die Kenner des Hebräischen sagen, entweder ‚Entflammer' oder ‚Erhitzer', die Benennung Cherubim ‚Fülle der Erkenntnis' oder ‚Ergießung des Wissens'. Sinnvollerweise wird nun die erste der himmlischen Hierarchien von den obersten Manifestationen des Seins in heiligem Dienst verwirklicht, denn diese hat ihre Stelle über allen anderen, weil sie unmittelbar um Gott steht und weil die zuerst wirksam gewordenen Offenbarungen Gottes und Vollkommenheitswirkungen auf sie als nächst anschließende in besonders ursprungsnaher Weise übergeleitet werden."[150]

Dass die hölzerne Geisttaube in Borrominis **Effusionsarchitektur** vermeintlich völlig frei schwebte und eine farbige Fassung besaß, erscheint nun gleichfalls stimmig. Beides verlieh ihr eine besondere Präsenz, was die Unmittelbarkeit des evozierten Pfingstgeschehens im Hier und Heute steigerte. Erinnert sei in diesem Zusammenhang auch an die in einigen Kirchen noch heute gängige Praxis, an Pfingsten eine hölzerne Taube an das Gewölbe zu hängen[151] oder sie nach der Epiklese, also der Anrufung des Heiligen Geistes im „Veni creator Spiritus", durch eine Deckenöffnung herabzulassen, um auf diese Weise die Epiphanie sinnfällig zu machen.[152] Im Dachstuhl des *Doms von Orvieto* hing einem Bericht aus dem Jahre 1710 zufolge sogar eine Gloriole aus musizierenden Engeln. Unter derselben standen die Figuren Marias und der Apostel. Während des Hochamts senkte sich nun aus der Gloriole die Taube des Heiligen Geistes hernieder und entzündete dabei ein Feuerwerk, dessen Funken als Symbole der Feuerzungen in das Kirchenschiff fielen.

Ich halte es für sehr wahrscheinlich, dass Borromini bei der Gestaltung seines Figurenapparates derartige ‚handelnde Bildwerke' vor Augen hatte, umso mehr, als das Pfingstwunder auch in anderen römischen Kirchen ‚inszeniert' wurde. Noch heute regnen im *Pantheon* nach der Pfingstmesse rote Rosenblüten auf die Besucher herab. Wie die Feuerfunken in Orvieto oder die feurigen Sterne in *Sant'Ivo* symbolisieren die herabfallenden Rosen die Flammen des Heiligen Geistes.[153] Und wie in *Sant'Ivo* fallen sie aus der Öffnung einer den Himmel symbolisierenden Kuppelschale herab. Und nicht zuletzt hatte Innozenz X. bei einer pyrotechnischen Inszenierung, die 1644 zu seinem Amtsantritt auf die *Piazza Navona* stattfand, das Erscheinen der Pamphilj-Taube mit einem Feuerregen verbunden. Als Anspielung auf die Geburt des Frieden bringenden Papstes flog eine Holztaube mit einem Olivenzweig im Schnabel aus einem Fenster des *Palazzo Pamphilj* auf eine Nachbildung der Arche zu. Als der Vogel, der gleichermaßen die von Noah ausgesandte Taube, den Papst und den Heiligen Geist verkörperte, das Schiff erreichte, explodierte er und die gesamte Installation ging in Flammen und Feuerwerk auf.[154]

Über die Vergegenwärtigung des Geschehens hinaus machte die hölzerne Taube in *Sant'Ivo* aber auch deutlich, dass der Heilige Geist als Erbauer der Kirche im Unterschied zu den übrigen Ausstattungselementen nicht Teil der Architektur sein kann.

Die Verkehrung des Verhältnisses von Architektur und Ausstattung ist m. E. mehr als nur eine fakultative Lesart. Wären die Strahlen-Lisenen ambivalente Gebilde, die man das eine Mal ganz als Lisenen, das andere Mal ganz als Strahlen deuten könnte, hätten wir tatsächlich die freie Wahl

---

150 Ps.-Dionysius Areopagita (1986a) VII 1.

151 Letzteres geht aus einer reformatorischen Polemik des Sebastian Franck hervor, der im 1534 erschienenen „Weltbuoch" [sic] im Kapitel „Von der rhömischen christen fest, feyer, tempel, alter [= Altären], begrebniß, besingniß und breüchen durch das gantz jar" berichtet: „Gleich darauff über neün tag ist der pfingsttag. Da henckt man eyn hültzin vogel oder tauben under das loch im gewelb. Das bedeüt den Heyligen Geyst, den aposteln Christi zů geschickt" (das gesamte Kapitel in: Franck 1534, S. 130v–136r); vgl. Jezler 2000, S. 218–219.

152 Siehe Tripps 2000, S. 208–209; weitere Beispiele ibid., S. 206–208.

153 Zu dieser schon für das Mittelalter mehrfach belegten Bedeutung siehe Tripps 2000, S. 207.

154 Zur gesamten Installation auf der *Piazza Navona* siehe Preimesberger 1996, S. 618–628.

zwischen einer bildhaften und einer architektonischen Sichtweise. Die Folge wäre ein Changieren zwischen zwei Realitäts- und Wahrnehmungsebenen. Indes drücken die Strahlen-Lisenen keine Ambivalenz, sondern eine Metamorphose aus, also einen Prozess der Transformation, bei dem das Bild in Architektur übergeht und Letztere folglich eindeutig nachgeordnet ist.

So eindeutig die Lektüre von oben nach unten für sich genommen ist, so wenig schließt sie andere Leserichtungen aus. Bei entgegengesetzter Betrachtung beispielsweise entmaterialisiert sich die Architektur schrittweise, indem sie von einem gebauten in einen lichthaften Zustand übergeht. Der sich von oben ergießenden göttlichen Offenbarung wird so ein Streben nach Vergeistigung entgegengesetzt. Dabei mündet das Licht der menschlichen Erkenntnis, das bereits in den Abakussternen aufleuchtet, in das Licht der göttlichen Weisheit.

Eine dritte Möglichkeit besteht darin, die Kuppel und die Wand – wie in *Sant'Andrea al Quirinale* – als eigenständige Zonen mit eigenen Leserichtungen wahrzunehmen. Erleichtert wird diese Lesart, wenn man die Pilasterordnung als Teil der unteren Architektur auffasst. Statthaft erscheint diese klare Trennung, da das Gebälk zur Kuppel hin eine klare Zäsur schafft – freilich weniger wegen seiner „schwarzen Schattenlinie"[155] (die nur auf der bei Thürlemann wiedergegebenen Photographie so deutlich in Erscheinung tritt), als vielmehr wegen seiner Höhe und der Tatsache, dass es unverkröpft durchläuft.

Die Wandzone steht nun in ihrer Gesamtheit für die Institution Kirche. Diese wird formal durch das geschlossene Architektursystem der Ordnung hypostasiert. Theologisch wird sie durch die Apostel repräsentiert (die man vielleicht sogar als Pendants der Pfeiler, welche die ‚Kirche' tragen, deuten kann – und dies wiederum durchaus in Analogie zu den Apostelfiguren von *San Giovanni in Laterano,* die – als Teil der Ummantelungen, mit denen Borromini die konstantinischen Säulen verstärkte – zumindest auf der gedanklichen Metaebene dazu beitragen, die Basilika zu festigen).

In *Sant'Ivo* erhebt sich das Gebäude der ‚apostolischen' Kirche seinerseits (von unten nach oben) über dem Grundriss des alten Salomonischen Tempels. Aber erst durch die (von oben einwirkende) Epiphanie des Heiligen Geistes wird die Kirche vervollständigt und damit zu einem Neuen Tempel der Weisheit. Dabei treten unter den Auspizien des Heiligen Geistes nicht nur die Apostel zu den Sternenbahnen und die Pilaster zu den Strahlen-Lisenen in Beziehung: Durch die pontifikalen Hoheitszeichen (*astri* und *monti* mit den drei Kronreifen der päpstlichen Tiara) konkretisiert sich die Kirche auch in der *Sancta Ecclesia Romana*. Dabei erweisen sich die Apostel, die in den Nischen stehen, als integrale Bestandteile der Architektur und mithin auch als *lapides vivi*. Letztlich setzt sich die Kirche also aus verschiedenen Elementen zusammen: aus dem Alten (Tempel Salomons) und dem Neuen Bund (Apostel), dem Papsttum (*astri, monti,* Tiara), dem in der Apostelgeschichte geschilderten Pfingstfest (Feuerzungen, Strahlen-Lisenen, Apostelfiguren) und der Gegenwart des Heiligen Geistes (Holztaube) bis an das Ende aller Tage.

Aber selbst wenn man die Ordnung, wie vorhin geschehen, mit der Kuppel zu einem nachträglich eingestellten Baldachin verbindet, kann man die Wand noch immer als eine eigene Zone deuten. Jetzt überlagert die Ordnung als Verlängerung der himmlischen Kuppelarchitektur die Wand entweder in der Gestalt von Pilastern oder durchbohrt sie von oben durch massive Pfeiler. In der zweiten Variante würden die Bögen der *coretti* also nicht zu Stürzen verformt, weil Borromini sie unter Dehnung der Korridore von der Seite unter das Gebälk zwängte, sondern weil sie durch die Auflast der sich von oben herabsenkenden Architektur nach unten gedrückt wurden.

Die verschiedenen Möglichkeiten, wie man die Verformung einzelner Bauglieder deuten kann, leitet zu einem weiteren Aspekt von Borrominis Architekturauffassung über: Im einen Fall erscheint die Baumasse als ein Werkstoff, den der Architekt wie ein Stuckateur oder Bildhauer modellieren, dehnen, komprimieren oder umbiegen kann. Diese Vorstellung liegt auch den vorhin

---

155 Thürlemann 1990, S. 164.

benutzten Bildern zugrunde, wonach der Umgang seine Außenhaut an die Exedra abgegeben hat oder die Korridore durch die Ostfassade gezogen wurden, wobei sie durch nachträgliche Kontraktion die sie arretierenden Giebel über den Balkonfenstern verformten.

Im anderen Fall ist es nicht Borromini, sondern der Heilige Geist, der als göttlicher Baumeister die Architektur (ver-)formt. Diese (Ver-)Formung kann auch das Ein- und Ausschwingen der Wände betreffen. In der eben beschriebenen dritten Lesart ist die Wand ein eigenständiges Gebilde, das durch seine Verschmelzung mit der himmlischen Architektur der Kuppel in Bewegung versetzt wird. Die Architektur ist nicht *per se* organisch, sondern zunächst genauso spröde und steif wie jede andere Architektur auch. Jedoch wird sie durch die Kraft des Heiligen Geistes genauso weich wie Wachs unter der Einwirkung der Sonne. Wenn der Geist Gottes verhärtete Herzen entflammt (oder Brot und Wein in den Leib und das Blut Christi verwandelt), so kann er auch tote Materie verlebendigen.

In ihrer Bewegung entspricht die Wand von *Sant'Ivo* also durchaus den ekstatisch verzückten Körpern der Apostel. Deutet man ihre Gliederung als Emanation göttlicher Licht-P f e i l e r, so wird sie von dieser himmlischen Architektur ebenso ‚durchdrungen' wie die Herzen der Apostel vom göttlichen Feuer. Sieht man in der Gliederung hingegen Licht-P i l a s t e r, so wird die Wand von selbigen ähnlich überzogen, wie die Kirchenväter in Berninis *Cathedra Petri* vom goldenen Licht des Heiligen Geistes übergossen werden. Jetzt offenbart sich in der Dynamisierung der barocken Sakralarchitektur nicht die gestalterische Kraft eines Bildhauer-Architekten, sondern die *enérgeia* eines Gottes, der in dem Bauwerk gegenwärtig ist und es entsprechend (um-)gestaltet. Vor diesem Hintergrund ist es durchaus vorstellbar, dass die Wandschale von *Sant'Ivo* durch das Kraftfeld der Kuppel, das der Heilige Geist über ihr aufgebaut hat, in Bewegung versetzt wird. Sofern man sie als die Hülle eines weiteren Hofes begreift, ist es sogar denkbar, dass die Wandschale durch die Kuppel gleichsam magnetisch angezogen und absorbiert wurde. Dabei wurde der Grundriss eines gewöhnlichen Hofes in die Form eines heiligen Symbols transformiert.

Wieder anders sieht es aus, wenn man nicht nur die Kuppel, sondern die ganze Kirche als eine Schöpfung des *Deus artifex* betrachtet. Die geschwungene Raumschale ist jetzt nicht das Ergebnis einer h o r i z o n t a l e n Bewegung, wie Ost und (in teilweisem Widerspruch zu sich selbst) Thürlemann sie postulieren.[156] Vielmehr ist der Verlauf der Wand das Resultat eines v e r t i k a l verlaufenden Transformationsprozesses und damit unmittelbarer Ausfluss der Emanation.

4.5 Das Äußere von Sant'Ivo als ‚Inspirationsarchitektur'

Mit der Ikonographie des Inneren steht die äußere Gestaltung der Kuppel in engem Zusammenhang. Wie schon gesagt, hielt Ost den gewundenen Aufsatz der Laterne für die Darstellung eines neuen, positiv umgedeuteten Babylonischen Turmes. Die durch die alte *turris Babel* hervorgerufene Sprachverwirrung sei durch Pfingsten und die Errichtung des „neuen Himmelsturmes" aufgehoben worden. Schließlich erkannte Ost in der Pamphiltaube auf der Turmspitze einen Hinweis darauf, dass das neue Weltreich Rom dem alten Weltreich Babylon entgegengestellt sei.[157]

Bei der Deutung des Aufsatzes als eines zweiten Babylonischen Turmes berief sich Ost auf die christliche Bildtradition, welche den ganzen Bau oder zumindest seine Spitze häufig als eine Spirale

---

156 Ost 1967, S. 124. Wie wir sahen (vgl. Anm. 131), deutet Thürlemann den Übergang von der einfachen Kreisform der Kuppel zur komplexen Vielfalt des Grundrisses gleichfalls als einen vertikal verlaufenden Transformationsprozess (Thürlemann 1990, S. 169–170). Den Verlauf der Wand führt er indes auf eine (horizontal verlaufende) Bewegung zurück (ibid., S. 165–167).

157 Ost 1967, S. 127–135.

mit Rampen gestaltet. Besonders evident ist die Übereinstimmung zu der Darstellung des Babylonischen Turmes auf einem Kupfer, den Philippe Galle nach Maarten van Heemskerck stach.[158] Des Weiteren gelang Ost der Nachweis, dass die typologischen Antithesen von babylonischer Sprachverwirrung und Pfingstwunder sowie von *turris Babel* und *turris ecclesiae* seit dem Mittelalter ikonologisches Allgemeingut waren. Theologisch, so wäre hinzuzufügen, waren sie es sogar schon seit den Kirchenvätern. Entsprechend hat Osts Deutung sich in der Forschung auch weitgehend durchgesetzt.

Wie Rice zeigen konnte, waren die typologische Zuordnung von babylonischer Sprachverwirrung und Pfingsten sowie von *turris Babel* und *turris ecclesiae/turris sapientiae* auch in den Pfingstpredigten, die im 17. Jahrhundert in Rom gehalten wurden, geläufige Topoi. Besonderes Interesse verdient in diesem Zusammenhang ein von Michele Natalis nach einer Zeichnung Gregorio de' Grassis gestochener Frontispiz. Der Stich ist einer Predigt vorangestellt, die am Pfingstsonntag des Jahres 1637 in der päpstlichen Kapelle des *Quirinalspalastes* gehalten und noch in demselben Jahr gedruckt wurde. Der Redner war Giovanni Franceso Aldobrandini, ein Verwandter des Kardinals Pietro Aldobrandini. Dieser gehörte zum engsten Beraterkreis Urbans VIII.,[159] was vielleicht erklärt, weshalb Giovanni Francesco seine Rede an so ehrenvoller Stelle halten durfte. Verfasst hatte den Text allerdings der am *Collegio Romano* lehrende Jesuit Alessandro Gottifredi.[160]

Auf dem Frontispiz schwebt auf einer Wolke die Personifikation der *clementia*, die nach Rice auf Clemens VIII. anspielt.[161] Sie blickt auf ein Spruchband, das ein Putto vor ihr entrollt und das den Titel der Predigt trägt: TVRRIS LINGVIS CONCORDIBVS FABRICATA. Weitere Putten lassen auf die teils lorbeerumwundenen Häupter dreier Waffenschmiede Feuerzungen herabregnen. Einer von ihnen stanzt auf Geheiß eines Kriegers auf einen Schild das Wappen des Pietro Aldobrandini. Der zweite meißelt auf einen Panzer weitere Feuerzungen. Links wird das Bild von einer Mauer begrenzt, an deren Zinnen bereits fertige Panzer, Schilde und Helme aufgehängt werden. Rechts im Hintergrund erhebt sich ein Turm, den der vom Himmel herabfahrende Gottvater mit einem Blitzbündel zerstört.

Die Widmung an Kardinal Aldobrandini[162] erläutert den Stich wie folgt:

„Du, erhabenster Fürst, hast gesehen, dass auf dem Titelblatt dieser Rede zwei Türme eingezeichnet sind. Der eine ist durch die Sprachverwirrung niedergeworfen worden, der andere erstreckt sich durch die Eintracht der Zungen *(concordia linguarum)* glücklich himmelwärts."[163]

Der Predigttext selbst gibt weitere Hinweise. Der neue Turm der Kirche ist nicht nur die Antwort des Neuen Testaments auf die *turris Babel.* Er gleicht auch dem befestigten Turm Davids („turris David aedificata cum propugnaculis"), an dessen Vormauern tausend Schilde und Waffen sowie die Zeugnisse erfochtener Siege als „novorum instrumenta bellorum" hängen.[164] Außerdem ist er das Haus, das sich die Weisheit erbaut hat.

„Wo ist die Weisheit wahrer und größer? [...] Diese Burg *(hanc arcem)* und dieses Haus hat sich die Weisheit selbst gebaut: hier hat sie sich einen Altar errichtet ..."[165]

---

158 Der Druck ist 21,3 x 26,8 cm groß. Ein Exemplar befindet sich in der Albertina zu Wien (Holl. 1, 12, f. 70); vgl. auch Stalla 2000b, Kat. Nr. XV.27.

159 Pastor 1926–1938, Bd. XII/2, S. 246 u. 261.

160 Rice 2000, S. 261.

161 Rice 2000, S. 262.

162 Rice 2000, S. 262 nennt als Adressaten „Cardinal Ippolito Aldobrandini", doch war dieser mit dem bereits verstorbenen Clemens VIII. identisch.

163 „Duas in huius orationis fronte lineatas Turres vidisti, EMINENTISSIME PRINCEPS, alteram confusione linguarum sermonum disiectam, alteram concordia linguarum ad Caelum feliciter tendentem" (zit. nach Rice 2000, S. 269, Anm. 19).

164 Aldobrandini 1637, S. 9: „Siquidem eam olim adumbravit Turris illa [...] David aedificata cum propugnaculis, e qua mille pendebant clypei, & omnis armatura fortium, non tam novorum instrumenta bellorum, quam partarum monumenta victoriarum" (zit. nach Rice 269, S. 269, Anm. 20).

165 Aldobrandini 1637, S. 10–11 : „Ubi verior, ac maior Sapientia? [...] Hanc arcem ac Domum sibi Sapientia edificavit: hic posuit mensam ..." (zit. nach Rice 2000, S. 269, Anm. 15).

Des Weiteren besteht der Turm aus den himmlischen Feuerzungen, die sich in ihm zu einer brennenden Pyramide verdichtet haben:

> „Das Wesen dieses Feuers ist es, dass es – nachdem es alle Dinge in eine, das heißt in seine Form zusammengefügt hat – selbst in derselben Gestalt einer leuchtenden Pyramide oder eines brennenden Turmes (*instar lucidae pyramidis, vel flammantis Turris*) in den Himmel aufragt und durch seine glänzende Masse (*splendida mole*) dem Turm der Kirche gleicht."[166]

Aus redenden Feuerzungen gebildet, ist dieser Turm für die Menschen ein besonderer Schutz und eine ideale geistige Orientierung:

> „Wo ist der Schutz glänzender? Diesen Turm hätten wir zu Recht als einen neuen und einen besseren Pharus bezeichnet. Aus ihm leuchten die feurigen Zungen, also nicht die stummen, sondern die beredten Gesichter hervor, um die Menschen, die über das dunkle Meer des Wellen schlagenden Lebens segeln, sowohl durch Feuer als auch durch die Stimme, also durch ein zweifaches Licht (*& igne, & voce, hoc est duplici luce*) in den himmlischen Hafen zu lenken."[167]

In ihrer turmhaften Erscheinung überragt die Kirche als die wahre Mutter schließlich auch die mit einer Turmkrone versehene Magna Mater der Heiden.

> „Wo ist schließlich die Majestät erhabener? Die Alten umgaben das Haupt derer, die sie zu Unrecht für die Mutter der Götter hielten, mit einer Krone, die aus Türmen zusammengesetzt war (*eius caput corona e turribus compacta*), um die mütterliche Majestät zu schmücken und zu befestigen. Wir aber verehren heute mit sehr viel mehr Berechtigung die Kirche als die wahrste Mutter der göttlichen Wesen [= der Heiligen], die nicht nur am Haupt, sondern am ganzen Körper mit Türmen versehen ist."[168]

Wie Rice zu Recht feststellt, lesen sich diese Textpassagen „like a compendium of modern interpretations of Borromini's spiral, for each of the images – the tower of Babel, the house of Wisdom, the lighthouse, the crown – has at one time or another been proposed as a source for Borromnini's invention". Noch bezeichnender sei, dass alle diese Topoi in einem einzigen Text kombiniert seien. Wie Aldobrandini seine Rede habe Borromini seine Architektur aus den verschiedenen Figuren zusammengefügt.[169]

Des Weiteren führt Rice eine Predigt an, die Giovanni Lucido Palombara am Donnerstag vor dem Pfingstfest des Jahres 1643 an der *Sapienza* hielt. Der von Carlo Cartaris (!) Sohn Antonio Stefano zusammen mit anderen Pfingstpredigten gesammelte Text stellt erneut den durch Eintracht errichteten *Torre di Chiesa Santa* dem durch die Sprachverwirrung zerstörten Babylonischen Turm entgegen.[170] Wie Rice nachweisen konnte, übernahm Palombara etliche Passagen aus Aldobrandinis Rede, so dass wir davon ausgehen können, dass selbige am *Collegio Sapienza* bekannt war.[171]

---

166 Aldobrandini 1637, S. 8: „Aptissime quoque linguas praebuit conflatas ex igne, cuius id ingenium est, ut rebus omnibus in unam, id est in suam formam compactis unius ipse instar lucidae pyramidis, vel flammantis Turris in Coelum assurgat, & splendida mole sacram Ecclesiae Turrim aemuletur" (zit. nach Rice 2000, S. 269, Anm. 14).

167 Aldobrandini 1637, S. 10: „Ubi Tutela splendidior? Hanc Turrim recte novam ac meliorem Pharum dixerimus, ex qua ardentes linguae, hoc est non mutae, sed eloquentes praelucent faces, ut per obscurum fluctuantis vitae mare navigantes homines & igne, & voce, hoc est duplici luce in coelestem portum dirigant" (zit. nach Rice 2000, S. 269, Anm. 16).

168 Aldobrandini 1637, S. 11: „Ubi denique Maiestas augustior? Quam Deorum Matrem falso veteres crediderunt eius caput corona e turribus compacta praecinxerunt: ut matronalem simul ornarent, ac munirent maiestatem. Nos autem quanto aequius Ecclesiam Parentem Divorum verissimam non solum capite, sed toto corpore Turritam hodie veneramur" (zit. nach Rice 2000, S. 269, Anm. 17).

169 Rice 2000, S. 261–262.

170 Vgl. Rice 2000, S. 264.

171 Rice 2000, S. 264–265.

Anhand der von Rice bearbeiteten Quellen wird der inhaltliche Bezug des Turm-Motivs zum Pfingstgeschehen des Innenraums noch ersichtlicher. Darüber hinaus lässt sich auch die architektonische Konzeption besser erfassen. Zunächst kann der emblematische und homiletische Charakter von Borrominis Architektur noch deutlicher herausgearbeitet werden, als dies in der Forschung ohnehin schon geschehen ist.[172] Das betrifft zunächst die höchst eigenwillige Form der mit Edelsteinen belegten und mit Perlreifen besetzten Spirale („con le gioe dilli corone"[173]), die vor dem Hintergrund von Aldobrandinis Rede als die Krone der Weisheit zu deuten ist (*eius caput corona e turribus compacta*). Darüber hinaus paraphrasiert die Spirale – in Analogie zu den mit Kronreifen besetzten *monti* in der inneren Kuppelschale – die Tiara.[174] Die Kirche wird also von der göttlichen und von der päpstlichen Weisheit bekrönt. Hinzu kommt als dritte Bekrönung der Lorbeerkranz, der als Symbol der Gelehrsamkeit auf der Turmspitze brennt.

Über dem brennenden Lorbeerkranz schweben als Teile eines schmiedeeisernen Aufsatzes der Globus, die Pamphilj-Taube, die im Schnabel einen Ölzweig hält, und ein Kreuz. Globus und Kreuz sind ebenfalls als Bestandteile der Tiara-Paraphrase zu lesen. Dagegen zitiert die Taube zusammen mit der Krone und dem brennenden Kranz mehrere Motive aus der Weisheitsemblematik des flämischen Jesuiten Charles Musart. Wie Marco Fagiolo zweifelsfrei nachgewiesen hat, diente Musarts 1633 in Wien erschienener Traktat „Adolescens academicus sub institutione Salomonis" Borromini bei der ikonologischen Chiffrierung des *Collegio della Sapienza* in vielfacher Hinsicht als Vorlage.[175] Dazu eignete sich das Werk vor allem aus zwei Gründen: Erstens verherrlichte Musart gleichfalls eine Universität, nämlich die Wiener Akademie, als eine Salomonische *Domus Sapientiae*. Zweitens charakterisierte er die Wiener Akademie als ein „santo ginnasio della sapienza", das heißt er bediente sich derselben Typologie, die schon Ligorio und della Porta dem römischen *Collegio della Sapienza* als einem „ginnasio all'antica" zugrunde gelegt hatten.

Zu Musarts Motiven, die Borromini an der Turmspitze von *Sant'Ivo* paraphrasierte, zählen das Gold, die Krone und die Juwelen, die nach Spr 8,10–11 weniger wiegen als die Weisheit, die Flammenkrone und der Ölzweig, die dem *Sapientiae Amor* als Attribute beigegeben sind, der brennende Dornbusch als Sinnbild der Offenbarung und der aus dem Feuer emporsteigende Phoenix als Symbol der unsterblichen göttlichen Weisheit (Letzterer wird durch die über der Flammenkrone aufsteigende Pamphilj-Taube vergegenwärtigt). Abgesehen davon kann die Verwendung des Phoenix – zumal im Kontext einer Spirale – noch auf eine andere Quelle zurückgehen, nämlich auf die Pfingstrede, die Donato Acciaola 1642, also kurz vor Baubeginn von *Sant'Ivo*, gehalten hatte. In ihr verglich Acciaola die neue christliche Republik, die in einem „spiraculum vitae" emporsteige, nachdem Urban VIII. die babylonische Sprachverwirrung beendet habe, nachdrücklich mit einem „Phoenix aus der Asche".[176]

Darüber hinaus glaube ich, dass das Turmkreuz eine erneute Anspielung auf das Pfingstgeschehen enthält. Es ist aus vier Herzen gebildet, an denen jeweils eine Pamphilj-Lilie hängt. Sehr wahrscheinlich paraphrasiert die Lilie die Flamme des göttlichen Feuers, das aus dem Herzen lodert. Bekanntlich steht das flammende Herz für die brennende Liebe Gottes zu den Menschen, aber auch der Menschen zu Gott.[177] Eben diese Liebe wurde an Pfingsten gestiftet, um die aus dem Babylonischen Turmbau hervorgegangene Zwietracht zu überwinden.[178] Mit anderen Worten: die Flammen des Heiligen Geistes entzündeten auch die Herzen der Menschen, um sie in Eintracht, in

---

172 Vgl. Fagiolo 2000, passim.
173 Zit. nach Stalla 2000b, Kat. Nr. XV.26, S. 486.
174 Dies haben auch schon Portoghesi 1967, Scott 1982 u. Fagiolo 2000, S. 108 so gesehen.
175 Fagiolo 2000, S. 105–106.
176 Zit. nach Stalla 2000b, Kat. Nr. XV.27, S. 487.
177 Sauser 1973, S. 283.

178 Vgl. zum Beispiel Augustinus, Sermo CCLXXI, Sp. 1245: „Sicut enim post diluvium superba impietas hominum turrim contra dominum aedificavit excelsam, quando per linguas diversas dividi meruit genus humanum, ut unaquaeque gens lingua propria loqueretur, ne ab aliis intelligeretur: sic humilis fidelium pietas earum linguarum

con-‚cordia' zusammenzuführen. In diesem Sinne symbolisieren die Pamphilj-Lilien am Laternenkreuz wie die Chigi-Sterne im Inneren die Feuerzungen des Heiligen Geistes.

Spenderin der Feuerzungen ist auch außen die Taube. Wie auf dem Obelisken des *Vierströme-Brunnens* ist sie Wappentier der Pamphilj und Symbol des Heiligen Geistes in einem[179] und wie in *Sant'Andrea al Quirinale* wird ein Familiensymbol mit dem Kirchenpatron gleichgesetzt. An *Sant'Ivo* wird die Assoziation mit dem Heiligen Geist dadurch bekräftigt, dass die *colomba Innocenziana* unter dem Gebälk der Laterne (dessen Fries wiederum mit den Lilien der Pamphilj besetzt ist), ein weiteres Mal vorkommt. Zusammen mit der Taube des Heiligen Geistes, die auf einem Medaillon über dem mittleren Tambourfenster von einem Strahlenkranz hinterfangen wird (und in der man gleichfalls eine heraldische Anspielung sehen darf), bilden die beiden ‚regulären' Pamphilj-Tauben eine ideographische Achse und geben sich damit als typologische Pendants der Geisttaube zu erkennen. Wie die Chigi-Sterne sich im Innern mit den Sternen der Weisheit abwechseln, tritt auch am Außenbau das Emblem des Bauherrn neben das Symbol des Patroziniums. Der von Urban VIII. mit der Assoziation von Barberini-Biene und *domus Sapientiae* provozierte gentilizische *concorso* wird also nahtlos fortgeführt.

271

Ferner zeigen Taube und Kreuz als Bekrönung der Turmspitze an, dass das aufwärts gerichtete Streben, das in der als (begehbare) Treppe gestalteten Kuppelhaube und in der (theoretisch gleichfalls begehbaren) Rampe der Laternenspitze als Äquivalenten der Himmelsleiter mehr als sinnfällig wird – dass dieses Streben nicht mehr frevelhaftem Hochmut, sondern der Liebe zu Gott entspringt und folglich nicht Gottgleichheit, sondern wahre Erkenntnis zum Ziel hat. An die Stelle von *superbia* sind *caritas* und *timor Domini* getreten.

Mit diesem Streben nach geistiger Transzendenz geht auf der imaginären Ebene die schrittweise Entmaterialisierung der Architektur einher. Der Tambour ist wie die Wand des Innenraums durch komposite Pilaster gegliedert, an deren Abakus der Stern der Weisheit inmitten eines Lorbeerkranzes strahlt. Dasselbe Zeichen findet sich auf den Tondi, die über den Seitenfenstern des Tambours das Gebälk überschneiden. Zwar kann man hier noch von einer irdischen Architektur sprechen, doch ist diese schon energetisch aufgeladen und verfügt über eine gewisse Leuchtkraft. Zugleich geht sie in eine himmlische Architektur über. Die Tambourzone ist nämlich noch mit zwei weiteren ‚Leuchtkörpern' besetzt, die eine eindeutig himmlische Provenienz besitzen: Auf dem Gewände des mittleren Fensters erscheint in einer Gloriole das apokalyptische Lamm, das nach der Geheimen Offenbarung die alleinige Leuchte des himmlischen Jerusalems ist:

> „Einen Tempel sah ich nicht in der Stadt. Denn der Herr, ihr Gott, der Herrscher über die ganze Schöpfung, ist ihr Tempel, er und das Lamm. Die Stadt braucht weder Sonne noch Mond, die ihr leuchten. Denn die Herrlichkeit Gottes erleuchtet sie, und ihre Leuchte ist das Lamm" (Offb 21,22–23).

Auf dem Tondo darüber schwebt wie gesagt die Taube des Heiligen Geistes in einem Lichtkranz. Ferner ist der ionische Eierstab des Kranzgesimses aus lauter kleinen Cherubsköpfen gebildet.

---

diversitatem Ecclesiae contulit unitati; ut quod discordia dissipaverat, colligeret charitas, et humani generis tanquam unius corporis membra dispersa ad unum caput Christum compaginata redigerentur, et in sancti corporis unitatem dilectionis igne conflarentur." Etwas freier übersetzt lautet die Passage: „Nach der Sintflut nämlich errichteten die Menschen in ihrer gottlosen Überheblichkeit einen Turm, der gegen Gott aufragte. Zur Strafe wurde die Menschheit durch die Sprachen geteilt, so dass ein jeder Stamm seine eigene Sprache sprach und er von den anderen nicht mehr verstanden wurde. Ebenso führte die demütige Frömmigkeit der Gläubigen diese Sprachen zur Einheit der Kirche zusammen, so dass die Liebe verband, was die Zwietracht geteilt hatte, die zerstreuten Glieder der Menschheit gleichwie die Glieder eines Körpers wieder zu Christus als ihrem Haupt zusammengefügt und durch das Feuer der Liebe zur Einheit d[ies]es heiligen Körpers verschmolzen wurden". Siehe auch Mennecke-Haustein 2002, S. 115.

179 Preimesberger 1974, S. 135–137.

Vergleicht man Borrominis Cherubsreigen mit Antonio Raggis Engeln, die in *Sant'Andrea al Quirinale* – nun freilich in rein figürlicher Form – das als Laternenfuß gestaltete Empyreum tragen, so kann man wohl davon ausgehen, dass das Kranzgesims von *Sant'Ivo* gleichfalls den Übergang zur himmlischen Architektur markiert.

In der Spirale hat der Bau sich dann endgültig seiner stofflichen Qualitäten entledigt. Auf der formalen Ebene folgen auf die tektonischen Strukturen emblematische Gebilde wie die Kandelaber, die im Umkreis der Spirale stehen, die Rampe und der brennende Kranz. Diese gehen wiederum in das zeichenhafte Lineament des (einst vergoldeten?) Aufsatzes über.

Auf der ikonologischen Ebene hypostasieren das Gold und die Edelsteine, indem sie erneut das himmlische Jerusalem evozieren (Offb 21,18–21), bereits ein göttliches Licht, das freilich erst in der Flammenkrone und den brennenden Herzen substanzlos wird. Besonders signifikant wird dieser Prozess der architektonischen ‚Vergeistigung' in den brennenden Kandelabern, welche die Säulen des Laternentambours ablösen und in denen man wohl auch Anspielungen auf die apokalyptischen Leuchter (Offb 1,12–13) sehen kann. Im Kuppelaufsatz haben sich also durch die Ankunft des Heiligen Geistes die Flammenzungen der Göttlichen Weisheit zu der bei Aldobrandini beschriebenen *lucida pyramidis vel turris flammans, [quae] splendida mole sacram Ecclesiae Turrim aemulatur,* verdichtet: TVRRIS LINGVIS CONCORDIBVS FABRICATA […] SANCTI SPIRITV ADVENTV. Borrominis Kuppel ist damit wirklich zu einem Leuchtturm geworden, auf dessen steinernem Unterbau ein Feuer brennt.

Da die den Turm erbauenden Feuerzungen vom Heiligen Geist ausgehen, ist es auch möglich, die Architektur von oben nach unten zu lesen. Wie Preimesberger glaubhaft machen konnte, ist die Pamphilj-Taube auf der *Piazza Navona* u. a. als Spenderin des Göttlichen Lichtes zu verstehen, das sich in dem Obelisken als einem *digitus solis* bzw. *digitus Dei* konkretisiert.[180] Auch an *Sant'Ivo* steigt die Taube eben nicht nur wie ein Phoenix auf, um die vier Herzen des Kreuzes zu entflammen, sondern gibt ihr Feuer auch nach unten weiter. Dieses entzündet den Lorbeerkranz, um dann in dem spiralförmigen Laternenaufsatz Substanz anzunehmen. Wie das imaginierte Gold und die Edelsteine andeuten, besitzt das Feuer in dieser dritten Instanz der Emanation noch immer Leucht- und Strahlkraft. Nach unten hin verfestigt sich die *turris Sapientiae* weiter, bis sie im Kuppeltambour zu regulärer Architektur geworden ist. Aber auch diese ist noch so sehr von der Kraft des Heiligen Geistes erfüllt, dass sie sich wie ein Zeltstoff aufbläht.

Wie es im Inneren möglich ist, den gesamten Raum oder auch nur die Kuppel (fakultativ samt Kolossalordnung) als eine göttliche Schöpfung zu deuten, so kann man am Außenbau die ganze Kuppel oder auch nur die Laterne als ein Werk des Heiligen Geistes begreifen. Einen Hinweis auf die Entmaterialisierung der Architektur geben die eben zitierten Passagen über das himmlische Jerusalem, in denen die Architektur des traditionellen Tempels durch das göttliche Licht des Lammes ersetzt wird und an die Stelle gewöhnlicher Stadtmauern Gebilde aus Edelsteinen treten. Zumindest im oberen Teil vollzieht sich eine Transsubstantiation von der gebauten Architektur zum göttlichen Licht. Auf jeden Fall treten die Kandelaber zu den Tamboursäulen in ein ähnliches Verhältnis wie im Innenraum die Strahlen-Lisenen zu den Kolossalpilastern. Und wie die Strahlen-Lisenen ist der Engelreigen halb Architektur, halb Teil der göttlichen Gloriole.

Eben diese Doppelnatur zeichnet auch Aldobrandinis Babylonischen Turm aus. Auf dem Frontispiz fährt Gott vom Himmel herab, um den Bau mit einem Blitz zu zerstören. Jedoch fällt der Turm nicht wie auf anderen Darstellungen in sich zusammen. Vielmehr gibt Natalis seinen laternenförmigen Aufsatz in einer nicht klar konturierten Parallelschraffur wieder, die eine völlig weiße Fläche umschließt. Der untere Teil des Turmes hat hingegen seine architektonische Gliederung bewahrt. Dort bezeichnet die Schraffur kein diffuses Gebilde mehr, sondern dient der plastischen Modellierung. Dieser Gegensatz erweckt den Eindruck, Gott habe den oberen Teil des Turmes

283

---

180 Preimesberger 1974, S. 109.

gewissermaßen atomisiert. Damit erscheint Natalis' *turris Babel* als das exakte Gegenstück zu Borrominis *domus sapientiae*. In beiden Fällen wird eine massive Architektur dank göttlichen Eingreifens von einem lichthaften Aufsatz überfangen, das eine Mal durch einen Akt der Zerstörung, das andere Mal durch einen Akt der Erbauung oder zumindest der Vervollständigung.

Deutet man indes die gesamte Kuppel von *Sant'Ivo* als einen Ausfluss der göttlichen Emanation, wird die bereits geäußerte Deutung, wonach der Raum hinter der Exedra erst nachträglich durch eine sich von oben nach unten aufbauende Lichtarchitektur überfangen wird, auch in der Außenansicht nachvollziehbar.

Von den verschiedenen Leserichtungen abgesehen, ist noch eine andere Besonderheit für Borrominis Konzeption von Belang: Eigentlich erbaut die Göttliche Weisheit ihr Haus nämlich nicht nur aus Licht, sondern auch aus Sprache. Schließlich bestehen die vom Heiligen Geist gesendeten Flammenzungen sowohl aus Feuer als auch aus den verschiedenen Sprachen. In diesem Sinne spricht Aldobrandini von einer *turris linguis concordibus fabricata* und bemüht das Bild von einem Leuchtturm, der die Menschen optisch und akustisch, also *& igne & voce, hoc est duplici luce*, zum himmlischen Hafen führt. Ebenso weist der emblematische Charakter von Borrominis Architektur auf eine enge Verbindung von Wort und visueller Erscheinung hin. Entsprechend stellt Fagiolo fest:

> „Borromini greift nicht auf Personifizierungen, sondern auf Konzepte zurück, nicht auf Figuren, sondern auf Worte – für ihn steht fest: ‚Am Anfang war das Wort'."[181]

Diese Beobachtung lässt sich indes nicht nur auf die Intellektualität von Borrominis Symbolarchitektur beziehen, sondern offensichtlich auch auf die Vorstellung, dass das göttliche Wort bei seiner Selbstoffenbarung zu Materie wird, sei es im Fleisch des Erlösers, sei es im Stein der Architektur.

Mithin haben wir es mit einer weiteren Variante von *architecture parlante* zu tun. In *Sant'Andrea al Quirinale* besaß die Architektur eine sprechende Symbolik, die darüber hinaus ein Schriftzeichen bedeutete. In *Sant'Ivo* gibt sie außerdem vor, aus dem Medium der Sprache bzw. vieler Sprachen geschaffen zu sein. Als zu Stein gewordene göttliche Offenbarung richtet sie ihre Rede unmittelbar an den Betrachter.

Diese symbolische Versprachlichung evoziert am Außenbau einen ganz besonderen Aspekt der Emanation: die Inspiration. Anders als im Innenraum steht hier nicht das großartige Schauspiel der sich offenbarenden Göttlichen Weisheit im Mittelpunkt, sondern die Auswirkungen dieser Offenbarung auf jene, die von ihr in ihrem Streben nach göttlicher Erkenntnis durchdrungen werden. Besonders gilt dies für all jene, die am *Collegio della Sapienza* tätig sind. Mit anderen Worten: Die Emanation wirkt sich an der *Sapienza* in einem von Gott inspirierten kirchlichen Lehrbetrieb aus. Dieses Wechselverhältnis von Inspiration und Lehre, bei dem der gebaute Raum das Bindeglied darstellt, soll im folgenden Kapitel untersucht werden.

4.6 Die Emanationsarchitektur der Chigi und die Inspirationsarchitektur der Pamphilj als Gegenentwurf zur gentilizischen Ruhmesarchitektur der Barberini

Die in den vorigen Kapiteln vorgenommene Deutung des Innenraums wie der äußeren Erscheinung von *Sant'Ivo* führt uns zum in Kapitel D 4.1 erörterten Aspekt des *possesso* zurück. Schon Raspe hat darauf hingewiesen, dass Borromini in einem frühen, von Giannini gleichfalls publizierten Entwurf[182] eine fliegende Barberini-Biene im Zentrum des Kuppeldekors platziert habe. Nach Raspe sind die sechs Beine des Insekts so angeordnet, dass die Kuppelrippen und damit die Archi-

---

181 Fagiolo 2000, S. 101.   182 Borromini/Giannini 1720, Tf. 10.

tektur insgesamt als deren Verlängerung erscheinen.¹⁸³ Darüber hinaus erscheint mir bemerkenswert, dass schon in diesem Stadium der Planung die Öffnung am Laternenfuß von einem Sternenkranz umgeben ist. Immerhin war in dieser Planungsphase der Planung eine Darstellung des Pfingstwunders noch nicht vorgesehen.

Das Motiv des Sternenkranzes am Laternenfuß ist fraglos – wie auch die Sternenbahnen, die im ausgeführten Bau zusätzlich entlang der Gewölberippen verlaufen – durch die Kuppel des *Petersdoms* inspiriert. Wie ich an anderer Stelle gezeigt habe,¹⁸⁴ ist der Sternenkranz in *Sankt Peter* ein *aeternitas*-Symbol, das auf die Erhebung des Apostelfürsten *ad astra* anspielt (vgl. C 4.6).

284, 286
28, 29

Die Verbindung von *glorificatio*, Sternenkranz und päpstlichen Insignien begegnet uns auch in dem Fresko, mit dem Pietro da Cortona den Großen Saal des *Palazzo Barberini* ausstattete. Wie ich in Kapitel D 6.3.3 näher ausführen werde, deute ich das Fresko so, dass es Cortona weniger um die Vitalisierung des Barberini-Wappens ging. Vielmehr werden die Bienen Urbans VIII. bei ihrer Apotheose mit Lorbeerzweigen und den päpstlichen Insignien geehrt, wobei dann das Papstwappen entsteht. Darüber hinaus werden die Bienen mit einem Sternenkranz ausgezeichnet, den die Personifikation der Immortalitas gerade auf Geheiß der Göttlichen Vorsehung herbeischafft. Die Botschaft dieses *concetto* ist eindeutig: Dank der unsterblichen Verdienste der *casa Barberini* wird deren prominentestes Mitglied Maffeo mit der Erhebung zum Papst belohnt. Wie das Papstwappen wird der Barberini-Pontifikat im Himmel gestiftet.

Vor diesem ikonographischen Hintergrund stellt auch die Biene in Borrominis Entwurf nicht einfach nur die *apis volans*¹⁸⁵ dar. Vielmehr scheint sie zu den Sternen emporzufliegen, um dort ihre Unsterblichkeit zu erlangen – nun freilich nicht auf Geheiß der *Divina Providentia*, sondern der *Divina Sapientia*. Darüber hinaus kann die Biene Vergil zufolge nicht sterben, weil sie vom göttlichen Weltgeist erfüllt ist. Stattdessen fliegt sie lebend zu den Sternen auf.¹⁸⁶ Selbstverständlich bezog Urban diese Apotheose auf sich selbst. Denn dem mythischen Ahnherrn der Barberini, dem Helden Äneas, war prophezeit worden, seine Nachfolger würden zu den Sternen aufsteigen und die Weltherrschaft erlangen: „Idem venturos tollemus in astra nepotes / imperiumque urbi dabimus."¹⁸⁷

Trifft der hier unterbreitete Deutungsvorschlag zu, so plante Urban VIII. *Sant'Ivo* letztlich auch als eine gentilizisch kodierte Ruhmesrotunde, die Schauplatz seiner eigenen *glorificatio* sein sollte. Dieses Konzept wurde nun durch Innozenz X. konterkariert, indem der Sternenkranz zum Ausgangspunkt eines pfingstlichen Feuerregens wurde, der nun von der Taube des Heiligen Geistes ausging. Diese erinnerte ihrerseits an die *columba Pamphiliana*. Unter Alexander VII. wurde die Taube dann gentilizisch neutralisiert. Im Gegenzug wurde der Sternenregen mit dem Chigi-Wappen assoziiert.

276

Darüber hinaus änderte sich die Bewegungsrichtung des Bildprogramms. An die Stelle der in den Himmel aufsteigenden Biene traten die vom Himmel herabschwebende Taube und die herabfallenden Sterne. Zugleich wurde die Vorstellung einer individuellen Apotheose durch das Motiv der göttlichen Emanation ersetzt, wurde aus dem gentilizischen Ruhmestempel der Ausfluss einer himmlischen Architektur. Wie auch mit der Ausstattung von Sankt Peter (siehe Kapitel D 6.4.2) dürfte vor allem Alexander VII. mit diesem Konzeptwechsel ein besonderes Ziel verfolgt haben: die Ansprüche seines Vorgängers Urban als anmaßend zu entlarven.

---

183 Raspe 1994, S. 101.
184 Stephan 2007a, S. 87 u. 2009, S. 180–182.
185 Die zeitgenössischen Quellen sind bei Raspe 1996, S. 101 u. S. 169, Anm. 164 zitiert.

186 Vergil, Georgica IV 229–227, v. a. 226–227.
187 Vergil, Äneis III 158–159.

4.7 Der von göttlicher Inspiration durchdrungene Raum

Wie die bisherigen Überlegungen ergeben haben, stellt die Kirche *Sant'Ivo* den eher seltenen Fall dar, dass Innen und Außen in ihrer emblematischen Konzeption eine vollkommene Einheit bilden. Insofern erscheint es völlig schlüssig, dass Giannini von der Kirche einen perspektivischen Schnitt anfertigte und dabei Grund- und Aufriss des Innern mit dem Raumvolumen und darüber hinaus mit dem Umriss des Außenbaus in Beziehung setzte.[188]

275

Angesichts einer so engen, die Grenzen zwischen Außen und Innen überwindenden Verschränkung von Architektur und Ikonographie stellt sich die Frage, in welchem gedanklichen Verhältnis die Kirche *Sant'Ivo* zu dem *Collegio* mit seinem Hof und seinen Loggien steht und inwiefern die zu Beginn dieses Kapitels aufgezeigten räumlichen Bezüge auch eine gedankliche Verbindung evozieren.

267, 268 Zunächst fügt sich die Kombination von Heiligtum, Vorhof und Palast natürlich in das Konzept eines zweiten Salomonischen Tempels. Besonders deutlich wird der Bezug zu diesem Vorbild durch die Gestaltung der Hofarchitektur als ein *ginnasio della Sapienza,* das bei Musart integraler Bestandteil der salomonischen *domus sapientiae* ist. Über die Zitierung typologischer Vorbilder hinaus drückt die Verschränkung von Kirche, Palast und Hof m. E. aber auch die enge Wechselbeziehung zwischen der Lehrtätigkeit an der *Sapienza* und dem Walten der *Divina Sapientia* aus. Im Auftrag des Papsttums strebte der Lehrbetrieb nach göttlicher Weisheit und fand zugleich unter deren Schutz statt. Dabei verfolgte er zwei konkrete Ziele: die Kirche im Kampf gegen den Protestantismus zu stärken und die innere Eintracht der Kirche zu fördern. In diesem doppelten Anliegen untermauerte der Lehrbetrieb den im Bildprogramm von *Sant'Ivo* vorgetragenen Anspruch, Rom sei, anders als von Luther behauptet, nicht das zweite Babylon, sondern dessen Gegenentwurf.

Besonders eng wurde das Verhältnis von Bausymbolik und Lehrbetrieb unter Alexander VII. Zunächst wurden die kontroverstheologisch relevanten Motive der *turris ecclesiae* und des Pfingstereignisses um das Bild von Rom als einem zweiten Alexandria bereichert. Signifikant war in diesem Zusammenhang die Errichtung der *Biblioteca Alessandrina* an der Ostseite des nördlichen Palastflügels,[189] die durch den Ankauf mehrerer auswärtiger Bibliotheken und Büchersammlungen möglich geworden war.[190] Dass diese Büchersammlung auf die berühmte Bibliothek von Alexandria anspielte, liegt auf der Hand.[191] In der von ihm eingerichteten Bibliothek war es Alexander auch möglich, wovor er im Innern von *Sant'Ivo* noch zurückgeschreckt war: an der Decke den Chigi-Stern als alleinigen Spender der göttlichen Weisheit zu etablieren.

Nicht zuletzt halte ich es für wahrscheinlich, dass die Licht- und Spracharchitektur von *Sant'Ivo* wie die *turris ecclesiae* in Aldobrandinis Rede einen zweiten Pharus hypostasierte und damit abermals auf ein weltberühmtes Monument des antiken Alexandria anspiele, zumal dieses bei Heemskerck gleichfalls abgebildet war. Heemskercks Leuchtturm ist ebenfalls spindelförmig und wie die Laterne von Sant'Ivo brennt auf seiner Spitze ein Feuer. In diesem Zusammenhang verdient vielleicht das Wellen- oder Schlaufenband an der Balustrade, welche die Ostseite der *Sapienza* bekrönt, Beachtung. Raspe deutet es als Anspielung auf das Wappen Bonifaz VIII., des Gründers der *Sapienza*.[192] Fagiolo sieht in ihm eine Anspielung auf die in der Heraldik oft ähnlich gewundene Schlange, die er in diesem Kontext als Symbol der Prudentia deutet.[193] Tatsächlich tritt die Schlange in dieser Bedeutung an der Ostseite der *Sapienza* in Erscheinung, und zwar an den Reliefplatten unterhalb der Balkone, wo sie ihr eigenes Spiegelbild betrachtet. Da der Leib der Schlangen nicht unduliert, stellt sich aber die Frage, ob zwischen dem Attributstier der Klugheit und dem Wellen-

280

---

188 Borromini/Giannini 1720, Tf. 8 u. 9.
189 Zur Baugeschichte siehe Rangoni 1989, S. 87–97.
190 Pastor 1926–1938, Bd. XIV/1, S. 496–497.
191 Umso erstaunlicher ist es, dass dieser doch so offenkundige Bezug erst von Stalla 1992, S. 121 erkannt wurde.
192 Raspe 2000, S. 92.
193 Fagiolo 2000, S. 110–111.

fries wirklich ein Zusammenhang besteht oder ob Letzterer nicht doch eine maritime Bedeutung besitzt. Fagiolo selbst weist auf eine zeitgenössische mythologische Darstellung hin, in der Meereswellen zu vergleichbaren mäandrierenden Gebilden stilisiert worden sind.[194] Immerhin würde der Wellenfries als Evokation des Meeres unmittelbar unterhalb der Kuppel deren Bedeutung als eines zweiten *Pharus Alexandrinus* hervorheben.

Parallel zur Alexandrinisierung verlief die gentilizische Vereinnahmung des gesamten Komplexes. Außer an der Kuppel hatte sich Innozenz X. – wie schon mehrere seiner Vorgänger – an den Palastflügeln verewigt. Entsprechend finden sich in den Okuli der Attikazone und auf den Fensterstürzen des dritten Geschosses der Drache Gregors XIII., der Löwe, der (zweireihige) Berg und der Stern Sixtus' V., der Adler und der Drache Pauls V., die Bienen Urbans VIII. und die Pamphilj-Taube. In den während seines Pontifikats vollendeten Abschnitten des Palastes fügte Alexander nun das Eichenlaub sowie die *monti* und *astri* der Chigi hinzu. Eine weitere ‚alexandrinische' Konnotation erlangte die *Sapienza* durch die Tatsache, dass sie genau an der Stelle stand, an der vormals ein weiterer ‚Vorgänger' des Papstes, nämlich Kaiser Alexander Severus,[195] seine Thermen errichtet hatte.[196]

267

Weit bedeutsamer als die allegorische Neukodierung war indes Alexanders Universitätsreform. Mit ihr sorgte der Papst endgültig dafür, dass die *Sapienza* zu einem „neu-mittelalterlichen Turm der Weisheit" (Fagiolo)[197] und damit zu einem Hort innerkirchlicher Geschlossenheit wurde. Dies zeigt nicht zuletzt die Inschrift über der Kirchenfassade, mit der sich die *Avvocati Consistoriali*, die unter Urban VIII. ihren Einfluss weitgehend verloren hatten, als dankbare Empfänger der päpstlichen Stiftungen hervortaten.[198]

Außerdem baute Alexander die *Sapienza*, um abermals mit Fagiolo zu sprechen, zu einer „Festung der christlichen Lehre gegen die Experimente des neuen Wissens" (Fagiolo) aus.[199] Als Bollwerk der katholischen Orthodoxie gegen den Protestantismus und den Jansenismus[200] wurde die *Sapienza* dem von Aldobrandini gewählten Bild gerecht, wonach sich die Weisheit nicht nur ein Haus, sondern auch eine Burg gebaut hatte: „Hanc arcem ac Domum sibi Sapientia [a]edificavit".

vgl. 269

Zu den wichtigsten *novorum instrumenta bellorum*, mit denen dieses neue *propugnaculum* der *turris ecclesiae* ausgestattet worden war, gehörten die von Alexander gestiftete Bibliothek[201] und die von ihm eingerichteten sechs Lehrstühle. Vier Professuren waren der Rechtsgelehrsamkeit gewidmet, also jener Fakultät, deren Patron der heilige Ivo war. Die beiden anderen bestimmte der Papst für die Kontroverstheologie und – damals ein Novum – für die Kirchengeschichte.[202] An die Stelle der Naturwissenschaften waren also theologische Hilfsdisziplinen getreten, die dazu beitragen, gerade in der Auseinandersetzung mit den Protestanten sowohl die Orthodoxie als auch die historische Kontinuität der römischen Kirche zu beweisen.

Nicht weniger elementar war für den neuen Lehrbetrieb die Pflege der Vielsprachigkeit. Wie Rice gezeigt hat, besaß die polyglotte Ausbildung innerhalb der Forschung und Lehre einen sehr hohen Stellenwert, sowohl im Rahmen des Unterrichts als auch im Sammeln und Entziffern verschiedenster Texte. Rice weist in diesem Zusammenhang u. a. auf Athanasius Kirchers Museum hin,

---

194 Bei dieser Darstellung handelt es sich um die 1622 in Rom erschienenen „Rosa Veralla" des Marco Tondi (Fagiolo 2000, Abb. 12).
195 Siehe hierzu Krautheimer 1985, S. 10.
196 Vgl. Stalla 2000a, S. 36.
197 Fagiolo 2000, S. 106.
198 Siehe Anm. 64. Dass das Wort *aedes* in diesem Kontext auch „Bienenkorb" bedeutet und damit die Metaphorik Urbans VIII. aufgreift, wie Ost 1967, S. 122 annimmt, ist angesichts der von Alexander praktizierten Strategie des gentilizischen *possesso* ausgeschlossen.

199 Fagiolo 2000, S. 106.
200 Zu der Auseinandersetzung, die Alexander VII. als Nuntius in Deutschland und später als Papst mit dem Jansenismus führte, siehe Albert 1988, passim.
201 Zur Rolle der Bibliothek in Alexanders Kulturpolitik siehe Krautheimer 1988, S. 375.
202 Zum Selbstverständnis Alexanders als eigentlichen Gründers der *Sapienza* siehe Pastor 1926–1938, Bd. XIV/1, S. 496–498.

das neben chinesischen Schriftrollen, ägyptischen Hieroglyphen und etruskische Tafeln zahlreiche andere alte und moderne Schriften enthielt.[203] Die Wichtigkeit dieser polyglotten Ausbildung, die auch eine elementare Voraussetzung für die Missionstätigkeit war, hebt Palombara hervor:

„Wie die Heilige Kirche die Mutter aller Nationen sein muss, so muss sie in all ihren Sprachen reden."[204]

Bezeichnenderweise schloss sich Palombaras Predigt eine Lobpreisung des Heiligen Geistes in den verschiedensten toten und lebendigen Sprachen an, „unter anderem in Hebräisch, Arabisch, Syrisch, Chaldäisch, Magarisch [= Ungarisch?], Isrlonitisch [?], Ägyptisch, Ruthenisch, Slawisch, Polnisch, Litauisch, Armenisch, Türkisch, Griechisch, Französisch, Spanisch, Portugiesisch und Oskisch".[205]

Durch sein Lehrangebot schuf das *Collegio* die Grundlagen für die polyglotte Ausbildung des Klerus und arbeitete damit dem Heiligen Geist regelrecht zu. Schließlich war das Ideal des *homo sanctus* und *sapiens* sowie des *doctor et sacerdos*[206] für die Sprachgelehrsamkeit von besonderer Bedeutung. Denn nur durch die Verbindung von Priestertum und Gelehrsamkeit konnte die göttliche Wahrheit allen Völkern zugänglich gemacht werden, konnten die verschiedenen Nationen in kirchlicher Einheit verbunden werden. Wie die Kirche aus dem Pfingstwunder hervorging, wurde ihre Einheit durch die an der *Sapienza* gelehrte Sprachkompetenz gewahrt.

Diese Einheit hatte eine geographische und eine historische Dimension, weshalb das Erlernen der in den Missionsgebieten gesprochenen Sprache ebenso wichtig war wie die Kenntnis des Lateinischen, Griechischen, Hebräischen, Chaldäischen, Oskischen, Ägyptischen und anderer *linguae vernaculae*. Mithin galt die Polyglottie als eine wesentliche Voraussetzung für die Katholizität, was wiederum bedeutete, dass die durch das brennende Herz oder den Turm der Weisheit evozierten *linguae concordes* das Gegenbild zur theologischen und sprachlichen *confusio* des in einzelne National- und Landeskirchen zerfallenden Protestantismus zeichneten.

Das *Collegio della Sapienza* bildet also nicht nur das räumliche, sondern auch das geistige Umfeld von *Sant'Ivo*. Wie im *Collegio* die Lehre steht in *Sant'Ivo* die von Menschen geschaffene Architektur unter den Auspizien der Göttlichen Weisheit und des Papsttums. Und wie der Heilige Geist die an der Universität gesammelte Erkenntnis vervollkommnet und durch Erleuchtung krönt, so komplettiert und erhöht er die menschliche Baukunst. Wie er Geist und Herz der Lehrenden und Lernenden erfüllt und belebt, so durchdringt und bewegt er das ganze Gebäude. Und wie alles Ausfluss seiner Weisheit ist, so ist auch der Kirchenbau sein Werk.

Letztlich offenbaren sich in *Sant'Ivo* also nur die Resultate der am *Collegio* betriebenen Studien. (In diesem Sinne weisen auch die Lorbeerkränze auf der Laterne, an den Kapitellen und in der Kuppelschale auf die Anerkennung der wissenschaftlichen Studien durch den Himmel hin.)

Damit wird der Kirchenbau zur Schnittstelle von irdischer Gelehrsamkeit und menschlichem Erkenntnisstreben auf der einen und von göttlicher Offenbarung auf der anderen Seite. Besondere Bedeutung erlangt dabei die Altarinschrift INITIVM SAPIENTIAE TIMOR DOMINI, die auch über dem Eingang am *Corso del Rinascimento* steht. Dank der Polysemie der Wörter *initium* und *sapientia* ist dieser Spruch nicht nur so zu übersetzen, dass die Gottesfurcht aller Weisheit Anfang ist, sondern auch so, dass der Zutritt zum *Collegio della Sapienza* die Gottesfurcht voraussetzt bzw. die Gottesfurcht das entscheidende Kriterium ist, um zum Studium zugelassen zu werden. Auf die

---

203 Rice 2000, S. 267.
204 Palombara 1643, Nota 30, S. 230: „... Santa Chiesa, come deve esser Madre di tutte le nationi, così deve parlar con le lingue di tutte" (zit. nach Rice 2000, S. 270, Anm. 34).
205 Fasti 1673, Nota 32, S. 7: „Furono in oltre recitate diverse compositioni in varie lingue in lode dello Spirito Santo; cioè nelle lingue Hebrea, Arabica, Siriaca, Caldea, Magarica, Isrlonitica, Egittiaca, Rutena, Schiavona, Pollacca, Lithuanica, Armena, Turca, Greca, Francese, Spagnuola, Portoghese, ed Oscha" (zit. nach Rice 2000, S. 270, Anm. 38).
206 Mennecke-Haustein 2003, S. 114.

räumlichen Verhältnisse der *Sapienza* übertragen umschreibt der Bibelvers letztlich wie Gianninis Hofansicht[207] den Weg zur Erkenntnis, den der Studierende vom Eingang des *collegio* bis zum Altar der Göttlichen Weisheit im Innern der Kirche zurückzulegen hat (und der darüber hinaus auf der imaginären Ebene bis auf die Laterne der Kuppel führt). Durch die **Tiefen-** und **Höhenräumlichkeit** der Architektur wird das Streben nach Erkenntnis also kinästhetisch nachvollziehbar. Oder anders ausgedrückt: Der Prozess des Lernens wird durch den Raum metaphorisiert.

Eine metaphorische Qualität erlangt der Raum der *Sapienza* auch durch die Innenarchitektur von *Sant'Ivo*. Erst durch die Ausgießung des Heiligen Geistes bzw. das Leuchten des apokalyptischen Lammes erhält die Palastanlage einen Sakralraum, der sozusagen aus dem zweiten Hof gewonnen wird. Infolgedessen wird aus der Exedra wiederum eine Fassade, über die der Kirchenraum mit dem eigentlichen Universitätsgebäude kommuniziert. Wie der Kirchenraum über die Fassade, den Hofumgang und die Korridore in die Universität **ausgreift, greift** diese über ihn in den Himmel **aus**. Die Laterne ist gewissermaßen die Antenne, durch welche die göttliche Weisheit empfangen wird, um das *Collegio* als ein zweites Pfingsthaus mit ihrem Geist zu erfüllen.

271, 276

267

265, 268
275

Im Gegenzug strahlt die Laterne als Leuchtturm der Weisheit ihr Licht in den städtischen **Umraum**, ein Licht, dessen Emanation die von Alexander geförderten Studien nähren. In dieser Funktion manifestiert sich natürlich erneut eine anti-reformatorische Tendenz. Bekanntlich hatte Bernini von den gleichfalls unter Alexander errichteten *Kolonnaden* des *Petersplatzes* gesagt, sie glichen den Armen, mit denen die Mutter Kirche die Gläubigen, die Ketzer und die Heiden gleichermaßen umfange, um sie in ihren Schoß (zurück-)zuführen (D 4.1.1). Es liegt nahe, dass sich der Leuchtturm von *Sant'Ivo* an denselben Adressatenkreis richtete.

Schon Krautheimer hat die Neugestaltung („renewing") des römischen Stadtbildes und die zeitgemäße Ausstattung der Kirchen als einen Versuch gedeutet, *illustri forestieri* von der Erneuerung der Kirche zu überzeugen und Häretiker zur Konversion zu bewegen.[208] Ähnlich äußert sich Torgil Magnuson in Hinblick auf die *Sant'Ivo* thematisch nahe stehende *Cathedra Petri*: „Movement and irresistible force" sowie „impression of joy and triumph" der *Cathedra* appellierten nicht nur an den katholischen Gläubigen, sondern auch an Griechisch-Orthodoxe, Jansenisten, Lutheraner, Calvinisten, Gallikaner und Anglikaner.[209] Nach einer Phase des wirtschaftlichen und politischen Niedergangs der katholischen Welt sei es das grundsätzliche Ziel der päpstlichen Kunstpolitik gewesen, Roms Rolle als religiöses und kulturelles Zentrum Europas zu stärken.[210] In diesem Kontext erweist sich das vorhin von mir angeführte 21. Kapitel der Apokalypse erneut als aufschlussreich. Dort heißt es in den Versen 24 und 26–27 über das Licht des Lammes und das himmlische Jerusalem:

22–27

> „Die Völker werden in diesem Licht einhergehen, und die Könige der Erde werden ihre Pracht in die Stadt bringen. [...] Und man wird die Pracht und die Kostbarkeiten der Völker in die Stadt bringen. Aber nichts Unreines wird hineinkommen, keiner, der Gräuel verübt und lügt. Nur die, die im Lebensbuch des Lammes eingetragen sind, werden eingelassen."

Sofern das Relief mit dem apokalyptischen Lamm, das Innozenz X. über dem mittleren Tambourfenster hatte anbringen lassen, wirklich mit dieser Passage assoziiert wurde, konnte es auch als Anspielung auf die Pilgerströme des Heiligen Jahres 1650 verstanden werden. Schließlich kamen in diesem Jahr alle Völker „reinen Herzens" nach Rom – ein zumindest für die Beschreibung der Jubeljahre geläufiger Topos, der auch noch 100 Jahre später gebräuchlich war (siehe Kapitel C 7.4).[211] Ferner ist vorstellbar, dass insbesondere der Vers mit den „Königen der Erde" einige Jahre später unter Alexander VII. eine ganz neue, zunächst völlig unbeabsichtigte Aussage erhielt, als nämlich Königin Christina von Schweden sich nach ihrer Konversion in Rom niederließ.

271

---

207 Borromini/Giannini 1720, Tf. 6.
208 Krautheimer 1985, insb. S. 137–147.
209 Magnuson 1982, Bd. 2, S. 190–191 u. 184–185.

210 Magnuson 1982, Bd. 2, S. 122–123 u. 134–135.
211 Zu den Jubeljahren sowie zu Anzahl und Herkunft der Pilger siehe Ganzer 2005, S. 41–42.

Wie Ute Mennecke-Haustein nachgewiesen hat, konnte sich die römische Kirche aber auch dank ihrer sprachlichen Einheit als Garantin von Einheit, Gelehrsamkeit, Universalität und Historizität profilieren, und zwar so erfolgreich, dass es auch aus diesem Grund immer wieder zu Konversionen kam.[212]

Angesichts dieser Zielsetzung ist es völlig schlüssig, dass die Emanation des Heiligen Geistes in *Sant'Ivo* nicht nur das Pfingstwunder in der Apostelgeschichte wiedergibt. Unter dem Pontifikat Alexanders, so die Botschaft von *Sant'Ivo*, erlebt die Kirche – nach den ‚Rückschlägen' des Westfälischen Friedens sowie des Jansenismus – eine grundlegende Erneuerung und damit ihr zweites Pfingsten. Allein aus diesem Grund darf man die Emanation in *Sant'Ivo* nicht als eine Darstellung, sondern muss man sie als Wiedergabe eines sich gerade vollziehenden Ereignisses begreifen. Bei einem Pfingstwunder im Hier und Heute – und das wussten die klassizistischen Bilderstürmer von 1741 offenbar auch – waren die Apostelstatuen sogar entbehrlich. (Dementsprechend trug übrigens auch Bernini keine Bedenken, sie in der *Cathedra Petri*, wo er das Pfingstwunder gleichfalls in die Gegenwart hineinholte, durch die Kirchenväter zu ersetzen.) Zugleich machen auch die zahlreichen Analogien zum himmlischen Jerusalem deutlich, dass es sich bei *Sant'Ivo* nicht um eine gebaute Kirche, sondern um die Ikonisierung einer göttlichen Erscheinung, eben um die Transsubstantiation von Architektur handelt. Das zweite Pfingsten nimmt in gewissem Sinne die Ersetzung des herkömmlichen göttlichen Tempels durch das Licht des Lammes vorweg.

27

Als den eigentlichen Vorkämpfer dieser pfingstlichen Erneuerung sollten die Zeitgenossen Alexander VII. sehen, der dank seiner Gelehrsamkeit und Liebe zur Wissenschaft wie kein anderer Papst seines Jahrhunderts dem Ideal eines *doctor et sacerdos* entsprach. Wenn vorhin davon die Rede war, dass die ‚Alexandrinisierung' der *Sapienza* ein gentilizisch-politischer *possesso* war, so ist dies sicherlich nur die halbe Wahrheit. Durch sie stellte Alexander auch seine Bildung unter Beweis. Bekanntlich maßen die antike Rhetorik und die barocke Kunsttheorie den *loci a persona* im Allgemeinen und den *loci a nomine* im Besonderen bei der Verfassung einer Rede oder eines *concetto* eine ausgesprochen hohe Bedeutung bei.[213] Folglich galt es als ein Ausdruck von besonderes gelehrtem Scharfsinn, möglichst viele *topoi* zu finden, die sich als historische, etymologische oder symbolische Anspielungen auf den Namen der zu verherrlichenden Person deuten ließen. Die Art und Weise, wie Alexander VII. das gesamte *Collegio della Sapienza* auf unterschiedlichsten Bedeutungsebenen gentilizisch kodierte bzw. umprogrammierte, folgt also nicht nur einer sehr erfolgreichen Strategie herrschaftlicher Repräsentation; sie soll auch ein Indiz für die an diesem Ort gelehrten Fähigkeiten der *litterae*, der *scientia* und der *astutia* sein.[214] Auch das (freilich nicht neue) Spiel mit dem doppeldeutigen Begriff *sapienza* und die Entdeckung des Raumes als Möglichkeit, die in dieser Doppeldeutigkeit enthaltene Metaphorik sinnfällig zu machen, sind ein Ausweis solcher Gelehrsamkeit.

Zusammenfassend lässt sich festhalten, dass es Borromini im *Collegio della Sapienza* mithilfe einer raumhaltigen Architektur gelang, den Palastkomplex, die äußere Kuppel und das Kircheninnere strukturell zu einer Einheit zu verknüpfen. Das Glied, das die Räume dieser Baukörper miteinander verbindet, ist die Fassade, die zugleich auch die Exedra des Hofes ist. Obwohl sie streng genommen kaum raumhaltig ist, sind alle Räume auf sie bezogen. Dieses Konzept **assoziierter Räume** macht es zum einen noch nachvollziehbarer, dass der universitäre Lehrbetrieb unter den Auspizien des Papsttums auf die göttliche Offenbarung ausgerichtet war. Zum anderen erscheint *Sant'Ivo* außen als eine **Inspirations-** und innen als eine **Emanations-** und **Effusionsarchitektur**. In der Kirche wird die durch eine Epiklese provozierte Selbstoffenbarung der *Divina Sapientia* – unter Zuhilfenahme eines Figurenapparats, der an ‚handelnde Bildwerke' erinnert – nicht nur

267

---

212 Mennecke-Haustein 2003, passim.
213 Vgl. Ueding/Steinbrinck 1994, S. 238–244.
214 Zur Bedeutung dieser Begriffe für die glückliche Invention einer Rede bzw. eines ikonologischen Konzeptes siehe auch Stephan 2002a, Bd. I, S. 258–259 (dort auch weiterführende Literatur).

dargestellt; durch die göttliche Offenbarung wird der Raum hinter der Hoffassade überhaupt erst zu einem Kirchenraum. Die universitäre Lehre erscheint damit wie das architektonische Gehäuse, das sie umgibt, als unmittelbarer Ausfluss der göttlichen Inspiration.

4.8 Sant'Ivo und das Collegio della Sapienza als ein Gegenentwurf zu Francis Bacons „Nova Atlantis"?

Mit dem Ausgreifen des durch den Heiligen Geist geschaffenen Kirchenraums in den gesamten Gebäudekomplex des *Collegio della Sapienza* geht eine vergleichsweise starke architektonische Abschottung des gesamten Komplexes gegenüber dem Stadtraum einher. Das Kollegium erscheint auf diese Weise wirklich als ein Bollwerk des wahren Glaubens. Zugleich ist es aber auch eine *insula*, und dies nicht nur im Sinne eines in sich geschlossenen Häuserblocks. Die päpstliche Universität ist auch eine geistige Insel, eine Insel der gottgefälligen Wissenschaft, deren Licht gleichsam über dem Häusermeer der Stadt in eine durchaus bedrohliche Welt hineinleuchtet.

269, 272, 273

Als bedrohlich wurde diese Welt nicht zuletzt durch das Aufkommen des Empirismus und des Utilitarismus empfunden. Anstatt sich darauf zu beschränken, den göttlichen Weltplan zu entschlüsseln, propagierte diese neue Form der Wissenschaft die vollkommene Beherrschung der Natur durch den Menschen, der das verlorene Paradies und die Befreiung von der Erbsünde nicht durch die Gnade Jesu Christi und durch die Sakramente der Kirche (zurück-)erlangte, sondern durch die Verabsolutierung seines sich scheinbar selbst genügenden Verstandes.

Ein Vater dieser neuen Philosophie war bekanntlich Francis Bacon. In seiner utopischen Erzählung „Nova Atlantis", die 1623 als ein Fragment entstand und 1638 (also vier Jahre vor der Grundsteinlegung von *Sant'Ivo)* gedruckt wurde, werden Seefahrer auf eine Insel verschlagen. Bacon schildert das Eiland als eine paradiesisch-friedvolle Idylle, als ein Land der Glückseligkeit, in dem sie sich fühlen, als würden Engel sie täglich „mit Tröstungen überschütten".[215] Obwohl die Inselbewohner ihr Land nie verlassen haben, wissen sie über Gott und seine himmlischen Geheimnisse bestens Bescheid. Denn etwa 20 Jahre nach der Himmelfahrt Christi erschien vor ihren Gestaden eine Lichtsäule, deren Spitze von einem Lichtkreuz bekrönt wurde. Nach einer Weile verwandelte sich die Säule in ein „über und über mit Sternen bedecktes Firmament".[216] Schließlich trieb eine Kiste ans Ufer, welche die kanonischen Schriften des Alten und Neuen Testament sowie einen Brief des Apostels Bartholomäus enthielt. An den Schriften wie an dem Brief wirkte Gott

> „[…] ein unerhörtes Wunder, nicht unähnlich jenem, das er den Aposteln in dem Geschenk der Sprachen erzeigte. Da nämlich zu dieser Zeit außer den Eingebornen selbst in diesem Lande Hebräer, Perser und Inder wohnten, lasen alle in jenem Buche und in dem Briefe, als wenn sie in der Muttersprache eines jeden geschrieben gewesen wären".[217]

Nicht zuletzt wurden die Insulaner auch befähigt, die Sprachen Europas zu verstehen. So berichtet der fiktive Erzähler:

> „Das aber, dass jene Kenntnis von den Sprachen, Büchern und Einrichtungen der Völker hätten, die doch von ihnen durch so ungeheure Räume getrennt seien, übersteige alle Begriffe, und es wolle uns durchaus nicht in den Kopf gehen, wie dies möglich sei."[218]

Gehütet und vermehrt wird dieses Wissen von einer straff organisierten Forschungsgemeinschaft. Diese wird als „Haus Salomons", als „Kollegium der sechs Tage", als „Orden" und „Bruderschaft" sowie als „Leuchtturm dieses Landes" bezeichnet. Tatsächlich ist diese Forschungsgemeinschaft,

---

215 Bacon 1638 (2004), S. 183.
216 Bacon 1638 (2004), S. 184–185.
217 Bacon 1638 (2004), S. 186.
218 Bacon 1638 (2004), S. 187.

deren Emblem aus einem brennenden Herzen besteht (dieses Herz erscheint auch auf dem Frontispiz von Bacons Werk) eine Stiftung jenes Königs Salomon, von dem das Alte Testament spricht. Zudem soll der Bau, in dem das Kolleg untergebracht ist, von der Größe und Erhabenheit des Schöpfergottes künden.

Das Ziel der Forscher ist es, Kunde von allen wissenschaftlichen Entdeckungen und Errungenschaften zu sammeln und so die menschliche Herrschaft bis an die Grenzen des Möglichen zu erweitern.[219] Vor allem aber forschen die Weisen um die „erste Schöpfung Gottes: des Lichtes willen".[220]

Bei näherem Hinsehen zeigt sich allerdings, dass die Wissenssuche allein der Zweckmäßigkeit dient. Daher spielen weder die Geisteswissenschaften oder die theoretischen Naturwissenschaften im Allgemeinen noch die Aristotelische Methodik im Besonderen eine Rolle. Da die Wissenschaftler nicht einmal dem Monarchen gegenüber rechenschaftspflichtig sind, bildet das Haus Salomons sogar eine Art Staat im Staate. Von der Bevölkerung ehrfürchtig „Väter" genannt, halten die Wissenschaftler alle zwölf Jahre Visitationen ab, wobei sie wie Bischöfe mit Kreuz und Hirtenstab auftreten.[221] Ferner gewähren sie Audienzen, in denen sie den Anwesenden ihren väterlichen Segen erteilen. Dabei wird die „heilige Taube" angerufen, auf dass sie sich auf die Pilger niedersenke.[222]

Wie man unschwer erkennen kann, ist Bacons „Nova Atlantis" ein absoluter Gegenentwurf zur Papstkirche. Zwar spricht auch Bacon von einem Schöpfergott, doch entwirft er letztlich die Utopie einer Gesellschaft, die sich nicht mehr damit begnügt, die göttliche Offenbarung auszulegen, sondern in welcher der Mensch sich dank seinem Erkenntnisgewinn sein eigenes Paradies schafft. Dies vermag er, weil die induktive und experimentelle Methode seiner Wissenschaft unerschütterlich und unfehlbar ist.

Dass man in Rom Bacons Philosophie (mit der sich jüngst noch Benedikt XVI. in seiner „Enzyklika „Spes Salvi" kritisch auseinandersetzte) als Inbegriff babylonischer Hybris betrachtete, liegt auf der Hand. Als besonders provokant musste den römischen Theologen erscheinen, dass Bacon seinen Idealstaat mit einer Reihe biblischer, ja katholischer Symbole und Metaphern ausstattete: mit einer pfingstähnlichen Offenbarung, einem Salomonischen Tempel, dem Bildmotiv des brennenden Herzens, mit Hohepriestern, die wie Bischöfe agieren und wie diese in der geistigen Nachfolge der Apostel stehen, sowie mit einem Schöpfergott, der Licht, Trost und Frieden spendet und der angerufen wird, in Gestalt einer Taube auf die Menschen herniederzufahren.

Eben diese von Bacon usurpierten Motive sollten, so scheint es, durch die Konzeption von *Sant'Ivo* zurückgewonnen werden. Zugleich wurden einige genuin Bacon'sche Metaphern für die Kirche reklamiert. So verkünden Architektur und Ikonographie von *Sant'Ivo*, dass der Beginn aller Weisheit die Gottesfurcht ist (Inschrift über dem Altar), dass die Weisheit ebenso wie die erlösenden Gnadengaben allein vom Heiligen Geist gespendet werden (Kuppelarchitektur), dass nur er – gemäß der pfingstlichen Epiklese „Veni creator Spiritus" – der Schöpfer *(creator)* und Tröster *(paraclitus)* ist, dass nur er in Gestalt einer Taube auf die Menschheit herabgerufen werden kann. Und nur der Heilige Geist (bzw. die Taube der Pamphilj) schenkt der Welt den wahren Frieden. Auch hat sich das Pfingstgeschehen historisch nur einmal ereignet, und dabei wurde die Kirche als der neue Tempel Salomons gegründet. Und nur in der Kirche ist der Heilige Geist weiterhin gegenwärtig. Der Leuchtturm und die von einem Kreuz bekrönte Lichtsäule (Äußeres der Laterne) sowie der Sternenhimmel (innerer Kuppeldekor) werden allein durch die *turris ecclesiae* hypostasiert. Dementsprechend sind auch nur die katholischen Bischöfe die Nachfolger der Apostel.

Darüber hinaus ist es allein die römische Kirche, welche die babylonische Sprachverwirrung überwindet. Einzig in den katholischen Universitäten und Forschungseinrichtungen wie dem *Collegio della Sapienza* wird das Weltwissen zum Wohle der Menschheit zusammengetragen. Und selbstverständlich kann diese Wissenschaft, die der Aristotelischen Epistemologie verpflichtet ist,

---

219 Bacon 1638 (2004), S. 205. 221 Bacon 1638 (2004), S. 203.
220 Bacon 1638 (2004), S. 194–195. 222 Bacon 1638 (2004), S. 199.

niemals Selbstzweck sein. Vielmehr ist wahre Wissenschaft immer auch ein Ausdruck von Gottverlangen. Folglich steht das brennende Herz (Laternenkreuz) für diese und keine andere Form des Erkenntnisstrebens.

Und schließlich ist Ruhm keine Größe, die sich der Forscher durch Erfolg oder Sozialprestige erwerben kann. Wahre *gloria* wird nur Märtyrern wie dem heiligen Ivo oder dem heiligen Alexander geschenkt. Der Weg ins Paradies führt ausschließlich über die Kirche. Sie allein ist die rettende Insel, deren Leuchtturm den Weg in den Hafen der Seligkeit weist. Und wer diese Seligkeit erlangt hat, befindet sich in einer wahrhaft vollkommenen *communio*. Diese ist aber keine Utopie, sondern geoffenbarte Wirklichkeit.

5 Santa Maria della Pace: Der Raum als malerische Staffage

5.1 Die Analyse der Fassade bei Hans Sedlmayr

Theologisch weit unspektakulärer als *Sant'Ivo* ist der Fassadenraum von *Santa Maria della Pace* (1656–57). Diese ganz auf ihre szenographische Wirkung angelegte Architektur hat Sedlmayr gleichfalls eingehend beschrieben.[223] Wie bei *Sant'Andrea al Quirinale* sieht Sedlmayr in der Verbindung des Ebenen mit dem Konvexen und dem Konkaven das Grundthema. Allerdings lasse Cortona diese drei „Grunddimensionen der Körper im Tiefenraum" gegeneinander spielen und schaffe dadurch „etwas vollkommen Neues".

Als den Fassadenkern definiert Sedlmayr die mittlere Ebene, die sich herausschäle, wenn man die konkaven hinteren Flügel und den vorgestellten *tempietto* abziehe. Übrig bleibe eine zweigeschossige Fassade mit „weit hinab und zur Seite gezogenen Flanken", die um eine tiefe Stufe [gemeint ist eine Fensterachse] zurückgesetzt seien. Dieses ebene Element, das sozusagen auf zwei parallele Tiefenebenen verteilt sei und in dem das traditionelle Schema des römischen Kirchenbaus anklinge, bilde den Ausgangspunkt der Gesamtanlage. Es werde von einer zweigeschossigen konkaven Architektur umhüllt und um einen halbierten konvexen Rundtempel erweitert.

In ihrer dreifachen Schichtung erfahre die Architektur, von hinten nach vorne gesehen, in vielfacher Hinsicht eine stufenweise Metamorphose: vom Konkaven zum Konvexen, von der Zwei- zur Eingeschossigkeit, von der Helligkeit zur Dunkelheit, von der Fläche zur Körperlichkeit. Zugleich lasse sich im Obergeschoss eine plastische Steigerung von den Seiten zur Mitte beobachten, die bei den flachen Pfeilern der konkaven Flügel beginne und in den Pilasterpfeilern und den eingestellten Säulen des Mittelteils gipfele.

Diese horizontalen, über die tiefenräumlichen Distanzen wirksamen Bezüge werden nach Sedlmayr durch die einheitliche Ordnung gestärkt. Während das untere Geschoss eine durchgehende toskanische Instrumentierung besitze, sei das Obergeschoss einheitlich korinthisch.

Als „Mitte, Ursprung und ‚Summe' aller in der gesamten Fassade entfalteten Möglichkeiten" deutet Sedlmayr das Obergeschoss der mittleren Ebene. Es besitze das „reichste und komplizierteste Relief mit allen Übergängen vom Pilaster bis zur ‚Fast-Freisäule'". Überdies lasse der Mittelteil „in seinem Relief die Raumwerte der anderen Elemente, das Konvexe und Konkave, leise

---

223 Sedlmayr 1960b, S. 66–72.

anklingen". Von den Eckpfeilern, über denen der Giebel ansetze, ziehe sich die Wand nämlich erst konkav ein, um sich sodann wieder konvex vorzuwölben.

In einer weiterführenden Betrachtung des Mittelteils weist Sedlmayr darauf hin, dass die Disposition der Pilaster-Säulenpaare, die das Fenster des Obergeschosses flankieren, in den gekuppelten *tempietto*-Säulen des Untergeschosses eine unmittelbare Entsprechung finde. Außerdem setze das Auge sie bedenkenlos mit den in zwei Stufen aneinanderstoßenden Paaren der Obergeschossflanken in Beziehung, wenngleich die angesetzten Säulen im Unterschied zu den Pfeiler-Pilastern keine tragende Funktion besäßen. Diesen vertikalen Bezug habe Cortona herausgearbeitet, indem er dem leeren Raumintervall unten ein leeres Wandintervall oben zugeordnet habe. Ebenso habe Cortona mit dem Rundbogenfenster in der Mitte die Fenster der konkaven Rücklagen wiederholt.

Eine weitere Eigentümlichkeit sieht Sedlmayr im herabgezogenen Gesims über dem Mittelfenster. Das durchgehende Hauptgebälk werde unterbrochen, um Platz für ein Wappen zu schaffen. Aus der herabsinkenden Formbewegung entstehe so paradoxerweise eine aufsteigende und sich ausbreitende Dynamik. Schließlich bringe die Vorkröpfung des großen Dreiecksgiebels über dieser Stelle die innerste Mitte auch in der Giebelzone nach vorne.

Der Reichtum an formalen Bezügen offenbart sich für Sedlmayr auch in den segelartigen Volutenflächen, die in den von kleinen Einrollungen bekrönten Rundmedaillons der Eckrisalite enden. Fraglos solle diese Form auch als „Abschluss und Einrollung der Volute" gesehen werden, durch die sie erst „ihre vollständige traditionelle Form" erhalte. Gerade anhand dieses Details erweise sich die gesamte Fassade als eine lockere Zusammenstellung „in verschiedenen Raumschichten, die sich nur optisch zusammenschließen".

Als nächstes kommt Sedlmayr auf das Verhältnis der ganzen Schauseite zu dem kleinen Platz zu sprechen, den sie beherrsche und dessen Prospekt sie bilde. Das Auseinanderweichen seiner Seitenwände setze die konkaven Kulissen zwanglos fort, obschon – wiederum nach dem Prinzip der losen Fügung – nur das oberste Gebälk an das Kranzgesims der Kirche Anschluss finde. Außerdem verklammerten die ionischen Pilaster, mit denen das etwas tiefer ansetzende Obergeschoss der Platzwände instrumentiert sei, die dorische und die korinthische Ordnung der Kirchenfassade sowohl hinsichtlich ihrer Rangfolge als auch hinsichtlich ihrer Höhenlage.

Über die Gliederung hinaus entspreche die Gesamterstreckung des Platzes dem „Sich-Breiten der Fassade". Die geringe Abschrägung an der Einmündung der Gasse erlaube es sogar, die Seitenwände des Platzes mit der Fassade zusammen zu sehen. Dabei entstehe der Eindruck, als weiche der „passive Platzmantel" vor der sich aktiv vorwölbenden Fassade zurück.

Abschließend hebt Sedlmayr den theatralischen Charakter der Schauarchitektur hervor, der sowohl von Cortonas eigener szenographischer Gartenarchitektur (*Belvedere des ‚Pigneto', Entwürfe für ein Gartentheater des Palazzo Pitti in Florenz*) als auch von der regulären Theaterarchitektur abgeleitet sei. So setze sich die Fassade aus Kulissen, einem „Rundhorizont" und einzelnen „Versatzstücken" zusammen, die alle von einem bevorzugten Punkt aus ihre Wirkung entfalteten und auf diesen berechnet seien. Entsprechend gehöre zu der Fassade auch ein dramatischer Vorgang, welcher ihr bei Messen, Segensspendungen oder unzeremoniellen Aufzügen durch die Menschenmassen Lebendigkeit verleihe.

5.2 Die Deutung der Fassade innerhalb des geschichteten Raumes

Sedlmayrs Verdienst besteht darin, in der Fassade von *Santa Maria della Pace* drei Ebenen erkannt zu haben, die räumlich voneinander getrennt sind und sich in Format, Struktur, Körperlichkeit und Helligkeit deutlich voneinander unterscheiden. Außerdem konnte er zeigen, dass diese drei

Ebenen über die räumliche Tiefe hinweg miteinander kommunizieren, wobei die vordere und die hintere Antipoden bilden, zwischen denen die dritte buchstäblich ver-‚mittelt'. Allerdings macht sich der Raum bei ihm nur in der Abfolge der drei Fassadenebenen bemerkbar. Der Frage, inwieweit der Raum eine eigenständige ästhetische Größe darstellt, die ihrerseits durch die Struktur der Fassade bestimmt wird, geht Sedlmayr nicht nach. Überhaupt kommt der räumliche Aspekt in seiner Untersuchung nur einmal vor. Ansonsten ist nur von verschiedenen Graden der „Körperlichkeit" sowie von konkaven, ebenen und konvexen Fassadenteilen die Rede.

Ganz anders verhält es sich mit der Beschreibung Torgil Magnusons: Die Kirchenfront sei weder eine bloße Fassade, noch sei sie in der Art vieler anderer Barockfassaden einfach nur dreidimensional. Vielmehr sei hier ein ganzer Raum geschaffen worden, der den Betrachter umfasse.[224] Leider geht Magnuson auf die Beschaffenheit dieses Raumes nicht näher ein. Auch setzt er ihn in keinerlei Beziehung zum Aufriss. So bleibt Sedlmayrs Bezeichnung „Tiefenraum" die einzige Charakterisierung, mit der wir uns auseinandersetzen können.

Bereits in Kapitel B 1.1.2 habe ich erklärt, warum ich bei der Analyse von *Santa Maria della Pace* auf den Begriff „Tiefenraum" verzichten und lieber von einem **geschichteten Raum** sprechen sollte. Bevor ich auf den Charakter dieses Raumes und den Verlauf der einzelnen Schichten eingehe, möchte ich aber noch einmal über die strukturellen Besonderheiten der Fassade nachdenken. Ich beginne mit dem *tempietto* als dem auffälligsten Element. Sedlmayr hebt an ihm nur die Konvexität, die Eingeschossigkeit, die schattenhafte Räumlichkeit und die von der Wand gelöste Körperlichkeit hervor. Der explizite Hinweis darauf, dass es sich um eine offene **Gliederbauweise** handelt, fehlt. Dabei hätte es eigentlich nahegelegen, die drei Fassadenebenen auch auf ihr Verhältnis zur **Wand-** und zur **Gliederbauweise** zu befragen. Ich will dies an dieser Stelle nachholen und dabei prüfen, inwiefern Sedlmayrs Drei-Stufen-Modell auch auf diese Kategorien anwendbar ist.

Da der *tempietto* unverkennbar in reiner **Gliederbauweise** ausgeführt ist, müssten die konkaven Flügel nach der Logik des Drei-Stufen-Modells ganz **wandhaft** sein, wohingegen sich im Obergeschoss der Mitte beide Bauweisen zu mischen hätten. Letzteres ist in der Tat richtig. Die mit schmalen Pilasterstreifen gebündelten ‚Pfeiler-Pilaster' an den Flanken und die Pilaster des inneren Stützenpaares sind fraglos als Applikationen zu lesen. Im Abschnitt zwischen diesen Stützen ist die Ordnung also **wandhaft**. Die Vollsäulen stehen hingegen nicht im Verbund der Wand; hier wird die Ordnung tatsächlich **gliederhaft**. Nun definiert Sedlmayr die Säulen als „freie Endigungen, die nichts tragen". Wäre dem so, widerspräche dies dem Charakter der **Gliederbauweise**. Indes tragen die Säulen wirklich etwas. Das geht eindeutig aus dem Herabsinken des Giebels hervor. Sedlmayr bezeichnet dieses Motiv als „sehr eigentümlich und nicht leicht einzusehen". Indes wird es sofort verständlich, wenn man von einer tragenden Ordnung ausgeht, die über dem Interkolumnium unterbrochen ist. Da der Giebel nun keinen Halt mehr findet, rutscht er wie die Triglyphen an der zum Garten führenden Hofseite von Giulio Romanos *Palazzo del Tè* in Mantua herab. Und wie Giulios Triglyphen von einem vorkragenden Quader, wird Cortonas Giebel von dem Rahmen des Rundbogenfensters aufgefangen. Bezeichnenderweise besitzt dieser Rahmen einen faszienartigen Rand, auf dessen Oberkante ein Polsterfries und eine Art Kranzgesims liegen. An den Seiten, wo der Rand ‚Ohren' bildet, und in der Mitte über dem Schlussstein ist der Fries verkröpft. Man kann dem oberen Abschluss des Rahmens also den Charakter eines Gebälks zusprechen. Dadurch erlangt der Rahmen selbst eine tektonische Qualität, die ihn wiederum befähigt, die herabstürzende Unterkante des Giebels aufzufangen. Cortona veranschaulichte diesen Vorgang anhand des Polsterfrieses, der die Wucht

---

224 „The façade is not only a façade, nor is it simply three-dimensional in the manner of many Baroque façades; rather, a whole room has been created here, enclosing the visitor standing before the church" (Magnuson 1982, Bd. 2, S. 215).

des Aufpralls abfedert.[225] Selbstverständlich bildet der Rahmen zusammen mit dem Bogen, den er umschließt, ein eigenständiges Architekturglied. Gewissermaßen als Ersatz für eine richtige Arkade ist er zwischen die Säulen gestellt. Im Normalfall hätte er wie die Arkade das Gebälk gestützt. Da dieses aber nicht durchläuft, trägt er den Giebel. Innerhalb der Gesetzmäßigkeiten der **Gliederbauweise** ist die Gestaltung des Mittelteils völlig logisch. Unlogisch wird sie erst, wenn man die Mittelachse als eine **Wandarchitektur** und die Säulen als reines Fassadenrelief auffasst. An einer Fassade, in der die Wand die tragende Funktion übernimmt, könnte ein Giebel nicht herabrutschen!

Halb **gliederhaft** wirken schließlich auch die Eckrisalite mit den Medaillons. Die Halbsäulen besitzen eine Plastizität, die das flache Relief von Pilastern bereits überwunden, die volle Körperlichkeit von Freisäulen aber noch nicht erreicht haben. Sie tragen ein unverkröpftes Gebälk zumindest optisch bereits ohne die Hilfe der Wand, und doch steht dieses Gebälk noch nicht völlig frei.

Innerhalb des Sedlmayr'schen Dreistufenschemas müsste es sich bei den konkaven Flügeln der hinteren Ebene nun um eine reine **Wandarchitektur** handeln. Dass die Rücklagen – besonders im Kontrast zum *tempietto* – **wandhaft** wirken, ist unstrittig. Aber sind sie auch so konzipiert? Zumindest die eingestellte Arkade des Theatermotivs evoziert auf den ersten Blick eine **Gliederarchitektur**. Interessanterweise sind die Fenster aber verglast bzw. vermauert.[226] Durch den Verlust an Tiefe wird die Arkade zur Blendarkade bzw. zum Fensterrahmen, der zwar ein eigenes Profil, aber keinen tektonischen Wert besitzt. Insofern sind die konkaven Rücklagen in der Tat **wandhaft**. Das zeigt sich auch an ihrer Instrumentierung. Damit man die Instrumentierung als ausgefachte **Gliederbauweise** deuten könnte, müssten die Stellen, wo das Konkave in das Ebene umknickt, mit Kantenpilastern besetzt sein, die vorgeben, vermauerte Pfeiler zu sein. Indes verwendete Cortona zwei Pilaster, zwischen denen er die Wandkante hervorschauen ließ. Auch kröpfte er das Gebälk über den Interkolumnien zurück. Wie in Kapitel B 3.3.2 dargelegt, ist eine Zurückkröpfung mit der **Gliederarchitektur** dann vereinbar, wenn die eingestellte Arkade eine Stützfunktion übernimmt. Hier fluchtet das Gebälk aber in die Ebene der tragenden Wand zurück. Damit steht fest, dass die hintere Ebene wirklich ganz **wandhaft** ist und die Metamorphose von Cortonas Architektur folglich auch den schrittweisen Übergang von der **Wand-** zur **Gliederbauweise** umfasst.

Eine weitere Veränderung vollzieht die Fassade durch den wechselnden Grad ihrer Offenheit. Die **Gliederarchitektur** des *tempietto* ist völlig durchlässig. Die mittlere Ebene öffnet sich in Form dreier Türen und eines Fensters. Die Rücklagen sind schließlich ganz geschlossen; das rechte Fenster ist verglast, das linke sogar nur aufgemalt. Dem Grad der Offenheit entspricht der Charakter der Öffnungen. Fraglos kann man beim *tempietto* von **negativen** Öffnungen sprechen. Als **negativ** präsentiert sich zunächst auch das Theatermotiv der hinteren Ebene. Da die Rücklagen, wie eben festgestellt, an sich aber **wandhaft** und die Arkadenöffnungen geschlossen sind, erscheint die Arkade eher als applizierter Rahmen einer **positiven** Öffnung. In der mittleren Ebene ist der Charakter der Öffnungen ambivalent. Fasst man das Rundfenster in der Mitte samt Rahmen als eine eingestellte **Gliederarchitektur** auf, die in der Lage ist, den Giebel zu tragen, so ist es ebenfalls **negativ**. Sieht man in dem Rahmen aber nur ein Profil, so ist es **positiv**. Gerade durch diese Ambivalenz vermittelt die mittlere Ebene erneut zwischen vorne und hinten.

---

225 Wie schon in Abschnitt A gesagt wurde, fasste Vitruv Teile der Ordnung als elastische Gebilde auf, die eine Auflast abfedern und sich dabei verformten. So nennt er die Verdickung der Basis *torus*, was mit Wulst, aber auch mit Pfühl übersetzt werden kann. Gleichzeitig bezeichnet er die ionischen Kapitelle wegen ihrer Voluten als *pulvinata capitula,* als Polsterkapitelle, wobei man sich wahrscheinlich die länglichen Rundkissen vor Augen halten muss, die auf römischen Liegen als Kopfstützen dienten (Vitruv [1991], III 3).

226 Die in verschiedenen Stichen (z. B. dem „Insignium Romae templorum prospectus" des Giuseppe Vasi) angedeuteten Fensterscheiben waren zumindest teilweise aufgemalt.

Kommen wir nun auf das Verhältnis zu sprechen, das die Fassade zu den Platzwänden einnimmt. Nach Sedlmayr ergänzt die Ionica der Platzwände die dorische und die korinthische Ordnung der Kirchenfassade. Die Ordnung des Unterstocks – Sedlmayr bezeichnet sie an anderer Stelle versehentlich als toskanisch[227] – ist in der Tat dorisch. Zwar fehlen die Triglyphen, doch sind diese – das *Kolosseum* und Berninis *Kolonnaden des Petersplatzes* beweisen es – entbehrlich. Auch beträgt die Säulenhöhe im römischen Barock etwa das Achtfache des unteren Schaftdurchmessers. Trotzdem kommt der vitruvianische Dreiklang von dorisch-ionisch-korinthisch nicht zustande, da die korinthische Ordnung fehlt. Fraglos hätte die Corinthia gut zu einem Marienheiligtum gepasst, steht diese Ordnung doch für jungfräuliche Gottheiten und Heilige. Darüber hinaus ist sie, wie Forssman nachgewiesen hat, die römische Ordnung schlechthin.[228] Nicht zuletzt hätte auch sie gegenüber der Ionica eine Steigerung bedeutet. Dennoch entschied sich Cortona – aus welchen Gründen auch immer – für die Composita.

153a, b

Das Verhältnis der Platzwände zur Kirchenfassade muss also anders definiert werden als durch den klassischen Dreiklang der Ordnungen. Einen Ansatzpunkt bildet die untere Gliederung der Platzwände, die aus einfachen Lisenen besteht. Indem Cortona die unteren Profile des Gebälks und die Sockel verkröpfte, suggerierte er, die Lisenen hätten eine Basis und ein Kapitell. Auf diese Weise schuf er eine Quasi-Ordnung, die der dorischen Ordnung der Fassade gleicht und ihr doch untergeordnet ist. Ebenso ähnelt die ionische Ordnung im Obergeschoss der Platzwände der Composita an der Kirchenfront, die – im Unterschied zur Corinthia – gleichfalls Voluten und einen Eierstab besitzt. Nicht durch die korrekte Anwendung des vitruvianischen Kanons, sondern durch die Verwendung ähnlicher Strukturelemente wertet Cortona die Gliederungen der Platzwände in der Fassade zu einer höheren Ordnung auf. Dabei baut er auch hier – ganz ein Maler – auf die optische Wirkung.

Darüber hinaus findet die Ionica auch faktisch in dem mittleren Rundbogenfenster eine Entsprechung. Wie schon gesagt, besitzt der Rahmen ein Gebälk. Da dessen Polsterfries gemeinhin als ein Kennzeichen der ionischen Ordnung gilt,[229] kann man von einem ionischen Fenster sprechen. Die Einfassung von Wandöffnungen in den Kanon der Ordnung einzubeziehen, war, wie wir gesehen haben, seit Vitruv und Alberti eine gängige Praxis (siehe B 3.3.2).

Allein hinsichtlich der Aufriss-Struktur lässt sich Sedlmayrs räumliches Zusammenspiel der Fassadenebenen um einige Aspekte erweitern: Zu den Übergängen vom Konkaven zum Konvexen, von der Zwei- zur Eingeschossigkeit, von der Fläche zur Körperlichkeit und vom Hellen zum Dunklen kommen zwei weitere Elemente hinzu, erstens der doppelte Wechsel vom **Wand-** zum **Gliederbau** und von der **negativen** zur **positiven** Öffnung sowie zweitens eine Klimax, die bei einer subdorischen Quasiordnung (Untergeschosse der Platzwände) ansetzt und über die Dorica (*tempietto*) und die Ionica (Obergeschossfenster der Platzwände) zur Composita (Gliederung der Fassaden-Obergeschosse) fortschreitet.

Da all diese Veränderungen im Aufriss nur durch die räumliche Abfolge in einen logischen Zusammenhang gebracht werden können, ist es sicherlich nicht übertrieben, vom Raum als einem **strukturellen Ordnungsfaktor** zu sprechen. Diese Funktion erfüllt der Raum auch hinsichtlich eines anderen Phänomens, das Sedlmayr beobachtete. Wie schon gesagt, werden die inneren Säulenpaare des *tempietto* durch die gekuppelten Stützen, die das Fenster der Mitte flankieren, unmittelbar aufgegriffen. Eindeutig kommt hier wie an Sangallos *Holzmodell für Sankt Peter* das Prinzip der **tiefenräumlichen Superposition** zum Tragen (allerdings nicht, um wie beim Modell den **Arkadenkonflikt** zu lösen). Der Raum scheidet also nicht nur, sondern er verbindet auch.

189, 190

---

227 Vgl. Sedlmayr 1960b, S. 68 u. 71.
228 Forssman 1984, S. 11–12 u. 92.

229 Vgl. Anm. 225.

5.3 Der Fassadenraum als Erzeuger von Kinästhesie

Ein ganz anderer, von Sedlmayr überhaupt nicht erwähnter Effekt der Räumlichkeit ist die Kinästhesie. Raum schafft immer auch die Möglichkeit, sich in ihm zu bewegen, und eine Architektur aus verschiedenen Blickwinkeln zu erleben. Dadurch kann sich bereits der Charakter einer reliefierten Fassadenfront ändern. Noch mehr ändern sich aber raumhaltige Fassaden, da sich mit dem Standpunkt nicht nur die Perspektive, sondern auch die Konfiguration der verschiedenen Ebenen ändert. In diesem Sinne wird der Betrachter von *Santa Maria della Pace* nicht nur überrascht, wenn er beim Verlassen des engen *Vicolo della Pace* plötzlich einen hellen Platz betritt, den er nicht erwartet hat, und zudem buchstäblich mit der Kirchenfassade konfrontiert wird. Er kommt auch in den Genuss einer besonderen szenographischen Wirkung, die sich dadurch ergibt, dass sich die drei Fassadenebenen in ganz unterschiedlichen Konstellationen ineinanderschieben und überschneiden. Um dies nachzuvollziehen, muss man nur die von Sedlmayr gewählte Frontalansicht in Giovanni Giacomo de Rossis „Il nuova teatro delle fabriche" (1665)[230] mit der Schrägansicht von Guiseppe Vasi[231] vergleichen. Während Rossi die Raumwirkung zugunsten einer Klärung des Aufrisses vernachlässigt, legt Vasi die räumliche Dimension offen und nimmt dafür eine Verunklärung der strukturellen Bezüge in Kauf. (Darüber hinaus zeigt sich erneut, wie unterschiedlich der Raum von den Zeitgenossen wahrgenommen wurde; vgl. A 2.5.)

289
290

Allerdings beschränkt sich das kinästhetische Potenzial des Fassadenraums keineswegs auf den Blick von vorne. Noch überraschender und dynamischer wirkt die Architektur, wenn man von der *Via del'Arco della Pace* kommend durch die kleine Durchfahrt tritt, die in die linke Platzwand eingelassen ist. Zunächst nimmt man nur den *tempietto* wahr. Dieser nötigt dazu, im Viertelkreis um ihn herumzugehen, wobei er den Blick weiter auf sich zieht. Dabei gerät die Mittelwand ins Blickfeld. Allmählich baut sie sich über der flachen Kuppel des *tempietto* auf. Alsdann geben sich die Flanken als Teile der Fassade zu erkennen. Schließlich nimmt man die konkaven Rücklagen wahr, deren Bezug zur Fassade sich jedoch erst bei ausreichendem Abstand offenbart.

Die räumliche Dynamik wirkt also nicht nur auf die Fassade, sondern auch auf den Betrachter ein. Sie zwingt ihn, den Blickpunkt um 90 Grad zu ändern und nach einer ersten Annäherung wieder auf Distanz zu gehen. Über die pittoresken Hell-Dunkel-Kontraste hinaus blieb Cortona auch in dieser Hinsicht seiner Profession als Maler treu. Wie vor einem perspektivischen Deckengemälde muss der Betrachter sich das bildnerische Ganze durch Umhergehen sukzessive erschließen und den für ihn idealen Standpunkt suchen.

Indes ist der Raum nicht nur ein agierendes Element. In dem Maße, in dem er die Fassade gestaltet, wird er von dieser auch geformt. Zunächst **schichtet** die Fassade den Raum durch ihre Aufteilung in drei Ebenen. Der **Hinterraum** reicht von den zweigeschossigen konkaven Rücklagen bis hinter die leicht zurückgesetzten eingeschossigen Flanken. Vor den Flanken beginnt der **Mittelraum**, der, wie man bei Falda am besten sehen kann, eine Fensterachse breit ist und damit von allen Räumen die größte Tiefe besitzt. Er endet in der Flucht des giebelbekrönten Risalits. Der **Vorderraum** wird auf den ersten Blick vom *tempietto* **umschlossen**. Jedoch ist dessen Säulenstellung so durchlässig, dass sie keinen eigenen Raum konstituieren kann. Daher sollte man eher von einem Element sprechen, mit dem die Fassade in den **Vorderraum ausgreift**.

Diese Raumschichten sind also derselben stufenweisen Metamorphose unterworfen wie die drei Fassadenebenen. Während der **Hinterraum**, der von den zweigeschossigen konkaven Rücklagen bis hinter die leicht zurückgesetzten eingeschossigen Flanken reicht, vom Erdgeschoss **unter-** und **umgriffen** wird, wird der **Vorderraum** vom *tempietto* **übergriffen**. Dazwischen durchdringen

---

230 Sedlmayr 1960b, letzte Abbildung zwischen S. 64 u. 65.   231 Vgl. Krauthheimer 1985, Abb. 37.

sich **Mittelraum** und mittlere Fassadenebene gegenseitig: Ist der **Hinterraum** auf das Obergeschoss beschränkt, nimmt der **Vorderraum** nur das Erdgeschoss ein. Der **Mittelraum** beansprucht beide Stockwerke. Da zumindest die Frontalansicht suggeriert, die konkaven Wandteile liefen hinter dem Obergeschoss des Mittelrisalits kontinuierlich durch, steht der **Hinterraum** scheinbar über einem nach hinten geklappten Halboval, das die gesamte Fassadenbreite einnimmt. Dagegen zeichnet der **Vorderraum** ein nach vorne geklapptes Halboval, das nur eine Achse breit ist, nach. Der **Mittelraum** zerfällt schließlich in zwei schmale Streifen links und rechts des Risalits.

Entscheidend für die Raumwirkung von *Santa Maria della Pace* ist ferner, dass der **geschichtete** Raum der Fassade in den **Vorraum** des Platzes übergeht. Dieser wird von den angrenzenden Hausfassaden **umgriffen** und zum *Vicolo della Pace* hin nahezu abgeschnürt. Auf diese Weise scheint ein Innendruck zu entstehen, der sich wiederum auf die Kirchenfassade auswirkt. Die Rücklagen werden nach hinten geschoben, so dass sich ein konkaver Schwung bildet. Im Gegenzug drängt die mittlere Ebene nach vorne und drückt mit dem *tempietto* sogar in den Platz hinein. Insofern entfaltet der Gesamtraum tatsächlich eine **tiefenräumliche** Dynamik, der die Fassade mit einer **frontalräumlichen** Gegenbewegung antwortet.

6 San Giovanni in Laterano: Der Raum als Mittel der liturgischen Inszenierung

6.1 Galileis Fassade im Kontext einiger Konkurrenzentwürfe

Nachdem wir die ikonologische Bedeutung der Räume von *Sant'Andrea* und *Sant'Ivo* und die malerische Raumwirkung von *Santa Maria della Pace* betrachtet haben, empfiehlt es sich nun, einen Blick auf die praktische Funktion von Räumen zu werfen. Hierfür bietet sich die Ostfassade der *Lateranbasilika* besonders an, zumal sich die ausgeführte Fassung mit einer ganzen Reihe von Alternativentwürfen vergleichen lässt.

224

Da die von Borromini unfertig hinterlassene Stirnseite des Langhauses von Anfang an als störend empfunden wurde, entstanden viele dieser Entwürfe schon etliche Jahre vor dem offiziellen Wettbewerb. Den Anfang scheint Andrea Pozzo gemacht zu haben, der 1693/1700 in seinem Traktat über die Perspektive gleich zwei Varianten publizierte.[232] Weitere Vorschläge folgten, u. a. von Giuseppe Antonio Bianchi (1716)[233], Ferdinando Fuga (1722)[234], Filippo Barigione (ca. 1724)[235] und Ferdinando Reif (1729)[236]. Zum Wettbewerb selbst wurden gleichfalls zahlreiche Beiträge eingereicht, u. a. nochmals von Fuga sowie von Luigi Vanvitelli, Ludovico Rusconi Sassi[237] und natürlich von Galilei.[238]

233–240

226, 227

---

232 Siehe Pozzo 1693–1700, Bd. II, Fig. 63 u. 65; siehe auch den unpublizierten, im Cooper Union Museum zu New York aufbewahrten Entwurf (Kerber 1971, Abb. 93).
233 Vgl. Kieven 1988, Kat. Nr. 97–98.
234 Vgl. Kieven 1988, Kat. Nr. 1.
235 Vgl. Kieven 1988, Kat. Nr. 96.

236 Vgl. Kieven 1987, S. 258.
237 Siehe hierzu ausführlich Hager 1971, S. 36–67 u. Cook Kelly 1987, passim.
238 Weitere Teilnehmer waren Alessandro Dori, Filippo Raguzzini, Giovanni Maria Galli da Bibiena, Antonio Canevari, Pietro Crattoli, Lelio Cosatti, Carlo Francesco Dotti, Domenico Gre-

Allen Entwürfen liegen **zweischalige** Fassaden zugrunde, die folglich eine hohe Raumhaltigkeit besitzen. Es scheint, als sei die Raumhaltigkeit gerade durch die Notwendigkeit, für *San Giovanni* eine neue Fassade zu bauen, zu einem besonderen Thema geworden. Daher wäre es sicher lohnend, sämtliche Entwürfe miteinander zu vergleichen, und zwar nicht nur hinsichtlich ihrer stilistischen Merkmale, sondern auch hinsichtlich der Beschaffenheit und der Funktion des Raumes sowie des Verhältnisses von Raum und Aufriss. Eine solche Untersuchung würde aber den Rahmen dieser Arbeit sprengen. Deshalb will ich mich auf vier Beispiele beschränken: auf den ausgeführten Bau, die schon erwähnte *Londoner Zeichnung* Vanvitellis sowie die beiden Entwürfe Vanvitellis und Sassis, die in die Endausscheidung des Wettbewerbs kamen.

6.2 Galileis ausgeführte Fassade

224   Wie wir in Kapitel B 3.4.2 gesehen haben, ist der Raum der ausgeführten Fassade eindeutig definiert. Sein Verhältnis zur Fassadenhülle, die ihn innen allseits und außen von drei Seiten **ummantelt**, zeichnet sich durch eine ebenso große Logik aus wie die Struktur des Aufrisses. Er ist gut einsehbar und geometrisch klar umrissen. Galilei benutzte den Raum nicht nur zur Erzeugung optischer Effekte, sondern wertete ihn auch zu einer eigenständigen ästhetischen Größe auf. Damit trug er zum einen sicher dem aufgeklärt-naturwissenschaftlichen Klima, das in seiner Heimatstadt Florenz herrschte, Rechnung. Zum anderen folgte er der Tradition des englischen Palladianismus. Die Forschung hat Galileis Palladianismus immer wieder von dessen klarer Formensprache abgeleitet.[239]
85, 263   Aber auch sein Raumkonzept mag durch die englische Architektur geprägt worden sein. Schließlich zeichnen sich die Fassaden des *Greenwich-House* von Inigo Jones, der *Saint Paul's Cathedral*
86   von Christopher Wren, des *Blenheim Palace* oder des *Kimbolton Castle* von John Vanbrugh durch ähnlich blockhafte, klar umrissene Räume aus wie die *Ostfassade von San Giovanni*. Und da sich ähnliche Raumkonzepte sogar in der Architektur des Klassizismus wieder finden (man denke nur
84   an Schinkels *Pavillon in Charlottenburg* oder an das Treppenhaus des *Alten Museums*), ist es sicherlich nicht falsch, Galileis Fassade gerade auch wegen ihrer Räumlichkeit als frühklassizistisch und mit Blick auf die spätere Entwicklung als ‚zukunftsträchtig' zu bezeichnen.

Entsprechend steht Galileis Palladianismus bzw. Klassizismus auch in einer ganz anderen Tradition als die zeitgenössische römische Architektur. Dies lehrt allein schon der Vergleich mit den Konkurrenzprojekten Vanvitellis und Sassis.

6.3 Vanvitellis Londoner Entwurf

226   Wie Kapitel B 3.3.4.10 ergeben hat, spricht manches dafür, die *Londoner Zeichnung* als einen der beiden Entwürfe anzusehen, die Vanvitelli bei dem Wettbewerb einreichte. Im Vergleich zu Galileis ausgeführter Fassade fallen vor allem die Kleinteiligkeit und die zwölffache (!) Verschachte-

---

gorini, Pietro Passalacqua, Filippo Ruggieri, Girolamo Theodoli und Bernardo Vittone (vgl. Jacob 1972 u. Barroero 1990, S. 170).

239 Summerson 1987, S. 55 weist lapidar auf Einflüsse Vanbrughs hin. In der Tat ähneln z. B. die Seitentravéen von *San Giovanni* in ihrer Stockwerksgliederung den Rücklagen des *Corps de Logis* von *Blenheim Palace*.

lung der zahlreichen Strukturelemente auf. Wie sich ferner ergab, ist die Konzeption der Fassade in hohem Maße durch die Metamorphose des Theatermotivs bestimmt. Diese war in Abschnitt B 3.3.2 ausschließlich unter dem Gesichtspunkt des Formats und der **Wand-** bzw. **Gliederhaftigkeit** bewertet worden. Jetzt ist es an der Zeit, die Räumlichkeit in die Analyse einzubeziehen und zu prüfen, ob sich mit dem Theatermotiv auch der Raumcharakter wandelt.

Im Obergeschoss der rechten Rücklage sind die Nebentravéen in ihrer **Wandhaftigkeit** vollkommen **geschlossen**. Die Mitteltravée öffnet sich immerhin schon ein wenig – wenngleich aufgrund der Lünette nicht so weit, wie sie es von ihrer Struktur her könnte. Die linke Rücklage ist zwar als **Gliederarchitektur** aufzufassen, doch überwiegt auch hier noch der Eindruck der **Geschlossenheit**. (Dank der Nischen und Vertäfelungen haben wir es in den Nebentravéen also mit dem Paradoxon einer **geschlossenen Gliederarchitektur** zu tun). Da Vanvitelli in der Haupttravée auf eine Lünette verzichtete, ist die **Offenheit** hier schon größer. Eine wirkliche **Offenheit** erlangt die Architektur indes erst im Risalit.

Im Erdgeschoss steigert sich diese **Offenheit** zur völligen Transparenz. Blickt man nur auf die Säulenstellung, erscheint die Durchlässigkeit in den auseinandergezogenen Serlianen der Rücklagen größer als in der einfachen Säulenarkade der Mitte. Bezieht man aber den Anteil der **geschlossenen** Flächen oberhalb des **Binnengebälks** ein, erfolgt diese Steigerung eindeutig von außen nach innen, also parallel zum Obergeschoss.

Die verschiedenen Grade an **Offenheit** schlagen sich unmittelbar auf den Raumeindruck nieder. Betrachtet man beide Geschosse völlig isoliert, so hat man bei dem abgeschirmten Obergeschoss zunächst nicht den Eindruck, die Fassade sei **zweischalig**. Folglich erscheint der Raum hinter der Front weniger als ein **ummantelter Zwischenraum**, sondern mehr als ein **Binnenraum**. Im offenen Untergeschoss erkennt man die hintere Fassadenschale hingegen sofort. Hier scheint ein **Zwischenraum ummantelt** zu sein. Darüber hinaus ist die Fassade dank der halben Monopteroi, welche die Arkaden nach hinten verlängern, zumindest bis zu einem gewissen Grade auch **raumeinlassend**. Diesen **raumeinlassenden** Charakter kann man zweifach deuten: Sieht man in den Monopteroi (wie in den Figurennischen des Obergeschosses) flexible Gebilde, so hat sich der **Vorraum** in die Fassadenfront eingedrückt. Hält man sie hingegen für feste Formen, hat die Fassadenfront durch sie den **Vorraum** in sich aufgenommen.

Der Eindruck einer Raumvielfalt, den die Stockwerksgliederungen in ihrer Unterschiedlichkeit vermitteln, kann sich ändern, wenn man die Fassade als Ganzes betrachtet. Nun hängt alles davon ab, ob man die im Erdgeschoss fassbare hintere Schale im Geiste bis ins Obergeschoss hinein verlängert oder nicht. Stellt man sich die Fassade von oben bis unten durchweg **zweischalig** vor, ändert sich der Charakter des oberen Raumes. Er erscheint nun gleichfalls als **Zwischenraum**, wenngleich als ein **eingeschlossener**. Denkt man sich die Fassade hingegen nur im Untergeschoss **zweischalig**, ändert sich das Erscheinungsbild des unteren Raumes. Dieser wird jetzt von einem geschlossenen Oberstock **übergriffen**.

Wie die flüchtigen Andeutungen in Bleistift zeigen, trug Vanvitelli sich zeitweilig mit dem Gedanken, den Risalitgiebel noch breiter und höher zu gestalten und ihm überdies eine schmale Attika samt Kuppel aufzusetzen. Durch diesen Aufsatz wäre der gesamte Mittelrisalit zu einer Art Pavillon geworden, der sich von den Rücklagen nicht nur als ein besonderes Strukturelement der Fassadenfront, sondern auch als ein eigenständiger Fassadenkörper abgehoben hätte. Infolgedessen hätte der Betrachter das Raumvolumen des Untergeschosses zwangsläufig auf das Obergeschoss übertragen – umso mehr, als es in der Oberfläche der Kuppel sozusagen in negativer, d. h. nicht in offener, sondern in allseits verhüllter Form wiedergekehrt wäre. Allerdings verwarf Vanvitelli diese Möglichkeit – vermutlich weil sie die blockhafte Gesamterscheinung der Fassade beeinträchtigt hätte.

Die Verschiedenheit der Raumeindrücke legt es auch nahe, die bisweilen etwas wahllos gebrauchten Begriffe „Benediktionsloggia" und „Benediktionssala" dahingehend zu unterscheiden, dass Erstere den **Zwischenraum** hinter einer **offenen** und **gliederhaften**, Letztere den **Binnenraum** hinter einer **geschlossenen** (und meistens auch **wandhaften**) Fassade bezeichnet. Nicht weniger sinnvoll erscheint es mir, in Analogie dazu den *portico* als eine **offene** Säulenarchitektur von einer gewöhnlichen **Vorhalle** zu unterscheiden.

224, 243   In diesem Sinne stellte Galilei an der *Ostfassade von San Giovanni* – wie die Gebrüder Fontana 200 Jahre zuvor an der Nordfassade derselben Kirche – über einen *portico* eine **Benediktionsloggia**. Bei Vanvitelli fällt die Typisierung schwerer. Im Obergeschoss kann man bei den Rücklagen fraglos von einer **Benediktionssala** sprechen. Im Risalit überwiegt dagegen der **Loggien**-Charakter. Ebenso ambivalent ist das Untergeschoss. Die Säulenarkade des Risalits erfüllt durchaus die Kriterien eines **offenen** *portico*. Dagegen gehören die Serlianen der Rücklagen dank ihrer **geschlossenen** Flächen oberhalb des Gebälks eher zu einer **Vorhalle**.

Zu Vanvitellis Entwurf bemerkt Kieven, dass ihm vor allem die Monumentalität fehle. Jedoch sei er in seiner „immer leicht idealtypisch erscheinenden, klaren und übersichtlichen Festlichkeit" unbefangen und spreche vor allem „Intelligenz und Geschmack des Betrachters"[240] an. Fraglos ist Vanvitellis Entwurf alles andere als monumental, vor allem im Vergleich zu Galileis Fassade. Jedoch zeigt gerade diese Gegenüberstellung, dass seiner Festlichkeit jede Klarheit und Übersichtlichkeit fehlt.

Dieser Mangel an Klarheit und Übersichtlichkeit beschränkt sich keineswegs auf die komplizierte Gliederung und den inhomogenen Raumcharakter; er betrifft auch die Inszenierung der Liturgie: Die **Benediktionsloggia**, die bei Galilei eindeutig das Zentrum der gesamten Komposition bildet, ist bei Vanvitelli der am wenigsten akzentuierte Teil. Denn zum einen zieht das Untergeschoss dank seiner klareren Gliederung und seiner höheren Plastizität und Raumhaltigkeit mehr Aufmerksamkeit auf sich als das Obergeschoss. Und zum anderen dominieren die Rücklagen dank des größeren Interkolumniums der unteren **Hauptordnung** deutlich gegenüber dem schmalen Mittelrisalit.

Wie schon gesagt, spielte Vanvitelli offensichtlich mit dem Gedanken, die vorspringenden Haupttravéen in den oberen Rücklagengeschossen nach unten zu durchgehenden Seitenrisaliten zu verlängern. Einen Grund für dieses Planspiel habe ich in dem Versuch vermutet, die obere **Hauptordnung** glaubhaft mit der unteren **Binnenordnung** zu verbinden (siehe B 3.3.4.10). Nun lässt sich ein weiteres Motiv erkennen. Im Verhältnis zu seiner Bedeutung als **Benediktionsloggia** ist das Obergeschoss des Mittelrisalits innerhalb der Gesamtfassade zu schwach akzentuiert: Die Instrumentierung der Rücklagen ist breiter, die des Untergeschosses höher und plastischer. Auch ist die Arkade, die den Papst bei der Spendung des Segens überfangen sollte, vor allem im Vergleich zu den unteren Serlianen recht klein, schwach instrumentiert und ohne räumlichen Eigenwert. Ihre Gestaltung entspricht also in keiner Weise ihrer ikonographischen Bedeutung und ihrer liturgischen Funktion.

Um der Bedeutung dieser ‚Benediktionsarkade' als des wichtigsten Architekturelements gerecht zu werden, nobilitierte Vanvitelli sie zunächst durch einen Risalitgiebel. Hätte er den Risalit zudem durch Hinzufügung von Attika und Kuppel zu einem Pavillon aufgewertet, wäre die **Benediktionsloggia** nicht nur ausreichend hervorgehoben worden, sondern hätte auch den Charakter eines Tabernakels und damit eine besondere sakrale Würde erlangt.

Stattdessen erwog Vanvitelli, die Rücklagen abzuwerten. Zunächst reduzierte er die Arkade der rechten Rücklagen zu einem Blendrahmen, in den er ein Ädikulafenster stellte. Die Arkade der linken Rücklage verkürzte er, indem er ihre Archivolte in einen flachen Ädikulagiebel zwängte und damit zu einem Segmentbogen herabdrückte. Darüber hinaus überlegte er, jede der Rücklagen in einen Seitenrisalit und zwei Nebenachsen zu zerteilen. Damit wäre der Mittelrisalit der breiteste Fassadenabschnitt geworden. Indes blieb Vanvitelli in diesem Punkt auf halbem Wege stehen. In der rechten Rücklage unterteilte er das Obergeschoss tatsächlich in eine vorspringende Haupt- und

---

240 Kieven 1993, S. 236.

zwei Nebentravéen. Im Erdgeschoss ließ sich diese Untergliederung indes aus den schon genannten Gründen nicht fortsetzen. Indem es Vanvitelli nicht gelang, die tektonische Struktur der Fassade zu klären, vermochte er auch nicht, ihr die nötige ikonographische Eindeutigkeit zu geben.

6.4 Vanvitellis römischer Entwurf von 1732

Es verwundert daher nicht, dass Vanvitelli in dem Entwurf für *San Giovanni*, der im Museo di Roma aufbewahrt wird und der sich dem Wettbewerb von 1732 zweifelsfrei zuordnen lässt, eine radikale Kehrtwende vollzog. Anders als in der *Londoner Zeichnung* setzte er nun nachdrücklich auf Klarheit und Monumentalität. Die beiden Geschosse sind durch eine Kolossalordnung verbunden, die in der Mittelachse in eine kräftige **Tempelfront** mit gekuppelten Säulen übergeht. Jetzt ist die Mitte gegenüber den Rücklagen deutlich hervorgehoben. In Letzteren behielt Vanvitelli die Idee, den Raum über halbrunde Strukturen in die Fassadenfront eindringen zu lassen, freilich bei. Jedoch verzichtete er gänzlich auf eine **offene Gliederarchitektur**. Die Interkolumnien der Rücklagen sind im Obergeschoss völlig **wandhaft**. Die Fensterrahmen umschließen als applizierter Dekor lediglich **positive** Öffnungen. Die **Wandhaftigkeit** des Obergeschosses lässt auch die Arkaden des Erdgeschosses nicht mehr als eingestellte **Glieder** mit angesetzter halbrunder Schale erscheinen, sondern als Profile, die regulären Wandnischen mit eingeschnittenen Portalen vorgeblendet sind. Lediglich die Hauptarkade in der Mitte und die Säulenarkade über dem Benediktionsbalkon haben sich noch einen Rest an **Gliederhaftigkeit** bewahrt. Gleichwohl wird man wie bei Madernos Fassade von *Sankt Peter* für das Erdgeschoss eher von einer **Vorhalle** als von einem *portico* und für das Obergeschoss eher von einer **Benediktionssala** als einer **Benediktionsloggia** sprechen wollen.

227

Dass es zwischen Vanvitellis zweitem Entwurf und Galileis Fassade Gemeinsamkeiten gibt, ist immer wieder behauptet worden.[241] Für die kolossale Ordnung und die **Tempelfront** trifft dies fraglos zu. Ansonsten sind beide Architekturen aber denkbar verschieden. Galilei behandelte die Stockwerksöffnungen als eingestellte **Gliederelemente**. Wie wir uns erinnern, ging er dabei von einer Pfeilerarchitektur mit geradem Gebälk aus. Diese Grundform, die in den Seitenachsen des völlig **offenen** *portico* vorgebildet ist, emanzipiert sich in der breiteren Mittelachse zum Kolonnadenfragment. In der **Benediktionsloggia** wird sie erst um eine Archivolte erweitert und dann in der Mitte – analog zum Kolonnadenfragment darunter – gedehnt, so dass sich eine Serliana ergibt. An der nördlichen Schmalseite wird die Gliederung weitergeführt, um sich dann an der Rückwand zu wiederholen. Obwohl sie dieser nur vorgeblendet ist, hat man sie sich als echte **Gliederarchitektur** zu denken.

Die **Gliederhaftigkeit** der Rückseite offenbart der schon besprochene Stich Pozzis, in dem die Flächen zwischen den Blendarkaden vollständig in Fenster aufgelöst sind. Hätte Galilei diesen Plan so ausführen können, wäre der Raum noch mehr als jetzt von einem reinen **Gliederbau** umschlossen worden. Noch deutlicher als jetzt hätten die Achsen und Geschosse die Parameter gebildet, nach denen sich der Raum genau hätte berechnen lassen: in der Grundfläche 5 x 1 Achse, im Volumen 5 x 1 Achse x 2 Geschosse.

Solch eine Systematik und ein derartiger, fast schon mathematischer Rationalismus waren Vanvitelli fremd. Seine Öffnungen stehen in keinem logischen Verhältnis zueinander. Auch ist die kleinteilige Säulenarkade über dem Benediktionsbalkon zwischen Hauptportal und Gebälk geradezu eingeklemmt. Die liturgische Handlung findet auch hier keinen angemessenen Rahmen.

---

241 Kieven 1987, S. 259 hält es sogar für denkbar, dass Galilei bei der Ausführung einige Elemente von Vanvitellis Entwurf übernahm.

Ebenso unklar wie der Aufriss ist in Vanvitellis zweitem Entwurf der Raumcharakter. Die Fassade ist nach wie vor gleichermaßen **raumeinschließend, raumübergreifend** und **raumeinlassend.** Außerdem bringt es die Abgeschlossenheit der **Benediktionssala** mit sich, dass man kaum einschätzen kann, wie weit die Fassadenfront von der Rückwand absteht. Der Fassadenraum ist also nicht nur schwerer einzusehen, er ist auch hinsichtlich seines Volumens kaum einzuschätzen. Eindeutig ist nur das dialektische Verhältnis der Fassade zum **Vorraum**. Während die Fassade den Raum in den Erdgeschossnischen einlässt, greift sie in den Balkonen geringfügig in ihn aus. Auf den **Vorraum** reagieren die beiden Stockwerke also antithetisch. Bei Galilei verhalten sie sich hingegen konform. In den Seitenachsen entfalten sie sich gemeinsam in die **Breite**, in der Mitte werden sie gemeinsam **frontalräumlich**.

6.5 Sassis Holzmodell

236 Noch größer ist der Unterschied zwischen Galileis Fassade und Sassis *Holzmodell*. Im Modell wird eine zweigeschossige Fassadenfront mit Kolossalordnung von einer doppelt so hohen Rückwand hinterfangen. Während diese ganz **wandhaft** ist, gibt sich die Front mehr oder weniger als **Gliederarchitektur**. Was die Raumhaltigkeit betrifft, so befinden sich hinter den äußeren Achsen nur schmale Korridore. Einzig in der Mittelachse, wo die Front sich konvex vorwölbt und die Rückwand sich über ihre ganze Höhe konkav einzieht, entstehen querovale Räume. Angesichts der großen Säulenarkade hat der Raum im Obergeschoss zumindest in der Mittelachse den Charakter einer **Loggia**. Seine Eigenständigkeit manifestiert sich auch darin,
227 dass Sassi das tat, was Vanvitelli in seiner *Londoner Zeichnung* verworfen hatte: Er setzte auf die eigentliche **Loggia** eine Kuppel, die durch eine Laterne sogar zusätzliches Licht spenden sollte. Fast scheint es, als habe Sassi eine ovale Rotunde als ein eigenständiges Element von oben zwischen Front und Rückwand geschoben und dabei beide auseinandergedrückt. Da die Wandöffnungen alles in allem aber gleichfalls nur einen begrenzten Einblick gewähren, lassen lediglich der Verlauf von Fassadenfront und Fassadenrückwand sowie die Form der Kuppel Rückschlüsse auf das Raumvolumen zu.

Insgesamt gibt sich die Fassade wie Vanvitellis Entwürfe räumlich inhomogen. Dank der hohen Rückwand, welche die Fassadenfront überragt, ist sie aber sehr viel deutlicher als ein **zweischaliges** Gebilde zu erkennen. Hinter der Front ist sie **raumübergreifend** und **raumeinschließend**. Dank der Rückwand ist sie darüber hinaus aber auch im Unterschied zu allen anderen Konkurrenzprojekten **raumschichtend**.

6.6 Die Serliana als liturgisches Nobilitierungsmotiv

Die Tatsache, dass der Raumcharakter bei den vier behandelten Beispielen so unterschiedlich ausfällt, bedeutet auch, dass Galilei die liturgische Handlung architektonisch anders inszenierte, als es Vanvitelli und Sassi getan hätten. Bei Vanvitelli wäre der Papst aus dem geschützten Bereich eines
226 geschlossenen **Binnenraums** entweder an ein Fenster (*Londoner Zeichnung*) oder auf einen Balkon
227 (*Zeichnung in Rom*) getreten. Zumindest der Auftritt auf einem Balkon hätte den Charakter einer *apparitio* gehabt. Bekanntlich wird bei diesem Ritus aus dem spätantik-byzantinischen Kaiserzeremoniell das Erscheinen des Herrschers durch das plötzliche Emporheben eines Vorhangs – meist

des Thronbaldachins – als eine Art Epiphanie inszeniert. Der eine dieser beiden Effekte, die plötzliche Erscheinung, ist bei dem Heraustreten aus einer **Benediktionssala** durchaus gegeben.

Hätte Vanvitelli in seiner *Londoner Zeichnung* an Attika und Kuppel festgehalten, wäre der Effekt der Plötzlichkeit zwar nicht gegeben gewesen, wohl aber das zweite Wesensmerkmal der *apparitio*, die Überhöhung durch einen tabernakel- bzw. kapellenartigen Baldachin. Der Papst hätte sich dem Volk also in der besonderen Aura eines Sakralraums präsentiert. Diesen Effekt hatte auch Sassi vorgesehen.[242]

226

In der realen **Benediktionsloggia** von *San Giovanni* lässt sich die Spendung des päpstlichen Segens indes nicht mehr als *apparitio* inszenieren. Weder tritt der Pontifex aus einem geschlossen Raum, noch wird er von einem Baldachin überfangen. Nichtsdestoweniger ist auch Galileis Architektur geeignet, die Erteilung des Segens zu inszenieren.

224

Es fällt auf, dass drei der vier Fassaden eine Gemeinsamkeit haben: das Motiv der Säulenarkade über dem Benediktionsbalkon. Da es sich bei Vanvitellis römischer Zeichnung und bei Sassis Entwurf aus der Fassadenstruktur nicht zwingend herleiten lässt, muss es sich in erster Linie um eine ikonographische Würdeformel handeln, die den Papst bei der Erteilung des Segens wirkungsvoll überfängt.

227, 236

Galileis Serliana ergibt sich, wie wir sahen, aus dem Kontext der Fassade fast von selbst. Das schließt eine symbolische Bedeutung jedoch keineswegs aus. Metzger Habel erkennt in der Säulenarkade, die sich beidseitig in Kolonnaden fortsetzt, eine auf die Antike zurückgehende Würdeformel. Dabei verweist sie auf Bauten wie den *Hadrianstempel zu Ephesos*, den Marmorhof des *Gymnasion in Sardis*, den Peristylhof im *Diokletianspalast zu Split*, das Atrium von *San Lorenzo Maggiore in Mailand* oder das *Senatshaus in Konstantinopel*. Als eine genuin kaiserliche Würdeformel sei dieses Motiv dann an römischen Kirchen- und Palastfassaden der Renaissance und des Barock übernommen worden, etwa an *Santa Maria in Via Lata* und *Santa Maria della Pace*, an der

224

66, 288

---

242 Schon in den Raphael-Fresken der *Sala di Costantino* im *Vatikanischen Palast* werden einige der dargestellten Päpste von Baldachinen mit geöffnetem Vorhang überfangen. Dass das Motiv der *apparitio* auch später noch geläufig war, belegt das Grabmal Gregors XV., das die Bernini-Schüler Pierre Le Gros und Pierre-Étienne Monnot nach 1709–1714 in der *Ludovisi-Kapelle* in *Sant'Ignazio* schufen. Gregor sitzt auf einem Thron, der von einem Baldachin überfangen wird. Zwei Genien des Ruhmes ziehen den Vorhang beiseite und geben so den Blick auf den Verstorbenen frei, der die Hand zum Segen erhoben hat. Nach Büchel/Karsten/Zitzlsperger 2002, S. 177–178 nutzten Le Gros und Monnot die Drapierung durch den Marmorbaldachin, um dem Wandgrab den Charakter eines sehr viel prestigeträchtigeren, in Rom allerdings nicht durchsetzbaren Freigrabes zu verleihen; schließlich suggeriere der Vorhang, dass der Raum sich hinter dem Grab fortsetze. Ebenso weisen die Autoren zu Recht darauf hin, dass die Öffnung des Vorhangs das ‚Erscheinen' des Papstes inszeniere (ibid., S. 176). Wie ich meine, ist dieses ‚Erscheinen' aber mehr als nur ein „dramaturgisches Handlungsmotiv". Dass es sich wirklich um eine protokollarische *apparitio* handelt, ergibt sich allein schon aus der Art und Weise, wie das an der Ostwand des Südquerhauses platzierte Grab die Abseiten des Langhauses **frontalräumlich** auf sich bezieht. Daher sprechen Büchel/Karsten/Zitzlsperger auch zutreffend von einer „Enfilade von Räumen", die der Besucher auf dem Weg dorthin „wie bei einem Hofzeremoniell durchschreiten muss" (ibid., S. 175).
Ähnlich wie die Figur Gregors XV. ist das lebensgroße Staatsbild des portugiesischen König João V. in der *Universitätsbibliothek von Coimbra* inszeniert, das sich gleichfalls am Ende einer Raumfolge befindet. Auch hier heben Putten den Vorhang eines von Famen überfangenen Baldachins zur Seite, um den Blick auf den Herrscher freizugeben (vgl. Blunt 1979, S. 321). Ein drittes Beispiel befindet sich in der *Karlskirche* zu Wien, wo Fischer von Erlach das Oratorium des Kaisers als einen kuppelüberwölbten Baldachin gestaltete, dessen Vorhang von zwei Engeln beiseite gezogen wird.

| | Außenwand der *Sala Regia im Vatikan* oder am *Palazzo Pamphilj*.²⁴³ All diese Beispiele fasst Metzger Habel unter dem Begriff *fastigium* zusammen.
398 |

Gegen diese Deutung wird man drei Einwände erheben müssen. Erstens bezeichnet *fastigium* den Bogen eines *portico*.²⁴⁴ Zweitens kommt an den Bauten, die Metzger Habel anführt, die Verbindung von Säulenarkade und Kolonnade auf ganz unterschiedliche Weise zustande: sei es in Gestalt einer Kolonnade mit archivoltierter Mitteltravée, sei es in Gestalt eines syrischen Architravs, sei es in Gestalt der klassischen Serliana. Drittens kann man das mittlere Obergeschossfenster von *Santa Maria della Pace* aus zwei Gründen nicht in diesem Kontext ansiedeln. Zum einen handelt es sich nicht um ein *fastigium*, zum anderen ist es nicht einmal Teil einer Säulenarkade, die von Kolonnaden flankiert wird. Stattdessen ist es Teil einer eigenständigen Rahmenarchitektur, die in einer Ädikula steht (siehe B 3.4.3 u. C 7.1).

288

Trotz dieser Einwände handelt es sich bei allen Beispielen um signifikante Hoheitsformeln. Folglich stellt auch die Serliana von *San Giovanni* ein Nobilitierungsmotiv dar, dessen Wirkung durch die rahmende **Tempelfront** und die bekrönende Triumphalfigur des segnenden Salvators gesteigert wird. Darüber hinaus trug die Serliana dazu bei, den Auftritt des Papstes weniger mittelalterlich und mehr antikisch zu gestalten. Auch diesen Paradigmenwechsel mag man als Beweis für Galileis klassizistische und rationale Kunstauffassung werten.

224

Wie sehr das klassische Motiv der Serliana, aber auch der syrische Architrav geeignet waren, das Auftreten des Pontifex zu überhöhen, belegen zwei Beispiele aus den von Raphael und seiner Schule ausgemalten *Appartements Leos X.* innerhalb des *Vatikanischen Palastes*, nämlich der „Borgobrand" in der *Stanza dell'Incendio* und die östlichen Fensterlaibungen der *Sala di Costantino*. Die Signifikanz und semantische Eindeutigkeit der Serliana als päpstliches Würdemotiv offenbaren ferner die Veduten und allegorischen Staffagen, mit denen Giambattista Nolli 1748 seinen berühmten Stadtplan von Rom zierte. Rechts thront die Ecclesia Romana, von Assistenzfiguren umgeben, vor der Folie der *Lateranbasilika*. Während die Nebenfiguren von der Rücklage der Fassade hinterfangen werden, ist Ecclesia zur **Tempelfront** in Beziehung gesetzt. Diese nobilitiert den Thron der Kirche ähnlich wie die Stoffbahn den Thron Mariens in frühen Darstellungen der Sacra Conversazione. Darüber hinaus wird der Putto, der Ecclesia mit der Tiara krönt, von der Benediktionsserliana umrahmt. Fast scheint es, er sei mit der Tiara aus der Serliana geschwebt. Nolli ordnete seine Figuren also je nach Bedeutung den einzelnen Fassadenteilen zu, wobei ihm die ikonologische und liturgische Wertigkeit derselben offensichtlich bewusst war.

10, 11

241

In gewisser Weise kompensiert die ikonographische Signifikanz von Galileis Serliana sogar den Verlust der liturgisch-szenographischen Wirkung, die bei Vanvitelli und Sassi durch den Übergang von der **geschlossenen Benediktionssala** der Rücklagen zur **offenen Benediktionsloggia** des Mittelteils evoziert wird. Die Beredsamkeit und Dauerhaftigkeit seiner Architektur erlaubten es Galilei sogar, die Präsenz des segnenden Papstes zu perpetuieren, ohne das Medium des Bildes, das in der konventionellen Fassadenarchitektur der Nordseite noch eine entscheidende Rolle gespielt hatte, bemühen zu müssen.

224

Darüber hinaus ist es Galilei als Verdienst anzurechnen, dass er die Serliana so selbstverständlich in das Gliederungssystem seiner Fassade integrierte, sie sogar zum Endpunkt einer strukturellen Metamorphose machte. Dennoch wäre die Annahme falsch, die **offene Benediktionsloggia** von *San Giovanni* sei allein Galileis Formdenken verpflichtet und entbehre jeder liturgischen Relevanz. Gerade durch ihre liturgische Nutzung wurde ihre Raumhaltigkeit noch **evidenter**, als sie es ohnehin schon war. Bei liturgischen Anlässen war die **Loggia** mit zahlreichen Klerikern gefüllt, die – anders als bei einer **Benediktionssala** – vom Vorplatz aus gut sichtbar waren. Indem der Klerus mit dem Volk liturgisch kommunizierte, ergab sich sogar eine interaktive Beziehung zwischen Fassadenraum und **Vorraum**.

---

243 Metzger Habel 2002, S. 232–341. 244 Siehe auch Nilgen 1977, passim.

Der Raum inszenierte also nicht nur die Liturgie, sondern diese inszenierte auch den Raum. Damit war die Architektur aus ihrer einseitig dienenden Funktion herausgetreten. Auch dies mag man an Galileis Entwurf für revolutionär halten.

Ein wesentlicher Faktor der räumlichen Inszenierung wären schließlich auch die Fenster gewesen. Wie Pozzis Stich ahnen lässt, hätten sie eine schimmernde Folie gebildet. Diese fast schon gotische Diaphanie hätte der **Benediktionsloggia** den Charakter eines Sakralraums gegeben, wenngleich auf ganz andere Weise als Vanvittelis Tabernakel (Vorzeichnung auf dem *Londoner Blatt*) oder Sassis kapellenartiger Baldachin. Wie riesige Nimben hätten die Fenster den Klerus hinterfangen. Damit hätte der Raum die Liturgie nicht nur durch seine architektonische Struktur, sondern auch durch seine optische Wirkung inszeniert.

231

226

236

Abschließend möchte ich noch einmal auf die eben erwähnten Fresken in den *Appartements Leos X.* zu sprechen kommen, weil sie verdeutlichen, wie unterschiedlich das Motiv der Serliana einerseits und der Fassadenraum einer **Loggia** andererseits den Auftritt eines Papstes in Szene setzen können.

Im „Borgobrand" der *Stanza dell'Incendio* ruft Leo IV. aus einer fiktiven **Benediktionsloggia** den himmlischen Beistand herbei und segnet die Menge, die sich vor seinem Palast versammelt hat und ihn um Hilfe anfleht. Im Verhältnis zu den Protagonisten fällt die Architektur recht klein aus. Auch verzichtete Raphael auf die Andeutung einer räumlichen Tiefe, indem er das Innere der Loggia völlig verschattete. Diese doppelte Komprimierung macht die Loggia fast zu einem gewöhnlichen Zimmer und die Serliana fast zu einem Fenster. Paradoxerweise geht mit dieser Abwertung der Architektur eine Aufwertung des Papstes einher. Die Architektur wird gewissermaßen auf die Figur des Pontifex konzentriert, ohne dabei ihre ikonographische Bedeutung einzubüßen. Darüber hinaus mutiert sie zu einer Art negativem Triptychon, in dem die Arkade den Papst trotz seiner Hand, mit der dieser aus der Fassade hinausweist, wie einen Heiligen rahmt.

10

Völlig entgegengesetzt verläuft der Auftritt der Herrscher in den östlichen Fensterlaibungen der *Sala di Costantino*. In beiden Chiaro-Scuro-Malereien wird eine phantastische Nymphäumsarchitektur von einer Loggia bekrönt. In der linken Laibung verkündet Kaiser Konstantin vermutlich das legendäre Dekret zur Zerstörung der heidnischen Götterstatuen.[245] Die Balustrade ist mit einem Teppich geschmückt, im Hintergrund steht eine Assistenzfigur. Auf der gegenüberliegenden Seite verliest ein Papst hinter einer gleichfalls mit einem Teppich verzierten Balustrade einen Text. Neben ihm steht ein Diener mit Flabellum. Nach Rolf Quednau könnte es sich bei dem Pontifex, der im Hausgewand mit Mozzetta und Pileum und nicht im liturgischen Ornat auftritt, um Silvester I., Gregor den Großen oder Clemens VII. handeln.[246]

11

Wie im „Borgobrand" dient die Loggienarchitektur (hier zweimal ein syrischer Architrav) als Nobilitierungsmotiv, wobei ihre Herkunft aus der kaiserlichen Baukunst nachdrücklich angesprochen wird. Ansonsten könnte die Art der Inszenierung aber nicht unterschiedlicher sein. Zum einen ist das Größenverhältnis zwischen den Herrscherfiguren und den sie umgebenden Architekturen viel realistischer, wenngleich es noch längst nicht an die Maßverhältnisse von *San Giovanni* heranreicht, wo eine einzelne Person sich weder gegen die Ausmaße des Aufrisses noch gegen die Dimensionen des Fassadenraums behaupten kann. Dennoch würden auch die Herrscher in der *Sala di Costantino* ohne die sonst übliche Staffage (Thron, Flabelli, Baldachin, Teppiche, Velum, Gefolge), auf welche die Päpste auch bei ihren Auftritten in *San Giovanni, Sankt Peter* oder *Santa Maria Maggiore* aus gutem Grund nicht verzichteten, verloren wirken, hätte der Maler die Struktur der Räume nicht eigens auf sie abgestimmt. So führte er die Rückwände über halbrunden Grundrissen aus, deren geometrische Mittelpunkte die Figuren bilden. Ferner brach er in die Wände Fenster ein, von denen das jeweils hinterste, das den Herrscher hinterfängt, auf dessen Größe abgestimmt ist und ihn dadurch in die Gesamtarchitektur einbettet. Schließlich untergliederte der Maler das riesige

224, 20, 1

---

245 Siehe hierzu Quednau 1979, S. 495.   246 Quednau 1979, S. 496.

Gewölbe durch Lünetten, Stichkappen, Grate und ein Opaion. Damit schuf er eine kleinteilige Struktur, die im Verhältnis zu den menschlichen Figuren gleichfalls kommensurabel ist.

In dem Maße, in dem die Architektur den Herrscher in Beziehung zu sich setzt, wertet sie ihn auch auf. So bildet er nicht nur ihren geometrischen, sondern auch ihren gedanklichen Mittelpunkt. Zusätzlich betont wird seine zentrale Stellung durch die Fenster, die perspektivisch auf ihn ausgerichtet sind. Indem ihn das hintere Fenster hinterfängt, wird es sogar zu einem weiteren Nobilitierungsmotiv (ähnlich wie die Tür in Leonardos „Abendmahl" hinter Christus). Dasselbe gilt für die Lünetten und die Stichkappen, die zusammen eine Art Krone bilden, für das Gewölbe, das die Herrscherfigur wie ein Baldachin überfängt, und für das Opaion, das an einen Nimbus erinnert. Nicht zuletzt behauptet sich die Figur gegenüber der cremefarbenen Architektur natürlich durch seine Farbigkeit, durch die sich auch die Päpste von der monochromen und hellen Travertinfassade der *Lateranbasilika* abhoben.

224

Um wie viel bescheidener der päpstliche Segen ohne das Motiv einer zentralen Loggia ausfiel, zeigt in einem abschließenden Vergleich ein Dupérac zugeschriebener Kupferstich aus dem Jahre 1567. Von der unter Paul II. Mitte des 15. Jahrhunderts errichteten *Alten Loggia* des Vatikans herab erteilt Pius V. den Segen.[247] Von dem allgemeinen Motiv der Arkade abgesehen, wird der Auftritt des Papstes aber nur durch das Velum und eine herabhängende Tapisserie ausgezeichnet. Da die Loggia zudem eine gerade Anzahl von Achsen aufweist und von der benachbarten rechten Arkade um der Symmetrie willen gleichfalls ein Teppich herabhängt, präsentiert sich der Pontifex mehr als Teil eines Kollegiums denn als eine hervorstehende Einzelperson.

232

7 Santa Maria Maggiore: Der Raum als Vergegenwärtigung von Heilsgeschichte

7.1 Die Fassade als Inszenierung der Liturgie

Wie die Entstehungsgeschichte von *San Giovanni* gezeigt hat, war die angemessene Gestaltung der Fassadenöffnung über dem Benediktionsbalkon eine Aufgabe, an der Galileis Mitbewerber mehr oder weniger gescheitert waren. Galilei gelang es als einzigem, die liturgische Signifikanz der Benediktionsarkade hervorzuheben. Er stellte sie in einen übergiebelten Risalit, umgab sie statt mit einfachen Pilastern mit gekuppelten Halbsäulen, gestaltete das Obergeschoss höher als das Untergeschoss, legte die Mittelachse breiter an als die Seitenachsen und ging bei der **Binnenordnung** von Pfeilerpfosten zur Freisäule über. Nicht zuletzt gab er der Arkade die imperial konnotierte Form einer Serliana.

224

Da Fuga die Fassadenmitte von *Santa Maria Maggiore* nicht zum Risalit aufwerten konnte, waren seine Möglichkeiten, die Benediktionsarkade hervorzuheben, viel beschränkter. Überhaupt ist seine Fassade ganz anders aufgebaut. Kapitel B 3.4.3 hat ergeben, dass Fuga die Pfeiler-Streben hinter den Ädikulen als die **Primärebene** ansah. Nimmt man im Obergeschoss diese Ebene für sich und denkt sich die **sekundär** applizierte Ädikula und die **tertiären** eingestellten Seitenarkaden

1

---

247 Faleti 1567, o. S.
248 Rom, Gabinetto di architettura dalle collezioni del Gabinetto Nazionale delle Stampe, F.N. 13865 (1195); vgl. Kieven 1988, Kat. Nr. 1.

fort, so bleibt eine Pfeilerordnung übrig, die in der Mitte in eine Säulenarkade mit aufgebogenem Architrav übergeht. Pfeilerordnung und Arkade ergeben zusammen eine Art syrischen Architrav, der sich – in der Gesamtgliederung versteckt – über die gesamte Fassade erstreckt. Obwohl der syrische Architrav sich von der klassischen Serliana strukturell unterscheidet (sein Bogen wird, wie gesagt, aus dem Architrav gewonnen und sitzt nicht gesondert auf dem Gebälk auf), stellt er ein ähnliches Würdemotiv dar. Schon in einem frühen *Entwurf für die Fassade von San Giovanni in Laterano* aus dem Jahre 1722[248] hatte Fuga auf eine Kolonnade mit syrischem Architrav zurückgegriffen, um die Mitte der **Benediktionsloggia** auszuzeichnen. Als eine weitere Nobilitierungsformel hatte er einen Giebel hinzugefügt. Auch der syrische Architrav von *Santa Maria Maggiore* besitzt dank der applizierten Ädikula einen Giebel.

237

Obwohl Fuga seiner Fassade ein ganz anderes Erscheinungsbild gab als Galilei der Front von *San Giovanni*, hob er die l i t u r g i s c h e Bedeutung der Benediktionsarkade mit fast denselben Mitteln hervor. Er verzichtete lediglich auf den Risalit. Zum Ausgleich gestand er der Mittelachse eine höhere Plastizität zu als den Seitenachsen und durchbrach mit der Archivolte der Arkade das Gebälk der Stockwerksordnung. Außerdem stellte er über dem Bogenscheitel die Epiphanie des Heiligen Geistes dar, so dass der Papst seinen Segen sichtbar unter den göttlichen Auspizien spendete.

224

7.2 Rusutis Mosaiken und das Early Christian Revival

Jedoch inszeniert die Fassade von *Santa Maria Maggiore* nicht nur eine liturgische Handlung. In Kapitel B 3.4.3 wurde schon angedeutet, dass Fuga seine Fassade einer älteren Bausubstanz, genauer gesagt der Ostwand des spätantiken Langhauses, vorzublenden hatte. Die Einbeziehung der alten Fassade hat wohl einen ganz ähnlichen Grund wie die Ummantelung des konstantinischen Langhauses von *San Giovanni in Laterano* durch Borromini.

Bekanntlich hatte das Domkapitel der *Lateranbasilika* als Reaktion auf den schon von Cesare Baronio heftig kritisierten Abriss der alten Peterskirche[249] eine Niederlegung des baufällig gewordenen Langhauses verboten. Auch Papst Innozenz X. hatte gefordert, dass die ursprüngliche Gestalt so weit als möglich erhalten und verschönert werde: „per mantenerla quanto sarà possibile nella sua primitiva forma, et abbellirla".[250] So war es Borromini lediglich erlaubt, die alten, ohnehin schon durch Ziegelkorsetts verstärkten Säulenstellungen der konstantinischen Basilika zu ummanteln. Selbst Daniele da Volterras Holzdecke, der Cosmatenfußboden und eine Reihe von Grabmälern durften nicht angetastet werden.[251]

In einem Akt der *restauratio* war die konstantinische Kernsubstanz wie eine ‚Reliquie' in den Neubau integriert worden. Dies offenbart sich allein schon darin, dass die Ziegelwände der alten Basilika hinter den ovalen Stuckrahmen des Obergadens sichtbar blieben und erst Mitte des 18. Jahrhunderts mit den Prophetenbildern verdeckt wurden.[252] Der Vergleich mit den Verkleidungen wundertätiger Ikonen aus Gold und Silber, die nur das Haupt und die Hände der Heiligen hervorschauen lassen, drängt sich durchaus auf.

Nach Robert Stalla folgte der Umbau von *San Giovanni* einem neuen „gegenreformatorischen" Programm, das die legitime Vormachtstellung des alten Katholizismus gegenüber dem noch jungen Protestantismus vorführte:

---

249 Stalla 2000a, S. 34, Anm. 46. Zu den Widerständen, die sich gegen den Bau des Langhauses formierten, siehe Bredekamp 2000, S. 107–110 u. Kap. D 2.6.
250 Brief vom 15. Mai 1647 (Kopie im Arch. Lat.: Notizie delle Repar. e Restaur. Della Chiesa lat. Di G. F. De Rossi, 1705, f. 175; vgl. Hempel 1924, S. 95 u. Hoffmann 1978, S. 41).
251 Auf das Motiv der Pietät weist schon Pastor 1926–1938, Bd. XIV/1, S. 283–285 hin.
252 Vgl. Dvořák 1907 u. Fagiolo 1971.

„Das von Papst Innozenz X. an dem bedeutendsten Kirchenbau der Christenheit initiierte Renovatio-Projekt betont mittels Sichtbarmachung der altehrwürdigen Bausubstanz die alte Historie sowie die heilsgeschichtliche Dimension des Kirchengebäudes und wurde so zum Ausgangspunkt für die vielen ‚Kirchenrenovierungen' des 17. und 18. Jahrhunderts in Süddeutschland."[253]

Der Gedanke der *renovatio*, der in *Sant'Ivo* durch die Perpetuierung des Pfingstgeschehens evoziert wird, artikuliert sich in *San Giovanni* also durch die Einbeziehung historischer Bausubstanz in eine neue Architektur. Damit verbunden ist freilich noch ein zweiter Aspekt, nämlich der einer *restauratio*. Ganz im Sinne Baronios, aber auch der von Carlo Borromeo in Mailand betriebenen Kunstpolitik, wurde durch den Umbau von *San Giovanni* an die Zeit der *ecclesia primitiva* angeknüpft und damit ein als ideal geltender Zustand der Kirchengeschichte heraufbeschworen.[254] In ihrer wechselseitigen Ergänzung sind *renovatio* und *restauratio* also die katholische Antwort auf das protestantische Paradigma der *reformatio*.

Diese Mischung aus pietätvollem Bewahren einerseits und der Demonstration von Anciennität und historischer Kontinuität andererseits prägt im 18. Jahrhundert indes nicht nur den süddeutschen Kirchenbau; offensichtlich bestimmte er auch die Konzeption von Fugas Fassade. Letzten Endes ist die neue Fassade von *Santa Maria Maggiore* sogar nur von ihrer mittelalterlichen Folie her zu begreifen. Dank ihr konnte Fuga das Ideal einer *renovatio* und *restauratio ecclesiae* sogar besonders sinnfällig werden lassen. Denn anders als in *San Giovanni*, wo der architektonische Kern weitgehend hinter neuen Wandschalen verschwand, blieben an *Santa Maria Maggiore* die wertvollen Mosaiken Filippo Rusutis und seiner Werkstatt (1294–1308) deutlich sichtbar.

4. 6, 251a, b

Die nachdrückliche Integration eines mittelalterlichen Kunstwerks in einen Neubau betrifft einen Aspekt der *restauratio ecclesiae*, der seit Richard Krautheimer allgemein als „Early Christian Revival" bezeichnet wird.[255] Bekanntlich umfasste das Early Christian Revival mehrere Entwicklungen: die Hinwendung zum frühen Christentum und zum Mittelalter in der Kirchengeschichte (Cesare Baronio), die Anfänge einer christlichen Archäologie, die Dokumentation christlicher Denkmäler in verschiedenen Zeichnungskampagnen[256] und die Aufwertung der frühchristlichen Kunst in der Kunsthistoriographie (Giulio Manchini).[257]

Indes beschränkte sich die Rückbesinnung auf die Kunst der frühen Kirche keinesfalls auf den wissenschaftlichen Bereich, sondern prägte auch die (Neu-)Ausstattung alter und moderner Kirchenbauten. Nach Ganz manifestiert sich das Early Christian Revival zunächst in der Schaffung komplexer Bildzyklen, die es seit dem 14. Jahrhundert in Rom nicht mehr gegeben habe (mit Ausnahme der Sixtinischen Kapelle, wie man allerdings wird einräumen müssen):

„Allein schon die Entscheidung, die Haupträume der Gotteshäuser wieder mit monumentalen Bildprogrammen zu füllen, wie sie seit dem frühen Trecento nicht mehr realisiert worden waren, dürfte als Versuch gewertet werden, die künstlerischen Traditionen der antichità christiana wieder aufleben zu lassen. Der Gedanke erscheint überaus plausibel: die Bilderbauten als Rückgriff auf die traditionsgeheiligte, unbezweifelbar sakrale und unangefochten autoritative Kunst der frühen Kirche."[258]

Allerdings schöpfte die alte Bildkunst ihre Autorität und ihre Heiligkeit nicht nur aus ihrem hohen Alter, sondern auch aus ihren gleichnishaften Erzählstrukturen und ihren Bildinhalten. Ganz weist in diesem Zusammenhang besonders auf die Darstellungen von Martyrien und Visionen hin, die im Bildsystem der *ecclesia primitiva* eine zentrale Stelle einnahmen.[259] Als weiteres Bildmotiv wäre

---

253 Stalla 2000a, S. 37.
254 Vgl. Stalla 2000a, S. 39, Anm. 46.
255 Krautheimer 1967.
256 Hierzu ausführlich Waetzold 1964.
257 Ganz 2003, S. 225.

258 Vgl. Ganz 2003, S. 224.
259 Ganz 2003, S. 37. Zur Rolle des Märtyrers und des Visionärs in der alten Bildkunst siehe ibid., S. 236–260.

das Wunder hinzuzufügen. In allen drei Sujets offenbart sich das Eingreifen Gottes in die Heilsgeschichte und die Gründung der Kirche. Die alten Bilder sind so Garanten einer *veritas historica*, wie sie Baronio als Kriterium der Kontroverstheologie entwickelte.[260] In ihrem Quellenwert der schriftlichen Überlieferung durchaus ebenbürtig, zeigen sie Ganz zufolge, „dass die kirchliche Überlieferung die historische Wahrheit über die frühen Heiligen in der Regel zutreffend bewahrt hat, ohne von interessierter Seite manipuliert oder verfälscht worden zu sein." Diesem Anspruch werden sie durch ihre innere Erzählstruktur umso gerechter, beispielsweise durch das Motiv des anwesenden Zeugenkollektivs, in das der „Blickwinkel des imaginären Augenzeugen" bereits implementiert sei.[261]

Dabei b e r i c h t e n die alten Bildprogramme nicht nur von Visionen, Wundern und Martyrien, sondern stehen zu diesen auch in einem i n n e r e n V e r h ä l t n i s. Wenn beispielsweise Rusutis Mosaiken die Traumvisionen schildern, in denen Maria dem Papst Liberius und dem Patricius Johannes die Errichtung von *Santa Maria Maggiore* unter Ankündigung eines Schneewunders befiehlt, und wenn sie dieses Wunder dann in einer weiteren Szene ausführlich zeigen, so geben sie sich letztlich als Resultate ihrer eigenen Erzählung zu erkennen – und führen damit ihren eigenen Wahrheitsbeweis. Was schließlich das Verhältnis der Bilder zu den Martyrien betrifft, so war die Ausstattung der spätantiken Kirchen nach Baronio eine Gründungstat ersten Ranges und als solche mit den frühen Martyrien durchaus vergleichbar.[262]

251a, b

Als das Medium des Early Christian Revival schlechthin wurden die Mosaiken angesehen. Dies hatte mehrere Gründe. Erstens waren die alten Bildzyklen überwiegend in dieser Technik ausgeführt worden bzw. hatten sich überwiegend in dieser Technik erhalten. Zweitens war die Mosaikkunst seit dem 14. Jahrhundert fast vollständig durch die Freskomalerei abgelöst worden, was ihr zwangsläufig eine gewisse *antichità* verlieh. Drittens haftete der musivischen Kunst aufgrund ihrer vergröbernden Darstellung etwas Archaisches an. Die Altehrwürdigkeit, aber auch die Dauerhaftigkeit dieser Gattung sowie der Umstand, dass in der frühen Neuzeit fast nur Mosaiken sakralen Inhalts bekannt waren, verliehen den Musiven zudem eine Aura besonderer Heiligkeit. Ganz spricht sogar von einer „transzendenten auctoritas".[263]

Ein bezeichnendes Beispiel für den Umgang mit der Mosaikkunst in nachtridentinischer Zeit ist die bereits im 4. Jahrhundert gegründete Kirche *Santi Nereo ed Achilleo*. Der heutige Bau entstand unter Leo III. Nachdem er Kardinal Baronio als Titelkirche zugewiesen worden war, veranlasste dieser ab 1596 seine Sicherung und Umgestaltung. Baronio ließ die Fragmente der karolingischen Mosaiken in Apsis und Triumphbogen in Freskotechnik ausbessern und erweitern. Außerdem ergänzte er die spätantike und mittelalterliche Ausstattung (Cosmatenfußboden aus dem 13. Jahrhundert, spätantiker Osterleuchter, Chorschranken und Bischofsstuhl) um zwei karolingische Ambonen und ein Ziborium. Sinnfälliger konnte die *restauratio ecclesiae* nicht betrieben werden.

Indes beschränkte sich die unter Baronio einsetzende *moda del mosaico* keineswegs auf die Wiederherstellung baufälliger Kirchen. In *San Cesareo de' Via Appia* ließ Baronio Triumphbogen und Apsis sogar mit neuen Mosaiken ausstatten.[264] Die Entwürfe lieferte Giuseppe Cesari, der wenig später – unter maßgeblicher Beratung Baronios – auch die Mosaiken für *Sankt Peter* konzipierte. Dort sollten die Mosaiken vor allem den Verlust der Musiven von *Alt-Sankt Peter* kompensieren.[265]

Eine Schlüsselfunktion bei der um 1600 betriebenen Rezeption alter Mosaiken nahm sicherlich *Santa Maria Maggiore* ein. Die Zyklen des Langhauses, des Triumphbogens, der Apsis und der

258

---

260 Siehe hierzu Hecht 1997, S. 248–266.
261 Ganz 2003, S. 237.
262 Siehe die einzelnen Belegstellen bei Mühlen 1990, S. 31–34.
263 Ganz 2003, S. 235.

264 Mit der Ausstattung von *Santi Nereo ed Achilleo* und *San Cesareo de' Via Appia* unter Baronio hat sich Herz 1988 ausführlich beschäftigt.
265 Vgl. Ganz 2003, S. 235.

Ostfassade gehörten im 18. Jahrhundert mit denen von *Sankt Paul vor den Mauern* zu den umfangreichsten und zum Teil auch zu den ältesten Roms – vor allem nach dem Abriss der konstantinischen *Peterskirche*. Nachdem jedes zweite Obergadenfenster vermauert worden war, freskierten Giovanni Battista Ricci, Baldassare Croce u. a. die Füllungen mit Stationen aus dem Leben Mariens und Christi und ergänzten so den Zyklus an den Längsseiten des Mittelschiffs aus dem 5. Jahrhundert. Zugleich rekonstruierten und vervollständigten sie die schadhaften alten Mosaiken. An der Eingangswand des Mittelschiffs fertigte Ferraù Fenzoni als Pendants der antiken Mosaiken sogar Bilder, deren goldene Punktierung die Glanzwirkung der musivischen Technik nachahmt.

In der 1584–1590 entstandenen *Cappella Sistina,* in der die Krippe von Bethlehem aufbewahrt wird, zitieren einige Szenen und Bildmotive des Freskenzyklus, der an den Seitenwänden die Kindheit Jesu erzählt, die gleichfalls aus dem frühen 5. Jahrhundert stammenden Mosaiken des Triumphbogens.[266] Wie groß das Interesse am frühchristlichen Bildprogramm der Kirche war, zeigt schließlich auch eine um 1630 entstandene Dokumentationskampagne, in deren Verlauf die Langhausmosaiken in einer Serie von 41 Blättern nachgezeichnet wurden.[267]

6, 251a, b   Wenn Fuga die Mosaiken Rusutis gezielt in seine Fassade integrierte, so folgte er also nicht nur der Tradition des Early Christian Revival, sondern setzte auch eine in *Santa Maria Maggiore* intensiv betriebene Praxis fort. Darüber hinaus bot sich die Rezeption der Fassadenmosaiken, bei denen es sich übrigens um die größten dieser Art in Rom handelte,[268] aufgrund ihres Inhalts an. Am besten ist ihr ursprünglicher Zustand in einer Zeichnung dokumentiert, die in der National Gallery of Scotland in Edinburgh aufbewahrt wird.[269]

6   Im oberen Register, das kontinuierlich durchläuft, thront der segnende Christus in der Mandorla. In der Linken hält er ein geöffnetes Buch, in dem die Worte EGO SVM LVX MVNDI QVI […] stehen. Hinter der Mandorla ragen zwei Engel mit Weihrauchfässern hervor. Unter ihnen knien zwei weitere Himmelsboten mit Kandelabern, neben denen wiederum – in stark verkleinertem Format – die beiden Stifter, die Kardinäle Jacopo und Pietro Colonna, in betender Haltung verharren. Der Majestas Domini nähern sich von beiden Seiten jeweils vier Heilige. Den Inschriften nach handelt es sich links um die Gottesmutter, Paulus, Jakobus (den Älteren) und Hieronymus, rechts um Johannes den Täufer, Petrus, Andreas und Matthias (= Matthäus).[270] Über den Heiligen schweben die vier apokalyptischen Tiere als Evangelistensymbole.

251a, b, 252   Das untere Register ist in fünf Felder unterteilt. Das Mittelfeld nahm einst, den Umriss der Mandorla Christi paraphrasierend, eine Fensterrose ein. Die verbleibenden vier Zwickel sind mit den Wappen der Colonna besetzt. Die Szenen links und rechts erzählen die Gründungslegende von *Santa Maria Maggiore*: In den beiden linken Feldern erscheint die Muttergottes, von einer Gloriole umgeben, zunächst dem Papst Liberius und dann dem Patricius Johannes im Traum, um beiden den Bau der Kirche zu befehlen und das Schneewunder anzukündigen. Rechts berichtet Johannes dem Papst in einer öffentlichen Sitzung von seiner Vision. Im letzten Bild bewirken Christus und Maria, beide von einer weiteren Gloriole umgeben, dass es im August (!) schneit. Auf Erden steckt Liberius den Grundriss der künftigen Kirche ab, den der gefallene Schnee markiert hat.[271]

---

266 Die Übereinstimmungen hat Ostrow 1996, S. 95–96 herausgearbeitet. Zu den Langhaus- und Triumphbogen-Mosaiken zuletzt: Geyer 2005/06, S. 293–321.

267 Siehe hierzu Waetzold 1964, S. 49–50. Für die Zeit der Renovierung zwischen Sixtus V. und Urban VIII. siehe Schwager 1983.

268 Vgl. Wollesen 1998, S. 105.

269 Inv. Nr. 1051. Das Blatt wurde erstmals von Gardner 1973a publiziert. Vgl. auch Gardner 1973b, Abb. 20, Hetherington 1979, Abb. 147 u. Wollesen 1998, S. 107 u. Abb. 65.

270 Da die Namensinschriften der äußeren Figuren heute von den Schmalseiten der Benediktionsloggia verdeckt werden, ist ihre Deutung etwas ungewiss. Zu ihrer Identifizierung wie zum gesamten Bildprogramm vgl. auch Tosti-Croce 1988, S. 156–161.

271 Zur Deutung der Szenen siehe auch Wollesen 1998, S. 107–119 und Buchowiecki/Kuhn-Forte 1967–1997, Bd. I, S. 250–251.

Deutet man die Mosaiken ekklesiologisch, so spricht die obere Zone mit Christus die göttliche Gründung der Kirche und ihre Vollendung durch die Parusie des Gottessohnes an. Zusammen mit dem Weltenrichter ergeben Maria und Johannes eine Deesis und evozieren damit das Jüngste Gericht. Die Apostel stehen für die Apostolizität der Kirche und ihre Bereitschaft, für die Verbreitung des Glaubens das Martyrium zu erleiden. Paulus und Petrus betonen darüber hinaus die Bedeutung Roms als Hauptstadt der Christenheit und des Papsttums als oberster kirchlicher Instanz. Durch die Gegenwart des Täufers wird die Kirche als Nachfolgerin des Alten Bundes ausgewiesen, während die Darstellung Marias der Titelheiligen Reverenz erweist. Als Kirchenvater repräsentiert Hieronymus schließlich die frühe Kirche am Ende des 4. Jahrhunderts.

Das untere Register behandelt in den beiden ersten Feldern wie das Triumphbogen-Mosaik im Inneren zweimal das Thema der Traumvision. (Am Triumphbogen wird Joseph über die Schwangerschaft Mariens aufgeklärt und zur Flucht nach Ägypten aufgefordert.) Zugleich wird ein Wunder verheißen. Ein „Zeugenkollektiv" wird von den Visionen unterrichtet, ein weiteres erlebt im vierten Feld das Eintreten des Mirakels und die Verwirklichung des himmlischen Auftrages. Die Mosaiken beglaubigen also nicht nur die Gründungslegende von *Santa Maria Maggiore*, sondern tragen auch dazu bei, dass der heute existierende Kirchenbau seinerseits als Beweis für die Echtheit der Überlieferung verstanden wird. Nicht zuletzt wird die Errichtung des Kirchengebäudes dank des christologischen und apostolischen Kontextes mit der Stiftung der Kirche als Institution gleichgesetzt.

7.3 Benedikt XIV. als Promotor des Early Christian Revival

Indem Benedikt XIV. Fuga damit beauftragte, die mittelalterliche Fassade zu ‚erneuern', bestätigte und aktualisierte er diesen doppelten Gründungsakt. Wie in *Sant'Ivo* wurde die Gründung der Kirche durch den Bau eines Kirchengebäudes nachvollzogen und perpetuiert – allerdings nicht durch das biblische Motiv des Pfingstereignisses, sondern durch das kunstpolitische Konstrukt des Early Christian Revival.

Darüber hinaus stellte Benedikt sich durch die Fassade persönlich in die Tradition der frommen Stifter, die durch Papst Liberius und den Patricius Johannes begründet und unter den Colonna-Kardinälen fortgesetzt worden war.[272] Entsprechend tritt die Inschrift des oberen Frieses BENEDICTVS XIV P[ONTIFEX] M[AXIMVS] A FVNDAMENTIS EREXIT neben die Aussage der Mosaiken. Wie sehr die *renovatio* der Kirche Benedikt auch ein persönliches Anliegen gewesen war, geht daraus hervor, dass der Papst die Errichtung der Fassade, zu der er am 4. März 1741 den Grundstein gelegt hatte, weitgehend aus privaten Mitteln bestritt.[273]

Dass dem Pontifex an der Erneuerung der Basilika gelegen war, zeigt auch die Umgestaltung des Inneren, die sich bis 1749 hinzog. In Benedikts Auftrag ließ Fuga Teile des Fußbodens erneuern, die Gewölbe der Seitenschiffe stuckieren, den Chor tieferlegen und die Mosaiken reinigen. Außerdem entwarf er einen neuen Hochaltar samt Baldachin.[274]

258

Wie der Bau der Fassade sollte die Renovierung des Inneren an die Tradition der *ecclesia primitiva* anknüpfen. So bestand die Altarmensa aus einer Porphyrwanne, die allgemein als Sarkophag des Patricius Johannes angesehen wurde. Durch ihre Wiederverwendung stellte sich Benedikt abermals in die Nachfolge eines der beiden Stifter. Ebenso manifestiert sich der Bezug zur frühen Kirche in Fugas Konzeption des Baldachins. Die Entwürfe beziehen die (gereinigten) Mosaiken

257a–c

---

272 Nach Wollesen 1998, S. 123–124 stellt bereits das Mosaik Jacopo und Pietro Colonna als Stifter neben den Patricius Johannes.

273 Pastor 1926–1938, Bd. XVI/1, S. 112.

274 Pastor 1926–1938, Bd. XVI/2, S. 113.

des Triumphbogens und der Apsis von vornherein als Folie ein.[275] Vergleicht man sie mit dem ausgeführten Zustand, wird sogar deutlich, dass der Architekt für den Baldachin eine immer transparentere Konstruktion anstrebte, die von den Mosaiken möglichst wenig verdeckte.

Die Vorstellung, dass *renovatio* und *restitutio* sich nicht ausschließen, sondern einander bedingen, liegt auch der Inschrift zugrunde, die das Kapitel dem Pontifex zum Dank über dem mittleren Eingang des Mittelschiffs setzen ließ:

BENEDICTO XIV PONT[IFICI] MAX[IMO]
QVOD LIBERIANAE BASILICAE LACVNAR REPARAVERIT
DE INTEGRO PAVIMENTVM REFECERIT
COLVMNIS AD VERAM FORMAM REDACTIS ET EXPOLITIS
NOVA CAPITVLA IMPOSVERIT NOVAS BASES SVBIECERIT
PLASTICVM OPVS OMNE INAVRAVERIT
PICTVRIS DETERSO SITV VENVSTATEM RESTITVERIT
ABSIDEM EXORNAVERIT
CHORVM NOVIS SVBSELLIIS INSTRVXERIT
ARAM MAXIMAM EXCITAVERIT
SACRAM DENIQVE AEDEM ANTEA INCONDITAM
AD ELEGANTIAM PARTIVMQVE CONSENSVM REVOCAVERIT
CAPITVLVM ET CANONICI BENEFICENTISSIMO PRINCIPI
ANNO IVBILAEI MDCCL PP [= POSVERVNT].

(Papst Benedikt XIV.
haben Kapitel und Kanoniker als dem wohltätigsten Prinzeps
im Jubeljahr 1750 [diese Inschrift] gesetzt,
weil er die Basilika des Liberius ausgebessert,
den Bodenbelag erneut wiederhergestellt
[und] den Säulen, denen er die ursprüngliche Gestalt zurückgegeben und sie sorgsam poliert hat,
neue Kapitelle aufgesetzt und neue Basen untergelegt hat,
[und weil er] die Plastiken vollständig vergoldet,
die Bilder [gemeint sind die Mosaiken] durch Abwischen der Schmutzschicht in ihre Altehrwürdigkeit wiederhergestellt,
die Apsis ausgeschmückt,
den Chor mit einem neuen Gestühl ausgestattet,
einen Hochaltar aufgerichtet,
kurz und gut das verwahrloste Gotteshaus
zur Anmut und Stimmigkeit aller Teile zurückgerufen hat.)

Wie man sieht, wird die Tätigkeit Benedikts überwiegend als ein *reparare, reficere, ad veram formam redagere, venustatem restituere* und *revocare* verstanden, selbst dann, wenn es sich wie bei der Ausbesserung des Paviments, der Errichtung eines Altars und eines Chorgestühls sowie der Vergoldung des plastischen Schmucks eigentlich um (Er-)Neuerungen handelt. Besonders aufschlussreich ist die Behauptung, Benedikt habe den Säulen ihre w a h r e Gestalt zurückgegeben, indem er sie mit n e u e n Basen und Kapitellen versah.

Freilich deuteten nicht alle Zeitgenossen Fugas Restauration in diesem Sinne. Es gab etliche Stimmen, die dem Architekten vorwarfen, den Charakter der alten Basilika verfälscht zu haben:

„Viele aber wurden von Sehnsucht erfüllt und weinten, als diese ehrwürdige und heilige Altertümlichkeit durch so viele prunkvolle Verzierungen und Dekorationen derart zerzaust und unverhältnismäßig geworden war."[276]

---

275 Vgl. Kieven 1988, S. 31, Abb. 14 u. 15.

276 Merenda o. J., o. S.: „Molti però desideravano e piangevano quella venerabile e santa antichità così scomposta e sproporzionata come era, de tanti magnifici abellimenti et ornamenti" (zit. nach Pastor 1926–1938, Bd. XVI/1, S. 114, Anm. 1).

Als Benedikt diese Kritik zu Ohren kam, fand er gegenüber Fuga deutliche Worte:

> „Wir haben keinen Anlass, uns dieses Werkes zu sehr zu rühmen. Manch einer könnte glauben, wir seien Impresarii eines Theaters, weil es ein Ballsaal zu sein scheint."[277]

Die Inschrift des Domkapitels, die Einwände der Kritiker und Benedikts Tadel sind gleichermaßen ein Beleg für die Gültigkeit der Prinzipien des Early Christian Revival, die lediglich unterschiedlich streng ausgelegt wurden.

Für Benedikts ‚restaurative' Kunstpolitik spricht außerdem, dass er auch bei anderer Gelegenheit sein Interesse an alten Mosaiken bewies. 1734 hatte Clemens XII. den Platz vor *San Giovanni in Laterano* erweitern und dabei die Reste des unter Leo III. errichteten Triklinums, der ehemaligen Palastaula des Laterans,[278] niederlegen lassen. Dabei wurde auch das karolingische Apsismosaik, das 1625 durch Kardinal Francesco Barberini bereits ergänzt und durch eine Ädikula eingerahmt worden war, zerstört. Es zeigte Christus, der vom Paradiesesberg herab den Aposteln den Missionsbefehl erteilte. An der rechten Stirnseite verlieh Petrus seinem Nachfolger Leo III. das Pallium und überreichte Karl dem Großen das Fahnenlehen. Links überreichte der thronende Heiland einem nicht näher bezeichneten Papst die Schlüssel als Symbole der geistlichen und Konstantin das Labarum als Zeichen der weltlichen Herrschaft. Dem päpstlichen Bibliothekar Nicolai Alemanni zufolge, der 1625 in Rom eine dem Kardinal Francesco Barberini gewidmete Abhandlung mit dem Titel „De Lateranensibus parietinis …" veröffentlichte, handelte es sich bei dem Papst um Silvester I.[279]

Allerdings war die linke Szene von Barberini vollständig (re-)konstruiert worden. Als Vorlage hatte eine 70 Jahre alte Zeichnung gedient, auf der die Apsis angeblich in noch unzerstörtem Zustand zu sehen war. Dies hatte zumindest Alemanni behauptet.[280] Wahrscheinlicher ist jedoch, dass man ein typologisches Pendant zur rechten Szene erfunden und sich dabei verschiedener Vorbilder bedient hatte. Der Sinn dieser Konstruktion war offensichtlich: Die beiden Szenen der Stirnseiten beschworen nicht nur die Koexistenz von geistlicher und weltlicher Macht, sondern definierten auch das Papsttum als eine göttliche Stiftung (links) und das (abendländische) Kaisertum gemäß der *Translatio Imperii* als ein petrinisches Fahnenlehen. Darüber hinaus wurde das Verhältnis zwischen Silvester und Konstantin als historisches Vorbild für das Bündnis zwischen Leo III. und Karl dem Großen geltend gemacht. Dies war insofern bedeutsam, als Konstantin nach mittelalterlicher Überlieferung im sog. *Constitutum Constantini* die weltliche Macht in Italien an den Papst abgetreten und damit die rechtliche Grundlage für das *Patrimonium Petri* geschaffen hatte. Bekanntlich war seit dem Humanismus und der Reformation die *Translatio Imperii* angezweifelt worden. Das diese Translation begründende *Constitutum Constantini* war sogar von Nicolaus Cusanus u.a. als Fälschung entlarvt worden. Insofern erscheint es durchaus schlüssig, dass Francesco Barberini diese beiden wichtigsten staatsrechtlichen Prämissen des Papsttums durch ein entsprechendes historisches ‚Bilddokument' zu legitimieren suchte.

Nicht zuletzt wegen seiner herausragenden historischen und politischen Bedeutung ließ Benedikt das unter Clemens XII. zerstörte Mosaik 1743 rekonstruieren und an der Südseite von *Santissimo Salvatore della Scala Sancta*, wo sich auch eine Kapelle des heiligen Lorenzo befindet, in einer neu errichteten Nische einbauen. Vier Jahre später umgab Fuga die Nische mit einer Ädikula, um die Mosaiken hervorzuheben und vor den Einflüssen der Witterung zu schützen. Schließlich ließ er in die Wand der rekonstruierten Apsis folgende Inschrift setzen:

---

277 Caracciolo 1783, S. 84: „Non abbiamo motivo di gloriarci troppo di quest'opera; potrebbe credere taluno che noi fossimo impresari di teatro: giacchè sembra essere una sala da ballo."

278 Zu Gestalt und Funktion der Palastaula siehe Luchterhandt 1999b.

279 Luchterhandt 1999b, S. 62.

280 Laut Alemanni hatte der Kardinal diese Zeichnung nach längerem Suchen gefunden und in der Vatikanischen Bibliothek deponiert. Indes blieb das Blatt verschollen. Auch scheinen es die anderen christlichen Archäologen im Umkreis des Kardinals nicht gekannt zu haben (vgl. Luchterhandt 1999a, S. 61).

BENEDICTVS XIV P[ONTIFEX] M[AXIMVS]
ANTIQVISSIMVM EX VERMICVLATO OPERE
MONIMENTVM
IN OCCIDENTALI APSIDE
LATERANENSIS COENACVLI
LEONE III
SACRO COGENDO SENATVI
ALIISQVE SOLEMNIBVS PERAGENDIS
EXTRVCTI
QVOD AD TEMPLI AREAM LAXANDAM
CLEMENS XII
INTEGRVM LOCO MOVERI
ET AD PROXIMVM S[ANCTI] LAVRENTII ORATORIVM
COLLOCARI IVSSERAT
VEL ARTIFICVM IMPERITIA
VEL REI DIFFICVLTATE
DIFFRACTVM AC PENITVS DISIECTVM
NE ILLVSTRE ADEO
PONTIFICIAE MAIESTATIS AVTHORITATISQVE
ARGVMENTVM
LITTERARIAE REIPVBLICAE DAMNO INTERIRET
AD FIDEM EXEMPLI
IPSIVS CLEMENTIS PROVIDENTIA
STANTIBVS AD HVC PARIETINIS
ACCVRATE COLORIBVS EXPRESSI
ET SIMILLIMAE IN VATICANO CODICE
VETERIS PICTVRAE
NOVA APSIDE
A FVNDAMENTIS EXCITATA
ERVDITORVM VIVORVM VOTIS OCCVRENS
VRBI AETERNAE
RESTITVIT
ANNO MDCCXLIII
PONT[IFICATVS] SVI III
(Dieses sehr alte, aus bunten Steinen zusammengesetzte
Monument
[befand sich] in der Ostapsis
des Lateranischen Speisesaals,
der von Leo III.
für die Versammlungen des heiligen Senats
und andere erhabene Aufgaben
errichtet worden war.
Um den Platz [vor] der Kirche erweitern zu können,
befahl Clemens XII.,
es in intaktem Zustand von diesem Ort zu entfernen
und in der ganz nahegelegenen Kapelle des heiligen Laurentius
unterzubringen.
Durch die Unerfahrenheit der Künstler
oder die Schwierigkeit der Aufgabe
brach es [jedoch] auseinander und zerfiel.

218

Damit ein so berühmtes
Beweismittel
für die Majestät und die Erhabenheit des Papsttums
nicht zum Nachteil der Gelehrtenwelt zugrunde gehe,
kam Papst Benedikt XIV.
den Wünschen der Gelehrten entgegen
und stellte es im Jahre 1743, dem siebten seines Pontifikats,
nachdem er die Apsis von Grund auf neu errichtet hatte,
der Ewigen Stadt
wieder her,
[und zwar] in treuer Entsprechung eben der Kopie,
die aufgrund der Weitsicht des Clemens
sorgfältig in Farben wiedergegeben worden war,
als die Ruinen noch aufrecht standen,
sowie des alten, ganz ähnlichen Bildes
in einem vatikanischen Kodex.

Eine Gedenkmedaille, die 1749 erschien und die Aufschrift TRICLINII LEONIANI PARIENTINIS RESTITVTIS ("Anlässlich der Wiederherstellung der Ruinen des Leoninischen Speisesaals") trägt, feiert Benedikt gleichfalls als den Wiederhersteller dieses Monuments.

Über Benedikts Verhältnis zum Early Christian Revival gibt die Rekonstruktion des lateranensischen Mosaiks vielfachen Aufschluss. Seine Bezeichnung des Monuments als *illustre adeo pontificiae maiestatis authoritatisqve argumentum* macht deutlich, dass er in ihm einen wichtigen historischen Beleg für die Rechtmäßigkeit seiner päpstlichen Ansprüche sah. Dass das Mosaik gut 120 Jahre zuvor schon einmal rekonstruiert bzw. ergänzt worden war, wusste er offensichtlich nicht. Ebenso zeigt die Hinzuziehung von Gelehrten und bildlichem Dokumentationsmaterial bei der Rekonstruktion, welchen wissenschaftlichen Standards die Christliche Altertumskunde bereits genügen musste, um die historische Kontinuität der Kirche ‚glaubwürdig' untermauern zu können.

Auch in anderer Hinsicht stellte Benedikt sein starkes Interesse an der Kirchengeschichte und der Christlichen Kunsthistoriographie unter Beweis. Gleich nach seinem Amtsantritt etablierte er im *Oratorio dei Filippini*, wo Baronio einst seine Annalen verfasst hatte, eine Akademie für Kirchengeschichte.[281] Des Weiteren richtete er in der Biblioteca Vaticana ein Christliches Museum ein, dessen Bestände – ganz im Sinne des Early Christian Revival – nicht nur die Altertumswissenschaft fördern, sondern auch das Alter der katholischen Dogmen und der Kirchenlehre gegen deren Widersacher aufzeigen sollten. In diesem Sinne besagte die 1756 gesetzte Inschrift über der Eingangstür, "dass das Museum den Glanz Roms erhöhen und die Wahrheit der katholischen Religion bekräftigen solle".[282]

7.4 Santa Maria Maggiore und die „restauratio ecclesiae" im Jubeljahr 1750

Neben der Dokumentation historischer Kontinuität dürfte Benedikt der Fassade von *Santa Maria Maggiore* zwei weitere Aufgaben zugedacht haben. Zum einen war der Papst ein ausgesprochener Marienverehrer. Daher ließ er *Santa Maria Maggiore* als die wichtigste Marienkirche des katho-

---

281 Zur den vielfältigen Maßnahmen, die Benedikt XIV. zur Förderung der Kirchengeschichte ergriff, siehe Pastor 1926–1938, Bd. XVI/1, S. 139–135.

282 Zit. nach Pastor 1926–1938, Bd. XVI/1, S. 157.

lischen Erdkreises nicht nur renovieren, sondern stattete sie auch mit einem jährlichen Zins aus. Außerdem verfügte er, dass in ihr jedes Jahr am Hochfest der Unbefleckten Empfängnis eine feierliche päpstliche Capella gehalten werde.[283] Nicht zuletzt spendete er nach Vollendung der Fassade alljährlich an Mariä Himmelfahrt von der Loggia aus selbst den Segen.[284]

Zum zweiten war es Benedikt ein großes Anliegen, dass die Ewige Stadt zum Jubeljahr 1750 in würdigem Glanz erstrahle. In einem Rundschreiben vom 19. Februar 1749 ermahnte er die italienischen Bischöfe, das Ihrige dazu beizutragen, dass die Pilger nicht zerfallene oder schmutzige Kirchen vorfänden. In einer Ansprache vom 3. März desselben Jahres legte er den Kardinälen die Herstellung ihrer römischen Titelkirchen ans Herz und wies sie dabei auf sein eigenes gutes Beispiel hin.[285] In einer neuerlichen Allokution vom 5. Mai beschrieb er schließlich das christliche Rom als die Siegerin über die heidnische Urbs, die er mit Babylon verglich. Wie Letztere die Völker mit Waffenlärm und Kriegsgetümmel unterjocht habe, führe das neue Rom die aus allen Nationen herbeiströmenden Pilger zu brüderlicher Eintracht:

> „Der Anblick endlich der unabsehbaren gläubigen Scharen, die im Jubeljahr von allen Seiten zur Ewigen Stadt herbeiströmen, wird euer Herz mit Freude erfüllen, wenn jeder seinen eigenen Glauben in so vielen Nationen und Sprachen wieder findet, mit diesen allen in brüderlicher Liebe bei der gemeinsamen Mutter, der römischen Kirche, im Herrn sich geeint fühlt und mit dieser Freude inne wird, wie der Tau himmlischen Segens reichlicher herabfließt."[286]

Der Topos von der Überwindung babylonischer Missstände durch die alle Sprachen und Nationen verbindende Eintracht der Kirche als gemeinsamer Mutter aller Völker knüpft zum einen an jene Vorstellung einer pfingstlichen Erneuerung an, die wir bereits im Zusammenhang mit *Sant'Ivo alla Sapienza* untersucht haben (siehe C 4.4). Zum anderen beinhaltet er aber auch einen Hinweis auf das hohe Alter und die historische Kontinuität der römischen Kirche.

265–287

Innerhalb des schon beschriebenen dialektischen Verhältnisses zwischen *renovatio* und *restauratio* zerstört die Erneuerung der Kirche das Alte also nicht, sondern bewahrt es, indem sie es fortsetzt und ihm zu neuem Glanz verhilft. Im Inneren von *Santa Maria Maggiore* scheint Fuga nach Meinung etlicher Zeitgenossen diese Ausgewogenheit nicht gelungen zu sein. Wie aber vereinte er Altes und Neues an der Fassade? Um diese Frage zu klären, müssen wir zunächst einen Blick auf den Zustand vor Fugas Eingriff werfen.

7.5 Die Präsentation der Mosaiken vor dem Bau der Fassade

Wie die Ostfront von *Santa Maria Maggiore* vor dem Bau der neuen Fassade aussah, lässt sich aus mehreren Ansichten rekonstruieren.[287] Ein Stich aus den „Civitates orbis terrarum", der anlässlich des Jubeljahres 1575 entstand,[288] zeigt eine sog. *cavetto*-Fassade, deren weit überhängendes, gekehltes Traufgesims den mosaizierten Wanddekor vor der Witterung schützt. Dem Untergeschoss der Fassade ist ein fünffachiger *portico* mit gekuppelten ionischen Granitsäulen und geradem Gebälk vorgestellt. Dieser unter Eugen III. (1145–1153) entstandene Vorbau war unter Gregor XIII. (1572–1585) gerade erst erneuert worden.[289] Die obere Zone ist mit Mosaiken bedeckt. Zu der

242

---

283 Pastor 1926–1938, Bd. XVI/1, S. 225.
284 Pastor 1926–1938, Bd. XVI/1, S. 113.
285 Pastor 1926–1938, Bd. XVI/1, S. 231–232.
286 Zit. nach Pastor 1926–1938, Bd. XVI/1, S. 233.
287 Über die verschiedenen Anbauten an *Santa Maria Maggiore*, insbesondere an der Ostfassade,

und ihre Bezüge zum Straßensystem siehe auch Schlimme 1999/2002, passim; dort auch weiterführende Literatur.
288 Braun/Novellanus/Hogenberg 1575.
289 Luciani 1996, S. 187.

Fassade gehören der *campanile*, der 1377 im romanischen (!) Stil neu errichtet und noch 1503–1513 in demselben Stil aufgestockt worden war (rechts), und ein kleinerer Turm (links). Irrtümlich gab der Stecher den *campanile* aber nicht als Teil der Fassade wieder, sondern stellte ihn, etwas zurückgesetzt, neben sie. Aus diesem Grund musste er die Mosaiken rechts verlängern, was zur Folge hatte, dass die Rosette im unteren Register nicht mehr in der Mitte liegt.

Dieser Fehler unterlief dem Maler eines Freskos, das zwischen 1588 und 1590 im *Sixtinischen Saal der Biblioteca Apostolica Vaticana* entstand, nicht. Die Mosaikwand ist schmaler als der *portico*, da sie von den Türmen beidseitig beschnitten wird. Falsch sind hingegen die einzelnen Szenen: Der Maler missverstand insbesondere die Mandorla mit Christus in der Mitte des oberen Registers als Rosette. Außerdem proportionierte er den *campanile* zu schmal.

Etwas mehr Glaubwürdigkeit kann die Radierung von Israël Silvestre beanspruchen,[290] sieht man davon ab, dass Silvestre den *campanile* nach vorne zog, um ihn mit der Fassade fluchten zu lassen. Immerhin besitzt der Turm die richtigen Maßverhältnisse und steht stimmig über der fünften Travée des *portico*. Vor allem dokumentiert die Radierung aber eine gravierende Veränderung. 1605 hatte Flaminio Ponzio im Auftrag Pauls V. an der rechten Flanke einen Baukörper angefügt, der u. a. die Sakristei und das Baptisterium birgt. Zur *Piazza Santa Maria Maggiore* hin ist dieser Baukörper wie der *portico* fünf Achsen breit. Im unteren Bereich, wo das Hauptgeschoss über einem Mezzanin steht, übertrug Ponzio die ionische Ordnung des *portico* in Form von Pilastern auf die **Wandbauweise** (wobei er das letzte Säulenpaar des *portico* sogar durch die Doppelpilaster an der Gebäudekante ersetzte). Im oberen Bereich, wo ein Hauptgeschoss zwischen zwei Mezzaninen steht, führte Ponzio die Gliederung in Form einfacher Lisenen fort. Darüber hinaus schied er das Hauptgeschoss vom oberen Mezzanin durch ein Gesims.

Allerdings war der rechte Palast nur der erste Bauabschnitt eines sehr viel größeren Projekts. Wie ein Kupferstich Paolo De Angelis aus dem Jahre 1621 zeigt,[291] beabsichtigte Ponzio nicht nur den *campanile*, sondern auch den Palast an der jeweils gegenüberliegenden Seite spiegelbildlich zu wiederholen. Der *portico* erscheint jetzt als ein **Gliederbau**, der mit der **Wandbauweise** der Zwillingspaläste kontrastiert. Ferner erkennt man auf diesem Stich besser als auf Silvestres Radierung, dass Ponzio die Mosaiken insofern einbezog, als er das Traufgesims der Paläste bündig an den Fries, der die beiden Register teilt, anschloss.

Über diese formale Einbindung hinaus beabsichtigte Ponzio, die Mosaiken zum optischen und ikonographischen Mittelpunkt einer komplexen Szenographie zu machen. Zusammen mit dem *portico* und dem überstehenden mittelalterlichen *cavetto* sollten die beiden Zwillingspaläste um die Tafelwand einen dreidimensionalen Rahmen bilden, in dem die einzelnen Bildszenen sich fast wie in einem Guckkasten präsentierten. Einen zusätzlichen Akzent hätten die Doppeltürme gesetzt, die auf dem Stich ihrerseits mit den Kuppeln der *Cappella Paolina* und der *Cappella Sistina* korrespondieren und deren Zifferblätter das Motiv der Rosette im Zentrum aufgreifen.

Ob man es wie Torgil Magnuson gutheißen soll, dass Ponzios Projekt in dieser Form nicht verwirklicht wurde,[292] bleibe dahingestellt. Eine effektvollere Inszenierung mittelalterlicher Fassadenmosaiken ist jedenfalls kaum denkbar. Wohl um der Bedeutung der Mosaiken Rechnung zu tragen, gab De Angelis das Bildprogramm auch besonders präzise wieder und erläuterte es darüber hinaus in einem schriftlichen Kommentar.

Allerdings enthält auch De Angelis' Stich ein Missverständnis, das meist übersehen wird.[293] Wie auf dem Kupfer von 1575 steht der mittelalterliche *campanile* nicht in, sondern deutlich

---

290 Vgl. Pietrangeli 1988, Abb. auf S. 79.
291 De Angelis 1621, Tf. 62. Schwager 1983, S. 270–272 geht auf Ponzios Projekt eher beiläufig ein und spricht nur davon, dass die Paläste die Mosaiken „effektvoll inszenieren" sollten.
292 Magnuson 1982, Bd. I, S. 137.
293 Beispielsweise betrachtet Wollesen 1998, S. 107–111 De Angelis Stich ausschließlich hinsichtlich des Bildapparates.

hinter dem Fassadenspiegel. Deutet man die perspektivischen Fluchtlinien richtig, so ging De Angelis irrtümlich sogar davon aus, dass der Turm an der Längsseite des alten Kirchenschiffs ansetzte. Daher erstreckt sich das Mosaik jetzt über alle fünf Achsen des *portico* hinweg. Der Grund dieses Irrtums mag darin liegen, dass es stimmiger erscheint, wenn das Mosaik als das Zentrum der Konzeption die gesamte freie Stirnseite des Langhauses einnimmt. Würde es an den Seiten von den Türmen beschnitten, wäre seine bühnenhafte Inszenierung empfindlich gestört. Außerdem erlag De Angelis der Versuchung, jedes der unteren Bildfelder einer *portico*-Travée zuordnen. In Wirklichkeit ist das Mosaik jedoch auf den Bereich über den drei mittleren *portico*-Achsen beschränkt. Folglich sind die Bildfelder enger und der Figurenapparat gedrängter. Allerdings dokumentiert gerade dieser Irrtum erneut, dass das Mosaik Ausgangspunkt aller Umbaukonzepte war.

7.6 Die Präsentation der Mosaiken durch Fugas Fassade

7.6.1 Die Genese der Fassade

Die Vollendung von Ponzios Doppelfassade war Fuga vorbehalten. 1721 errichtete er den linken Palast als Pendant des rechten. Nachdem der *portico* Gregors XIII. sich als baufällig erwiesen hatte, stand auch dessen Erneuerung an. Von 1735 bis 1740 beabsichtigte Fuga, ihn durch einen einfachen Nachfolgebau zu ersetzen. Diese erste Phase des Fassadenbaus zerfällt in zwei Stufen, die in zwei Zeichnungen der Sammlung Lanciani dokumentiert sind. Der ersten Zeichnung von 1735[294]

248 nach zu urteilen, sah Fuga seine Aufgabe anfangs einzig darin, mit dem *portico* die Erdgeschosse der beiden Paläste glaubhaft zu verbinden. Auf dem zweiten Blatt von 1740[295] bezog er die alte

249 Stirnwand des Langhauses mit den Mosaiken bereits ein.

Vielleicht unter dem Einfluss von Galileis Fassade von *San Giovanni*, die ja auch anstelle des

224 von Borromini geplanten eingeschossigen *portico* entstand,[296] entschloss Fuga sich 1741 jedoch, seinen *portico* um eine **Benediktionsloggia** zu erweitern.[297]

Der Beginn der zweiten Planungsphase ist in einer weiteren Zeichnung festgehalten.[298] Auf die

250 drei mittleren Travéen des *portico*, den er aus der zweiten Stufe seiner ersten Projektphase exakt übernommen hatte, hat Fuga jetzt die **Benediktionsloggia** gestellt. Das Ergebnis ist, wie Elisabeth Kieven zu Recht bemerkt, „un grandioso spettacolo destinato alla vista", mit dem Fuga seine Fähigkeit unter Beweis gestellt habe, in vorgegebenen Situationen ein hervorragendes Ergebnis

1, 244 zu erzielen.[299] Nach Schlimme lag Fugas Leistung dagegen vor allem darin, die beiden Paläste unter Einbeziehung des *portico* und der Mosaikwand zu einer einheitlichen Komposition, zu einer „Kette" zu verbinden.[300]

Tatsächlich war es Fuga ein ausgesprochenes Anliegen, die Mosaiken in einem Akt des Early Christian Revival vollständig einzubeziehen und dabei möglichst zu schonen: "Si può inalzare il

---

294 Collezione Lanciani, Roma XI, 46.I.5; Matthiae, tav. XII, 2; 74; vgl. Kieven 1988, Kat. Nr. 50 bis.

295 Collezione Lanciani, Roma XI, 46.I.5; Matthiae, tav. XII, 3; 74; vgl. Kieven 1988, Kat. Nr. 50 ter.

296 Zu Borrominis Plänen siehe Roca De Amicis/Sladek 2000, S. 450–452 u. Kat. Nr. XII.41 u. 42.

297 Zur Baugeschichte der Fassade siehe auch Barroero 1988, S. 247 u. Luciani 1996, S. 191.

298 Rom, Gabinetto di architettura dalle collezioni del Gabinetto Nazionale delle Stampe, F.N. 13861 (1244); vgl. Kieven 1988, Kat. Nr. 50.

299 „La facciata di Santa Maria Maggiore (1741–43), concepita come un grandioso spettacolo destinato alla vista, dimostra la capacità die Fuga di ottenere il risultato migliori in situazioni predeterminate" (Kieven 2000, S. 549).

300 Schlimme 1999/2002, S. 485.

secondo ordine senza toccarsi i mosaici."³⁰¹ Indes lässt sich Fugas Leistung noch präziser fassen. Auch ist sie weitaus komplexer als es Kievens und Schlimmes Formulierungen ahnen lassen – nicht zuletzt dank des Raumes, den der Meister als Gestaltungsfaktor nutzte.

Wie die älteren Stiche zeigen, war Fuga in der Gestaltung seiner Fassade alles andere als frei. Die Zwillingspaläste bestimmten Breite und Höhe der neuen Fassade. Darüber hinaus lag es nahe, die Instrumentierung des *portico* an der unteren Ordnung der Zwillingspaläste auszurichten. Da Ponzio seinerzeit bei den ionischen Pilastern des rechten Palastes den Maßen des alten *portico* gefolgt war, bestimmte dieser indirekt also auch die Proportionen seines ‚Nachfolgers'. Ferner war die Zahl der Achsen durch die Eingänge zum Langhaus vorgegeben.³⁰² Des Weiteren sollten die Mosaiken, wie gesagt, ganz einbezogen und dabei möglichst wenig angetastet werden. Zugleich sollten sie vom Vorplatz aus gut sichtbar sein. Ein zusätzliches Problem ergab sich, weil die Mosaikwand die Zwillingspaläste – und damit auch die Höhe der künftigen Fassade – überragte. 245, 247

Eine weitere Determinante war der Raum. Wie De Angelis' Vedute zeigt, konnte Fuga, sobald er den linken Palast vollendet hatte, mit seiner Kirchenfassade gar keinen neuen Raum mehr schaffen. Vielmehr verlangte ein durch die Mosaikwand und die Zwillingspaläste bereits definierter Raum nach seiner eigenen Fassade. Im Vergleich zu *San Giovanni* haben wir es also mit einer ganz anderen Art von Raumhaltigkeit zu tun. Der Raum wird durch die Fassade nicht erzeugt, er ist als **primäres** Element bereits vorhanden und wird durch die **sekundäre** Fassade lediglich anders gefasst und – nicht zuletzt auch neu inszeniert. 224

Wie sehr der Raum die Fassade bestimmte, lässt sich an Fugas Konzeption genau ablesen. Wie wir gesehen haben, hatte Ponzio seine Palasthälfte als einen **Wandbau** konzipiert, der mit der Kolonnade des alten *portico* wirkungsvoll kontrastierte und die tieferliegende Mosaikwand nicht weniger wirkungsvoll rahmte. Dieser Kontext legte es Fuga nahe, auch den neuen *portico* als **Gliederbau** zu konzipieren. Dafür kam nur eine ionische **Gliederarchitektur** mit geradem Gebälk in Frage. Lediglich in der Gestaltung der Stützen (Pfeiler-Streben mit vorgeblendeten Säulenädikulen) war Fuga frei. Das Innere des *portico* überwölbte er mit einer Quertonne, die er hinter einer Sockelzone, die zum Obergeschoss überleitet, verbarg. 247

5, 253

Für die **Benediktionsloggia** wählte Fuga eine Folge **gliederhafter** Theatermotive. Dies war aus vier Gründen sinnvoll. Erstens lag es nahe, auch das obere Fassadengeschoss von der **Wandbauweise** der Zwillingsbauten abzusetzen. Zweitens war es tektonisch richtig, den *portico* nicht mit einer schweren Wand zu belasten. Drittens gewährte die **Gliederarchitektur** einen bestmöglichen Blick auf die Mosaiken. Und viertens entsprach die Arkatur dem durch Galilei wieder aktuell gewordenen Typus der **Benediktionsloggia**, den Fuga in seinem frühen Projekt für *San Giovanni* ja gleichfalls schon favorisiert hatte.³⁰³ 1, 4, 250, 252

4

237

Da Fuga den *portico* mit einer fast halbrunden Quertonne überwölbte, wurde die Sockelzone des zweiten Geschosses, das diese Tonne verdeckt, so hoch, dass die Instrumentierung der **Benediktionsloggia** nicht mehr auf demselben Niveau ansetzen konnte wie die Gliederung der Zwillingspaläste. Zum Glück erwies diese Divergenz sich in diesem Fall nicht als problematisch. Denn zum einen besitzen die oberen Palastgeschosse keine Ordnung mehr, mit der die Corinthia der **Benediktionsloggia** hätte harmonieren müssen. Zum anderen ist die Mosaikfläche, wie wir gesehen haben, schmaler als der *portico*. So konnte Fuga die **Benediktionsloggia** auf drei Achsen reduzieren, wobei er die Übergänge durch geschwungene Mauersegel überspielte. Die Fassade blieb auf diese Weise nicht nur dem traditionellen Schema der römischen Kirchenfront verpflichtet; sie hielt auch zu den Rücklagen genug Abstand, um nicht mit deren Gliederung in Konflikt zu geraten. 252

250

---

301 Zit. nach Buchowiecki/Kuhn-Forte 1967–1997, Bd. 1, S. 243.

302 Das Mittelschiff besitzt drei, das südliche Seitenschiff einen Zugang. Vor dem nördlichen Seitenschiff steht nur ein blindes Portal, da sich dahinter der massive Unterbau des Campanile befindet.

303 Vgl. Kieven 2000, S. 542–544.

Dennoch nahm Fuga auf die Struktur der Rücklagen mehrfach Rücksicht. Zunächst hob er das Gebälk der **Benediktionsloggia** so weit an, dass die Corona auf derselben Höhe zu liegen kam wie die Traufleiste der Paläste. Dies erlaubte es ihm, die Dachbalustrade seiner neuen Fassade nach beiden Seiten weiterzuführen und so dem gesamten Ensemble einen einheitlichen Abschluss zu geben. Allerdings war dieser gemeinsame Abschluss nicht leicht zu bewerkstelligen: Da die obere Fassadenzone der Paläste mit einem ganzen und zwei halben Geschossen deutlich höher ist als die untere Zone mit nur anderthalb Stockwerken, hätte die korinthische Ordnung der **Benediktionsloggia** eigentlich größer ausfallen müssen als die Ionica des *portico*. Damit wäre aber ein ähnliches Missverhältnis entstanden wie bei Wrens *Bibliothek des Trinity College*.

In dieser schwierigen Situation kam Fuga fraglos die Höhe der Sockelzone zugute, mit der er wenigstens das untere Halbgeschoss der Palastflügel ausgleichen konnte. Die Ordnung der **Benediktionsloggia** setzt nun auf derselben Höhe an wie das obere Hauptgeschoss der Paläste. Dennoch kam Fuga nicht umhin, mit **Regel I** zu brechen, wonach die Ordnungen nach oben hin k l e i n e r werden müssen (B 3.3.3.1). Tatsächlich sind seine beiden Ordnungen exakt gleich groß. Immerhin gelang es Fuga, die Kämpfer der seitlichen Kolonnaden so anzuordnen, dass sie mit den Gurtgesimsen fluchten, die über dem oberen Hauptgeschoss der Paläste liegen. Und nicht zuletzt konnte er mit der Balustrade der **Benediktionsloggia** die Brüstungen aufgreifen, die Ponzio in die Fenster des oberen Hauptgeschosses gesetzt hatte. Einzig bei der Proportionierung der Mittelarkade nahm Fuga auf die Rücklagen keine Rücksicht. Dass die Archivolte erst über den Säulenkapitellen ansetzt, erfüllt neben den schon erwähnten Funktionen (Betonung der Mitte, Würdeform, Inszenierung des päpstlichen Segens) noch einen weiteren Zweck: Sie soll den Blick auf die Majestas Domini im oberen Mosaikregister freigeben und die *exaltatio* Marias, deren Statue den oberen Abschluss bildet, sinnfällig machen.

7.6.2 Das konstruktive Verhältnis der Fassade zu den Mosaiken

Damit kommen wir zu dem komplizierten Verhältnis von Fassade und Mosaik. Wie schon gesagt, setzt das obere Mosaikregister exakt ü b e r den Kranzgesimsen der beiden Paläste an. Das heißt, dass es heute oberhalb des korinthischen Architravs beginnt. Die vollständige Präsentation dieses Bereichs schloss ein Kreuzgratgewölbe, das wie in Berninis *erstem Louvreentwurf* zusammen mit

174 den Archivolten auf den Kämpfern der seitlichen Arkaden angesetzt hätte, von vornherein aus.
252 Stattdessen griff Fuga wie Galilei auf eine Quertonne zurück, die ü b e r dem Gebälk (und damit
224 auch über dem unteren Register) ansetzt. Anders als Galilei, der an *San Giovanni* ja gleichfalls eine ältere Wand einzubeziehen hatte, verzichtete er indes auf jegliche Gliederung der Rückwand. Wie
199 in den Loggien von Palladios *Basilica in Vicenza* endet das Gewölbe ziemlich abrupt auf architravierten Konsolen. Diesen sind lediglich kleine Engelsköpfe angefügt.

251a, b Zwar konnte das untere Register auf diese Weise gerettet werden, doch drohte das obere – zumindest in Teilen – noch immer hinter dem Gewölbe zu verschwinden. Um es trotzdem nicht zu verlieren, entwickelte Fuga eine besondere Konstruktion, die er in der schon erwähnten lavierten
252 Federzeichnung präsentierte. Dieser Ausführungsentwurf zeigt die zu erbauende Fassade im Quer- und im Längsschnitt. Die mittelalterlichen Mosaiken sind als Ausgangspunkt der Konzeption deutlich kenntlich gemacht. In das Gewölbe schneiden gebuste Stichkappen ein, die eine doppelte Funktion erfüllen. Nach Westen schließen sie in der Mittelachse an die große Arkade der Fassadenfront an. In den Seitenachsen bilden sie Lünetten aus. An der Rückseite werden in den
4, 6 Stirnseiten der Stichkappen bereits wesentliche Teile der Mosaiken sichtbar: in der Mitte der thronende Christus mit den Engeln, links Maria mit Paulus, Jakobus dem Älteren und dem Johannesadler, rechts Petrus und Andreas mit dem Matthäusengel. Um auch noch die übrigen Flächen zumindest aus der Unter- und der Schrägansicht zu erschließen, ging Fuga sogar so weit, die westlichen Stichkappen ganz aufzubrechen.

Damit es nicht durch die Gewölbeöffnungen hineinregnete, überfing Fuga die perforierten östlichen Stichkappen mit einem Aufsatz. Dessen nach hinten ansteigendes Pultdach bezieht den *cavetto* der mittelalterlichen Fassade, der bis dahin als Witterungsschutz gedient hatte, ein. Darüber hinaus brach Fuga in die Stirnseite dieses Aufsatzes drei querovale Oberlichter. Nach Kieven, die Fugas Zeichnung verschiedentlich publiziert hat, sollten die Oberlichter die Mosaiken mit Licht versorgen.[304] Diese Aussage ist jedoch nur teilweise richtig. Wie ein Blick auf den Längsschnitt zeigt, fällt das Licht durch die Okuli nicht von oben, sondern von vorne ein. Folglich kommt es nicht dem gesamten Mosaik, sondern nur den Teilen oberhalb der Stichkappen zugute. Nicht zuletzt entlasten die Oberlichter das durch die Perforation der Stichkappen geschwächte Gewölbe.

Dieses ist an der Ostseite auf vier Füße beschränkt. Entsprechend gering war der Anteil des Mosaiks, der beschädigt wurde. Die Stellen, an denen Fuga in die Substanz der Mosaiken eingriff, sind in einem Stich aus dem 19. Jahrhundert gut dokumentiert.[305] Wie man an ihm sehen kann, kam Fuga seinem Ziel, die Mosaiken zu erhalten, sehr nahe. Lediglich an den äußeren Rändern, wo er die Seitenwände der **Benediktionsloggia** ansetzen musste, waren geringfügige Beschneidungen unumgänglich.[306]

7.6.3 Die Wahrnehmung der Mosaiken innerhalb des Fassadenraums

Trotz dem geringen Substanzverlust änderte sich die Wahrnehmung der Mosaiken durch die Hinzufügung der Fassade grundlegend. E r s t e n s wurden die Mosaiken zugänglich, wenngleich sicherlich nicht für jedermann. Das bedeutet, dass sie zumindest für den, der die Loggia betreten durfte, etwas von ihrer Unnahbarkeit verloren. Im Gegenzug stieg ihr dokumentarischer Wert. David Ganz hat darauf hingewiesen, dass das Motiv der Vision in der Quadraturmalerei des Barock gegenüber den frühchristlichen und mittelalterlichen Bildzyklen insofern verändert wurde, als der Betrachter dank der perspektivischen Wirkung in den Empfängerkreis einbezogen wurde.[307] Solch eine unmittelbare Einbeziehung leisten Rusutis Mosaiken natürlich nicht. Der Betrachter bleibt, was die Bildwirklichkeit betrifft, von den göttlichen Ereignissen ausgeschlossen. Dafür werden die Mosaiken dem Besucher der Loggia ähnlich zugänglich wie die Exponate des von Benedikt gegründeten Christlichen Museums. Mithin kann er die in den Bildern geschilderten Erzählungen unmittelbarer in Augenschein nehmen. Das Problem der räumlichen Distanz, das die Quadraturmalerei zu überspielen suchte, ist hier ja nicht mehr gegeben. An die Stelle einer subjektiven ist eine objektive Unmittelbarkeit getreten; der Betrachter hat an der Vision zwar keinen emotionalen Anteil, aber er kann sich ihr als einem historisch überlieferten Zeugnis intellektuell nähern.

Darüber hinaus wird der Betrachter auf andere Weise in das Bildgeschehen einbezogen, und zwar durch die Architektur. Während das untere Register mit der Gründungslegende von *Santa Maria Maggiore* den Bereich der irdischen Kirche repräsentiert, gibt das obere Register mit der Majestas Domini, der Deesis, den apokalyptischen Tieren und den auferstandenen Heiligen die Zone des Himmels wieder. Diesen Übergang vollzieht Fugas Architektur mit.

251a, b

6

Eine Schlüsselfunktion fällt dabei den Engeln zu, die Fuga an den Füßen seines Loggiagewölbes anbrachte. In Kapitel B 3.4.3 wurden sie als Träger des Gewölbes gedeutet. Durch sie konnte Fuga seinen Verzicht auf Pilaster, die das Mosaik beschädigt hätten, ‚tektonisch' plausibel machen. Man

---

304 Kieven 1993, S. 264; vgl. dies. 2000, S. 549–550; siehe auch dies. 1998, Kat. Nr. 50.
305 Luciani 1994, S. 188.
306 So fehlen links ein Teil aus dem „Traum des Liberius", die Namensinschrift des heiligen Hieronymus sowie der äußere Flügel des Markuslöwen.

Rechts gingen ein Streifen des „Schneewunders", die Namensinschrift des Apostels Matthäus sowie eine Flügelspitze des Lukastiers verloren. Ferner verschwanden die beiden Stifter hinter den inneren Gewölbefüßen.
307 Ganz 2003, S. 255.

kann sogar noch einen Schritt weiter gehen und dem von Engeln getragenen Gewölbe eine coelestische Konnotation zugestehen. In diesem Zusammenhang erscheint mir ein Vergleich mit *Sant'Ivo alla Sapienza* statthaft, wo die Cherubim am Kranzgesims des äußeren Kuppeltambours den Aufbau gleichfalls wie eine himmlische Architektur tragen.

271

Zwei weitere Beispiele finden sich in *Santa Maria Maggiore* selbst: Wie schon gesagt, wird die Decke des Hochaltars von Seraphim getragen. Dass diese Decke gleichfalls den Himmel darstellt, geht aus der Unterseite hervor, die mit dem Heiligen Geist besetzt ist. In der *Cappella Sistina* ist die Kuppelschale vollständig mit den himmlischen Hierarchien freskiert, so dass der Eindruck entsteht, das Himmelsgewölbe bestehe aus den Körpern der Engel. Das durch die Laterne symbolisierte Empyreum wird schließlich gleichfalls von (stuckierten) Engeln getragen. Noch offensichtlicher treten Antonio Gherardis Engel am Gewölbe der *Cappella Avila* in *Santa Maria in Trastevere* (ca. 1680) als Himmelsträger in Erscheinung. Innerhalb der (nicht sichtbaren) Laterne halten vier Putten einen Monopteros, der gleichfalls als der Tempel Gottes zu deuten ist.

258

254

Die Vermutung, das Gewölbe von Fugas Loggia paraphrasiere den Himmel, findet im Kontext der Mosaiken ihre Bestätigung. Das Gewölbe setzt nämlich nicht nur in Höhe der himmlischen Bildzone an; die Engelspaare, die je einen Gewölbefuß tragen, stehen auch in offensichtlicher Entsprechung zu den Engelspaaren, die in der unmittelbaren Nachbarschaft die Mandorla der Majestas Domini sowie die Glorien Christi und Mariens halten. Damit leiten sie nicht nur von der Architektur zum figürlichen Dekor der Mosaiken über, sondern weisen das Gewölbe auch als eine himmlische Architektur aus. Durch die Architektur wird der Himmel des Mosaiks also so sehr verräumlicht, dass er den Betrachter **um-** und **überfängt**. Zugleich **blickt** dieser **durch** die offenen Stichkappen wie in das ‚aufgerissene' Himmels-Gewölbe, wo ihm Christus und die Heiligen in einer jenseitigen Sphäre erscheinen. Verstärkt wird dieser Effekt durch das Licht, das durch die für den Betrachter nicht sichtbaren Okuli des Dachaufsatzes auf den oberen Teil der himmlischen Figuren fällt. Dieser Effekt, der dem Theaterarchitekten Fuga zur höchsten Ehre gereicht, wurde in jüngerer Zeit verfälscht. Wohl um die Mosaiken insgesamt besser auszuleuchten, wurden die Dachziegel des Aufsatzes durch Fiberglas ersetzt. Das überwiegend von oben einfallende Licht erreicht nun auch den unteren Bereich der Mosaiken. Die von Fuga beabsichtigte Transzendenz ist nun nicht mehr so leicht nachzuvollziehen.

6

4

Wiederum anders wirkt das Gewölbe, wenn man insbesondere die Majestas Domini nicht in der Unteransicht der Loggia, sondern in der Frontalansicht des Platzes betrachtet. Wie Fugas Querschnittzeichnung deutlich zeigt, wird die obere Hälfte der Majestas nun doch vom Gewölbe verdeckt. Dies erinnert an die Praxis byzantinischer Künstler, in Darstellungen der *análepsis* den Körper Christi durch den oberen Bildrand zu beschneiden, um die Entrückung des Auferstandenen in die Sphäre des Himmels anzuzeigen.

252

Vielleicht war die Überschneidung der oberen Figuren durch die Stichkappen des Gewölbes anfänglich nur eine Verlegenheitslösung. Indem Fuga die (im Ausführungsentwurf noch nicht vorgesehenen) Engel als Konsolfiguren hinzufügte und das Gewölbe damit coelestisch konnotierte, verstand er es indes, diesem Zustand eine weitere theologische Aussage abzugewinnen.

Die **zweite Wirkung** der Fassade besteht darin, dass sie die Mosaiken wie ein Kleinod schützend umschließt. In Zusammenspiel mit den Lichtverhältnissen wird die Kohärenz von alter und neuer Architektur sogar regelrecht inszeniert. Vor allem morgens erstrahlen Rusutis Mosaiken im Licht der aufgehenden Sonne und bilden so eine deutlich sichtbare Folie. Fugas transparente Architektur wird nun zu einem Rahmen, durch den die Mosaiken aus der Tiefe des Raumes in ähnlicher Weise mystisch hervorscheinen, wie Galileis Fenster es hätten tun sollen. Hinzu kam vormals auch die als Mariensymbol zu deutende Rosette, deren Füllung in der Mitte des 19. Jahrhunderts aus einer antikisierenden Ästhetik heraus entfernt wurde.[308] 1995 schuf Giovanni Hajnal

---

308 Vgl. Buchowiecki/Kuhn-Forte 1967–1997, Bd. 1, S. 251.

ein Glasfenster mit der (theologisch durchaus sinnvollen, stilistisch aber eher unpassenden) Darstellung der Madonna als Symbol der Kirche und als *filia Sion* (vgl. D 6.2).[309]

Aufschlussreich für die optische Wirkung der Fassade ist eine *Vedute Paninis*, die den Besuch Benedikts in *Santa Maria Maggiore* anlässlich der Vollendung der Fassade im Jahre 1742 festhält.[310] Wie das Gemälde zeigt, wird in der Schrägansicht, in welcher der Fassadenraum am besten zur Geltung kommt, aus dem architektonischen Rahmen sogar ein schreinartiges Gehäuse. Mit Hilfe dieser Symbolik konnte Fuga über das pietätvolle Bewahren hinaus die Kontinuität der Kirchengeschichte sinnfällig machen: Hinter dem Gewand der erneuerten Kirche strahlt die Alte Kirche hervor.

Zu dem schon vorgetragenen Konzept der *renovatio* gehört sicherlich auch, dass Fuga nicht nur den *campanile* einbezog, sondern auch in den Ädikulen des *portico* acht Granitsäulen des Vorgänger-*portico* wieder verwendete. Da der neue *portico* dieselbe Höhe und dieselbe Ordnung wie sein Vorgänger besaß, war ihre Integration völlig problemlos. Des Weiteren ergibt sich eine historische Kontinuität dadurch, dass Benedikt in die Nachfolge der antiken und der mittelalterlichen Stifter trat und dass er die nach dem Zeugnis der Mosaiken befohlene Erbauung der Kirche (wenigstens in Teilen) erneut durchführte. Die Botschaft der Mosaiken wird dadurch abermals bestätigt und aktualisiert.

Die solchermaßen inszenierte historische Kontinuität bezieht sich indes nicht nur auf die Kirche als ein konkretes Gebäude, sondern auch auf die Kirche als Institution. Die Gleichsetzung zwischen beiden Formen von Kirche geht an *Santa Maria Maggiore* sogar besonders weit. Beide wurden in einer ersten Phase durch ein Wunder gestiftet. In der zweiten Phase verkünden beide die Heilstaten und die Lehren Gottes und bezeugen das Leben der Heiligen. Schließlich gehen beide in der dritten Phase in das himmlische Königreich über. Letzteres wird in *Santa Maria Maggiore* bereits durch das Mosaik deutlich. Wie eben festgestellt, repräsentierte das untere Bildregister mit der Gründungslegende von *Santa Maria Maggiore* den Bereich der irdischen Kirche, wohingegen das obere Register für den Himmel steht. In der Leserichtung von unten nach oben geht die irdische Kirche, die sich in der Erbauung von *Santa Maria Maggiore* manifestiert, also in das Himmelreich über. Durch die gedankliche Vermittlung der Mosaiken werden die alte Basilika und die neue Fassade gleichermaßen zu Manifestationen jener *Sacra Ecclesia Romana*, die von der Zeit der Apostel bis zum Jüngsten Tag existiert.

Eine dritte Bedeutung erlangt Fugas Architektur, wenn man sie als den Ornat von *Santa Maria Maggiore* begreift. Wie ich in anderem Zusammenhang schon ausgeführt habe,[311] erlaubt dieser Terminus, der vor allem durch Alberti zu einem Gemeinplatz der Architekturtheorie wurde,[312] die Fassade als ein rhetorisches Gebilde, aber auch als die Verzierung und als das (zeremonielle) Gewand des Kirchenbaus zu begreifen. In der Rhetorik bedeuten *ornatus* oder *ornamentum* die innere Folgerichtigkeit und die konzeptionelle Klarheit eines Entwurfs. Nach Cicero und Quintilian zeichnen sich die *ornamenta* bzw. der *ornatus eloquentiae* nämlich dadurch aus, dass sie die gefundenen Gedanken in „rechten Worten" zum Ausdruck bringen.[313] Unerlässliche Voraussetzungen seien dabei die sprachliche Richtigkeit (*puritas*) und die Klarheit des Ausdrucks (*perspicuitas*).[314] Palladio

---

309 Luciani 1996, S. 210.
310 Öl auf Leinwand (1742), 2,65 x 2,53 m; Rom, Palazzo al Quirinale, Coffe-House (Arisi 1986, Kat. Nr. 322).
311 Stephan 2005a, passim.
312 Biermann 1997, S. 149–150. Zur Verwendung der Gewand-Metapher in der neueren Kunsttheorie siehe den Beitrag des Bochumer Architekturhistorikers Wolfgang Pehnt (Pehnt 2003). Wie sehr das Bild von der Fassade als der Hülle eines Bauwerks zum Gemeinplatz geworden ist, zeigt allein schon Colberts Bezeichnung des Umbaus von Versailles als „enveloppe". Gerade die Selbstverständlichkeit der Metapher führt bisweilen auch zu einer unreflektierten Verwendung. So sprechen beispielsweise Wundram und Pape mit Blick auf die mit Kragsteinen durchsetzten Säulen des *Palazzo Thiene* in Vicenza von einem „Rustikamantel", der die Säulen „umhülle" (Wundram/Pape 1999, S. 44). Dass diese Umschreibung nicht zutreffen kann, habe ich in Kapitel A 2.4 nachzuweisen versucht.
313 Cicero, De oratore, III 151.
314 Cicero, De oratore, III 53.

hingegen verwendete die beiden Begriffe im Sinne von „Schmuck", „Zierde" und „Kostbarkeit", etwa um die formale Aufwertung eines Gebäudes durch die Säulenordnungen zu beschreiben.³¹⁵ Alberti wiederum fasste das *ornamentum* sowohl als Zierde wie als die Haut oder das Gewand eines Gebäudes auf. Zugleich rückte er diese Metapher wieder in die gedankliche Nähe zur Rhetorik.³¹⁶

Fugas Fassade ist nun insofern Ornat, als sie den historischern Baukörper wie ein Mantel umhüllt. Die Kirche erscheint anlässlich ihrer Vermählung (= des Jubeljahres) im Hochzeitsschleier, um ihren Herrn und Gemahl zu empfangen, wie die himmlische Braut in der Apokalypse, „die sich für den Bräutigam geschmückt hat – sponsam ornatam [!] viro suo" (Offb 21,2). Das Bild von der erneuerten Kirche als der festlich geschmückten Braut Christi besitzt über seine theologische Bedeutung hinaus natürlich auch in hohem Maße rhetorische Qualitäten. Erstmals wurde es in der Festrede verwendet, die der Kirchenvater Eusebius von Cäsarea anlässlich der (Wieder-)Errichtung der Kirche von Tyros vor der dort versammelten Synode gehalten hatte.³¹⁷ Seither ist es insbesondere aus den barocken Kirchweihpredigten nicht mehr fortzudenken. Besonderen Sinn ergibt die Verwendung dieser Metapher freilich bei einer Marienkirche – präfiguriert Maria typologisch doch ebenso wie die Kirche die himmlische Braut. In dieser Eigenschaft wird die Gottesmutter auch in Jacopo Torritis Apsismosaik nach ihrer Erhöhung *ad astra* von Christus gekrönt. Diese Erhebung griff wiederum Fuga auf, indem er Maria auf die besonders hohe Mittelarkade stellte. Durch die theologische Schlüssigkeit dieser Analogien wird der architektonische Ornat den Kriterien der *puritas* und *perspicuitas* vollkommen gerecht – zumal, wenn man *perspicuitas* ganz wörtlich übersetzt. Dann hängt die gedankliche Klarheit des *ornatus* nämlich auch von seiner optischen Durchdringung ab.

Die **vierte** Wirkung der neuen Fassade liegt darin, dass sie die Liturgie nicht nur in der schon beschriebenen Weise architektonisch inszeniert, sondern die Zelebranten auch in dasselbe Verhältnis zu den Mosaiken setzt, in dem sie selbst steht. Besonders an Festen wie Mariä Himmelfahrt und an den Segensspendungen des Heiligen Jahres, wenn der Pontifex als das gegenwärtige Oberhaupt der Kirche vor die Mosaikwand trat, zeigte sich eine historische Kontinuität zwischen den in den Mosaiken dargestellten Ereignissen der frühen Kirche, dem Mittelalter, in dem die Mosaiken entstanden, und der Gegenwart. So bot die Architektur die Plattform, auf der sich die in den Mosaiken erzählte Geschichte der Kirche vor den Augen der Pilger in die Gegenwart hinein verlebendigte.

Der **fünfte** Effekt ist rein ästhetischer Natur. Steht die Sonne tief im Westen, versinken **Tempelfront** und Loggia im Schatten. An die Stelle der Inszenierung von Geschichte tritt ein malerischer Effekt. Darüber hinaus bildet die Architektur der Fassade zur Wand der sie flankierenden Palastfronten einen vierfachen Kontrast: Raumhaltigkeit steht gegen ebene Fläche, Dunkelheit gegen Helligkeit, **Gliederbauweise** gegen **Wandbauweise**, Kirchenbau gegen Profanbau. Außerdem differenzierte Fuga die malerische und die räumliche Wirkung, indem er – vielleicht durch *Santa Maria della Pace* angeregt – mit den konkaven Rücklagen des Obergeschosses **raumschichtende** Elemente hinzufügte.

Die **sechste** Wirkung ergibt sich aus der städtebaulichen Situation. Die Fassade kommuniziert nämlich nicht nur mit dem **Vorraum**. Sie bildet auch einen *point de vue* der *Via Carlo Alberto* und

---

315 Palladio (1984), I 17, S. 68.
316 Biermann 1997, S. 149–150.
317 Nachdem Paulinus, der Bischof der Tyrer, gleich einem zweiten Salomon und zweiten Zorobabel die zerstörte Kirche „von Unrat gereinigt und geheiligt" hatte, „legte er ihr als Gewand nicht das alte Kleid von ehedem an, sondern jenes, das er aus der göttlichen Prophezeiung kannte, die da deutlich spricht: ‚Und die letzte Herrlichkeit dieses Hauses wird größer sein als die erste.' […]" Indessen hat „die Kirche, die einst verwitwet und vereinsamt war, […] wiederum das Brautkleid angezogen und den Kranz der Schönheit aufgesetzt. Hören wir ihre eigenen Worte, womit sie Isaias in feierlichem Reigen und preisender Rede Gott, dem Könige, Dank sagen lehrt. Sie spricht: ‚Meine Seele jauchze im Herrn! Denn er hat mir das Gewand des Heiles und der Freude angelegt.'" (Eusebius, Kirchengeschichte, Buch X, 4. Kap., 36 u. 47–48).

der vom Lateran kommenden *Via Merulana*. Dank der Raumhaltigkeit von Fugas Architektur scheinen sich die Straßen sogar in die Fassade hinein zu verlängern. Der **breitenräumlich** wirkende **Querraum** erhält dadurch sogar eine gewisse **Tiefenräumlichkeit**.

Auf diesen **tiefenräumlichen** Bezug hin ist auch die Hauptachse berechnet. Vor allem der thronende Christus und die Rosette sind dank der hohen Mittelarkade auch vom Vorplatz aus gut zu erkennen. In ihrem epiphanischen Charakter wirkt die Majestas Domini sogar **frontalräumlich** aus der Tiefe der Fassade in den **Vorraum** des Platzes hinein. Darüber hinaus bildete sie vormals mit der Maria symbolisierenden Rosette eine Einheit, die im Bildprogramm der Kirche mehrfach wiederkehrt(e): nicht nur im Fassadenmosaik selbst, wo die Gottesmutter und ihr Sohn gemeinsam das Schneewunder bewirken, sondern auch am Triumphbogen sowie in der Apsis mit der Marienkrönung und den Szenen aus der Kindheit Jesu. Wie an *Sant'Andrea al Quiriniale* setzt sich der Fassadenraum im Kircheninneren als ideographische Achse fort.

4

7

Durch diese ideographische **Tiefen-** und **Frontalräumlichkeit** wird die Verankerung der Fassade (und letztlich auch des gesamten Kirchenraums) mit dem Stadtraum besonders deutlich. Dass diese räumlichen Verschränkungen auch im 18. Jahrhundert wahrgenommen wurden, für diese Zeit vielleicht sogar besonders bezeichnend waren, zeigt der schon erwähnte Stadtplan, den Nolli im Auftrag Benedikts XIV. erstellte. Im Unterschied zu den älteren Stadtplänen sind die Kirchen nicht wie die anderen Bauten durch schraffierte Flächen, sondern im Grundriss wiedergegeben. Dasselbe gilt für die *portici* und Durchfahrten an öffentlichen Gebäuden und sogar für die Umgänge in Kreuzgängen und Innenhöfen von Palazzi. Selbst den Fassaden vorgelagerte Treppen sind eingezeichnet! Offensichtlich besaß Nolli ein Gespür für die Raumhaltigkeit von Fassaden, was er nicht zuletzt mit der Perspektive bewies, die er in der allegorischen Vedute unten rechts für die Wiedergabe des *Palazzo Nuovo* auf dem Kapitol und der Fassade von *San Giovanni in Laterano* wählte (siehe C 6.6). In beiden Fällen kommt die **Tiefenräumlichkeit** der Gebäude bestens zur Geltung. Gerade bei *San Giovanni* verwandte Nolli sogar besondere Sorgfalt darauf, die Binnenstruktur der **Benediktionsloggia** aufzuzeigen und sie in das richtige Verhältnis zum Fassadenaufriss zu setzen.

Vor allem den Pilgern, die vom *Lateran* kommen, präsentiert sich *Santa Maria Maggiore* schon von weitem als Ziel. Kamen die Gläubigen früher anlässlich eines päpstlichen Segens, fielen die liturgische, die ikonographische, die historische und die städtebauliche Inszenierung sogar zusammen. Im Gegenzug erleben die heutigen Besucher noch mehr denn Fugas Zeitgenossen die Fassade als eine Schichtung von Zeiträumen. Aus der Gegenwart blicken sie durch die barocke Fassade auf die mittelalterlichen Mosaiken, hinter denen sich wiederum das spätantike Langhaus verbirgt. Der **tiefenräumliche** Blick wird somit zu einem Gang durch die gebaute Kirchen- und die erzählte Heilsgeschichte. Eben diese Verräumlichung von Geschichte ist das positive Gegenbeispiel zu dem *Am Neuen Markt* in Potsdam unternommenen Versuch, Zeitschichten offenzulegen, indem man eine ‚historische' Fassade mit einer modernen Folie hinterlegt (vgl. A 2.4).

242

3, 4

60

Neben den Pilgern zog jedoch auch der neugewählte Pontifex zu *Santa Maria Maggiore* hinauf, um dort die Marienikone der *Salus Populi Romani* zu verehren. Da der Papst unmittelbar zuvor von der *Lateranbasilika* ‚Besitz ergriffen' hatte, traten Fugas Fassadenraum mit Domenico und Giovanni Fontanas Nordfassade von *San Giovanni*, die am Anfang der *Via Merulana* steht, in ein unmittelbares Wechselverhältnis. Wie ich in Kapitel A 2.14 schon sagte, erhält der Fassadenraum der Gebrüder Fontana durch Cesare Nebbias und Giovanni Guerras Wandfresken einen **frontalräumlichen** Impetus. Aus dem durch eine Scheinarchitektur nach hinten verlängerten Raum erscheint der Papst und blickt nach Norden. Da er auf der *Sedia gestatoria* thront, nimmt er die feierliche Prozession vom *Lateran* nach *Santa Maria Maggiore*, die im Rahmen des wirklichen *possesso* stattfindet, gleichsam vorweg. Oder anders ausgedrückt: die von *San Giovanni* ausgehende **frontalräumliche** Dynamik, die im **Tiefenraum** von *Santa Maria Maggiore* endet, paraphrasiert neben dem Pilgerweg auch den Verlauf einer Staatsaktion. Handelt es sich bei dem dargestellten Pontifex um Sixtus V., so fällt beides sogar zusammen. Wie ich in Kapitel D 6.2 ausführlicher

243

zeigen werde, beabsichtigte Sixtus von seiner Lieblingskirche *Santa Maria Maggiore* fünf Straßenachsen ausgehen zu lassen. Mit Sicherheit sollte dieser Stern nicht nur auf die Muttergottes als *stella maris* anspielen. Vielmehr wollte Sixtus einen Teil seines Familienwappens, nämlich den von einem Stern überstrahlten Dreiberg, in die Topographie des Stadtraums projizieren. Zugleich hätte der Aufstieg zur *Salus populi Romani* der Tugenddevise *per aspera ad astra* entsprochen, die Sixtus seinem Wappen wie seiner Stadtplanung zugrunde gelegt hatte. Durch die bildliche und räumliche Inszenierung seines *possesso* empfahl sich der Papst nun bei diesem Aufstieg zum Heil als unmittelbares Vorbild. Der Stadt- und Fassadenraum hatte damit auch eine moralische und pädagogische Qualität erlangt.

7.6.4 Die Wirkung der Mosaiken in Fugas früheren Entwürfen

Das Konzept, die mittelalterliche Mosaikwand als Folie aus der Raumtiefe der neuen Fassade hervorleuchten zu lassen, könnte, wie schon gesagt, durch Galileis ursprüngliche Planung für *San Giovanni* angeregt worden sein, die farbige Fenster in der Rückwand vorsah. Auch einer der beiden Entwürfe Pozzos mag Fuga beeinflusst haben, denn auf der New Yorker Zeichnung leuchtet die Himmelfahrt Christi, die an der Rückwand der ziborienartigen **Benediktionsloggia** angebracht ist und durch die Oculi in der Kuppel zusätzliches Licht erhält, gleichfalls aus der Tiefe des Raumes hervor. Zugleich ergab sich Fugas Inszenierung der Mosaiken aus der Planungsgeschichte, auf die ich unter diesem besonderen Gesichtspunkt noch einmal kurz zurückkommen möchte.

Wie wir uns erinnern, ist die mittelalterliche Front des spätantiken Langhauses auf dem Plan des Jahres 1735, als es Fuga nur darum ging, mit dem *portico* die beiden Paläste zu verbinden, nur schemenhaft angedeutet. In der Zeichnung von 1740 bezog Fuga die alte Fassade bereits nachdrücklich ein. Folglich sind auch die Mosaiken in ihrem szenischen Gehalt und in ihren Ausmaßen deutlich und korrekt wiedergegeben. Da Fuga die beiden leeren Wandstreifen zu beiden Seiten des Mosaiks korrekt wiedergab, stellt sich bei ihm der von De Angelis beabsichtigte Guckkasteneffekt nicht ein. Dessen ungeachtet setzte auch Fuga auf eine räumliche Wirkung. Denn wie bei De Angelis konstituieren der *portico* und die Innenseiten der Zwillingspaläste einen eigenen Raum, dessen Folie die Mosaikwand bildet.

Als besonders glücklich erwies sich in diesem Zusammenhang Fugas Einfall, die Balustrade des *portico* nicht mehr mit Ziervasen wie in der ersten Fassung, sondern mit Heiligenfiguren zu besetzen. Die *portico*-Front trat dadurch in vielfacher Hinsicht zu den Mosaiken in Beziehung.

Erstens paraphrasieren Fugas Figuren das obere Mosaikregister. In beiden Fällen ist eine Hauptfigur von Assistenzfiguren umgeben: An der Rückwand schweben Engel um den Christus in der Mandorla, am *portico* flankieren die Personifikationen der *humilitas* und der *virginitas,* die auf dem Segmentbogengiebel lagern, die Muttergottes. Ferner sind die Christus- und die Madonnagruppe in eine Reihe von Heiligen eingebettet. Zu diesen zählen am *portico* Karl Borromäus (ganz links), Nicola Albergati (ganz rechts) sowie vier nicht näher zu identifizierende Päpste.

Zweitens wird dieser formale Bezug zur Rückwand ikonographisch vertieft. Im Unterschied zu den Seitenfiguren steht Maria mit dem Kind auf einem hohen Sockel. Buchstäblich be-‚gründet' wird diese Erhebung – ganz im Sinne des *exaltavit humiles* im Magnifikat – durch die eben genannten Personifikationen der Keuschheit und der Bescheidenheit, die zu Füßen der Gottesmutter liegen. Darüber hinaus erhebt der Sockel die Gottesmutter in die Höhe der Rosette. Die Rosette, die fraglos als Mariensymbol zu deuten ist, hinterfängt die heilige Jungfrau wie ein Nimbus bzw. wie die Sonnenscheibe des Apokalyptischen Weibes. Zugleich leitet sie zur Mandorla Christi über. Maria erscheint als die Rose ohne Dornen, die Jesus hervorgebracht hat.

Drittens sind die *portico*-Figuren in Fugas Zeichnung in ähnlicher Weise freiplastische Pendants der Mosaikfiguren, wie die Attikafiguren am *Konstantinsbogen* die freiplastische Stufe der Reliefs bilden. Fuga ging sogar noch einen Schritt weiter als der Architekt des *Konstantinsbogens* (siehe B 3.3.2), bei dem die freiplastischen Figuren Teil der Oberflächenstruktur bleiben. Dank des größeren Abstandes haben sie sich bei Fuga aber zu wirklich autonomen Freifiguren entwickelt. Das gilt zumindest für die fünf mittleren Statuen. Die beiden äußersten werden bereits von den gekuppelten Lisenen der Palastkanten hinterfangen und leiten damit zu den figürlichen Fassadenreliefs der Paläste über. Auf diese Weise treten diese wiederum mit den Mosaikfiguren Rusutis in Beziehung. Dabei dient der Raum als Bindeglied. Werden innerhalb der architektonischen Struktur die Pilasterreliefs der Paläste an der Stelle, wo die Wand zurückfluchtet, um einen Raum zu bilden, von den plastischen (Halb-)Pfeilern und Vollsäulen des *portico* abgelöst (wie dies auch an Innennischen des *Pantheon* und der Vorhalle des *Palazzo Massimo* zu beobachten war), so gehen innerhalb des bildlichen Dekors die Reliefs in Freifiguren über. Und wie die plastische **Gliederarchitektur** des *portico* an der Rückwand, die dem Raum ein Ende setzt, auf die zweidimensionale Rahmenstruktur der Mosaiken reduziert wird, so werden die Freiplastiken des *portico* von den flächenhaften Figuren der Mosaiken abgelöst. *72, 136*

Selbstverständlich kann man den Entwurf auch von hinten nach vorne lesen. Nun entsteht eine **Frontalität**, welche die Gliederung und den figürlichen Apparat der Bildwand in die Dreidimensionalität des *portico* entlässt. An den Palastfassaden, die den Raum seitlich begrenzen, wird die Plastizität von Gliederung und Bildschmuck zwar nicht gänzlich aufgehoben, aber doch in Gestalt des Reliefs wieder in die Ebene der Wand eingebunden. Damit der Raum in diesem Sinne wirken kann, darf der *portico* freilich keine **wandhaften** Elemente mehr enthalten. In Fugas erster Version, wo die **frontale** Wirkung noch keine Rolle spielte, waren die zweite und die dritte Achse noch **wandhaft**. Es spricht für sich, dass Fuga diesen Mangel in der zweiten Fassung korrigiert hat.

Interessanterweise gewinnt das Bildprogramm durch die Raumhaltigkeit eine zusätzliche Aussage. In der **frontalen** Lesart wird die zweidimensionale Rosette, die Maria als abstraktes Symbol vergegenwärtigt, durch die dreidimensionale Skulptur der Gottesmutter ersetzt. Sobald die heilige Jungfrau als lebende Person dargestellt ist, erlangt sie eine körperliche Präsenz. Dasselbe gilt für Christus, der nach seiner Menschwerdung auf dem Arm seiner Mutter sitzt.

Im in die **Tiefe** gerichteten Gegensinn ist Christus nach seiner Himmelfahrt in die ideale Sphäre des Himmels, die das obere Bildregister vergegenwärtigt, zurückgekehrt. Dort erscheint er nun – völlig unkörperlich – im immateriellen Glanz des Lichtes, das die Mosaiken ähnlich wie die Glasmalerei evozieren. Wie im barocken Kirchenraum oder in der *Cathedra Petri* (D 4.1.3.3) deuten die Grade der Plastizität und der medialen Präsenz die verschiedenen Stufen an, in denen das Göttliche sich im irdischen Daseinsbereich des Menschen konkretisiert. *22, 23*

Auch Pozzo hatte den Fassadenraum genutzt, um seinen Bildapparat von der Flächigkeit in die Dreidimensionalität zu entlassen. Wie man auf dem Längsschnitt der New Yorker Zeichnung erkennen kann, sollte der Körper des Auferstandenen als Hochrelief, die Christus umgebende Engelsgloriole hingegen ‚nur' als Fresko ausgeführt werden. In den freiplastischen Figuren, die in den Seitenfenstern der **Benediktionsloggia** stehen, findet dieser Prozess der ‚Verkörperlichung' seinen Abschluss. Allerdings besteht zwischen Pozzos und Fugas Inszenierung des Bildapparates doch ein wesentlicher Unterschied. Bei Pozzo ist die Architektur an der ‚Verkörperlichung' aktiv beteiligt. Indem sich der Fassadenspiegel konvex vorwölbt, schafft er den Raum, in den Christus seinerseits aus dem Bildgrund heraus in die Dreidimensionalität ausbrechen kann. Diese doppelte **frontalräumliche** Dynamik fehlt bei Fuga. Bei ihm bilden Mosaiken und freiplastische Figuren zwei Ebenen, die zwar aufeinander bezogen, aber doch getrennt sind. Entsprechend erscheint der Raum auch nicht **frontal-** oder **tiefenräumlich**, sondern ‚nur' **geschichtet**. *234*

Als Fuga 1741 die **Benediktionsloggia** hinzufügte, änderte er die Inszenierung des Bildapparates erneut. Die Bekrönung des *portico* wurde kurzerhand in eine Sockelzone des Obergeschosses umgewandelt. Die Balustraden dienen jetzt als Bogenbrüstungen und die Postamente tragen statt der Figuren die **Gliederarchitektur**. Maria und die vier Päpste sind auf die neue Dachbekrönung *250, 252* versetzt worden. Als einzige sind Karl Borromäus und Nicola Albergati auf ihren Plätzen geblieben. Obwohl die Loggia ‚nur' zwischen den *portico* und die Heiligenfiguren geschoben wurde, ist die ikonographische und ästhetische Konzeption der vorigen Entwurfsphase verloren gegangen. Die freiplastischen Statuen stehen außerhalb des räumlichen Bezugssystems. Daher können sie auch nicht mehr zwischen den Relieffiguren der Paläste und den Bildfiguren der Rückwand vermitteln. Ferner ist ihre Plastizität nicht mehr durch ihre Stellung innerhalb des Raumes motiviert. Auch das ikonographische Gefüge hat sich geändert. Maria und die auf sie bezogenen Personifikationen bilden kein allegorisches Ensemble mehr. Auch wird Maria nicht mehr von der Rosette hinterfangen. Die von ihr ausgehende und zugleich auf sie zielende ideographische Achse ist nun nicht mehr nach vorne oder in die Tiefe gerichtet, sondern verläuft vertikal. Dabei wird sie um die Taube des Heiligen Geistes, der in diesem Zusammenhang wohl auch auf die Jungfrauengeburt anspielt, ergänzt. Zugleich überfängt die Taube, um es noch einmal zu sagen, den Pontifex, wenn dieser an einem Hochfest Mariens den Segen spendet. In dieser Doppelfunktion ist der Heilige Geist also ein sichtbarer Garant dafür, dass sich das göttliche Heilshandeln in der gegenwärtigen Kirche und ihren Repräsentanten tatsächlich fortsetzt.

3, 4, 6 Zwar ergänzt der Skulpturenzyklus auf der gedanklichen Ebene nach wie vor das Bildprogramm der Mosaiken, doch ist es in struktureller Hinsicht nun ausschließlich die Architektur, die mit den *250* Mosaiken kommuniziert. Noch mehr als Photographien zeigt dieser dritte Entwurf, wie sehr Fuga die drei Arkaden auf die Gliederung der Rückwand bezog: Der Fries zwischen oberem und unterem Register fluchtet exakt mit dem Gebälk der oberen Ordnung. Ferner sitzen die Rosette und die sie flankierenden kleinen Vierpässe mittig in den Arkaden wie in dreidimensionalen Bilderrahmen. In den Seitenachsen, wo die Bögen gegenüber den Pfosten leicht eingezogen sind, wird der Rahmencharakter sogar noch sinnfälliger als im ausgeführten Zustand.

Ein weiterer Unterschied besteht schließlich darin, dass der Aufbau mit den drei Okuli noch fehlt. So überragt die Traufleiste der alten Fassade die neue Front noch um ein weniges. Im ausgeführten Zustand ist auch dieser Bruch kaschiert.

8 Saint-Sulpice: Der Raum als Platzstaffage

8.1 Meissonniers Entwurf von 1726

224, 244 Kapitel B 3.4.4 hat ergeben, dass die Fassade von *Saint-Sulpice* aufgrund zahlreicher Gemeinsamkeiten mit den Ostfassaden von *San Giovanni in Laterano* und *Santa Maria Maggiore* eine Art Trias bildet. Wie diese wurde sie von einem Florentiner Baumeister in einem ‚klassischen' Stil entworfen, der sich von der lokalen Tradition vollkommen abhob und dadurch einen architekturgeschichtlichen Paradigmenwechsel einleitete.

Um die Bedeutung dieses Paradigmenwechsels richtig einschätzen zu können, wollen wir zunächst einen Blick auf den Entwurf richten, mit dem Juste-Aurèle Meissonnier bereits 1726 einen ersten Versuch zur Vollendung der Kirche unternommen hatte und der in mehreren Stichen publiziert ist.

261 Der Grundriss zeigt eine **zweischalige** Fassade, die sich über fünf Achsen erstreckt. In der betont breiten Mittelachse wölben sich beide Schalen konvex vor. Es folgen zwei schmalere Zwischenachsen, die zu quadratischen Eckrisaliten überleiten.

Die Breite der Achsen bestimmt auch die Proportionen des Aufrisses. Die Mittelachse ist mit zwei Geschossen doppelt so hoch wie die Seitenachsen. Die Höhe der Geschosse entspricht wiederum den Maßen von Lang- und Querhaus. Da diese beim Bau der Fassade bereits standen, lag es nahe, dass Meissonier ihre Instrumentierung übernahm. Daher stattete er das Untergeschoss mit einer dorischen, das Obergeschoss (in Anlehnung an die Stirnseite des nördlichen Querhauses[318]) mit einer korinthischen Ordnung aus.

Das konvexe Untergeschoss der Mittelachse wird von Pilasterbündeln eingefasst, denen jeweils eine Dreiviertelsäule an der Stirnseite und eine Vollsäule an der Innenseite vorgeblendet ist. Das Gebälk kröpft sich über den Dreiviertelsäulen vor und verbindet die Vollsäulen über offenem Interkolumnium zu einem Kolonnadenfragment. Über den Vollsäulen finden sich Ansätze eines Sprenggiebels. Diese rahmen zusammen mit den Engelsfiguren, die auf ihnen lagern, eine zwiebelförmige Kuppel.

Das Obergeschoss wird gleichfalls von Pilasterbündeln gerahmt. Allerdings hat Meissonier die Dreiviertelsäulen durch gewöhnliche Pilaster ersetzt. Auf das Kolonnadenfragment verzichtet er ganz. Stattdessen lässt er die Wand in konkavem Schwung bis auf die Ebene der hinteren Fassadenschale zurückfluchten. Auf diese Weise bildet sich eine tiefe Nische, deren Gliederung flächig gehalten ist. Meissonier platziert lediglich ein Fenster, dessen Größe den Lang- und Querhausfenstern entspricht, zwischen zwei Wandpaneele. Bekrönt wird die Nische von einem Volutengiebel, der an den Seiten konkav zur Nischenwand zurückschwingt, dessen Geison, deute ich die leichte Schattierung richtig, sich in der Mitte aber wieder vorwölbt. Auf diese Weise bildet sich eine seichte Kalotte. Deren Relief zeigt das Heilige Grab in Gestalt einer Urne, von der das göttliche Licht in alle Richtungen ausstrahlt.

Die Mittelachse setzt sich also aus einem durchgehend konvexen Untergeschoss und einem konvex-konkav-konvexen Obergeschoss zusammen. Allerdings wirkt sich dieser dialektische Aufbau nicht auf den Gesamteindruck aus: Stattdessen ergibt das Kolonnadenfragment des Untergeschosses zusammen mit dem Sprenggiebel und der Kuppel eine kleine **Vorhalle**, die den Eindruck erweckt, sie sei als ein *tabernacolo* in eine zweigeschossige Fassadennische mit konkav abgeschrägten Kanten gestellt.

Zu dieser vermeintlichen Kolossalnische bilden die Eckrisalite ein gewisses Gegengewicht. Ihre Instrumentierung besteht wie in der Mitte aus leicht über Eck gestellten Dreiviertelsäulen, die von etwas zurückgesetzten Vollsäulen flankiert werden. Sockel und Gebälk sind leicht konkav eingezogen, der Wandspiegel selbst ist eben. Auf die Attikazone setzte Meissonier Uhren, die von Volutenpaaren übergiebelt werden. In einem seiner Stiche stockte er den linken Eckrisalit sogar fakultativ zu einem Glockenturm auf.

Die zweite und die vierte Achse sind reine Bindeglieder. Obwohl sie keine eigene Instrumentierung besitzen, werden sie von den Vollsäulen, welche die Mittel- und die Seitenachsen flankieren, eingefasst – eine geborgte Instrumentierung sozusagen!

Die Raumhaltigkeit der Fassade besteht zunächst aus dem Bereich zwischen den beiden Schalen und wirkt von Achse zu Achse unterschiedlich. Geht man in der Mittelachse von zwei eigenständigen und gegensätzlich angelegten Geschossen aus, wirkt das obere **raumumgreifend** und das untere **raumeinlassend**. Sieht man in der Nische aber eine durchgehende **Primärstruktur**, so **greift** diese im Untergeschoss durch ein angefügtes Tabernakel in den Raum **aus**.

Die Bereiche hinter den abgeschrägten Nischenkanten treten im Aufriss nicht in Erscheinung; sie bilden fast eine Art Hohlkörper. Die Seitenachsen beherbergen hinter **wandhaften** Fassadenabschnitten **Binnenräume**, die sich dem **Vorraum** nur über Portale und Fenster öffnen. Obwohl

---

318 Die Stirnseite des Südquerhauses ist ionisch. Die Längsseiten beider Querhäuser sind nur mit Lisenen gegliedert.

die Fassade durchgängig raumhaltig ist, bleibt ihre eigentliche Raumwirkung auf die Mittelachse beschränkt.

Indes kann man auch das alles überragende Querhaus samt der turmartigen Vierungskuppel als einen Bestandteil der Fassade sehen. Seine Einbeziehung als ‚Rückwand', zumindest aber als Folie der Fassade lag für einen Architekten angesichts der gleichen Instrumentierung durchaus nahe. Vielleicht bedurfte es aber eines erfahrenen Bühnenbildners, wie Meissonnier es war, um das szenographische Potenzial dieses Baukörpers zu erkennen und es für die neue Fassade auszuschöpfen.

Damit das Querhaus in diesem Sinne wirken konnte, musste es jedoch eng an die Fassade gebunden werden. Grundsätzlich arrangierte Meissonnier die Gliederung der Fassade so, dass die Säulen und Pilaster des oberen Querhausgeschosses zur Instrumentierung des unteren Fassadengeschosses in **tiefenräumlicher Superposition** standen. Ebenso steht das Mittelfenster mit dem Obergaden des Querhauses ‚in einer Reihe'. Auch andere Elemente erweisen sich bei näherem Hinsehen als Derivate des Querhauses, beispielsweise die übereinanderstehenden Vollsäulen an den Mittelrisalitkanten. Umgekehrt beabsichtigte Meissonnier, das Querhaus durch ein neues Dach der Formensprache der Fassade anzupassen. Der Vierungsturm erhielt einen konkav-konvexen Umriss, das Dach einen ‚durchhängenden' First und konkave Lauben mit gewelltem Giebel. Die Ochsenaugen über der Vierung greifen die Kreisform der Uhren auf und hinterfangen zugleich wirkungsvoll die Giebelfiguren des Mittelrisalits.

Wäre Meissonniers Plan verwirklicht worden, hätten alle diese formalen Bezüge jedoch nicht über die außergewöhnliche Distanz zwischen Fassade und ‚Rückwand' hinwegtäuschen können. Daher beschloss Meissonnier, die Entfernung zu thematisieren und zu einem gestalterischen Prinzip zu erheben. Die geschwungenen Umrisse des Turmes greifen nämlich nicht nur die Formensprache der Fassade auf; sie evozieren auch einen optischen Effekt, der gewöhnlich dadurch zustande kommt, dass Konturen bei größerer Distanz unscharf werden und verschwimmen.

Schon die eigentliche Fassade erweist sich in der Verbindung **raumausgreifender, raumeinlassender** und **raumschichtender** Elemente als äußerst komplex. Durch die Einbeziehung des Querhauses samt Vierungsturm als Folie gewinnt die Architektur auch noch eine **tiefenräumliche** Qualität. Hinzu kommen ferner die Öffnungen des Turmes als Elemente des **Durchblicks**.

Obwohl Meissonnier als Erfinder des *genre pittoresque* gilt und er in dem kurvierten Dachgrat sowie dem geschwungenen Kuppeltambour Elemente seines „Livre d'Ornements" vorwegnahm, ist der Entwurf für *Saint-Sulpice* für das französische Rokoko nicht typisch. Wie Anthony Blunt zu Recht betont, geht es in Teilen eher auf den Borrominismus seiner Heimatstadt Turin zurück.[319]

Darüber hinaus sehe ich in Meissonniers Architektur Parallelen zur römischen Architektur des Hochbarock, nicht zuletzt wegen ihrer komplexen Raumhaltigkeit. Besonders drängt sich der Vergleich mit *Santa Maria della Pace* auf. Indem Meissonnier einen zweigeschossigen übergiebelten Mittelrisalit um eine eingeschossige Vorhalle erweiterte, über schmale Zwischentravéen mit markanteren Eckrisaliten verband und mit einer zweigeschossigen Folie hinterlegte, wiederholte er im Grunde Cortonas Schema. Fasst man das Querhaus als Teil der Fassade auf und gesteht umgekehrt der **Vorhalle** eine gewisse Eigenständigkeit zu, so zerlegte Meissonnier seine Architektur wie Cortona in drei Ebenen. Dabei ging er gleichfalls schrittweise von der Zwei- zur Eingeschossigkeit und von der **geschlossenen Wand-** zur **offenen Gliederhaftigkeit** über. Auch setzte er konkave, konvexe und ebene Fassadenteile gegeneinander. Da die ebene Fläche für das Querhaus schon vergeben war, musste er freilich im Unterschied zu Cortona die konkaven Elemente auf die mittlere Ebene übertragen. Der Übergang vollzieht sich also nicht vom Konkaven über das Ebene zum Konvexen, sondern vom Ebenen über das Konkave zum Konvexen. Steht die ebene Fläche bei Cortona vermittelnd zwischen dem Konkaven und dem Konvexen, so folgt sie bei Meissonnier diesen beiden Elementen als Synthese.

---

319 Siehe Blunt 1979, S. 137–138.

Zugegebenermaßen sind die einzelnen Fassadenteile bei Cortona auch anders proportioniert. Dennoch verraten einige Details, dass Meissonnier *Santa Maria della Pace* vor Augen hatte: Das Mittelfenster wird in beiden Fällen von Wandpaneelen gerahmt, die Kanten des Mittelrisalits von übereinanderstehenden Vollsäulen flankiert. Bei beiden Fassaden leiten ausgesprochen steile konkave Mauersegel von der Zwei- zur Eingeschossigkeit über. Am Ende dieser Segel stehen bei Meissonnier sogar exakt dieselben runden Öffnungen, auf dieselbe Weise von Putten flankiert und mit demselben Volutengiebel bekrönt. Der einzige Unterschied besteht darin, dass die Öffnungen keine Reliefs, sondern Ziffernblätter enthalten und auf den Giebeln weitere Engel lagern.

8.2 Servandonis Entwürfe

Dass Meissonnier sich von Cortona inspirieren ließ, ist wohl kein Zufall. Schließlich waren beide Baumeister von Haus aus Maler oder Dekorationskünstler. Servandoni, der den Wettbewerb gewann, beherrschte als Theatermaler sogar beide Fächer. Trotzdem beschritt er schon in seinem *ersten Entwurf* von 1739 einen ganz anderen Weg, der ihn dann zu einer völlig anderen Lösung führte. 260

In diesem Entwurf übernahm Servandoni zwar wie Meissonnier die Gliederung des Altbaus, doch schuf er einen zweigeschossigen **zweischaligen** Querriegel mit seitlichen Türmen. Die Mitte gestaltete er als einen übergiebelten Risalit, dem sich über Zwischenachsen die Unterbauten der Türme anschlossen. Die Türme erhielten in den beiden unteren Geschossen gekuppelte Halbsäulen, die Arkaden vorgeblendet waren. Obwohl die Arkaden profilierte Pfosten und Archivolten besitzen, sind sie nicht **glieder-**, sondern **wandhaft**. Das zeigt sich vor allem daran, dass sie nicht bis an das Gebälk hinaufreichen. Im Untergeschoss ist die Wandfläche zwischen den Archivolten und dem Gebälk sogar so hoch, dass Servandoni erhabene Vertäfelungen anbrachte. Im Unterschied zu den eingetieften Reliefplatten an der Ostfassade von *Sankt Peter* oder an der *Fontana di Trevi* sind diese jedoch nicht als Füllsel einer **Gliederarchitektur** in einen Rahmen eingelassen, sondern der **Wandfläche** appliziert. Darüber hinaus erweisen sich die Kämpfer der Archivolten als Ausläufer von Gurtbändern, die hinter den Säulen weiterlaufen. In den Zwischentravéen ist das Obergeschoss sogar ganz geschlossen. Das Gurtband verläuft hier zwischen zwei erhabenen Paneelen. Im Obergeschoss des Risalits wiederholt sich die Gliederung der Türme mit dem einen Unterschied, dass die Halbsäulen einfach sind. Im Untergeschoss ist die Wand hingegen völlig fortgelassen. Die Säulen stehen völlig autonom und geben den Blick auf die Rückwand frei. 338, 210

Die Kehrtwende, die Servandoni in seinem *Entwurf von 1739* im Vergleich zu Meissonnier vollzog, äußert sich zum einen in der einfacheren Formensprache, zum anderen in einem anderen Raumverständnis. Servandonis Raum ist auf die eigentliche Fassade beschränkt. Aufgrund der Wandhaftigkeit ist die Fassade fast überall **raumeinschließend**. Gleichwohl hat das Obergeschoss zumindest innerhalb des Risalits den Charakter einer **Loggia**. Bereits in den Zwischentravéen wird der Fassadenraum jedoch zu einer **Sala**. Ähnlich ambivalent ist das Untergeschoss. Innerhalb des Risalits kann man fraglos von einem *portico* sprechen. Dieser geht in den Zwischentravéen und den Türmen jedoch eindeutig in eine **Vorhalle** über.

1749 wurden die Arbeiten unterbrochen. Servandoni begab sich nach England, wo er im darauf folgenden Jahr einen *weiteren Entwurf* veröffentlichte.[320] Während er in diesem die Turmuntergeschosse weitgehend beibehielt (nur die oberen Arkaden sind etwas höher und dadurch 259

---

320 Zur Planungs- und Baugeschichte von *Saint-Sulpice* siehe auch Kalnein 1995, S. 110–112.

weniger **wandhaft**), ersetzte er den Abschnitt dazwischen durch eine zweigeschossige **Säulenvorhalle**. Der Einfluss von *Saint Paul's* ist unverkennbar.³²¹ Ebenso wenig ist auszuschließen, dass Servandoni sich an Perraults *Louvre-Kolonnaden* orientierte. (Über den Einfluss des dritten Vorbilds, nämlich von *Sankt Peter* in Rom, wird in Kapitel D 2.7 noch zu sprechen sein.) Die Vorbildhaftigkeit dieser Fassaden gilt indes nicht nur für die klarere Gliederung, sondern gerade auch für die Art der Raumhaltigkeit. Wie in *San Giovanni in Laterano* haben wir es jetzt mit **ummantelten**, klar umrissenen und gut einsehbaren Räumen zu tun, die den Charakter eines *portico* und einer **Loggia** haben.

Allerdings besaß der *Londoner Entwurf* zwei ‚Schwachpunkte': Der Giebel war eindeutig überproportioniert. Auch standen die ionischen Säulen im Vergleich zur unteren Ordnung zu weit auseinander. Mithin konnte die Kolonnade die Auflast des Giebels optisch nicht verkraften. Darüber hinaus war sie zu durchlässig, um den **Zwischenraum** vom **Vorraum** als einem eigenständigen Bereich abzugrenzen. (Wren und Perrault hatten dieses Problem umgangen, indem sie die Säulen zur Seite kuppelten und die Giebel auf drei Achsen beschränkten.)

8.3 Die ausgeführte Fassade

An der ausgeführten Fassade sind diese Mängel beseitigt. Indem Servandoni die obere Kolonnade mit einer Folge **gliederhafter** Theatermotive hinterlegte, verringerte er die ionischen Interkolumnien zwar nicht, doch ließ er sie schmaler wirken. Auch übernehmen die Reihe der Theatermotive zur Hälfte die Auflast. Darüber hinaus sind die Kolonnaden von dem Giebel befreit. Dieser war ursprünglich nach Servandonis Tod (1766) von Pierre Patte ausgeführt, aber schon 1770 durch einen Blitzschlag wieder zerstört wurden. Daraufhin ersetzte Jean-François Chalgrin ihn durch eine Balustrade, die ursprünglich sogar von vier kolossalen Skulpturen bekrönt war. Chalgrin war es auch vorbehalten, zumindest den nördlichen der beiden Türme, die Oudot de Maclaurin errichtet hatte, in einem noch klassizistischeren Stil umzugestalten.

Die stilistische Entwicklung, die *Saint-Sulpice* von Meissonniers Entwurf bis zur Ausführung durchlaufen hat (aus Gründen der Übersichtlichkeit wurden die Alternativentwürfe von Servandonis Konkurrent Oppenords außer Acht gelassen), erinnert an die Entstehungsgeschichte der *Lateranbasilika*. In beiden Fällen setzte sich eine neue Monumentalität durch, die den Prinzipien der tektonischen Logik und der Einfachheit verpflichtet ist, wenngleich Servandoni seiner Architektur mit Rücksicht auf die Zweigeschossigkeit des Kirchenschiffs zwar Erhabenheit und Würde, aber nicht jene Magnifizenz und Kolossalität verleihen konnte wie Galilei. Auch ist der Raumeindruck verschieden. Wie wir sahen, scheint an *San Giovanni* ein homogener, blockhafter Raum *a priori* gegeben, wohingegen er in *Saint-Sulpice* aus verschiedenen Parzellen und Schichten allmählich generiert wird. Anders als an der *Lateranbasilika* erscheint er als das Produkt eines dynamischen Prozesses, der sich indes nicht wie im römischen Hochbarock in der Verformung von Fassadenteilen, sondern in der strukturellen Metamorphose der Stützen manifestiert.

Mit *Santa Maria della Pace* besteht eine Gemeinsamkeit darin, dass die Fassade auf eine Platzsituation hin konzipiert ist. Servandoni hatte sogar geplant, die gesamte *Place Saint-Sulpice* mit einer einheitlichen Bebauung zu umgeben, von der allerdings nur das Haus Nr. 6 ausgeführt wurde. Auf den jeweiligen urbanistischen Kontext geht wohl auch die Zweigeschossigkeit beider Fassaden zurück. Fuga griff die Gliederung der angrenzenden Zwillingspaläste auf, Servandoni dürfte – neben der Instrumentierung des Langhauses – auch die von ihm vorgesehene niedrigere Bebau-

---

321 Vgl. Summerson 1987, S. 58.

ung des Platzes im Auge gehabt haben. Eine kolossale Fassade wie die von *San Giovanni* wäre in einem solchen Kontext inkommensurabel erschienen.

Santa Maria della Pace und *Saint-Sulpice* sind also auch Platzkulissen, deren Raumhaltigkeit eine theatralische Wirkung erzeugt. Während es Fuga aber in erster Linie um die Inszenierung von Anciennität und historischer Kontinuität ging, wollte Servandoni wohl nur eine architektonische Staffage schaffen. Meissonniers Fassade hätte diese Aufgabe nicht erfüllen können, da ihre Räumlichkeit vor allem dem malerischen Effekt verpflichtet war. Sie war nicht klar umrissen und löste sich zu den Seiten hin ebenso auf wie sie sich nach hinten verlor.

Die ideale Platzkulisse bestand vielmehr aus einer Architektur, die ihren eigenen Raum vor der undurchdringlichen Folie einer geschlossenen, möglichst breiten Rückwand **frontal** entfaltete und zugleich den **Vorraum** in sich **ein-,** aber nicht **durchließ.** Diese doppelte Aufgabe erfüllt Servandonis Fassade auf mustergültige Weise – gerade durch die Kombination der nach hinten gekuppelten *portico*-Säulen mit den geschichteten Theatermotiven und der Kolonnade der Loggia.

9 Die Fontana di Trevi: Der Raum als theatralische Szene

9.1 Allgemeines

Nach Elisabeth Kieven bildeten Galilei, Fuga und Salvi in der Mitte des Seicento ein Dreigestirn, das dem klassizistischen Barock in Rom zum Durchbruch verhalf. Wie Kieven aber auch hervorhebt, gelang es Salvi nicht zuletzt dank seiner Bewunderung für Bernini, am *Trevibrunnen* die *sodezza* der neuen Stilrichtung mit der *grandezza Romana* des traditionellen Spätbarock glaubhaft zu verbinden.[322]

Über die Formensprache hinaus manifestiert sich die Besonderheit von Salvis Stil meines Erachtens in einem ganz bestimmten Raumverständnis, das sich freilich von den Raumkonzepten der beiden anderen Architekten grundlegend unterscheidet. An der *Fontana di Trevi* folgt die Fassade durchaus dem neuen Ideal eines harten und männlichen Klassizismus. Hingegen dient der Raum, wie wir gesehen haben, einer theatralischen Inszenierung, welche die *macchine* der älteren Brunnenanlagen sogar noch übertrifft.

Diese Aussage mag überraschen, da die *Fontana di Trevi* auf den ersten Blick kaum raumhaltig wirkt, im Bereich der großen Nische allenfalls **raumeinlassend** zu sein scheint. In Wirklichkeit ist der Raum aber wie in Sangallos *Modell für Sankt Peter* ein wesentlicher struktureller Faktor. Und noch mehr als an *Santa Maria della Pace* ist er szenographisch. Allerdings beschränkt sich diese Szenographie nicht auf eine Kulisse, die darauf angelegt ist, durch liturgische oder zeremonielle Veranstaltungen mit Leben erfüllt zu werden. Vielmehr bildet die Fassade eine *scenae frons,* vor der sich ein konkretes Ereignis abspielt. Dieses Ereignis hat Salvi selbst ausführlich beschrieben. In einer „Descrizione", die heute im Vatikan aufbewahrt wird,[323] erläutert Salvi die „Prospetta della

210

189, 190
288

---

322 Kieven 1987, S. 258–261. Die Geschichte der *Fontana di Trevi* und die einzelnen Planungsphasen sind bei D'Onofrio 1962, S. 223–262 ausführlich beschrieben.

323 Codex ms. Vaticanus latinus 8235, S. 15–36; abgedruckt bei D'Onofrio 1962, S. 264–268.

Fontana di Trevi" ebenso wie die „ragioni filosofiche" seiner „Invenzione". Allerdings ist der Quellenwert dieses Textes für meine Fragestellung begrenzt. Zum einen wurde er noch vor Vollendung des Brunnens verfasst, was man allein daran erkennt, dass einige von Salvis Vorgaben nicht umgesetzt wurden.[324] Zum anderen erschöpft sich der Text weitgehend in allgemeineren Angaben, die nur bedingt für die Beantwortung meiner Frage herangezogen werden können. Meine Analyse geht daher größtenteils über Salvis Erläuterungen hinaus. Wo diese aber wichtige Hinweise geben, werden sie selbstverständlich zitiert.

210   Auf der Bühne eines künstlichen Felsens steht Oceanus, der Gott der Weltmeere. Er personifiziert das unermessliche Wasser des Meeres, das sich über die Erde ergießt, aber auch das Prinzip der freien und uneingeschränkten Herrschaft.[325] Schließlich steht er für das Wasser selbst[326], das der Papst der Stadt spendet. Den Gott flankieren die Nischenfiguren des Überflusses und der Gesundheit, auf die auch die Gründungsinschrift auf der Attika hinweist. Die Reliefs darüber zeigen den römischen Staatsmann Agrippa, der den Bau der Wasserleitung veranlasste[327], sowie die Auffindung der Quelle durch eine Jungfrau (daher der Name *Aqua Virgo*)[328].

Auf den Kolossalsäulen weisen vier weitere Jungfrauen nach Salvis Worten auf „più utili produzione, che si fanno nella terra col mezzo dell'acqua" hin. Um die fruchtbringende Wirkung des Wassers auf die Früchte der Erde auszudrücken, hält die erste der Jungfrauen ein Füllhorn mit Früchten, die zweite eine Garbe mit Ähren und die dritte Trauben sowie einen Weinkelch. Die vierte ist mit einem Blumenkranz bekrönt.[329] Über der Attika verherrlicht eine Fama das Wappen

---

324 So wird beispielsweise der Wagen des Oceanus in der ausgeführten Fassung nicht von Walen und Nymphen begleitet (vgl. Salvi wie in Anm. 323, S. 18; zit. bei D'Onofrio 1962, S. 265). Auch stehen in den rechteckigen Nischen zu Seiten des Gottes nicht die Statuen des Agrippa, der die Wasserleitung in der römischen Kaiserzeit anlegte, und der Jungfrau, welche die Quellen fand (vgl. Salvi wie in Anm. 323, S. 23–24; zit. bei D'Onofrio 1962, S. 267).

325 Laut Salvi deuten die antiken Philosophen die – in der *Fontana* freilich nicht dargestellten – Wale und Nymphen, die Oceanus begleiten so, „che la visibile immensa mole dell'acqua marina radunata, e ristretta ne i vasti seni della Terra …". Des weiteren verkörpere der Gott „l'idea di una Potenza non limitata" und „l'idea d'un dominio affatto libero, et assoluto" (Salvi wie in Anm. 323, S. 18; zit. nach D'Onofrio 1962, S. 265).

326 „… ma lo stesso Ocenano, il quale altro non rappresenta che l'acqua medesima" (Salvi wie in Anm. 323, S. 22; zit. nach D'Onofrio 1962, S. 266).

327 „… la Statua di Marco Agrippa, che a proprie spese arrichì la Città di quest'Acqua, sopra tutte le altre eccellente, il quale guardando il Popolo spettatore, pare, che colla destra mano elevata, comandi la erezione de' nuovi acquedotti, la quale poi si vede istoricamente scolpita in basso rilievo con figure di naturale grandezza nel riquadro […] con diversi Artefici d'intorno all'opera impiegati, e lo stesso Agrippa, che loro impone ciò, che debbino farci; osservandosi nelle terza campagna l'acquedotto già in buona parte perfezionato." (Salvi wie in Anm. 323, S. 23–24; zit. bei D'Onofrio 1962, S. 267).

328 „… la Vergine, quale è fama, che per ristorare la sete di alcuni soldati di Agrippa, incontrata casualmente da essi, insegnasse loro la sorgente di quest'acqua. Stà essa vestita in abito semplice, come a rustica pastorella, (che tale forse doveva essere) […] Questo medesimo fatto rimane particolarizzato col basso riliero nell'altro riquadro […], dove sono espressi diversi Soldati, uno dei quali si vede preder l'acqua colla celata, un altro più stimolato dalla sete, la sugge impazientemente colle labra dalla propria sorgente, et altri attentamente ascoltano la Vergine …" (Salvi wie in Anm. 323, S. 24; zit. nach D'Onofrio 1962, S. 267).

329 „Sopra l'ordine delle quattro colonne, che, cime decemmo, formano il Prospetto principale dell'opera, sono poste in piedi le Statue di quattro Vergini rappresentanti ne' i simboli, che hanno nelle mani, quattro delle primarie, e più utili produzioni, che si fanno nella terra col mezzo alcuni fasci di spiche di grano, e la seconda grossi grappoli di uve, accompagnata da una tazza, che rassembra piena di generoso vino; e delle altre, l'una si vede con Cornucopia pieno di varie frutta; essendo la quarta coronata di fiori, e col grembo di essi ripieno" (Salvi wie in Anm. 323, S. 24; zit. nach D'Onofrio 1962, S. 267).

des Papstes. Die andere verkündet dem römischen Volk den Ruhm des Herrschers und die Großartigkeit des durch ihn initiierten Bauwerkes.[330]

Diese allegorische Inszenierung steigert die Szenographie des Raumes ins Theatralische. Darüber hinaus bringt sie aber auch wie *Sant'Andrea al Quirinale* eine hohe ikonographische Bedeutung ein. So werden Struktur, Ikonographie und Szenographie durch die Theatralik des Raumes untrennbar miteinander verbunden.

9.2 Die strukturellen Aspekte der Räumlichkeit

Beginnen wir mit den **strukturellen** Aspekten der Räumlichkeit. Die Anzahl der Räume ist leicht auszumachen. Zunächst enthält die Nische einen **Zwischenraum**, der an den **Vorraum** des Brunnens grenzt. Der dritte Raum befindet sich hinter der Fassade. Auf ihn weisen die Fensterbalkone der Rücklagen hin. Sobald die Fensterflügel geöffnet sind und die Bewohner oder Gäste des *Palazzo Poli* die Balkone betreten haben, kommuniziert dieser **latente Binnenraum** wie der **Zwischenraum** mit dem **Vorraum**.

Weitaus diffiziler ist das Verhältnis, das die Räume zum Aufriss und zum Skulpturenschmuck einnehmen und durch das sie ganz bestimmte Dynamiken erlangen. Wie wir sahen, ist das Theatermotiv in der frühneuzeitlich-klassischen Architektur das geläufigste Strukturelement, um verschiedene Räume miteinander zu verbinden. Auch an der *Fontana di Trevi* übernimmt es diese Funktion. Während seine **Binnenordnung** in den **Zwischenraum** ausgreift, hinterfängt seine **Hauptordnung** den **Vorraum**. An der Säulenarkade werden beide Räume zusammengeführt; hier geht der **Zwischenraum** in den **Vorraum** über. Außerdem setzt sich die **Hauptordnung** an den Rücklagen fort und verbindet so den **Vorraum** mit dem **Binnenraum**.

Allerdings setzt das Theatermotiv nicht nur die einzelnen Räume zueinander in Beziehung. Seine **Hauptordnung** geht auch im Vokabular eines Triumphbogens auf, derweil die **Binnenordnung** sich als Teil eines halbierten Monopteros, der in die Fassade eingelassen ist, zu erkennen gibt.

Mittels dieser beiden Gebäudetypen verbindet das Theatermotiv zugleich die **Wand-** mit der **Gliederbauweise**. An den Rücklagen ist die Wand noch eindeutig das **primäre** Element, während die Pilaster nur appliziert sind. In den Seitenachsen des Mittelrisalits hat sie durch die Figurennischen und die Reliefplatten (hinter denen sich ja gleichfalls Nischen verbergen) schon so sehr an Substanz verloren, dass sie eher wie ein sekundäres Pfosten-Balken-Gerüst wirkt. In der Mittelachse dominiert bereits die **Gliederhaftigkeit**. Das Interkolumnium füllt eine kolossale scheitrechte Arkade, in die der halbe Monopteros scheinbar lose gestellt ist.

Des Weiteren vollzieht das Theatermotiv den Übergang von der flachen Ebene zur Dreidimensionalität. Das gilt zunächst für den Wandspiegel, der an den Rücklagen noch völlig seicht ist, sich in den Seitenachsen des Risalits in Nebennischen öffnet und letztlich in der Hauptnische hinter der Arkade einen eigenen Raum ausbildet. Darüber hinaus halte ich es für angebracht, auch die Felsplattform des Brunnens als einen Teil der Architektur zu begreifen. Schließlich scheint die Fassade mit dem Felsen regelrecht verwachsen zu sein. Dementsprechend gehen Fels und Sockelzone an mehreren Stellen ineinander über. Zugleich paraphrasieren die Bandquader die betont horizontale

---

330 „Per ultimo termine, e finimento dell'opera, sopra la detta lapide si erge la grand'Arme di Sua Santità, nascente da due cartelle ornate di festoni di fiori, e volute, le quali inalzandosi dal lato della medesima, nelle estremità esteriori fanno sostegno a due Fame, l'una delle quali insegnando l'arma, e l'altra suonando la tomba, propagano al Popolo la gloria del nostro Principe, in tante e così grandi opere da lui magnificamente intraprese" (Salvi wie in Anm. 323, S. 24–25; zit. nach D'Onofrio 1962, S. 267).

Schichtung der Steinplatten. Während der Fassadenspiegel im Hauptgeschoss also in Form der Nischen zurückspringt, schiebt er sich in der Sockelzone in Gestalt des Felsens nach vorne.

Parallel dazu beginnt die Gliederung, sich schrittweise in der dritten Dimension zu entfalten. An den Rücklagen tragen Pilaster ein Gebälk, das sich nur in Architrav und Fries verkröpft. Im Triumphbogen-Risalit kommen Dreiviertelsäulen hinzu, über denen das Gebälk vollständig vorspringt. Die Säulen des Monopteros stehen schließlich frei.

Wie die Gliederung löst sich der figürliche Schmuck von der Wand. Allerdings gilt es, zwei Bereiche zu unterscheiden. Die Plastik, die sich oberhalb des Gebälks der Hauptordnung befindet, entfaltet sich von unten nach oben, wohingegen die Plastik darunter sich von oben nach unten entwickelt. (Der Grund dieser Gegenläufigkeit liegt in der Ikonographie der Architektur und soll etwas später diskutiert werden.)

Oberhalb des Gebälks folgen auf die reliefhaften Maskarons zwischen den Attikafenstern der Rücklagen die freiplastischen Jungfrauen. Allerdings sind diese noch Teil des architektonischen Gefüges, da sie von Lisenen hinterfangen werden und zusammen mit der Hauptordnung das Motiv der Bildsäule ergeben. Die Famen auf der Balustrade erscheinen dagegen nicht mehr als integraler Bestandteil der Fassade. Vielmehr sind sie von außerhalb herbeigeflogen, um das päpstliche Wappen der Öffentlichkeit zu präsentieren oder es in einem Akt der *apotheosis in effigie* in den Himmel zu entrücken. Entsprechend besitzt diese Gruppe auch die größte Plastizität und Bewegtheit.

Im ‚irdischen' Bereich unterhalb des Gebälks werden die Historienreliefs von den Personifikationen in den Seitennischen, der Oceanus-Figur, den Seepferden und den Tritonen abgelöst. Auch hier erlangt der figürliche Dekor schrittweise freiplastische Qualität und damit einen höheren Realitätsgrad. Die Relieffiguren sind noch ganz bauplastischer Dekor. Die Personifikationen sind zwar auch noch in die Fassade eingebunden, doch blicken sie bereits aus ihren Nischen heraus auf den Wagen des Oceanus. Damit stehen sie mit dem Meergott in Interaktion. Dieser hat bereits den vollen Grad an Realität erreicht, wenngleich er noch in seiner Nische steht und damit der Fassade angehört. Die Hippokampen und Tritonen agieren schließlich völlig frei, wobei ihre Lebendigkeit geradezu ins Dramatische gesteigert ist.

Dass architektonische Gliederung und Bauplastik sich p a r a l l e l von Wand und Fläche emanzipieren, wirkt umso glaubhafter, als Salvi beide Gattungen weitestgehend miteinander verschränkte. Während die Skulptur immer Teil der Architektur ist, besitzt diese plastische Züge. Angesichts dieser engen Verzahnung ist es nur konsequent, dass sich zumindest unterhalb des Gebälks der Übergang vom Wand- zum Gliederbau, von der Zwei- zur Dreidimensionalität und von der Bauplastik zur Freiplastik stets an ein und derselben Stelle vollzieht: in der Arkade. In den ionischen Säulen der **Binnenordnung** löst sich die Gliederung von der Wand und wird plastisch; hinter der Arkade erlangt die Fassade Tiefe, ehe sie dann im Felsen gänzlich ‚ausufert'; in der Arkade wird die Skulptur in Gestalt des Oceanus freiplastisch, ehe sie in den Tritonen und Seepferden sogar völlig aus der Fassade heraustritt.

Man kann sogar sagen, dass die architektonische Struktur und die Plastik sich in der Arkade des Theatermotivs g e m e i n s a m emanzipieren. Zugleich vollzieht sich hier die Synthese beider Gattungen. So vermittelt die Arkade zusammen mit der Oceanus-Figur zwischen der Palastarchitektur und dem vorgelagerten Brunnen. Wie der Gott zwar noch in der Fassade steht, eigentlich aber schon dem Felsmassiv angehört, so liegt die Säulenarkade in der Palastfront und hat sich doch schon ganz von ihr gelöst. Brunnen und Palast sind in Säulenarchitektur und Götterfigur regelrecht aneinander gekoppelt.

Damit Säulenarchitektur und Oceanus diese Verbindung herstellen können, müssen sie freilich selbst eine Verbindung eingehen. Diese ergibt sich zum einen durch die Räumlichkeit: Die Säulenarkade setzt sich im Monopteros fort, der seinerseits den Gott umfasst. Oder anders ausgedrückt: Der Gott füllt den **Zwischenraum**, den die Arkade eröffnet, vollkommen aus. Zum anderen übernimmt die Architektur in Gestalt der ionischen Freisäulen Eigenschaften der Skulptur. Dabei gilt grundsätzlich die vitruvianische Vorstellung, wonach die Säule ein idealisiertes Abbild des *homo bene figuratus* ist[331]. Überdies verwendete Salvi Eckvoluten. Die Kapitelle wurden dadurch nicht nur vielansichtig, was dem kurvierten Verlauf des Gebälks Rechnung trug;[332] zusammen mit den Fruchtgirlanden verleihen sie den Säulen auch bildhauerische Qualität. In der Nische vermählt sich der kraftvolle männliche Körper des Meeresgottes gewissermaßen mit der weiblichen Eleganz der ionischen Ordnung. Daher kann man sich den Brunnen zwar ohne den Palast, nicht aber ohne den Monopteros denken.[333] Umgekehrt ist die Fassade ohne den Brunnen, nicht aber ohne die Oceanus-Figur vorstellbar.

Die strukturelle Metamorphose von Architektur und Plastik konzentriert sich also auf allen Ebenen an der Stelle, an der auch die drei Räume zueinander in Beziehung treten. Man kann sogar behaupten, dass die parallele Veränderung von Architektur und Plastik von der Entfaltung des Raumes abhängt. Wo immer Gliederung und figürlicher Schmuck sich von Wandgebundenheit und Flächenhaftigkeit lösen, entsteht ein Raum. Umgekehrt gilt: Je größer der Raum ist, desto freier werden Architektur und Skulptur. Mit anderen Worten: Die Autonomie der Gattungen wächst mit ihrem ‚Freiraum'.

Allerdings steigern Architektur und Skulptur im Zusammenspiel mit dem Raum nicht nur ihre **Gliederhaftigkeit** bzw. ihre Autonomie, sondern entwickeln auch eine eigene Dynamik. In den Rücklagen verharrt die Architektur noch weitgehend in der Ebene der Wand und entfaltet sich folglich in die Breite. Im vorspringenden Mittelrisalit schwillt die Gliederung bereits zu Dreiviertelsäulen an. In der Mittelachse zieht sie sich als Nische ein, um im Gegenzug unmittelbar darunter als Felsen vorzubrechen. Jetzt ist sie nicht mehr in die Breite, sondern in die Tiefe und in die Frontalität ausgerichtet.

Die Plastik folgt diesem Beispiel. Dabei fungiert das Gebälk erneut als Spiegelachse. In der Attika sind die Maskarons der Rücklagen noch völlig starr. Die Jungfrauen stehen bereits in beschwingter Pose, bewegen sich aber noch nicht. Die Famen sind hingegen im Begriff, mit dem Wappen in den Himmel empor zu fliegen.

Mit diesem **höhenräumlichen** Impetus der coelestischen Zone kontrastiert im terrestrischen Bereich eine **frontalräumliche** Dynamik. Die Hauptfiguren der Reliefs sind in Seitenansicht wiedergegeben und agieren in der Fläche. Die seitlichen Nischenfiguren stehen schon frontal zum Betrachter, bewegen sich aber noch nicht nach vorne. Erst in der Oceanus-Figur wird die Frontalität in Bewegung umgesetzt. Diese wird dann von den Hippokampen und Tritonen und noch mehr von den Wassermassen fortgesetzt und verstärkt. Analog dazu erscheint der **Binnenraum** hinter den Rücklagen als ein **Breitenraum**, wohingegen **Zwischen-** und **Vorraum** eine **frontalräumliche** Kraft entwickeln.

9.3 Die ikonographische Bedeutung des Raumes

Nachdem ich den Raum auf sein Verhältnis zur architektonischen Struktur hin untersucht habe, möchte ich mich nun seiner ikonographischen Bedeutung zuwenden. Zunächst bietet die Ikonographie eine recht plausible Erklärung dafür, weshalb die Bauplastik sich über dem Haupt-

---

331 Vitruv (1991), IV 1.

332 Umso mehr muss man es als Ausdruck einer klassischen Grundhaltung ansehen, wenn Bernini im Hochaltar von *San Paolo Maggiore in Bologna* die traditionelle Form der Ionica verwendete.

333 Das Motiv eines Gottes, der auf einem Felsen stehend von einem Monopteros überfangen wird, wurde 1762 von Nicola de Pigage im Apollotempel des *Schlossparks zu Schwetzingen* nochmals verwendet.

gebälk anders entwickelt als darunter. Im Barock beschränkt sich ein Gebäude eigentlich auf den Bereich der Ordnungen. Bei einem Bau, der mit dem Kranzgesims abschließt, ist das selbstverständlich. Folgt indes noch eine Attika, so liegt es nahe, sie ikonographisch der himmlischen Zone zuzurechnen. Dasselbe gilt für die Innenarchitektur. Entsprechend tragen die Gewölbe der großen sakralen und profanen Repräsentationsräume, die in der Regel gleichfalls über einem Gebälk ansetzen (und sich von außen oft hinter einer Attika verbergen), Darstellungen des himmlischen Paradieses oder des Olymp. Im Gegenzug gehören die Ordnungen dem Bereich des Irdischen an. An *Sant'Andrea al Quirinale* ließ sich dies besonders gut zeigen (siehe C 3.2).

Dieser Unterschied erklärt, weshalb sich die Skulptur an der *Fontana di Trevi* in der Attika himmelwärts und innerhalb der ‚eigentlichen' Fassade erdwärts und nach vorne entfaltet. Mit diesen gegenläufigen Bewegungen ist allerdings auch ein ikonographischer Wesenswandel verbunden.

Dieser Wandel ist sehr vielgestaltig. Auf der ersten Bedeutungsebene betrifft er den Zyklus der Elemente. Fraglos steht die Fassade für das Element E r d e. Das geht allein schon daraus hervor,[334] dass sie ganz aus Stein (genauer aus Travertin) besteht. Außerdem wächst sie aus einem Felsen, in den sogar verschiedene Pflanzen gemeißelt sind, buchstäblich empor. Diesen Wachstumsprozess veranschaulicht Salvi besonders an der rechten Gebäudekante. Dort hat eine scheinbare geologische Verwerfung die Metamorphose vom Felsen zur Architektur jäh unterbrochen. Die Bildung von Plinthe und Basis ist daher nur bis zur senkrechten Bruchkante gediehen, während der Pilasterschaft unterhalb der horizontalen Bruchkante über den Rohzustand nicht hinausgekommen ist. Stattdessen wuchert aus dem Riss Unkraut wie aus einer Felsspalte hervor. Und nicht zuletzt sprudelt das W a s s e r, das zweite Element, aus dem Sockel der Fassade wie aus dem Schoß der Erde hervor.[334]

Während die Fassade in ihrem ‚terrestrischen' Bereich unterhalb des Gebälks ans Wasser grenzt, strebt sie im himmlischen Bereich der Attika zur L u f t hin. Dieses Element ist im realen Himmel fassbar, an den die Attika grenzt. Es wird aber auch durch die geflügelten Famen evoziert, die mit dem Wappen in die Lüfte abheben.

Das vierte Element, das F e u e r, ist auf keinen Abschnitt beschränkt und wird auf zweierlei Weise erfahrbar: bei Tag durch das Sonnenlicht, das die Fassade bescheint und sich im Wasser spiegelt, und bei Nacht durch den Kerzenschein, der die Fenster der Rücklagen erhellt(e) und den das Wasser unter günstigen Umständen gleichfalls reflektiert(e).

Die zweite Bedeutungsebene, auf der sich der ikonographische Wesenswandel vollzieht, ist der Gegensatz von natürlicher und übernatürlicher Ordnung. Liest man die Fassade gemäß der Hierarchie der Figuren von oben nach unten, so beginnt das Bildprogramm bei den Göttinnen des Ruhmes und der Unsterblichkeit. Sie halten das Wappen des Papstes, der die himmlische Ordnung auf Erden durchzusetzen hat. Es folgen die Jungfrauen mit den Früchten der Erde. Sofern man ihre Attribute über Salvis Angaben hinaus als einen Hinweis auf die Jahreszeiten deutet, stehen die Jungfrauen auch für den ewigen Wechsel der Zeit, der am Lauf der Gestirne gemessen wird. Damit repräsentieren sie gleichfalls die Gesetze des Kosmos. Zugleich weisen die Attribute aber auch auf den Kreislauf der Natur hin. Diese ist nicht wild, sondern wird vom Menschen kultiviert und somit gleichfalls einer Ordnung unterworfen.

Angesichts ihrer Doppeldeutigkeit ist es nur logisch, dass die Jahreszeiten einerseits in der Attika stehen und andererseits über die Säulen mit der unteren Zone verbunden sind. Dort folgen nämlich die Reliefs, in denen die Kultivierung der Natur durch den Menschen am Beispiel der *Aqua Virgo* historisch konkretisiert wird. Die Folgen dieser zivilisatorischen Maßnahme manifestieren sich in den Personifikationen von *salubritas* und *abundantia*.

Die menschliche Ordnung endet an der Oceanus-Nische. Das Wasser wird nun nicht mehr vom Menschen beherrscht, sondern es herrscht über sich selbst. Hier beginnt die Eigengesetzlichkeit

---

334 Siehe hierzu Preimesberger 1974, S. 119.

der freien Natur. Sind die Personifikationen von Gesundheit und Überfluss noch züchtig-anmutige Jungfrauen, so hat Oceanus wie die weiten Weltmeere, die er verkörpert, etwas Wild-Bewegtes an sich. Dies kommt besonders in Haar, Bart und Gewandung, aber auch in der kurvierten Oberflächenstruktur der Wagenmuschel zum Ausdruck.

Im Bereich des Brunnens ist das Wasser sich selbst überlassen. War es innerhalb des Aquädukts noch gebändigt, so kann es sich nun ungezügelt über die Felsen ergießen. Dabei kann es wie jedes Element ebenso segensreich wie unheilvoll wirken. Auf diese Ambivalenz spielen auch die Körper der Hippokampen und der Tritonen an: In den Tritonen mischt sich das Anthropomorphe mit dem Animalischen, in den Hippokampen das Animalische sogar mit dem Monströsen. Darüber hinaus offenbart sich die Doppelnatur des Wassers im Verhalten der Seepferde. Während das eine Pferd sich willig führen lässt, widersetzt das andere sich seiner Bändigung noch.[335]

Die *Fontana di Trevi* ist also in drei Hauptzonen unterteilt. Der göttlichen Ordnung des (christlichen) Himmels ist die natürliche Wildheit des Wassers gegenübergestellt. Dazwischen liegt der Bereich der menschlichen Kultur und Zivilisation. Der Sinn dieser Dreiteilung ergibt sich jedoch erst in der Lesart von unten nach oben. Nun scheint die Fassade aus dem Felsen herauszuwachsen. Die Verwandlung von der rohen Materie in gebaute Architektur wurde schon an der *Porta Maggiore* und am *Claudianum* durchgespielt. Salvi ging es jedoch weniger um die Bearbeitung des Steins an sich als um die Zähmung des Wilden durch die Zivilisation. Demzufolge steht das Wasser jetzt für die Domestizierung der Naturgewalten und der Elemente durch den Menschen, der seinerseits unter göttlichen Auspizien (wenn nicht im göttlichen Auftrag, sich die Erde untertan zu machen) handelt. Die Folge dieser Maßnahme ist himmlischer Ruhm, der laut Gründungsinschrift dem Papst als dem Auftraggeber zuteil wird.

165, 166

Die Magnifizenz der Schaufront evoziert in diesem Zusammenhang also weniger den „mythologischen Triumph des Wassers", wie Mario Sanfilippo es ausgedrückt hat,[336] sondern den Triumph, den die Zivilisation im Allgemeinen und der Papst im Besonderen über das Wasser errungen haben. Dennoch wird das Erscheinen des Oceanus als ein Triumph inszeniert. Zunächst überfängt die Säulenarchitektur den Gott als eine Nobilitierungsvokabel und betont damit seine Sonderstellung. Allein dadurch wird die Arkade auch noch zum ikonographischen Zentrum der gesamten Anlage. Dies gilt umso mehr, als der architektonische Doppelcharakter der Nische es ermöglicht, das Erscheinen des Oceanus auf zwei Arten zu deuten.

Im Kontext der Triumphbogen-Fassade ist der Monopteros als ein Baldachin zu verstehen, der den Gott wie einen Triumphator überfängt. Dessen Auftritt wird so zum *adventus*, der feierlichen Ankunft in der Ewigen Stadt.

In der Antike wurde damit die Rückkehr des siegreichen Imperators aus der Schlacht inszeniert, in Mittelalter und Neuzeit der feierliche Einzug des Papstes nach seiner Krönung. Die Übertragung der kaiserlichen *adventus*-Ikonographie auf die Oceanus-Gruppe als eine Allegorie pontifikaler Fürsorge ergibt insofern Sinn, als die *cura aquarum* neben der durch die Attikafiguren evozierten *cura annonae* in der antiken Urbs eine wichtige und zugleich höchst ehrenvolle Aufgabe der Konsuln und später der Kaiser war. Mit ihrer Übernahme legitimierten die Päpste ihren

---

335 „Di questi due Cavalli, uno doverà dar tutti i segni della maggior ferocia possibile, in alberandosi col petto, et attorcigliando ferocemente l'elevata coda, et inalzando le curvate gambe, co i crini svolazzanti per l'aria, stia gran parte fuori dello scoglio, come volesse furiosamente precipitarsi in una rottura del medesimo, e corer liberamente ad esseguire i sregolati impulsi d'un troppo fervido spririto. [...] L'altro Cavallo poi, pieno, stia in atto di passeggiar libero per l'acqua senza bisogno di chi lo governi, quasi che per se stesso sia sufficientemente instrutto dall'istinto della propria natura di tutto ciò, ch'è suo obligo di fare; spiegando così lo stato pacifico, et in calma, nel quale stando acqua, si rende tanto deliziosa, utile, e profitevole al mondo ..." (Salvi wie in Anm. 323, S. 20v; zit. nach D'Onofrio 1962, S. 266).

336 Sanfilippo/Venturi 1966, S. 56.

Anspruch, als Nachfolger der Cäsaren die Herrschaft über Rom auszuüben.³³⁷ Entsprechend hält Oceanus in der Ewigen Stadt Einzug. Wie ein Triumphator oder ein „Herrscher, der über das Volk, dem er sich zeigt, unbeschränkte Macht ausübt",³³⁸ steht er auf einer Muschel wie auf einem „Kaiserlichen Wagen".³³⁹ Die Hippokampen, die den Wagen ziehen, werden von zwei Tritonen wie von Dienern am Zügel geführt. Einer der Tritonen verkündet durch den Klang seines Muschelhorns die Ankunft des Gottes und ruft zugleich die Wasser herbei, denen der Gott gebietet (und die dadurch auch wieder besänftigt werden).

Deutet man die Säulenarchitektur indes als einen *tempietto*, so heißt dies, dass der Gott sein grottenhaftes Heiligtum verlässt, nachdem er aus den Fluten des Meeres emporgetaucht ist. In dieser sakral überhöhten Lesart wird der Auftritt des Gottes zur Epiphanie³⁴⁰, die in der römisch-heidnischen wie in der römisch-katholischen Religion nichts anderes als eine Formel für den göttlichen *adventus* ist.³³⁹

Während die Assistenzfiguren in erster Linie zur Ikonologie des *adventus* gehören, erweisen sich die Muschel und das Wasser vor allem als Teile der Epiphanie. Wie in Botticellis „Geburt der Venus" entsteigt die Gottheit dem Meer auf einer Muschel und wird dadurch überhaupt erst präsent. Und wie die Fluten auf der allegorischen Sinnebene in Gestalt des Oceanus aus der Fassade hervortreten, so ergießen sie sich realiter aus dem dunklen Erdreich und dem engen Schacht der Wasserleitung ins lichte Freie.³⁴²

Als Träger der Epiphanie erlangen die Fluten sogar dieselben Qualitäten wie das Licht im traditionellen Sakralraum. Offenbart sich das Göttliche dort in den Heil bringenden Strahlen des himmlischen Feuers, so konkretisiert es sich hier in den Leben spendenden Strahlen des Brunnenwassers. Dass beide Formen der Emanation im Barock zusammen gehören, zeigen nicht zuletzt die *fontane*, die auf dem *Petersplatz* unmittelbar neben dem Obelisken als einem Symbol des gekreuzigten und des auferstandenen Christus stehen (siehe D 4.2). In Berninis *Vierströme-Brunnen* auf der *Piazza Navona* werden Wasser und Licht als Ausfluss der göttlichen Gnade sogar kombiniert.³⁴³ Die Heil bringende Bedeutung des Wassers wird umso verständlicher, wenn man sich vor Augen hält, wie sehr im 17. und 18. Jahrhundert Wohlstand, Gesundheit und Sicherheit vor Feuersbrünsten von einer guten Wasserversorgung abhingen. Eine solche Versorgung war alles andere als selbstverständlich und erforderte einen hohen technischen Aufwand.³⁴⁴

329, 344

---

337 Zur Getreideversorgung im barocken Rom siehe Reinhardt 1991 u. ders. 1999, S. 218–221.

338 „… un Sovrano d'illimitato potere alla presenza de suoi Popoli …" (Salvi wie in Anm. 323, S. 19; zit. nach D'Onofrio 1962, S. 266).

339 „L'Oceano addunque, atteso tutto ciò, si devera esprimere in piedi, sopra un Augusto Carro di grandi Conche…" (Salvi wie in Anm. 323, S. 18–19; zit. nach D'Onofrio 1962, S. 265). *Augusto* bedeutet zwar wie das Lateinische Wort *augustum* „erhaben" oder „erlaucht", doch schwingt hier mit Sicherheit auch der Aspekt des Imperialen mit. Schließlich war das Nomen „Augustus" in römischer Zeit neben dem Namen „Caesar" ein fester Bestandteil der Kaisertitulatur.

340 Das vielleicht bekannteste Beispiel einer Epiphanie, bei der ein Gott seinen als Monopteros gestalteten Palast verlässt, ist Giovanni Battista Tiepolos Darstellung des Sonnengottes Apoll im Treppenhausfresko der Würzburger Residenz von 1753. Dass der Wohnsitz einer Gottheit wie in der *Fontana di Trevi* auch auf einen halben Monopteros reduziert sein kann, zeigt François Bouchers Ölgemälde *Die Genien der Künste*, das zur gleichen Zeit (1761) entstand und sich heute im Musée des Beaux-Arts in Angers befindet (vgl. Katalog Pompadour 2002, Nr. 151).

341 Siehe hierzu Emonds 1950, col. 112–128.

342 Nach Pulvers 2002, S. 745 verkörpert das Brunnenbecken, in das sich die Fluten ergießen, das Meer. Indes ist es unlogisch, dass sich das Wasser aus dem Aquädukt unmittelbar in die wilde See ergießt. Die Stadt würde daraus keinen Nutzen ziehen. Auch kann das Meerwasser wegen seines Salzgehalts keine Fruchtbarkeit hervorbringen. Es scheint mir daher logischer, dass Oceanus – gemäß Salvis eigenen Angaben – das Element Wasser an sich verkörpert und dieses der Stadt spendet.

343 Preimesberger 1974, S. 105 u. 142–144.

344 Vgl. Preimesberger 1974, S. 91–100.

Auf die Bedeutung des Wassers für das Allgemeinwohl, die *salus publica,* spielen die Personifikationen des Überflusses und der Gesundheit sowie der vier Jahreszeiten an. Dank seiner segensreichen und fruchtbringenden Wirkung bietet der Brunnen auch buchstäblich die Grundlage für den Ruhm des Papstes, den die beiden Famen aller Welt verkünden.

9.4 Die szenographische Wirkung des Raumes

Spätestens jetzt erlangt die Architektur szenographische Qualitäten. Denn auch den Motiven des *adventus* und der Epiphanie verleiht die Raumwirkung eine besondere Intensität: Der Gott tritt aus dem **Zwischenraum** der Nische heraus und begibt sich in den **Vorraum** des Brunnens (und damit in den Stadtraum). Damit provoziert er eine **frontalräumliche** Dynamik, die durch die sich nach vorne ergießenden Wassermassen und die vorpreschenden Hippokampen visualisiert und unmittelbar zum Betrachter getragen wird.

Bei dieser zielgerichteten Dynamik offenbart sich erneut die Nähe zur Sakralarchitektur. Wie schon gesagt, hatte Salvi das Nischenmotiv Altären abgeschaut, die den Heiligen wie einen Tempel überfangen. Darüber hinaus finden sich am *Trevibrunnen* zahlreiche andere Motive der barocken Altarbaukunst, aber auch der ephemeren Festapparate wieder. Ein Beispiel, das Salvi wahrscheinlich als Vorbild diente, ist Berninis *Cathedra Petri* (siehe D 4.1.3.3), wo der Heilige Geist sein Segen spendendes Licht gleichfalls aus einem Bereich hinter dem Wandspiegel durch Vermittlung eines räumlich gestaffelten Figurenapparats ausgießt, der schrittweise vom Relief in affektgeladene Freiplastiken (Kirchenväter) übergeht. Nicht zuletzt entfalten beide Werke einen **frontalräumlichen** Zug. Ensteht er an der *Fontana* u. a. durch das Wasser, das in das Brunnenbecken fließt, so ergibt er sich in *Sankt Peter* aus dem Licht, das von hinten durch die *Cathedra* in die Tribuna strömt. Schließlich sind Brunnenbecken und Chor gleichermaßen Adyta, also an sich nicht zugängliche Bereiche. Der Betrachter kann dem Geschehen in beiden Fällen nur von balkonartigen Logen oder von gewöhnlichen Bänken aus beiwohnen. Salvi setzte seine Felsarchitektur an den Seiten sogar unmittelbar in Form von Zuschauerbänken fort. Diese steigern sich gegenüber der Fassade zu Pendants der Felsen – eine Metamorphose, die Piranesi in den „Vedute di Roma" besonders gut hervorgehoben hat.[345] Ebenso ließ er die Fenster der Rücklagen mit ihren Balkonen zu Logen mutieren. So werden auch die Bewohner des Palastes zu Akteuren. Zumindest partiell setzt sich der **Vorraum** des Brunnens im **Binnenraum** des Palastes **tiefenräumlich** fort.

211a, b

22–27

212, 213

Indes werden die Zuschauer an der *Fontana* wie an der *Cathedra* mit der Raumdynamik der Epiphanie nicht nur konfrontiert, sondern selbst zu Teilnehmern des Geschehens – und damit zu Staffagefiguren innerhalb des Gesamtraumes. In der Kirche geschieht dies während der Messe, vor allem dann, wenn die Gläubigen zum Empfang der heiligen Kommunion vor die Balustrade treten. An der *Fontana di Trevi* können die Besucher die Stufen zum Brunnenbecken hinabschreiten, um Wasser zu schöpfen. Am meisten werden freilich jene Passanten einbezogen, die zu dem kleinen Brunnen gehen, der sich rechts in einem gesonderten Felsen befindet, und dabei die drei untersten Stufen überwinden, die den Übergang zwischen der Welt des Betrachters und dem Kunstwerk markieren. Selbst die Besucher der vis-à-vis gelegenen Kirche *Santi Vicenzo ed Anastasio* werden in das Spektakel einbezogen. Von der Kirchentreppe aus haben sie nicht nur den besten Blick; mir scheint, als sei die Figur des Oceanus auch auf ihren Betrachterstandpunkt hin berechnet. Damit erstreckt sich die **frontalräumliche** Wirkung bis zur anderen Seite des Platzes. Über die schon beschriebenen unterschiedlichen Realitätsgrade hinaus wird der Bildapparat so in die reale Welt hinein verlängert. Das letzte Glied in der Kette der steten Verlebendigung bildet der Mensch.

---

345 Piranesi (2000), Abb. 883.

10 Die Treppe als Teil des Fassadenraums

10.1 Allgemeines

Wie wir gesehen haben, kann eine Treppe den Charakter eines Raumes in hohem Maße mitbestimmen: An *Saint-Sulpice* **lässt** sie den **Vorraum** in den **Zwischenraum** der Fassade **ein**. In *Sant'Andrea al Quirinale* trägt sie mit dem *tempietto* dazu bei, dass die Fassade in den **Vorraum ausgreift**. Nicht selten ist die Treppe sogar der Bereich, in dem die Fassade **raumausgreifend** und **raumeinlassend** zugleich ist. Ein sehr anschauliches Beispiel für diese Ambivalenz ist die Fassade von *San Giuseppe dei Ruffi in Neapel*, die etwa zwischen 1715 und 1725 nach einen Entwurf Marcello Guglielmis erbaut wurde. Sie besteht größtenteils aus einem *portico*, der sich auf eine sehr bemerkenswerte Weise mit der Treppe, auf der er steht, verschränkt. Ohne die Treppe würde die Fassade den **Vorraum** einfach **übergreifen**. So aber dringt der **Vorraum** über die Treppe an den Seiten in den *portico* ein. Innerhalb des *portico* knicken die Treppenarme im rechten Winkel nach innen um und vereinen sich in einem Podest, das sich durch die Arkade der Mittelachse wieder in den **Vorraum** schiebt. Dank der Treppe wird der Raum des *portico*, der sonst keinerlei Dynamik besäße, zum Katalysator, der die **tiefenräumlichen** Kräfte bündelt und in eine **frontalräumliche** Dynamik umwandelt.

Außerdem können Treppen wie an *San Giovanni in Laterano* oder *Santa Maria Maggiore* den Fassadenraum paraphrasieren und ihn dadurch lesbarer machen. An der *Fontana di Trevi* bezieht die Treppe – in umgekehrter Richtung – den **Vorraum** auf die Fassade, indem sie vom Platz zum Brunnenbecken hinabführt. Unter gewissen Bedingungen erlangen Freitreppen wie am *Senatorenpalast auf dem Kapitol* oder an der Westseite des *Nymphäums in der Villa Giulia* sogar eine eigene Räumlichkeit. Beide Male **greifen** sie in den **Vorraum aus** und **schichten** ihn.

Wie sehr Freitreppe und Fassade in ihrer Raumwirkung voneinander abhängen, lässt sich an einem Entwurf Domenico Martinellis für die *Villa Malaspina* in Caniparola[346] veranschaulichen. Die Zeichnung zeigt ein Corps de Logis, das sich aus einer zentralen, drei Achsen breiten, querovalen Rotunde und zwei zweiachsigen Rücklagen zusammensetzt. Über dreiachsige Zwischentrakte ist es mit fünfachsigen Eckrisaliten verbunden. Corps de Logis und Verbindungstrakte präsentiert Martinelli in zwei Varianten (die entweder als Alternativen zu verstehen sind oder die Hof- und die Gartenfront wiedergeben). Auf der linken Hälfte öffnet sich die Rotunde über eine völlig offene **Gliederarchitektur** (eine Kolonnade trägt Serlianen) einer Terrasse, die in ihrer konvexen Krümmung dem Verlauf der Rotunde folgt. In radialer Verlängerung der äußeren Rotundentravée führt von der Terrasse ein Treppenarm in leicht konkaver Schwingung in den Hof bzw. den Garten. Der **Binnenraum** der Fassade scheint sich in der Treppe gleichsam zentripetal zu verlängern.

Auf der rechten Hälfte ist die Rotunde geschlossen. Dafür öffnet sich der Verbindungstrakt über doppelsäulige Arkaden, hinter denen eine Loggia liegt. Die Terrasse ist auf dieser Seite so breit wie das gesamte Corps de Logis. Dementsprechend setzt der Treppenarm vor der äußeren Achse der Rücklage an, um sich dann an die Terrassenmauer zu schmiegen. Zwischen dem Raum hinter der Fassade und der Treppe besteht nun kein Zusammenhang mehr. Somit kann der **Vorraum** des Verbindungstrakts ungehindert mit der Loggia **tiefenräumlich** kommunizieren, während der **Vorraum** des Corps de Logis durch Treppe und Terrasse **geschichtet** wird.

---

346 Mailand, Castello Sforzesco, Civiche raccolte d'arte.

Angesichts der räumlichen **Relevanz** so vieler Treppen nimmt es nicht Wunder, dass dieses architektonische Element besonders in der barocken Bühnen- und Perspektivkunst einen hohen Stellenwert erlangte. Deutlich wird dies bei Andrea Pozzos *Teatro delle Nozze di Cana nella Chiesa del Gesù*[347], in dem eine Treppe drei Höfe und damit eine dreifache Folge von **Vorder-**, **Mittel-** und **Hinterräumen** durchdringt und verbindet. Dass solche Treppenszenographien nicht nur auf dem Papier realisiert wurden, sieht man insbesondere am Genueser Palastbau, etwa dem von Bartolommeo Baccio del Bianco 1634–36 entworfenen *Jesuitenkolleg*. Gerade in derartigen Architekturen verbindet die Treppe den Baukörper, den sie durchzieht, sowohl mit dem **Vorraum** als auch mit dem **Rückraum**. Nicht selten wird sie durch deren Strukturen sogar **frontal-** oder **tiefenräumlich** verlängert. Die Raumhaltigkeit der Fassade lässt sich dadurch fast beliebig ausdehnen.

118, 119

In allen genannten Fällen wird die Treppe zum integralen Bestandteil eines Fassadenraumes. Welche Funktionen sie dabei in praktischer, szenographischer und symbolischer Hinsicht erfüllen kann, soll im Folgenden exemplarisch beleuchtet werden.

10.2 Die Freitreppe

10.2.1 Der Senatorenpalast auf dem Kapitol und die Villa d'Este

Herbert Siebenhüner hat die Treppe, die Michelangelo noch vor der Umgestaltung des *Kapitolsplatzes* und dem Bau des *Konservatorenpalastes* dem *Senatorenpalast* vorangestellt hatte, vor allem auf ihr Verhältnis zu der alten Fassade Tommaso de' Cavalieris hin untersucht.[348] Mindestens ebenso aufschlussreich ist es, die Treppe als Teil des von Michelangelo geplanten Platzensembles zu sehen, das Dupérac in seinen Veduten präsentiert (vgl. B 3.2.2). Die Fassade des *Senatorenpalastes* ist nun zu einer repräsentativen Rückwand des Platzes avanciert, nicht zuletzt, weil sie das obere Treppenpodest in Gestalt eines *baldacchino* überfängt. Die Treppe wird so zu einem Bindeglied zwischen dem Fassadenraum und dem Platzraum. Damit besitzt sie eine gewisse Nähe zu der Freitreppe an der Gartenfront der *Villa d'Este*, deren Läufe sich gleichfalls unter einem Vorbau vereinen und die folglich zwischen der Fassade und dem **Vorraum** ähnlich vermittelt. Wie elementar ein solcher Vorbau für die gesamte Konzeption sein kann, zeigt ein Vergleich beider Treppen.

293

137, 294

297, 298

Beginnen wir mit dem *Kapitol*: Während die *Zwillingspaläste* den Platz in sich **einlassen**, greift der *Senatorenpalast* über den *baldachino* und die Treppenläufe in den **Vorraum** aus. Dabei paraphrasiert die gestellartige Konstruktion des Baldachins ganz offensichtlich die in die Zwillingspaläste eingestellten *baldacchini* – obwohl seine Säulen nicht einfach und vollrund, sondern gekuppelt und appliziert sind. Diese Übereinstimmung ist umso mehr gegeben, als sich in *baldachino* und *baldacchini* der Platzraum und die Fassade gleichermaßen durchdringen; im Grunde sind die *baldacchini* der Zwillingspaläste nichts anderes als die Verkehrung des *baldacchino* am *Senatorenpalast* ins Negative: Während in der Mittelachse des Senatorenpalasts ein Säulengeviert aus der Kolossalordnung herausspringt, ist es an den Zwillingspalästen in eine solche hineingeschoben.

294

140–142

Des Weiteren kommuniziert die Treppe des *Senatorenpalastes* mit dem **Umraum** durch ihren figürlichen Schmuck. Der zentralen Nischenfigur der Dea Roma, den sie flankierenden Flussgöttern sowie den von Michelangelo vorgesehenen Balustradenfiguren antworten auf Dupéracs Vedute von 1568 die Attikafiguren des *Senatorenpalastes* und der *Zwillingspaläste*, die Rossebändiger am Antritt der zur *Piazza d'Aracoeli* hinabführenden Rampe, die anderen Balustradenfiguren der

137, 293

---

347 Pozzo 1693–1700, Bd. II, o. S.   348 Siebenhüner 1954, S. 64–80.

vgl. 137   Futtermauer und selbstverständlich auch die Reiterstatue Mark Aurels im Zentrum der gesamten Anlage. Nicht zuletzt vermitteln die drei Stufen, die auf dem Stich zur leicht abgesenkten Platzmitte führen, zwischen der Treppe des *Senatorenpalastes* und der Rampe.

Sehr viel komplexer ist das Verhältnis der Treppe zum Umraum in der *Villa d'Este*. Noch besser als bei der Betrachtung des Originals kommt Ligorios Konzept allerdings – trotz zum Teil widersprüchlicher Angaben – in den Kupferstichen des 16., 17. und 18. Jahrhunderts zur Geltung. Wie die Ansicht der Palastfassade in Giovanni Battista Faldas und Giovanni Francesco Venturinis

297, 298   „Fontane di Roma"[349] zeigt, ist der Aufbau über dem Treppenpodest im Vergleich zu Michelangelos Baldachin zu einer richtigen Loggia erweitert worden. Das Schema römischer Triumphbögen paraphrasierend, gliedert er sich in drei Travéen, die mit korinthischen Halbsäulen besetzt sind.[350] In der etwas breiteren Mitteltravée steht eine hohe Arkade, über der das Gebälk kontinuierlich hinwegläuft. In die Nebentravéen, über denen sich das Gebälk zurückkröpft, sind zwei hochrechteckige Öffnungen eingelassen. Diese reichen bis zu einem Zwischengesims, in dem sich das Kämpferprofil der Arkade fortsetzt. Die Fläche zwischen diesem Gesims und dem Gebälk ist mit relieflosen Tafeln gefüllt. Das Dach, das zugleich als Terrasse dient, besitzt eine Balustrade, die wie die Brüstung der Loggia gebildet ist. Ihre Postamente sind über der Mitteltravée mit Statuen und an den Kanten mit Kübelbäumen besetzt.

Ein weiterer Unterschied zum *Senatorenpalast* besteht darin, dass das Podest unter dem Vorbau nicht einfach als Sockel, sondern als ein *portico* gebildet ist, der überdies dieselbe Gliederung aufweist wie die Loggia (wenngleich mit einer dorischen Ordnung). Auf diese Weise ist der Treppe nicht einfach ein Baldachin aufgesetzt wie im *Kapitol*. Vielmehr sind Loggia und *portico* zu einem doppelgeschossigen *avant corps* zusammengezogen. Dieses hebt sich in seiner reichen Gliederung, seiner Offenheit, Plastizität und Raumhaltigkeit von der **Wandhaftigkeit** der restlichen, nur durch einfache Gurtgesimse gegliederten Fassade als ein eigener Baukörper ab. Ebenso zerlegt es die

298   Freitreppe in zwei Hälften. Besonders deutlich wird diese Zäsur in der Schrägansicht, in der das *avant corps* deutlich aus der Flucht der Treppe heraustritt.[351]

Eine solche Unterbrechung hatte Michelangelo am *Kapitol* niemals beabsichtigt. Auch er versah

294   das Podest mit einer Ordnung, die in Superposition zur Gliederung des *baldacchino* steht und mit diesem eine vertikale, zweigeschossige Einheit ergibt. Diese Einheit fluchtet gleichfalls nach vorne und korrespondiert sogar mit dem Turm des *Senatorenpalastes*. Dennoch wird die Treppe dadurch nicht wirklich unterbrochen, unter anderem deshalb, weil der Unterbau massiv bleibt und die Arme in ihren unteren Abschnitten gleichfalls nach vorne springen.

Doch obwohl Ligorios *avant corps* die Treppe unterbricht, bildet es mit dieser eine Gesamtheit,

297   die sich von der Restfassade abhebt. Dazu trägt nicht nur die Tatsache bei, dass die Brüstung der Loggia in den Balustraden der Treppenarme aufgenommen wird. Entscheidend sind auch die Travéen, die Ligorio zwischen die eigentlichen Arme und das *avant corps* setzte. Auf den ersten Blick vermitteln sie zwischen beiden Baukörpern, indem sie einerseits in der Flucht der Treppe liegen, andererseits die dorische Gliederung des *portico* besitzen. Außerdem vollziehen sie einen fließenden Übergang von der Geschlossenheit zur Offenheit, von der **Wandhaftigkeit** zur **Gliederhaftigkeit** und von der Fläche zur Plastizität. So haben die Zwischentravéen dank der Figurennischen gegenüber den glatten Wangen der Treppenarme schon an Körperlichkeit gewonnen. Auch besitzen sie schon eine eigene Gliederung. Diese besteht aus geschichteten Pilastern, die es mit den viel plastischeren Halbsäulen des *portico* freilich noch nicht aufnehmen können. Des Weiteren bewirken die Nischen eine erste Aufweichung der Wand. Diese wird dann in den Seitentravéen des

---

349 Falda/Venturini 1675–1691, Bd. IV, Tf. 4 u. 5.
350 Die Pilaster, die man auf der Schrägansicht in Falda/Venturini 1675–1691, Bd. IV, Tf. 5 sieht, sind falsch.

351 Falda/Venturini 1675–1691, Bd. IV, Tf. 5.

portico aufgebrochen und im **gliederhaften** Theatermotiv der Mitteltravée schließlich ganz überwunden. In diesem Sinne verwendete Ligorio in den Seitentravéen noch **positive** Öffnungen, die sich aus den Resten einer Wand ergeben, wohingegen er für die Mitte eine **negative** Öffnung, nämlich eine Arkade, vorsah, bei der sich die Wandstreifen in Pfosten und das Zwischengesims in einen Kämpfer verwandelten. Diese Arkade ist als ein eigenständiges Architekturglied in eine Kolonnade gestellt.

Nicht zuletzt vermitteln die Zwischentravéen zwischen der unterschiedlichen räumlichen Situierung der Arme und des *portico*. Die Arme sind in ihrer flächenhaften Geschlossenheit nicht raumhaltig und ausschließlich vom **Umraum** umgeben. Der *portico* hingegen ist in seiner Offenheit raumhaltig, doch steht er nicht mehr frei im **Umraum**. Die Zwischentravéen nehmen eine Mittelstellung ein: Sie stehen noch halbwegs frei im **Umraum** und sind dank der Nischen auch schon etwas raumhaltig. Schließlich leiten ihre Nischen zur Arkade und zu den drei Nischen über, die in die Rückwand des vom *portico* **eingeschlossenen Zwischenraums** eingelassen sind. Im Unterschied zu den Nischen der Zwischentravéen, die nur am **Umraum** partizipieren, **umschließen** die *portico*-Nischen ein klar definiertes Raumvolumen.

Indes verändert sich der Raumcharakter nicht nur zwischen den Zwischentravéen und dem *portico*, sondern auch innerhalb des *portico* selbst. Der *portico* birgt einen Grottensaal, bei dem es sich dem Grundriss nach um einen **Querraum** handelt. Im Aufriss erscheint er hinter den noch **wandhaften** Nebentravéen, die ihn trotz der Öffnungen etwas abschotten, als ein **Breitenraum**. In der völlig perforierten Haupttravée nimmt er hingegen einen **tiefenräumlichen** Zug an. Es gibt keine Wand mehr, die dem in die Tiefe gerichteten Blick des Betrachters einen Widerstand entgegensetzen könnte; stattdessen wird der Blick auf die mittlere Nische in der Rückwand vollständig freigegeben. Diese erscheint nun als optische Verlängerung der Arkade. Mit dem Übergang von der **Wand-** zur **Gliederbauweise** und dem Grad an Offenheit nimmt also auch die **Tiefenräumlichkeit** zu.

Ähnliches gilt für die Loggia. Sie umfängt gleichfalls einen **Querraum**, der dank der Treppe, die ihn – nicht im Aufriss, wohl aber im Grundriss! – durchzieht, noch **breitenräumlicher** wirkt als der Grottensaal. Gleichwohl bildet sich auch hier in der Mittelachse ein **Tiefenraum**, der über das Portal ins Innere des Palastes führt. Allerdings wird dieser durch den Schalenbrunnen, der in die Balustrade eingelassen ist, ein wenig verstellt. Ansonsten hat sich der Charakter der Loggia gegenüber dem *portico* aber grundlegend verändert. Da ihre Schmalseiten offen sind, kann man sich streiten, ob sie den Raum gleichfalls **einschließt** oder ihn nur noch **überfängt**. Auch ist sie ganz vom **Umraum** umschlossen.

Es ist erstaunlich, in welchem Maße Ligorio das Thema Raum anhand eines einzigen Baukörpers, nämlich einer Freitreppe mit Vorbau, zu variieren verstand. Weitere Facetten der Räumlichkeit treten hinzu, wenn man den **Vorraum** im weitesten Sinne einbezieht. Auf Venturinis Frontalansicht[352] ist deutlich zu erkennen, dass die Futtermauer und die Treppen des Hochparterres in vielfacher Hinsicht auf die Treppe und das *avant corps* der Gartenfront abgestimmt sind. Die Estrade spiegelt im Grundriss den Grottensaal **frontalräumlich** wider. Mit dem sog. Brunnen der Leda korrespondiert sie mit der Loggia. Die Balustrade samt den Figuren und Kübelbäumen zitiert die Terrasse über der Loggia. Die an die Estrade grenzenden, deutlich zurückgesetzten massiven Brüstungen wiederholen das Sockelband der Treppenarme, derweil die Treppen, die in den Garten hinunterführen, als Pendants der Palasttreppe aufzufassen sind. Wie Dupéracs ideale Vogelschau der Gesamtanlage aus dem Jahre 1573 zeigt, ist jede von ihnen zweiarmig. Letztlich verdoppeln sie die Palasttreppe also, wobei die Podeste, in denen jeweils zwei Arme zusammenlaufen, mit den Antritten der Palasttreppe korrespondieren.

Da die inneren Treppenarme des Hochparterres zur Palasttreppe gegenläufig sind, scheint es, als habe Ligorio die Palasttreppe über das Sockelband und die Piedestale der *portico*-Säulen bzw. über

---

352 Falda/Venturini 1675–1691, Bd. IV, Tf. 4.

die Brüstungen und Postamente der Futtermauer und der Estrade nach unten gespiegelt und dabei nach vorne projiziert. Dementsprechend wiederholt die Substruktion der Estrade den Aufriss von *portico* und Loggia einschließlich eines Brunnens *(Fontana di Bacco)* in vereinfachter Form, mit dem einen Unterschied, dass die Arme in dem Brunnen nicht zusammenlaufen, sondern von ihm ausgehen. Allerdings ließ es Ligorio nicht bei dieser einen Reminiszenz bewenden. Der Substruktion blendete er eine weitere Estrade vor, deren noch einfacherem Unterbau (eine Nische wird von einer Ordnung eingefasst) er abermals eine Estrade vorlegte. Deren Substruktion besteht nur noch aus einer mit Muschelwerk besetzten Figurennische.

Während die Aufrisse nach unten also immer einfacher, naturhafter und schmaler werden, nehmen die Wege im Verhältnis zu den Treppen des Hochparterres zu. Auch geht die Geländeformation jetzt von der Orthogonalität der Palastfassade, des Hochparterres und der Futtermauer in

296 eine steile Hanglage über (besonders gut sichtbar in dem Fresko an der Südwestwand im *salotto*
299 des Palastes). Das Zentrum der schrägen Ebene bildet die *Fontana di Dragone*. Die von der untersten der vier Nischenarchitekturen ausgehende Treppe teilt sich hier über einer weiteren, von ionischen Halbsäulen flankierten Nischenarchitektur, deren rustizierte Wandschale eine Grotte imitiert. Über den beiden halbrunden Armen bauen sich **Raumschichten** auf, die den **Kernraum** mit dem Bassin **umschließen**.

Unterhalb des *Drachenbrunnens* führt eine gestufte Rampe geradewegs auf ein ebenes Plateau, um dort in die zu einem griechischen Kreuz verbundenen Treillagen des Kräutergartens zu mün-
295 den. Deren Längsachse endet bei einer hölzernen Ädikula, welche die Arkatur und die Säulenstellung des Vorbaus und der Nischenarchitekturen ein letztes Mal aufgreift.

Der Raum der Palasttreppe wird also über die gesamte Anlage hinweg verlängert, wobei das Hochparterre und der in Diagonal- und Querwege unterteilte Hanggarten ihre **Schichtung** fortsetzen, während die Hauptachse ihre **Frontalität** weiterführt.

Indes kann man den Garten auch in umgekehrter Richtung lesen: Nun bilden der Eingang zu den Treillagen und die vier darauf folgenden Nischenarchitekturen einzelne Stationen, in denen das Motiv der Arkade durch die Hinzufügung einer Ordnung immer aufwändiger inszeniert und durch die Ausweitung zu einer Nische immer raumhaltiger wird, bis es im *portico* und in der Loggia des Palastes kulminiert. Diese durch den heutigen Baumbestand kaum mehr nachvollziehbare **tiefen-** und **höhenräumliche** Staffelung konnte Venturini noch trefflich herausarbei-
300 ten.[353] Dasselbe gilt für Piranesis zwischen 1748 und 1778 gestochenen „Vedute di Roma".[354]
301 Nischen- und Bogenarchitekturen fügen sich zu einem einheitlichen Gebilde, das sich bis zum Palast auftürmt.

Allerdings wird in dieser Lesart die Palasttreppe samt Vorbau nicht mehr als Teil der Fassade, sondern als Höhepunkt und Ausläufer der Gartenarchitektur wahrgenommen. Die in *portico* und Loggia buchstäblich gipfelnde Raumhaltigkeit einer dynamischen, reich strukturierten Gartenarchitektur ‚dockt' gewissermaßen an die glatte und wenig gegliederte Palastwand an. Letzten Endes hat die an sich raumlose Fassade mithilfe ihrer Freitreppe den Gartenraum an sich gebunden. Auch darin unterscheidet sich Ligorios Architektur von der Michelangelos. Niemand würde die Treppe vor dem *Senatorenpalast* in Gedanken von der Fassade lösen und sie als Teil des Platzes
294 auffassen. In der *Villa d'Este* ist sie hingegen auch vom Garten her zu begreifen.[355]

---

353 Falda/Venturini 1675–1691, Bd. IV, Tf. 3.
354 Piranesi (2000), Abb. 976.
355 Inwiefern die Ikonologie des Gartens mit diesem Raumkonzept in näherem Zusammenhang steht, bedürfte einer gesonderten Untersuchung. Zur Symbolik und dem Bildprogramm der Anlage siehe u. a. Coffin 1960, passim; Lamb 1966, S. 93–96; Dernie 1996, passim u. Coffin 1991, S. 86–91.

10.2.2 Die Treppe von Saint-Cloud

Ganz anders war das Verhältnis von Treppe und Garten in der französischen Architektur. Nach Christopher Thacker besteht der Unterschied vor allem darin, dass „die formalisierten französischen Gartenanlagen Frankreichs ihrem Wesen nach eine ‚Architektur zu ebener Erde' dar[stellen], die sich von der Gartenfassade des Hauses wie ein Schatten über das Gelände wirft", wohingegen in Italien die für so viele Gärten charakteristischen Hanglagen „ganz natürlich zur Anlage von Terrassen im rechten Winkel zur Hauptachse des Gartens" führen:

„Diese Terrassen – ausgedehnte, in den Hügel geschnittene „Stufen" – scheinen zum Haus emporzusteigen (Villa d'Este) oder abwärts zu führen (Villa Lante, Villa Aldobrandini)."[356]

Greifbar wird der Unterschied zwischen den italienischen und den französischen Gärten indes auch dann, wenn Letztgenannte gleichfalls eine Hanglage besitzen und eher das Verhältnis der Fassade zum Gartenraum den Ausschlag gibt. Besonders gut lässt sich dies an *Saint-Cloud* demonstrieren. Das Ende des 19. Jahrhunderts zerstörte Gebäude war an sich zweigeschossig. Wie ein Stich Israël Silvestres zeigt, stand der zentrale Gebäudeblock, den Katharina Krause Le Pautre zuschreibt,[357] zum Garten hin, wo das Terrain stark abfiel, auf einem hohen Sockel. Von den 13 Achsen waren die drei mittleren zu einem Risalit zusammengefasst. Der gesamte Bau trug ein Mansarddach, das über dem Risalit nur unwesentlich erhöht war. In die glatte Sockelzone waren an den Rücklagen rundbogige Arkaden eingelassen. Im Risalit flankierten scheitrechte Arkaden eine breite Öffnung, die bis ins erste Hauptgeschoss hinaufreichte. Dieses bestand in den übrigen Achsen aus unterschiedlich breiten Wandstreifen mit Bandrustika, zwischen denen Fenster standen. Im zweiten Hauptgeschoss, das über einem umlaufenden Balkon ansetzte, wiederholte sich die Gliederung mehr oder weniger. Allerdings waren den breiteren Wandstreifen weitere Lisenen vorgesetzt. Die übergiebelte Hauptachse des Risalits besaß eine rundbogenförmige Tür, über die man den Balkon betreten konnte.

Im Erdgeschoss setzte vor der Mittelachse eine Freitreppe an, deren Wangen mit Balustraden besetzt waren und deren Antritt zwei Pylone mit Brunnenschalen markierten. Sie führte vom Hochparterre ins Treppenhaus, über das man sowohl in den auf der anderen Gebäudeseite gelegenen Hof als auch in die oberen Stockwerke gelangte. In umgekehrter Richtung erreichte man über eine weitere Treppe den eigentlichen Garten. Fasst man die Treppen als eine Einheit auf, so bildeten sie eine **tiefenräumliche** Abfolge, die sich durch den Gebäudeblock, der ihnen den Weg versperrte, bohrte und dabei die Fassade regelrecht aufriss.

Als Le Pautre[358] das Schloss nach 1671 zu einer Dreiflügelanlage ausbaute, wertete er den Trakt mit der Gartenfront zu einem Seitenflügel ab. Zugleich veränderte er das Äußere und das Innere grundlegend. Das Gelände ließ er zugunsten einer Esplanade, die er als *avant-cour* anlegte, aufschütten. Die Höhe des Sockels wurde dadurch fast halbiert.

Außerdem vereinheitlichte Le Pautre die Fassade. Er ließ den Mittelrisalit merklich vorspringen und stellt ihm eine querrechteckige Treppe mit einem Zwischenpodest und halbkreisförmigen Enden vor. Etwa auf der halben Höhe des Sockelgeschosses unterbrach ein Zwischenpodest die Stufenfolge. Auf ihm erhob sich eine dorische Kolonnade, die bis zum Obergeschoss reichte. An den Stirnseiten der Risalit-Seitenwände ging die Kolonnade in Kantenpilaster über. Im Obergeschoss standen über den Interkolumnien drei Arkaden, die von rustizierten Lisenen mit einer Art Kapitell eingefasst wurden. Der Giebel, der nun den gesamten Risalit krönte, war mit einem Dach hinterlegt, das sich jetzt von der Verdachung der Rücklagen deutlich absetzte.

In den Rücklagen trat der Sockel nur an den drei äußeren Achsen vollständig in Erscheinung. Seine Oberfläche war nach wie vor glatt, doch öffnete er sich der Esplanade nun durch Arkaden

---

356 Thacker 1989, S. 54 u. 55.
357 Krause 1996, S. 98.
358 Vgl. Krause 1996, S. 102.

mit flachen Segmentbögen. An den inneren Achsen wurde er zur Hälfte von Podesten verdeckt, welche die seitlichen Ausläufer der Treppe hinterfingen und am Risalit endeten. In den beiden Hauptgeschossen waren die Wandstreifen vereinheitlicht worden. Das untere hatte seine Fenster behalten, das obere erhielt wie am Risalit Rundbogenfenster.

Der Balkon hatte seine schmiedeeisernen Geländer verloren und diente nun als Fortsetzung des Kolonnadengebälks. Entsprechend wurde er an den drei äußeren Achsen von dorischen Säulen getragen, die nun auf hohen Piedestalen standen. Vor den Pseudotraveén kuppelte Le Pautre die Säulen zuerst nach vorne und dann noch einmal zur Seite. Auf diese Weise entstanden L-förmige Winkel, die den Anschluss an die Kantenpilaster des Risalits vollzogen.

Nach Krause hat die Südfassade durch den Umbau vor allem eine „gewisse Fernwirkung" erreicht.[359] Darüber hinaus wurde sie repräsentativer. Dazu trug neben der Instrumentierung durch Freisäulen die Treppenanlage bei, die nun die gesamte Risalitbreite ausfüllte und der Fassade gerade im Zusammenspiel mit der Kolonnade eine viel größere Raumhaltigkeit verlieh.

Allein durch ihre Verbreiterung und durch die vollständige Öffnung des Risalits wurde die Treppe von einer schmalen Passage zu dem entscheidenden Gestaltungsfaktor. Da das Zwischenpodest, an dessen Vorderkante die eingestellten Risalitsäulen standen, genauso hoch und tief war wie die Podien, die von außen an den Risalit stießen, konnte man das Podest und die Podien als eine einheitliche Plattform ansehen, die durch die Längswände des Risalits lediglich in drei Abschnitte unterteilt worden war. Entsprechend ergaben die eingestellten Säulen, die Kantenpilaster und die L-förmigen Säulenwinkel einen **querräumlichen** *portico*, den ein **längsräumlicher** Risalit von hinten durchstieß.

Während sich die **Querräumlichkeit** des *portico* an den drei äußeren Achsen der Rücklagen stark zurückbildete (und das Podium sich in einzelne Piedestale auflöste), setzte sich die **Längsräumlichkeit** des Risalits nach hinten ungebrochen fort. Über zwölf Stufen gelangte man zu zwei Säulen, die in der Verlängerung der eingestellten Fassadensäulen standen. Ihnen entsprachen an den Längsseiten Pilaster, die wiederum mit den Kantenpilastern des Risalits kommunizierten.

An dieser ‚inneren' Kolonnade teilte sich die Treppe. Die äußeren Arme führten über zwei weitere Stufen zu Wendepodesten. Von dort aus konnte man im rechten Winkel zu den Gemächern gelangen, die sich hinter den Rücklagen befanden. Man konnte aber auch geradeaus in das zweite Hauptgeschoss steigen. Der mittlere Arm führte über ein Zwischenpodest und sechs Stufen zum Vestibül hinab, das hinter dem Hofrisalit lag. Der Hofrisalit war so breit wie der Gartenrisalit. Vor jedem seiner vier rustizierten Wandpfosten stand eine Vollsäule, die man wiederum als Pendant zu der ‚inneren Kolonnade' des Treppenhauses und der eingestellten Kolonnade des Gartenrisalits deuten konnte. Mit der Treppe hatte sich also – zumindest indirekt – auch die Säulenordnung längs durch den Baukörper gezogen. Während der Gartenrisalit einerseits **frontalräumlich** den **Breitenraum** des *portico* durchdrang, setzte er sich in Gestalt des Treppenhauses **tiefenräumlich** fort, um am anderen Ende des Baukörpers als Hofrisalit wieder hervorzutreten. Der **Durchblick**, den man vom Garten aus in den Hof (und umgekehrt) hatte, verstärkte diesen Effekt.

Vervollständigt wurde die Raumhaltigkeit des Südflügels aber erst durch die Freitreppe, die dem Podium des *portico* vorgelagert war. Einerseits paraphrasierte sie in ihrer querrechteckigen Erstreckung und den halbrunden Schmalseiten die **Breitenräumlichkeit** des *portico*. Als Teil der gesamten Treppenanlage verlängerte sie andererseits den **tiefen-** und den **frontalräumlichen** Impetus des Stiegenhauses bis in den Garten hinein (wo dieser dann von weiteren Treppen aufgegriffen wurde).

Zu der komplexen räumlichen Verschränkung von Treppe, Kolonnade und Risalit bildeten die Rücklagen lediglich eine Folie. Damit sie den Gesamteindruck nicht störten, waren sie völlig ruhig

---

359 Krause 1996, S. 100.

gehalten. Zugleich setzten sie sich in ihrer Struktur in jeder Hinsicht von den Kolonnaden ab. Auf die **gliederhafte** Plastizität der vertikalen Freisäulen antworteten sie mit der **wandhaften** Flächigkeit einer horizontalen Bandrustika. Überdies bildeten ihre Wandstreifen eine Art Hinterlegung der Säulen, derweil ihre Fensterbahnen die Interkolumnien optisch hinterfütterten.

10.3 Das Treppenhaus

10.3.1 Der Palazzo Sanfelice in Neapel

Eine ganz andere Möglichkeit, Treppen räumlich zu inszenieren, fand Ferdinando Sanfelice in seinen eigenen neapolitanischen *Familienpalästen*. Das großartigste Treppenhaus errichtete sich der Kavaliersarchitekt in der *Via Arena della Sanità Nr. 6*.³⁶⁰ Die doppelläufige Anlage nimmt die gesamte Rückseite des Innenhofs ein und öffnet sich zugleich zum Garten. Sie ist fünf Achsen breit, drei Achsen tief und drei Geschosse hoch. Die mittlere Längsachse bildet im Erdgeschoss einen Durchgang, von dem in der vorderen Querachse auf jeder Seite zwei vierläufige Treppen abgehen. Jede windet sich im rechten Winkel um offene Schächte, die hinter der zweiten bzw. der vierten Längsachse und in der mittleren Querachse liegen. Der Mittellauf ist beiden Treppen gemeinsam.

304

Obwohl Sanfelice die Hoffront und die Rückseite des Stiegenhauses weitestgehend perforierte, ist die Front nicht **gliederhaft**. Vielmehr sind aus einer **Wand positive** Öffnungen nachgerade herausgestanzt. Entsprechend besteht die Instrumentierung nicht aus Ordnungen, sondern nur aus seichten Lisenen, Sockelbändern und Gesimsen. Da Letztere wie an den seitlichen Platzwänden von *Santa Maria Maggiore* über die Lisenen hinweglaufen, glaubt man, Plinthen und Kapitelle zu sehen. In Wirklichkeit ist die Struktur jedoch rein dekorativ.

Die **Wandhaftigkeit** der Architektur dürfte ihren Grund darin haben, dass die Lisenen und Gesimse, die wie die Fenster den Treppenläufen folgen müssen, in der zweiten und vierten Fassadenachse parallelogrammartig verschoben sind. Solche untektonischen Verschiebungen hätten sich bei einer **Gliederarchitektur** als problematisch erwiesen. Bei graphischen Wandstrukturen sind sie indes völlig unbedenklich. Außerdem setzte Sanfelice auf den Kontrast von hellen Oberflächen und dunklen Räumen, die ihrerseits **Durchblicke** in einen lichten Hintergrund gewähren. In der zweiten und der vierten Achse werden die **Durchblicke** durch die rückwärtigen Gegenläufe überschnitten. Der **Zwischenraum** wird dadurch in drei **Schichten** geteilt. Eine plastische Außengliederung hätte von diesen Effekten nur abgelenkt. Sanfelice gelang es also, einer äußerst funktionalen Treppe mit einfachsten Mitteln eine höchst szenographische Wirkung zu verleihen.

Nicht weniger szenographisch wirkt die Treppe, wenn man sie mit Christof Thoenes in starker Unteransichtigkeit betrachtet.³⁶¹ Jetzt werden auch die flachen Kreuzgratgewölbe zu einem wichtigen Strukturelement. Dabei verzahnen sich die vertikal geschichteten und horizontal übereinanderliegenden Flächen miteinander – wobei sich die Architektur nicht nur von vorne nach hinten, sondern auch von unten nach oben perspektivisch verkürzt.

Blunt zufolge entfalteten Sanfelices Treppen in und um Neapel eine große Wirkung.³⁶² Daher finden sich in zahlreichen anderen Palästen ganz ähnliche Anlagen: im *Palazzo Fernandes*, im Palazzo in der *Via San Liborio Nr. 1*, in dem von Francesco Attanasio errichteten *Palazzo dello Spagnuolo* und nicht zuletzt im gleichfalls Sanfelice zugeschriebenen *Palazzo Genovesi* in Salerno.

307
306
305, 308, 309

---

360 Siehe hierzu Thoenes 1983b, S. 80.
361 Thoenes 1983b, Abb. 81.

362 Blunt 1975, S. 150.

Allen Fassaden ist gemeinsam, dass sie sich über fünf Achsen erstrecken, wobei hinter den beiden äußeren und hinter der mittleren Achse meist der Eingang oder die Wendepodeste liegen. Verschieden sind der Verlauf der Treppen, das strukturelle und das quantitative Verhältnis von Öffnung und Wand sowie die Gliederung und der Dekor. Dabei bilden der *Palazzo Genovesi* und

300 der *Palazzo in der Via San Liborio* die größten Gegensätze. Im *Palazzo Genovesi* sind wie am
304 *Palazzo Sanfelice* **positive** Öffnungen in ein schmuckloses Wandkontinuum mit applizierten Lisenen eingestanzt. Die zweite und die vierte Achse mit den Läufen sind sogar breiter als die
306 übrigen Achsen. In der *Via San Liborio* ist die durch Pilaster gegliederte Wand hingegen auf eine skeletthafte Struktur reduziert worden, die auf den ersten Blick sogar **gliederhaft** wirkt. Die zweite und die vierte Achse sind denkbar schmal.

Der Aufriss dieser Fassaden steht in einem engen Verhältnis zur Disposition der Treppen. In-
309 nerhalb der Hoffassade des *Palazzo Genovesi*, die sich in die Breite entfalten kann, verlaufen die Treppen überwiegend parallel zur Wand. So bilden zumindest die zweite und die vierte Achse **Querräume** aus, deren **Breitenräumlichkeit** durch die dezidiert **positiven** Wandöffnungen ver-
306 stärkt wird. In der *Via San Liborio* ist die Fassade jedoch so schmal und steil, dass die Treppenläufe überwiegend nach hinten gerichtet sind. So entsteht eine **Tiefenräumlichkeit**, die der auf ein Minimum reduzierte Fassadenspiegel in keiner Weise ausgleichen kann. Da der Raum sich nicht mehr analog zum Fassadenspiegel in die Breite entfaltet, ist der Übergang von den Voll- zu den Zwischengeschossen auch nicht mehr fließend wie an den übrigen Fassaden, sondern springend.
309 Mit anderen Worten: Im *Palazzo Genovesi* passt sich die Treppe der Ausrichtung des Fassadenspiegels an, der deshalb in seiner **Wandhaftigkeit** auch noch ein größeres Gewicht hat. In der *Via San Liborio* führt die Treppe ein Eigenleben. Die Fassade ergibt sich fast beiläufig aus den Stützen der Läufe und Podeste. Folglich besteht sie auch so gut wie nur aus Pilastern. Die Arkadenpfosten sind entsprechend hauchdünn. Da der Architekt die Arkaden nach oben aber aus optischen Gründen verkleinerte, nimmt die Wandfläche über den Bögen zu. Damit der Eindruck der Skeletthaftigkeit dennoch gewahrt bleibt, sind die anfallenden Flächen mit stuckierten Kartuschen kaschiert. Ein weiterer Unterschied besteht darin, dass am *Palazzo Genovesi* die hellen Wandpartien und die verschatteten Öffnungen ein klares Chiaro-Scuro ergeben, während die hellen und die dunklen Partien in der *Via San Liborio* fast schon zu oszillieren beginnen.

305, 308 Die anderen beiden Hoffassaden nehmen eine Zwischenstellung ein. Am *Palazzo Spagnuolo*, wo die Treppenarme in Halbkreisen verlaufen, vollzieht sich die Bewegung des Raumes teils parallel zum Fassadenspiegel, teils von ihm weg. So ist es nur folgerichtig, dass Attanasio ihn zwar noch **wandhaft** gestaltete, die mittlere und die seitlichen Achsen jedoch mit Pilastertravéen auszeichnete, die über die zweite und die vierte Achse nicht miteinander verbunden sind und in der Höhe entsprechend ‚springen'.

307 Im *Palazzo Fernandes* sind die Läufe in der zweiten und der vierten Achse parallel zum Fassadenspiegel angeordnet, in den äußeren Achsen zielen sie nach hinten. Entsprechend zwitterhaft ist der Fassadenspiegel. Die parallelogrammartigen Lisenen sind eindeutig einer Wand appliziert. Die Öffnungen sind da, wo die Läufe parallel zum Fassadenspiegel verlaufen, viel **positiver** als dort, wo die Läufe im rechten Winkel zum Fassadenspiegel stehen. Nicht zuletzt setzte der Architekt bei den schmalen Achsen auf einen Effekt, der sich auch schon an einigen raumhaltigen neapolitanischen Kirchenfassaden des 17. Jahrhunderts beobachten lässt, z. B. an Cosimo Fanzagos Front von *San*
310 *Giuseppe a Pontecorvo* (1643–1660) oder an Giovanni Battista Nauclericos *portico* von *San Francesco*
311 *degli Scarioni* (1721 vollendet): Beide Architekten stellten in die Öffnungen Skulpturen und Büsten, die sich von einem mehr oder weniger dunklen Hintergrund wirkungsvoll abheben. (Auf dieses absolut szenographische Motiv setzten übrigens noch die Theaterarchitekten des 19. Jahrhunderts, wie die raumhaltige Fassade von Charles Garniers *Grand Opera* in Paris eindrucksvoll belegt.)

Kommen wir nun aber wieder auf die szenographische Wirkung zurück, die allen Fassaden –
304 trotz ihrer strukturellen Unterschiede – eigen ist. Wie auch am *Palazzo Sanfelice* ändert sich der

Charakter des Raumes pro Achse. Mit dem Motiv des Treppenaufstiegs ist also auch die Metamorphose des Raumes verbunden. Paradoxerweise kann diese jedoch nur von demjenigen nachvollzogen werden, der im Hof stehen bleibt. Anders als in den konventionellen Höfen des 16. Jahrhunderts ist nicht einmal ein Umhergehen erforderlich. Wie wir sahen, besaß im *Damasushof* jedes Geschoss einen in sich völlig einheitlichen **Randraum** (siehe A 2.1.3). Damit diese **Randräume** unterschiedlich wirkten, musste der Betrachter seinen Standort wechseln.

332

Bei den neapolitanischen Treppenhausfassaden des 18. Jahrhunderts ist dies nicht mehr nötig. Sie enthalten pro Etage gleich mehrere verschiedene Räume. Da von diesen Raumsequenzen immer mehrere übereinander stehen, präsentieren sich die verschiedenen Räume aus ein- und demselben Blickwinkel auch noch in vier verschiedenen Unteransichten. Selbstverständlich ergeben sich – wie im *Palazzo Sanfelice* – während des Umhergehens zusätzliche Effekte. Überwiegend wird der kinästhetische Effekt jedoch nicht vom Betrachter, sondern von der Architektur selbst erbracht. Es ist wie im Theater, wo der Besucher während einer Aufführung seinen Platz auch nicht wechselt und er die (Bühnen-)Architektur dennoch in ihrer ganzen Vielansichtigkeit erleben kann.

304

10.3.2 Der Palazzo della Consulta in Rom

Bemerkenswerterweise stattete Ferdinando Fuga den Hof des *Palazzo della Consulta* auf dem Quirinal (1732–36) mit einer Treppe aus, die denen in Neapel sehr ähnlich ist.[363] Die Öffnungen sind heute verglast. Leider geht aus Bernardo Scrillis um 1735/38 gestochener Ansicht[364] nicht eindeutig hervor, ob dies ursprünglich anders war. Immerhin gibt Scrilli die Fensterflächen des Treppenhauses in hellerer Schraffur wieder als die der übrigen Fenster. Ein weitaus stärkeres Indiz für eine vormals offene Fassade sind jedoch die Balustraden in den Öffnungen; bei Fenstern, die von vornherein hätten verglast werden sollen, wären massive Brüstungen angebrachter gewesen.

313
315a

Aufschluss gewähren die Balustraden auch in dem von Fuga gezeichneten Ausführungsplan: Bei den Fensterbrüstungen sind die Abstände zwischen den Balustern wie die Fensterflächen grau laviert. Die Balustraden waren also nicht massiv, was den Schluss nahe legt, dass sie erst bei einer späteren Verglasung der Fenster verfüllt wurden. Dass Fuga sich die Fensterbalustraden wirklich offen dachte, zeigt die Balkonbrüstung, die über dem Kranzgesims des Treppenhauses verläuft. Da diese Balustrade keinen Innenraum abschließt, sind die Zwischenräume der Baluster ebenso hell wie die dahinter liegende Wand.

314

Nicht zuletzt sprechen auch Fugas Vorliebe für offene szenographische Fassaden *(Santa Maria Maggiore*, Entwurf für *San Giovanni in Laterano)* und die schon erwähnte Ähnlichkeit zu Sanfelices Architektur dafür, dass das Stiegenhaus des *Palazzo della Consulta* einst eine ähnliche Wirkung entfaltete wie sein neapolitanisches Vorbild – wenngleich mit einem Unterschied: Da sich hinter dem Treppenhaus weitere Räume befinden, ergaben sich bis auf die untere Durchfahrt keine **Durchblicke**. Auch fügte Fuga zwischen die vorderen und die hinteren Läufe Trennwände ein, so dass nur die vorderen Arme, die von außen nach innen führten, sichtbar waren. Im Unterschied zu Sanfelice beschränkte sich Fuga also auf die **Breitenräumlichkeit**.

1, 237
304, 309

Trotz der räumlichen Reduktion und dem Verzicht, die Gegenläufigkeit der Treppenarme offenzulegen, geht Fuga in einem Punkt über Sanfelice hinaus: Die Mittelachse, in der die Läufe zusammentreffen, ist als Risalit ausgebildet und durch Balkone, Giebel und das bekrönende Papstwappen zusätzlich aufgewertet. Im Vergleich zu Neapel erhält die Fassadenfront dadurch mehr Eigengewicht. Darüber hinaus ist der Fassadenraum des Treppenhauses Teil eines größeren Raum-

---

363 Auf diese Ähnlichkeit hat schon Morolli 1975, S. 223 hingewiesen.

364 Specchi 1739, Tf. 7.

315b konzepts. Wie ein zweiter Stich von Scrilli³⁶⁵ zeigt, korrespondiert die **Breitenräumlichkeit** des Treppenhauses mit dem **Zwischenraum** der gegenüberliegenden Einfahrt, die den vorderen Hof in drei Zonen **schichtet**.

Mit dem Treppenhaus des *Palazzo della Consulta* fand in Rom eine Entwicklung ihren Abschluss, die ihre Ursprünge außerhalb der Stadt besaß. Aber auch Fugas Vorlage, das Treppenhaus *304* des *Palazzo Sanfelice,* hatte seine Vorläufer. Thoenes nennt Carlo Carlones und Prandtauers Trep-
317, 319 penhaus in *Sankt Florian*³⁶⁶, doch wäre vielleicht auch an das ‚Große Projekt' von 1718 zu denken,
320 in dem Filippo Juvarra der frühbarocken Fassade des *Palazzo Madama in Turin* ein offenes, doppelläufiges Treppenhaus vorzublenden gedachte. Weitere Vorbilder waren sicherlich die drei
34, 35 Treppenhäuser im Schlüterhof des *Berliner Schlosses,* allen voran das Große Treppen- und Rampenhaus hinter dem Mittelrisalit, das gleichfalls aus zwei vierläufigen Treppen bestand, die sich im rechten Winkel um zentrale Augen wanden und sich den Mittellauf teilten. Da ich die Raumwirkung der Berliner Treppenhäuser ja schon an anderer Stelle ausführlich beschrieben habe,³⁶⁷ möch-
317, 319 te ich diese überspringen und stattdessen neben *Sankt Florian* und dem *Palazzo Madama* auch auf
316 einen Entwurf Sturms eingehen. Dieser Entwurf ist insofern wichtig, als die Forschung das Treppenhaus von *Sankt Florian* immer wieder auf ihn zurückgeführt hat.³⁶⁸ Darüber hinaus sehe ich in ihm auch ein Vorbild für das Große Treppen- und Rampenhaus in Berlin.

10.3.3 Sturms Haupttreppe in einem Fürstlichen Hof

316 Die *Haupttreppe in einem Fürstlichen Hof,* von Sturm 1699 publiziert,³⁶⁹ ist in einem fünf Achsen breiten Pavillon untergebracht, der gegenüber den Rücklagen um eine Achse vorspringt. Über einem niedrigen, **wandhaften** Sockelgeschoss stehen zwei vollkommen offene Hauptgeschosse, die nur aus Theatermotiven bestehen. Die etwas breitere Mittelachse wird im ersten Hauptgeschoss von einem Portal eingenommen, das bis in das Sockelgeschoss herabreicht. Im oberen Hauptge-
224 schoss ist die Arkade wie in *San Giovanni in Laterano* durch eine Serliana ersetzt worden.

Die **offene Gliederarchitektur** des Treppenhauspavillons bildet einen deutlichen Kontrast zu den **wandhaften** Rücklagen, wo die Fenster durch Sockelbänder und Gesimse miteinander verbunden sind. Die breiten Wandflächen dazwischen sind durch erhabene Paneele gegliedert.

Im Unterschied zu den Fenstern der Rücklagen hat man sich die Arkaden des Treppenhauspavillons sicherlich unverglast zu denken. Der Besucher hätte also vom Hof aus in das Treppenhaus sehen können. Dieser optische Bezug wäre durch die räumliche Durchdringung von Treppe und Hof gesteigert worden. An der Mittelachse und an den Schmalseiten **greift** die Treppe in den Hofraum **aus** und **lässt** diesen umgekehrt in den Pavillon **ein**. Dabei ist entscheidend, dass die räumliche Verschränkung an verschiedenen Stellen stattfindet und in verschiedenen Richtungen verläuft.

Der recht unübersichtliche Aufbau der Treppe stellt sich mir so dar: Der mittlere Arm führt von einer Freitreppe (auf Sturms Grundriss mit „a" bezeichnet) durch das Hauptportal auf ein Ruhepodest (b–c) und von dort geradeaus ins erste Hauptgeschoss (c–d). Dagegen verlaufen die beiden Seitenarme, die vor den Rücklagen ansetzen (A), parallel zur Fassade. Über sie gelangt der imaginäre Besucher zunächst auf ein Zwischenpodest (B), das sich auf Höhe des ersten Hauptgeschosses hinter der äußersten Arkade befindet. Sodann kommt er über einen zweiten Anstieg (C) auf eine Brücke (D), die hinter dem Hauptportal den Mittellauf überspannt. Dort vereinen sich die beiden Seitenarme. Über einen im rechten Winkel nach hinten führenden Arm (E) erreicht man anschließend ein weiteres Zwischenpodest (F). Von dort gehen drei Läufe aus (G). Der mittlere führt nach

---

365 Specchi 1739, Tf. 8.
366 Thoenes 1983b, S. 80.
367 Stephan 2000a.

368 Z. B. von Keller 1970, S. 213.
369 Sturm 1699, Tf. 17.

hinten in den großen „Sallon" [sic]. Die beiden seitlichen verlaufen entlang der Treppenhausrückwand, um an einem weiteren Podest (H) wieder umzuknicken und schließlich im zweiten Hauptgeschoss anzukommen. Von dort wiederholt sich das Ganze, bis der Besucher das Dachgeschoss erklommen hat. Die beiden seitlichen Arme bilden also zwei rechtwinklige, vierläufige Treppen. Sie sind jeweils über zwei Geschosse hinweg um ein quadratisches Auge geführt, das eine Achse breit und tief ist und dem Grundriss zufolge eine „Grotte" birgt.

Da die Treppe von außen gut einsehbar ist, kann man davon ausgehen, dass Sturm sich die Arkaden des Pavillons völlig offen und nur die Fenster des Sockelgeschosses verglast dachte. Anders als bei seinem *Rathaus*[370] beruht die räumliche Wirkung der *Treppenhaus*-Fassade nicht auf der Wiederholung der Außengliederung im Innern, sondern auf dem Verlauf der Treppe. Sofern die Läufe vom Hof aus sichtbar sind, betonen sie in den seitlichen Achsen, wo sie parallel zur Fassade verlaufen, die **Breitenräumlichkeit**. In der Mittelachse, wo die Treppe nach hinten führt, dominiert hingegen die **Tiefenräumlichkeit**.

221, 222

10.3.4 Sankt Florian

Die szenographische Wirkung von Sturms Fassade wird besonders deutlich, wenn man sie mit dem Treppenhaus von *Sankt Florian* bei Linz vergleicht. Dass Carlone, der die Treppe begonnen hatte,[371] und Prandtauer, der sie im Wesentlichen ausführte, von Sturm inspiriert wurden, geht neben dem ähnlichen Grundriss auch daraus hervor, dass beide Architekten wie ihr Vorbild einen offenen Gliederbau von **wandhaften** Rücklagen absetzten. Dennoch gibt es erhebliche Unterschiede. Zunächst vertauschte Prandtauer die Stockwerksordnungen mit geschichteten Kolossalpilastern. Im Gegenzug versah er die Arkaden, die er nicht mehr halbrund, sondern segmentbogenförmig gestaltete, mit Vollsäulen. Auch verzichtete er auf einen übergiebelten Mittelrisalit, auf eine Dachbalustrade mit Trophäen und auf eine Bandrustika im Sockelgeschoss.

317

Durch all diese Abweichungen wirkt der Bau weniger ,klassisch'. Noch bedeutsamer ist aber, dass sich das Verhältnis von Treppe und Fassade geändert hat. Zum ersten passte Prandtauer – wie später Sanfelice und Fuga – seine Arkaden dem Verlauf der Treppe an. Entsprechend setzen im Untergeschoss die Bögen der Seitenachsen in unterschiedlicher Höhe an. Außerdem stehen vier von ihnen auf schiefen Ebenen und besitzen einhüftige Archivolten. Im Obergeschoss sind die seitlichen Arkaden gleichmäßig gebildet. Sie setzen allesamt in derselben Höhe an und berühren wie die Mittelarkade den Architrav der Kolossalordnung. Um den Niveauunterschied zwischen ihnen und den Treppenläufen auszugleichen, musste Prandtauer allerdings Pfosten einschieben, deren Zwischenräume Giovanni Battista Bianco 1709–1714 mit Rankengittern schloss. (Die Tatsache, dass die Säulenarkaden einschließlich der Balustraden von diesem Füllwerk getragen werden, zeigt deutlich, dass Prandtauer sie als eingestellte, **sekundäre Gliederarchitekturen** begriff. Dementsprechend sind die Bogenzwickel auch eingetieft und farbig anders gefasst).

304, 313

Zum Zweiten ließ Prandtauer die seitlichen Begrenzungen der Treppenläufe (in diesem Fall die Ranken und Balustraden) nicht wie Sturm hinter der Fassadenfront verlaufen. Vielmehr zog er sie in den Wandspiegel vor.

Zum Dritten änderte er den Verlauf der Treppe: Er ließ sie erst innerhalb des Pavillons ansetzen und sich dann ausschließlich in die Breite entfalten. Dies wiederum erforderte eine ganz andere Disposition des Inneren als bei Sturm. Das Zentrum der Anlage nimmt nun ein Raum ein, der dreimal zwei Travéen umfasst und von einem flachen Spiegelgewölbe überfangen wird. An jeder

319

---

370 Sturm 1718a, Tf. II.
371 Zum Anteil Carlones und Prandtauers an der Planung sowie zur Entstehungsgeschichte siehe auch Hantsch 1926, S. 64; Korth 1975, passim; Sturm 1968/1969, S. 47–48, 50–68, 228–229 u. ders. 1971.

Schmalseite öffnet er sich über zwei Scheidarkaden, deren Segmentbögen auf einem quadratischen Pfeiler ruhen, einem hallenartigen Anraum. In der Mitte dieser Anräume steht jeweils ein weiterer Pfeiler. Von diesem gehen in alle vier Richtungen transversale Segmentbögen aus, die ebenfalls Spiegelgewölbe tragen und die Halle in zwei mal zwei Joche unterteilen.

Indes unterteilen die eingestellten Pfeilerarkaden das Treppenhaus nicht nur entlang der Längsachse in einen Hauptsaal und zwei Nebenhallen. Entlang der Querachse zerlegen sie den Gesamtraum auch in zwei hintereinanderstehende **Schichten**, die beide sieben Travéen breit und eine Travée tief sind. Die vordere Schicht ist der eigentlichen Treppe vorbehalten. Die hintere besteht aus Verbindungsgängen, die sich zu beiden Seiten in den Rücklagen fortsetzen. Beide Schichten sind im Erdgeschoss durch eine Durchfahrt verbunden, über die man vom Stiftstor in den Hof gelangt. In der vorderen Schicht setzen zu Seiten der Durchfahrt zwei Treppenarme an. Sie führen über schmale Zwischenpodeste zu Wendepodesten, welche die gesamten Eckjoche beanspruchen. Diese leiten in den Gang der hinteren Schicht über. Über diesen erreicht man einerseits das erste Obergeschoss der Rücklagen. Andererseits kehrt man auf ihm in gegenläufiger Richtung zur Mittelachse zurück. Dort führen einige Stufen auf eine Plattform, die sich wieder in der vorderen Schicht befindet. Sie bietet die Möglichkeit, durch die große Serliana einen Blick in den Hof zu werfen. Zugleich steigen zwei weitere Arme parallel zu den unteren in das zweite Obergeschoss der Rücklagen auf. An die Stelle der rückwärtigen Gänge treten nun offene Galerien, durch deren Arkaden man auf die Treppe sehen kann. In der Mittelachse münden die Galerien in eine Brücke, von der aus man sowohl auf die untere Aussichtsplattform als auch ein zweites Mal in den Hof blickt. Die Galerien paraphrasieren eindeutig die Fassade: durch die Form ihrer Arkadenbögen, durch ihre rankenartigen Substruktionen und durch ihre Balustraden. Der Brückenbogen wiederum ruht wie der Bogen über der Durchfahrt auf zwei nach hinten gekuppelten dorischen Säulen. Nicht zuletzt besitzen die Pfeiler denselben Umfang wie die Pilaster im Fassadenspiegel. Man kann also sagen, dass die Binnenarchitektur am Übergang der beiden Raumschichten die Fassade in reduzierter Form wiederholt.

316 Behandelt Sturm Treppe und Pavillonfassade als eigenständige Gebilde, so lässt Prandtauer sie zu einer organischen Einheit verschmelzen. In *Sankt Florian* scheinen Treppe und Fassade gemeinsam gewachsen zu sein. Bei Sturm glaubt man hingegen, ein architektonisches Gehäuse sei nachträglich über eine Freitreppe gestülpt worden. (Der Gedanke, man könne eine Architektur auf oder über eine Freitreppe setzen, geht wahrscheinlich auf die *baldacchini* in Michelangelos Entwurf für die Treppe vor dem *Senatorenpalast* in Rom und an Pierro Ligorios Gartenfront der *Villa d'Este* in Tivoli zurück).

294, 297
298

Bei Sturm vermag die architektonische Hülle die Treppe ähnlich zu inszenieren wie sie an *Santa Maria Maggiore* die Mosaiken in Szene setzt. In *Sankt Florian* hingegen inszeniert sich die Treppe mithilfe der Architektur selbst. Dabei strebte Prandtauer auch eine andere Raumwirkung an.

34, 317
319

Sind bei Sturm **breiten-** und **tiefenräumliche** Elemente als gleichwertige Faktoren verschränkt, so dominieren in *Sankt Florian* zwei **Raumschichten** mit überwiegend **breitenräumlicher** Ausrichtung. Lediglich die Mittelachse setzt einen eigenen Akzent. Hier öffnet sich die Fassade dem Hof in besonderer Weise und präsentiert die Brücke als Blickfang. Über diese optische Wirkung hinaus lässt sich die Fassade von dem **Vorraum** aber auch durchdringen. Im Erdgeschoss führt dies dazu, dass eine Durchfahrt beide **Raumschichten** durchstößt und dabei einen **Durchblick** schafft. Im Obergeschoss wird dieser Impuls durch die Brücke, die entsprechend konkav eingebuchtet ist, abgefedert. Die **tiefenräumliche** Dynamik wird auf diese Weise unmittelbar visualisiert. Zudem wird sie durch die Gitter verstärkt, mit denen Nicolas Peigine 1730 zu beiden Seiten der Plattform die Antritte der beiden Treppenläufe schloss und damit zu ihren Gunsten die **Längsräumlichkeit** abschwächte.

10.3.5 Der Palazzo Madama in Turin

Das monumentalste offene Treppenhaus des Barock überhaupt ersann Juvarra für den *Palazzo Madama in Turin*. In seinem „Großen Projekt" von 1718, das er in einer von Filippo Vasconi gestochenen perspektivischen Ansicht publizierte, schlug er vor, den alten Palast weitläufig zu ummanteln.[372] Dabei wollte er vor dessen frühbarocke Fassade einen gewaltigen Treppenhauskasten stellen. Die alte Fassade, die bis dahin wie ein Pavillon zwischen niedrigeren Seitenflügeln gestanden hatte, war drei Geschosse hoch und sieben Achsen breit. Das untere Geschoss bestand aus einem ungegliederten Sockel, der in der Mitte von drei rundbogigen Einfahrten durchbrochen wurde. Der Sockel trug eine kolossale Pilasterordnung, die das Hauptgeschoss und das darüber liegende Mezzaningeschoss zusammenfasste. In den beiden oberen Geschossen sprangen die drei mittleren Achsen risalitartig vor. Ihre Interkolumnien waren im Hauptgeschoss durch hohe Arkaden ausgezeichnet, die Zutritt zu einem Balkon gewährten. Die Mezzaninfenster waren von hochrechteckigen Rahmen eingefasst. In den Rücklagen standen die gleichen Mezzaninfenster über hochrechteckigen Fenstern, die von Dreiecksgiebeln bekrönt wurden.

320

322

Vor diese Fassade projizierte Juvarra nun einen neun Achsen breiten und zwei Achsen tiefen Raumkasten, wobei er den Achsenabstand des Kernbaus übernahm. Wie an diesem bildete er die drei mittleren Achsen als Risalit aus. Die Seitenflügel des alten Palastes wurden durch neue Seitenflügel ersetzt, die gegenüber dem Treppenhaus deutlich zurücksprangen. Sie sind vier Achsen breit und münden in Ecktürme. Wie Juvarra sich den Verlauf der Treppe dachte, geht aus Vasconis Stich nicht hervor. Jedoch wird es sich wie beim heutigen Bau um zwei spiegelbildlich angelegte, gegenläufige Arme gehandelt haben. Im Unterschied zur ausgeführten Version scheinen die beiden Arme aber nicht schon hinter den Seitenachsen des Risalits anzusetzen. Auch hatte Juvarra den Treppenhauskasten im Innern nicht dadurch verringert, dass er hinter der ersten und der neunten Achse separate Räume anlegte. Vielmehr scheint es, als nähmen die Treppen die gesamten Rücklagen ein, wohingegen der Bereich zwischen den Risaliten der alten und der neuen Fassade völlig frei ist.

320

Dass dieser Bereich unverstellt blieb, hatte seinen guten Grund. Juvarra paraphrasierte die alte Fassade nämlich nicht nur im Grundriss, sondern auch im Aufriss seiner neuen Treppenhausfront. So öffnet sich der Risalit seiner Fassade im Erdgeschoss gleichfalls durch drei rundbogige Einfahrten. Das Haupt- und das Mezzaningeschoss sind erneut mit einer kompositen Kolossalordnung gegliedert. Allerdings hat diese an Plastizität gewonnen. Freisäulen werden von Pfeilern mit angesetzten Halbpilastern hinterfangen. Im Unterschied zur alten Fassade sind die Interkolumnien aber völlig offen. Folglich sieht man durch die neue Fassade die alte als Folie. Im Erdgeschoss kann man sogar bis durch die rundbogigen Einfahrten der vorderen und der hinteren Fassade ins Innere des alten Palastes blicken.

Damit die alte Fassade als Folie der neuen wirken konnte, musste sie selbstverständlich überformt werden. So setzte Juvarra in die Arkadenlünetten des Risalits reliefierte Tondi. Die hochrechteckigen Fenster der Rücklagen überfing er mit (Blend-)Arkaden. Auch glich er die kolossalen Pilaster und die übrigen Gliederungssysteme der neuen Fassade an. In den Rücklagen ersetzte Juvarra im Erdgeschoss die rundbogigen Einfahrten durch hochrechteckige Fenster, die von Lisenen mit Bandrustika begleitet werden. Da diese Fenster von den Treppenläufen überschnitten werden und somit keinen freien **Durchblick** gewähren, wurden sie verglast. Die Arkaden des *piano nobile* blieben hingegen offen und korrespondieren so mit den Blendarkaden der alten Fassade. Ob die schmalen Mezzaninfenster offen waren, geht aus dem Stich nicht eindeutig hervor.

---

372 Zur Baugeschichte siehe Gritella 1992, Bd. I, S. 438–451 und ders. 1995, S. 227–230; zum „Großen Projekt" Gritella 1992, Bd. I, S. 428–438.

An den Seitenflügeln ging Juvarra schließlich ganz zur geschlossenen Fassade über. Entsprechend durchzog er die Arkaden des *piano nobile* in Verlängerung der Kämpfer mit Stürzen. In Anlehnung an die Rücklagen der alten Fassade setzte er unter die Kämpfer verglaste Fenster ein, während er die Lünetten mit figürlichen Reliefs füllte. An den Ecktürmen kombinierte er verschiedene Elemente der Treppenhausfassade: die Freisäulen des Risalits, die er jetzt sogar kuppelte, und die Arkaden der Rücklagen, die er nun freilich verglaste. Das neu hinzugekommene Obergeschoss erhielt gekuppelte Pilaster und eine verglaste Serliana.

Das Besondere an Juvarras Entwurf ist die enge Wechselbeziehung zwischen der alten und der neuen Fassade. In der Mitte des Treppenhauses hinterfangen die Fensterbahnen der historischen Fassade die offenen Interkolumnien der neuen Front dergestalt, dass sie als deren nach hinten geschobene Füllungen erscheinen. Ebenso sollen die von Blendarkaden umfangenen Fenster der alten Rücklagen als Hinterlegungen der offenen Arkaden in den neuen Rücklagen aufgefasst werden. Dass die Gliederungselemente der hinteren und der vorderen Schicht aufeinander bezogen sind, ja zusammengehören, zeigt sich an den Seitenflügeln, wo die **Tiefenräumlichkeit** aufgehoben ist und die besagten Elemente feste semantische Einheiten bilden. Wie man bei der Eingangshalle des *Hôtel Lambert* und der Loggia von *Saint-Sulpice* von **tiefenräumlichen Theatermotiven** und bei Sangallos Kuppel für *Sankt Peter* und der Fassade in Meissonniers *Entwurf für Saint-Sulpice* von einer **tiefenräumlichen Superposition** sprechen kann, so kann man hier von einem **tiefenräumlichen Aufriss** sprechen; in allen drei Fällen wurden zusammengehörige Struktureinheiten **tiefenräumlich** auseinandergezogen.

41
262, 189
261

Liest man die gesamte Fassade von außen nach innen, gewinnt man sogar den Eindruck, Juvarra habe im Treppenhaus nicht eine neue Fassade vor eine alte gestellt, sondern wie Borromini im Hof des *Collegio della Sapienza* (siehe C 4.2 u. 4.3) von der alten Fassade die äußere Haut abgezogen und in den **Zwischenraum**, der sich dabei auftat, die Treppe gestellt. Tatsächlich verlief der Prozess aber genau umgekehrt. Die alte Fassade wurde durch die neue absorbiert und zu deren Rückwand umgedeutet. Doch ganz gleich wie man das Verhältnis beider Fassaden letztlich deutet: Das Resultat war wie in *San Giovanni* eine zweischalige, **raumeinschließende** Blockfassade.

267, 268

224

Mit derselben Berechtigung kann man Juvarras Konzept der offenen Fassade aber auch auf die Vorstellung zurückführen, der Raumkasten sei nur ein riesiger Baldachin, der – noch deutlicher als Sturms *Haupttreppe in einem fürstlichen Hof* über eine Freitreppe gestülpt worden sei. In dieser Lesart bleibt die historische Front des Palastkerns nach wie vor die eigentliche Fassade, während es sich beim Treppenhaus nur um einen Vorbau handelte.

316

Leider wurde Juvarras Projekt nur in sehr reduzierter Form verwirklicht. Die Seitenflügel entfielen ganz, das Treppenhaus wurde, wie schon gesagt, um die äußeren Achsen verkürzt, so dass die Läufe in die Seitenachsen des Risalits vorrückten. Am schwersten wog aber, dass die Fassade vollständig verglast wurde. Der Vorbau wurde dadurch endgültig zur Hauptfassade. Vor allem aber kam der von Juvarra beabsichtigte szenographische Effekt, der in der Architekturgeschichte einzigartig gewesen wäre und den Juvarra bislang nur in ephemeren Festarchitekturen hatte verwirklichen können, nicht zustande.

321

323, 324

10.4 Die Funktion der frühneuzeitlichen Treppe

Das Verhältnis, das Treppen zur Fassade eines Palastes eingehen können, ist sehr mannigfaltig. Sanfelices, Sturms und Prandtauers Treppenhäuser erwecken den Eindruck von Freitreppen, die einem Palast sozusagen inkorporiert wurden. Noch mehr gilt dies für die Treppe in *Juvarras Projekt*, die ja wirklich einer bereits existierenden Palastfassade vorgesetzt wurde. Als inkorporierte ‚Freitreppen' nehmen diese Anlagen eine Mittelstellung zwischen reinen Außen- und reinen

304–308, 316
317, 319, 320

Innentreppen ein. Zwischen diesen beiden Extremen gibt es zahlreiche Nuancen, die sich wie folgt systematisieren lassen:
1. Die reine Freitreppe liegt ganz außerhalb der Fassade und ist mit dem Innern des Gebäudes nur durch ein Portal verbunden (*Schloss Troja bei Prag*).
2. Die Freitreppe wird durch die Fassade – etwa in Gestalt eines *baldacchino* – ganz oder teilweise **übergriffen.** Die Treppe selbst kann zugleich Teil einer Platz- oder einer Gartenanlage sein (*Michelangelos Entwurf für den Senatorenpalast, Villa d'Este*).   394, 297, 298
3. Der **offene** Wendelstein: die Treppe steht noch vor der eigentlichen Fassade, doch wird sie von einem (in konstruktiver Hinsicht unentbehrlichen) Gehäuse ganz umfangen (*Blois, Chambord, Albrechtsburg in Meißen, Schloss Hartenfels in Torgau, ehem. Joachimsbau des Berliner Schlosses*).
4. Die Treppe ist samt **offenem** Gehäuse keine Applikation mehr, sondern bildet einen eigenen Flügel (*Palazzo Sanfelice, Großes Projekt für den Palazzo Madama*).   304, 320
5. Das **offene** Gehäuse der inkorporierten Treppe wird zum Risalit aufgewertet und ist damit keine Zutat mehr (*Hôtel Lambert in Paris, Sturms Haupttreppe in einem Fürstlichen Palast, Sankt Florian, Schlüterhof des Berliner Schlosses*).   41, 316 / 317, 319, 34, 35
6. Der Risalit ist nur noch teilweise **offen.** Die Treppe selbst verläuft noch hinter offenen Fassadenelementen, doch mündet sie in einen **geschlossenen** Bereich (*Oberes Belvedere in Wien, Saint-Cloud, Sankt-Mang-Kloster in Füssen*).   31 / 302–303
7. Eine **geschlossene** Fassade schottet das Treppenhaus nach außen ganz ab. Allerdings suggerieren im Inneren loggienartige Galerien und ein (gemalter) Himmel noch eine Freitreppe, die in einem Hofgeviert steht (*Pommersfelden*).
8. Auch die Galerien sind nur noch gemalt. Der Freitreppencharakter ist nun auch im Innern völlig fiktiv (*Gesandtentreppe in Versailles, Drottningholm*).
9. Das Innere erinnert nicht einmal mehr auf der imaginären Ebene an einen Hof. Folglich gibt sich der Himmel nicht mehr als reale Verlängerung des Raumes, sondern allenfalls als eine Vision. Zwischen der Realarchitektur und dem coelestischen Bereich verläuft ein Bruch – etwa in Gestalt einer Landschaft (*Würzburger Residenz*).
10. Das Treppenhaus enthält nicht einmal mehr die Darstellung eines Himmels und ist damit zum reinen Innenraum geworden (*Stockholmer Schloss*).

Wenngleich diese Unterscheidung in Typen keine historische Entwicklung nachzeichnet, zeigen insbesondere die Beispiele 4–8, dass in zahlreichen Treppen die Erinnerung an Freitreppen fortlebte. Allerdings kann dies nicht die einzige Erklärung für die Offenheit von Sturms, Schlüters, Le Vaus, Juvarras, Sanfelices und Prandtauers Treppenhäuser sein. Ein weiterer Grund liegt in der szenographischen Wirkung solcher Anlagen. Darüber hinaus muss man aber auch nach der ikonologischen Bedeutung dieser Bauform und ihrer Funktion innerhalb des höfischen Zeremoniells fragen.

In diesem Zusammenhang verdient eine Untersuchung von Matthias Müller über die offenen Wendelsteine an Renaissanceschlössern Beachtung. Müller hat in einigen dieser Wendelsteine Anlehnungen an die Treppentürme der mittelalterlichen Kirchenbaukunst und damit eine Form der sakralen Überhöhung von Herrschaft erkannt (*Meißen*).[373] Außerdem verweist er auf den „Schauwert im Sinne eines technischen Capriccios" (*Meißen, Blois*)[374] und auf die imperiale Symbolik, die sich aus dem Bezug zu den im Innern gleichfalls begehbaren römischen Siegessäulen ergebe (*Torgau, Joachimsbau des Berliner Schlosses*).[375] Unter Berufung auf Wolfram Prinz und Ronald Kecks[376] hebt er auch die Lichtikonographie (*Blois, Chambord*) hervor.[377]

---

373 Müller 1998, S. 133–134. Müller folgt in diesem Punkt – bei anderer Akzentuierung – der älteren Forschung (etwa Mielke 1966, S. 6–7; ders. 1981, S. 38–39; Magirius 1972, S. 80).

374 Müller 1998, S. 132.
375 Müller 1998, S. 140–141.
376 Prinz/Kecks 1985, S. 267ff.
377 Müller 1998, S. 139.

Schließlich geht Müller auf die zeremonielle Bedeutung (*Blois, Meißen*) ein. Der Aufstieg der Treppenbenutzer konnte sich „vor aller Augen und ohne jede Abschottung als Schauveranstaltung" ereignen. Das „Prinzip der Wandauflösung" habe also auch dem Ziel gedient, „den Treppenturm zum repräsentativen höfischen Zeremonial- und Erlebnisort werden zu lassen, dessen genaue Funktion allerdings unbekannt ist." Diesem repräsentativen Charakter habe das kühne und grandiose Erscheinungsbild des zur Schau gestellten kapriziösen Bauwerks durchaus entsprochen.[378] Darüber hinaus weist Müller darauf hin, dass die Wendelsteine in *Blois* und der *Albrechtsburg* begehbare Balkone besitzen, die in *Meißen* sogar den Charakter von Freisitzen haben.[379] Es war den Angehörigen also möglich, sich bei festlichen Anlässen je nach Rang und Position zu präsentieren.

Von den Aspekten, die Müller angesprochen hat, spielen vier auch im barocken Treppenhaus eine große Rolle: der capriceske Charakter, die sakrale Aura, die zeremonielle Bedeutung als Ort höfischer Repräsentation und das Emporschreiten zu dem von oben einfallenden Licht als dem Symbol herrscherlicher Tugend (das wie in *Versailles* dank eines verglasten Lichtschachts real ist oder wie in *Pommersfelden* und *Würzburg* durch Apoll ikonisiert wird)[380].

Welche dieser gemeinsamen Aspekte bedingte aber die offene Wandstruktur? Auf der sakralen Bedeutungsebene lässt sich die Offenheit des Wendelsteins von den Spindeltreppen des mittelalterlichen Kirchenbaus ableiten. Diese standen bei den barocken Treppenhäusern aber sicherlich nicht mehr Pate.

Anders verhielt es sich mit dem von oben einfallenden Licht. Hier besteht tatsächlich eine Übereinstimmung mit den Wendelsteinen. Allerdings ist die ikonologische Lichtführung weder bei den Wendelsteinen noch im barocken Schloss an eine offene, also fensterlose Fassadenwand gebunden.

Unabdingbar war die Offenheit der Fassade nur für die erste und die zweite Gemeinsamkeit. Den Charakter barocker Treppen als *capricci* haben Werner Oechslin und Christof Thoenes nachdrücklich betont, Letzterer vor allem mit Blick auf Sanfelices Stiegenhäuser.[381] Nicht weniger offensichtlich ist die Nutzung barocker Treppen als Erlebnisorte. Für den neapolitanischen Barock weist Thoenes auf Palladios Feststellung hin, die offene Treppe ermögliche es den Benutzern, einander beim Auf- und Abgehen zu sehen.[382] Vor allem konnten die Benutzer der Treppe aber vom Hof aus gesehen werden bzw. sich einer dort versammelten Öffentlichkeit präsentieren. In diesem Sinne erfüllten die Freisitze und Balkone der Wendelsteine eine ganz ähnliche Funktion wie die Zuschauerlogen ephemerer Festarchitekturen (ich erinnere in diesem Zusammenhang nur an die Inszenierungen des *vatikanischen Belvederehofes* als Turnierplatz und Arena im 16. Jahrhundert; siehe Kapitel A 2.3).

Im Barockzeitalter übernahmen vor allem die Logen in Theater und Kirche die doppelte Aufgabe, soziale Hierarchien sinnfällig werden zu lassen und Plattformen individueller Selbstdarstellung zu sein. Dass im 17. und 18. Jahrhundert auch die Loggien und Balkone von Treppenhausfassaden diesen Zweck erfüllten, liegt auf der Hand – umso mehr, als die Treppe vor allem in Deutschland zum Hauptschauplatz des höfischen Zeremoniells geworden war.[383]

Dass auch *Sturm* seine Stiege in diesem Sinne konzipierte, ist anzunehmen. In *Sankt Florian* gab es zwar kein Hofzeremoniell im eigentlichen Sinne, doch dürfte die offene Treppe fraglos Besuche des Kaisers inszeniert haben. Selbst das Treppenhaus von *Saint-Cloud* besaß wohl zeremoniellen Charakter. Dass auch einfachere Adelsfamilien wie die *Sanfelice* die Treppe für zeremonielle Anlässe nutzten, ist hingegen eher unwahrscheinlich. Hier ging es wohl eher um einen **Durchblick** vom Hof in den Garten sowie um ein Sehen und Gesehenwerden.

---

378 Müller 1998, S. 137–138.
379 Müller 1998, S. 135–136.
380 Siehe hierzu ausführlich Stephan 1996, S. 66–68; ders. 1997, passim u. ders. 2002a, Bd. 1, S. 171–200.

381 Oechslin 1983, S. 51 u. Thoenes 1983b, S. 78.
382 Thoenes 1983b, S. 78. Siehe auch Hoppe 2005.
383 Siehe hierzu ausführlich Bauer 1992, S. 163–166 u. Stephan 2002a, Bd. I, S. 190–194 u. 203–232.

Noch wichtiger als die Logen und Balkone dürfte die Raumhaltigkeit der Fassaden gewesen sein. Zumindest Treppen, wie Sturm und Juvarra sie entwarfen, übernehmen eine doppelte Mittlerfunktion. In erster Linie sind sie Bindeglieder zwischen Außen und Innen, also zwischen dem offenen Stadtraum und dem geschlossenen Bereich der Appartements. Damit gewinnen sie eine **tiefen-** bzw. eine **frontalräumliche** Wirkung. Wie wichtig Sturm ein solcher Effekt war, zeigen auch seine *Facies lateralis meridionalis*384 und sein *Rathaus*.385 Wie symbolhaltig offene Treppen gerade in gesellschaftspolitischer Hinsicht sein konnten, zeigt Schinkels *Altes Museum*. Das offene Treppenhaus dient nicht nur als ein Belvedere und als eine **tiefenräumliche** Verlängerung des *Lustgartens*. Ganz bewusst stellte Schinkel seinen bürgerlichen Bildungsbau dem *Schloss* als der Residenz des Königs gegenüber. Neben das monarchische ‚Kapitol des Nordens' trat eine attische Agora, neben die ‚introvertierte' Offenheit der Treppen im *Schlüterhof* die ‚extravertierte' Offenheit des Museums. Auf die Selbstinszenierung des Berliner Hofes antwortet Schinkel also mit einer jedermann einladenden Inszenierung des Bildungsbürgertums.

316, 320

152, 221, 222

45

34, 35

Auch einige Architekturphantasien Juvarras verraten solch ein räumliches Denken. Zu nennen wären in diesem Zusammenhang etwa die beiden *Skizzen* aus dem „Vatikanischen Album" *für eine ideale Palastfassade* (fol. 108r u. 109r).386 Auf beiden Blättern sind kolossale Säulen einer zweigeschossigen Binnenstruktur vorgesetzt, die sich wie in Berninis *erstem Louvreentwurf* dem dahinterliegenden Raum völlig öffnet. Anders als bei Bernini, dafür aber wie in Palladios Entwurf für die *Villa Torre* und bei Sturms *Facies lateralis meridionalis* besteht dieser Raum indes nicht nur aus einer schmalen Schicht, sondern aus einem riesigen Saal.

325

174

152

Im „Großen Projekt" für den *Palazzo Madama* ging es Juvarra indes um mehr. Mithilfe des Treppenhauses inszenierte er auch die Kontinuität von Geschichte. Der historische Kernbau verschwand nicht hinter der neuen Fassade; wie in der *Basilica von Vicenza*, *Santa Maria Maggiore* (siehe C 7.6) ist die alte Fassade hinter der neuen sichtbar. Darüber hinaus überragt der alte *Palazzo Raggione* Palladios Serlianenmantel um ein ganzes Stockwerk. In Rom und Turin erheben sich hinter den historischen Fassaden die alten Türme: bei *Santa Maria Maggiore* der *campanile* aus dem 14. Jahrhundert, am *Palazzo Madama* die *torri* der römischen *Porta Decumana*, die schon in den mittelalterlichen Palastkern integriert worden war.387 Und wie bei *Santa Maria Maggiore* Rusutis Fresken in formaler und inhaltlicher Hinsicht in ein enges Verhältnis zur neuen Fassade treten, so bilden die alte und die neue Fassade des *Palazzo Madama* eine Einheit.

320

203, 3

4, 6

Ebenso dürfte es dem Auftraggeber, Viktor Amadeus II., darum gegangen sein, mit seiner prachtvollen neuen Fassade die Rangerhöhung seines Hauses zum Ausdruck zu bringen, das 1713 die sizilianische und 1718 im Tausch die sardinische Königswürde erworben hatte. Wie Fuga seine Fassade gleich einem Hochzeitsmantel um die Kirche *Santa Maria Maggiore* als einer Verkörperung der *sponsa Christi* legte (C 7.6), so bedeckte Juvarra den Baukörper des alten Herzogsschlosses mit dem Königsornat einer neuen Architektur. Und nicht zuletzt sollte seine Fassade auch die wirtschaftliche Reorganisation und die politische Erneuerung, die Piemont unter Viktor Amadeus erlebte, vergegenwärtigen.388

3, 250

Genau hier liegt auch der große qualitative Unterschied zwischen den zweischichtigen Fassaden des Barock und der zweischichtigen Fassade, die *Am Neuen Markts 5* in Potsdam ‚historisch rekonstruiert' wurde (siehe A 2.4). Palladio, Juvarra und Fuga gewähren einen Blick durch die moderne auf die historische Zeitschicht. Das ist nicht nur gedanklich logisch, sondern auch architektonisch machbar. Die historische Kulisse wird als solche kenntlich gemacht ohne ihren

60

---

384 Sturm 1699, Tf. 1.

385 Sturm 1718, Tf. 2–3.

386 Vgl. Millon/Griseri 1994–1999, Bd. II, S. 142 u. 143.

387 Hierzu ausführlich Mallé 1970, Bd. I, S. 16–36 u. Gritella 1992, Bd. I, S. 205–301.

388 Eine gute Analyse der Reformen unter Viktor Amadeus II. findet sich bei Volker Reinhardt 2003a, S. 161–166.

Charakter zu verlieren. In Potsdam ging Fortmann-Drühe den umgekehrten Weg: Sie setzte vor eine moderne Gebäudefront eine historische Fassade, die sie darüber hinaus falsch rekonstruierte. Der Betrachter blickt so aus der Gegenwart durch die Vergangenheit in die Gegenwart, anstatt aus der Gegenwart in die verschiedenen Zeitschichten der Vergangenheit. Die vermeintlich historische Kulisse wird dabei, wie eingangs festgestellt, zur bloßen Attrappe. (Von der gedanklichen Logik abgesehen zeigt der *Palazzo Madama* auch, wie man einen Pilaster freistellt, ohne dass er

320 wie *Am Neuen Markt* zu einem unklassischen Freipfeiler wird: Indem Juvarra an den Seiten zwei weitere Pilaster anfügte, schuf er ein Pilasterbündel, das jeden einzelnen Pilaster in einen wandhaften Verbund stellt.)

Die Raumhaltigkeit von Juvarras Treppenhaus besitzt aber auch eine große Nähe zur Fest- und Dekorationsarchitektur. Diese offenbart sich vor allem in den ephemeren Architekturen, die in

323, 324 den Jahren 1722 und 1750 an der Rückseite des *Palazzo Madama* errichtet wurden und die das offene Treppenhaus des „Großen Projekts" mehr oder weniger paraphrasieren.[389]

Natürlich legt eine perforierte Treppenhausfassade auch den Übergang zwischen Unten und Oben, also zwischen dem ‚terrestrischen' Daseinsbereich der Untertanen und der ‚erhabenen', dem Olymp angenäherten Welt des Hofes, offen. Wie schon gesagt, wurde diese ideographische Vertikalität meist um Darstellungen des Himmels erweitert. Das Treppenhaus wurde damit zumindest imaginär zu einem **Hypäthralraum**, wo die Welt des Himmels – etwa in Form einer Epiphanie – in den Daseinsbereich der Menschen eindrang und das Diesseits – vorwiegend während einer Apotheose – ins Jenseits transzendierte.

Wie die *Würzburger Residenz* beispielhaft zeigt, konnte diese Art von **Höhenräumlichkeit**, die sowohl **abwärts** als auch **aufwärts** gerichtet war, gerade auf der ikonologischen Ebene mit der **Frontal-** und **Tiefenräumlichkeit** gekoppelt sein. Bereits in anderem Zusammenhang versuchte ich zu zeigen, dass die Ausstattung des Würzburger Treppenhauses lediglich den Höhepunkt eines Tugendweges bildet, bei dem Herkules als das *exemplum virtutis* der Würzburger

326 Fürstbischöfe dient. Der Weg des Helden beginnt am Vorplatz, wo die imperialen Kolossalsäulen auf die herkulischen Tugenden der *fortitudo* und der *constantia* anspielen. Die nächste Station war vormals das Ehrenhofgitter, dessen Figurenprogramm neben Tugendpersonifikationen den Alkiden im Kampf gegen Antäus und die Hydra zeigte. In Ergänzung dazu behandeln die schmiedeeisernen Aufsätze des Rennweg- und des Gesandtenbau-Tores den Schutz der Würzburger Fürstbischöfe unter den Auspizien von Reichsadler und Kaiserkrone. Den nächsten Abschnitt des Bildprogramms bildet die Ehrenhoffassade. Die Attika der Rücklagen zieren Herrschertugenden und Kaiserbüsten. Der Hauptrisalit enthält die Apotheose des Schönbornwappens und weitere imperiale Hoheitszeichen.

Im Vestibül, das zum Ehrenhof ursprünglich **offen** gewesen sein dürfte, thematisieren die dorische Ordnung, die Nischenfiguren von Minerva und Bellona, das Deckenfresko mit vier weiteren Herkulestaten und die Stuckaturen der Stichkappen, in denen die Insignien des Fürstbischofs und des Hochstifts erneut von der Kaiserkrone überfangen werden, die tugendhafte Bewährung des fränkischen Herkules sowie die Wehrhaftigkeit des Fürstbistums unter dem Schutz des Kaisertums. Die Treppe, deren Geländer mit Personifikationen weltlicher Herrschertugenden besetzt ist, paraphrasiert den Aufstieg des Helden im Licht Apolls – und damit die politische Karriere des Hausherrn unter der kaiserlichen Gnadensonne und im „Glanz der Majestät des Reiches". Während der Held schließlich in Gestalt einer goldenen Statuette, die Apoll in Händen hält, die Unsterblichkeit erlangt, fährt sein alter Ego, der Fürstbischof, *in effigie* in den Himmel auf. Dort wird sein Bildnis zu ewigem Gedächtnis in den Palast des Sonnengottes, der mit dem Tempel des Ruhmes und dem Sitz der Tugend identisch ist, verbracht. Im Bildprogramm des Kaisersaals werden

---

389 Siehe hierzu ausführlich Ferrero 1995, S. 235–237
u. Kessel 1995, passim.

die Privilegien der Würzburger Bischöfe und ihre Verdienste um Kaiser und Reich schließlich historisch vertieft und hergeleitet.[390]

In Ergänzung meiner damals geäußerten These glaube ich, dass diese gedankliche Konzeption über den Residenzbezirk hinaus auch den Weg einbezieht, der von der *Mainbrücke* mit den monumentalen Heiligenstatuen (darunter Karl der Große als Gründer des abendländischen Kaisertums, Karl Borromäus und Bischof Friedrich als Namenspatrone Friedrich Carl von Schönborns sowie Kilian und Totnan als Gründer des Bistums Würzburg[391]) zum *Dom* und dann – an der *Schönbornkapelle* vorbei[392] – über die Hofmeisterstraße geradewegs zur Residenz mit dem Ehrenhofrisalit als *point de vue* führt.[393]

In Würzburg haben wir es also mit einer Folge von Räumen zu tun, die gerade durch ihre stufenweise Veränderung eine feste Abfolge bilden. Auf den Stadtraum folgt der offene **Vorraum** des Platzes. Noch deutlicher als heute, wo die Seitengitter des Rennwegtores fehlen und der *Rennweg* selbst als asphaltierte Straße aus dem Verbund des gepflasterten Platzes herausgelöst worden ist, bildete er im 18. Jahrhundert eine homogene Fläche, die an drei Seiten von der Residenzarchitektur umschlossen wurde.

Ihm schloss sich der Ehrenhof als ein zweiter **Vorraum** an. Durch das schmiedeeiserne Gitter abgetrennt, war er im Vergleich zu heute gleichfalls noch mehr als eine eigene Raumeinheit erfahrbar.[394] Bis 1736 waren sogar die unteren Arkaden der Längsseiten offen.[395] Der Ehrenhof war bis dahin also ein **Kernraum** (damals freilich noch ohne Gitter und ohne ikonologischen Kontext), der von **Flankenräumen** gesäumt wurde. Außerdem wurde er an der Hauptseite von dem offenen Vestibül als **Zwischenraum** begrenzt. Während der Ehrenhof über diese Anräume in den Baukörper der Residenz **eindrang, griff** dieser über die *avant corps* der Seiten- und des Hauptrisalits in den Hof **aus**. Im Unterschied zum Platz waren Ehrenhof und Architektur also regelrecht miteinander **verschränkt**.

Das Vestibül als **Zwischenraum** führt schließlich zum Treppenhaus, einem **Binnenraum**, bei dem es sich zumindest auf der gedanklichen Ebene um einen **Hypäthralraum** handelt. Die vertikale Raumdynamik wurde hier in eine horizontale umgelenkt.

327

---

390 Abgesehen davon, dass die Betonung des Verdienstes zum Standardrepertoire frühneuzeitlicher Herrschaftsrepräsentation gehört, reflektiert sie in Würzburg in ganz besonderer Weise das Ideal einer Meritokratie. Zunächst einmal lag diese Legitimationsstrategie für ein geistliches Territorium, dessen größte politische Schwäche im Fehlen einer gesicherten Erbfolge lag, besonders nahe. Mit dem Anspruch, Herrschaft nicht wie selbstverständlich geerbt, sondern durch *virtus* verdient zu haben, schufen sie ein Gegenmodell zu der durch Legitimationskrisen erschütterten französischen Monarchie, aber auch zu den meisten anderen deutschen Staatsformen, das ‚altbewährt' und fortschrittlich zugleich erschien. (Zur Legitimationskrise des Versailler Hofes zu dieser Zeit und zur Selbstdarstellung der Würzburger Fürstbischöfe hat sich jüngst Blannig 2006, S. 77–80 u. 345–375 eingehend geäußert.)

391 Zum Bildprogramm der Brücke siehe Meyer 1981, S. 594–595.

392 Bei dieser Wegfolge bildet die Schönborn-Kapelle am Nordquerhaus des Doms das entscheidende Bindeglied. Aus demselben ockerfarbenen Sandstein erbaut wie die Residenz, erweist sie sich als deren Vorposten und verbindet so Kathedrale und Schloss als Stätten der weltlichen und der geistlichen Herrschaft. Durch diesen expliziten Bezug wird die in der Grabkapelle besonders gegenwärtige *Pietas Schoenborniana* zur Herrschaft legitimierenden Tugend schlechthin; vgl. Weiß 1996, v. a. S. 279. Außerdem ist, wie Kilian Heck am Beispiel Büdingens gezeigt hat, die „semiosphärische" Kodierung des Stadtraums durch Grablegen seit dem Spätmittelalter ein wichtiges Element herrschaftlicher Repräsentation (Heck 2002, v. a. S. 84–132; hinsichtlich des Modells einer genealogischen Semiosphäre beruft sich Heck 2002, S. 94, auf Juij M. Lotman 1990).

393 Hierzu ausführlich: Stephan 2005b, S. 89–90.

394 Zum Ehrenhofgitter und seiner Beseitung zu Beginn des 19. Jahrhunderts siehe Hubala/Mayer 1984, S. 28–31.

395 Siehe hierzu Sedlmaier/Pfister 1923, Tafelbd., S. 30.

265

Diese Raumfolge gehorcht jedoch nicht nur dem ästhetischen Prinzip einer steten Metamorphose. Mit ihr ist auch eine gedankliche Wegführung verbunden. Im Fall von Würzburg beginnt und endet dieser Weg mit der Thematisierung des historischen Verhältnisses von Fürstbistum und Kaisertum (*Mainbrücke-Kaisersaal*). Dazwischen werden die Verdienste und Privilegien der Würzburger Bischöfe als Herzöge in Franken behandelt. Bekanntlich war diese Strecke Teil des traditionellen Weges, den die Kaiser nahmen, wenn sie von Wien zu ihrer Krönung nach Frankfurt zogen und dabei in der *Residenz* Station machten. Jeder Kaiser legte sie zweimal auf dem Hinweg und zweimal auf der Heimreise zurück. Auf diese Weise wurde er insgesamt viermal an seine Verpflichtungen gegenüber dem Reich sowie an die Rechte der Stände und der Reichskirche erinnert.

Unabhängig von ihrem Bildprogramm vermittelt die *Würzburger Residenz* aber auch durch den Charakter ihrer Räume eine politische Aussage. Liest man die Raumfolge **frontalräumlich**, so manifestiert sich in ihr das Ausgreifen der Herrschaft von der *Residenz* auf das gesamte Territorium. Versteht man die Raumfolge umgekehrt als einen **tiefenräumlichen** Prozess, drückt sie eine Bezogenheit des ganzen Landes auf den Herrschaftssitz aus. Die (imaginierte) **Höhenräumlichkeit** zeigt in ihrer **abwärts** und ihrer **aufwärts** gerichteten Tendenz, dass diese Herrschaft himmlischen Ursprungs ist und ihre Vertreter nach göttlicher Tugendhaftigkeit streben.

Zugespitzt kann man also sagen, dass die räumliche Dynamik in ihrer h o r i z o n t a l e n Ausrichtung die territoriale Ausdehnung und in ihrer v e r t i k a l e n Dynamik die göttliche Legitimation von absolutistischer Herrschaft ausdrückt. Beide Dimensionen werden in der Regel im Treppenhaus (und nicht etwa in einer dem Schloss vorgelagerten Freitreppe!) miteinander verbunden, wobei ein o f f e n e s Treppenhaus diese Verbindung grundsätzlich noch sinnfälliger zum Ausdruck bringt als ein geschlossenes. Denn erstens werden seine ikonologischen Bezüge durch eine reale **Tiefen-** und **Frontalräumlichkeit evidenter**. Zweitens ist die **Höhenräumlichkeit** auch für jene sichtbar, die das Schloss nicht betreten können. Und drittens treffen **Frontal-, Tiefen-** und **Höhenräumlichkeit** in einem Punkt zusammen. Die Territorialherrschaft erscheint damit noch deutlicher von Gott gestiftet als in geschlossenen Treppenhäusern wie dem der *Würzburger Residenz*, wo **Tiefen-** und **Frontalräumlichkeit** auf das Vestibül bezogen sind und das Treppenhaus ‚nur' die **höhenräumliche** Dimension abdeckt.

TEIL D

DER VERLORENE RAUM

1 Allgemeines

Die Raumhaltigkeit der Fassaden, die wir bislang betrachtet haben, war in den meisten Fällen **evident.** Aber auch dort, wo die räumliche **Relevanz** nicht auf Anhieb sichtbar wurde, ließ sie sich erkennen, sobald die entsprechenden Strukturen richtig gesehen und zugeordnet wurden.

Sehr viel schwieriger ist es, die Räumlichkeit einer Fassade wahrzunehmen, deren Öffnungen im Nachhinein geschlossen wurden. Damit kommen wir auf ein schon in Teil A angesprochenes Problem zurück, dessen Tragweite sich im Verlauf dieser Studie an weiteren Beispielen gezeigt hat. An der Fassade von Palladios *Convento della Carità* (siehe B 3.3.3.2) wurde das proportionale Gefüge des Aufrisses durch das nachträgliche Einsetzen der Glasfenster vollkommen gestört. Am *Palais Schwarzenberg* (siehe B 2.2.4) hebt die Unterteilung der Einfahrt durch eine Glaswand die räumliche Verschränkung zwischen Palast und Hof auf, an der Treppe des *Palazzo della Consulta* beseitigt sie die szenographische Wirkung.

181, 183, 186
90, 313–315

117
Weitere Beispiele lassen sich beliebig anführen. Im Hof des *Palazzo Borghese* verdecken die Verglasungen des ersten Obergeschosses nicht nur Teile des **Randraums**. Wie ein Stich Faldas[1] zeigt, wiederholte Martino Longhi d. Ä. an den Rückwänden der Loggien die Fenster des dritten Stockwerks, die dort nicht zwischen gekuppelten Säulen, sondern zwischen gekuppelten Pilastern stehen. Die **wandhafte** Gliederung des dritten Stocks wurde in den unteren Loggien also verräumlicht, wobei die Ordnung freigestellt und die Wand samt den ihr genuin angehörenden Fenstern zurückgesetzt wurde. Zugleich emanzipierte sich die von der Wand befreite Ordnung zu einer plastischen **Gliederarchitektur**. Selbst das Sockelband mutierte dabei zu Brüstungen mit freiplastischen Balustern. Dieses Prinzip des **tiefenräumlichen Aufrisses**, das uns schon beim *Palazzo Madama* beschäftigte (C 10.3.5), wird durch die Verglasung ebenso negiert wie die räumliche Trennung von **Wand-** und **Gliederhaftigkeit** durch den Raum.

320, 321

195–198
Nicht weniger gravierend sind die Verglasungen und Vermauerungen in Borrominis Hof der *Casa dei Filippini*. Der Längsschnitt in dem 1725 von Giannini herausgegebenen „Opus Architectonicum"[2] und ein perspektivischer Aufriss De Rossis zeigen eine Kolossalordnung, in die als reine **Gliederarchitekturen** zweigeschossige Arkaden eingestellt sind. Die Arkaden sind die vorderen Ausläufer kreuzgratgewölbter Loggien, die – dank der etwas niedrigeren Transversalgurte – in erster Linie **tiefenräumlich** wirken, in ihrer Gesamtheit aber dennoch einen zweigeschossigen **Umraum** ergeben. In offensichtlicher Anlehnung an Kreuzgänge und *cortili* römischer Palazzi **umschließt** dieser **Umraum** den Hof als einen **Kernraum, lässt** ihn zugleich aber auch in sich **ein**.

Heute sind die unteren Arkaden verglast, die oberen bis auf schmale Fenstertüren und halbrunde Oberlichter vermauert. Die Raumhaltigkeit wird dadurch vollkommen geleugnet. Während das untere Geschoss völlig flächig erscheint, seinen **gliederhaften** Charakter aber noch bewahrt hat, ist der Raum des *piano nobile* auf Balkone reduziert worden. Hier wirkt die Architektur nun völlig **wandhaft**. Mithin erscheint auch die das Kolossalgebälk durchstoßende Archivolte der oberen Arkade gänzlich unmotiviert.

Auch die in Kapitel B 2.2.4 beschriebene Westfassade des *Nymphäums* der *Villa Giulia* hat durch die Vermauerung der oberen Nebentraveen gelitten. Leider wurde der originale Zustand bislang nicht wieder hergestellt. Einbußen hat – trotz der jüngsten Restaurierung – auch die Ostfassade von *Sant'Ivo alla Sapienza* erfahren. Die von Borromini intendierte **Tiefen-** und **Frontalräumlichkeit** wurde bereits im Seicento durch die Verglasung der Balkonfenster und dann im 19. Jahrhundert durch das Anbringen von massiven Türflügeln in den Portalen erheb-

110, 111

272, 274

---

1 Falda/Bartsch (1993), S. 219, Kat. Nr. 203 S 1. 2 Giannini/Borromini 1720, Tf. 5.

lich beeinträchtigt. Hinzu kommt, dass im 20. Jahrhundert auch die Vortreppen beseitigt wurden. Um sich vor Augen zu führen, wie sehr solche Eingriffe die Konzeption einer Fassade verändern, muss man nur den in Lievin Cruyls Zeichnung dokumentierten Idealzustand mit dem ausgeführten Aufriss bei Giannini und diesen wiederum mit dem gegenwärtigen Zustand vergleichen.

Über die formalen Aspekte hinaus werden mit dem Verlust der Raumhaltigkeit natürlich auch die in Abschnitt C erarbeiteten ikonographischen, städtebaulichen und konstruktiven Bezüge raumhaltiger Architektur unkenntlich gemacht oder gar beseitigt. Man stelle sich nur einmal das Treppenhaus von *Blois*, die *Basilica in Vicenza* oder die Fassaden von *San Giovanni* und *Santa Maria Maggiore* verglast vor! 301, 224 3, 4

In welchem Maße die nachträgliche ‚Versiegelung' einer Fassade das ursprüngliche Konzept beeinträchtigt, hängt zum einen von der Art der Öffnungen ab. **Gliederhafte** Architekturen mit **negativen** Öffnungen wie die Fassaden von *San Giovanni in Laterano* oder Santa *Maria Maggiore* würden in verglastem Zustand eher den Verdacht erwecken, ursprünglich offen gewesen zu sein, als **wandhafte** Architekturen mit **positiven** Öffnungen. Wäre beispielsweise die Fassade von *San Giovanni* nach Vanvitellis *Londoner Entwurf* ausgeführt und später verglast worden, käme 226 der Betrachter allenfalls bei dem **gliederhaften** Untergeschoss, niemals aber beim **wandhaften** Oberstock auf den Gedanken, dass es sich bei den Fenstern um nachträgliche Zutaten handelt. Erst recht gälte dies für Vanvitellis *römischen Entwurf*. Wenn überhaupt, würde er eine geschlossene 227 **Benediktionssala** rekonstruieren, die einen vielleicht vormals offenen *portico* räumlich **übergreift**. Dass die Fassade durchgehend offen und **zweischalig** konzipiert ist, würde er nicht vermuten. Auch im *Nymphäum* der *Villa Giulia* springt die Vermauerung der **positiven** Öffnungen in den 110, 111 **wandhaften** Nebentravéen weniger ins Auge. Eine Schließung der **gliederhaften** Serliana in der Mitte wäre hingegen zweifelsohne aufgefallen.

Neben der Aufrissstruktur hängt die raumnegierende Wirkung nachträglicher Schließungen vom Material ab. An der *Casa dei Filippini* wird deutlich, dass eine massive Vermauerung den 195, 196 Raum noch mehr abdeckt als Glasfenster. Am wenigsten schotten schmiedeeiserne Gitter den Fassadenraum ab. Vergleicht man den heutigen Zustand der *Ostfassaden von San Giovanni in Laterano* und *Santa Maria Maggiore* mit zeitgenössischen Darstellungen bei Lint und Panini, so 224, 1, 11, 3 erkennt man allerdings, dass auch dieses Material ein gewisses Störungspotenzial besitzt. Hin und wieder bewirken schmiedeeiserne Einfassungen aber auch das Gegenteil und definieren einen Raum deutlicher, wie dies etwa auf der Ansicht des *Pantheon* in Piranesis „Vedute Romane" der Fall ist.

Über die Schließung von Öffnungen hinaus können strukturelle Veränderungen an der Fassade von Bedeutung sein. So hätte Michelangelos Freitreppe vor dem *Senatorenpalast* 137, 294 die Fassade mit dem Platz ganz anders verbunden, wäre der *baldacchino* ausgeführt. 293

Des Weiteren sind zahlreiche Eingriffe in das Umfeld zu beklagen. Viele Fassaden waren in eine urbane Struktur oder in einen Garten eingebunden. Wo nun Vortreppen, Sichtachsen, Plätze, zugeordnete Gebäude oder Begrenzungen wie Hecken, Berceaux, Treillagen, Alleen, Gitter, Terrassen, Kolonnaden usw. wegfielen oder verändert wurden, hatte dies gleichfalls Einfluss auf die Erscheinung der Fassade. Über die Beseitigung oder die Verstümmelung von Vortreppen und den damit verbundenen Verlust an **Frontalräumlichkeit** habe ich im Zusammenhang mit *Sant'Ivo* vgl. 272 und *Santa Maria Maggiore* (siehe B 3.4.3 u. C 4.2) schon gesprochen. Neben dem Verlust einer vgl. 246 Vortreppe kann auch die Beseitigung eines Ehrenhofgitters die Wirkung einer Fassade beeinträchtigen. Die *Würzburger Residenz* ist ein gutes Beispiel (Kap. C 10.4). 326

Noch verhängnisvoller als der Verlust solcher Strukturelemente ist gelegentlich der Wegfall oder die Veränderung des **Vorraumes**. Ohne den Vorplatz mit den angrenzenden Häusern und dem schmalen *Vicolo della Pace* wäre die **räumliche** Schichtung der Fassade von *Santa Maria* 289, 290 *della Pace* schlicht unverständlich. Dasselbe gilt für die Freitreppe und das *avant corps* der *Villa*

295–301 *d'Este,* die ohne den dazugehörigen Garten (siehe C 10.2.1) völlig deplatziert wären. Angesichts des heutigen, unhistorischen Baumbestandes bleibt Ligorios Konzept sogar mit Garten verfremdet.

Von Belang sind schließlich auch der Zeitpunkt und der Urheber. Erfolgten die Schließung einer Fassade und die Veränderung ihres Umfeldes während der Planungsphase (*Palazzo Madama*) oder erst am ausgeführten Bau (*Oberes Belvedere in Wien*)? Wurde der Eingriff vom Künstler selbst vorgenommen oder fand er in einer späteren Zeit (zu der möglicherweise ein anderes Stilempfinden herrschte) statt? Ebenso bedeutsam ist die Ursache einer Schließung: Geschah sie aus ästhetischen, konservatorischen, klimatischen, funktionalen oder sicherheitstechnischen Gründen? Eine aus klimatischen oder zwingenden konservatorischen Gründen vorgenommene Schließung ist viel schwerer rückgängig zu machen als eine Schließung, die durch eine veränderte Nutzung oder gar nur durch einen Wandel der Ästhetik verursacht wurde.

321, Umschlag

Im Folgenden will ich abschließend noch einmal ausführlich auf *Sankt Peter* und den *Petersplatz* zurückkommen. Hier zeigt sich das Problem des „verlorenen Raumes", das sich vor allem durch das Einsetzen von Glasfenstern ergibt, noch deutlicher als an den bisher genannten Beispielen, und zwar nicht nur in architektonischer, sondern auch in ikonologischer Hinsicht.

2 Die Fassade der Peterskirche

2.1 Problemstellung

19, 20, 337

Madernos Ostfront von *Sankt Peter* (1607–1630) zählt zu den monumentalsten, aber auch zu den umstrittensten Fassaden der Kunstgeschichte überhaupt. Kritik rufen allein schon ihre Proportionen und ihre Gliederung hervor.

Grundsätzlich zerfällt die Fassade in eine Makrostruktur, die letztlich durch Michelangelo vorgegeben war, und in eine Mikrostruktur, die Maderno sehr viel freier gestalten konnte, in die er aber michelangeleske Elemente integrieren musste. Die Makrostruktur ist durch eine korinthische Kolossalordnung mit Attikageschoss definiert. Ihrer Folge von neun Achsen liegt ein einfaches Prinzip zugrunde: Eine dreiachsige **Tempelfront** mit einem weiten Haupt- und zwei schmalen Seiteninterkolumnien wird von einachsigen Rücklagen flankiert, die genauso breit sind wie die Mittelachse der **Tempelfront**. Dieser Fassadenkern wird über eine weitere Achse, die als Scharnier dient und so schmal wie die seitlichen Achsen der **Tempelfront** ist, mit den Turmsockeln verbunden. Die Ausführung der Turmaufbauten blieb bekanntlich sowohl Maderno als auch seinem Nachfolger Bernini versagt.[3]

Die in der Makrostruktur angelegte Steigerung von den Seiten zur Mitte schlägt sich nicht nur im schrittweise vorspringenden Wandspiegel, sondern auch in der Wahl der Stützen nieder. Auf die Pilaster der Turmsockel mit zurückspringendem Gebälk folgen die Pilaster der Scharnierachsen mit unverkröpftem Gebälk. In den Rücklagen werden die Pilaster von Säulen abgelöst, folglich springt das Gebälk vor. In den drei Achsen der **Tempelfront** treten Wandspiegel und Säulen ein weiteres Mal vor.

---

3 Zu dem Problem hat sich McPhee 2002 ausführlich geäußert.

Unterbrochen wird die Steigerung zur Mitte hin durch die Instrumentierung der Scharniertravéen am Übergang zu den Turmsockeln. Hier blendete Maderno den Pilastern jeweils einen weiteren Pilaster vor. Dieser ragt ebenso weit vor wie die Säulen der Rücklage. Ordnet man die Stützen der Kolossalordnung drei Schichten zu, so bilden die Säulen der **Tempelfront** die vordere Schicht. Die Hinterlegungspilaster und der Eckpilaster von Scharnierachsen und Turmsockeln gehören der hintersten Schicht an. Der Pilaster-Pfeiler am Übergang von Scharnierachse und Turmsockel liegt indes wie die Säulen der Rücklagen in der mittleren Schicht.

Die Attikazone, deren Wandspiegel gleichfalls zur Mitte hin vorspringt, gliederte Maderno mit Lisenen. Diesen blendete er in den sieben mittleren Achsen ionische Pilaster vor. Da reguläre Pilaster angesichts der niedrigen Höhe der Attika zu gedrungen ausgefallen wären, bediente Maderno sich des schon in Kapitel B 3.4.3 geschilderten Kunstgriffs: Er brach die Schäfte kurz unter dem Kapitell ab und unterlegte sie mit Cherubim, die nun als eigentliche Träger des Gebälks erscheinen.[4]   *339a, b*

Innerhalb des Systems einer stufenweisen Schichtung der Fassade zur Mitte hin erweisen sich die Pfeiler-Pilaster zwischen Scharnierachsen und Turmsockeln als ein Störfaktor. Rein optisch entsprechen sie den äußeren Eckpilastern der Turmsockel; da sie aber in einer vorderen Schicht liegen, korrespondieren sie strukturell mit der Gliederung der Rücklagen. Nicht weniger irritiert, dass nur die sieben mittleren Achsen der Attika mit ionischen Pilastern ausgezeichnet wurden.

Die Zäsur, die auf diese Weise zwischen der Kernfassade und den Turmsockeln entsteht, findet einzig in der Baugeschichte eine logische Erklärung. Wie Sarah McPhee jüngst noch einmal gezeigt hat, wurde zunächst nur die Kernfassade als eine in sich geschlossene Einheit errichtet.[5] 1608   *vgl. 371*
wurde ihr Grundstein gelegt, 1612 war sie abgeschlossen. Auf dieses letzte Datum bezieht sich auch die Inschrift. Ob und an welcher Stelle die Türme errichtet werden sollten, stand zunächst noch nicht fest. Ein Giovanni Battista Ricci zugeschriebenes Fresko in der Galerie des *Vatikanischen Palastes,* das 1611 entstand, gibt Madernos Projekt noch ohne Türme wieder. Hingegen zeigt ein von unbekannter Hand gezeichneter Fassadenaufriss, der sich im Victoria & Albert Museum in London befindet, dass Maderno auch erwog, die Türme etwas zurückgesetzt über die beiden   *370*
östlichsten Langhauskapellen zu stellen.

Solange es die Türme noch nicht gab, dienten die Pfeiler-Pilaster dazu, die Außenkanten der Fassade optisch zu verstärken. Auch fassten sie die Fassade in einer plastischen Klammer zusammen – ein Gedanke, den Pietro da Cortona ein halbes Jahrhundert später an *Santi Martina e Luca* aufgriff. Als Paul V. 1613 beschloss, die Türme doch noch zu bauen und sie unmittelbar an die Fassade zu setzen, erfüllten die Pilaster-Pfeiler einen neuen Zweck: Durch sie ließen sich die Baunähte problemlos kaschieren.

Obwohl die Pilaster-Pfeiler das schrittweise Vorspringen der Makrostruktur unterbrechen, bleibt der Eindruck einer Steigerung von innen nach außen vorherrschend. Insofern verwundert es, dass die Mikrostruktur – anders als in den klassisch-frühbarocken Fassaden von *Il Gesù* oder *Santa*   *382*
Susanna – diese Steigerung nicht mit vollzieht. Stattdessen wird der Aufbau der mittleren **Tempelfront**-Achse in den Rücklagen wörtlich und in den Turmsockeln leicht verändert wiederholt: In der Mittelachse und den Rücklagen öffnet sich über dem eingestellten Fragment einer ionischen Kolonnade mit nach hinten gekuppelten Säulen ein Pseudo-Mezzaninfenster, hinter dem sich das Tonnengewölbe des *portico* verbirgt. Darüber steht ein Rundbogenfenster, das von einer Ädikula mit Halbsäulen und Segmentgiebel gerahmt wird. (Dieses letzte Motiv ist von Michelangelos Zentralbau   *340a, 341*
übernommen.) In den Turmsockeln ist die Kolonnade durch eine Arkade ersetzt worden. Dabei trat   *19*
an die Stelle jeder Säule ein Kantenpilaster, während das Gebälk zu einem Bogenkämpfer mutierte.

An den Seitenachsen der **Tempelfront** ersetzte Maderno das Kolonnadenfragment durch eine   *20*
einfache Arkade. Das Pseudo-Mezzaninfenster behielt er bei. Das Rundfenster darüber umgab er

---

4   Da die Cherubim wie die Seraphim körperlos sind, ist ihre Gestalt auf die Köpfe und Flügel reduziert.   5   McPhee 2002, S. 11–19

mit einem Rahmen, der einen Dreiecksgiebel trägt. In die Zwischenachsen ließ er zwei Nischen ein, die sich nur in ihrer Einfassung unterscheiden. Bei dem von einem Segmentbogen überfangenen Rahmen der unteren Nische handelt es sich um ein neues Motiv, der Rahmen der oberen stimmt mit dem der seitlichen **Tempelfront**-Fenster überein.

In der Attika fallen die Fensterrahmen über den breiten Achsen deutlich größer aus als über den schmalen. Sie sind allesamt geöffnet und werden – mit Ausnahme der Fenster in den *campanili* – von Schirmwänden hinterfangen, die in die sehr tiefen Gewände eingelassen sind.

2.2 Die Beurteilung von Madernos Fassade durch die Zeitgenossen und die Kunstwissenschaft

Schon während der Entwurfsphase hatte Maderno seine Fassade gegenüber den Kritikern, die entweder an Michelangelos Zentralbau oder aber am Erhalt des bis dahin stehengebliebenen östlichen Langhauses von *Alt-Sankt Peter* festhielten, zu verteidigen (s. u.). Nachdem die Fassade 1612 – noch ohne die Türme – vollendet worden war, zeigte sich Paul V. wie die Mehrzahl der Römer „sehr befriedigt".[6] Auf die allgemeine Zustimmung und das überschwängliche Lob, das Maderno zum Teil sogar erfuhr,[7] folgte mit dem Bau der Türme jedoch zunehmend Kritik: Die Fassade wurde nun als zu breit empfunden. Unabhängig davon bemängelte man, dass sie zu sehr von dem Gliederungssystem abweiche, das Michelangelo am Zentralbau vorgegeben habe, und die von dem Florentiner Meister geschaffene Kuppel verdecke. Da Maderno die von Michelangelo vorgesehene freistehende ‚Portikus' (in meiner Terminologie **Tempelvorhalle**) aufgegeben habe, gleiche die Fassade zudem eher der Front eines Palastes als der einer Kirche. Auch besitze die Quasi-‚Portikus', die Maderno anstelle einer echten Säulenvorhalle der Wand vorgeblendet habe, zu wenig Gewicht, um sich gegenüber dem Rest zu behaupten. Überhaupt sei die Gliederung in sich unlogisch.[8]

vgl. 355–358

Wie unbefriedigend die unvollendete Fassade auf viele Zeitgenossen wirkte, zeigen auch die zahlreichen Entwürfe des 17. Jahrhunderts, in denen Carlo und Girolamo Rainaldi, Pietro Paolo Drei, Santi Moschetti, Andrea Bolgi, Martino Ferrabosco[9], Giovanni Battista Mola, Cesare Bracci und selbstverständlich auch Bernini die Vollendung der Türme und zum Teil sogar die Neugestaltung der Kernfassade durchspielten – einige von ihnen sogar in bis zu einem halben Dutzend Varianten.[10] Im 18. Jahrhundert fiel das Urteil noch ungünstiger aus, besonders wenn es von Klassizisten wie Francesco Milizia kam, der Maderno als einen „il più gran reo de lesa architettura" bezeichnete.[11]

346, 347, 349, 351, 354

Dem ungünstigen Bild des 17. und 18. Jahrhunderts hat sich die kunstgeschichtliche Forschung des 19. Jahrhunderts weitgehend angeschlossen. Erst im 20. Jahrhunderts setzte sich allmählich eine differenziertere Betrachtungsweise durch. Da die Rezeption von Madernos Fassade auch ein Stück Wissenschaftsgeschichte ist, seien im Folgenden einige Stimmen wörtlich zitiert.

Besonders scharf äußerte sich Jacob Burckhardt im „Cicerone" (Erstauflage 1855):

---

6 Caflisch 1934, S. 41.

7 Zu den einzelnen Nachweisen siehe Caflisch 1934, S. 41, Anm. 90.

8 Zu den Vorwürfen der Zeitgenossen siehe Pastor 1926–1938, Bd. XII, S. 597–598; Thelen 1967, S. 26; Hibbard 1970, S. 69–70; Thoenes 1968, S. 331 u. Bredekamp 2000, S. 116.

9 Costaguti 1684, Tf. 12.

10 Einen guten Überblick bietet McPhee 2002, S. 132–189. Speziell zu Berninis Kritik an Maderno siehe Thoenes 1963, S. 122–124.

11 Siehe Milizia 1781, Bd. I, S. 292f. und Pastor 1926–1928, Bd. XII, S. 597, Anm. 5.

„Außen ging der vordere Anblick der Kuppel für jeden nahen Gesichtspunkt verloren, und es musste eine neue Fassade komponiert werden, diesmal als breite Fronte, indem die Rücksicht auf die drei übrigen abgerundeten Arme des Kreuzes wegfiel. Von aller Beziehung zur Kuppel und zum Rest des Baues überhaupt abgelöst, fiel sie aus, wie sie zu Anfang des 17. Jahrhunderts ausfallen musste, als ungeheure Dekoration, deren Teile auf alle Weise vor- und rückwärts, aus- und einwärts treten ohne Grund und Ursache. Selbst mit Anschluss an dasjenige Motiv, welches Michelangelo an den übrigen Außenseiten der Kirche durchgeführt, hätte sich etwas viel Großartigeres machen lassen".[12]

Interessanterweise warf Burckhardt Maderno nicht vor, von Michelangelos Gliederungssystem abgewichen zu sein, da er dieses genauso wenig schätzte.[13] Stattdessen wies er darauf hin, dass Madernos Fassade noch problematischer wäre, würden ihre Mängel nicht durch Berninis *Kolonnaden* gemildert:

„Nach Madernas Tode kam der noch junge Bernini über das Gebäude (1629). Von den Glockentürmen, welche an den Enden der Fassade (wo das Auge sie nicht verlangt) prangen sollten, baute er einen und musste ihn wieder abtragen. Beträchtlich später, schon als Greis (1667) legte er die berühmten Kolonnaden an, bei weitem das Beste, was er überhaupt gebaut hat. (…) Was die Gesamtanlage betrifft, so ist vor allem Maderna seinem Nachfolger den größten Dank schuldig; Bernini hat das Mögliche getan, um die Fassade zu heben und groß scheinen zu lassen. Dies geschah namentlich durch die Annäherung der beiden nächsten Hallenenden, über welche sie so weit emporragt, während zugleich das Auge über das (in der Tat ziemlich starke) Ansteigen des Platzes getäuscht und damit in der Meinung erhalten wird, sie stehe beinahe auf demselben Plan mit den Kolonnaden. Träten die Hallenenden weiter auseinander als die Fassade breit ist, so würde jene Vergleichung wegfallen. In dem elliptischen Grundplan der Kolonnaden selbst liegt wiederum eine Scheinvergrößerung, indem das Auge ihn eher für rund hält, ihm also eine Tiefe zutraut, die er nicht hat".[14]

Sehr viel differenzierter fiel das Urteil aus, das Alois Riegl 1923 aussprach. Zwar bezeichnete auch er die Fassade als eine „ungeheuer breite Schauwand … von erdrückender Breite",[15] doch vergaß er nicht darauf hinzuweisen, dass Maderno in seiner Gestaltung alles andere als frei gewesen war. Da die Fassade

„… die beiden Flanken mit den ausladenden Kreuzarmen und den hinteren, den Übergang zum Langhaus bildenden Kapellen dem Auge entziehen sollte, so musste sie noch überdies eine außerordentliche, ganz ungewöhnliche Breite erhalten. Die Aufgabe war eine ganz ungeheure: die größte und schwierigste, die dem neueren Kirchenbau überhaupt je gestellt worden ist. Maderna war sich dessen bewusst. Er machte es wie im Inneren und schloss sich möglichst eng an seine Vorgänger an".[16]

Allerdings betonte Riegl, dass eine solche Anlehnung nur begrenzt möglich war: Da Maderno in seine Fassade eine Vorhalle und eine Loggia integrieren musste (beide Vorgaben hatte Michelangelo ignoriert), konnte er die freistehende ‚Portikus' (d. h. **Säulenvorhalle** mit vorgestellter **Tempelvorhalle**), die sein Vorgänger vorgesehen hatte, nicht übernehmen. Stattdessen schuf er zwei Geschosse, denen er die ‚Portikus' in abgewandelter Form (d. h. **Säulenfront** mit integrierter Tempelfront) vorblendete. Da er den am Zentralbau von Michelangelo vorgegebenen Rhythmus schmaler und breiter Travéen übernahm, kam es zudem zu der unklassischen Folge ungleicher Intervalle.

---

12 Burckhardt 1986, S. 319.
13 „Von dem jetzt vorhandenen Gebäude hat Michelangelo zunächst die Außenseiten der hintern Teile des Unterbaues mit Pilastern und Attika zu verantworten. Sie sind eine bizarre, willkürliche Hülle, die Bramantes Entwurf schmerzlich bedauern lässt …" (Burckhardt 1986, S. 316–317).
14 Burckhardt 1986, S. 319.
15 Riegl 1923, S. 131.
16 Riegl 1923, S. 129–130.

Auch dass die Zentralwirkung der Kuppel in der Nahsicht verloren ging, lastet Riegl der Fassade nicht an. Dieser Effekt sei bereits durch die Anfügung des Langhauses preisgegeben worden. Ebenso kritisiert er zwar, dass Maderno über das Vertikalsystem der Kolossalordnung „eine ungeheure Attika gewälzt" habe, doch hob er zugleich auch hervor, dass dies gleichfalls nur „im Anschlusse an die hinteren Partien der Kirche durch Michelangelo" geschehen sei. Des Weiteren billigte er Maderno zu, dass er den Giebel, in dem die Fassade im Barock gewöhnlich nach oben ausklinge, nicht auf die Attika stellen konnte, da dies den Blick auf die Kuppel zusätzlich beeinträchtigt hätte.

345 Zuletzt gibt Riegl zu bedenken, dass die Aufsätze der beiden von Maderno vorgesehen Ecktürme nicht ausgeführt wurden:

> „Wir müssen aber festhalten: die Fassade, wie sie jetzt für sich dasteht, in ihrer ungeheuren, in der Nahsicht erdrückenden Breite, die man so oft tadeln hört, war durch Maderna mit zwei Ecktürmen geplant".

Riegl schnitt damit ein zentrales Problem an, das elf Jahre später von Nina Caflisch in ihrer Maderno-Biographie präzisiert wurde:

> „Die Türme hätten durch ihre Vertikale den lastenden Eindruck der Attika gemildert, während die Anbauten heute nur zur Verbreiterung der Fassade beitragen".[17]

Die Einsicht, dass Maderno sich an *Sankt Peter* nicht frei entfalten konnte, ist seither zu einem festen Topos geworden. Harald Keller nutzte ihn 1962 in den ‚Kunstlandschaften Italiens' sogar zu einem Vergleich zwischen Maderno und seinem lombardischen Landsmann Caravaggio. Beide hätten die römische Kunst aus dem Manierismus in den Frühbarock geführt, doch sei es Maderno nicht vergönnt gewesen, dieselbe Großartigkeit zu leisten wie sein malender Kollege:

> „Ein Architekt, der Nutzbauten schafft, ist abhängiger von dem Auftraggeber als ein Bildhauer oder Maler. So wächst dann auch Maderna zwangsläufig in die architektonische Vorstellungswelt der römischen Ateliers hinein. Zumal beim größten Bauauftrag seines Lebens, bei der Vollendung von St. Peter, blieb jeder seiner Schritte gebunden an die bereits aufgeführte Architektur seiner großen Vorgänger Bramante und Michelangelo. Besonders bei der Gestaltung der Fassade gegen den Petersplatz hin war Maderna durch die Ordnungen Michelangelos an der Chorpartie das Gesetz des Handelns vorgeschrieben. So ist das volle Hineinwachsen in die römische Tradition, das bei Caravaggio als organischer und höchst individueller Entwicklungsprozess erschien, bei Maderna ein Schauspiel, das der Großartigkeit entbehrt, weil es nicht überall von freiem Entschluss getragen war".[18]

In seinen ‚Bemerkungen zur St. Peter-Fassade Michelangelos' stellte auch Christof Thoenes 1968 die Schwierigkeiten heraus, die sich für Maderno allein schon daraus ergaben, dass er das Erbe Michelangelos angetreten hatte:

> „Als Carlo Maderno 1608 auf Geheiß Pauls V. die Fassade von Neu-St. Peter zu errichten begann, hatte er eine der größten, aber auch eine der undankbarsten Bauaufgaben übernommen, die im Rom des 17. Jh. zu vergeben waren. Jedermann fühlte sich aufgefordert, sein Werk mit dem Plan Michelangelos zu vergleichen; und während wohlwollende Beurteiler ihm zugute hielten, dass er vom Projekt des „Divino" soviel zu retten gewusst hatte als unter den gegebenen Umständen möglich war, warfen Übelwollende ihm vor, sich auf den ungleichen Wettbewerb überhaupt eingelassen zu haben".[19]

Eine Zäsur in der Rezeptionsgeschichte von *Sankt Peter* bedeutete die Maderno-Monographie, die Howard Hibbard 1971 vorlegte. Zunächst hob Hibbard gleichfalls die nachteilige Wirkung der unvollendeten Türme hervor. Die Turmsockel mit ihrer eigenständigen Gliederung und ihren geschichteten Pilastern wirkten wie die äußeren Joche der Fassade und ergäben innerhalb von deren Gliederung keinen Sinn. Stattdessen veränderten sie die gesamten Proportionen auf „katastropha-

---

17 Caflisch 1934, S. 41.
18 Keller 1994, Bd. I, S. 545.
19 Thoenes 1968, S. 331.

le Weise". Auch ließen sie den übergiebelten Mittelteil als zu „schüchtern" erscheinen. Doch dann hält Hibbard Maderno zugute, dass er sich letztlich nur innerhalb des von seinem Vorgänger Michelangelo und von seinem Auftraggeber Paul V. gesteckten Rahmens bewegen konnte. Dabei habe er versucht, Michelangelos Kolossalordnung und andere seiner Motive mit dem System der geschichteten, auf die Mitte hin orientierten Wand, wie er es zuvor in *Santa Susanna* verwirklicht hatte, zu verbinden.[20] Dies habe eine völlig neuartige Lösung ermöglicht, in der Maderno zum Teil sogar über *Santa Susanna* hinaus gelangt sei:

382

> „Obwohl eine Reihe von Kompromissen und nachträgliche Ideen die Fassade zu einem uneindeutigen Kunstwerk machen, ist sie keineswegs ein erfolgloser Entwurf. In ihrer schieren Größe erzeugt die Fassade einen überwältigenden Eindruck; die Kraft der kolossalen Pilaster und Säulen wird durch eine kleine Ordnung und durch Öffnungen und Dekorationen gegliedert. Der Eindruck eines Bodendickichts in einem Dschungel, das die Ordnung an Santa Susanna bedroht, fehlt hier; die edlen, gemaserten Travertinblöcke stehen nackt und eindrucksvoll in der römischen Sonne."[21]

Anders als Burckhardt erkennt Hibbard bereits in der szenographischen Wirkung der Fassade ein künstlerisches Qualitätsmerkmal. So offenbare Madernos Architektur ihren Wert besonders dann, wenn sie als Schaufront ihre eigentliche liturgische und ikonologische Funktion erfülle:

> „Der Erfolg der Fassade kann vielleicht am besten in ihrer Funktion während der päpstlichen Segensspendung beurteilt werden, besser jedenfalls als durch historische oder stilistische Analysen. Wenn ihre Riesensäulen in der Menschenmenge wurzeln, der Papst sich über farbigen Tapisserien zur Schau stellt und der Platz mit Wagen und Menschenmengen gefüllt ist – dann erfüllt die Fassade ihre Aufgabe auf brillante Weise: als ein kolossaler Rahmen für die zeitlose Benediktion. Die fünf Portale, die in den Narthex führen, wiederholen die der konstantinischen Kirche; der Papst steht über dem Relief mit ‚Christus, der dem heiligen Petrus die Schlüssel übergibt'; über ihm, auf dem Dach, wachen die Statuen der Apostel; dahinter, im Innern, warten Petri Grab und Cathedra. Die Architektur selbst verschwimmt vor den sich bewegenden Inkrustationen der christlichen Jahrtausende".[22]

vgl. 329

Seit Hibbard hat die Literatur im Großen und Ganzen zu keinen nennenswerten Neuinterpretationen mehr gefunden.[23] Vielfach fiel sie sogar hinter den alten Erkenntnisstand zurück. So urteilte beispielsweise Norberg-Schulz 1986 lapidar:

> „Da die ursprünglich geplanten Kampanile niemals gebaut wurden, erhielt die Fassade unschlüssige und langweilige Proportionen".[24]

1997 machte Piero Spagnesi[25] ein weiteres Mal darauf aufmerksam, dass die Fassade Michelangelos Kuppel verdecke. Und in dem vierbändigen Atlas über die *Peterskirche*, der zum Jubeljahr 2000

---

20 Hibbard 1971, S. 68–69.
21 Hibbard 1971, S. 69: „Although a series of compromises and afterthoughts make the façade a somewhat equivocal work of art, it is by no means an unsuccessful design. In sheer size the façade makes an overwhelming effect; the power of the colossal pilasters and colums is accentuarated by the smaller order and by the openings and decoration. The sense of a jungle undergrowth threatening the orders at Santa Susanna is missing here; the noble, veined travertine blocks stand bare and impressive in the Roman sun."
22 Hibbard 1971, S. 70: „The success of the façade can probably be jugded best by its function during the papal benediction rather than by historical or stylistic analysis. With the giant columns rooted in a mass of people, the pope displayed above colourful tapestries, and the square packed with carriages and crowd, the façade functions brilliantly: a colossal frame for the timeless benediction. The five portals leading into the narthex deliberately echo the form of Constantine's church; the pope stands above a relief of Christ Giving the Keys to St Peter; above him, on the roof, watch the statues of the apostles; behind, inside, awaits Peter's tomb and cathedra. The architecture itself blurs before the moving incrustations of Christian millenia."
23 Vgl. z. B. Beltramme 1986.
24 Norberg-Schulz 1986, S. 27.
25 Spagnesi 1997, passim.

herausgegeben wurde, beklagte Sandro Benedetti zum wiederholten Male die übermäßige Breite der Gesamtfassade und die verwirrende Disposition ihrer einzelnen Elemente.[26]

Drei Ausnahmen bilden die Studie von Christof Thoenes über ‚Madernos St.-Peter-Entwürfe' von 1992, Horst Bredekamps erhellendes Buch über „Sankt Peter in Rom und das Prinzip der produktiven Zerstörung", das im Jahre 2000 erschien, und Margaret A. Kuntz' kluger Aufsatz über „Maderno's Building Procedures at New St. Peter's", der seit 2005 vorliegt. Thoenes, der sich vor allem der Planungsgeschichte widmete, bescheinigte Maderno das grundsätzliche Bemühen, sich in seinen verschiedenen Entwürfen so weit wie möglich an Michelangelo orientiert zu haben.[27] Das gelte auch für die Fassade. Hier habe Maderno versucht, die offene Säulenhalle, die von Étienne Dupérac um 1569 gestochen und 1575 in Antonio Lafreris „Speculum Romanae Magnificentiae" publiziert worden war und die allgemein als Vermächtnis Michelangelos angesehen wurde[28],

> „… mit den Forderungen eines Raumprogramms auszusöhnen (Vorhalle, Krönungsaula, Benediktionsloggia), die Michelangelo – nach allem, was wir über seine Pläne ermitteln können – schlicht ignoriert hatte und für die auch Maderno kein fertiges Konzept mitbrachte".[29]

Ansonsten bewertet Thoenes die Fassade aber – gerade vor dem Hintergrund ihrer Genese – sehr viel kritischer als Hibbard. Im Unterschied zu den ersten Entwürfen (Thoenes bezieht sich vor

367 allem auf die im *Gabinetto dei disegni* der Uffizien zu Florenz aufbewahrte Zeichnung Uff. 101 A), in denen Maderno Michelangelos Motiv einer ‚Pontikus' (d. h. **Tempelvorhalle**) noch dekora-
369 tiv verflacht habe, sei ihm später (Florenz, Uffizien, Gabinetto dei disegni, A 264) der glückliche
382 Einfall gekommen, die Fassade wie in *Santa Susanna* durch die Abfolge von Dreiviertelsäulen, Halbsäulen und Pilastern bei gleichzeitiger Zurückziehung des Wandspiegels zu staffeln. Indes sei die Verwirklichung „dieses schönen und einleuchtenden Gedankens" durch die Dehnung der Fassade auf die Breite des Langhauses und die Anfügung der Türme verhindert worden.

In diesem Zusammenhang wirft Thoenes Maderno einen „mangelnden Realitätsbezug" vor:

> „Fixiert auf das architektonische Einzelprojekt, löste Maderno die ihm gestellte Planungsaufgabe, ohne je die Gesamtsituation ins Auge zu fassen".

Die durch die Schichtung der Fassade evozierte Tiefenwirkung hätte sich Thoenes zufolge nämlich nur ergeben, wenn

> „… die weiter zurückliegenden Teile des Baukörpers [= die Flanken des Langhauses] selbst optisch ausgeschaltet, und das heißt eben durch die Fassadenwand abgedeckt wurden – ganz abgesehen von der Situation der Nordflanke, wo die Cappella Paolina ohnehin irgendwie kaschiert werden musste".

369 Die von Maderno in A 264 geplante Fassade verlangte also geradezu nach jener Verbreiterung, die sie letztlich entstellte. Thoenes kommt daher zu dem Schluss:

> „So gesehen, erscheint Maderno vor allem als Opfer der eigenen Abneigung, sich den anstehenden Problemen zu stellen. Hätte ein souveränerer Geist nicht schon längst, und von sich aus, auf eine umfassende, über die Kompromisse von A 264 hinausweisende Planung gedrängt? Oder hätte er nicht wenigstens jetzt von seinem Lieblingsgedanken Abschied genommen und – ungeachtet bauherrlicher Pressionen – die Lage noch einmal von Grund auf durch-

---

26 Benedetti 2000, S. 111: „I quali [= campanili] però, non avendo potuto crescere oltre il culmine della facciata, contribuiranno al sorgere di quel giudizio di sua eccessiva larghezza e di non troppo chiara articolazione dei ritmi compositivi nelle diversificate campate. Proprio l'eliminazione delle svettanti terminazioni laterali connoterà in eccessiva estensione orizzontale i ritmi della composizione, non più contenuti nelle minori proporzioni del progetto iniziale, come le incertezze conseguenti alle variazoni introdotte alle navate, prima iniziate, poi interotte, quindi riprese in secondo tempo."

27 Thoenes 1992b, S. 173–174 u. 176.

28 Nach Thoenes stach Dupérac nicht Michelangelos Entwurf, sondern eine von Vignola redigierte und vervollständigte Fassung, wobei Vignola sich durchaus als „ehrlicher Testamentsvollstrecker" seines großen Vorgängers gefühlt haben dürfte (Thoenes 1968, bes. S. 331 u. 337).

29 Thoenes 1992b, S. 176.

dacht? Maderno jedenfalls tat das Gegenteil: er hielt seinen Plan fest und verlegte sich auf Detailkorrekturen, die ihn Schritt für Schritt von seinem ursprünglichen Ziel abbrachten. Die erste dieser Maßnahmen galt also den Außenfeldern der Front. Maderno verbreitete sie um das nötige Maß, kaschierte dies aber dadurch, dass er den Eckpilaster zur Hälfte unter einem zweiten, vorgelegten Pilaster verschwinden ließ und diesen, als eine Art Eckpfosten, wieder bis in die vorderste Fassadenebene vorzog – an sich ein brillanter Einfall, der im römischen Hochbarock seine Nachfolge fand (SS. Martina e Luca, S. Maria della Pace). Gleichwohl schwächte er den Grundgedanken der Komposition: die Flügel machten sich selbständig, die Mittelgruppe – ursprünglich erzeugendes Zentrum des Ganzen – wurde ein dekorativer Akzent unter anderen. Mit dem Ausbau der Campanili geriet die Breitenerstreckung vollends außer Kontrolle; Maderno hatte keine wirklich überzeugende Idee mehr für sie parat".[30]

288

Einen ganz anderen Ansatz verfolgt Bredekamp, der die Fassade weniger nach stilistischen Gesichtspunkten bewertet, sondern sie – wie auch das Langhaus – in erster Linie als ein Produkt päpstlicher Baupolitik deutet. Er versteht die schrittweise Verbreiterung der Fassade, zu der Maderno von Paul V. genötigt wurde, einschließlich der Anfügung der Türme aus dem Bemühen des Papstes heraus, Michelangelos Zentralbau weitestgehend zu verdecken und durch eine neue, epochale Architektur in den Hintergrund zu drängen. Um dieses Ziel zu verwirklichen, habe man Maderno, der zunächst versucht hatte, „auch in seinem erweiterten Langhausprojekt eine auf die Mitte hin bezogene Eingangssituation zu schaffen und auf die Breite des heutigen Inschriftfeldes zu konzentrieren", diese Rhythmisierung „zugunsten einer Verbreiterung der Fassade systematisch aus der Hand genommen".[31] Bredekamps Fazit lautet daher:

„Offensichtlich ging es Paul V. nicht allein darum, St. Peter zu vollenden, sondern darum, nochmals mit einer unverwechselbaren Novität seinen eigenen Anteil zu markieren und damit die Tradition von Julius II., Paul III. und Sixtus V. weiterzuführen. Mit Hilfe von Madernos Langhaus, das in seinem Raumvolumen alles übertraf, was in der Amtszeit früherer Päpste geleistet worden war, wurde Michelangelos Bau in eine ‚alte Kirche', *tempio vecchio*, verwandelt. Es muss für Paul V. daher ein enervierender Gedanke gewesen sein, seinen eigenen Bau, der einen neuen, epochalen Maßstab liefern sollte, nicht auch in der Fassade sichtbar werden zu lassen. Mit Hilfe der beiden Ecktürme aber konnte seine Eingangsfront mit Michelangelos Kuppel konkurrieren".[32]

Vor diesem Hintergrund erscheint die Tatsache, dass das Langhaus die Zentralbauidee Michelangelos konterkariert, weniger als eine Notwendigkeit, die man aus liturgischen Gründen billigend in Kauf nahm, denn als ein bewusster Akt der Umorientierung, mit der Paul V. sich dauerhaft verewigte. Wie schon in Kapitel C 4.1 bemerkt, spricht Bredekamp in diesem Zusammenhang von einer „symbolischen Machtergreifung".[33] Dass die verschiedenen Päpste sich, wie Bredekamp betont, durch die Abkehr von den Projekten ihrer Vorgänger verewigen und den Kirchenbau

---

30 Thoenes 1992b, S. 178.
31 Bredekamp 2000, S. 107–108; vgl. auch Thoenes 1992b, S. 171, 177–178 u. Waźbiński 1992, S. 153–154.
32 Bredekamp 2000, S. 109–110.
33 Bredekamp 2000, S. 113–115. Nach Bredekamp manifestiert sich die „Machtergreifung" in einer Destruktion, die sich immer wieder als produktiv erweist. Gegen diese Deutung macht Satzinger geltend, dass insbesondere die Zerstörung von *Alt-Sankt Peter* nichts anderes sei „als die spätere Übertragung dessen in das notorisch traditionsbeharrende Rom, was im mittelalterlichen Kathe-

dralbau Europas stets die Regel war – und nicht nur dort" (Satzinger 2005a, S. 51, Anm. 18). Mit Blick auf den Abriss der konstantinischen Basilika trifft diese Behauptung sicherlich zu, nicht jedoch für die Baugeschichte von *Neu-Sankt Peter*. Zwar gab es auch im Kathedralbau Plan- und Stilwechsel, doch verlief die Entwicklung insgesamt kontinuierlicher. Mittelalterliche Planungsverläufe, die derart zwischen zwei Extremlösungen hin- und herpendelten und die in diesem Maße darauf abzielten, ältere Konzepte zu konterkarieren, sind mir jedenfalls nicht bekannt.

277

dadurch symbolisch vereinnahmen wollten, liegt auf der Hand. Deutlich wird dies m. E. auch in den zahlreichen Medaillen, bei denen das Avers den regierenden Pontifex und das Revers das gerade aktuelle Projekt wiedergibt.³⁴ Das Projekt wird auf diese Weise ganz unter die Auspizien des jeweiligen Pontifikats gestellt, ja mit diesem sogar identifiziert. Wie ich gleichfalls schon ausgeführt habe, hielte ich es dennoch für besser, anstatt von einer „symbolischen Machtergreifung" von einer Geste des *possesso* zu sprechen.

Ausdruck solch eines baupolitischen *possesso* ist in *Sankt Peter* neben der Abkehr von Michelangelos Zentralbau sicherlich auch die Verdeckung der seitlichen Zentralbautribunen und der Kuppel durch Madernos Fassade, die unter dem Giebel den Vollender der Kirche in riesigen Lettern feiert: IN HONOREM PRINCIPIS APOST[OLORVM] PAVLVS BVRGHESIVS ROMANVS PONT[IFIEX] MAX[IMVS] AN[NO] MDCXII PONT[CATVS ANNO] V. Wie Bredekamp zu Recht betont, hatte Paul V. sich zum eigentlichen Architekten von *Sankt Peter* gemacht.³⁵ Zwar weist die Inschrift die Kirche als eine Widmung an den „Apostelfürsten" aus, doch erscheint eben nur der Name des Papstes. Auch füllt dieser die gesamte Breite der **Tempelfront**. Entsprechend bemerkt Volker Reinhardt zu der Inschrift leicht ironisch:

> „Der Apostelfürst, dessen Ehre der ungeheure Bau doch mehren sollte, wurde ganz an den zurückgesetzten Rand gedrängt, wie ein Auszug aus dem Melderegister prangte der Papst mit Familiennamen und Herkunftsangabe in der Mitte. Hier verewigte jemand sich selbst und seine Familie".³⁶

Noch süffisanter kommentierte eine zeitgenössische Pasquinate die prätentiöse Inschrift:

> „Nicht Petrus, sondern Paul ist dieses Haus gewidmet".³⁷

Auch Kuntz führte die Gestaltung der Fassade auf besondere baupolitische Umstände zurück. Paul V. habe darauf bestanden, die *Cappella Paolina*, die als Anraum der *Sala Regia* „der zeremonielle Kern des *Vatikanischen Palastes*" gewesen sei, an den Neubau anzubinden. Indem Maderno die Fassade nach Osten vorzog und den nördlichen Turmsockel anfügte, schuf er nach Kuntz zwischen der neuen **Benediktionsloggia** und der *Cappella Paolina* eine unmittelbare Verbindung. Nun konnte die Kapelle auch im Rahmen der päpstlichen Segensspendungen Verwendung finden.³⁸

Dem (oben schon erwähnten) Fresko Riccis entnimmt Kuntz, dass Maderno zunächst nur geplant hatte, die Kapelle mit einem tonnengewölbten Torbogen zu unterfangen und sie damit zu einer Verbindungsbrücke zwischen dem *Vatikanischen Palast* und der Basilika umzugestalten. Durch den Bau des Nordturmes, dessen Rückwand zugleich die Ostwand der Kapelle bilde, sei diese dann aber noch mehr in den Neubau integriert worden.³⁹ Ihre Überlegungen verdichtete Kuntz zu der These, dass

> „… die [Cappella] Paolina die Konstruktion von Fassade und Benediktionsloggia in Gestaltung und Abfolge bestimmte, da sie für alles die maßgebliche Matrix war".

---

34 Vgl. z. B. die nach einem Entwurf Bramantes gefertigte Gründungsmedaille für *Sankt Peter* mit dem Portrait Julius' II. und dem Projekt des Architekten (Katalog Vatikan 2005, Nr. 2), die vermutlich von Alessandro Cesati, gen. Il Grechetto 1550 geprägte Medaille Pauls III. mit dem Projekt Sangallo (ibid., Nr. 6), die von Lorenzo Fragni, gen. Il Parmese um 1575 geprägte Medaille Gregors XIII. mit der vermutlich von Vignola entworfenen Fassade von Michelangelos Zentralbau (vgl. Satzinger 2005a, S. 87), die 1586 wohl von Michele Balla geprägte Medaille Sixtus' V. mit dem Obelisken vor dem Zentralbau (Katalog Vatikan 2005, Nr. 21 u. 22), die nach einer Vorlage Paolo Sanquiricos 1608 geprägte Medaille Pauls V. mit Madernos ersten Fassadenprojekt (ibid., Nr. 27) sowie die von Gaspare Morone Mola 1657 geprägte Medaille Alexanders VII. mit der fertigen Fassade und den *Platzkolonnaden* (ibid. Nr. 41).

35 Bredekamp 2000, S. 110.

36 Reinhardt 1992, S. 245.

37 „Non Petro, sed Paulo dedicata est domus"; zit. nach Thoenes 1998, S. 246; vgl. Bredekamp 2000, S. 110.

38 Kuntz 2005, S. 45.

39 Kuntz 2005, S. 47–48

Das Beharren des Papstes auf dem Erhalt der kleinen Kapelle

> „… erforderte strukturelle Manöver, die Maderno bei der Vollendung der Basilika vor größte Herausforderungen stellten, und könnte ein zwingender Grund dafür gewesen sein, dass die Fassade zuerst [d. h. vor dem Langhaus] errichtet wurde. Mit dem folgenreichen Beschluss von 1612, die Glockentürme der Fassade hinzuzufügen, bestimmte die Cappella Paolina ein weiteres Mal den Entwurf und warf erneut strukturelle Probleme auf".[40]

Schließt man sich den Überlegungen von Kuntz an, so finden neben der enormen Fassadenbreite auch die beiden großen Torbögen in den Erdgeschossen der Türme eine baugeschichtlich plausible Erklärung.

2.3 Überlegungen zum ursprünglichen Aussehen der Fassade

So weit ich sehe, haben Madernos Kritiker einen wesentlichen Faktor nicht zur Kenntnis genommen: die Raumhaltigkeit der Architektur. Wohl erfuhr der *portico* verschiedentlich eine Würdigung, etwa durch Burckhardt und Alessandro Marabottini[41]; bezeichnenderweise wurde er jedoch ebenso wenig wie die **Benediktionssala** als Teil der Fassade gesehen. Nicht von ungefähr sprach Burckhardt, der ihn im Unterschied zu allem Übrigen, was Maderno an *Sankt Peter* geschaffen hatte, sogar ausgesprochen lobte, von einem „der schönsten modernen Bauten in ganz Rom", dessen „vorgeschriebene Einfachheit in Gliederung und Farbe" durch die Wirkung der Verhältnisse ungestört bleibe.[42] Eine solche Charakterisierung erhebt die Vorhalle zu einem eigenständigen Bauwerk, das losgelöst vom Kontext des Langhauses und der Fassade mit anderen Monumenten der Ewigen Stadt in Wettstreit tritt. Thoenes wiederum bezeichnete Vorhalle, Benediktionsloggia und Krönungsaula (in meiner Diktion: *portico* und **Benediktionssala**) zwar als Teile eines „Raumprogramms", das in die Fassade integriert werden musste,[43] doch ging er der Frage, wie die Raumhaltigkeit ästhetisch wirkt(e), nicht nach.

21

Dass die Raumhaltigkeit der Fassade unberücksichtigt blieb, verwundert umso mehr, als Letztere ja allein der Räume wegen, die sie **überfängt** und **umschließt**, geschaffen wurde. Besonders deutlich wird die Raumhaltigkeit in Madernos ersten Entwürfen (A 101, A 100 u. A 264), wo die Grundrisse eindeutig Blockfassaden zeigen, die sich von dem eigentlichen Langhaus, dessen Breite sie (noch) nicht erreicht haben, klar absetzen.

367–369

Die Raumhaltigkeit von Madernos Fassade ist vielleicht deshalb nicht zu einem Thema geworden, weil sie heute durch die Verglasung der oberen Fenster zumindest teilweise negiert wird. Auf älteren Ansichten, etwa den fünf Veduten, die Panini vom *Petersplatz* anfertigte,[44] oder der zu

15, 16

---

40 Kuntz 2005, S. 44: „… that the Paolina affected the design and the sequence of construction of the façade and the Benediction Loggia, for all became a single matrix. Specifically, it will show that maintaining this small chapel created one of Maderno's most challenging structural manoeuvres to complete the basilica and thus may have been a compelling reason to build the façade first. With the subsequent decision in 1612 to add campanili to the façade, the Cappella Paolina once again posed design and structural problems."
41 Marabottini 1996, S. 235–236.
42 Burckhardt 1986, S. 319.

43 Vgl. Anm. 29.
44 Bei den fünf Veduten handelt es sich um folgende Werke: „Der Petersplatz" (1741), Öl auf Leinwand, 0,94 x 1,32 m; Privatbesitz (Arisi 1986, Kat. Nr. 308). „Die Ankunft des französischen Gesandten, des Herzogs de Choiseul am Heiligen Stuhl" (1754), Öl auf Leinwand, 1,52 x 1,95 m; Berlin, Gemäldegalerie (Arisi 1986, Kat. Nr. 445). „Der Petersplatz" (1754), Öl auf Leinwand, 0,72 x 0,98 m; Berlin, Sammlung Dimitri Tziracopoulo (Arisi 1986, Kat. Nr. 443). „Die Ankunft des französischen Gesandten, des Herzogs de Choiseul am Heiligen Stuhl" (zweite Fassung 1754), Öl auf Leinwand, 1,65 x 2,22;

329 Beginn des 19. Jahrhunderts entstandenen Lithographie von Antoine Jean Baptiste Thomas (1791–1834)⁴⁵ erkennt man jedoch, dass die Fenster der **Benediktionssala** durchgehend offen waren. Dasselbe gilt für die meisten Fenster der Attika. Mit Ausnahme der 1786 von Giuseppe Valadier ver-
339a, b größerten Öffnungen in den *campanili* werden sie heute allesamt von Schirmwänden hinterfangen, die – etwas zurückgesetzt – in den tiefen Gewänden stehen.

Überhaupt ist das ursprüngliche Aussehen der Fassade m. W. niemals untersucht worden, geschweige denn, dass es den Beschreibungen und Analysen der Forschung als Grundlage gedient hätte. Es scheint, als seien alle Kritiken und Analysen vom jeweils gegenwärtigen Zustand ausgegangen. Allerdings ist das ursprüngliche Erscheinungsbild auch gar nicht so leicht zu rekonstruieren. In der Literatur wird ‚Madernos' Fassade meistens mit dem Aufriss, den
345 Matthäus Greuter 1613 nach Madernos Angaben anfertigte, gleichgesetzt. Greuters Stich, der den projektierten Endzustand dokumentiert, gibt sämtliche Attikafenster blind wieder. Auch sieht er im Benediktionsgeschoss für die schmalen Seitenachsen der **Tempelfront** Fenster mit Muschelkalotten vor.

Alle anderen Darstellungen, die für eine Rekonstruktion relevant sind, entstanden nach Vollendung der Fassade. Bei ihnen handelt es sich um Veduten, um Vorschläge zur Vollendung der Türme oder um weiterreichende Umbaupläne. Im Großen und Ganzen lassen sie sich in zwei Gruppen einteilen.

Die Vertreter der ersten Gruppe folgen Greuters Angaben dort, wo sie Madernos Fassade über-
346, 349 nehmen. Dies gilt für die Umbauprojekte Dreis, Moschettis, Bolgis sowie der beiden Rainaldi,⁴⁶ ferner
354 für das Fresko, das Simone Lagi und Marco Tullio Montagnas im *Vatikanischen Palast* zwischen 1637 und 1638 schufen und das Berninis Turmaufbauten im vollendeten Zustand antizipiert, sowie für einen Stich Lievin Cruyls aus dem Jahr 1668, der den Bau der *Petersplatz-Kolonnaden* zeigt.⁴⁷

Die zweite Gruppe gibt die Öffnungen des Benediktionsgeschosses in den seitlichen Achsen der **Tempelfront** als Nischen – und damit als Pendants zu den oberen Nischen in den Scharnierachsen – wieder.⁴⁸ Alle anderen Fenster sind offen. Zu dieser Gruppe gehören der Umbauentwurf
347, 350 Molas⁴⁹, ein Stich in Filippo Bonannis 1696 erschienenen „Numismata Summorum Pontificum
348, 349 Templi Vaticani" (Tf. 66), der als Synopse jeweils zur Hälfte die Entwürfe des *Equite Rainaldo* und des *Cesare Bracci* wiedergibt,⁵⁰ eine Ansicht bei Falda (1677)⁵¹, die exakt nach Maß angefertigten Aufrisse von Martino Ferrabosco in Giovanni Battista Costagutis „Architettura della basilica di S. Pietro in Vaticano" (1684)⁵² und von Carlo Fontana (1694).

Neben diesen beiden Gruppen gibt es einige singuläre Quellen. Erstens: Ein Luigi Vanvitelli
353 zugeschriebenes Modell, das für die Illumination des *Petersplatzes* im Jahre 1750 entstand,⁵³ folgt im Benediktionsgeschoss und in der Attika Greuter; die Pseudo-Mezzaninfenster sind indes verglast. Zweitens: Unter den verschiedenen Umbauentwürfen Berninis gibt es einen, der Madernos
351 Kernfassade übernimmt und darüber hinaus auch wirklich zwischen Fenstern und Nischen diffe-

---

Edinburgh, National Gallery of Scotland, Depot des Lords Ellesmere (Arisi 1956, Kat. Nr. 472). „Der Petersplatz mit der Allegorie des triumphierenden Papsttums" (1757), Öl auf Leinwand, 0,76 x 0,98 m; Grobois-en-Montagne, Sammlung des Comte d'Harcourt (Arisi 1986, Kat. Nr. 476).

45 Das Blatt entstand vermutlich während des Romaufenthalts des Künstlers in den Jahren 1816–1818; vgl. Thieme-Becker 1907–1954, Bd. XXXIII, S. 60.
46 Vgl. McPhee 2002, Abb. 113, 114, 116, 118, 126 u. 136.
47 Avery 1998, Abb. 308.
48 Wien, Albertina, Az. Rom 736; vgl. McPhee 2002, Abb. 131.
49 Vatikanstadt, Biblioteca Apostolica Vaticana, Vat. Lat. 13442, fol. 17r; vgl. McPhee 2002, Abb. 133.
50 Feder und braune Tinte (1645). Rom, Biblioteca Apostolica Vaticana, Vat. lat. 13422, fol. 12 r; vgl. McPhee 2002, Abb. 145
51 Bartsch/Falda (1993), Kat. Nr. S. 251, S. 278–279; Falda deutet die Nischenschalen dadurch an, dass er sie im Unterschied zu den offenen Fenstern nicht senkrecht, sondern waagrecht schraffiert.
52 Costaguti 1684, Tf. 12.
53 Zander 2000a, S. 821–822.

renziert. Auf dem heute in der Wiener Albertina⁵⁴ aufbewahrten Blatt enthalten die seitlichen Achsen der **Tempelfront** im Obergeschoss eindeutig Nischen. Die Attikafenster sind allesamt offen, die Pseudo-Mezzaninfenster hingegen geschlossen. Drittens: Auf allen fünf Veduten, die Panini von *Sankt Peter* malte, enthalten die schmalen **Tempelfront**-Achsen Nischen. Darüber hinaus sind die Attikafenster über ihnen sowie über den Scharnierachsen blind.

Die Divergenz der verschiedenen Entwürfe lässt sich vielleicht so erklären, dass die erste Gruppe Greuters Angaben unbesehen übernahm. Moschetti, Girolamo Rainaldi und Bolgi begnügten sich sogar damit, Greuters Stiche zu übermalen oder zu überkleben. Auch Carlo Rainaldi benutzte in den Entwürfen, in denen er Madernos Kernfassade beibehielt, Greuters Stich oder kopierte ihn zumindest exakt. Eine bezeichnende Ausnahme bildet Rainaldis Entwurf, der bei Bonanni wiedergegeben ist. Offensichtlich wurde er nicht nach Greuter gestochen. *346*

Die zweite Gruppe benutzte Greuter nicht als Vorlage. Mola veränderte Madernos Fassade so sehr, dass er sie ganz neu zeichnen musste. Umgekehrt beschränkte Ferrabosco sich auf die Hinzufügung der Turmaufsätze. Carlo Fontana reproduzierte Madernos Fassade sogar ohne jegliche Zutaten. *347* *348* *350*

Was die übrigen Quellen betrifft, so griff Vanvitelli vielleicht gleichfalls auf Greuter zurück. Bernini zeichnete hingegen wie Mola die Fassade neu. Hinsichtlich der verglasten bzw. geschlossenen Pseudo-Mezzaninfenster müssen Vanvitellis Modell und Berninis Zeichnung nicht den tatsächlichen Zustand dokumentieren. Möglicherweise handelt es sich beide Male um Veränderungsvorschläge. In diesem Fall würde Vanvitellis Modell der ersten und Berninis Zeichnung der zweiten Gruppe zuzuordnen sein. Panini malte schließlich nach Zeichnungen, die er gleichfalls vor Ort angefertigt hatte. In der Wiedergabe des Benediktionsgeschosses stehen seine Bilder der zweiten Gruppe nahe. In der Gestaltung der Attikazone verhalten sie sich jedoch singulär. *353* *351* *15*

Da Greuter nicht die ausgeführte Fassade, sondern einen Plan Madernos wiedergibt, halte ich seinen Stich und die von ihm abhängigen Darstellungen für weniger glaubwürdig als die Zeichnungen der zweiten Gruppe. Am meisten Authentizität können meiner Meinung nach Paninis Veduten beanspruchen. Zum einen ist es unwahrscheinlich, dass ein Maler, der vor Ort Vorzeichnungen anfertigt, ein Detail fünfmal falsch wiedergibt. Darüber hinaus erscheint mir seine Attikazone mit ihren scheinbaren Unregelmäßigkeiten prinzipiell authentischer als die systematisch bereinigten Attiken bei Ferrabosco und Fontana. Aus diesem Grund werde ich mich an Paninis Veduten halten und bei der folgenden Interpretation von der These ausgehen, dass im 19. Jahrhundert in die Nischen der seitlichen **Tempelfront**-Achsen nachträglich Fenster eingebrochen wurden⁵⁵ – ähnlich wie Borromini es zuvor schon an della Portas Fassade von *Sant'Ivo alla Sapienza* getan hatte (siehe C 4.2). Ebenso gehe ich davon aus, dass die Attikafenster über den schmalen Achsen nachträglich geöffnet wurden – um dann zusammen mit den übrigen Attikafenstern durch Schirmwände verstellt zu werden. *345* *15* *348, 350* *267*

2.4 Analyse der ursprünglichen Fassade

Wie sich zeigen ließ, bemängelte die Forschung u. a. die scheinbar unsystematische Fassadengliederung. Dieser Vorwurf galt indes weniger der Makrostruktur, die im steten Wechsel von breiten und schmalen Kolossaltravéen schrittweise vorspringt, als vielmehr der Mikrostruktur, also der

---

54 Wien, Albertina. Az. Rom 736; vgl. McPhee 2002, Abb. 131.

55 Eine solche Entscheidung ist natürlich nur unter Vorbehalt zu treffen. Endgültigen Aufschluss können nur Baurechnungen geben, sofern diese überhaupt vorhanden sind. Die dazu erforderlichen archivarischen Untersuchungen würden indes den Rahmen der vorliegenden Arbeit sprengen.

337 Disposition der Fenster und Nischen. Heute ergeben die Fassadenöffnungen im Erdgeschoss eine Abfolge von d-b-a-c-a-c-a-b-d. Für die **Benediktionssala** sieht es etwas einfacher aus: a-b-a-c-a-c-a-b-a. In der Attikazone folgen wie im *portico* d-b-a-c-a-c-a-b-d. Versucht man, die gesamten Achsen nach diesen Reihenfolgen zu definieren, so kommt man auf C-B-A'-B-A-B-A'-B-C.

15 Diese scheinbare Willkür verringert sich schlagartig, wenn man die Fassade auf Paninis Vedute betrachtet. Im ursprünglichen Zustand ergibt sich in der Mikrostruktur der **Benediktionssala** die völlig regelmäßige Abfolge a-b-a-b-a-b-a-b-a. Bedenkt man, dass Maderno das Attikafenster über der Giebelspitze nur wegließ, weil es sonst zu einer unschönen Überschneidung gekommen wäre, er es in einem früheren Entwurf aber durchaus noch vorgesehen hatte,[56] so fällt es nicht schwer, auch hier einen regelmäßigen Wechsel von a und b zu erkennen. Die Analogie zwischen beiden Geschossen war umso offensichtlicher, als in beiden Zonen die a-Elemente groß und völlig **offen** und die b-Elemente klein und **blind** waren.

Dieser Rhythmus ließ sich im *portico* nicht durchhalten, da Maderno aus Gründen der Funktionalität auch in den Seitenachsen der **Tempelfront** offene Eingänge schaffen musste. Ebenso erwies es sich als eine ästhetische Notwendigkeit, dass die Turmsockel durch große Bögen entmaterialisiert wurden und die Fassade dadurch etwas von ihrer Massigkeit verlor. Zugleich kann man die Bögen der Turmsockel als eine Variation der Kolonnadenfragmente begreifen. Maderno übertrug die Säulen lediglich in **Wandbauweise**, unterbrach das Gebälk und ersetzte den offenen Rahmen der Pseudo-Mezzaninfenster durch eine Archivolte.

19 Dass die Turmarkaden die Kolonnaden der Kernfassade wirklich fortsetzen, erkennt man u. a. daran, dass Maderno ihren Kantenpilastern den Charakter vermauerter Pfeiler verlieh. Zu diesem Zweck höhlte er das Gewände der Arkaden zwischen den vorderen und den hinteren Kantenpilastern durch Nischen aus. Auf diese Weise suggerierte er dem Betrachter, die Wand zwischen den Pilastern sei bloß eine entbehrliche Füllung. Die Kolonnade mit den nach hinten gekuppelten Säulen wird hier also in veränderter Form fortgesetzt. Damit verhält sich Madernos Fassade übrigens komplementär zum Großen Risalit des *Schlüterhofs*. Dort sind die Kolonnaden der Nebenachsen mit den von ihnen getragenen Fensterrahmen als reduzierte Formen der Arkade in der Mittelachse zu deuten, deren Archivolte aus einem aufgebogenen Architrav besteht. In beiden Fällen ist die Arkade der breiten und die Kolonnade der schmalen Travée zugeordnet. Dies erinnert wiederum

268 an den Hof des *Collegio della Sapienza*, wo die Arkaden des Umgangs in den schmalen Ecktraveen zwar von horizontalen Stürzen mit Relieftafeln abgelöst werden, diese aber nicht als eigene Strukturelemente aufgefasst werden sollen (vgl. C 4.2).

Betrachtet man die Turmuntergeschosse als eine Variation der Kolonnadenfragmente, so ergibt sich für den *portico* ein Wechsel von a'-b-a-c-a-c-a-b-a'. Zieht man ferner in Erwägung, dass die c-Elemente einzig Zugeständnisse an die praktischen Erfordernisse sind, so weicht das Untergeschoss von den beiden oberen Geschossen gar nicht mehr so sehr ab. Vielmehr kann man für die ursprüngliche Fassung über alle Geschosse hinweg einen Wechsel A'-B-A-B-A-B-A-B-A' annehmen.

Im gleichmäßigen Alternieren von a und b bildet die Mikrostruktur über drei Ebenen hinweg (*portico*, **Benediktionssala**, Attika) den ‚Basso continuo' zur auf die Mitte ausgerichteten Dynamik der vertikalen Makrostruktur (Kolossalordnung und Attikagliederung). Dabei ergeben in jeder Hälfte des Fassadenkerns eine B- und eine A-Achse ein Paar, das sowohl das Zentrum (= **Tempelfront**) als auch die Peripherie (Rücklage und Scharnierachse) durchsetzt.

Dieser alternierende Duktus war früher, als die Gitter und Fenster noch fehlten, besonders offensichtlich. Denn zumindest oberhalb des Pseudo-Mezzanins folgte auf die **wandhafte Geschlossenheit** einer B-Achse die **Offenheit** einer A-Achse. Dank des *portico* und der **Benedik-**

---

[56] Dabei handelt es ich um eine Giovanni Maggi zugeschriebene Zeichnung von 1608, die sich heute im Victoria & Albert Museum zu London, E 321/1937, Talman Collection, 92–D–46 befindet.

tionssala besaß diese **Offenheit** sogar eine räumliche Dimension. Es wechselten also nicht nur **Geschlossenheit** mit **Offenheit**, sondern auch Flächigkeit mit räumlicher Tiefe.

Heute, wo die durchgehend **offenen** Attikafenster und die durchgehend verglasten Fenster der **Benediktionssala** sich wie zwei Ketten über die durchgehend offenen Eingänge des *portico* legen, entsteht eine Horizontalität, die den eben beschriebenen Wechsel überspielt und die Breite der Fassade zusätzlich betont. Dagegen bildeten die Achsen im frühen 17. Jahrhundert, als sie sich voneinander nicht nur in ihrer Breite, sondern auch in ihrer Raumhaltigkeit und in ihrer **Offenheit** voneinander unterschieden, eine Folge vertikaler Binnenstrukturen, die der Breitenwirkung entgegen arbeitete. Des Weiteren wurde der Blick des Betrachters in jeder zweiten Achse in die Tiefe gelenkt, was ihn gleichfalls davon abhielt, die Fassade als ein sich in die Breite erstreckendes Kontinuum wahrzunehmen.

Dieser Blick in die Tiefe wurde in den breiten Achsen dadurch gefördert, dass die Kolonnadenfragmente zusammen mit den sie hinterfangenden Portalen der *portico*-Rückwand aus denselben Motiven bestanden wie die Ädikulafenster der **Benediktionssala**. Oder anders ausgedrückt: Was in der zweidimensionalen Fassadenhaut des Benediktionsgeschosses eine Einheit ergab (Säulen, Segmentbogengiebel, Rahmen der Öffnung), wurde im dreidimensionalen *portico* auf die Tiefe des Raumes verteilt. Bei dieser ‚Verräumlichung' des Ädikulamotivs, die eine weitere Variante des **tiefenräumlichen Aufrisses** darstellt, kam es sogar zu einer geistreichen Umkehrung: Die Säulen sind jetzt höher als der Rahmen. Im Gegenzug steht der Giebel jetzt nicht mehr auf, sondern unter dem Gebälk. Auf Ferraboscos Aufriss, der allerdings nur die linke Fassadenhälfte zeigt, sind diese dialektischen Bezüge deutlich herausgearbeitet.[57]

In den Turmstümpfen steigerte sich der **Tiefenraum** teilweise sogar zu **Durchblicken**. Anders als heute konnte man nicht nur durch die Bögen der Durchfahrt, sondern auch durch die Attikafenster hindurch sehen. Wie Ferraboscos Aufriss zeigt, war ferner das Obergeschoss des Südturms ganz durchlässig (hinter dem Obergeschoss des Nordturms befand sich die *Cappella Paolina*). Zum Teil waren auch die Längsseiten der Türme offen (im Süden das Obergeschoss und die Attika, im Norden die Attika). Die Stümpfe waren somit nicht nur transparenter, sondern auch heller als der *portico* und die **Benediktionssala**. Damit trugen sie noch mehr dazu bei, dass die Fassade an den Seiten entmaterialisiert wurde und weniger breit wirkte. Vor allem aber waren sie sehr viel besser als Anbauten zu erkennen. Fast noch mehr als das Fehlen der Aufbauten trägt heute die durchlaufende Reihe von Glasfenstern dazu bei, dass die Turmsockel als Teile einer Einheitsfassade erscheinen.

351, 375a, b

Überhaupt waren die Transparenz und die Helligkeit der Turmsockel eine zwingende Voraussetzung für die u. a. von Maderno, Ferrabosco, Bernini und den Rainaldi projektierten Aufbauten.[58] Besonders Berninis filigrane Säulenstellungen hätten über blockhaft geschlossenen Stümpfen nicht wie Turmbekrönungen, sondern wie mutwillige Aufsätze gewirkt. (Etwas anders verhält es sich bei den später errichteten Zwillingstürmen von *Sant'Agnese* oder Juvarras Kirche in *Superga*, die mit denen von *Sankt Peter* immer wieder verglichen werden.[59] Die Untergeschosse dieser Kirchen haben zwar auch Glasfenster, doch ist das Verhältnis zwischen der Fassade und den Türmen ein grundsätzlich anderes: Während Madernos Türme durchweg als Anbauten einer Kernfassade geplant waren, entstanden die Türme der beiden anderen Kirchen von vornherein nur als Aufbauten einer homogen durchlaufenden, verglasten Fassade.)

345, 346
348, 349, 351

Ohne die Fenster besaß sogar die bloße Fassadenhaut von *Sankt Peter* mehr Plastizität. Wie man auf einer anderen Ansicht Paninis, die den Einzug Karls III. von Neapel im Jahre 1745 in den Vatikan schildert, sehen kann, ist die Füllung der kolossalen Interkolumnien durchweg zweischalig.

16

---

57 Costaguti 1684, Tf. 12.
58 Zur Gestalt der projektierten Türme siehe u. a. McPhee 2002, S. 12–35, u. Schiavo 1990, Bd. 2,

S. 899–913. Mit Rainaldis Projekt hat sich Andanti 1987 eingehend befasst.
59 Zuletzt bei McPhee 2002, S. 208–211.

Entsprechend sind nicht nur die *portico*-Säulen nach hinten gekuppelt; auch die Torbögen des *portico* und die Fensterbögen der **Benediktionssala** sind zweifach hintereinandergestellt. Während diese Zweischaligkeit im Untergeschoss heute nach wie vor erkennbar ist, wird sie im Obergeschoss durch die Fenster verdeckt. Dies ist umso bedauerlicher, als Maderno die Körperlichkeit der Fassade keineswegs auf die Stockwerkarchitektur von *portico* und **Benediktionssala** beschränkte. Nachdem die Fassade anlässlich des Jubeljahres 2000 gereinigt worden ist, zeigt sich, dass Maderno für die Säulen einen helleren Travertin verwendete als für die Füllung der Interkolumnien. Durch die Helligkeit des Materials deutet sich eine plastische Tiefe an, die sich nach hinten in den – jetzt durch die Lichtverhältnisse bedingten – Helligkeitswerten der zweischaligen Stockwerksarchitektur fortsetzt(e). Im Untergeschoss kann man noch heute sehen, wie sich die hinteren Säulen der ionischen Kolonnaden und die hinteren Bögen der Arkaden im Unterschied zu ihren vorderen Pendants im Halbschatten verlieren, um ihrerseits vom schattigen Raum des *portico* hinterfangen zu werden, dessen dunkle Folie die Portale zum Langhaus bilden. Diese schrittweise Zunahme an Dunkelheit wird im Obergeschoss durch die Glasfenster bereits im Gewände der vorderen Fensterbögen jäh unterbrochen. Als noch kontraproduktiver erweisen sich die hinter dem Glas angebrachten schneeweißen Gardinen, die sogar heller als die Säulen sind.

Die Fenster unterdrücken aber noch einen weiteren Effekt: Während im Untergeschoss der Platzraum sich über den *portico* in die Fassade hinein verlängert, **greift** der Fassadenraum im Obergeschoss über die Balkone in den **Vorraum aus**. Dieser Verschränkung trägt auch die Begehbarkeit der verschiedenen Bauteile Rechung. Wie man auf Paninis Bild sehr schön sehen kann, betrat man die Kirche vom Platz aus über den *portico*. Umgekehrt gelangte man über die Balkone von der Kirche ins Freie.

Die räumliche Gegenläufigkeit enthielt auch eine theologische Metaphorik: Der *portico* war der Bereich, über den die Kirche die Gläubigen aufnahm. (Bekanntlich wiederholte Bernini diesen Gedanken in seinen *Kolonnaden*, in denen sich der Raum des *portico*, wie in Kapitel D 3 noch zu zeigen sein wird, fortsetzt.) Auf der höheren Ebene der **Benediktionssala** trat der Papst hingegen wie in einer *apparitio* aus dem Inneren des Heiligtums zum Volk hinaus, um ihm den Segen zu spenden. Heute ist dieses Wechselverhältnis nicht mehr nachvollziehbar. Die Glasfenster haben die Balkone vom Fassadenraum abgeschnitten und sie zu bloßen Applikationen degradiert. (Dieser Eindruck ändert sich, sobald die Fenster geöffnet sind. Dies war nach dem Konklave von 2005, als das Kardinalskollegium sich zusammen mit Benedikt XVI. auf den Balkonen präsentierte, deutlich zu erkennen.)

Überhaupt waren *portico* und **Benediktionssala** nur anhand der offenen Fenster als räumliche Einheiten wahrnehmbar, was wiederum die Voraussetzung dafür war, dass der Bau überhaupt als Patriarchalbasilika erkennbar war und nicht ganz so sehr an eine Palastfassade erinnerte, wie er es heute tut. In unseren Tagen lässt allenfalls die nächtliche Ausleuchtung von *portico* und Attikafenstern etwas von der ursprünglichen Raumhaltigkeit erahnen.

2.5 Die Bedeutung von Madernos Fassadenraum

Von der Raumhaltigkeit der Fassade hing m. E. aber auch noch eine andere Wirkung ab. Mit ihrer Hilfe konnte Maderno eine Kontinuität der Planungsgeschichte konstruieren. Als der Architekt – gegen den Rat vieler Kritiker, die an Michelangelos Projekt einer freien Säulenvorhalle festhielten – den Auftrag erhielt, die Fassade mit einem *portico* und einer **Benediktionssala** zu bauen, gestaltete er in der mittleren Achse der **Tempelfront** und in den Rücklagen die Eingänge zum *portico* wie schon gesagt aus Fragmenten einer ionischen Kolonnade. Auf diese eingestellte Gliederarchitektur setzte er eine Wand, in die er die Pseudo-Mezzaninfenster und die Fenster der **Benediktionssala** brach. (Das mittlere Mezzaninfenster ist mit einer Relieftafel geschlossen). Ebenso kann man die Binnenstruktur der schmaleren Achsen als nachträgliche Verfüllungen lesen. Maderno hat Michelangelos Säulenvorhalle also nicht einfach gegen seine Fassade „gequetscht", wie Anthony Blunt meint.[60] Noch weniger hat er sie ganz vermieden, wie Armando Schiavo behauptet.[61]

Nicht konstruktiv, aber von der Idee her ist die **Säulenhalle** tatsächlich vorhanden. Gegenüber der Binnenarchitektur gibt sie sich sogar als das **primäre** Element zu erkennen. Entsprechend besteht die kolossale Ordnung der Kernfassade auch nicht aus Halbsäulen, wie man bei Blunt und vielen anderen Autoren lesen kann,[62] sondern aus Nischensäulen, die man sich im Unterschied zu ihren Geschwistern im *portico* des *Konservatorenpalastes* sogar vollrund vorzustellen hat (anders als in Plan A 264 ging Maderno also nicht mehr von Pilastern über Halb- zu Dreiviertelsäulen über; s. u.). *142, 336 338, 369*

Dass die Säulen mehr sind als Applikationen, deutet sich schon in den Beobachtungen anderer Autoren an. Hibbard sprach beispielsweise davon, dass

> „… etwas von Michelangelos freistehender Kolonnade und Portikus erhalten geblieben ist, da die Wände zwischen den Säulen durch Türen, Fenster und Mezzanin-Öffnungen fast vollständig durchlöchert sind".[63]

Völlig unentschlossen erkannte Piero Spagnesi das eine Mal in der Kolossalordnung „colonne giganti quasi libere dalla parete articolata", während er das andere Mal von „un muro possente articolato da semicolonne gigantesche" sprach.[64]

Dafür, dass Maderno vollrunde Säulen verwendete, spricht auch eine um 1610/11 entstandene Zeichnung[65], die den Bau der Ostfassade dokumentiert. Die zu etwa einem Drittel errichteten Kolossalsäulen sind allesamt höher als die Wand hinter ihnen, was dafür spricht, dass sie nicht im Verbund mit derselben stehen und es sich somit um eigenständige Gebilde handelt. Über diesen Befund hinaus vermute ich, dass Maderno seine Fassade gewissermaßen in Michelangelos (nach Osten versetzte) Säulenvorhalle hineingebaut hat. Er hatte nicht „dem Zentralbau Michelangelos eine dreischiffige Vorkirche mit einer Vorhalle" angeschlossen, wie auch die jüngere Forschung noch annimmt,[66] sondern sein Langhaus samt *portico* und **Benediktionssala** zwischen den Zentralbau und die Vorhalle Michelangelos geschoben. Nur seine eigenen Teile, nämlich die Turmunterbauten und die Scharniertraveen, gestaltete er völlig frei in reiner **Wandbauweise**. Folglich geht die Säulenordnung in ihnen in Pilaster über. *378*

Freilich war Michelangelos Säulenvorhalle nicht wörtlich zu übernehmen, zumal aus den Quellen ohnehin nicht eindeutig hervorging, wie Michelangelo sich diese Vorhalle gedacht hatte. Die einzigen Anhaltspunkte boten Dupéracs Stiche, die sich indes in zweierlei Hinsicht als problematisch erwiesen: Zum einen zeigen sie den *Petersdom* nur im Grundriss, im Aufriss der Südseite und im Längsschnitt. Einen Aufriss der Ostfassade stach Dupérac nicht – er lässt sich nur anhand der übrigen Blätter rekonstruieren. Zum anderen hat schon Thoenes darauf hingewiesen, dass Dupéracs Stichfolge *355–357*

> „… ans Ende der Quellenreihe, nicht vielmehr bereits an den Anfang jener Serie von Rekonstruktionsversuchen gehört, die den verlorenen oder nicht deutlich genug überlieferten Plan des Meisters zum Ziele hatten".[67]

---

60 Blunt 1979, S. 26.
61 Schiavo 1990, Bd. 2, S. 886.
62 Schon Riegl 1923, S. 130 sprach von einer vorgeblendeten Kolossalordnung.
63 Hibbard 1971, S. 68.
64 Spagnesi 1997, S. 263 u. 264.
65 Die Zeichnung ist dokumentiert bei Satzinger 2000c, S. 98–99.

66 Bredekamp 2000, S. 105.
67 Thoenes 1968, S. 331–332. Die Autorschaft Vignolas haben jüngst auch Bellini 2002, S. 301 und Satzinger 2005a, S. 66 hervorgehoben. Wie wenig Dupérac Michelangelos Pläne für die Fassadengestaltung kannte, offenbaren auch die Widersprüche zwischen Grundriss und Aufriss, auf die Satzinger 2005b, S. 87 hinweist.

Wählt man als Arbeitsgrundlage die von Schiavo vorgelegte Rekonstruktion (die letzten Endes auch keinen Anspruch auf Endgültigkeit erheben kann)[68], und vergleicht sie mit Madernos Fassade, so ergeben sich deutliche Unterschiede. Michelangelo wollte an der Stirnwand seines Zentralbaus die Pilasterreihe, mit der er schon die drei Tribunen gegliedert hatte, fortsetzen, einschließlich des Rhythmus von schmalen und breiten Travéen. Dieser Pilasterreihe gedachte er eine **Säulenreihe** vorzustellen. Vor deren drei mittleren Travéen plante er eine zusätzliche **Tempelvorhalle**. Hinter dieser gewaltigen Vorhalle wäre die Fassade um eine schmale und eine breite Achse zurückgesprungen. Diese sollten an den Flanken des Kernbaus, die sich nun anschlossen, spiegelbildlich wiederholt werden.

Zwischen die Stützen der schmalen Achsen, die so eng stehen, dass man fast schon von einer Kuppelung sprechen kann, setzte Schiavo in Anlehnung an den übrigen Bau drei übereinanderstehende Nischen und eine Vertäfelung. In den breiten Achsen versah er das Erdgeschoss mit hohen Portalen. Die Giebel darunter rekonstruierte er wechselweise segmentbogenförmig und dreieckig. In das Obergeschoss setzte er Ädikulafenster mit Balkonen, deren Rahmen er in der mittleren Achse der **Tempelvorhalle**, an den Schmalseiten und am Kernbau als Rundbögen, sonst als Hochrechtecke bildete.

Im Vergleich zu dieser Rekonstruktion reduzierte Maderno die **Säulenvorhalle** von neun auf fünf Achsen. (Die Scharnierachsen können nicht mehr als Bestandteile der **Säulenvorhalle** betrachtet werden. Bei ihnen handelt es sich um die **wandhafte** Außenhaut von *portico* und **Benediktionssala**, der die kolossalen Halbpilaster bloß vorgeblendet wurden.) Um die Verringerung der Rücklagentravéen auszugleichen, verbreiterte Maderno die Seitenachsen seiner **Tempelfront**. Damit schloss er nicht nur jede Assoziation gekuppelter Säulen aus, sondern erreichte insgesamt auch befriedigendere Proportionen.

Ein weiterer Unterschied zu Michelangelo besteht darin, dass *portico* und **Benediktionssala** es Maderno unmöglich machten, seine **Tempelfront** gegenüber den Rücklagen um eine ganze Achse vorspringen zu lassen. Alle Säulen und Pilaster mussten in die e i n e Ebene des Fassadenspiegels projiziert werden. Maderno konnte lediglich die Tiefe innerhalb des Fassadenspiegels ausnutzen, um wenigstens eine S c h i c h t u n g der Teile im oben beschriebenen Sinne anzudeuten.

Angesichts dieser Veränderungen stellt sich die Frage, ob man überhaupt noch von einer **Säulenvorhalle** ‚Michelangelos' sprechen kann. Ich denke schon, da der ‚michelangeleske' Charakter von Madernos **Säulenvorhalle** nach meinem Dafürhalten weniger von einzelnen Formen als vielmehr von der Idee der **Säulenvorhalle** an sich abhängt. Wie Thoenes überzeugend nachgewiesen hat, besaßen wohl auch Madernos Zeitgenossen – nicht zuletzt weil die entsprechende Abbildung bei Dupérac fehlte – gar keine so klare Vorstellung, wie Michelangelo sich seine **Säulenvorhalle** gedacht hatte.[69] Dieses Dilemma wird offenkundig, wenn man beispielsweise die Ansicht, auf der ein unbekannter Stecher nach eigenem Bekunden „quest' edificio secondo il disegno del Buonaroti [sic] anderà finito" präsentiert,[70] mit einer Reihe anderer Abbildungen vergleicht, die nicht weniger den Anspruch erheben, Michelangelos Absichten nachzuvollziehen: dem Revers einer Medaille Gregors XIII.,[71] einem vermutlich von Paris Nogari gefertigten Fresko in der *Biblioteca Vaticana* aus der Zeit Sixtus V.,[72] einem Stich, der den *vatikanischen Obelisken* in seiner neuen Aufstellung auf dem Platz vor dem fiktiv vollendeten *Petersdom* zeigt, sowie mit zwei Stichen bei Bonanni.[73] Stets werden Dupéracs Vorgaben anders umgesetzt. Eine große Ähnlichkeit gibt es nur zwischen der zweiten Version bei Bonanni, die von Domenico Fontana entworfen wurde, und dem Stich mit dem *Obelisken*.

---

68 Schiavo 1990, Bd. 2, Abb. 370 u. 371.
69 Thoenes 1968.
70 Siehe Benedetti 2000, S. 84, Fig. 76.
71 Città del Vaticano, Gabinetto Numismatico Vaticano; Abb. bei Schiavo 1990, Bd. 2, Nr. 463.

72 Schiavo 1990, Bd. 2, Abb. 465.
73 Bonani 1696, Tf. 19 u. 20; vgl. Schiavo 1990, Bd. 2, Abb. 468.

Nach Schiavo liegt der Hauptfehler all dieser Rekonstruktionen darin, dass sie keine geometrische Korrektheit anstreben, sondern vor allem einen perspektivischen Eindruck erwecken wollen. Dabei seien die bereits stehenden Teile von *Sankt Peter* geflissentlich übersehen worden.⁷⁴ So sei es dem Stecher der Vedute mit dem *Obelisken* vor allem darum gegangen, die Wirkung desselben im Verhältnis zur Kirchenfront zu dokumentieren. Das Fresko der Vatikanischen Bibliothek nennt Schiavo sogar „eine Blüte phantastischer, disproportionierter und absurder Elemente". Die Säulen der **Tempelvorhalle** fänden keine Entsprechung in einer hinteren **Säulenvorhalle**. Außerdem habe der Künstler das Bodenniveau des vatikanischen Hügels vollkommen ignoriert.⁷⁵

359
363

Zumindest Schiavos Beurteilung des Blattes mit dem *Obelisken* ist problematisch. Schiavo übersieht die eben schon erwähnte Tatsache, dass die Fassade im Hintergrund, die er als „pur sommario e approssimativo" bezeichnet, mit dem bei Bonanni abgebildeten Aufriss Fontanas weitgehend übereinstimmt. Beide Fassaden gleichen sich u. a. in der Disposition der Säulen, in der Gestaltung der Portale, Fenster und Nischen von Vorhalle und Attika, im Reliefschmuck des Tympanons und in dem mit Bandrippen verstärkten Dach. Offenbar griff der Stecher des Blattes mit dem *Obelisken* auf einen Entwurf Fontanas zurück, wobei er die Fassade – wohl aus Platzgründen – etwas schmaler gestaltete. Der Rekurs auf Fontana liegt umso näher, als dieser mit der Aufstellung des *Obelisken* betraut worden war. Vielleicht war es sogar Fontana selbst, der dafür sorgte, dass in dem Stich ‚sein' *Obelisk* mit ‚seiner' Fassade hinterlegt wurde. Obwohl Fontana in den Rücklagen in Abweichung von Dupéracs Grundriss auf eine Nebenachse verzichtete, dürfte er mit seiner Vorhalle keine Neuschöpfung, sondern die Verwirklichung von Michelangelos Projekt im Sinn gehabt haben. Dafür spricht, dass seine Wandgliederung mit der des Kernbaus identisch ist.

359
362

356

Ebenso aufschlussreich ist ein Grundriss, der in einer von Schiavo nicht näher bezeichneten Zeichnung und in einer Abbildung bei Bonanni⁷⁶ dokumentiert ist. Schiavo⁷⁷ schreibt ihn (wie zuvor schon Hermann Reinhard Alker⁷⁸ und Hans Rose⁷⁹) Fontana zu. Nach Benedetti ist der Urheber unbekannt⁸⁰, Thoenes vermutet einen „gelehrten Laien-Architekten".⁸¹ Sollte der Entwurf – Schiavo datiert ihn in das Jahr 1607⁸² – tatsächlich von Fontana stammen, gibt er wohl eine frühere Planstufe wieder. Trotz der ungeklärten Zuschreibungsfrage ist dieser Plan höchst bemerkenswert: Die vier Travéen des Langhauses, die Michelangelos Zentralbau angefügt werden sollten, sind auf dem einen Exemplar schraffiert, auf dem anderen punktiert. Der Zentralbau selbst ist einmal schwarz, das andere Mal dicht schraffiert wiedergegeben. Dasselbe gilt für die Vorhalle, die exakt Dupéracs Grundriss folgt.

364

Dass die Teile des Langhauses in einer helleren Struktur, Zentralbau und Vorhalle aber in gleich dunklen Flächen wiedergegeben sind, dient vermutlich nicht nur dazu, die verschiedenen Bauteile voneinander abzuheben. Dem Betrachter soll auch suggeriert werden, dass das neue Langhaus lediglich zwischen Michelangelos Zentralbau und seine Vorhalle geschoben wurde. Bezeichnenderweise hob der Verfasser mit den dunkleren Flächen nicht seine eigenen, sondern Michelangelos Teile hervor, stellte seine Zutat also deutlich unter das, was sein Vorgänger gebaut und entworfen hatte. Mit diesem Bescheidenheitsgestus wollte er wahrscheinlich zu verstehen geben, dass *Sankt Peter* auch nach der Einfügung des Langhauses ein Werk Michelangelos blieb.

---

74 Schiavo 1990, Bd. 2, S. 871–872.
75 „…il pronao, pur essendo tetrastilo, ha due colonne arretrate che nonsi allineano col restrostante colonnato decastilo; eppoi, su tutta la basilica è una fioritura di elementi fantastici, sproporzionati, assurdi"; Schiavo 1990, Bd. 2, S. 872 u. S. 883, Bildkommentar.
76 Bonanni 1696, Tf. 27.
77 Schiavo 1990, Bd. 2, S. 885, Abb. 467.

78 Alker 1920, S. 139.
79 Rose 1926, S. 313–314.
80 Schiavo 1990, Bd. 2, S. 885; Benedetti 2000, S. 96 u. 99.
81 Thoenes 1968, S. 340 Anm. 37.
82 Schiavo 1990, Bd. 2, S. 885. Bei Schiavos Datierung in das Jahr 1507 muss es sich um einen Druckfehler handeln.

Wenn dieser Entwurf tatsächlich Fontanas Absicht dokumentiert, sich Michelangelo unterzuordnen, so halte ich es für ausgeschlossen, dass der bei Bonanni abgebildete Aufriss als eine Alternative zu Michelangelos Projekt gedacht war. Neben den oben genannten Rekonstruktionen wäre er vielmehr ein deutlicher Hinweis dafür, dass die Zeitgenossen die Frage, ob Michelangelos Erbe gewahrt wurde, weniger von der Gestalt einer **Säulen-** und **Tempelvorhalle** als vielmehr von ihrem Vorhandensein an sich abhängig machten.⁸³

337, 345   Dass auch Maderno seine Vorhalle als michelangelesk auffasste, geht allein schon aus seinem Bestreben hervor, sich – im Rahmen des Möglichen – an den bereits stehenden Kernbau sowie an Dupéracs Angaben zu halten, etwa durch die Übernahme der Kolossalordnung, die Unterteilung derselben in eine **Tempelfront** und zwei Rücklagen, den Wechsel von schmalen und breiten Interkolumnien sowie durch die Wiederholung der Ädikulafenster und der Nischen im *portico*-Geschoss.

370   Wie die Londoner Zeichnung zeigt, wollte Maderno zunächst sogar die Fenster und Nischen der Attika wie am Kernbau gestalten. Zwar reduzierte er die Anzahl der Achsen und Säulenreihen, doch ging er mit diesem Hang zum Kompakten und Komprimierten letzten Endes nur den Weg, den Michelangelo bei der Redaktion von Bramantes Zentralbau gewiesen hatte.⁸⁴ In gewisser Weise forderte Michelangelos **Säulenvorhalle** sogar nachgerade dazu auf, sie mit einer zweigeschossigen Binnenarchitektur zu füllen.

355   Zumindest bei Dupéracs Längsansicht stellt sich der Eindruck ein, die massive Attika, mit der Michelangelo anstelle eines einfachen Daches seine Säulenvorhalle belud, verlange nach einem sie optisch – und vielleicht auch konstruktiv – stützenden Unterbau. Ich möchte nicht ausschließen, dass Maderno in diesem Desiderat eine Legitimation für seinen Eingriff sah.

Wie sehr Maderno dem Gedankengut Michelangelos treu blieb, zeigt auch der Vergleich mit den

352   Konkurrenzentwürfen Girolamo Rainaldis⁸⁵ und Ludovico Cigolis⁸⁶, die um 1605 entstanden. Während Rainaldi die Kolossalordnung der Vorhalle in einen Haupt- und zwei Nebenrisalite aufteilte und damit die Konzentration zur Mitte hin schwächte, verfälschte Cigoli Michelangelos Vorhalle durch einen hypertrophen Aufbau.

Ein weiteres Indiz dafür, dass es sich bei der Makrostruktur von Madernos Kernfassade zumindest gedanklich um eine **Säulenvorhalle** handelt, die gegenüber den **sekundären** ,Einbauten' ihre Eigenständigkeit wahrt, sind verschiedene Grundrisse und Längsschnitte. Sowohl auf der Floren-

369   tiner Zeichnung A 264 von 1605/1607⁸⁷ als auch auf den Grundrissen, die Greuter in Madernos
372   Auftrag 1613 und 1623 stach, sind die Säulen als vollrunde Gebilde wiedergegeben, deren Substanz
373   von der übrigen Fassade nicht angetastet wird. Dasselbe gilt für Greuters Stich, der den halbierten
381   Grundriss der gesamten Kirche mit einem Längsschnitt verbindet. Auch auf dem Stich, mit dem er
391   1623 Papirio Bartolis Vorschlag publizierte, Madernos Türme um eine Achse nach Osten vorzuziehen, kennzeichnet Greuter die kolossalen Säulen als vollrunde Gebilde. Wie übrigens auch die Vollsäulen des *portico* hebt er sie von der übrigen, gepunktet markierten Bausubstanz sogar durch
373   eine schwarze Grundfläche ab.⁸⁸ Die Bedeutung der Kolossalordnung als **Primärstruktur** wird in

---

83 Das gälte dann auch für mehrere andere Entwürfe, die im Zusammenhang mit dem 1607 ausgeschriebenen Wettbewerb in Konkurrenz zu Madernos und Fontanas Beiträgen entstanden, etwa für den Plan von Fausto Rughesi (Album des Archivio Capitolare in Rom), der zwischen Michelangelos Zentralbau und eine von ihm neu formulierte Vorhalle einen längsovalen Zentralbau stellen wollte, oder für das Projekt eines unbekannten Baumeisters (nach Benedetti 2000, S. 99 handelt es sich um Ottaviano Mascherino), der ein längsrechteckiges Säulengeviert um einen riesigen **Querraum** zu legen gedachte (vgl. Schiavo 1990, Bd. 2, Abb. 466 u. 469).

84 Siehe hierzu z. B. Murray 1980, S. 112.

85 Siehe die Rekonstruktion bei Andanti 1987, Abb. 2.

86 Florenz, Uffizien 103 A; siehe Benedetti 2000, S. 110, Abb. 108.

87 Der Zeichner ist nicht bestimmbar, doch gibt er zweifelsohne einen Entwurf Madernos wieder. Das Blatt befindet sich heute in den Uffizien zu Florenz (Gabinetto dei Disegni e delle Stampe, fol. A 264). Zu seinem Stellenwert in der Planungsgeschichte siehe v. a. Thoenes 1992b, S. 173–174 und McPhee 2002, S. 12–13.

allen Grundrissen auch daraus ersichtlich, dass die eingestellten Architekturen sich ihr in ihrer Dicke anpassen. Folglich sind die ionischen Kolonnadenfragmente in der Mittelachse der **Tempelfront** tiefer als in den Rücklagen. Auch Carlo Fontanas Längsschnitt aus dem Jahre 1694 macht deutlich, dass *portico* und **Benediktionssala** hinter den Kolossalsäulen ansetzen.

377

Zu dem Eindruck, dass Maderno *portico* und **Benediktionssala** in Michelangelos Säulenvorhalle hineinbaute, tragen ferner die Farbwerte der Fassade bei. Wie schon gesagt, heben sich ‚Michelangelos' Säulen ebenso wie ‚seine' Attika von Madernos ‚Einbauten' durch ihre Helligkeit ab. Allerdings war Maderno nicht so konsequent, auch das Gebälk und den Giebel in hellem Travertin auszuführen.

19, 20
336–340b

Fasst man *portico* und **Benediktionssala** als eingestellte Binnenarchitekturen auf, so ist es durchaus logisch, dass ihre Gliederungselemente im steten Wechsel von a–b einem anderen Duktus folgen als die sich zur Mitte hin steigernde michelangeleske Säulenvorhalle. Dass Maderno zur Verdeutlichung der Tradition, in die er sich stellte, und aus Gründen der Einheitlichkeit einige Elemente ‚seines' *portico* und ‚seiner' **Benediktionssala** wie die Ädikulafenster und die unteren Nischen gleichfalls von Michelangelo übernahm, widerspricht der Idee zweier ineinandergestellter Architekturen unterschiedlicher Provenienz keineswegs. Wichtig ist nur, dass man diese Elemente trotz ihres michelangelesken Charakters nicht mehr als genuine Teile der imaginären Vorhalle auffasst. Diese Unterscheidung dürfte umso leichter fallen, als schon Michelangelo sie außerhalb seiner Vorhalle verwendet hatte.

Damit der Charakter der **Tempelfront** und ihrer Rücklagen als Teile einer verbauten **primären Säulenvorhalle** sinnfällig wurde, mussten Madernos Interkolumnien sich wie am *Konservatorenpalast* (siehe B 3.2.2) selbst tragen. Darüber hinaus fiel der Füllarchitektur in den A-Achsen eine ganz besondere Aufgabe zu. Um Platz für die Kolonnadenfragmente des *portico* und die Fenster der **Benediktionssala** zu schaffen, hatte Maderno die Interkolumnien der A-Achsen erst einmal weiten müssen. Infolgedessen konnte das durch den größeren Säulenabstand geschwächte Gebälk die Auflast der schweren Attika noch weniger tragen als auf Duperacs Längsansicht. Daher war es unerlässlich, dass die Binnenarchitektur der A-Achsen einen Teil der Last auffing. Völlig kontraproduktiv wäre es hingegen gewesen, wenn wie bei der rekonstruierten Fassade *Am Neuen Markt* in Potsdam der Eindruck entstanden wäre, die eingestellte Architektur würde von der Kolossalordnung mitgetragen (vgl. A 2.4).

144

355

60

Zu Seiten der Vorhalle war es dagegen in der Tat sinnvoll, zu dem Wandkontinuum mit vorgeblendeter Pilasterordnung zurückzukehren, das Michelangelo am Kernbau intoniert hatte. Entsprechend wird der Übergang zur **Wandbauweise** bereits an den Scharniertravéen vollzogen. Hier ist die Binnengliederung nicht mehr eingestellt, sondern beginnt mit der Makrostruktur zu verschmelzen.

Zur Untermauerung meiner Behauptung, die eingestellten Architekturen trügen sich selbst und stützten in den A-Achsen darüber hinaus sogar das Kolossalgebälk, möchte ich die Binnengliederung im Einzelnen betrachten. Wie strukturierte Maderno die Interkolumnien seiner verbauten **Säulenvorhalle** und inwiefern unterscheiden sie sich von Michelangelos Gliederung?

Beginnen wir mit den A-Achsen der **Tempelfront**: Auf dem Gebälk der ionischen Kolonnade, das als **sekundäres** Glied in die **primäre Säulenhalle** gestellt wurde, stehen **tertiäre** Lisenen, die wegen ihrer applizierten Hermenpilaster von weitem schmaler aussehen als sie es in Wirklichkeit sind. Die Lisenen verbindet der **quartäre** Rahmen des Pseudo-Mezzaninfensters.[89] Lisenen und

30, 338

---

88 Rom, Biblioteca Nazionale Centrale Vittorio Emanuele II, Fondi minori, prov. claustrale varia X, fol. 166r.

89 Die Verbindung von Mezzaninfenster und flankierenden Hermen zu einem eingestellten Strukturelement, das eine Kolossalordnung mit trägt, wurde m. E. 1664 von Cortona wieder aufgegriffen, und zwar in seinem Entwurf für den Westflügel des *Louvre* (zu den technischen Einzelheiten der Zeichnung siehe Kieven 1993, Kat. Nr. 46).

177

Rahmen tragen vier **quintäre** Kragsteine. Die verbleibende Fläche zwischen den Hermenpilastern, den äußeren Kragsteinen und den Kolossalsäulen füllen **sextäre** Wandflächen. Die gesamte Zwischengeschossarchitektur endet in einem fasziernartigen Gurtgesims, das über den Kragsteinen als Balkonplatte vorspringt. Darüber erhebt sich auf Piedestalen eine **septimäre** Ädikula mit der vorgesetzten **oktaväderen** Balkonbalustrade (der Balkon bildet also keine syntaktische Einheit, wie man zunächst meinen könnte, sondern gehört zwei völlig verschiedenen Zonen an). In der Ädikula steht als **nonäres** Element ein Rundbogen. Zu diesem gehört auch der Wandstreifen, der die Zwickel überdeckt und über dem sich die untere Zierleiste der Giebelcorona fast unmerklich vorkröpft. Ferrabosco und Fontana arbeiteten diese Zugehörigkeit besonders deutlich heraus, indem sie die entsprechenden Teile alle weiß hervorhoben.[90] Während der Segmentbogengiebel die Last des Kolossalgebälks abfedert, wird er seinerseits vom kragsteinartigen Schlussstein des Bogens gestützt. Die verbleibende Wandfläche ist um diese Architektur herumgebaut, wobei man noch zwischen einer scheitrechten Arkade als **dezimärem** und den Wandstreifen hinter den Ädikulasäulen als **undezimären** Gliedern unterscheiden kann. Dass die scheitrechte Arkade im Unterschied zum *Konservatorenpalast* der Ädikula nicht übergeordnet ist, erkennt man daran, dass sie von deren Giebel überschnitten wird.

340a

350, 374

340a

Diese Lesart gilt zumindest für die Rücklagen. In der Mittelachse der **Tempelfront** verursacht der Rahmen des Pseudo-Mezzaninfensters zunächst eine Irritation. Von der Gesamtstruktur hebt er sich insofern ab, als er Buonvicinos weißes Marmorrelief mit der Schlüsselübergabe enthält. Wohl damit das Relief farblich nicht ‚aus dem Rahmen falle', wurde selbiger aus einem helleren Travertin als die übrige Binnenstruktur gemeißelt. Rahmen und Reliefplatte bilden nun farblich wie strukturell eine versatzstückartige Einheit, die wie nachträglich appliziert wirkt und nicht mehr in einem kraftschlüssigen Verbund mit den übrigen Werksteinen zu stehen scheint. Auf den ersten Blick lasten Balkon und Ädikula jetzt ganz auf den isoliert stehenden Lisenen mit den Hermenpilastern. Da diese für diese Auflast fast zu fragil wirken, fasst das Auge das Wandfeld zu ihren Seiten zunächst als das **tertiäre** Element auf, das alle weiteren Architekturglieder trägt. Ebenso verschleiert der grüne Anstrich, der die Fläche zwischen der Ädikula und dem Fensterrahmen bedeckt, dass diese Fläche und die Bogenarchitektur des Rahmens eine strukturelle Einheit bilden. In beiden Fällen zeigt sich – wie zuvor schon bei der farblichen Hervorhebung der Kolossalsäulen gegenüber der Architektur der Interkolumnien –, in welchem Maße das Erkennen syntaktischer Strukturen bisweilen von der Farbigkeit des Materials abhängt.

336, 338

Ungeachtet dieser Irritationen durch das Kolorit folgt die Syntax der Interkolumnienarchitektur einer klaren tektonischen Logik. So gibt der Giebel der Ädikula die Auflast des Kolossalgebälks zum einen über die Säulen und die Lisenen mit den Hermenpilastern, zum anderen über den Rundbogen und die inneren Kragsteine an den Rahmen der Pseudo-Mezzaninfenster weiter. Von dort geht die Last auf die Säulen der Kolonnade über. Einen Teil der Last übernimmt schließlich auch die scheitrechte Arkade (deren Sturz bei Ferrabosco nicht eingezeichnet ist). Sie gibt ihre Last über den Wandstreifen im Pseudo-Mezzanin an die Lisenen weiter, welche die Säulen des Kolonnadenfragments begleiten. In den A-Achsen einer **gliederhaften** Kolossalordnung steht letztlich also eine dreifache, ineinander verschränkte kleine **Gliederarchitektur**.

20

In den B-Achsen ist der Aufbau wesentlich einfacher. Auf den Arkaden lasten Wandfelder mit eingelassenen Reliefs. Sie tragen das Gebälk, auf das wiederum Wandfelder mit eingelassenen Pseudo-Mezzaninfenstern folgen. Diese zweiten Wandfelder unterfangen die Rahmen der Nischen. (Wie schon gesagt, wurden die Nischen innerhalb der **Tempelfront** nachträglich aufgebrochen.) Da die Interkolumnien der B-Achsen dem für die Corinthia angemessenen Systylos folgen, ist es nicht nötig, dass die Giebelspitzen der Nischenrahmen das Gebälk mit abstützen. Entsprechend berühren selbige auch nicht die Soffitte des kolossalen Architravs. Während bei den

---

90 Costaguti 1684, Tf. 15.

A-Achsen die Struktur in erster Linie **gliederhaft** ist, erweist sie sich in den B-Achsen als eher **wandhaft**. Mit dem Wechsel von **Glieder-** und **Wandhaftigkeit** hatte Maderno also eine weitere Möglichkeit gefunden, die Horizontalität der Fassade aufzubrechen.

Diese Absicht scheint Maderno indes nicht von Anfang an gehabt zu haben. Vergleicht man die heutige Fassade mit der Londoner Zeichnung, so erkennt man, dass zunächst nicht nur die B-Achsen, sondern auch der gesamte obere Bereich der A-Achsen **wandhaft** sein sollte. Dies wird nicht zuletzt an den von Knorpelwerk eingefassten Feldern deutlich, die in Höhe des *portico*-Gewölbes der Wand appliziert sind und zwischen den Kolonnaden und den Ädikulafenstern keinerlei Verbindung herstellen.

370

Dass Maderno gegenüber dem Londoner Entwurf seine Interkolumnienarchitektur tektonischer gestaltete, geht vielleicht auf eine intensivere Auseinandersetzung mit dem *Konservatorenpalast* zurück, ein Aspekt, der im nächsten Kapitel ausführlicher behandelt wird. Am michelangelesken Kernbau von *Sankt Peter* ist die Interkolumnienarchitektur jedenfalls nicht tektonisch, geschweige denn **gliederhaft** empfunden. Hier dachte Michelangelo von der Wandfläche aus, in die er wie ein Bildhauer verschiedene Schichten ‚meißelte'. Entsprechend stehen seine Ädikulafenster auch auf Wandflächen, in die bzw. aus denen gerahmte Nischen und dünne Profilleisten geschlagen wurden. Um Platz für die Ädikulafenster zu gewinnen, scheint Michelangelo aus dem oberen Wandfeld sogar eine weitere Schicht herausgestemmt zu haben, in die er dann die Ädikulafenster einpasste. Da die Architektur **wandhaft** ist, müssen die Ädikulen auch nicht helfen, das Kolossalgebälk zu tragen. (Zwar scheint es in der Unteransicht, als berührten zumindest die Ädikulen mit den Dreiecksgiebeln den Architrav der Kolossalordnung, doch erweist sich dieser Eindruck von einem erhöhten Standpunkt aus als falsch.[91])

144

341

An seinem Langhaus hatte Maderno Michelangelos kontinuierliche **Wandarchitektur** noch annähernd wörtlich wiederholt. An, oder besser: in der Vorhalle wandelte er sie hingegen wechselweise in eine eingestellte **Wand-** und in eine eingestellte **Gliederarchitektur** um. Dabei fiel den Ädikulen der A-Achsen die eben beschriebene tragende Funktion zu. Allein diese Änderung ist ein Indiz dafür, dass Maderno seine Säulen nicht mehr als Applikationen der Wand auffasste – ganz im Gegensatz zu seinen und Michelangelos Kolossalpilastern am Langhaus und am Zentralbau. Wäre die Kolossalordnung ein integraler Bestandteil der Wand, hätte ihr Gebälk nämlich gar keiner zusätzlichen Unterstützung bedurft. Eine solche Unterstützung konnte wiederum nur eine eingestellte **Gliederarchitektur** leisten, da eine eingestellte Wand innerhalb einer regulären Kolonnade nach klassischem Kanon keine tragende Funktion übernehmen kann. Zwar behielt Maderno an der eingestellten Architektur der B-Achsen die **Wandhaftigkeit** bei, doch muss diese innerhalb der systylischen Interkolumnien auch keine tragende Funktion übernehmen.

20

341

Dass zwischen der **Gliederhaftigkeit** der Säulen und der tragenden Funktion der Ädikulen wirklich ein Zusammenhang besteht, zeigen die später angefügten Turmsockel. Da sie nicht mehr zur Säulenvorhalle gehören, kehrte Maderno hier zum Wandkontinuum des Kernbaus und des Langhauses zurück. Entsprechend sind die Ädikulagiebel auch vom Gebälk abgerückt – zwar nicht so sehr wie am Langhaus und am Kernbau, weil dies die Regelmäßigkeit der Fassade beeinträchtigt hätte, aber doch weit genug, um deutlich zu machen, dass sie gedanklich nichts tragen.

19, 342

340b

Ein ebenso wichtiger Aspekt wie das Verhältnis, das die Binnenarchitektur der A-Achsen innerhalb des Fassadenspiegels zur Makrostruktur besitzt, ist ihre Verschränkung mit der Gliederung des Fassadenraumes. Wie der schon besprochene Längsschnitt Carlo Fontanas sowie Ferraboscos Querschnitt[92] zeigen, gliederte Maderno die *portico*-Rückwand (und ebenso die Innenseite des

376, 377

---

91 Irreführend ist in diesem Zusammenhang auch ein Stich des Vincenzo Lucchino in Lafreri 1575, der die Südtribuna nach Michelangelos Entwurf aus dem Jahre 1564 wiedergibt und auf dem sämtliche Ädikulen gegen das Kolossalgebälk stoßen (vgl. Thies 1982, Abb. 167).

92 Costaguti 1684, Tf. 18.

Fassadenspiegels) mit einer ionischen Ordnung. Diese Ordnung trägt eine leicht gedrückte Quertonne, in die von beiden Seiten Stichkappen einschneiden. In die Lünetten der Stichkappen setzte Maderno segmentbogenförmige Fenster. Diese sind an der Rückwand **blind**. An der Innenseite der Fassade sind sie jedoch die Ausläufer der Pseudo-Mezzaninfenster. Insofern gewährleisten sie, dass das vom Platz einfallende Tageslicht das *portico*-Gewölbe erhellt. An den Kopfseiten des *portico* geht die Pilasterordnung in nach hinten gekuppelte Vollsäulen über. Diese sind exakt wie die ionischen Kolonnadenfragmente der Fassade gebildet. Indem Maderno die Säulen auch in den Kopfenden des *portico* – und damit an den ursprünglichen Schmalseiten der Kernfassade – einsetzte, zeigte er, dass er die Kolonnadenfragmente primär nicht als Gliederungselemente des Fassadenspiegels, sondern der *portico*-Architektur begriff. Wo immer die Interkolumnienweite der michelangelesken Vorhalle es zulässt, drängt(e) die *portico*-Architektur in Gestalt vollplastischer Säulen ins Freie. Während die Stützen der korinthischen Kolossalordnung der Außenarchitektur angehören, sind die ionischen Säulen eindeutig einer eingebauten Binnenarchitektur zuzurechnen.

Diese Tatsache rechtfertigt auch die Bezeichnung als *portico* in dem von mir definierten Sinne. Gerade weil es sich letztlich um eine **Gliederarchitektur** handelt, die vor der Stirnwand eines Langhauses steht und sich vom traditionellen *portico* nur dadurch unterscheidet, dass sie von einer kolossalen **Säulenvorhalle übergriffen** wird, wäre es nicht gerechtfertigt, von einer Vorhalle oder einer **Eingangshalle** im traditionellen Sinne zu sprechen. Zwar ist Madernos *portico* wie eine gewöhnliche Vorhalle gegenüber dem **Vorraum** ziemlich abgeschottet, doch grenzt er sich nicht selbst ab, sondern wird durch die dicken Säulen der kolossalen **Säulenvorhalle** ‚zugestellt'. Zwar liegt er wie eine **Eingangshalle** hinter dem Fassadenspiegel, doch steht er theoretisch in einem offenen Raum und nicht hinter einer geschlossenen Wand.

Als Maderno seiner Fassade nach 1613 die Turmsockel hinzufügte, griff er die ionische Ordnung des *portico* auf. Da er die Ionica jetzt aber nicht mehr ‚Michelangelos' **Gliederarchitektur**, sondern seiner eigenen **Wandbauweise** einfügte, ersetzte er die gekuppelten Säulen durch gekuppelte Kantenpilaster. Dass diese Kantenpilaster wirklich als Verlängerungen der *portico*-Gliederung aufzufassen sind, zeigt sich nicht zuletzt daran, dass Maderno sie mit demselben Gewölbe versah: einer Quertonne, in die Stichkappen einschneiden. Die Stirnseiten der Stichkappen treten an den Außenwänden der Türme in Gestalt der Archivolten zutage. Die Stirnseiten der Quertonnen verbaute Bernini im Norden durch die Vorhalle der *Scala Regia* und im Süden durch einen seiner *corridoi* (an dessen westlicher Stirnwand er übrigens in verkleinertem Maßstab Madernos Motiv der eingestellten ionischen Kolonnade aufgriff).

Die Bögen in den Turmsockeln sind also nicht nur Verwandte der Kolonnadenfragmente in den A-Achsen, wie ich vorhin behauptete, sondern wie diese auch Fortsetzungen der *portico*-Architektur – wenngleich nur indirekte. Das heißt, dass die Kantenpilaster wie die in die Fassade eingestellten Säulen und die Pilaster im Innern des *portico* demselben Verbund angehören. Analog dazu sind die Archivolten der Turmbögen wie die Pseudo-Mezzaninfenster der Kernfassade Teile ein und desselben Gewölbes. Der *portico* ist letztlich also das Bindeglied zwischen der Binnengliederung der A-Achsen in der Kernfassade und der A'-Achsen in den Türmen. Mit anderen Worten: Die Kohärenz zwischen den Kolonnadenfragmenten und den Torbögen ergibt sich nicht aus der Struktur des Fassadenspiegels, sondern aus der Gliederung innerhalb des Fassadenraumes. Nur wer die räumliche Dimension der Fassade erkennt, versteht auch ihren Aufriss!

Madernos Absicht, seine zweigeschossige Architektur in Michelangelos Vorhalle hineinzubauen, zeigt sich m. E. sogar an der östlichen Langhauswand. Dass es sich hierbei um die ‚Kehrseite' von Madernos Fassade oder gar um die ‚Rückseite' von Michelangelos Vorhalle handelt, ist bislang völlig übersehen worden. Daher wurde die architektonische Struktur dieser Wand in den meisten Untersuchungen vernachlässigt. Wie ‚michelangelesk' sie wirklich ist, zeigt sich allein schon daran, dass sie zu den von Michelangelo geschaffenen Teilen des Innenraumes in einem ähnlichen Verhältnis steht wie der Fassadenspiegel zum michelangelesken Außenbau: Auch an ihr wiederholte Maderno die von seinem Vorgänger vorgegebene Kolossalordnung. Im Unterschied zu Michelangelo, der die Interkolumnien der Tribunen – analog zu ihrer äußeren Hülle – **wandhaft** gestaltete, setzte Maderno – wieder analog zum Fassadenspiegel – zwischen die Pilaster eine **Gliederarchitektur**. So tragen die Türrahmen Rahmen mit eingesetzten Inschrifttafeln, auf denen wiederum die Fensterrahmen ruhen. Diese stützen mit ihren Giebeln wie die Ädikulafenster der A-Achsen das Gebälk ab, das sich über ihnen leicht zurückkröpft.

Madernos Wechsel zur **Gliederarchitektur** ist auch hier von eminenter Bedeutung. Die Türen und Fenster scheinen nicht mehr zur Langhausarchitektur zu gehören. Vielmehr fasst sie der Betrachter als die rückwärtigen Teile des *portico* und der **Benediktionssala** auf. Wie Maderno deren Stockwerksarchitekturen in der Fassadenaußenwand zwischen kolossale Säulen zwängte, so stellte er sie an der Stirnseite des Langhauses zwischen kolossale Pilaster, die dadurch wie verbaute Pfeiler aussehen. Obwohl die drei Pilaster der Langhausstirnseite kleiner als die Säulen der Fassaden sind (ihre Abaki reichen etwa bis zu deren Halsringen) und mit ihnen nicht exakt in einer Achse liegen, ist man geneigt, sie als Hinterlegungen der Vorhallen-Säulen zu betrachten. Analog dazu erscheinen die Streben des Thermenfensters unter dem Gewölbe als Pendants der Attikalisenen. Dass Maderno tatsächlich in derartigen räumlichen Bezügen dachte, zeigt sein Plan in den Uffizien (A 264), in dem die Pilaster der Langhausstirnseite und die Säulen der Fassade noch exakt fluchten. Maderno sah in diesem Entwurf sogar vor, die Säulen der eingestellten ionischen Kolonnadenfragmente an der Stirnwand des Langhauses zu wiederholen.

Die Ostwand des Langhauses erscheint also auch als die Innenseite der Fassadenrückwand – und damit als ein Teil der von Maderno verbauten Vorhalle. Dies erklärt vielleicht auch, weshalb man die Fenster an der Rückseite der **Benediktionssala** – ungeachtet der Tatsache, dass sie die Fenster der Tribunen paraphrasieren – eigentlich eher an einer Außenarchitektur als in einem Sakralraum suchen würde; im Grunde sind sie nämlich Teile einer Außenarchitektur!

Portico und **Benediktionssala** bewirken also nicht nur, dass sich die Fassade mit dem **Vorraum** verschränkt, sondern sie verbinden den **Vorraum** auch mit dem **Innenraum**. Diese Verbindung wurde früher umso mehr wahrgenommen, als der Betrachter vom Langhaus aus dank der Fenster durch die **Benediktionssala** und dank der Türen – sofern sie geöffnet waren – durch den *portico* in den **Vorraum** blicken konnte. *Portico* und **Benediktionssala** wurden dadurch zu **Zwischenräumen**. Zwar waren die Fenster notgedrungen verglast (immerhin schlossen sie bis zur Verglasung der Fassadenfront den Innenraum nach außen hin ab), doch stellte das Glas in diesem Fall dank des starken Gegenlichts kein Sichthindernis dar. (Wie wenig die Gläser früher als Trennung wirkten, zeigt Paninis Gemälde „Benedikt XIII. ernennt Nicolò Coscia zum Kardinal".[93]) Erst die Anbringung von Gardinen in jüngerer Zeit verunklärte auch diese räumlichen Bezüge.

Dass Maderno die Fenster wirklich als Öffnungen konzipierte, über die das Langhaus mit dem Fassaden-**Zwischenraum** – und über diesen hinaus mit dem **Vorraum** – kommunizieren soll, zeigen schließlich die Balustraden, die als Pendants der Fassadenbalkone aufzufassen sind. Durch sie greift die **Benediktionssala**, wenn auch unmerklich, in das Langhaus aus. So erscheint die Sala als eine Art Galerie, die sich wie eine nach beiden Seiten offene Brücke durch die Vorhalle spannt. (In dieser Doppelfunktion erinnert sie übrigens an die Brücke im Hofrisalit des *Hôtel Lambert*, die auf ganz ähnliche Weise zwischen der vormals offenen Säulenarchitektur der Fassade und dem Treppenhaus vermittelte.)

Begreift man Madernos Fassade und seine Stirnwand des Langhauses als eine Einheit, so zeigt sich erst recht, dass sein Versuch, Michelangelos **Säulen**- und **Tempelvorhalle** „mit den Forderungen eines Raumprogramms auszusöhnen", das „Vorhalle, Krönungsaula, Benediktionsloggia"[94] umfasste, weitaus komplexer ausfiel, als man zunächst glauben möchte.

---

93 Öl auf Leinwand, 1,25 x 1,74 m. Privatbesitz (Arisi 1986, Kat. Nr. 188).

94 Thoenes 1992b, S. 176.

2.6 Die Bedeutung von Madernos ‚verbauter' Vorhalle

Spätestens jetzt drängt sich die Frage auf, warum Maderno überhaupt an Michelangelos **Säulen-** und **Tempelvorhalle** festhielt und weshalb er sich nicht damit begnügte, diese lediglich in Gestalt einer Applikation zitathaft anklingen zu lassen.

Der Grund, weshalb eine bloße Reminiszenz nicht ausgereicht hätte, ist vielleicht baupolitischer Natur. Wie Bredekamp überzeugend dargelegt hat, setzte Paul V. sich mit dem Bau des Langhauses gegen die heftigen Widerstände „der Michelangelo-Verehrer" durch.[95] Noch im Mai 1608, als Maderno mit dem Neubau bereits begonnen hatte, forderte Maffeo Barberini, der spätere Papst Urban VIII., bei Paul V. schriftlich die Rückkehr zu Michelangelos Zentralbau.[96]

Nach Bredekamp ist sogar die durch Paul V. veranlasste Anfügung der Türme aus dem Bemühen heraus zu verstehen, Michelangelos Zentralbau weitestgehend zu verdecken und durch eine neue, epochale Architektur in den Hintergrund zu drängen. Um dieses Ziel zu verwirklichen, habe man Maderno, der zunächst versucht hatte, „auch in seinem erweiterten Langhausprojekt eine auf die Mitte hin bezogene Eingangssituation zu schaffen und auf die Breite des heutigen Inschriftfeldes zu konzentrieren", diese Rhythmisierung „zugunsten einer Verbreiterung der Fassade systematisch aus der Hand genommen".[97]

Nicht weniger gerieten Madernos Pläne in die Kritik, weil sie den Abriss des östlichen Langhauses von *Alt-Sankt Peter*, das bis dahin noch stand, voraussetzten. Aus diesem Grund hatten die Kardinäle Cesare Baronio und Giovanni Evangelista Pallotta schon 1605 heftig gegen die Neubaupläne Pauls V. opponiert.[98]

Um dieser doppelten Kritik entgegenzutreten, entwickelte Maderno Bredekamp zufolge eine regelrechte „Rhetorik des Bewahrens". In einem Widmungsbrief an den Papst vom 30. Mai 1613 betonte er, dass ja schon Michelangelo mit dem Abriss der baufällig gewordenen alten Peterskirche begonnen habe. Dieser Hinweis impliziert, dass Maderno mit der Niederlegung des östlichen Langhauses letztlich nur die Baupolitik seines berühmten Vorgängers fortgesetzt habe. Was *Alt-Sankt Peter* betraf, so betonte Maderno des Weiteren, dass sein Langhaus den geheiligten Baugrund des Vorgängerbaus einbeziehe und ihn vor profaner Nutzung bewahre. „Die pietätvolle Umgreifungsmetapher", so Bredekamp, „sollte alle Kritik ersticken, weil sie vorgab, das Zerstörte im neuen Bauwerk zu bewahren:

> „Wer dennoch am alten Langhaus festhielt, musste im Lichte dieser Argumentation als Spielverderber erscheinen, der auf etwas beharrte, was keinesfalls verloren gegangen war, weil es – Hegels dreifache Bedeutung des ‚Aufhebens' kommt in den Sinn – in der Tilgung auch auf eine höhere Stufe gehoben und dort bewahrt worden war".[99]

Nachdem Maderno auch auf die praktischen und liturgischen Vorteile des neuen Bauabschnitts hingewiesen hatte, kam er nochmals auf das Argument zurück, dass er eigentlich ja nur Michelangelos Aufgabe zu Ende geführt habe. Dabei wies er auf den von Greuter gestochenen Grundriss hin, der die von Michelangelo errichteten Teile von Madernos „eigenen Anbauten" deutlich abhebt:

> „Ich habe dafür gesorgt, die Einheit der beiden Pläne in eine Platte zu schneiden, von denen der punktierte das frühere, nach der Angabe MICHELANGELOS Geschaffene darstellt, der durchgezogene aber den von mir geschaffenen Teil bezeichnet, damit der Welt der Grundriss

---

95 Bredekamp 2000, S. 107. Zu den Widerständen gegen Madernos Pläne siehe auch Waźbiński 1992, S. 149–152, zur antiflorentinischen Fraktion Stalla 1997, S. 270.

96 Siehe hierzu auch Schütze 1997, S. 288 u. Stalla 1997, S. 270.

97 Bredekamp 2000, S. 107–108; vgl. auch Thoenes 1992b, S. 177–178 u. Waźbiński 1992, S. 153–154.

98 Vgl. Buchowiecki/Kuhn-Forte 1963–1993, Bd. I, S. 124, Schiavo 1990, Bd. 2, S. 878 u. McPhee 2002, S. 8–9.

99 Bredekamp 2000, S. 111.

der Kirche, des *portico*, der päpstlichen Loggia und der gesamten Fassade und der sehr hohen Glockentürme angezeigt werden, von denen man jetzt die Fundamente legt. Es schien mir gut, Heiliger Vater, dieses stechen zu lassen, um diejenigen zu befriedigen, welche die Einheit der besagten Pläne zu sehen wünschen, wie auch jene, denen es nicht vergönnt ist, persönlich zu kommen, um dieses erhabene Werk unserer einzigen und wahren Religion zu sehen".[100]

Durch Greuters Stich und seinen Brief, den Bredekamp zu den „großen Suggestionstexten der Architekturgeschichte" zählt,[101] habe Maderno versucht, die Planungsgeschichte von *Sankt Peter* zu harmonisieren und sein Langhaus, mit dem der Bauherr einen bewussten Traditionsbruch durchsetzen wollte, in die Nachfolge sowohl der konstantinischen Basilika als auch der Planungen Michelangelos zu stellen.

Was nun die spezifische Gestaltung der Fassade betrifft, so scheint sie mir ein weiterer Bestandteil dieser „Strategie des Bewahrens" zu sein. Mit ihr gab Maderno erneut zu verstehen, dass er den Plan seines Vorgängers nicht verworfen, sondern nur erweitert hatte. Diese Vermutung liegt umso näher, als etwa sechs Jahre vor Greuter schon Fontana (?) die Technik der unterschiedlichen Markierung genutzt hatte, um sein Langhaus in Michelangelos Gesamtkonzept zu integrieren. Auch Maderno selbst hatte diese Strategie schon in A 264 angewandt, vielleicht weil er schon damals durch Fontanas Grundriss (wie auch durch alle anderen Entwürfe, die Michelangelos Vorhalle reproduzierten) unter Zugzwang gesetzt worden war. Jetzt brauchte er diese Strategie jedenfalls nur zu wiederholen, wobei er sein Projekt freilich offensiver vertrat als Fontana (?). Anders als dieser hob er in seinem Grundriss nicht mehr Michelangelos Zentralbau, sondern sein eigenes Langhaus hervor. Auch gab er seinem Langhaus mehr Volumen. Aus einem zaghaften Einschub war ein ebenbürtiger Baukörper geworden.

Damit die Rhetorik des Bewahrens griff und *portico* und **Benediktionssala** als nachträgliche Verfüllungen einer eigentlich offenen Säulenvorhalle wahrgenommen wurden, musste Maderno ihre Raumhaltigkeit buchstäblich offen legen. Denn nur ein tatsächlich vorhandener Raum konnte durch ‚Einbauten' gefüllt werden. Die heutige Versiegelung der Fassade durch Gitter, Fenster und Vorhänge verdeckt diese Raumhaltigkeit und verleitet eben doch dazu, in den kolossalen Säulen nur noch Applikationen zu sehen. Das Verhältnis von **primärer** und **sekundärer** Struktur ist damit auf den Kopf gestellt – und Madernos Rhetorik verpufft wirkungslos.

2.7 Mögliche Vorbilder und ‚Nachfahren' von Madernos Fassade

Darüber hinaus erleichtert das Erkennen der Raumhaltigkeit die Suche nach möglichen Vorbildern für die doch sehr ungewöhnliche Verbindung von Säulenvorhalle einerseits und *portico* und **Benediktionssala** andererseits. Zunächst sind beide Bautypen genuin (stadt-)römisch. Die einem zentralen Kuppelbau vorgestellte Säulenhalle hatte Michelangelo natürlich vom *Pantheon* übernommen. Die Verbindung von *portico* und **Benediktionssala** bzw. -**loggia** war hingegen schon in der *Alten Benediktionsloggia* vorgegeben, die seit der zweiten Hälfte des 15. Jahrhunderts vor dem

---

100 „Ho procurato far diligentemente intagliar in rame l'unione delle doi piante, delle quali la puntegiata è il già fatto secondo l'ordine de MICHELANGELO, il delineato è la parte fatta da me, accio si plubichi al mondo la pianta della Chiesa, del Portico, della Loggia Pontificia et della Facciata e delli altissimi Campanili, de quali al presente si fanno li fondamenti. Questo mi è parso bene Beatissime Padre far stampar in rame per sodisfare a quelli che desiderano vedere l'unione delle dette piante et anco a quelli unica et vera religione" (Carlo Maderno, Widmungsbrief vom 30. Mai 1613 an Paul V., zit. nach Orbaan 1919, S. 126).

101 Bredekamp 2000, S. 113.

Atrium von *Alt-Sankt Peter* gestanden hatte und 1616 gleichfalls abgetragen worden war.¹⁰² Allerdings erstreckte sich die *Alte vatikanische Benediktionsloggia* über drei Geschosse und war keiner Kirchenfront vorgesetzt. Insofern kommt auch die Nordfassade von *San Giovanni in Laterano* als Vorbild in Frage, umso mehr, als Domenico und Giovanni Fontana, die sie 1586–89 errichtet hatten (vgl. A 2.1.4), anschließend zusammen mit Maderno in *Sankt Peter* tätig waren.

Jedoch hinderte Michelangelos Vermächtnis Maderno aus mehreren Gründen daran, die Theatermotiv-Gliederung der herkömmlichen Loggien zu übernehmen. Wie schon am Zentralbau und am Langhaus erforderte es die Makrostruktur, dass die breiten Interkolumnien der Kolossalordnung an den bereits ausgeführten Teilen eine aufwändigere Füllung erhielten als die schmalen. Auch konnte Maderno – sollte seine Architektur michelangelesk wirken – in *portico* und **Benediktionssala** nicht einfach völlig neue Elemente einführen. Abgesehen davon wären die Bögen unterschiedlich breit und in den B-Achsen ohnehin viel zu schmal ausgefallen. Schließlich gab es um 1607 meines Wissens noch keinen Präzedenzfall, der es gerechtfertigt hätte, die Arkaden mit einer kolossalen **Hauptordnung** zu kombinieren, wie Borromini es im *Hof der Philippiner*, Bernini in seinem *ersten Louvreentwurf* und Galilei an der *Ostfassade von San Giovanni* später mit der größten Selbstverständlichkeit taten.

Dennoch glaube ich, dass Maderno auf den Typus der traditionellen römischen **Benediktionsloggia** rekurrieren wollte. Er war nämlich der einzige, der in seinen Entwürfen darauf verzichtete, die Mittelachse durch ein besonders hohes und breites Portal auszuzeichnen, und stattdessen den Wechsel von a und b beharrlich beibehielt. Bei allen anderen ‚Rekonstruktionen' von Michelangelos Vorhalle ist dieser Rhythmus der Binnengliederung unterbrochen, selbst bei Nogara, Domenico Fontana, Bonanni sowie bei Bonifacio und Guerra. Nun kann man einwenden, Dupéracs Grundriss, auf dem alle drei Portale gleich breit sind, habe eine Betonung der Mitte von vornherein ausgeschlossen. Merkwürdig ist jedoch, dass alle anderen Exegeten Michelangelos in diesem Punkt von ihrem Vorbild abwichen. Selbstverständlich kann man in Madernos Unterdrückung der Mitte eine weitere Referenz an Michelangelo sehen. Für ebenso wahrscheinlich halte ich es jedoch, dass er damit auf das Schema der klassischen **Benediktionsloggia** Bezug nehmen wollte.

Auf traditionelle Bauformen rekurrierte Maderno auch, indem er die Zugänge zum *portico* in den drei B-Achsen als eingestellte Kolonnaden gestaltete. Dieses Motiv erinnert an den Bautypus des frühchristlichen *portico*, der im 16. Jahrhundert gerade erst eine Wiederbelebung erfahren hatte (man denke an den unter Gregor XIII. erneuerten *portico* von *Santa Maria Maggiore*; siehe Kap. C 7.5). Anders als bei den herkömmlichen Loggien von *Alt-Sankt Peter* oder *San Giovanni in Laterano (Nordfassade)* wurde der *portico* der *Peterskirche* also mit der **Benediktionsloggia** bzw. **-sala** verbunden, und zwar durch eine Kolossalordnung. Folglich gibt es neben den strukturellen Argumenten auch elementare ikonographische Gründe, den *portico* von *Sankt Peter* nicht als **Vorhalle** oder als **Eingangshalle** zu bezeichnen.

Die Idee, in eine kolossale **Tempelvorhalle** eine zweigeschossige, **gliederhafte** Binnenarchitektur zu stellen, war keinesfalls neu. Als frühes Beispiel kann in gewissem Sinne *Sant'Andrea* in Mantua gelten. Wie in Kapitel A 2.1.2 und B 3.3.4.5 schon deutlich wurde, hat Alberti selbst seine Kolossalordnung zwar eher als Wandapplikation verstanden, die den zentralen Triumphbogen und die Seitengeschosse der **Eingangshalle** nachträglich strukturiert und zu einer syntaktischen Einheit verbindet. Unabhängig davon erweckt die Fassade aber auch den Anschein, in eine kolossale **Tempelvorhalle** lasse sich ein *portico* einbauen – umso mehr, als die **Eingangshalle** von *Sant'Andrea* selbst an ein eingestelltes Säulengeviert erinnert.

---

102 Zur Baugeschichte der alten Loggia und ihrer ikonologischen Bedeutung siehe Zander 2000b, S. 307–319 (dort auch weiterführende Literatur).

Ein *portico*, bei dem echte Säulengevierte in eine kolossale Ordnung gestellt wurden, findet sich am *Konservatorenpalast*. Dass Maderno sich bei der Integration seines *portico* von Michelangelo unmittelbar anregen ließ, ist offensichtlich. Wie dieser stellte er ionische Kolonnadenfragmente in eine kolossale Corinthia, die man sich zunächst als freistehend zu denken hat (vgl. B 3.2.2), nur mit dem Unterschied, dass er nicht Pfeiler, sondern Säulen ‚zubaute'.[103] Wie bei Michelangelo vermitteln zwischen den ionischen **Binnensäulen** und der korinthischen Kolossalordnung Lisenen, über denen sich das **Binnengebälk** bis auf das Kranzgesims verkröpft.

142

Selbst der Gedanke, dass die eingestellten Säulen Teile einer räumlichen Architektur sind, war von Michelangelo vorformuliert worden. Während die kapitolinischen *baldacchini* aber selbständige Einheiten bilden und erst als Kette einen *portico* ergeben, sind Madernos Säulen Ausläufer eines homogenen **Querraumes**, dessen **breitenräumliche** Entfaltung in keiner Weise relativiert wird. Dieser Unterschied ist durchaus ikonologisch bedingt: Während Michelangelo jeweils einen *baldachino* dem Büro einer Zunft zuordnete, jeder Gilde also ihre eigene ‚Vorhalle' gab, wollte Maderno an die frühchristlichen *portici* anknüpfen, die sich ebenso wie die **Benediktionsloggien** über die gesamte Fassade erstrecken. Die Raumform ist bei beiden Bauten also auch Programm.

141
21

142

Eine weitere Gemeinsamkeit mit Michelangelo besteht im Verhältnis der Kolonnade zu den oberen Teilen der Binnenstruktur. Wie Kapitel B 3.2.2 gezeigt hat, setzte Michelangelo auf die Lisenen der ionischen Kolonnade eine scheitrechte Arkade, in die er wiederum eine Ädikula stellte, die einen Fensterrahmen einfasst. Die verbleibende Fläche füllte er mit Ziegelmauerwerk. Dabei dachte er ursprünglich sogar daran, den Sturz der scheitrechten Arkaden durch die Giebel der Ädikulen abzustützen, wobei die Auflast im scheinbar niedergedrückten Segmentbogen sinnfällig geworden wäre.

139

Dieses System der syntaktischen Verschachtelung liegt auch Madernos A-Achsen zugrunde – einschließlich der das Kolossalgebälk stützenden Ädikulen –, wenngleich das Verhältnis der einzelnen Teile nicht ganz so offensichtlich ist. Auf alle Fälle zeigt sich, dass Maderno sich selbst dort, wo er von Michelangelos **Wandbauweise** abweichen musste, so weit wie möglich an der Architektursprache seines Vorgängers orientierte – und sei es unter Rekurs auf dessen übrige Bauten.

Als ein weiteres Vorbild möchte ich zwei Zeichnungen ins Spiel bringen, die Raphael 1518/19 und Peruzzi nach 1520 für den Weiterbau von *Sankt Peter* vorlegten. Peruzzis eher grob gezeichneter Fassadenaufriss und -grundriss[104] sieht eine **Tempelvorhalle** vor, deren aus Pfeilern gebildete **Hauptordnung** sich aus einer extrem breiten Mittel- und zwei normal proportionierten Seitentravéen zusammensetzt und die eine reguläre Travée tief ist. Die Mitteltravée füllen zwei übereinanderstehende **Binnenordnungen**. Die untere **Binnenordnung**, die als *portico* dient, ist aus einer gewöhnlichen Kolonnade gebildet. In der oberen **Binnenordnung**, die als **Benediktionsloggia** gedacht ist, alterniert jeweils eine Arkade mit einem Kolonnadenfragment. In den Seitentravéen ruht jeweils über der Travée einer eingestellten Pfeilerkolonnade[105] ein Ädikulafenster. Die Fassadenrückwand gliederte Peruzzi im Erdgeschoss mit unterschiedlich breiten Lisenen oder Pilastern, die als Hinterlegungen der **Hauptordnung** sowie der unteren **Binnenordnung** zu lesen sind. Diese Hinterlegungen führte er links und rechts der **Tempelvorhalle** als freistehende Pfeilerkolonnaden fort, um diese in den Untergeschossen der darauf folgenden *campanili* wieder in Pilasterrücklagen einer einachsigen Pfeilerkolonnade zurückzuverwandeln.

385

Auch dem Projekt Raphaels[106] liegt die Vorstellung ineinander gestellter raumhaltiger Ordnungen zugrunde. Allerdings wollte Raphael, anders als Peruzzi, den **wandhaften** Fassadenmantel

384a, b

---

103 Die Analogie zum Konservatorenpalast hat schon Riegl 1923, S. 130 gesehen.

104 Florenz, Uffizien, 115 Av.

105 Die Vorstellung einer Pfeilerkolonnade mutet sehr unklassisch an, doch gibt Peruzzi in seinem Grundriss die **Binnenordnung** in den Seitentravéen im Unterschied zur Mitteltravée eben nicht mit Kreisen, sondern mit Quadraten wieder.

106 New York, Pierpont Morgan Library, Codex Mellon, fol. 71v–72v.

von Zentralbau und Langhaus bis um die Türme herumziehen. Zwischen die Türme stellte er dann gleichfalls eine kolossale **Tempelvorhalle**, deren Raum er ebenso wie die Bereiche zwischen **Tempelvorhalle** und Türmen mit einer zweigeschossigen **Binnenordnung** füllte. Diese **Binnenordnung** besteht wie bei Peruzzi aus zwei übereinanderstehenden Kolonnaden. Allerdings sind die Säulen nach hinten gekuppelt. Ferner stützt die obere Kolonnade das Kolossalgebälk, wobei der Segmentbogen einer Ädikula gegen den Architrav drückt. Die schmalen Seiteninterkolumnien der **Tempelvorhalle** schloss Raphael mit zwei übereinander stehenden **wandhaften** Arkaden.

Auf teils gemeinsame, teils unterschiedliche Weise nehmen beide Projekte etliche Elemente von Madernos Fassade vorweg.

1. Bei Peruzzi und Raphael erhebt sich zwischen zwei Türmen eine raumhaltige **Tempelvorhalle**.
2. Diese birgt in Gestalt eingestellter Stockwerksarchitekturen einen *portico* und eine **Benediktionsloggia**.
3. Diese Stockwerksarchitekturen sind zumindest in der mittleren Travée der **Tempelvorhalle** ganz **gliederhaft**.
4. Die Idee, im Kontrast dazu die schmale Seitentravée mit **wandhaften** Rundbogenarchitekturen zu füllen, geht indes allein auf Raphael zurück.
5. Dasselbe gilt für den Gegensatz von einer überwiegend **gliederhaft-offene** Fassade mit einem **wandhaften** Restbau.
6. Raphaels **Binnenordnung** stützt das Gebälk der **Hauptordnung** mit ab – nicht zuletzt dank einer Ädikula mit Segmentgiebel.
7. Bei Raphael sind die *portico*-Säulen wie bei Maderno nach hinten gekuppelt.
8. Allerdings besteht Raphaels **Tempelvorhalle** nicht aus Nischen-, sondern aus Halbsäulen. Bei Peruzzi sind die Kolossalstützen hingegen wie bei Maderno vollplastisch – indes nur in Gestalt von Pfeilern.
9. Überdies beschränkte Raphael die eingestellte **Gliederarchitektur** nicht auf die Interkolumnien, sondern füllte mit ihr auch die Bereiche hinter den Kolossalsäulen aus. Die Entstehung zweier übereinander liegender **Querräume**, wie Maderno sie schuf, wurde auf diese Weise verhindert. Mithin können die nach hinten gekuppelten Säulen sogar **Tiefenräumlichkeit** suggerieren. Bei Peruzzi fällt der **Querraum** dagegen umso deutlicher aus.
10. Bei Peruzzi findet sich auch schon die Verbindung einachsiger Fragmente einer **Binnenordnung** mit einer Kolossalordnung und aufgesetzten Ädikulafenstern, wenngleich nur in den Türmen.
11. Ebenso antizipierte Peruzzi innerhalb der **Binnenordnung** die Metamorphose der Säule zum Pfeiler.

Allerdings verwendete Maderno auch Elemente, die man bei Peruzzi und Raphael vergebens sucht. Bei keinem dieser beiden Architekten ist die Mitteltravée der **Tempelvorhalle** nur eine Achse breit. Eine Aneinanderreihung einachsiger Kolonnadenfragmente, die in den Interkolumnien einer kolossalen **Hauptordnung** stehen und dennoch einen durchgehenden *portico* ergeben, verwirklichte erst Michelangelo am *Konservatorenpalast*. Dass Michelangelo die Gestaltung dieser einachsigen raumhaltigen Kolonnadenfragmente seinerseits von Peruzzi übernommen hatte,[107] spricht in keiner Weise gegen eine Vorbildfunktion der kapitolinischen Fassade. Im Gegenteil: Sie zeigt, wie sehr ihre Architektur aus der Auseinandersetzung mit *Sankt Peter* hervorgegangen war. Umso weniger überrascht ihre spätere Einbeziehung in die Planung Madernos.

Dass Madernos Fassade eine an sich raumhaltige Säulenvorhalle birgt, zeigt über die Analyse der Vorbilder hinaus vielleicht auch die architekturgeschichtliche Rezeption. Betrachtet man Fassaden, die in bewusster Anlehnung an *Sankt Peter* entstanden sind, so stellt man fest, dass ihre Schöpfer Madernos Absichten sehr wohl erkannt haben.

---

107 Thies 1982, S. 187.

Dies gilt zunächst für ein Beispiel, bei dem man einen Rückgriff auf *Sankt Peter* am wenigsten erwarten würde: Pietro da Cortonas *Wettbewerbsentwurf für den Westflügel des Louvre* in Paris.[108] In die Kolossalordnung der dreiachsigen Seitenflügelrisalite, die den Mittelpavillon flankieren, stellte Cortona alternierend **gliederhafte** und **wandhafte Binnenstrukturen**. In den beiden breiteren Seiteninterkolumnien stehen jeweils Säulenfragmente, die ein von Konsolen gerahmtes Mezzaninfenster tragen. Das schmalere Interkolumnium in der Mitte ist hingegen mit einem Fenster gefüllt, auf dessen flacher Verdachung ein reguläres Mezzaninfenster ruht. Die Parallelen der breiteren Interkolumnien zur Tektonik von Madernos A-Achsen sind offensichtlich, wenngleich das obere Geschoss mit den Ädikulafenstern fehlt. Erneut fangen Säulen und Mezzaninkonsolen den Druck des **Hauptgebälks** auf – und zwar gleichfalls im Gegensatz zu den **wandhaften** Füllungen der schmaleren Interkolumnien. Cortona ließ die tragende Funktion der Mezzaninkonsolen sogar noch deutlicher zutage treten als Maderno. Darüber hinaus trieb er die Differenzierung zwischen tragenden **gliederhaften** und nicht-tragenden **wandhaften** Füllelementen auf die Spitze. So gestaltete er die Stützen der **Hauptordnung**, zwischen denen die **gliederhaften Binnenstrukturen** stehen, als **wandhafte** Pilaster. Im Gegenzug flankierte er die **wandhaften Binnenstrukturen** mit **gliederhaften** Säulen. Dieser Wechsel ist mehr als nur ein geistreiches Spiel mit Kontrasten. Auch ist er nicht nur der Tatsache geschuldet, dass Cortona kleinere Säulen nicht unmittelbar gegen größere Säulen setzen konnte, ein Problem, das, wie wir sahen, auch schon Palladio (*Basilica* in Vicenza), Bernini *(erster Entwurf für die Ostfassade des Louvre)* und Fischer von Erlach (Entwurf für ein *Lustgartengebäude*) beschäftigte. Vielmehr besitzt Cortonas Gliederung eine höhere Logik, die zeigt, wie sehr der Maler sich in die Denkweise eines Architekten hineinversetzte: Dort, wo die **Binnenstrukturen** keine tektonische Qualität besitzen, muss die **Hauptordnung** das Gebälk tragen. Dort aber, wo ihr die **Binnenstrukturen** diese Aufgabe abnehmen, darf sie zum applizierten Wandschmuck herabsinken.

177

204, 174
97, 98

Neben den Feinheiten von Madernos Gliederungssystem fand dessen Idee einer raumhaltigen, zwischen zwei Türmen stehenden Vorhalle Eingang in die Architekturgeschichte. Aufgegriffen wurde sie beispielsweise von Christopher Wren und Niccolò Servandoni an der *Sankt Pauls-Kathedrale* in London und an *Saint-Sulpice* zu Paris. Allerdings verzichteten Wren und Servandoni auf die Kolossalordnung, so dass sie die Säulenordnungen zugleich als Gliederungen von *portico* und Loggia nutzen konnten. Dies hatte den unschätzbaren Vorteil, dass die Raumhaltigkeit beider Geschosse unmittelbar zur Geltung kommt. In *Sankt Blasien* im Schwarzwald ging Pierre d'Ixnard den umgekehrten Weg: Er stellte zwischen zwei **wandhafte** Türme eine kolossale **Säulenvorhalle**, die keine Zwischengeschosse mehr besitzt, und übernahm damit Madernos Fassade ohne *portico*, **Benediktionssala** und applizierter **Tempelfront**.

263, 262

Als einen Abkömmling von *Sankt Peter* wird man schließlich auch Alessandro Galileis *Ostfassade von San Giovanni in Laterano* verstehen dürfen. Galilei, der anders als Maderno allenfalls in der Disposition der Achsen auf einen älteren Kernbau Rücksicht nehmen musste, glückte erstmals die Verbindung von kolossaler **Tempelfront** mit Rücklagen (bzw. von **Pfeilervorhalle** mit vorgelegter **Tempelfront**) sowie von *portico* und **Benediktionsloggia** unter vollkommener Offenlegung der Raumhaltigkeit. Auch ist die Funktion der Stirnwand des Langhauses als Fassadenrückwand besser erkennbar. Rechnet man die frühe *Nordfassade der Lateranbasilika* auch zu dieser Familie, so erweist sich die Raumhaltigkeit als das alle Fassaden verbindende Glied. Ausgerechnet an der größten dieser Fassaden kam dieses Prinzip am wenigsten zur Geltung. Das beeinträchtigt nicht nur die Lesbarkeit dieses einen Monuments, sondern verwischt auch die Spur der Genese und Weiterentwicklung eines Bautyps.[109]

224

---

108 Vgl. Kieven/Connors/Höper 1993, Kat. 46, S. 142–143 und Noehles 1961, v. a. S. 46–50.

109 Entsprechend fehlt beispielsweise auch in Erich Franz' Monographie über d'Ixnard jeder Hinweis auf *Sankt Peter* (vgl. bes. Franz 1985, S. 45–93).

3 Der Petersplatz

329   In der Literatur ist die Architektur des *Petersplatzes* stets als der Versuch gewertet worden, Madernos Fassade zu korrigieren, d. h. sie gefälliger erscheinen zu lassen. In diesem Sinne hat bereits Burckhardt in dem oben zitierten Passus (siehe D 2.2) Berninis Verdienste hervorgehoben. Ein nicht minder wichtiger Aspekt, der bislang überhaupt nicht gesehen wurde, ist die Tatsache, dass die Platzarchitektur den Fassadenraum von *Sankt Peter* aufnimmt und ihn zur Stadt hin verlängert. Dieses räumliche Ausgreifen vollzieht sich auf zweierlei Art: durch die große Freitreppe und die Randbebauung.

354   Im Unterschied zur ursprünglichen Treppe, die noch auf Lagis und Montagnas Fresko zu sehen ist, ragt die neue Treppe wie eine riesige Zunge weit in den Platz hinein. Darüber hinaus erzeugt ihre konvex vorgewölbte Mitte eine **Frontalräumlichkeit**, die noch ausgeprägter ist als in *San*

220 *Giovanni in Laterano*.

    Begleitet wird die Treppe von den *corridoi*. Sie verbinden Madernos Fassade mit den *Kolonnaden* der *Piazza Obliqua*. (Entsprechend setzt ihr Kranzgesims in exakt derselben Höhe an wie die

328, 337   Corona von Madernos ionischem *portico*.) Zugleich führen die *corridoi* den Wechsel von der **Gliederarchitektur** zur **Wandbauweise**, der sich beim Übergang der ionischen Kolonnadenfragmente in die Arkaden der Turmsockel bereits andeutet, zu Ende. Sodann leiten sie zur reinen **Gliederhaftigkeit** der *Kolonnaden* über. Wie **wandhaft** die *corridoi* sind, zeigt sich daran, dass Bernini sie nicht wie die *Kolonnaden* mit vollrunden Säulen, die sowohl einen plastischen als auch einen tek-

343   tonischen Wert besitzen, instrumentierte, sondern mit obliquen Pilastern, deren Plinthen, Basen und Schäfte sich der Schräge des Terrains anpassen. Außerdem betonte Bernini die **Wandhaftigkeit** seiner *corridoi* durch die Fenster, die er anstelle von Interkolumnien verwendete. Während sich die **negativen** Öffnungen der *Kolonnaden* wie von selbst aus dem Abstand der Säulen ergeben, werden die Fenster als **positive** Öffnungen gezielt in die Wand eingebrochen.

    Heute, wo die Fenster teils vermauert, teils verglast sind, erscheinen die **wandhaften** *corridoi* als geschlossene Schirmwände, an welche die offenen *Kolonnaden* ziemlich unvermittelt anschließen. Eigentlich sollen die gekuppelten Pilaster der *corridoi* aber fließend in die Pfeiler-Säulen-Paare an den Kopfenden der *Kolonnaden* übergehen. Dieser fließende Übergang war früher trotz des Wechsels von der **Wand-** zur **Gliederbauweise** insofern gewährleistet, als man dank der offenen Fenster durch die *corridoi* fast ebenso ungehindert hindurchsehen konnte wie durch die *Kolonnaden*.

    Fast noch wichtiger war aber, dass die Fenster die Raumhaltigkeit der *corridoi* buchstäblich offen legten. Heute lassen die Vermauerungen und Verglasungen nicht ahnen, dass sich in den *corridoi* Gänge befinden, die Madernos *portico* bis in die Prozessionsgänge der *Kolonnaden* hinein verlängern.[110] Auch die halbrunden Treppen, die noch auf Nollis Plan von 1748 an den westlichen

390   Kopfenden den Austritt der *corridoi*-Räume in den Platzraum anzeigten, sind verschwunden. Vor dem Bau der *Via della Conciliazione* setzte sich der Raum der nördlichen Kolonnade sogar in der Schlucht der nördlichen Borgo-Gasse, des sogenannten *Borgo Nuovo*, bis zum *Ponte Sant'Angelo*

15   fort. Auf Paninis Vedute kann man diese räumliche Kontinuität noch gut erkennen.

    Der Gedanke, Madernos Fassadenraum über die Randbebauung des Vorplatzes nach Osten zu verlängern, hatte aus mehreren Gründen nahe gelegen. Schon die konstantinische Vorhalle, auf deren Fundamente Maderno seinen *portico* exakt gesetzt hatte,[111] war in der Randbebauung eines Platzes (nämlich dem Atrium) aufgegangen. Durch die von Kuntz untersuchte Anbindung an die

---

110 Auf die Raumhaltigkeit der *Petersplatz*-Umbauung hat indirekt schon Fagiolo 1994, S. 119 hingewiesen, indem er an die Funktion der *Kolonna-* *den* als überdachte Wege erinnerte und sie mit Kreuzgängen verglich.

111 Siehe hierzu die Grundrissmontage in: Satzinger 2005a, S. 62, Abb. 16.

Cappella Paolina war dann auch der Fassadenraum von *Neu-Sankt Peter* Teil eines größeren räumlichen Netzwerks geworden (D 2.2).[112] Infolgedessen hatten schon vor Bernini verschiedene Architekten erwogen, den Fassadenraum mit der Randbebauung des Platzes zu verbinden.

Auf dem bereits erwähnten Stich Greuters, der Bartolis Vorschlag zur Umgestaltung der Fassade dokumentiert, setzt sich der *portico* über die Halle der vorgezogenen Türme in schräg angesetzten Laubengängen fort. In zwei weiteren Entwürfen, welche die Fassade im Aufriss wiedergeben, plante Bartoli, sowohl den *portico* als auch die **Benediktionssala** in doppelgeschossigen Arkadengängen weiterzuführen.[113]

391
392–394

Etwas bescheidener fiel der Vorschlag Ferraboscos aus. Wie seine perspektivische Ansicht von *Sankt Peter* zeigt, dachte er daran, den ‚Glockenturm' Pauls V. und die Futtermauer, die diesen mit Madernos nördlichem Turmsockel verband, samt einer darauf stehenden Galerie an der Südseite der Fassade spiegelbildlich zu wiederholen. Auf dem Stich präsentiert sich Madernos **Benediktionssala** nun so, wie sie sich im Grunde auch an der Innenseite der Eingangswand gibt: als ein von Michelangelos Vorhalle übergriffener Laufgang, der die Dachterrassen der beiden Galerien miteinander verbindet. (Diese Funktion als Bindeglied wird umso deutlicher, als die Balustraden der Dachterrassen den Brüstungen von Madernos Ädikulen und Nischen entsprechen.) Des Weiteren wirken die beiden Uhrtürme als positive Verkehrung des in den Turmstümpfen enthaltenen Raumes. Und nicht zuletzt verbindet die rechte Dachterrasse die **Benediktionssala** mit der untersten Loggia des *Damasushofes*, deren Theatermotive wiederum in ihrem eigenen galerieartigen Unterbau wiederkehren. Madernos **Benediktionssala** wird dadurch zu einem Pendant von Bramantes Loggien, was ihren Charakter als überbauten Raum noch mehr zur Geltung bringt.[114] Um dieser Idee willen war Ferrabosco, dessen Angaben sonst sehr exakt sind, sogar bereit, die realen Proportionen zu unterschlagen. Auf einem Stich Specchis, der in diesem Punkt mehr Glaubwürdigkeit verdient, liegen die unterste Loggia des Damasushofes, das zweite Obergeschoss des Glockenturmes und die Dachterrasse deutlich tiefer als die **Benediktionssala**.

348

Angesichts der realen Höhenunterschiede war es nur konsequent, dass Bernini, nachdem er die Futtermauer und den Uhrenturm abgetragen hatte, nicht die **Benediktionssala**, sondern den *portico* fortsetzte. Dies ermöglichte es ihm auch, über die *corridoi* einen weiteren Baukörper an sein räumliches Netzwerk anzuschließen: die von ihm zu gleicher Zeit (1659–1666) erbaute *Scala Regia*.

In der Literatur wird die Gestaltung der *Scala Regia* immer wieder auf die ungünstigen räumlichen Verhältnisse, an denen Bernini nichts habe ändern können, zurückgeführt. Der Raum sei an sich viel zu eng und zu lang, auch werde er nach oben zu schmaler. Um diese Mängel zu überspielen, habe Bernini in ihn eine ionische Kolonnade eingestellt, die von einer Halbtonne überwölbt werde. In dem Maße, in dem sich der Säulenkorridor nach hinten verjünge, habe Bernini auch die Höhe der Säulen und des Gebälks verringert. Um dem Eindruck übermäßiger Länge entgegenzuwirken, habe er indes im Unterschied zur regulären Ionica jede zweite Säule ausgelassen. Da die Kolonnaden aber auf den Blick vom Treppenanfang aus berechnet seien, fielen diese Lücken nicht auf, so dass der Säulenkorridor perspektivisch verkürzt werde.[115]

398

Diese Beobachtungen lassen sich ergänzen. Dafür, dass die Säulenreihen der *Scala Regia* nicht in Frontalansicht von der Treppe aus, sondern in stark verkürzter Schrägansicht von unten aus gesehen werden sollen, spricht auch die Gestaltung der Kapitelle mit Eckvoluten. Hätte Bernini

---

112 Kuntz 2005, S. 45.
113 Rom, Biblioteca Nazionale Centrale Vittorio Emanuele II, Fondi minori, prov. claustrale varia X, fol. 191r u. fol. 201r.
114 Der Eindruck, die Dachterrasse einer eingeschossigen Galerie durchziehe einen zweigeschossigen Hauptbau, erinnert entfernt an den in Kapitel A

2.3 beschriebenen Effekt, der sich einstellt, wenn man Darstellungen der Inszenierung des *Dresdner Zwingers* im Jahre 1719 oder die nach 1945 entstandenen Zerstörungsphotos betrachtet.
115 Z. B. Kerber 1947, S. 64–67 u. Pevsner 1973, S. 262.

klassisch-ionische Kapitelle verwendet und deren Stirnseiten am Verlauf des Gebälks ausgerichtet, wäre der Blick des Besuchers mehr oder weniger direkt auf die schmächtigen Nebenseiten mit den Polstern gefallen. Andererseits konnte Bernini die Kapitelle nicht um 90 Grad drehen, denn damit hätte er das innere Gefüge der Ordnung zerstört. Daher entschied er sich, die Kapitelle mithilfe von Diagonalvoluten vieransichtig zu gestalten. Zugleich konnte er auf diese Weise aber auch Madernos Kapitellbildung innerhalb des *portico* aufgreifen.

336, 338

Die perspektivische Wirkung, die Bernini auf diese Weise erzielte, kommt schon auf mehreren zeitgenössischen Stichen, u. a. bei Alessandro Specchi[116] und bei Giovanni Battista Falda[117] zur Geltung. Wie ein zweiter Stich bei Falda zeigt, sind die Säulenreihen der *Scala Regia* indes nicht nur auf den nahen Betrachterstandpunkt berechnet. Vielmehr sollen sie ihre Wirkung auch schon vom nördlichen *corridoio* aus entfalten.[118] Somit kann man sie auch als Verlängerung der *Petersplatz-Kolonnaden* lesen, wobei die Ionica auf die Dorica folgte. (Von der Art, wie Bernini die Überleitung zwischen diesen unterschiedlich großen Ordnungen vollzog, war schon in Kapitel B 3.3.4.8 die Rede.) Die Funktion des nördlichen *corridoio* als Bindeglied zwischen den *Kolonnaden* und der *Scala Regia* hebt Faldas Stich explizit hervor. Deutlich erkennt man, wie der **Innenraum** des Korridors einen langen Tunnel bildet, der sich in der *Scala Regia* ungehindert fortsetzt und schon vom Portal aus auf das Fenster am oberen Wendepodest als *point de vue* zielt. Auch im Korridor selbst setzte Bernini auf Lichteffekte. Das einst durch die hohen Fenster einfallende Licht teilte den Raum in helle und schattige Zonen, deren Abfolge eine szenographische Wirkung entfaltete.

398

399

Indes konzipierte Bernini die *Scala Regia* keineswegs nur als Verlängerung des nördlichen *corridoio*. Vielmehr wiederholte er in der Treppe die Architektur der *Kolonnaden* und *corridoi*, oder genauer gesagt: Er projizierte diese beiden freistehenden Baukörper in das Innere des *Vatikanischen Palastes*. Der untere Lauf der Treppe wiederholt mit den freistehenden Säulen, die ein Tonnengewölbe tragen, den Mittelgang der *Kolonnaden*. (Um trotz der deutlichen Steigung nicht auf die Säulen verzichten zu müssen, glich Bernini die Abstände zwischen den Abaki und dem Architrav sogar mit keilförmigen *pulvini* aus, eine Lösung, die er den Spiraltreppen Mascherinos, Vignolas und Borrominis in *Caprarola*, dem *Quirinalspalast* und dem *Palazzo Barberini* abgeschaut hatte.) Im oberen Lauf, der ohnehin sehr schmal war, verzichtete der Cavaliere auf die Säulen. Stattdessen gliederte er Wände analog zum Äußeren der *corridoi* mit Pilastern und (blinden) Fensterrahmen.

397

Die Struktur der *Scala Regia* überspielt also nicht nur die schachtartige Enge des Treppenhauses, sondern ist auch wesentlich durch das räumliche Verhältnis zur Platzarchitektur bestimmt. Des Weiteren setzte Bernini in der *Scala Regia* Madernos *portico* fort, wobei er dessen eingestellte Säulen ebenso wie in den *Kolonnaden* durch eine freistehende Ordnung ablöste.

Erneut zeigt sich, dass die Struktur der *Scala Regia* durch die angrenzenden Räume mitbestimmt wird. Wie eben schon erwähnt, waren die ionischen Eckvoluten durch Madernos Kapitelle vorgegeben. Außerdem unterstützen sie in ihrer Vieransichtigkeit das Umknicken des Raumes im rechten Winkel. In ihrer Scharnierfunktion sind sie für die Anbindung der *Scala Regia* an den *portico* nicht weniger wichtig als das *Reiterstandbild Konstantins des Großen*, das als *point de vue* des *portico* am Fuß der Treppe steht.

336, 338

Berninis System des räumlichen Ausgreifens wäre heute noch umfangreicher, hätte Filippo Juvarra ein halbes Jahrhundert später den Auftrag erhalten, die *Neue Sakristei* zu bauen, und hätte er dabei die erste, zweite oder fünfte Lösung seines Projektes von 1715 umsetzen dürfen.[119] Alle drei Lösungen sahen vor, die Sakristei, die an der Südseite der Basilika im Winkel von Tribuna und Langhaus stehen sollte, mit Madernos *portico* durch einen Gang zu verbinden, der Berninis angrenzenden *corridoio* nach Westen verlängert hätte. In der ersten und der zweiten Lösung wollte

401a–403

401a–c, 402

---

116 Bonanni 1696, Tf. 83.
117 Bartsch/Falda (1993), S. 54, Kat. Nr. 090 S 2.
118 Bartsch/Falda (1993), S. 56, Kat. Nr. 091 S 1.

119 Siehe hierzu Gritella 1992, Bd. I, S. 130–146 u. Torresi 2000, S. 259–260.

Juvarra den Aufriss des Korridors weitgehend übernehmen. Nur die Fenster wären durch schmale Wandstreifen ersetzt worden, die substanziell kaum ins Gewicht gefallen, die Beibehaltung der gekuppelten Pilaster anstelle von Säulen indes gerade noch gerechtfertigt hätten. Im Innern wollte Juvarra zwischen die Öffnungen gekuppelte Säulen stellen, die Berninis Säulen am Kopfende des Korridors einfach fortgesetzt hätten. In der zweiten Lösung näherte Juvarra das Innere seines Gangs Berninis *corridoio* noch mehr an, indem er die Travéen zwischen den gekuppelten Säulen konkav ausbuchtete. Auch wollte er den Gang nun – durch die eigentliche Sakristei hindurch – bis unmittelbar an die Südtribuna heranführen. In der fünften Lösung ersetzte er den Gang durch eine offene Brücke mit freistehenden Säulen, wobei er ganz offensichtlich die Brücken in den Durchfahrten der Fassade paraphrasierte. In allen drei Lösungen erscheint der Gang als Pendant der *Scala Regia* – anfangs sogar einschließlich der eingestellten Säulen. Dabei setzte Juvarra wie Bernini die räumliche Wirkung des *portico* der bestehenden *corridoi* als zwingend voraus.

402

403

Doch auch ohne Juvarras *Sakristei* war eine in der Kunstgeschichte einmalige Folge von Räumen entstanden, deren Wirkung sich allerdings besser erschloss, wenn man sich auf die Fassade zu bewegte. So schritt der Besucher zunächst durch die schmalen Gassen des dunklen *Borgo* den Berg hinauf. Umso größer war der Überraschungseffekt, wenn er plötzlich in die lichtdurchflutete Weite des *Petersplatzes* eintauchte. Mit dieser Raumregie hatte Bernini das Konzept Madernos für die Fassade und das Innere der Basilika vorweggenommen. Ging der Besucher nämlich weiter, so erlebte er beim Passieren der Vortreppe, des *portico*, des Langhauses und des Kuppelraumes denselben Übergang von Aufstieg, dunkler Enge und Öffnung zu lichtvoller räumlicher Weite.

Parallel dazu folgten auf den offenen Straßenraum des *Borgo Nuovo* die *Kolonnaden* als halboffene **Ringräume** und die *corridoi* als halboffene **Innenräume**. Am Ende stand die *Scala Regia* als ein reiner **Innenraum**.

399

Heute ist der Übergang vom *portico* zur Vorhalle der *Scala Regia* durch eine Glastür geschlossen. Ebenso sind die *corridoi* nicht mehr der Öffentlichkeit zugänglich. Massive Portalflügel versperren den südlichen Korridor ständig und den nördlichen abends und nachts. Überdies hat sich der Charakter der Räume verändert. Aus der Perspektive Faldas präsentieren sich die Korridore noch als **längsräumliche Durchblicke**. In Paninis Vedute ergeben sie zusammen mit dem *portico* und den *Kolonnaden* einen **Ringraum**, der sich um den Platz legt. Nach Berninis ursprünglicher Konzeption hätte dieser **Ringraum** den Platz durch einen *terzo braccio* sogar vollständig **umschlossen**. Im 19. Jahrhundert wurden aus den Korridoren **latente Binnenräume**, die von den angrenzenden Räumen (*portico*, *Kolonnaden* und Platz) separiert sind. Mit der Offenheit verloren die Räume auch ihren Öffentlichkeitscharakter. Zugleich wurden die ikonologischen Bezüge weitgehend zerstört, von denen in den nächsten Kapiteln die Rede sein wird.

399

15

4 Die ikonologische Relevanz der Raumhaltigkeit von Sankt Peter

4.1 Die Cathedra Petri

4.1.1 Die Forschungslage

22–27 Parallel zur Errichtung des *Petersplatzes* und der *Scala Regia* arbeitete Bernini von 1657 bis 1666 an der Innenausstattung der Basilika, die in der *Cathedra Petri* gipfelt.[120] Die als Apsisaltar gestaltete vielfigurige Gruppe dient in erster Linie als ein sogenanntes sprechendes Reliquiar. Als solches birgt er einen Sessel aus karolingischer Zeit, der im 17. Jahrhundert noch als Thron des heiligen Petrus und damit als Sinnbild der päpstlichen Amtsgewalt verehrt wurde. Um das schwebende
26 Thronreliquiar, das von der Glorie des Heiligen Geistes überstrahlt wird, haben sich mit Augusti-
27 nus, Ambrosius, Athanasios und Johannes Chrysostomos die bedeutendsten Väter der West- und der Ostkirche *um* und *unter* den päpstlichen Thron geschart, um die Einheit der Kirche unter dem Supremat des Papsttums zu bezeugen.

Wie sich an der Eingangsinnenwand zeigen ließ, steht der Innenraum zumindest in einem mittelbaren Verhältnis sowohl zum Fassadenraum als auch zu den *Kolonnaden* und der *Scala Regia* als dessen **frontal-** und **tiefenräumlichen** Ausläufern. Auf der ikonologischen Ebene ist die Verzahnung sogar denkbar eng. Bernini konzipierte *Kolonnaden* und *Cathedra* nämlich als die beiden Pole eines höchst komplexen Bildprogramms. In diesem Sinne bemerkte auch sein Sohn Domenico, dass „diese beiden Werke, der Platz und die Cathedra, sozusagen Anfang und Ende der Erhabenheit dieser großen Kirche sind."[121]

Aufschlussreich ist auch das viel zitierte Wort Berninis, seine *Kolonnaden* seien die Arme, mit denen die Kirche die Besucher wie eine Mutter umfange: die Katholiken, um sie im Glauben zu stärken, die Häretiker, um sie in den Schoß der Kirche zurückzuführen, und die Heiden, um sie zum wahren Glauben zu führen.[122] Letzten Endes besagt diese Metapher, dass die Platzarchitektur in erster Linie dazu dient, die Menschen zu sammeln, um sie dann in das Innere der Kirche zu führen. Der Kirchenraum wird damit zwangsläufig zum Zielpunkt des Platzraumes. Madernos *portico* avanciert somit zum Verbindungsraum, zu einer Art Schleuse, während der problematische Fassadenspiegel von einer Schaufront zu einem Transitorium abgewertet und dadurch weiter relativiert wird.

Kaum war der *Petersplatz* vollendet, machte sich Bernini an die figürliche Ausstattung des *Ponte Sant'Angelo* (1668–71), für den er und seine Schüler die zehn Engel mit den Leidenswerkzeugen Christi schufen.[123] Dass damit der Radius des „Bilderkreis[es] von Neu-St. Peter" erweitert wurde, erkannte schon Sedlmayr.[124] In jüngster Zeit hat Dombrowski die *Cathedra* nochmals als den

---

120 Dombroswki 2003, S. 388. Zur Planungsgeschichte des Petersplatzes siehe auch Voß 1922, S. 19–26; Brauer/Wittkower 1931, Bd. I, S. 69–87; Thoenes 1963; Haus 1970, S. 7–16; Kitao 1974, S. 4–14; Rietbergen 1983, S. 129–135 u. Menichella 1987, S. 4–14.

121 Bernini 1713, S. 111: „Le due opere, e del portico e della cathedra, furono per così dire il principio e fine della magnificenza della gran basilica" (vgl. auch Sedlmayr 1960a, S. 33; Wittkower 1995, S. 122, Lavin 2000, S. 233–234, Anm. 46).

122 Dombrowski 2003a, S. 389; vgl. Kitao 1974, S. 89–90, Anm. 40.

123 Hierzu ausführlich Weil 1974.

124 Sedlmayr 1960a.

„*point de repère* einer Wachstumsbewegung" gewürdigt, „die letztlich von der Engelsbrücke ihren Ausgang nimmt".¹²⁵

Um zu verstehen, in welcher Art und Weise das Bildprogramm von *Sankt Peter* auf das urbane Umfeld ausgreift und welche Rolle Madernos und Berninis raumhaltige Architekturen dabei spielen, ist es nötig, ausführlicher auf das Bildprogramm von *Sankt Peter* und vor allem auf die *Cathedra* einzugehen. Freilich kann ich die mittlerweile unübersehbare Forschung zur *Cathedra Petri*, zum übrigen Bildprogramm von *Sankt Peter* sowie zum *Petersplatz* und zur *Engelsbrücke* an dieser Stelle nicht vollständig aufrollen und mich auf sämtliche Einzelfragen einlassen. Vielmehr will ich mich auf die für meine Fragestellung wichtigsten Beiträge konzentrieren – namentlich auf die Studien Dombrowskis, die sich – unter weitgehender Aufarbeitung der bisherigen Forschung – der *Cathedra* und ihrem ikonologischen Kontext ausführlichst widmen. Ferner sind die Überlegungen zur *Cathedra* von Belang, die Christian Hecht in seiner Monographie über das Bildmotiv der Glorie anstellte.

Nach Dombrowski besitzt das Bildprogramm in *Sankt Peter* in der von Bernini geschaffenen bzw. redigierten Fassung vier Schwerpunkte, die zugleich einzelne Stationen bilden:
- die Westtribuna mit der *Cathedra Petri*,
- die Vierung mit dem *Hochaltarziborium* über dem Petrusgrab, den Reliquienkapellen und den Pfeilerfiguren,   *22*   *388*
- das Langhaus mit den Tugendpersonifikationen in den Arkadenzwickeln sowie den Papstbildnissen und den Statuen der Ordensgründer in den Pfeilern,   *356*
- den Platz mit den *Kolonnaden*, den Heiligenfiguren und dem *Obelisken*.   *15, 328, 329*

Eine von Dombrowkis Hauptthesen besagt, Berninis Ausstattung von *Sankt Peter* sei in erster Linie das Werk eines tiefgläubigen Künstlers, der die gedankliche Konzeption seiner Werke spätestens unter dem Pontifikat Alexanders VII. weitgehend selbst habe bestimmen können. Dombrowski führt dies u. a. auf Berninis hohe theologische Kompetenz, auf seine künstlerische Autorität und auf das gute Verhältnis zu seinem Auftraggeber zurück, mit dem ihn eine Art „geistige Gleichgestimmtheit" verbunden habe.¹²⁶

Angesichts von Berninis Sonderrolle als „alter ego dieses Pontifex"¹²⁷ und als „Tatpersönlichkeit", die ihre Schöpfungen als ihre „Kinder", als von ihr „Gezeugtes" begriffen habe,¹²⁸ hält es Dombrowski für ausgeschlossen, dass Bernini eine päpstliche „Staatskunst" geschaffen habe. Damit wendet er sich nachdrücklich gegen jene „dominierende Forschungsrichtung […], die das künstlerische Subjekt so weit zurückdrängt, dass es mit dem Auftraggeber identifiziert werden kann."¹²⁹ Besonders in der *Cathedra Petri* sieht Dombrowski – gegen Roberto Battaglia, Emile Mâle, Rudolf Wittkower, Sebastian Schütze, Louise Rice und Marcello Beltramme¹³⁰ – keine Verkörperung des päpstlichen Machtanspruches¹³¹, sondern ein Werk, das „nur sehr bedingt als ‚Papstkunst' etikettierbar" sei.¹³² Besonders nachdrücklich widerspricht Dombrowski Steven Ostrow¹³³, der in der *Cathedra* „den Kulminationspunkt des päpstlichen Triumphalismus im 17. Jahrhundert" zu erkennen glaubte.

---

125 Dombrowski 2003a, S. 377.
126 Dombrowski 2003a, S. 344–345. Seine Thesen zur Ausstattung von *Sankt Peter* wiederholte Dombrowski weitgehend in ders. 2003b.
127 Dombrowski 2003a, S. 358.
128 Dombrowski 2003a, S. 345.
129 Dombrowski 2003a, S. 344 bezieht dabei explizit Stellung gegen die Deutung des Grabmals der Gräfin Mathilde von Tuszien bei Karstensen/Zitzlsperger 2001, S. 206–207 sowie die Interpretationen des *Hochaltarziboriums* bei Rietbergen 1983, S. 111–163, Kirwin 1997, besonders S. 8, 101, 140–141 u. 206–216 und Schütze 1994, S. 219–287.
130 Battaglia 1943, S. 70; Mâle 1951, S. 50; Wittkower 1995, S. 20; Schütze 1994, S. 269; Rice 1997, S. 117; Beltramme 1997, S. 301.
131 Dombrowski 2003a, S. 361
132 Dombrowski 2003a, S. 386
133 Ostrow 1981/1982, S. 181. Zuvor hatte schon Wittkower 1995, S. 121 von „the grandest Apotheosis of the Ecclesia triumphans" gesprochen.

In erster Linie beruft sich Dombrowski auf die Entstehungsgeschichte der *Cathedra*. Zunächst habe Bernini geplant, die *Cathedra* auf die Schultern von vier lateinischen Kirchenvätern zu stellen. Der Anspruch des Papstes, über die römische Kirche einen Supremat auszuüben, wäre dadurch zweifelsohne sinnfällig geworden. Allerdings schwebe der Thron im ausgeführten Zustand völlig frei. Zudem werde er paritätisch von Vätern der West- und der Ostkirche umstanden. Diese sind mit ihm nur noch durch ein Band, das sie lose in Händen hielten, verbunden.[134] Auch stelle das zentrale Relief an der Thronlehne jetzt nicht mehr die „autoritäre Schlüsselübergabe", sondern das „milde Pasce oves meas" dar.[135]

Aufgrund dieses „konzeptionellen Wandels in der Werkgenese" erkennt Dombrowski in dem neuen Bildmotiv ein Symbol für die „universale Gültigkeit der Heilsgeschichte".[136] Katholizität werde nun „weniger durch Autorität und Lehramt als vielmehr durch Universalität der Kirche vermittelt". Zwar komme „dem römischen Bischof die Rolle des Vermittlers zu", doch werde „die Suprematie des Petrusamtes zu einem Teil der ökumenischen Bedeutung." Zu dieser Deutung passe auch das in der Glorie des Heiligen Geistes nachvollzogene Pfingstwunder, „das vorübergehend alle Grenzen von Nation und Religion aufhebt".[137] Darüber hinaus werde dieses Konzept der Situation nach dem Westfälischen Frieden gerecht, als sich der noch von Urban VIII. vertretene päpstliche Vormachtsanspruch als Illusion erwiesen und die theologische Losung „Weniger päpstlicher Primat, mehr Christusverehrung" gelautet habe.[138]

Ferner glaubt Dombrowski in der *Cathedra* eine eschatologische Dimension zu erkennen. Das untere Kompositionsdreieck mit den Vätern und dem Thron „spiegelt die Kirche in ihrer festumrissenen, historisch-kontingenten Erscheinung. Demgegenüber kündigt sich oben mit schöpferischem Impetus die ewige Kirche, das kommende, erst noch in Entfaltung begriffene Gottesreich an".[139] Das „Übereinander von irdischer und himmlischer Sphäre innerhalb des Altaraufbaus" beglaubige Augustinus als Verfasser der ‚Civitas Dei'.[140] Des Weiteren ergebe sich die eschatologische Bedeutung der *Cathedra* aus dem Motiv des Leeren Thrones, das nicht nur auf die *Prima Apostolica Sedes*, sondern auch auf die *Hetoimasia* verweise.[141]

Mit der für die *Cathedra* zu beobachtenden konzeptionellen Abkehr von einem päpstlichen Triumphalismus einerseits sowie der Hinwendung zu einem kirchlichen Universalismus und einer apokalyptischen Parusieerwartung andererseits geht für Dombrowski die ikonologische Redaktion der Vierung einher. Unter Urban VIII. sei das *Hochaltarziborium* in erster Linie noch ein Tropaion des heiligen Petrus gewesen. Wie Schütze es dargelegt habe,[142] spielte der Aufbau zunächst auf die Krönung des Märtyrers an. Um die Rolle des Petrus als eines Heros hervorzuheben, habe Bernini auch an den ‚salomonischen' Säulen der Altarschranken von *Alt-Sankt Peter*, die er für die oberen Kuppelpfeilernischen wieder verwendete, die Weinranken durch Lorbeer ersetzt.[143]

---

134 Dombrowski, S. 362. Dombrowski scheint hier der Argumentation Hans Kauffmanns zu folgen. Indem die *Cathedra* in der endgültigen Fassung in den Himmel erhöht werde, entlasse sie die Kirchenväter „in ein freieres Dasein". Während die ältere Konzeption eine monarchische Organisation und einen papalistischen Zentralismus ausgedrückt habe, seien die Bischöfe der Cathedra nun nicht mehr dienstbar unterstellt. Vielmehr umringten sie den Stuhl Petri wie in einer Sacra Conversazione und träten in freier Entsprechung zueinander. Auf diese Weise drücke die Konzeption die Eigenrechte der Bistümer aus und charakterisiere das Corpus Episcoporum als „Nachfolgeschaft der Gesamtheit aller Apostel" (Kauffmann 1970, S. 271–272).

135 Dombrowski 2003a, S. 361 u. 364.
136 Dombrowski 2003a, S. 362 u. 366.
137 Dombrowski 2003a, S. 364.
138 Dombrowski 2003a, S. 358.
139 Dombrowski 2003a, S. 367.
140 Dombrowski 2003a, S. 374.
141 Dombrowski 2003a, S. 375–376. Zu dieser These siehe auch schon Einem 1955, S. 111.
142 Schütze 1994, S. 22–237
143 Dombrowski 2003a, S. 347–348. Die Deutung der Lorbeerranken folgt Kummer 1990, S. 197.

Dieser petrinische Schwerpunkt sei aber spätestens durch die eucharistische Sinngebung der vier Kolossalfiguren in den Pfeilernischen relativiert worden. Während Longinus und Veronika die Passion und den Opfertod Christi bezeugten, stehe Andreas für die Kreuzigung in der Nachfolge Christi. Helena habe das Kreuz schließlich wieder aufgefunden.[144] Unter Berufung auf Irving Lavin[145] kommt Dombrowski zu dem Schluss, dass der Gedanke des Martyriums durch den Aspekt der Vergegenwärtigung der Passion und der Eucharistie zurückgedrängt worden sei. Zwar sei das Petrus-Thema in den Palmwedeln, die den Voluten der Bekrönung auflägen und in denen dem Apostelfürsten gleichsam die ewige Palme des Sieges dargeboten würde, nach wie vor präsent, doch verschmelze „dieses motivische Detail derart mit der Architektur, dass es kaum mehr als selbständige ikonologische Figur erkennbar" bleibe.[146] Wie Bernini „in der Apsis die Themen Statthalterschaft, Pfingsten und Wiederkunft zu einem gewaltigen eschatologischen Bild" verdichtet habe, so habe er zuvor in der Vierung „die Themen Petrus-Martyrium, Passion und Auferstehung unter dem Gedanken der heilsgeschichtlichen Wirksamkeit miteinander verknüpft".[147]

Ein weiterer Eingriff Berninis besteht nach Dombrowski darin, dass dieser das Langhaus noch stärker an den Zentralbau angebunden und es zugleich auf den Hochaltar ausgerichtet habe.[148] Überdies habe das Langhaus mithilfe der schon erwähnten Tugendpersonifikationen, der Medaillons mit den Märtyrerpäpsten und der Statuen diverser Ordensgründer zu einem „Weg durch die Zeit unter Führung der Tugenden" werden sollen.[149] Was das Verhältnis des Langhauses zur übrigen Basilika betrifft, so glaubt Dombrowski, die in ihm dargestellte Geschichtlichkeit der Kirche münde in die liturgische Gegenwart der Vierung, wo das eucharistische Opfer im Mittelpunkt stehe. Dieser Themenkreis werde erweitert durch den *Cathedra*-Altar als „eschatologische Folie, die ihren Glanz durch die Geschichte der Kirche und die sakramentale Präsenz hindurch schon voraus wirft".[150]

Bei der Deutung des Petersplatzes beruft sich Dombrowski auf Berninis Vergleich der *Kolonnaden* mit den mütterlichen Armen der Kirche. Der Platz werde so zu einer „Apotheose des Katholischen", zu einem „Amphitheater des christlichen Universums". Sein Zentrum bilde der *Obelisk* als ein christologisches Symbol für die Sonne der Gerechtigkeit. Zugleich verkündeten die Heiligen, die auf den *Kolonnaden* ihren Blick zum Empyreum richteten, die verheißene Herrlichkeit des Jenseits.[151] Auf diese Weise werde die Aussage des Kircheninnern auf vielfache Weise antizipiert. Dies gelte besonders für „die räumlich und plastisch vermittelte Aszendenz von Vergangenheit, Gegenwart und Zukunft sowie die darin aufgehobene Verwandlung der Kirche von ihrer historischen Gestalt zu ihrer verheißenden Bestimmung durch das zentrale Geheimnis der Eucharistie".[152]

15, 329

Im Unterschied zu Dombrowski betont Hecht mehr die ästhetische Wirkung der Cathedra innerhalb des Gesamtraums. Unter liturgischen Gesichtspunkten habe es keinerlei Notwendigkeit gegeben, mit der *Cathedra* einen neuen Altar in *Sankt Peter* zu errichten. Schließlich sei der Hauptaltar über dem Petrusgrab seit jeher das Zentrum der Papstmessen gewesen.[153] Berninis Konzept eines gewaltigen Reliquienaltars bedeute sogar einen Bruch mit der liturgischen Tradition.[154]

Einen Grund für diesen Bruch vermutet Hecht in dem Wunsch Alexanders VII., die Bedeutung des Petrusamtes hervorzuheben.[155] Ein zweites Motiv entnimmt er der Bildunterschrift in François Spierres Stich, die seiner Meinung nach eine programmatische Aussage des Papstes selbst enthält:

---

144 Dombrowski 2003a, S. 357.
145 Lavin 1968, S. 33–37.
146 Dombrowski 2003a, S. 356.
147 Dombrowski 2003a, S. 361–162.
148 Dombrowski 2003a, S. 378–381.
149 Dombrowski 2003a, S. 382–385.
150 Dombrowski 2003a, S. 386.

151 Zur Ikonologie des Statuenschmucks siehe auch Buonazia 2000, S. 306, zur Bedeutung der Platzanlage Birindelli 1987.
152 Dombrowski 2003a, S. 389–391.
153 Hecht 2003, S. 279–281. Siehe auch Thelen 1967.
154 Hecht 2003, S. 281–282.
155 Hecht 2003, S. 285.

ALEXANDER VII PONT[IFEX] MAX[IMVS] CATHEDRAM SANCTI PETRI IN INTERIORI TEMPLI FRONTE, INGREDIENTIBVS AB IPSO E REGIONE ASPECTABILEM, DECENTIVS COLLOCAVIT EXORNAVITQUE.
("Alexander VII. Pontifex Maximus ließ die Cathedra des heiligen Petrus an der innen befindlichen Front der Kirche, den Eintretenden selbst vom gerade gegenüberliegenden Eingang aus sichtbar, geziemend aufstellen und schmücken".)[156]

„Ein deutlicherer Hinweis darauf", dass Alexander „mit der Errichtung des neuen Apsisaltars in erster Linie künstlerische Intentionen verfolgte", ist für Hecht „kaum möglich."[157] Der Papst habe sich über die liturgische Tradition der Peterskirche bewusst hinweggesetzt, „um ein künstlerisches Problem" zu lösen:

„Der große, weithin sichtbare Altar gab zwar der Basilika einen großartigen gestalterischen Zielpunkt, der überkommenen Liturgie aber war er hinderlich".[158]

4.1.2 Kritik an der Forschung

Hechts Hinweis auf den Bruch mit der liturgischen Tradition verdient fraglos besondere Beachtung. Allerdings greift die Begründung etwas zu kurz. Ich denke, die künstlerischen Absichten allein hätten einen Einschnitt wie den Bau der *Cathedra* nicht gerechtfertigt.

Als sehr verdienstvoll erweist sich in diesem Zusammenhang Dombrowkis Studie, die noch einmal überzeugend herausarbeitet, in welchem Maße Bernini bei der Konzeption der *Cathedra* das Bildprogramm von *Sankt Peter* nach einem einheitlichen *concetto* ausrichtete, und wie sehr er dabei den Bereich außerhalb der Basilika einbezog. Allerdings glaube ich, dass das Ausgreifen des Bildprogramms auf den Stadtraum durch die Einbeziehung des *Petersplatzes* und der *Engelsbrücke* eine weitaus komplexere Funktion erfüllt als die von Dombrowski angeführte Aufgabe, den historischen, eschatologischen und eucharistischen Gehalt des Kircheninnern zu antizipieren. Dombrowkis Konzentration des Sinngehalts auf diese Aspekte unter nachdrücklicher Relativierung der petrinischen, der päpstlichen und der martyrologischen Komponente steht einer Erfassung dieser zusätzlichen Bezüge sogar im Wege. Außerdem müsste sehr viel mehr auf die Bedeutung der Fassade als Bindeglied zwischen Innenraum und Platz eingegangen werden, unter formaler wie unter ikonologischer Hinsicht.[159]

Problematisch erscheint mir auch die von Dombrowski postulierte Dichotomie einer vom päpstlichen Auftraggeber bestimmten Staatskunst mit petrinischem Akzent einerseits und einer von der individuellen Künstlerpersönlichkeit ausgehenden Frömmigkeitskunst mit eher christologisch-eschatologischem Akzent andererseits. Denn erstens halte ich es für durchaus selbstverständlich, dass auch eine offizielle Kunst Züge echter Frömmigkeit tragen kann. Zweitens bilden im 17. Jahrhundert päpstlicher Triumphalismus und kirchliche Universalität überhaupt keinen Gegensatz. Schließlich ist die universale Einheit der Kirche nach katholischer Auffassung nur durch das Petrusamt gewährleistest. Auch das in der *Cathedra* fraglos dargestellte Pfingstwunder bedeutet keineswegs einen ökumenischen Universalismus, in dem „vorübergehend alle Grenzen von Nation und Religion" (Dombrowski) aufgehoben sind. Gerade das Bildprogramm von *Sant'Ivo*

---

156 Zitiert nach Hecht 2003, S. 282–283.
157 Hecht 2003, S. 284.
158 Hecht 2003, S. 284.
159 Dombrowski 2003a, S. 349–350 weist lediglich darauf hin, dass an der Innenwand der Fassade, genauer vor dem mittleren Feld des großen Thermenfensters, seit 1629 Giottos „Navicella" angebracht war (siehe hierzu auch Tatz 1991/1992, S. 342). Außerdem habe man 1633 geplant, Berninis Relief mit dem „Pasce Oves meas", das sich heute im *portico* befindet, über das mittlere Eingangsportal zu setzen (vgl. Bauer 2000, S. 20). In diesem Zusammenhang spricht Dombrowski von einer „petrinischen Ausrichtung des ganzen Kirchenschiffs", die allerdings mit der späteren Translozierung beider Bilder aufgegeben worden sei.

hat gezeigt, dass dieses Thema eine ausgesprochen antihäretische und kontroverstheologische Konnotation besitzen kann (Kap. C 4.6).

Drittens besitzen Hinweise auf Petrus und das Papsttum in der katholischen Konfessionskunst per se eine christologisch-eschatologische Dimension: Schließlich haben Petrus und seine Nachfolger als Stellvertreter Christi auf Erden die Aufgabe, die Kirche bis zum Jüngsten Tag durch die Weltgeschichte zu führen. (Sehr anschaulich wird diese thematische Verknüpfung in Michelangelos Jüngstem Gericht, wo Petrus dem wiedergekehrten Christus die beiden Schlüssel als Symbole der päpstlichen Gewalt zurückgibt. Auch vollzog Petrus durch seine Kreuzigung das Leiden Christi nicht weniger nach als ein Bruder Andreas, den Dombrowski als Kronzeugen für die christologische Umdeutung des Kuppelraumes anführt. Im Gegenteil: Zwischen den Kreuzigungen Christi und Petri besteht ein besonders enger Zusammenhang, weil der Apostelfürst der Legende nach einzig deshalb nach Rom zurückkehrte und das Martyrium auf sich nahm, damit sein Herr nicht ein zweites Mal gekreuzigt würde.[160]

Gerade weil das durch *Confessio* und *Hochaltarziborium* evozierte Martyrium Petri einen starken christologischen Bezug enthält, fügt es sich auch problemlos in die Passionsthematik der Vierungspfeiler ein. Daher ist es auch in diesem Punkt gar nicht sinnvoll, eine nachträgliche Veränderung des thematischen Schwerpunktes anzunehmen. Vielmehr schafft gerade die Kreuzigung Petri als des Nachfolgers Christi und des ersten römischen Bischofs eine Verbindung zwischen der Passion Jesu und den Martyrien der im Langhaus dargestellten Päpste.

Ein weiteres Desiderat in Dombrowskis Aufsatz besteht darin, dass der Verfasser bei der Deutung der *Cathedra* kaum auf Berninis Illusionismus eingeht. Eher beiläufig erwähnt er, die Komposition sei „in aufsteigender Abfolge von einer zunehmenden Entmaterialisierung gekennzeichnet: vom Rundplastischen zur Fläche, von den Statuen zum Fenster, von dunklem Marmor und tieftoniger Bronze zum matten Schimmer der Wolken, weiter zum polierten Goldglanz der Engelsscharen, schließlich zum reinen Licht".[161] Der Frage, ob dieser schrittweisen Transformation auch eine gedankliche Aussage innewohnt, geht Dombrowski nicht nach.

4.1.3 Die Cathedra als Monument eines papalistischen und antihäretischen Triumphalismus

Wie ich in den folgenden Kapiteln zeigen möchte, war die Gestaltung der *Cathedra* Teil eines umfangreichen Raumkonzepts, das – unter Vermittlung von Madernos Fassadenraum – weit über das Innere von *Sankt Peter* hinausging. Die *Cathedra* wurde sogar zum Fokus eines unter Alexander VII. völlig neu kodierten römischen städtischen Tableaus. Die Wiederentdeckung dieser räumlichen Bezüge ermöglicht es daher auch, die ikonographische Bedeutung der *Cathedra* besser zu verstehen. Ebenso ergibt das von Hecht beobachtete Aufbrechen der liturgischen Traditionen Sinn. Mit dem räumlichen Umfeld änderte sich auch die soziale Semiotik von in der Stadt abgehaltenen Zeremonien.

Um diese Bezüge herauszuarbeiten, werde ich zunächst auf die im vorigen Kapitel angeschnittenen Punkte näher eingehen. Auf Grundlage der älteren, von Dombrowski eher unzureichend rezipierten Forschung sowie anhand eigener Überlegungen möchte ich meine bislang nur grob skizzierten Gegenüberlegungen weiter präzisieren. Dabei beginne ich mit der Funktion der *Cathedra* als eines Monumentes, das die Suprematie des Petrusamtes verherrlicht.

---

160 Wie wichtig die Legende des „Quo vadis" gerade für das Bildprogramm von *Sankt Peter* war, zeigt eine Passage bei Phoebeus 1666, S. 141–142 (s. u.).

161 Dombrowski 2003a, S. 367.

Dass auch unter dem Pontifikat Alexanders VII. die Auseinandersetzung mit dem Protestantismus und die Rechtfertigung des päpstlichen Primats theologisch und kirchenpolitisch im Vordergrund standen, zeigt eine dem Pontifex gewidmete Dissertation, die ein gewisser Francesco Maria Phoebeus[162] wohl nicht von ungefähr in demselben Jahr in Rom publizierte, in dem Bernini die *Cathedra* vollendete. Bereits Kauffmann[163] hat dieses Werk einige Male zitiert, doch verdient es, noch eingehender rezipiert zu werden.

Aufschlussreich ist allein schon der Titel: „De Identitate Cathedrae in qua Sanctus Petrus Romae primum sedit et de Antiquitate et Praestantia solemnitatis Cathedrae Romanae Dissertatio". In erster Linie versucht Phoebeus in einer umfangreichen Apologie (der Text umfasst immerhin 160 Seiten), den Vorrang des römischen Stuhles gegenüber allen anderen Bischofssitzen zu begründen, und zwar insbesondere gegenüber den drei anderen apostolischen Patriarchaten Jerusalem, Alexandria und Antiochia. Dabei nimmt die Auseinandersetzung mit Antiochia einen besonders breiten Raum ein. Schließlich war dieser Bischofssitz gleichfalls von Petrus gegründet worden und beanspruchte gegenüber Rom die älteren Rechte.

Obwohl die vier östlichen Patriarchate mit dem Vordringen des Islam ihre kirchenpolitische Bedeutung verloren hatten, war die Frage nach wie vor aktuell, mit welchem Recht Rom sich als oberste *Sedes Apostolica* bezeichnete, wo Petrus die antiochenische *sedes* doch nachweislich zuerst gegründet hatte. Seit jeher hatten die Gegner eines römischen Primats sich darauf berufen, Jesus habe die zu seinen Lebzeiten dem Petrus verliehene Binde- und Lösegewalt (Mt 16,18) nach seiner Auferstehung auch auf die übrigen Apostel ausgedehnt (Joh 20,23) und damit die Sonderstellung des Petrus aufgehoben. Da *primus* sowohl „der Erste" als auch „der Oberste" bedeutet, war Rom diesem Argument stets mit dem Hinweis begegnet, dass der zeitliche auch einen hierarchischen Vorrang bedeute. Hinsichtlich der Rangfolge der Patriarchate ließ sich dieser Gedanke nun gegen den römischen Stuhl verwenden: Als Gründung des Apostelfürsten stehe Rom vielleicht über Jerusalem, Alexandria und Konstantinopel, nicht aber über Antiochia als der eigentlichen *prima Sedes*. Gerade die protestantischen Kontroverstheologen ließen die Gelegenheit nicht ungenutzt, Rom mit seinen eigenen Waffen zu schlagen.

Darüber hinaus sieht Phoebeus sich mit dem Vorwurf der Protestanten konfrontiert, es gebe in Rom ohnehin keine apostolische Sukzession. Schließlich sieht er auch eine Notwendigkeit, den römischen Primat gegen die griechischen Ostkirchen zu verteidigen.[164]

Seine Argumentation stützt Phoebeus vor allem auf vier Beweise: einen Rom-, einen Einheits- und einen Traditionsbeweis sowie einen archäologischen Beweis. Innerhalb des R o m b e w e i s e s legt er dar, dass der römische gegenüber dem antiochenischen Stuhl eine vierfache Prärogative geltend machen könne, auf die schon Innozenz III. hingewiesen habe: Erstens habe Petrus Antiochia schon nach kurzer Zeit wieder verlassen, sein eigentliches Wirken beschränke sich daher fast ausschließlich auf Rom. Zweitens sei Petrus an den Tiber gekommen, weil Rom das Haupt der Welt gewesen sei und durch die Zivilisierung der Menschheit dem Christentum den Weg geebnet habe. Folglich sei nur diese Stadt würdig gewesen, Sitz des höchsten Bischofs zu werden. Drittens hätten Petrus und seine Nachfolger von Rom aus die Welt missioniert. Viertens habe Petrus in Rom das Martyrium erlitten und damit sein Leben in der Nachfolge Christi vollendet.[165] Daraus folgert Phoebeus:

---

162 Phoebeus 1666.
163 Kauffmann 1970, S. 244–277.
164 Entsprechend beruft er sich z. B. nachdrücklich auf das Werk „Contra errores Graecorum" des Thomas von Aquin (Phoebeus 1666, S. 151).
165 Siehe v. a. Phoebeus 1666, S. 134–142: „Marcellus item Pontifex, ad Antiochiae Episcopos: ‚Petri enim', ait, ‚Sedis primatus apud vos fuit, quae postea iubente Domino Romam translata est.' Innocentius I. Antiochenam Cathedram Romanae cedere ita testatur: ‚Prima primi Apostoli Sedes monstratur, ubi & nomen accepit Religio Christiana, quaeque Urbis Romae Sedi non cederet, nisi illa in transitu meruit, ista susceptum

„Diesen Worten des Heiligsten Pontifex [= Innozenz III.] darf ich hauptsächlich vier Prärogative der römischen Cathedra entnehmen, die der antiochenischen Cathedra nicht zustehen und die uns auch die heiligen Väter, die Konzilien sowie viele gelehrte Autoren, griechische wie lateinische, zuerkennen".[166]

Die zweite Hälfte dieses Zitates bedient sich bereits des Einheitsbeweises. Dieser fußt auf dem *consensus* der universalkirchlichen Überlieferung, sofern diese als rechtgläubig anzuerkennen sei. Innerhalb dieser Argumentationsstruktur spielen für Phoebeus gerade Äußerungen von Vätern der Ostkirche wie Johannes Chrysostomos[167] und Athanasios[168] eine besondere Rolle.

Der Traditionsbeweis rekurriert auf die Geschichte der kirchlichen Riten. Eine wichtige Rolle spielt dabei das Fest Petri Stuhlfeier, das von Paul IV. lediglich wiederbelebt worden sei, in seinen Ursprüngen aber bis in die claudische Zeit zurückreiche.[169] Ihre Vollendung habe die

---

apud se, consummatumque gaudet.' & Innocentius III. non de Antiochena, sed de Romana Cathedra, illa Christi verba Duc in altum ad Petrum dicta, accepit, sic: ‚Altitudo maris, de qua Christus inquit ad Petrum, Duc in altum, est Roma, quae primatum, & principatum super universum saeculum obtinebat & obtinet: quam in tantum Divina dignatio voluit exaltare, ut cum tempore paganitatis sola dominium super omnes gentiles habuerit, Christianitatis tempore sola magisterium super fideles habeat universos. Dignum ergo Deus providit, & congruum, sed & congruum providit, & dignum, ut ille, qui erat Princeps Ecclesiae, Sedem constitueret apud Urbam, quae tenebat saeculi Principatum; et ideo Dominus inquit ad Petrum Duc in altum, quasi diceret, Vade Romam, et cum tuis transfer ad Urbem, & laxi ibi retia in capturam. Ecce liquido patet, quantum Deus Urbem istam dilexerit, ut eadem esset Sacerdotalis, & in Regio, Imperialis, & Apostolica, obtinens, & exercens non dominium super corpora tantum, verum etiam magisterium super animas. Longe nunc maior, & dignior authoritate Divina, quam olim potestate terrena: per illam habens claves Regni Caelorum, per istam Orbis Terrarum regens habeas: ne vero tantae dignitatis honor, vel potius tanti honoris dignitas ad aliam Civitatem quaecumque ratione transiret, sed in hac Urbe iuxta dispositionem perpetua lege maneret, quum Petrus persecutionem fugiens, infidelium Urbem exisset, apparuit ei Dominus iuxta Urbem, cui cum Petrus dixisset, Domine, quo vadis? respondit Vado Romam iterum crucifigi; quod Petrus intellegens pro se dictum, ut videlicet caput crucifigeretur in membro, rediit ad Urbem, quam tandem in Crucis patibulo suo sanguine consecravit."

166 Phoebeus 1666, S. 142: „E quibus Sanctissimi Pontificis verbis quattuor potissimum Romanae Cathedrae praerogativas mihi liceat eruere, quae in Antiochenam Cathedram non quadrant, quas etiam Sancti Patres, Concilia, & Scriptores complures tum Graeci, tum Latini nobis inculcant."

167 Phoebeus 1666, S. 3, 33 u. 138.

168 Phoebeus 1666, S. 145.

169 Phoebeus 1666, S. 133: „Romae etiam olim celebrari consuevit, nec intermissum, nisi cum per aliquod temporis spatium idem cum Festo alterius Cathedrae peractum est: praeterea Paulus IV. restaurator, non institutor hius Celibritatis extitit. Neque tanti momenti est prioritas temporis, quam in ordine ad erectionem Sedis tantum admittimus, ut maiorem authoritatem, & dignitatem Cathedrae Antiochenae conciliet." Ders., S. 157–159: „Idque probe intellegens Paulus IV. solemnem Romani Cleri supplicationem die XVIII. Ianuarii ad Cathedram S. Petri ligneam, tanquam ad veritatis magistram, Divinorumque interpretem arcanorum, singulis annis faciendam instituit; Praeterea iussit, ut ubique gentium ab utroque Clero Officium, & Missa sub ritu duplici recitaretur, & respective celebraretur eadem anniversaria die Cathedrae Romanae, literis datis VIII. Idus Ianuarii anno MDLVIII. & Missam coram Pontifice, & Cardinalibus in Vaticana Basilica annuatim solemni ritu celebrandam restituit.

Gregorius III. Festum Romanae Cathedrae in Urbe ex praecepto servandam indixit; quod tamen quarto illius Pontificatus anno, & deinceps omissum fuit ob incuriam Cursorum, qui Festum Consulibus Artium indicere neglexerunt. Clemens VIII. in correctione Breviarii Romani tandem adiecit, ut eius Officium sub duplici maiore recitaretur. Quamvis autem satis superque de Paulo IV. huius Festi restauratore, non utique institutore dixisse videar, tamen quae in eam diem Petrus Galesinius annotavit audire placeat: ‚Romae', inquit Galesinius, ‚Cathedra S. Petri Apostoli. Is decimo post Christi mortem anno, quo Claudius Cesar [sic] Imperium obtinuit, annua

Verehrung der Cathedra jüngst unter Alexander VII. durch die Errichtung des „würdigen Apparats bei der Apsis der Vatikanischen Basilika", also des von Bernini geschaffenen Hochaltars, erfahren. Die neue Präsentation bewirke, dass alle Völker, die nach Rom strömten, den Primat, den Petrus innehatte und den seine Nachfolger bis an das Ende der Welt getreulich ausüben, gläubig erkennen würden. Und selbst wenn die materielle Erscheinungsform der Cathedra zugrunde ginge, bliebe das römische Petrusamt, das mit dem Begriff ‚Cathedra' bezeichnet würde, ewig bestehen.[170]

Der archäologische Beweis beruft sich schließlich auf die Identität der in *Sankt Peter* aufbewahrten hölzernen Cathedra als des Stuhles, auf dem Petrus gelehrt habe. Gegen die Einwände des „Ketzerfürsten Kalvin", Holz sei über eine so lange Zeit nicht haltbar –, datiert Phoebeus den Thron in die Regierungszeit des claudischen Kaiserhauses.[171]

Allerdings ergab sich – gerade wegen des vermeintlich hohen Alters der Cathedra – auch ein Problem, auf das ich näher eingehen möchte, weil es für die ikonologische Kodierung von Berninis *Cathedra Petri* wichtig ist. In den karolingischen Stuhl sind antike Elfenbeintäfelchen eingearbeitet, die u. a. die zwölf Taten des Herkules darstellen.[172] Aus Sicht des 17. Jahrhunderts sprach dieser Zyklus einerseits für das hohe Alter des Thrones. Andererseits passte seine heidnische Thematik nicht zu einem Stuhl des heiligen Petrus. So berichtet Phoebeus, dass nicht wenige Gläubige durch diese Sagenszenen beunruhigt seien. Um auch seine Leser zu beschwichtigen, äußert er nach einem längeren Exkurs über die Zweitverwendung heidnischer Bildwerke in der christlichen Kunst die Vermutung, man habe die Bildwerke wegen ihres hohen Alters oder ihres künstlerischen Gehalts

praedicatione perfunctus, quam e vinculis liberatus peregrinando suscepit, in Urbem Romam primum ingressus est hoc ipso die, qui propterea prisco Ecclesiae instituto, & consuetudine ad Romanae B. Petri Cathedrae celebritatem institutus, post aliquando intermissus in usum, & veterem ritum Pauli Quarti Pontificis Maximi Decreto pie revocatus est'."

170 Phoebeus 1666, S. 159–160: „Superest, ut Sanctissimus D. N. ad perficiendam Romanae Cathedrae Solemnitatem, quicquid de huius Celebritate, vel hominum incuria, vel iniuria temporum decessit, instauret, ut respondeat Cathedrae Solemnitate plenus (atque ut uno verbo cuncta complectar) ALEXANDRO Pontifice dignus ad Basilicae Vaticanae absidem apparatus, qui ligneam S. Petri Cathedram nuper excepit, eamque exhibet omnium gentium ad Urbem confluentium oculis intuendam, & idoneo ab iis ritu colendam praecipiat; ut dum eam debito honore prosequuntur, supremam Petri, qui in ea sedit, eiusque Successorum potestatem, & collatum a Deo Pontificium munus ad finem usque mundi duraturum fideliter agnoscat, & qua par est reverentia, venerentur: nam Cathedra materialis perire potest, Petri autem Pontificatus Romae constitutus, qui potissimum sub Cathedrae nomine designatur, numquam peribit."

171 Phoebeus 1666, S. 27–28: „Accedit praeterea, quod aena, vel ferrea ad utrumque latus habebant manubria, per quae baiuli contos immittebant oblongos, iisque nixam, & consistentem suppositis humeris portabant. Quae ad confirmandam, quam tradimus de Petri Cathedra sententiam, facta esse videntur, nam Petrus, Claudio imperante, Romam primum venit, secundo imperante Nerone, sub quo martyrium passus est: eo vero tempore istiusmodi Sellae in Urbe erant admodum usitatae, & Cathedrae, quam videmus in Vaticano, species cum suis manubriis adeo unam ex illis ad vivum exhibet, ut omnino eadem esse videatur. Quapropter nec insolens, neque nova videri debet sententio, quam sequimur, aut Ecclesiasticae historiae parum consona, Petri silicet Cathedram Vaticanam ex illo esse Sellarum genere, quas veteres appellabant sellas gestatorias, cum gravissimi Scriptoris.

Ennodii, qui unus multorum instar esse potest, authoritate muniatur, & rationibus ab ipsa Romana historia petitis roboretur. Utcumque tamen sit de nomine, & sellae forma, illius materiam esse ligneam certe constat, quae hactenus solida, & integra perseverat. Id ipsum iniecit scrupulum Calvino heresiarchae, illumque; dubitare coegit de Cathedrae identitate, quam putat non potuisse tanto tempore conservari, & ideo quam rem vanam, & commentitiam irridet; ac si Crux Domini lignea non esset, cuius tamen in hunc usque diem tam insignes portiones diversis in Provinciis, & Ecclesiis custodiuntur."

172 Siehe hierzu ausführlich Staubach 1994.

am Thron belassen. Ferner, so spekuliert er weiter, habe man die Heiden nicht reizen und ihnen den Übertritt zum Christentum erleichtern wollen.[173]

Da ihm diese Argumente nicht ausreichend erscheinen, konstruiert Phoebeus mehrere typologische Entsprechungen zwischen Herkules und Petrus. Als ein zweiter Herkules habe der Apostelfürst „durch seine Wundertaten, durch seine Lehre und durch den Gebrauch himmlischer Waffen" die „Ungeheuer der falschen Götter" besiegt und in Rom ein Siegesdenkmal des Heilands errichtet.[174] Außerdem entsprächen eine Reihe von Eigenschaften, die Herkules nachgesagt würden, dem Charakter des heiligen Petrus: sein sonnengleiches Wesen, seine philosophische Weisheit und seine Rolle als zivilisierter Herrscher.[175] Schließlich zitiert Phoebeus ein bei Franciscus Maria Turrigius überliefertes Gedicht des Ambrosius Novidius, das mit Blick auf die Elfenbeinschnitzereien des päpstlichen Thrones sowohl Herkules als auch Petrus als einen *claviger* bezeichnet. Innerhalb dieses Wortspiels bedeutet das Epitheton das eine Mal „Keulenschwinger", das andere Mal „Inhaber der Schlüssel". Darüber hinaus seien beide Tugendhelden insofern Pendants, als jeder von beiden einen großen Geist und eine starke Hand besessen habe.[176]

Während seiner vierfachen Beweisführung gelangt Phoebeus immer wieder zu dem Ergebnis, die „sedes Summi Sacerdotii Ecclesiae Caput" sei zugleich „principatus orbis".[177] Am deutlichsten drückt er dies mit einer Sentenz aus, die Papst Anaklet einst „an alle Bischöfe und die übrigen Priester" gerichtet habe:

> „Die hochheilige Römische und Apostolische Kirche hat ihren Vorrang nicht durch den Apostel, sondern durch unsern Herrn und Erlöser selbst erlangt, so wie jener dem Seligen Apostel Petrus gesagt hat: „Du bist Petrus." Folglich ist dieser apostolische Stuhl vom Herrn und von niemandem sonst als die Angel und das Haupt aller Kirchen gegründet worden. Und wie die Tür durch die Angel regiert wird, so werden alle Kirchen nach der Fügung des Herrn durch die Autorität dieses Heiligen Stuhls regiert".[178]

---

173 Phoebeus 1666, S. 39: „Igitur mirum non est, si ligneam Petri Cathedram veneremur, & quia illius corpus tetigit, & quia in ea sedens Summi Pontificis, & Sanctissimi Magistri munus exercuit; nulla prorsus habita ratione profanorum emblematum, quae vel ornatus graio superaddita, vel antiquitatis argumento in eo relicta sunt, vel etiam artis miraculo; quas ob causas, & quidem iustas, multa deleta, sed intacta ad posteros fuere transmissa; vel ea fortasse ratione, quam venerabilis Beda ex Divo Gregorio acceptam insinuat, nempe ita pertinaci paganismo subventum esse mutatione, quem in totum sublatione potius irritasset."

174 Phoebeus 1666, S. 30–31: „Dubitant hi de identitate Cathedrae, illa potissimum ratione moti, quo Herculis, profani apud antiquos numinis, & monstrorum domitoris icunculas ex ebore caelatas perseverat, quas a Religionis Christianae, & Petri sanctitate prorsus alienas inquiunt. Caeterum ipsaemet falsi numinis monstra domantis imagines sive ab initio ipsi Cathedrae affixae, sive postea ornamenti causa adiectae, praeterquam quod iniquitatis indicia sint, divinam Petri virtutem nobis repraesentant, qui Herculis instar, falsorum Deorum monstra (Roma siquidem, magno Leone teste, sylva erat frementium bestiarum) miraculis, & doctrina, ceu armis caelestibus usus, felicissime confecit, iisque debellatis victor insidens, de superata gentilitate, & calcata superstitione, media in Urbis luce Christi Servatoris trophaea erexit."

175 Phoebeus 1666, S. 31–34.

176 Phoebeus 1666, S. 70: „De eadem, eburneis icunculis, signis, & figuris pulcherrime adornata, ita cecinit Ambrosius Novidius a Turrigio relatus. ,Interea Patris signatur Sella figuris, Unde modo huic signis sculptile substat ebur. Claviger Alcides, & Petrus claviger ipse, Magnus uterque animo, fortis uterque manu. Hinc ne vana putent Patres, aetasque sequentum, Sella tulit pisces, Herculis hasta tulit.'"

177 Phoebeus 1666, S. 118.

178 Phoebeus 1666, S. 153: „Anacletus autem Papa ad universos Episcopos, & reliquos Sacerdotes: ,Sacrosancta', scribit, ,Romana, & Apostolica Ecclesia non ab Apostolo, sed ab ipso Domino Salvatore nostro primatum obtinuit, sicut ipse Petro B. Apostolo dixit Tu es Petrus, ergo haec Apostolica Sedes, cardo, & caput omnium Ecclesiarum a Domino, & non ab alio est constituta; & sicut cardine

Phoebeus' Dissertation beweist eindeutig, dass die Frage des päpstlichen Primats unter Alexander VII. nach wie vor kontroverstheologisch diskutiert wurde. Zwar galt die *Cathedra Petri* als ein Symbol der universalen Kirche, doch unterstand diese einzig der päpstlichen Autorität. Darüber hinaus verbürgte sie die von den Protestanten in Zweifel gezogene apostolische Sukzession der römischen Bischöfe.

Insofern ist es methodisch durchaus zulässig, bei der Deutung der *Cathedra* auch ältere kontroverstheologische Schriften hinzuzuziehen, etwa die Streitschrift „Ecclesia triumphans" des Robert Bellarmin, dessen Theologie auf Bernini bekanntlich großen Einfluss ausübte[179] und dessen Grabmalbüste der Cavaliere selbst 1621 im Gesù geschaffen hatte.[180] Das 1629 erschienene Werk, auf das schon Hans Kauffmann aufmerksam gemacht hat, rechtfertigt insbesondere gegenüber den Lutheranern die Verehrung des Thrones Petri in Rom. Wie Phoebeus beruft sich Bellarmin nachdrücklich auf das schon 1558 von Paul IV. ins Leben gerufene Fest Petri Stuhlfeier, mit dem letztlich nur eine sehr viel ältere Tradition fortgesetzt worden sei. Und wie Phoebeus wertet er diese Tradition nachdrücklich als einen Beweis für den Vorrang Roms gegenüber allen anderen Bischofssitzen.[181]

Noch aufschlussreicher ist die Schrift über das Papsttum. In ihr gebraucht Bellarmin die *Cathedra Petri* durchweg als Synonym für das Petrusamt. Grundsätzlich schildert er die *Cathedra* als einen Felsen, gegen den die Feinde des katholischen Glaubens seit jeher anrennen würden:

> „Ich will die Verfolgungen der Juden und Heiden übergehen, welche diesen Stuhl und die übrige Kirche gemeinsam trafen. Sehr viele Ketzer haben ja vorzugsweise diesen Stuhl offen bekämpft und sind hierbei fort und fort aufs Häufigste mit frischer Macht ausgerückt".[182]

Dennoch seien alle Bemühungen, dem römischen Stuhl zu schaden, vergebens.

> „Daraus erkennen wir nämlich, dass der so lange Bestand des römischen Papsttums nicht auf menschlicher Weisheit, Klugheit und Kraft beruhe, sondern darauf, dass dieser Fels also von dem Herrn stark gemacht, von der Gottheit in den Grund gelegt, mit englischer Obhut umzäunet, von der besonderen Vorsehung und dem besonderen Schirm Gottes gedeckt worden, dass gegen ihn die Macht der Hölle auf keine Weise zum Siege kommen kann. Ob nun unter jener Macht die Verfolgung der Tyrannen, die Raserei der Ketzer, oder die Wut der Schismatiker, oder Verbrechen und Schandtaten bezeichnet werden".[183]

Die Aussichtslosigkeit dieses Kampfes gegen die Cathedra begründet Bellarmin damit, dass sie durch Christus gegründet sei. Um sich vom einseitigen Christozentrismus der Protestanten abzugrenzen, stellt er jedoch unmissverständlich fest:

> „Wir wissen nämlich wohl, dass der erste und Hauptgrund der Kirche Christus sei, von dem der Apostel sagt: ‚Einen andern Grund kann niemand legen, als der gelegt ist, welcher ist Christus Jesus.' Aber nach Christus ist der Grund Petrus und nur durch Petrus gelangt man zu Christus. Mögen immerhin die Ketzer mit Christus prahlen und sich rühmen, seinem Wort und seiner Lehre zu folgen, dessen ungeachtet kann, wie Leo der Große (Epist. Ad Episc. Viennensis provinciae) sagt, derjenige notwendigerweise am göttlichen Mysterium nicht Teil haben, welcher es wagt, von der Feste Petri sich zu entfernen".[184]

Dass die *Cathedra* in erster Linie für ein monarchisches und antihäretisches Papstverständnis steht, lässt sich auch anhand der einzelnen Bildmotive belegen, die sich zum Teil ganz anders deuten lassen, als dies Dombrowski getan hat. Zunächst lässt sich aus der Tatsache, dass das Relief an der Thronlehne anstelle der anfänglich vorgesehenen Schlüsselübergabe die Berufung Petri zum

---

ostium regitur, sic huius Sanctae Sedis authoritate omnes Ecclesiae, Domino disponente, reguntur."'

179 Zur Auswirkung von Bellarmins Gedankengut auf die Konzeption der *Cathedra Petri* siehe Kauffmann 1970, S. 239–240, 242, 244, 250–253, 255–256, 268–269 u. 276.

180 Kauffmann 1970, S. 244.

181 Vgl. Kauffmann 1970, S. 247. Zu Bellarmins Kirchenbegriff siehe auch Dietrich 1999.

182 Bellarmin (1843), Kap. 7.

183 Bellarmin (1843), Kap. 9.

184 Bellarmin (1843), Kap. 10–11.

Oberhirten darstellt, keinesfalls ein Programmwechsel hin zu einem „milderen" Amtsverständnis ableiten. Vielmehr ist der Themenwechsel allein dem Kontext der Cathedra innerhalb des Kirchenraums geschuldet. Schließlich prangen auf dem Architrav der Kolossalordnung die Worte O PASTOR ECCLESIAE TV OMNES CHRISTI PASCIS AGNOS ET OVES und ΣΥ ΒΟΣΚΕΙΣ ΤΑ ΑΡΝΙΑ ΣΥ ΠΟΙΜΑΙΝΕΙΣ ΤΑ ΠΡΟΒΑΤΙΑ ΤΟΥ ΧΡΙΣΤΟΥ. Auf eben diese Inschrift, die Petri Hirtenamt auf lateinisch und griechisch beschwört, nimmt das Relief Bezug. Man kann sogar sagen, dass Bernini die unter Clemens VIII. angebrachte Inschrift zum Lemma seines Reliefs umfunktionierte. Der Text wird damit in ähnlicher Weise zum Motto des imaginierten Geschehens wie später die Inschriften und Spruchbänder in der *Cappella Cornaro* oder in den Deckenfresken von *Il Gesù* und *Sant'Ignazio*.[185]

Darüber hinaus erinnert die Inschrift in *Sankt Peter* ihrerseits an die Lämmerzüge im Apsismosaik des konstantinischen Vorgängerbaus. Wie die *Cathedra Petri* enthielt dieses Mosaik mit der Hetoimasie im Zentrum die Darstellung eines leeren Thrones. Somit kehren im Apparat der *Cathedra* gleich zwei Bildmotive der konstantinischen Basilika wieder, wobei der Stuhl des heiligen Petrus natürlich nicht mit dem Leeren Thron Christi gleichzusetzen ist.

Gegen Dombrowskis Überlegungen spricht weiter, dass der Aspekt der Binde- und Lösegewalt, den die Szene der Schlüsselübergabe evoziert, keineswegs ganz verdrängt wurde. In den beiden riesigen Schlüsseln, die von Engeln gen Himmel getragen werden, ist er durchaus gegenwärtig.

Nicht zuletzt kann das Hirtenamt des Apostelfürsten nicht weniger als seine Binde- und Lösegewalt als theologische Grundlage des päpstlichen Universalepiskopats dienen. Schon während der Reformationszeit hatte Cajetan aus der Tatsache, dass der Papst nicht nur allein das „Haupt" der Kirche, sondern auch ihr alleiniger „Hirte" sei, geschlossen, dass die Bischöfe ihm gegenüber wie die Apostel dem Petrus gegenüber nur als „Schafe" figurierten. Somit erhielten sie ihre Jurisdiktionsgewalt von dem „episcopus universalis" und seien lediglich „Vikare seines Handelns". Indem Cajetan nicht die Gemeinde, sondern die Apostel und Bischöfe mit den Schafen gleichsetzt, drängt er den Gedanken einer Bischofskollegialität zugunsten eines monarchischen päpstlichen Primats, der mit der *plenitudo potestatis* ausgestattet ist, zurück.[186] Wie Wilhelm Dantine betont, führt von dem bei Cajetan angelegten Papalismus, der im Trienter Konzil gewissermaßen zum offiziellen Bestandteil der Ekklesiologie wurde, ein direkter Weg zum Vaticanum I.[187] Insofern ist davon auszugehen, dass das päpstliche Hirtenamt auch in der zweiten Hälfte des 17. Jahrhunderts im Sinne Cajetans gedeutet wurde.

Abgesehen davon hat das Motiv des *Pasce oves meas* die Schlüsselübergabe keineswegs ganz verdrängt. Vielmehr ist diese auf die rechte Thronwange verrückt worden – und zwar als Pendant zur Fußwaschung, in der sich Petrus gegenüber allen übrigen Aposteln erneut auszeichnet.

Angesichts des kontroverstheologischen und papalistischen Tenors der gesamten *Cathedra* kommt auch der Gegenwart der griechischen Kirchenväter eine andere Bedeutung zu als die, von der Kauffmann und Dombrowski ausgehen. Zunächst lässt die Vereinigung von lateinischen und griechischen Vätern in *Sankt Peter* keinesfalls auf ein neues Kirchenverständnis schließen. Grundsätzlich liegt es nahe, das Verhältnis der Bischöfe zur Cathedra analog zu dem Verhältnis zu lesen, das Petrus in den Thronreliefs zu den Aposteln einnimmt. Des Weiteren war die Verbindung der lateinischen und der griechischen Tradition für das Selbstverständnis der römischen Kirche seit jeher konstitutiv. Schon Sedlmayr hat darauf hingewiesen, dass dieselben Väter schon in das Bildprogramm der unter Clemens VIII. (1592–1605) ausgestatteten *Cappella Clementina* aufgenommen wurden.[188] Ferner verdanken wir Sedlmayr den Hinweis, dass Latein und Griechisch glei-

---

185 Speziell zum Verhältnis von Inschrift und bildlicher Darstellung in der *Cappella Cornaro* siehe Preimesberger 1986, S. 213–219.
186 Siehe hierzu besonders die Ekklesiologischen Schriften „De comparatione auctoritatis Papae et Concilii" und „Apologia comparata auctoritatis Papae et Concilii"; zit. nach Dantine 1998, S. 416.
187 Siehe hierzu Dantine 1998, S. 416–419.
188 Sedlmayr 1960a, S. 12 u. 32.

chermaßen die Sprachen der Liturgie waren. Demzufolge wird auf dem Fries über der *Cathedra* auch einer der Evangelientexte, auf den sich der päpstliche Primatanspruch stützte, in beiden Sprachen zitiert.[189] Wie der Lehrbetrieb am *Collegio della Sapienza* zeigte, galt die Mehrsprachigkeit gerade unter Alexander VII. auch als ein Indiz für die Rechtgläubigkeit der Kirche sowie für ihr Erfülltsein vom Heiligen Geist (siehe C 4.7). Insofern besitzt die Vereinigung von lateinischen und griechischen Vätern sogar eine antihäretische Konnotation. Gemäß Phoebeus' Einheitsbeweis wird der *consensus* einer universalen Tradition gegen die sektiererischen Häresien beschworen.

Darüber hinaus erscheint mir eine Frage wichtig, die sich die Forschung bislang völlig unzureichend gestellt hat: Wofür standen die vier Kirchenväter eigentlich? Welche Eigenschaften mochten bei ihrer Wahl den Ausschlag gegeben haben? Nach Sedlmayr haben sich besonders jene Kirchenväter um den päpstlichen Thron geschart, auf die sich die jansenistischen Theologen am meisten beriefen.[190] Diese These ist sicherlich richtig, doch lässt sie sich präzisieren.

Zunächst handelt es sich bei Athanasios und Johannes Chrysostomos um zwei Vertreter östlicher Patriarchate, nämlich Alexandrias und Konstantinopels. Der päpstliche Supremat wird also mit Nachdruck gerade gegenüber jenen ostkirchlichen Bischofssitzen geltend gemacht, die sich ihrerseits bis zum Arabersturm bzw. der Eroberung durch die Türken mit Rom gleichgestellt sahen und einen päpstlichen Vorrang am vehementesten bestritten hatten. So heißt es bei Bellarmin:

„Weiter hörte die Eifersucht und der Stolz der Griechen nicht eher auf, diesen Stuhl [= die römische Cathedra; Anm. d. Verf.] zu bekriegen, als sie von dem türkischen Kaiser unterjocht wurden und die Religion samt der Würde verloren".[191]

Darüber hinaus schilderte die katholische Geschichtsschreibung die beiden Kirchenväter als ‚Dissidenten', die aufgrund ihres Festhaltens am wahren Glauben von ihren eigenen Kirchen verfolgt wurden. Athanasios war wegen seines Festhaltens am nizänischen Glaubensbekenntnis mehrfach abgesetzt und in die Verbannung geschickt worden, u. a. auf Betreiben des Kaisers Constantius II. sowie des alexandrinischen Gegenbischofs Georg. Dabei kam er auch nach Rom, wo er 339 bei Papst Julius I. Unterstützung fand. Als die athanasianischen Lehren auf dem zweiten großen ökumenischen Konzil von Konstantinopel 381 endgültig bestätigt wurden, sah die römische Kirche darin einen Beweis ihrer immerwährenden Orthodoxie, die sie auch gegenüber ihren Rivalinnen im Osten durchzusetzen wusste.[192]

Johannes Chrysostomos fiel gleichfalls der Verfolgung durch das oströmische Kaiserhaus und den Intrigen des konstantinopolitanischen Klerus zum Opfer. 403 wurde er gegen den Willen der Bevölkerung als Patriarch von Konstantinopel abgesetzt und verbannt. Vier Jahre später starb er im Exil infolge der ihm abverlangten Entbehrungen und Anstrengungen. 412 wurde er auf Verlangen von Papst Innozenz I., an den er zuvor schon appelliert hatte, rehabilitiert. 438 wurden seine Gebeine im Triumphzug nach Konstantinopel transloziert. Seit dem 1. Mai 1636 werden sie in der Chorkapelle von *Sankt Peter* in Rom aufbewahrt.

Beide Bischöfe hatten in ihrem Kampf für den rechten Glauben in Rom Beistand und Zuflucht gefunden: Athanasios noch zu seinen Lebzeiten, Johannes Chrysostomos im Tode. Beide waren nachträglich – nicht zuletzt auf Betreiben Roms – rehabilitiert worden. Berninis Aufrufung dieser beiden Väter als Kronzeugen gegen die Ostkirche geht somit noch einen Schritt weiter als Phoebeus' Versuch, sie als Gewährsmänner eines universal-katholischen *consensus* zu bemühen. Beide stehen in der *Cathedra* für zwei wichtige historische Präzedenzfälle, in denen sich die Orthodoxie und letztlich sogar die Infalsibilität des römischen Stuhles offenbaren.

---

189 Sedlmayr 1960a, S. 32.
190 Sedlmayr 1660a, S. 37–38.
191 Bellarmin (1843), Kap. 7.
192 Dass sich letztlich auch der Papst auf Druck des Kaisers einer Verurteilung des Athanasios angeschlossen hatte, wie Leppin 2000, S. 21 betont, wurde von den römischen Kirchenhistorikern freilich verschwiegen.

Dass diese Deutung nicht zu weit gegriffen ist, belegt eine weitere Stelle bei Bellarmin. Noch ehe er ausführlich auf die zahlreichen Fälle von Ketzerei innerhalb der vier östlichen Patriarchate zu sprechen kommt,[193] weist der Kardinal den Leser darauf hin, dass der Stuhl Petri in dem Maße, in dem er durch die Aussendung von Missionaren das Evangelium in der Welt verbreiten ließ, auch zum Zufluchtsort von Bischöfen aus aller Welt wurde, die wegen ihres rechten Glaubens Verfolgung erlitten. Diesen zweiten Gedanken expliziert Bellarmin bezeichnenderweise an den Patriarchaten von Alexandrien und Konstantinopel:

„Wo haben Bischöfe, welche von ihren Sitzen vertrieben und auf der ganzen Erde flüchtig waren, wie einst die alexandrinischen Athanasius und Petrus, die konstantinopolitanischen Chrysostomos und Paulus, Hilfe und Zuflucht gefunden, also bei diesem Stuhle?"[194]

Vor diesem Hintergrund scheint es, als hätten Berninis ostkirchliche Väter und Patriarchen sich nicht nur der Autorität, sondern auch dem Schutz des römischen Stuhles unterstellt.

Etwas anders ist das Verhältnis der römischen Cathedra zu den westlichen Vätern. Ambrosius suchte in Rom nicht Unterstützung, sondern nutzte vielmehr seine Stellung als Bischof der damaligen Reichshauptstadt Mailand, um sein Bistum, dessen Einfluss bis nach Illyrien reichte, zumindest innerhalb Italiens zu einem kirchlichen Gegenzentrum zu Rom zu erheben.[195] Auch vertrat er – insbesondere gegenüber Papst Damasus I. – nachdrücklich das bischöfliche Kollegialitätsprinzip. Dabei war er einer der ersten, die den petrinischen Primat im oben beschriebenen Sinne nicht hierarchisch, sondern zeitlich interpretierten. Auch war nach Ambrosius' Überzeugung der petrinische Primat nicht auf einen Nachfolger übertragbar, da Petrus die gesamte Kirche und nicht einen einzelnen Bischofssitz repräsentiert habe. Und nicht zuletzt handelte es sich für den Mailänder Bischof um einen „Primat des Bekennens, nicht der Ehre, um einen Primat des Glaubens, nicht des Ranges".[196]

Es ist daher nicht verwunderlich, dass die Gegner des Papsttums sich immer wieder auf Ambrosius berufen, die Protestanten ebenso wie die Jansenisten und die Vertreter des Episkopalismus. Insofern dürfte es Berninis Auftraggebern ein besonderes Anliegen gewesen sein, den kritischen Kirchenvater als einen glühenden Anhänger des römischen Stuhles darzustellen. Daneben sollte sicherlich auch die Unterordnung des Mailänder Bistums beschworen werden, zumal dieses im 16. Jahrhundert unter Carlo Borromeo gegenüber Rom erneut eine kirchenpolitische Sonderrolle eingenommen hatte.

Der geistigen Vereinnahmung dürfte schließlich auch die Aufnahme des heiligen Augustinus in das Bildprogramm der *Cathedra* gedient haben. Immerhin nahm die protestantische Seite den theologisch bedeutendsten Kirchenvater des Westens gleichfalls in Anspruch, insbesondere wegen seiner Gnadenlehre. Auch hatte Cornelius Jansen, der Vater des Jansenismus, sein Hauptwerk nach diesem Kirchenvater benannt.[197] Auf Betreiben Fabio Chigis hatte Innozenz X. 1653 einige Sätze des ‚Augustinus' als ketzerisch verurteilt. Umgekehrt berufen sich die Anhänger des päpstlichen Primats auf seinen Ausspruch „Roma locuta, causa finita est" (Sermones 131,10), um zu beweisen, dass Rom die oberste kirchliche Lehr- und Rechtsinstanz sei.

---

193 Bellarmin (1843), Kap. 6–9.
194 Bellarmin (1843), Kap. 9–10.
195 Hierzu immer noch grundlegend Campenhausen 1929, S. 116–117: „Es ist kein Zufall, dass die episkopalistische Ablehnung der römischen Ansprüche sich gerade unter Ambrosius und in der mailändischen Kirche […] so entschieden hielt. Die patriarchale Stellung, die Mailand in Oberitalien und Illyrien einnimmt, gibt hier den episkopalistischen Ideen erst ihren eigentlichen Rückhalt, und noch mehr als Cyprian, der Primas von Afrika, ist Ambrosius als Residenzbischof des Kaisers der geeignete Mann, die Größe des freien Bischofsamtes machtvoll zu verkörpern und wirksam gegen die Prätensionen des römischen Stuhles zu schützen." Zur Sonderstellung des Ambrosius siehe auch Campenhausen 1929, S. 98–102 u. 122. Zum kirchenpolitischen Einfluss des Ambrosius äußert sich Leppin 2000, S. 66.
196 Ambrosius, De incarnatione, 4, 32: „… primatum confessionis utique, non honoris, primatum fidei, non ordinis"(zit. nach Campenhausen 1929, S. 113).
197 Jansenius 1640, passim.

Natürlich bestimmten auch noch andere Gesichtspunkte die Auswahl der Kirchenväter. Für die Wahl des Athanasios sprach wohl auch, dass der kompromisslose Kampf, den er gegen seine Gegner führte, ihn zum Prototypen eines Kontroverstheologen machte. Auch möchte ich nicht ausschließen, dass Athanasios in seiner Eigenschaft als Patriarch von Alexandria auf den Namen von Berninis Auftraggeber anspielen sollte. Schließlich alludiert die ägyptische Metropole auch im *Collegio della Sapienza* in dreifacher Weise auf den Pontifex: durch die den Pharos symbolisierende Kuppel, durch die *Biblioteca Alessandrina* und durch das Patrozinium der heiligen Katharina (siehe C 4.3). Eine solche Anspielung ist umso wahrscheinlicher, als die *Cathedra*, wie Kapitel D 4.1.3.1 noch zeigen wird, auch in anderer Hinsicht auf Alexander VII. und die Chigi anspielt.

267, 384, 288

Ebenso ist davon auszugehen, dass die Gegenwart des Johannes Chrysostomos die Bedeutung Roms als eines zweiten Konstantinopels anspricht, eine Referenz, der nach Metzger Habel auch die Konzeption von *Sant'Ivo* als einer zweiten *Hagia Sophia* und von *Santa Maria della Pace* als einer zweiten *Hagia Eirene* verpflichtet ist.[198] Außerdem könnte die viel gerühmte Redegabe des Johannes Chrysostomos als eine unmittelbare Auswirkung des in der *Cathedra* dargestellten Pfingstwunders begriffen werden. Ambrosius wiederum war der leidenschaftliche Verfechter eines christlichen Romgedankens, wie ihn letztlich auch die Päpste vertraten.

Auf jeden Fall wird deutlich, dass Triumphalismus und Universalismus bei Bernini alles andere als Gegensätze sind. Schon gar nicht bilden sie die Etappen innerhalb eines Paradigmenwechsels. Wenn die Cathedra von den Bischöfen der Weltkirche umstanden wird, so bedeutet dies nicht, dass Rom seine Herrschaft mit der Universalkirche kollegialistisch teilt, sondern dass der Papst einen ‚Universalepiskopat' ausübt, was heißt, dass er nicht nur im Westen, sondern in der ganzen Welt oberster Priester, Lehrer und Hirte ist. Die päpstliche Suprematie löst sich also nicht in einer alles verbindenden Ökumene auf; vielmehr wird die Ökumene dem päpstlichen Primat unterstellt. Denn nach den Worten des römischen Katechismus kann die Einheit der Kirche nur durch die römische Cathedra garantiert werden:

> „So hat der Herr doch, um die Einheit zu offenbaren, eine Cathedra errichtet und in seiner Autorität angeordnet, dass der Ursprung derselben Einheit von einem ausgehe".[199]

284, 285

Wie sich zeigen ließ, hat dieser papale Universalismus eine dezidiert triumphalistische, antihäretische und antischismatische Tendenz. Wie in *Sant'Ivo* vollzieht sich im Pfingstwunder die Erneuerung, nicht die Veränderung der Kirche. Diese erneuerte Kirche wird selbstverständlich vom römischen Pontifex regiert und ist dennoch die alleinige Erbin der gesamtkirchlichen Tradition der ersten Jahrhunderte. Rein kirchenrechtlich war der Papst seit dem Reunionskonzil von Ferrara-Florenz 1438–42 sogar offiziell das Oberhaupt der Ost- und der Westkirche, wenngleich die Beschlüsse dieses Konzils sich in der Ostkirche niemals durchsetzten. Die Erneuerung der vom Heiligen Geist erfüllten Kirche ist letzten Endes sogar wie in *Sant'Ivo* ein dauerhafter Akt, der bis an das Ende der Tage räumlich an Rom und institutionell an das Papstamt gebunden ist.

4.1.3.1 Die Cathedra und Alexander VII.

Wie sehr Berninis *Cathedra Petri* den päpstlichen Primat betont, belegen auch zwei Münzen, von denen die eine 1657, die andere 1662 geprägt wurden. Ihre Reverse nehmen die Vollendung der beiden „Zwillingsprojekte" Alexanders, des Petersplatzes und der *Cathedra*, vorweg. Während die jüngere Medaille Psalm 86,1: FVNDAMENTA EIVS IN MONTIBVS SVIS zitiert, stehen auf der zweiten die Worte PRIMA SEDES, FIDEI REGVLA, ECCLESIAE FONDAMENTVM (sic). Nach Lavin weisen die beiden Inschriften auf Petrus hin, der als Fels das Fundament der Kirche Christi bilde.[200] Offen-

---

198 Zuletzt bei Metzger Habel 2002, S. 301–307.
199 Zit. nach Bellinger 1970, S. 138.
200 Lavin 2000, S. 203.

sichtlich werden durch die erste Inschrift der Salomonische Tempel mit dem *Petersdom* und der Jerusalemer Tempelberg mit dem *Mons Vaticanus* identifiziert. Darüber hinaus hat schon Krautheimer erkannt, dass diese Gleichsetzung – wenngleich unausgesprochen – die Hügel im Chigi-Wappen einschließt.[201]

Überdies könnte die *Cathedra Petri* auf den petrinischen Felsen anspielen, und das nicht nur wegen ihres marmornen Sockels. In einem bei Phoebeus zitierten Gedicht mit dem Titel „In Cathedram Petri", das ein gewisser Cariophylus verfasst hat, heißt es:

„Zu den sieben Hügeln fügte Petrus der Stadt einen weiteren hinzu;

Er gab ihr die Cathedra, durch die er sich sogar über die Sterne erhob".[202]

Ob Cariophylus mit dem achten Hügel den von ihm (namentlich nicht genannten) Vatikan oder die aufschwebende Cathedra meinte, geht aus diesen beiden Zeilen zwar nicht eindeutig hervor, doch legt die Inschrift der zweiten Medaille eine solche Deutung nahe. Wenn die *prima Sedes* mit dem *fondamentum ecclesiae* gleichgesetzt wird, impliziert dies ihre Identifizierung mit dem Felsen, auf dem die Kirche steht.[203]

Da das Fundament der Kirche und der vatikanische Hügel zumindest unter dem Pontifikat Alexanders durch die Hügel der Chigi hypostasiert wurden, ist es vielleicht auch möglich, in der *Cathedra Petri* selbst eine Anspielung auf das Chigi-Wappen zu sehen. Immerhin ließ Alexander VII. seine *monti* nicht nur gedanklich, sondern auch graphisch auf alle möglichen mythologischen und historischen Gebirge projizieren. So gestaltete Borromini in seinem Auftrag an der Innenkuppel von *Sant'Ivo* die päpstliche Tiara zu einem Chigi-Berg um. Pietro da Cortona übertrug in Alexanders Auftrag die Struktur der Chigi-*monti* auf den Athos, in den Alexander der Große der Überlieferung nach sein riesiges Bildnis hatte meißeln lassen, und setzte über die Spitze des Berges den achtzackigen Stern. Offensichtlich sollte der Papst, der sich im Vordergrund von Deinokrates, dem Baumeister des Makedonenkönigs, den Berg zeigen lässt, als ein zweiter Alexander Magnus verherrlicht werden.[204] Auf dem Frontispiz des zweiten Bandes von Faldas „Il Nuovo Teatro di Roma moderna", das eine Widmung an Alexanders Bruder, den Fürsten Mario Chigi, enthält, wird die Form des Familienberges auf den Parnass projiziert.[205]

Zugegebenermaßen konnte Bernini in seine *Cathedra* nicht die rundbogige Binnenstruktur eines Wappenhügels integrieren; jedoch halte ich es – bei aller Vorsicht – für denkbar, dass das gleichschenklige Dreieck, das sich aus drei Ebenen (Sockel, Kirchenväter, Thron) zusammensetzt und von einem hellen Licht (Geisttaube) überstrahlt wird, die von einem Stern erleuchteten dreistufigen *monti* Alexanders VII. paraphrasiert.

Doch selbst wenn diese Hypothese nicht zutrifft, besitzt die *Cathedra* von *Sankt Peter* eine gentilizische Kodierung, die den petrinisch-papalen Bedeutungsgehalt der Thronreliquie ebenso eindeutig auf Alexander bezieht, wie die Sonne und die Bienen des *Hochaltarziboriums* auf Urban VIII. anspielen. Diese Kodierung ergibt sich weniger aus den Papstwappen, die Alexander am Sockel der *Cathedra* anbringen ließ; sie lassen sich auch als bloße Hinweise auf den Auftraggeber deuten. Entscheidender ist die meines Wissens bislang übersehene Tatsache, dass Bernini den Chigi-Stern demonstrativ in das Gitter der Kustodia, die unter der Sitzfläche des Throns die

---

201 Krautheimer 1985, S. 72.

202 Phoebeus 1666, S. 93: „Et idem Cariophylus: ‚Ad septem Colles unum Petrus addidit Urbi, Dat Cathedram, qua se tollit & astra super.'"

203 In diesem Sinne stellte schon Bramante in seinem Entwurf für die Gründungsmedaille von *Sankt Peter* den von ihm projektierten Bau auf einen felsigen Untergrund (vgl. Katalog Vatikan 2005, Nr. 2).

204 Die Zeichnung wurde von François Spierre gestochen.

205 Den in Cortonas Zeichnung enthaltenen Bezug zu den Chigi-Hügeln hat schon Metzger Habel 2000, S. 308 entdeckt. Hingegen geht Paolo Bellinis Kommentar in Bartsch/Falda (1993), S. 104, Nr. 123 S 2 auf die gentilizische Symbolik nicht ein.

karolingische Stuhlreliquie birgt, einfügte. Der Kranz auf der Rückenlehne ist wiederum aus dem Laub der Chigi-Eiche geflochten. Außerdem sind die Stolen und die Pluviale der beiden lateinischen Kirchenväter mit dem Wappen Alexanders VII. besetzt. Des Weiteren findet sich der Chigi-Stern auf den Epitrachelien (einer Art Stolen) der griechischen Väter. Nicht zuletzt ist daran zu erinnern, dass vielleicht auch Athanasios dank seiner alexandrinischen Herkunft auf den Papst und auf Rom als ein zweites Alexandrien alludiert (siehe D 4.1.3).

4.1.3.2 Die *Cathedra* und Berninis Illusionismus

Neben dem rein ekklesiologischen Verhältnis der Kirchenväter zum Heiligen Stuhl im Allgemeinen und zu Alexander VII. im Besonderen enthält Berninis *Cathedra* m. E. eine eindeutige Aussage zur göttlichen Offenbarung innerhalb der Kirche. Wichtig ist dabei das Verhältnis, das die vier Kirchenväter und der päpstliche Thron zur Glorie des Heiligen Geistes einnehmen. Angesichts des fließenden Übergangs von der freiplastischen Skulptur zur reinen Glasmalerei bei einer schrittweise zunehmenden Lichthaltigkeit berührt dieser Aspekt in einem zentralen Punkt Berninis Illusionismus.

Die Äußerungen der Forschung zum Illusionismus der *Cathedra Petri* sind zum Teil recht lapidar. Beispielsweise bemerkte Charles Avery:

> „Dieses Ensemble, in dem sich Plastik und Architektur vermischen, das durch farbigen Marmor und Vergoldung veredelt und in natürliches Licht getaucht ist, war der Höhepunkt in Berninis lebenslanger Suche nach dem idealen ‚Gesamtkunstwerk'."[206]

Sehr viel ausführlicher haben sich Lavin, Hermann Bauer und Kauffmann mit Berninis Illusionismus befasst. Während Lavin dieses Phänomen vor allem mit der barocken Theaterkunst, in der die Vielfalt der Medien und Effekte eine besondere Einheit bildeten, in Zusammenhang brachte,[207] sprach Bauer von einer geistreichen Vertauschung der Realitätsgrade.[208]

Wie die verschiedenen Realitätsebenen im Einzelnen zu verstehen seien, erläutert Bauer unter Rekurs auf Irving Lavin[209] am Beispiel der *Cornaro-Kapelle*. Dort greife das Deckenfresko Guidobaldi Abbatinis mittels stuckierter Wolken über die Stuckreliefs der Schildwand und die stuckierte Tonne. Das im Relief vorgetragene, stringente Bildprogramm werde also durch die gemalte Erscheinung des himmlischen Geschehens überdeckt und dadurch in seiner Aussage gleichsam angenommen. In seiner Vita über Abbatini habe Giovanni Battista Passeri nachdrücklich festgestellt, dass das Stuckornament die Wirklichkeit („vero") verkörpere, das Fresko, das auf den stuckierten Deckenornamenten sitze, hingegen das Fiktive („finto") wiedergebe. Laut Bauer ist diese Unterscheidung der herkömmlichen Terminologie des Paragone, des Wettstreits zwischen Malerei und Bildhauerei, entlehnt. Danach besitzt die Malerei den Vorzug, dass sie erscheinen lasse, was nicht sei, während die Skulptur in ihrer Dreidimensionalität wiedergebe, was existiere. Diese Unterscheidung habe auch Bernini selbst getroffen, wobei er die Malerei über die Bildhauerei gestellt habe:

> „… die Bildhauerei zeigt, was in größeren Dimensionen existiert, derweil die Malerei zeigt, was nicht ist; das heißt [sie zeigt] ein Relief, das kein [wirkliches] Relief ist, und sie lässt entfernt erscheinen, was nicht entfernt ist".[210]

Berninis Dekorationsskulptur sei „an der vorgegebenen Architektur das Medium", sie sei „das ‚vero' von himmlischen Gestalten und Erscheinungen, die Konkretisierung des Überirdischen, durch welche in die Realarchitektur fast immer eine Art von Rahmenmaschinerie eingestellt, eingefügt wird, vergleichbar ephemeren Festdekorationen in Innenräumen." Die gerahmte Malerei hingegen, die an sich

---

206 Avery 1998, S. 113.
207 Lavin 1980, Bd. 1, S. 147.
208 Bauer 1992, S. 265–273.
209 Lavin 1980, S. 56.
210 Baldinucci, Vita des Cavaliere Gio. Lorenzo Bernini, Florenz 1682, S. 239: „… la Scultura mostra quel, che è con più dimensioni, la dove la Pittura mostra quel, che non è, cioè il rilievo ove non è rilievo, e fa parere lontano quel, que non è lontano …" (zit. nach Bauer 1989, S. 142).

das Nahe entfernt darstelle, könne „in besonderen Fällen kraft ihrer Eigenschaften zu fingieren, *vor* den skulpturalen Rahmen gezogen werden". Auf diese Weise komme es zu einem Positionstausch zwischen *vero* und *finto*, wie er nur Berninis schöpferischer Phantasie habe entspringen können:

„Das Fingierte wird wahrscheinlich durch die Hinterlegung mit dem Wahren und das Wahre wird noch wahrscheinlicher durch die Unterstützung der Fiktion".[211]

Das Prinzip eines Illusionismus, das auf wechselseitiger Verschränkung einzelner Realitätsebenen beruht, glaubt Bauer auch an der *Cathedra* festmachen zu können. So drängen die Bronzestrahlen der Glorie sowohl hinter als auch vor die Kolossalpilaster. Ebenso hüllen Wolken von hinten die Säulen der seitlichen Konchen ein und isolieren diese so aus dem architektonischen Kontext. Ferner seien Reste der ursprünglichen Fenster-Ädikula, die von der Glorie überschnitten wird, erkennbar. Durch ihre Verschränkung mit „der Erscheinung des Überirdischen" werde die Realarchitektur „damit irdischer Sehweise enthoben".[212] Wie auch in der *Cornaro-Kapelle* rücke der Realraum in dieselbe Sphäre des dargestellten Ereignisses und nehme selbst mimetische Züge an. In dieser „kunstvoll bewirkten Fiktion, einer einzigen Wirklichkeit anzugehören", werde umgekehrt das Himmlische, indem es an die Realarchitektur gebunden werde, seinerseits als Realität ausgegeben.

22

Ohne es explizit so auszudrücken, scheint Bauer bei der *Cathedra* dem Stuck die primäre Bedeutung des *finto* zuzuweisen, die er im Fall der *Cornaro-Kapelle* der Malerei zuweist. Infolgedessen übernimmt die Architektur von *Sankt Peter* die Rolle des *vero*, die sonst der Architektur u n d der Stuckplastik vorbehalten ist. Diese Aufteilung ergibt insofern Sinn, als man in der vergoldeten Stuckplastik der Engelsgloriole eine Verlängerung der gelben (Glas-)Malerei innerhalb des Fensters sehen muss. Die himmlische Erscheinung mit dem Heiligen Geist im Zentrum würde sich, sobald sie ins Innere der Kirche übergreift, also ebenso plastisch konkretisieren wie Abbatinis Wolken. Allerdings lässt Bauer offen, wie in Berninis *Cathedra*-Gruppe die Skulptur selbst zu deuten ist. Welcher Realitätsebene gehören der Thron und die Kirchenväter an? Sind sie als der ‚eigentliche Kern' des Hochaltars ein Teil der Architektur, mit der sie ja auch durch die monumentalen Marmorsockel verbunden sind? Oder setzt sich in ihnen die Welt des Fiktiven fließend fort?

Offen bleibt auch die Frage, ob die Verschränkung von *vero* und *finto* nur ein Capriccio, gar nur sophistische Spielerei ist, oder ob sie durch eine tiefer gehende inhaltliche Aussage motiviert ist. Es ist kaum vorstellbar, dass Berninis Technik an solch exponierter Stelle nicht auf eine theologische Aussage zurückgeht.

Bauers Deutung der *Cathedra* deckt sich weitgehend mit dem, was Anthony Blunt schon 1978 ganz allgemein über Berninis Illusionismus gesagt hat. Blunt weist darauf hin, dass die Theorie der Dichtkunst aufgrund des horazischen Axioms des *ut pictura poesis, ut poesis pictura erit* für die barocke Malerei und Skulptur eine grundlegende Vorbildfunktion besessen habe. Insbesondere Darstellungen von Visionen, Ekstasen und Wundern seien durch die Epiktheorie beeinflusst worden, der es darum gegangen sei, Wunderbares und Großartiges so zu schildern, dass es bei Gebildeten wie Ungebildeten gleichermaßen Erstaunen hervorrufe.[213] Eben diese Absicht verfolge der barocke Illusionismus. Insbesondere Bernini habe, wie sein Biograph Baldinucci bestätigte, Architektur, Malerei und Skulptur zu einer Kunstgattung vereinigt, um ein Höchstmaß an optischer Täuschung zu erzielen. Jedoch gehe es Bernini insbesondere in seinen späteren Werken nicht um technisches Virtuosentum, um den Effekt als solchen, sondern darum, seiner eigenen religiösen Überzeugung Ausdruck zu verleihen. So seien die *Cornaro-Kapelle* oder die *Cathedra Petri* der Versuch, ein mystisches Geschehen dem Betrachter näher zu bringen, es in seine Welt zu übertragen.[214] Leider geht auch Blunt auf die Frage, wie diese Werke im Einzelnen theologisch zu deuten seien, nicht näher ein. Stattdessen hebt er lediglich die persönliche Frömmigkeit des Künstlers und seine engen Beziehungen zur jesuitischen Mystik hervor.

---

211 Bauer 1989, S. 142.
212 Bauer 1989, S. 139.

213 Blunt 1978, S. 67–69.
214 Blunt 1978, S. 81–82.

Kauffmann gesteht Berninis Illusionismus eine doppelte Funktion zu. Wie sich anhand einer Äußerung Galileo Galileis belegen lasse, habe der Barock zum einen grundsätzlich eine Kunstleistung geschätzt, die im Stande war, Werkstoffeigenheiten zu überschreiten, ihre Bedingtheiten vergessen zu lassen und die Entfernung zwischen Material und Endgebilde, zwischen Sein und Schein zu überspielen.²¹⁵ Zum anderen sei es Bernini darum gegangen,

> „… die Daseinswirklichkeit der Plastik dem Überwirklichen mitzugeben und die Figuren oder Gebilde, die er in unseren Erfahrungsbereich hereinholte, jenseits der Erfahrung zu beheimaten. Die Engelscharen in ihrer ausgerundeten Körperlichkeit erscheinen wie das Gewölk als ein Schwebebild, und trotz aller pulsierenden Lebensnähe gehören die Engel durch ihre Vergoldung einer anderen Lichtwelt an".²¹⁶

Akzeptiert man diese Beobachtung, so lässt sich Berninis Anliegen zweifach deuten: einerseits als der Versuch, ein himmlisches Geschehen (wie die Epiphanie des Heiligen Geistes) anschaulicher zu machen, es dem Betrachter näherzubringen, und andererseits, das Ideale, das in der Erfahrungswelt des Menschen bereits enthalten ist (wie die Heiligkeit der Kirchenväter), hervorzukehren. Berninis Bildkunst stünde damit ganz eindeutig im Dienst der *propaganda fides*, der Vermittlung des Glaubens. Kauffmanns Ansatz hat den Vorteil, dass er theologisch schlüssig ist. Liest man Berninis Illusionismus mit Kauffmann jedoch nur eingleisig als ein „Transponieren vom Gemalten ins Bildwerk", als einen „Drang vom Scheinbild zur Realität", so leugnet man die von Bauer postulierte Paradoxie, die sich angeblich gerade aus der *wechselseitigen* Verschränkung der Realitätsebenen ergibt.

4.1.3.3 Die *Cathedra* im Lichte der neuplatonisch-christlichen Stufenontologie

Als Alternative zu den in der Forschung bislang geäußerten Deutungen möchte ich eine pneumatologische und zugleich ekklesiologische Lesart vorschlagen, welche die christliche Lichtmetaphysik und die neuplatonische Stufenontologie noch mehr ins Zentrum rückt und dabei nicht den Thron, sondern den Heiligen Geist als die eigentliche Hauptfigur betrachtet. Ein Schlüssel zum Verständnis von Berninis Konzeption scheint mir nämlich das Doppelwerk des Pseudo-Dionysius Areopagita „Über die himmlische Hierarchie" und „Über die kirchliche Hierarchie" zu sein.

Besonders auf der Grundlage des Neuplatonismus²¹⁷ postuliert der Areopagit eine alle Wesen erfassende Hierarchie, deren Spitze Gott als ein geistig-substanzloses, ganz aus himmlischem Feuer bestehendes Wesen einnimmt. Gott schließen sich die verschiedenen Stufen der englischen Hierarchie an. Je näher sie Gott sind, desto mehr nehmen sie von seinem Licht in sich auf. Zugleich eifert eine Seinsstufe der höheren nach. Im Gegenzug geben die höherstehenden Engel das Licht der göttlichen Erkenntnis stufenweise nach unten weiter, wobei es freilich an Klarheit einbüßt. Diesen zweiten Effekt erklärt Dionysius an einem Beispiel aus der Physik:

> „Die Verbreitung des Sonnenlichts erreicht die erste Materie, die lichtdurchlässigste von allen, ohne Verlust. Durch sie lässt es seinen eigentümlichen Glanz leuchtender erstrahlen. Auf dichtere Materien jedoch auftreffend, wird sein Licht bei der Ausbreitung trüber infolge der mangelnden Eignung der erleuchteten Stoffe, das geschenkte Licht durch sich weiterzugeben, und es nimmt von da an schrittweise ab bis hin zum nahezu völligen Ausfall der Lichtdurchlässigkeit".²¹⁸

Auf die himmlische Hierarchie übertragen, bedeutet dies:

> „Analog zu dieser schönen physikalischen Ordnung lässt auf einer höheren Ebene das Ordnungsprinzip aller sichtbaren und unsichtbaren Harmonie den Glanz seiner eigenen Lichtspendung in vollkommen reichlichen Ergüssen in den obersten Seinsstufen in erster

---

215 Kauffmann 1970, S. 273, Anm. 464.
216 Kauffmann 1970, S. 273.
217 Zu den geistigen Einflüssen auf Dionysius, insbesondere des Neuplatonismus siehe Heil 1986, S. 4–18 u. 24–25.
218 Ps.-Dionysius Areopagita (1986a) XIII 3.

Erscheinung aufleuchten, und durch sie haben die Seinsstufen nach ihnen an der göttlichen Strahlung teil. Die ersteren erkennen nämlich als erste Gott und streben in überlegener Weise nach der göttlichen Vollkommenheit und sind gewürdigt, zuerst die Kraft und die Verwirklichung der Gottesnachahmung soweit das geht, ins Werk gesetzt zu haben, und sie ziehen ihrerseits die Seinsstufen nach ihnen nach Art des Guten dazu heran, mit ihnen zu wetteifern nach Kräften, wobei sie ihnen vorbehaltlos Anteil gewähren an dem über sie gekommenen Glanz und diese wiederum den weiter unten Stehenden, und auf allen Stufen gibt jeweils die erste der nach ihr Anteil an dem ihr geschenkten und zu allen in Vorbedacht ihrer jeweilgen Stellung durchdringenden Licht. Es ist also für alle, die Licht empfangen Ursache der Erleuchtung von Natur aus und letztgültig Gott als Wesen des Lichts und Ursache des Seins und des Sehens selbst, durch Setzung aber und in der Nachahmung Gottes das im Einzelbereich Überlegene dem Nachgeordneten, weil die göttlichen Lichter durch dieses auf jenes abgeleitet werden.

Mit Recht halten also die übrigen Engelwesen die oberste Gliederung der himmlischen Gedanken nach Gott für die Ursache aller geheiligten Gotteserkenntnis und nachahmenden Darstellung Gottes, weil durch sie auf alle und auf uns die vom Gottesprinzip ausgehende Erleuchtung sich verbreitet. […] Demgemäß hat die oberste Gliederung der heiligen Engel mehr als alle andern die Eigenschaften zu entflammen und die überströmende Weitergabe der Weisheit des Gottesprinzips und die Erkenntniskraft für das höchste Wissen um die Erleuchtung von Gott …".[219]

Indes sollen nicht nur die Engel, sondern auch die Menschen nach dem Licht der göttlichen Erkenntnis streben bzw. dieses an andere weitergeben. Dazu bedarf die himmlische Hierarchie eines irdischen Pendants oder Abbildes, in dem sie sich zugleich fortsetzt. Ein solches ist die kirchliche Hierarchie, die beim Katechumenen beginnt[220] und beim Heiligen endet.

„Zweck der Hierarchie ist demnach: Angleichung an Gott so gut wie möglich und Einswerdung mit ihm als Führer und Geleiter zu jeder Art geheiligter Wissenschaft und Wirksamkeit in stetem Hinblick auf seine (reinste) göttliche Schönheit, von dieser sich prägen zu lassen so weit wie möglich und das Gefolge der dieser Nachgehenden zu prächtigen Bildern Gottes, zu klaren und fleckenlosen Spiegeln zu vervollkommnen, die den Strahl vom Quell des Lichts, vom Gottesprinzip, aufnehmen, sich von dem verliehenen Glanz in geheiligter Weise erfüllen lassen und ihn vorbehaltlos auf das Nachgeordnete ausstrahlen, wie es das Gottesprinzip bestimmt. […] Also: Wer das Wort ‚Hierarchie' ausspricht, bezeichnet ganz allgemein eine Art von geheiligter Gliederung, Abbild der Schönheit des Gottesprinzips, welche in hierarchisch gegliederten Ordnungen und Wissenschaften die Mysterien der ihr eigenen Erleuchtung begeht und sich an das ihr eigene Prinzip angleicht, so weit es ihr zusteht. Denn für jeden an der Hierarchie Beteiligten bedeutet Vervollkommnung: zu einer nachahmenden Darstellung Gottes aufzusteigen…".[221]

Voraussetzung für den Aufstieg zu Gott ist allerdings, dass die Hierarchen zuvor

„… in den Zustand völliger Reinheit versetzt und von jeglicher wesensfremden Beimischung befreit werden, die Anwärter auf die Erleuchtung sollen sich mit dem göttlichen Licht erfüllen lassen und sich dabei zum Zustand und Vermögen der Schau des Wesens mit den Augen des Geistes empor führen lassen …".[222]

Erst wenn die Hierarchen diesen Zustand erreicht haben, können die Engel ihre Aufgabe als ‚Transmitter' des göttlichen Lichts von der Welt des Immateriellen in die Welt des Materiellen erfüllen.

„Diese sind es also, die an erster Stelle und vielfältig in der Teilnahme am Göttlichen stehen und an erster Stelle und vielfältig die Verborgenheit des göttlichen Ursprungs offenbaren,

---

219 Ps.-Dionysius Areopagita (1986a) XIII 3.
220 Ps.-Dionysius Areopagita (1986b) III C 4.
221 Ps.-Dionysius Areopagita (1986a) III 2.
222 Ps.-Dionysius Areopagita (1986a) III 3.

weswegen sie auch vor allem speziell der Benennung Engel (Bote) gewürdigt sind, weil sie zuerst das vom göttlichen Ursprung ausgehende Licht erleuchtet und durch sie hindurch die unser Fassungsvermögen übersteigende Offenbarung auf uns übergeleitet werden".[223]

Bei dieser Vermittlung fallen den einzelnen Engelshierarchien verschiedene Aufgaben zu:

„Und zwar bedeutet die Benennung Seraphim, wie die Kenner des Hebräischen sagen, entweder ‚Entflammer' oder ‚Erhitzer', die Benennung Cherubim ‚Fülle der Erkenntnis' oder ‚Ergießung des Wissens'. Sinnvollerweise wird nun die erste der himmlischen Hierarchien von den obersten Manifestationen des Seins in heiligem Dienst verwirklicht, denn diese hat ihre Stelle über allen anderen, weil sie unmittelbar um Gott steht und weil die zuerst wirksam gewordenen Offenbarungen Gottes und Vollkommenheitswirkungen auf sie als nächst anschließenden in besonders ursprungsnaher Weise übergeleitet werden".[224]

Nur als Empfängerin des von den Engeln vermittelten göttlichen Lichts erfüllt die kirchliche Hierarchie ihren Daseinszweck, den Menschen über die Welt des Materiellen hinauszuführen.

„Deshalb hat die alle Weihen begründete geheiligte Satzung auch unsere eigene geheiligte Hierarchie dadurch ausgezeichnet, dass sie in über die Welt hinausweisender Weise die immateriellen himmlischen Hierarchien abbildet, und hat die genannten himmlischen Hierarchien uns dadurch vermittelt, dass sie sie durch sinnlich fassbare Gestalten und aus verschiedenen Elementen zusammengesetzte Darstellungen anschaulich machte, auf dass wir, unserem Fassungsvermögen entsprechend, von den hochheiligen Gestaltungen zu Arten und der Erhebung und Gottähnlichkeit empor geführt werden, die nicht in einzelne Teile zerfallender, bildlicher Vorstellungen bedürfen. Denn unser menschliches Denken kann sich nicht direkt zu jener Nachgestaltung und geistigen, von jedem Bezug zu materiellen Vorstellungen freien Schau der himmlischen Hierarchien aufschwingen, wenn es sich nicht vorher der ihm gemäßen Führung durch konkrete Vorstellungen bediente und sich die sichtbaren Schönheiten als Abbildungen der unsichtbaren Harmonie bewusst machte und die Verbreitung sinnlicher Wohlgerüche als Abbildungen der Ausbreitung des Gedankens und als Bild der immateriellen Gabe des Lichts die materiellen Lichter und als Abbild der Erfüllung mit der geistigen Schau des Wesens die diskursiven geheiligten Schulungen und als Abbild des harmonischen geordneten Verhältnisses zu allem von Gott Ausgehenden die Ordnung der Gliederungen hier unten und als Abbild der Teilhabe an Jesus die Teilhabe an der göttlichen Eucharistie – und was sonst noch uns in Symbolen vermittelt wird, den himmlischen Wesen aber in einer höheren Weise als mit den Mitteln der Sinneswelt".[225]

Ein Symbol aus dem Bereich der Sinneswelt, das geeignet ist, dem Menschen das Wesen des Göttlichen vor Augen zu führen, ist das Feuer.

„Das Feurige offenbart also, glaube ich, das am meisten Gottähnliche an den himmlischen Gedanken".[226]

---

223 Ps.-Dionysius Areopagita (1986a) IV 2.
224 Ps.-Dionysius Areopagita (1986a) VII 1.
225 Ps.-Dionysius Areopagita (1986a) I 3.
226 Ps.-Dionysius Areopagita (1986a) XV 2. Das Feuer vermag dieses u. a. deshalb zu tun, weil es „… soweit das im Medium des Sichtbaren möglich ist, viele Abbildungen der Eigenschaften des Gottesprinzips, wenn man so sagen darf, bietet. Denn das wahrnehmbare Feuer ist sozusagen in allem vorhanden und durchdringt alles, ohne sich damit zu vermischen, und ist von allem getrennt und leuchtet ganz hell und ist zugleich wie verborgen, an sich unerkennbar, wenn nicht Materie vorliegt, an der es seine eigentümliche Wirksamkeit offenbaren kann, nicht zu fassen und nicht zu schauen, kraft seines Wesen alles bezwingend und das, in das es eindringt, seiner eigenen Wirkungsweise verwandelnd, sich selbst mitteilend allem, was irgendwie nahe kommt. Es erneuert durch die Wärme in seiner Glut, erhellt mit seinen unverhüllten Erleuchtungen, ist unbezwinglich, unvermischbar, scheidend, unveränderlich, nach oben strebend, sich schnell bewegend, hoch oben zu Hause…" (Ps.-Dionysius Areopagita [1986] XV 2).

Neben dem Feuer gebraucht Dionys die Metapher der Wolke.

> „Aber auch in eine Wolke hüllt sie die Gotteskunde [vgl. Offb 10,1] und gibt dadurch zu erkennen, dass die geheiligten Gedanken zwar von dem verborgenen Licht in einer Weise, die weltliche Vorstellungen übersteigt, erfüllt werden, jedoch den ihnen zuerst erscheinenden Lichtschein im Verborgenen in Empfang nehmen und ihn ohne Vorbehalt auf die nachstehenden Ränge in sekundären Erscheinungsformen und entsprechend ihrer Stellung im System weiterleiten".[227]

Einen hohen Symbolgehalt besitzen ferner die verschiedenen Materialien.

> „Wenn die Gotteskunde die himmlischen Manifestationen des Seins auch mit der Gestalt von Erz [vgl. Ez 1,7; Dan 10,6] oder Elektron [vgl. Ez 1,4] oder von vielfarbigen Steinen [vgl. Ez 1,16; Offb 4,6] umgibt, so deutet das Elektron, da es zugleich gold- und silberartig ist, die unverderbliche, unangreifbare, nicht zu mindernde noch zu befleckende Lauterkeit des Goldes an und den leuchtenden, lichtartigen, himmlischen Schimmer des Silbers. Dem Erz ist, aus den angegebenen Gründen, das feurige oder goldartige Wesen beizulegen. Die verschiedenen Erscheinungsformen der Steine bedeuten, sollte man glauben, das Lichtartige, sofern sie weiß sind, das Feurige, sofern rot, das Goldartige, sofern gelb, das Jugendliche und in voller Kraft stehende, sofern grün".[228]

Allerdings können diese Symbole das Wesen Gottes nur veranschaulichen. Sie allein besitzen noch keine anagogische Funktion, können den Menschen nicht zum „höchsten Gipfel der Gottwerdung", zum „Gipfel der Gottähnlichkeit"[229] führen. Diese Fähigkeit misst Dionysius vor allem der Liturgie zu. Sie macht nicht nur das Wesen der kirchlichen Hierarchie als Abbild der himmlischen Hierarchie sinnfällig. Sie ahmt auch Gott nach, vorzugsweise bei der Feier der Eucharistie,[230] bzw. ist eine „der Nachahmung Gottes dienende mystische Schau".[231] Aber „auch allen [anderen] hierarchischen Weihehandlungen [ist] gemein, dass sie am geheiligten Licht Anteil geben…".[232]

Bei der Liturgie wird der höhere Kleriker „ganz im Sinn seines Namens ,Hierarch', in der Reinheit seines gottähnlichen Zustandes mit Hilfe des vom Gottesprinzip ausgehenden Heiligen Geistes in beseligender Gedankenschau zu den heiligen Prinzipien des Vollzogenen empor getragen".[233] Dabei trägt er „lichthelle Kleider".[234] Denn:

> „Das Priestergewand [Ez 9,2; 10,6; Offb 1,13] bedeutet ihre Kraft, zu göttlichen und mystischen Einblicken hinzuführen…".[235]

Ein anderes anagogisches Vehikel ist die Bildkunst. Da der Gesichtssinn als Pendant zur „beseligenden Gedankenschau"[236] aufzufassen ist und die „Augenlider und Augenbrauen" folglich die Fähigkeit bedeuten, „Akte der Gottesschau in Gedanken zu sichern",[237] fällt dieser Gattung eine nicht weniger bedeutsame Mittlerfunktion als der Liturgie zu. „Sinnliche Bilder in den geheiligten Bildkompositionen" dienen dazu,

> „… uns durch das sinnlich Vorstellbare zu dem nur in Gedanken Fassbaren und aus den Symbolen heiliger Bildersprache zu den von Unterscheidung freien Höhen der himmlischen Hierarchien empor zu führen".[238]

Wie die mystische Gedankenschau in der Liturgie gibt das Bild die göttliche Wahrheit vereinfacht wieder und passt sich so dem menschlichen Fassungsvermögen an. Dabei gilt das Prinzip, „dass mit Recht vor das Formlose die Formen und die Figuren vor das Unfigürliche gelegt sind". Dieses Prinzip hat seinen Grund

---

227 Ps.-Dionysius Areopagita (1986a) XV 6.
228 Ps.-Dionysius Areopagita (1986a) XV 7.
229 Ps.-Dionysius Areopagita (1986b) III C 4.
230 Ps.-Dionysius Areopagita (1986b) III C 8.
231 Ps.-Dionysius Areopagita (1986b) III C 2.
232 Ps.-Dionysius Areopagita (1986b) III A.

233 Ps.-Dionysius Areopagita (1986b) III B.
234 Ps.-Dionysius Areopagita (1986b) II 7.
235 Ps.-Dionysius Areopagita (1986a) XV 4.
236 Ps.-Dionysius Areopagita (1986b) III B.
237 Ps.-Dionysius Areopagita (1986a) XV 3.
238 Ps.-Dionysius Areopagita (1986a) I 3.

„… in der Anpassung an den Stand unserer Fassungskraft, die sich nicht unmittelbar zu den durch Denken zu erreichenden Anschauungen aufschwingen kann, sondern in ihrer Art gemäß stufenweiser Einführung braucht, die uns fassliche Bilder vor die gestaltlosen, unser natürliches Vorstellungsvermögen übersteigenden Einsichten vorspannt".[239]

Wenn Dionysius es auch nicht ausspricht, so sieht er das Bildwerk doch in einem ähnlich abbildenden Verhältnis zur Welt des Göttlichen wie die kirchliche zur himmlischen Hierarchie und die Liturgie zu den Handlungen Gottes.

„Man kann sich demnach sehr wohl passende bildhafte Darstellungen für den himmlischen Bereich auch aus dem am wenigsten geachteten Bereich der materiellen Welt ausdenken, da auch sie ihre Existenz vom wirklich Schönen (d. h. von Gott) erhalten hat und durch die ganze Stufenleiter ihrer materiellen Existenz Widerklänge der geistigen Harmonie enthält, und man sich durch diese hindurch zu den geistigen Prinzipien hinführen lassen kann, indem man, wie gesagt, die Gleichartigkeit nicht im Sinne einer Analogie auffasst und dasselbe Merkmal nicht in gleicher Weise bei geistigen und sinnlichen Eigenschaften, sondern dem jeweiligen Bereich adäquat und sinngemäß gelten lässt".[240]

In gewisser Weise übernimmt der Maler aufgrund dieser Analogie eine ähnliche Funktion wie der Hierarch in der Liturgie:

„Und wie der Maler auf das Urbild unverwandt hinsieht und sich auf nichts anderes Sichtbares ablenken lässt, noch in irgendeiner Weise seine Aufmerksamkeit teilt und so sein Modell sozusagen verdoppeln und das eine in einem andern sehen lassen wird – abgesehen vom Unterschiede der Seinsweise –, so schenkt auch den Gedankenmalern, die das Schöne lieben, die unverwandte, durch nichts abgelenkte Schau auf die wohl duftende verborgene Schönheit das geistige Bild ohne Abweichung und ganz nach Gottes Gestalt. So versteht es sich dann, dass die Maler nach Gottes Art ihr Denkorgan, ohne sich an irgendetwas zu kehren, auf die überirdisch wohl duftende Gedankenschönheit hin gestalten und keine der Gott nachahmenden Tugenden an ihnen „zum Gesehenwerden durch die Menschen", wie das WORT sagt [Mt 23,5], ausüben. Vielmehr schauen sie in geheiligter Weise wie in einem Bild in dem göttlichen Öl die heiligsten Geheimnisse der Kirche".[241]

Bezieht man die Gedanken des Dionysius Areopagita auf Berninis *Cathedra*, so eröffnet sich eine völlig neue Lesart. Der gesamte Bildapparat gibt eine universale Seinshierarchie wieder, die vom Heiligen Geist über die verschiedenen Ränge der himmlischen Heerscharen (Seraphim, Cherubim, Throne, Herrschaften, Mächte, Gewalten, Fürsten, Erzengel und Engel) bis herab zu den Kirchenvätern reicht. Dabei geht das noch völlig substanzlose göttliche Licht der Glasmalerei in den vergoldeten Stuck der schon körperhaften, aber noch immer lichtvollen Engel über. Am Fuß der Gloriole trifft das Licht auf Wolken, welche das „verborgene Licht" des Heiligen Geistes verhüllen. Nachdem die Engel aber „den ihnen zuerst erscheinenden Lichtschein im Verborgenen in Empfang" genommen haben, können sie „ihn ohne Vorbehalt auf die nachstehenden Ränge in sekundären Erscheinungsformen und entsprechend ihrer Stellung im System weiterleiten".[242] Dabei tragen die Wolken sogar mit dazu bei, das Licht in die unteren Regionen zu bringen. Dort trifft es auf den Thron, der schon aus der weniger lichthaltigen Bronze besteht, jedoch noch weitgehend vom goldenen Himmelslicht ummantelt wird. Vor allem die Szene des „Pasce oves meas" ist noch ganz in Gold wiedergegeben. Der Thron gibt das Licht an die Kirchenväter weiter, deren Körper nun ausschließlich aus Bronze sind. Lediglich ihre liturgischen Gewänder sind noch mit einem matten Goldschimmer überzogen. Am Ende stehen der rote und schwarze Marmor des Sockels. Mit dem schrittweisen Eindringen des Lichtes in den „Bereich der materiellen Welt" geht konsequenterweise auch eine Zunahme an Körperlichkeit

---

239 Ps.-Dionysius Areopagita (1986a) II 2.
240 Ps.-Dionysius Areopagita (1986a) II 4.
241 Ps.-Dionysius Areopagita (1986b) IV 0.
242 Ps.-Dionysius Arcopagita (1986a) XV.

und Plastizität einher. Je körperlicher die Wesen aber sind, desto mehr werden sie von Leuchtenden zu Erleuchteten.

Wenn Dombrowski daher von den Kirchenvätern sagt, sie seien „mystisch-schmerzvoll" empfindende Gestalten – keine Lehrenden, keine Anbetenden, dafür aber durchfiebert von Schauern der Verzückung und wenn er die Strahlenglorie als Symbole der „überschießenden Liebe Gottes" deutet,[243] so greift er etwas zu kurz. Vielmehr zeigt Bernini in der Glorie, wie nach Dionysius

„der Ursprung und Grund aller unsichtbaren und sichtbaren guten Ordnung die Strahlen mit göttlicher Wirkung zuerst in die mehr gottartigen Geister [entlässt]. Und durch diese hindurch, weil sie durchsichtiger sind und zum Empfang und zur Weitergabe von Licht speziell von ihrer Natur aus geeignet, leuchtet er in die niedriger Stehenden hinein und zeigt sich ihnen ihrer Aufnahmefähigkeit entsprechend".[244]

Am Ende dieser Seinshierarchie stehen die Kirchenväter in einer „beseligenden Gedankenschau". Ihr Bemühen, die „Akte der Gottesschau in Gedanken zu sichern"[245], spiegelt sich in ihren Augenlidern und Augenbrauen deutlich wider. Ihre Leiber sind vom Feuer der göttlichen Erkenntnis, das vom Heiligen Geist ausströmt, ekstatisch durchdrungen. Zugleich haben die Väter als Bischöfe

„… die Aufgabe, die Nachstehenden ohne Vorbehalt in einer ihrem Vermögen angemessenen Weise auf die von ihnen in geheiligter Weise erschauten göttlichen Anblicke hinzuweisen. In die Gesetze der Hierarchie einzuweihen ist Aufgabe derer, die, ausgestattet mit vollkommen machender Wissenschaft, in alle göttlichen Geheimnisse der Hierarchie in ihrem Bereich gut eingeweiht sind und die vollkommen machende Kraft, andere einzuweihen, empfangen haben. Die geheiligten Offenbarungen nach Würdigkeit weiterzugeben ist Sache derer, die mit voller Erkenntnis und ohne mit Mängeln behaftet zu sein, an der priesterlichen Vollendung teilhaben".[246]

Im Unterschied zu Dionysius hat Bernini allerdings zwischen die Engel und die Hierarchen die *Cathedra Petri* als zusätzliche Instanz eingeschoben. In der Lesart von unten nach oben bildet das Petrusamt so die Spitze der kirchlichen Hierarchie, sein Träger wird zum Inbegriff des „gotteskundigen" und „erleuchteten Führers". Dagegen besagt die Lesart von oben nach unten, dass der Papst allein in seiner buchstäblichen Eigenschaft als Pontifex eine Brücke vom Diesseits zum Jenseits schlägt und so die göttliche Erkenntnis weitergibt.

Es ist also ein eminenter Unterschied, ob man die Kirchenväter und die Glorie letztlich nur als Staffage oder gar als Attribute des Thrones liest, oder ob man den Thron als Glied einer durchgehenden Hierarchie begreift. In der ersten Version steht die Cathedra zwar formal im Mittelpunkt, doch wird sie letztlich nur effektvoll inszeniert. In der zweiten Version ist sie formal nur ein Zwischenglied, doch wird sie durch diese vermeintlich bescheidenere Präsentation theologisch entscheidend aufgewertet: Sie ist nun das Nadelöhr zwischen Diesseits und Jenseits. Insofern markiert die Werkgenese keine Abkehr, sondern erst recht eine Hinwendung zur Propagierung einer petrinisch-päpstlichen Suprematie.

In gewisser Weise wird die überhöhte, vom Heiligen Geist überstrahlte Cathedra sogar zur ikonologischen Formel der päpstlichen Unfehlbarkeit. Diese wurde innerhalb der römischen Kirche in dem Maße zum theologischen Allgemeingut, in dem sich auch die Idee einer absoluten päpstlichen Monarchie durchsetzte (s. o.) – lange vor ihrer Dogmatisierung im Ersten Vatikanischen Konzil. So zog schon Bellarmin aus dem Argument, „[Jesus] habe nur den Petrus Fels und Fundament genannt, nicht aber den Petrus mit dem Konzil" den Schluss:

„Da der Pontifex die ganze Kirche lehrt, kann er in Dingen, die den Glauben betreffen, in keinem Fall irren".[247]

---

243 Dombrowski 2003a, S. 365 u. 388.
244 Ps.-Dionysius Areopagita (1986b) V A 2.0.
245 Ps.-Dionysius Areopagita (1986a) XV 3.
246 Ps.-Dionysius Areopagita (1986b) V A 2.0–2.1.
247 Zit. nach Dantine 1998, S. 419.

Etwas moderater äußerte sich Johannes a Sancto Thoma 1644, als er von einer „unfehlbaren Assistenz" des Heiligen Geistes für die Kirche bei ihrer lehramtlichen Definition sprach.[248] Doch auch „diese gemäßigte ‚communis opinio' unter den Theologen" bezeugt nach Dantine

> „… mit genügender Klarheit, zu welchem ‚Fortschritt' die Erhebung der mündlichen Tradition zur Gleichrangigkeit mit dem biblischen Kanon geführt hat. Die ‚Mutter Kirche' besitzt nicht nur eine absolute Monopolstellung in der authentischen Schriftauslegung, sondern als Verwalterin der apostolischen Tradition ist sie aufgrund der Assistenz des irrtumslosen Geistes selbst in der Lage, neue Manifestationen der Offenbarung zu beglauben".[249]

Damit sind für Dantine „die Fundamente für die künftige Entwicklung gelegt, die sich freilich erst im I. Vaticanum realisiert"[250]. Dass die theologische Entwicklung das ganze 17. Jahrhundert hindurch kontinuierlich auf die Dogmatisierung der päpstlichen Unfehlbarkeit hinauslief und eine Abkehr von dieser Linie unter Alexander VII. daher höchst unwahrscheinlich ist, belegt auch eine Äußerung bei Bonanus, wonach die Taube für die Unfehlbarkeit des Papstes „in rebus fidei et sanctorum morum" stehe. Auch spreche der Heilige Vater, wenn er Lehrsätze *ex cathedra* verkünde, unter Beistand des Heiligen Geistes, der die höchste Wahrheit sei („Spiritu afflante, qui summa Veritas est").[251]

Der durch den fließenden Übergang der Kunstgattungen hervorgerufene Illusionismus Berninis ist, wenn man ihm die christliche Lichtmetaphysik zugrunde legt, im Fall der *Cathedra Petri* also weitaus mehr als nur ein geistreiches Spiel mit den Realitätsebenen oder die Vergegenwärtigung eines Ereignisses mithilfe einer effektvollen Inszenierung. Vielmehr visualisiert er die mystische Schau der universalen Seinshierarchie. Dabei kommt dem Kunstwerk durchaus die von Dionysius beschriebene Bedeutung eines Abbildes zu, das die immaterielle und formlose Wirklichkeit des Himmels ebenso durch geformte Materie wiedergibt und den Menschen dadurch zu Gott führt, wie es die Liturgie durch die Symbolik ihrer Riten tut.

Vor dem Hintergrund der christlichen Lichtmetaphysik lässt sich auch das vermeintliche Ineinandergreifen der verschiedenen Realitätsebenen erklären. Außer auf die schon von Bauer genannten Strahlenbündel, welche die Realarchitektur hinterschneiden, wäre in diesem Zusammenhang auf die Engel hinzuweisen, die sich im oberen Bereich der Glorie an einigen Strahlenbündeln festzuhalten und diese dadurch als plastische Gebilde zu entlarven scheinen. Was das Verhältnis von Architektur und Glorie betrifft, so kann man wie beim Hochaltar von *Sant'Andrea* von einem osmotischen Bildwunder sprechen (siehe C 3.2). Die Engel sind hingegen als reine Lichtwesen von derselben Beschaffenheit wie die Lichtstrahlen. Folglich können sie diese ebenso leicht umfassen wie ein irdisches Wesen ein stoffliches Gebilde. Noch ‚leichter' fällt es ihnen, sich von Wolken tragen zu lassen.

Ein weiteres Bildmotiv, das durch die Dionysische Theologie an Plausibilität gewinnt, ist der Heilige Geist. Bernini hat ihn – gerade im Vergleich zu seinen früheren Entwürfen – zur eigentlichen Hauptfigur und darüber hinaus, wie sich noch zeigen wird, zum *point de vue* des gesamten Bildprogramms von *Sankt Peter* aufgewertet. Die Funktion des Fensters als Zielpunkt des Bildprogramms erkannte schon Kurt Rossacher, doch bestritt er, dass die Darstellung des Heiligen Geistes in Glasmalerei diese Aufgabe unter ästhetischen wie theologischen Gesichtspunkten erfüllen könne. Vom Thron ausgehend suche der Blick des Betrachters ein christologisches Leitbild, dem die Taube nicht gerecht werde:

> „Durfte das Konzept des Barock dem Künstler erlauben, in den Mittelpunkt der Komposition lediglich das gerahmte Licht zu setzen? Musste nicht gerade für die Basilika des heiligen Petrus in vorbildlichster Weise in der Kompositionsmitte auch das Zielbild und die Lösung des ‚Concetto' liegen?"[252]

---

248 Zit. nach Dantine 1998, S. 436.
249 Dantine 1998, S. 437.
250 Dantine 1998, S. 436.

251 Bonanus 1699, S. 275; zit. bei Kauffmann 1970, S. 275.
252 Rossacher 1967, S. 4.

In der jetzigen Form, so Rossacher, fehle dem Altarwerk „im Zentrum der Glorie seine letzte ästhetische und thematische Steigerung, die seine hohe Funktion am Ende der Längsachse des Petersdomes rechtfertigt."[253] Der Heilige Geist könne diese Aufgabe nicht erfüllen, zumal er bereits am *Hochaltarziborium* vorkomme.[254] Rossacher kommt daher zu dem Ergebnis, der Altar sei unvollendet. Das kurz vor der Weihe am Fest Petri Stuhlfeier (16. Januar 1666) von Johann Paul Schor gefertigte Fenster sei nur ein Provisorium. Als Thema für die Mitte habe Bernini ursprünglich die Transfiguration Christi auf dem Berg Tabor mit Elia, Mose und Gottvater vorgesehen. Diese Konzeption habe sich in einem Terrakottabozetto erhalten, der 1966 in englischem Privatbesitz aufgetaucht sei. Dieser Bozetto sei nicht nur stilistisch mit den Reliefs von Schlüsselübergabe und Fußwaschung an den Thronwangen eng verwandt, in seinen Ausmaßen (Höhe 56 cm, Breite 54 cm, Tiefe 12 cm) sowie in seiner Kontur füge er sich auch hervorragend in den Kontext der Engelsgloriole ein. Eine Anbringung der Gruppe unmittelbar vor dem Glasfenster hätte es ermöglicht, die in Mt 17,1–9 beschriebene Verklärung auf erstmalige und einzigartige Weise umzusetzen: „Sein Antlitz leuchtete wie die Sonne und seine Kleider wurden weiß wie Licht".[255]

Als Zielbild des Langhauses, so Rossacher, hätte sich die Transfiguration sowohl unter petrinischen wie christologischen Gesichtspunkten als sinnvoll erwiesen, weil das Thema nicht nur dem Leben Petri entnommen sei, sondern auch auf die Göttlichkeit Christi abhebe und darüber hinaus mit Mose und Elias das Alte Testament einbeziehe.[256] Die Tatsache, dass die Transfiguration nicht mehr realisiert wurde, versucht Rossacher mit einem Erlahmen der technischen und finanziellen Kräfte zu erklären. Sowohl Bernini, der sich seinen erdrückenden Pflichten und persönlichen Querelen 1665 durch seine Reise nach Paris geradezu fluchtartig entzogen habe, als auch die Nachfolger des 1670 verstorbenen Alexanders VII. hätten wenig Interesse besessen, das Werk zu vollenden.[257]

Rossachers These widersprach schon Dieter Marcos mit dem Hinweis, ein christologischer Kontext sei in diesem Zusammenhang völlig fehl am Platze, da im Bildprogramm von *Sankt Peter* die Ekklesiologie im Vordergrund stehe (weshalb auch die von Bernini ursprünglich für das *Hochaltarziborium* geplante Salvator-Statue aufgegeben worden sei).[258] Nach Neri Arnoldi wiederum ist der Bozetto stilistisch kaum in Berninis Œuvre einordnen; vielmehr passe er zum Umkreis des Giacomo Serpotta.[259] Kauffmann wies darauf hin, dass die körperliche Präsenz ausgerechnet an der Stelle, wo das „Zurückstufen des Leibhaften ins Bildhafte" seinen Höhepunkt erreicht habe, völlig deplatziert sei.[260] Zuletzt machte Dombrowski geltend, dass Bernini selbst sich nie über den angeblichen Verstoß gegen seine künstlerischen Absichten beklagt habe. Auch habe der Künstler schon in den früheren Entwürfen das Motiv der Taube vorgesehen.[261]

Am stichhaltigsten erscheint mir Kauffmanns Einwand, der mit der Logik des Bildaufbaus argumentiert, wenngleich es Bernini nicht um ein „Zurückstufen des Leibhaften ins Bildhafte", sondern im Gegenteil um ein Ausgreifen des Bildhaften ins Leibhafte ging. Dass das Bildhafte in diesem Fall lichthaltig sein muss, ergibt sich allein schon aus seiner Funktion als optischer und ikonologischer Zielpunkt. Wie sonst könnte man die Glorie beim Betreten der Basilika aus einer Entfernung von über hundertsechzig Metern wahrnehmen? Und welches andere Motiv, um mit Hermann Voß zu sprechen, als ein zweites Pfingstgeschehen wäre kraftvoll genug gewesen, den „gesammelten rhythmischen Energien", die „durch die Raumerweiterung" der *Peterskirche* und die „enorme Verlängerung und Betonung der großen Hauptachse" mittels der *Kolonnaden* entstanden waren, eben diesen Energien den „Zielpunkt" zu geben, in dem sie „ihre Entladung

---

253 Rossacher 1967, S. 4.
254 Rossacher 1967, S. 8.
255 Rossacher 1967, S. 4–8.
256 Rossacher 1967, S. 11–13.
257 Rossacher 1967, S. 18–20.

258 Zit. bei Sedlmayr 1960a, S. 233 Anm. 54.
259 Negri Arnoldi 1971 S. 87.
260 Kauffmann 1970, S. 239.
261 Dombrowski 2003a, S. 369.

fanden"?²⁶² – Energien, die, wie ich zu zeigen versuchte, nicht nur gestalterischer, sondern vor allem auch emotionaler und spiritueller Natur sind.

Noch schwerer wiegt jedoch, dass innerhalb der Dionysischen Stufenontologie und Lichtmetaphysik allein die Glasmalerei mit der Taube die von Rossacher geforderte „ästhetische und thematische Steigerung" bewirken kann. Dass eine Taube innerhalb dieses Konzepts kein zu schwaches Bildmotiv abgibt, zeigt schließlich auch Giovanni Battista Gaullis Langhausfresko von *Il Gesù*, das sehr wahrscheinlich durch Bernini beeinflusst wurde.²⁶³ Das göttliche Licht, das gleichfalls den Ausgangspunkt einer coelestischen Stufenontologie bildet, geht hier von dem noch ungegenständlicheren und noch unplastischeren Christusmonogramm aus.

Wie sich nachweisen ließ, findet das Konzept der *Cathedra* in der Dionysischen Theologie unter formalen wie theologischen Gesichtspunkten eine schlüssige Erklärung. Jedoch stellt sich die Frage, ob Bernini die Schriften des Dionysius Areopagita überhaupt gekannt hat. So weit ich die Forschungslage überblicke, gibt es hierfür keinen konkreten Anhaltspunkt. Trotzdem liegt dies nahe. Immerhin ist es erstaunlich, wie viele Ideen des Kirchenvaters von Bernini und anderen barocken Künstlern – man denke nur an Borrominis Konzeption von *Sant'Ivo* (C 4.4) – umgesetzt wurden. Besonders gilt dies für die Stufenontologie und die Lichtmetaphysik. Nicht zuletzt spielt die Theologie des Areopagiten in Pietro da Cortonas Traktat über die Malerei eine Rolle.²⁶⁴

284, 287

Ferner besaß Dionysius im 17. Jahrhundert eine große theologische Bedeutung, wie allein schon seine Aufnahme in das Bildprogramm der *Cappella San Michele Arcangelo* belegt.²⁶⁵ Selbst wenn Bernini den Areopagiten nicht unmittelbar rezipierte, dürfte er dessen Gedankenwelt über andere Kirchenschriftsteller aufgenommen haben. Darüber hinaus dürfte der theologisch versierte Bernini mit dem christlichen Neuplatonismus über andere Kirchenschriftsteller in Berührung gekommen sein. Schließlich war Dionysius einer der einflussreichsten christlichen Autoren überhaupt, nicht zuletzt hinsichtlich der Frage, in welchem Verhältnis die Kirche zur göttlichen Offenbarung stehe.²⁶⁶

So findet sich beispielsweise die Idee, dass die Gläubigen durch die mystische Schau des göttlichen Lichtes selbst gereinigt und zur fortschreitenden Vollendung geführt werden, schon bei Basileios von Cäsarea, dessen Werk „De Spiritu Sancto" 1618 und 1638 in lateinischer Übersetzung neu herausgegeben worden war.²⁶⁷ Außerdem vergleicht Basileios die „hellen und durchscheinenden Körper", die „unter einfallendem Strahl selbst zu leuchten beginnen und aus sich heraus ein eigenes Licht werfen", mit den „geisttragenden Seelen, die vom Heiligen Geist erleuchtet" jetzt „selbst geistlich geworden sind" und diese Gnade nun auch auf andere Menschen ausstrahlen.²⁶⁸

---

262 Voß 1922, S. 26–27.

263 Noch 1731 stellte Lione Pascoli in seinen zu Rom erschienenen „Vite de Pittori, Scultori ed Architetti moderni …" fest: „… e lasciato senza dubbio l'avrebbe se non fosse statio il Bernini, che glielo avesse fatto finire …" (zit. nach Bauer 1989, S. 130). Zum Verhältnis von Gaullis Fresko und Berninis Œuvre äußert sich ders., passim ausführlich.

264 Cortona 1652, passim.

265 Sedlmayr 1960a, S. 16.

266 Vgl. Suchla 1999, S. 176 einschließlich der dort genannten weiterführenden Literatur.

267 Sieben SJ in: Basileios von Cäsarea (1993), S. 66.

268 Basileios von Cäsarea: De Spiritu Sancto 9, 23: „Wie die Sonne lässt der Geist ein reines Auge zu sich und wird dir in sich das Bild des Unsichtbaren zeigen. In der glückseligen Schau dieses Bildes wird dem Blick die unaussprechliche Schönheit des Urbildes zuteil. Ja, durch den Geist werden die Herzen erhoben, die Schwachen bei der Hand genommen, die Fortschreitenden zur Vollendung geführt. Indem er die von der Sünde Gereinigten erleuchtet, macht er sie durch die Gemeinschaft mit sich zu geistlichen Menschen. Wie helle und durchscheinende Körper unter einfallendem Strahl selbst zu leuchten beginnen und aus sich heraus ein eigenes Licht werfen, so strahlen die geisttragenden Seelen, die vom Heiligen Geist erleuchteten, die jetzt selbst geistlich geworden sind, diese Gnade nun auch auf andere Menschen aus. Von daher kommt die Vorausschau des Zukünftigen, das Begreifen des Geheimnisses, das Erfassen des Verborgenen, die

Dabei bedient er sich zur Veranschaulichung sogar ähnlicher physikalischer Vergleiche wie Dionysius. Manche Gedanken wie die schon in der Bibel erwähnte Vorstellung, der Heilige Geist erleuchte die Menschen im Innern und führe sie zur Gotteserkenntnis, sind sogar so geläufig, dass Bernini ihnen vielerorts begegnen konnte, beispielsweise in dem schon erwähnten Traktat des Ambrosius über den Heiligen Geist.[269]

Über die Lichtmetaphysik des Dionysius oder verwandte Theologumena hinaus übernahm Bernini selbstverständlich auch andere Vorstellungen. So kehrt beispielsweise auch Bellarmins Metapher, der päpstliche Stuhl sei „von der Gottheit in den Grund gelegt, mit englischer Obhut umzäunet, von der besonderen Vorsehung und dem besonderen Schirm Gottes gedeckt worden"[270], im Bildprogramm der *Cathedra* wieder. Dasselbe gilt für Bellarmins Vorstellung vom „Aufstieg des Geistes über die Leiter der geschaffenen Dinge"[271]. Nicht zuletzt visualisierte Bernini die von Phoebeus zitierte Feststellung Leos des Großen, vom Apostolischen Stuhl ergieße sich „das Licht der Wahrheit" als dem „Haupt [der Kirche bzw. des Erdkreises] in die ganze Welt".[272]

Lassen sich die eben zitierten Topoi noch vollständig in die Lichtmetaphysik des Dionysius integrieren, so gibt es in der *Cathedra Petri* auch Bildmotive, die von der Gedankenwelt des Areopagiten völlig unberührt sind. So versuchte Bernini, die geistige Durchdringung der Kirchenväter nicht nur durch ihre Lichthaltigkeit, sondern auch durch ihre Gebärden- und Körpersprache mitzuteilen. Entsprechend krümmte er ihre Leiber, um das in ihnen brennende Feuer zu veranschaulichen. Parallel dazu blähte er ihre Gewänder auf und verlieh so ihrer inneren Erregung und seelischen Aufgewühltheit angemessenen Ausdruck.

Freilich sind die Gewänder auch durch den Wind aufgewühlt – wenngleich wohl weniger durch den Luftzug, der durch das Aufschweben oder das sich Herabsenken des Thrones entsteht, wie Kauffmann und Dombrowski meinen, als durch den Sturm, den das Wehen des Heiligen Geistes hervorruft. Schon die Apostelgeschichte schildert das Pfingstwunder als ein „großes Brausen, welches das ganze Haus erfüllte" und so mächtig war, „wie wenn ein heftiger Sturm einher fährt". Nach Ambrosius gehört das Wehen sogar zum Wesen des Heiligen Geistes, zumal die Worte „Wind" und „Geist" im Lateinischen synonym sind (*spiritus*). Der Kirchenvater geht sogar so weit, das Erscheinen des heiligen Geistes mit einem Gewitter zu vergleichen:

„Wenn nämlich auf dieser Welt irgendein Sturm aufkommt, so wissen wir aufgrund eigener Erfahrung und eines alltäglichen Grundmusters, dass ihm ein Donner vorausgeht, dass ein Blasen der Winde folgt, der Himmel sich mit Wolken verdunkelt und das Licht aus dem

---

269 Ambrosius, Buch III, Kapitel 12, 89: „Von wessen Herrlichkeit wenn nicht von der des Geistes wird gesagt, dass sie erleuchtet? [...] Wenn [die Herrlichkeit] des Vaters [gemeint ist], so bleibt übrig, dass unter dem, der sprach: ,Aus der Finsternis leuchte das Licht auf' und der in unseren Herzen aufleuchtet, der Heilige Geist zu verstehen ist."

270 Bellarmin (1843), Kap. 9.

271 Bellarmin 1629.

272 Phoebeus 1666, S. 145: „Primam tradit eleganter S. Leo Papa in hunc modum: ,Consentaneum quippe fuit, ut in primaria Orbis Urbe primarius universalis Ecclesiae Pastor Sedem haberet, & Princeps Apostolici Ordinis ad arcem Romani destinaretur Imperii, ut lux veritatis, quae in omnium gentium revelabatur salutem, efficacius se ab ipso capite per totum Mundi corpus effunderet …'".

Austeilung der Gnadengaben, der Wandel im Himmel, der Reigentanz mit den Engeln, die unendliche Freude, das Bleiben in Gott, die Verähnlichung mit Gott und das Höchste alles Erstrebbaren: selber Gott zu werden." Ibid. 21, 52: „Ähnlich wie Dinge, die neben hell leuchtenden Farben liegen, sich durch den ausstrahlenden Glanz selber färben, so wird, wer unverwandt auf den Geist schaut, durch das Strahlen des Geistes irgendwie in Helligkeit verwandelt. Wie von einem Licht wird er von der Wahrheit aus dem Geist in seinem Herzen erleuchtet. Das ist gemeint mit dem „umgeformt vom Glanz des Geistes in seinem eigenen Geist" (vgl. 2 Kor 3,18), und zwar nicht auf kleinliche und schwächliche Weise, sondern in dem Maße, wie es dem vom Geist Erleuchteten gebührt."

Dunkel hervorblitzt. Denn auch das Blasen der Winde wird Geist (*spiritus*) genannt, wie geschrieben steht: „Feuer und Schwefel, und stürmende Winde (*spiritus*) (Ps 11,6)."[273] Betrachtet man die explosive Wucht, mit der die drei Strahlenbündel (wohl als Symbol des dreifaltigen Gottes) vom Heiligen Geist ausgehen, so scheint mir die Assoziation eines Gewitters auch bei der *Cathedra* nicht abwegig. Der Heilige Geist erscheint nicht einfach, er bricht mit unglaublicher Vehemenz in das Kircheninnere ein und das so blitzartig, dass man beinahe einen Donner zu hören glaubt. Dieses vehemente, explosive Eindringen legt wiederum die Vermutung nahe, der Geist befinde sich gar nicht in der Kirche, wie man häufig liest,[274] sondern außerhalb, in einer eigentlich anderen Dimension. Von dort sende er wie in *Sant'Andrea al Quirinale* seine Glorie in den Kirchenraum, wenn auch mit dem Unterschied, dass er nicht im Empyreum zu lokalisieren ist.

Allerdings wird gerade dieser Eindruck durch die heutige Fassung des Fensters im buchstäblichen Sinne getrübt. Die 1665/66 von Schor im Auftrag Berninis ausgeführte Glasmalerei hat sich nicht erhalten. Vermutlich wurde sie schon im 19. Jahrhundert beseitigt. Die derzeitige Verglasung entstand zu Beginn des 20. Jahrhunderts. Unter Berufung auf eine 1666 von Giacinto Gimignani und Lazzaro Morelli gefertigte Zeichnung, die in der Biblioteca Apostolica Vaticana aufgewahrt wird, vermutet Dombrowski, dass ursprünglich nicht nur die Glasmalerei sehr viel heller war, sondern es auch keine Metallstreben gab.[275] Dieselbe Vermutung legt ein Stich bei Bonanni nahe. Was die Metallstreben betrifft, so weiß ich nicht, wie es im 17. Jahrhundert technisch hätte möglich sein sollen, ein so großes Fenster ohne Streben zu versetzen. Überhaupt besaß die Gitterstruktur mit ihren von drei Ringen überlagerten Strahlen eine hohe Symbolkraft, da sie, wie in Kapitel C 4.4 schon beschrieben, die Lichterscheinung der göttlichen Trinität so paraphrasierte, wie Dante sie in der „Divina Commedia" beschrieben hatte. In diesem Sinne hatte auch Baldinucci das Fenster der *Cathedra Petri* gedeutet.[276]

Vor diesem Hintergrund dürfte Gimignanis und Morellis Zeichnung ebenso wenig wie der Stich bei Bonanni den wirklichen Zustand dokumentieren. Wie auch auf dem berühmten Schweriner Gemälde, das die *Cornaro-Kapelle* wiedergibt, wird das durch Berninis Illusionismus vermittelte metaphysische Geschehen in die Bildlogik eines anderen Mediums übertragen. Dabei können gewisse Effekte wie der fließende Übergang von der flachen Glasmalerei zur Freiplastik, die Raumhaltigkeit oder das natürliche Leuchten des Heiligen Geistes nicht wiedergegeben werden. Andererseits zerfällt der Bildapparat auch nicht in verschiedene Einzelgattungen. Alle Figuren und Elemente folgen jetzt einem sie verbindenden Darstellungsmodus. Die Taube erscheint nicht mehr als Teil eines Glasgemäldes, die Skulpturen der Kirchenväter sind zu ‚realen' Personen geworden. Insofern ist es nur folgerichtig, dass Gimignani, Morelli und Bonannis Stecher bei diesem Übertragungsprozess auch die Fensterstreben fortließen – ebenso wie der Schöpfer des Schweriner Gemäldes die realen Gegebenheiten ignorierte, indem er die auf den Besucher der *Cornaro-Kappelle* ausgerichteten Deckenfresken Abbatinis der Perspektive seines eigenen Bildes anpasste.

Denkbar ist jedoch, dass die Fensterstreben etwas unauffälliger gestaltet waren. Auch wird die Malerei heller gewesen sein. Weniger als heute dürfte die Epiphanie des Heiligen Geistes daher als ein zur Wanddekoration gehörendes Glasfenster gewirkt haben, das den Raum nach außen abschloss. Insofern haben das 19. und das frühe 20. Jahrhundert wie bei Madernos Fassade und Berninis *corridoi* durch eine nachträgliche ‚Verglasung' eine gleichermaßen **längs-** und **frontalräumliche** Wirkung zerstört.

Deutet man die Semiotik der Fensterstreben als Anspielung auf die göttliche Epiphanie, so geht der Bildapparat der *Cathedra* nicht nur vom rein Optischen zum Körperlichen, sondern auch vom Zeichenhaften zum Gegenständlichen über. Setzt man diese Übergänge mit den gegebenen Räum-

---

273 Ambrosius, Buch II, Kap. 6, 50.
274 Vgl. z. B. Lavin 2000, S. 203.

275 Siehe hierzu Dombrowski 2003a, S. 370–371, Anm. 93.
276 Satzinger 2005a, S. 65.

lichkeiten in Beziehung, so liegt es nahe, das abstrakte Symbol der Epiphanie hinter der Apsiswand, also gleichsam noch im Jenseits zu verorten. Die von Gott auf die Erde gesandte Geisttaube befindet sich an der Raumgrenze, weshalb sie zwar schon gegenständlich, aber noch immer unkörperlich ist. Alle übrigen Figuren gewinnen dann in dem schon beschriebenen Sinn an Plastizität, je mehr sie in den Kirchenraum vordringen.

Denkt man sich den Ausgangspunkt der *Cathedra* außerhalb des Kirchenraumes, so bedeutet dies, dass Berninis ikonologische Längsachse nicht nur vor *Sankt Peter* beginnt, sondern auch hinter der Kirche endet. Der eigentliche *point de repère* ist also gar nicht die *Cathedra* als Ganzes, geschweige denn das Thronreliquiar, sondern die Epiphanie samt Geisttaube, die nach der Dionysischen Lichtmetaphysik ohnehin Ziel- und Ausgangspunkt der gesamten Komposition ist.

4.2 Die Cathedra im Kontext von Kirchen- und Platzraum

An dieser Stelle stellt sich die Frage, wie sich die übrigen Stationen auf Berninis ideographischer Achse zur Epiphanie und dem Heiligen Geist verhalten. Sieht man in der Taube die Spenderin des göttlichen Lichtes, das durch Vermittlung der Engel und der Cathedra auf die Kirchenväter übergeht, so ergibt sich eine Frontalräumlichkeit, die ebenso von oben nach unten und von hinten nach vorne verläuft wie in der fast 100 Jahre später geschaffenen *Fontana di Trevi* (siehe C 9.4). Anders als der *Trevibrunnen* besitzt die *Cathedra* in ihrer Eigenschaft als Altar aber einen klar definierten, funktionsbezogenen Kontext. Sofern die Messe nicht am Hochaltar über dem Petrusgrab, sondern in der Westtribuna zelebriert wird, erscheinen Papst und Episkopat in ihrer liturgischen Gewandung als Abbilder und historische Konkretisierung des Bildapparats.

210, 212, 213

25, 395

Die in *Sant'Andrea* und *Sant'Ivo* nur indirekt angesprochene Vorstellung, das Licht der göttlichen Wahrheit gehe, nachdem es die verschiedenen Stufen der *hierarchia coelestis* durchlaufen habe, unter Vermittlung der *hierarchia ecclesiastica* auf die Gemeinde über, wurde in *Sankt Peter* während der Liturgie unmittelbar nachvollziehbar, zumal der Ritus nicht nur bei Dionysius Areopagita als eine „der Nachahmung Gottes dienende mystische Schau"[277] galt, sondern gerade auch im Barock als irdisches Äquivalent der himmlischen Zeremonie angesehen wurde, mit der die Engel Gott verherrlichen und in der die Liturgen mit den Chören der Engel zu einer *unio mystica* gelangen. Entsprechend wurden die Zelebranten der Papstmesse im Gold und Weiß ihrer „lichthellen Kleider"[278] und in ihren edelsteinbesetzten Insignien selbst zu symbolischen Lichtträgern, die durch ihre „hierarchischen Weihehandlungen" „am geheiligten Licht Anteil gaben."[279]

276, 284
286, 278

In diesem Zusammenhang verdient ein Detail, das in der Forschung bislang übersehen wurde, besondere Aufmerksamkeit. Die Voluten unterhalb des Thrones, das Suppedaneum und die marmornen Ecksockel, auf denen Ambrosius und Augustinus stehen, sind mit Kerzenhaltern besetzt. Ferner halten die beiden Jünglinge zu Seiten der Stuhlwangen zwei Kerzenleuchter. Auch die Tiara, die von zwei Putten über die Lehne gehalten wird, ist von einem Leuchter unterfangen. Offensichtlich wurde der Thron bei festlichen Anlässen illuminiert. Rein theoretisch könnte eine solche Illumination auf die zweite Bedeutung der Cathedra als brennender Thron der Apokalypse hinweisen.[280] In erster Linie diente die Illumination jedoch der liturgischen Präsentation des Reliquiars – sicherlich an Petri Stuhlfeier, vielleicht auch am Hochfest Peter und Paul.

27

Wenn die Altarmensa und die *Cathedra* im Rahmen einer festlichen Inszenierung illuminiert und inzensiert wurden, vermählte sich das irdische Licht der Kerzen mit dem himmlischen Glanz

25

---

277 Ps.-Dionysius Areopagita (1986b) III C 2.
278 Ps.-Dionysius Areopagita (1986b) II 7.
279 Ps.-Dionysius Areopagita (1986b) III A.
280 Dombrowski 2003a, S. 374.

und dem Feuer des Heiligen Geistes, vermischten sich die Schwaden des duftenden Weihrauchs mit den Wolken des Himmels. Auf diese Weise war, um abermals mit Dionysius zu sprechen, „die Verbreitung sinnlicher Wohlgerüche als Abbildungen der Ausbreitung des [göttlichen] Gedankens" zu verstehen, während „die materiellen Lichter" als ein „Bild der immateriellen Gabe des [himmlischen] Lichts" dienten. Zugleich wurde der Figurenapparat der *Cathedra* um die lebenden Personen verlängert.

Letzteres geschah auch, wenn der Papst, mit der Tiara auf dem Haupt, im Kreis der Bischöfe auf seinem realen Thronsessel Platz nahm. Besonderes Interesse verdient in diesem Zusammenhang eine in der New Yorker Pierpont Morgan Library befindliche Zeichnung, die vielleicht von Agostino Ciampelli stammt und auf jeden Fall vor 1629 entstand.[281] Das Blatt zeigt neben dem (aufgeklebten) *Hochaltarziborium*, das Berninis erstem Entwurf folgt, die Projektion einer künftigen *Cathedra* in der Westtribuna.[282] Wie in Berninis zweiter Fassung wird der Thron von vier lateinischen Vätern getragen. Allerdings ist die Gloriole – die statt der Taube und der Engel nur aus einem Trinitätsdreieck im Wolken- und Strahlenkranz besteht – bereits in das Fenster integriert. Zwischen *Cathedra* und *Hochaltarziborium* haben sich der Papst und einige Kardinäle, Bischöfe und Domherren versammelt. Wegen des Stoffbaldachins, der sich hinter dem päpstlichen Thron erhebt, setzt sich der Bildapparat der *Cathedra* in den lebenden Personen nicht unmittelbar fort. Indes wird er durch sie wiederholt, ebenso wie diese durch ihn überhöht werden. Berninis *Cathedra* bildet also nicht nur die himmlische, sondern auch die kirchliche Hierarchie ab. Darüber hinaus wird der Bildapparat dank der Anordnung der Sitze mit dem *Hochaltarziborium* zu einer räumlichen Einheit verbunden.

Nachdem der Heilige Geist in den Bildapparat der *Cathedra* Eingang gefunden hatte, wurde er – samt der Tiara und den Schlüsseln – auch zum festen Bestandteil der realen Papstthrone. (Dies änderte sich erst unter Paul VI.) Die typologische Entsprechung zwischen Urbild und Abbild war damit noch enger geworden.

Da nach Dionysius auch die Katechumenen, die einfachen Gemeindemitglieder und die „unvollkommenen Büßer" der kirchlichen Hierarchie angehören,[283] schließt der Bildapparat der *Cathedra* letztlich alle ein, die an den Feierlichkeiten teilnehmen – also auch jene, welche die Kirche nach Berninis Worten in Gestalt der *Kolonnaden* umarmt. Folglich sind auch diejenigen, die sich bei liturgischen Anlässen auf dem *Petersplatz* versammeln, Teile dieses wahrhaft universalen Bildprogramms.

Bei dieser Verräumlichung der Heils- und Kirchengeschichte werden nicht nur „die Themen Statthalterschaft, Pfingsten und Wiederkunft zu einem gewaltigen eschatologischen Bild" verschmolzen, wie Dombrowski vermutet.[284] Vielmehr mündet die Geschichte der *ecclesia patiens* und der *ecclesia militans* auch in die Apotheose der *ecclesia triumphans*. Entsprechend steht die *Cathedra*-Reliquie gleichermaßen für die Anfänge des Papsttums unter Petrus und für die Aufhebung des Petrusamtes in der Zeitlosigkeit des Gottesreiches.

Darauf aufbauend markiert der Weg durch die Basilika einen Tugendweg, der den Gang Petri zum Martyrium auf dem *mons Vaticanus* geistig und emotional nachvollziehen lässt. Dieses petrinische *iter virtutis* besteht aus drei Stationen. Der *portico* erzählt mit den Szenen aus der Apostelgeschichte und der Schlüsselübergabe das Wirken Petri in Galiläa. Im Langhaus und in den Kreuzarmen des Zentralbaus, die Bernini bereits unter Innozenz X. ausstattete, tritt die unmittelbare Vergegenwärtigung der Tugenden in den Vordergrund. Insgesamt 28 Tugendpersonifikationen, die in den Zwickeln der Scheidarkaden angebracht sind, weisen dem Pilger – mit teils ausgestreckten Armen – buchstäblich den Weg. Wie insbesondere die Personifikation der Göttli-

---

281 Zur Zuschreibung und Datierung siehe Dombrowski 2003a, S. 352–353.
282 Schon Kauffmann 1955, S. 235–236 vermutete, dass Bernini eine Aufstellung der Cathedra an diesem Ort schon während seiner Arbeiten am Baldachin in Erwägung zog.
283 Ps.-Dionysius Areopagita (1986b) VI A.
284 Dombrowski 2003a, S. 361–362.

chen Gerechtigkeit zeigt, ist der Akzent nicht weniger kontroverstheologisch als bei der *Cathedra*. Ausgezeichnet mit den Attributen des Papsttums, mit Tiara und Schlüsseln, schleudert sie von der ganz linken Arkade der Südwand Blitze auf die (nicht dargestellten) Häretiker herab. In der Vierung wird schließlich deutlich, dass der Apostelfürst durch sein in Rom erlittenes Martyrium Jesus nachfolgte und damit wie dieser das Heidentum überwand.

Während der Tugendweg des Apostelfürsten in einer vertikalen Bewegung in der Kuppel endet (siehe hierzu ausführlich D 6.2. u. 6.3.3), führt der Weg des Papsttums in der Horizontalen bis zur Apsis weiter. Als Zielpunkt bot sich die *Cathedra* insofern an, als der Heilige Geist, der sie überstrahlt, der Ursprung aller Tugend ist. Daher sagt auch Ambrosius unter Berufung auf das Lukasevangelium:

28

22

„So hat es Gott selbst gezeigt, als er sprach: „Empfanget den Heiligen Geist" und an anderer Stelle: ‚Von ihm wird die Tugend ausgehen.'" (Lk 6,19)[285]

Im Lichte dieses Tugendquells erfährt das Papsttum seine Apotheose *in effigie Cathedrae suae*. Wie das Hochaltarbild von *Sant'Andrea al Quirinale* wird sein Thron mit Palmzweigen (an den Wangen) und einem Eichenkranz (an der Rückenlehne) geziert. Darüber hinaus darf man auch in der Ausschmückung des Thrones mit Tiara und Schlüsseln – wie beim Petrusgrab – eine Auszeichnung sehen.

Die chronologisch klare Abfolge eines christologischen, eines petrinischen und eines ekklesiologischen Tugendweges wird jedoch durch drei vermeintliche Unstimmigkeiten gestört. Den petrinischen Tugendweg überlagern Bildmedaillons der frühen Märtyrerpäpste, die Bernini gleichfalls unter Innozenz an den Innenseiten der Arkaden anbrachte. Die Vierung ist mit der Ausstattung der Pfeiler (Passionsreliquien) und der Kuppelschale (Jüngstes Gericht mit erneuter Präsentation der *arma Christi*) selbstverständlich auch christologisch konnotiert. Und an der *Cathedra* begegnen uns mit dem *Pasce oves meas*, der Schlüsselübergabe und der Fußwaschung erneut drei Szenen aus dem Leben Petri.

Dieser vermeintliche Widerspruch löst sich auf, wenn man den petrinischen Tugendweg auf zwei gedanklichen Ebenen ansiedelt. Die erste Ebene zeichnet das Wirken des Apostels Jesu nach, die zweite das Leben des ersten Pontifex und Bischofs von Rom. Beide Ebenen beginnen im *portico*. Im Langhaus wird die pontifikale Ebene um die Geschichte der frühen Märtyrerpäpste bereichert. Da die Bildmedaillons von Palmen umschlungen sind und von Engeln in den Himmel getragen werden, zeigt sich, wie sehr das frühe Papsttum Petrus in der Tugend nachfolgte. In der Vierung löst sich die apostolische Ebene vom petrinischen Tugendweg, um im christologischen Bildprogramm aufzugehen. Die apostolische Ebene läuft hingegen mit der ekklesiologischen weiter, um in der Apotheose des heiligen Stuhls zu kulminieren.

An dieser Stelle muss kurz auf die Bewegung des Thrones eingegangen werden, die in der Literatur genauso umstritten ist wie der Zustand des Altarbildes von *Sant'Andrea*. Gegen Vittorio Casale, der ein Emporschweben annimmt,[286] macht Dombrowski ein Herab- und Hereinschweben geltend.[287] Andere Autoren sind sich unschlüssig oder widersprechen sich selbst. So behauptet Kauffmann einerseits, die Gewänder der Kirchenlehrer bauschten sich durch den Aufwind (!), der beim Herabschweben (!) der Cathedra entstehe, auf. Auch sei die Art, wie die Engel an den Thronpfosten an sich herunter blicken, „eine sprechende Gebärde, durch die […] die Zielbestimmung der Cathedra, ihre Sendung zu den Bischöfen oder Kirchenlehrern" in unser Bewusstsein trete.[288] An anderer Stelle heißt es hingegen:

27

24, 27

„Nicht mehr von Menschenhand, sondern durch übernatürliche Macht sieht man die Cathedra erhoben, in Himmelsphären entrückt".[289]

---

285 Ambrosius, De Spiritu Sancto I, 14 (142).
286 Casale 1997, S. 286.
287 Dombrowski 2003a, S. 364, Anm. 75 u. S. 366.

288 Kauffmann 1970, S. 268.
289 Kauffmann 1970, S. 271.

Dieser innere Widerspruch ergibt sich daraus, dass Kauffmann seine jeweiligen Deutungen aus zwei ganz verschiedenen Interpretationsansätzen gewinnt, nämlich aus der Kenntnis der Genese und aus der unmittelbaren Anschauung, und diese Ansätze nur unzureichend unterscheidet.

Ich denke, Bernini hielt die Bewegung des Thrones absichtlich ambivalent, um zwei Lesarten zu ermöglichen. In der **frontalräumlichen** Lektüre, in welcher der Heilige Geist sein Licht über die verschiedenen Seinsstufen in den Kirchenraum ergießt, senkt sich der Thron herab. In der **tiefenräumlichen** Lesart des Tugendweges ergibt ein Aufschweben mehr Sinn.

In diesem Zusammenhang erscheint mir auch die Gleichsetzung des Petrus mit Herkules bedeutungsvoll. Zum einen veranschaulicht diese Typologie erneut den Übergang vom Heiden- zum Christentum. Zum anderen wird die Thematik des Tugendweges noch klarer herausgearbeitet. Nicht von ungefähr bildete sich zur selben Zeit in der weltlichen Herrschaftsikonographie das Konzept eines heroischen Tugendweges aus, auf welchem der Alkide auf den *mons virtutis* gelangt. Dort empfängt der Held wie Petrus nach einem entbehrungsreichen Leben die Glorifikation und fährt in die himmlische Herrlichkeit auf. Dieses Prinzip des *per aspera ad astra*, das in *Sankt Peter* neben dem Kuppeldekor durch den Chigi-Stern an der *Cathedra* sinnfällig wird, übertrug Bernini zur gleichen Zeit auf die *Scala Regia* (D 5). Wenig später entwickelten es François d'Orbay und Charles Le Brun in der *Gesandtentreppe zu Versailles* weiter. Auch hier stieg der Besucher aus einer dunklen räumlichen Enge (Vestibül) in eine helle Weite (Treppenhaus) empor, wobei das als Zielpunkt ausgewiesene Tageslicht, das durch einen Schacht in der Decke fiel, jetzt nicht mehr die göttliche Wahrheit oder Christus, die Sonne der Gerechtigkeit, sondern deren mythologisches Pendant, Phoebus Apoll, repräsentierte. Angesichts dieser raumausgreifenden ikonologischen Bezüge erscheint auch der Psalmvers, den Alexander VII. auf einer der beiden *Kolonnaden* anbringen ließ, in neuem Licht: VENITE, ASCENDAMVS AD MONTEM DOMINI, ADOREMVS IN TEMPLO SANCTO EIVS (vgl. Jes 2,3).[290]

Begreift man das Raumkonzept der Basilika als Vergegenwärtigung des petrinischen Tugendweges, so wird deutlich, dass es Bernini keineswegs nur darum ging, im Inneren der Kirche die kinästhetische Wirkung des Stadtraumes zu wiederholen. Vielmehr verwob er den petrinischen Tugendpfad mit dem Leidensweg Christi und der Geschichte der Kirche zu einer untrennbaren Einheit. Als Antwort auf das Argument der Protestanten, der Primat des Petrus habe nur bis zur Zeit der Auferstehung gegolten und sei danach auf alle Apostel übergegangen, betonte er die fortdauernde und exklusive Gültigkeit dieses Primates von der Berufung Petri zum Hirten der Kirche bis zum Jüngsten Tag. Mit anderen Worten: Für Bernini und seinen Auftraggeber ließ sich die Gestalt des Petrus nicht auseinander dividieren in den biblisch belegten Jünger Jesu und einen angeblich von der römischen Kirche konstruierten ersten Papst. Vielmehr war Petrus Garant einer Kontinuität, die von Christus über die Kirche bis zum Jüngsten Tag reichte.

Zugleich wurden Petrus und die Päpste dem Gläubigen als unmittelbare Vorbilder bei der *imitatio Christi* empfohlen.[291] Insofern ist es auch völlig schlüssig, dass der horizontal verlaufende Tugendweg Petri in der Vierung von einem zweiten, diesmal vertikal ausgerichteten christologischen Themenkreis durchdrungen wird. Folglich drückt das christologische Bildprogramm von Vierung und Kuppel auch nicht die von Dombrowski vermutete konzeptionellen Umorientierung aus; vielmehr gehört es zu einem Konzept, das Volker Reinhardt – freilich in anderem Zusammenhang – so auf den Punkt gebracht hat:

„Wer Christus nachfolgte, der musste dem Petrus-Nachfolger nachfolgen."[292]

---

290 Vgl. Pastor 1926–1939, Bd. XIV 1, S. 513.

291 Die Bedeutung, die gerade Bernini der *imitatio Christi* bzw. dem Ideal der *Christoformitas* beimaß, hat Philipp Zitzlsperger anhand von dessen Herrscherbüsten herausgearbeitet (Zitzlsperger 2002, S. 137–150).

292 Eigentlich bezieht Reinhardt 1992, S. 39 diese Aussage auf zwei Wandfresken in der *Sixtinischen Kapelle*: auf Botticellis „Bestrafung der Rotte Korah und der Söhne Aarons" und auf Peruginos „Schlüsselübergabe". Für Berninis Ausstattung von *Sankt Peter* besitzt sie indes nicht weniger Gültigkeit.

Wie die pneumatologische Konnotation der *Cathedra* trägt die christologische Bedeutung des Kuppelraums letztlich nur dazu bei, den petrinisch-ekklesiologischen Aussagegehalt des gesamten Bildprogramms zu verstärken.

5 Die Scala Regia

Ein zweiter Weg führte den Fremden, sofern er Mitglied der päpstlichen Familie oder ein Diplomat war,[293] über die *Scala Regia* in den *Vatikanischen Palast*. In der Literatur wird die Treppe meist als Verbindung zwischen den päpstlichen Gemächern und der Peterskirche gesehen.[294] Birindelli hat jedoch darauf hingewiesen, dass die Treppe exakt in Verlängerung des *Borgo Nuovo* lag (vgl. A 2.1.3).[295] Wäre der *terzo braccio* verwirklicht worden, hätte der Besucher den Platz sogar zwangsläufig über diese Achse betreten und die *Scala* schon von weitem erblickt.[296] (Nach dem Bau der *Via della Conciliazione* ist diese Blickführung nicht mehr gegeben).

397–399

390

Einen ganz anderen, auf Madernos *portico* bezogenen Blickpunkt bildet die *Konstantin-Gruppe* am Antritt der Treppe. Festgehalten ist bekanntlich der legendäre Augenblick, in dem der Kaiser vor der Schlacht gegen seinen Rivalen Maxentius an der Milvischen Brücke eine entscheidende Vision hat. Er sieht am Himmel das Kreuz und hört dabei die Worte: IN HOC SIGNO VINCES (In diesem Zeichen wirst du siegen). Nachdem Maxentius geschlagen war, veranlasste Konstantin den Bau des ersten *Petersdomes* und ließ sich als erster römischer Kaiser taufen. Beide Episoden sind in Medaillons an der Decke festgehalten.[297] Darüber hinaus überließ der Imperator im sog. *Constitutum Constantini* Rom und Mittelitalien angeblich der Herrschaft des Papstes.[298]

400

Ähnlich wie die *Cathedra Petri* ist *Konstantin* theatralisch in Szene gesetzt. Formal handelt es sich wie bei dem Standbild des Mark Aurel auf dem *Kapitol* um ein Reiterdenkmal. Entsprechend steht die Gruppe auf einem hohen Sockel. Allerdings ist das Pferd nicht im ruhigen Passgang wiedergegeben. Es bäumt sich erschreckt auf, der Kaiser blickt, halb vor Ehrfurcht erstarrt, halb erstaunt nach oben, von wo Licht durch ein – zunächst nicht sichtbares – Fenster auf sein Gesicht fällt und wo das Kreuz und ein Schriftband mit dem Wortlaut der Vision erscheinen. Die Rückwand ist mit einem riesigen Vorhang drapiert, der sich im Wind bauscht. Noch bewegter sind das Gewand des Kaisers sowie die Mähne und der Schweif seines Pferdes, in denen sich die innere Erregung und die Dramatik des Ereignisses ähnlich widerspiegeln wie in den Gewändern und in der Körperhaltung der Kirchenväter. Durch die virtuose Integration in einen szenischen Kontext

22, 27

---

293 Nach Schütze 1994, S. 252, Anm. 115 richtete sich die Kunstpolitik Alexanders VII. besonders an die Gesandten anderer Höfe.
294 Vgl. z. B. Marder 1992, S. 282.
295 Birindelli 1987, S. 107–111 u. 126.
296 Bredekamp 2000, S. 118–119. Ob Bernini den dritten Arm tatsächlich ausführen wollte, wie Bredekamp vermutet, ist in der Forschung umstritten. Lavin 2000, S. 202 spricht von „un elemento cruciale nelle progettazione". Nach Haus 1970, S. 108–109 verzichtete Bernini hingegen von sich aus auf die Ausführung des *terzo braccio*.
297 Vgl. Marder 1997. Entgegen der Aussage des Bildprogramms empfing Konstantin die Taufe nicht als junger Mann, sondern erst auf dem Sterbebett.
298 Obwohl dieses im 11. (eigentlich schon 8.) Jahrhundert verfasste Dokument schon im Humanismus als Fälschung erkannt worden war, hielten die Kurie und die propäpstliche Geschichtsschreibung noch lange an seiner Echtheit fest (vgl. Quednau 1979, S. 454–457 u. Reinhardt 1992, S. 83–84).

wird aus dem bloßen Denkmal die Darstellung eines göttlichen Eingriffs in die Weltgeschichte, wie ihn auch der Betrachter der *Cathedra* erlebt.

Darüber hinaus dürfte die Treppe wie einst der Weg durch den *Borgo* eine anagogische Funktion erfüllt haben. Über dem Bogen, der den Treppenansatz überfängt, tragen zwei Ruhmesgöttinnen das Wappen Alexanders in den Himmel. Die Stiege wird dadurch gleichfalls zu einer Metapher des Tugendweges, an deren Ende die *gloria* steht. Gleich zu Anfang wird dem Besucher Konstantin als *exemplum virtutis* vor Augen geführt, eine Empfehlung, die sich freilich eher an gekrönte Häupter und an Diplomanten als an den einfachen Pilger gerichtet haben dürfte. Über die Treppe selbst gelangt der Besucher zum Licht eines Fensters. Dieses Fenster ist heute meistens durch einen Vorhang verdeckt und kann daher seine ikonologische Funktion noch weniger erfüllen als das Fenster mit dem Heiligen Geist über der *Cathedra*. Wie Specchis Stich zeigt,[299] bildete es einst den *point de vue* der Treppe, und zwar in formaler wie in ikonologischer Hinsicht. Während das Glas heute leer ist, prangte auf ihm vormals der Stern Alexanders über den *monti*. In dem Wandrelief darunter kehren dieselben heraldischen Motive wieder, umgeben von Ruhmeskränzen, die aus der Chigi-Eiche gewunden sind. Diese Einzelheiten sind umso bemerkenswerter, als Bernini sich mit ihnen selbst zitierte. Das vom Steinrelief zur Glasmalerei transzendierende Wappen hatte er von *Sant'Andrea al Quirinale* (C 3.2), den *ad astra* führenden Tugendweg von *Sankt Peter* übernommen. Anders als das Bildprogramm der *Peterskirche* glorifiziert die *Scala Regia* Alexander jedoch nicht als Nachfolger Petri, sondern als den Erben Konstantins.[300] Dabei ist entscheidend, dass seine Frömmigkeit dem Imperator nach kirchlicher Überlieferung nicht nur die alleinige Macht im römischen Reich sicherte, sondern ihn auch veranlasste, die Herrschaft über die Ewige Stadt an den Papst abzutreten. Wie die geistige Macht der Päpste sich auf die Heiligkeit des Petrus gründet, so beruhte ihre weltliche Macht im 17. Jahrhundert auf der Tugend dieses Kaisers.

In welchem Maße Konstantins Tugend aus kurialer Sicht für das Regiment der Päpste konstitutiv war, erhellt das Bildprogramm der *Sala di Costantino*, die unter Leo X. und Clemens VII. ausgemalt wurde. Bezeichnenderweise wechseln die Historienszenen, in denen die Kreuzvision, der Sieg über Maxentius, die Taufe und die Schenkung erzählt werden, mit Darstellungen von Päpsten, denen ihrerseits Tugendpersonifikationen zur Seite stehen.[301] Zwar schloss sich dieser Saal nicht unmittelbar an die *Scala Regia* an, doch war er über selbige zu erreichen.

Angesichts all dieser kirchenpolitischen Bezüge wird auch verständlich, weshalb schon unter Alexander VII. geplant war, am gegenüberliegenden Ende des *portico* die *Statue Karls des Großen* aufzustellen.[302] Der Sinn dieser Zuordnung, die indes erst 1720–25 durch Agostino Cornacchini verwirklicht wurde, dürfte nicht nur in dem Hinweis auf die Metamorphose liegen, die Dombrowski zufolge Konstantin durch seine Bekehrung und Karl durch seine nicht weniger legendäre Kaiserkrönung erfuhren.[303]

Das beide Figuren verbindende Thema war fraglos die *translatio imperii*: Da Konstantin die weltliche Macht über das Abendland dem Heiligen Stuhl auf immer überlassen hatte, besaß dieser das Recht, einen König zum römischen Kaiser zu krönen. Von diesem Privileg machte er gegenüber Karl

---

299 Bonanni 1696, Tf. 83.

300 Zwar wurde die *Konstantinsfigur* schon unter Innozenz X. geplant und erst unter Clemens X. vollendet, doch kann Alexander als ihr eigentlicher Auftraggeber gelten. Wie Marder 1997, S. 167 gezeigt hat, initiierte Fabio Chigi das Projekt schon vor seiner Wahl zum Papst maßgeblich.

301 Zur Entstehungsgeschichte, zum Bildprogramm und zur historischen Dokumentation der *Sala di Costantino* siehe die grundlegende Monographie von Quednau 1979. Zum politischen Gehalt der Fresken hat sich Reinhardt 1992, S. 75–83 geäußert. Siehe darüber hinaus auch Cornini/Strobel u. a. 1993.

302 Marder 1997, S. 207; Dombrowski 2003a, S. 384.

303 Dombrowski 2003a, S. 384–385.

dem Großen erstmals Gebrauch.³⁰⁴ Dass die Kurie auch noch zu Beginn der Neuzeit an der Gültigkeit der *translatio imperii* festhielt, bezeugt die Ausstattung eines weiteren päpstlichen Gemachs. In der *Stanza del Incendio* trägt Karl der Große die Züge Franz' I., während Leo III. das Gesicht Leos X. besitzt. Der Hintergrund dieser physiognomischen Aktualisierung war der (vergebliche) Versuch des Medici-Papstes, die Kaiserwürde dem französischen König anstelle des Habsburgers Karls II. von Spanien (des späteren Karls V.) zu verleihen.³⁰⁵ Welch wichtige Rechtsgrundlage die Konstantinische Schenkung für den Kirchenstaat war, belegt neben der Ausstattung von Santi Quattro Coronati auch das unter Benedikt XIV. rekonstruierte Apsismosaik des lateranensischen Trikliniums (C 7.3).

Endet der Weg zur Basilika in der Apotheose des Papsttums als einer geistlichen Macht *(Cathedra Petri)*, so mündet der Aufstieg zum Palast in der Verherrlichung des Papsttums als einer weltlichen Institution *(Scala Regia)*. Darüber paraphrasiert das Licht, das in Gestalt des Fensters über der Treppe als Metapher des *mons virtutis* strahlt, erneut die Symbolik des Chigi-Wappens.

Indes lassen sich die beiden Kaiserbildnisse nicht nur auf die *Scala Regia* beziehen. Schließlich konzipierten Bernini und Cornacchini sie auch als *points de vue* des *portico*. Von dort aus erscheinen die beiden Herrscher als die weltlichen Beschützer der Kirche, deren Zugang sie wie Wächterfiguren säumen. Außerdem enthalten sie eine Reminiszenz an *Alt-Sankt Peter*. Kaum hatte der Besucher Madernos Architektur betreten, wurde ihm verdeutlicht, dass die Kirche die Erinnerung an den unter Konstantin errichteten und unter Karl zur kaiserlichen Krönungskirche aufgestiegenen Vorgängerbau keinesfalls verdrängt hatte. (Dass das Bedürfnis, den Verlust von *Alt-Sankt Peter* ideologisch zu kompensieren, auch noch Mitte des 17. Jahrhunderts bestand, zeigt ein von Carlo Maratta gestochenes allegorisches Frontispiz. Auf ihm präsentiert Alexander VII. Konstantin einen Plan der neuen *Peterskirche*, aus dem hervorgeht, „dass die konstantinische Basilika im Neubau überdauert habe"³⁰⁶.) Ganz offensichtlich beherrschten Bernini und seine Nachfolger die „Rhetorik des Bewahrens" nicht weniger als Maderno.

380

6 Sankt Peter als Vollendung des römischen Stadtraums

6.1 Vorbemerkung

Mit der *Cathedra Petri*, der *Scala Regia*, der Statue Konstantins und den *Petersplatz-Kolonnaden* hatte Alexander VII. das Bildprogramm von *Sankt Peter* mehr oder weniger vollendet. Diese Vollendung war umso signifikanter, als diese Werke nicht nur eine ikonographische Einheit bildeten, sondern über Madernos Fassadenraum auch strukturell miteinander verbunden waren. Darüber hinaus nutzte Alexander den Fassadenraum, um das Bildprogramm von *Sankt Peter* zum Stadtraum in Beziehung zu setzen und diesen dadurch gleichsam mit zu vollenden.

22, 398, 328

Die Behauptung, die Vollendung einer Kirche könne auch die Vollendung eines Stadtraums bedeuten, mag auf den ersten Blick überraschen. Kann eine Kirche, und sei sie so groß wie *Sankt Peter*, eine solche Wirkung auf eine Stadt haben, ja sind Städte, deren ständige Veränderung doch zu ihren Grundeigenschaften gehört, überhaupt jemals vollendet?

---

304 Aus Sicht der Päpste ging die Kaiserwürde damit von den Griechen an die Franken über. Siehe hierzu Bellarmin 1589.

305 Siehe hierzu auch Reinhardt 1992, S. 73–74 u. Mancinelli/Nesselrath 1993, S. 301–304.

306 Bredekamp 2000, S. 100.

Diese Fragen lassen sich bejahen, wenn man einen Stadtraum nicht nur als eine bebaute Fläche, sondern auch als die Konkretisierung eines geistigen Konzepts begreift. Ein solches Konzept scheint mir in Rom erstmals unter Sixtus V. realisiert worden zu sein. Dieser Papst unternahm den ungeheuerlichen Versuch, weite Teile der Topographie wie eine Matrix entweder zu überschreiben oder völlig neu zu beschreiben. Dabei ging es ihm darum, die Stadt mithilfe von Straßenachsen in einen konfessionellen und sozialen Disziplinarraum, ja in einen Erlebnisraum von Heilsgeschichte zu verwandeln. Zentrum der urbanen Matrix war der Esquilin mit *Santa Maria Maggiore*.

In der ersten Hälfte des 17. Jahrhunderts wurde dieses Konzept durch ein Gegenmodell ersetzt. Vor allem Urban VIII. und Innozenz X., teilweise aber auch schon Paul V., unterminierten die topographische Kohärenz zugunsten einzelner Binnenzentren, die nun in besonderem Maße der gentilizischen Repräsentation dienten. Das bevorzugte Strukturelement dieses Modells war die *piazza*.

Da die beiden Stadtkonzepte gerade in ihrer Antithetik ein dialektisches Verhältnis evozierten, konnte Alexander VII. aus ihnen schließlich die Synthese bilden: Theologisch reaktivierte er die Matrix der heiligen Landschaft, in die er Elemente der gentilizischen Repräsentation geschickt integrierte. Strukturell schuf er vor *Sankt Peter* eine noch repräsentativere Platzanlage, der er aber eine disziplinierende Funktion zuwies: Wie wir schon sahen, stattete er die *Piazza di San Pietro* mit einer Dynamik aus, welche die *Scala Regia*, vor allem aber die *Cathedra Petri* zu Zielpunkten des Stadtraums und seiner Straßenachsen machten. Im Gegenzug wurde die *Cathedra* zum Ausgangspunkt einer pfingstlichen Erneuerung, deren Wirkung in den gesamten Stadtraum und von dort in die Weltkirche ausstrahlen sollte.

329
398, 22
390

6.2 Der Stadtraum Sixtus' V. als Vergegenwärtigung von Heilsgeschichte

Gemeinhin wird die flächendeckende Neugestaltung des römischen Stadtraums, die im letzten Viertel des 16. Jahrhunderts einsetzte,[307] auf Sixtus V. Felice Peretti (1585–90) zurückgeführt. Darüber hinaus gelten die urbanistischen Maßnahmen dieses Papstes als der Beginn der modernen europäischen Stadtplanung.[308] Beide Einschätzungen stützen sich vor allem auf die geraden Straßenachsen, mit denen der Ingenieursarchitekt des Papstes, Domenico Fontana, die wichtigsten Kirchen und Plätze der Stadt verband – ohne Rücksicht auf die vorhandenen geographischen und urbanen Strukturen. Die Forschung hat dieser Reißbrettplanung hauptsächlich vier Funktionen zugewiesen: Erstens habe sie das höhere Verkehrsaufkommen, die Zunahme an Prozessionen und die Pilgermassen, die für das Heilige Jahr 1600 erwartet wurden, bewältigen sollen. Zweitens sei mit ihr neues Siedlungsgebiet auf dem Esquilin erschlossen worden. Drittens habe sie ein neues geometrisches Ordnungsdenken zur Anschauung gebracht. Viertens habe Sixtus die Natur regulieren und domestizieren wollen.[309] Beides sei dann zum Prototyp für die Stadt- und Gartenbaukunst des Absolutismus geworden.

---

307 Die Planung zur Erneuerung der Stadt setzte schon unter Nikolaus V. (1447–55) ein. Dessen Pläne, die eine Aufwertung des gesamten nordwestlichen Stadtbereichs (v. a. im Bereich zwischen Vatikan und *Engelsburg*) vorsahen, gingen jedoch weit über das damals Machbare hinaus. Dennoch kann man in Nikolaus' Projekt, wie Hans W. Hubert zu Recht betont, eine „Initialzündung urbanistischer Erneuerung" mit „erstaunlicher Langzeitwirkung" sehen (Hubert 2007, S. 158). Über die Stadtentwicklung von Nikolaus bis zu Paul V. insgesamt siehe ibid., S. 156–168.

308 Giedion 1992, S. 82.

309 Hoppe 2003, S. 130; Norberg-Schulz 1986, S. 9; Hansmann 1978, S. 242.

Dieses Bild wurde von der jüngeren Forschung ergänzt, aber nicht korrigiert. In seiner grundlegenden Studie über die *Roma felix* stellte René Schiffmann[310] auf der Grundlage eingehender Quellenstudien die Abfolge und den Umfang der einzelnen Baumaßnahmen dar. Auch ging er auf wichtige ikonographische, ökonomische und funktionale Aspekte ein, etwa die Neuordnung des Prozessionswesens oder die Bedeutung von *Santa Maria Maggiore* als strukturellem und geistigem Mittelpunkt des Stadtraums.[311] Diese Aspekte fassten letztlich auch Marcello Fagiolo, James Ackerman, Tod A. Marder und Sandro Benedetti ins Auge.[312] Nichts zur Stadtplanung enthält, ungeachtet des Titels, der von Maria L. Madonna edierte Sammelband „Roma di Sisto V".[313]

Die Sicht der Forschung lässt sich um eine doppelte Perspektive erweitern, deren Ergebnisse ich hier, da ich sie andernorts ausführlich publiziert habe,[314] nur grob skizzieren möchte. Auf der s y n c h r o n e n Ebene ist die Sixtinische Stadtplanung nicht nur unter funktionalen Aspekten zu betrachten. Vielmehr erscheint sie nun auch als das Mittel einer umfangreichen ideellen Programmierung. Indes war das Konzept, das dieser Programmierung zugrunde lag, in weiten Teilen traditionell, ja restaurativ. Die funktionale ‚Modernität' der Stadtplanung korrelierte also mit einem ausgesprochen konservativen gedanklichen Gehalt.

Ordnet man diese Erkenntnisse nun in eine d i a c h r o n e Betrachtung ein, so erweist sich die Stadtplanung unter Sixtus V. als der Höhepunkt einer Entwicklung, die ideologisch im Pontifikat Pius' V. Michele Ghislieri (1566–72) wurzelt und erst unter Paul V. Camillo Borghese (1605–21) endete. Es ist daher sinnvoller, statt von einer Sixtinischen von einer n a c h t r i d e n t i n i s c h e n Stadtplanung zu sprechen – wenngleich Sixtus die zentrale Figur bleibt.

Die pontifikatsübergreifende Dimension und konzeptionelle Kohärenz der nachtridentinischen Stadtplanung wurden in der Forschung genauso wenig gesehen wie ihr gedanklicher Gehalt. Dass Sixtus sich mit dem Erbe seiner unmittelbaren Vorgänger auseinandersetzte und dass er seinerseits von seinen Nachfolgern rezipiert wurde, haben Volker Reinhardt,[315] Michail Chatzidakis,[316] Steven Ostrow,[317] Alexandra Herz[318] und Gerhard Wolff[319] für den Bereich der rein bildlichen Repräsentation deutlich herausgearbeitet, etwa am Beispiel der *Cappella Sistina* und der *Cappella Paolina* in *Santa Maria Maggiore* samt den darin befindlichen Papstgrablegen und Reliquien (Gräber Pius' V., Sixtus' V., Clemens' VIII. und Pauls V., Krippe von Bethlehem sowie Ikone der *Salus populi Romani*). Allerdings wurden diese Monumente und Objekte nur zum Bildprogramm von *Santa Maria Maggiore*, nicht aber zur Ikonographie des Stadtraums in Beziehung gesetzt, geschweige denn als Zeugnisse einer pontifikatsübergreifenden urbanen Entwicklung gedeutet. Nicht einmal Helge Gamrath oder Torgil Magnuson, die den Peretti-Pontifikat am Ende bzw. am Anfang ihrer Romstudien betrachteten, stellten solche Bezüge her.[320]

Ein Schlüssel zum Verständnis der pontifikatsübergreifenden Programmierung Roms ist im Herrschaftsverständnis des jeweils regierenden Pontifex, das nicht zuletzt aus dessen sozialer Herkunft und dessen Karriereverlauf resultierte, zu suchen.[321] Darüber hinaus bietet sich die

310 Schiffmann 1985, passim.
311 Ursprünglich wollte Sixtus die Basilika zum Ziel- bzw. Ausgangspunkt von fünf Straßen machen: der *Via Panispera* mit der *Trajanssäule* als *point de vue*, der *Via Merulana*, die in den Lateran mündet, der *Via Carlo Alberto,* die in südwestliche Richtung nach *Santa Croce* führt, und der exakt entgegengesetzt verlaufenden, bei *Santissima Trinità dei Monti* endenden *Via Felice* (heute *Via Sistina, Via delle Quattro Fontane* und *Via A. Depretis).* Unausgeführt blieb die Straßenachse, die *Santa Maria Maggiore* mit *San Lorenzo fuori le Mura* verbinden sollte.
312 Fagiolo 1976, S. 24–29; Simoncini 1990; Ackerman 1983, S. 3–18; Tod A. Marder 1978, S. 283–294; Benedetti 1988, Rom, S. 27–56.
313 Madonna 1993, passim.
314 Stephan 2009b, S. 165–214.
315 Reinhardt 2004b, S. 141–157.
316 Chatzidakis 2004, S. 159–178.
317 Ostrow 1996.
318 Herz 1981, S. 241–261.
319 Wolff 1990.
320 Gamrath 1987; Magnuson 1982, Bd. I, S. 1–38.
321 Zu diesem Aspekt hat Volker Reinhardt wichtige Grundlagenforschung geleistet: Reinhardt 1992, passim; ders. 1997, S. 546–562; ders. 2003; ders. 2005, S. 51–66; ders. 2004c, S. 7–14.

Auseinandersetzung mit einem philosophisch-sozialgeschichtlichen und einem historisch-theologischen Diskurs an: mit Michel Foucaults doppelter Metapher eines Disziplinarraums und eines lebenden Tableaus sowie mit Wolfgang Reinhards Paradigma der katholischen Konfessionalisierung. Beide Diskurse sind zwar nicht mehr neu und auch nicht mehr ganz unumstritten, doch eignen sie sich sehr gut als Parameter, um das nachtridentinische Rom vom Stadtraum des Renaissancepapsttums, aber auch von den nepotistisch-gentilizischen Stadtkonzepten des 17. Jahrhunderts zu unterscheiden.

Foucault[322] definiert das Tableau als einen Schauplatz staatlicher Disziplinargewalt. Dank seiner Struktur vergegenwärtigt es Herrschaft nicht nur, sondern trägt auch dazu bei, dass Menschen, die in ihm leben, arbeiten oder ausgebildet werden, besser kontrolliert und ihre Produktivität und Leistung optimiert werden. Ein besonderer Stellenwert fällt dabei der „auf Körper ausgeübten Zuchtgewalt" zu. Ferner zählt Foucault eine Reihe infrastruktureller Besonderheiten auf, die *per se* geistig und körperlich disziplinieren, dank ihrer Überblickbarkeit eine gute Überwachung ermöglichen und hinderliche Strukturen zerteilen. Menschen, die der Produktivität dienen, werden gesammelt und dirigiert. Unstete, verworrene Massen werden separiert, geteilt oder insgesamt weggesperrt. Zugleich wird die Natur domestiziert.

Das Bild eines solchen Disziplinarraums schlägt eine Brücke zum Paradigma der katholischen Konfessionalisierung.[323] Bekanntlich hat Reinhard[324] in den letzten 30 Jahren das Konfessionalisierungsparadigma zusammen mit Heinz Schilling[325] als einen historischen Ansatz entwickelt, der es ermöglicht, die religionsgeschichtlichen Ereignisse des 16. und 17. Jahrhunderts nicht länger als einen Gegensatz zwischen modernisierendem Aufbruch (Reformation) und konservativer Reaktion (Gegenreformation), sondern als sozial äquivalente Prozesse zu sehen. Aufbauend auf Ernst W. Zeedens Erkenntnis, dass die Konfessionsbildung innerhalb der Großkirchen zumindest teilweise ein analoger und zeitgleicher Vorgang gewesen sei,[326] postulierte Reinhard eine Reihe von Gemeinsamkeiten, die diesen Prozess auszeichneten und die er als Definitionsmerkmale der Konfessionalisierung verstand. Dazu gehören u. a. die Modernisierung, die Rationalisierung, die Individualisierung und die Sozialdisziplinierung.[327]

Über die innerkirchlichen Entwicklungen hinaus betrachtete Schilling die Konfessionalisierung sogar als einen „gesellschaftlichen Fundamentalvorgang",[328] der zur Staatsbildung und zur Schaffung eines einheitlichen, d. h. moralisch, geistig, sozial und institutionell disziplinierten Untertanenverbandes geführt habe.[329] Dieser Aspekt der Sozialdisziplinierung legt es nahe, auch Bereiche wie die Glaubenspraxis oder das Frömmigkeitswesen in das Konfessionalisierungsparadigma einzubeziehen.[330]

Der Kunstgeschichte eröffnet das Konfessionalisierungsparadigma mehrere Perspektiven: Es gestattet, den sehr unspezifischen und einseitigen Begriff „Barockzeitalter" auch als eine Phase kollektiver Identitätsbildung zu deuten, in dem Rückbesinnung auf eigene Traditionen einerseits, Erneuerungen (Gründung von Reformorden, neue Vorstellungen von Heiligkeit, Etablierung neuer Kulte, neue Anthropologie der Sinne usw.) und die Auseinandersetzung mit den übrigen Konfessionen andererseits sich nicht ausschlossen, sondern einander bedingten.

---

322 Foucault 1994, v. a. S. 174–176 u. 184–190.

323 Bekanntlich entwickelte Reinhard das Konfessionalisierungsparadigma gemeinsam mit Heinz Schilling (Schilling 1988, u. ders. 1983).

324 Reinhard 1997d, S. 127–147; ders. 1997c, S. 103–125; ders. 1997b, S. 37–52; ders. 1997a, S. 77–101.

325 Zum Forschungsstand siehe Prodi/Reinhard 2001, passim.

326 Zeeden 1965, passim.

327 Reinhard 1977, passim.

328 Schilling 1988, S. 6. Vgl. auch ders. 1983, S. 257–277.

329 Dieser Aspekt wird von Stolleis 1997 aufgegriffen.

330 Weiterführende Literatur zu diesen Aspekten findet sich bei Pfister 2001, Fn. 7 u. 8. Siehe auch die einzelnen Beiträge bei Prodi 1993.

Im Rahmen der Foucault'schen Diskurse und des Reinhard'schen Konfessionalisierungsparadigmas zeigt sich, dass Sixtus V. zwei Hauptziele verfolgte: Erstens versuchte er, Stadt und Papsttum nach einer Phase des Prestigeverlusts und der inneren Krise zu neuem Ansehen zu verhelfen – ein Anliegen, mit dem er sich besonders seinem einstigen Förderer und Vorbild Pius V. verpflichtet fühlte. Zweitens musste er sich als ein aus einfachsten provinziellen Verhältnissen stammender *homo novus* gegenüber den etablierten baronalen Eliten legitimieren und durchsetzen. Beide Ziele legten ein Herrschaftsverständnis nahe, das sich auf das universale Petrusamt und die Mose-Nachfolge gründete. Gerade diese Doppelrolle implizierte die Erwählung des *vir humilis* zum Gottesknecht und zum uneingeschränkten Führer des ganzen Gottesvolks. Dank der Doppeldeutigkeit des Wortes *humilis* konnte die einfache Herkunft zu einer Herrschaft verleihenden *Demut* sublimiert werden.

Die Verfolgung beider Ziele stellte Sixtus vor zwei große Probleme. Zunächst musste er das Ideal der *humilitas* mit dem für die römische Identität konstitutiven Paradigma der Magnifizenz versöhnen. Dies gelang ihm, indem er den durch sein heidnisches Erbe, aber auch durch das Renaissancepapsttum belasteten römischen Stadtraum mit der Bibel und den Schriften der Kirchenväter assoziierte. Dabei bediente er sich jener Texte, die das Heilshandeln Gottes einerseits an der Erhöhung (*exaltatio*) der Demütigen und andererseits an der Demütigung (*humiliatio*) der Hochmütigen festmachen. Im Lichte dieser Überlieferung, die sich besonders im Philipperbrief (2,6–11) und im Magnifikat verdichtet (*deposuit potentes de sede et exaltavit humiles;* Lk 1,52) erschien Magnifizenz nicht mehr als die Großartigkeit eines Individuums oder seiner *gens*, sondern als das Große, das Gott selbst an der Kirche vollbringt – mithilfe des Papstes als seines demütigen *servus servorum* (*fecit mihi magna, qui potens est;* Lk 1,51). Von eben diesem *magna fecit* sollte das neue Erscheinungsbild der Stadt ebenso zeugen wie Sixtus' eigener Werdegang. Zugespitzt könnte man sagen: Anders als in der Renaissance war Magnifizenz nicht mehr „eine Tugend der Reichen"[331], sondern der Armen. Sie stand nicht mehr für individuelle Größe, sondern für Erwählung durch Gott.

Innerhalb dieser Diktion erweisen sich die von Sixtus angelegten Straßenachsen, die über planiertes Gelände führen, als konkrete Realisierung der Forderung in Jes 40,3–4 und Lk 3,4–5, dem Herrn gerade *und* ebene Wege zu bahnen und dabei Hügel zu erniedrigen (*humiliare*) und Täler zu erhöhen (*exaltare*). Die Regulierung der Landschaft drückte also auch eine moralische *iustificatio*, eine Beseitigung sündhafter *iniquitas* aus. Ferner waren die *viae rectae* Metaphern für die innere Vorbereitung auf die An- und die Wiederkunft Christi – Themen, die das Bildprogramm von *Santa Maria Maggiore* ausführlich behandelt (spätantike Musiven im Langhaus und am Triumphbogen, hochmittelalterliche Mosaikzyklen in der Apsis sowie Krippenreliquie und Sakramentshaus in der von Sixtus erbauten *Cappella Sistina*). Schließlich eignete sich die neue Infrastruktur (Projektion eines fünfachsigen, von *Santa Maria Maggiore* ausgehenden Straßensterns auf die Kuppe des Esquilins[332]) für eine flächendeckende heraldische und emblematische Kodierung. Über die Heilsgeschichte hinaus (Maria als die *maris stella*, der Stern von Bethlehem als kosmisches Zeichen der Christgeburt) konnte Sixtus Elemente seines Wappens (den von einem Stern überstrahlten Berg), seines bisherigen Namens (der Kardinal von Montalto) sowie seine Tugenddevisen (*per aspera ad astra* und *exaltavit humiles*) auf den Stadtraum projizieren. Dasselbe gelang ihm mit

---

331 Zum Charakter von *magnificenza* als eine Tugend des Adels und der privilegierten Schichten siehe Preimesberger 1991, S. 249.

332 Wie das stilisierte Straßenschema auf einer Giovanni Maggi zugeschriebenen Radierung in Bordini 1588 erkennen lässt, sollten die fünf Achsen einen von *Santa Maria Maggiore* ausstrahlenden Stern ergeben. Dieser Stern ikonisiert sicherlich eines der geläufigsten Marienepitheta, die *maris stella* s. o. Außerdem bezieht er die Basiliken am Ende der Strahlen samt ihren Patronen wie Trabanten auf die Gottesmutter und ihr Heiligtum. Neben *San Giovanni in Laterano, Santa Croce* und *San Lorenzo fuori le Mura* betrifft dies mittelbar auch *Sankt Paul vor den Mauern* und die *Peterskirche*.

der Adventsliturgie, die auf alle Bibelstellen, die für das Tableau konstitutiv waren, Bezug nahm. Nicht weniger wichtig war der Segen, der den Pilgern bei der Ankunft auf dem Esquilin gespendet wurde. Schließlich enthielt die *Benedictio Peregrinorum ad Loca Sancta prodeuntium* des alten „Rituale Romanum" folgende Bitte:

> „Zeige uns, Herr, deine Wege und lehre uns deine Pfade. Verliefen unsere Wege doch geradeaus, damit wir deine Gebote befolgen (*utinam dirigantur viae nostrae ad custodiendas iustificationes tuas*). Was krumm (*prava*) ist, werde gerade (*directa*), was hüglig (*aspera*) ist, werde zu ebenen Straßen (*vias planas*).[333]

Da der Text alle städtebaulichen Maßnahmen – das Einebnen von Hügeln, das Anheben von Tälern und das Anlegen gerader und ebener Wege sowie die topographische wie moralische *iustificatio* der Topographie – mit der geistigen Pilgerschaft des Gottesvolkes gleichsetzt, wird Heilsgeschichte innerhalb des Stadtraums physisch und mental ‚nachvollziehbar'.

Besonders aufschlussreich ist in diesem Zusammenhang das Fresko, mit dem Cesare Nebbia und Giovanni Guerra eine Lünette im *Salone Sistino*, der heute Teil der Vatikanischen Museen ist, schmückten. Auf ihm ist die von Sixtus geplante heilige Stadtlandschaft mit ihrem alles erfassenden und alles durchdringenden Achsensystem besonders anschaulich wiedergegeben.[334] Bezeichnenderweise ist Nebbias und Guerras Fresko folgendes Distichon beigefügt.

DÚM RECTÁS AD TÉMPLA VIÁS|SANCTÍSSIMA PÁNDIT
ÍPSE SIBÍ SIXTÚS|PÁNDIT AD ÁSTRA VIÁM [Metrische Angaben vom Verf.].

Indem Sixtus zu den heiligsten Kirchen gerade Wege ebnete, bahnte er sich – und natürlich auch allen, die seinem Beispiel folgten – den Weg „zu den Sternen".

Auf den neuen Straßenachsen konnte der Papst die Pilgermassen sammeln und sie als seine ‚Klientel' zu den wichtigsten Heiligtümern als Stätten der Buße, der Läuterung und der Erlösung dirigieren. Dabei infiltrierte und zerteilte er die Quartiere und Binnenstrukturen der lokalen Eliten, die so in ihrer Funktion als quasi-autonome Bezirke geschwächt und der Territorialherrschaft unterworfen wurden. Zugleich übertrug Sixtus die körperliche Zucht, die er als Franziskaner an sich selbst praktizierte, auf die Stadt. Dazu gehörten auch Vorschriften, wie die *viae rectae* zu benutzen waren: Beispielsweise war Juden, Kurtisanen und Mönchen das Fahren in Kutschen verboten. Darüber hinaus wurde das Prozessionswesen intensiviert. Ferner erhielten Ordensleute eine verschärfte Klausur. Die übrigen Gruppen wurden ghettoisiert, unter nächtlichen Hausarrest gestellt oder in ‚Arbeitsanstalten' untergebracht. Banditen wurden gar durch Enthauptung ‚humilisiert', Adlige, die mit ihnen paktierten, exiliert. Kranke wurden hingegen in Hospitälern wieder aufgerichtet, also ‚exaltiert'. Mit der symbolischen Erneuerung der Topographie ging also eine reale Disziplinierung der Menschen einher. Dementsprechend implizierte die Gleichsetzung des Papstes mit Mose (sogenannter *Mosesbrunnen*) auch eine umfassende und resolute Gesetzgebung (dargestellt u. a. in den Reliefs an *Sixtus' Grabmal* in der *Cappella Sistina*).

Mit der Bevölkerung wurde die Natur domestiziert. Die Trockenlegung der Sümpfe und die Rodung der Wälder verringerten den Lebensraum von Malariamücken. Zugleich entstanden neue landwirtschaftliche Anbaugebiete. Zusammen mit der Subventionierung der Brotproduktion[335] und den neuen Wasserleitungen erlaubten sie es Sixtus, als Spender von Wasser und Brot aufzutreten, sich also auch in diesem Punkt als neuer Mose zu präsentieren.

---

333 Rituale 1926, S. 321.
334 Vgl. Reinhardt 1992, S. 202. Sixtus' Selbstverständnis als eines Disziplinargewalt ausübenden Alleinherrschers offenbart sich auch in einem anderen Lünettenfresko des *Salone Sistino* in den Vatikanischen Museen, auf das Reinhardt gleichfalls aufmerksam gemacht hat: In Gestalt eines Löwen, der in einem Schiff als dem Sinnbild der Kirche steht, führt Sixtus die Wappentiere anderer europäischer Staaten an einer Leine (Reinhardt 1992, S. 202–203).
335 Siehe hierzu Reinhardt 1991, passim.

Letztlich sollten Stadtgestaltung und Gesetzgebung als analoge Manifestationen eines göttlichen Heilshandelns wahrgenommen werden, das durch den Papst vollzogen wurde. Als Antwort auf die traditionelle Gleichsetzung Roms mit Babylon und dem Heidentum (Offenbarung, Augustinus' De Civitate Dei, Streitschriften der Reformatoren) präsentierte dieses Konzept Rom als ein zweites Jerusalem: Beide Städte waren aufgrund ihrer einstigen *superbia* gedemütigt und geplündert worden (Jerusalem von Nebukadnezar II. 598 v. Chr., Rom von den ‚Barbaren' 410 und 1527 n. Chr.). Nach ihrer moralischen Erneuerung kehrten Israel und die Kirche jedoch auf den *viae rectae* aus ihrer jeweiligen ‚babylonischen Gefangenschaft' zu Gott zurück. Sodann wurden Jerusalem und Rom umso glanzvoller wiederaufgebaut. In dieser Lesart hypostasiert der Esquilin als Zentrum des Tableaus den Berg Zion, zu dem die Völker auf den „geraden Wegen" des Herrn pilgern. Auf ihm erhebt sich *Santa Maria Maggiore* als der neue Tempel des Herrn und als Vergegenwärtigung der *civitas Dei*. Darüber hinaus steht dieser Kirchenbau für die schon von Jesaja verheißene *filia Sion*, in der Israel in die *ecclesia* übergeht. Daher ist die *filia Sion* auch die Braut, die der Herr zu seinem *tabernaculum* erkoren hat und die er zum Zeichen ihrer Erwählung mit kostbaren Gewändern (= einem prunkvollen architektonischen Ornat) schmückt. Nicht zuletzt ist *Santa Maria Maggiore* das Heiligtum des Apokalyptischen Weibes und damit der Patronin der „Gegenreformation", die den Drachen als Sinnbild der Häresie bekämpft. Infolge dieser kontroverstheologischen Volte stand fortan der Protestantismus für Babylon.

244

Neben dem Esquilin war das zweite Zentrum der topographischen Kodierung der Vatikan. Diese manifestiert sich zunächst in dem *Obelisken*, den Sixtus 1586 vor der Peterskirche aufstellen ließ. Als Sinnbild der Auferstehung Christi[336] und *point de vue* des zum Petrusgrab führenden Pilgerweges evoziert auch dieses Monument den Aufstieg *per aspera ad astra*. Als Interpretationshilfe stellte Sixtus den Stein auf den Rücken von vier Löwen und fügte zwischen die Spitze und das Kreuz den von einem Berg überstrahlten Stern ein. Zum einen verweisen die Löwen auf Christus, den die Inschrift an der Ostseite des Sockels als den LEO DE TRIBV IVDA bezeichnet[337] und der auch im ‚Physiologus' mit dem König der Tiere gleichgesetzt wird.[338] Mit der Last des *Obelisken* und dem Kreuz tragen die Tiere jene *aspera*, die der Erlöser auf dem Weg nach Golgatha auf sich nahm. Dementsprechend sind der Dreiberg und das Kreuz als eine Kurzformel für den Kalvarienberg zu lesen, während der Stern die Erlösung symbolisiert.

15

---

336 Die Bedeutung des Obelisken ergibt sich aus den Inschriften, die Sixtus V. in die Basis meißeln ließ:

Nordseite:	Ostseite:	Westseite:
SIXTVS V PONT[ifex] MAX[imus]	ECCE CRVCI DOMINI	CHRISTVS VINCIT
CRUCI INVICTAE	FVGITE	CHRISTVUS REGNAT
OBELISVM VATICANVM	PARTES ADVERSAE	CHRISTVS IMPERAT
AB IMPVRA SVPERSTITIONE	VICIT LEO	CHRISTVS AB OMNI MALO
EXPIATVM IVSTIVS	DE TRIBV IVDA	PLEBEM SVAM
ET FELICIVS CONSECRAVIT		DEFENDAT
ANNO MDLXXXVI PONT[ificatus] II		
(Papst Sixtus V. hat dem unbesiegten Kreuz den Vatikanischen Obelisken, nachdem er von unreinem Aberglauben entsühnt war, gerechter und glücklicher geweiht im Jahre 1586, dem zweiten seines Pontifikats.)	(Siehe, das Kreuz des Herrn! Flieht, ihr gegnerischen Scharen! Gesiegt hat der Löwe aus dem Stamm Juda.)	(Christus siegt, Christus herrscht, Christus befiehlt, Christus möge gegen alles Übel sein Volk verteidigen.)

337 Vgl. Anm. 334.

338 Physiologus (1998), S. 5–8.

Zugleich geben sich die Löwen mit den Peretti-Sternen über der Stirn als Wappentiere Sixtus' V. zu erkennen. Damit machen sie deutlich, dass der Papst keine Mühen gescheut hat, den schweren Monolithen – laut Inschrift OPEROSO LABORE – an seinen heutigen Platz ‚tragen' zu lassen und dass der Christusnachfolger dieselbe Bürde auf sich genommen hat wie sein Herr. Wie beim Anlegen der Straßenachsen triumphieren Fontanas Ingenieursleistung und Sixtus' Herrscherwillen auf spektakuläre Weise im Dienst der Religion über die Naturgesetze.

Nicht weniger deutlich manifestiert sich der *possesso* des Vatikans durch Sixtus in der Vierung von *Sankt Peter*, wobei das *tertium comparationis* jetzt das Martyrium und die Auferstehung des Apostelfürsten sind. Entgegen der allgemein verbreiteten Ansicht, das Bildprogramm der Kuppel sei mit der Darstellung des Jüngsten Gerichts rein christologisch-ekklesiologischer Natur und stehe in keinerlei inhaltlichem Bezug zum Apostelgrab,[339] verheißen die Sternenbahnen in der Kuppelschale und der Sternenkranz am Laternenfuß die sich an dieser Stelle vollziehende Auferstehung des ersten Papstes *ad astra*[340] und seine anschließende *glorificatio*. Gestützt wird diese Deutung durch die Farben des Sternenhimmels Gold und Blau, die genuin petrinisch sind. Des Weiteren ist insbesondere der Sternenkranz das traditionelle Attribut der Aeternitas bzw. der Immortalitas.[341] Den deutlichsten Hinweis auf die Auferstehung des Apostelfürsten enthält freilich die Inschrift am Kuppelscheitel:

S[ANCTI] PETRI GLORIAE SIXTUS P[A]P[A] V A[NNO] MDXC PONTIF[ICATUS ANNO] V

Ich halte es sogar für denkbar, dass der Kuppelraum eine Ruhmesrotunde hypostasiert, die sich über dem Vatikan bzw. dem Petrusfelsen als einem *mons virtutis* (und damit als einer Konkretisierung des zu bewältigenden *asperum*) erhebt.[342]

Freilich spielt die *exaltatio* Petri als eines *exemplum humilitatis* zu den Sternen auch auf die Sixtinischen Motti *exaltavit humiles* und *per aspera ad astra* an. Eine weitere Allusion auf den Peretti-Pontifikat sind auch hier die Löwenköpfe, in denen die Sternenbahnen der Kuppel enden. Sicherlich erinnern sie gemäß dem „Physiologus" an den auferstandenen Christus,[343] der in der Kuppelschale als Weltenrichter erscheint. Zugleich sind sie aber auch wie am *Obelisken* als Elemente des Peretti-Wappens zu lesen.

Die Deutung des Sixtinischen *montalto* als eines Tugendberges mag etwas weit hergeholt erscheinen, doch ist sie ein fester Bestandteil der Peretti-Emblematik. In dieser wird der päpstliche *montalto* in der Regel von einem Birnbaum bekrönt, dessen glückbringende (*felices*) Früchte (*perette* = kleine Birnen) auf den bürgerlichen Namen des Papstes alludieren und sich daher auch in Sixtus' Wappen (genauer: in den Pranken des Peretti-Löwen) finden.[344]

---

339 Schütze 1994, S. 253.

340 Zu der höchst komplexen und schon von den Theologen des 16. und 17. Jahrhunderts diskutierten Frage, in welcher Gestalt der heilige Petrus am Jüngsten Tage auferstehe und inwiefern seiner unter der *Confessio* ruhenden Gebeine davon betroffen seien, hat sich Preimesberger 1991, S. 259 eingehend geäußert.

341 Siehe u. a. Tizians „Bacchus und Ariadne" (nach 1598 im *Palazzo Aldobrandini* zu Rom), Tintorettos „Ariadne, Venus und Bacchus" sowie die Deckenfresken Giovanni Lanfrancos in der *Villa Borghese* und Pietro da Cortonas im *Palazzo Barberini*. Vgl. auch Ripa 1603, S. 139–141.

342 Das Motiv der Kirche, die auf den Petrus-Felsen gegründet ist, machte schon Bramante in seinem Entwurf für die Gründungsmedaille von *Sankt Peter* deutlich. Auf dieser erhebt sich der projektierte Bau eindeutig über felsigem Untergrund (vgl. Niebaum 2005b, S. 75). Zur Bedeutung der Vierungsarchitektur als eines petrinischen Ruhmesmonuments siehe ausführlich Stephan 2009c. Zu Ruhmesrotunden und Tugendbergen im Barock vgl. schließlich auch Matsche 2005, S. 41–50 und Polleroß 2007, S. 350–372.

343 Treu 1998, S. 5–8.

344 Besondere Beachtung verdient in diesem Zusammenhang eine Imprese mit einem Birnbaum, die sich bei Pinadellus 1589: Invicti quinarii numeri series; vgl. Frascarelli: La Biblioteca Vaticana di Sisto V., S. 470, Abb. 11 findet. Der erläuternde Hexameter lautet: ÉXIT ÁD COELÚM / RAMÍS FELÍCIBUS ÁRBOR // ÁLTAS MÍRAMÚR FRONDÉS SED PLÚS SUA PÓMA (Zum Himmel empor strebt mit

Ferner mag man einwenden, die Sterne würden nicht wie im Peretti-Wappen vor rotem, sondern vor blauem Grund erscheinen und folglich auf das Wappen Clemens' VIII. anspielen, unter dessen Pontifikat die Kuppel 1604 mosaiziert worden sei. Sicherlich ist es nicht verkehrt, in den Sternenbahnen die Hypostasierung eines „Aldobrandini-Himmels" zu sehen, wie es beispielsweise Preimesberger getan hat.[345] Dennoch schließt diese Lesart eine Sixtinische Konnotation nicht aus. Denn selbst wenn es Sixtus vergönnt gewesen wäre, seine Kuppel zu dekorieren, hätte er das Kolorit der Sternenbahnen nicht anders gestalten können. Nur vor blauem Grund evozieren die Sterne sowohl ein himmlisches Ambiente als auch die Petrusfarben Gelb/Gold und Blau. Und wie wir noch sehen werden, trug auch Alexander VII., dessen Wappensterne gleichfalls rot grundiert waren, keine Bedenken, sie in seinem Grabmal vor eine blaue Himmelsfläche zu stellen (D 6.4.2.1).

Des Weiteren muss man sich fragen, weshalb Clemens, wäre es ihm wirklich nur um die Vergegenwärtigung der eigenen Person gegangen, die Inschrift und die Löwenköpfe zuließ. Für wahrscheinlich halte ich daher drei Möglichkeiten. Entweder waren die freskierte Inschrift und die plastisch modellierten Löwenköpfe bereits unter Sixtus fertig geworden, so dass sich die Ausstattung unter Clemens VIII. auf die Mosaizierung beschränkte. Oder der Aldobrandini-Papst, der nur ein „geringes Selbstvertrauen", dafür aber eine viel gerühmte Demut besaß,[346] nahm sich absichtlich zurück und überließ so in einem großherzigen Akt der *pietas* seinem bedeutenden Vorgänger, der die Vollendung der Kuppel zeitlebens mit äußerster Energie vorangetrieben hatte und der daher auch als ihr eigentlicher Erbauer galt, den Vortritt. Oder Clemens nutzte die heraldischen und ikonographischen Übereinstimmungen, um sich im Sinne einer doppelten *imitatio* in die Tradition des heiligen Petrus und des großen Sixtus zu stellen – eine Strategie, die, wie wir noch sehen werden, auch Paul V. und Alexander VII. anwandten (D 6.3.2 u. 6.4).

Damit nicht genug, besetzte Sixtus mit dem Bau der *Acqua Felice* und dem Erwerb des *Palastes auf dem Quirinal* auch noch diesen Hügel. Mithin hatte er nicht nur die drei wichtigsten Erhebungen Roms heraldisch besetzt; da die Anzahl der Hügel dem Dreiberg in seinem Wappen entsprach, hatte er umgekehrt auch die Topographie der Stadt in sein Wappen projiziert.

Zugleich folgte die topographische Kodierung Roms einer heilsgeschichtlichen Dramaturgie. Diese führte von den Gottesknechten Mose (*Mosesbrunnen*) und Johannes dem Täufer (*Lateranbasilika*) über Maria und das Jesuskind (*Santa Maria Maggiore*) zur Passion Christi (*vatikanischer Obelisk*) und endete beim Martyrium und bei der Apotheose Petri (Vierungsraum von *Sankt Peter*). Beim Nachvollzug dieses Heilsweges präsentierte Sixtus sich ebenso wie bei der kollektiven Disziplin als ein unmittelbares Vorbild: Wie wir sahen, wird der Papst an der *Nordfassade von San Giovanni* aus den Tiefen einer Scheinarchitektur auf die Loggia getragen. Die **Frontalräumlichkeit** des Bildes suggeriert, der Papst führe die Gläubigen beim Aufstieg auf den Esquilin persönlich an (C 7.6.3). Auf der Spitze des Berges angekommen, kniet Sixtus dann an seinem Grabmal – wiederum als ein *exemplum virtutis* – demütig vor dem Allerheiligsten und harrt seiner wohlverdienten Apotheose. Und wie der Kuppelraum der *Peterskirche* ist die *Cappella*

224, 243
244
28
243

---

glückbringenden Zweigen der Baum. Wir bewundern sein hohes Laubwerk und mehr noch sein Obst [Akzentsetzung vom Verf.]). Dass der Baum wirklich auf dem Sixtinischen (Tugend-)Berg wächst, zeigt die Bekrönung der Imprese. Sie besteht aus einem zur Tiara stilisierten und von einem Stern überstrahlten Dreiberg, aus dem zwei junge Birnbaumtriebe hervorkeimen. Auf einer zweiten Imprese ist das Motiv des baumbestandenen Tugendberges mit dem Sixtinischen Motto *per aspera* (bzw. *ardua*) *ad astra* assoziiert.

Dementsprechend lautet das Lemma: *Qui laur[um] et palmám vitrícem cápere gáudes, / Móntis, sí nescís, árdua scánde priús* ([Akzente vom Verf.]). Sinngemäß besagt dieses Distichon: Der du gern Zweige vom Lorbeer und der Siegespalme brechen möchtest, ersteige, wenn du das noch nicht wissen solltest, vorher die steilen Abhänge des Berges; Camilli 1586, Bd. 1, Nr. 5; vgl. Henkel/Schöne 1967/1976, Bd. 1, S. 202).

345 Preimesberger 1991, S. 260.
346 Haidacher 1965, S. 482.

Sistina als ein Tugendtempel zu deuten.³⁴⁷ Und auch die Löwen, welche die Last des *vatikanischen Obelisken* tragen, kann man als eine Anspielung auf die Bürde deuten, die der Papst als Christusnachfolger auf sich geladen hat.

Indes beschränkte Sixtus sich nicht nur auf die Rolle eines Vorbildes. Wahrscheinlich sollte das besiedelte Territorium samt Bewohnern sogar (noch vor Hobbes' „Leviathan"!) mit dem päpstlichen Souverän identifiziert werden. (Gerade diese Ambivalenz von Tradition und Neuerung erklärt, weshalb das Sixtinische Rom zum Vorbild für Metropolen des Absolutismus [Versailles, Karlsruhe] wie Hauptstädte der Demokratie [Washington D. C.], aber auch für fürstbischöfliche Residenzen [Salzburg, Würzburg] und sogar für Planstädte der Industrialisierung [New York] werden konnte.³⁴⁸

Wie schon gesagt, erwies sich Pius V. innerhalb dieses urbanistischen Konzepts als Sixtus' geistiges und politisches Vorbild – nicht zuletzt hinsichtlich des Ansatzes, den Stadtraum durch Prozessionen, körperliche Askese und eine strenge Gesetzgebung zu ‚heiligen'. Allerdings war es unter dem Ghislieri-Pontifikat noch nicht zu einer wirklichen Umsetzung auf dem Gebiet der Stadtplanung gekommen. Während Sixtus sich als geistiger Testamentsvollstrecker Pius' V. profilierte, baute er seinen unmittelbaren Vorgänger und einstigen Rivalen an der Kurie, Gregor XIII. Ugo Buoncompagni (1572–85), zum negativen Vorbild auf. Indem er einige von Gregors städtebaulichen Maßnahmen demonstrativ rückgängig machte, andere (Bau der sog. *Acqua Felice*) aber als seine eigene Leistung proklamierte, konnte Peretti sein eigenes Profil schärfen.

Nach Sixtus' Tod setzte dessen Kreatur Ippolito Aldobrandini als Clemens VIII. (1592–1605) dessen Werk fort: Neben der eben erwähnten Ausstattung des Vierungsraums von Sankt Peter wäre vor allem der Marienzyklus im Langhaus von *Santa Maria Maggiore* zu nennen, der das Leben Marias und die Kindheitsgeschichte Jesu in Analogie zu der unmittelbar darunter dargestellten Heilsgeschichte Israels (Mosaiken aus dem 6. Jahrhundert) stellt.

Weit schwerer ist Paul V. zu fassen. Zumindest auf dem Esquilin wandelte der Borghese-Papst noch weitgehend in den Spuren seiner Vorgänger. Indem er sich auf seinem Grabmal in der *Cappella Paolina* kniend darstellen ließ, machte er sich Sixtus' *humilitas*-Rhetorik sogar demonstrativ zu eigen. Überhaupt führte er mit dem Bau dieser Kapelle als Aufbewahrungsort der *Salus populi Romani* ein Vorhaben Sixtus' zu Ende, das die Symmetrie des gesamten Kirchenbaus (wieder-)herstellte und die Kodierung des Stadtraums abschloss. Ebenso ließ er in der Kapelle ein Grabmal für Clemens VIII. errichten, was eine geistige Kontinuität von Pius V. bis in die Gegenwart suggerierte. Nicht zuletzt fügt sich die von Paul errichtete *Mariensäule* in das Sixtinische Tableau ein. 1614 ließ der Borghese-Papst jene Säule, die er aus der *Maxentiusbasilika* hatte herbeischaffen lassen, vor der *Nordfassade von Santa Maria Maggiore* aufstellen und mit einer Figur der Gottesmutter bekrönen. Für die Nordostseite des Postaments wählte er folgende Inschrift:

245, 246

IGNIS COLVMNA
PRAETVLIT LVMEN PIIS
DESERTA NOCTV
VT PERMEARENT INVIA
SECVRI AD ARCES
HAEC RECLVDIT IGNEAS
MONSTRANTE AB ALTA SEDE
CALLEM VIRGINE

---

347 Damit erfüllte das Bildnis des Papstes eine Funktion, die sonst im Rahmen der konfessionellen Disziplinierung den Bildern von Heiligen zufiel (zur Rolle der Bildkunst als ein genuin katholisches Konfessionalisierungselement siehe Schilling 1986, Anm. 34).

348 Polleroß 1998, S. 149–168; Stephan 2005b, S. 89–90.

(Eine Feuersäule
trug den Frommen das Licht voran,
damit sie des Nachts
die unwegsame Wüste
sicher durchwanderten. Zu den [Himmels-]Burgen,
den feurigen, erschließt diese [Säule] den Weg,
da von ihrem hohen Sitz
die Jungfrau den Weg hinauf auf den Berg weist.)

Der Text spielt nicht nur auf den Auszug aus der Babylonischen Gefangenschaft, sondern auch auf den Aufstieg zum Licht an, das bei Jesaja und in der Peretti-Emblematik über dem heiligen Berg erstrahlt. Und indem die Säule die Symbolik des Stadtraums und den **frontalräumlichen** Impuls der Nordfassade von *San Giovanni* aufgreift, gibt sie diesem Aufstieg einen signifikanten Zielpunkt. Um diesen **frontalräumlichen Impuls** alsdann in *Santa Maria Maggiore* auslaufen zu lassen, beauftragte Paul den Architekten Flavio Ponzio mit dem Bau der beiden Zwillingsfassaden zu Seiten der Hauptfront, von denen zunächst nur die rechte vollendet werden konnte. Wie wir in Kapitel C 7.5 sahen, sollten die Zwillingsfassaden einen guckkastenähnlichen Rahmen schaffen, der als ein Pendant zu Fontanas Fassadenraum von *San Giovanni* gedacht war. Mit anderen Worten: Der Bildraum von Nebbias und Guerras Fresko wäre im Lateran zunächst mittels der raumhaltigen Fassade in den Stadtraum übergegangen, um dann über Ponzios Fassadenraum in Rusutis Mosaiken zu enden. Zugleich sollten die Pilger als Elemente des „lebenden Tableaus" den Bildapparat in den Stadtraum hinein verlängern.

243

244, 247

6.3 Das Gegenmodell: Der Stadtraum von Paul V. bis Urban VIII. als Austragungsort eines gentilizischen ‚concorso'

6.3.1 Der gentilizische ‚concorso' als neues Paradigma

Mit seiner *humilitas*-Rhetorik, die es ihm erlaubte, sich als ein von Gott unmittelbar erwählter *servus servorum Dei* zu stilisieren, hatte Sixtus versucht, das vermeintliche Defizit seiner unadligen Herkunft wettzumachen. Diese Strategie erschien jedoch veraltet, als mehrere Angehörige sozialer Aufsteigerfamilien hintereinander den Stuhl Petri bestiegen: Paul V. als Mitglied der in Rom ansässig gewordenen Borghese, die, aus Siena stammend, von Pius II. in den Grafenstand erhoben worden waren; Urban VIII. als Spross der dem Florentiner Geldadel angehörenden Barberini, die sich immerhin von Äneas ableiteten; Innozenz X. als Oberhaupt der Pamphilj, die sich auf den römischen König Numa Pompilius zurückführten (vgl. C 3.1).

Selbstverständlich nutzten auch diese Päpste die Technik, die römische Topographie heraldisch zu kodieren. Anders als unter Sixtus V. ging es ihnen aber nicht darum, das Territorium mit ihrer Person als dem Souverän zu identifizieren. Stattdessen versuchten sie, mittels gentilizischer ‚Markierungen' einzelne Regionen aus dem alten Tableau herauszuschneiden und zu ihrer Einflusssphäre zu machen, wobei diese Einflusssphären (man denke etwa an den Quirinal als einen *mons Pamphilianus*; C 3.3) zunehmend in Konkurrenz zueinander traten. Denn innerhalb dieses gentilizischen *concorso* genügte es nicht mehr, dass der jeweils herrschende Papst seine Codes neben die seiner Vorgänger setzte, um auf diese Weise die Kontinuität seines Amtes zu betonen. Im Gegenteil: Wie die Baugeschichte von *Sant'Ivo* und *Sant'Andrea al Quirinale* zeigt, wurden einzelne Monumente und Quartiere gezielt okkupiert oder umgewidmet.

7–9, 214ff, 265ff

Ein noch größerer Unterschied zum nachtridentinischen Modell bestand darin, dass sich die Papstfamilien und besonders die Nepoten an den Legitimierungsdiskursen beteiligten, sie zum Teil sogar maßgeblich bestimmten. Dabei ging es ihnen vor allem darum, den sozialen Status, den die *gens* durch die Wahl eines ihrer Mitglieder zum Papst erlangt hatte, zu wahren und sich zugleich von den alteingesessenen baronalen Dynastien der Orsini, Colonna oder Gaetani gesellschaftlich abzuheben.[349] Zu diesem Zweck entwickelten die neuen Aufsteiger-Clans sogar einen regelrechten „Kommemorialkult" – meist unter Führung des Kardinalnepoten. Reinhardt und Büchel, die diesen Begriff prägten, sprechen sogar von der „Pflege eines guten Herrscherbildes im kollektiven Gedächtnis bzw. dessen Reinwaschung von störenden Schlacken". Eine derart betriebene Verewigung gestattete es der Sippe, aus der Rückbesinnung auf den verstorbenen Familienpapst „stetig erneuertes Prestige zu ziehen".[350]

17 Besonders öffentlichkeitswirksam konnte der Gedächtniskult durch die Errichtung von Memorialkirchen wie *Sant'Andrea al Quirinale* (C 3) oder durch die Stiftung von Grabmälern wie dem Gregors XV. in *Sant'Ignazio* (C 6.6) vollzogen werden.[351] Nach Karsten und Zitzlsperger nahm der Wettstreit, den sich die rivalisierenden Familien dabei lieferten, bisweilen sogar den Charakter eines „Bilderkrieges" an.[352]

Über das Gedenken an den Familienpapst hinaus beinhaltete die gentilizische Repräsentation die Konstruktion von Genealogien, die bis in die Antike zurückreichten und den Angehörigen eine entsprechende *Romanitas* verliehen;[353] auch hierfür ist *Sant'Andrea al Quirinale* ein anschauliches Beispiel. Weitere Maßnahmen waren der Erwerb oder der Aufbau bedeutender Sammlungen (wenn möglich von römischen Antiken),[354] ein großzügiges Mäzenatentum[355] sowie der Bau von Kirchen (*Sant'Ignazio* durch die Ludovisi[356]) und Palästen.

Die Konkurrenz der Nepotenfamilien untereinander führte dazu, dass zumindest in der ersten Hälfte des 17. Jahrhunderts soziale und konfessionelle Disziplinierung keineswegs mehr zusammenfielen, sondern vielmehr divergierten. Nach Reinhardt reduzierten die Eliten die Funktion des Staates sogar auf die „pragmatische Herstellung" einer „uneigennützigen Treuhänderschaft im Wartestand des Zeitenendes", die sie an sich selbst delegiert hatten.[357] Dieses Selbst-

---

349 Zum Kampf zwischen alten und neuen Eliten allgemein siehe u. a. Gampp 2001, S. 135–136 u. Reinhardt/Büchel 2001, S. 368.

350 Reinhardt/Büchel 2001, S. 374 u. 368.

351 Einen sehr guten Einblick gewähren die beiden Aufsatzsammlungen, die jüngst von Karsten und Zitzlsperger sowie von Bredekamp und Reinhardt herausgegeben wurden (Karsten/Zitzlsperger 2004 u. Bredekamp/Reinhardt 2004b). Vgl. ferner die Einzelstudie von Behrmann/Karsten/Zitzlsperger 2003.

352 Karsten/Zitzlsperger 2001, S. 195–212.

353 Vgl. Reinhardt/Büchel 2001, S. 373.

354 Zur Antikensammlung der Borghese siehe die Fallstudie von Kalveram 2001. Zur Sammlertätigkeit anderer römischer Familien hat sich Thomas 2003 geäußert. Freilich dienten die Antikensammlungen nicht nur dem Prestige rivalisierender Nepotenfamilien. Wie die Untersuchung von Gerrit Walter eindrucksvoll belegt, machte auch das Papsttum durch den Aufbau von Sammlungen seine kulturelle Sonderstellung geltend – gegenüber den anderen Adelsfamilien, aber auch gegenüber den europäischen Höfen und Konfessionen (!). Ferner trugen die Sammlungen der Päpste und der Nepotenfamilien gemeinsam dazu bei, die Bedeutung Roms als ‚Kulturhauptstadt' zu festigen. Entsprechend minderte die Auflösung oder Translozierung von Kollektionen – wie der Antiken der Villa Medici oder des Palazzo Farnese – das Prestige der gesamten Stadt (Walther 1998, S. 361–362 u. passim).

355 Das Mäzenatentum der alten Eliten haben Kämpf 2001 und Brunner 2001 jeweils am Beispiel der Orsini untersucht. Die verschiedenen Ziele, die Kardinalnepoten bei der Ausübung ihrer Kunstpatronage verfolgten, hat Arne Karsten im Rahmen seiner Monographie anhand Scipione Borgheses, Ludovico Ludovisis, Francesco Barberinis, Camillo Pamphiljs und Flavio Chigis herausgearbeitet (Karsten 2003).

356 Vgl. Büchel/Karsten/Zitzlsperger 2002, S. 168–172.

357 Nach Reinhardt 2003, S. 13–15 bestand das gentilizische System darin, „politische Herrschaft so zu konstruieren, dass eine begierdelose spirituali-

verständnis erklärt nach Reinhardt auch, weshalb die Konfessionalisierung in Rom als eine Sozialdisziplinierung, die auf eine Stärkung des Staates durch die optimale Nutzung seines menschlichen Potenzials abzielte, kaum stattgefunden habe, sehe man eben von Ausnahmepontifikaten wie dem Sixtus' V. ab.[358]

6.3.2 Paul V.

Nicht von ungefähr setzte die Abkehr von der nachtridentinischen Stadtplanung bereits unter Paul V. ein. Die Tatsache, dass er einst von Sixtus V. und Clemens VIII. maßgeblich protegiert worden war, dürfte Camillo Borghese veranlasst haben, sich auf dem Esquilin zum Zeichen seiner Dankbarkeit und zur Bekundung von *pietas* in die städtebauliche Tradition seiner Vorgänger zu stellen (vgl. D 6.2).

Zugleich finden sich aber auch erste Anzeichen einer gentilizischen Repräsentation, und zwar ausgerechnet an der *Mariensäule* vor *Santa Maria Maggiore*. Einerseits machte die Bekrönung einer kaiserliche Säule mit einer Statue der Muttergottes das Prinzip des *exaltavit humiles* und des *fecit mihi magna* nicht weniger sinnfällig als die zuvor schon von Sixtus V. angewandte Technik, auf die *Säulen des Trajan* und *des Mark Aurel* anstelle der verlorenen Kaiserbildnisse die Statuen der Apostelfürsten zu setzen. Andererseits ließ Paul V. es sich nicht nehmen, ausgerechnet in Anspielung auf die vier Kaiseradler, die den Sockel der *Trajanssäule* zieren, die vier Postamentecken der *Mariensäule* mit seinen Wappentieren (Adler und Drache) zu besetzen. Mit dieser Maßnahme knüpfte der Borghese-Papst offenkundig an die imperiale Repräsentation der antiken Cäsaren an. Zwar hatte auch Sixtus den *vatikanischen Obelisken* mit vier Exemplaren seines Wappentieres geschmückt, doch müssen diese, wir erinnern uns, den schweren Stein tragen!

245, 246

Noch deutlicher ging Paul indes auf dem Vatikan vor. Zunächst ließ er auch am dortigen *Obelisken* seine Wappentiere anbringen. Diese traten nun in unmittelbare Konkurrenz zu den Peretti-Löwen. Des Weiteren vollzog er mit dem Bau des Langhauses von *Sankt Peter* und der Projektierung einer Zweiturmfassade eine offenkundige Abkehr von dem Konzept, das Sixtus V. und Clemens VIII. dem Vierungsraum zugrunde gelegt hatten. Darüber hinaus setzte er beim Weiterbau der Basilika neue Akzente. Schließlich hatte der Architekt Papiro Bartoli dem Heiligen Vater 1620/21 in einem eigens verfassten Memorandum eröffnet, dass die *grandezza e magnificenza* des

15

---

sierte Geistesadelselite im Bewusstsein unverrückbarer Prioritäten jenseitsbezogen und paternalistisch-tutelär zugleich regiert, unverführbar, da mit irdischen Gütern als Garantie der Uneigennützigkeit adäquat ausgestattet, kollektiv nobilitiert durch die Nähe zum Heiligen Stuhl, zusammengesetzt somit aus Nepotenfamilien und römischem Uradel, eine heiligmäßige Elite, inmitten derer der Papst wie Christus in einer Abendmahlsgemeinschaft ohne Judas, im Kreise einer sakralisierten Gesinnungsgemeinschaft, zu herrschen und vor allem zu delegieren vermag, mit dem einen oder anderen institutionalisierten Zugeständnis an die menschliche Fehlbarkeit in Form kontrollierender Kongregationen und Kommissionen: so ungefähr lässt sich, extrem zugespitzt, das Modell Rom als europäisches Lehrstück ewig wahrer, gottgefälliger Herrschaft umreißen."

358 Reinhardt 2003, S. 15: „In Rom aber soll der Staat gar nicht stärker werden, weil er damit über seine dienende Sphäre hinaus wachsen, sich verselbständigen und damit überheben würde – Konfessionalisierung bleibt hier primär Selbstzweck der Konfessionen, über dem Staat. Konfessionalisierung *alla romana* hat ein verlässliches Elitengeflecht zu verweben und zu verfestigen, da sie sich in beträchtlichem Grade als perpetuierte Selbstdarstellung wahrer Staatsträgerschaft selbst genügt; seine Aufgabe im Dienste des so konzipierten Staates besteht darin, die Durchsetzbarkeit päpstlicher Entscheidungen auf oberster Ebene und damit zugleich *coram publico* zu gewährleisten. Daher ist es gerade nicht dazu bestimmt, anonymisierte Bürokratie zu werden – im Gegenteil."

Außenbaus nach einer *maggior grandezza, magnificenza* des Inneren verlangten.³⁵⁹ Freilich künden die grandezza und *magnificenza* nicht länger bloß von der Größe der Kirche, sondern auch von der Größe des Erbauers und seiner Familie.

386   Ganz in diesem Sinne ließ Paul sich in einer Inschrift auf der Eingangsinnenseite als der Pontifex feiern, der „den durch das unablässige Schaffen der Hunderthänder fortgeführten Riesenbau (*moles*) […] vollendet" und dabei die Dimensionen der konstantinischen Basilika übertroffen hatte.³⁶⁰ Nach Preimesberger ist die Bezeichnung eines Gebäudes als *moles* ein eindeutiges Kriterium für Magnifizenz.³⁶¹ Noch mehr dürfte dies für die Metapher der „Hunderthänder" gelten: Die Hundertschaften an Handwerkern und Bauarbeitern werden mit jenen mythischen Riesen verglichen, die als Geschwister der Titanen und Giganten 100 Hände und 50 Köpfe besaßen.³⁶² Im Rahmen dieser Metapher versinnbildlicht die *Peterskirche* nicht mehr die Himmelstadt, sondern erscheint als ein irdisches Bauwerk. Ihre außerordentliche Größe erscheint nicht mehr als eine Schöpfung Gottes. Sie ist das Werk eines Übermenschen.

371, 374   Auf dem Architrav der Petersfassade feierte Paul sich dann in riesigen Lettern sogar selbst als den Vollender der Kirche: IN HONOREM PRINCIPIS APOST[OLORVM] PAVLVS BVRGHESIVS ROMANVS PONT[IFEX] MAX[IMVS] AN[NO] MDCXII PONT[IFICATVS ANNO] V. Die Formulierung erinnert sehr

28   an die Inschrift, mit der Sixtus V. am Laternenfuß der Kuppel der *gloria* des heiligen Petrus gedachte. Allerdings hatte Paul seinen Namen nicht wie Sixtus an den Anfang, sondern in die Mitte des Textes gestellt, so dass dieser die gesamte **Tempelfront** umfasst. Damit hatte sich Paul, wie Horst Bredekamp zu Recht betonte, zum eigentlichen Architekten von *Sankt Peter* gemacht.³⁶³ Auch wird der Name des Apostels nicht mehr eigens genannt. Dementsprechend süffisant lautet der Kommentar einer zeitgenössische Pasquinate: „Nicht Petrus, sondern Paul ist dieses Haus gewidmet."³⁶⁴

Die Inschrift ist für die gentilizische (Um-)Kodierung des Stadtraums in doppelter Hinsicht aufschlussreich. Zum Einen gab sich Paul V. alias Camillo Borghese mit ihr als Römer, genauer, als Angehöriger des römischen Adels zu erkennen, was Volker Reinhardt zu der ironischen Feststellung veranlasste: „Der Apostelfürst, dessen Ehre der ungeheure Bau doch mehren sollte, wurde ganz an den zurückgesetzten Rand gedrängt, wie ein Auszug aus dem Melderegister prangte der Papst mit Familiennamen und Herkunftsangabe in der Mitte. Hier verewigte jemand sich selbst und seine Familie."³⁶⁵

6.3.3 Urban VIII.

Urbans bedeutendste Baumaßnahme in *Sankt Peter*, die Errichtung des bronzenen *Hochaltarziboriums*,
388   scheint auf den ersten Blick ganz der Konzeption Sixtus' V. verpflichtet zu sein. Die Bedeutung des *Ziboriums* als eines Ruhmesmonumentes des Apostelfürsten ist in der Literatur unbestritten.³⁶⁶ Darüber hinaus greift das *Ziborium*, wie mir scheint, ganz gezielt zwei spezifische Topoi der Sixtus-Emblematik auf: die Gleichsetzung des Petrus mit dem Felsen der Kirche bzw. des Vatikans mit einem Tugendberg und die Erhebung des Apostels *ad astra* gemäß der Devise *exaltavit humiles*.

---

359 Zit. nach Schütze 1994, S. 255.
360 PAVLVS V PONT[IFEX] MAX[IMVS] VATICANVM TEMPLVM A IVLIO II INCHOATVM ET VSQVE AD GROGORII ET CLEMENTIS SACELLA ASSIDVO CENTVMANNORVM OPIFICIO PRODVCTVM TANTAE MOLIS ACCENSIONE VNIVERSVM CONSTANTINIANAE BASILICAE AMBITVM INCLVDENS CONFECIT CONFESSIONEM B[EATI] PETRI EXORNAVIT FRONTEM ORIENTALEM ET PROTICVM EXTRVXIT.

361 Preimesberger 1991, S. 248.
362 Bartels 2000, S. 269. Vgl. Hesiod, Theogonie 147ff.
363 Bredekamp 2000, S. 110.
364 „Non Petro, sed Paulo dedicata est domus"; zit. nach Christof Thoenes 1998, S. 246; vgl. Bredekamp 2000, S. 110.
365 Reinhardt 1992, S. 245.
366 Schütze 1994, passim.

Auf die Petrusapotheose alludieren neben den Palmzweigen, welche die Voluten des Aufsatzes schmücken, vor allem die beiden Putten auf dem östlichen Kranzgesims, welche die Tiara und die Schlüssel halten. Diese Attribute sind keineswegs nur heraldische Accessoires oder Symbole des „päpstlichen Machtanspruchs", wie Sebastian Schütze vermutet.[367] Der vordere Putto hat sich bereits in die Lüfte erhoben und hält die Tiara weit vornübergebeugt über die *Confessio*, ganz so, als wolle er die Reliquien des Apostels auszeichnen. Außerdem hat es den Anschein, als warte er nur darauf, die Krone dem himmelwärts fahrenden Heiligen aufs Haupt zu setzen. Offensichtlich rezipierte Bernini mit diesem Motiv den Brauch, die Sitzstatue des Apostelfürsten mit einer Tiara zu schmücken! Die ideographische Achse zwischen Grab und Kuppelraum wird auf diese Weise gleichsam visualisiert. Zudem wird verständlich, weshalb Bernini und Borromini das *Hochaltarziborium* nicht in der Mitte der Vierung platzierten, sondern es um einige Meter nach Westen rückten: Das Monument soll die ideographische Achse tangieren, aber nicht unterbrechen.

Als Allusionen auf den Tugendberg kann man wiederum die Lorbeerranken an den Säulen deuten. Nach Schütze alludieren sie auf den Baum Apolls, der auf dem Vatikan als einem zweiten Musenberg wächst.[368] Diese zunächst willkürlich anmutende Metapher (zu der übrigens auch die Sonnen auf den Friesfragmenten über den Säulen gehören) gewinnt durch Preimesbergers Hinweis, das Grab Petri sei nach barocker Überlieferung an einem ehemaligen Apollo-Heiligtum errichtet worden, an Plausibilität. Die *columnae laureatae* spielen also auf die Überwindung des Heidentums durch Petrus an.[369]

Vor allem wird man die Lorbeerranken aber der traditionellen Tugendberg-Ikonographie zuordnen dürfen.[370] Schließlich war das Motiv des Tugendberges, auf dem ein Baum wächst, in der päpstlichen Repräsentationskunst verbreitet. Zu denken wäre vor allem an die Darstellungen des Parnass von Raphael (Stanzen des *Vatikanischen Palastes*) sowie von Jacques Sarazin und Giovanni Anguillara (*Musengrotte* der *Villa Aldobrandini* bei Frascati).[371] Und nicht zuletzt ist der Gedanke eines fruchtbringenden Baumes, der den Tugendberg krönt und den Weg *per aspera ad astra* weist, der Peretti-Emblematik entlehnt.[372] Dank dem *Ziborium* war der Kuppelraum von *Sankt Peter* noch eindeutiger zum heilsgeschichtlichen Zielpunkt des Stadtraums geworden.

Indes nutzte Urban VIII. das *Hochaltarziborium* auf eine ähnliche Weise wie Paul V. die *Mariensäule* auf dem Esquilin dazu, in den nachtridentinisch kodierten Kontext Elemente einer gentilizischen Ikonographie ‚einzuschmuggeln'. So hat schon Schütze erkannt, dass die Lorbeerranken an den Säulen auch ein wichtiges Element der Barberini-Panegyrik sind, weisen sie den poetisch ambitionierten Urban doch auch als einen Dichterfürsten auf dem Stuhle Petri, ja in Analogie zu Sixtus IV. und Julius II. sogar als einen *Apollo Christianorum* aus.[373] Die Ranken, so lässt sich der Gedanke weiterführen, zeigen an, dass sich die Kirche das apollinische Erbe der Antike dank Urbans Bildung und Mäzenatentum in geläuterter Form anverwandelt hat.

245, 246

Auf Urban spielen die Lorbeerranken umso deutlicher an, als sich ihnen die Wappentiere der Barberini, die Bienen, zugesellt haben. Darüber hinaus begründet gerade die Verbindung von Biene und Lorbeer Urbans Wahl zum Papst. Schütze und Preimesberger machen in diesem Zusammenhang auf eine Stelle in Vergils Äneis aufmerksam, die in der Barberini-Panegyrik eine herausragende Rolle spielte. In seinem römischen Staatsepos erzählt der Dichter von einem Phoebus geweihten Lorbeerbaum, der im Palast des Königs Latinus wuchs. Eines Tages habe sich im Wipfel ein gewaltiger Bienenschwarm niedergelassen und damit angedeutet, dass ein Fremder kommen und die

---

367 Schütze 1994, S. 226 u. 230.
368 Schütze 1994, S. 238–246 u. ders. 1998, S. 92.
369 Vgl. Preimesberger 1991, S. 265.
370 Vgl. Oy Marra 2005, S. 112–115.

371 Zur Bedeutung des Parnass als Tugendberg siehe Schröter 1977, S. 157–163 und Stephan 2002a, Bd. 1, S. 198.
372 Siehe Anmerkung 344.
373 Schütze 1994, S. 238–246 u. ders. 1998, S. 92.

Herrschaft über Latium übernehmen werde (VII 59–70).[374] Diese Episode aufgreifend, ließ Urban nach seiner Wahl verbreiten, ein Bienenschwarm habe sich vor seinem Konklavefenster niedergelassen und damit angezeigt, er, der gebürtige Florentiner, sei nun am Tiber heimisch geworden und werde dort die Herrschaft erlangen.[375] Zur Bekräftigung ließ der Barberini-Papst auf einer Imprese einen Lorbeerbaum mit Bienen darstellen. Das Vergil VII, 112–117 entnommene Motto HIC DOMUS zeigt an, dass das Zuhause des neuen Herrschers wirklich Rom (bzw. St. Peter) ist.[376]

Die gentilizische Kodierung des Vierungsraumes hatte zur Folge, dass auch die Magnifizenz des Kuppelraums eine neue Bedeutung erhielt. Nach Preimersberger meinen diese Begriffe im Kontext des Vierungsraumes vor allem den „überwältigenden Gesamteindruck", der durch das Zusammenspiel verschiedener Kunstgattungen entsteht, ferner die „Opulenz der Ausstattung", das Erhabene, Majestätische und Großartige, „ das durch seine immense Größe, Pracht, Kostbarkeit und überraschende Struktur den Betrachter überwältigt" – Eigenschaften, mit denen Urban offenkundig an die Baupolitik seines großen Vorbildes Julius' II. anknüpfte.[377] Mithin alludierte das Erscheinungsbild der Architektur nicht länger nur auf die *gloria* des Apostelfürsten, sondern es diente auch der *glorificatio* des Auftraggebers und seiner Familie.

Wie sehr Urban seine persönliche Magnifizenz hervorzukehren trachtete, zeigt auch die Inschrift, mit der er an der Eingangsinnenwand in Konkurrenz zu Paul V. trat. Wie wir im vorigen Kapitel sahen, hatte dieser sich dort der „Vollendung des Riesenbaus" gerühmt. Nun ließ Urban die Tafel, die sich über dem mittleren Portal befunden hatte, abnehmen, verkleinern und an die linke Seite versetzen. Sodann fügte er auf der rechten Seite eine eigene Inschrift hinzu. In ihr ließ er die Welt wissen, er habe die vatikanische Basilika, die durch die religiöse Magnifizenz vieler Vorgängerpäpste in die [heutige] Gestalt eines äußerst prächtigen Tempels gebracht worden sei (VATICANAM BASILICAM […] IN AMPLISSIMI TEMPLI FORMAM RELIGIOSA MULTORUM PONTIF[ICUM] MAGNIFICENTIA REDACTAM) in feierlichem Ritus geweiht, das Apostelgrab mit einem bronzenen Riesenbau ausgestaltet sowie den Chor, die Altäre und Kapellen mit Statuen und vielfältigen Arbeiten geschmückt (SOLEMNI RITV CONSECRAVIT SEPVLCRVM APOSTOLICVM AEREA MOLE DECORAVIT ODEVM ARAS ET SACELLA STATVIS AC MVLTIPLICIBVS OPERIBVS ORNAVIT). Zwar überließ Urban die Ehre, *magnificentia* zu besitzen, – entgegen Bredekamps Lesart[378] – seinen Vorgängern, doch zeugte diese Art von Großherzigkeit letztlich von einer noch viel größeren Magnifizenz.

Zu den Statuen, die *Sankt Peter* dem Barberini-Pontifikat verdankt, gehört letztlich auch das Grabmal des Papstes, das von Bernini in der rechten Nische der Westtribuna errichtet wurde. Dass das Motiv des cäsarischen Thronens an sich schon als eine *maiestas*-Formel zu lesen ist, hat bereits Kaspar Zollikofer gesehen.[379] Anders als Paul V. hatte Urban sich auch auf dem Gebiet der Sepulkralkunst vom sixtinischen Ideal des Gottesknechts denkbar weit entfernt.

Gerade der Vergleich dieses Monuments mit dem Grab Sixtus V. zeigt, dass die Barberini das Ideal der Magnifizenz ausschließlich unter gentilizischen Gesichtspunkten auslegten. Karsten zufolge handelte es sich bei der Schaffung des Grabmals sogar „um eine Existenzfrage des Hauses Barberini."[380] Bekanntlich waren Taddeo und Antonio Barberini nach dem Tod ihres Onkels ins Pariser Exil geflüchtet, von wo aus sie ihr gesellschaftliches und politisches Comeback vorbereiteten. Daher betrachtet Karsten die Vollendung und feierliche Enthüllung des Urban-Grabes im Beisein von Innozenz X. auch als einen „Meilenstein auf dem Weg zur politischen und gesellschaftlichen Rehabilitierung" der Barberini-Nepoten.

---

374 Preimesberger 1991, S. 265 u. Schütze 1994, S. 249; vgl. Scott 1991, S. 181–186.

375 Ferro 1629, II, S. 72–78; vgl. Schütze 1994, S. 249 u. Preimesberger 1991, S. 265 u. Scott 1991, S. 181–186.

376 Ferro 1629, Bd. II, S. 72; vgl. Oy-Marra 2005, S. 219 u. Schütze 1998, S. 86 u. 93.

377 Preimesberger 1991, S. 249–250 u. S. 261.

378 Bredekamp 2000, S. 115.

379 Zollikofer 1994, S. 78.

380 Karsten 2006, S. 128.

Am nachdrücklichsten leitete jedoch Pietro da Cortona Urbans Papsttum aus der Größe des Hauses Barberini ab. In dem Fresko, das er im großen Saal des Familienpalastes schuf, hat die Forschung seit jeher eine familienpolitische Aussage gesehen.[381] Allerdings ist das Thema nicht die Apotheose des Barberini-Wappens, die sich im Beisein der *Divina Providentia* und der *Dea Roma* sowie zahlreicher Tugendpersonifikationen vollzieht, wie man zunächst glauben möchte.

Auf dem Fresko werden die Barberini-Bienen von den drei göttlichen Tugenden Glaube, Liebe und Hoffnung mit Lorbeerzweigen (!), die zweifellos die Kontur eines Wappenschilds nachzeichnen, umrahmt. Während die Personifikation der Religion über den oberen Enden der Zweige die Schlüssel Petri als Symbole der geistlichen Papstgewalt hält, fügt die Personifikation Roms die Tiara als Zeichen der weltlichen Macht hinzu. Bislang erkannte die Forschung in diesem Changieren zwischen einem heraldischen Konstrukt und der Darstellung ‚realer' Figuren einen Illusionismus, der, um Hermann Bauer zu zitieren, durch die „Vitalisierung" an sich toter Gegenstände mit verschiedenen Realitätsgraden und Bildmodalitäten spielt und der dem Betrachter eine gedankliche Aussage dadurch besonders nahebringt, dass er deren „gestaltlose Begrifflichkeit [...] in den Körpern" konkretisiert.[382] Auch Hubert Locher und Oy-Marra sprechen in diesem Zusammenhang – unter expliziter Berufung auf zeitgenössische Deutungen – von einer „Verblüffung", die durch den „Fiktionscharakter" bedingt sei, von der „Täuschungsmacht der Bilder", vom Prinzip der *verosimiglianza* und vom Wechsel zwischen den Kategorien des *vero* und des *finto*.[383] John Beldon Scott sieht in Cortonas Illusionismus in formaler Hinsicht ein rein perspektivisches Phänomen, das den Betrachter überraschen soll.[384] Unter inhaltlichen Gesichtspunkten deutet er ihn als eine Metapher, die glaubhaft machen soll, Gottes Eingreifen in die Geschichte diene der Verwirklichung seines Heilsplans. Dank seiner Überzeugungskraft sei das Fresko die „Bildsprache der Göttlichen Vorsehung".[385]

Indes ist es gar nicht erforderlich, im Wappen eine illusionistische Darstellung zu erkennen. Man kann in ihm auch eine ganz konventionelle Apotheose sehen: In ihrem Streben nach *virtus* fliegen die Bienen in den Himmel empor, wo sie zum Lohn von den Tugendpersonifikationen mit Lorbeerzweigen sowie von der *Dea Roma* mit den päpstlichen Insignien ausgezeichnet werden. Zugleich eilt unter den Blicken der *Divina Providentia* die Personifikation der Unsterblichkeit herbei, um die Tiere auch noch mit der Sternenkrone zu ehren. Allerdings befinden sich die Bienen m. E. noch unterhalb dieser beiden Personifikationen, also etwa in Höhe der Hohlkehlen. Folglich kommt ihr Aufstieg einer Erhebung *ad astra* gleich. Wie in Borrominis Entwurfszeichnung für *Sant'Ivo* (vgl. C 4.6) fliegen die Bienen in den Sternenhimmel empor, um dort den Astralkranz der Unsterblichkeit zu erlangen. Cortonas Bildformel basiert also auf denselben Vergilstellen wie Borrominis Invention: Weil die Bienen vom göttlichen Weltgeist erfüllt sind, können sie auch nicht sterben. Stattdessen fliegen sie lebend zu den Sternen auf.[386] Und wie es Äneas geweissagt wurde, werden dessen Nachfahren (also die Barberini) zu den Sternen erhoben.[387]

Gemäß der bei Vergil überlieferten Prophezeiung geschieht die Erhebung der Barberini dank einer himmlischen Fügung. Für diese ist in Borrominis Entwurfszeichnung die Göttliche Weisheit verantwortlich. In Cortonas Fresko vollzieht sich die Apotheose dagegen auf Geheiß der Göttlichen Vorsehung, die auf einem Wolkenberg thront und als deren Attributstier die Biene gleichfalls verstanden werden kann.[388] Daher ist die Rechte der Göttin auch weder triumphierend

---

381 Zuletzt Oy-Marra 2005, S. 243.
382 Bauer 1992, S. 265–267.
383 Locher 1990, S. 6–7 u. Oy-Marra 2005, S. 272–273 (dort auch weiterführende Literatur).
384 Scott 1991, S. 150–159.
385 Scott 1991, S. 159.
386 Vergil, Georgica IV 229–227, v. a. 226–227. Dass diese schon in der Barberini-Panegyrik zitierten Verse Grundlage für Cortonas Invention waren, hat schon Scott 1991, S. 170 u. 197 gesehen. Jedoch hat er daraus keine Schlüsse für die Bildvalenz gezogen.
387 Vergil, Aeneis III 158–159.
388 Wittkower 1958, S. 252.

erhoben, noch weist sie einfach nur auf das Geschehen hin, wie die Literatur mehrheitlich behauptet.[389] Vielmehr handelt es sich um einen Aufforderungsgestus, der an die Immortalitas gerichtet ist. Diese blickt denn auch fast schon ungeduldig zur Göttlichen Vorsehung herüber, als könne sie es nicht erwarten, den göttlichen Ratschluss zu erfüllen.[390] Reziprok zur Apotheose der Barberini-Bienen stürzt schließlich Minerva unterhalb des Wolkenbergs die Giganten in den Abgrund. Die Riesen hatten sich angemaßt, den Himmel zu stürmen, weshalb sie die *superbia* und die Häresie personifizieren.[391]

Fasst man die Apotheose der Barberini-Bienen als einen ‚realen‘ Vorgang auf, so wird das Papstwappen nicht durch eine geschickte Inszenierung vitalisiert; vielmehr ergibt es sich gerade erst aus der Apotheose des Hauses Barberini.[392] Dies bedeutet aber, dass Urbans Papsttum in erster Linie auf die Verdienste seiner *gens* zurückgeht. Sein Pontifikat ist buchstäblich der ‚krönende Abschluss‘ eines sozialen ‚Aufstiegs‘ über mehrere Generationen hinweg. Gestiftet wurde das Papsttum der Barberini – gleich ihrem Wappen – im Himmel, was sich kirchenpolitisch darin äußerte, dass Urban als erster Papst in geheimer Abstimmung – und damit aus seiner Sicht ausschließlich unter dem Einfluss der Göttlichen Vorsehung – gewählt wurde.[393] Diesen Anspruch formuliert auch eine Medaille, auf der Urban die Tiara aus den Händen des Erzengels Michael entgegennimmt.[394]

Wie Preimesberger feststellt, hatte die päpstliche Romideologie die eben zitierte Verheißung, die Nachfahren des Äneas würden zu den Sternen erhoben, schon immer auf die (geistliche) Herrschaft der Kirche und die Erhebung ihrer Oberhirten zur Unsterblichkeit bezogen.[395] Diese bislang eher allgemeine Auslegung hatte sich nun mit der Wahl Urbans VIII. konkretisiert.

Vor diesem gedanklichen Hintergrund ergibt auch ein Detail an der Fassade des *Palazzo Barberini* einen neuen Sinn. Im zweiten Geschoss wird das Fenster des Balkons, den man über die Sala betritt, von einem realen Wappen bekrönt. Weil dieses Wappen nicht im Verbund mit der Wand steht, sondern als ein mobiler Gegenstand an ihr aufgehängt ist, kann man in ihm die stoffliche Konkretisierung eben jener Apotheose sehen, die sich hinter dem Fenster an der Saaldecke vollzieht. Im Himmel kreiert, ist das Papstwappen der Barberini als eine Art *acheiropoieton* an der Palastfassade angebracht worden, um vor der Öffentlichkeit die Herrschaftsansprüche Urbans und seiner Nepoten zu rechtfertigen.[396]

---

389 Zuletzt Karsten 1993, S. 116 u. Oy-Marra 2005, S. 233.

390 Schon Wittkower 1958, S. 252, hat die Geste der Göttlichen Vorsehung als „a commanding gesture" gedeutet. Wie Scott, Images of Nepotism, S. 139 nachweisen konnte, erkannten schon zeitgenössische Interpretatoren wie Mattia Rosichino, dass Immortalitas auf Weisung der *Divina Providentia* handelt (Rosichino 1640/70, S. 5 (abgedruckt bei Scott 1991, Appendix F, S. 216–219; hier S. 216). Scott sieht im ausgestreckten Arm der Göttlichen Vorsehung sogar „the starting point for the action of the central section" (Scott 1991, S. 152).

391 Scott 1991, S. 167.

392 Insofern treffen auch Lochers und Scotts Formulierungen, das Wappen werde mit der Tiara gekrönt, nicht ganz zu (Locher 1990, S. 17; Scott 1991, S. 167). Vielmehr wird das Wappen durch die Hinzufügung der Tiara erst vollständig.

393 Scott 1991, S. 181–186.

394 London, Brit. Museum; vgl. Rice 1992, S. 420–434 u. Abb. 166. Michael fungiert deshalb als Überbringer der Tiara, weil sein Patrozinium auf den Tag von Urbans Krönung fiel und er auch sonst in der Barberini-Ikonographie eine bedeutende Rolle spielt. So beabsichtige Urban zunächst, in der mittleren Nische der Westtribuna, vor der heute die *Cathedra Petri* steht, einen dem Erzengel geweihten Altar aufzustellen (vgl. Schütze 2005, S. 127).

395 Preimesberger 1991, S. 260.

396 Zugegebenermaßen wird die von mir vorgetragene Interpretation durch keine der zahlreichen zeitgenössischen Deutungen des Freskos gestützt (vgl. die Texte bei Scott 1991, S. 136–145 u. Oy-Marra 2005, S. 246–261. Der wohl von Francesco Bracciolini verfasste *conceptus pingendi* gilt als verloren; vgl. Wittkower 1958, S. 252.) Dass das Fresko dennoch im eben vorgetragenen Sinne gelesen werden kann, belegt seine Rezeption in den ehemaligen Paradekammern des *Berliner*

Wie wir bereits zur Genüge gesehen haben, benutzten alle Päpste der frühen Neuzeit ihr Wappen als Emblem oder Imprese, um ihre Herrschaft zu legitimieren. Jedoch suggeriert Cortonas Fresko auf eine bis dahin einzigartige Weise ein nachgerade nepotistisches ‚Papsttum der Barberini'. Wenn der Slogan „Wir sind Papst" je als ‚Bild'-Überschrift einen Sinn ergab, dann bei diesem Fresko.[397]

6.3.4 Innozenz X.

Als Innozenz X. den Thron Petri bestieg, fühlte er sich offenbar durch die dynastische Repräsentation seines Vorgängers ebenso herausgefordert wie durch dessen Vorstellung von *magnificentia*. Zwar griff er bei der Ausgestaltung des Langhauses und der Vierungsarme von *Sankt Peter* das Sixtinischen Konzept des zum Vatikan führenden *iter virtutis* auf, indem er in den Arkadenzwickeln Tugendpersonifikationen und an den Arkadenpfeilern Medaillons frühchristlicher Märtyrerpäpste anbringen ließ; doch schon an der Eingangsinnenwand formulierte er unmissverständlich seinen eigenen Anspruch auf Magnifizenz. Denn zu seinem Unglück hatte Urban es versäumt, die Mitte der Eingangsinnenwand, die durch die Entfernung der Inschrift Pauls V. frei geworden war, wieder zu schließen. Das hierfür vorgesehene Relief mit einer Darstellung des *Pasce oves meas* gelangte nicht mehr zur Ausführung.[398] So nutzte Innozenz X. die Gelegenheit, an zentraler Stelle eine noch größere und noch ehrgeizigere Inschrift anzubringen. Lapidar ließ er verkünden, er habe

386

Schlosses. Das Deckenfresko der Schwarzen Adler-Kammer, mit dem Augustin Terwesten 1703 die Rangerhöhung des brandenburgischen Kurfürsten zum König in Preußen verherrlichte, zeigte die Apotheose des preußischen Herzogsadlers. Gleich den Barberini-Bienen wurde das Wappentier von Genien und Tugendpersonifikationen mit Lorbeerzweigen sowie mit den Zeichen seiner neuen Herrschaft ausgezeichnet. Dabei traten an die Stelle der gekreuzten Schlüssel Petri Schwert und Szepter, während die Tiara durch die neue preußische Krone ersetzt worden war. Wie im *Palazzo Barberini* wurde das neue Königswappen im Himmel kreiert, wurde die neue Herrschaft als eine göttliche Stiftung ausgewiesen. In der Roten Adler-Kammer, die als Pendant der Schwarzen Adler-Kammer konzipiert war, wurde dieser Gedanke sogar vorweggenommen. Das von Theodor Gericke geschaffene Deckenfresko zeigte die Versammlung der Götter. Vor den Augen Jupiters enthüllte Veritas die preußische Krone. Nach Sepp-Gustav Gröschel zeigte die Göttin auf diese Weise an, „dass die Zeit reif ist, dass Preußen die Königskrone erhält". Anders als Gröschel vermutet, ist die Königskrone aber nicht von der Erde in den Himmel verbracht worden (Gröschel 2001, S. 231–232). Vielmehr ist sie ein Geschenk der Götter an Friedrich I., das dieser dann in Gestalt des schwarzen Adlers, der die Initialen FR auf der Brust trägt, empfängt. Als ein himmlisches Erzeugnis wurde das Wappen anschließend von Minerva und Fama nach Berlin verbracht, wobei es sich zu einem materiellen Gebilde verdichtete (Stuckvoute im Rittersaal). In diesem neuen Zustand schmückte es dann – dank seiner himmlischen Herkunft in Gold gefasst – die Außen- und Innenarchitektur des neuen Königsschlosses. Eine weitere Gemeinsamkeit zum *Palazzo Barberini* bestand darin, dass mit der buchstäblichen Erhebung des Wappentiers der Sturz der Giganten einherging. Allerdings wurde dieser in die Decken des Großen Treppenhauses verlagert, wo die Riesen – ebenfalls zu plastischen Stuckfiguren erstarrt – aus dem Deckenbild herausfielen (hierzu ausführlich: Stephan 2007b, S. 71–77).

Ein weiteres Beispiel ist das Deckenfresko in dem ab 1690 errichteten *Palais Harrach* an der Freyung zu Wien. Wie Hellmut Lorenz herausgefunden hat, gestalten die Putten, die mit den Hesperidenäpfeln des Herkules und den Pfauenfedern der Juno spielen, gleichsam beiläufig das Wappen des Auftraggebers (Lorenz 1993, S. 299–300). Über eine bloße Paraphrasierung hinaus kann man in der Darstellung erneut ein Wappen *in statu nascendi* sehen.

397 Die familiären Bezüge des Freskos hat zuletzt Karsten 1993, S. 120–121 eindrucksvoll herausgearbeitet.

398 Vgl. Schütze 1994, S. 274–275.

„die Basilika, die durch die vielfältige Bautätigkeit der römischen Päpste zu dieser Pracht des Riesenbaus geführt worden sei" (BASILICAM [...] IN HANC MOLIS AMPLITVDINEM MVLTIPLICI ROMANORVM PONTIFICVM AEDIFICATIONE PERDVCTAM) „noch großartiger zu Ende geführt" (MAGNIFENTIVS TERMINAVIT). Hatte Urban die Tugend der Magnifizenz seinen Vorgängern noch *expressis verbis* zugestanden und sie für sich selbst nur indirekt beansprucht, so beschrieb der Pamphilj-Pontifex seine Verdienste eindeutig mit dem Komparativ (!) *magnificentius*, während er die Großartigkeit dessen, was er vorgefunden hatte, mit Begriffen wie *moles* oder *amplitudo* lediglich andeutete.

Darüber hinaus bezog Innozenz den römischen Stadtraum in seine gentilizische Repräsentation ein. Wie wir in Kapitel C 4.6 sahen, änderte er die Planungen für *Sant'Ivo* dahingehend, dass die Pamphilj-Taube als Spenderin der göttlichen Weisheit an die Stelle der apotheosierten Barberini-Biene trat.

Vor allem aber wertete er mit dem Bau seines *Familienpalastes*, der Kirche *Sant'Agnese* und dem *Vierströme-Brunnen* die *Piazza Navona* zu einem Herrschaftszentrum auf, das ganz auf seine Person und sein Geschlecht bezogen war.[399] Die damals größte Platzanlage der Stadt wurde so zu einem überwiegend gentilizisch kodierten Gegenpol des Vatikans. Daher erweckt *Sant'Agnese* auch den Eindruck, als ein reiner Zentralbau mit unverstellter Kuppel und vollendeter Zweiturmfassade die verbesserte Variante des *Petersdoms* zu sein. Ebenso war der Obelisk des *Vierströme-Brunnens* als Erwiderung auf den *Obelisken vor Sankt Peter* gedacht.[400] Zwar verkörpert der Brunnen-Obelisk, wie Preimesberger erkannt hat, den göttlichen Gnadenstrahl, den die (vormals vergoldete) Taube auf seiner Spitze über den Flussgöttern als Vertretern der damals bekannten Erdteile ausgießt (die Donau steht für Europa, der Ganges für Asien, der Nil für Afrika und der Rio de la Plata für Amerika). Und nicht zuletzt verkörpert der Stein des Obelisken Petrus, den Fels der Kirche.[401] Dennoch spielt die Taube wie in *Sant'Ivo* in erster Linie auf den segensreichen Pontifikat des Pamphilj-Papstes an.[403] Die göttliche Gnade wird der Stadt und dem Erdkreis einzig durch die *gens Pamphiliana* zuteil. Auch markiert der Brunnen – im Unterschied zur *Acqua Felice* und den sixtinischen Obelisken – keinen der Wege *ad sanctissima templa*. Stattdessen steht er vor einer Kirche, die vor allem als Palastkapelle und Grablege diente.

Natürlich kann man einwenden, dass auch Sixtus V. sein Grab, seine Residenz und seine Lieblingskirche zu einem gentilizisch kodierten Herrschaftszentrum verbunden hatte. Allerdings waren seine Villa und die *Cappella Sistina* der Kirche *Santa Maria Maggiore* zu- und untergeordnet. Die Basilika wiederum war integraler Bestandteil des Tableaus. Die *Piazza Navona* bildete hingegen innerhalb des Tableaus eine Enklave. Auch waren in *Sant'Agnese* die Funktionen von Kirche, Grablege und Palastkapelle nicht klar geschieden. Damit besaß die gentilizische gegenüber der theologischen Komponente mehr Gewicht als in *Santa Maria Maggiore*.

Zur Ikonographie der *Piazza Navona* gehört auch Francesco Cozzas Fresko in der Bibliothek des *Palazzo Pamphilj*. Auf ihm wird der Zinnenreif aus dem Wappen Clemens' VIII. mit dem Sternenkranz der Aldobrandini bekrönt. Parallel dazu halten Putten die Tiara über die Lilie und Taube Innozenz' X. Die Ähnlichkeit dieses ikonologischen Schemas mit der Apotheose der Barberini-Bienen ist nicht zu übersehen. Das gilt auch für die Hauptfigur, die Göttliche Weisheit, die nun anstelle der Göttlichen Vorsehung die *glorificatio* veranlasst, sowie für ihr Attributstier, die Taube des Heiligen Geistes, die nun auf das Pamphilj-Wappen anspielt.

Jedoch genügte es Innozenz nicht, sich die Bildrhetorik der Barberini anzuverwandeln. Offensichtlich wollte er sie auch noch quantitativ überbieten. So verherrlichte Cozza im Unterschied zu Cortona nicht nur eine, sondern gleich zwei Papstfamilien, genauer deren ‚dynastische' Verbindung, die sich aus der Vermählung von Innozenz' Enkel Camillo mit der Witwe des früh verstorbenen Fürsten Paolo Borghese, Olimpia Aldobrandini, ergab. Da Olimpia Alleinerbin des gesam-

---

399 Karsten 2003, S. 165–171; Thoenes 1994b, S. 133–136; Preimesberger 1974, passim.
400 Preimesberger 1974, S. 110.
401 Preimesberger 1974, S. 136–137.
402 Preimesberger 1974, S. 86–91.

ten Familienvermögens war, erwies sich die Heirat unter familienpolitischen Gesichtspunkten als ein außerordentlicher Erfolg. Kirchenpolitisch war sie indes problematisch. Zuvor hatte Camillo nämlich seinen Kardinalshut zurückgeben müssen. Auf diese Weise gaben die Pamphilj aber jedermann zu verstehen, dass ihnen die gentilizische Repräsentation wichtiger war als ihr Dienst an der Kirche.[403] Den damit verbundenen Prestigeverlust konnte Camillo nicht einmal durch den Bau von *Sant'Andrea al Quirinale* ausgleichen (vgl. C 3).

7–9
214–218

Nicht zuletzt relativierte Innozenz das Sixtinische Tableau auch in theologischer Hinsicht. Mit der Modernisierung des Langhauses von *San Giovanni in Laterano* und der Aufstellung der Apostelstatuen – deren Kolossalität sicherlich mit der Magnifizenz von Urbans Vierungsstatuen in *Sankt Peter* konkurrieren sollte – änderte er die heilsgeschichtliche Dramaturgie des Stadtraums nachhaltig. Der Weg führte nun von den Aposteln über Johannes den Täufer (Lateran) zu Maria (Esquilin), was theologisch überhaupt keinen Sinn ergab. Offensichtlich hatte Innozenz an der von Sixtus geschaffenen Wegfolge keinerlei Interesse.

6.4 Die Synthese von nachtridentinischer Urbanistik und gentilizischer Kodierung unter Alexander VII.

6.4.1 Die äußeren Voraussetzungen

Als Alexander VII. Fabio Chigi 1655 die Nachfolge Innozenz' X. antrat, war er bemüht, eine städtebauliche Synthese zu bilden zwischen dem nachtridentinischen Modell einer heiligen Landschaft und eines konfessionellen Disziplinarraums einerseits und dem frühbarocken Gegenmodell gentilizischer Repräsentationsexklaven andererseits.

Dass die gentilizische Kodierung in Alexanders Kunstpolitik eine bedeutende Rolle spielt, haben wir schon an *Sant'Ivo alla Sapienza, Santa Maria dell'Assunzione* in Ariccia und der *Cathedra Petri* beobachten können. Doch gibt es auch Anhaltspunkte für eine konfessionelle oder gar soziale Disziplinierung? Diese Frage lässt sich vor allem mit Hinweis auf die *Petersplatz-Kolonnaden* beantworten. In der schon mehrfach zitierten programmatischen Aussage wies Bernini den *Kolonnaden* eine dreifache Funktion zu: Mit ihnen empfange die Kirche wie eine Mutter die Katholiken, um sie im Glauben zu stärken, die Häretiker, um sie in ihren Schoß zurückzugeleiten, und die Heiden, um sie zum wahren Glauben zu führen.[404] Aufgrund dieser Äußerung charakterisierte Dombrowski den Platz als eine „Apotheose des Katholischen" und als ein „Amphitheater des christlichen Universums". Darüber hinaus erblickte er – wie einige andere Autoren – in Berninis Worten einen Hinweis auf ein weltoffeneres oder gar karitatives Kirchen- und Glaubensverständnis, das unter Alexander Einzug gehalten habe.[405]

284, 173
24
15

---

403 Hierzu ausführlich Karsten 1993, S. 156–161 mit weiterführender Literatur.
404 Karsten 2006, S. 150
405 Aufschlussreich ist allein schon der Titel von Dombrowskis Monographie über Berninis Bildprogramm von Sankt Peter „Dal trionfo all'amore" (Dombrowski 2003b). In diesem Zusammenhang möchte ich auch auf Irving Lavins Gastvortrag „Papal Identity in the Age of the Baroque. The other Side of the Medal" hinweisen. Auf Grundlage von Berninis Bildkunst unter-

stellte Lavin Alexander gleichfalls ein karitatives Amtsverständnis. (Der Vortrag wurde am 25. Oktober 2001 im Rahmen der Vorlesungsreihe „Die Konfession der Bilder" gehalten, die das im Freiburger Sonderforschungsbereich 541 „Identitäten und Alteritäten" angesiedelte Teilprojekt B 11 „Das Selbstverständnis des Papsttums und die nachtridentinische Kontroverstheologie im Spiegel der hochbarocken Bildkunst" in Zusammenarbeit mit der Kunstgeschichtlichen Gesellschaft veranstaltet hatte.)

Indes lassen sich die Universalität der Kirche und ihr ‚mütterliches Umarmen' auch anders deuten: Die Stärkung der Katholiken im Glauben war auch ein Akt der konfessionellen Disziplinierung, die Rückführung der Häretiker in den Schoß der Kirche auch ein Akt der Konversion und die Hinführung der Heiden zum wahren Glauben auch ein Akt der Missionierung. Letztlich ging es Bernini also um nichts anderes als um die Durchsetzung des katholischen Wahrheitsmonopols durch ein Papsttum, das seinen geistlichen Herrschaftsanspruch auf die gesamte Menschheit ausgedehnt hatte. Auf dem Heilsweg, der die Pilger nach *Sankt Peter* führt, dienten die *Kolonnaden* gewissermaßen als Fangarme, welche die Bewegung der Massen steuerten und beschleunigten.[406]

Hätte Bernini über den Bau der beiden *Kolonnaden* hinaus den *terzo braccio* ausgeführt, so hätte die Platzbebauung zwar nicht mehr als Zange oder Greifarm gewirkt, doch wäre die maternalistische Umarmung durch die Kirche umso enger ausgefallen. Die *Kolonnaden* hätten die Menschenmassen umschlossen wie ein Netz die Fische – ein Vergleich, der mit Blick auf den Menschenfischer Petrus gar nicht so abwegig sein dürfte,[407] zumal die ikonographischen Ziele dieses Fischzugs das Petrusgrab und die *Cathedra Petri* waren.

Indes besaßen die *Kolonnaden* auch eine entgegengesetzte Dynamik: Um die Menschenmassen einfangen zu können, mussten sie in den **Vorraum** der Kirche ausgreifen. Dabei verlängerten sie auch das Bildprogramm des Inneren nach außen und trugen so dazu bei, dass das pfingstliche Licht, das sich über der *Cathedra* in den Kirchenraum ergoss, bis in den Platzraum hinein strömte.

Allerdings ließ sich die Synthese der älteren Stadtmodelle zu einer *Roma Alexandrina* mit derlei Bezügen allein noch nicht bewerkstelligen. Vielmehr waren vier weitere Maßnahmen erforderlich. Alexander musste erstens das nachtridentinische Tableau reaktivieren, zweitens die gentilizischen Codes der Borghese, Barberini und Pamphilj deaktivieren und drittens eigene gentilizische Codes schaffen. Letztere galt es viertens in das nachtridentinische Tableau zu integrieren, um dieses in einen Alexandrinischen Stadtraum umzuwandeln.

Mit dieser ebenso komplexen wie komplizierten Aufgabe betraute Alexander vor allem Bernini. Der Cavaliere hatte einen großen Teil der älteren Codes geschaffen – zusammen mit seinem Vater war er schon an der Ausgestaltung der *Cappella Paolina* in *Santa Maria Maggiore* beteiligt gewesen. Daher war er auch am ehesten imstande, diese zu überschreiben oder in das neue Programm zu integrieren. Dieser Aufgabe widmete sich Bernini mit solch einem Geschick und – hinsichtlich seiner früheren Auftraggeber – mit solch einem Opportunismus, dass man in ihm durchaus einen „Talleyrand der Architektur" sehen darf.[408]

Über die persönlichen Fähigkeiten des Cavaliere hinaus wurde die Umprogrammierung Roms durch den glücklichen Umstand begünstigt, dass Alexander ein ähnliches Motiv im Wappen führte wie Sixtus V., nämlich den von einem Berg überstrahlten Stern (der allerdings nicht aus drei, sondern aus sechs Erhebungen bestand). Passend zum Wappen folgte Alexander denselben Tugenddevisen wie Sixtus, also *per aspera ad astra* und *exaltavit humiles*. Schon Baldassare Peruzzi hatte in der *Villa Farnesina*, die Alexanders berühmter Vorfahr, der Bankier Agostino Chigi, sich hatte erbauen lassen, die Konstellation der Sterne, unter welcher der Hausherr das Licht der Welt erblickt hatte, in einem mythologischen Deckenbild verewigt und damit indirekt auf die Erhebung *per aspera ad astra* angespielt. Und in der Grabkapelle der Chigi in *Santa Maria del Popolo* hatte Luigi de

---

406 Wie ambivalent das römische Tableau im ausgehenden 17. Jahrhunderts war, geht auch aus dem Apostolischen Hospiz von San Michele hervor, dessen Charakter Volker Reinhardt als „dirigierend, korrigierend und kontrollierend, repressiv und karitativ zugleich" beschreibt (Reinhardt 1999, S. 213–214).

407 In diesem Zusammenhang sei nur auf die prominente Behandlung dieses Sujets in Raphaels Teppichen hingewiesen.

408 Stephan 2009c, passim.

Pace in der Kuppel Gottvater inmitten der Planetensphären und des Sternenhimmels dargestellt, um auf diese Weise die Aufnahme Agostinos und seines Bruders Sigismondo in die himmlische Ewigkeit anzuzeigen.[409] Unter Alexander fügte Bernini dem Ensemble 1657 zwei Putten hinzu, die eine Krone (die in Wirklichkeit von der Decke herabhängt) gen Himmel tragen. Die Zacken der Krone werden von Chigi-Sternen überfangen.[410] Nicht zuletzt bestimmten die Tugenddevisen der Chigi auch die Ikonographie der *Cathedra Petri* und der *Scala Regia* (D 4.2 u. 5).

Diese heraldischen Gemeinsamkeiten erlaubten es Alexander, bei der Peretti-Emblematik zahlreiche Anleihen vorzunehmen. So geht beispielsweise in *Sant'Ivo* das Motiv des Berges, der von den drei Kronreifen der Tiara umfasst wird, auf Sixtus V. zurück.[411] Dasselbe gilt für den Sternenkranz am Laternenfuß und die Sternenbahnen, die den sixtinischen Dekor der Peterskuppel paraphrasieren.

284

28, 29

6.4.2 Die Umkodierung des Innenraums von Sankt Peter

6.4.2.1 Das Grabmal Alexanders VII.

Besonders programmatisch fiel der Rekurs auf die Peretti-Emblematik an dem Grabmal aus, das Alexander VII. für sich bereits zu Lebzeiten geplant und dessen Ausführung er seinem Neffen Flavio übertragen hatte.[412] Für die Konzeption der *Roma Alexandrina* war dieses Monument genauso aufschlussreich wie es das Grabmal Sixtus' V. für die Konzeption der *Civitas felix* gewesen war. Daher möchte ich es zum Ausgangspunkt meiner weiteren Überlegungen machen.

30

Das Grabmal wurde von Bernini 1671, vier Jahre nach dem Tod des Pontifex, begonnen und 1678 vollendet. Es befindet sich in der von einer Ädikula eingefassten Nische, die in den südlichen Konterpfeiler des südwestlichen Vierungspfeilers (= Veronika-Pfeiler) eingelassen ist. Das offensichtlichste Derivat der Ikonographie Sixtus' V. ist die kniende Haltung des Pontifex.

Wie zwei Entwurfszeichnungen Berninis (die eine in Privatbesitz, die andere in Windsor Castle[413]) zeigen, war das Knien Alexanders VII. zunächst gleichfalls als Anbetungsgestus gedacht. Nach Kaspar Zollikofer hatte Bernini ursprünglich vorgesehen, das Grabmal in der Ädikula zu platzieren, die sich im Verbindungsgang zwischen Westtribuna und südwestlichem Nebenkuppelraum befindet. Deutlich nach rechts gewendet, hätte Alexander somit in Richtung Hauptaltar und *Confessio* gebetet.[414] Am ausgeführten Grab wendet sich der Papst frontal dem südöstlichen Vierungspfeiler zu. Ob diese Ausrichtung – durch das Pfeilermassiv hindurch – gleichfalls der Verehrung des Petrusgrabes gilt, wie Zollikofer annimmt, bleibe vorerst dahingestellt.

Eine völlig andere Sichtweise eröffnete Karsten, indem er die Körperhaltung als Ausdruck eines durch zahlreiche diplomatische Niederlagen gezeichneten Lebens deutete. Nicht nur als Nuntius bei den Verhandlungen zum Westfälischen Frieden, sondern auch in den Auseinandersetzungen mit Ludwig XIV. habe Fabio Chigi die politische Ohnmacht des Papsttums erfahren müssen. Hinzugekommen seien die Ruinierung der Staatsfinanzen infolge einer übersteigerten Kunstpatronage und die späte Erkenntnis, das System des Nepotismus trotz anfänglicher Reformbestrebungen

---

409 Siehe hierzu Reinhardt 1992, S. 115–116. Zur astrologischen Deutung des Peruzzi-Freskos siehe auch Quinlan-McGrath 1984; dies. 1986 u. dies. 1995. Zum Bildprogramm der Chigi-Kapelle hat sich schon Shearman 1961 ausführlich geäußert.

410 Vgl. Fabjan 1999, Nr. 81, S. 359–361.

411 Einige dieser Impresen befinden sich bei Pinadellus 1589, „Invicti quinarii numeri series" sowie im *Salone Sistino* der Vatikanischen Bibliothek und in der Sala, die sich neben der *Cappella Gregoriana* befindet. Vgl. auch Stefani 1993, Abb. 7, 9, Frascarelli 1993, Abb. 11 u. Mandel 1993, S. 12 u. 13, Abb. 15 u. 17.

412 Zur Planungs- und Baugeschichte des Grabmals siehe Zollikofer 1994, S. 11–14.

413 Royal Library, Inv. Nr. 5603.

414 Zollikofer 1994, S. 30 u. Anm. 110.

nicht überwunden zu haben. Gesundheitlich sei der Papst so geschwächt gewesen, dass er öfter an den Tod gedacht habe. All dies führte nach Karsten zu einem tief empfundenen Trauma der Ohnmacht, vielleicht sogar des Ungenügens.

Folgt man diesen Beobachtungen, so kann man zugespitzt formulieren: In der Bildrhetorik des Grabmals wird Alexanders Demütigung durch Demut sublimiert. Allerdings sieht Karsten diese Demut ironisch gebrochen. Alexander knie in „majestätische[r] Einsamkeit" – weit erhaben über die Welt und die zu seinen Füßen versammelten Tugendpersonifikationen (Caritas, Veritas, Prudentia und Justitia).[415] Ferner suggeriere die Anordnung der hinteren Tugendfiguren eine Plastizität, die das Nischengrabmal fast schon als ein weit prestigeträchtigeres, in *Sankt Peter* bis dahin nicht verwirklichtes Freigrab erscheinen lasse.[416] Als ein weiteres Merkmal lässt sich der vorgewölbte Sockel anführen. Wie Zollikofer anhand zahlreicher Vergleiche mit anderen Kaiser- und Papstdenkmälern zeigen konnte, ist auch er ein signifikantes Würdezeichen.[417]

In dem vermeintlichen Widerspruch von Demut und Anspruch erkennt Karsten das „changierende Spiel zwischen Bescheidenheit und Hochmut, das so vielen Papstgrablegen eigen ist" und hier „auf die Spitze getrieben" worden sei. Besonders deutlich zeige sich diese Ambivalenz, wenn man zum Vergleich das Grabmal Urbans VIII. hinzuziehe, dessen „machtbewusstes Pathos" angesichts der stummen Beziehungslosigkeit, die zwischen Alexander und dem Kirchenraum bestehe, geradezu „leutselig" wirke.[418]

Einen dritten Erklärungsansatz entwickelte Cristina Ruggero. In einer Studie über barocke Grabmäler wies sie darauf hin, dass das Knien für Alexanders Selbstdarstellung durchaus bezeichnend war. Ein körperliches Leiden habe den neu gewählten Pontifex während der Fronleichnamsprozession des Jahres 1655 daran gehindert, wie gewöhnlich auf der *sedia gestatoria* zu thronen. Stattdessen musste er sich in kniender Haltung tragen lassen. Dieser zunächst unfreiwillige Demuts- und Frömmigkeitsgestus habe in der Öffentlichkeit so viel Anklang gefunden, dass der Papst ihn bei derartigen Anlässen beibehielt und ihn dann auch für sein Grabmal wählte.[419]

Indes kann man Alexanders Knien nicht nur als eine öffentlichkeitswirksame Pose, sondern auch als eine gezielte *imitatio* Sixtus' V. deuten. Für diese Überlegung spricht ein eher unauffälliges Detail: In dem halbrunden Scheinopaion der Nischenkalotte erscheint vor blauem Himmelsgrund ein Sternenkranz. Nach Zollikofer erinnern Opaion und Sternenkranz an Alexanders Pläne für die Ausstattung des *Pantheon*. Ebenso paraphrasiere die Nische die Peterskuppel als das neuzeitliche Pendant des *Pantheon*.[420] In Wirklichkeit ist der Bezug zur Peterskuppel jedoch viel unmittelbarer: In beiden Fällen wird ein Grab von einem Sternenkranz überfangen, der – wie auch in der *Cappella Chigi* – die Unsterblichkeit symbolisiert.[421]

Wie der Apostelfürst wird der Papst nach Überwindung der *aspera* zu den *astra* erhoben, die über seinem Grab erstrahlen. Bestanden die *aspera* des Petrus vor allem im Erleiden des Marty-

---

415 Karsten 2004, S. 197.
416 Karsten 2004, S. 202 u. 205; Zollikofer 1994, S. 62.
417 Zollikofer 1994, S. 97–104.
418 Karsten 2004, S. 197.
419 Ruggero 2005, S. 144–145, u. 145 Anm. 19.
420 Zollikofer 1994, S. 60–61.
421 Ein weiteres Beispiel für die sepulkrale Verwendung des Sternenkranzes ist das Epitaph für Sergius IV. in der *Lateranbasilika*. Dort fasste Borromini das Bildmedaillon des Verstorbenen mit einem gleich dreifachen Astralkranz ein, wobei er absichtlich offen ließ, welchem Wappen er die Sterne entnahm: dem des mittelalterlichen Papstes oder dem seines Auftraggebers. Wie beliebt dieses Motiv war, zeigt seine Rezeption im 18. Jahrhundert. Als besonders prägnantes Beispiel sei auf den Epitaph des Kurfürsten Johann Philipp von Schönborn verwiesen, den Johann Wolfgang van der Auwera 1741 im Westchor des *Mainzer Domes* errichtete. Auf ihm hält ein Engel dem Verstorbenen den Sternenkranz als Verheißung der himmlischen Seligkeit entgegen. Als ein weiteres Beispiel wäre das Grabmal des Wratislaw von Mitrowitz in der Prager *Jakobskirche* anzuführen.

riums, so schlugen sie sich bei Alexander in den politischen Niederlagen und Fehlschlägen nieder. Bereits an anderer Stelle habe ich nachzuweisen versucht, dass Alexanders Demutsgestus und seine Erhöhung einander bedingen – und zwar nicht nur auf der Grundlage der Maxime *per aspera ad astra*, sondern auch auf dem biblischen Fundament des Magnifikatverses *et exaltavit humiles*.[422] Diese Reziprozität rückt das Alexander-Grab noch mehr in die Nähe der Sixtus-Ikonograpie. Alexander hat sogar wie Sixtus die Tiara abgenommen und zu Boden gelegt. Dieses Motiv wurde auch noch im 17. Jahrhundert als Ausdruck von *humilitas* verstanden, in der traditionellen Ikonographie[423] wie in der Sepulkralkunst der Bernini-Schule.[424] Gerade weil Alexander die Tiara als Zeichen seiner (ohnehin geschwächten) weltlichen Macht abgenommen hat, kann er mit der himmlischen Krone der Unsterblichkeit ausgezeichnet werden. Diese Komponente ist im Vergleich zum Bildprogramm der *Cappella Sistina* freilich neu. Alexander kniet nicht nur als ein *servus servorum Dei*; wie die biblischen Gottesknechte, das Volk Israel sowie Mose, Johannes der Täufer und Christus, ist er auch den Nachstellungen durch die Mächtigen der Welt ausgesetzt.

Vermehrt wird der Sinngehalt des Kniens durch den Krönungsakt. Selbstverständlich nimmt ein Papst eine vom Himmel gestiftete Krone nicht stehend oder sitzend entgegen.[425] Auch enthält das Knien während der Krönung einen deutlichen Bezug zur Marienikonographie. Sofern die Gottesmutter nicht neben Christus auf dem Thron sitzt, kniet sie vor ihm. Und wie das Bildprogramm von Ariccia zeigt (C 3.4), kann ihre Krone die Gestalt eines Sternenkranzes haben, der sie – die zwölf Stämme Israels und die zwölf Apostel symbolisierend – als *regina coelorum*, als apokalyptisches Weib und als *filia Sion* ausweist. Indem Bernini über die Typologie der biblischen Gottesknechte hinaus gleich drei Motive der *ancilla Domini* auf seinen Auftraggeber übertrug, machte er diesen zum *servus servorum Dei* schlechthin.

Eine weitere Besonderheit des Grabmals besteht darin, dass es das Chigi-Wappen paraphrasiert. Der Unterbau hypostasiert zusammen mit den Tugendpersonifikationen und dem Sternenkranz im Opaion einen *mons virtutis*, auf dessen Spitze der Tugendheld seine Apotheose ähnlich erwartet wie Sixtus auf dem Gipfel des Esquilin. Da die Figur Alexanders im Unterschied zu vergleichbaren Papstgräbern (etwa Pauls III. und Urbans VIII.) aus demselben Material wie die Tugendpersonifikationen besteht, nämlich aus weißem Carraramarmor, liegt der Gedanke nahe, der Pontifex präsentiere sich nicht als ein bloßes *exemplum*, sondern verkörpere die Tugend der Demut höchstpersönlich.

Neben dem von Sternen überstrahlten Berg spielt das Eichenlaub im Relief der Nischenrückwand auf das dritte Element der Chigi-Heraldik an: den von der Familie Rovere übernommenen goldenen Eichbaum, der vor blauem Grund steht. Selbstverständlich alludiert das Eichenlaub – wie im Relief unter dem Fenster der *Scala Regia* – auf Alexanders Glorifikation, da es gleichsam aus dem Tugendberg zu den Sternen, die es umschließt, emporwächst. Dass die den Tugendberg krönende Eiche eine weitere Analogie zur Peretti-Emblematik darstellt, in der auf dem Gipfel des *mont'alto* ein Birnbaum zu den Sternen emporwächst (siehe D 6.2), versteht sich von selbst. Darüber hinaus darf man darüber spekulieren, ob die halbrunde Nische mit ihrer kuppelförmigen Kalotte – wie der Kuppelraum von *Sankt Peter* und die *Cappella Sistina* in *Santa Maria Maggiore* – einen Ruhmestempel hypostasiert.

398

---

422 Stephan 2007a, S. 80

423 Nach Ripa 1644, S. 90 zeigt die zu Füßen der Humilité liegende Krone an, dass „cette divine Vertu, ne fait du tout point d'estat ny des richesses, ny des grandeurs de ce monde".

424 Ein besonders signifikantes Beispiel ist das Grabmal der Lady Jane Cheyne in der *Chelsea Old Church* zu London (zur Konzeption des Grabes siehe ausführlich Montague 1984, S. 38–44).

425 Das gilt selbst für Urban VIII. Auf der schon in D 6.3.3 erwähnten Medaille, die er anlässlich seiner Inthronisation prägen ließ, empfängt Maffeo Barberini die Tiara kniend aus den Händen des Erzengels.

Elemente eines Wappens zu Bestandteilen eines Tugendberges umzudeuten, war in der zweiten Hälfte des 17. Jahrhunderts noch genauso selbstverständlich wie unter Sixtus V. „Die Schildinhalte", bemerkte Andrea Cellonese 1677, seien „symbolische Impresen", die „wie Symbole [...] auf die Tugenden der Familie anspielen."[426] Wie Sixtus V. assoziierten die Chigi ihren Familienberg mit der Tugendikonographie. Neben den bereits in D 4.1.3.1 erwähnten Beispielen (Parnass, Tiara, *mons Vaticanus*, *Cathedra Petri*, Petrusfels, Berg Athos) wäre vor allem ein von Bernini entworfener *Carro carnevalesco* zu nennen, der 1658 durch die Straßen Roms gezogen wurde. Die Quadriga ist auf einer aquarellierten Federzeichnung, die vermutlich von Giovanni Paolo Schor stammt, wiedergegeben.[427] Ihr Aufbau bestand aus den Chigi-*monti*, zu deren Füßen vier Personifikationen der Künste saßen. (Auf der Zeichnung sind die Malerei, die Musik und die Bildhauerei zu erkennen.) Auf der Spitze des Berges thronte, von einem Stern überfangen und eine Eiche umfassend, die Tugend.[428] Unterhalb des gesamten Ensembles lenkte Chronos die Pferde. Die Art und Weise, wie die sechs allegorischen Figuren mit dem Wappenberg verbunden waren, nahm die Konzeption des Grabmals in Teilen vorweg – einschließlich der Thematisierung von Tugend(berg) und Vergänglichkeit (im Grabmal durch das Skelett mit dem Stundenglas wiedergegeben, das, ebenfalls am Fuße des Tugendbergs, Tod und Zeit verkörpert).

Neben den figürlichen Motiven besitzt das Kolorit des Grabes eine heraldische Signifikanz. Wie die goldenen Sterne im Scheinhimmel des Opaions heben sich die goldenen Reliefplatten der Nischenwand sowie die Rippen und Kassetten der Kalotte von einem – heute freilich stark verblassten – blauen Grund ab. Da die Säulen der Ädikula in rotem Cottanello-Marmor gefertigt sind (Alexander hatte die alten Schäfte eigens gegen neue austauschen lassen[429]) und auch das Bahrtuch aus rotem Marmor besteht, dominieren in dem Grab die Farben des Chigi-Wappens Gold, Rot und Blau.

6.4.2.2 Der ‚possesso' des Innenraums von Sankt Peter durch Alexander-Grab und Cathedra

Betrachtet man das Verhältnis des Grabmals zum Kirchenraum, so ist man zunächst von der Platzierung überrascht. Der Papst blickt, dem Betrachter frontal zugewandt, auf die Rückseite des Veronika-Pfeilers. Die Ausrichtung ergibt erst einen Sinn, wenn man bedenkt, dass der Pfeiler das bedeutsamste Bauglied von *Sankt Peter* ist. Mit dem Schweißtuch *Christi* birgt er die bedeutendste Reliquie der Basilika. Außerdem erhebt er sich über dem von Julius II. 1506 gelegten Grundstein. Das Grab ist also nicht nur äußerst prominent platziert, sondern auch auf Christus bezogen. Verehrt Sixtus V. in seiner Grabkapelle die Krippenreliquie und die Eucharistie, so huldigt Alexander dem „Eckstein der Kirche" und der *vera imago*.

Für nicht minder entscheidend halte ich die in diesem Zusammenhang bislang übersehene Tatsache, dass sich an der südlichen Pfeilerrückseite einst ein Retabel Francesco Vannis befand, das, um 1602/03 entstanden, den Sturz des Simon Magus dargestellte.[430] Das auf Schiefertafeln gemalte Bild wird heute in einer Seitenkuppel von *Sankt Peter* aufbewahrt. Schauplatz des Geschehens ist eine Architektur, die mit den ansteigenden, von einer Arkade umfangenen Zuschauerrängen an zeitge-

---

426 Cellonese 1667, S. 46; zit. nach Scott 1982, S. 300.

427 Zur Zuschreibungsfrage siehe Petrucci 1999, Nr. 197, S. 424.

428 Ob die Eiche, die von Virtus umfasst wurde, nur ein loses Attribut war oder ob sie wirklich aus dem Berg emporwuchs, lässt sich anhand der Zeichnung nicht sagen. Auf einer Entwurfszeichnung, die Bernini für einen Tafelaufsatz anfertigte, wächst der Eichbaum indes tatsächlich aus dem *mons Chisianus* (vgl. Montague 1989, S. 122). Dass der Baum statt Eicheln Rosen trägt, legt wie die Tatsache, dass der Berg von Cherubim getragen wird, den Gedanken nahe, es handele sich um eine Anspielung auf den Paradiesesberg.

429 Zollikofer 1994, S. 25–26.

430 Zur Entstehung des Bildes und seinen Maßen siehe: Chapell/Kirwin 1974, S. 136–137 u. 163–164; Savettieri 2000a, S. 598–600. Rice 1997 behandelt Vannis Retabel leider nicht.

nössische Darstellungen des Neronischen Zirkus erinnert.⁴³¹ Rechts oben lässt sich Simon von Dämonen in die Luft tragen. Nach der „Legenda aurea" wollte der Zauberer sogar für immer in den Himmel auffahren.⁴³² Petrus steht in der Mitte der Arena, von betenden Gläubigen, unter denen sich auch Paulus befindet, umringt. Mit seiner beschwörend erhobenen Rechten bewirkt er Simons Sturz. Von einer Tribüne verfolgt Nero zusammen mit vier Priestern und den sechs Vestalinnen, die auf Zuschauerbänken Platz genommen haben, entsetzt die Katastrophe seines Günstlings.

Da die Ädikula, in welcher der Altar einst stand, der des Alexander-Grabes weitgehend gleicht, spricht viel dafür, dass beide Werke auch inhaltlich aufeinander bezogen waren. Dies ist insofern nicht ungewöhnlich, als auch andere römische Künstler dieser Zeit Grabfiguren auf das an einem Altar dargestellte Geschehen reagieren ließen.⁴³³ Denkt man sich nun auch Alexander in Interaktion zum Bildgeschehen, so gewinnt sein Knien eine zusätzliche Bedeutung: Der Papst verfolgte das von seinem Vorgänger bewirkte Wunder in derselben adorierenden Haltung wie Paulus und die Gläubigen. Der von seinem Blick, den gefalteten Händen und dem sich vorwölbenden Sockel ausgehende **frontalräumliche** Impuls setzte sich sogar im **Tiefenraum** der gemalten Zirkusarchitektur fort.

Sofern die vier Priester, die alle andersfarbige Togen tragen, die Kollegien der *Quindecim viri sacris faciundis*, der *Augures*, der *Haruspices* und der *Septem viri* vertraten, waren zusammen mit Nero als dem antiken *Pontifex Maximus* und den Vestalinnen die wichtigsten Priesterschaften Roms anwesend. Der Triumph über Simon Magus war also ein Sieg des Christentums über das Heidentum schlechthin. In Vannis Altarbild erkannte der Papst sogar seinen geistlichen und seinen weltlichen Amtsvorgänger. Indem er Petrus seine Verehrung zollte, folgte er diesem in der Tugend. Zugleich hob er sich von Nero als einem *exemplum negativum* ab.

Außerdem erschien Alexander als das positive Gegenbeispiel zu Simon Magus. Während der Papst für seine Demut in den Himmel erhöht wurde, misslang dem Zauberer die Himmelfahrt und er stürzte für seine Vermessenheit auf die Erde herab. Das für die Konzeption des Grabes maßgebliche Magnifikat galt somit auch für das auf dem Altar dargestellte Geschehen. Besonders traf dies für die Verheißungen *dispersit superbos mente cordis sui* zu. Mit Blick auf den Christenverfolger Nero, in dessen Zirkus Petrus und Paulus das Martyrium erlitten hatten (der Legende nach wurden sie infolge des Simon-Magus-Sturzes verhaftet⁴³⁴), dürfte das Altarbild sogar auf einen weiteren Vers des Magnifikat angespielt haben, nämlich auf die Verheißung *deposuit potentes de sede*, die sich an Nero insofern erfüllte, als dieser nach christlicher Überlieferung wegen seiner Verbrechen vom Senat abgesetzt wurde und sich dann selbst richtete. Dass die Dichotomie von *exaltatio humilitatis* und *depositio superbiae* seit der Renaissance ein elementarer Bestandteil von Tugendallegorien war und sich somit bestens in die Aussage des Grabmals einfügt,⁴³⁵ bedarf keiner besonderen Erwähnung – zumal sie ja auch das Konzept des Sixtinischen Tableaus bestimmte.

Darüber hinaus ergänzte das Altarbild die Aussage des Grabmals noch in anderer Hinsicht. Seit den Kirchenvätern galt Simon Magus als Inbegriff des Häretikers.⁴³⁶ Der Kontroverstheologe Cesare Baronio identifizierte ihn sogar mit der protestantischen Häresie, die vergebens gegen die von Petrus verkörperte katholische Orthodoxie kämpfe.⁴³⁷ Es spricht daher viel für Walter Buchowieckis Vermutung, das Thema des Altars sei von Baronio vorgeschlagen worden.⁴³⁸ Die

---

431 Vgl. z. B. den Romplan bei Sandrart 1679–1680, Bd. 2, Tf. 2.
432 Jacobus de Voragine (1890), Kap. 89.2, S. 373.
433 Vgl. z. B. Antonio Raggis Grab der Lady Jane Cheyne in der *Chelsea Old Church* zu London (Montague 1984, S. 44).
434 Jacobus de Voragine (1890), Kap. 89.2, S. 374.
435 Zu denken wäre etwa an die Apotheose des Herkules, die mit dem Fall des Ikarus oder des Phaëthon kontrastiert. Vgl. Stephan 1997 u. ders., 2002a, Bd. 1, S. 216–223.
436 Poeschke 1972, col. 158.
437 Savettieri 2000a, S. 600.
438 Buchowiecki/Kuhn-Forte 1967–1997, Bd. 1, S. 177. Dass die im Vatikan tätigen Künstler die Bestrafung des Simon Magus tatsächlich auf den

antihäretische Komponente des Sujets fiel umso mehr ins Gewicht, als man nicht nur die Figur Alexanders VII. in das biblische Bildgeschehen einbeziehen, sondern dieses auch auf das Grab und damit auf die Verhältnisse im ausgehenden 17. Jahrhundert projizieren konnte. In dieser umgekehrten Lesart implizierte der Sturz der *potentes* und der *superbi* die Überwindung der geistigen und politischen Gegner des Heiligen Stuhls. Dieser zweifache Sieg wird durch Berninis Veritas allegorisch überhöht. Anders als in der Forschung immer wieder zu lesen ist, zeigt der Globus, der neben Veritas liegt, nicht nur den katholischen Teil Europas.[439] Die Wahrheit hat ihren Fuß auch siegreich auf den protestantischen Norden dieses Kontinents, besonders auf England[440] und Schweden, gestellt, wobei die britische Insel hier auch für den aufkommenden utilitaristischen Empirismus und säkularen Rationalismus stehen dürfte (vgl. C 4.8).

Angesichts der Auseinandersetzung mit dem Protestantismus und einem säkularisierten Wissenschaftsverständnis erhält Alexanders Demutsgestus eine ähnlich kontroverstheologische Konnotation wie das Knien Sixtus' V., wobei die Verfolgung der Kirche durch die Mächtigen der Welt nun nicht mehr der Vergangenheit (*Sacco di Roma*) angehört, sondern erneute Aktualität erlangt hat (Westfälischer Friede, politische Auseinandersetzungen mit Ludwig XIV., geistige Auseinandersetzung mit Bacon und Descartes).

Indes stand Simon Magus nicht nur für die Häresie und die Hybris des Individuums gegenüber Gott, sondern auch für das nach ihm benannte Laster des Ämterschachers und damit indirekt für den Nepotismus, dessen Alexander sich ja durchaus schuldig gemacht hatte. Ich halte es daher für nicht ausgeschlossen, dass der Papst, der sich in diesem Punkt weit weniger standhaft erwiesen hat als sein biblischer Vorgänger, im Anblick des warnenden Exempels kniend Abbitte leistet.

Auf den Altar ausgerichtet, trat die Figur Alexanders auch in Beziehung zum Petrusgrab. Die Verbindung zum Apostelgrab ergab sich allein schon aus der Tatsache, dass Vannis Altar zu einem achtteiligen Zyklus gehörte, der an den Außenseiten der Vierungspfeiler die Wundertaten Petri schilderte und somit thematisch wie räumlich unmittelbar zur *Confessio* überleitete. Theologisch hängt der Sturz des Simon Magus mit dem Petrusgrab sogar so eng zusammen, dass er – neben dem Martyrium des Apostels – an jenem Ziborium dargestellt war, das Paul II. und Sixtus IV. in *Alt-Sankt Peter* über der *Confessio* erneuert hatten.[441] Verstärkt wird das Verhältnis zwischen Alexander- und Petrusgrab durch die beiden Werken zugrunde liegenden Motti *per aspera ad astra* und *exaltiavit humiles* sowie durch die Metapher des baumbestandenen Tugendberges. Mit Letzterer rekurrierte Alexander erneut auf die Peretti-Emblematik, während er sich zugleich von den Barberini distanzierte, die den Petrusfelsen zu einem Barberini-Parnass stilisiert hatten.

Indem Alexander sein Grab auf den petrinisch konnotierten Kuppelraum ausrichtete, verglich er letzten Endes die von ihm durchlittenen *aspera* mit denen des Petrus. Möglicherweise wollte er sogar die ihm zugefügten Demütigungen als ein politisches Martyrium verstanden wissen, zu dem über 100 Jahre später die Zeitgenossen auch die Pontifikate Pius VI. und Pius VII. stilisierten.[442] Wenn diese Annahme zutrifft, so hätte Alexander auch eine Kompensation für seinen Nepotismus

---

Kampf gegen die zeitgenössischen Häresien bezogen, zeigt Vasaris Schilderung der Bartholomäusnacht in der Sala Regia. Um den Tod des Hugenottenführers Coligny darzustellen, griff der Maler eindeutig auf das Motiv des herabstürzenden Magiers zurück (vgl. Reinhardt 1992, S. 171).

439 Vgl. z.B. Kauffmann 1970, S. 318, Anm. 37 oder Karsten 2004, S. 219, Anm. 31.

440 Philipp Fehls These, die unter dem vorderen Fußballen der Veritas in Ansätzen sichtbare Südküste Englands spiele auf die Wiedergewinnung der Insel für den Katholizismus an, überzeugt in diesem Zusammenhang nicht (Fehl 1966, S. 404–405).

441 Zum Ziborium siehe Pietrangeli 1995, S. 118–119 Roser 2005, S. 103–115 u. 123–127. Ein weiteres Mal ist der Sturz des Simon Magus in einem der Stuckreliefs dargestellt, mit denen Giambattista Ricci das Gewölbe der Vorhalle schmückte und die wie die Altäre an den Außenseiten der Vierungspfeiler das Leben Petri erzählen; vgl. Savettieri 2000b, S. 495–500 u. Pinelli 2000, Bd. 1 (Atlante), Abb. 295.

442 Reinhardt 2004a, S. 247.

gefunden. Nach katholischer Lehre überwand Petrus durch sein Martyrium frühere Verfehlungen (wie das Einschlafen im Garten Gethsemane oder die Verleugnung seines Herrn im Hof des Hohenpriesters) und wandelte so die alte Schwäche in eine neue Stärke um. Ebenso mochte Alexander hoffen, sein Leiden würde die begangene Untreue gegenüber dem Amt wiedergutmachen und die politische Ohnmacht in einen moralischen Sieg verwandeln.

Außerdem hätte Alexander sich in die Reihe der urkirchlichen Märtyrerpäpste gestellt, deren *glorificatio* an den Langhauspfeilern geschildert wird. Für diese Überlegung sprechen die Platzierung des Grabes und seine alternative Schrägansichtigkeit[443] von links. Zweifellos sollte der Besucher das Grab schon vom Langhaus aus erblicken, um es innerhalb des gesamten ikonographischen Gefüges verorten zu können.

Dass Alexander sich in die Nähe des Apostelfürsten rückte, offenbart – neben der Errichtung der *Cathedra* –, wie sehr er seinen Pontifikat theologisch auf das Petrusamt fokussierte. In diesem Sinne kann man die Polychromie seines Grabmals auch als eine Allusion auf Petrus deuten: Neben die Chigi-Farben treten das petrinische Gelb und Blau und die Papstfarben Rot und Weiß.

Die Notwendigkeit, Rom gentilizisch umzukodieren, veranlasste Alexander sogar, den Wirkungskreis seines Grabes über Vierung und Langhaus hinaus auf die Westtribuna auszudehnen, wo er mit der *Cathedra* über einen weiteren ikonographischen ‚Brückenkopf' verfügte. Überhaupt kann man die *Cathedra* komplementär zum Alexander-Grab lesen (zumal beide Werke gleichzeitig konzipiert wurden und beide von Säulen aus Cottanello-Marmor eingefasst sind[444]). Auf einem Marmorsockel, der wieder den Felsen der Kirche hypostasiert, stehen vier Figuren als die geistigen Träger des verherrlichten Hauptmotivs. Mit diesem sind sie zwar nicht durch eine Decke, wohl aber durch Schlaufen verbunden. Über der *Cathedra*, die wie Alexander entrückt und erhoben ist, erstrahlt abermals eine himmlische Glorie, deren Licht nun freilich vom Heiligen Geist gespendet wird. Ferner korrespondiert die Illumination der *Cathedra* durch den Heiligen Geist mit Veritas, die am Grab das Wahrheitsmonopol der katholischen Kirche bezeugt.

Im Zusammenspiel miteinander entfalten beide Bildwerke eine enorme synergetische Wirkung. Der „Bilderkrieg", den Karsten und Zitzlsperger mit Blick auf Alessandro Algardis Grabmal für Papst Leo XI. de' Medici konstatierten,[445] gewinnt jetzt eine völlig neue Dimension. Ins Visier gerieten vor allem das Grab Urbans VIII. und das *Hochaltarziborium*. Vergleicht man die beiden Grabmäler, so scheint es, als habe Alexander seine demütige Gebetshaltung Urbans selbstherrlichem Thronen bewusst entgegengesetzt. Nun lassen sich die beiden Verheißungen des Magnifikatverses *deposuit potentes de sede et exaltavit humiles* sogar so verstehen, dass letztere auf Alexander anspielt, erstere aber gegen Urban gerichtet ist.

Dass Alexander mit seinem Grab so demonstrativ die sepulkrale Rhetorik seines Vorgängers widerlegte, hat vielleicht mit der einseitig gentilizischen Kodierung dieses Werks zu tun, das sich innerhalb des konfessionellen Disziplinarraums als ein völliger Fremdkörper erwies. Wie wir uns erinnern, war es den Barbernini-Nepoten ausschließlich darum gegangen, die Präsenz ihrer Familie in Rom zu stärken. Und eben diese Präsenz erhielt unter Alexander einen negativen Beigeschmack. Somit war Bernini gelungen, was, Karsten zufolge, 1647 noch ausgeschlossen erschien: die Autorität des Papsttums zu stärken, indem man die Legitimität eines einzelnen Pontifex in Zweifel zog[446].

Nicht weniger wurde Urbans Prestige durch die Errichtung der *Cathedra* erschüttert. Die Forschung hat immer wieder hervorgehoben, Bernini habe die Grabmäler Urbans VIII. und Pauls III., welche die *Cathedra* flankieren, in deren Gestaltung einbezogen.[447] Dies ist grundsätzlich richtig, doch ging es dem Künstler dabei nicht nur um eine optische Integration. Durch die ungeheuren Dimensionen der *Cathedra* werden beide Grablegen regelrecht marginalisiert. Im Vergleich zu

---

443 Hierzu ausführlich Zollikofer 1994, S. 63–66.
444 Hierzu ausführlich Zollikofer 1994, S. 24–26.
445 Karsten/Zitzlsperger 2001, passim.

446 Vgl. Karsten 2006, S. 126.
447 Z. B. Montarini 2000, S. 616.

den annähernd sechs Meter großen Kirchenvätern schrumpfen die Päpste auf Menschenmaß zusammen. Darüber hinaus überschneiden die seitlichen Strahlenbündel zumindest bei einer nahen Betrachtung die inneren Säulen der jeweiligen Grabnischen. Diese erscheinen so als Teile des *Cathedra*-Apparats. Die Grablegen werden damit zumindest teilweise ihres architektonischen Rahmens, der sie nobilitieren und groß erscheinen lassen soll, beraubt.

Gerade im Kontext der *Cathedra* als Bindeglied zwischen dem Chigi- und dem Barberini-Grab erscheinen Urbans nachträgliche *deminuitio* und Alexanders *exaltatio* komplementär. Dass Alexander sein Grabmal insgesamt in etwas größeren Dimensionen konzipierte, es von der *Cathedra* tiefenräumlich abrückte und es dadurch nochmals größer erscheinen ließ, erweist sich in diesem Zusammenhang als Ergebnis einer genau durchdachten Strategie: Im Unterschied zu den Grablegen Urbans und Pauls kann es sich innerhalb des figürlichen Ensembles durchaus behaupten.

Alexanders „Bilderkrieg" relativierte über das Grabmal Urbans VIII. hinaus auch den einseitig-gentilizischen Anspruch, der in dessen *Hochaltarziborium* zum Ausdruck kam. Dem profanen, fast schon heidnischen Motiv eines Barberinischen Parnass stand in Gestalt des Alexander-Grabes das Ideal eines christlichen Tugendberges entgegen. Zugleich wurde der Sixtinische Topos eines spezifisch petrinischen *mons virtutis* wieder belebt. Nicht zuletzt sank das Ziborium zum optischen Rahmen der *Cathedra* (und damit gleichfalls zu einem Vorposten) herab. Begünstigt wird dieser Eindruck dadurch, dass die *Cathedra* dank der Glasmalerei und der vergoldeten Glorie hinter dem überwiegend in dunkler Bronze gefassten Ziborium deutlich hervorsticht – ein Effekt, den Melchiorre Cafà 1667 am Hochaltar von *Santa Maria in Campitelli* noch steigerte, indem er eine stark verkleinerte Replik des Ziboriums mit einer Glorie unmittelbar hinterlegte. Wie schon Bredekamp erkannte, hatte Urban VIII. durch den Bau des *Hochaltarziboriums* Michelangelos Vierung auf Kosten des von Paul V. angefügten Langhauses wieder aufgewertet und dieses zu einer Art Vorraum degradiert.[448] Ergänzend wäre festzuhalten, dass die durch den Putto mit der Tiara evozierte Apotheose des Petrus (siehe C 3.4) eine ikonographische Vertikalachse konstituierte, die dem Zentralbaugedanken buchstäblich einen neuen Aufschwung verlieh. Dieser vertikalen Dynamik hatte Innozenz X. durch die Umgestaltung des Langhauses ein frühchristliches *iter virtutis* vorgeschaltet. Doch erst mit dem Bau der *Cathedra* erhielt dieser seinen eigentlichen Zielpunkt. Erst jetzt entstand jene den gesamten Baukörper durchziehende Horizontalachse, die – in Verlängerung des städtischen Tableaus – Urbans Vertikale endgültig und irreversibel durchkreuzt.[449]

Versteht man Grab und *Cathedra* als Teile eines gemeinsamen *concetto*, so bezieht sich das Knien Alexanders auch auf die Apotheose des Heiligen Stuhls und die Emanation des Heiligen Geistes. Auf dieses – wiederum eschatologisch anmutende – Doppelereignis zeigt er sich vorbereitet. In der einzig angemessenen Körperhaltung und in stoischer Gelassenheit harrt er der kommenden Dinge. Im Vergleich zum Urbangrab ist das Verhältnis von *actio* und *reactio* also in gleich

---

448 Bredekamp 2000, S. 113.
449 Bekanntlich hatte schon Urban VIII. geplant, die Cathedra in den Scheitel der Westtribuna zu versetzen bzw. dort eine Cathedra-Kapelle zu errichten (vgl. Schütze 1997, S. 291). Besonders bemerkenswert ist auch eine in der New Yorker Pierpont Morgan Library befindliche Zeichnung, die vielleicht von Agostino Ciampelli stammt und auf jeden Fall vor 1629 entstand (zu Zuschreibung und Datierung siehe Dombrowski 2003a, S. 352–353). Das Blatt zeigt neben dem (aufgeklebten) *Hochaltarziborium*, der Berninis erstem Entwurf folgt, die Projektion einer künftigen *Cathedra* in der Westtribuna. Wie in Berninis zweitem Entwurf wird der Thron von vier lateinischen Vätern getragen (vgl. Kauffmann 1970, Abb. 140). Allerdings ist die Gloriole – die statt der Taube und der Engel nur aus einem Trinitätsdreieck im Wolken- und Strahlenkranz besteht – bereits in das Fenster integriert. Inwiefern dieses Projekt Urbans Ausstattungskonzept beeinträchtigt hätte (und aus diesem Grund nicht ausgeführt wurde) bzw. ob es überhaupt zur Debatte stand, lässt sich nicht sagen. Ebenso wenig ist die Frage zu beantworten, ob Urban aus Rücksicht auf die Vierung auch von den anderen Cathedraprojekten abrückte, oder ob eine Realisierung aus zeitlichen oder ökonomischen Gründen unterblieb.

doppelter Hinsicht anders. Während Urban das sich in der *Cathedra* vollziehende Geschehen nicht zur Kenntnis nimmt, reagiert Alexander seinerseits positiv auf das Geschehen. Gerade der Vergleich beider Grabmäler zeigt, wie deplatziert der in weltlichem Gepränge thronende Urban wirkt. Als erkenne er nicht, was um ihn herum geschieht, segnet er die Menschen in nachgerade fahrlässiger Unbekümmertheit. Die Zeichen der Zeit hat er nicht erkannt oder anders ausgedrückt: Die Zeit ist über ihn und seinen Pontifikat bereits hinweggegangen.

Darüber hinaus erscheint Alexander gewissermaßen als der fromme Stifter, der am Rand des gewaltigen Bildraumes von *Sankt Peter* kniet. Zugleich konkretisiert sich in seiner Apotheose historisch, was sich in der Gloria der *Cathedra* auf der metaphysisch-teleologischen Ebene vollzieht. Angesichts dieser Wechselbeziehung tat Alexander gut daran, auf seinem Grabmal zu knien und die *Sancta Sedes* den himmlischen Heerscharen zu überlassen. Eben weil er nicht thront, steht er mit seiner Vita exemplarisch für die während ihres Gangs durch die Geschichte leidende, am Ende der Zeiten aber triumphierende Kirche.

Nicht zuletzt demonstrierte Alexander, dass er wie Sixtus V. eine Vorstellung von Magnifizenz vertrat, die sich am Magnifikat orientierte. Natürlich ließ er es sich nicht nehmen, die großartigen Projekte seiner Vorgänger in den Schatten zu stellen: durch den Bau der *Cathedra Petri*, des Altars in der *Sakramentskapelle* sowie durch die Errichtung seines eigenen Grabes. Wie schon erwähnt, versah er dessen Säulen sogar mit Schäften aus Cottanello-Marmor. Dieser Stein galt als *maiestas*-Symbol schlechthin,[450] was nicht zuletzt die Ausstattung von *Sant'Andrea al Quirinale* belegt (C 3.1). Berücksichtigt man darüber hinaus Alexanders Maßnahmen zur äußeren Vollendung von *Sankt Peter* (*Scala Regia* mit dem Reiterdenkmal Konstantins, *Kolonnaden des Petersplatzes*), so ist seine Magnifizenz fast unübertroffen. Indes verzichtete der Chigi-Papst wohlweislich darauf, diese Werke in Form irgendeiner prahlerischen Inschrift als Ausweis seiner eigenen Magnifizenz auszugeben. Im Gegenteil! Erneut erscheint die *maiestas loci* der Architektur ausschließlich als Ausfluss des göttlichen Heilshandelns an der Kirche. Im Unterschied zum Pontifikat Sixtus' V. hat sich die zeitliche Dimension jedoch verschoben. Lagen während des Peretti-Pontifikats die Babylonische Gefangenschaft der Kirche in der Vergangenheit und ihre *exaltatio* in der Gegenwart, so war die Demütigung der Kirche unter Alexander VII. wieder Gegenwart geworden. Ihre endgültige Erlösung lag daher in der Zukunft. Nichts zeigt dies deutlicher als die eschatologische Dimension der *Cathedra*-Ikonographie.

8, 214

397–400, 328

6.4.3 Die Reaktivierung des Tableaus außerhalb von Sankt Peter

6.4.3.1 Die Piazza del Popolo

Mit der Konzeption der *Cathedra Petri* und des Alexander-Grabes war es Bernini auf grandiose Weise gelungen, die gentilizische Neukodierung mit der nachtridentinischen *humilitas*-Rhetorik und der damit einhergehenden Auslegung von Magnifizenz als Manifestation einer von Gott erhöhten ‚Niedrigkeit' zu verbinden. Aus diesem Grund bot es sich für Alexander VII. an, den Stadtraum gedanklich auf jene Kirche auszurichten, die diese beiden Werke beherbergte. Anders als *Santa Maria Maggiore* lag *Sankt Peter* aber in der Peripherie. Daher empfahl es sich, einen weiteren Bezugspunkt zu wählen, der möglichst an einer anderen Seite der Stadt lag, um diesen sodann mit dem Vatikan zu verbinden und die neue Wegstrecke zu einem genuin Alexandrinischen Heils- und Tugendweg aufzuwerten.

1

Alexander entschied sich für die *Piazza del Popolo*. Dieser Platz eignete sich aus zwei Gründen. Zum einen zogen durch ihn die meisten Pilger und Besucher in die Ewige Stadt ein, darunter auch

---

450 Kauffmann 1970, S. 251

illustre forestiere wie Christina von Schweden. Um die *Piazza del Popolo* zu einem repräsentativen Entrée zu machen, ließ Alexander die *Porta del Popolo* aufstocken, die Kirche *Santa Maria del Popolo* innen und außen modernisieren, die dieser Kirche angefügte *Cappella Chigi* vollenden und am Beginn des von Sixtus V. angelegten *Tridente* die Zwillingskirchen *Santa Maria di Montesanto* und *Santa Maria dei Miracoli* errichten.

Zum anderen bot gerade die Vollendung der *Cappella Chigi* dem Papst eine ideale Handhabe, um die *Piazza* zu einem weiteren Gedächtnisort seiner Familie zu erheben. Auf diese Weise konnte Alexander einerseits einen gentilizischen Kommemorialkult entfalten. Zum anderen eröffnete sich ihm, der als ein *homo novus* aus Siena zugewandert war, die Möglichkeit, die *antiquitas* und die *Romanitas* seines Hauses unter Beweis zu stellen.[451] Mit diesen ‚römischen Wurzeln' konnte Alexander mühelos die geschickt inszenierte, historisch aber eher fragwürdige ‚Selbsteinbürgerung' Urbans VIII. in den Schatten stellen: Anders als sein Vorgänger bedurfte er keines mythologischen Vorauskommandos in Gestalt von Bienenschwärmen. Die Chigi waren in der Stadt längst angekommen.

Um diese dynastische Präsenz zu verstärken, ließ Alexander das Innere von *Santa Maria del Popolo* mit Elementen seiner Heraldik regelrecht überfrachten. So wächst aus einem der Orgelprospekte eine gewaltige Eiche.[452] Selbstverständlich alludiert der Baum auch auf den Kirchengründer Sixtus IV. della Rovere. Immerhin hatte Alexanders Urgroßonkel Agostino unter Sixtus IV. gedient und die Eiche vom Wappen seines Gönners übernommen. Mit seiner *pietas* huldigte Alexander also nicht nur seinen Vorfahren, sondern er setzte auch deren *pietas* gegenüber dem Hause Rovere fort. Eben diese Verpflichtung gegenüber den Rovere dürfte auch die Ausrichtung des Alexander-Grabes auf den Veronika-Pfeiler in *Sankt Peter,* zu dem Julius II. den Grundstein gelegt hatte, bestimmt haben.

Des Weiteren identifizierte Alexander seine Heraldik wie in Ariccia (vgl. C 3.4) mit der Patronin der Kirche. So kann man die mit den Chigi-Sternen besetzte Krone, die von der Kuppel herabhängt, bei einer **frontalräumlichen** Betrachtung auf das Retabel beziehen, auf dem Sebastiano del Piombo und Francesco Salviati die Geburt Mariens darstellten. In dieser Leserichtung kündigen Krone und Sternenkranz die Aufnahme der Jungfrau in den Himmel und ihre Krönung zur *regina coelorum* an. Ähnlich wie in *Sant'Andrea al Quirinale* oder in *Santa Maria dell'Assunzione* zu Ariccia wird die Hauptfigur des Altarbildes in den himmlischen Kuppelraum aufgenommen. Folglich beugt sich Gottvater abermals segnend aus dem Empyreum der Laterne herab, um die Erwählte zu empfangen. Darüber hinaus zeigen die Planetenpersonifikationen in der Kuppelschale an, dass Maria *ad astra* erhoben wird.

8

Allerdings kann man die Sternen-Krone auch auf das im Fußboden dargestellte Chigi-Wappen beziehen, das die Personifikation des Todes in die Höhe trägt. Laut Inschrift (MORS AD COELOS [ITER]) ist der Tod der Weg in den Himmel. In dieser **höhenräumlichen** Lesart trägt der Knochenmann das Wappen zum Sternenkranz und zu den Planetengöttern empor – nun im Sinne des *per aspera ad astra* als einer familiären Tugenddevise. Ergänzt wird diese gentilizische *glorificatio* wie bei der Apotheose des Pamphilj-Wappens in *Sant'Andrea al Quirinale* um die Familienkrone.

Während Alexander innerhalb von *Santa Maria del Popolo* also seiner Marienverehrung Ausdruck verlieh und außerdem historische Kontinuität und eine zweifache nepotistische *pietas* bewies, unterzog er den Vorplatz der Kirche einer gentilizischen Neukodierung: Nicht von ungefähr setzte er die Zwillingskirchen an den Anfang der drei Straßenachsen, die Sixtus V. von dem *Obelisken* in der Platzmitte hatte ausgehen lassen, und nicht von ungefähr gab er der einen den

---

451 Wie Irene Fosi betont hat, war es für das Prestige des Sieneser Zweigs der Chigi seit dem 16. Jahrhundert elementar gewesen, die Erinnerung an den Reichtum und das Mäzenatentum Agostinos lebendig zu halten (Fosi 2002, S. 185).

452 Siehe die aquarellierte Zeichnung in der Biblioteca Apostolica Vaticana (Cod. Chigi P VII 10 fol. 29; Bernardini/Fagolio dell'Arco 1999, Nr. 162).

Namenszusatz *in Montesanto*. Sowohl der von Sixtus errichtete *Obelisk* als auch der von ihm ausstrahlende *tridente* wurden auf diese Weise in das neue Tableau einbezogen.

6.4.3.2 Der Petersplatz

Anders als Sixtus dirigierte Alexander die Pilger nun aber nicht über die mittlere Achse des *tridente* nach *Santa Maria Maggiore*. Zweifelsohne wertete er den so genannten *Corso* durch zahlreiche Bauten (*Santa Maria in Via Lata, San Carlo*) zu einer repräsentativen Einfallstraße auf. Ebenso gab er die von Richard Krautheimer beschriebenen Reiseführer in Auftrag, die den *Corso* als Hauptzugang zu den Sehenswürdigkeiten der Stadt empfahlen.[453] Jedoch gilt es, zwischen Bildungsreisenden und Pilgern zu unterscheiden. Erstere mochten auf ihrer Besichtigungstour getrost Richtung *Kapitol* und Forum wandeln. Letztere aber wurden gleich an der *Piazza del Popolo* abgefangen, von wo aus Alexander sie auf dem neuen Tugendweg über die *Via della Ripetta* den Tiber entlang nach *Sankt Peter* führte.[454]

Indem Bernini auf Alexanders Weisung hin die Langhausarkaden von *Santa Maria del Popolo* mit Tugendpersonifikationen besetzte und damit das Langhaus von *Sankt Peter* zitierte, wies er zu Beginn des Weges bereits auf dessen Ziel hin. Weitaus wichtiger war es aber, dass dieses Ziel auch strukturell an den Stadtraum angebunden wurde. Dies gelang Bernini mit dem Bau der *Petersplatz-Kolonnaden*. Durch ihre schon beschriebene Funktion als Greifarme zogen die *Kolonnaden* die Massen regelrecht nach *Sankt Peter*. Verstärkt wurde dieser Impetus durch die schon erwähnte Inschrift, die Alexander über dem Gebälk der *Kolonnaden* anbringen ließ: VENITE, ASCENDAMVS AD MONTEM DOMINI, ADOREMVS IN TEMPLO SANCTO EIVS (vgl. D 4.2).

Zugleich wurde der *Petersplatz* wie die *Piazza del Popolo* alexandrinisiert. Selbstverständlich ist der Berg des Herrn, auf den sich die *Kolonnaden*-Inschrift bezieht, mit den Chigi-*monti* identisch. Passenderweise spricht das Psalmwort, das Alexander anlässlich der Grundsteinlegung der *Kolonnaden* auf einer Medaille eingravieren ließ, auch im Plural von den FVNDAMENTA IN MONTIBVS SANCTIS (vgl. Ps 87,1).[455] Wie der Esquilin mit dem Peretti-, war der Vatikan mit dem Chigi-Wappen assoziiert worden. Zugleich wurde der *Sixtus-Obelisk* mittels der *Kolonnaden* in das Alexandrinische *Forum Romanum*, das der *Petersplatz* nun darstellte, integriert. Wie auf der *Piazza del Popolo* vereinnahmte Alexander die Tradition des Peretti-Pontifikats für sich.

6.4.3.3 Der Alexandrinische Heilsweg

Dank der *Petersplatz-Kolonnaden* begann und endete die von Alexander geschaffene Wegstrecke bei einem Chigi-Grab. Die Praxis Sixtus' V., den Stadtraum als Zeichen der herrschaftlichen Repräsentation durch Grablegen ‚semiosphärisch' zu chiffrieren,[456] wurde also aufgegriffen und modifiziert: Wenn Alexander sein *sepulcrum* schon nicht zum Mittelpunkt des Tableaus machen konnte, so rahmte er den Stadtraum mit den drei Familiengräbern wenigstens ein.

Dank der gentilizischen Kodierung des neuen Weges ließ sich aber auch die von der *Engelsbrücke* zum Petersplatz führende *Via Alessandrina* umdeuten. Die ursprünglich nach ihrem Erbauer, dem berüchtigten Borgia-Papst Alexander VI. benannte Straße,[457] die dann in Borgo Nuovo umbenannt wurde, erschien nun als ein Teil der neuen Roma Alexandrina – und als Teil des Tugendweges, der in der *Scala Regia* endet. Die von Sixtus V. begonnene symbolische Läuterung des Stadtraums wurde auf diese Weise aufgegriffen und fortgesetzt.

---

453 Krautheimer 1985, S. 131–132.
454 Vgl. Karsten 2006, S. 216 u. Tartufi 2006, S. 70, 73, 76–78, 82.
455 Siehe hierzu Buonazia 2000, S. 303, Abb. 277b.
456 Lotman 1990, S. 287–305.
457 Vgl. Tartufi 2006, Abb. 2.

Darüber hinaus veränderte die neue Wegführung die heilsgeschichtliche Dramaturgie des Sixtinischen Tableaus. Die Wegfolgen *Mosesbrunnen* – Esquilin – Vatikan einerseits und Lateran[458] – Esquilin – Vatikan andererseits wurden zwar nicht aufgehoben, doch wurden sie buchstäblich an den Rand gedrängt. Der eigentliche Heilsweg begann nun bei der *Piazza del Popolo,* die Alexander durch die drei Kirchen zu einem alternativen Marienzentrum ausbaute. Anders, als immer wieder zu lesen ist[459], besitzen die beiden Marienkirchen am *tridente* also nicht nur eine szenographische Funktion. Die *Piazza del Popolo* birgt im Hochaltar von *Santa Maria del Popolo* sogar eine eigene Marienikone aus dem 14. Jahrhundert.

Passenderweise folgt die Marienikone dem Typus der Hodegetria, was bedeutet, dass die Jungfrau mit ihrem Zeigegestus selbst den ‚Weg' zu ihrem Sohn ‚weist'. Insofern war es nur folgerichtig, dass Alexander den Leidensweg Christi zur zweiten Station seines Tableaus machte – zumal der Vorgängerbau von *Santa Maria del Popolo* anlässlich der Befreiung des Heiligen Grabes errichtet worden war. Hat der Besucher den *Petersplatz* erreicht, so kann er beim *vatikanischen Obelisken* und im Vierungsraum der *Petersbasilika* die Passion und dann auch die Auferstehung Christi nachvollziehen. Diese *via dolorosa* (die man wie das Patrozinium von *Santa Maria del Popolo* als ein Jerusalem-Zitat deuten kann) wurde unter Alexanders Nachfolgern Clemens IX. und Clemens X. sinnvollerweise um die Engelstatuen ergänzt, die auf dem alten *Pons Aelius* die *arma Christi* halten (und damit die Ikonographie der Vierungspfeiler und der Kuppel von *Sankt Peter* vorwegnehmen).

Außerdem wandelt der Besucher in der *Peterskirche* auf den Spuren des Apostelfürsten und der Märtyrerpäpste, die ihrerseits dem Christusnachfolger nachgefolgt sind. Dieser Weg gipfelt innerhalb des Kuppelraums in der *glorificatio* Petri, während er in der ikonographischen Horizontalen von Langhaus und Westtribuna bei der *Cathedra Petri* endet. Dort haben sich zur Apotheose des Papsttums die in allen Teilen der Oikumene beheimateten Kirchenväter als die prominentesten *illustre forrestiere* bereits eingefunden.

Verstärkt wird die religiöse Ikonographie durch die städtebauliche Inszenierung, die vor dem Bau der *Via della Conciliazione* sogar noch ausgeprägter war als heute. So verlief der Weg vom *Ponte Sant'Angelo* einst durch die vergleichsweise engen und dunklen Gassen des *Borgo Nuovo.* Umso größer war der Überraschungseffekt für den Pilger, wenn er sich plötzlich in der Weite des *Petersplatzes,* die ganz von (göttlichem) Licht erfüllt war, wiederfand. Dieses von oben herabströmende Licht konkretisiert sich noch heute im *Obelisken* als einem *digitus Solis.* Zugleich weist der *Obelisk* als ein Monument der Kreuzigung und der Auferstehung, mit der Christus das alte Heidentum überwunden hat, in den Himmel. Dabei wird die horizontale Bewegung für einen Moment durch den Blick nach oben unterbrochen. Vergegenwärtigt wird der Himmel durch das Platzoval, das mit seinen 320 Säulen und Pfeilern sowie seinen 140 Heiligenstatuen einer zeitgenössischen Quelle zufolge als „irdisches Empyreum" ein „Paradies voller Heiliger enthält".[460]

Begibt sich der Besucher von der *Piazza Retta* ins Kircheninnere, so erlebt er in der Abfolge von Aufstieg (Freitreppe), räumlicher Enge und Halbdunkel (*portico*) sowie von Zunahme an Helligkeit und räumlicher Weite (Langhaus und runder Kuppelraum) dieselbe kinästhetische Wirkung, die einst *Borgo* und *Petersplatz* besaßen. Und wieder wird die Horizontale durch einen Blick nach oben kurzzeitig unterbrochen.

Die räumliche Dynamik der *Petersplatz-Kolonnaden,* die kinästhetische Inszenierung und die theologische Programmierung des Stadtraumes sind so ausgeprägt, dass es auch nicht mehr einer biblischen Führergestalt bedarf, die – wie einst der Mose an der *Fontana dell'Acqua Felice* – den Pilgern

---

458 Nach Birindelli 1987, S. 33 bildet der *Petersplatz* den Endpunkt einer ganzen Folge von Straßenachsen, die bei *San Giovanni in Laterano* beginnt und über *Santa Maria Maggiore, Santissima Trinità dei Monti* und die *Engelsburg* führt. Innerhalb des Alexandrinischen Tableaus ist diese Sequenz jedoch eher sekundär.
459 Vgl. z. B. Montague 1989, S. 97.
460 Zit. nach Metzger Habel 2002, S. 282.

den Weg weist. Dennoch wandeln auch die Besucher des Alexandrinischen Tableaus auf den Spuren Israels. Denn die *Roma Alexandrina* ist ebenso ein Abbild des himmlischen Jerusalem wie die *Civitas felix*. Daher ist die erste Hälfte der *Kolonnaden*-Inschrift ASCENDAMVS AD MONTEM DOMINI auch Jesaja 2,3 entnommen. Beim Propheten ist diese Aufforderung Teil folgender Verheißung:

> „Es spricht der Prophet Jesaja: ‚Am Ende der Tage wird es geschehen: Der Berg mit dem Haus des Herrn steht fest gegründet als höchster der Berge; er überragt alle Hügel. Zu ihm strömen alle Völker. Viele Nationen machen sich auf den Weg; sie sagen: K o m m t , w i r z i e h e n h i n a u f z u m B e r g d e s H e r r n und zum Haus des Gottes Jakobs. Er zeige uns seine Wege und auf seinen Pfaden wollen wir gehen'." (Jes 2,2–3: Hervorhebung vom Verf.)

Allerdings ist der heilige Berg, zu dem die Völker strömen, nun nicht mehr der Esquilin, sondern der Vatikan. Und auf seinem Gipfel kniet, der Aufforderung ADOREMVS IN TEMPLO SANCTO EIVS gehorchend, nicht mehr Felice Peretti, sondern Fabio Chigi.

Wenn man sich vor der Folie der Jesaja-Texte die Umgestaltung Roms zum neuen Jerusalem vergegenwärtigt, dann eröffnet dies auch einen neuen Blick auf den feierlichen Einzug der Königin Christina durch die *Porta del Popolo*. Bei Jesaja heißt es nämlich:

> „Völker wandern zu deinem Licht und Könige zu deinem strahlenden Glanz. Deine Tore bleiben immer geöffnet, sie werden bei Tag und bei Nacht nicht geschlossen, damit man den Reichtum der Völker zu dir hineintragen kann. Auch ihre Könige führt man herbei" (Jes 60,3.11).

Die Konversion der Tochter Gustav Adolphs und ihre Ankunft in Rom – pünktlich zum Weihnachtsfest – erweist sich nun nicht mehr nur als ein Prestige-Erfolg der Kirche, sondern auch als die Erfüllung einer göttlichen Verheißung: In Erwartung des Herrn kommen die Herrscher der Völker, die Jerusalem einst bekämpften, in die Heilige Stadt. Dabei wandeln sie im göttlichen Licht, das sich – wie auf Giovanni Battista Faldas Stadtplan (1667) – vom Chigi-Stern über das Tableau ergießt. Christina hatte sogar der Krone entsagt – im Kontext der Alexandrinischen Bildrhetorik ein Akt der *humilitas* sondergleichen.

406

Wer Jesaja als Grundlage der Alexandrinischen Bild- und Stadtbaukunst anerkennt, ist vielleicht auch geneigt, mit dem Propheten Teile von Alexanders Grabmal in Verbindung zu bringen. Das gilt besonders für das Motiv des Fußes, den Veritas in Gegenwart des bescheidenen Gottesknechts auf Schweden und England setzt.

> „Seht, das ist mein Knecht, den ich stütze; das ist mein Erwählter, an ihm finde ich Gefallen. Ich habe meinen Geist auf ihn gelegt, und er bringt den Völkern das Recht. […] Er wird nicht müde und bricht nicht zusammen, bis er auf der Erde das Recht gegründet hat. Auf sein Gesetz warten die Inseln" (Jes 42,1–2.4).

Nach dem moralischen Sieg über den schwedischen Protestantismus, den Christinas Konversion ermöglicht hatte, erschien die Wiederherstellung des göttlichen Rechts auf den britischen Inseln besonders geboten:

> „Mein Arm verschafft den Völkern ihr Recht; auf mich hoffen die Inseln, sie warten auf meinen Arm" (Jes 51,5).

Zwar lag eine Rekatholisierung Englands außerhalb aller Wahrscheinlichkeit, doch ließ sich mit diesen Stellen zumindest eine moralisch-theologische Überlegenheit des Papsttums gegenüber der anglikanischen Staatskirche begründen.

Ein Topos, den Alexander ganz unzweifelhaft von Jesaja bzw. der Sixtinischen Topographie übernommen hatte, war die Dichotomie zwischen Rom und Babylon. Die Untersuchungen zu *Sant'Ivo* als einer antibabylonischen *turris ecclesiae* haben dies eindeutig ergeben (C 4.5). Dabei begnügte Alexander sich nicht damit, die römische Kirche von den Vorwürfen der Reformatoren zu entlasten. Vielmehr setzte er den Protestantismus seinerseits mit Babylon gleich. Wie Simon Magus verkörperte die Häresie die hochmütigen Feinde des Gottesvolkes.

271, 276

Wie sehr Alexander auf die Metapher des alttestamentlichen Heilsweges zurückgriff, zeigt auch die Ausmalung der stadtseitigen Galerie des *Quirinalspalastes*. Nach Elisabeth Oy-Marra fällt der

Zyklus – etwa im Vergleich zur *Galeria Pamphilj* an der *Piazza Navona* oder der *Sala Clementina* im Vatikan – formal wie inhaltlich ziemlich bescheiden aus. Die 20 Szenen schildern neben der Verkündigung Mariens und der Geburt Christi die „dornenreiche Geschichte Israels" von der Erschaffung des Menschen bis zum Ende der Babylonischen Gefangenschaft. Zu Recht bemerkt Oy-Marra, Alexander habe die nach 1648 offenbar gewordene Schwäche des Papsttums anerkannt und sie mit der Schwäche des leidenden Volkes Israel gleichgesetzt. Freilich enthalte dieser Vergleich auch die Erkenntnis, dass der Schwäche der Kirche eine geistige Stärke innewohne und dass die Heilsgeschichte sich nun einmal nicht am tatsächlichen politischem Einfluss messen lasse.[461]

30 In der Konzeption der Galerie manifestiert sich also derselbe Gedanke, der dem Alexander-Grab zugrunde liegt – umso mehr, als der Papst das für seine sepulkrale Rhetorik so wichtige Magnifikat offensichtlich auch auf die Fresken im *Quirinalspalast* bezog: Gemäß der Verheißung „suscepit Israel puerum suum, recordatus misericordiae suae" endet die Geschichte des Gottesvolkes mit der Verkündigung und der Geburt des Erlösers. Damit schildern die Fresken aber auch Israels Weg zum Heil (Vertreibung aus dem Paradies, Flucht aus Ägypten, Aussendung der Kundschafter ins gelobte Land, Auszug aus Babylon, Ankunft der Hirten beim neugeborenen Christus als dem Licht der Welt). Selbstverständlich ist dieser Weg wieder vor der Folie der Jesaja-Texte zu lesen. Zugleich erinnert er an das Sixtinische Tableau, das vom *Mosesbrunnen* zur Krippe von Bethlehem führt. Und denkt man sich den Stern von Bethlehem hinzu, so ist die Analogie zum Aufstieg *per aspera ad astra* sogar vollständig. Mit anderen Worten: Das Konzept des Stadtraums bestimmte unter Alexander VII. nicht nur das Bildprogramm der *Peterskirche*, sondern auch die Ausstattung der päpstlichen Sommerresidenz.

Freilich steht das Ideal eines neuen Jerusalem auf den ersten Blick in Widerspruch zu der von Metzger Habel aufgezeigten Bedeutung Roms als eines zweiten Konstantinopel (*Sant'Ivo alla Sapienza* als Pendant zur *Hagia Sophia* und als Grablege der heiligen Katharina von Alexandria, das *Collegio della Sapienza* als eine neue *Bibliotheca Alexandrina*, *Santa Maria della Pace* als ein Gegenstück zur *Hagia Eirene*).[462] Dies ändert sich jedoch, wenn man anstatt von einer singulären von einer kumulativen – oder sagen wir besser: von einer oikumenischen Identität ausgeht. Rom vereint in sich gleichsam die Bedeutung aller anderen Patriarchate. Selbstverständlich betrifft dies auch Antiochia, von wo der Apostolische Stuhl – und mit ihm die petrinische Amtsgewalt – an den Tiber transloziert wurde. Phoebeus' Dissertation zur römischen Cathedra macht dies unmissverständlich deutlich (D 4.2).

22 Bezeichnenderweise wird das Theologumenon einer ‚oikumenischen Kumulation' in Berninis *Cathedra Petri* aufgegriffen. Mit den durch die Kirchenväter repräsentierten Bischofssitzen, dem italienischen Mailand, dem nordafrikanischen Hippo, dem ägyptischen, im Barock zu Asien zählenden Alexandria und dem zwischen Europa und Asien liegenden Konstantinopel sind völlig verschiedene Gegenden der antiken Welt einschließlich der drei damals bekannten Kontinente vertreten.[463] Folglich ist der Stadtraum auch in seiner universalen Identität auf die *Cathedra Petri* bezogen. Zugleich erweist sich die *Cathedra* einmal mehr als FVNDAMENTVM und als Ausgangspunkt der urbanen Kodierung.

6.4.3.4 Die Abwertung der alten städtischen Zentren

Mit der Etablierung des neuen Heilsweges ging die Abwertung jener städtischen Zentren einher, die sich mit der neuen Bedeutung Roms nicht in Einklang bringen ließen. Deutlich wird dies bereits auf

---

461 Oy-Marra 2005, S. 342–343.
462 Metzger Habel 2002, v. a. S. 301–308.
463 Dass Ägypten im Barock zu Asien gerechnet wurde, zeigt nicht zuletzt Tiepolos Deckenfresko im Treppenhaus der *Würzburger Residenz*, wo sich in der Hintergrundlandschaft der Asien-Personifikation ägyptische Pyramiden erheben.

einem Stich, der den Einzug Christinas von Schweden in Rom im Jahre 1655 wiedergibt: Neben der *Engelsburg* sind nur die *Piazza del Popolo* und der *Petersdom* als Stationen angegeben.⁴⁶⁴

Besonders galt die Strategie der Abwertung der *Piazza Navona*, die buchstäblich links liegen gelassen wurde. Darüber hinaus relativierte Alexander die gesamte Anlage durch den Bau der *Piazza di San Pietro*. Hatte Innozenz den bis dahin größten Platz der Stadt mit Repliken der *Peterskirche*, des *Vatikanischen Palastes*, des *Sixtinischen Obelisken* und des Brunnens von Maderno versehen, so verband Alexander seinerseits die kopierten Bauten mit einem ungleich größeren Platz und stellte damit das ursprüngliche Verhältnis wieder her.

Ferner dürfte Alexander sich mit der Ikonographie des *Vierströme-Brunnens* auseinandergesetzt haben. Schließlich greift die *Cathedra* die Aussage, das vom Heiligen Geist ausgehende Licht ergieße sich durch Vermittlung des Papsttums über die Welt, unmittelbar auf. Jedoch wird der Gedanke der kirchlichen Universalität völlig anders vermittelt: An die Stelle der die vier Erdteile repräsentierenden Flussgötter sind die vier Kirchenväter als Vertreter der Oikumene getreten. Ferner löste Alexander die Emanation des Heiligen Geistes und die Mittlerfunktion des Papsttums aus dem Kontext der Pamphilj-Ikonographie und übertrug sie in einen eindeutig ekklesiologischen Kontext zurück – eine Strategie, die Borromini zur selben Zeit in *Sant'Ivo* nicht minder erfolgreich anwandte (siehe C 4.3 u. 4.6). Vor allem aber verortete Alexander das göttliche Geschehen wieder im Vatikan als dem eigentlichen Zentrum der Kirche. Nicht zuletzt veranschaulicht das Motiv der *Cathedra* den institutionellen Charakter des Petrusamtes weit besser als ein Brunnen-Obelisk.

26
27

278, 284

Dass die Zeitgenossen Alexanders Botschaft verstanden, zeigt der Bau von *Sant'Andrea al Quirinale*, der nun in einem völlig neuen Licht erscheint: Offenbar wollte Fürst Camillo durch den Bau der Kirche als einer *domus Pamphiliana* – vor allem aber durch ihre Kryptokodierung und die damit einhergehende Okkupation des Quirinals – innerhalb von Alexanders Tableau eine neue gentilizische Enklave errichten (C 3) – und dies ausgerechnet vor dem Sommerpalast des Papstes. Überdies wiederholte Fürst Camillo im Grundriss der Kirche sogar die Initialen seines Onkels, die auch die Struktur des *Vierströme-Brunnens* prägen: das I in Gestalt des Obelisken und das X in Form des Unterbaus. Letzten Endes wiederholte er also exakt jene Strategie, die sein Onkel gegenüber dem Sixtinischen Tableau angewandt hatte.

7, 214

215

Ein zweites urbanes Zentrum, das innerhalb des Alexandrinischen Tableaus an Bedeutung verlor, war das *Kapitol*. Waren Nikolaus V. und Leo X. noch bestrebt gewesen, das Zentrum des antiken Rom mittels des *Corso* zum eigentlichen Zielpunkt der Stadtplanung zu machen,⁴⁶⁵ so hatte Sixtus durch den Ausbau des Esquilin bereits einen neuen urbanistischen Schwerpunkt gesetzt. Schließlich sah Felice Peretti in dem kultischen Zentrum des heidnischen Rom einen *mons malus*, den es zugunsten des Esquilin und des Vatikan als heiligen Bergen buchstäblich zu umgehen galt.⁴⁶⁶ Für Alexander VII. dürfte dieser antiheidnische Affekt kaum mehr eine Rolle gespielt haben. Er mochte am *Kapitol* vielmehr deshalb Anstoß genommen haben, weil Urban VIII. und Innozenz X. sich in der *Sala degli Orazi e Curiazi* des *Konservatorenpalastes* hatten verewigen lassen: Urban durch eine Marmorstatue von der Hand Berninis, Innozenz durch eine von Algardi gegossene Bronzestatue. Darüber hinaus war das *Kapitol* der Sitz des römischen Magistrats. Dieser hatte seine politische Bedeutung im 17. Jahrhundert zwar längst eingebüßt⁴⁶⁷, doch stand er immer noch für eine Form der Selbstverwaltung, die in den von Sixtus V. und Alexander VII. entwickelten Konzepten territorialer Herrschaft keinen Platz mehr hatte.

---

464 Vgl. Karsten 2006, Abb. 35.
465 Vgl. Tartufi 2006, Abb. 2 u. 12.
466 Stephan 2009b, S. 192 u. 196
467 Die politische Ausschaltung des Magistrats gelang schon Paul III. Ihren Ausdruck fand diese Entmachtung in den Neubauten und in der Überführung der Reiterstatue Mark Aurels vom Lateran auf das *Kapitol*. Der Kaiser „musste umziehen, um den neu gestalteten Platz im päpstlichen Namen zu beherrschen, er war der Platzhalter Pauls III., dessen Namen und Wappen seinen Sockel zieren" (Reinhardt 1992, S. 145).

Jedoch begnügte sich Alexander nicht mit der stadtplanerischen Marginalisierung des *Kapitols*. Wie mir scheint, versuchte er diesen Hügel auch ikonographisch abzuwerten. In diesem Sinne beschloss er, das Denkmal des heidnischen Philosophenkaisers Mark Aurel mit den Reiterbildnissen der christlichen Kaiser Konstantin und Karl quantitativ wie qualitativ zu überbieten. Des Weiteren bildet die Konstantinsfigur am Fuß der *Scala Regia* ein wichtiges topographisches Bindeglied zwischen der *Milvischen Brücke*, von der die *Via Cassia* und die *Via Flaminia* zur *Porta del Popolo* führen, und der *Sala di Costantino*, in der die Verdienste des ersten christlichen Imperators ausführlich geschildert werden. Damit beantwortete Alexander die Strategie seiner Vorgänger, gentilizische Enklaven zu bilden, erneut mit der Technik einer weitflächigen Vernetzung.

Schließlich wurde sogar ein Teil der *Peterskirche*, nämlich die von Paul V. erbaute Fassade, in ihrer Bedeutung geschwächt. Ich glaube nämlich, dass der *Petersplatz* nicht nur die Proportionen der Fassade verbessern sollte. Zugegeben: Da der Cavaliere Madernos Architektur weder vollenden noch umbauen durfte, blieb ihm gar nichts anders übrig, als das Bestehende optisch zu relativieren. Jedoch nahm gerade die Unveränderlichkeit der Fassade seinem Auftraggeber die Möglichkeit, sich in ihr zu verewigen bzw. das Monument, das Paul V. sich und seiner Familie so eindrucksvoll gesetzt hatte, umzuwidmen. Vor diesem Hintergrund ist es nur folgerichtig, dass Bernini die Borghese-Fassade – gerade indem er sie kleiner erscheinen ließ und ihr ein neues Bauvolumen entgegensetzte – auch ikonographisch relativierte. Diese ikonographische Abwertung fiel ihm besonders leicht, weil die *Kolonnaden* als Arme der Kirche gemeinsam mit Michelangelos Kuppel als deren Haupt eine viel sprechendere Symbolik besaßen. Das Ruhmesmonument der Borghese wurde von zwei eindeutig ekklesiologisch konnotierten Baukörpern buchstäblich in die Zange genommen.

Des Weiteren verringerte Bernini den Stellenwert der Fassade, indem er sie durch die Schaffung einer **tiefenräumlichen** Platzdynamik und die Einführung einer ideographischen Längsachse zum Transitorium degradierte. Wichtiger als der Fassadens p i e g e l wurde der Fassadenr a u m als Bindeglied zwischen dem Inneren und der Stadt. Gerade Berninis ekklesiologische Metapher von den *Kolonnaden* als den Armen, mit denen die Kirche die Menschen umfängt und in ihren Schoß führt, verdeutlicht diese Dynamik. Die stolze Inschrift Pauls V., die so viel Anstoß erregte, ließ sich jetzt nicht mehr auf den gesamten *Petersdom* beziehen, sondern markierte bloß noch einen Bauabschnitt bzw. eine Station auf dem Weg zur *Cathedra*.

Letztlich tat Bernini mit Pauls Fassade im Kleinen, was er im Größeren am Vierungsraum von *Sankt Peter* und im ganz Großen an den gentilizischen Enklaven des Stadtraums erfolgreich praktizierte: zentrale Punkte von der Peripherie her zu relativieren oder umzukodieren, sei es durch die *Cathedra* und seine eigene Grablege, sei es durch den Vatikan und die *Piazza del Popolo*.

6.4.3.5 Alexanders urbanes Konzept als Ausdruck eines neuen Amtsverständnisses

Indem Alexander das ehemalige Sixtinische Tableau auf den Vatikan ausrichtete, stellte er Petrus als den Repräsentanten der Papstkirche über Maria als eine gesamtkatholische Heilige. Mit der gezielten Aufwertung des Apostelfürsten führte Alexander VII. ausnahmsweise ein Programm Urbans VIII. fort. Bereits zwei Jahrzehnte nach Sixtus' Tod war der Rang des *Petersdoms* gegenüber den anderen römischen Basiliken durch die exponierte Aufstellung seiner prominentesten Reliquien gezielt gesteigert worden. 1606 hatte Paul V. auf Betreiben des Kardinals Maffeo Barberini das Andreashaupt sowie drei wichtige Christusreliquien (das Schweißtuch der Veronika, die Kreuzsplitter und die Lanze des Longinus) aus den Seitenkapellen von *Alt-Sankt Peter* in die vier Kuppelpfeiler verbracht.

Dombrowski sieht in der Translozierung der Vierungspfeiler-Reliquien „eine Stärkung des geschichtlichen Bewusstseins, das sich mit diesen Glaubensdokumenten als Faustpfand der Tradition verband" und mit dem „ein Gefühl der Überlegenheit gegenüber der historischen ‚Ortlosigkeit' der Protestanten proklamiert" wurde.⁴⁶⁸ Nicht weniger steht die neue Präsentation der Reliquien nach meinem Dafürhalten für den Ausbau eines spezifisch päpstlichen Kultmonopols. Immerhin stammten das Haupt des Andreas und die Heilige Lanze wie die gleichfalls in *Sankt Peter* verehrten Gebeine des Johannes Chrysostomos aus Konstantinopel, während man die Kreuzreliquie aus *Santa Croce in Gerusalemme* geholt hatte. Das auf diese Weise geschaffene Kultmonopol richtete sich einerseits gegen die Ostkirchen. Nach der Eroberung Konstantinopels bewahrheitete sich erst recht, dass in Rom nicht nur die Dogmen, sondern auch die wichtigsten Heiltümer der Christenheit am besten gehütet wurden und dass die Stadt am Tiber u. a. das zweite Konstantinopel geworden war. Andererseits setzte Maffeo Barberini das päpstliche Kultmonopol innerhalb der katholischen Universalkirche durch.

Im Unterschied zu Urban scheint die Fokussierung auf Petrus bei Alexander aber Ausdruck eines grundsätzlichen Paradigmenwechsels gewesen zu sein. Erhellend ist in diesem Zusammenhang die Tatsache, dass der Chigi-Pontifex zu Beginn seiner Amtszeit mit dem Gedanken spielte, seine Residenz vom Vatikan auf den Quirinal zu verlegen. Da dieser Hügel von Sixtus gentilizisch kodiert worden war und der auf ihm stehende Palast erst unter dem Peretti-Pontifikat endgültig in den Besitz der Kurie übergegangen war, hätte Alexander mit diesem Umzug ein weiteres Mal an seinen großen Vorgänger anknüpfen können, zumal sich ihm die Möglichkeit bot, die von Sixtus geplante Erweiterung der Anlage nachträglich auszuführen. Darüber hinaus hätte der Umzug die Bedeutung des Pontifex als eines modernen weltlichen Herrschers unterstrichen. Schließlich hatte der Jesuitenkardinal Sforza Pallavicini, von Alexander um Rat gefragt, zu Recht darauf hingewiesen, dass solch ein Residenzwechsel sich auf die Staatsverwaltung äußerst günstig auswirken werde – vor allem wegen der zentralen Lage, der bessere Einbindung in die städtische Infrastruktur, die kürzeren Dienstwege und das gesündere Klima für Papst und Angestellte.⁴⁶⁹

Dahingegen lehnte der konvertierte Gelehrte Lucas Holstenius derart utilitaristische Erwägungen nachdrücklich ab:⁴⁷⁰ Glaubwürdigkeit erlange der Papst nur, wenn er seiner kultischen Aufgabe als eines *vicarius Christi* gerecht werde und seine geistliche Autorität über seine weltliche Macht stelle. Dies setze aber eine dauerhafte Präsenz im Vatikan voraus. Der „Nutzen", der sich daraus ergebe, bestehe „in der [guten] Meinung und Wertschätzung, die der Heilige Vater bei den Fürsten und dem gesamten Volk der Christenheit erwirbt, wenn er gegenüber dem Heiligen Petrus Verehrung erweist (*col mostarsi divoto verso S. Pietro*)."⁴⁷¹

Offenbar beherzigte Alexander den Rat des gelehrten Konvertiten und blieb im Vatikan. Damit nicht genug, richtete er das gesamte städtische Tableau auf die *Cathedra Petri* – und damit auf die apotheotische Verherrlichung des Papsttums – aus. Entgegen früheren Überlegungen verzichtete er sogar darauf, den *Palazzo Montecitorio* und die *Piazza Colonna* zu einem mit der *Piazza Navona* konkurrierenden familiären Herrschaftszentrum auszubauen.⁴⁷² Und um jedes Missverständnis auszuschließen, präsentierte er sich in seinem Grabmal überdeutlich als ein *divoto verso San Pietro*.

Des Weiteren hatte Holstenius eindringlich darauf hingewiesen, dass der Papst „nicht nur der Bischof von Rom, sondern auch der höchste Pontifex, das geistliche Oberhaupt" der Weltkirche

---

468 Dombrowski 2003a, S. 357–358.

469 Das gesündere Klima des Quirinals, der nicht nur höher als der Vatikan ist, sondern auch weiter vom Tiber (und damit von den Malariamücken) entfernt liegt, hatte die Kardinäle bereits nach dem Tod Urbans VIII. im Jahre 1644 zu der Überlegung veranlasst, das Konklave angesichts der sommerlichen Hitze dorthin zu verlegen (vgl. Karsten 2006, S. 112).

470 Die von Zaccaria 1776 publizierte Debatte hat Oy-Marra 2005, S. 326–334 mit Blick auf Alexanders Ausstattung des Quirinalspalastes eingehend untersucht.

471 „L'utile di questa residenza consiste nell'oppinione e stima, che acquista il Santo Padre appresso i Principi, e tutto il popolo Cristiano col mostrarsi divoto verso S. Pietro" (Zaccaria 1776, S. 60; zit. nach Oy-Marra 2005, S. 333).

472 Alexanders Umgestaltungspläne sind bei Krautheimer 1985, S. 53–59 und Metzger Habel 2002, S. 170–190 ausführlich beschrieben.

war. Diese Unterschiede zu verneinen, sei äußerst gefährlich, „weil die Gegner des Apostolischen Stuhles" auf jede Art und Weise zu beweisen suchten, „dass die geistliche Souveränität des Pontifex keine andere Grundlage habe als die Prärogative und den Primat", den der Papst als Patriarch des Abendlandes und Bischof von Rom ausübe. Diese Stellung verdanke er aber einzig der einstigen Bedeutung Roms als Welthauptstadt.⁴⁷³

224 Angesichts dieser Erkenntnis erscheint es völlig folgerichtig, dass Alexander im Rahmen seines städtebaulichen Konzepts den Stellenwert der *Lateranbasilika* relativierte. Immerhin war *San Giovanni* die römische Bischofskirche, deren Apostelzyklus im Inneren auch als eine episkopalistische Aussage gedeutet werden konnte. Und nicht zuletzt war die Kirche von Innozenz X. erneuert worden.

Wahrscheinlich kann man noch einen Schritt weiter gehen und in der Fokussierung des urbanen Tableaus auf *Sankt Peter* einen grundsätzlichen Paradigmenwechsel erkennen. Noch weniger, als den Akzent auf das römische Bischofsamt zu legen, war es nach dem Westfälischen Frieden für den Papst opportun, sich als ein weltlicher Souverän zu präsentieren. Daher verband Alexander den Weg zum *Vatikanischen Palast* auch mit dem Leidensweg Christi. Die weltliche Herrschaft des Papstes war kein Selbstzweck, sondern leitete sich wie der geistliche Primat aus der Christusnachfolge des Petrusamtes ab.

300 In dieses Konzept passt auch, dass Alexander an seinem Grab die Tiara als Zeichen irdischer Macht abgelegt hat, um dafür eine himmlische Krone zu empfangen, und dass er nicht mehr wie ein weltlicher Herrscher thront, sondern als universaler Oberhirt dem heiligen Petrus kniend seine *devozione* bezeugt. Es scheint sogar, als habe sich Alexander auf seine mittelalterlichen Vorgänger besonnen, die in der Auseinandersetzung mit dem Kaisertum ihre geistliche *auctoritas* über die weltliche *potestas* der Fürsten gestellt hatten. Ebenso dürfte Alexander von der Theorie des päpstlichen Primats als einer *potestas indirecta* über die christlichen Herrscher, die Bellarmin zu Beginn des Jahrhunderts erst erneuert hatte,⁴⁷⁴ abgerückt sein. Das bedeutete allerdings nicht, dass der Papst die neue Rhetorik weniger offensiv oder selbstbewusst vertrat. Im Gegenteil! Wie wir uns erinnern, ermöglichte sie es ihm, aus der Not eine Tugend zu machen und seine Schwäche in eine Stärke umzuwandeln: Demut nicht als Sublimierung eines Defizits, sondern als neue Wunderwaffe

22 im Kampf um Glaubwürdigkeit! Noch deutlicher als das Grabmal offenbaren die *Cathedra Petri* und die Identifizierung Roms mit den drei nicht-petrinischen Patriarchaten Jerusalem, Konstantinopel und Alexandria diesen neuartigen Anspruch. Darüber hinaus wird mit den Bildprogrammen von *Cathedra* und Alexander-Grab – im Zusammenspiel mit Phoebeus' Dissertation – dem längst virulenten Theologumenon der päpstlichen Unfehlbarkeit der Weg geebnet: durch die offensive Einführung der Veritas als Siegerin über den Protestantismus, des Heiligen Stuhls als *fidei regula*⁴⁷⁵ und des Heiligen Geistes als permanenter Inspirationsquelle des Petrusamtes.

Vor diesem Hintergrund gewinnt Magnusons Feststellung, Alexander VII. stehe für „a new brandmark of catholicism"⁴⁷⁶ zusätzliches Gewicht. Und es erscheint nur konsequent, dass der

---

473 „Il Papa non solo è vescovo di Roma, ma anco Sommo Pontifice, e Capo spirituale di tutta la chiesa di Dio. Il negare o confondere questa distinzione è cosa pericolosa, mentre i nemici della sede apostolica cercano in ogni maniera di provare, che la Sovranità spirituale del Pontifice non abbia altro fondatmento, ed appoggio, che la prerogativa, e primazia della Chiesa Patriarcale delle Chiesa di Roma, come già capo temporale di tutto l'Impero del mondo" (Zaccaria 1776, S. 32–33; zit. nach Oy-Marra 2005, S. 332). Als einen der Papstgegner, die in diesem Sinne argumentierten, führt Oy-Marra, ibid., Thomas Hobbes an, „der die römische Kirche in seinem *Leviathan* mit einem Geisterreich, das nur das Gespenst des römischen Imperiums sei, verglichen" habe.

474 Vgl. Fosi 2002, S. 186.

475 Kauffmann 1970, S. 253 weist in diesem Zusammenhang zu Recht auf eine 1663 geprägten Medaille hin, welche die Cathedra mit folgender Umschrift zeigt: PRIMA SEDES – REGVLA FIDEI – ECCLESIAE FUNDAMENTVM.

476 Magnuson 1982, Bd. 2., S. 253.

unter Alexander eingeleitete Paradigmenwechsel unter Pius IX. seinen Abschluss fand. Als das Erste Vatikanische Konzil die päpstliche Unfehlbarkeit tatsächlich verkündete, zeichnete sich der Verlust des Kirchenstaates bereits ab. Der letzten Reste seiner *potestas* beraubt, verlieh der neunte Pius seiner *auctoritas* nun nachgerade autoritäre Züge. Nicht weniger trieb er Alexanders Demutsrhetorik auf die Spitze. Seine Grabfigur in der *Confessio* von *Santa Maria Maggiore*, die im Unterschied zu ihrem barocken Vorbild ohne Sockel auf einem einfachen Kissen und damit quasi zwei Etagen tiefer kniet, legt hiervon ein beredtes Zeugnis ab. Freilich gibt es zwischen beiden Figuren ein Bindeglied: das Grab des politischen ,Märtyrerpapstes' Pius VI., der als erster Pontifex den Kirchenstaat verloren hatte. Ganz dem Alexandrinischen Topos einer demütigen *devozione verso S. Pietro* verpflichtet, kniet der sechste Pius, passend mit einem Sternenmantel bedeckt, in der *Confessio* von *Sankt Peter* vor dem Grab des ersten Märtyrerpapstes.

6.4.4 Die Bedeutung des Fassadenraums innerhalb des Alexandrinischen Tableaus

Kommen wir abschließend zu der Frage zurück, wie konstitutiv der Fassadenraum von *Sankt Peter* für den Alexandrinischen Stadtraum war und welche Rolle die übrigen Fassadenräume innerhalb der Ewigen Stadt spielten.

Bei der Beantwortung der ersten Frage empfiehlt es sich, vorab einen Blick auf die räumliche Beschaffenheit der *Roma Alexandrina* insgesamt zu werfen. Wie wir sahen, vollzieht der Alexandrinische Stadtraum nicht nur in funktionaler, sondern auch in s t r u k t u r e l l e r Hinsicht die Synthese der älteren Stadtplanungsmodelle. Sixtus hatte mit der Straßenachse ein Gestaltungselement gewählt, das zielgerichtet war und die städtische Topographie zum Transitorium degradierte. Natürlich war die Sixtinische Straßenachse, ungeachtet ihrer theologischen Konnotation, ein römisches Architekturelement. Bezeichnenderweise hat sie ihren Ursprung aber in den Militärlagern.

Innozenz setzte ihr den Platz als ein genuin stadtrömisches Element entgegen, das sich inmitten eines engen Straßengewirrs unvermutet öffnete. Auf der *Piazza Navona* konnte er sich den lokalen Eliten und dem *populus Romanus* in traditioneller Weise wie auf dem Forum oder wie auf einer Bühne präsentieren: nicht als ein zweiter Mose, der fremde Pilgerströme von Kircheninnerem zu Kircheninnerem dirigierte, sondern als ein Prinzeps, der die Menschen auf dem Platz als einer Stätte des Verweilens und der Kommunikation versammelte. Als Festplatz ersetzte die *Piazza Navona*, über dem *Domitianischen Circus* errichtet, in gewisser Weise sogar den vatikanischen *Belvederehof*, der bis zu Sixtus V. als Turnierplatz gedient hatte.

Auch Alexander bediente sich der Piazza. Dementsprechend verwandelte er den Bereich vor *Santa Maria del Popolo* mittels der Zwillingskirchen am *tridente* und den Raum vor der *Peterskirche* mittels der *Kolonnaden* in wirkliche Platzanlagen, die im profanen Sinne eine ähnliche Funktion wie die *Piazza Navona* erfüllten: der *Petersplatz* – Theater, Forum und Arena in einem. Und auch die *Piazza del Popolo* besaß als Ausgangspunkt der Wagenrennen, die in der *Via del Corso* abgehalten wurden, eine zirzensische Funktion. Darüber hinaus diente sie mit den Chigi-Gräbern wie *Sant'Agnese* einem gentilizischen Kommemorialkult.

Sowohl die Verbindung der *Piazza del Popolo* mit dem *Corso* als auch die Anbindung der *Piazza di San Pietro* an den *Borgho Nuovo* verlieh diesen Plätzen aber auch eine transitorische Dynamik, die auf dem Vatikan durch die *Kolonnaden* verstärkt wurde. Wie die rechte Herzkammer das Blut ansaugt, um es wieder über die Adern in die linke Herzkammer zu pumpen, so sammelt die *Piazza del Popolo* die Pilgerströme, um sie auf dem Heils- und Tugendweg nach *Sankt Peter* zu schicken.

Eine unerlässliche Voraussetzung für diese Funktion war jedoch, dass der *Petersplatz*, um im kardiologischen Bild zu bleiben, wirklich wie ein ,Atrium' funktionierte und dass Madernos

Fassade, die zum Kircheninnern als der Herzkammer überleitete, ähnlich durchlässig war wie eine Herzklappe. Letztlich wurde also ausgerechnet jenes Gebäudeteil, das Paul V. im besonderen Maße für seine gentilizische Repräsentation genutzt hatte, zum lebenswichtigen Organ des neuen Disziplinarraums.

376, 377   Die erforderliche Durchlässigkeit besaß die Fassade – und hier kehre ich nun zu meiner eigentlichen Terminologie zurück – dank des **Zwischenraums**, den sie umschließt und der ursprünglich von außen gut wahrnehmbar war. Er ermöglichte den reibungslosen Fluss zwischen dem **Innenraum** der Basilika und dem **Vorraum** des Platzes. Ebenso setzte er sich in Gestalt der *Scala Regia* und der *Kolonnaden* **tiefenräumlich** in den *Vatikanischen Palast* und **frontalräumlich** in den Stadtraum hinein fort.

391–394   Schon vor Bernini hatten Architekten erwogen, Madernos Fassadenraum in Form von Annexbauten stadteinwärts zu verlängern (D 3). Diese Überlegung lag umso näher, als Madernos Vorhalle sich exakt über dem Narthex der konstantinischen Basilika erhebt und dieser Raum sich über das spätantik-mittelalterliche Atrium gleichfalls nach Osten fortgesetzt hatte.

Darüber hinaus bediente sich Bernini des Fassadenraumes, um die ikonogaphischen Bezüge zwischen dem Inneren von *Sankt Peter* und dem Stadtraum zu verstärken. Diese hatten bis dahin vor allem im Bildprogramm des *portico* (Taten des heiligen Petrus) bestanden. Nun wandte sich der Cavaliere der **Benediktionssala** zu, wo er die Lünetten über den mittleren Fenstern der Stirn-

407a, b   wand und der Fassadeninnenwand mit den *monti* und *astri* der Chigi verzierte. Damit kodierte er genau die beiden Punkte, die innerhalb des Fassadenraums den Verlauf der ideographischen Achse zwischen *Cathedra*, Hochaltar und *Obelisk* markieren.

Die Praxis, Teile des Stadtraums mittels Fassadenräumen zueinander in Beziehung zu setzen, geht natürlich auf Sixtus V. zurück. In der nördlichen *Benediktionsloggia* von *San Giovanni in*

243   *Laterano* tritt der Peretti-Pontifex aus der Tiefe einer gemalten Scheinarchitektur, um in einer imaginären Prozession Richtung Esquilin zu ziehen. Diesen **frontalräumlichen** Impuls sollte die

247   von Ponzio geplante **tiefenräumliche** Inszenierung der Fassade von *Santa Maria Maggiore* aufnehmen. Nachdem das Projekt, die mittelalterlichen Fresken mittels des *portico* und der Zwillingspaläste bühnenartig zu inszenieren, nicht verwirklicht worden war, schuf Paul V. mit der *Marien-*

245   *säule* auf der *Piazza Santa Maria Maggiore* einen neuen optischen und theologischen Zielpunkt. Gut anderthalb Jahrhunderte später entstand dann unter Benedikt XIV. doch noch eine **tiefen-**

1, 3   **räumliche** Fassade. Zusammen mit ihrem Pendant im Lateran kennzeichnet sie nun die *Via Merulana* als eine Etappe auf dem die Stadt durchziehenden Heils- und Tugendweg.

Offenbar war man sich noch im 18. Jahrhundert bewusst, dass gerade die Metapher der *viae rectae*, welche die *sanctissima templa* verbinden, raumhaltige Fassaden voraussetzt. Die Fassadenräume verankern die Kirchen und deren Innenräume innerhalb des Stadtraums (nicht selten mithilfe der ihnen vorgelagerten Plätze). Zudem lassen sie die einzelnen Wegabschnitte beginnen und enden. Nur auf diese Weise werden die Kirchen wirklich als Stationen des Heilswegs erfahrbar. Insofern war es nur folgerichtig, dass die in Kapitel D 6.2 zitierte *Benedictio Peregrinorum ad Loca Sancta prodeuntium* aus den offenen Fassadenräumen dieser Kirchen heraus erteilt wurde. Ohne diese Segensspendung wäre die Funktion des Tableaus nicht wirklich gewährleistet gewesen. Die *viae rectae* beginnen und enden also nicht nur in den Fassadenräumen, sie werden dort durch das kirchliche Zeremoniell auch angemahnt und bestätigt.

Darüber hinaus setzt sich die Prozession der Pilger wie in *Sankt Peter* im Bildprogramm des Inneren fort: parallel zu den alt- und neutestamentlichen Heilswegen, die im Langhaus dargestellt sind, analog zu den Lämmern, die auf dem Triumphbogen zu Christus ziehen, hin zur Apsis mit dem thronenden Christus, dem die Gläubigen in der Liturgie innerlich entgegengehen.

Wie die Untersuchungen in den vorigen Kapiteln ferner ergeben haben, greifen im frühneuzeitlichen Fassaden- und Stadtraum die theologischen, politischen und sozialen Funktionen stark ineinander. Über die symbolische Kodierung hinaus zeigt sich diese Verschränkung auch in anderen Bereichen. Gerade im 17. Jahrhundert waren Feste und Zeremonien, in denen Adel und Volk sich zeitweilig vereinten, in denen sich die Hierarchie aber auch der Öffentlichkeit präsentieren konnte, konstitutive Elemente der römischen Gesellschaft. Äußerst geeignet für die Inszenierung von Festen waren neben Innenräumen und Plätzen szenographische Architekturen wie die *Fontana di Trevi*, die in ihrer **Frontalräumlichkeit** Akteure und Zuschauer zu einer Einheit verschmolzen und dabei dennoch dezent zwischen verschiedenen Graden der Ein- bzw. Anbindung unterschieden (vgl. C 9.4). Ideale Plattformen für die Inszenierung von Zeremonien als „sorgsam inszenierte[n] lebende[n] Bilder[n]"[477] der sozialen und politischen Ordnung waren **zweischalige** Fassaden mit offenen Treppenhäusern (*Palazzo della Consulta*) oder mit **Benediktionsloggien**.

212, 213

314

66, 224, 4

Natürlich stellt sich für den Kunsthistoriker die Frage, ob und wie die verschiedenen Aufrissformen und Raumtypen diese sozialen Hierarchien in Szene setzten. Eine Antwort lässt sich gerade anhand der **Benediktionsloggia** und der **Benediktionssala** finden.

In Raphaels „Borgobrand" etwa wird Leo IV. durch die Arkade vom übrigen Hofstaat deutlich abgesetzt. Innerhalb der kurialen Rangordnung folgt der Kardinal, der rechts hinter dem Pontifex steht. Zwar tritt er räumlich deutlich zurück, doch genießt er im Unterschied zum übrigen Hofstaat den Vorzug, sich noch innerhalb der nobilitierenden Arkade, deren Säule er sogar umfasst, zu befinden. An dritter Stelle steht der Zeremonienmeister, der das linke Interkolumnium füllt und der auf den Papst als eine Art Assistenzfigur bezogen ist. Durch die Architektur wird er besonders hervorgehoben, zugleich aber auch von Leo getrennt. Im Grunde genommen ist er zum Pontifex ähnlich positioniert wie ein Heiliger auf dem Seitenflügel eines Triptychons zum Hauptpatron in der Mitte (C 6.6). Den vierten und den fünften Rang nehmen schließlich jene Priester ein, die – gleichfalls weitgehend verdeckt – im rechten Interkolumnium platziert sind.

10

Aufschlussreich für die Sozialsemiotik römischer Fassaden ist auch der in Kapitel C 6.1 durchgeführte Vergleich der ausgeführten *Ostfront von San Giovanni in Laterano* mit den Konkurrenzentwürfen. Je mehr die Fassade dem Typus der **Benediktionssala** entspricht, desto exklusiver fällt die Präsentation aus: Der Auftritt bleibt auf die Personen beschränkt, die durch die einzige, in der Mitte befindliche Fassadenöffnung ins Freie treten. Da der Raum, aus dem diese kleine Gruppe kommt, geschlossen und manchmal sogar zu einem Tabernakel stilisiert ist, erhält ihr Auftritt einen nachgerade epiphanischen Charakter, der die Zeremonie wie ihre Akteure sakral überhöht – eine Wirkung, die – in anderem Zusammenhang – auch das Grabmal Gregors XV. provoziert (C 6.6). Die von Galilei ausgeführte **Benediktionsloggia** bietet hingegen einem sehr viel größeren Kollektiv Platz. Dessen Auftritt wirkt zugleich weitaus profaner. Dennoch ermöglicht es die Konzentration architektonischer Würdeformen wie der **Tempelfront**, der Serliana und des Balkons in der Fassadenmitte, dass die dort befindlichen Personen sich von allen anderen deutlich abheben. Fast schon egalitär sind im Vergleich hierzu die Inszenierungen in der *Nordfassade der Lateranbasilika*. Von seiner zentralen Position abgesehen können der Pontifex und seine unmittelbaren Begleiter nur noch – wie im Fresko an der Rückwand – durch einen Baldachin oder durch sonstige Formen der Drapierung oder liturgischen Staffage hervorgehoben werden. An der *Alten vatikanischen Loggia*, deren Bau über vier Achsen nicht hinausgekommen war, gab es nicht einmal diese zentrale Position.

224–240

224

243

Mit anderen Worten: Begreift man die in raumhaltigen Fassaden abgehaltenen Zeremonien als einen elementaren Teil der sozialen Selbstdarstellung und Disziplinierung, so steigt der Öffentlichkeitscharakter der Architektur mit der Offenheit des Fassadenspiegels bzw. der Einsehbarkeit des Raumes. Zugleich scheinen Fassaden im Stil des römischen Hochbarock eher geeignet, den Auftritt des Papstes als eines absoluten Souveräns zu überhöhen als die ‚klassischen' Fassaden des Früh- und des Spätbarock.

---

477 Reinhardt/Büchel 2001, S. 371.

Wie sehr die raumhaltigen Fassaden nicht nur formalästhetisch, sondern auch in ihrer sozialen Semiotik eine feste Komponente des öffentlichen Disziplinarraums waren, zeigte sich darüber hinaus in ihrer Platzierung am Ende oder wenigstens am Rand wichtiger Straßenachsen (neben der Ost- und der *Nordfassade von San Giovanni* gilt dies für die *Ostfassade von Sankt Peter*, die *Nordfassade von Santa Maria Maggiore* sowie für die Fassaden von *Santa Croce in Gerusalemme* und *Santa Maria in Via Lata*). Die *modernità* und die *magnificenza* des römischen Stadtbildes, die sich in den neuen Fassaden manifestierten, dokumentierten also nicht nur die Erneuerung der Kirche und der Stadt; in ihrer Belebung durch Feste und Zeremonien repräsentierten sie auch das gesellschaftliche Gefüge.

Dasselbe galt natürlich für die Architektur von *Sankt Peter*, die in ihrer Raumhaltigkeit zunächst den Auftritt des Pontifex in der **Benediktionssala** inszenierte. Dank ihrer Offenheit nach außen und nach innen führte sie auch den **frontalräumlichen** Impuls der *Cathedra* und die **tiefenräumliche** Dynamik des Platzes zusammen. Dies war aber die Voraussetzung dafür, dass während der Liturgie der an der *Cathedra* oder am Hochaltar zelebrierende Papst, seine Konzelebranten sowie die im Langhaus und auf der *Piazza* versammelten Kleriker und Gläubigen als Glieder einer Stufenontologie erfahrbar wurden, welche die gesamte Schöpfung umfasste. Innerhalb dieser Seinshierarchie behauptete jeder den ihm gebührenden Platz Kraft göttlichen Rechts (siehe Kapitel D 4.1.3.3). Eindeutiger und zugleich verbindlicher konnte eine soziale Semiotik gar nicht ausfallen.

Letzten Endes konnten in dieses Kollektiv sogar alle einbezogen werden, die innerhalb und außerhalb der Stadt nach *Sankt Peter* pilgerten. Während sich das Tableau **frontalräumlich** also fast beliebig erweitern ließ, besaß es mit der Taube, welche die *Cathedra* erleuchtet, einen definitiven Endpunkt. Hinter der Taube und den sie rahmenden Fensterstreben als Symbolen der göttlichen Epiphanie war eine weitere Instanz weder theologisch noch ästhetisch denkbar. Darüber hinaus war durch die gentilizische Aufladung von *Santa Maria del Popolo* auch der nördliche Einfallsbereich, durch den die meisten Pilger die Stadt betraten, ‚geschützt'. Im Unterschied zu Sixtus V. schien Alexander VII. also vorgebaut und seinen Disziplinarraum für alle Zeiten gesichert zu haben. Aber wie sicher war dieser Raum wirklich?

Wie seine Vorgänger dachte Bernini als Gestalter (bzw. Neuschöpfer) des Alexandrinischen Tableaus in räumlichen Strukturen. Daher war der neue Heils- und Tugendweg durch Techniken, die auf eine Veränderung des Raumes oder auf seine Umkodierung zielten, in der Tat nicht zu relativieren. So setzte beispielsweise die durch Clemens IX. und Clemens X. veranlasste Ausstattung der *Engelsbrücke* keine Zäsur, sondern fügte sich in das urbane Konzept ein und verstärkte es sogar. Selbst *Sant'Andrea al Quirinale* oder gar der sog. *Vaterlandsaltar* neben dem *Kapitol*, den das Königreich Italien als Antipoden zum *Petersdom* an den Anfang des *Corso* gestellt hatte, bildet zusammen mit der *Piazza Venezia* nur neue städtische **Binnenräume**. Die Gültigkeit des Alexandrinischen Systems vermochte er nicht außer Kraft zu setzen. Dieses Kunststück vollbrachten allein die Denkmalpflege und die Sicherheitsbehörden der Päpste!

Durch die Verglasung und Teilvermauerung der *corridoi*, der Petersfassade und letztlich auch des *Damasushofes* (einschließlich der Anbringung von Gardinen) schottete sich der Vatikan im 19. und frühen 20. Jahrhundert gegenüber dem Stadtraum mehr und mehr ab. Die *Piazza di San Pietro* selbst wurde zu einem reinen Vorplatz, der zwar in den Stadtraum übergeht, zwischen diesem und der Kirche aber nicht mehr vermittelt. Die *Kolonnaden* enden jetzt abrupt an den *corridoi*, die nur noch als eine Randbebauung wirken. Dass ihre Prozessions- und Wandelgänge eigentlich auf den Platz bezogene **Ringräume** sind, ist nicht mehr erkennbar.

Auch die *Peterskirche* und der *Vatikanische Palast* wurden vom **Umraum** abgeschottet. Das Fenster am oberen Wendepodest der *Scala Regia* erhielt eine neue Verglasung (jetzt ohne das Chigi-Wappen) und einen Vorhang. An der Eingangsinnenwand des Langhauses wurden die Fenster gleichfalls verhängt. Außerdem erhielten die Seitentüren Windfänge. In der Apsis wurde die Glorie der *Cathedra Petri* in einem weitaus dunkleren Glas erneuert, das keine wirkliche Transparenz mehr besitzt. Der Heilige Geist sendet sein Licht nicht mehr von außen in den Kirchenraum. Stattdessen erscheint er als ein illuminierter Teil der Wanddekoration.

Da die Verglasungen und das Anbringen von Vorhängen zu einem großen Teil konservatorischen Belangen Rechnung trugen, siegte das denkmalpflegerische Bewusstsein über das barocke Raumempfinden. Darüber hinaus dürften die Verglasungen Ausdruck eines gewandelten kirchlichen Selbstverständnisses sein. Das Papsttum pflegte zunehmend eine nach innen gerichtete Frömmigkeit; spätestens seit dem *Risorgimento*, der Gründung des Königreichs Italien, in dessen Folge die Päpste sich als Gefangene im Vatikan betrachteten, grenzte sich die Kirche auch gegenüber dem Staat ab.[478] Die *Cathedra Petri* stand nun nicht mehr am Ende eines Heils- und Tugendweges, der bereits vor den Toren Roms begann und die gesamte Stadt durchzog, sondern sie war allenfalls der Schauplatz von liturgischen Veranstaltungen, die auf die Westtribuna beschränkt blieben. Nachdem der Fassadenraum seine ursprüngliche soziosemantische Funktion verloren hatte und nachdem seine ästhetische Bedeutung in Vergessenheit geraten war, hatten die Päpste des 19. Jahrhunderts, vielleicht ohne es zu wollen, eben jene Parzellierung geschaffen, die insbesondere Sixtus V. und Alexander VII. zu überwinden gesucht hatten.

Als die Lateranverträge im Jahre 1929 zu einer gewissen Annäherung zwischen Kirche und Staat führten, sollte diese bezeichnenderweise durch die Anlegung der *Via della Conciliazione* zum Ausdruck gebracht werden. Tatsächlich ist der *Petersplatz* nun enger mit dem Stadtraum verbunden als je zuvor. Indes findet der durch die neue Achse geschaffene **tiefenräumliche** Impetus an der Fassade von *San Pietro* keinen Widerhall mehr, sondern prallt an ihr ab. Letztere dient in ihrem versiegelten Zustand der neuen Prachtstraße bestenfalls als historische Kulisse, an der die Inschrift Pauls V. wieder zu unverdienten Ehren gelangt ist. Auf Mussolinis Rom als einen faschistischen Disziplinarraum konnten die Architekturen Madernos und Berninis keinen Einfluss mehr nehmen.

Daran änderte sich auch nichts, als ab Paul VI. immer mehr liturgische Handlungen vom Inneren der Basilika auf den *Petersplatz* verlegt wurden. Das von den *Kolonnaden* eingefasste Oval der *Piazza Obliqua* wurde gleichsam zum Versammlungsort der Gläubigen, während die *Piazza Retta* mit ihren Stufen zum Sanktuarium mutierte. Die Fassade wurde so zur Abschlusswand eines Freiraums, doch blieb dieser nach wie vor vom **Innenraum** getrennt. Erst mit der Wahl Benedikts XVI. im Jahre 2005 wurde die Fassade wieder etwas durchlässiger: Nach dem Konklave betrat nicht nur der Pontifex den Mittelbalkon, sondern es erschien auch das ganze Kardinalskollegium auf den übrigen Balkonen. Für einen kurzen Moment kommunizierte der Fassadenraum wieder mit dem Platzraum, kam es, wenn auch nur in zaghaften Ansätzen, wieder zu der Verschränkung der **Benediktionssala** mit dem **Vorraum**. Bei seiner Amtseinführung zog Benedikt schließlich in einer langen Prozession vom Petrusgrab auf den Platz hinaus. Damit ging ein **frontalräumlicher** Impuls vom Innern der Basilika aus. Hatte die Kirche den Weg, der einst in **tiefenräumlicher** Dynamik aus der Stadt zu *Confessio* und *Cathedra* führte, durch die Versiegelung der Fassade für lange Zeit unterbrochen, so scheint sie sich nun ihrerseits auf den Weg hinaus in die Stadt und den Erdkreis zu machen. Ob der Weg auch in dieser Richtung durch die *aspera* der Zeitenläufe *ad astra* führt, wird die Zukunft weisen.

---

478 Zum Prozess der Entfremdung von Papsttum und moderner Staatenwelt im Allgemeinen und der Abgrenzung Pius' IX. gegenüber dem Königreich Italien im Besonderen siehe Reinhardt 2003b, S. 13–15.

TEIL E

ZUSAMMENFASSUNG

Das Anliegen dieser Arbeit ist es, den Fassadenraum als eine wesentliche ästhetische, ikonographische und soziale Größe der frühneuzeitlichen Architektur ins allgemeine Bewusstsein zurückzurufen. Wie schon die in Teil A angeführten Beispiele zeigen, ist die Raumhaltigkeit von Fassaden der Renaissance, des Barock und des Klassizismus seit dem frühen 19. Jahrhundert zunehmend verloren gegangen. Offene Säulenreihen, Loggien, Treppenhäuser, Vorhallen, Wandelgänge oder Durchfahrten wurden aus Gründen der Konservierung, des Witterungsschutzes, der Gebäudesicherung, der Platzgewinnung oder anlässlich einer öffentlichen Inszenierung zeitweilig oder dauerhaft verhangen, vergittert, verglast und vermauert.

Diese Eingriffe, die nicht selten mit Zustimmung der Denkmalpflege erfolgten, geschahen einerseits aus der Vorstellung heraus, Gitter und Glasfenster könnten als durchlässige bzw. transparente Elemente das ursprüngliche Raumkonzept nicht beeinträchtigen. Andererseits wurden Fassadenräume bewusst ‚höheren Belangen' geopfert oder überhaupt nicht mehr als Teile einer architektonischen Konzeption wahrgenommen, eine Praxis, die teilweise auch noch heute zu beobachten ist.

Die Folge sind versiegelte Fassaden, deren Gliederung und Proportionen ebenso gestört sind, wie es ihr Verhältnis zum Inneren und zu ihrer Umgebung ist. Als besonders prominente Beispiele lassen sich der *Petersdom* und der *Damasushof* im Vatikan, das *Hôtel Lambert* zu Paris, der Schlüterhof des *Berliner Schlosses*, das *Obere Belvedere* in Wien oder das *Alte Museum* in Berlin anführen. Nicht weniger verhängnisvoll kann sich es auswirken, wenn der Fassaderaum seines ursprünglichen urbanistischen oder landschaftlichen Umfeldes beraubt wird. Auch auf diese Weise gehen strukturelle oder funktionale Bezüge verloren.

Aber auch in der Forschung macht sich das geringe Interesse an der Raumhaltigkeit von Fassaden bemerkbar. Eine Darstellung, die den Fassadenraum als eine eigenständige Kategorie angemessen würdigt, gibt es nicht. Selbst in den Untersuchungen zu Monumenten, deren Fassaden eindeutig raumhaltig sind, spielt dieser Aspekt so gut wie keine Rolle. Bisweilen werden sogar ehemalige Außenräume wie die Loggien des *Damasushofs* als genuine Innenräume wahrgenommen (Theodor Hetzer) oder die Umbauung des *Petersplatzes* mit den einst offenen *corridoi* als geschlossene „Platzwand" betrachtet (Norberg-Schulz). Auch die auf Stichen und Veduten eindeutig dokumentierte Offenheit der Fassade von *Sankt Peter* war so gut wie nie Gegenstand wissenschaftlicher Überlegungen, geschweige denn die damit verbundene Frage, welche ikonographischen und urbanistischen Konzepte ihr zugrunde lagen.

Um derartigen Fragen nachgehen zu können, war es zunächst nötig, in Teil B die formalen Eigenschaften des Fassadenraums zu analysieren. Die Erfassung und Unterscheidung der verschiedenen Raumarten bedarf einer spezifischen Terminologie. Die Kriterien für deren Erstellung waren u. a. die Ausrichtung des Grundrisses, die Gestaltung der Fassadenrückwand und des Gewölbes sowie das Verhältnis zum Fassadenaufriss oder zum gesamten Umfeld: Welche Gewölbeform führt dazu, dass ein Raum sich eher in die Breite als in die Tiefe erstreckt? Wann ist mit einer solchen Ausrichtung eine Dynamik verbunden? Welche Gliederungselemente bewirken, dass eine Fassade sich dem **Außen-** oder dem **Innenraum** öffnet? Wann **greift** die Fassade sogar in den **Umraum aus**, wann **lässt** sie ihn in sich **ein**? Welche Durchlässigkeit besitzen in diesem Zusammenhang Arkaden, Pfeilerreihen oder Kolonnaden, wie wichtig sind lichte Weiten und Interkolumnien? Wann werden Räume durch Rampen, Treppen oder Terrassen **geschichtet**? Wann wird die Architektur von einem Raum **durchdrungen**? Verändern sich die Fassadenräume mit dem Betrachterstandpunkt oder dem Lauf der Sonne? In welchem Verhältnis stehen sie zu den angrenzenden Räumen? Werden sie von diesen **durchkreuzt, eingefasst** oder **umfassen** sie selbst einen anderen Raum? Und welches Verhältnis besteht zwischen dem Fassadenraum und seinem bildlichen Dekor?

Anhand dieser Kriterien lässt sich die spezifische Struktur zahlreicher Bauten völlig neu verstehen und herleiten. So ist der Eingangsbereich von *Sant'Andrea* in Mantua nicht als eine Vorhalle hinter der Fassade zu deuten, wie Ingomar Lorch glaubte, sondern als ein tonnengewölbtes Pfeilergeviert, das gleichsam in eine an sich raumhaltige **Tempelvorhalle** gestellt ist. Verständlicher werden aber auch geplante Architekturen wie Antonio da Sangallos d. J. *Modell für Sankt Peter*. Ein Zentralbau sollte um eine Zweiturmfront mit **Benediktionsloggia** erweitert werden, ohne seinen Charakter zu verlieren. Daher reduzierte Sangallo den Verbindungstrakt zwischen beiden Baukörpern auf eine Art Brücke. Normalerweise hätte die Fassade nun als ein Fremdkörper gewirkt. Um dies zu verhindern, verlieh Sangallo ihr eine Tiefenräumlichkeit, die von der **Benediktionsloggia** über die ‚Brücke' bis zum Zentralbau reicht. Mit anderen Worten: Während er durch die Reduktion der sichtbaren Masse die Baukörper voneinander trennte, verband er sie durch die Dynamisierung des ‚unsichtbaren' Raums.

Eine besonders große Rolle spielt der Raum bei Ideal- und Phantasiebauten. Bei Andrea Pozzos Prospektarchitekturen lässt sich die Bewegungsrichtung der Staffagefiguren überwiegend aus der Dynamik der verschiedenen Räume erklären (bzw. die Bewegung der Figuren dient der Klärung der räumlichen Bezüge). In Johann Bernhard Fischer von Erlachs *Entwurf für ein Lustgartengebäude* entsteht sogar der Eindruck, die Dynamik des Raums könne eine physische Kraft entfalten und den Fassadenmantel von innen wie von außen konvex oder konkav verformen.

Als ein Problem der ganz besonderen Art erwies sich das Tabulariums- oder Theatermotiv, das völlig unterschiedlich ausfallen kann: Der Raum hinter einer Wandarkade, der als einer **primären** Struktur eine Kolonnade als ein **sekundäres** Gliederungselement appliziert ist (*Amphitheater in El Djem*), besitzt eine ganz andere Dynamik als der Raum hinter einer **primären** Kolonnade, in deren Interkolumnium eine **gliederhafte** Arkade gleichsam nachträglich eingestellt ist. Dies gilt vor allem dann, wenn diese Arkade auch noch der Ausläufer einer Säulen- oder Pfeilerarchitektur ist (wie der Garten-*portico* der *Villa Mondragone* in Frascati oder die Vorhalle von *Sant'Andrea* in Mantua).

Mit diesem Phänomen eng verbunden ist eine Situation, die ich als **Arkadenkonflikt** bezeichnet habe. Er ergibt sich aus der Unmöglichkeit, bei übereinanderstehenden Theatermotiven folgende kanonische Regeln in Einklang zu bringen: Die vorgeblendeten Ordnungen müssen – bei strikter Einhaltung der Superposition – nach oben hin immer niedriger werden. Zugleich sollen die dazugehörigen Bögen immer schmaler werden, ohne dass die Wandmasse zunimmt. Die klassische Lösung sah vor, die obere Ordnung aufzusockeln (Hof des *Collegio della Sapienza* in Rom) oder die oberen Bögen als Serlianen zu gestalten, so dass die Mauermasse durch die zusätzlichen Seitentravéen reduziert wird (Serlios „Venezianische Fassade"). Sonderlösungen bestanden darin, die untere Stockwerksordnung einfach durch ein ungegliedertes Sockelgeschoss zu ersetzen (Gartenfront von *Versailles*), die Archivolten der oberen Arkaden zu Korbbögen herabzudrücken (*Universitätskirche in Würzburg*), die Zunahme an Wand durch Lisenen und abgeschrägte Gewände zu kaschieren (*Palazzo Barberini* in Rom) oder die Stockwerksordnungen durch eine durchgehende Kolossalordnung zu ersetzen (*Hof der Philippiner* in Rom). Gelegentlich wurden die verschiedenen Lösungen sogar kombiniert (Berninis *erstes Louvreprojekt*). Einen weiteren Ausweg fand Sangallo an seinem *Holzmodell für Sankt Peter:* Er verringerte am Kuppeltambour den Radius des oberen Geschosses (und damit auch die Interkolumnien der Stockwerksordnung), so dass die Bögen trotz ihrer geringeren Höhe schmaler ausfielen. Bei diesem Prinzip der **tiefenräumlichen Superposition** wird der Fassadenraum nicht nur zu einem mitgestaltenden, sondern zu einem konstitutiven Element.

Nachdem in Teil B die Fassadenräume auf ihre ästhetische und strukturelle Relevanz hin befragt worden waren, standen in Teil C ihre funktionale und ikonologische Bedeutung im Mittelpunkt. Zunehmend wurde deutlich, dass die formalen nicht von den inhaltlichen Raumeigenschaften zu trennen sind.

Beispielsweise zeichnet in der römischen Kirche *Sant'Andrea al Quirinale* die chiastische Anordnung der vier Nebenkapellen das Kreuz des Kirchenpatrons nach. Zumindest indirekt spielt das X aber auch zusammen mit dem I der Hauptachse und den zehn Anräumen auf Innozenz X. an. Zu dessen Gedächtnis hatte der Neffe Camillo Pamphilj die Kirche gestiftet. Der semantischen Verschränkung von Patrozinium und Stifterfamilie entsprechend, ist die Apotheose des heiligen Andreas analog zur Verherrlichung des päpstlichen Familienwappens inszeniert. In diese ‚**gentilizische**

Kryptokodierung' wird die angrenzende Topographie mittels der Fassade einbezogen. Diese **übergreift** und **umfasst** den **Umraum** nicht nur, sondern spiegelt auch die Struktur des Inneren nach außen. Und da sie darüber hinaus Giacomo Lauros *templum honoris et virtutis* zitiert, entspricht der Bau auch dem Typus einer Ruhmesrotunde mit vorgelagertem *tempietto*, die den Quirinal als einen Pamphilianischen Tugendberg krönt.

Darüber hinaus ist *Sant'Andrea* als eine Replik auf die Kirche *Santa Maria dell'Assunzione* in Arricia zu sehen. Dort hatte Bernini kurz zuvor für Alexander VII. das auf einer Anhöhe gelegene Feudum der Familie Chigi gleichfalls nach dem Vorbild von Lauros Tempel mit einer Rotunde bekrönt, wobei der *portico* wieder als ein Vortempel zu deuten ist. Die Aspekte von *virtus* und *honos* aufgreifend, verherrlicht das Bildprogramm des Inneren die Gottesmutter, die bei ihrer Aufnahme in den Himmel – auf den ersten Blick nicht unbedingt nachvollziehbar – mit dem Sternenkranz bekrönt wird. Da Alexander den von einem Stern überstrahlten Berg im Wappen führte und der Tugenddevise *per aspera ad astra* sowie der Magnifikat-Sentenz *exaltavit humiles* folgte, ergeben sich gleich drei Bezüge zur Chigi-Emblematik. Zugleich wurde wie in *Sant'Andrea* das geistliche Patrozinium mit dem weltlichen Patronat identifiziert. Und selbstverständlich wird auch der Hügel von Ariccia gentilizisch kodiert, wobei der Fassadenraum erneut die Funktion eines Bindeglieds übernimmt.

Für eine ganz andere Art, das Umfeld zu kodieren, steht *Sant'Ivo alla Sapienza*. Anders als die Forschung bislang angenommen hat (Ost, Du Prey, Stalla, Thürlemann), stellte Borromini im Inneren der Kuppel die pfingstliche Epiphanie des Heiligen Geistes nicht nur dar; vielmehr ist die gesamte Architektur als Ausfluss, ja als materielle Konkretisierung des Feuers zu verstehen, das der Heilige Geist über das *Collegio* ergießt. Die ideelle Grundlage dieser Vorstellung von **Emanations-** oder **Effusionsarchitektur**, wie ich sie genannt habe, ist u. a. das Bibelwort „sapientia aedificavit sibi domum". Der Charakter der Architektur als eine Verstofflichung effundierten Lichts erklärt nicht nur die starke Bewegtheit der Wand; der Kirchenraum erscheint auch als ein Innenhof, der erst durch die Präsenz des Heiligen Geistes überwölbt und dadurch zum Sakralraum wurde. Mit dieser Bedeutung einher geht die Gestaltung des Äußeren als eines Leuchtturms der Weisheit. Ferner wird – wohl in bewusster Auseinandersetzung mit Francis Bacons utopischem Entwurf „Nova Atlantis" – suggeriert, der Lehrbetrieb der päpstlichen Universität sei räumlich und gedanklich ganz an der geoffenbarten Göttlichen Weisheit ausgerichtet. Verstärkt wird dieser Eindruck dadurch, dass die Kirchenfassade sich in der ihr vorgelagerten Hofarchitektur des *Collegio* fließend fortsetzt und die Umgänge des Hofes umgekehrt mit dem Innenraum der Kirche kommunizieren. Wurden im Inneren von *Sant'Ivo* aus den Fassaden eines imaginären zweiten Hofes gleichsam die Innenwände einer Kirche, so **umgreift** die Fassade der Kirche in den Wänden des eigentlichen Hofes gewissermaßen sich selbst.

Darüber hinaus ist *Sant'Ivo* Ausdruck eines mehrfachen ikonographischen und architektonischen *possesso*. Erst sollte der Bau als Schauplatz der Apotheose der Barberini-Biene auf Urban VIII. anspielen. Dann wurde er zu einer Schöpfung der Geisttaube, die dem Wappentier der Pamphilj glich. Seit Alexander VII. hypostasiert die Kuppel einen zweiten Pharus, der das Licht der Göttlichen Erkenntnis in den Stadtraum der *Roma Alexandrina* hineinstrahlt.

Von der barocken Vorstellung, ein Hof könne durch seine Überwölbung zu einem Innenraum mutieren, zeugt auch die Praxis, die Cour des *Pariser Rathauses* bei besonderen Anlässen durch das Aufziehen eines Plafonds aus Stoff und durch das Aushängen der Fenster in einen Festsaal zu verwandeln, wobei die Hoffassaden zu Logen werden. Im Gegenzug gibt das Treppenhaus von *Schloss Pommersfelden* mit seinen umlaufenden Galerien und seinem gemalten Deckenhimmel vor, eine offene Hofarchitektur zu sein.

Völlig anderer Natur ist die Raumhaltigkeit von *Santa Maria della Pace*. Vor allem im Vergleich zu *Sant'Ivo* ist sie theologisch völlig unspektakulär. Umso stärker ist die szenographische Wirkung. Zu Recht hat Hans Sedlmayr in der Abfolge von Rückwand, Kernfassade und vorgelagertem *tempietto* einen schrittweisen Übergang von der Zwei- zur Eingeschossigkeit, von der

Flächigkeit zur Körperlichkeit und vom Konkaven zum Konvexen erkannt. Bezieht man den Raum als eine weitere Größe in die Deutung ein, so vollzieht sich darüber hinaus der Übergang von **raumumgreifenden** über **raumschichtende** zu **raumübergreifenden** Strukturen. Mit der Randbebauung des Vorplatzes, die Sedlmayr nicht nur hinsichtlich ihres Aufrisses zu wenig berücksichtigt hat, fand Pietro da Cortona schließlich wieder zu einer flächigen, zweigeschossigen, konkaven und **raumumgreifenden** Struktur zurück. Ein weiterer Aspekt ist die außerordentliche kinästhetische Wirkung des Ensembles, die ihrerseits die Existenz eines vielgestaltigen Raumes voraussetzt.

Theologisch bedeutsamer ist wiederum die *Ostfassade der Lateranbasilika*, die wie die Nordfassade derselben Kirche oder die Fassade von *Santa Maria Maggiore* der Inszenierung des päpstlichen Segens diente. Als besonders aufschlussreich erweist sich der Vergleich mit den zahlreichen Alternativentwürfen. Die meisten Künstler wie Andrea Pozzo, Ludovico Rusconi Sassi oder Luigi Vanvitelli gestalteten die Stelle, von der aus der Papst den Segen erteilen sollte, als eine mehr oder weniger geschlossene **Benediktionssala**, die an eine Kapelle oder an einen Tabernakel erinnert und der Zeremonie den Charakter einer Epiphanie verliehen hätte. Galilei bevorzugte hingegen eine **Benediktionsloggia**, deren Raum er völlig offenlegte. Der blockhafte Charakter der Fassade suggeriert sogar, der Raum sei eine eigenständige, geometrisch fest umrissene, fast schon körperhafte Größe. Diesem rationalistischen Denken in Raumkörpern entspricht ein Aufrisssystem, in dem die einzelnen architektonischen Elemente je nach Funktion auf eine höchst logische Weise einander zu- bzw. über- oder untergeordnet sind.

In *Santa Maria Maggiore* inszenierte Ferdinando Fuga über die Segensspendung hinaus die Kontinuität von Kirchengeschichte. Nach dem ursprünglichen Konzept Flaminio Ponzios sollten die mittelalterlichen Mosaiken, welche die spätantike Fassade bedecken, von einem *portico* sowie zwei seitlichen Zwillingspalästen wie von einem Guckkasten gerahmt werden. In seinem ersten Entwurf erneuerte Fuga den *portico* und krönte ihn mit Heiligenfiguren, die er sich als freiplastische Ausläufer des musivischen Bildapparats gedacht hatte. Als er jedoch den Auftrag erhielt, auf den *portico* eine **Benediktionsloggia** zu setzen, gestaltete er diese so, dass ihr Gewölbe sich als Fortsetzung des in den Mosaiken dargestellten Himmels erweist. Zugleich umschließt die neue Fassade die mittelalterlichen Mosaiken wie ein Reliquiar. Außerdem evoziert sie das kostbare Gewand, in dem Maria als *sponsa ornata* den himmlischen Bräutigam erwartet bzw. in dem die Kirche anlässlich des Heiligen Jahres 1750 Christus entgegengeht. Der Fassadenmantel ist also gleichermaßen Sinnbild der Erwählung wie der Erneuerung (*restauratio ecclesiae*). In diesem Sinne repräsentiert der Fassadenraum – ebenso wie die dahinter sichtbaren Elemente der Gotik, der Romanik und der Spätantike – eine bestimmte Zeitschicht. Nicht zuletzt korrespondiert die Fassade in ihrer Raumhaltigkeit mit der Nordfassade von *San Giovanni*, mit der sie durch die gerade Achse der *Via Merulana* verbunden ist. Der von diesem Fassadenraum ausgehende **frontalräumliche** Impuls wird von der Straßenachse und den darauf nach *Santa Maria Maggiore* ziehenden Pilgern und Prozessionsteilnehmern aufgegriffen, um dann von Fugas Fassade aufgefangen zu werden.

Fugas Konzept, Zeitschichten durch eine raumhaltige Fassade buchstäblich offenzulegen, war freilich nicht neu. Filippo Juvarra hatte es 1718 im „Großen Projekt" zur Umgestaltung des *Palazzo Madama* in Turin für eine ganz andere Architekturgattung formuliert: das Treppenhaus. Anlass für das Erweiterungsprojekt war der Erwerb der Königswürde durch Herzog Victor Amadeus II. von Savoyen-Piemont. Daher wollte Fuga das bestehende Schloss mit den neuen Bauteilen wie mit einem königlichen Ornat ummanteln. Damit diese Ummantelung sichtbar werde, sollte die Mitte der neuen Fassade nicht verglast werden, sondern den Blick in einen riesigen Treppenhauskasten freigeben. Dessen Rückwand bildete die frühbarocke Fassade des Kernbaus, die ihrerseits einer mittelalterlichen Bausubstanz vorgeblendet war. Diese umschloss wiederum ein römisches Stadttor, dessen Türme noch heute die Dachlandschaft des Palastes überragen.

Um die Zusammengehörigkeit von Alt und Neu und damit auch die Kontinuität von Herrschaft sinnfällig zu machen, wollte Juvarra sich einer Technik bedienen, die ich als **tiefenräumlichen Aufriss** bezeichnet habe: Die offenen Fassadenpartien und die dahinter sichtbare Rückwand des Treppenhauses sollten zusammen in etwa das Gliederungssystem ergeben, das die übrigen Fassadenpartien aufweisen. Die Fassade wäre also nicht einfach nur offen gewesen. Vielmehr hätte die Rückwand des Treppenhauses als ein Teil von ihr gewirkt. Ähnlich wie in *Santa Maria Maggiore* sollte die strukturelle Synthese historische Kontinuität sinnfällig machen.

Darüber hinaus ermöglichten offene Treppenhausfassaden es ihren Benutzern, sich im Rahmen der höfischen Repräsentation nach außen hin zu inszenieren. Das gilt über den *Palazzo Madama* hinaus für das *Obere Belvedere* in Wien, für die Wendelsteine (*Blois, Torgau*), die zahlreichen neapolitanischen Treppenhäuser, die im Umfeld Ferdinando Sanfelices entstanden, für die ursprünglich wohl unverglasten Treppenhausrisalite im *Berliner Schloss* und im *Palazzo della Consulta* zu Rom sowie für das Stiegenhaus in *Sankt Florian*, das seinerseits auf Leonhard Christoph Sturms Entwurf einer *Haupttreppe in einem fürstlichen Hof* zurückgeht. Darüber hinaus dienten diese Architekturen dank ihrer ausgeklügelten räumlichen Szenographie als cappriceske Schaustücke.

Eine ganz andere szenographische Wirkung entfalten Freitreppen. Sofern sie einer Fassade nicht einfach nur als Fremdkörper vorgesetzt sind, können sie eine Architektur **frontalräumlich** verlängern. So plante Michelangelo, auf die Treppe des *Senatorenpalastes* einen *baldachino* zu stellen, der die Treppe mit dem Palast und diesen wiederum mit dem Platz verbunden hätte. Ferner hätte der Baldachin das freigestellte Pendant zu den Säulengevierten gebildet, aus denen sich die *portici* der benachbarten Zwillingspaläste zusammensetzen. Damit wäre die Freitreppe, mit der die Fassade des *Senatorenpalastes* sich in den Platzraum schiebt, in ein besonderes dialektisches Verhältnis zu den *portici* getreten, über die der Platzraum in die Fassaden des *Konservatorenpalastes* und des *Palazzo dei Musei* drängt. In enger Wechselbeziehung wirken Fassade und Raum das eine Mal als ein aktives, das andere Mal als ein passives Element.

An der Gartenfront der *Villa d'Este* in Tivoli wird eine doppelläufige Freitreppe sogar von einem loggienartigen Aufsatz überfangen, der zusammen mit seinem als Grotte gestalteten Unterbau ein eigenes *corps d'avant* bildet. Indem das Rampen- und Wegesystem des steil abfallenden Gartens die Treppenläufe fortsetzt und das *corps d'avant* an den Schnittstellen der Wege in leicht vereinfachter Form als Estrade wiederholt, entsteht eine **frontal-** bzw. **tiefenräumliche** Staffage, in der die Fassadentreppe je nach Lesrichtung den Ausgangs- oder Zielpunkt einer räumlich **geschichteten** Gartenlandschaft bildet.

In *Saint-Cloud* und im *Oberen Belvedere* zu Wien durchdrangen die Treppen den Baukörper sogar. Dabei verbanden sie den Garten mit dem höhergelegenen Hof, wobei sie sich mit der Innentreppe, die in die oberen Geschosse führte, vereinten. Im *Palazzo della Università* zu Genua durchläuft die Treppe sogar mehrere Ebenen und mehrere Trakte.

Eine ganz andere Möglichkeit, Fassaden **frontalräumlich ausgreifen** zu lassen, fand Nicolò Salvi an der *Fontana di Trevi*. Mit der Fließrichtung des Wassers geht der figürliche Schmuck schrittweise vom Relief in einen freiplastischen Figurenapparat über, der sich schließlich ganz von der Fassade löst. Am Ende dieses Prozesses einer steten Verkörperlichung und Verlebendigung stehen die Menschen, die das Geschehen von Bänken, die das Bassin umgeben, wie aus einem Zuschauerraum verfolgen. Dabei beobachten sie auch die Personen, die durch die Fassadenfenster wie aus Logen zu ihnen herüberblicken. Nicht durch seine Struktur, sondern allein durch das Agieren seiner Bewohner wird der unsichtbare Bereich hinter der Palastwand zu einem Teil des Fassadenraums.

In Teil D wurden die Erkenntnisse über Funktion, Struktur, Ikonographie, urbanistische Bedeutung und topographische Kontextualisierung von Fassadenräumen gebündelt und auf *Sankt Peter* in Rom als ein besonders prominentes Baudenkmal übertragen. Die ursprüngliche Offenheit der Obergeschossfenster nahm dem Bau nicht nur etwas von seiner häufig kritisierten Breitenwirkung. Sie ließ auch erkennen, dass Carlo Maderno seine Fassade keinesfalls als eine flache Schauwand mit applizierten Halbsäulen (Howard Hibbard) konzipiert hatte. Stattdessen ging er gedanklich von einer offenen, rein **gliederhaften Säulenvorhalle** mit integrierter **Tempelfront** aus. Diese hatte er gewissermaßen von Michelangelos Zentralbau abgetrennt, sie vor sein eigenes Langhaus gestellt und mit **wandhaften** Ecktürmen eingefasst. Sodann füllte er den imaginären Raum der Vorhalle mit den Stockwerksarchitekturen des *portico* und der **Benedictionssala** als untergeordneten Strukturelementen aus. In dieser Lesart wandte sich Maderno von Michelangelos Zentralbau nicht einfach ab. Vielmehr zerlegte er dessen Architektur, um ihr seine Elemente zu inkorporieren. Damit folgte er der „Strategie des Bewahrens" noch mehr, als Horst Bredekamp angenommen hat.

Eine zusätzliche Funktion erlangte Madernos Fassadenraum durch Berninis Umbauung des *Petersplatzes* und durch die Errichtung der *Scala Regia*. Selbstverständlich korrespondierten die *Kolonnaden* mit den damals noch offenen Loggien des angrenzenden *Damasushofes*. Vor allem aber ließen die vormals offenen Fenster der *corridoi* erkennen, dass Bernini den Raum von Madernos *portico* um den Platz herum fortsetzte. Zugleich verlängerte er ihn über die *Scala Regia* ins Innere des *Apostolischen Palastes*. Den Schnittpunkt aller drei Räume markierte er mit dem Standbild Konstantins des Großen. Da Madernos Fassadenrückwand darüber hinaus deutlicher als heute mit dem **Innenraum** der Basilika korrespondierte, wurde dieser in das System der räumlichen Vernetzung einbezogen. Vollendet worden wäre die Vernetzung, hätte Juvarra den Auftrag für den Neubau der Sakristei erhalten. Dann wäre die Sakristei mit dem Platz durch einen parallel zur *Scala Regia* verlaufenden Korridor verbunden worden.

Als Ziel- und Ausgangspunkt der räumlichen Vernetzung gestaltete Bernini die *Cathedra Petri* in der Westtribuna. Der Bedeutungsgehalt dieses Werkes ergibt sich hauptsächlich aus ihrer **frontalräumlichen** Dynamik. Da das Glasfenster ursprünglich sehr viel heller war als heute, erschien die Geisttaube nicht als ein hinterleuchteter Teil der Wanddekoration. Vielmehr herrschte der Eindruck vor, die Taube sende ihr Licht von außerhalb durch die durchschmolzene Wand in das Innere der Kirche.

Wie in *Sant'Ivo* konkretisiert sich das Licht mit dem Eindringen in den Realraum, diesmal allerdings nicht im graphischen Zeichensystem einer **Emanationsarchitektur**, sondern in einem zunehmend plastischen Figurenapparat. Mit dem Vordringen in den Raum geht eine schrittweise Verstofflichung und Verkörperlichung einher. Anders als an der *Fontana di Trevi* enthält diese Verkörperlichung aber eine theologische Aussage, da sie die Stufentontologie des Pseudo-Dionysius Areopagita nachvollzieht. Folglich setzt sich die im Bildapparat gegenwärtige *hierarchia coelestis* in der *hierarchia ecclesiastica* fort. Diese manifestiert sich nicht nur in dem aufschwebenden Thron und den Kirchenvätern, sondern auch in den realen Zelebranten. Wenn der Papst an Petri Stuhlfeier vor dem *Cathedra-Altar* die Messe las, ging mit der Verkörperlichung des Bildes eine echte Vitalisierung einher. Der Bildapparat der *Cathedra* wurde dann in den Bereich der ‚lebenden' Kirche hinein verlängert, was die Gläubigen im Langhaus und auf dem *Petersplatz* einschloss. Anfang und Ende des Bildapparates lagen letztlich beide außerhalb des Kirchenraums. Zudem griff die *Cathedra Petri* als Symbol der Papstkirche über die gleichzeitig erbauten *Platzkolonnaden* in den Stadtraum aus, um die Gläubigen zu umarmen und in ihren Schoß zu führen.

Es ist sogar davon auszugehen, dass Alexander VII. durch den *Petersplatz*, die *Cathedra* und die *Scala Regia* den Stadtplan Roms neu justieren wollte. Einst hatte Sixtus V. die Stadt in einen konfessionellen Disziplinarraum und in eine heilige Landschaft verwandelt: durch das Anlegen gerader Straßenachsen, die jene *viae rectae* evozierten, auf denen das Gottesvolk aus der Babylonischen Gefangenschaft bzw. aus der Knechtschaft der Sünde geführt wurde. Zielpunkt dieses Wegesystems, das den gesamten Stadtraum einbezog, war der Esquilin als der neue Tempelberg.

Auf seiner Kuppe sollten sich die Straßen zu einem Stern vereinen. In dessen Mitte stand *Santa Maria Maggiore*, jene Kirche, in der die Theotokos als ‚Tempel des Herrn' und die Reliquie der Krippe von Bethlehem als Wiege des Heils verehrt werden. Eben dieses Heil strahlte seinerseits über den Straßenstern in den Stadtraum aus, um ihn und jene, die auf seinen ‚geraden Wegen' wandelten, zu erleuchten.

Überlagert wurde diese theologische Bedeutung durch eine politische Kodierung. Indem Sixtus auf den Esquilin einen Stern gravierte, projizierte er auch einen Teil seines Wappens (Stern über einem Berg) in die Topographie; ebenso ließ er die Pilger, die nach *Santa Maria Maggiore* zogen, seine persönliche Tugenddevise *per aspera ad astra* nachvollziehen. Nicht zuletzt alludiert der Esquilin als Ebenbild des *mons excelsus Sion* auf Sixtus' früheren Namen („Kardinal von Montalto"). Insofern war es nur folgerichtig, dass der Papst sich in *Santa Maria Maggiore* bestatten ließ, wobei er die nach ihm benannte Grabkapelle als einen Ruhmestempel gestaltete, in dem er der eigenen Erhebung *ad astra* harrt.

Indem Sixtus die symbolische Kodierung des Stadtraums mit der Disziplinierung derer, die sich in ihm aufhielten, kombinierte, schuf er, was Michel Foucault in anderem Zusammenhang als ein „lebendes Tableau" bezeichnet hat. Zu dem für diese Zeit einzigartigen Konzept schufen Paul V., Urban VIII. und Innozenz X., die allesamt zugewanderten Aufsteigerfamilien entstammten, ein Gegenmodell. Hatte Sixtus ein Territorium kodiert, um sich mit ihm in seiner Eigenschaft als Souverän des Kirchenstaates und als *vicarius Christi* zu identifizieren, so schnitten seine Nachfolger aus dem Tableau einzelne Regionen heraus und funktionierten diese zu Enklaven einer rein gentilizischen Repräsentation um. Innozenz erhob die *Piazza Navona* sogar zu einem mit dem Vatikan konkurrierenden Herrschaftszentrum – samt Familienresidenz, Palastkapelle und Grablege (*Palazzo Pamphilj* und *Sant'Agnese*).

Alexander, der eine ähnliche Sozialisation wie die Borghese, Barberini oder Pamphilj genossen hatte, aus kirchenpolitischem Kalkül aber an den Pontifikat Sixtus' V. anknüpfen wollte, vollzog zwischen beiden Konzepten die Synthese. Er reaktivierte die Funktion der Straßenachsen als Heils- und Tugendwege, änderte ihren Verlauf aber dahingehend, dass auch eine gentilizische Kodierung möglich war. So führt der neue Weg als ein *iter virtutis* der Chigi von der *Piazza del Popolo* mit den Gräbern von Alexanders Vorfahren in *Santa Maria del Popolo* den Tiber entlang zur *Peterskirche*, die Alexander zu seiner eigenen Grablege erkoren hatte. Durch das Grabmal wurde der Vatikan – als Gegenstück zum Esquilin – mit den Chigi-Hügeln gleichgesetzt. Auf der theologischen Sinnebene ergab sich ein Heilsweg mit mehreren Stationen: Maria als Mutter des Herrn (*Piazza del Popolo* mit den drei Marienkirchen), Passion und Auferstehung Christi (vatikanischer Obelisk), die Taten Petri (Bildprogramm des *portico* von *Sankt Peter*), Martyrien der frühen Päpste (Langhausarkaden mit Papstmedaillons und Tugendpersonifikationen), Martyrium und Auferstehung des Apostelfürsten (Vierungsraum mit *Confessio*, *Hochaltarziborium* und Kuppel) sowie Apotheose des Papsttums (*Cathedra Petri*).

Mit diesem Heils- und Tugendweg ließ Alexander die Repräsentationsenklaven seiner Vorgänger buchstäblich links liegen. Darüber hinaus wollte er die Bedeutung des Kapitols, das Sitz der Kommunalverwaltung war, schwächen. So plante er, dem Reiterdenkmal des heidnischen Kaisers Mark Aurel die Reiterbildnisse zweier christlicher Kaiser, nämlich Konstantins des Großen und Karls des Großen, entgegenzusetzen (Letzteres wurde freilich erst im 18. Jahrhundert ausgeführt). Zugleich sollte die *Piazza Navona* durch die Größe der *Piazza di San Pietro* übertroffen werden. Dank der Dynamik, die Bernini den *Kolonnaden* als ausgreifenden Armen der Kirche verliehen hatte, vereinte die *Piazza di San Pietro* sogar die sammelnde Funktion einer Platzanlage mit der Dynamik der Straßenachse. Auf diese Weise konnten die Menschenströme vor *Sankt Peter* zusammengeführt und sodann ins Kircheninnere dirigiert werden. Sofern die Besucher aber Diplomaten waren, wurden sie – an Konstantin dem Großen vorbei – zur *Scala Regia* geleitet, deren Aufstieg ikonographisch eine neuerliche Erhebung *ad astra* paraphrasierte.

Für die von Sixtus und Alexander gentilizisch kodierten und theologisch überhöhten Disziplinarräume erwiesen sich die Fassadenräume in vielfacher Hinsicht als konstitutiv. Sie waren nicht nur markante *points de vue,* sondern ‚verlinkten' auch die Tugend- und Heilswege mit den Innenräumen der jeweiligen Kirche. Außerdem bestätigten die aus ihnen gespendeten Segen die Funktion der Straßenachsen als Heilswege. Überdies ermöglichten sie es dem Klerus, sich in seinen hierarchischen Abstufungen zu präsentieren. Nicht weniger dienten die Fassadenräume mit ihren Freitreppen und Loggien den adligen Eliten als Bühnen der Selbstdarstellung. Der Fassadenraum besaß also in religiöser wie in politischer Hinsicht hohe sozialsemiotische Qualitäten. Allerdings unterwarf er – zumindest solange er ein integraler Bestandteil des Sixtinischen und Alexandrinischen Tableaus war – die diversen Akte der Selbstdarstellung den Kontrollmechanismen der Konfessionalisierung und der Sozialdisziplinierung.

Als die **Benediktionssala** der *Peterskirche,* die *corridoi* des *Petersplatzes* und die Loggien des *Damasushofs* unter Pius IX. versiegelt wurden, geschah dies vordergründig aus konservatorischen und sicherheitstechnischen Gründen. Allerdings hatte der römische Stadtraum zu diesem Zeitpunkt seine gentilizische und seine sozialdisziplinierende Bedeutung längst eingebüßt. Auch stand der Verlust seiner politischen Funktion unmittelbar bevor. Wie in vielen anderen Fällen geriet der Fassadenraum also nicht nur aufgrund einer veränderten Wahrnehmung oder einer neuen Ästhetik in Vergessenheit. Bedeutungslos geworden waren auch die gesellschaftlichen und geistigen Eliten, die er seinerseits vor dem Vergessenwerden bewahren sollte. Der Verlust seiner Funktion war ihm zum Schicksal geworden.

TEIL F

ABBILDUNGEN

1 Rom, S. Maria Maggiore. Ostfassade

2 Anonym: S. Maria Maggiore. Fresko im Salone Sistino in den Musei di Vaticano, 1588–1590

3 G. B. Panini: Besuch Benedikts XIV. in S. Maria Maggiore zu Rom anlässlich der Vollendung der Fassade (Ausschnitt), 1742

4 Rom, S. Maria Maggiore. Benediktionsloggia

5 Rom, S. Maria Maggiore. Vorhalle

6 Rom, S. Maria Maggiore. Benediktionsloggia mit den Mosaiken F. Rusutis: Majestas Domini, mit dem Traum des Johannes sowie dem Bericht des Johannes und des Papstes Liberius von ihren Visionen, 1294–1308

7 Rom, S. Andrea al Quirinale

8 Rom, S. Andrea al Quirinale. Blick zum Hauptaltar

9 Rom, S. Andrea al Quirinale. Hochaltar und Apsiskuppel

10 Rom, Apostolischer Palast. Der „Borgo-Brand" in der Stanza dell'Incendio, 1517 (Ausschnitt)

12 H. F. van Lint, S. Giovanni und der Lateranpalast, erste Hälfte 18. Jh.

11 Rom, Apostolischer Palast. Sala di Costantino: Nymphäumsarchitektur mit Papst, 1524

13 Rom, Villa Farnesina. Wandfresken in der Sala Colonne von B. Peruzzi, 1517–1518

14 Rom, Damasushof im Vatikan. Loggiengewölbe im ersten Obergeschoss mit Fresken der Raphaelschule, 1513–1518

15 G. B. Panini: Die Ankunft des französischen Gesandten, des Herzogs de Choiseul, am Heiligen Stuhl, 1754

16 G. B. Panini: Der Einzug König Karls III. von Neapel 1745 im Vatikan, 1745

17 Rom, S. Andrea al Quirinale. Wappenallegorie an der Innenseite der Fassade von G. Rinaldi, 1662/1663

18 Rom, St. Peter. Nächtliche Beleuchtung von Fassade und *portico*

19 Rom, St. Peter. Ostfassade, Seitentravéen und Turmsockel

20 Rom, St. Peter. Ostfassade, Mittelteil mit Tempelfront

21 Rom, St. Peter, *portico*

22 Rom, St. Peter. Cathedra Petri, von G. L. Bernini, 1657–1666

23 G. Gimigniani/L. Morelli: Cathedra Petri in St. Peter zu Rom, 1666

24 Rom, St. Peter. Cathedra Petri: Pluviale des hl. Augustinus

25 L. Haghe, Hochamt mit Pius IX., 1864

26 Rom, St. Peter. Cathedra, Glorie des Heiligen Geistes

27 Rom, St. Peter. Cathedra Petri, Thron mit Custodie

28 Rom, St. Peter. Kuppel

29 Rom, St. Peter. Kuppel mit den Sternen und Löwenköpfen aus dem Wappen Sixtus' V. von G. Cesari, gen. Il Cavaliere d'Arpino, ab 1592

30 Rom, St. Peter. Grabmal Alexanders VII. von G. L. Bernini, 1672–1678

31 S. Kleiner: Oberes Belvedere in Wien. Ursprünglicher Zustand der Gartenfront, 1731

32 S. Kleiner: Oberes Belvedere in Wien. Ursprünglicher Zustand der Hoffront, 1731

33 S. Kleiner: Oberes Belvedere in Wien. Ursprünglicher Zustand des Vestibüls mit Blick in den Garten, 1736

34 J. W. Heckenhauer: Das Treppen- und Rampenhaus im Großen Risalit des ehem. Schlosses zu Berlin in seiner ersten Fassung, 1701/1703

35 Berlin, ehem. Schloss. Schlüterhof, nördlicher Treppenhausrisalit, 1943

36 Paris, Museé du Louvre. Cour Napoléon mit Glaspyramide von I. M. Pei

37 Paris, Musée du Louvre. Cour Marly nach der Umgestaltung durch I. M. Pei

38 Rom, S. Pietro in Vincoli. Grabmal Julius' II. von Michelangelo, 1505–1545. Zustand um 1960

39 Rom, S. Pietro in Vincoli. Grabmal Julius' II. Heutiger Zustand

40 Paris, Hôtel Lambert, um 1920

41 Paris, Hôtel Lambert. Rekonstruktion des ursprünglichen Zustands

42 L. le Vau: Aufriss des Hofrisalits im Hôtel Lambert zu Paris, 1752/1756

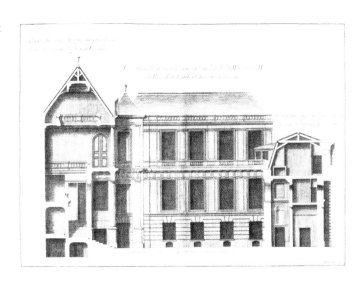

43 L. le Vau: Längsschnitt durch das Hôtel Lambert zu Paris, 1752/1756

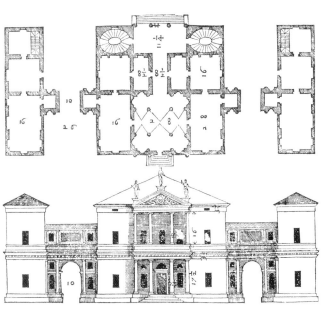

44 A. Palladio: Entwurf für die Villa Pisani in Vincenza, 1570

45 K. F. Schinkel: Blick aus dem Treppenhaus des Alten Museums in Berlin auf den Lustgarten, 1830/1840

46 Schönbrunn, Gloriette. Heutiger Zustand

47 Schönbrunn, Gloriette. Zustand zwischen 1925 und 1996

48 J. B. Fischer von Erlach: Entwurf für Schloss Klesheim, 1721

49 Schloss Klesheim bei Salzburg. Heutiger Zustand

50 J. B. Fischer von Erlach: Entwurf für ein Gartengebäude, 1721

51 J. B. Fischer von Erlach: Prospekt des hinteren Gebäudes in dem Fürstlich-Liechtensteinischen Garten zu Wien, 1721

52 Paris, Hôtel de Ville. Umwandlung des Innenhofes in einen Festsaal

53 Dresden, Zwinger. „Carousel des Elements", 1719

54 Monogrammist HCB: Turnier im Belvederehof des Vatikans, 1559

55 New York, Börse. Gegenwärtiger Zustand

56 Vicenza, Palazzo Thiene

57 A. Palladio: Palazzo Thiene in Vicenza, 1570

58 S. Serlio: Dorisches Portal, 1619

59 Potsdam, Neuer Markt. Ehem. Kahle'sches Anwesen, um 1900

60 Potsdam, Neubau des Hauses Am Neuen Markt 5

61 Potsdam, Neubau des Hauses Am Neuen Markt 5. Blick zwischen die Fensterädikulen des ersten Obergeschosses und die Glasfassade

62 Saint Germain-en-Laye, St.-Germain

63 Venedig, S. Giorgio

64 Mantua, S. Benedetto al Polirone, Frontalansicht

65 Mantua, S. Benedetto al Polirone, Schrägansicht

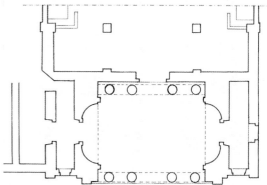

67 Rom, S. Maria in Via Lata. Grundriss der Fassade

66 Rom, S. Maria in Via Lata

68 G. Vasi: S. Maria in Via Lata zu Rom, ca. 1680

69 L. Cruyl: S. Maria in Via Lata zu Rom, 1665

70 G. B. Falda: S. Maria in Via Lata zu Rom, ca. 1675

71 G. B. Falda: Das Pantheon in Rom, ca. 1675

72 G. B. Piranesi: „Veduta del Pantheon d'Agrippa oggi Chiesa S. Maria ad Martyres", ab 1740

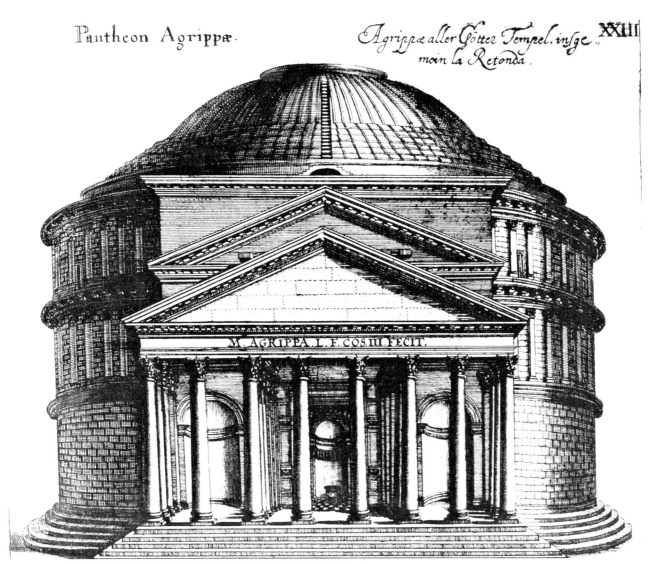

73 J. Frank: Das Pantheon in Rom, 1679

74 V. Re: Bühnenbild zu Giuseppe di Majos „I Sogno di Olimpia", o. J.

75 G. B. Natali: Entwurf für eine Wanddekoration, o. J.

76 S. Kleiner: Die Michaelerfront der Wiener Hofburg, 1726/37

77 Rom, Palazzo Farnese. Blick durch die Einfahrt in den Hof

78 A. Specchi: Palazzo Farnese in Rom, um 1690

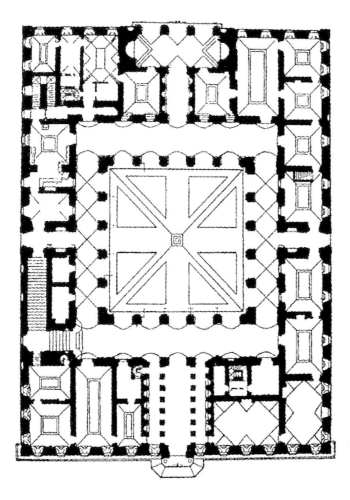

79 Rom, Palazzo Farnese. Grundriss

80 Rom, Palazzo Farnese. Hof

81 Rom, Palazzo Farnese, Gartenfront

82 Rom, S. Carlo alle Quattro Fontane

83 Rom, S. Croce in Gerusalemme

84 Berlin, Schloss Charlottenburg. Sog. Schinkel-Pavillon

85 Greenwich, Queen's House

86 Kimbolton Castle

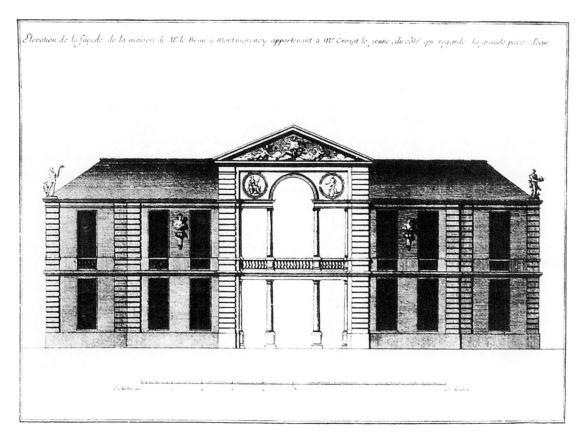

87 J. P. Mariette: Montmercy, Aufriss, 1727/1738

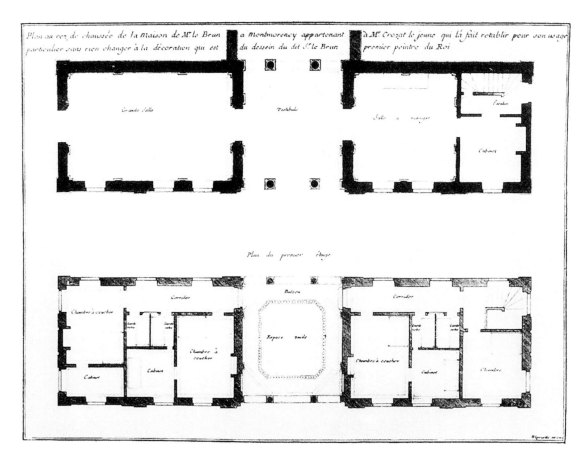

88 J. P. Mariette: Montmercy, Grundriss, 1727/1738

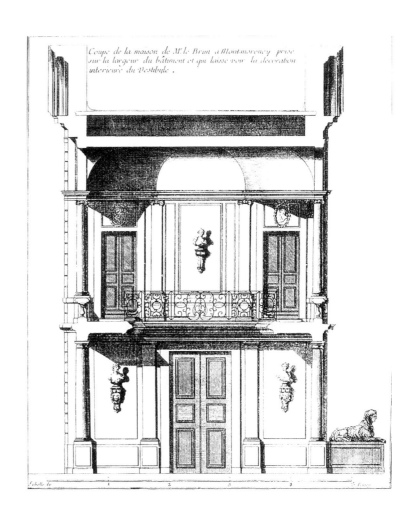

89 J. P. Mariette: Montmercy, Längsschnitt, 1727/1738

90 F. Ohmann: Wien, Palais Schwarzenberg. Einfahrt

91 J. von Sandrart: Caprarola, Villa Farnese. Querschnitt, 1679

92 Rom, Belvedere im Vatikan

93 A. Pozzo: Teatro tutto interno e ombreggiato, 1693/1700

94 Versailles, Grand Trianon

95 C. Aubry: Projekt für die Place Louis XV in Paris, 1748

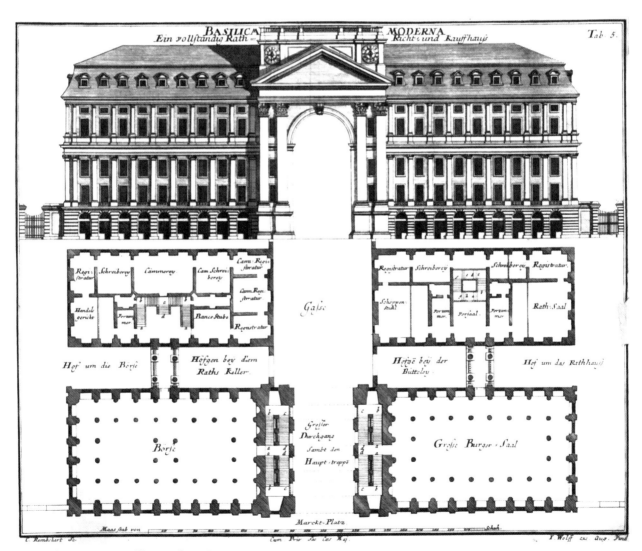

96 L. Chr. Sturm: „Basilica moderna", 1718

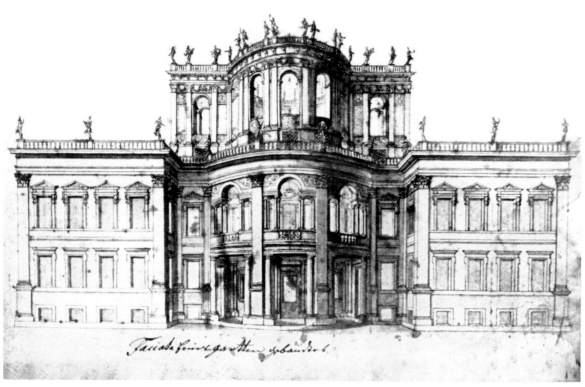

97 J. B. Fischer von Erlach: „Faciata Eines Garten Gebäudes", vor 1721

98 J. B. Fischer von Erlach: „Prospect Eines Lust-Garten-Gebau", 1721

101 Wien-Neuwaldegg, Gartenpalais Strattmann, 1770

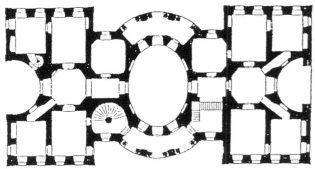

99 G. B. Alliprandi: Schloss Lieblitz bei Melník, ursprünglicher Zustand und Grundriss des Schlosses (Ausschnitt), o. J.

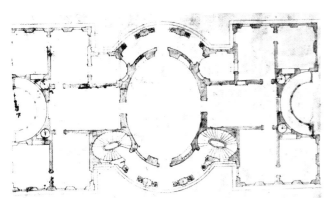

100 J. B. Fischer von Erlach: Grundriss zur Fassade des Gartengebäudes, vor 1721

102 Sant'Antonio a Trebbia bei Piacenza, Villa Scribani

103 A. Le Pautre: Entwurf für ein (ideales) Schloss, 1652

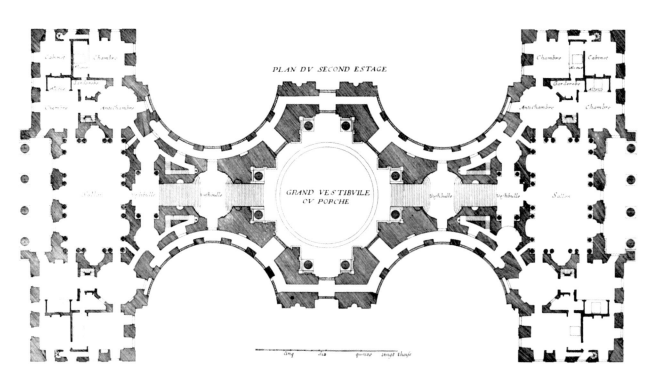

104 A. Le Pautre: Grundriss eines (idealen) Schlosses, 1652

105 Chr. Norberg-Schulz: Isometrische Darstellung von Le Pautres (idealem) Schloss

106 G. T. Borgonio: Die Piazza Castello in Turin, 1676/1682

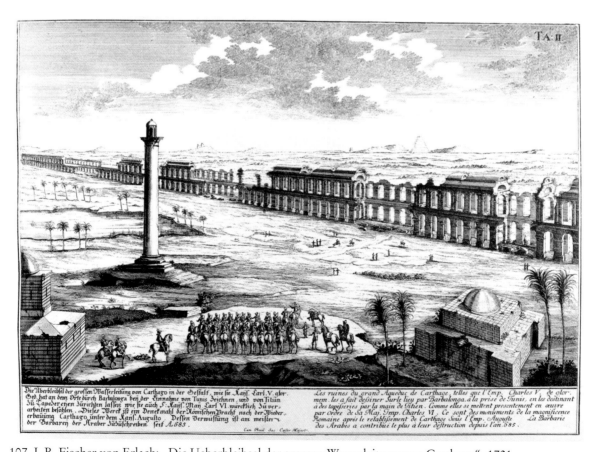

107 J. B. Fischer von Erlach: „Die Ueberbleibsel der grossen Wasserleitung von Carthago", 1721

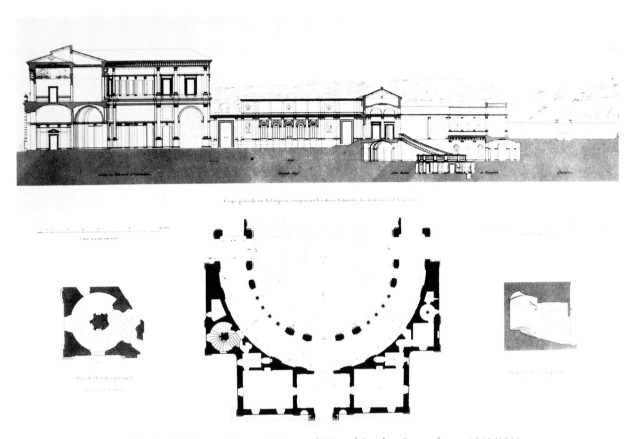

108 P. Letarouilly: Villa Giulia in Rom. Längsschnitt und Grundriss der Gartenfront, 1849/1866

109 Rom, Villa Giulia. Nymphäum, Rückseite des östlichen Prospekts, um 1920

110 Rom, Villa Giulia. Nymphäum, östlicher Prospekt. Heutiger Zustand

111 G. B. Falda:
Villa Giulia in Rom.
Nymphäum, östlicher
Prospekt, nach 1675

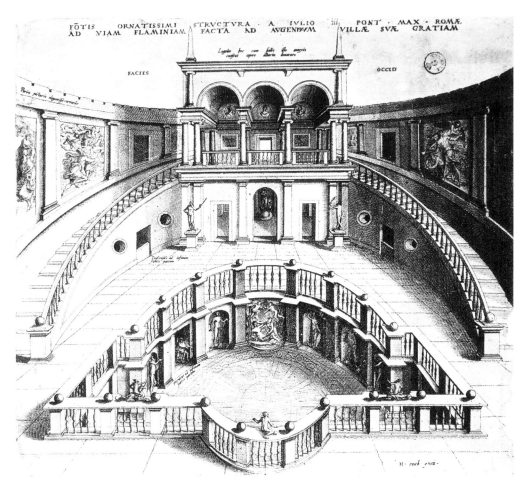

112 G. B. Falda:
Villa Giulia in Rom.
Nymphäum, östlicher
Prospekt, nach 1675

113 P. Letarouilly: Villa Giulia in Rom. Gartenfront, 1849/1866

114 P. Letarouilly: Villa Giulia in Rom. Blick aus dem *portico* der Gartenfront

115 Prag, Palais Waldstein

116 Florenz, Spedale degli Innocenti

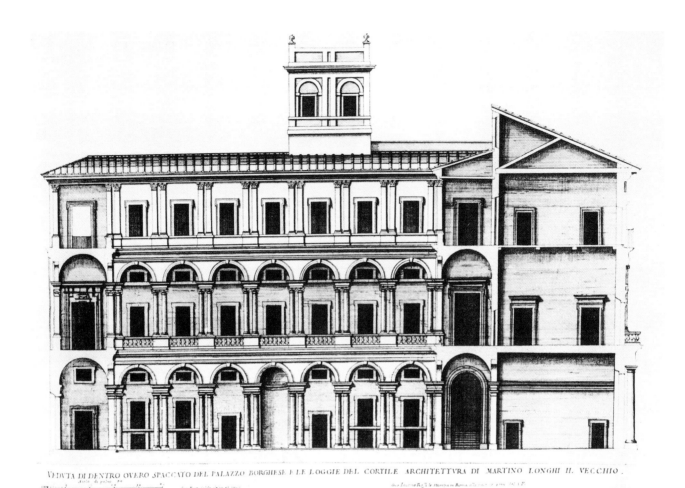

117 G. B. Falda: Rom, Palazzo Borghese, nach 1675

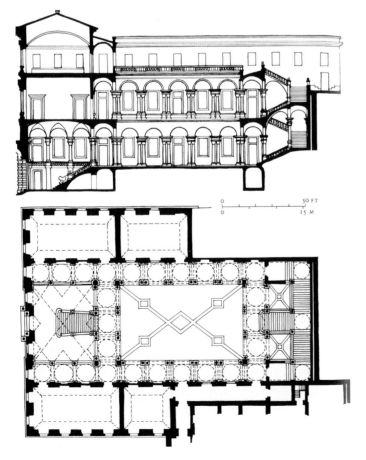

118 Genua, Universität. Längsschnitt und Grundriss

119a u. b Genua, Hof der Universität

120 Stockholm, Villa Nicodemus Tessins d. J. Gartenprospekt

121 Tomar, Convento do Cristo. Kreuzgang

122 Mantua, Palazzo del Tè. Gartenfront

123 Vicenza, Palazzo Chiericati

124 Vienne, Augustustempel

125 Ephesos, Celsus-Bibliothek. Wiederaufgebaute Fassade

126 Rekonstruktionsmodell des Augustusforums in Rom. Rom, Antiquario del Foro di Augusto

127 Sabratha, Theater

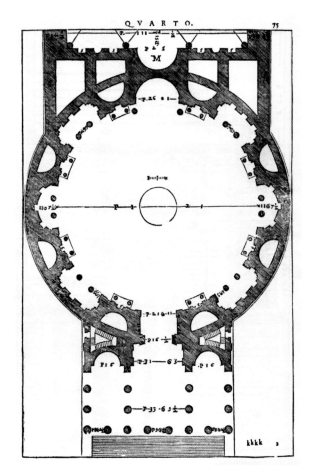

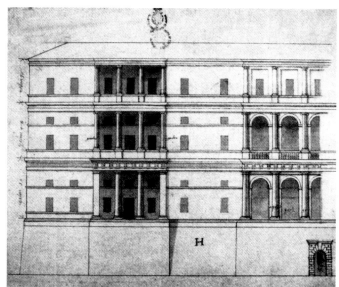

130 G. B. da Vignola: Entwurf für die Gartenfront des Palazzo Farnese in Piazenca, 1560/1564

128 A. Palladio: Grundriss des Pantheon, 1570

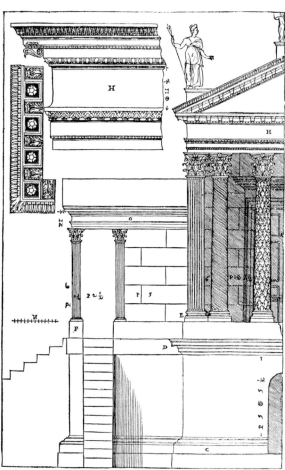

129 A. Palladio: Tempel unterhalb von Trevi. Aufriss der linken Hälfte, 1570

131 J. B. Fischer von Erlach: „Die grosse Cisterne zu Konstantinopel", 1721

132 J. B. Fischer von Erlach: Frontispiz der „Historischen Architektur", 1721

133 Rom, Palazzo Massimo alle Colonne. Hof

134 Mailand, Palazzo Marini. Innenhof

135 Rom, Konservatorenpalast. Seitenansicht

136 Rom, Palazzo Massimo alle Colonne. Straßenfront

137 É. Dupérac: Vogelschau auf das Kapitol in Rom, 1568

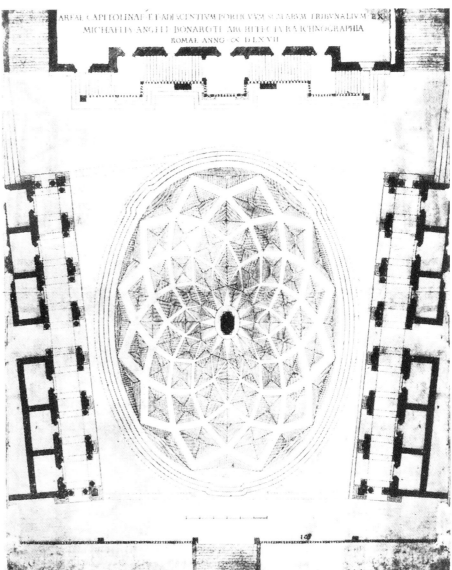

138 B. Faleti: Grundriss des Kapitols in Rom, 1567

139 Rom, Konservatorenpalast. Fenster des *piano nobile*

140 Rom, Konservatorenpalast. Blick aus dem Mittelgang durch die Lauben auf den Platz

141 Rom, Konservatorenpalast. Blick in den *portico*

142 Rom, Konservatorenpalast. Blick in den *portico* von außen

143 G. B. Falda/G. G. De Rossi: Ansicht des Konservatorenpolastes zu Rom in der ausgeführten Fassung, 1665

144 É. Dupérac: Front des Konservatorenpalastes zu Rom in der von Michelangelo geplanten Fassung 1568

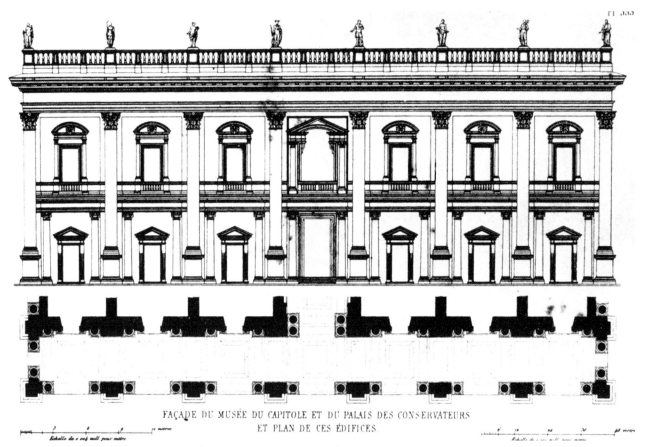

145 P. Letarouilly: Aufriss und Grundriss des Konservatorenpalastes zu Rom, 1849/1866

146 P. Letarouilly: Blick aus dem *portico* des Konservatorenpalastes zu Rom, 1849/1866

147 Anonym: Aufnahmezeichnung von der Front des Konservatorenpalastes (Ausschnitt)

150 Michelangelo (?): Aufriss eines Joches (vermutlich an der Schmalseite) des Konservatorenpalastes zu Rom

148 Anonym: Aufnahmezeichnung von der Front des Konservatorenpalastes (Ausschnitt)

149 Anonym: Teilgrundriss des *portico* im Konservatorenpalast zu Rom

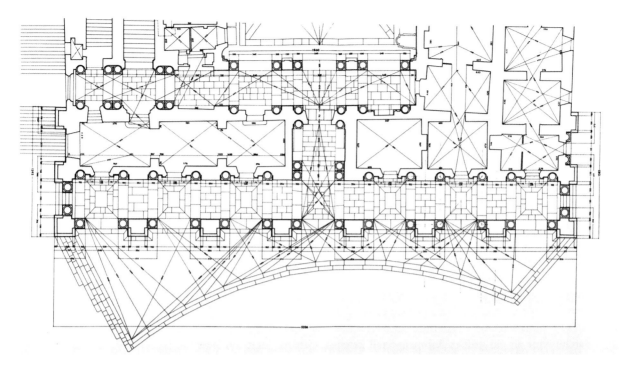

151 Rom, Konservatorenpalast. Erdgeschossgrundriss des *portico*

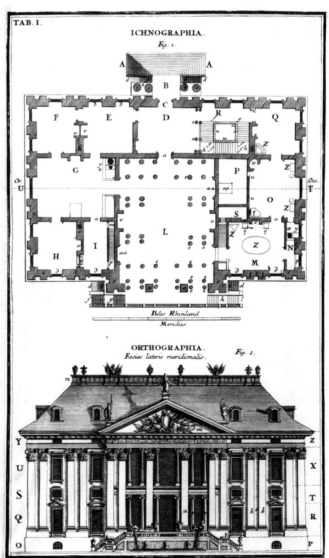

152 L. Chr. Sturm: „Facies lateralis meridionalis", 1718

153a u.b Rom, Kolosseum

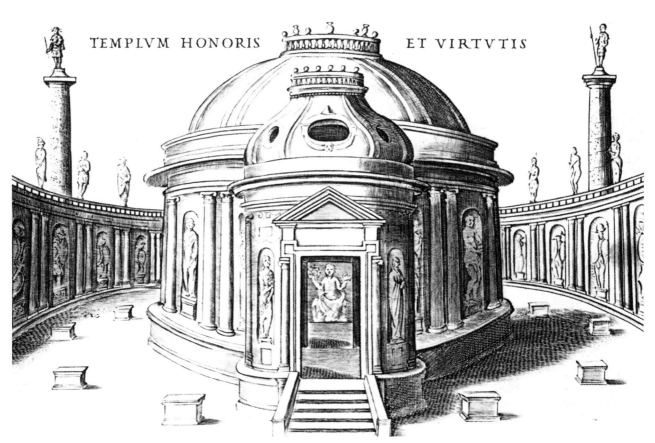

154 G. Lauro: Rekonstruktion des „Templum honoris et virtutis", 1642

155 Rom, Marcellustheater

156 El Djem, Amphitheater

157 G. B. Piranesi: „Veduta dell'Arco di Settimio Severo", ab 1740

159 G. B. Piranesi: „Veduta dell'Arco di Costantino", ab 1740

158 G. B. Piranesi: „Orthographia utriusque lateris arcuum ductus Aquae Virginis", 1762

160 Rom, Konstantinsbogen

161 Rom, Titusbogen

162 Longare, Palazzo Thiene-Bonin. Rückseite

163 Venedig, S. Giorgio. Untere Säulenstellung des Orgelprospekts

164 Vicenza, Palazzo Galeazzo Trissino

165 G. B. Piranesi: „Veduta del Monumento eretto dall'Imperador Tito Vespasiano" (= Porta Maggiore), ab 1740

166 G. B. Piranesi: „Pianta del Serraglio delle fiere fabbricato da Domiziano per uso dell'Anfeteatro" (= Claudianum), 1756

167 S. Serlio: Venezianische Fassade, 1619

168 S. Serlio: Ionische Fassade

169 Venedig, Markusbibliothek

170 G. Barozzi da Vignola: Ionische Arkade, 1562

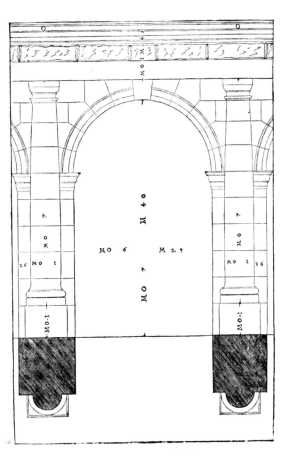

171 A. Palladio: Toskanische Arkade, 1570

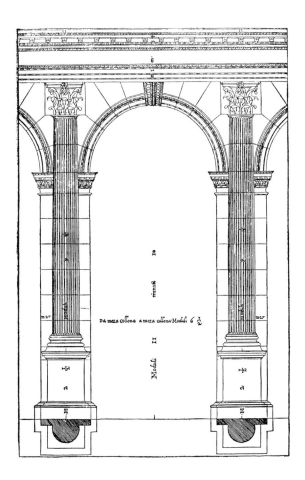

172 A. Palladio: Korinthische Arkade, 1570

173 G. B. Falda/G. G. De Rossi: S. Maria dell'Assunzione in Ariccia, 1665

174 Ausschnitt aus Abb. 175

175 G. L. Bernini: Erster Entwurf für die Ostfassade des Louvre in Paris, 1644

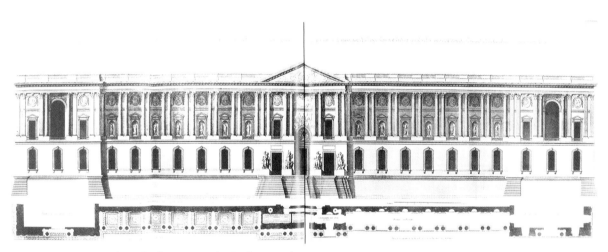

176 F. Blondel: Ostfassade des Louvre in Paris, 1752/56

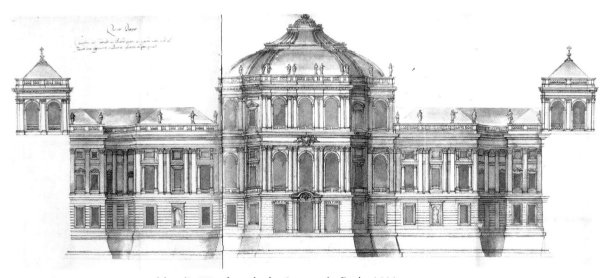

177 P. da Cortona: Entwurf für die Westfassade des Louvre in Paris, 1664

178 Frascati, Villa Mondragone. Garten-*portico*

179 Rom, Villa Borghese-Pallavicini. Casino der Aurora

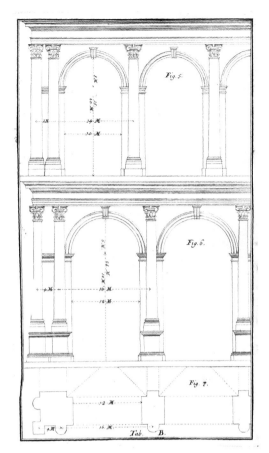

180 L. Chr. Sturm: Zweigeschossige Bogenstellung, 1718

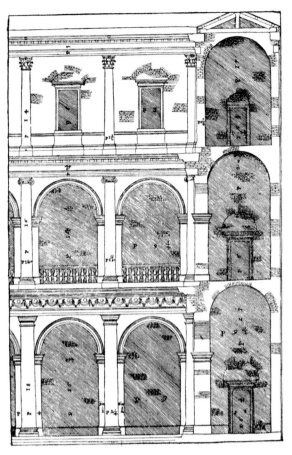

181 A. Palladio: Innenhof des Convento della Carità in Venedig, 1570

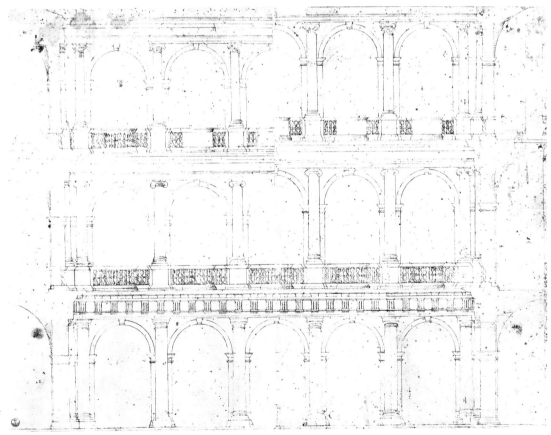

182 A. da Sangallo d. J.: Studie für die Hoffassade des Palazzo Farnese in Rom

183 A Visentini: Idealisierte Darstellung des Kreuzgangs im Convento della Carità zu Venedig, 1750/60

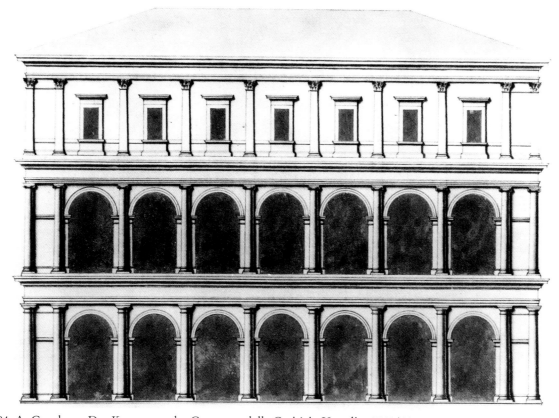
184 A. Canaletto: Der Kreuzgang des Convento della Carità in Venedig, 1743/44

185 Cambridge, Trinity College. Bibliothek

186 Venedig, Convento della Carità. Innenhof

187 A. Visentini: Längsschnitt der Kirche S. Lucia in Venedig

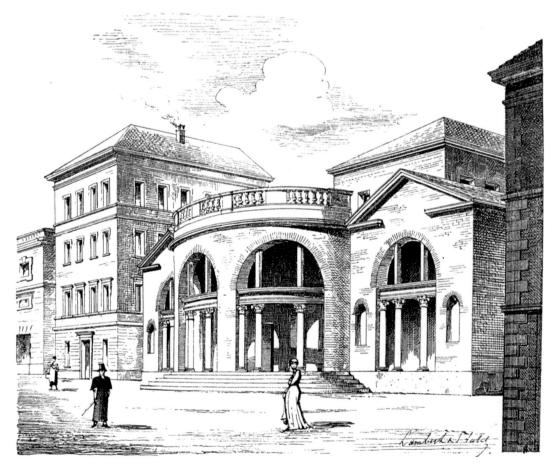

188 York, Stadthalle

189 u. 190 A. da Sangallo d. J.: Holzmodell für
S. Peter; Rom, 1539–1546

191 Rom, Palazzo Barberini. Hofseite

192 F. Borromini: Aufriss des Palazzo Barberini in Rom, nach 1620

193 Venedig, Palazzo Grimani

194 Venedig, Palazzo Cà Pesaro

195 Rom, Oratorium der Philippiner. Großer Hof

196 Rom, Oratorium der Philippiner. Kleiner Hof

197 S. Giannini: Längsschnitt durch das Oratorium der Philippiner in Rom, 1725

198 G. B. Falda: Aufriss des Großen Hofes im Oratorium der Philippiner zu Rom, 1665

199 Vicenza, Basilica. Blick in den Laubengang   200 Venedig, Palazzo Grassi

201 Vicenza, Basilica

202 J. v. Sandrart: Schnitt durch das Kolosseum und Aufriss einer Achse, 1679

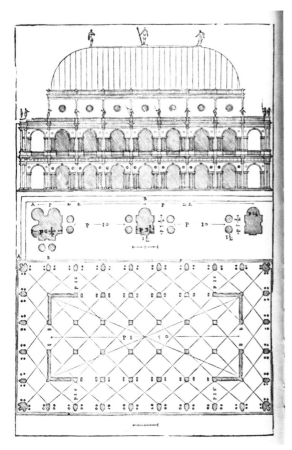

203 A. Palladio: Basilica in Vicenza, 1570

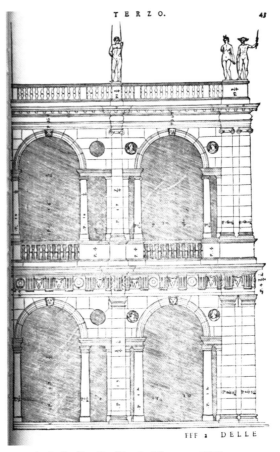

204 A. Palladio: Basilica in Vicenza, 1570

205 Anonym:
S. Andrea in Mantua,
18. Jh.

206 Mantua,
S. Andrea

207 Mantua, S. Andrea. Blick in die Vorhalle

208 Florenz, S. Maria Novella. Die Heilige Dreifaltigkeit. Fresko von Masaccio, um 1425

209 Florenz, S. Miniato al Monte. Cappella del Crocefisso

210 Rom, Fontana di Trevi

211a u. b Bologna, S. Paolo Maggiore. Hochaltar von A. Algardi u. G. L. Bernini, Vorder- u. Rückseite, 1634–1635

212 G. B. Piranesi: „Veduta in prospettiva della gran Fontana dell'Acqua Vergine detta di Trevi", ab 1740

213 G. B. Piranesi: „Veduta della vasta Fontana di Trevi anticamente detta l'Acqua Vergine", ab 1740

214 Rom, S. Andrea al Quirinale. Eingangsinnenwand

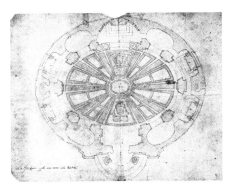

215 Rom, S. Andrea al Quirinale. Grundriss mit einem Entwurf für das Paviment, um 1670

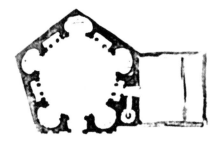

216 G. L. Bernini: Erster Entwurf für S. Andrea al Quirinale

217 G. L. Bernini: Entwurf für die Bekrönung der Kuppel von S. Andrea al Quirinale zu Rom. Federzeichnung

218 Römische Münze mit Tempelabbreviatur: Aureus Octavians, 36 v. Chr. mit dem noch zu errichtenden Tempel des Divus Iulius

219 Rom, S. Andrea della Valle. Hochaltarbild von D. Zampieri, gen. Domenichino

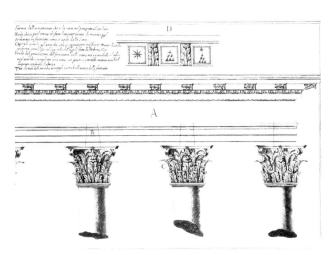

220 Anonym: Die durch Bernini erneuerten Kapitelle mit den Elementen des Chigi-Wappens an der Vorhalle des Pantheon zu Rom, 1662 oder 1666

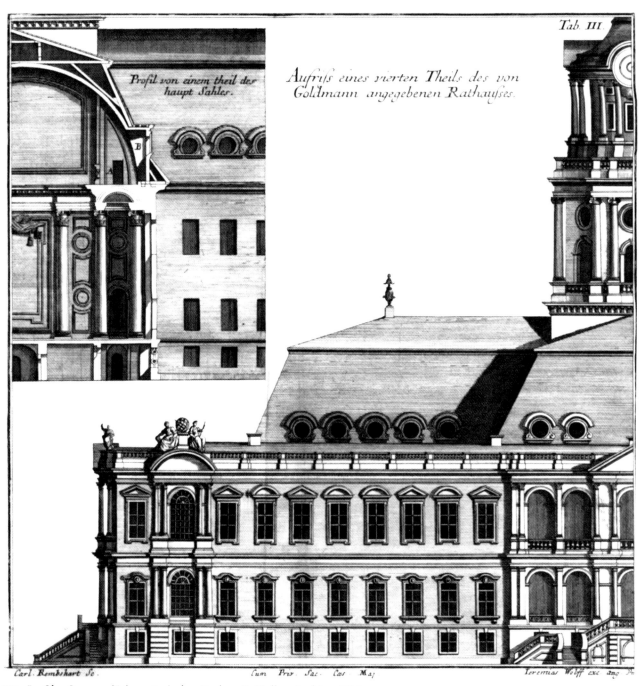

221 L. Chr. Sturm: „Zeitgenössisches Rathaus". Halber Aufriss, 1718

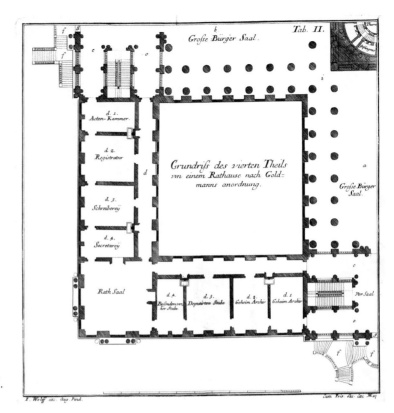

222 L. Chr. Sturm: „Zeitgenössisches Rathaus".
Viertel des Grundrisses, 1718

223 Verona, Palazzo Bevilacqua

224 Rom, S. Giovanni in Laterano

225 Rom, S. Giovanni in Laterano. Inneres des portico

226 L. Vanvitelli: Entwurf für die Ostfassade von S. Giovanni in Laterano zu Rom (?), um 1732

227 L. Vanvitelli: Wettbewerbsentwurf für die Ostfassade von S. Giovanni in Laterano zu Rom, 1732

228 G. B. Piranesi: „Veduta di S. Giovanni in Laterano", nach 1740

229 G. B. Piranesi: „Veduta della Basilica di S. Giovanni Laterano", nach 1740

230 G. B. Piranesi: „Veduta della Facciata della Basilica di S. Giovanni Laterano", nach 1740

231 R. Pozzi: A. Galileis ursprünglicher Plan für die Fassade von S. Giovanni in Laterano zu Rom mit farbigen Glasfenstern, um 1733

232 É. Dupérac: Pius V. erteilt von der vatikanischen Loggia den Segen, 1567

233 A. Pozzo: Entwurf für die Ostfassade von
S. Giovanni in Laterano zu Rom, 1693/1700

235 G. A. Bianchi: Entwurf für die Ostfassade
von S. Giovanni in Laterano zu Rom.
Auf- u. Grundriss, 1715/1716

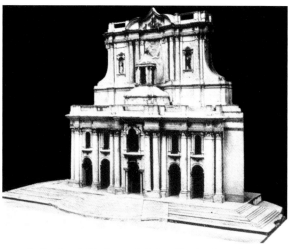

236 L. R. Sassi: Holzmodell für die Ostfassade
von S. Giovanni in Laterano zu Rom, 1732

234 A. Pozzo: Entwurf für die Ostfassade von
S. Giovanni in Laterano zu Rom

237 F. Fuga: Entwurf für die Ostfassade von
S. Giovanni in Laterano zu Rom, 1722

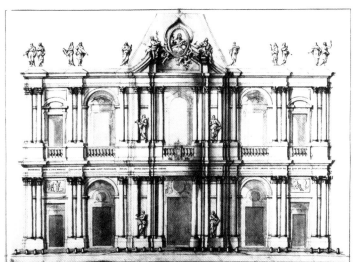

238 F. Barigione: Entwurf für die Ostfassade von
S. Giovanni in Laterano zu Rom, ca. 1724

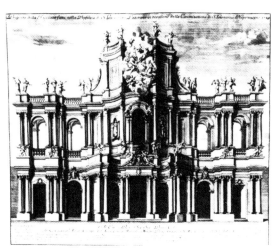

239 F. Reif: Entwurf für die Ostfassade von
S. Giovanni in Laterano zu Rom, 1729

240 Nachzeichnung aus dem 19. Jh. von F. Fugas
Wettbewerbsmodell für die Ostfassade von S. Giovanni
in Laterano zu Rom

241 G. B. Nolli: Stadtplan von Rom, 1748.
Detail aus der Allegorie der Ecclesia

242 É. Dupérac: Die sieben Hauptkirchen Roms.
Ausschnitt mit S. Maria Maggiore

243 Rom, S. Giovanni in Laterano. Nordfassade

244 Rom, S. Maria Maggiore. Ostfassade mit Zwillingspalästen

245 I. Silvestre: Vedute von S. Maria Maggiore zu Rom, um 1650

246 G. B. Piranesi: „Veduta della Basilica di S.ta Maria Maggiore con le due Fabbriche laterali di detta Basilica", ab 1740

247 Entwurf F. Ponzios für den Bau der Zwillingspaläste, 1621

248 F. Fuga: Entwurf eines neuen *portico* für S. Maria Maggiore zu Rom, 1735

249 F. Fuga: Entwurf eines neuen *portico* für S. Maria Maggiore zu Rom, 1740

250 F. Fuga: Entwurf für die Fassade von S. Maria Maggiore zu Rom, 1741

251a u. b Rom, S. Maria Maggiore. Benediktionsloggia mit den Mosaiken F. Rusutis: Traum des Papstes Liberius und des Patricius Johannes sowie Bericht des Johannes und des Liberius von ihren Visionen und Schilderung des Schneewunders, 1294–1308

252 F. Fuga: Ausführungsentwurf für die Fassade von S. Maria Maggiore zu Rom, 1741

253 F. Fuga: Entwurf für den *portico* der Fassade von S. Maria Maggiore zu Rom

254 Rom, S. Maria in Trastevere. Kuppel der Avila-Kapelle

255 Potsdam, Neues Palais, Mezzaninfenster

256 Potsdam, Neues Palais. Mittelrisalit der Hofseite

257a–c F. Fuga: Erster, zweiter und dritter Entwurf für den Hochaltar von S. Maria Maggiore in Rom, 1747

258 Rom, S. Maria Maggiore. Apsis mit Hochaltar

259 G. N. Servandoni: Zweiter Entwurf für St.-Sulpice in Paris, 1736

260 G. N. Servandoni: Erster Entwurf für St.-Sulpice in Paris, 1732

261 J. A. Meissonnier: Entwurf für St.-Sulpice in Paris, 1726

262 Paris, St.-Sulpice

263 London, St.-Paul's Cathedral

264 Paris, St.-Eustache

265 S. Giannini: Ansicht und Grundriss von S. Ivo in Rom und des Collegio della Sapienza, 1720

266 S. Giannini: Blick von S. Ivo auf die westliche Hofseite, 1720

267 G Rom, Collegio della Sapienza. Hofexedra und Fassade von S. Ivo

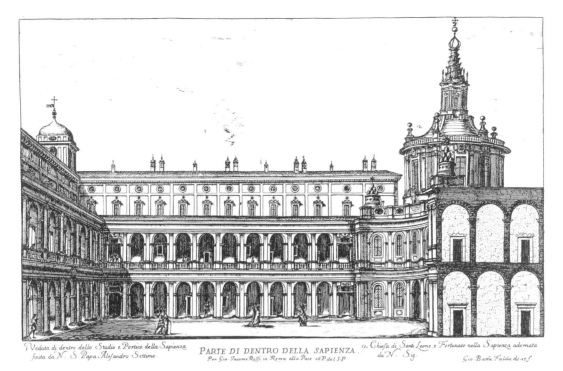

268 G. B. Falda, Collegio della Sapienza in Rom. Längsschnitt, ab 1675

269 S. Giannini: Seitenansicht des Collegio della Sapienza, 1720

270 Rom, Collegio della Sapienza. Hofexedra u. Fassade von S. Ivo (Fotomontage von R. Stalla nach Borromini/Giannini 1720, Tf. 15–19)

271 Rom, S. Ivo. Kuppellaterne

272 S. Giannini: Collegio della Sapienza in Rom.
Ostfassade, 1720

273 S. Giannini: Collegio della Sapienza in Rom.
Westfassade, 1720

274 L. Cruyl: Ostfassade von S. Ivo in Rom, 1664

275 S. Giannini: Rom, S. Ivo. Perspektivischer Querschnitt, 1720

276 Ausschnitt aus Abb. 275

277 P. Portoghesi: Isometrie von S. Ivo in Rom

278 Rom, S. Ivo. Wandabschnitt mit Hauptportal, 1720

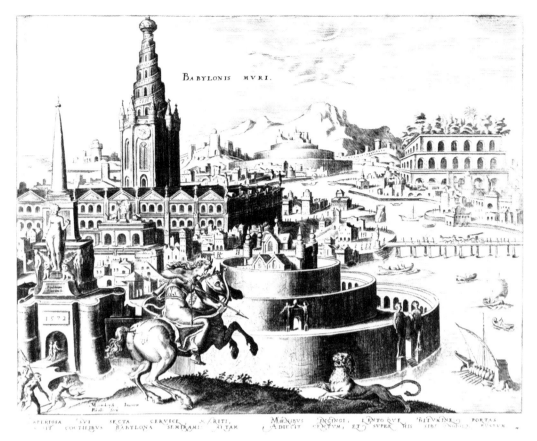

279 M. v. Heemskerck/Ph. Galle: Die Mauern von Babylon, 1572

280 M. v. Heemskerck/Ph. Galle: Der Pharos von Alexandria, 1572

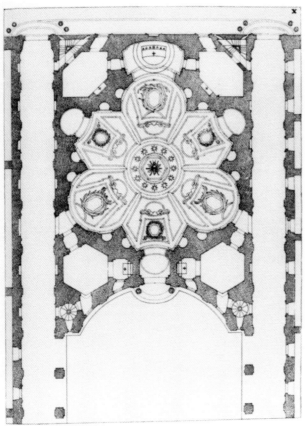

281 S. Giannini: Grundriss von S. Ivo in Rom, 1720

282 F. Borromini: Grundrisszeichnung von S. Ivo mit Sonne u. Bienen der Barbarini

283 M. Natalis (nach G. de'Grassi): Ausschnitt aus dem Frontispiz von G. F. Aldobrandini 1637

284 Rom, S. Ivo. Kuppel in Unteransicht

285 Venedig, S. Marco. Blick in die sog. Pfingstkuppel

286 Rom, S. Ivo.
Nordkonche und Kuppel

287 Rom, S. Ivo.
Blick auf die Fassaden-
innenwand

288 Rom, S. Maria della Pace

289 G. B. Falda/G. G. De Rossi: Rom, S. Maria della Pace, 1665

290 G. Vasi: Rom, S. Maria della Pace, ca. 1680

291 G. B. Falda: Rom, S. Maria della Pace, 1686

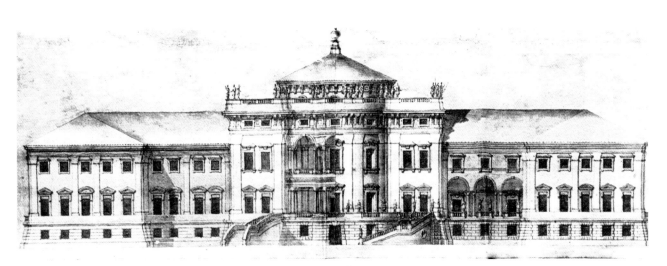

292 D. Martinelli: Entwurf für die Villa Malaspina in Caniparola

293 G. B. Falda: Freitreppe des Senatorenpalastes in Rom, ab 1675

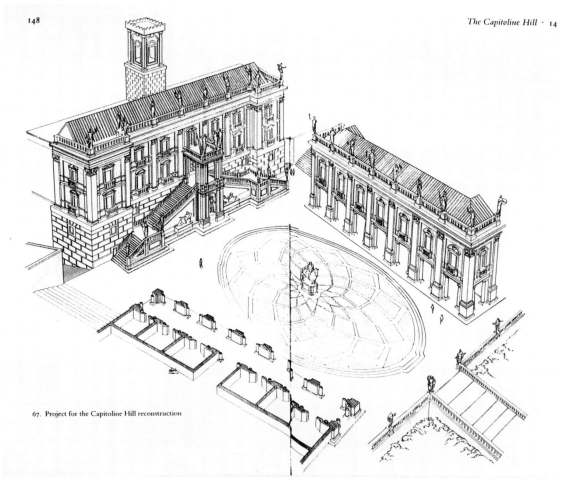

294 Rom, Kapitol. Rekonstruktion der von Michelangelo geplanten Fassung

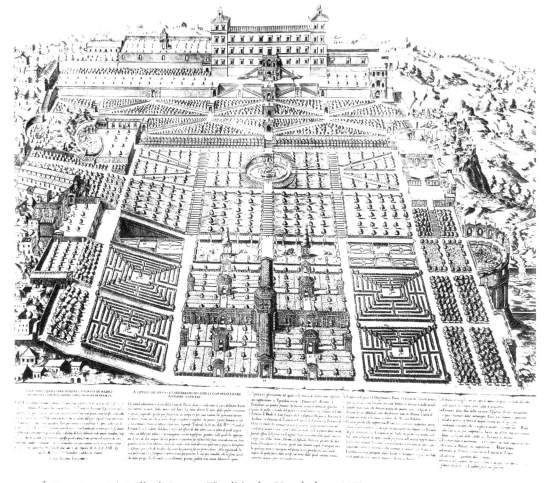

295 É. Dupérac: Die Villa d'Este zu Tivoli in der Vogelschau, 1573

296 Tivoli, Villa d'Este. Südliches Wandfresko im Salotto mit Ansicht der Gesamtanlage

297 G. B. Falda: Gartenfront der Villa d'Este in Tivoli, Frontalansicht, ab 1675

298 G. B. Falda: Gartenfront der Villa d'Este in Tivoli, Schrägansicht, ab 1675

299 G. B. Falda: Drachenbrunnen im Garten der Villa d'Este zu Tivoli, ab 1675

300 G. B. Falda: Blick vom Garten auf die Villa d'Este in Tivoli, ab 1675

301 G. B. Piranesi: „Veduta della Villa d'Este in Tivoli", nach 1740

302 I. Silvestre: Saint-Cloud, Schloss. Zustand vor dem Umbau von 1671

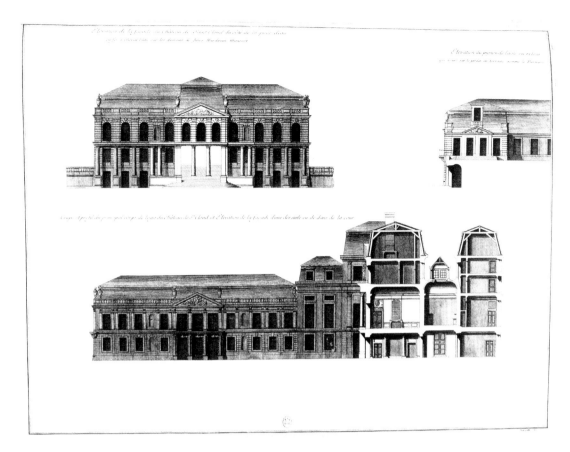
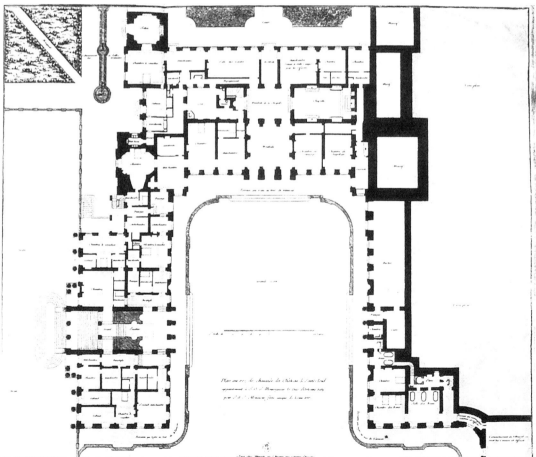

303a u. b P. J. Mariette: Saint-Cloud, Gartenfront, Längsschnitt durch den Hof und Grundriss nach dem Umbau von 1671, 1738

304 Neapel, Palazzo Sanfelice. Haupttreppe im Innenhof

305 Neapel, Palazzo Spagnuolo. Haupttreppe im Innenhof

306 Neapel, Palazzo in der Via S. Liborio. Treppenhaus

309 Salerno, Palazzo Genovesi. Oberer Abschluss des Treppenhauses

307 Neapel, Palazzo Fernandes. Treppenhaus

308 Neapel, Palazzo Spagnuolo. Treppenhaus mit Durchblick

310 Neapel, S. Giuseppe a Pontecorvo

311 Neapel, S. Francesco degli Scarioni

312 Neapel, S. Guiseppe dei Ruffi

313 Rom, Palazzo della Consulta. Treppenhaus an der Ostseite des Hofes

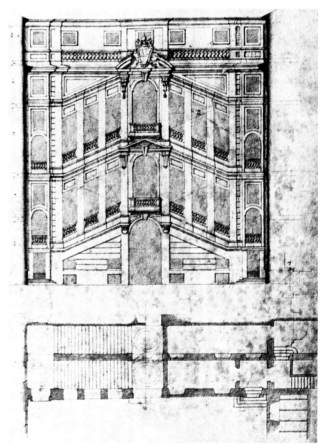

314 F. Fuga: Ausführungsplan für das Treppenhaus im Palazzo della Consulta zu Rom, 1731/1732

315 a u. b A. B. Sgritti: Rom, Palazzo della Consulta. Treppenhaus an der Ostseite des Hofes und Hofeinfahrt an der Westseite, 1739

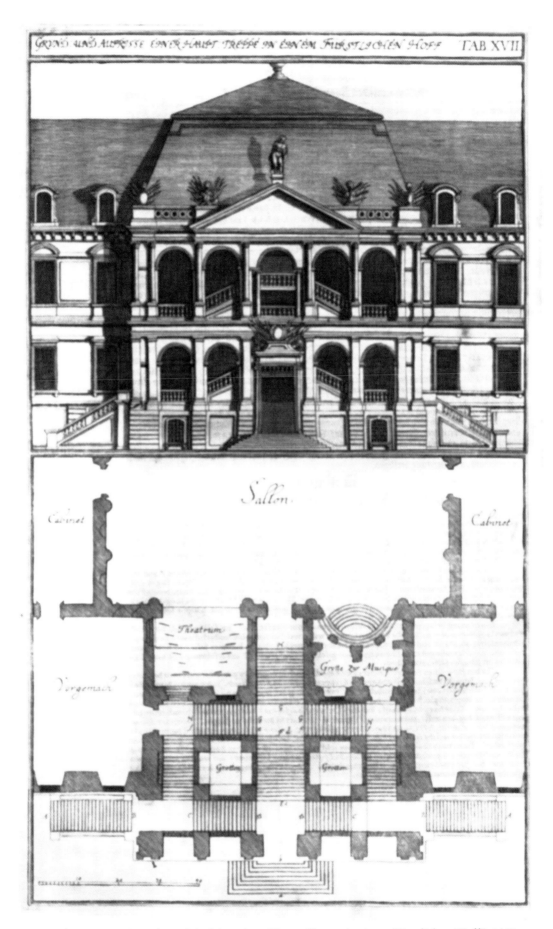

316 L. Chr. Sturm: „Grund- und Aufrisse einer Haupt-Treppe in einem Fürstlichen Hoff", 1699

317 St. Florian, Treppenhaus

318 Genua, Palazzo Balbi. Treppenhaus

319 St. Florian, Treppenhaus. Blick vom Obergeschoss auf das Wendepodest

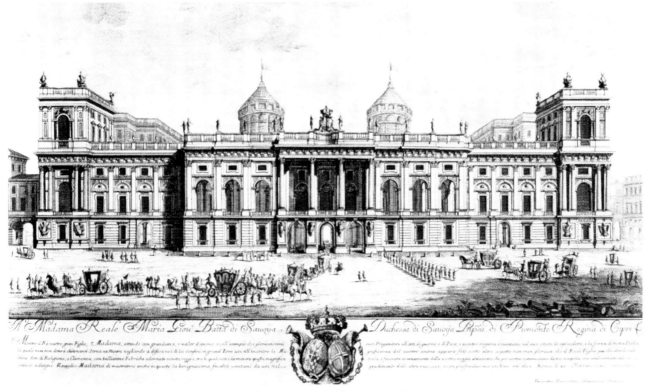

320 F. Vasconi: F. Juvarras Großes Projekt für den Palazzo Madama in Turin, 1721

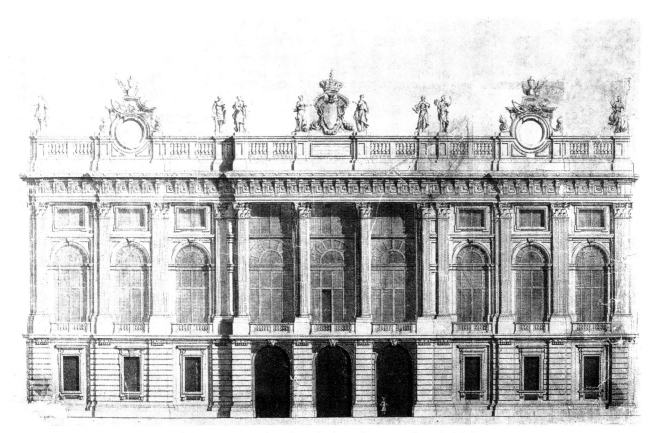

321 F. Juvarra: Aufriss der ausgeführten Treppenhausfassade des Palazzo Madama in Turin, ca. 1721

322 G. Tasnière: Begräbnis des Herzogs Karl Emanuel II. Ausschnitt mit der Fassade des Palazzo Madama zu Turin vor dem Bau von F. Juvarras Treppenhaus, 1676

323 F. Juvarra/A. Herisset: Scheinfassade an der Hinterfront des Palazzo Madama in Turin, 1722

324 Anonym (J. A. Belmont ?):
Ephemerer Vorbau an der Rück-
fassade des Palazzo Madama in
Turin, 1750

325 F. Juvarra: Skizze einer idealen
Palastfassade

326 J. Chr. Berndt: Vogelschau der Würzburger Residenz und des Vorplatzes, um 1775

327 Würzburg, Residenz. Längsseite des Ehrenhofes mit den 1736 vermauerten Arkaden

328 Rom, Petersplatz

329 J. B. Thomas: Der Petersplatz in Rom, 1816/1818

330 M. v. Heemskerck d. Ä: Alt-St. Peter mit alter Loggia und Apostolischem Palast

331 M. Ferrabosco: Der Portone di Bronzo in seinem ursprünglichen Zustand mit dem Glockenturm Pauls V. und dem Damasushof, 1684

332 F. Panini/F. Barbazza: „Veduta Del Cortile Vaticano", 1765

333 Rom, Damasushof im Vatikan

334 Rom, Damasushof im Vatikan. Gewölbefresko von der Raphaelschule in der Loggia des ersten Obergeschosses, 1513–1518

335 Rom, Palazzo Lanzellotti: Scheinloggia in der Sala dei Palafrenieri von A. Tassi, 1619/20

336 Rom, St. Peter. Ostfassade, Mitteltravée

337 Rom, St. Peter. Ostfassade

338 Rom, St. Peter. Ostfassade, Mitteltravée

339a u. b Rom, St. Peter. Ostfassade, Attikafenster

340a u. b Rom, St. Peter. Ostfassade.
Fenster im Obergeschoss in der
Mitteltravée und in der linken Seitenachse
(= südlicher Turmsockel)

341 Rom, St. Peter. Blick auf die Nordseite

342 Rom, St. Peter. Rückseite des Turmsockels auf der Südseite und Kopfseite des angrenzenden *corridoio*

343 Rom, St. Peter. Übergang von der nördlichen Kolonnade zum *corridoio*

344 Rom, St. Peter. Blick vom Obelisken auf die nördliche Exedra des Petersplatzes

345 M. Greuter: C. Madernos Fassade von St. Peter in Rom mit Antizipation der vollendeten Türme, 1613

346 C. Rainaldi: Vorschlag für einen Umbau der Ostfassade von St. Peter in Rom mit vollendeten Türmen, 1645

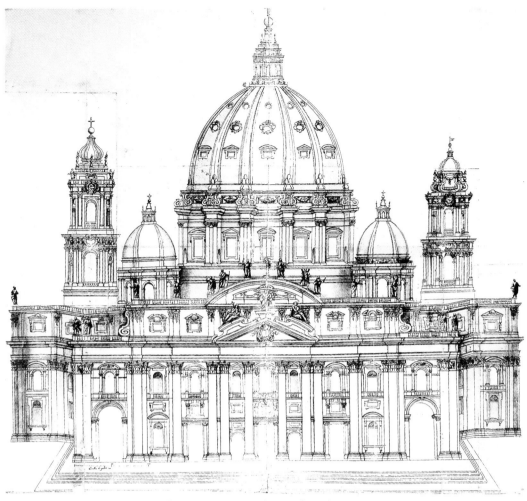

347 G. B. Mola (?): Vorschlag für einen Umbau der Ostfassade von St. Peter in Rom mit vollendeten Türmen, 1645

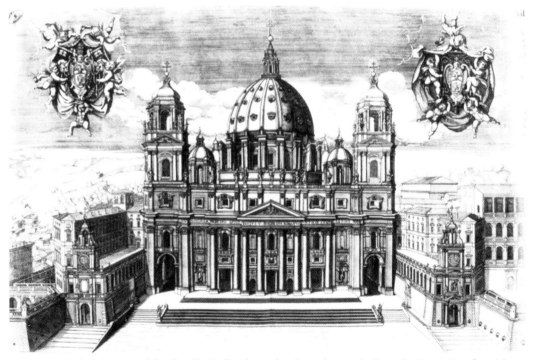

348 M. Ferrabosco: Vorschlag für die Vollendung der Fassade von St. Peter in Rom. Kupferstich, 1684

349 C. Rainaldi/C. Bracci: Alternativentwurf für den Umbau und die Vollendung der Fassade von St. Peter in Rom, 1696

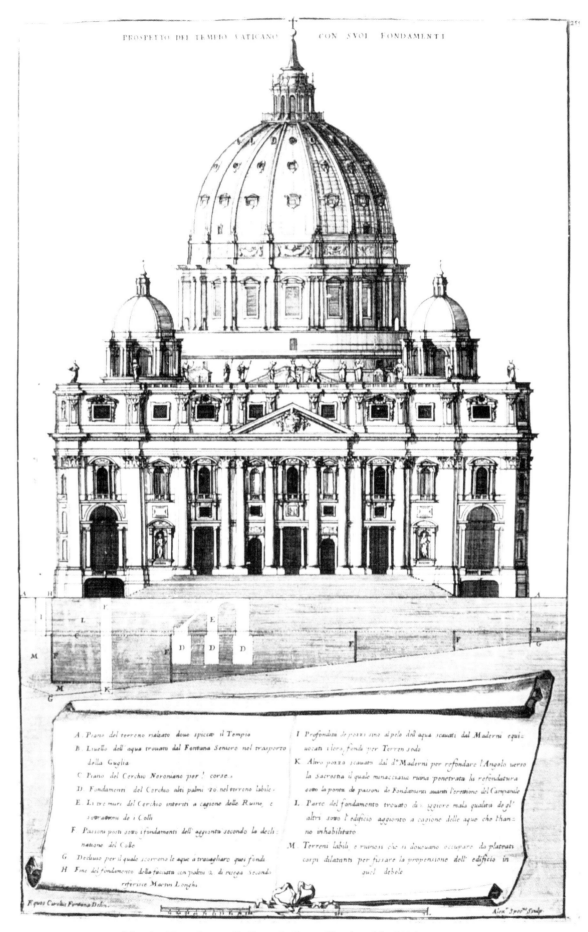

350 C. Fontana: Aufriss der Fassade von St. Peter in Rom. Kupferstich, 1694

351 G. L. Bernini: Vorschlag für den Umbau und die Vollendung der Fassade von St. Peter in Rom, 1645

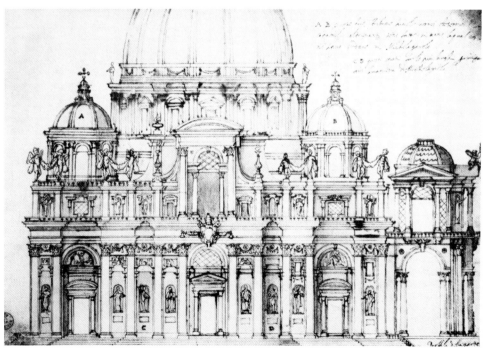

352 L. Carco da Cigoli: Projekt zum Bau der Ostfassade von St. Peter in Rom, ca. 1606

353 L. Vanvitelli (?): Holzmodell für die Illumination von St. Peter in Rom, um 1750

354 Rom, Apostolischer Palast. Fresko von S. Lagi u. M. T. Montagna: C. Madernos Fassade mit den von G. L. Bernini geplanten Türmen, 1637–1638

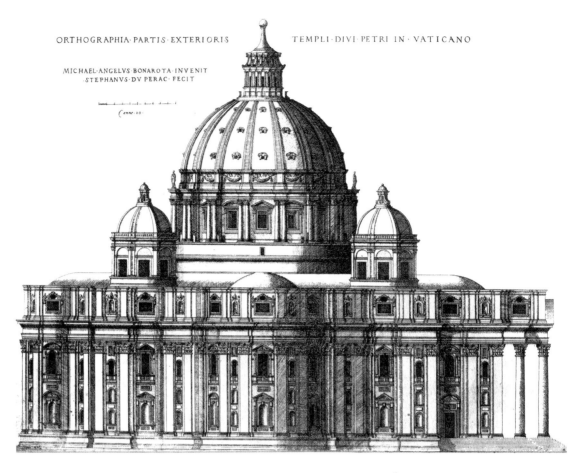

355 É. Dupérac: Aufriss der Südseite von S. Peter zu Rom, 1569

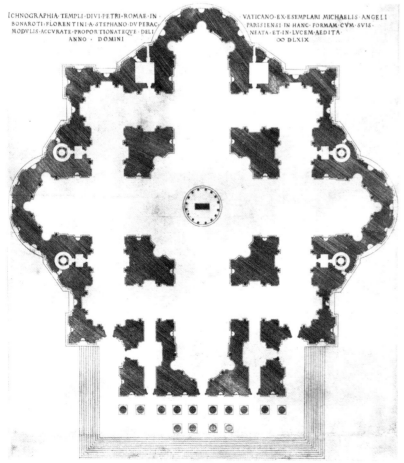

356 É. Dupérac: Grundriss von S. Peter zu Rom, 1569

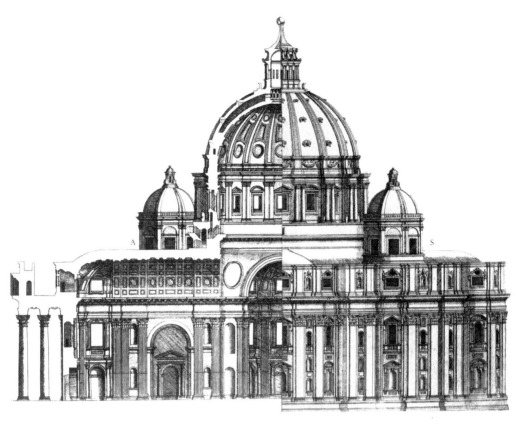

357 A. Schiavo: Aufriss der Nordseite von St. Peter zu Rom und Längsschnitt durch Vorhalle und östlichem Arm nach É. Dupéracs Angaben

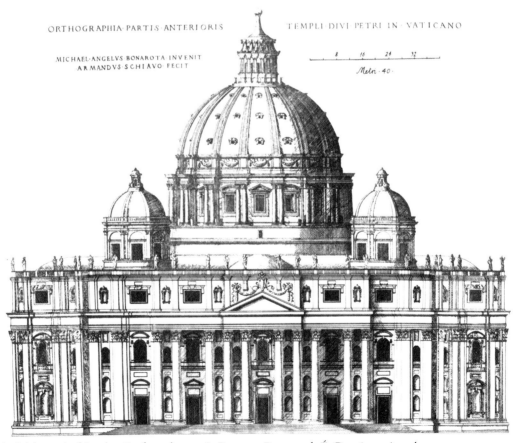

358 A. Schiavo: Aufriss der Ostfassade von S. Peter zu Rom nach É. Dupéracs Angaben

359 Anonym: Obelisk von St. Peter zu Rom, um 1600

360 Anonym: Ansicht von St. Peter in Rom als Zentralbau mit offener Portikus

361 L. Fragni, gen. Il Parmese: Medaille Gregors XIII., um 1575, Revers

FORMA BASILICÆ QVAM CVM PORTICV ITIDEM APERTA
EXCOGITAVIT EQVES DOMINICVS FONTANA SVB SIXTO V.

362 G. Frozzo: Projekt D. Fontanas zur Vollendung von St. Peter in Rom als Zentralbau, um 1600

363 P. Nogari: Wandfresko in der Biblioteca Vaticana zu Rom mit dem Petersdom als Zentralbau, um 1590

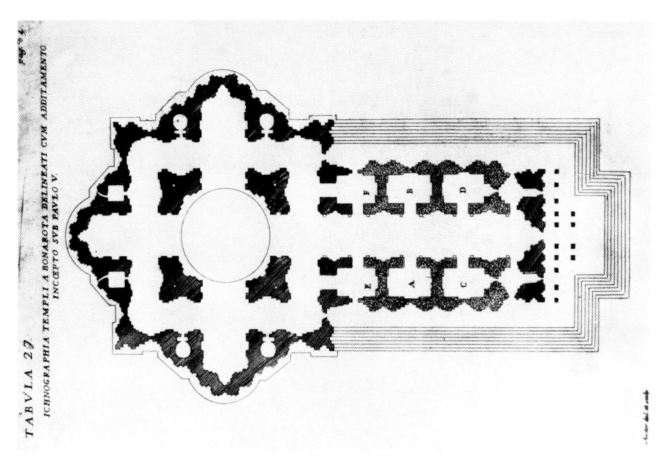

364 D. Fontana: Projekt für die Vollendung von St. Peter in Rom, um 1607

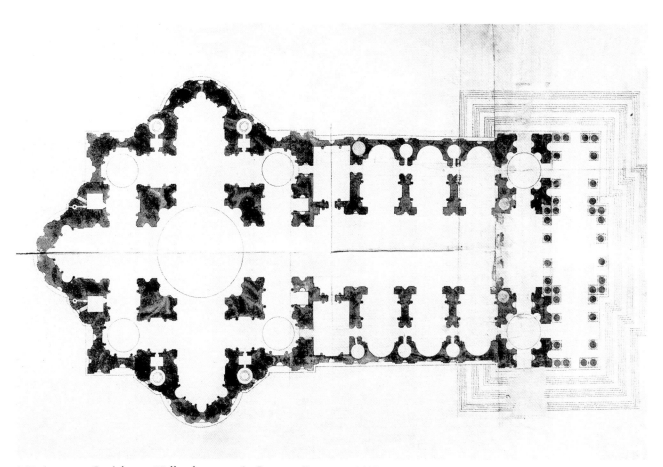

365 Anonym: Projekt zur Vollendung von St. Peter zu Rom, um 1607

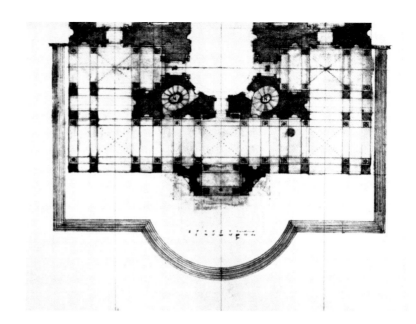

366 L. Cigoli: Projekt für die Vollendung von St. Peter zu Rom, o. J.

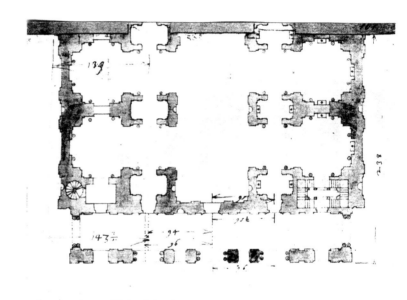

367 C. Maderno: Entwurf für das Langhaus und die Fassade von St. Peter in Rom, 1605/1607

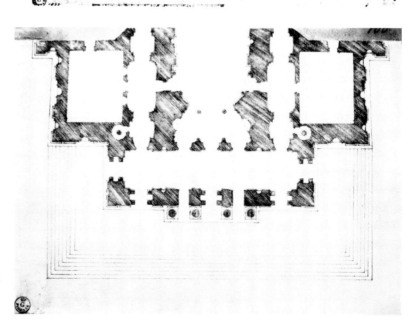

368 C. Maderno: Entwurf für das Langhaus und die Fassade von St. Peter in Rom, 1605/1607

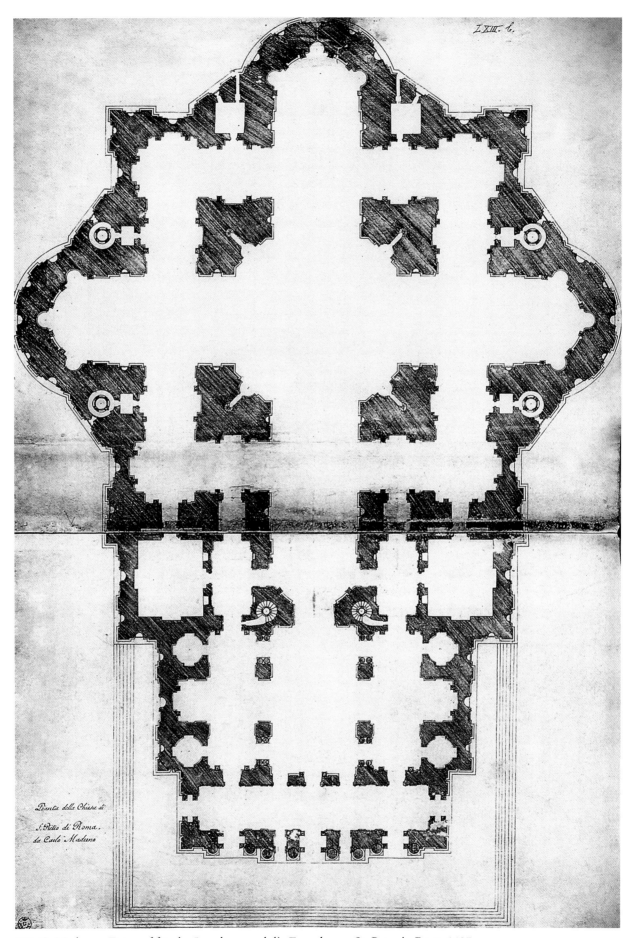

369 C. Maderno: Entwurf für das Langhaus und die Fassade von St. Peter in Rom, 1607

370 G. Maggi: C. Madernos Fassadenprojekt für St. Peter in Rom mit zurückgesetzten Türmen, 1608

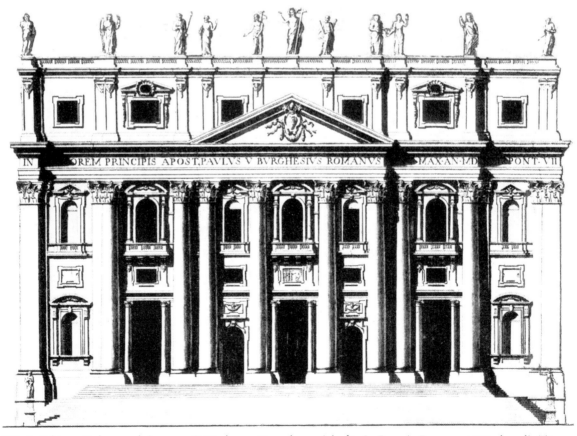
371 A. Schiavo: Rekonstruktion von C. Madernos Fassadenprojekt für St. Peter in Rom vor 1612 ohne die Türme

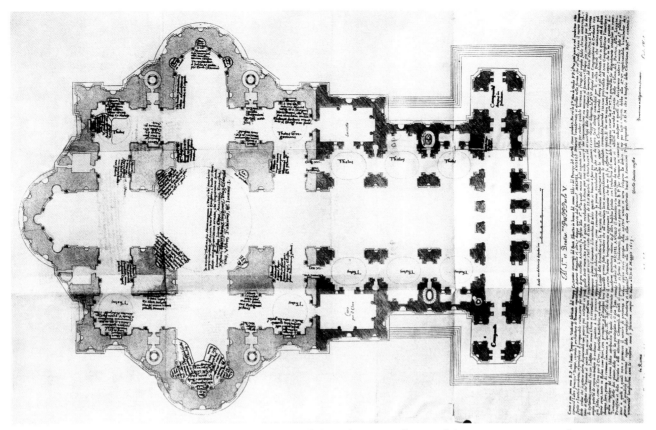

372 M. Greuter: Grundriss von St. Peter in Rom mit Michelangelos Zentralbau und dem angesetzten Langhaus C. Madernos, 1613. Handschriftliche Eintragungen von G. Grimaldi, ca. 1615–1620

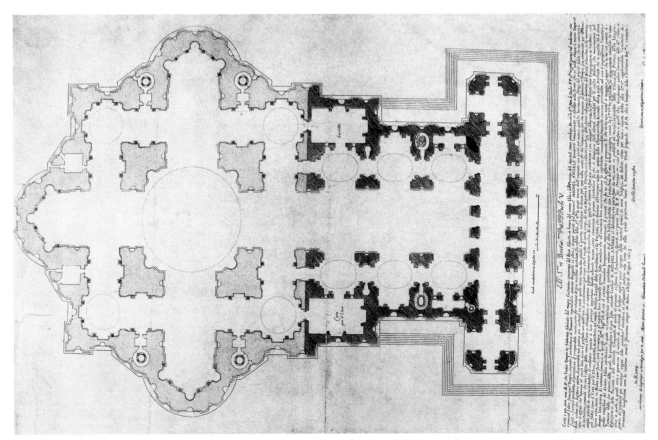

373 M. Greuter: Grundriss von St. Peter in Rom mit Michelangelos Zentralbau und dem angesetzten Langhaus C. Madernos, 1613

374 M. Ferrabosco: Westfassade von St. Peter in Rom mit ergänzten Turmaufbauten, 1684

375 a u. b M. Ferrabosco: Rechte Hälfte der Attika und der Kolossalordnung in der Westfassade von St. Peter zu Rom, 1684

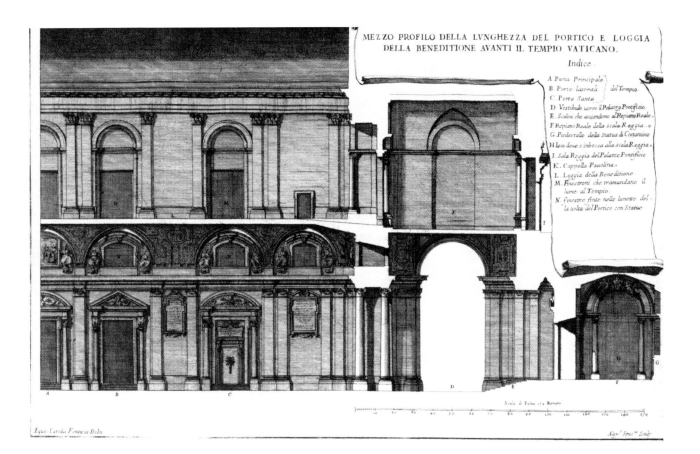

376 C. Fontana/A. Specchi: Querschnitt durch den *portico* und die Benediktionssala von St. Peter zu Rom, 1696

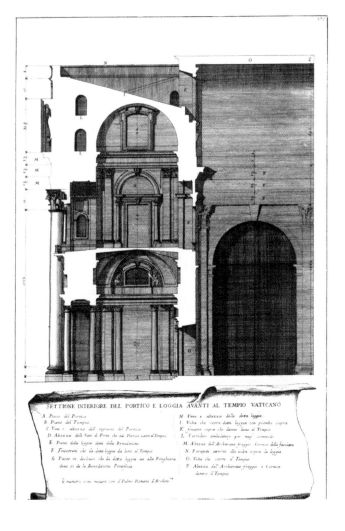

377 C. Fontana/A. Specchi: Längsschnitt durch den *portico* und die Benediktionssala von St. Peter zu Rom

378 Anonym: St. Peter in Rom von Osten, Bauzustand der Fassade um 1611

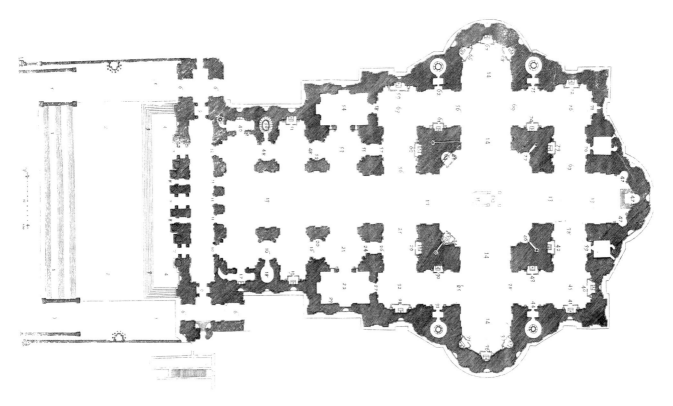

379 M. Ferrabosco: Grundriss von St. Peter in Rom, 1684

380 C. Maratta: Titelblatt von C. Padredio 1673:
Alexander VII. präsentiert Konstantin d. Gr. den Plan
mit Alt- und Neu-St. Peter, 1673

381 M. Greuter: Längsschnitt über halbem Grundriss von
St. Peter in Rom einschließlich der von Maderno geplanten
Turmaufbauten, um 1613

382 Rom, S. Susanna

383 St. Blasien im Schwarzwald

384 a u. b Raphaels Projekt für St. Peter von 1518/1519 in zeitgenössischer Nachzeichnung. Aufriss und Querschnitt

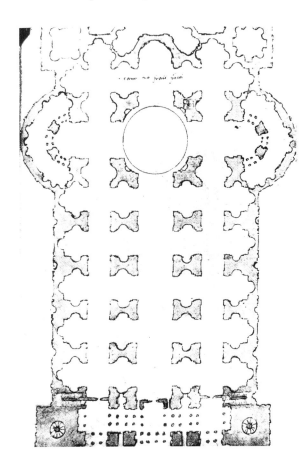

385 B. Peruzzi: Entwurf für St. Peter in Rom. Aufriss und Grundriss der Fassade, ab 1520

386 Rom, St. Peter. Innenseite der Eingangswand

387 A. Giampelli (?): Vierung mit Berninis erstem Projekt für den Baldachin und einer Vorwegnahme der Cathedra Petri, o. J., Zeichnung, laviert

388 G. B. Panini: „Benedikt XIII. ernennt Nicolò Coscia zum Kardinal" (Ausschnitt), 1725/1730

389 P. da Cortona: Deinokrates zeigt Alexander VII. den Berg Athos, 1666. Vorzeichnung für einen Stich von F. Spierre als Thesenblatt des Cristoforo Nosano, Rom 1666

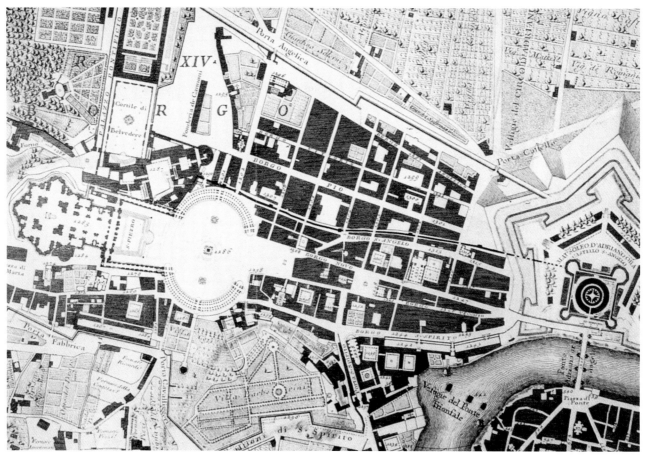

390 G. B. Nolli: Ausschnitt aus dem Stadtplan Roms mit Vatikan und Borgo, 1748

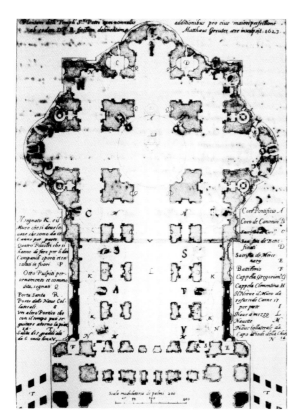

392 P. Bartoli: Vorschlag zur Umgestaltung der Westfassade von St. Peter in Rom, c.a. 1620

391 M. Greuter: P. Bartolis Vorschlag zur Umgestaltung der Westfassade von St. Peter in Rom, 1626

393 Anonym: Gegenentwurf zu G. L. Bernini für die Gestaltung des Petersplatzes mit teilweiser Demolierung des Apostolischen Palastes, 1656/57

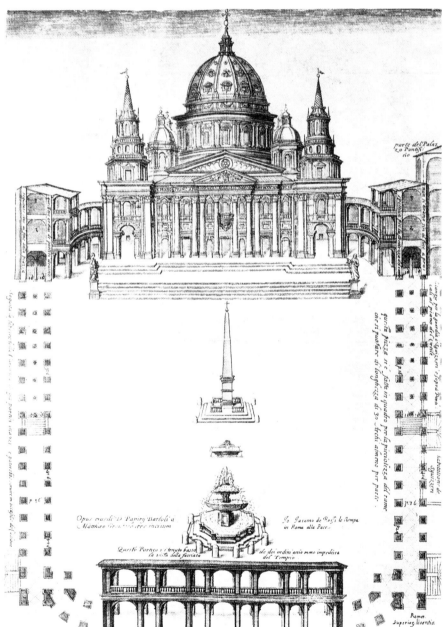

394 P. Bartoli: Vorschlag zur Umgestaltung der Westfassade von St. Peter und der Gestaltung des Vorplatzes, ca. 1620

395 Rom, St. Peter. Priesterweihe mit Johannes XXIII. vor der Cathedra Petri, ca. 1960

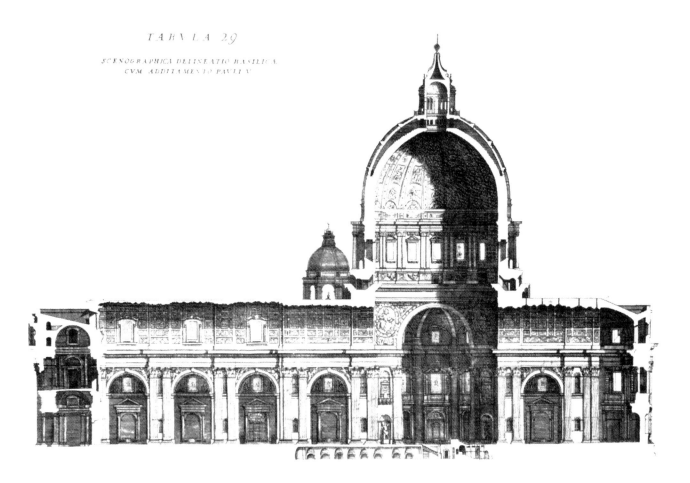
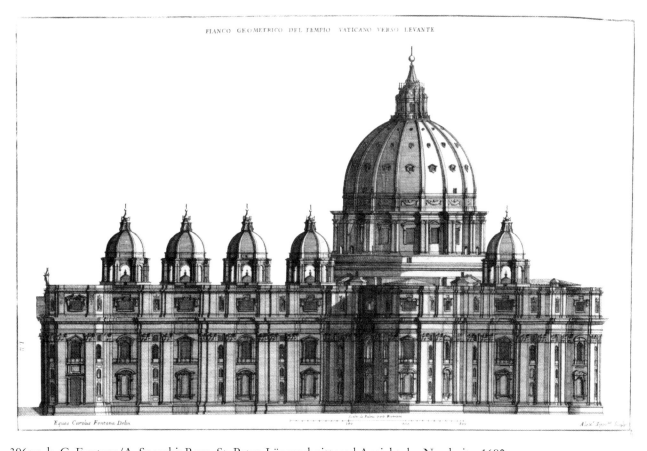

396a u. b C. Fontana/A. Specchi: Rom, St. Peter, Längsschnitt und Ansicht der Nordseite, 1690

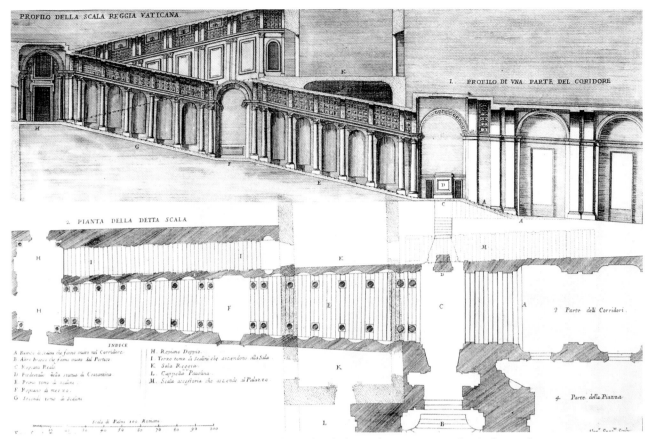

397 C. Fontana/A. Specchi: Grundriss und Längsschnitt durch die Scala Regia im Vatikanischen Palast zu Rom, 1694

398 A. Specchi: Die Scala Regia im Vatikanischen Palast zu Rom, 1715

399 G. B. Falda/G. G. De Rossi: Blick in den südlichen *corridoio* in die Scala Regia, 1665

400 Rom, Vestibül der Scala Regia. Die Vision Konstantins d. Gr. von G. L. Bernini, 1663–1670

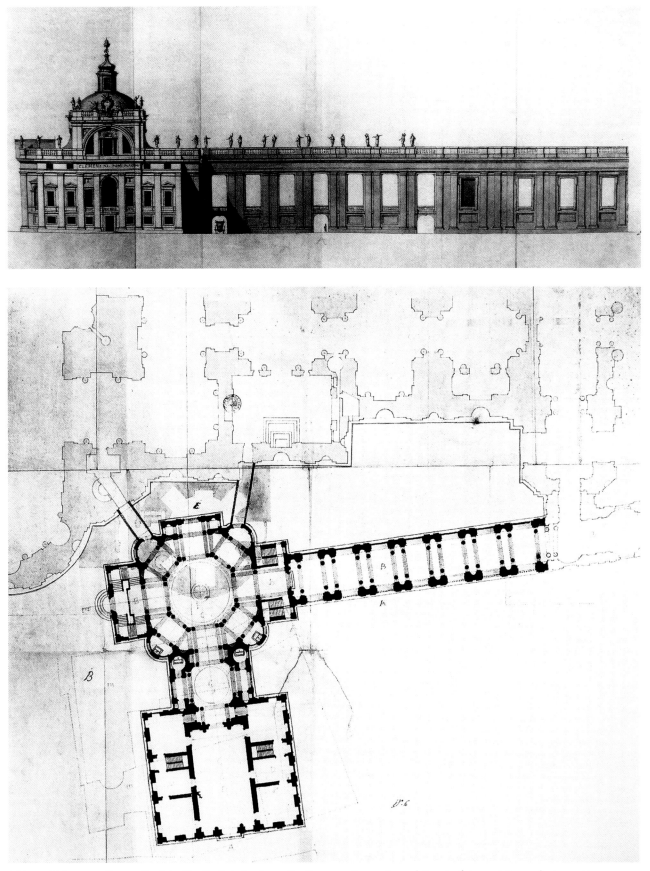

401a–c F. Juvarra: Erstes Projekt für die Sakristei von St. Peter zu Rom. Grundriss, Aufriss u. Längsschnitt, o. J.

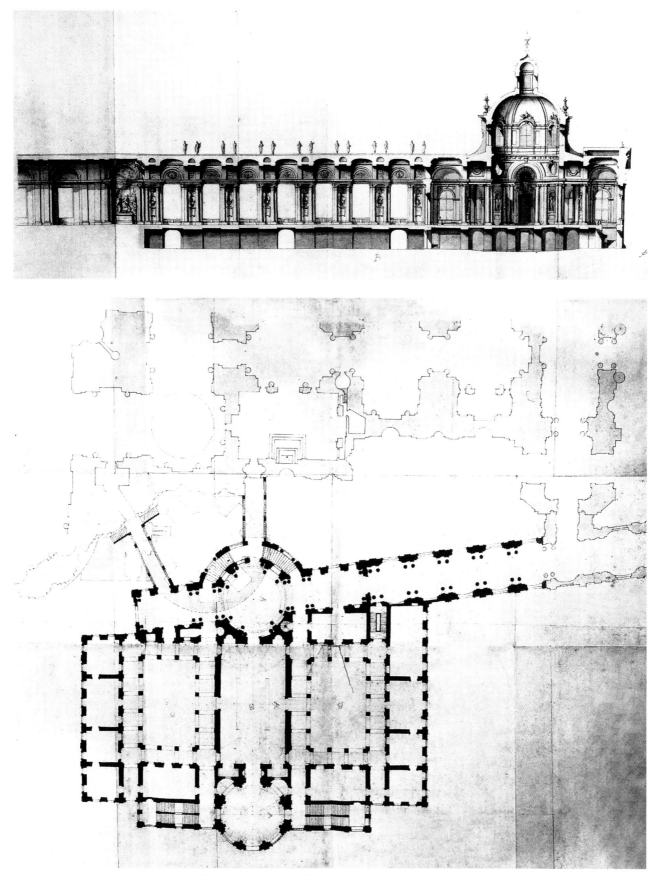

402 F. Juvarra: Zweites Projekt für die Sakristei von St. Peter zu Rom. Grundriss, o. J.

403 F. Juvarra: Fünftes Projekt für die Sakristei von St. Peter zu Rom. Aufriss, o. J.

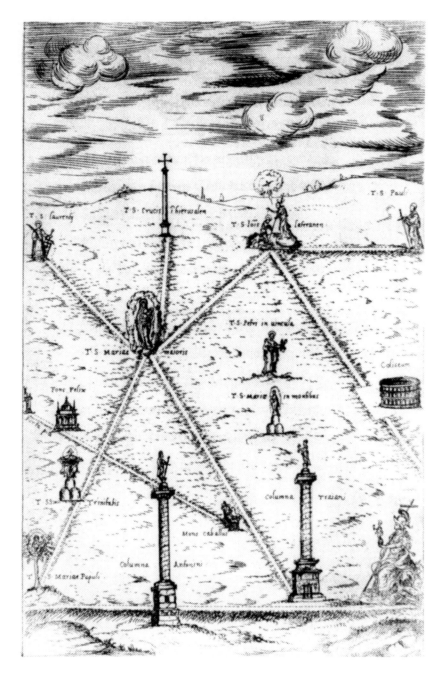

404 J. F. Bordin[o]: Die sieben Pilgerstraßen zu den römischen Hauptkirchen, 1604

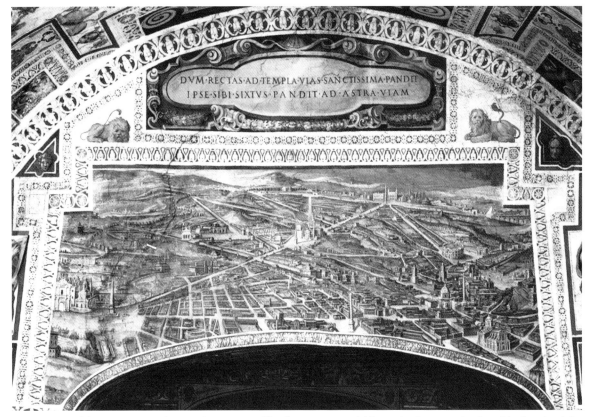

405 Rom, Biblioteca Apostolica Vaticana. Wandfresko von C. Nebbia u. G. Guerra mit einer idealen Ansicht der „Roma Felix", 1585/1590

406 G. B. Falda: Widmungsblatt für Alexander VII. im sog. Kleinen Stadtplan von 1667

407a u. b Rom, St. Peter. Blick von der Benediktionsloggia nach Osten auf den Petersplatz u. nach Westen in die Basilika

Register

Orte

(auf Passagen, in denen Objekte eingehend behandelt werden, wird **halbfett** verwiesen. Abbildungshinweise sind *kursiv*).

Aachen, Pfalzkapelle 136
Agugliaro, Villa Saraceno 76
Alexandria 170f, 188, 310, 316, 318, 360f, 371, 373f, 378f, 388
Antiochia 310f, 374
Arezzo, Badia 73
Ariccia, S. Maria dell'Assunzione 56, 59, 98, **155–157**, 359, 363, 370, 388, *173*
Assisi, Tempel der Minerva 98
Athen – Akropolis – Parthenon 20
Athen – Akropolis – Propyläen 34f
Babylon 167, 176, 180–183, 185, 188, 194, 220, 345, 349, 369, 373f, 391
Bath, Royal Crescent 52
Bayreuth, Eremitage 53
Berlin – Kirchen u. Klöster – Alter Dom am Lustgarten 30
Berlin – Kirchen u. Klöster – Friedrichwerdersche Kirche 30
Berlin – Profanbauten – Alte Nationalgalerie 31
Berlin – Profanbauten – Altes Museum 30f, 53, 263, 386, *45*
Berlin – Profanbauten – Brandenburger Tor 30, 33f, 60
Berlin – Profanbauten – Oper Unter den Linden 31
Berlin – Profanbauten – Schauspielhaus 30
Berlin – Profanbauten – Schinkelpavillon in Charlottenburg 59, 202, *84*
Berlin – Profanbauten – Schloss **14–18**, 21, 30, 33f, 49, 54, 60, 85, 107, 256f, 261, 282, 386, 390, *34f*
Berlin – Straßen u. Plätze – ehem. Kaiser-Wilhelm-Brücke 34
Berlin – Straßen u. Plätze – ehem. Kaiser-Wilhelm-Straße 34
Berlin – Straßen u. Plätze – Gendarmenmarkt 30
Berlin – Straßen u. Plätze – Lustgarten 30, 34
Blenheim Castle 98, 202
Blois, Schloss 261f, 269, 390
Bologna – Piazza Maggiore 102
Bologna – S. Paolo Maggiore **112–113**, 116, 241, *210f*
Bologna – Palazzo del Podestà 102
Büdingen 265
Cambridge, Bibliothek des Trinity College 102, 224, *185*

Caniparola, Villa Malaspina 246, *292*
Caprarola, Villa Farnese 54, 66, 70, 81, 103, 108f, *91*
Chambord, Schloss 261
Chaux, Salines 41
Coimbra, Universitätsbibliothek 207
Cremona, S. Sigismondo 175
Dresden, Zwinger 32f, 54, 56, 63, 301, *53*
Drottningholm, Schloss 16, 74f, 261
El Djem, Amphitheater 94, 121, *156*
Ephesos – Celsus-Bibliothek 79f, *125*
Ephesos – Tempel des Hadrian 207
Florenz 202
Florenz – Kirchen u. Klöster – Orsanmichele 112
Florenz – Kirchen u. Klöster – S. Lorenzo 22, 72, 82
Florenz – Kirchen u. Klöster – S. Lorenzo – Bibliothek 82, 86, 99
Florenz – Kirchen u. Klöster – S. Maria Novella 21, 112, *208*
Florenz – Kirchen u. Klöster – S. Miniato al Monte, Cappella del Crocifisso 111, *209*
Florenz – Kirchen u. Klöster – S. Spirito 72
Florenz – Profanbauten – Palazzo Pitti – Belvedere 196
Florenz – Profanbauten – Spedale degli Innocenti (Findelhaus) 72, *116*
Florenz – Profanbauten – Uffizien 52
Frankfurt a. M. 265
Frascati – Villa Aldobrandini 251, 353
Frascati – Villa Mondragone 99, 105, **110–111**, 118, 387, *178*
Fratta Polesine, Villa Badoer 76
Füssen, Kloster St. Mang 261
Genua – Palazzo Balbi 17, *318*
Genua – Palazzo dell'Università 74, 247, *118–119*
Greenwich, Queen's House 59, 202, *85*
Jerusalem 310, 319, 345, 372, 373f, 378
Karlsruhe 348
Karthago, Wasserleitung 71, 80, *107*
Kimbolton Castle 62, 124, 202, *86*
Klesheim bei Salzburg, Schloss 31, 103, *48f*
Konstantinopel 79, 207, 310, 316–318, 374, 377f
Konstantinopel – Kirchen u. Klöster – Hagia Eirene 318, 374

Konstantinopel – Kirchen u. Klöster – Hagia Sophia 318, 374
Konstantinopel – Profanbauten – Große Zisterne 79, *131*
Konstantinopel – Profanbauten – Senatshaus 207
Liblitz, Schloss 68, *99*
Linz 257
Lissabon, Praça do Comércio 60
London – Kirchen u. Klöster – Chelsea Old Church – Grabmal der Lady Jane Cheyne 363, 365
London – Kirchen u. Klöster – St. Paul's Cathedral 133, 202, 236, 299, *263*
Longare, Palazzo Thiene-Bonin 95, 135, *162*
Mailand 212, 317
Mailand – Kirchen u. Klöster – Dom S. Maria Nascente 112
Mailand – Kirchen u. Klöster – S. Lorenzo Maggiore 207
Mailand – Kirchen u. Klöster – S. Maria delle Grazie 210
Mailand – Kirchen u. Klöster – S. Maria Nuova 74
Mailand – Profanbauten – Palazzo Marini 81, *134*
Mainz – Dom St. Martin 362
Mainz – Schloss Favorite 52
Mantua – Kirchen u. Klöster – S. Andrea 59, 88, **111–113**, 116f, 296, 386f, *205–207*
Mantua – Kirchen u. Klöster – S. Benedetto al Polirone, 45, 58, *64f*
Mantua – Profanbauten – Palazzo del Tè 74, 197, *122*
Marly 14, 32, 52
Meisenheim, Schlosskirche 175
Meißen – Albrechtsburg 29f, 54, 261f
Meißen – Dom St. Johannes und Donatus 30
Montagnana, Villa Pisani 29, 76
Montalto 343, 392
Montmercy 60, *87–89*
München – Kirchen u. Klöster – St. Bonifatius 34
München – Profanbauten – Glyptothek 34
München – Profanbauten – Nymphenburg 15
München – Profanbauten – Ruhmeshalle 34
München – Profanbauten – Siegestor 34, 60
Münster, Erbdrostehof 52
Neapel – Kirchen u. Klöster – S. Francesco degli Scarioni 254, *311*
Neapel – Kirchen u. Klöster – S. Giuseppe a Pontecorvo 254, *310*
Neapel – Kirchen u. Klöster – S. Giuseppe dei Ruffi 246, *312*
Neapel – Profanbauten – Palazzo Fernandes 48, **253–255**, 262, 390, *307*
Neapel – Profanbauten – Palazzo in der Via S. Liborio 48, **253–255**, 262, 390, *306*
Neapel – Profanbauten – Palazzo Sanfelice 17f, 48, 60, **253–255**, 261f, 390, *304*

Neapel – Profanbauten – Palazzo Spagnuolo **253–255**, 262, 390, *305, 308*
Neapel – Straßen u. Plätze – Via Arena della Sanita 17, 253f
Neapel – Straßen u. Plätze – Via San Liborio (Abs. 1) 17, 253f
New York 348
New York – Börse 35f, *55*
New York – World Trade Center 36
Nîmes, sog. Maison Carée 99
Orvieto, Dom S. Assunzione della Vergine Maria 178
Paris – Kirchen u. Klöster – St.-Eustache 78, 134, *264*
Paris – Kirchen u. Klöster – St.-Paul-Louis 127
Paris – Kirchen u. Klöster – St.-Sulpice 48, 78, 123, **133f, 232–237**, 246, 260, 299, *259–262*
Paris – Profanbauten – Arc de Triomphe 35, 60
Paris – Profanbauten – Barrière de la Vilette 74
Paris – Profanbauten – Collège des Quatre Nations 52
Paris – Profanbauten – Hôtel de Ville 32, *52*
Paris – Profanbauten – Hôtel des Invalides 80
Paris – Profanbauten – Hôtel Lambert 17, 26, 29, **47f**, 52, 93, 135, 260f, 293, 386, *40–43*
Paris – Profanbauten – Louvre 14, 17, 48f, 55, 56f, 59, 61, 67, 69, 78, 80f, 106, 110f, 125, 130, 224, 236, 263, 289, 296, 298f, 387, *36f, 174–177*
Paris – Straßen u. Plätze – Place des Victoires 52, 55
Paris – Straßen u. Plätze – Place Louis XV 55f, 60f, **65–69**, 71, 75, 80, *95*
Paris – Straßen u. Plätze – Place St.-Sulpice 236
Piacenza, Palazzo Farnese 77, *130*
Potsdam – Profanbauten – Haus Am Neuen Markt (Nr. 5) **36–44**, 131, 229, 263, 289, *60f*
Potsdam – Profanbauten – Kahle'sches Anwesen **36–44**, 59
Potsdam – Profanbauten – Neues Palais 130, *255f*
Potsdam – Profanbauten – Schloss Sanssouci 36
Prag – Kirchen u. Klöster – St. Jakob 363
Prag – Profanbauten – Palais Waldstein 74, 80, *115*
Prag – Profanbauten – Schloss Troja 261
Rom – Brücken – Ponte Milvino (Ponte Molle, Milvische Brücke) 337, 376
Rom – Brücken – Ponte S. Angelo (Engelsbrücke, ehem. Pons Aelius) 300, 304f, 308, 340, 371f, 375, 382
Rom – Brunnen – Anio Novus 96
Rom – Brunnen – Aqua Claudia 96
Rom – Brunnen – Aqua Felix (Acqua Felice, Mosesbrunnen) 56, 344, 347, 357f, 372, 374
Rom – Brunnen – Aqua Paolina (Acqua Paola) 56
Rom – Brunnen – Aqua Virgo (Acqua Vergine; siehe auch: Fontana di Trevi) 94f., 126, 238, 242, *158*
Rom – Brunnen – Fontana di Trevi (siehe auch: Aqua Virgo) 55f, 59, 112, **113**, 116, 123, 126, 235, **237–246**, 333, 381, 390f, *210. 212f*

Rom – Brunnen – Vierströme-Brunnen 144, 184, 244, 358, 375
Rom – Kirchen u. Klöster – Il Gesù 129, 143, 155, 247, 271, 314f, 330
Rom – Kirchen u. Klöster – Mariensäule vor S. Maria Maggiore 351
Rom – Kirchen u. Klöster – Noviziat der Jesuiten auf dem Quirinal 148, 154
Rom – Kirchen u. Klöster – Oratorio dei Filippini **105–106,** 166, 207, 219, 268f, *195–198*
Rom – Kirchen u. Klöster – S. Agnese 165
Rom – Kirchen u. Klöster – S. Andrea al Quirinale 19f, 55, **113–117,** 132, **142–157,** 158f, 170, 172, 174, 179, 184–186, 195, 201, 229, 239, 242, 246, 328, 332f, 335, 338, 349f, 359, 369f, 375, 382, 387f, *7–9, 214–217*
Rom – Kirchen u. Klöster – S. Andrea della Valle 129, 151, *219*
Rom – Kirchen u. Klöster – S. Carlo al Corso 371
Rom – Kirchen u. Klöster – S. Carlo alle Quattro Fontane 55, 107, 158, *82*
Rom – Kirchen u. Klöster – S. Cecilia 56
Rom – Kirchen u. Klöster – S. Cesareo de'Via Appia 213
Rom – Kirchen u. Klöster – S. Croce in Gerusalemme 58f, 72, 377, 382, *83*
Rom – Kirchen u. Klöster – S. Giovanni in Laterano (Lateranbasilika) 17, 25f, 49, 55f, 58, 72, 78, 81, 89, 112, 119, 123–125, 127–129, 132–134, 137, 158, 171, 179, **201–212,** 217, 222–224, 229f, 232, 236f, 246, 255f, 260, 269, 296, 299f, 343, 347, 349, 359, 362, 372, 378, 380–382, 389, *12, 224–231, 233–240, 243*
Rom – Kirchen u. Klöster – S. Ignazio – Cappella Ludovisi 207, 350
Rom – Kirchen u. Klöster – S. Ignazio 129, 172, 207, 315, 350
Rom – Kirchen u. Klöster – S. Ivo alla Sapienza 132, 145f, **157–195,** 201, 212, 215, 220, 226, 268, 281, 309, 318f, 330, 333, 349, 355, 358f, 361, 373–375, 388, 391, *265–278, 281f, 284, 286f*
Rom – Kirchen u. Klöster – S. Lorenzo fuori le Mura 341, 343
Rom – Kirchen u. Klöster – S. Marcello al Corso 55
Rom – Kirchen u. Klöster – S. Maria dei Miracoli 370
Rom – Kirchen u. Klöster – S. Maria del Popolo 360
Rom – Kirchen u. Klöster – S. Maria del Popolo – Cappella Chigi **360–362, 370–372,** 379, 38, 392
Rom – Kirchen u. Klöster – S. Maria della Pace 19, 46f, 52f, 56, 61, 113, 143, 195–197, 200f, 207, 228, 234–237, 269, 277, 318, 374, 388, *288–291*
Rom – Kirchen u. Klöster – S. Maria della Vittoria – Cappella Cornaro 116, 315, 320f, 332
Rom – Kirchen u. Klöster – S. Maria di Montesanto 370

Rom – Kirchen u. Klöster – S. Maria in Campitelli 55, 368
Rom – Kirchen u. Klöster – S. Maria in Cosmedin 58
Rom – Kirchen u. Klöster – S. Maria in Trastevere 56, 58
Rom – Kirchen u. Klöster – S. Maria in Trastevere – Cappella Avila 130, 152, 226, *254*
Rom – Kirchen u. Klöster – S. Maria in Via Lata 17, 45, 47, 52f, 55f, 58f, 77, 134, 136, 207, 371, 382, *66–70*
Rom – Kirchen u. Klöster – S. Maria Maggiore 17, 55, 61, 78, 81, 123, 127, **129–132,** 134, 175, 209–215, 219, 220, 221, 222, 225–227, 229–230, 232, 246, 253, 255, 258f, 263, 269, 296, 340f, 343, 345, 347–349, 351, 358, 360, 363, 369, 371f, 379f, 382, 389–392, *1–6, 244–253, 257f*
Rom – Kirchen u. Klöster – S. Maria Maggiore – Cappella del Crocifisso 131
Rom – Kirchen u. Klöster – S. Maria Maggiore – Cappella Paolina (Cappella Borghese) 130, 221, 341, 360
Rom – Kirchen u. Klöster – S. Maria Maggiore – Cappella Sforza 130
Rom – Kirchen u. Klöster – S. Maria Maggiore – Cappella Sistina (Capella Sixtina) 130, 175, 214, 221, 226, 341, 343f, 358, 363
Rom – Kirchen u. Klöster – S. Paolo fuori le Mura 214, 343
Rom – Kirchen u. Klöster – S. Pietro in Montorio – Tempietto 106, 137
Rom – Kirchen u. Klöster – S. Pietro in Vincoli – Grabmal Julius' II. 18, 138, *38f*
Rom – Kirchen u. Klöster – S. Susanna 271, 275f, 382
Rom – Kirchen u. Klöster – SS. Martina e Luca 271, 277
Rom – Kirchen u. Klöster – SS. Nereo ed Achilleo 213
Rom – Kirchen u. Klöster – SS. Salvatore della Scala Santa 217
Rom – Kirchen u. Klöster – SS. Trinità dei Monti 372
Rom – Kirchen u. Klöster – SS. Vicenzo ed Anastasio 345
Rom – Profanbauten – Argentarierbogen 95, 111
Rom – Profanbauten – Bogen des Konstantin 96, 111, 230f, *159f*
Rom – Profanbauten – Bogen des Septimius-Severus 34, 96, 111, 131, *157*
Rom – Profanbauten – Bogen des Titus 95f, 111, *161*
Rom – Profanbauten – Circus des Domitian 379
Rom – Profanbauten – Claudianum 96f, 99, 243, *166*
Rom – Profanbauten – Collegio della Sapienza 98, 107 **157–195,** 260, 282, 316, 318, 374, 387
Rom – Profanbauten – Engelsburg (Castel S. Angelo) 340

Rom – Profanbauten – Kolosseum (Amphitheatrum Flavianum) 68, 94, 97, 99–101, 103, 105, 108f, 121, 199, *153f, 202*
Rom – Profanbauten – Marcellustheater 93f, 99, *155*
Rom – Profanbauten – Maxentiusbasilika 103, 348
Rom – Profanbauten – Nymphäum der Horti Liciani 145
Rom – Profanbauten – Ospedale S. Michele 360
Rom – Profanbauten – Palazzo Barberini **105–106**, 172, 187, 346, **355–357**, 387, *191f*
Rom – Profanbauten – Palazzo Borghese 74, 80, 260, 268, *117*
Rom – Profanbauten – Palazzo dei Conservatori (Konservatorenpalast) 40, , 43, 55, 58, 59f, **81–92**, 98–105, 115, 121, 125f, 161, 247, 285, 289–291, 296–298, 375, 390, *139–151*
Rom – Profanbauten – Palazzo dei Musei 247
Rom – Profanbauten – Palazzo dei Senatori 56, 130, 246, **247–251**, 258, 261, 269, 390, *293*
Rom – Profanbauten – Palazzo del Laterano 127
Rom – Profanbauten – Palazzo del Quirinale 155, 164181, 302, 373f, 377
Rom – Profanbauten – Palazzo della Consulta 17, **255f**, 268, 381, 390, *313–315b*
Rom – Profanbauten – Palazzo della Sapienza siehe: Collegio della Sapienza
Rom – Profanbauten – Palazzo Farnese 54, 60, 74, 87, 101, 105, 111, 164, 350, *77–81, 182*
Rom – Profanbauten – Palazzo Lancellotti 25, *335*
Rom – Profanbauten – Palazzo Madama 130
Rom – Profanbauten – Palazzo Massimo alle Colonne 59, **77f**, 80, **81**, 92, 99, 127, 134, 231, *133, 135*
Rom – Profanbauten – Palazzo Montecitorio 377
Rom – Profanbauten – Palazzo Pamphilj 178, 208, 358, 374, 392
Rom – Profanbauten – Palazzo Poli 113, 239
Rom – Profanbauten – Palazzo Spada 74f
Rom – Profanbauten – Palazzo Spada – Prospettiva 62 , 74
Rom – Profanbauten – Porta Maggiore (Porta Praenestina, Porta Labicana) 95f, 99, 243, *165*
Rom – Profanbauten – Porticus Octaviae 98
Rom – Profanbauten – Tabularium 47, 81, 93f, 99, 387
Rom – Profanbauten – Thermen des Diokletian 136
Rom – Profanbauten – Trajanssäule 341, 351
Rom – Profanbauten – Villa Borghese 346
Rom – Profanbauten – Villa Borghese-Pallavicini, Casino der Aurora 99f, *179*
Rom – Profanbauten – Villa Farnesina 78, 134, 360, *13*
Rom – Profanbauten – Villa Giulia 31, 56, 59, 61, 72f, 246, 268f, *108–114*
Rom – Profanbauten – Villa Medici 350
Rom – Profanbauten – Zirkus des Nero 365

Rom – Straßen u. Plätze – Augustus-Forum 75f, 91, *126*
Rom – Straßen u. Plätze – Borgo Nuovo 23, 79, 300, 303, 337f, 371f
Rom – Straßen u. Plätze – Corso del Rinascimento 190
Rom – Straßen u. Plätze – Forum Boarium 95
Rom – Straßen u. Plätze – Forum Romanum 34, 91, 371
Rom – Straßen u. Plätze – Nerva-Forum 53
Rom – Straßen u. Plätze – Piazza Colonna 61
Rom – Straßen u. Plätze – Piazza Colonna 61, 377
Rom – Straßen u. Plätze – Piazza d'Aracoeli 247
Rom – Straßen u. Plätze – Piazza del Popolo **369–372**, 375f, 379, 392
Rom – Straßen u. Plätze – Piazza di Campidoglio (Kapitol) 247, 337, 371, 375f, *137f, 294*
Rom – Straßen u. Plätze – Piazza di S. Eustachio 159, 162
Rom – Straßen u. Plätze – Piazza Navona 144, 165, 178, 244, 358, 374
Rom – Straßen u. Plätze – Piazza S. Maria Maggiore 221
Rom – Straßen u. Plätze – Piazza Trilussa 56
Rom – Straßen u. Plätze – Via A. Depretis 341
Rom – Straßen u. Plätze – Via Alessandrina (später Borgo Nuovo) 23, 300, 303, 337, 371f
Rom – Straßen u. Plätze – Via Appia 213
Rom – Straßen u. Plätze – Via Carlo Alberto 228f, 341
Rom – Straßen u. Plätze – Via Cassia 376
Rom – Straßen u. Plätze – Via del Corso 45, 371, 375, 379, 382
Rom – Straßen u. Plätze – Via del'Arco della Pace 200
Rom – Straßen u. Plätze – Via della Conciliazione 23, 300, 337, 372, 383
Rom – Straßen u. Plätze – Via della Ripetta 371
Rom – Straßen u. Plätze – Via delle Quattro Fontane 341
Rom – Straßen u. Plätze – Via Felice (= Via Sistina) 341
Rom – Straßen u. Plätze – Via Flaminia 376
Rom – Straßen u. Plätze – Via Lata 17, 45, 47, 52f, 55f, 58f, 77, 134, 136, 371, 382
Rom – Straßen u. Plätze – Via Merulana 229, 341, 380, 389
Rom – Straßen u. Plätze – Via Panisperna 341
Rom – Straßen u. Plätze – Vicolo della Pace 53, 200f, 269
Rom – Tempel – Jupitertempel auf dem Quirinal 76
Rom – Tempel – Mars Ultor-Tempel auf dem Augustus-Forum 76
Rom – Tempel – Pantheon 20, 45f, 56, 58, 79f, 82, 87, 99, 103, 122, 143–145, 158, 178, 231, 269, 295, 362, *71–73, 128, 220*
Rom – Tempel – Saturntempel auf dem Forum Romanum 91

Rom – Tempel – Tempel der Fortuna virilis 77, 99
Rom – Tempel – Tempel des Jupiter tonans 79
Rom – Tempel – sog. Tempel der Minerva Medica siehe: Nymphäum der Horti Liciani
S. Antonio (bei Piacenza), Villa Scribani 69, *102*
Sabratha, Theater 77, *127*
Salerno – Profanbauten – Palazzo Genovesi 48, 253–255, *309*
Sardis, Gymnasion
Schönbrunn – Gloriette 31, 55
Schönbrunn – Schloss 31, 62, 131
Schwetzingen, Schlosspark 241
Split, Diokletianspalast
St. Blasien 299, *383*
St. Florian (bei Linz) 17f, 48f, 55, 60, 256–258, 261f, 390, *317, 319*
St.-Cloud 48 **251–253**, 261f, 390, *302–303b*
St.-Germain-en-Laye, St.-Germain 57, *62*
Stockholm – Schloss 16, 261
Stockholm – Villa Tessin 16, 59, 61, 75, *120*
Superga, Basilica della Natività di Maria Vergine 283
Tivoli – Villa d'Este – 73, **247–251**, 258, 261, 270, 390, *295–298, 300f*
Tivoli – Villa d'Este – Fontana di Bacco 250
Tivoli – Villa d'Este – Fontana di Dragone (Drachenbrunnen) 250, *299*
Tomar – Convento do Cristo 19, 75, **110f**, *121*
Torgau, Schloss 29, 55, 261, 390
Trevi, Tempel 77, *129*
Turin – Profanbauten – Palazzo Madama 18, 71, 130, 256, **259–260**, 261, 263f, 268, 270, 389f, *320–324*
Turin – Profanbauten – Porta Decumana 263
Turin – Straßen u. Plätze – Piazza Castello 70f, 80, *106*
Tyros 228
Vatikanstadt – Apostolischer Palast 23, 207f, 217, 262, 271, 278, 280, 287, 302, 337, 344, 353, 361, 375, 378–380, 382, 391
Vatikanstadt – Apostolischer Palast – Appartements Leos X. (u.a. Stanza dell'Incendio) 208f, *10*
Vatikanstadt – Apostolischer Palast – Belvederehof 25, 33, 55f, 59, 62, 262, 379, *54, 92*
Vatikanstadt – Apostolischer Palast – Biblioteca Apostolica (u.a. Salone Sistino) 344, 361, *2, 354, 363, 405*
Vatikanstadt – Apostolischer Palast – Damasushof 22f, 24–26, 29, 41, 47, 54f, 89, 255, 301, 382, 386, 391, 393, *332–334*
Vatikanstadt – Apostolischer Palast – Sala Clementina 374
Vatikanstadt – Apostolischer Palast – Sala di Costantino **207–209**, 376, *11*
Vatikanstadt – Apostolischer Palast – Sala Regia 208, 278, 366

Vatikanstadt – Apostolischer Palast – Scala Regia 23, 74, 79, 91, 116f, 292, 301–304, **336–340**, 361, 363, 369, 371, 376, , 380, 382, 391f, *397–400*
Vatikanstadt – Apostolischer Palast – Cappella Sistina (Sixtinische Kapelle) 18, 212, 336
Vatikanstadt – Peterskirche (Alt-St. Peter, konstantinische Basilika) 211, 213f, 272, 275, 277, 294–296, 300, 315, 339, 352, 366, 376, 380
Vatikanstadt – Peterskirche (Neu-St. Peter) 22, 48, 58, 79, 136, 140, 158, 174f, 177, 187, 211, 214, **270–383**, *16, 18–21, 28f, 189f, 232, 336–342, 345–381, 384–388, 395f, 407*
Vatikanstadt – Peterskirche – Cappella Clementina 315
Vatikanstadt – Peterskirche – Cappella del SS. Sacramento
Vatikanstadt – Peterskirche – Cappella Gregoriana 361
Vatikanstadt – Peterskirche – Cappella Paolina 276, 278f, 283, 301
Vatikanstadt – Peterskirche – Cappella S. Michele Arcangelo 330
Vatikanstadt – Peterskirche – Cathedra Petri 50, 133, 153, 158, 174f, 177, 180, 191f, 202, 231, 245, 275, **304–340**, 356, 359–361, 364, 367–369, 372, 374–383, 391f, *22–27*
Vatikanstadt – Peterskirche – Grabmal Alexanders VII. **361–369**, 378, *30*
Vatikanstadt – Peterskirche – Grabmal Leos XI. 367
Vatikanstadt – Peterskirche – Grabmal Pauls III. 363, 367f
Vatikanstadt – Peterskirche – Grabmal Urbans VIII. **354**, 363, 367–369
Vatikanstadt – Peterskirche – Hochaltarziborium 50, 156, 305–301, 309, 312, 319, 321, 329, 333–335, 352f, 367f, 372, 380, 382, 390, 392, *388*
Vatikanstadt – Peterskirche – Neue Sakristei **302–303**, *401–403*
Vatikanstadt – Petersplatz (*Piazza di S. Pietro*) 21–23, 55, 76, 78f, 98, 137, 158, 191, 199, 244, 270, 274, 279f, 300, 302–305, 307f, 318, 334, 339f, 359, 369, 371f, 375f, 379, 382f, 386, 391–393, *15, 328f, 390–394*
Vatikanstadt – Petersplatz (*Piazza di S. Pietro*) – Kolonnaden 21–23, 25, 29, 49, 76, 79, 98, 116, 137, 191, 199, 273, 278, 280, 284, 292, 300–305, 307, 329, 332, 334, 336, 339, 359f, 369, **371–373**, 376, 379f, 382f, 386, 391–393, *343f*
Venedig – Kirchen u. Klöster – Convento della Carità 102, 268, *181, 183f, 186*
Venedig – Kirchen u. Klöster – Il Redentore 57, 112, 138
Venedig – Kirchen u. Klöster – S. Francesco della Vigna 57

Venedig – Kirchen u. Klöster – S. Giorgio 57, 134, 138, *63, 163*
Venedig – Kirchen u. Klöster – S. Lucia 136, *187*
Venedig – Kirchen u. Klöster – S. Marco (Markusdom) 174, *285*
Venedig – Kirchen u. Klöster – S. Marco (Markusdom) – Bibliothek 86, *169*
Venedig – Kirchen u. Klöster – S. Pietro di Castello 57
Venedig – Profanbauten – Palazzo Cà Pesaro 100, 108, *194*
Venedig – Profanbauten – Palazzo Grassi 107, 111, *200*
Venedig – Profanbauten – Palazzo Grimani 103, *193*
Verona – Palazzo Bevilacqua 120, *223*
Verona – Porta Borsari 90
Verona – Villa dalla [sic] Torre 29, 92
Versailles 348
Versailles – Grand Trianon 31, 65, *94*
Versailles – Schloss 52, 55, 65, 227, 261f, 336, 348, 387
Vicenza – Basilica (Palazzo Ragione) 41, 72, 97, 107, **109f**, 111, 121, 124, 126–128, 134, 162, 224, 263, 269, 299, 352, *199, 201, 203f*
Vicenza – Palazzo Chiericati 61, 75, 80, *123*
Vicenza – Palazzo Galeazzo Trissino 95, *164*
Vicenza – Palazzo Porto 130
Vicenza – Palazzo Thiene 37, 39–41, 44, 227, *56*
Vicenza – Villa Pisani 15, 29, 76, *44*
Vicenza – Villa Rotonda 15, 42, 59
Vienne, Augustus-Tempel 76, *124*
Viterbo, Villa Lante 251
Washington, DC 348
Weimar – Belvedere 15, 32, 54,
Wien – Kirchen u. Klöster – Dorotheerkirche 52, 60f
Wien – Kirchen u. Klöster – Karlskirche 58, 61, 207
Wien – Profanbauten – Gartenpalais Liechtenstein 31, 59f, *51*
Wien – Profanbauten – Hofburg 52, 60f, *76*
Wien – Profanbauten – Oberes u. Unteres Belvedere 14, 17, 261, 270, 386, 390, *31–33*
Wien – Profanbauten – Palais Harrach 357
Wien – Profanbauten – Palais Schwarzenberg (ehem. Mansfeld-Fondi) 62, 72f, 268, *90*
Wien – Profanbauten – Palais Trautson 55f
Wien – Profanbauten – Schönbrunn, Gloriette 31, 55, 62, 131, *46f*
Wien – Profanbauten – Stadtpalais (Winterpalais) des Prinzen Eugen 17
Wien-Neuwaldegg, Gartenpalais Strattmann 71f, *101*
Windsor Castle 102, 361
Würzburg – Brücken – Mainbrücke 265
Würzburg – Kirchen u. Klöster – Dom St. Kilian 265
Würzburg – Kirchen u. Klöster – Dom St. Kilian – Schönbornkapelle 265
Würzburg – Kirchen u. Klöster – Universitätskirche 101
Würzburg – Profanbauten – Residenz 117, 244, **261–269**, 348, 374, 387, *326f*
York, Stadthalle 135f, *188*

Personen

Abbatini, Guidobaldi 320f, 332
Acciaola, Donato 183
Agrippa, Marcus Vipsanius 238
Albergati, Nicola 230, 232
Alberti, Leon Battista 15, 19–21, 35, 49, 64, 75, 97, 99, 11f, 113, 117, 119, 227f, 296
Aldobrandini, Giovanni Francesco 168, 181f, 185
Aldobrandini, Olimpia Fürstin von Rossano 144, 358f
Aldobrandini, Pietro 181
Alemanni, Nicolai 217
Alessi, Galileo 81
Alexander d. Gr. (maked. König) 319
Alexander Severus (röm. Kaiser) 189
Alexander VI. Roderic Llançol i de Borja (Papst) 159, 371
Alexander VII. Fabio Chigi (Papst) 142f, 155–159, 161, 163, 168, 171, 187–189, 191f, 278, 305, 307–310, 312, 314, 316, 318–320, 328f, 336–340, 347, 359–379, 382f, 388, 391f
Algardi, Allesandro 112, 367, 375
Algarotti, Francesco 36f
Alliprandi, Giovanni Battista 68
Ambrosius Novidius 313
Ambrosius von Mailand (Kirchenvater) 245, 304, 306, 316–322, 326f, 330–335, 337, 368, 372, 374f, 391
Angelis, Paolo De 221–223, 230
Aristoteles 194
Athanasios (Kirchenvater) 245, 304, 306, 311, 315–322, 326f, 330–333, 337f, 368, 372, 374f, 391
Attanasio, Francesco 253f
Atticus, Titus Pomponius (Quintus Caecilius Pomponianus) 146f
Aubry, Claude 55f, 60f, 65–71, 75–78, 80
Augustinus, Aurelius (Kirchenvater) 176f, 183, 245,

304, 306, 316–322, 326–327, 330–333, 337, 345, 368, 372, 374f, 391
Auwera, Johann Wolfgang van der 362
Bacon, Francis 193–195, 366
Baldinucci, Filippo 175, 320f, 332
Balla, Michele 278
Ballu, Théodore 32
Barberini (Familie) 105, 170f, 184, 186f, 349, 353–360, 368, 388, 392
Barberini, Antonio 354
Barberini, Francesco 217, 350, 354
Barberini, Maffeo siehe: Urban VIII.
Barigione, Filippo 201
Baronio, Cesare 211–213, 219, 294, 365
Bartoli, Papiro 288, 301, 351
Barzel, Rainer 35
Basileios von Cäsarea (Kirchenvater) 330
Beda Venerabilis 313
Behringer, Wolf 101
Bellarmin(o), Robert(o) 314–317, 327, 331, 339, 378
Bellotto, Bernardo (gen. Canaletto) 102
Benedikt XIII. Pietro Francesco Orsini (Papst) 293
Benedikt XIV. Prospero Lambertini (Papst) 215–220, 227, 229, 339, 380
Benedikt XVI. Joseph Ratzinger (Papst) 194, 284, 383
Bergondi, Andrea 126
Bernini, Domenico 304
Bernini, Gianlorenzo 21, 23, 25, 48–50, 55f, 59, 61, 67–70, 74, 76, 78f, 81, 98f, 106, 110–117, 125, 137, 142f, 145f, 149f, 152f, 155–158, 174f, 177, 180, 191f, 199, 207, 224, 237, 241, 244f, 263, 270, 272f, 280f, 283f, 292, 296, 299–310, 312, 314–322, 326–339, 353f, 359–364, 366–369, 371, 374–376, 380, 382f, 387f, 391f
Bianchi, Giuseppe Antonio 201
Bianco, Baccio (Bartolommeo) del 247
Bianco, Giovanni Battista 257
Bitonto, Giovanni Maria 112
Blondel, Jacques-François 26
Bolgi, Andrea 272, 280f
Bonanni, Filippo 280f, 286–288, 296, 302, 332, 338
Bonifacio, Natale di Girolamo 296
Borghese (Familie) 349–352
Borghese, Scipione 350
Borromeo, Carlo (Karl Borromäus) 212, 230, 265, 232, 317
Borromini, Francesco 55, 62, 105–107, 112, 125, 146, 158–180, 182f, 185–188, 191f, 201, 211, 222, 234, 260, 268, 281, 296, 302, 319, 330, 353, 355, 362, 375, 388
Boucher, François 244
Bracci, Cesare 272, 280, 365
Bracciolini, Francesco 356
Bramante, Donato 22, 103, 141, 274, 319346
Büring, Johann Gottfried 37–39, 41–44, 130f

Buonvicino, Ambrogio 120, 126, 290
Cafà, Melchiore 368
Cajetan von Thiene 315
Campanella, Tommaso 170f
Campi, Giulio 175
Canaletto siehe: Bellotto
Canevari, Antonio 201
Caravaggio, Michelangelo Merisi da 274
Cariophylus 319
Carlone, Carlo Antonio 48, 256f
Cartari, Antonio Stefano 182
Cartari, Carlo 169f, 182
Cavalieri, Tommaso de' 247
Cellonese, Andrea 364
Cesari, Giuseppe 213
Cesati gen. Il Grechetto, Alessandro 278
Chalgrin, Jean-François Thérèse 236
Cheyne, Lady Jane 363, 365
Chigi (Familie) 155–158, 160, 170f, 184, 186–189, 317–320, 336, 338f, 350, 359–364, 367–371, 373, 377, 379, 382, 388, 392
Chigi, Agostino 360f, 370
Chigi, Flavio 350, 361
Chigi, Sigismondo 361
Choiseul, Etienne-François de, comte de Stainville 279
Christina (schwed. Königin, später Maria Alexandra) 191, 370, 373, 375
Ciampelli, Agostino 334, 368
Cicero, Marcus Tullius 90, 227, 272
Cigoli, Ludovico 99, 288
Claudius (Tiberius Claudius Nero Germanicus, röm. Kaiser) 311f
Clemens VII. Giulio de' Medici (Papst) 209, 338
Clemens VIII. Ippolito Aldobrandini (Papst) 25, 181, 311, 315, 341, 347f, 351, 358
Clemens IX. Giulio Rospigliosi (Papst) 372, 382
Clemens X. Emilio Altieri (Papst) 372, 382, 338
Clemens XI Giovanni Francesco Albani (Papst) 338
Clemens XII. Lorenzo Corsini (Papst) 123, 217–219
Colbert, Jean Baptiste, Marquis de Seignelay 106, 227
Colign, Gaspard II. de 366
Colonna (Geschlecht) 214, 350
Colonna, Jacopo 214f
Colonna, Pietro 214f
Cornacchini, Agostino 338
Cornelius Nepos 146f
Cortona, Pietro da 56, 58, 61, 130, 143, 173, 187, 195–200, 234f, 271, 289, 298f, 319f, 346, 355, 357f, 389
Cosatti Lelio 201
Costaguti, Giovanni Battista 272, 280, 283, 290f
Courtois, Guillaume 148
Cozza, Francesco 358
Cozzi, Giuseppe 69
Crattoli, Pietro 201

603

Croce, Baldassare 214
Cruyl, Lievin 45, 164, 269, 280
Cusanus, Nikolaus 217
D'Aviler, Charles 85, 89
Damasus I. 317
Daniele da Volterra 211
Dante Alighieri 174, 332
Deperthes, Pierre 32
Derand, François 127
Descartes, René 366
Dionysius Areopagita (Pseudo-) 174, 178, 322–328, 330f, 333f, 391
Dori, Alessandro 201
Dotti, Carlo Francesco 201
Drei, Pietro Paolo 272, 280
Duca, Ludovico del 130
Dupérac, Étienne 87, 89–91, 210, 247, 249, 276, 285–289, 296
Enbelbrecht, Martin 45
Ennodius, Magnus Felix 312
Eosander, Johann Friedrich von Göthe 34, 60
Eugen III. Bernardus (Papst) 220
Eugen, Prinz von Savoyen 15–17
Eusebius von Cäsarea (Kirchenvater) 228
Falda, Giovanni Battista 45–47, 56, 72f, 89, 91, 162, 200, 248–250, 268, 280, 302f, 319, 373
Fanzago, Cosimo 254
Fenzoni, Ferraù 214
Ferrabosco, Martino 272, 280f, 283, 290f, 301
Fischer von Erlach, Johann Bernhard 31, 33, 48f, 56, 58–62, 65–72, 75, 79–81, 103, 130, 136, 207, 299, 387
Fontana, Carlo 158, 280f, 287–291, 295
Fontana, Domenico 25, 56, 175, 204, 229, 287, 296, 340, 346, 349
Fontana, Giovanni 25, 204, 229, 296
Fortmann-Drühe, Nicola 37f, 42–44, 263
Fragni gen. Il Parmese, Lorenzo 278
Franck, Sebastian 178
Freydanck, Carl Daniel 30
Friedrich (Bischof von Würzburg) 265
Friedrich August II. (Kurfürst von Sachsen, als August III. König von Polen) 32
Friedrich I (König in Preußen) 34, 62, 357
Friedrich II. d. Gr. (König von Preußen) 36–38
Friedrich Wilhelm II. (König von Preußen) 33, 35
Fuga, Ferdinando 61, 123, 129–135, 201f, 210–212, 214–217, 220, 222–232, 236f, 255–257, 263, 389
Gaetani (Geschlecht) 350
Galilei, Allesandro 49, 58, 89f, 123–128, 133, 135, 137, 201f, 204–211, 222–224, 226, 236f, 296, 299, 322, 381, 389
Galilei, Galileo 170f
Galle, Philipp 181
Galli da Bibiena (Familie) 49

Galli da Bibiena, Giovanni Maria 201
Garnier, Charles 254
Gaulli gen. Il Baciccio, Giovanni Battista 330
Gericke, Theodor 357
Gherardi, Antonio 130, 226
Ghiberti, Lorenzo 112
Giannini, Sebastiano 106, 159–169, 175, 186, 188, 191, 268f
Gimignani, Giacinto 332
Giuseppe Valeriano 145
Gobert, Thomas 146
Goldmann, Nicolai 92, 118
Gorbatschow, Michail 35
Gottifredi, Alessandro 168, 181
Grassi, Gregorio de 181
Gregor I. d. Gr. (Papst, Kirchenvater) 209, 311, 313, 334
Gregor III. (Papst) 306, 311
Gregor XIII. Ugo Buoncompagni (Papst) 189, 220, 222, 278, 286, 296, 311, 313, 348
Gregor XV. Alessandro Ludovisi (Papst) 207, 350, 381
Gregorini, Domenico 201
Gregorovius, Carl 30
Gregorovius, Michael Carl 30
Greuter, Matthäus 280f, 288, 294f, 301
Grimani, Antonio 151
Grossi, Giovanni Battista 126
Guerra, Giovanni 25, 229, 296, 334, 349
Guglielmi, Marcello 246
Gustav II. Adolph (schwed. König)
Hardouin-Mansart de Jouy, Jean 134
Hardouin-Mansart, Jules 31, 65, 103
Heemskerck, Maarten v. 181
Hetzendorf von Hohenberg, Ferdinand 31
Hieronymus (Kirchenvater) 214f, 225
Hildebrandt, Lukas von 14f, 72f
Hobbes, Thomas, 348, 378
Holstenius, Lucas 377
Horaz (Quintus Horatius Flaccus) 321
Innozenz X. Giovanni Battista Pamphilj (Papst) 142–145, 147, 149, 153, 157–159, 171, 178, 187, 189, 191, 211f, 317, 310f, 316f, 195, 334f, 338, 340, 349, 354, 357–359, 368, 375, 378f, 387, 392
Innozenz I. (Papst) 316
Brusoni, Gerolamo 144, 147
Innozenz III. Lotario dei Conti di Segni (Papst) 310f
Ixnard, Pierre d' 299
Jansen, Cornelius 317
João V. (König von Portugal) 207
Johannes (röm. Patricius) 213–215
Johannes a S. Thoma 328
Johannes Chrysostomos (Kirchenvater) 245, 304, 306, 311, 315–333, 326f, 330–337, 368, 372, 374f, 391
Jones, Inigo 37, 59, 202

Joseph I. (römisch-deutscher Kaiser) 32
Julius I. (Papst) 316
Julius II. Giulio della Rovere (Papst) 18, 138, 277f, 353f, 364, 370
Juvarra, Filippo 18, 71, 74, 123, 256, 259–261, 263f, 283, 302f, 389, 391
Kahle, Jeremias 36
Karl d. Gr. (Kaiser) 217, 265, 338f, 392
Karl III. (König von Neapel) 283
Kennedy, John F. 34
Kilian (erster Bischof von Würzburg) 265
Kircher, Athanasius 169, 189
Kleihues, Josef Paul 37
Kleiner, Salomon, 14
Knobelsdorff, Georg Wenzeslaus 31
Konstantin d. Gr. (Flavius Valerius Constantinus, röm. Kaiser) 125, 179, 209, 211, 214, 217, 275, 277, 295, 300, 302, 315, 337–339, 352, 369, 376, 380, 392
Krier, Leon 37
Krohne, Gottfried Heinrich 15
Labacco, Antonio 140
Lafreri, Antonio 276, 291
Lagi, Simone 280, 300
Lambert de Thorigny, Jean-Baptiste 26
Laugier, Marc-Antoine 123
Lauro, Giacomo 155
Le Brun, Charles 60, 336
Le Gros, Pierre 207
Le Pautre, Antoine 48f, 61, 69f, 251f
Le Vau, Louis 26–29, 135, 261
Ledoux, Claude-Nicolas 41, 74
Leo I. d. Gr. (Papst, Kirchenvater) 171, 176, 306, 313f, 331, 334
Leo III. (Papst) 213, 217–219, 339
Leo IV. (Papst) 209, 381
Leo X. Giovanni de' Medici (Papst) 23, 208f, 338f, 375
Leo XI. Alessandro Ottaviano de' Medici (Papst) 367
Leonardo da Vinci 210
Letarouilly, Paul 85, 87
Liberius (Papst) 213–216, 225
Ligorio, Pirro 98, 107, 159–162, 165, 183, 248–250, 258, 270
Lint, Hendrik Frans van 128, 269
Longhi d. Ä., Martino 268
Louise-Elisabeth, Prinzessin von Frankreich 32
Lucchino, Vicenzo 291
Ludovisi, Ludovico 350
Ludwig XIV. (König von Frankreich) 26, 146, 361, 366
Ludwig XV. (König von Frankreich) 32
Maclaurin, Oudot de 236
Maderni, Giovanni Manfredi 55
Maderno (Maderna), Carlo 21, 23, 48, 50, 58, 69, 89, 99, 110, 126, 130f, 136, 158, 164, 205, 270–286, 288f, 291–305, 309, 332, 337, 339, 375f, 379f, 383, 390f

Maggi, Giovanni 282, 343
Majano, Giuliano da 73
Manchini, Giulio 212
Marcellus (Bischof von Antiochia) 310
Marcus Aurelius Antoninus (röm. Kaiser) 248, 375f
Maria Josepha (Erzherzogin von Österreich) 32
Martinelli, Domenico 246
Masaccio 21, 112
Mascherino, Ottaviano 288, 302
Maxentius, Marcus Aurelius Valerius (röm. Kaiser) 337f
Meissonnier, Juste-Aurèle 48, 232–237, 260
Michelangelo Buonarroti 18, 40, 43, 48, 56, 59, 81f, 85–92, 99–106, 115, 125, 138, 141, 158, 174, 247–250, 258, 261, 269–278, 284–289, 291–298, 301, 309, 368, 376, 390f
Michelozzo (M. di Bartolommeo) 111f
Milizia, Francesco 272
Mitrowitz, Johann Wenzel Wratislaw von 363
Mola, Gaspare Morone 278
Mola, Giovanni Battista 272, 280f
Monnot, Pierre-Étienne 207
Montagna, Tullio 280, 300
Montano, Giovanni Battista 145
Moreau, Michel 32
Morelli, Lazzaro 332
Moretti, Baldassare 145
Moschetti, Santi 272f, 280f
Mose(s) 18, 329, 343f, 347, 363, 372, 374, 379
Musart, Charles 183, 188
Mussolini, Benito 383
Napoleon Bonaparte 14
Natalis, Battista 49, 63
Natalis, Michele, 181, 185f
Nauclerico, Giovanni Battista 254
Nebbia, Cesare 25, 229, 344, 349
Nebukadnezar II. (babylon. König) 345
Nero Claudius Germanicus (röm. Kaiser) 312, 365
Nikolaus V. Tommaso Parentucelli (Papst) 340
Nogari, Paris 286
Nolli, Giovanni Battista 127, 208, 229f
Numa Pompilius (röm. König) 143f, 153f, 349
Oppenord, Gilles-Marie 236
Orbay, François 336
Orsini (Geschlecht) 350
Pace, Luigi de 360f
Padredio, Carlo
Palladio, Andrea 15, 29, 35–44, 49f, 57, 59, 61, 66, 76f, 77, 79, 92, 95, 97f, 100–102, 107, 109f, 112, 114, 121–124, 126f, 130, 134–136, 138, 162, 176, 202, 224, 227f, 262f, 268, 299
Palombara, Giovanni Lucido 182, 190
Palotta, Giovanni Evangelista 294
Pamphilj (Familie) 142–158, 178, 180, 183–187, 189, 194, 349, 358–360, 370, 375, 388, 392

Pamphilj, Camillo 142–149, 151, 153, 155–158, 350–352, 358f, 375, 387
Panini, Francesco 22
Panini, Giovanni Battista 22f, 25, 128, 227, 269, 279, 281–284, 293, 300, 303
Passalacqua, Pietro 202
Passeri, Giovanni Battista 320
Patte, Pierre 236
Paul II. Pietro Barbo (Papst) 366
Paul III. Alessandro Farnese (Papst) 278, 363, 367f, 375
Paul IV Gian Pietro Carafa (Papst) 311f
Paul V. Camillo Borghese (Papst) 158, 189, 221, 272, 274f, 277f, 294f, 301, 340f, 347–349, 251–354, 357, 368, 376, 380, 383, 392
Paul VI. Giovanni Battista Montini (Papst) 334
Paulinus (Bischof von Tyros) 228
Pei, Ieho Ming 14, 32
Peigine, Nicolas 258
Penna, Agostino 89
Peretti (Familie) 346–351, 353, 361, 363, 366, 371
Perrault, Claude 48f, 56, 61, 67, 78, 236
Peruzzi, Baldassare 59, 77f, 134, 145, 297f, 360f
Petrucci, Girolamo 144, 146–149, 153, 364
Petrus Gelasius 311
Peucker, Helmut 37
Phoebeus, Franciscus Maria (Febeo, Francesco Maria) 309–314, 316, 319, 331, 374, 378
Pigage, Nicola de 241
Pinadellus, Giovanni 346, 361
Piranesi, Giovanni Battista 45–47, 49, 95f, 126–128, 245, 250, 269
Pius II. Enea Silvio de Piccolomini (Papst) 349
Pius IV. Giovanni Angelo Medici (Papst) 159
Pius IX. Giovanni Maria Mastai-Ferretti (Papst) 23f, 379, 383
Pius V. Antonio Michele Ghislieri (Papst) 25, 159, 210, 341, 343, 348,
Pius VI. Giovanni Angelo Braschi (Papst) 22, 336, 379
Pius VII. Luigi Barnabà Niccolò Maria Chiaramonti (Papst) 336
Platon 152, 173
Plinius d. Ä. (Gajus Plinius Secundus Major) 15, 111
Ponzio, Flaminio 22–224, 349, 380, 389
Pöppelmann, Matthäus Daniel 33
Porta, Giacomo della 81f, 86, 98, 107, 130, 159–162, 165, 183, 281
Post, George B. 35
Potain, Nicolas Marie 57
Pozzi, Rocco 128, 205, 209
Pozzo, Andrea 49, 62–64, 137, 201, 230f, 247, 387, 389
Prandtauer, Jacob 18, 48, 55, 60, 256–261
Puget, Pierre 14
Quintilianus, Marcus Fabius 227

Raggi, Antonio 148, 185, 365
Raguzzini, Filippo 201
Rainaldi, Carlo 272, 280f, 283
Rainaldi, Girolamo 272, 280, 283, 288
Raphael (Raffaelo) Sanzio 22, 24f, 29, 55, 127, 207–209, 297f, 353, 360, 381
Reagan, Ronald 35
Reif (Reyf), Ferdinando
Remp, Franz Carl 55
Ricci, Giovanni Battista 214, 271, 278, 366
Richelieu, Armand-Jean I. du Plessis de 14, 17
Robin, Georg 101
Rode, Christian Bernhard 34
Romano, Giulio 40f, 45, 58, 74, 197
Rossi, Giovanni De 162
Rossi, Giovanni Giacomo di 46, 89, 91, 200, 211, 268
Ruggieri, Filippo 202
Rughesi, Fausto 288
Rusuti, Filippo 131, 211–214, 225f, 231, 263, 349
Salamanca, Antonio 18, 140
Salvi, Niccolò 18, 113, 116, 123, 237–245, 370, 390
Sandrart, Joachim von 46, 109, 365
Sanfelice, Ferdinando 17f, 48, 60, 253–257, 260–262, 390
Sangallo d. J., Antonio da 101, 103f, 140–142, 199, 237, 260, 278, 387
Sanmicheli, Michele 103, 130
Sassi, Ludovico Rusconi 201f, 206–209, 389
Sattler, Leonhard 55
Scamozzi, Vicenzo 95
Schadow, Gottfried 34
Schinkel, Karl Friedrich 30, 202
Schlüter, Andreas 15–17, 21, 30, 54, 107, 256, 261, 282, 386
Schönborn, Friedrich Carl (Fürstbischof von Würzburg u. Bamberg) 265
Schönborn, Johann Philipp (Fürstbischof von Würzburg) 362
Schor, Johann Paul (Giampaolo) 329, 332, 364
Scrilli, Bernardo 255f
Serlio, Sebastiano 41, 49, 96f, 102, 104f, 105, 144–146, 387
Sermoneta, Gerolamo Siciolante da 130
Serpotta, Giacomo 329
Servandoni, Nicolò 48, 123, 133–135, 235–237, 299
Sforza Pallavicini, Pietro 377
Silvester I. (Papst) 209, 217
Silvestre, Israël 221, 251
Sixtus IV Francesco della Rovere (Papst) 366
Sixtus V. Felice Peretti (Papst) 156, 175, 189, 214, 229f, 277f, 286, 340f, 343–354, 358–365, 366, 369, 371, 375–377, 379f, 382f, 391f
Spangenberg, Gerhard 37
Specchi, Alessandro 255f, 301f, 338

Spierre, François, 307, 319
Stella, Franco 37
Strack, Johann Heinrich 31
Stüler, Friedrich August 31
Sturm, Leonhard Christoph 18, 48f, 60, 92, 101, 117f, 176, 180, 192, 234, 256–258, 260–263, 283, 390
Talleyrand-Périgord, Charles Maurice de 360
Tassi, Agostino 25
Terwesten, Augustin 357
Terzi, Filippo 75
Tessin, Nikodemus 16, 59, 61, 74f
Teti, Girolamo 172
Theodoli, Girolamo 202
Thomas, Antoine Jean Baptiste 22f, 25, 280
Tibaldi, Pellegrino 112
Tiepolo, Giovanni Battista 244
Tizian (Tiziano Vecellio) 151, 346
Torralva, Diogo de 75
Torre, Giovanni dalla 29
Torrigiani, Sebastiano 130
Torriti, Jacopo 228
Totnan (Missionar Frankens) 265
Turrigius, Franciscus Maria 313
Ulbricht, Walter 34f
Ullmann, Franziska 31
Urban VIII. Maffeo Barberini (Papst) 22, 143, 156, 158f, 170–172, 181, 183f, 187, 189, 214, 294, 306, 319, 340, 349, 352–359, 362f, 367–370, 375–377
Valeriano, Giuseppe 145
Vanbrugh, John 62, 124, 202
Vanni, Francesco 364–366
Vanvitelli, Luigi 119–122, 126, 135, 201–208, 269, 280f, 389
Vasanzio, Giovanni 99
Vasari, Giorgio 73, 366
Vasconi, Filippo 259
Vasi, Guiseppe 45, 47, 198, 200
Vergilius Maro, Publius 187, 353–355
Verocchio, Andrea del 112
Vignola, Giacomo Barozzi di 31, 49, 70, 72f, 77, 97, 100, 102f, 108f, 144–146, 276, 278, 285, 302
Viktor Amadeus II. (Herzog von Savoyen, König von Sizilien, später von Sardinien) 263
Visentini, Antonio 57, 102, 136
Vitozzi, Ascanio 70
Vitruvius Pollio 35, 42f, 76, 97, 123, 141, 170, 176, 198f, 241
Vittone, Bernardo 202
Weizsäcker, Richard von 35
Wren, Christopher 102, 124, 133, 202, 224, 236, 299

Bibliographie

Quellen

Jahreszahlen von Neuausgaben stehen in Klammern

Alberti 1452 (1966)
> Leon Battista Alberti, L'Architettura [De re aedificatoria]. Testo latino e traduzione a cura di Giovanni Orlandi. Introduzione e note di Paolo Portoghesi, 2 Bde., Mailand 1966.

Alberti (1912)
> Leon Battista Alberti, Zehn Bücher über die Baukunst. Ins Deutsche übertragen, eingeleitet und mit Anmerkungen und Zeichnungen versehen durch Max Theuer, Wien/Leipzig 1912 (Repr. Darmstadt 1975).

Aldobrandini 1637
> Giovanni Franceso Aldobrandini [Alessandro Gottifredi], Turris linguis concordibus fabricata, sive de S. Spiritus oratio, Roma 1637.

Bartsch/Falda (1993)
> The Illustrated Bartsch, Bd. 47 (Italian Masters of the sSeventeenth Century; hg. von Paolo Bellini), o. O. 1993.

Basileios von Cäsarea (1993)
> Basileios von Cäsarea, De Spiritu Sancto. Eingeleitet und übersetzt von Hermann Josef Sieben SJ (= Fontes Christiani, Bd. 12), Freiburg/Basel u. a. 1993.

Bellarmin 1589
> Robertus Bellarminus, De translatione imperii romani a Graecis ad Francos, adversus Matthiam Flacium Illyricum 1589.

Bellarmin (1843)
> Robert Bellarmin's Hauptwerk über den Papst (übers. von Viktor Philipp Gumposch), Augsburg 1843.

Bernini 1713
> Domenico Bernini, Vita del Cavalier Giovanni Lorenzo Bernini, Rom 1713.

Blondel 1752–1756
> Jacques-François Blondel, Architecture Françoise ou recueil des plans etc. des églises, maisons royales, palais, hotels et édifices les plus considérables de Paris, 4 Bde., Paris 1752–1756.

Bonanni 1696
> Filippo Bonanni, Numismata Summorum Pontificum Templi Vaticani, Rom 1696.

Bordini 1588
> Giovanni Francesco Bordini, De rebus praeclare gestis a Sixto V. Pont. Max., Rom 1588.

Borromini/Giannini 1720
> Francesco Borromini/Sebastiano Giannini (Hgg.), Opera del Cav. Francesco Boromino cavata da' suoi originali cioè la Chiesa, e Fabrica della Sapienza di Roma con le vedute in prospettiva & con lo studio delle proporzioni, Rom 1720.

Borromini/Giannini 1725
> Francesco Borromini/Sebastiano Giannini (Hgg.), Opus architectonicum equitis Francisci Boromini ex ejusdem exemplaribus petitum, Oratorium nempe aedesque Romanae Romanae RPP Congregationis Oratorii S. Philippi Nerii, additis scenographia, geometricis proportionibus ichonographia, prospectibus integris obliquis interioribus ac extremis partium lineamentis, Rom 1725.

Brusoni 1662
> Girolamo Brusoni, Degli Allori d'Eurota, poesie di diversi all'Eccellentiss. Sign. Principie D. Camillo Pamphilio, Raccolte dal Cavalier Girolamo Brusoni, e dedicate All' Eccelentissima Signora Principessa Donna Olimpia Aldobrandini Pamphilii, Venezia 1662.

Camilli 1586
> Camillo Camilli, Imprese illustri di diversi, coi discorsi…et con le figure intagliate in rame di Girolamo Porro …, Venedig 1586.

Caracciolo 1783
> [Caracciolo], Vita del papa Benedetto XIV Prospero Lambertini con note istruttive. Traduzion del francese, Venedig 1783.

Cataneo 1591
> Baldo Cataneo, La Pompa funerale … Nella Trasportatione dell'Ossa di Papa Sisto, Rom 1591.

Cellonese 1667
> Andrea Cellonese, Specchio simbolico ouero Delle armi gentilitie dedicato alla santità' di N. S. papa Clemente IX., Neapel 1667.

Ciacconius 1677
> Alphonsus Ciacconius, Vitae et res gestae Pontificum Romanorum et S.R.E. Cardinalium, 4 Bde., Rom 1677.

Cortona 1652
: Pietro da Cortona, Trattato della pittvra e scvltvra, vso et abvso composto da vn theologo e da vn pittore … / stampato ad instanza de' Sign. Odomenigico Lelonotti da Fanano, Britio Prenetteri …, Florenz 1652.

Costaguti 1684
: Giovanni Battista Costaguti, Architettura della basilica di S. Pietro in Vaticano, Rom 1684.

De Angelis 1621
: Paolo de Angelis, Basilicae S. Mariae Maioris de Urbe a Liberio Papa I usque ad Paulum V Pont. Max. Descriptio et Delineatio, Rom 1621.

Decker 1711-1716
: Paul Decker, Fürstlicher Baumeister oder Architectura civilis, Augsburg 1711-1716.

Description 1740
: Description des Festes données par la Ville de Paris a l'occasion du Mariage de Madame Louise-Elisabeth de France, & de Dom Philippe, Infant & Grand Admiral d'Espagne, les vingt-neuvième & trentième Août mil sept cent trente-neuf, Paris 1740.

Eusebius (1984)
: Eusebius von Caesarea, Kirchengeschichte (hg. und übers. von Heinrich Kraft), Darmstadt 1984.

Falda/Rossi 1665
: Giovanni Battista Falda/Giovanni Giaccino Rossi, Il nuova teatro delle fabriche … Rom 1665.

Falda/Venturini 1675–1691
: Giovanni Battista Falda/Giovanni Francesco Venturini, Le fontane di Roma nelle piazze, e luoghi publici della citta, con li loro prospetti, come sono al presente. Disegnate, et intagliate da Gio. Battista Falda. Date in luce con direttione, e a cura da Gio. Giacomo de Rossi, 4 Bde., Rom 1675–1691.

Faleti 1567
: Bartolomeo Faleti, Speculum Romanae magnificentiae omnia fere quæcunque in urbe monumenta extant, partim juxta antiquam, partim juxta hodiernam formam accuratiss., delineata, repræsentans. Accesserunt non paucæ, tum antiquarum, tum modernarum rerum urbis figuræ nunquam antehac æditæ [Engraved by A. Lafrery], Rom 1567.

Fasti 1673
: Fasti dell'Accademia degl'Intrecciati nelli quali sono descritte le accademie di belle lettere fin'hora tenute …, in: Discorsi sacri e morali detti nell'Accademia degl'Intrecciati erretta dal Dottore Giuseppe Carpano (hg. von Antonio Stefano Cartari), Roma 1673.

Ferro 1629
: Giovanni Ferro, Ombre apparenti nel Teatro d'Imprese illustrate dal medesimo autore col lume di nuove considerationi, zwei Teile in einem Band, Venedig 1629.

Feste 1745
: Feste donnée dans l'Hotel de Ville le vingt six Fevrier Mil Sept cent quarante cinq, Paris 1745.

Fêtes [1745]
: Fêtes publiques données par la ville de Paris à l'occasion du mariage de Mgr. le Dauphin les 23 et 26 février 1745, Paris o. J. [1745].

Fischer von Erlach 1721
: Johann Bernhard Fischer vor Erlach, Entwurff Einer Historischen Architectur, In Abbildung unterschiedener berühmter Gebäude, des Alterthums, und fremder Völcker, Umb aus den Geschicht=büchern, Gedächtnüß=müntzen, Ruinen, und eingeholten wahrhafften Abrißen vor Augen Zu stellen …, Wien 1721.

Fontana 1694
: Carlo Fontana, Il Tempio Vaticano e sua origine, con gli edifizi più cospicui antichi e moderni, fatti dentro e fuori di esso, sette libri con traduzione latina. Templum Vaticanum et ipsius origo cum ædificiis maxime conspicius antiquitus, et recens ibidem constitutis, Rom 1694.

Frank 1534
: Sebastian Franck, Weltbuch. spiegel// vnd bildtniß des gantzen// erdtbodens von Sebastiano Franco// Wörde[n]si in vier bücher/ nemlich in Asi//am/ Aphrica[m]/ Europam/ vnd America[m]/ gstelt vnd abteilt/ Auch aller darin[n] be//griffner Länder/ nation/ Prouintze[n] vnd Inseln/ gelegenheit/ grösse/ weite/ ge//wächß …, Tübingen 1534.

Gevaerts 1635
: Jean Gaspard Gevaerts, Pompa Introitvs Honori Serenissimi Principis Ferdinandi Avstriaci Hispaniarum Infantis … A S. P. Q. Antverp. Decreta Et Adornata : … 15 kal. maii ann. 1635 / arcus, pegmata, iconesq. a Pet. Paulo Rubenio … inventas et delineatas inscriptionibus et elogiis ornabat, libroq., commentario illustrabat Casperius Gevartius, Antwerpen 1635.

Jacobus de Voragine (1890)
: Jacobi a Voragine Legenda Aurea. Vulgo historia langobardica dicta. Ad optimorum librorum fidem (hrsg. von Th. Graesse), Dresden ³1890.

Jansenius 1640
: Cornelius Jansenius, Seu doctrina S. Augustini de humanae naturae sanitate, aegritudine, medicina adversus Pelagianos et Massilienses, Löwen 1640.

Kleiner 1724–1737
: Salomon Kleiner, Vera et accurata delineatio omnium templorum et coenobiorum (etc.) quae tam in Caesarea Urbe ac Sede Viennae Austriae, … Wahrhaffte und genaue Abb. Aller Kirchen und Cloester

(etc.), Welche in der … Statt Wien sich befinden (etc.) Verlegt und an den Tag gegeben durch Johann Andreas Pfeffel, Augsburg 1724–1737.

Kleiner 1731–1740
Salomon Kleiner, Residences Memorables … de son Altesse … Le Prince … Eugene Francois Duc de Savoye et de Piemont … leve et designe sur le Lieu par… Wunderwürdiges Kriegs- und Siegs-Lager deß unvergleichligen Heldens unserer Zeiten, oder eigentliche Vor- und Abbildungen der Hoff- Lust- und Garten-Gebäude des… Fürstens … Eugenii Francisci Hertzogen zu Savoyen und Piemont … nach dem Leben abgezeichnet de son Altesse …, Augsburg 1731–1740.

Lafreri 1575
Antonio Lafreri, Speculum Romae Magnificentiae, Rom 1575.

Lauro 1642
Antiquae urbis splendor hoc est praecipua eiusdem templa, amphitheatra, theatra, circi, naumachiae, … / descriptio opera et industria Iacobi Lauri. Cura Giovanni Alto, Rom 1642.

Le Pautre 1652
Antoine Le Pautre, Desseins de plusieurs palais, plans et élévations en perspective géométrique, ensemble les profiles élevez sur les plans, le tout dessiné et inventez par Anthoine Le Paultre [sic], o. O. 1652.

Letarouilly 1849–1866
Paul Letarouilly, Edifices de Rome moderne ou recueil des palais, maisons, églises, couverts, et autres monuments publics et particuliers des plus remarquables de la ville de Rome, Brüssel 1849–1866.

Mariette 1727–1738
Jean Mariette (Hg.), L'architecture française, 4 Bde., Paris 1727–1738.

Meranda o. J.
Ioannes Maria Meranda, Memorie del pontificato di Benedetto XIV (im Codex 1613 der Bibliotheca Angelica zu Rom).

Milizia 1781
Francesco Milizia, Memorie degli Architetti Antichi e Moderni, Parma ³1781.

Novellanus/Braun/Hogenberg 1575
Georg Braun/Franz Hogenberg/Simon Novellanus, Beschreibung und Contrafactur der vornembsten Stät der Welt, 2 Bde., Köln 1575.

Padredio 1673
Carlo Padredio, Descrizione fatta della chiesa antica e moderna di S. Pietro, Rom 1673.

Palladio (1984)
Andrea Palladio, Die Vier Bücher zur Architektur. Nach der Ausgabe Venedig 1570 ‚I quattro libri dell'architettura' (aus dem Italienischen übertragen von Andreas Beyer u. Ulrich Schütte), Darmstadt 1984.

Palombara 1643
Giovanni Lucido Palombara, Discorsi sacri e morali detti nell'Accademia degl'Intrecciati erretta dal Dottore Giuseppe Carpano (hg. von Antonio Stefano Cartari), Roma 1673.

Panvinio 1681
Onufrio Panvinio, Liber de triumpho et de ludis Circensibus libri 2. De triumphis liber unus. Quibus universa fere Romanorum veterum sacra ritusque declarantur, ac figuris aeneis ill. …, Padua 1681.

Pfeffel 1770
Johann Andreas Pfeffel, Anfang einiger Vorstellungen der vornehmsten Gebäude sowohl innerhalb der Stadt Wien als in den Vorstädten von Wien, wovon mit der Zeit das abgehende nachfolgen soll …, Wien ca. 1770.

Phoebeus 1666
Francesco Maria Phoebeus, De Identitate Cathedrae in qua Sanctus Petrus Romae primum sedit et de Antiquitate et Praestantia solemnitatis Cathedrae Romanae Dissertatio, Romae 1666.

Physiologus (1998)
Physiologus. Naturkunde in frühchristlicher Deutung (aus dem Griechischen übers. und hg. von Ursula Treu), Hanau ³1998.

Pinadellus 1589
Ioannes Pinadellus: Invicti quinarii numeri series quae summatim a superioribus pontificibus et maxime a Sixto Quinto res preclare quadriennio gestas adnumerat ad eundem Sixtum Quintum Pont. Opt. Max, Rom 1589.

Piranesi (2000)
Piranesi. The Complete Etchings (hg. von Luigi Fiacci), Köln/London 2000.

Plinius (1995)
Gaius Plinius Secundus, Natural history in 10 volumes (with an Englisch translation by H. Rackham), Cambridge, Mass./London 1995.

Pöppelmann 1729
Matthäus Daniel Pöppelmann, Vorstellung und Beschreibung des von Sr. Königl. Majestät in Pohlen, und Churfl. Durchl. zu Sachßen / erbauten so genannten Zwinger= Gartens Gebäuden Der Königlichen Orangerie zu Dreßden …, Dresden 1729.

Pozzo 1693–1700
Andrea Pozzo, Perspectiva Pictorum Et Architectorum Andreae Putei, 2 Bde., Rom 1693 u. 1700.

Ps.-Dionysius Areopagita (1986a)
Pseudo-Dionysius Areopagita, Über die himmlische Hierarchie (eingeleitet u. übersetzt von Günter Heil; = Bibliothek der griechischen Literatur,

hg. von Peter Wirth u. Wilhelm Gessel, Bd. 22), Stuttgart 1986.

Ps.-Dionysius Areopagita (1986b)
Pseudo-Dionysius Areopagita, Über die kirchliche Hierarchie (eingeleitet u. übersetzt von Günter Heil; = Bibliothek der griechischen Literatur, hg. von Peter Wirth u. Wilhelm Gessel, Bd. 22), Stuttgart 1986.

Ripa 1603
Cesare Ripa, Iconologia overo descrittione di diverse imagini cavate dall' antichità, e di propria inventione, Rom 1603.

Ripa 1644
Cesar Ripa, Iconologie, Ov Explication Novvelle De Plvsievrs Images, Emblemes, Et Avtres Figvres Hyerogliphiques […]. Paris 1644.

Rituale 1926
Rituale Romanum Pauli V Pontificis Maximi …, Rom/Tournai/Paris 1926.

Rosichino 1640/1670
Mattia Rosichino, Dichiarazione delle pitture della sala de' signori Barberini, Rom ^{1}1640 u. ^{2}1670.

Sandrart 1679–1680
Joachim von Sandrart, Teutsche Academie der Bau-, Bild- und Mahlerey-Künste, 3 Bde., Nürnberg 1675–1680.

Schinkel 1841–1843
Karl Friedrich Schinkel, Sammlung architektonischer Entwürfe, Potsdam ^{2}1841–1843.

Serlio 1619
Tutte l'opere d'architettura et prospettiva. Diviso in 7 libri di Sebastiano Serlio. Con un' indice … di Domenico Scamozzi. Venedig 1619.

Specchi 1739
Alessandro Specchi, Il secondo libro del nuovo teatro delle fabbriche e edifici fatte fare in Roma … dalla S. di N. S. Papa Clemente XII, Rom 1739.

Sturm 1699
Leonhard Christoph Sturm, Erste Ausübung der vortrefflichen und vollständigen Anweisung zu der Civil-Bau-Kunst Nicolai Goldmanns: bestehend in neun ausführlichen Anmerkungen … wie man das Goldmannische Werk auf die Invention und Ausübung selbst mit grossen Nutzen appliciren könne …, Braunschweig 1699.

Sturm 1718a
Leonhard Christoph Sturm, Vollständige Anweisung Regierungs-, Land- und Rath-Häuser/Wie auch Kauff-Häuser und Börsen starck/bequem und zierlich anzugeben: Worinnen Nicolai Goldmanns Text Lib. IV. capp. 6. 7. 8. und 9. erläutert; Bey der Gelegenheit von den Basilicis der alten Römer gehandelt; Alles Durch ausführlichere Anmerckungen zu würcklicher Ausübung bequem/und durch gute Beyspiele in saubern Kupfferstichen deutlich gemachet wird, Augsburg 1718.

Sturm 1718b
Leonhard Christoph Sturm, Kurtze Vorstellung der gantzen Civil-Bau-Kunst, Worinnen erstlich die vornehmsten Kunst-Wörter/so darinnen immerzu vorkommen/in fünfferley Sprachen angeführet und erkläret; Zum Andern: Die allgemeinsten und nöthigsten Reguln deutlich angewiesen werden : Allerhand Persohnen/als Fürstlichen Bedienten/Beysitzern der Raths-Collegiorum, Beamten /und denen/so sich zu allen solchen Bedienungen durch Reisen habilitiren wollen zum Nutzen; Auch zugleich zu einem nöthigen Antheil des unterhanden habenden Goldmannischen Architectonischen Werckes ausgearbeitet, Augsburg 1718.

Sturm 1718c
Leonhard Christoph Sturms Vollständige Anweisung Die Bogen-Stellungen nach der Civil-Bau-Kunst in allen Fällen recht einzutheilen : Mit zwey Tabellen von Figuren erkläret ; Wobey von der Übereinander-Stellung der Säulen gründlich gehandelt/ Insonderheit von Sieges-Bögen oder Ehren-Pforten recht ausführliche Nachricht gegeben; Alles aber Nach dem Goldmannischen Fundament vollkommen ausgeführt/ und mit dreyzehen Exempeln von neuen Inventionen in siebenzehen saubern Kupfferstichen erläutert wird, Augsburg 1718.

Tetius 1642
Hieronymus Tetius, Aedes Barberinae ad Quirinalem, Rom 1642.

Vignola 1563
Regola delli cinque ordini d'architettura di Iacomo Barozzio da Vignola, o. O. 1563.

Vitruv (1991)
Vitruvii De architectura libri decem = Zehn Bücher über Architektur (übers. und mit Anm. vers. von Curt Fensterbusch), Darmstadt ^{5}1991.

Zaccaria 1776
Francescantonio Zaccaria, Scritture contrarie del Cardinale Sforza Pallaviccino e del Chiarissimo Luca Olstenio sulla Questione nata a' tempi di Alessandro VIII. Se al Romano Pontefice più convenga di abitare a S. Pietro, che in qualsivoglia altro luogo della città, Rom 1776.

Literatur

Ackerman 1956
James Ackerman, Rezension von Siebenhüner 1954, in: The Art Bulletin, Bd. XXXVIII (1956), S. 53–57.

Ackerman 1983
James Ackerman, The Planning of Renaissance in Rom, 1450–1580, in: Paul A. Ramsey, Rome in the Renaissance. The City and the Myth. Papers of the Thirteenth Annual Conference of the Center for Medieval & Early Renaissance Studies, Binghampton, NY 1983, S. 3–18.

Ackerman 1986
James Ackerman, The Architecture of Michelangelo, Harmondsworth ²1986.

Ackermann
Felix Ackermann, Die Altäre des Gian Lorenzo Bernini. Das barocke Altarensemble im Spannungsfeld zwischen Tradition und Innovation, Petersberg 2007.

Adorni 2002
Bruno Adorni, Abschnitt ‚Palazzo Farnese a Piacenza' in: Richard J. Tuttle (Hg.), Jacopo Barozzi da Vignola (Ausstellung Jacopo Barozzi da Vignola. Le Vita e le Opere, pres. a Vignola, Palazzo Contrari Boncompagni, 30. März–7. Juli 2002), Mailand 2002, S. 308–323.

Albert 1988
Marcel Albert, Nuntius Fabio Chigi und die Anfänge des Jansenismus 1639–1651. Ein römischer Diplomat in theologischen Auseinandersetzungen (= Römische Quartalschrift für christliche Altertumskunde und Kirchengeschichte, Supplementheft 44), Rom/Freiburg/Wien 1988.

Alker 1920
Hermann Reinhard Alker, Die Portalfassade von St. Peter in Rom nach dem Michelangeloentwurf (Diss. masch. TH Karlsruhe), 1920.

Alteri
Giancarlo Alteri, Abschnitt IV 1. La numismatica di Sisto V. In: Maria Luisa Madonna (Hg.), Roma di Sisto V. Le arti e la cultura / Comitato Nazionale per le Celebrazioni del Pontificato di Sisto V, Rom 1993, S. 443–460.

Andanti 1987
Andrea Andanti, Un disegno rainaldiano per la facciata di S. Pietro (1606–1607), in: Alessandro Gambuti (Hg.), Architettura e prospettiva tra editi e rari, Florenz 1987, S. 62–75.

Arata 1996
Francesco Paolo Arata, La nascita del Museo Capitolino, in: Tittoni 1996, S. 75–86.

ArchInform 2004
ArchInform, Stichwort ‚St. Florian', auf: http://deu.archinform.net/projekte/5406.htm (letzte Aktualisierung 11.10.2004).

Argan/Contardi 1990
Guilio Carlo Argan/Bruno Contardi, Michelangelo architetto, Mailand 1990.

Arisi 1986
Ferdinando Arisi, Gian Paolo Panini e i fatti della Roma del '700, Rom 1986.

Arisi 1993
Ferdinando Arisi, Giovanni Paolo Panini 1671–1765 (Katalog der Ausstellung in Piacenza, Palazzo Gotico vom 15. März bis 16. Mai 1993), Mailand 1993.

Avery 1998
Charles Avery, Bernini (mit Aufnahmen von David Finn), München 1998.

Barock im Vatikan 2005
Barock im Vatikan. Kunst und Kultur im Rom der Päpste II. 1572–1676 (Katalog der Ausstellungen vom 25. November 2005 bis 19. März 2006 in der Kunst- und Ausstellungshalle der Bundesrepublik Deutschland, Bonn und vom 12. April bis 10. Juli 2006 im Martin-Gropius-Bau, Berlin), Leipzig 2005.

Barroero 1988
Liliana Barroero, La Basilica dal Cinquecento all'Ottocento, in: Carlo Pietrangeli (Hg.), Santa Maria Maggiore a Roma (= Chiese Monumentali d'Italia), Florenz 1988, S. 215–315.

Barroero 1990
Liliana Barroero, La basilica dal Cinquecento ai nostri giorni, in: Carlo Pietrangeli (Hg.), La Basilica di San Giovanni in Laterano, Florenz 1990, S. 145–256.

Bartels 2000
Klaus Bartels, Roms sprechende Steine. Inschriften aus zwei Jahrtausenden gesammelt, übersetzt und erläutert von Klaus Bartels, Mainz 2000.

Bartetzko 2003
Dieter Bartetzko, Est! Est! Est! Ecce Palladio: Eine mustergültige Rekonstruktion in Potsdam, in: Frankfurter Allgemeine Zeitung, 9. Oktober 2003, S. 35.

Battaglia 1943
Roberto Battaglia, La cattedra berniniana di S. Pietro, Rom 1943.

Bauer 1989
Hermann Bauer, Zum Illusionismus Berninis, in: Herbert Beck und Sabine Schulze (Hgg.), Antikenrezeption im Hochbarock, Berlin 1989, 130–142.

Bauer 1992
Hermann Bauer, Barock. Kunst einer Epoche, Berlin 1992.

Bauer 2000
George C. Bauer, Bernini's „Pasce Oves Meas" and the Entrance Wall of St Peter's, in: Zeitschrift für Kunstgeschichte 63 (2000), S. 15–25.

Behrmann/Karsten/Zitzlsperger 2003
Carolin Behrmann/Arne Karsten/Philipp Zitzlsperger, The Roman Papal- and Cardinal Tombs of the Early Modern Age. Introductory remarks on a research project, in: Analecta Romana, Instituti Danici 39 (2003), S. 101–117.

Bellinger 1970
Gerhard Bellinger, Der Catechismus Romanus und die Reformation, Paderborn 1970.

Bellini 2002
Federico Bellini, La basilica di San Pietro in Vaticano, in: Jacopo Barozzi da Vignola (Ausstellung Jacopo Barozzi da Vignola. Le Vita e le Opere, pres. a Vignola, Palazzo Contrari Boncompagni, 30. März – 7. Juli 2002; hg. von Richard J. Tuttle), Mailand 2002, S. 300–306.

Beltramini/Padoan/Burns 2002
Giudo Beltramini/Antonio Padoan, Andrea Palladio. Bildatlas zum Gesamtkunstwerk; mit einer Einführung von Howard Burns, München 2002.

Beltramme 1986
Marcello Beltramme, Il progetto di Carlo Maderno per la facciata e la piazza di San Pietro in Roma, in: Storia dell' Arte 56 (1986), S. 31–47.

Beltramme 1997
Marcello Beltramme, La Cattedra di San Pietro e il mito di Cristina di Svezia in un'epopea tardosecentesca sul tema della Renovatio Ecclesiae, in: Storia dell'Arte 90 (1997), S. 301–305.

Benati 1997
Daniele Benati, Bd. 2.2. ‚Il cinquecento' (1997), aus: Mina Gregori (Hg.), Pittura murale in Italia, 3 Bde., Turin 1995–98.

Benedetti 1988
Sandro Benedetti, Sintetismo e magnificenza nella Roma Post-Tridentina, in: Atti del XXII Congresso di storia dell'Architettura 23 (1988), Rom, S. 27–56.

Benedetti 2000
Sandro Benedetti, La fabbrica di San Pietro, in: Antonio Pinelli (Hg.), La Basilica di San Pietro. The Basilica of St Peter in the Vatican, 4 Bde., Modena 2000, Bd. 3 (Testi/Saggi), S. 53–127.

Berlucchi/Corradini 1996
Nicola Berlucchi/Riccardo Ginanni Corradini, Le facciate. Caratterizzazione dei materiali e dello stato di conservazione, in: Tittoni 1996, S. 129–153.

Bernardini/Fagolio dell'Arco 1999
Maria Grazia Bernardini/Maurizio Fagiolo dell'Arco (Hgg.), Gian Lorenzo Bernini. Regista del Barocco (Katalog der Ausstellung in Rom vom 21. März bis 16. September 1999), Mailand 1999.

Bertelli 1994
Carlo Bertelli, „La Loggia avanti la Chiesa" a Mantova, in: Katalog Alberti 1994, S. 242–251.

Bevilacqua 2004
Mario Bevilacqua (Hg.), Nolli, Vasi, Piranesi. Immagine di Roma antica e moderna. Rappresentare e conoscere la metropoli dei lumi (Katalog der Ausstellung Roma im Palazzo Fontana di Trevi vom 27. November 2004 bis zum 7. Februar 2005), Rom 2004.

Bezombes 1994
Dominique Bezombes, The Grand Louvre. History of a project (under the direction of Dominique Bezombes with the collaboration of Catherine Bergeron), Paris 1994.

Biagioli 1999
Mario Biagioli, Galilei, der Höfling. Entdeckung und Etikette: Vom Aufstieg der neuen Wissenschaft, Frankfurt a. M. 1999.

Biermann 1997
Veronica Biermann, Ornamentum, Studien zum Traktat ‚De re aedificatoria' des Leon Battista Alberti, Hildesheim/Zürich 1997.

Birindelli 1983
Massimo Birindielli, Forma e avvenimento. Sant'Andrea al Quirinale e altre architetture irriducibili a aggotto, Rom 1983.

Birindelli 1987
Massimo Birindelli, Ortsbindung. Eine architekturkritische Entdeckung: der Petersplatz des Gianlorenzo Bernini (aus dem Italienischen von Ulrich Hausmann), Braunschweig 1987.

Blanning 2006
Timothy C. W. Blanning, Das Alte Europa 1660–1789. Kultur der Macht und Macht der Kultur, Darmstadt 2006.

Blum 2007
Gerd Blum, Palladios Villa Rotonda und die Tradition des ›idealen Ortes‹: Literarische Topoi und die landwirtschaftliche Topographie von Villen der italienischen Renaissance, in: Zeitschrift für Kunstgeschichte 70 (2007), S. 159–200.

Blunt 1975
Anthony Blunt, Neapolitan Baroque & Rococo architecture, London 1975.

Blunt 1978
Anthony Blunt, Gianlorenzo Bernini: Illusionism and Mysticism, in: Art History 1 (1978), S. 67–89.

Blunt 1979
Anthony Blunt, Kunst und Kultur des Barock und Rokoko. Architektur und Dekoration, Freiburg/Basel/Wien 1979.

Böhler 2005
Dieter Böhler SJ, Maria – Tochter Zion. Die Bedeutung der Mutter Jesu nach der Heiligen Schrift, in: Geist und Leben 78 (2005), S. 401–412.

Bordier 1998
Cyril Bordier, Louis Le Vau. Architecte, Bd. 1 (Les immeubles et hôtels particuliers parisiens), Paris 1998.

Borsi 1967
Franco Borsi, Gian Lorenzo Bernini, La Chiesa di S. Andrea al Quirinale, o. O. 1967.

Borsi 1982
Franco Borsi, Gian Lorenzo Bernini. Architekt, Stuttgart/Zürich 1982.

Borsi 1993
Stefano Borsi, Roma di Benedetto XIV. La Pianta di Giovan Battista Nolli, 1748, Rom 1993.

Bösel 2000
Richard Bösel, Struktur und Metamorphose, in: Richard Bösel/Christoph Luitpold Frommel (Hgg.), Borromini – Architekt im barocken Rom: (Ausstellung zum 400. Geburtstag des Architekten, Wien, Albertina im Akademiehof, 12. April – 25. Juni 2000; Rom, Palazzo delle Esposizioni, 16. Dezember 1999 – 28. Februar 2000/Graphische Sammlung Albertina), Mailand 2000, S. 41–55.

Bösel/Frommel 2000
Richard Bösel/Christoph Luitpold Frommel (Hgg.), Borromini – Architekt im barocken Rom (Ausstellung zum 400. Geburtstag des Architekten, Wien, Albertina im Akademiehof, 12. April – 25. Juni 2000; Rom, Palazzo delle Esposizioni, 16. Dezember 1999 – 28. Februar 2000/Graphische Sammlung Albertina), Mailand 2000.

Brandmüller 1994
Walter Brandmüller, Galilei und die Kirche. Ein ‚Fall‘ und seine Lösung, Aachen 1994.

Brauer/Wittkower 1931
Heinrich Brauer/Rudolf Wittkower, Die Handzeichnungen des Gianlorenzo Bernini, 2 Bde., Berlin 1931.

Bredekamp 2000
Horst Bredekamp, Sankt Peter in Rom und das Prinzip der produktiven Zerstörung. Bau und Abbau von Bramante bis Bernini, Berlin 2000.

Bredekamp 2005
Horst Bredekamp, Luchse, Bienen und Delphine: Galilei in Rom, in: Barock im Vatikan. Kunst und Kultur im Rom der Päpste II. 1572–1676 (Katalog der Ausstellungen vom 25. November 2005 bis 19. März 2006 in der Kunst- und Ausstellungshalle der Bundesrepublik Deutschland, Bonn und vom 12. April bis 10. Juli 2006 im Martin-Gropius-Bau, Berlin), Leipzig 2005, S.449–457.

Bredekamp/Reinhardt 2004
Horst Bredekamp/Volker Reinhardt (Hgg.), Totenkult und Wille zur Macht : die unruhigen Ruhestätten der Päpste in St. Peter, Darmstadt 2004.

Brunner 2001
Michael Brunner, Die Kunstförderung der Orsini di Bracciano in Rom und Latium (1550–1650), in: Volker Reinhardt/Daniel Büchel (Hgg.), Die Kreise der Nepoten. Neue Forschungen zu alten und neuen Eliten Roms in der frühen Neuzeit. Interdisziplinäre Forschungstagung 7. bis 10. März 1999, Istituto Svizzero di Roma (Freiburger Studien zur Frühen Neuzeit, Bd. 5), Bern/Berlin 2001, S. 179–202.

Büchel/Karsten/Zitzlsperger 2002
Daniel Büchel/Arne Karsten/Philipp Zitzlsperger, Mit Kunst aus der Krise? Pierre Legros' Grabmal für Gregor XV. Ludovisi in der römischen Kirche S. Ignazio, in: Marburger Jahrbuch für Kunstwissenschaft 29 (2002), S. 165–198.

Buchowiecki/Kuhn-Forte 1967–1997
Walther Buchowiecki/Brigitte Kuhn-Forte, Die Kirchen Roms, 4 Bde., Wien 1967–1997.

Buonazia 2000
Irene Buonazia, Le statue del colonnato, in: Antonio Pinelli (Hg.), La Basilica di San Pietro. The Basilica of St Peter in the Vatican, Bd. 3 (Testi/Saggi), Modena 2000, S. 303–306.

Burckhardt 1986
Jacob Burckhardt, Der Cicerone. Eine Anleitung zum Genuss der Kunstwerke Italiens (Neudruck der Urausgabe von 1855), Stuttgart 1986.

Burke 2001
Peter Burke, Ludwig XIV., die Inszenierung des Sonnenkönigs, Berlin 2001.

Burschel 2001
Peter Burschel, „Imitatio sanctorum". Oder: Wie modern war der nachtridentinische Heiligenhimmel?, in: Paolo Prodi/Wolfgang Reinhard (Hgg.), Das Konzil von Trient und die Moderne, Berlin 2001, S. 241–260.

Busaggli 1999
Marrco Bussagli, Rom. Kunst und Architektur, Köln 1999.

Caflisch 1934
Nina Caflisch, Carlo Maderno. Ein Beitrag zur Geschichte der römischen Barockarchitektur, München 1934.

Campbell 1981
Ian Campbell, The New St. Peter's: Basilica or Temple?, in: The Oxford Art Journal, 4/Juli (1981), S. 3–8.

Campenhausen 1929
Hans Freiherr von Campenhausen, Ambrosius von Mailand als Kirchenpolitiker, Berlin und Leipzig 1929.

Careri 1990
  Giovanni Careri, Envols d'amour. Le Bernini: montage des arts et dévotion baroque, Paris 1990.
Casale 1998
  Vittorio Casale, L'artificio barocco e il suo significato (Borromini, Bernini, Pietro da Cortona), in: Christoph Luitpold Frommel/Sebastian Schütze (Hgg.), Atti del convegno internazionale, Roma/Firenze, 12–15 novembre 1997, Mailand 1998, S. 279–292.
Casselle 1996
  Pierre Casselle, Fêtes à l'Hôtel de Ville de Paris. 1804–1870, Paris 1996.
Chapell/Kirwin 1974
  Miles L. Chapell/Chandler W. Kirwin, A Petrine Triumph. The Decoration of the Navi Piccole in San Pietro under Clement VIII., in: Storia dell'arte, 21 (1974), S. 119–170.
Chatzidakis 2004
  Michail Chatzidakis, „Imagines Pietatis Burghesianae". Die Papstgrabmäler Pauls V. und Clemens' VIII. in der Cappella Paolina in S. Maria Maggiore, in: Horst Bredekamp/Volker Reinhardt (Hgg.), Totenkult und Wille zur Macht. Die unruhigen Ruhestätten der Päpste in St. Peter (in Zusammenarbeit mit Arne Karsten und Philipp Zitzlsperger), Darmstadt 2004, S. 161–178.
Chiomenti Vassalli 1979
  Donata Chiomenti Vassalli, Donna Olimpia o del nepotismo nel Seicento, Rom 1979.
Coffin 1960
  David R. Coffin, The Villa d'Este at Tivoli, Princeton 1960.
Coffin 1991
  David R. Coffin, Gardens and Garding in Papal Rome, Princeton 1991.
Connors 1982
  Joseph Connors, Bernini's Sant'Andrea al Quirinale. Payments and Plannings, in: Journal of the Society of Architectural Historians 41 (1982), S. 15–37.
Connors 1996
  Joseph Connors, Borromini's S. Ivo alla Sapienza: the spiral, in: Burlington Magazine 138 (1996), S. 681–682.
Cook Kelly 1987
  Cathy Cook Kelly, Ludovico Rusconi Sassi and Early Eighteenth Century Architecture in Rome, The Pennsylvania State University 1987.
Cornini/Strobel u. a. 1993
  Guido Cornini/Anna Maria De Strobel/Maria Serlupi Crescenzi, La Sala di Costantino, in: Raffaello nell'appartamento di Giulio II e Leone X (Monumenti, musei, gallerie pontificie; hg. von Guido Cornini u.v.a.), Mailand 1993, S. 167–202.

Csáky 2004
  Moritz Csáky (Hg.), Barock: ein Ort des Gedächtnisses; Interpretament der Moderne/Postmoderne (Tagung in Rom, 23.–25. September 2004), Wien 2004.
Csáky 2009
  Moritz Csáky (Hg.), Kommunikation – Gedächtnis – Raum. Kulturwissenschaften nach dem „Spatial Turn", Bielefeld 2009.
Curcio 2003
  Giovanni Curcio, Il Tempio Vaticano 1694. Carlo Fontana, Mailand 2003.
D'Onofrio 1962
  Cesare D'Onofrio, Le Fontane di Roma. Con Documenti e Disegni inediti, Rom ²1962.
Dantine 1998
  Wilhelm Dantine, Das Dogma im tridentinischen Katholizismus, in: Carl Andresen/Adolf Martin Ritter (Hgg.), Handbuch der Dogmen- und Theologiegeschichte, Bd. 2, Göttingen 1998, S. 411–498.
De Amicis 2000
  Augusto Rocca De Amicis, La Piazza, in: Antonio Pinelli (Hg.), La Basilica di San Pietro. The Basilica of St Peter in the Vatican, Bd. 3 (Testi/Saggi), Modena 2000, S. 283–301.
De Angelis D'Ossat/Pietrangeli 1965
  Guglielmo De Angelis D'Ossat/Carlo Pietrangeli, Il Campidoglio di Michelangelo, Mailand 1965.
De Fusco 1978
  Renato de Fusco, Segni, storia e progetto dell'architettura, Rom/Bari 1978.
Dernie 1996
  David Dernie, The Villa d'Este at Tivoli, London/Boston 1996.
Dietrich 1999
  Thomas Dietrich, Die Theologie der Kirche bei Robert Bellarmin (1542–1621). Systematische Voraussetzungen des Kontroverstheologen, Paderborn 1999.
Dobler 2008
  Ralph-Miklas Dobler, Die Vierungspfeiler von Neu-Sankt-Peter und ihre Reliquien, in: Georg Satzinger (Hg.), Sankt Peter in Rom. 1506–2006. Beiträge der internationalen Tagung vom 22.–25. Februar 2006 in Bonn, München 2008, S. 303–323.
Dombrowski 2003a
  Damian Dombrowski, Von der Ecclesia triumphans zur Ecclesia universalis. Zum gedanklichen Wandel in Berninis Ausstattung von St. Peter, in: Zeitschrift für Kunstgeschichte 66 (2003), S. 340–392.
Dombrowski 2003b
  Damian Dombrowski, Dal trionfo all'amore. Il mutevole pensiero artistico di Gianlorenzo Bernini nella decorazione del nuovo San Pietro, Rom 2003.

Döring 2008
: Jörg Döring (Hg.), Spatial turn. Das Raumparadigma in den Kultur- und Sozialwissenschaften, Bielefeld 2008.

Dvořák 1907
: Max Dvořák, Franceso Borromini als Restaurator, in: Jahrbuch der k.k. Zentral-Kommission für Denkmalpflege, 1 (1907), Beiblatt S. 89–98 (Neuabdruck in: ders., Gesammelte Aufsätze zur Kunstgeschichte, München 1929, S. 271–278).

Du Prey 1968
: Pierre Du Prey, Solominic Symbolism in Borromini's Church of S. Ivo alla Sapienza, in: Zeitschrift für Kunstgeschichte 31 (1968), S. 216–232.

Eckert 1917
: Georg Eckert, Balthasar Neumann und die Würzburger Residenzpläne, Straßburg 1917.

Einem 1955
: Herbert von Einem, Bemerkungen zur Cathedra Petri des Lorenzo Bernini, in: Nachrichten der Akademie der Wissenschaften in Göttingen, Philologisch-Historische Klasse, 1955, Nr. 4, S. 93–114.

Emonds 1950
: H. Emonds, ‚Advent', in: Reallexikon für Antike und Christentum, Bd. I, Stuttgart 1950, col. 112–128.

Enzmann/Ettel 1998
: Christian Enzmann/Bernd Ettel (Hgg.), Neubebauung Neuer Markt 5 – Potsdam, Berlin 1998.

Fabjan 1999
: Barbara Fabjan, ‚Lampada pensile', in: Maria Grazia Bernardini/Maurizio Fagiolo dell'Arco (Hgg.), Gian Lorenzo Bernini. Regista del Barocco (Katalog der Ausstellung in Rom vom 21. März bis 16. September 1999), Mailand 1999, Nr. 81, S. 359–361.

Fagiolo 1971
: Marco Fagiolo, Borromini in Laterano. Il ‚Nuovo Tempio' per il Concilio Universale, in: L'Arte, N.S. 4 (1971), Nr. 13, S. 5–44.

Fagiolo 1976
: Marcello Fagiolo, La Roma di Sisto V. Le matrici del policentrismo, in: Psicon 8/9 (1976), S. 24–29.

Fagiolo 1994
: Marcello Fagiolo, Der Petersplatz, in: Hans-Joachim Minde (Hg.), Plätze der Stadt, Stuttgart 1994, S. 118–127.

Fagiolo 2000
: Marcello Fagiolo, Hieroglyphen – Embleme – Heraldik: Gedanken zum Symbolismus Borrominis, in: Richard Bösel/Christoph Luitpold Frommel (Hgg.), Borromini – Architekt im barocken Rom: (Ausstellung zum 400. Geburtstag des Architekten, Wien, Albertina im Akademiehof, 12. April – 25. Juni 2000; Rom, Palazzo delle Esposizioni, 16. Dezember 1999 – 28. Februar 2000/Graphische Sammlung Albertina), Mailand 2000, S. 101–112.

Fagiolo dell'Arco 1967
: Marcello Fagiolo dell'Arco, Sant'Ivo. „Domus Sapientiae", in: Studi sul Borromini: atti del Convegno promosso dall' Accademia Nazionale di San Luca, Rom 1967, Bd. I, S. 151–165.

Fehl 1966
: Philipp Fehl, Bernini's „Triumph of Truth over England", in: Art Bulletin 48 (1966), S. 404–405.

Ferrero 1995
: Mercedes Viale Ferrero, L'invenzione spettacolare, in: Vera Comoli Mandracci/Andreina Griseri (Hgg.), Filippo Juvarra. Architetto delle capitali da Torino a Madrid 1714–1736, Turin 1995, S. 235–243.

Forssman 1984
: Erik Forssman, Dorisch, Jonisch, Korinthisch, Wiesbaden 1984 (Reprint der Auflage von 1961).

Forssman 1999
: Erik Forssman, Palladio und Deutschland, in: ders. (Hg.), Palladio. Werk und Wirkung, Freiburg ²1999, S. 113–145.

Förtsch 1993
: Reinhard Förtsch, Archäologischer Kommentar zu den Villenbriefen des Jüngeren Plinius (= Beiträge zur Erschließung hellenistischer und kaiserzeitlicher Skulptur und Architektur 13), Mainz 1993.

Fosi 2002
: Irene Fosi, Fabio Chigi und der Hof der Barberini – Beiträge zu einer vernetzten Lebensgeschichte; in: Peter Burschel u. a. (Hrsg.), Historische Anstöße. Festschrift für Wolfgang Reinhard zum 65. Geburtstag, Berlin 2002, S. 179–196.

Foucault 1994
: Michel Foucault, Überwachen und Strafen. Die Geburt des Gefängnisses (übers. von Walter Seitter), Frankfurt a. M. 1994.

Franz 1985
: Michael Franz, Pierre Michel d'Ixnard. 1723–1795, Weißenhorn 1985.

Frascarelli 1993
: Dagmar Frascarelli, Abschnitt V.1 La Biblioteca Vaticana di Sisto V. In: Maria Luisa Madonna (Hg.), Roma di Sisto V. Le arti e la cultura / Comitato Nazionale per le Celebrazioni del Pontificato di Sisto V, Rom 1993, S. 463–473.

Frommel 1983
: Christoph Luitpold Frommel, Sant'Andrea al Quirinale. Genesi e struttura, in: Gianfranco Spagnesi/Marcello Fagiolo (Hgg.), Gian Lorenzo Bernini architetto e l'architettura europea del Sei- e Settecento, Rom 1983, S. 374–433.

Gampp 2001
Axel Christoph Gampp, Der Baron als Bauherr: Konkurrenz zwischen Aristokraten und Nepoten?, in: Volker Reinhardt/Daniel Büchel (Hgg.), Die Kreise der Nepoten. Neue Forschungen zu alten und neuen Eliten Roms in der frühen Neuzeit. Interdisziplinäre Forschungstagung 7. bis 10. März 1999, Istituto Svizzero di Roma (Freiburger Studien zur Frühen Neuzeit, Bd. 5), Bern/Berlin 2001, S. 135–157.

Gamrath 1987
Helge Gamrath, Roma sancta renovata. Studi sull'urbanistica di Roma nella seconda metà del sec. XVI con particolare riferimento al pontificato di Sisto V (1585–1590), Rom 1987.

Ganz 2003
David Ganz, Barocke Bilderbauten. Erzählung, Illusion und Institution in römischen Kirchen 1580–1700, Petersberg 2003.

Ganzer 2005
Klaus Ganzer, Rom als religiöses Zentrum, in: Barock im Vatikan. Kunst und Kultur im Rom der Päpste II. 1572–1676 (Katalog der Ausstellungen vom 25. November 2005 bis 19. März 2006 in der Kunst- und Ausstellungshalle der Bundesrepublik Deutschland, Bonn und vom 12. April bis 10. Juli 2006 im Martin-Gropius-Bau, Berlin), Leipzig 2005, S. 33–42.

Gardner 1973a
Julian Gardner, Copies of Roman Mosaics in Edinburgh, in: Burlington Magazine 115 (1973), S. 583–591.

Gardner 1973b
Julian Gardner, Pope Nicholas IV and the Decoration of Santa Maria Maggiore, in: Zeitschrift für Kunstgeschichte 36 (1973), S. 1–50.

Geyer 2005/2006
Angelika Geyer, Bibelepik und frühchristliche Bilderzyklen, in: Römische Mitteilungen 112 (2005/06), S. 293–321.

Giedion 1992
Sigfried Giedion, Raum, Zeit, Architektur. Die Entstehung einer neuen Tradition, Zürich/München/London ^{5}1992.

Gijsbers 1996
Pieter-Matthijs Gijsbers, Resurgit Pamphilji in Templo Pamphiliana Domus. Camillo Pamphilj's Patronage of the Church of Sant'Andrea als Quirinale, in: Mededelingen van het Niederlands Instituut te Rome 55 (1996), S. 293–335.

Gnecchi 1968
Francesco Gnecchi, I medaglioni romani. Opera in tre volumi corredata da N. 162 Tavole dal vero, 3 Bde., Bologna 1968.

Gombrich 1991
Ernst H. Gombrich, Ziele und Grenzen der Ikonologie, in: Ekkehard Kaemmerling (Hg.), Bildende Kunst als Zeichensysteme, Bd. 1, Köln ^{5}1991, S. 377–433.

Gould 1982
Cecil Gould, Bernini in France. An Episode in Seventeenth Century History, Princeton 1982.

Grafton 2002
Anthony Grafton, Leon Battista Alberti. Baumeister der Renaissance. Aus dem Amerikanischen von Jochen Bußmann, Berlin 2002.

Grimschitz 1959
Bruno Grimschitz, Johann Lucas von Hildebrandt, Wien/München 1959.

Gritella 1992
Gianfranco Gritella, Juvarra. L'architettura, 2 Bde., Modena 1992.

Gritella 1995
Gianfranco Gritella, Brani di architetture incompiute: Palazzo Madama a Torino, le residenze di Rivoli e Venaria Reale, in: Vera Comoli Mandracci/Andreina Griseri (Hgg.), Filippo Juvarra. Architetto delle capitali da Torino a Madrid 1714–1736, Turin 1995, S. 227–235.

Gröschel
Sepp-Gustav Gröschel, Die Königskrönung Friedrichs in der bildenden Kunst, in: Franziska Windt (Hg.), Preußen 1701. Eine europäische Geschichte, Berlin 2001, Bd. 2, S. 232–236.

Hager 1971
Hellmut Hager, Il modello di Ludovico Rusconi Sassi del concorso per la facciata di S. Giovanni in Laterano (1732) ed i prospetti a convessità centrale durante la prima metà del Settecento in Roma, in: Commentari 22 (1971), fasc. 1, S. 36–67.

Haidacher 1965
Anton Haidacher, Geschichte der Päpste in Bildern. Mit einem geschichtlichen Überblick von Josef Wodka. Eine Dokumentation zur Papstgeschichte von Ludwig Freiherr von Pastor, Heidelberg 1965.

Hansmann 1978
Wilfried Hansmann, Baukunst des Barock. Form, Funktion, Sinngehalt, Köln 1978.

Hantsch 1926
Hugo Hantsch, Jakob Prandtauer, der Klosterarchitekt des österreichischen Barock, Wien 1926.

Haus 1970
Andreas Haus, Der Petersplatz in Rom und sein Statuenschmuck. Neue Beiträge, Berlin 1970.

Haus 2001
Andreas Haus, Karl Friedrich Schinkel als Künstler. Annäherung und Kommentar, Berlin 2001.

Hecht 1997
: Christian Hecht, Katholische Bildertheologie im Zeitalter von Gegenreformation und Barock. Studien zu Traktaten von Johannes Molanus, Gabriele Paleotti und anderen Autoren, Berlin 1997.

Hecht 2003
: Christian Hecht, Die Glorie. Begriff, Thema, Bildelement in der europäischen Sakralkunst vom Mittelalter bis zum Ausgang des Barock, Regensburg 2003.

Heck 2002
: Kilian Heck, Genealogie als Monument und Argument. Der Beitrag dynastischer Wappen zur politischen Raumbildung der Neuzeit, Berlin 2002.

Heckmann 1972
: Hermann Heckmann, Matthäus Daniel Pöppelmann. Leben und Werk, München 1972.

Heil 1986
: Günter Heil, Vorwort in: Pseudo-Dionysius Arepagita, Über die himmlische Hierarchie. Über die kirchliche Hierarchie (eingel., übers. u. mit Anm. vers. von Günter Heil), Stuttgart 1986, S. 1–27.

Hempel 1924
: Eberhard Hempel, Francesco Borromini, Wien 1924.

Hempel 1961
: Eberhard Hempel, Der Zwinger zu Dresden, Berlin 1961.

Henkel/Schöne 1967/1976
: Arthur Henkel/Albrecht Schöne, Emblemata. Handbuch zur Sinnbildkunst des 16. und 17. Jahrhunderts, 2 Bde., Stuttgart 1967/1976.

Henze/Bering/Wiedmann 1994
: Anton Henze/Kunibert Bering/Gerhard Wiedmann (unter Mitarbeit von Ernest Nash und Hellmut Sichtermann), Kunstführer Rom, Stuttgart ²1994.

Herz 1975
: The Sixtine and the Pauline tombs. Documents of the Counter-Reformation, in: Storia dell'arte 43 (1981), S. 241–261.

Herz 1981
: Alexandra Herz, The Sixtine and Pauline tombs in Sta. Maria Maggiore – an iconographical study, New York 1974.

Herz 1988
: Alexandra Herz, Cardinale Cesare Baronio's Restauration of SS. Nereo ed Achilleo and S. Cesareo de' Via Appia, in: Art Bulletin 70 (1988), S. 53–70.

Hetherington 1979
: Paul Hetherington, Pietro Cavallini. A Study in the Art of Late Medieval Rome, London 1979.

Hetzer 1990
: Theodor Hetzer, Italienische Architektur im 15. und 16. Jahrhundert (= Schriften Theodor Hetzers, hg. von Gertrude Berthold, Bd. 69), Stuttgart 1990.

Hibbard 1971
: Howard Hibbard, Carlo Maderno and Roman Baroque Architecture 1580–1630, London 1971.

Hinterkeuser 2003
: Guido Hinterkeuser, Das Berliner Schloss. Der Umbau durch Andreas Schlüter, Berlin 2003.

Hoppe 2001
: Stephan Hoppe, Wie wird die Burg zum Schloss? Architektonische Innovation um 1470, in: Heiko Laß (Hg.), Von der Burg zum Schloss. Landesherrlicher und adeliger Profanbau in Thüringen im 15. und 16. Jahrhundert (Marburger Burgen-Arbeitskreis e.V.), Bucha bei Jena 2001, S. 95–116.

Hoppe 2003
: Stefan Hoppe, Was ist Barock? Architektur und Städtebau Europas 1580–1770, Darmstadt 2003.

Hoppe 2005
: Stephan Hoppe, Blickregie, in: Werner Paravicini (Hg.), Höfe und Residenzen im spätmittelalterlichen Reich. Bilder und Begriffe, Bd. 2.1 ›Begriffe‹ (= Residenzforschung, Bd. 15.II.1), Ostfildern 2005, S. 449–453.

Hubala 1968
: Erich Hubala, Epochen der Architektur. Renaissance und Barock, Frankfurt 1968.

Hubala 1970
: Erich Hubala, Abschnitt ‚Sant'Andrea al Quirinale', in: ders. (Hg.), Die Kunst des 17. Jahrhunderts (= Propyläen Kunstgeschichte, Bd. 9), Berlin 1970, S. 220.

Hubala/Mayer 1984
: Erich Hubala und Otto Mayer, Die Residenz zu Würzburg (Photographien von Wolf-Christian von der Mülbe), Würzburg 1984.

Hubert 2007
: Hans W. Hubert, Urbanistik und Architektur in Rom während des 15. und 16. Jahrhunderts, in: Christina Strunck (Hg.), Rom. Meisterwerke der Baukunst von der Antike bis heute. Festgabe für Elisabeth Kieven, Petersberg 2007, S. 156–168.

Jacob 1972
: Sabine Jacob, Die Projekte Bibienas und Doris für die Fassade von S. Giovanni in Laterano, in: Zeitschrift für Kunstgeschichte 35 (1972), S. 100–117.

Janzig 2000
: Godehard Janzig, Die Quadriga auf dem Brandenburger Tor: Bildwerk und Verteidigungsidentität, in: Gabriele Dolff-Bonekämper (Hg.), Denkmale und kulturelles Gedächtnis nach dem Ende der Ost-West-Konfrontation, Berlin 2000, S. 73–84.

Jezler 2000
: Peter Jezler, Handelnde Bilder im Kirchenjahr, in: Bildersturm. Wahnsinn oder Gottes Wille? (Katalog zu den Ausstellungen in Straßburg, Frauen-

hausmuseum u. in Bern, Bernisches Historisches Museum; hg. von Cécile Dupeux in Zusammenarbeit mit Gabriele Keck), München 2000.

Johnson 1982
Kevin Orlin Johnson, In Ivonem Explanationes: The Meaning and Purpose of S. Ivo alla Sapienza, in: Artibus et historiae 5 (1982), S. 91–107.

Josi/Krautheimer/Corbett 1957
Enrico Josi/Richard Krautheimer/Spencer Corbett, Note Lateranensi, in: Rivista di Archeologia Cristiana 33 (1957), S. 94f.

Jung 1997
Wolfgang Jung, Architektur und Stadt in Italien zwischen Frühbarock und Klassizismus, in: Rolf Toman (Hg.), Die Kunst des Barock. Architektur, Skulptur, Malerei, Köln 1997, S. 12–75.

Jung 1999
Karin Carmen Jung, Potsdam Am Neuen Markt. Ereignisgeschichte, Städtebau, Architektur, Berlin 1999.

Jürgens 1956
Renate Jürgens, Die Entwicklung des Barockaltars in Rom (Diss. masch.), Hamburg 1956.

Kalnein 1995
Wend von Kalnein, Architecture in France in the Eighteenth Century, New Haven 1995.

Kalveram 2001
Katrin Kalveram, Antikensammlungen als Element der Selbstdarstellung und des sozialen Prestiges: Die Antikensammlung der Borghese, in: Die Kreise der Nepoten. Neue Forschungen zu alten und neuen Eliten Roms in der frühen Neuzeit. Interdisziplinäre Forschungstagung 7. bis 10. März 1999, Istituto Svizzero di Roma (Freiburger Studien zur Frühen Neuzeit, Bd. 5), Bern/Berlin 2001, S. 261–296.

Kapfinger 2003
Otto Kapfinger, Artikel ‚Cafe Gloriette', in: nextroom (offizelle Webseite des Österreichischen Bundeskanzleramtes zur modernen Kunst in Österreich: www.nextroom.at/building_article.php?building_id=2582&article_id=2809).

Karsten 2003
Arne Karsten, Künstler und Kardinäle. Vom Mäzenatentum römischer Kardinalnepoten im 17. Jahrhundert, Köln/Weimar 2003.

Karsten 2004
Arne Karsten, Triumph und Trauma. Das Grabmal für Alexander VII. Chigi (1655–1667), in: Horst Bredekamp/Volker Reinhardt (Hgg.), Totenkult und Wille zur Macht. Die unruhigen Ruhestätten der Päpste in St. Peter (in Zusammenarbeit mit Arne Karsten und Philipp Zitzlsperger), Darmstadt 2004, S. 197–210.

Karsten 2006
Arne Karsten, Bernini. Der Schöpfer des barocken Rom. Leben und Werk, München 2006.

Karsten/Zitzlsperger 2001
Arne Karsten/Philipp Zitzlsperger, Bilderkrieg in Neu-St. Peter. Alessandro Algardis Grabmal für Papst Leo XI. de' Medici und die ‚Borgia-Krise' der Jahre 1632/34, in: Städel Jahrbuch, 18 (2001), S. 195–212.

Karsten/Zitzlsperger 2004
Arne Karsten/Philipp Zitzlsperger (Hgg.), Tod und Verklärung. Grabmalskultur in der frühen Neuzeit, Köln/Weimar 2004.

Katalog Alberti 1994
Leon Battista Alberti. Città di Mantova, Centro Internazionale d'Arte e di Cultura di Palazzo Te (hg. von Joseph Rykwert), Mailand 1994.

Katalog Pompadour 2002
Madame de Pompadour et les arts (Ausstellung Musée National des Châteux de Versailles, et de Trianon. Sous la direction de Xavier Salmon), Paris 2002.

Katalog Vatikan 2005
Barock im Vatikan. Kunst und Kultur im Rom der Päpste II. 1572–1676 (Katalog der Ausstellungen vom 25. November 2005 bis 19. März 2006 in der Kunst- und Ausstellungshalle der Bundesrepublik Deutschland, Bonn und vom 12. April bis 10. Juli 2006 im Martin-Gropius-Bau, Berlin), Leipzig 2005.

Kauffmann 1955
Hans Kauffmann, Berninis Tabernakel, in: Münchner Jahrbuch für Bildende Kunst, 3. Folge, 6 (1955), S. 222–242.

Kauffmann 1970
Hans Kauffmann, Giovanni Lorenzo Bernini. Die figürlichen Kompositionen, Berlin 1970.

Keller 1970
Harald Keller, Dokumentation ‚Deutsche Architektur' in: ders. (Hg.): Die Kunst des 18. Jahrhunderts, Berlin 1970, S. 187–219.

Keller 1994
Harald Keller, Die Kunstlandschaften Italiens (Neuausgabe der dritten Auflage von 1989 [Erstauflage 1962]), Frankfurt a. M. 1994.

Kerber 1947
Ottmar Kerber, Von Bramante zu Lucas von Hildebrandt, Stuttgart 1947.

Kerber 1971
Bernd Kerber, Andrea Pozzo, Berlin/New York 1971.

Kessel 1995
Lydia Kessel, Festarchitektur in Turin zwischen 1713 und 1773. Repräsentationsformen in einem

jungen Königtum (Beiträge zur Kunstwissenschaft, Bd. 61), München 1995.

Kieven 1983
Elisabeth. Kieven, Revival del Berninismo durante il Pontificato di Clemente XII, in: Gianfranco Spagnesi/Marcello Fagiolo (Hgg.), Gian Lorenzo Bernini architetto e l'architettura europea del Sei- e Settecento, Rom 1983, S. 459–468.

Kieven 1987
Elisabeth Kieven, Rom in 1732: Alessandro Galilei, Nicola Salvi, Ferdinando Fuga, in: Light on the Eternal City: Observations and Discoveries in the Art and Architecture of Rome, Pennsylvania State University 1987, S. 255–276.

Kieven 1988
Elisabeth Kieven, Ferdinando Fuga e l'Architettura Romana del Settecento. I disegni di architettura dalle collezioni del Gabinetto Nazionale delle Stampe Il Settecento, Rom 1988.

Kieven 2000
Elisabeth Kieven, Ferdinando Fuga (1699–1781), in: Storia dell'Architettura Italiana, Bd. 2, Mailand 2000, S. 540–555.

Kieven 2000a
Elisabeth Kieven. Borrominismus im Spätbarock, in: Richard Bösel/Christoph Luitpold Frommel (Hgg.), Borromini – Architekt im barocken Rom (Ausstellung zum 400. Geburtstag des Architekten, Wien, Albertina im Akademiehof, 12. April – 25. Juni 2000; Rom, Palazzo delle Esposizioni, 16. Dezember 1999 – 28. Februar 2000/Graphische Sammlung Albertina), Mailand 2000, S. 125–133.

Kieven/Connors/Höper 1993
Elisabeth Kieven/Joseph Connors/Corinna Höper, Von Bernini bis Piranesi: römische Architekturzeichnungen des Barock (Katalog der Ausstellung ‚Von Bernini bis Piranesi' in der Staatsgalerie Stuttgart), Stuttgart 1993.

Kirsch 1926
Johann Peter Kirsch, Die Stationskirchen des Missale Romanum, Freiburg i. Br. 1926.

Kirwin 1997
William Chandler Kirwin, Powers Matchless. The Pontificate of Urban VIII, the Baldachin and Gian Lorenzo Bernini, New York/Frankfurt a. M. 1997.

Kitao 1965
Timothy Kaori Kitao, Bernini's Church Facades. Method of Design and Contraposti, in: Journal of the Society of Architectural Historians 24 (1965), S. 263–284.

Kitao 1974
Timothy Kitao, Circle and Oval in the Square of St. Peter's, New York 1974.

Knopp 1991
Norbert Knopp, Beobachtungen an Berninis Fassaden von S. Andrea al Quirinale in Rom und S. Maria Assunta in Ariccia, in: Karl Möseneder u. Andreas Prater (Hgg.), Aufsätze zur Kunstgeschichte. Festschrift für Hermann Bauer zum 60. Geburtstag, Hildesheim/Zürich 1991, S. 183–194 u. S. 458–483.

Koch 1990
Wilfried Koch, Baustilkunde. Europäische Baukunst von der Antike bis zur Gegenwart, München 1990.

Korth 1975
Thomas Korth, Stift St. Florian. Die Entstehungsgeschichte der barocken Klosteranlage, Nürnberg 1975.

Krause 1996
Katharina Krause, Die Maison de plaisance. Landhäuser in der Ile-de-France (1660–1730), München/Berlin 1996.

Krauss/Thoenes 1991/1992
Franz Krauss/Christof Thoenes, Bramantes Entwurf für die Kuppel von St. Peter, in: Römisches Jahrbuch der Bibliotheca Hertziana, 27/28 (1991/92), S. 189–199.

Krautheimer 1967
Richard Krautheimer, A Christian Triumph in 1597, in: Douglas Fraser (Hg.), Essays in the History of Art presented to Rudolf Wittkower, London 1967, S. 174–178.

Krautheimer 1985
Richard Krautheimer, The Rome of Alexander VII 1655–1667, Princeton 1985.

Krautheimer 1988
Richard Krautheimer, Roma Alessandrina, in: ders., Ausgewählte Aufsätze zur europäischen Kunstgeschichte, Köln 1988, S. 357–375.

Krautheimer/Corbett u. a. 1968
Richard Krautheimer/Spencer Corbett/R. Malmstrom/Richard Stapleford, La Basilica costantiniana al Laterano, un tentativo di recostruzione, in: Rivista di Archeologia Cristiana 43 (1968), S. 125ff.

Kummer 1990
Stefan Kummer, Ein ‚kritischer' Moment in der Entstehungsgeschichte des Bronzebaldachins von G. L. Bernini, in: ders./Georg Satzinger (Hgg.), Studien zur Künstlerzeichnung. Klaus Schwager zum 65. Geburtstag, Stuttgart 1990, S. 188–205.

Kuntz 2005
Margaret A. Kuntz, Maderno's Building procedures at New St. Peter's. Why the Façade first?, in: Zeitschrift für Kunstgeschichte 68/1 (2005), S. 41–60.

Lamb 1966
Carl Lamb, Die Villa d'Este in Tivoli. Ein Beitrag zur Geschichte der Gartenkunst, München 1966.

Laß/Schmidt 1999
Heiko Laß/Maja Schmidt, Belvedere und Dornburg. Zwei Lustschlösser Herzogs Ernst August von Sachsen-Weimar, Petersberg 1999.

Lavin 1968
Irving Lavin, Bernini and the Crossing of Saint Peter's (= Monographs on Archaeology and Fine Arts, Bd. 17), New York 1968.

Lavin 1980
Irving Lavin, Bernini and the Unity of the visual arts, 2 Bde., Oxford N.Y./London 1980.

Lavin 2000
Irving Lavin, Bernini in San Pietro, in: Antonio Pinelli (Hg.), La Basilica di San Pietro. The Basilica of St Peter in the Vatican, 4 Bde., Modena 2000, Bd. 3 (Testi/Saggi), S. 177–236.

Lefèvre 1977
Eckhard Levèfre, Plinius-Studien I. Römische Baugesinnung und Landschaftsauffassung in den Villenbriefen (2,17; 5,6), in: Gymnasium 84 (1977), S. 519–554.

Leppin 2000
Hartmut Leppin, Die Kirchenväter und ihre Zeit. Von Athanasius bis Gregor dem Großen, München 2000.

Lindemann 1994
Bernd Wolfgang Lindemann, Bilder vom Himmel. Studien zur Deckenmalerei des 17. und 18. Jahrhunderts, Worms 1994.

Locher 1990
Hubert Locher, Das Staunen des Betrachters. Pietro da Cortonas Deckenfresko im Palazzo Barberini, in: Werners Kunstgeschichte 1990, S. 1–46.

Lorch 1999
Ingomar Lorch, Die Kirchenfassade in Italien von 1450 bis 1527. Die Grundlagen durch Leon Battista Alberti und die Weiterentwicklung des basilikalen Fassadenspiegels bis zum Sacco di Roma, Hildesheim/Zürich/New York 1999.

Lorenz 1976
Hellmut Lorenz, Zur Architektur L. B. Albertis. Die Kirchenfassaden, in: Wiener Jahrbuch für Kunstgeschichte, 29 (1976), S. 65–100.

Lorenz 1993
Hellmut Lorenz, Zur repräsentativen Raumfolge und Ausstattung der barocken Stadtpaläste Wiens, in: Götz Pochat u. Brigitte Wagner (Hgg.), Barock. Regional – International (Kunsthistorisches Jahrbuch Graz, 25), Graz 1993, S. 291–304.

Lotman 1990
Jurij M. Lotman, Über die Semiosphäre, in: Zeitschrift für Semiotik 12/4, (1990), S. 287–305.

Lübke/Semrau 1907
Wilhelm Lübke, Grundriss der Kunstgeschichte. Vollständig neu bearbeitet von Max Semrau, 4 Bde., Esslingen a. N., [13]1907.

Luchterhandt 1999a
Manfred Luchterhandt, Famulus Petri. Karl der Große in den römischen Mosaikbildern Leos III., in: Stiegemann/Wemhoff 1999, Bd. 1, S. 55–70.

Luchterhandt 1999b
Manfred Luchterhandt, Päpstlicher Palastbau und höfisches Zeremoniell unter Leo III., in: Stiegemann/Wemhoff 1999, Bd. 1, S. 109–122.

Luciani 1996
Roberto Luciani, La Basilica dal Settecento al Novecento, in: ders. (Hg.), Santa Maria Maggiore e Roma, Rom 1996, S. 187–216.

Madonna 1993
Maria Luisa Madonna (Hg.), Roma di Sisto V. Le arti e la cultura/Comitato Nazionale per le Celebrazioni del Pontificato di Sisto V, Rom 1993.

Magirius 1972
Heinrich Magirius, Die Albrechtsburg und die spätgotische Architektur in Obersachsen, in: Hans Joachim Mrusek (Hg.), Die Albrechtsburg zu Meißen, Leipzig 1972, S. 67–83.

Magnuson 1982
Torgil Magnuson, Rome in the Age of Bernini, 2 Bde., Uppsala 1982.

Mâle 1951
Emile Mâle, L'Art Religieux de la fin du XVIe siècle du XVIIe siècle. Étude sur l'iconographie après le concile de Trente, Paris [2]1951.

Mallé 1970
Luigi Mallé, Palazzo Madama in Torino, 2 Bde., Turin 1970.

Mancinelli/Nesselrath 1993
Fabrizio Mancinelli/Arnold Nesselrath, La Stanza dell'Incendio, in: Raffaello nell'appartamento di Giulio II e Leone X (Monumenti, musei, gallerie pontificie; hg. von Guido Cornini u.v.a.), Mailand 1993, S. 293–338.

Mancini 1966
Franco Mancini, Scenografia Italiana, Mailand 1966.

Mandel 1993
Corinne Mandel, Introduzione all'iconologia della pittura a Roma in età sistina, in: Maria Luisa Madonna (Hg.), Roma di Sisto V. Le arti e la cultura / Comitato Nazionale per le Celebrazioni del Pontificato di Sisto V, Rom 1993, S. 3–17.

Mandracci/Griseri 1995
Vera Comoli Mandracci/Andreina Griseri (Hgg.), Filippo Juvarra. Architetto delle capitali da Torino a Madrid 1714–1736, Turin 1995.

Marabottini 1996
Alessandro Marabottini, Il portico Maderniano di San Pietro, Ragioni di uno studio, in: Giuseppe Roc-

chi Coopmans De Yoldi (Hg): San Pietro. Arte e storia nella Basilica Vaticana, Bergamo 1996, S. 235–236.

Marder 1978
Tod A. Marder, Sixtus V and the Quirinal, in: Journal of the Society of Architectural Historians 37 (1978), S. 283–294.

Marder 1990
Tod A. Marder, The Evolution of Bernini's Designs for the Facade of Sant'Andrea al Quirinale: 1658–1676, in: Architectura 20 (1990), S. 108–132.

Marder 1992
Tod A. Marder, Bernini's Commission for the Equestrian Statue of Constantine in St. Peter's: A preliminary Reading, in: An Architectural Progress in the Renaissance and Baroque. Soujournes In and Out of Italy. Essays in Architectural History. Presented to Hellmut Hager on his Sixty-sixth Birthday (hg. von Henry A. Millon u. Susan Scott Munshower), The Pennsylvania State University 1992, S. 280–307.

Marder 1997
Tod A. Marder, Bernini's Scala Regia at the Vatican Palace, Cambridge/Mass. 1997.

Marder 1998
Tod A. Marder, Bernini and the Art of Architecture, New York/London 1998.

Markschies 2003
Alexander Marschkies, Ikonen der Renaissance-Architektur, München 2003.

Marx 2000
Harald Marx, Matthäus Daniel Pöppelmann und der Dresdner Zwinger. Vom Festbau zum Museum, Frankfurt a. M. 2000.

Matsche 1981
Franz Matsche, Die Kunst im Dienst der Staatsidee Kaiser Karls VI. Ikonographie, Ikonologie und Programmatik des „Kaiserstils", Berlin/New York 1981.

Matsche 2005
Franz Matsche, Johann Bernhard Fischer von Erlachs Kuppelrotunden mit Kolonnadensaal und ihre Rezeption in Österreich und im Reichsgebiet. Symbolarchitektur des fürstlichen Merito und Reichsstil-Architektur alla Romana, in: Andreas Kreul (Hg.), Barock als Aufgabe, Wiesbaden 2005, S. 39–71.

Matteucci 1982
Anna Maria Matteucci, L'influenca della „Veduta per Angolo" sull'Architettura Barocca Emiliana, in: Antoine Schnapper (Hg.), La scenografia barocca (Atti del XXIV Congresso Internazionale di Storia dell'Arte 5), Bologna 1982, S. 129–139.

McPhee 2002
Sarah McPhee, Bernini and the Bell Towers. Architecture and Politics at the Vatican, New Haven/London 2002.

Menichella 1987
Anna Menichella, Genesi e sviluppo del percorso progettuale della fabbrica dei nuovi portici, in: Valentino Martinelli (Hg.), Le statue berniniane del Colonato di San Pietro, Rom 1987, S. 1–20.

Mennecke-Haustein 2003
Ute Mennecke-Haustein, Conversio ad Ecclesiam: Der Weg des Friedrich Staphylus zurück zur vortridentinischen katholischen Kirche, Gütersloh 2003.

Metternich/Thoenes 1987
Franz Graf Wolff Metternich/Christof Thoenes, Die frühen St. Peter-Entwürfe 1501–1514, Tübingen 1987.

Metzger Habel 2002
Dorothy Metzger Habel, The Urban Development of Rome in the Age of Alexander VII, Cambridge 2002.

Meyer 1981
Otto Meyer, Religion und Politik um die Alte Mainbrücke zu Würzburg, in: ders., Varia Franconiae Historica 2 (Mainfränkische Studien 24/2, Berichte des Historischen Vereins Bamberg, Beiheft 14/2), Würzburg 1981, S. 568–620.

Mielke 1966
Friedrich Mielke, Die Geschichte der deutschen Treppen, Berlin/München 1966.

Mielke 1981
Friedrich Mielke, Treppen als Könige der Architektur, in: Das Münster, Bd. 1 (1981), S. 38–46.

Mielsch 1987
Harald Mielsch, Die römische Villa. Architektur und Lebensform, München 1987.

Millon/Griseri 1984–1999
Henry A. Millon/Andreina Griseri, Filippo Juvarra. Drawings from the Roman period 1704–1714, 2 Bde. (= Corpus Juvarrianum; Accademia delle Scienze di Torino, Bd. 1 u. 2), Rom 1984 u. 1999.

Möller 1956
Hans-Herbert Möller, Gottfried Heinrich Krohne und die Baukunst des 18. Jahrhunderts in Thüringen, Berlin 1956.

Montague 1989
Jennifer Montague, Roman Baroque Sculpture. The Industry of Art, London 1989.

Montarini 2000
Tomaso Montarini, Tribuna. Gian Lorenzo Bernini (1598–1680) e aiuti. La Cattedra e la Gloria (1656–1666), in: Antonio Pinelli (Hg.), La Basilica di San Pietro. The Basilica of St Peter in the Vatican, 4 Bde., Modena 2000, Bd. 4 (Schede), S. 615–629.

Moretti 1964
Luigi Moretti, Le strutture ideali della architettura di Michelangelo e dei barocchi, in: Atti del Convegno di Studi Michelangioleschi, Rom 1964, S. 444ff.

Morolli 1975
Gabriele Morolli, La Consulta: Storia del Palazzo, in: Franco Bonifacio (Hg.), Il Palazzo delle Consulta, Rom 1975, S. 187–234.

Morrogh 1994
Andrew Morrogh, The Palace of the Roman People: Michelangelo at the Palazzo dei Conservatori, in: Römisches Jahrbuch 19 (1994), S. 129–186.

Mühlen 1990
Ilse von zur Mühlen, Nachtridentinische Bildauffassungen. Cesare Baronio und Rubens' Gemälde für S. Maria in Valicella in Rom, in: Münchner Jahrbuch der bildenden Kunst, 41 (1990), S. 23–49.

Müller 1998
Matthias Müller, Capriccio oder Politikum? Überlegungen zu ungewöhnlichen Treppentürmen an deutschen und französischen Renaissanceschlössern, in: Lutz Unbehaun (Hg.), Die Künste und das Schloß in der frühen Neuzeit (= Rudolstädter Forschungen zur Residenzkultur, Bd. 1), München/Berlin 1998, S. 131–149.

Murray 1980
Peter Murray, Die Architektur der Renaissance in Italien (aus dem Englischen übersetzt von Grete und Karl-Eberhard Felten), Stuttgart 1980.

Naredi-Rainer 1994
Paul von Naredi-Rainer, Salomos Tempel und das Abendland. Monumentale Folgen historischer Irrtümer. Mit einem Beitrag von Cornelia Limpricht, Köln 1994.

Negri Arnoldi 1971
Francesco Negri Arnoldi, Iconologo allo sbaraglio, in: Paragone 251 (1971), S. 83–89.

Niebaum 2005a
Jens Niebaum, Antonio da Salamanca (um 1505–1562). Fünf Kupferstiche nach dem St.-Peter-Modell Antonio da Sangallos d. J., in: Barock im Vatikan. Kunst und Kultur im Rom der Päpste II. 1572–1676 (Katalog der Ausstellungen vom 25. November 2005 bis 19. März 2006 in der Kunst- und Ausstellungshalle der Bundesrepublik Deutschland, Bonn und vom 12. April bis 10. Juli 2006 im Martin-Gropius-Bau, Berlin), Leipzig 2005, S. 79–81.

Niebaum 2005b
Jens Niebaum, Gründungsmedaille für St. Peter nach dem Entwurf von Bramante, 1506, in: Barock im Vatikan. Kunst und Kultur im Rom der Päpste II. 1572–1676 (Katalog der Ausstellungen vom 25. November 2005 bis 19. März 2006 in der Kunst- und Ausstellungshalle der Bundesrepublik Deutschland, Bonn und vom 12. April bis 10. Juli 2006 im Martin-Gropius-Bau, Berlin), Leipzig 2005, S. 75–76.

Nilgen 1977
Ursula Nilgen, Das Fastigium in der Basilica Constantiniana, in: Römische Quartalschrift für christliche Altertumskunde und Kirchengeschichte 72 (1977), S. 1–31.

Noehles 1961
Karl Noehles, Die Louvre-Projekte von Pietro da Cortona und Carlo Rainaldi, in: Zeitschrift für Kunstgeschichte 24 (1961), S. 40–74.

Norberg-Schulz 1986
Christian Norberg-Schulz, Barock, Stuttgart 1986.

Oechslin 1989
Werner Oechslin, Von der Treppe zum Treppenhaus. Der Aufstieg eines architektonischen Typus. From Stairs to Stairwell. The Rise of an Architectonic Type, in: Daidalos 9 (1989), S. 42–52.

Oechslin/Buschow 1984
Werner Oechslin/Anja Buschow, Festarchitektur. Der Architekt als Inszenierungskünstler, Stuttgart 1984.

Ohmann 1896–1911
Friedrich Ohmann, Architektur und Kunstgewerbe der Barockzeit, des Rococo und Empires aus Böhmen und anderen österreichischen Ländern, 2 Mappen, Wien 1896–1911.

Orbaan 1919
J. A. F. Orbaan, Der Abbruch Alt-Sankt-Peters 1605–1615, in: Jahrbuch der Königlich-Preußischen Kunstsammlungen, Beiheft zum 39. Band, Berlin 1919.

Ost 1967
Hans Ost, Borrominis römische Universitätskirche S. Ivo alla Sapienza, in: Zeitschrift für Kunstgeschichte 30 (1967), S. 101–142.

Ost 1971
Hans Ost, Studien zu Pietro da Cortonas Umbau von S. Maria della Pace, in: Römisches Jahrbuch 13 (1971), S. 232–285.

Ostrow 1981/1982
Steven Ostrow, Katalogbeitrag in: Drawings by Gianlorenzo Bernini from the Museum der Bildenden Künste Leipzig, Princeton/Cleveland u. a., 1981/1982, S. 176ff.

Ostrow 1996
Steven F. Ostrow, Art and Spirituality in Counter-Reformation Rome. The Sixtine and the Pauline Chapels in S. Maria Maggiore, Cambridge/New York 1996.

Oy-Marra 2005
Elisabeth Oy-Marra: Profane Repräsentationskunst in Rom von Clemens VIII. Aldobrandini bis Alexander VII. Chigi. Studien zur Funktion und Semantik römischer Deckenfresken im höfischen Kontext (Italienische Forschungen des Kunsthistorischen Institutes in Florenz. Vierte Folge, 5), München/Berlin 2005.

Pastor 1926–1938
Ludwig Freiherr von Pastor, Geschichte der Päpste

im Zeitalter der katholischen Reformation und Restauration, Freiburg i. Br. $^{1-8}$1926–1938.

Pedrocco 2000
Filippo Pedrocco, Tizian. (Übersetzung aus dem Italienischen ins Deutsche von Ulrike Bauer-Eberhardt), München 2000.

Pehnt 2003
Wolfgang Pehnt, Die zweite und die dritte Haut – Architektur als Kleidung betrachtet. Vortrag zur Eröffnung des Hamburger Architektur Sommers, 05. Mai 2003 (http://www.architektursommer.de/news/ Vortrag_Wolfgang_Pehnt.pdf).

Peschken 1992–2001
Goerd Peschken, Das königliche Schloss zu Berlin, 3 Bde., München 1992–2001.

Petrucci 1999
Francesco Petrucci, ‚Lampada pensile' in: Maria Grazia Bernardini/Maurizio Fagiolo dell'Arco (Hgg.), Gian Lorenzo Bernini. Regista del Barocco (Katalog der Ausstellung in Rom vom 21. März bis 16. September 1999), Mailand 1999, Nr. 197, S. 424.

Pevsner 1973
Nikolaus Pevsner, Europäische Architektur. Von den Anfängen bis zur Gegenwart, München 1973.

Pfister 2001
Ulrich Pfister, Konfessionalisierung und populäre Glaubenspraxis in der Frühen Neuzeit, in: www.wi.uni-muenster. de/aw/lehre/Archiv/Einführung.PDF (2001).

Pietrangeli 1988
Carlo Pietrangeli (Hg.), Santa Maria Maggiore a Roma (= Chiese Monumentali d'Italia), Florenz 1988.

Pietrangeli 1995
Carlo Pietrangeli (Hg.), La Basilica di San Pietro, Florenz ²1995.

Pinelli 2000
Antonio Pinelli (Hg.), La Basilica di San Pietro. The Basilica of St Peter in the Vatican, 4 Bde., Modena 2000.

Poeschke 1972
Joachim Poeschke, ‚Simon Magus', in: Lexikon der Christlichen Ikonographie, Rom/Freiburg 1972, Bd. 4, Sp. 158–160.

Polleroß 1998
Friedrich Polleroß, Pro Deo & Pro Populo – Die barocke Stadt als „Gedächtniskunstwerk" am Beispiel von Wien und Salzburg. In: Barockberichte. Informationsblätter des Salzburger Barockmuseums zur bildenden Kunst des 17. und 18. Jahrhunderts, H. 18/19 (1998), S. 149–168.

Polleroß 2007
Friedrich Polleroß, Von redenden Steinen und künstlich-erfundenen Architekturen. Oder: Johann Bernhard Fischer von Erlach und die Wurzeln seiner conceptus imaginatio, in: Römische Historische Mitteilungen 49 (2007), S. 319–396.

Portoghesi 1967
Paolo Portoghesi, Borromini. Architettura come linguaggio, Mailand/Rom 1967.

Portoghesi 1977
Paolo Portoghesi, Francesco Borromini. Baumeister des römischen Barock, Stuttgart/Zürich 1977.

Portoghesi 1991
Paolo Portoghesi, Francesco Borromini. 1599–1667, Mailand 1991.

Preimesberger 1974
Rudolf Preimesberger, Obeliscus Pamphilius. Beiträge zur Vorgeschichte und Ikonographie des Vierströmebrunnens auf der Piazza Navona, in: Münchner Jahrbuch, dritte Folge, 25 (1974), S. 77–162.

Preimesberger 1986
Rudolf Preimesberger, Berninis Cappella Cornaro. Eine Bild-Wort-Synthese des siebzehnten Jahrhunderts. Zu Irving Lavins Bernini-Buch, in: Zeitschrift für Kunstgeschichte 49 (1986), S. 190–219.

Preimesberger 1991
Rudolf Preimesberger, Maiestas loci. Zum Kuppelraum von St. Peter in Rom unter Urban VIII. (1623–1644), in: Berliner Wissenschaftliche Gesellschaft e.V., Jahrbuch 1991, S. 247–268.

Preimesberger 1998
Rudolf Preimesberger, Bilder des Papsttums vor und nach 1648, in: Klaus Bußmann und Heinz Schilling (Hgg.), 1648. Krieg und Frieden in Europa (Katalog zur Ausstellung „1648 – Krieg und Frieden in Europa", Münster/Osnabrück, 24. Oktober 1998–17. Januar 1999), München 1998, Textbd. 2, S. 618–628.

Prinz 1980
Wolfram Prinz, Schloß Chambord und die Villa Rotonda in Vicenza. Studien zur Ikonographie, Frankfurt a. M., 1980.

Prinz/Kecks 1985
Wolfram Prinz u. Ronald Kecks, Das französische Schloß der Renaissance, Berlin 1985.

Prodi 1987
Paolo Prodi, The Papal Prince: One Body and Two Souls: The Papal Monarchy in Early Modern Europe, Cambridge 1987.

Prodi 1994
Paolo Prodi (Hg.), Disciplina dell'anima, disciplina del corpo e disciplina della società tra medioevo ed età moderna [Convegno internazionale di studio, Bologna, 7–9 ottobre 1993], Bologna 1994.

Prodi/Reinhard 2001
Paolo Prodi/Wolfgang Reinhard (Hgg.), Das Konzil von Trient und die Moderne, Berlin 2001.

Pulvers 2002
: Marvin Pulvers, Roman Fountains, Rom 2002.

Puppi 2000
: Lionello Puppi, Andrea Palladio. Das Gesamtwerk, Stuttgart/München ²2000.

Quednau 1979
: Rolf Quednau, Die Sala di Costantino im Vatikanischen Palast. Zur Dekoration der beiden Medici-Päpste Leo X. und Clemens VII. (Studien zur Kunstgeschichte, Bd. 13), Hildesheim/New York 1979.

Quinlan-McGrath 1984
: Mary Quinlan-McGrath, The Astrological Vault of the Villa Farnesina. Agostino Chigi's Rising Sun, in: Journal of the Warburg and Cortauld Institutes 47 (1984), S. 91–105.

Quinlan-McGrath 1986
: Mary Quinlan-McGrath, A Proposal for the Foundation Date of the Villa Farnesina, in: Journal of the Warburg and Cortauld Institutes 49 (1986), S. 245–250.

Quinlan-McGrath 1995
: Mary Quinlan-McGrath, The Villa Farnesina, Time-telling Conventions and Renaissance Astrological practice, in: Journal of the Warburg and Courtauld Institutes 58 (1995), S. 52–71.

Ramirez 1991
: Juan Antonio Ramirez, Dios Arquitecto. J. B. Villalpando y el Templo de Salomón, Madrid 1991.

Rangoni 1989
: Fiorenza Rangoni, S. Ivo alla Sapienza e lo „Studium Urbis" (= Le chiese die Roma illustre, Nuvoa Serie 24), Rom 1989.

Raspe 1994
: Martin Raspe, Das Architektursystem Borrominis, München 1994.

Raspe 2000
: Martin Raspe, Borromini und die Antike, in: Richard Bösel/Christoph Luitpold Frommel (Hgg.), Borromini – Architekt im barocken Rom (Ausstellung zum 400. Geburtstag des Architekten, Wien, Albertina im Akademiehof, 12. April – 25. Juni 2000; Rom, Palazzo delle Esposizioni, 16. Dezember 1999 – 28. Februar 2000/Graphische Sammlung Albertina), Mailand 2000, S. 89–99.

Ratzinger 1999
: Joseph Ratzinger, Die Tochter Zion. Betrachtungen zum Marienglauben der Kirche, Einsiedeln ⁵2007.

Ratzinger 2000
: Joseph Ratzinger, Der Geist der Liturgie. Eine Einführung, Freiburg i. Br. 2000.

Reinhard 1977
: Wolfgang Reinhard, Gegenreformation als Modernisierung? Prolegomena zu einer Theorie des konfessionellen Zeitalters, in: Archiv für Reformationsgeschichte 68 (1977), S. 227–253.

Reinhard 1997a
: Wolfgang Reinhard, Gegenreformation als Modernisierung? Prolegomena zu einer Theorie des konfessionellen Zeitalters (1977), in: ders., Ausgewählte Abhandlungen (Historische Forschungen, Bd. 60), Berlin 1997, S. 77–101.

Reinhard 1997b
: Wolfgang Reinhard, Reformpapsttum zwischen Renaissance und Barock (1980), in: ders., Ausgewählte Abhandlungen (Historische Forschungen, Bd. 60), Berlin 1997, S. 37–52.

Reinhard 1997c
: Wolfgang Reinhard, Konfession und Konfessionalisierung in Europa (1981), in: ders., Ausgewählte Abhandlungen (Historische Forschungen, Bd. 60), Berlin 1997, S. 103–125.

Reinhard 1997d
: Wolfgang Reinhard, Zwang zur Konfessionalisierung? (1983), in: ders., Ausgewählte Abhandlungen (Historische Forschungen, Bd. 60), Berlin 1997, S. 127–147.

Reinhardt 1991
: Volker Reinhardt, Überleben in der frühneuzeitlichen Stadt. Annona und Getreideversorgung in Rom 1563–1797, Tübingen 1991.

Reinhardt 1992
: Volker Reinhardt, Rom. Kunst und Geschichte 1450–1650, Freiburg/Würzburg 1992.

Reinhardt 1997
: Volker Reinhardt, Die bildliche Darstellung des Papstamtes und des Ketzers in Renaissance und Gegenreformation. Historische Überlegungen zu Funktion und Funktionswandel kurialer Auftragsarbeiten im 16. Jahrhundert, in: Victoria von Fleming (Hg.), Aspekte der Gegenreformation, Frankfurt a. M. 1997, S. 546–562.

Reinhardt 1999
: Volker Reinhardt, Rom. Ein illustrierter Führer durch die Geschichte, München 1999.

Reinhardt 2003a
: Volker Reinhardt, Geschichte Italiens. Von der Spätantike bis zur Gegenwart (= Beck's historische Bibliothek), München 2003.

Reinhardt 2003b
: Volker Reinhardt, Rom in Italien – Gedanken zu einer vielschichtigen Thematik, in: Daniel Büchel/Volker Reinhardt (Hgg.), Modell Rom? Der Kirchenstaat und Italien in der Frühen Neuzeit, Köln/Weimar 2003.

Reinhardt 2004a
: Volker Reinhardt, Fremdkörper? Pius VII., Consalvi, Thorvaldsen und der letzte Grabmalstreit in

St. Peter, in: Horst Bredekamp/Volker Reinhardt (Hgg.), Totenkult und Wille zur Macht. Die unruhigen Ruhestätten der Päpste in St. Peter (in Zusammenarbeit mit Arne Karsten und Philipp Zitzlsperger), Darmstadt 2004, S. 241–255.

Reinhardt 2004b
Volker Reinhardt, Metahistorische Tatenberichte. Die Papstgrabmäler der Cappella Sistina in S. Maria Maggiore, in: Horst Bredekamp/Volker Reinhardt (Hgg.), Totenkult und Wille zur Macht. Die unruhigen Ruhestätten der Päpste in St. Peter (in Zusammenarbeit mit Arne Karsten und Philipp Zitzlsperger), Darmstadt 2004, S. 141–157.

Reinhardt 2004c
Volker Reinhardt, Geschichte, Memoria und Nepotismus im päpstlichen Rom. Vorüberlegungen zur Gedächtniskultur der Ewigen Stadt in der Frühen Neuzeit, in: Arne Karsten/Philipp Zitzlsperger (Hgg.), Tod und Verklärung. Grabmalskultur in der Frühen Neuzeit, Köln/Weimar/Wien 2004, S. 7–14.

Reinhardt 2005
Volker Reinhardt, Normenkonkurrenz an der frühneuzeitlichen Kurie, in: Günter Wassilowsky/Hubert Wolf (Hgg.), Werte und Symbole im frühneuzeitlichen Rom, Münster 2005, S. 51–66.

Reinhardt/Büchel 2001
Volker Reinhardt/Daniel Büchel, Schnittpunkte und Schnittmengen. Kurie, Karrieren, Konkurrenzen. Diskussionsbericht und -auswertung, in: diess. (Hgg.), Die Kreise der Nepoten. Neue Forschungen zu alten und neuen Eliten Roms in der frühen Neuzeit. Interdisziplinäre Forschungstagung 7. bis 10. März 1999, Istituto Svizzero di Roma (Freiburger Studien zur Frühen Neuzeit, Bd. 5), Bern/Berlin 2001, S. 359–393.

Rice 1997
Louise Rice, The Altars and Altarpieces of New St Peter's. Outfitting the Basilica, 1621–1666, Cambridge 1997.

Rice 2000
Louise Rice, The Pentecostal Meaning of Borromini's Sant' Ivo alla Sapienza, in: Christoph Luitpold Frommel/Elisabeth Sladeck (Hgg.), Francesco Borromini. Atti del convegno internazionale Roma 13–15 gennaio 2000, Mailand 2000, S. 259–270.

Riegl 1908
Alois Riegl, Die Entstehung der Barock-Kunst in Rom, Wien 1908.

Riegl 1923
Alois Riegl, Die Entstehung der Barockkunst in Rom. Aus seinem Nachlass herausgegeben von Arthur Burda und Max Dvořák, Wien 1923.

Rietbergen 1983
Peter Rietbergen, A Vision Come True. Pope Alexander VII, Gianlorenzo Bernini and the Colonnades of St. Peter's, in: Medelingen van het Nederlands Instituut te Rome 44–45, n.s. 9–10 (1983), S. 111–163.

Roca De Amicis 1997
Augusto Roca De Amicis, La facciata di S. Pietro. Maderno e la reactione dei progetti michelangioleschi nel primo seicento, in: Quaderni dell'Istituto di Storica dell'Architettura, N.S. 25/30 1995/97), S. 279–284.

Roca De Amicis/Sladek 1997
Augusto Roca De Amicis/Elisabeth Sladek, Il „Portale" della facciata orientale di S. Giovanni in Laterano: un progetto di Borromini per Alessandro VII., in: Palladio, N.S., X (1997), S. 77–82.

Roca De Amicis/Sladek 2000
Augusto Roca De Amicis/Elisabeth Sladek, Katalogbeiträge, in: Richard Bösel/Christoph Luitpold Frommel (Hgg.), Borromini – Architekt im barocken Rom (Ausstellung zum 400. Geburtstag des Architekten, Wien, Albertina im Akademiehof, 12. April – 25. Juni 2000; Rom, Palazzo delle Esposizioni, 16. Dezember 1999 – 28. Februar 2000/Graphische Sammlung Albertina), Mailand 2000, S. 426–453.

Roeck/Tönnesmann 2005
Bernd Roeck/Andreas Tönnesmann, Die Nase Italiens. Federico da Montefeltro, Herzog von Urbino, Berlin 2005.

Rodolfo 2005
Alessandra Rodolfo, Francesco Panini (um 1725 – nach 1794). Ansicht des Damasus-Hofes nach Westen, 1765, in: Barock im Vatikan. Kunst und Kultur im Rom der Päpste II. 1572–1676 (Katalog der Ausstellungen vom 25. November 2005 bis 19. März 2006 in der Kunst– und Ausstellungshalle der Bundesrepublik Deutschland, Bonn und vom 12. April bis 10. Juli 2006 im Martin-Gropius-Bau, Berlin), Leipzig 2005, S. 196–197.

Rose 1922
Hans Rose, Spätbarock. Studien zur Geschichte des Profanbaues in den Jahren 1660–1760, München 1922.

Rose 1926
Hans Rose, Kommentar zu H. Wölfflin, Renaissance und Barock, München ¹1926.

Roser 2005
Hannes Roser, St. Peter in Rom im 15. Jahrhundert. Studien zu Architektur und skulpturaler Ausstattung, München 2005.

Roser 2006
Hannes Roser, ‚Die neuen Straßen Sixtus' V.', in: Barock im Vatikan. Kunst und Kultur im Rom der Päpste II. 1572–1676 (Katalog der Ausstellungen vom 25. November 2005 bis 19. März 2006 in der

Kunst- und Ausstellungshalle der Bundesrepublik Deutschland, Bonn und vom 12. April bis 10. Juli 2006 im Martin-Gropius-Bau, Berlin), Leipzig 2005, Kat. Nr. 116, S. 223.

Rossacher 1967
Kurt Rossacher, Das fehlende Zeitbild des Petersdomes. Berninis Gesamtprojekt für die Cathedra Petri. Separatum aus der Zeitschrift Alte und Moderne Kunst 95 (Nov./Dez. 1967), Wien 1967.

Ruggero 2005
Cristina Ruggero, Virtutum omnium simulacrum in statua. Monumenti funebri barocchi di alti dignitari ecclesiastici tra progetto e realizzazione, in: Römisches Jb., Bd. 36 (2005), S. 139–210.

Sanfilippo/Venturi 1996
Mario Sanfilippo/Francesco Venturi, Römische Brunnen, München 1996.

Satzinger 2001
Georg Satzinger, Michelangelos Grabmal Julius' II. in San Pietro in Vincoli, in: Zeitschrift für Kunstgeschichte 64 (2001), S. 177–222.

Satzinger 2005a
Georg Satzinger, Die Baugeschichte von Neu-St. Peter, in: Barock im Vatikan. Kunst und Kultur im Rom der Päpste II. 1572-1676 (Katalog der Ausstellungen vom 25. November 2005 bis 19. März 2006 in der Kunst- und Ausstellungshalle der Bundesrepublik Deutschland, Bonn und vom 12. April bis 10. Juli 2006 im Martin-Gropius-Bau, Berlin), Leipzig 2005, S. 45-74.

Satzinger 2005b
Georg Satzinger, Étienne Dupérac (1525–1601). St. Peter, Michelangelos Projekt in posthumer Redaktion, Grundriss, Längsaufriss, Längsschnitt, in: Barock im Vatikan. Kunst und Kultur im Rom der Päpste II. 1572–1676 (Katalog der Ausstellungen vom 25. November 2005 bis 19. März 2006 in der Kunst- und Ausstellungshalle der Bundesrepublik Deutschland, Bonn und vom 12. April bis 10. Juli 2006 im Martin-Gropius-Bau, Berlin), Leipzig 2005, Kat. Nr. 13 A–C, S. 85–87.

Satzinger 2005c
Georg Satzinger, T(emplum) Divi Petri in Vaticano in Roma, 8 Anno, in: Barock im Vatikan. Kunst und Kultur im Rom der Päpste II. 1572–1676 (Katalog der Ausstellungen vom 25. November 2005 bis 19. März 2006 in der Kunst- und Ausstellungshalle der Bundesrepublik Deutschland, Bonn und vom 12. April bis 10. Juli 2006 im Martin-Gropius-Bau, Berlin), Leipzig 2005, Kat. Nr. 28, S. 98–99.

Sauser 1973
Ekkart Sauser, ‚Augustinus von Hippo', in: Lexikon der christlichen Ikonographie, Bd. 5, col. 277–290.

Savettieri 2000a
Chiara Savettieri, Cappella della Madonna della Colonna e adiacenze. Lato sud del Pilone della Veronica. Altare del Sacro Cuore. L'apparizione del Cuore di Gesù a Santa Margherita Maria Alacoque (1920–1925), da un originale (1920 ca.) di Carlo Muccioli (1857–1931), in: Antonio Pinelli (Hg.), La Basilica di San Pietro. The Basilica of St Peter in the Vatican, 4 Bde., Modena 2000, Bd. 4 (Schede), S. 598–600.

Savettieri 2000b
Chiara Savettieri, Atrio. Volta. Storie di San Pietro (1618–1620), stucchi su cartoni di Giovan Battista Ricci (1540 – ca. 1627), in: Antonio Pinelli (Hg.), La Basilica di San Pietro. The Basilica of St Peter in the Vatican, 4 Bde., Modena 2000, Bd. 4 (Schede), S. 495–500.

Schäche 2003
Wolfgang Schäche, Am Neuen Markt 5. Ein Haus in Potsdam, Berlin 2003.

Schiavo 1990
Armando Schiavo, Michelangelo nel complesso delle sue opere, 2 Bde., Rom 1990.

Schiffmann 1985
Renè Schiffmann, Roma felix. Aspekte der städtebaulichen Gestaltung Roms unter Papst Sixtus V., Bern/Frankfurt a. M. u. a. 1985.

Schilling 1983
Heinz Schilling, Zwang zur Konfessionalisierung? Prolegomena zu einer Theorie des konfessionellen Zeitalters, in: Zeitschrift f. hist. Forschung 10 (1983), S. 257–277.

Schilling 1986
Heinz Schilling, Das Problem der „Zweiten Reformation" (= Schriften des Vereins für Reformationsgeschichte 195), Gütersloh 1986.

Schilling 1988
Heinz Schilling, Die Konfessionalisierung im Reich: Religiöser und gesellschaftlicher Wandel in Deutschland zwischen 1555 und 1620, in: Historische Zeitschrift 266 (1988), S. 1–45.

Schlimme 1999
Hermann Schlimme, Die Kirchenfassade in Rom. ‚Reliefierte Kirchenfronten' 1475–1765, Petersberg 1999.

Schlimme 1999/2002
Hermann Schlimme, La Facciata d'ingresso di Santa Maria Maggiore da Gregorio XIII da Ferdinando Fuga, in: Quaderni dell'Istituto di Storia dell'Architettura N.S. 34/39 (1999/2002), S. 483–488.

Schmid 1996
Erik Schmid, Staatsarchitektur der Ära Mitterand in Paris. Ästhetische Konzeption und politische Wirkung, Regensburg 1996.

Schröter 1977
  Elisabeth Schröter, Die Ikonographie des Themas Parnaß vor Raffael, Hildesheim/New York 1977.

Schütte 1981
  Ulrich Schütte, „Als wenn eine ganze Ordnung da stünde …" Anmerkungen zum System der Säulenordnungen und seiner Auflösung im späten 18. Jahrhundert, in: Zeitschrift für Kunstgeschichte 11 (1981), S. 15–37.

Schütze 1994
  Sebastian Schütze, „Urbano inalza Pietro e Pietro Urbano". Beobachtungen zu Idee und Gestalt der Ausbauung von Neu-St. Peter unter Urban VIII., in: Römisches Jahrbuch, 29 (1994), S. 219–287.

Schütze 1997
  Sebastian Schütze, Urbano VIII e S. Pietro. Significati di un grande progetto, in: L'architettura della basilica di San Pietro, storia e costruzione. Atti di convegno internazionale di studi, Rom 7.–10. November 1995 (hg. von Gianfranco Spagnesi), Rom 1997, S. 287–294.

Schütze 1998
  Sebastian Schütze, Urbano VIII e il concetto di Palazzo Barberini. Alla ricerca di un primato culturale di rinaschimentale memoria. In: Pietro da Cortona. Atti del Convegno internazionale Roma-Firenze, 12–15 novembre 1997, Mailand 1998, S. 86–97.

Schütze 2008
  Sebastian Schütze, „Werke als Kalküle ihres Wirkungsanspruchs". Die Cathedra Petri und ihr Bedeutungswandel im konfessionellen Zeitalter, in: Georg Satzinger (Hg.), Sankt Peter in Rom. 1506–2006. Beiträge der internationalen Tagung vom 22.–25. Februar 2006 in Bonn, München 2008, 405–425.

Schwager 1983
  Klaus Schwager, Die architektonische Erneuerung von S. Maria Maggiore unter Paul V., in: Römisches Jahrbuch für Kunstgeschichte, 20 (1983), S. 241–312.

Scott 1982
  John Beldon Scott, S. Ivo alla Sapienza and Borromini's Symbolic Language, in: Journal of the Society of Architectural Historians 41 (1982), S. 294–317.

Scott 1991
  John Beldon Scott, Images of Nepotism. The Painted Ceilings of Palazzo Barberini, Princeton 1991.

Seberich 1958
  Franz Seberich, Die Alte Mainbrücke zu Würzburg (= Mainfränkische Hefte 31), Volkach 1958.

Sedlmaier/Pfister 1923
  Richard Sedlmaier u. Rudolf Pfister, Die fürstbischöfliche Residenz zu Würzburg, 2 Bde., Würzburg 1923.

Sedlmayr 1960a
  Hans Sedlmayr, Der Bilderkreis von Neu St. Peter in Rom, in: ders., Epochen und Werke, Bd. II, Wien 1960, S. 7–44.

Sedlmayr 1960b
  Hans Sedlmayr, Fünf römische Fassaden, in: ders., Epochen und Werke, Bd. II, Wien 1960, S. 57–79.

Sedlmayr 1997
  Hans Sedlmayr, Johann Bernhard Fischer von Erlach, Stuttgart 1997 (= Neuausgabe der Auflage Wien 1976).

Seeger 2004
  Ulrike Seeger, Stadtpalais und Belvedere des Prinzen Eugen. Entstehung, Gestalt, Funktion und Bedeutung, Wien/Köln/Weimar 2004.

Semenzato 1968
  Camillo Semenzato, La Rotonda di Andrea Palladio, Vicenza 1968.

Shea/Artigas 2003
  William R. Shea/Mariano Artigas, Galileo in rome. The Rise and Fall of a Troublesome Genius, Oxford 2003.

Shearman 1961
  John Shearman, The Chigi Chapel in S. Maria del Popolo, in: Journal of the Warburg and Courtauld Institutes 24 (1961), S. 129–160.

Siebenhüner 1954
  Herbert Siebenhüner, Das Kapitol in Rom. Idee und Gestalt (= Italienische Forschungen, hg. vom Kunsthistorischen Institut in Florenz, Dritte Folge, Bd. I), München 1954.

Simonconi 1990
  Giorgio Simoncini, „Roma restaurata". Rinascimento urbano al tempo di Sisto V., Florenz 1990.

Sladek 2000
  Elisabeth Sladek, Katalogbeiträge in: Richard Bösel/Christoph Luitpold Frommel (Hgg.), Borromini – Architekt im barocken Rom (Ausstellung zum 400. Geburtstag des Architekten, Wien, Albertina im Akademiehof, 12. April – 25. Juni 2000; Rom, Palazzo delle Esposizioni, 16. Dezember 1999 – 28. Februar 2000/Graphische Sammlung Albertina), Mailand 2000, passim.

Spagnesi 1997
  Piero Spagnesi, Carlo Maderno in S. Pietro. Note sul prolungamento della Basilica, in: Quaderni dell'Istituto di Storica dell'Architettura, N.S. 25/30 (1995/1997), S. 261–268.

Spagnolo-Stiff 1996
  Anne Spagnolo-Stiff, Die „Entrée Solenelle". Festarchitektur im französischen Königtum (1700–1750), Weimar 1996.

Stalla 1992
  Robert Stalla, Der römische Palazzo della Sapienza als „Gymnasion". Ein Hauptwerk Pirro Ligorios

– Planung und Zuschreibungsfrage, in: An Architectural Progress in the Renaissance and Baroque. Sojournes In and Out of Italy. Essays in Architectural History. Presented to Hellmut Hager on his Sixty-sixth Birthday (hg. von Henry A. Millon u. Susan Scott Munshower), The Pennsylvania State University 1992, S. 113–145.

Stalla 1997
Robert Stalla, La Navata di S. Pietro sotto Paolo v. La Tradizione della Forma Archittetonica, in: L'architettura della basilica di San Pietro, storia e costruzione. Atti di convegno internazionale di studi, Rom 7.–10. November 1995 (hg. von Gianfranco Spagnesi), Rom 1997 S. 269–274.

Stalla 2000a
Robert Stalla, Francesco Borrominis architektonisches Werk im politischen, kulturellen und wissenschaftsgeschichtlichen Kontext des römischen Seicento, in: Richard Bösel/Christoph Luitpold Frommel (Hgg.), Borromini – Architekt im barocken Rom (Ausstellung zum 400. Geburtstag des Architekten, Wien, Albertina im Akademiehof, 12. April – 25. Juni 2000; Rom, Palazzo delle Esposizioni, 16. Dezember 1999 – 28. Februar 2000/Graphische Sammlung Albertina), Mailand 2000, S. 29–39.

Stalla 2000b
Robert Stalla, Kapitel XV ‚S. Ivo und der Palazzo della Sapienza' einschließlich einzelner Beiträge im Katalogteil XV.1–XV.28, in: Richard Bösel/Christoph Luitpold Frommel (Hgg.), Borromini – Architekt im barocken Rom (Ausstellung zum 400. Geburtstag des Architekten, Wien, Albertina im Akademiehof, 12. April – 25. Juni 2000; Rom, Palazzo delle Esposizioni, 16. Dezember 1999 – 28. Februar 2000/Graphische Sammlung Albertina), Mailand 2000, S. 468–487.

Stalla 2000c
Robert Stalla, „Ad summum templum architecturae": per la ricezione di Vitruvio a Sant'Ivo, in: Christoph Luitpold Frommel/Elisabeth Sladeck (Hgg.), Francesco Borromini. Atti del convegno internazionale Roma 13–15 gennaio 2000, Mailand 2000, S. 242–258.

Stanic 2000
Milovan Stanic, „Cooperò la Providenza divina". Borromini „architectus prodentissimus" et l'idee d'une architecture universelle, in: Christoph Luitpold Frommel/Elisabeth Sladeck (Hgg.), Francesco Borromini. Atti del convegno internazionale Roma 13–15 gennaio 2000, Mailand 2000, S. 321–328.

Staubach 1994
Nikolaus Staubach, Herkules an der „Cathedra Petri", in: Hagen Keller/Nikolaus Staubach (Hgg.), Iconologia Sacra. Mythos, Bildkunst und Dichtung in der Religions- und Sozialgeschichte Alteuropas. Festschrift für Karl Hauck zum 75. Geburtstag, Berlin/New York 1994, S. 383–402 u. Abb. 104–105.

Stefani 1993
Chiara Stefani, Giovanni inventor e l'Iconologia, in: Maria Luisa Madonna (Hg.), Roma di Sisto V. Le arti e la cultura / Comitato Nazionale per le Celebrazioni del Pontificato di Sisto V, Rom 1993, S. 17–27.

Steinberg 1977
Leo Steinberg, Borromini's San Carlo alle Quattro Fontane. A study in multiple form and architectural symbolism (= Outstanding Dissertations in the Fine Arts), New York 1977.

Stephan 1996
Peter Stephan, „Im Glanz der Majestät des Reichs". Tiepolos Deckenfresken in der Würzburger Residenz, in: Belvedere 1/1 (1996), S. 58–79.

Stephan 1997
Peter Stephan, „Ruinam praecedit superbia". Der Sieg des Virtus über die Hybris in den Bildprogrammen des Prinzen Eugen von Savoyen, in: Belvedere 1/1 (1997), S. 62–87.

Stephan 2000a
Peter Stephan, Die Fassadensysteme des sog. ‚Schlüterhofs' im Stadtschloss zu Berlin, Freiburg 2000 (http://www.kunstgeschichte.uni-freiburg.de/Online-Publikationen/Stephan_Stadtschloss/).

Stephan 2000b
Peter Stephan, Prinz Eugens „Wunderwürdiges Kriegs- und Siegslager". Das Obere Belvedere in seiner ursprünglichen Gestalt, Freiburg 2000 (http://www.kunstgeschichte.uni-freiburg.de/Online-Publikationen/Stephan_Belvedere/).

Stephan 2002a
Peter Stephan, „Im Glanz der Majestät des Reiches". Tiepolo und die Würzburger Residenz. Die Reichsidee der Schönborn und die politische Ikonologie des Barock, 2 Bde., Weißenhorn 2002.

Stephan 2002b
Peter Stephan, Fischer von Erlachs Kaiserstil und Schlüters Fassadenkunst in Vorderösterreich: Der Entwurf Georg Anton Gumpps d. Ä. für das Rottenburger Schloss, in: Österreichische Zeitschrift für Kunst und Denkmalpflege 56 (2002), Heft 2/3, S. 239–260.

Stephan 2002c
Peter Stephan, Der Hofgarten in Veitshöchheim: Landschaft im Rokoko als ein Raum der ‚sanften Selbstdisziplinierung', in: Stefan Kaufmann (Hg.), Ordnungen der Landschaft. Symbolische und technische Entwürfe naturaler Alterität, Würzburg 2002, S. 202–246.

Stephan 2003
: Peter Stephan, Neuschöpfung oder Ergänzung. Gedankenspiele zur nachträglichen Realisierung des Dresdner Zwingergartens und zum Einfluss der Rhetorik auf die barocke Gartenkunst, in: Die Gartenkunst 15/1 (2003), S. 53–84.

Stephan 2005a
: Peter Stephan, Ad Urbis ornamentum. Palladios schwieriges Erbe / Ad Urbis ornamentum. Palladio's difficult inheritance (dt.-engl.), in: Belvedere 19/1 (2005), S. 42–65 u. 112–125.

Stephan 2005b
: Peter Stephan, Nicht nur „Europas schönster Pfarrhof". Die Würzburger Residenz als Monument der Schönbornschen Reichsidee, in: Jahrbuch für fränkische Landesforschung 65 (2005), S. 59–103.

Stephan 2007a
: Peter Stephan, Der Griff nach den Sternen. Die gentilizische Kodierung des römischen Stadtraums durch Grabmäler unter Sixtus V. und Alexander VII., in: Carolin Behrmann, Arne Karsten, Philipp Zitzlsperger (Hgg.), Grab – Kult – Memoria. Studien zur gesellschaftlichen Funktion von Erinnerung, Köln/Weimar 2007, S. 75–103.

Stephan 2007b
: Peter Stephan, Hauptstadtarchitektur ,durch und durch'. Schlüters Fassaden für das Humboldtforum, in: Hans Kollhoff, Jasper Cepl (Hgg.), Humboldtforum. Symposion zu Fragen der Rekonstruktion und der räumlichen Konzeption des Berliner Stadtschlosses für das Humboldtforum, Berlin 2007, S. 17–64

Stephan 2009a
: Peter Stephan, Das Obere Belvedere in Wien. Architektur und ikonographisches Konzept. Das Schloss des Prinzen Eugen als Abbild seiner Herrschaft, Wien 2009.

Stephan 2009b
: Peter Stephan, Rom unter Sixtus V. : Stadtplanung als Vergegenwärtigung von Heilsgeschichte, Zeitschrift für Kunstgeschichte 72 (1/2009), S. 165–214.

Stephan 2009c
: Peter Stephan, Bernini, der Talleyrand der Architektur? Überlegungen zur Kryptokodierung von S. Andrea al Quirinale in Rom, in: Werner Oechslin (Hg.), Architekt und / versus Baumeister. Die Frage nach dem Metier, Zürich 2009, S. 58–78.

Stiegemann/Wemhoff 1999
: Christoph Stiegemann/Matthias Wemhoff (Hgg.), 799 – Kunst und Kultur der Karolingerzeit. Karl der Große und Papst Leo III. in Paderborn (Ausstellung der Stadt Paderborn, des Erzbistums Paderborn und des Landschaftsverbandes Westfalen-Lippe vom 23. Juli – 1. November 1999), 2 Bde., Mainz 1999.

Stolleis 1997
: Michael Stolleis, „Konfessionalisierung" oder „Säkularisierung" bei der Entstehung des frühmodernen Staates, in: Zeitsprünge. Forschungen zur Frühen Neuzeit (hg. von Klaus Reichert), Bd. 1 (1997) Heft 3/4: „Aspekte der Gegenreformation" (hg. von Victoria Fleming), S. 452–477.

Stritt 2004
: Martin Stritt, Die schöne Helena in den Romruinen. Überlegungen zu einem Gemälde Maarten van Heemskercks, Basel/Frankfurt a. M. 2004.

Strunck 2001
: Christina Strunck, Die Konkurrenz der Paläste: Alter Adel versus Nepoten in Rom des Seicento, in: Die Kreise der Nepoten. Neue Forschungen zu alten und neuen Eliten Roms in der frühen Neuzeit. Interdisziplinäre Forschungstagung 7. bis 10. März 1999, Istituto Svizzero di Roma (Freiburger Studien zur Frühen Neuzeit, Bd. 5), Bern/Berlin 2001, S. 203–232.

Sturm 1968/1969
: Johann Sturm, Beiträge zur Architektur der Carlone in Österreich, Diss. Wien 1968/69.

Sturm 1971
: Johann Sturm, Sankt Florian (= Festschrift zur 900 Jahr-Feier), Linz 1971.

Suchla 1999
: Beate Regina Suchla, Artikel ,Dionysius Areopagita', in: Lexikon der antiken christlichen Literatur (hg. von Siegmar Döpp und Wilhelm Geerlings), Freiburg/Basel/Wien ²1999, S. 174–177.

Summerson 1987
: John Summerson, Die Architektur des 18. Jahrhunderts, Stuttgart 1987.

Tafuri 2006
: Manfredo Tafuri, Interpreting the Renaissance. Princes, Cities, Architects (aus dem Ital. übers. von Daniel Sherer, mit einem Vorw. von Michael Hays), New Haven/London/Cambridge Mass. 2006.

Tatz 1991/1992
: Helga Tatz, Die Ausstattung des Langhauses von St. Peter unter Innozenz X., in: Römisches Jahrbuch für Kunstgeschichte 27/28 (1991/1992), S. 337–374.

Thacker 1989
: Christopher Tacker, Stufen im großen Garten. Steps in the Great Garden, in: Daidalos 9 (1989), S. 53–62.

Thelen 1961
: Heinrich Thelen, Der Palazzo della Sapienza in Rom. Zur Geschichte von Planung und Bauvorgang seit dem Regierungsantritt Pius' IV. bis zur Übernahme der Bauleitung durch Francesco Bor-

Thelen 1967
Heinrich Thelen, Zur Entstehungsgeschichte der Hochaltar-Architektur von St. Peter in Rom, Berlin 1967.

Therhalle 1994
Johannes Terhalle, Pentàgono y òvalo transversal en Sant' Andrea al Quirinale, in: Revista d'arquitectura 3 (1994), S. 24–39.

Thieme-Becker 1907–1954
Allgemeines Lexikon der bildenden Künstler von der Antike bis zur Gegenwart, begr. von Ulrich Thieme u. Felix Becker, 37 Bde., Leipzig 1907–1954.

Thies 1982
Harmen Thies, Michelangelo: Das Kapitol (= Italienische Forschungen, hg. vom Kunsthistorischen Institut in Florenz, Dritte Folge, Bd. XI), München 1982.

Thoenes 1963
Christof Thoenes, Studien zur Geschichte des Petersplatzes, in: Zeitschrift für Kunstgeschichte 26 (1963), S. 97–145.

Thoenes 1968
Christof Thoenes, Bemerkungen zur St. Peter-Fassade Michelangelos, in: Minuscula Discipulorum. Kunsthistorische Studien Hans Kauffmann zum 70. Geburtstag 1966, Berlin 1968 331–341.

Thoenes 1983a
Christof Thoenes, Vignolas „Regola delli Cinque Ordini", in: Römisches Jahrbuch für Kunstgeschichte 20 (1983), S. 347–376.

Thoenes 1983b
Christof Thoenes, Ein spezifisches Treppenbewusstsein. Neapler Treppenhäuser des 18. Jahrhunderts. A Special Feel for Stairs. Eighteenth Century Staircases in Naples, in: Daidalos 9 (1983), S. 77–85.

Thoenes 1992a
Christof Thoenes, Alt- und Neu-St. Peter unter einem Dach. Zu Antonio da Sangallos „Muro Divisorio", in: Architektur und Kunst im Abendland. Festschrift zur Vollendung des 65. Lebensjahres von Günter Urban (hg. Michael Jansen u. Klaus Winands), Rom 1992, S. 51–61.

Thoenes 1992b
Christof Thoenes, Madernos St. Peter-Entwürfe, in: An Architectural Progress in the Renaissance and Baroque. Soujournes In and Out of Italy. Essays in Architectural History. Presented to Hellmut Hager on his Sixty-sixth Birthday (hg. von Henry A. Millon u. Susan Scott Munshower), The Pennsylvania State University 1992, S. 170–193.

Thoenes 1994a
Christof Thoenes, Antonio da Sangallos Modell von St. Peter, in: Bauwelt 85 (1994) Nr. 20, S. 1090–1097.

Thoenes 1994b
Christof Thoenes, Römische Plätze: Planung und Nicht-Planung, in: Hans-Joachim Minde (Hg.), Plätze der Stadt, Stuttgart 1994, S. 129–151.

Thoenes 1998
Christof Thoenes, Sostegno e adornamento. Saggi sull'architettura del Rinascimento. Disegni, ordini, magnificenza, Mailand 1998

Thomas 2003
Petra Thomas, Wissen ist Macht? Kataloge von Antikensammlungen als Ausdruck von sozialer Selbstbehauptung und Wissenschaftlichkeit, in: Daniel Büchel/Volker Reinhardt (Hgg.), Modell Rom? Der Kirchenstaat und Italien in der Frühen Neuzeit, Köln/Weimar 2003, S. 203–219.

Thoenes 2008
Christof Thoenes, Über die Größe der Peterskirche, in: Georg Satzinger (Hg.), Sankt Peter in Rom. 1506–2006. Beiträge der internationalen Tagung vom 22.–25. Februar 2006 in Bonn, München 2008, S. 9–28.

Thürlemann 1990
Felix Thürlemann, Francesco Borromini – Das Innere der Kirche S. Ivo alle Sapienza, in: ders., Vom Bild zum Raum. Beiträge zu einer semiotischen Kunstwissenschaft, Köln 1990, S. 153–179.

Tittoni 1996
Maria Elisa Tittoni (Hg.), Il Palazzo dei Conservatori e il Palazzo Nuovo in Campidoglio (= Monumenti di Storia Urbana di Roma), Pisa 1996.

Tönnesmann 1990
Andreas Tönnesmann, Pienza. Städtebau und Humanismus (Römische Forschungen der Bibliotheca Hertziana 26), München 1990.

Torchetti 1993
Rita Torchetti, La Loggia delle Benedizioni, in: Maria Luisa Madonna (Hg.), Roma di Sisto V. Le arti e la cultura, Comitato Nazionale per la Celebrazioni del Pontificato di Sisto V (1585–1590). Centro di Studi sulla Cultura e l'Immagine di Roma. A cura di Maria Luisa Madonna, Rom 1993, S. 122–124.

Torresi 2000
Bruno Torresi, La Sagestia, in: Antonio Pinelli (Hg.), La Basilica di San Pietro. The Basilica of St Peter in the Vatican, Bd. 3 (Testi/Saggi), Modena 2000, S. 253–281.

Tosti-Croce 1988
Marina Righetti Tosti-Croce, La Basilica tra Due et Trecento, in: Carlo Pietrangeli (Hg.), Santa Maria Maggiore a Roma (= Chiese Monumentali d'Italia), Florenz 1988, S. 129–161.

Treu 1998
Ursula Treu (Hg. u. Übers.), Physiologus. Naturkunde in frühchristlicher Deutung, Hanau ³1998.

Tripps 1997
> Johannes Tripps, Berlin als das Rom des Nordens. Das Stadtschloss im städtebaulichen Kontext, in: Bruckmanns Pantheon 55 (1997), S. 112–125.

Tripps 2000
> Johannes Tripps, Das handelnde Bildwerk in der Gotik. Forschungen zu den Bedeutungsschichten und der Funktion des Kirchengebäudes und seiner Ausstattung in der Hoch- und Spätgotik, Berlin ²2000.

Ueding/Steinbrink 1994
> Gert Ueding/Bernd Steinbrink, Grundriss der Rhetorik. Geschichte, Theorie, Methode, Stuttgart ³1994.

Vacquier 1921
> Jules Vacquier, L'hôtel Lambert, in: L'hôtel Lambert, Rue Saint Louis-en-l'Ile Nr. 2. Construit par Le Vau en 1632. Décorations extérieures et intérieures, in: Notices historiques et descriptives, Heft 8, o. O., 1921, S. 1–16.

Verspohl 2004
> Franz-Joachim Verspohl, Michelangelo Buonarroti und Papst Julius II. Moses-Heerführer, Gesetzgeber, Musenlenker, Göttingen/Bern 2004.

Voigt 1938
> Franz Voigt, Die Entstehung der Jagd- und Lustschlossbauten des Herzogs Ernst August von Sachsen-Weimar. Ein Beitrag zur Geschichte der Thüringer Barockarchitektur (= Sonderschriften der Akademie gemeinnütziger Wissenschaften zu Erfurt, Bd. 12), Erfurt 1938.

Voß 1922
> Hermann Voß, Bernini als Architekt an der Scala Regia und an den Kolonnaden von St. Peter, in: Jahrbuch der Preußischen Kunstsammlungen, 43 (1922), S. 1–30.

Waddy 1990
> Patricia Waddy, Seventeenth-Century Roman Palaces. Use and the Art of the Plan, New York/Cambridge Mass./London 1990.

Waetzold 1964
> Stephan Waetzold, Die Kopien des 17. Jahrhunderts nach Mosaiken und Wandmalereien in Rom, Wien/München 1964.

Walther 1998
> Gerrit Walther, Adel und Antike. Zur politischen Bedeutung gelehrter Kunst für die Führungselite der Frühen Neuzeit, in: Historische Zeitschrift 266 (1998), S. 359–385.

Waźbiński 1992
> Zygmunt Waźbiński, Il cardinale Francesco Maria del Monte e la fortuna del progetto buonarrotiano per la basilica di San Pietro a Roma. 1604–1613, in: An Architectural Progress in the Renaissance and Baroque. Soujournes In and Out of Italy. Essays in Architectural History. Presented to Hellmut Hager on his Sixty-sixth Birthday (hg. Von Henry A. Millon u. Susan Scott Munshower), The Pennsylvania State University 1992, S. 146–169.

Wegner 2000
> Reinhard Wegner, Barrières für Berlin. Das Brandenburger Tor und seine Bedeutung vor 1800, in: Deutsche Baukunst um 1800 (hg. von Reinhard Wegner), Köln 2000, S. 93–107.

Weil 1974
> Mark Weil, The history and Decoration of the Ponte S. Angelo, University Park Penn. 1974.

Weiß 1996
> Dieter J. Weiß, Pietas Schönborniana. Herrschertugend und adeliges Standesbewußtsein im Zeitalter des Barock, in: Frank-Lothar Kroll (Hg.), Neue Wege der Ideengeschichte. Festschrift für Kurt Kluxen zum 85. Geburtstag, Paderborn u. a. 1996, S. 261–282.

Wittkower 1958
> Rudolf Wittkower, Art and architecture in Italy 1600–1750 (Pelican History of Art, Bd. 16), New Haven/London 1958.

Wittkower 1966
> Rudolf Wittkower, Palladio ed il Bernini, VIII Corso Internazionale di studi di architettura, Vicenza 1966.

Wittkower 1990
> Rudolf Wittkower, Grundlagen der Architektur im Zeitalter des Humanismus, München ²1990.

Wittkower 1995
> Rudolf Wittkower, Bernini. The Sculptor of the Roman Baroque, Oxford ³1995.

Wolf 1990
> Gerhard Wolf, Salus populi Romani. Die Geschichte römischer Kultbilder im Mittelalter, Weinheim 1990.

Wölfflin 1888
> Heinrich Wölfflin, Renaissance und Barock, München 1888.

Wölfflin 1991
> Heinrich Wölfflin, Kunstgeschichtliche Grundbegriffe. Das Problem der Stilentwicklung in der neueren Kunst, Basel ¹⁸1991.

Wollesen 1998
> Jens T. Wollesen, Pictures and Reality. Monumental Frescoes and Mosaics in Rome about 1300, New York/Washington, D.C. 1998.

Wundram/Pape 1999
> Manfred Wundram/Thomas Pape, Andrea Palladio. 1508–1580. Architekt zwischen Renaissance und Barock, Köln 1999.

Zander 2000a

Maria Olimpia Zander, Katalogbeitrag zu Nr. 1507 ‚Primo ottagono sovrastante la adiacenze della capella Clementina; Luigi Vanvitellli (1700–1773), attribuito. Modello per la luminara del 1750', in: Antonio Pinelli (Hg.), La Basilica di San Pietro. The Basilica of St Peter in the Vatican, Bd. 4 (Testi/ Schede), Modena 2000, S. 821–822.

Zander 2000b

Maria Olimpia Zander, La Loggia delle Benedizioni, in: Antonio Pinelli (Hg.), La Basilica di San Pietro. The Basilica of St Peter in the Vatican, 4 Bde., Modena 2000, Bd. 3 (Testi/ Saggi), S. 307–319.

Zeeden 1965

Ernst W. Zeeden, Die Entstehung der Konfessionen: Grundlagen und Formen der Konfessionsbildung im Zeitalter der Glaubenskämpfe, München 1965.

Zitzlsperger 2002

Philipp Zitzlsperger, Gianlorenzo Bernini. Die Papst- und Herrscherporträts. Zum Verhältnis von Bildnis und Macht, München 2002.

Zollikofer 1994

Kaspar Zollikofer, Berninis Grabmal für Alexander VII. Fiktion und Repräsentation, Worms 1994.

Bildnachweis

Nachweise und ausführliche Angaben zu den Abbildungen
2: Zit. nach: Barock im Vatikan 2006, S. 206, Abb. 3. – **3:** Rom, Palazzo al Quirinale, Coffe-House. Zit. nach Bussagli 1999, S. 619;. – **6:** Rom, S. Maria Maggiore. Benediktionsloggia mit den Mosaiken F. Rusutis: Majestas Domini, Traum des Johannes sowie dem Bericht des Johannes und des Papstes Liberius von ihren Visionen, 1294–1308. – **9:** Rom, S. Andrea al Quirinale. Hochaltar unter der Apsiskuppel mit dem Retabel von G. Courtois, 1668. – **10:** Rom, Apostolischer Palast. Der ‚Borgo-Brand' von G. Romano u.a. nach Entwürfen Raphaels in der Stanza dell'Incendio, 1517 (Ausschnitt). – **11:** Rom, Apostolischer Palast. Rechte Laibung im östlichen Fenster der Sala di Costantino mit einem Fresko aus der Schule Raphaels, 1524: Nymphäumsarchitektur mit Papst (Silvester I., Gregor d. Gr. oder Clemens VII. ?). – **12:** H. F. van Lint: S. Giovanni und der Lateranpalast zu Rom, erste Hälfte 18. Jh.; Rom, Collezione F. Megna. Zit. nach Marrco Bussagli, Rom. Kunst und Architektur, Köln 1999, S. 587. – **15:** G. B. Panini: Die Ankunft des französischen Gesandten, des Herzogs de Choiseul, am Heiligen Stuhl, 1754; Berlin, Gemäldegalerie Inv. I/20. Zit. nach Arisi 1993, S. 44. – **16:** G. B. Panini: Der Einzug König Karls III. von Neapel 1745 im Vatikan, 1745; Neapel, Museo e Gallerie Nazionali di Capodimonte. Zit. nach Marco Bussagli, Rom. Kunst und Architektur, Köln 1999, S. 623. – **19:** Pinelli 2000, Bd. I, Abb. 29. – **20:** Pinelli 2000, Bd. I, Abb. 40. – **21:** Pinelli 200, Bd. I, Abb. 174. – **23:** Rom, Biblioteca Apostolica Vaticana (Archivio Chigi 24924). – **25:** London, Victoria & Albert Museum, London. Zit. nach Schütze 2008, S. 421 – **31:** S. Kleiner/J. A. Corvinus: Das Obere Belvedere in Wien. Ursprünglicher Zustand der Gartenfront (Kleiner 1731–1740, I, Tf. 7). – **32:** S. Kleiner/J. A. Corvinus: Das Obere Belvedere in Wien. Ursprünglicher Zustand der Hoffront (Kleiner 1731–1740, I, Tf. 6). – **33:** S. Kleiner/J. J. Graessmann: Das Obere Belvedere in Wien. Ursprünglicher Zustand des Vestibüls mit Blick in den Garten (Kleiner 1731–1740, VII, Tf. 7). – **34:** Zit. nach Peschken 1992–2001, Bd. II, S. 13 – **35:** Berlin, ehem. Staatliche Bildstelle. Zit. nach Perschken 1992–2001, Bd. I, Abb. 121. – **41:** Zit. nach Lübke/Semrau 1907, IV, Abb. 56. – **42:** Blondel 1752–1756, o. S. – **43:** Blondel 1752–1756, o. S. – **44:** Palladio 1570, II, 13. – **45:** Schinkel 1819–1840, Bl. 17. – **48:** Fischer von Erlach 1721, IV, Tf. 17. – **50:** Fischer von Erlach 1721, IV, Tf. 18. – **51:** Fischer von Erlach 1721, IV, Tf. 19. – **52:** Paris, Hôtel de Ville. Umwandlung des Innenhofes in einen Festsaal anlässlich des am 24. Februar 1745 gegebenen ‚Bal paré' (Fêtes 1745, o. S.). – **53:** Dresden, Zwinger. „Carousel des Elements" anlässlich der Vermählung des Kurprinzen Friedrich August mit Maria Josepha von Habsburg 1719. Dresden, Kupferstichkabinett. – **54:** Monogrammist HCB: Turnier im Belvederehof des Vatikans, 1559/65; Rom, Biblioteca Apostolica Vaticana. – **57:** Palladio 1570, II, 3; – **58:** Serlio 1619, IV 6, S. 148r. – **67:** Zit. nach Schlimme 1999, S. 18. – **68:** Zit. nach Magnusson 1982, Bd. II, S. 216. – **69:** L. Cruyl: S. Maria in Via Lata zu Rom, 1665; The Cleveland Museum of Art, Dudley P. Allen Fund, 1943.263. Zit. nach Mezger Habel 2002, Abb. 161. – **70–71:** Falda/Venturini 1675–1691. – **72:** G. B. Piranesi, Vedute di Roma. – **73:** Sandrart 1675–1680, II.1, Tf. 23. – **75:** New York, Cooper-Hewitt, National Museum of Design, Smithsonian Institution. Zit. nach Blunt 1975, Abb. 253. – **76:** Kleiner 1726–1737, Abb. 91. – **78:** A. Specchi: Palazzo Farnese in Rom, um 1680. Paris / Bibliothèque Nationale de France. Estampes, Vb 87. – **79:** Marschkies 2003, S. 60. – **87–89:** Mariette 1727–1738, Bd. 4, o. S. – **90:** Ohmann 1896–1911, 1. Mappe, o.S. – **91:** nach Sandrart 1675–1680, II.1, Tf. 31. – **93:** Pozzo 1693–1700, o. S. – **95:** C. Aubry: Projekt für die Place Louis XV in Paris, 1748 (nach Blunt 1979, Abb. 198). – **96:** Sturm 1718a, Tf. 5. – **97:** Zagreb, Universitätsbibliothek. Zit. nach Sedlmayr 1997, Abb. 149. – **98:** Fischer von Erlach 1721, IV, Tf. 18. – **99:** Zit. nach Sedlmayr 1997, Abb. 151 u. 152. – **101:** Pfeffel 1770, Tf. 27 (Ausschnitt), – **103–104:** Le Pautre 1652, o. S. – **105:** Zit. nach Norberg-Schulz 1986, Abb. 285. – **106:** Zit. nach Norberg-Schulz 1986, Abb. 51. – **107:** Fischer von Erlach 1721, II, Tf. 2. – **108:** Letarouilly 1849–1866. – **111–112:** Falda/Venturini 1675–1691. – **113–114:** Letarouilly 1849–1866. – **117:** Falda/Venturini 1675–1691. – **118:** Zit. nach Blunt 1979, S. 75, Abb. 96. – **119:** Lübke/Semrau 1907, IV, Abb. 35. – **128:** Palladio 1570, IV, 20. – **129:** Palladio 1570, IV, 25. – **130:** Adorni 2002, Abb. 182.–**131:** Fischer von Erlach 1721, III Tf. 5. – **132:** Fischer von Erlach 1721, o. S. – **137:**

München, Staatl. Graph. Sammlung. Zit nach Thies 1982, Abb. 4. – **138:** Rom, Biblioteca Apostolica Vaticana. Zit. nach Thies 1982, Abb. 2. – **143:** Falda/Rossi 1665. – **144:** London, British Museum. Zit. nach Thies 1982, Abb. 47. – **145:** Letarouilly 1849–1866. – **146:** Letarouilly 1849–1866. – **147:** Wien, Albertina, Ital. Arch. Rom 30 r. Zit. nach Thies 1982, Abb. 50. – **148:** Florenz, Uffizien, 7922 Ar. Zit. nach Thies 1982, Abb. 49. – **149:** Wien, Albertina, Arch. Rom. 30v. Zit. nach Thies 1982, Abb. 51. – **150:** New York, Metropolitan Museum of Art, Scholz scrapbook, fol. 49.92.64v. Zit. nach Thies 1982, Abb. 51. – **151:** Zit. nach De Angelis D'Ossat/Pietrangeli 1965. – **152:** Sturm 1718b, Tf. 1. – **154:** Lauro 1642, Tf. 30. Zit. nach Marder 1998, Abb. 292. – **157:** G. B. Piranesi, Vedute di Roma. – **158:** G. B. Piranesi, Il Campo Marzio dell'Antica Roma, Tf. 30. – **159:** G. B. Piranesi, Vedute di Roma. – **165:** G. B. Piranesi, Vedute di Roma. – **166:** G. B. Piranesi, Le Antichità Romane, Teil IV. – **167:** Serlio 1619, IV, S. 154r. – **168:** Serlio 1619, IV S. 154v. – **171:** Palladio 1570, I, 14. – **172:** Palladio 1570, I, 17. – **173:** Falda/Rossi 1665, lib. II, Tf. 14.Zit. nach Marder 1998, Abb. 249. – **174:** Zit. nach Marder 1998, Abb. 247. – **175:** Paris, Cabinet des Dessins, Musée du Louvre. Zit. nach Marder 1998, Abb. 249. – **176:** Blondel 1752–1756, IV, 6, Tf. 7. – **177:** Paris, Musée du Louvre, Département des Arts Graphiques, Recueil du Louvre I, fol. 14. – **180:** Sturm 1718c, Tf. B. – **181:** Palladio 1570, I, 16. – **182:** Uffizien, Arch. 627. Zit. nach Puppi 2000, Abb. 450. – **183:** London, Royal Institute of British Architects, AF 3/48. Zit. nach Puppi 2000, Abb. 451. – **184:** Windsor Castle, Royal Collection. Zit. nach Puppi, Abb. 453. – **187:** London, Royal Institut for British Architects, F 5/36 [3]. – **188:** Lübke/Semrau 1907, IV, Abb. 81. – **189–190:** Rom, Fabricca di S. Pietro. – **192:** Windsor Castle, The Print Room, inv. 11591. Zit. nach Hibbard 1971, 98b. – **197:** Borromini/Giannini 1725, Tf. 56. – **198:** Falda/Rossi 1665. – **202:** Sandrart 1675–1680, Bd. II.1, Tf. 16. – **203–204:** Palladio 1570, III, 20. – **205:** Berlin, TU, Plansammlung. – **211:** Zit. nach Marder 1992, Abb. 53 u. 63. – **212:** G. B. Piranesi, Vedute di Roma. – **213:** G. B. Piranesi, Vedute di Roma, Tf. 33. – **215:** Zit. nach Marder 1998, Abb. 170. – **216:** Rom, Archivio Doria Pamphilj, Scaff. 88,5. – **217:** Rom, Biblioteca Apostolica Vaticana, Cod. Chigi a I 19. – **218:** Berlin, Pergamonmuseum. Münzkabinett. Zit. nach Gnecchi 1968, Tf. 24, Nr. 12. – **220:** Zit. nach Marder 1998, Abb. 208. – **221:** Sturm 1718a, Tf. 3. – **222:** Sturm 1718 a, Tf. 2. – **223:** Lübke/Semrau 1907, III, Abb. 52. – **226:** London, Victoria & Albert Museum, A 271/2253. Zit. nach Kieven/Connors/Höper 1993, S. 237. – **227:** Rom, Museo di Roma. Zit. nach Pietrangeli 1995, S. Abb. 241. – **228:** G. B. Piranesi, Varie Vedute di Roma antica e moderna …, o. S. – **229:** G. B. Piranesi, Vedute di Roma, Tf. 10. – **230:** G. B. Piranesi, Vedute di Roma, o. S. – **231:** Rom, Gabinetto Comunale delle Stampe. Zit. nach Haidacher 1964, S. 679. – **232:** Faleti 1567. – **233:** Pozzo 1693–1700, II Tf. 63. – **234:** New York, Cooper-Hewitt Museum of Decorative Arts and Design. Zit. nach Kerber 1971, Abb. 93. – **235:** Kieven 1988, Abb. 97 u. 98. – **236:** Rom, Fabbrica di San Pietro. Zit. nach Kieven. 2000a, S. 130, Abb. 11. – **237:** Rom, Istituto Nazionale per la Grafica, F. N. 13865. Zit. nach Kieven 1988, Abb. 1. – **238:** Rom, Istituto Nazionale per la Grafica, F. N. 32054 (9215), ex coll. Bracci. Zit. nach Kieven 1988, Abb. 96. – **239:** Rom, Museo di Roma. Zit. nach Kieven 1983, S. 460, Abb. 1. – **240:** Zit. nach Kieven 1988, Abb. 6. – **241:** Zit. nach: Bevilacqua 2004, S. 93. – **242:** Braun/Novellanus/Hogenberg 1575. Zit. nach: Barock im Vatikan 2006, S. 192. – **245:** Zit. nach Pietrangeli 1988, S. 79. – **246:** G. B. Piranesi, Vedute di Roma, Tf. 15. – **247:** De Angelis 1621. – **248:** Rom, Collezione Lanciani, Roma XI, 46.I.5; Matthiae, tav. XII, 2; 74. Zit. nach: Kieven 1988, Abb. 50 bis. – **249:** Rom, Collezione Lanciani, Roma XI, 46.I.4; Matthiae, tav. XII, 3; 74. Zit. nach Kieven 1988, Abb. 50 ter. – **250:** Rom, Gabinetto di architettura dalle collezioni del Gabinetto Nazionale delle Stampe, F.N. 13861 (1244). Zit. nach Kieven 1988, Abb. 50.– **252:** Rom, Istituto Nazionale per la Grafica, Gabinetto Disegni e Stampe, FN 13862. Zit. nach Kieven/Connors/Höper 1993, S. 265. – **253:** New York, Cooper-Hewitt, National Museum of Design. Smithsonian Institution, 138-88-4597. – **257a–c:** Rom, Collezione Lanciani. Zit. nach Kieven 1988, Abb. 14–16. – **259:** Zit. nach Kalnein 1995, Abb. 124 – **260:** Paris, Bibliothèque National. Zit. nach Kalnein 1995, Abb. 125. – **261:** Paris, Bibliothèque Nationale. Zit. nach Lübke/Semrau 1904, Bd. IV., Abb. 378. – **265:** Borromini/Giannini 1720, Tf. 6 u. 1. – **266:** Borromini/Giannini 1720, Tf. 7. – **268:** Falda/Venturini 1675–91. – **269:** Giannini/Borromini 1720, Tf 4. – **270:** Zit. nach Stalla 2000c –. **272:** Borromini/Giannini 1720, Tf. 5. – **273:** Borromini/Giannini 1720, Tf. 3. – **274:** Amsterdam, Rijksmuseum, RPT-1949-559. Zit. nach Bösel/Frommel 2000, S. 628. – **275:** Borromini/Giannini 1720, Tf. 8. – **277:** Portoghesi 1991, S. 160. – **278:** Borromini/Giannini 1720, Tf. 40. – **279:** Zit. nach Stritt 2004, Abb. 37. – **280:** Zit. nach Stritt 2004, Abb. 31. – **281:** Giannini/Borromini 1720, Tf. 10. – **282:** Rom, Archivio di Stato di Roma. Zit. nach Raspe 1994, Abb. 42. – **289:** Zit. nach Sedlmayr 1960, Bd. II, Abb. 15. – **290:** Zit. nach Krautheimer 1985, S. 52. – **291** Bartsch/Falda [1993], Nr. 112 S1 – **292:** Mailand, Castello Sforzesco, Civiche raccolte d'arte. Zit. nach Sedlmayr 1997, S. 141. – **293:** Falda/Venturini 1675–1691. – **294:** Zit. nach nach Morrogh 1994, Abb. 67. – **295:** Zit. nach Coffin 1991, Abb. 66.

– **296:** Zit. nach Coffin 1991, Abb. 67. – **297:** Falda/Venturini 1675–1691, Bd. IV, Tf. 4. – **298:** Falda/Venturini 1675–1691, Bd. IV, Tf. 5. – **299:** Falda/Venturini 1675–1691, IV, Tf. 11. – **300:** Falda/Venturini 1675–1691, IV, Tf. 3. – **301:** G. B. Piranesi, Vedute di Roma, Tf. 46. – **302:** Zit. nach Krause 1996, Abb. 89. – **303a–b:** Mariette 1738. – **314:** Rom, Istituto Nazionale per la Grafica. F.N. 13840 (1203). Zit. nach Kieven 1988, Abb. 8. – **315:** A. Specchi, Il quatro libro del nuovo teatro dei palazziin prospettiva in Roma moderne, Rom 1739, Tf. 7 u. 8. – **316:** Sturm 1699, Tf. 17. – **320:** Turin, Biblioteca Reale. Zit. nach Mandracci/Griseri 1995, S. 365, Nr. 75. – **321:** Turin, Musei Civici, armadio 4, palchetto 11, cartella B „Juvarra". – **322:** Turin, Biblioteca Reale. Zit. nach Mallé, Bd. I, S. 121. – **323:** Turin, Archivio di Stato di Città Torino. Collezione Simeon D 2064. Zit. nach Mandracci/Griseri 1995, S. 368, Nr. 78. – **325:** Rom, Biblioteca Apostolica Vaticana, sog. Vatikanisches Album, fol. 108 r u. 109 r. – **326:** Berlin, Kunstbibliothek, Hdz. 3993. Zit. nach Stephan 2002, Bd. II, Abb. 329. – **330:** Wien, Albertina. Kat. 117. Zit. nach Metternich/Thoenes 1987, Abb. 135. – **331:** Zit. nach Schiavo 1990, Bd. II, Abb. 475. – **332:** Rom, Musei Vaticani, Inv. Nr. 43699. Zit. nach Barock im Vatikan 2006, S. 197. – **335:** Zit. nach Oy-Marra 2005, Abb. 104. – **339a–b:** Zit. nach Pinelli 2000, Bd. I, Abb. 35 u. 35. – **340a–b:** Zit. nach Pinelli 2000, Bd. I, Abb. 44 u. 30. – **341:** Zit. nach Pinelli 2000, Bd. I, Abb. 64. – **342:** Zit. nach Pinelli 2000, Bd. I, Abb. 119. – **345:** Zit. nach Barock im Vatikan 2006, S. 101, Abb. 30. – **346:** Rom, Biblioteca Apostolica Vaticana, Vat. lat. 13422, fol. 12 r. Zit. nach McPhee 2002, Abb. 136. – **347:** Rom, Biblioteca Apostolica Vaticana, Vat. lat. 13442, fol. 17r. Zit. nach McPhee 2002, Abb. 133. – **348:** Costaguti 1684, Tf. 12. – **349:** Bonanni 1696, Tf. 66. Zit. nach Schiavo 1990. Bd. II, Abb. 479. – **350:** Fontana 1694, Nr. 25. – **351:** Wien, Albertina, Az. Rom 736a. Zit. nach McPhee 2002, Abb. 128. – **352:** Florenz, Uffizien A 103. Zit. nach Hibbard 1971, Abb. 53a. – **353:** Rom, Fabbrica di S. Pietro. Zit. nach Pinelli 2000, Bd. II, S. 1064. – **354:** Zit. nach McPhee 2002, Abb. 60. – **355:** Lafreri 1575. Zit. nach Schiavo 1990, Bd. II., Abb. 365. – **356:** Lafreri 1575. Zit. nach Schiavo 1990, Bd. II, Abb. 364. – **357:** Schiavo 1990, Bd. II, Abb. 367. – **358:** Schiavo 1990, Bd. II, Abb. 370. – **359:** Zit. nach Schiavo 1990, Bd. II, Abb. 464. – **360:** Zit. nach Pinelli 2000, Bd. Testi/Saggi, Abb. 76. – **361:** Rom, Gabinetto Numismatico Vaticano. Zit. nach Schiavo 1990, Bd. II, Abb. 463. – **362:** Bonanni 1696, Tf. 20. Zit. nach Schiavo 1990, Bd. II., Abb. 468 – **363:** Zit. nach Schiavo 1990, Bd. II, Abb. 465. – **364:** Bonanni 1696, Tf. 27. Zit. nach Hibbard 1971, Abb. 48d. – **365:** Rom, Accademia di S. Luca, n. 2352. Zit. nach Schiavo 1990, Bd. II. Abb. 469. – **366:** Florenz, Uffizien A 103. Zit. nach Hibbard 1971, Abb. 49b. – **367:** Florenz, Uffizien A 101. Zit. nach Pinelli 2000, Bd. Testi/Saggi, Abb. 114. – **368:** Florenz, Uffizien A 100. Zit. nach Hibbard 1971, Abb. 49c. – **369:** Florenz, Uffizien A 264. Zit. nach Thoenes 2008, S. 21, Abb. 8. – **370:** London, Victoria & Albert Museum, E 321/1937, Talman Collection, 92-D-46. Zit. nach Pinelli 2000, Bd. Testi/Saggi, Abb. 114. – **371:** Schiavo 1990, Bd. II, Abb. 471. – **372:** Rom, Biblioteca Apostolica Vaticana, Barb. lat. 2733, fol. 490v–491r. Zit. nach Dobler 2008, S. 303, Abb. 1. – **373:** Zit. nach Barock im Vatikan 2006, S. 100, Abb. 29. – **374:** Costaguti 1684, Tf. 12. – **375a u. b:** Costaguti 1684, Tf. 15. – **376:** Fontana 1696, Nr. 277. – **377:** Fontana 1696, Nr. 275. – **378:** Wolfenbüttel, Herzog August Bibliothek, Inv. Nr. Cod. Guelf., Extrav. Fol. 27. Zit. nach Barock im Vatikan 2006, S. 99. – **379:** Costaguti 1684, Tf. 7. – **380:** Zit. nach Pinelli 2000, Bd. Testi/Schede, Abb. 34, Abb. 35. – **381:** Zit. nach Magnusson, Bd. I, S. 132. – **384:** New York, The Pierpont Morgan Library, Codex Mellon, fol. 71v/72r. Zit. nach Barock im Vatikan 2002, S. 56, Abb. 10. – **385:** Florenz, Uffizien, 115 A v. Zit. nach Pinelli 2000, Bd. Testi/Schede Abb. 148. – **386:** Zit. nach Pinelli 2000, Bd. I, Abb. 881. – **387:** New York, Pierpont Morgan Library. Zit. nach Schütze 1994, S. 282, Nr. 74. – **388:** Piacenza, Privatsammlung. Zit. nach Arisi 1993, S. 37. – **389:** London, British Museum, Dept. of Drawings. Zit. nach Krautheimer 1985, S. 11. – **390:** Zit. nach Marder 1998, Abb. 11. – **391:** Rom, Biblioteca Nazionale Centrale Vittorio Emanuele II, Fondi minori, prov. claustrale varia X, fol. 166r. Zit. nach: Dobler 2008, S. 309, Abb. 5. – **392:** Rom, Biblioteca Nazionale Centrale Vittorio Emanuele II, Fondi minori, prov. claustrale varia X, fol. 191r. Zit. nach McPhee 2002, Abb. 38 – **393:** Rom, Biblioteca Apostolica Vaticana, Vat. Lat. 14620, f. 2. Zit. nach Curcio 2003, S. CCX. – **394:** Rom, Biblioteca Nazionale Centrale Vittorio Emanuele II, Fondi minori, prov. claustrale varia X, fol. 201r. Zit. nach Marder 1998, Abb. 106. – **396:** Fontana 1694, Tf. 29 u. 52. – **397:** Fontana 1694. Zit. nach Marder 1998, Ab. 149. – **398:** Bonanni 1696, Tf. 83. – **399:** Zit. nach Bartsch/Falda [1993], Nr. 090 S2. – **401a–c:** Gritella 1992, Bd. I, Abb. 97–99. – **402:** Zit. nach Gritella 1992, Bd. I, Abb. 100. – **403:** Zit. nach Gritella 1992, Bd. I, Abb. 109. – **404:** Zit. nach Barock im Vatikan 2006, S. 222. – **405:** Zit. nach Barock im Vatikan 2006, S. 206, Abb. 3. – **406:** Krautheimer 1985, Abb. 110. – **407a–b:** Zit. nach Pinelli 2000, Bd. II, Abb. 1045 u. 1046.

Alle anderen Abbildungen: Bildarchiv des Verfassers oder der Albert Ludwigs-Universität Freiburg i. Br. (www.freikon.uni-freiburg.de)